ALMANACH
des Terres de France
2009

Dépôt légal : septembre 2008

ISBN : 978-2-258-07793-5

jeudi 1er janvier | Nouvel An | Soleil : 08 h 44 • 17 h 04 Capricorne / 2e décan

CE JOUR-CI, AUTREFOIS

1860 la Ville de Paris est découpée en vingt arrondissements
1927 naissance du chorégraphe Maurice Béjart
1945 signature par la France de la déclaration de constitution des Nations unies

TERROIR ET TRADITIONS

La foire aux gages

Le 1er janvier, dans le chef-lieu du Finistère, valets de ferme et travailleurs saisonniers se rendaient sur la grand-place pour se louer aux fermiers. Cette foire aux gages réunissait en un jour — celui de la Saint-Corentin — tous les valets et saisonniers libres du Quimpérois. Pour se distinguer, ils tenaient à la main une baguette blanche, symbole d'émancipation au temps du servage, pour montrer que, ce jour-là, ils étaient encore les égaux de leurs futurs maîtres. Suivant les travaux pour lesquels ils se louaient, les garçons portaient à leur chapeau un épi ou une fleur de bruyère. L'engagement des saisonniers se faisait sur le champ de foire : on conluait le marché en se frappant dans la main. Mais l'engagement des domestiques de ferme n'était définitif qu'une fois que le futur valet avait goûté la soupe de la maison.

JARDIN

Les travaux de la première quinzaine de janvier

- Eliminez les feuilles mortes des rocailles pour éviter le pourrissement des jeunes pousses des bulbes printaniers.
- Rabattez les touffes des graminées à feuillage caduc.
- Plantez les arbustes à feuillage caduc, en dehors des périodes de gel.
- Taillez les framboisiers.
- Faites tomber la neige accumulée sur les branches des conifères.
- Placez un ballon, un fagot, à la surface de l'eau de votre bassin pour permettre aux poissons de respirer.

TERROIR ET TRADITIONS

Petit lexique du costume breton

Boteu ou botou : *chaussures*
Botou koad : *sabots*
Bragou / furluquin : *pantalon*
Broz / kotilhenn : *jupe*
Chakod : *poches*
Chustinenn : *corsage*
Giviz : *chemisier*
Justenn : *robe*
Kofignon : *chausson*
Lien : *linge de corps*
Mantell : *manteau*
Roched : *chemise pour homme*

AU PROGRAMME CE MOIS-CI

- *Carnaval de Dunkerque (Nord), de début janvier à début mars*
- *Foire à l'orange de Banyuls-sur-Mer (Pyrénées-Orientales), mi-janvier*
- *Fête de la Saint-Vincent à Coudoux (Bouches-du-Rhône), fin du mois*

« Jour de l'an beau, mois d'août très chaud. »

PERSONNAGES DE NOS RÉGIONS

Jean Giono et la Provence

Issu d'une famille d'origine piémontaise, Jean Giono voit le jour le 30 mars 1895 à Manosque. Son père était un cordonnier anarchiste d'origine italienne et sa mère dirigeait un atelier de repassage. L'auteur a évoqué son enfance dans Jean le Bleu. *L'ensemble de son œuvre a en grande partie pour cadre le monde paysan provençal et, bien que ses romans évoquent souvent de longs voyages, Giono n'a presque pas voyagé et s'est surnommé "le voyageur immobile". Certains de ses livres sont devenus de grands classiques de la littérature française du XXe siècle, comme* Regain, Le Hussard sur le toit *(adapté au cinéma) ou* Un roi sans divertissement.

JEUX **Sudoku**

7			4	2			1	8
	1		3	7				
		2					7	
6		5	9				3	1
1		8	2		6	7		5
4	9				3	8		2
	6					1		
				9	2		4	
2	7			6	1			3

CE JOUR-CI, AUTREFOIS

1492 prise de Grenade par l'Espagne et fin de la Reconquista
1960 décès du coureur cycliste italien Fausto Coppi

VOS DROITS

Comment faire une donation entre époux ?

La donation entre époux, permet au conjoint survivant de recevoir une part plus importante des biens du défunt en pleine propriété et/ou en usufruit si le défunt laisse des enfants ou descendants. Depuis le 1er janvier 2007, le conjoint survivant qui ne souhaite pas disposer de tout ce qui est en sa faveur peut choisir de ne recueillir qu'une partie des biens. La donation entre époux peut être faite avant le mariage par contrat ou pendant le mariage. Le notaire la fait inscrire au fichier des dernières volontés. Elle peut être révoquée unilatéralement par son auteur sans que l'autre conjoint en soit averti. Elle ne prend effet qu'après le décès de l'un des époux.

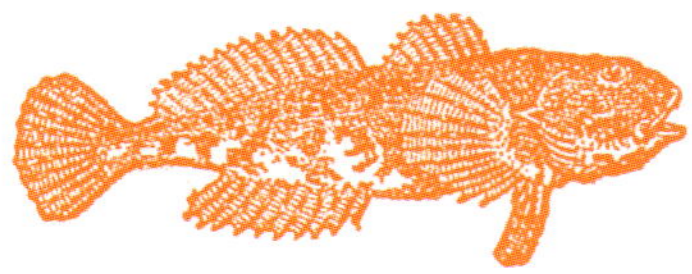

PÊCHE

Le chabot

Ce poisson carnassier, qui vit dans les rivières et les ruisseaux à fond pierreux, se reproduit au cœur de l'hiver. La femelle pond de 100 à 1000 œufs qui sont surveillés par le mâle 3 à 4 semaines jusqu'à leur éclosion. C'est un poisson qui ne mord pour ainsi dire pas à la ligne, sans doute du fait de sa méfiance et de grandes difficultés à nager.

« Gelée en janvier, blé au grenier. »

HIVER

Mémoire enfouie

Brigitte Varel

En ce début d'année 2003, janvier s'étirait en longueur. Les jours étaient gris et froids, trop courts. Le ciel plombé se reflétait dans le lac d'Annecy, dont les fines vaguelettes s'effrangeaient sous l'assaut d'une bise froide. La neige avait investi les montagnes et la ville, les écrasant de son manteau blanc, insensible aux humeurs des hommes qui s'agitaient dans la froidure, les mains enfoncées profondément dans leurs poches, la tête baissée pour traverser les rues gelées.

Justement l'un d'eux, à cet instant précis, se démarquait des autres par la noirceur de ses pensées.

Si le tueur se calquait sur la chronologie des meurtres qui avaient déjà fait la une des journaux anneciens, il commencerait par écarter de son échiquier la jeune étudiante en médecine, Florence Baup.

Ce qui lui donna finalement l'idée de rompre avec la logique fut de constater la difficulté d'atteindre sa proie, coincée dans sa chambre donnant sur une rue plutôt fréquentée, sous la surveillance étroite de deux cerbères.

Depuis le temps qu'il étudiait les choses, il avait eu celui de réfléchir à se les compliquer le moins possible, tout en collant à la réalité de son plan.

Peu lui importait, après tout, que Florence ou Marie fût le premier pion joué de la partie. Les événements qu'il allait déclencher se succéderaient de toute manière au rythme adopté dans la première série d'homicides.

Un sourire en biais apparut sur la face levée vers la fenêtre éclairée du premier étage des Martin, derrière laquelle se devinait, en surimpression sur le voilage blanc, la mince silhouette d'une jeune fille. Immobile, telle une statue, celle-ci semblait s'intéresser à la vie de la rue en contrebas.

L'individu amena son index sur son front, en marmonnant : « Rendez-vous en avril, ma belle. » Puis il s'éloigna du porche sous lequel il s'était arrêté et se mit au diapason des passants. Il plia les jambes, arrondit le dos, courba les épaules, se coulant dans les pas d'une femme pressée chargée de victuailles. Il enfonça son menton dans le col de son anorak et fila en direction du quai des Cordeliers.

Extrait du roman *Mémoire enfouie* de Brigitte Varel paru aux Presses de la Cité dans la collection Terres de France

lundi 5 janvier

Saint Edouard

Soleil : 08 h 43 • 17 h 07
Capricorne / 2ᵉ décan

BIEN-ÊTRE

Le savon au miel

Pour avoir une peau douce, on peut faire chauffer à feu très doux du miel dans lequel on a râpé des morceaux de savon de Marseille et ajouté quelques gouttes de fleur d'oranger. Une fois le savon fondu, on obtient une pâte lisse que l'on verse dans des moules à gâteau et qu'on laisse refroidir.

TERROIR ET TRADITIONS

Les sapins présidents dans le Jura

Dans le Jura et le Doubs, il existe une étrange coutume. Les habitants des villages élisent pour président le sapin le plus grand et le plus beau, en lui donnant parfois le nom d'une personnalité. Cette coutume, née au XIXᵉ siècle, est réapparue à l'initiative de la commune de Fourg (au sud de Pontarlier), qui, dans les années 1970, baptisa son plus beau sapin du nom d'Edgar Faure, alors président de l'Assemblée nationale. Il s'agit d'une manière originale de marquer son respect à l'égard de la forêt. L'un des plus célèbres sapins présidents, celui de la forêt de Joux (Jura), a 250 ans et mesure 45 m de haut pour une circonférence de 4,70 m.

CE JOUR-CI, AUTREFOIS

1875 inauguration de l'Opéra Garnier à Paris
2000 arrivée de la traversée en solitaire à la rame de l'Atlantique par Peggy Bouchet, à 26 ans

TOPONYMIE

Noms de communes normandes

La plupart sont d'origine scandinave ou anglo-saxonne.

- finale en -bec (du scandinave baek, "ruisseau") : Bolbec, Bricquebec, Clarbec, Drubec, Orbec
- finale en -beuf (du scandinave budh, "caban") : Elbeuf, Quillebeuf, Cricquebeuf, Daubeuf
- finale en -dalle (du vieil anglais dale, "vallée") : les Petites-Dalles, les Grandes-Dalles, Oudalle
- finale en -fleur (du scandinave fljot, "rade") : Honfleur, Fiquefleur, Harfleur, Barfleur
- préfixe ou finale en -ham (du vieil anglais ham, "village") : Ouistreham, Etreham, le Hamel

LE PETIT GESTE ÉCOLO

Qu'est-ce que l'épargne éthique ?

Traditionnellement, la gestion des valeurs boursières ne repose que sur des critères financiers. Mais, depuis quelques années, certains gestionnaires retiennent également des critères extra-financiers. D'où plusieurs catégories de placements boursiers permettant aux particuliers d'investir dans des entreprises respectueuses de l'environnement ou des droits de l'homme.

JARDIN

La taille des arbres fruitiers

Taillez les arbres fruitiers à pépins : poiriers et pommiers. La taille doit se faire en dehors des périodes de fortes gelées car les coupes cicatrisent mal par grands froids. Pour favoriser une mise en fruits plus abondante, on peut courber les branches flexibles et les maintenir ainsi pliées avec des liens : c'est ce que l'on appelle l'"arcure". Cette technique est très employée lors de la taille de la vigne. Les fruitiers à noyau, notamment le pêcher, seront taillés en mars.

« Mieux vaut chien enragé que chaud soleil en janvier. »

TERROIR ET TRADITIONS

La fête des rois (Epiphanie)

On attribue à cette fête une origine païenne. Les Romains célébraient une fête des Rois à l'époque des saturnales, tirant au sort avec des fèves celui qui serait le roi du festin. Depuis, le christianisme a consacré cette fête qui commémore la visite des trois Rois mages Melchior, Gaspard et Balthazar, venus porter des présents à l'enfant Jésus. Aujourd'hui, la tradition veut que pour le "jour des Rois", on partage un gâteau appelé galette. Selon la région, il s'agit soit d'un gâteau feuilleté, soit d'un gâteau brioché.

NOS ANIMAUX

Quel âge a votre chat en années humaines ?

Année de chat	Années humaines
1 mois	5 à 6 mois
1 an	18 ans
5 ans	38 à 40 ans
10 ans	60 ans
15 ans	74 ans
18 ans	80 ans

CE JOUR-CI, AUTREFOIS

1286 sacre de Philippe IV le Bel, roi de France
1838 première démonstration du télégraphe par son inventeur, Samuel Morse

GÉNÉALOGIE

Origine du nom Barberousse

Patronyme très répandu dans le Cher, il fait partie des surnoms que l'on donnait aux individus barbus pour les identifier. On trouve également en Bourgogne la forme Barbenoire, en Picardie Blanchebarbe et Brunebarbe et, plus surprenant, Barbedroite dans l'Eure-et-Loir.

IDÉE REÇUE

Les taupes sont hémophiles

La taupe n'est pas hémophile, et placer à proximité d'une taupinière des épines de rosiers, de ronces ou des éclats de verre pour qu'elle se blesse est inutile. Les plantes dites "anti-taupes" sont une autre idée reçue, les taupes n'étant nullement gênées par l'euphorbe ou la fritillaire. Les produits chimiques qui empoisonnent les taupes par absorption de vers de terre préalablement tués puis enduits d'alphachloralose sont efficaces mais dangereux. Le gazage, autre méthode efficace, est réservé aux professionnels. Pour se débarrasser des taupes dans son jardin, les pièges disposés dans les galeries restent la méthode la plus sûre ; on peut aussi compter sur les chats, grands chasseurs de taupes !

MEUBLES DE NOS RÉGIONS

Le vaisselier d'Ille-et-Vilaine

L'Ille-et-Vilaine (Bretagne) a produit des vaisseliers-égouttoirs particuliers : étroits, sur piètement, ils sont surmontés d'une corniche en chapeau de gendarme et comprennent trois étagères aux appuis découpés en arêtes de poisson et, au centre, en couleurs de cartes à jouer. Ils présentent généralement une rangée de trois tiroirs sous l'étagère inférieure.

"Soleil qui luit le jour des Rois fait deux hivers pour une fois."

GASTRONOMIE

Le sainte-maure en Touraine

Fromage à pâte molle au lait de chèvre entier, recouvert d'une fine couche de moisissures, le sainte-maure prend la forme d'une bûche de 28 centimètres de long, qui a pour particularité d'être plus épaisse d'un côté que de l'autre. Autre caractéristique : la paille qui traverse la bûche de bout en bout. La meilleure saison pour le déguster est, au dire des connaisseurs, l'été, au moment où il n'est ni trop moelleux, ni trop sec, et où une légère saveur de noisette se fait sentir dans sa pâte bien blanche.

CE JOUR-CI, AUTREFOIS

1841 après trois échecs, Victor Hugo est élu à l'Académie française
1844 naissance de Bernadette Soubirous
1896 décès du poète Paul Verlaine

RECETTE

Daube à la quercynoise

Pour 4 personnes.

Ingrédients : 1 épaule d'agneau désossée ; 50 g de brisures de truffes ; 1 bouquet garni ; 2 c. à soupe d'huile de noisettes ; 1 orange non traitée ; 2 oignons ; 3 gousses d'ail ; 5 tomates ; 200 g de lardons fumés ; vin de Cahors ; sel ; poivre.

- La veille, découpez l'agneau en morceaux.
- Mettez-les dans une terrine avec du sel, du poivre, les brisures de truffes, le bouquet garni, l'huile de noisettes, le jus et les zestes de l'orange.
- Faites revenir les lardons puis égouttez-les.
- Mettez-les dans la terrine avec les oignons émincés, l'ail pelé et les tomates pelées, épépinées et coupées en morceaux.
- Couvrez avec le vin.
- Laissez mariner toute la nuit au réfrigérateur.
- Préchauffez le four à 180°.
- Couvrez la terrine et faites-la cuire 1 h 45.

TRUCS ET ASTUCES

Pour éviter d'avoir des petits morceaux d'herbes aromatiques (thym, romarin, etc.) dans vos plats, mettez-les dans une boule à thé que vous retirerez en fin de cuisson.

COUTURE ET TRICOT

Le bord frisottis

C'est un type d'ourlet délicat, qui convient particulièrement pour les tissus froissés ou la lingerie. Il se réalise facilement avec une surjeteuse mais on peut le faire avec une machine à coudre classique, sur des tissus extensibles ou légers coupés dans le biais. Réglez la machine sur un point zigzag de 0,5 mm de long et 3 mm de large. Placez le tissu de manière que l'aiguille pique dessus en position gauche et juste à l'extérieur du bord coupé en position droite. Piquez en tenant le tissu fermement devant la machine pour le froisser au fur et à mesure de la couture.

« Hiver rude et tardif rend le pommier productif. »

Comment s'appellent...
les habitants de Saint-Quay-Perros en Bretagne ?

Les Kénanais

CE JOUR-CI, AUTREFOIS

1297 naissance de la dynastie Grimaldi
1679 l'explorateur Cavelier de La Salle atteint les chutes du Niagara
1935 naissance du chanteur américain Elvis Presley

CONTES ET LÉGENDES

Le chêne de Saint-Louis

Saint-Louis honora la résidence royale de Vincennes par de fréquents séjours à partir de 1230. Il y fit construire une Sainte-Chapelle. La scène célèbre où il rend la justice sous un chêne du bois de Vincennes a été popularisée par les Mémoires de Joinville, l'un de ses fidèles compagnons. Louis IX s'y installait avec sa cour après la messe, chaque matin, en été. Les gens du peuple s'approchaient et il leur demandait : "Y a-t-il quelqu'un, ici, qui ait un adversaire ?" Un personnage de son entourage jugeait immédiatement l'affaire. Le roi n'intervenait que pour "amender de sa bouche" les paroles du juge ou des parties.

CURIOSITÉS DE NOS RÉGIONS

La cristallerie de Baccarat

Fondée pour concurrencer les cristaux de Bohême et pour créer des emplois, la Compagnie des cristalleries de Baccarat, au nord-ouest de Saint-Dié, dans les Vosges, n'a jamais, depuis 1766, failli à sa réputation : l'entreprise a révélé plusieurs "meilleurs ouvriers de France". Le cristal est aujourd'hui chauffé dans des fours à bassin à fusion continue, mais toujours soufflé à la bouche. Un musée regroupant des objets réalisés depuis 1817 est aménagé dans l'ancien château, rue des Cristalleries, à Baccarat.

JEUX La bonne formule

Quelle ligne faut-il supprimer pour que l'addition soit juste?

	7 9 6 2 5	A
+	4 4 6 2 5	B
+	3 3 6 2 5	C
+	1 2 6 2 5	D
+	1 1 6 2 5	E
+	2 2 6 2 5	F
=	1 8 2 1 2 5	

Solution : F

« Si janvier est doux comme février, février est rude comme janvier. »

VOS DROITS

Les droits et obligations des grands-parents

Les grands-parents ont un droit de visite et d'hébergement de leurs petits-enfants, mais aussi celui d'échanger une correspondance avec eux et de participer à leur éducation dans la mesure où ils ne se substituent pas aux parents. Ces droits restent valables en cas de divorce des parents, dans le cas d'un enfant naturel et lorsque le petit-enfant est adopté. Ces droits ne peuvent être retirés par le juge que pour des motifs graves.

COLLECTIONS

Le collectionneur de pendules et réveils s'appelle le penduluphiliste ou le clepsydophiliste.

LA MINUTE CULTURELLE *Le cubisme*

Même si le terme "cubisme" provient d'une réflexion d'Henri Matisse, la théorie du cubisme prend source dans les écrits et dans les dernières œuvres de Paul Cézanne. La démarche cubiste aborde la peinture d'une manière novatrice : en utilisant les formes géométriques simples pour représenter des objets sous plusieurs angles. C'est à partir de 1906 et *Les Demoiselles d'Avignon* – considéré généralement comme le premier tableau cubiste – que Picasso et Braque appliquent cette théorie. Les deux peintres affirment une rupture avec la vision classique et s'affranchissent de la perspective.

CE JOUR-CI, AUTREFOIS

1941 tous les Français nés en 1921 doivent passer huit mois en chantier de jeunesse

1959 première diffusion de Cinq Colonnes à la une de Pierre Lazareff

EXPRESSION

En mettre sa main au feu

Au Moyen Age, une des façons de rendre la justice était de soumettre l'accusé à une épreuve appelée jugement de Dieu. Il fallait par exemple tenir dans ses mains une barre de fer sortant des braises ou encore laisser sa main dans les flammes. Si elle en ressortait indemne, cela signifiait que l'on était innocent. "Mettre sa main au feu" est donc une référence à ce "jugement de Dieu", et on l'emploie lorsqu'on cherche à convaincre une personne que l'on a raison.

"Janvier de givre, année de fruits."

Une famille française

Jean-Paul Malaval

Quand la carriole de son invité vint rouler sur le pavage de la cour, Angel Monestier sortit aussitôt. Sa femme lui avait conseillé d'attendre un peu, mais le propriétaire de la Renaudière ne possédait pas ces ruses. Il ajusta son chapeau, boutonna son veston et alla à grand pas vers le simple équipage. C'était une de ces vieilles carrioles brinquebalantes qui servaient sur tous les mauvais chemins du pays, et dont la capote en toile était usée à la corde et rapetassée. L'homme descendit lestement et mena à la gourmette son cheval à l'ombre des écuries. Puis, il fit mouvement vers son hôte, à bras ouverts. Monestier ôta son chapeau, se trouvant un peu ridicule ainsi attifé, comme il l'avait craint, devant son invité, simplement habillé d'une chemise ouverte sur la poitrine.

— François Brillat, s'exclama Angel, vous êtes le bienvenu à la Renaudière.

Les serrements de main furent chaleureux, les gestes caressants, et l'amabilité portée à la perfection. Dans l'encoignure de la porte d'entrée, Athanaïs soupira de soulagement. Avec les hommes, on ne sait jamais, pensait-elle.

— Nous nous sommes vus bien des fois, et jamais salués, déplora Brillat.

— Où cela ?

— Chez vous, à Saint-Ségur, à la foire aux chevaux.

— Mais nos enfants ont été plus hardis, ajouta Monestier. Ils se sont reconnus aussitôt.

— L'amour, exulta Brillat.

Angel se força à un petit rire. Il était la pudeur même, cet homme, sous ses grands airs, et le fameux mot avancé par son voisin, il ne l'eût prononcé pour rien au monde. Alors que François Brillat était plutôt d'un caractère expansif, téméraire dans l'approche des gens, et parfois exagérément méridional dans ses excès de langage.

Avant de franchir la porte et de saluer la maîtresse des lieux, le visiteur se retourna vers la cour, mesurant l'ampleur des bâtiments, leur agencement, le mur d'enceinte, l'âge des marronniers et des tilleuls. Tout respirait l'opulence, la bonne ferme, le travail bien fait.

Extrait du roman *Une famille française* de Jean-Paul Malaval
paru aux Presses de la Cité dans la collection Terres de France

lundi 12 janvier

Sainte **Tatiana**

Soleil : 08 h 40 • 17 h 17
Capricorne / 3e décan

HIVER

BIEN-ÊTRE

L'eau de rose

En faisant bouillir des pétales de rose pendant cinq minutes, puis en laissant macérer une heure dans la casserole couverte et retirée du feu, on obtient une lotion qui, mélangée à de la glycérine, donne une crème hydratante, adoucissante et antiseptique, excellente comme après-rasage. Les pétales des roses anciennes, et notamment des roses de Puteaux, donnent les crèmes les plus parfumées.

IDÉE DÉCO

Bougie en micromosaïque

Munissez-vous d'une boule en polystyrène de 9 cm de diamètre, de carrés de micromosaïque de 5 mm de côté aux couleurs assorties et d'une bougie chauffe-plat. Coupez la base de la boule au cutter de manière à la poser à plat, puis évidez le centre de la partie haute pour y placer la bougie. Dessinez au crayon sur la boule des motifs de votre choix (vagues, losanges, etc.) et collez les carrés de mosaïque en suivant les contours. Jointez entre les carrés. Otez le surplus de joint avec une éponge humide. Recouvrez également de joint les bords et l'intérieur du trou de la bougie.

CE JOUR-CI, AUTREFOIS

***1628** naissance du conteur Charles Perrault*
***1913** disparition des derniers omnibus à chevaux au profit des autobus*
***1926** l'Institut Pasteur annonce la découverte d'un sérum contre le tétanos*

GASTRONOMIE

Les anis de Flavigny

Les célèbres petites dragées rondes de Flavigny-sur-Ozerain (Bourgogne) sont fabriquées à partir de graines d'anis enrobées de sirop de sucre. Si la recette originelle demeure la favorite, ses variantes parfumées connaissent elles aussi un succès jamais démenti. Ainsi, on peut déguster des dragées aromatisées à la menthe, à la réglisse, à la rose, à la violette, à la fleur d'oranger, au jasmin, au citron, à la cannelle ou à la mandarine. L'abbaye de Flavigny, transformée en manufacture après la Révolution, est la seule à fabriquer ces anis ; elle produit 250 tonnes de dragées par an.

TERROIR ET TRADITIONS

Les émaux de Longwy

Célèbres pour leurs nombreuses nuances de bleu, leurs fleurs délicates et leurs craquelures, les émaux de Longwy (Lorraine) furent créés pour lutter contre l'importation des céramiques asiatiques, très en vogue au XVIIIe siècle. Leur technique de fabrication fut mise au point en 1872 par un peintre italien et un faïencier réputé établi dans la cité lorraine, le baron d'Huart. Etalés sur le biscuit au pinceau, les émaux sont ornés de motifs multiples cernés par un fin tracé noir. Le bleu turquoise est la couleur dominante des pièces, qui se déclinent en vases, en assiettes, en pots et en pieds de lampe.

« Entre le 10 et le 20 janvier, les plus contents sont les drapiers. »

mardi 13 janvier

Sainte **Yvette**

Soleil : 08 h 40 • 17 h 19
Capricorne / 3e décan

LANGAGE DES PLANTES

Le gui

Les graines de gui déposées et collées sur les branches des arbres par les grives draines et les fauvettes émettent un minuscule tube vert coudé qui perfore l'écorce et atteint le cambium où circule la sève. Ce suçoir se ramifie sous l'écorce, pompant de plus en plus de sève. Sa prolifération semble sans limite et fait le désespoir des jardiniers : à peine ont-ils coupé une touffe de gui que de nouvelles émergent de suçoirs secondaires. Mais, à trop devenir envahissant, le gui va succomber avec son hôte, qu'il aura totalement épuisé. Il est aussi le symbole de la ténacité et des liaisons dangereuses.

CE JOUR-CI, AUTREFOIS

1898 publication dans L'Aurore de J'accuse d'Emile Zola, lettre ouverte consacrée à l'affaire Dreyfus

1930 Mickey, déjà célèbre en dessin animé, apparaît en bandes dessinées

2000 double greffe des mains réalisée par une équipe internationale de chirurgiens à l'hôpital Edouard-Herriot de Lyon

MÉTÉO

L'hiver de 1962-1963 fut le plus long du XXe siècle. Les gelées apparurent le 13 novembre 1962 pour se terminer seulement le 7 mars 1963.

TRUCS ET ASTUCES

Comment détruire des souches d'arbres morts ?

Faites des trous à la perceuse, mettez des gousses d'ail à l'intérieur et recouvrez d'un film plastique opaque. En une ou deux saisons, la souche aura disparu. Plus lente qu'avec les produits chimiques tel le chlorate de soude, cette méthode biologique évite toutefois toute pollution et destruction des plantes environnantes.

DEVINETTE

Parfois je suis fort,
Parfois je suis faible.
Je parle toutes les langues
sans jamais les avoir
apprises.

Solution : l'écho

RECETTE

Les sablés niortais

Pour 6 personnes.

Ingrédients : 1 œuf ; 175 g de sucre ; 250 g de farine ; 175 g de beurre ; 1 sachet de sucre vanillé ; sel.

- Préchauffez le four à 180°.
- Dans un saladier, battez l'œuf avec le sucre et le sucre vanillé et 1 pincée de sel, jusqu'à ce que le mélange blanchisse.
- Incorporez la farine puis le beurre coupé en morceaux.
- Mélangez jusqu'à ce que la pâte soit bien homogène.
- A l'aide d'une poche à douille cannelée, faites des petits tas de pâte sur une plaque de cuisson recouverte de papier sulfurisé.
- Faites cuire 15 minutes au four.
- Laissez refroidir avant de déguster.

« Janvier de glace fait le pont, février, qui passe, le rompt. »

CE JOUR-CI, AUTREFOIS

1850 *naissance de l'écrivain Pierre Loti*
1914 *Sarah Bernhardt reçoit la légion d'honneur*

PERSONNAGES DE NOS RÉGIONS

Frison-Roche et Chamonix

Roger Frison-Roche a passé sa vie à parcourir le monde. Il fut tour à tour journaliste, reporter, guide de haute montagne, moniteur de ski, paysan, romancier, explorateur. Né à Paris en 1906 et ayant ses racines familiales à Beaufort, c'est à Chamonix qu'il a choisi de vivre. Il restera aux yeux de tous un formidable conteur de la haute montagne avec ses romans Premier de cordée *et* La Grande Crevasse.

Devinette

Sans moi, s'effondreraient
les cathédrales.
Je suis la solution,
pour m'élever depuis le sol
et atteindre le paradis.
Que suis-je ?

Solution : la clef

VOS DROITS

Les parents sont-ils responsables des dettes contractées par leur enfant majeur ?

Seul l'enfant mineur est sous la responsabilité civile de ses parents (la loi fixant la majorité à dix-huit ans accomplis).
En conséquence, l'enfant majeur est seul responsable de ses actes, et donc des dettes qu'il contracte, lesquelles doivent résulter d'un contrat qui est une convention entre deux ou plusieurs personnes.
Pour que les parents soient responsables des dettes contractées par leur enfant majeur, il faut qu'eux-mêmes les aient expressément cautionnées.

COLLECTIONS

Le collectionneur d'arrosoirs s'appelle le rosutiphiliste.

SYMBOLES DE NOS RÉGIONS

La croix de Lorraine

Emblème le plus connu de la région, la croix figurait dans la symbolique des ducs d'Anjou, devenus ducs de Lorraine en 1473. Sa particularité est qu'elle présente deux branches parallèles. La plus longue représente les bras du Christ ; l'autre porte l'inscription INRI, acronyme de Iesus Nazarenus Rex Iudaeorum *(Jésus le Nazaréen, roi des Juifs). Au cours de la guerre de 1914, la croix de Lorraine fut adoptée par les poilus pour évoquer la résistance à l'ennemi et la liberté.*

« Hiver, sitôt qu'il est beau, nous promet un été plein d'eau. »

COUTURE ET TRICOT

Mettre des mailles en attente

Pour façonner une encolure, ou simplement mettre son tricot de côté un moment, on peut laisser des mailles sur un arrêt de mailles et les reprendre plus tard. L'arrêt de mailles prend la forme d'une sorte de grande épingle de nourrice au bout arrondi. Ouvrez l'arrêt de mailles, et glissez le nombre de mailles requis sur l'épingle. Insérez l'épingle de la droite vers la gauche, sans tordre les mailles. Fermez l'arrêt de mailles. Lorsque vous reprenez le travail sur ces mailles, glissez-les sur une aiguille de réserve, et tricotez-les selon le point choisi.

TERROIR ET TRADITIONS

La foire à l'orange de Banyuls-sur-Mer

Petite ville des Pyrénées-Orientales, Banyuls-sur-Mer célèbre les agrumes à la mi-janvier. Oranges amères, citrons confits, kumquats, confitures, pour le plaisir de chacun, toutes sortes de préparations à base d'agrumes sont offertes à la dégustation. La foire s'agrémente d'animations thématiques.

JARDIN

Les travaux de la seconde quinzaine de janvier

- Plantez les vivaces à floraison estivale.
- Plantez les rosiers à racines nues et en mottes.
- Semez en caissettes, à l'intérieur, les plantes annuelles à croissance lente comme les pélargoniums et les bégonias.
- Arrosez, en dehors des périodes de gel, les plantes de terre de bruyère, qui, avec le froid, se dessèchent très vite.
- Plantez les haies à feuillage caduc.
- Plantez la rhubarbe.
- Sous châssis, semez les carottes, les navets, les laitues.

CE JOUR-CI, AUTREFOIS

1559 *couronnement d'Elisabeth Ire d'Angleterre*
1927 *inauguration du boulevard Haussmann à Paris*
1929 *naissance du pasteur et homme politique américain Martin Luther King*

LES JOLIS VILLAGES DE FRANCE

Vézelay

Face aux monts du Morvan en Bourgogne, au sommet d'une colline escarpée, se dresse la majestueuse basilique Sainte-Madeleine. Chef-d'œuvre de l'art roman restauré par Viollet-le-Duc, la basilique est un point de ralliement du pèlerinage de Saint-Jacques-de-Compostelle. Dans le village, les maisons romanes côtoient des demeures de la Renaissance parmi lesquelles se trouve celle de l'écrivain Jules Roy, devenue aujourd'hui une résidence d'écrivains.

« Autant de bonnes journées en janvier, autant de mauvaises en mai. »

CURIOSITÉS DE NOS RÉGIONS

Les cadoles du Beaujolais

Il s'agit de cabanes de pierres sèches présentes dans les vignes, que les viticulteurs utilisaient pour s'abriter de la chaleur ou des intempéries. Les plus élaborées ressemblent à des maisonnettes, certaines sont coiffées d'un toit à deux pans et percées d'une entrée en pignon, d'autres s'ornent d'un linteau au-dessus de la porte. Les plus rudimentaires sont simplement recouvertes de deux dalles se chevauchant.

CE JOUR-CI, AUTREFOIS

1778 la France reconnaît l'indépendance des Etats-Unis
1900 création de la Coupe Davis

MEUBLES DE NOS RÉGIONS

Les bancs basques

Le züzülü constitue le meuble basque le plus typique. Réservé au maître de maison, il présente un dossier élevé composé de trois panneaux. La partie centrale est mobile et forme en s'abaissant une tablette d'appoint. Parfois, un coffre se dissimule sous le siège. On trouve également des bancs à tiroir, massifs, à hauts dossiers et flanqués d'accoudoirs. Le zübazter, placé dans un angle à proximité de la cheminée, ne possède qu'un accoudoir du côté opposé à l'âtre.

JEUX A une lettre près

RADIS

- Costumes féminins indiens
- Maisons russes
- Supports
- Récipient

Solution : saris, isbas, bases, tasse

TRUCS ET ASTUCES

Soignez vos petits rhumes à l'eau salée

Contre le "nez bouché" et pour prévenir le dessèchement des muqueuses nasales, dissolvez deux bonnes pincées de gros sel dans un demi-litre d'eau chaude, puis inhalez ou introduisez dans les narines à l'aide d'un flacon goutte-à-goutte.

Pour les maux de gorge, l'eau salée peut également aider à diminuer la douleur. Faites le même mélange et gargarisez-vous quatre à cinq fois par jour. Dans les deux cas, prenez soin de faire bouillir l'eau salée pour bien la stériliser.

« Sécheresse de janvier, richesse de fermier. »

La Malpeur

Patrick Breuzé

Depuis toujours, Bertin Peillonnex élevait et soignait certaines de ses vaches en vue des combats organisés entre propriétaires. Là, se décidait la hiérarchie des troupeaux. Pour être reine, il fallait qu'une vache affronte victorieusement les autres bêtes en combat singulier, tête contre tête, poitrail contre poitrail. Qu'elles se luttent, comme on disait des deux côtés de la frontière.

Certaines refusaient, impressionnées par la force de l'adversaire, d'autres, fières et orgueilleuses, seraient allées jusqu'à la mort si les hommes n'avaient veillé sur elles. Sa position dominante valait à la reine de conduire le troupeau le jour de l'enmontagnage. Là-haut dans les alpages, la hiérarchie était respectée. Les autres vaches, piètres combattantes, laitières placides ou reines déchues, devaient se soumettre et accepter leur rang, faute de quoi les affrontements reprenaient, cette fois sans le secours des hommes pour séparer les bêtes, qui restaient parfois crochées par les cornes durant des jours.

De toutes ces combattantes, les meilleures étaient les « Val d'Hérens» avec leur large tête, leur poitrail puissant, leur robe noire aux reflets fauves. On les disait venues du fond des âges, descendantes des aurochs, héritières d'un passé où l'animal était encore sauvage. On les élevait sur les hautes terres du Valais et dans quelques vallées reculées.

Bertin passait un temps infini auprès de ses deux reines. L'une, vieillissante, ne remportait plus tous ses combats. L'autre, pleine d'orgueil et d'envie d'en découdre, faisait sa fierté. Chaque matin, il ajoutait quelques poignées d'avoine à leur fourrage, n'oubliant jamais la prière à saint Antoine, protecteur des troupeaux.

Extrait du roman *La Malpeur* de Patrick Breuzé paru aux Presses de la Cité dans la collection Terres de France

RECETTE

Quenelles de brochet

une spécialité de Lyon

Pour 6 personnes.

Ingrédients : 500 g de chair de brochet ; 4 œufs entiers ; 100 g de farine ; 25 cl de lait ; 250 g de beurre ; 2 c. à soupe d'aneth ciselé ; poivre de Cayenne ; sel ; poivre.

- Dans une casserole, faites chauffer 2 œufs, la farine, le lait, 30 g de beurre, du sel et du poivre et remuez à la spatule jusqu'à obtention d'une pâte épaisse.
- Laissez refroidir.
- Dans une jatte, mélangez la chair de brochet mixée et le reste de beurre.
- Incorporez le mélange à la pâte.
- Ajoutez 2 pincées de poivre de Cayenne et les œufs restants.
- Passez cette farce au tamis puis travaillez-la à la spatule.
- Divisez-la en portions égales et formez de grosses quenelles.
- Faites-les cuire 10 minutes dans de l'eau bouillante salée.
- Egouttez-les et servez-les, parsemées d'aneth.

CE JOUR-CI, AUTREFOIS

1839 naissance du peintre Paul Cézanne
1840 découverte de la terre Adélie par le navigateur français Dumont d'Urville
1902 création du prix Goncourt

LANGAGE DES PLANTES

L'hamamélis

C'est en plein hiver, après la chute de ses feuilles, que l'hamamélis fleurit. Cette floraison à contre-saison fit croire aux Indiens d'Amérique, d'où elle est originaire, que la plante était ensorcelée et parée de toutes les vertus. Les sorciers taillaient leur baguette de divination dans son bois, ses feuilles fraîches portées sur soi consolaient des peines de cœur, son écorce combattait les influences malignes. Actuellement, son essence entre dans la composition de lotions antirides. Dans le langage des fleurs, l'hamamélis signifie "Vous m'envoûtez".

BIEN-ÊTRE

Le sélénium

Très important pour l'organisme, le sélénium a la particularité de se lier avec des éléments toxiques comme l'arsenic et le mercure, qu'il empêche ainsi d'agir. Le sélénium est l'un des plus puissants antioxydants, qui lutte contre le vieillissement des artères et permet de freiner l'oxydation des graisses. Il se trouve essentiellement dans certaines graines, comme les noix du Brésil, les noix de cajou, les graines de tournesol, mais aussi dans le thon frais et les crevettes.

"Janvier le frileux, février le grésilleux."

CE JOUR-CI, AUTREFOIS

1709 *décès du père Lachaise, confesseur du roi Louis XIV*
1995 *inauguration du pont de Normandie qui relie Le Havre à Honfleur*

GÉNÉALOGIE

Origine du nom Gigault

Ce patronyme est porté notamment dans les Pays de la Loire. Il est associé à la gigue, qui était une sorte de mandoline au Moyen Age, puis qui a désigné la danse menée au son de cet instrument. Il désignerait donc le joueur ou le danseur de gigue. Parmi les variantes assez courantes dans la même région, citons Gigaud, Gigaut et Gigaux.

VOS DROITS

Le divorce par consentement mutuel

La demande peut être faite si les époux sont d'accord sur le divorce et tous ses effets (partage des biens, autorité parentale, pension alimentaire, prestation compensatoire). Aucune durée minimale de mariage n'est exigée et les époux n'ont pas à faire connaître les raisons du divorce. Ils doivent s'adresser à leurs avocats respectifs ou à un avocat unique choisi d'un commun accord. Convoqués par le juge aux affaires familiales qui siège au tribunal de grande instance du lieu de leur résidence, les époux vont soumettre à son approbation une convention réglant toutes les conséquences pratiques du divorce pour eux et leurs enfants. Le juge peut alors homologuer ou refuser d'homologuer la convention et ainsi prononcer ou non le divorce. La décision du juge n'est pas susceptible d'appel mais peut faire l'objet d'un recours devant la cour de cassation.

HISTOIRE DRÔLE

C'est une conversation entre une maîtresse d'école et son élève.
— Madame, est-ce que je peux être puni pour quelque chose que je n'ai pas fait ?
— Mais bien sûr que non, on ne va pas te punir pour quelque chose que tu n'as pas fait.
— Eh bien, ça va alors... je n'ai pas fait mes devoirs hier !

GASTRONOMIE

Le beaufort de Savoie

Ce fromage savoyard est fabriqué à partir de lait cru entier de vache. L'été, durant la période dite des "cent jours" où les plus hauts alpages ne sont pas recouverts par la neige, les troupeaux de races Tarine et Abondance paissent dans les pâturages d'altitude. La qualité de l'herbe des hauteurs, au riche parfum, donne au beaufort son arôme fruité et son léger goût de noisette si particuliers. Le "prince des gruyères" entre dans la composition de la fondue savoyarde, mais on peut aussi le déguster accompagné d'un morceau de pain de campagne et d'un verre de vin blanc fruité de Savoie.

NOS ANIMAUX

L'hibernation des loirs

L'hiver arrivant, les loirs s'installent dans les granges et les greniers pour hiberner. Ils se regroupent par dizaines, se roulent en boule et, serrés les uns contre les autres, hibernent durant sept mois, d'où l'expression "dormir comme un loir".

« A la Saint-Sébastien, l'hiver s'en va ou revient. »

mercredi 21 janvier

Sainte Agnès

Soleil : 08 h 33 • 17 h 30
Verseau / 1er décan

CONTES ET LÉGENDES

Les possédées de Loudun

Si la ville de Loudun, dans la Vienne, est devenue célèbre avec l'"affaire Marie Besnard", on y raconte aussi une sulfureuse histoire de possession qui secoua la ville au XVIIe siècle. Les religieuses du couvent des ursulines auraient été prises d'un comportement bizarre, se contorsionnant et blasphémant. Exorcisées durant des mois, elles accusèrent alors Urbain Grandier, curé de Saint-Pierre-du-Marché, d'avoir pactisé avec le diable et de les avoir envoûtées. Beaucoup de paroissiennes seraient tombées amoureuses de ce bel homme, y compris sœur Jeanne des Anges, mère supérieure des ursulines, qui lui demanda d'être l'aumônier de son couvent. Il refusa, fut traduit devant un tribunal ecclésiastique et brûlé vif en 1634.

EXPRESSION

Franchir le Rubicon

Cette expression désigne en français courant le fait de se lancer dans une entreprise conséquente ou de prendre une décision importante. Il faut aller en chercher l'origine dans l'histoire de la Rome antique. Marchant sur Rome, César, alors consul en Gaule, franchit avec son armée le petit fleuve, le Rubicon, qui séparait la Gaule Cisalpine des provinces romaines. Au moment de le traverser, il aurait prononcé le célèbre "alea jacta est", que l'on traduit par "le sort en est jeté", car le Rubicon était interdit de passage par le Sénat romain.

CE JOUR-CI, AUTREFOIS

1793 Louis XVI, roi de France, est guillotiné place de la Révolution
1954 les Etats-Unis lancent le Nautilus, premier sous-marin atomique

COUTURE ET TRICOT

Des plis à la couture ?

Si vous remarquez des plis disgracieux sur le tissu lorsque vous cousez, cela signifie très probablement que les points sont trop petits ou trop grands. Si le tissu se plisse légèrement à la couture, le point est peut-être trop court. Essayez de l'agrandir légèrement. Si le tissu se fronce pendant que vous cousez, le point est probablement trop long : réduisez-le pour corriger le problème.

ASTROLOGIE

Verseau (du 21 janvier au 19 février)

Planète : Uranus
Elément : Air
Couleur : Violet
Pierre : Perle noire
Qualités : Amical, original, avant-gardiste, dynamique
Défaut : Utopiste
Affinités : Bélier, Gémeaux, Balance

"Jour de Sainte-Agnès, jamais trop de froid ne laisse."

COLLECTIONS

Le collectionneur de bagues de cigares s'appelle le vitolphiluméniste.

Comment s'appellent…
les habitants d'Auch dans le Tarn-et-Garonne ?

Les Auscitains

TERROIR ET TRADITIONS

La fête de la Saint-Vincent à Coudoux

Placée sous les bons auspices de saint Vincent, patron des vignerons, cette fête rassemble les viticulteurs des coteaux d'Aix et les producteurs d'huile d'olive au village de Coudoux dans les Bouches-du-Rhône. Elle débute par un défilé de la Confrérie des échansons du roy René, au son de musiques folkloriques, et se poursuit par des dégustations gratuites et des animations autour de la vigne et de l'olivier.

CE JOUR-CI, AUTREFOIS

1910 à Edimbourg, la France est invitée à rencontrer pour la première fois l'Ecosse en rugby
1970 entrée à l'Académie française d'Eugène Ionesco

MÉTIERS OUBLIÉS

Le marinier

Le marinier parcourait l'Europe dans une grande péniche pour acheminer par voie fluviale des marchandises aussi diverses que variées : charbon, pierres, colza, légumes de saison, etc. Pour tirer le bateau, en l'absence de traction motorisée, il recourait au halage à la bricole, passant autour de son torse un simple harnais relié à la corde de traction. A partir du XXe siècle, cette méthode fut remplacée par le halage animal. Certains mariniers louaient alors des bœufs, des chevaux ou des mulets auprès des charretiers (nord de la France) ; d'autres étaient propriétaires des bêtes, qu'ils logeaient à bord, dans une écurie voisinant leur modeste baraque (Centre).

« A la Saint-Vincent, tout dégèle ou tout fend. »

CURIOSITÉS DE NOS RÉGIONS

Les grottes-refuges de Naours

Les grottes de Naours (Picardie), situées entre Amiens et Doullens, sont considérées comme les plus vastes refuges souterrains jamais creusés en France par l'homme. Entièrement artificielles, elles se trouvent à environ 33 m de profondeur et comprennent une trentaine de galeries sur une longueur totale de 2 200 m. Trois cents chambres servaient jadis d'abris aux Noriens, qui y descendaient dès qu'une guerre ou une invasion menaçait. On abandonnait alors son habitation pour se terrer avec le bétail et les outils. Aujourd'hui, les grottes se visitent du 1er février au 31 mars et du 1er septembre au 15 novembre. Sont encore visibles au fond des grottes une grande quantité d'objets (marteaux, manivelles, ciseaux), des ossements ainsi que les auges et les anneaux sculptés dans la pierre.

CE JOUR-CI, AUTREFOIS

1783 *naissance de l'écrivain Stendhal*
1895 *pour la première fois, des hommes posent le pied sur le continent Arctique*
1901 *première femme reçue à l'internat des hôpitaux de Paris*

GÉNÉALOGIE

Origine du nom Taillevent

Patronyme très répandu en Auvergne, il désigne l'artisan qui confectionnait les lames d'outils (houes, bêches). Appelé autrefois "taillant", il a donné lieu à de nombreux autres noms tels que Taillandié, Tallandier, Taillanter, Taillendier, Tallendier.

JEUX Abracadamots

Une grille se compose de 81 cases regroupées en 9 blocs de 9 cases. Le joueur doit compléter la grille avec 9 lettres toutes différentes les unes des autres. Chaque lettre ne peut être utilisée qu'une seule fois dans chaque ligne, dans chaque colonne et dans chaque bloc. Vous verrez apparaître un mot de 9 lettres sur la première ligne horizontale de la grille.

P				H	E			
	N	H			A			
M		C		I			A	R
C		E		A	I			M
R	M		E			C		
		P	M				H	
H	R				M	A	E	
		I	H			R	M	P
E			A	C		I		H

« Janvier et février comblent ou vident le grenier. »

Le Hameau des mirabelliers

Michel Caffier

Léon pelletait la neige entre la rue et la maison. Il traçait un chemin au milieu de l'allée de mirabelliers, au jugé, dans l'épaisse couche tombée dans la journée. La campagne autour de Pompey disparaissait sous le tapis blanc qui, durci par le vent glacial, tenait même sur les verrières et les toits des ateliers de l'usine. Le mois de janvier n'était pas plus dur que les autres années. Léon gardait en mémoire le repère de Léopold : « Ça ne va pas mieux qu'en 54 », disait son père en rappelant que le lendemain de Noël, cette année-là, il gelait à moins trente. Le cantonnier, en 1854, avait tué son dernier loup, une femelle, qui rapportait 25 francs de plus qu'une dépouille de mâle. Le froid persistait depuis, mais les loups disparaissaient peu à peu : dix-huit bêtes abattues dans l'année, plus de dix louveteaux dans le département, davantage que dans les Vosges et moins que dans la Meuse. Enfant, dans les pires nuits de janvier ou de février, Léon entendait les hurlements dans les bois derrière le Hameau.

La pelle raclait les pavés dégagés que recouvrait aussitôt une couche poussiéreuse poussée par les rafales.

— Tu fais un bonhomme de neige ?

Louis rentrait de l'école, enfoui dans sa pèlerine arrondie sur son sac à dos.

— Pose tes affaires. Viens m'aider à damer la neige sur les côtés.

— Tu feras mes devoirs à ma place?

— Demain jeudi, tu auras le temps.

Ils finissaient le dégagement quand Marthe arriva, essoufflée. Le visage rougi par le froid et l'effort : « La montée est difficile, la descente le sera plus encore. » Appuyé à la porte de la cuisine, Louis pleurait en montrant à son père les doigts de sa main gauche coupés par les engelures.

— C'est le prix à payer pour les boules de neige de la récréation, dit Marthe en entrant dans la maison.

Extrait du roman *Le Hameau des mirabelliers* de Michel Caffier
paru aux Presses de la Cité dans la collection Terres de France

lundi 26 janvier

Sainte **Paule**

Soleil : 08 h 28 • 17 h 38
Lune : ●
Verseau / 1er décan

CE JOUR-CI, AUTREFOIS

1902 apparition des cigarettes Gauloises
1971 une sonde spatiale soviétique se pose sur Vénus

TERROIR ET TRADITIONS

Proverbes gascons

- **Atau que va tostemps lo monde, perdonar l'esparvèr e punir la colombe :** *ainsi va toujours le monde, pardonner à l'épervier et punir la colombe.*
- **Que vau mielher alucar la lutz que's plànher de l'escur :** *il vaut mieux allumer la lumière plutôt que se plaindre de l'obscurité.*
- **Pagar lo trente de heurèr :** *payer le trente février (ne pas payer du tout).*
- **N'escotes pas lo ton medeci ; hè com eth : beu vin :** *n'écoute pas ton médecin, fais comme lui, bois du vin.*
- **Hicà's lo camin devath los pès :** *mettre le chemin sous les pieds (se mettre en route).*

LES ARBRES DE NOS RÉGIONS

Le hêtre

On le retrouve en plaine, parfois en moyenne montagne, dans l'est, le nord et l'ouest de la France, ainsi que dans le Bassin parisien. Les hêtraies normandes, notamment, sont célèbres pour la beauté de leurs fûts lisses et gris. Pouvant atteindre 40 m de haut, le hêtre vit en moyenne de 200 à 250 ans. Son bois dur, blanc à rougeâtre, s'utilise principalement en ébénisterie et en tonnellerie.

TERROIR ET TRADITIONS

Eau divine du Capucin de Cluny

Cette lotion, composée de la sève de nombreuses plantes de montagne, était réputée infaillible pour guérir tous les cas d'ophtalmies, de conjonctivites, d'épanchements de sang et d'inflammations de toutes sortes. Elle était également conseillée aux personnes âgées dont la vue baissait ou se troublait.

LANGAGE DES PLANTES

Le lierre grimpant

Le lierre est le symbole de l'amour passion. Comme lui, il s'attache à son hôte, s'enroule autour de lui et l'enserre si fort qu'à la fin celui-ci meurt, entraînant également sa propre mort. On plaçait souvent une couronne de lierre sur les portes des tavernes, car, prétendait-on, le lierre neutralisait la vigne et préservait de l'ivresse. Le lierre signifie : fidélité, je meurs où je m'attache.

« Sainte-Paule sec et beau remplit greniers et tonneaux. »

CE JOUR-CI, AUTREFOIS

1756 naissance du compositeur autrichien Wolfgang Amadeus Mozart
1880 Thomas Edison dépose un brevet pour la lampe électrique à incandescence
1991 Boris Becker bat Ivan Lendl en finale de l'Open d'Australie et devient numéro 1 mondial

TRUCS ET ASTUCES

Si vos animaux de compagnie ont pris la mauvaise habitude de gratter la terre de vos bacs à plantes, déposez-y des peaux d'orange fraîches, c'est un excellent répulsif, notamment pour les chats.

JARDIN

Débarrassez les troncs et les branches des arbres fruitiers des mousses, lichens et écorces mortes en les brossant. Vous éliminerez ainsi une multitude d'œufs et de larves d'insectes qui s'y abritent durant l'hiver.

MÉTÉO

L'hiver de 1708-1709 fut l'un des plus rigoureux qu'ait connus la France. Tous les fleuves, les rivières, les lacs gelèrent ainsi que la mer sur les côtes de la Méditerranée. Les oliviers périrent et la vigne disparut de plusieurs régions de France. A Paris, le thermomètre descendit même jusqu'à - 26 °C !

MEUBLES DE NOS RÉGIONS

Le buffet provençal

Pièce maîtresse de la salle commune, le buffet provençal caractéristique est la crédence. Généralement en noyer, il se compose d'un corps inférieur à deux portes et d'un corps supérieur moins profond et moins haut, constitué de deux panneaux glissants disposés de chaque côté d'une partie centrale fixe. Le meuble est sculpté de motifs fleuris.

RECETTE

Aligot de l'Aubrac

Pour 8 personnes.

Ingrédients : 1 kg de pommes de terre ; 400 g de tome fraîche ; 200 g de crème fraîche épaisse ; 1 ou 2 gousses d'ail ; sel ; poivre.

- Epluchez les pommes de terre et les gousses d'ail.
- Coupez les pommes de terre en gros morceaux et faites-les cuire 20 minutes avec l'ail dans de l'eau bouillante salée.
- Coupez la tome en fines lamelles.
- A la fin de la cuisson, retirez l'ail.
- Passez les pommes de terre au presse-purée en ajoutant éventuellement un peu d'eau de cuisson pour obtenir une consistance onctueuse.
- Salez et poivrez.
- Incorporez la crème fraîche en mélangeant avec une cuillère en bois, puis rapidement les lamelles de tome en remuant énergiquement afin d'aérer l'aligot : il doit filer au bout de la spatule en formant un ruban.

DEVINETTE

Je suis allée une fois en Espagne, je ne suis jamais allée en Grèce, mais souvent au Danemark et aux Pays-Bas. Sans moi Paris serait pris. Qui suis-je ?

Solution : la lettre A

« A la Sainte-Angèle, pour vous régaler n'attendez pas le dégel ! »

TRUCS ET ASTUCES

Lorsqu'une ampoule est cassée mais encore vissée, vous pouvez la dévisser sans vous blesser en y plantant un morceau de pomme de terre. Vous faites alors tourner ce qui reste de l'ampoule sans problème.

LE PETIT GESTE ÉCOLO

Limitez votre consommation d'aluminium

Le processus de fabrication de l'aluminium est extrêmement polluant pour l'environnement, et l'exploitation des gisements de bauxite entraîne des déforestations massives aux conséquences souvent catastrophiques, qui fragilisent l'écosystème des régions touchées. Utilisez de préférence le film plastique alimentaire transparent ou du papier sulfurisé pour la cuisson.

CE JOUR-CI, AUTREFOIS

- 1887 début de la construction de la tour Eiffel
- 1921 inauguration sous l'Arc de Triomphe du tombeau du soldat inconnu

GASTRONOMIE

L'agneau de Pauillac

A la fin du XVIIe siècle, les bergers des Landes avaient pour habitude de faire paître leurs troupeaux dans les vignobles de Pauillac, en Gironde, une fois les vendanges terminées. Les bergers comme les viticulteurs y trouvaient leur compte : les premiers bénéficiaient d'un lieu de pacage pour leurs bêtes, les seconds trouvaient leurs vignes désherbées une fois les animaux partis. Alors que les brebis paissaient dans les vignes, les agneaux restaient dans la bergerie et étaient nourris exclusivement de lait, ce qui leur conférait une chair blanche et très tendre.
Aujourd'hui encore, l'agneau de Pauillac est réputé pour sa saveur incomparable. Abattu à 75 jours maximum, d'un poids de 11 à 12 kg, il bénéficie du Label Rouge et obéit à une IGP (indication géographique protégée).

HISTOIRE DRÔLE

Une mère dit à son fils :
— N'oublie pas que nous sommes sur terre pour travailler.
— Bon, alors moi, plus tard, je serai marin !

BIEN-ÊTRE

La vitamine A

Elle favorise la croissance des tissus, assure la solidité des os et améliore la vision nocturne. On la trouve dans le jaune d'œuf, le beurre, le lait entier, le foie de veau, les fromages, les huîtres, le hareng et les anchois. Proche de la vitamine A, la provitamine A, ou carotène, est présente dans les plantes, notamment dans les carottes mais aussi dans l'oseille et dans le cynorhodon.

COLLECTIONS

Le collectionneur de drapeaux et d'étendards s'appelle le vexillologiste ou le vexillophiliste.

« Si tu vois l'herbe en janvier, serre ton grain dans ton grenier. »

TERROIR ET TRADITIONS

Les sabots bressans

Les Bressans étaient autrefois connus de tous pour leurs sabots de bois, même de Bonaparte, qui avait déclaré : "Quand les Bressans ont cassé leurs sabots, ils sont les meilleurs soldats du monde." Unique chaussure du pays, le sabot, fait de bois de bouleau, se décline sous plusieurs formes : pour le travail, hommes et femmes portent de gros sabots couvrant tout le pied, souvent bridés d'un fil de fer ; le dimanche, les hommes chaussent des sabots dotés d'un coussin et ornés d'une bande de cuir jaune à motifs variés, et les femmes, des sabots noirs, à l'avant décoré de fleurs stylisées.

NOS ANIMAUX

Le saviez-vous ?

- Il existe 701 races différentes de chiens.
- Les chiens les plus intelligents sont, dans l'ordre, le border collie, le caniche, le golden retriever.
- Avec leur parfait odorat, ils peuvent sentir cent fois mieux que l'homme.
- Le premier fossile trouvé provenant d'un chien date de 10 000 avant Jésus-Christ.

CE JOUR-CI, AUTREFOIS

1910 cote record de la Seine qui atteint 8,5 mètres au pont de Tournelle

1916 premier raid d'un zeppelin allemand sur Paris

1985 en France, le prix du pétrole est libre

EXPRESSION

Couper l'herbe sous le pied

Cette expression date du XVIe siècle, où l'on parlait d'"herbes" pour les légumes puis, par extension, pour les moyens de subsistance, ce qui a donné naissance à "l'herbe lui manque sous les pieds". C'est ensuite probablement par mélange avec "couper les vivres" que l'expression est apparue. Elle a ainsi plusieurs sens, celui de "frustrer" quelqu'un d'un avantage attendu en le devançant" mais aussi celui d'"empêcher quelqu'un de réussir dans une entreprise en le supplantant".

LANGAGE DES PLANTES

Le perce-neige

Au jardin, le perce-neige est l'une des premières plantes à fleurir, souvent même sous la neige. Il aime l'humidité, l'ombre et une terre plutôt lourde. Dans le langage des fleurs, le perce-neige signifie l'espoir. C'est pour cette raison que l'association créée par Lino Ventura pour les handicapés mentaux a été nommée Perce-neige.

"Souvent fin janvier ne remplit pas le panier."

vendredi 30 janvier

Sainte **Martine**

Soleil : 08 h 23 • 17 h 45
Verseau / 1er décan

CE JOUR-CI, AUTREFOIS

1875 fin de la monarchie en France
1876 Victor Hugo est élu sénateur de Paris
1917 le premier disque de jazz est enregistré aux Etats-Unis

CURIOSITÉS DE NOS RÉGIONS

Le musée du Tabac à Bergerac

Le département de la Dordogne a une tradition de production de tabac et abrite deux institutions spécialisées : l'Institut expérimental des tabacs, centre de recherches d'une valeur scientifique incontestable, et le musée d'intérêt national du Tabac, situé à Bergerac dans l'hôtel Peyrarède, construit en 1604 et dont la façade est un fleuron de l'architecture de la région. Dans ce musée gratuit, le tabac se décline sous toutes ses formes, y compris dans l'immense variété de son conditionnement et de sa consommation. Les collections sont constituées de pipes, tabatières, enseignes, gravures et tableaux qui témoignent, à travers les âges et les lieux, de l'universalité du tabac.

JEUX Sudoku

7	8			2		5		
			5	7	3		4	9
	5				9			
1				5	6		8	4
6	4						7	5
3	7		4	8				2
			9				6	
5	2		1	6	7			
		7					5	1

CONTES ET LÉGENDES

Les sources maléfiques du Boulonnais

Le Boulonnais (Nord-Pas-de-Calais) recèle des points d'eau particulièrement insolites. Ainsi, le ruisseau maudit de Dannes, d'où un bras décharné sort parfois pour happer les promeneurs téméraires. Les eaux de la fontaine Saint-Leu de Bellebrune, cachée dans une cave, pétrifient tout ce qu'on y plonge. Du côté de Colembert, il convient d'éviter la fosse Tourniche, trou sans fond où un attelage complet fut un jour englouti. Autour de Beuvrequen, dans les marais de la Slack, un charretier maudit qui jadis s'est embourbé continue d'essayer, la nuit, de franchir le marais interdit. A La Madelaine, près de Montreuil, il convient d'éviter la Canche, maudite en raison de nombreuses noyades. Enfin, à Matringhem, le Grand-Trou est habité par un croquemitaine en jupon qui noie les enfants après les avoir capturés avec son crochet.

« A la Sainte-Martine, l'hiver s'en va ou se mutine. »

Au bonheur du matin

Marie-Paul Armand

« Quant au lait, il nous était livré par une fermière qui l'apportait dans un tonneau monté sur deux roues. Elle nous en versait une pinte dans la casserole que je tenais à deux mains, là aussi consciente de l'importance de mon rôle. Je marchais ensuite à petits pas jusqu'à la cuisine, surveillée par ma mère, et je tendais avec fierté la casserole à ma grand-tante, qui la prenait en me félicitant et qui la posait sur le feu. Lorsque le lait était bouillant, nous prenions toutes les trois notre petit déjeuner. Ma mère et ma tante buvaient ensuite une tasse de café, que la société « Au Planteur de Caïffa » nous apportait également à domicile. A cause de mon jeune âge, je n'avais pas droit au café. Pour me consoler, ma grand-tante me disait :

— Attends, on va faire trempette.

Elle prenait un sucre qu'elle trempait dans sa tasse et qu'elle me mettait aussitôt dans la bouche. Là, il fondait, et je savourais le goût du café que je trouvais délicieux, en espérant grandir très vite et ainsi avoir droit, moi aussi, à ce breuvage qui semblait si apprécié par toutes les femmes que je connaissais.

Je savais la facon de le préparer. C'était moi qui, souvent, tournais le petit moulin dans lequel ma grand-tante avait placé les grains. Elle ôtait ensuite le petit tiroir et elle versait le café moulu dans l'*alambique* ; elle ne manquait jamais d'y ajouter une dose de chicorée « A l'écolière ». J'aimais bien l'image qui illustrait le paquet de chicorée, et qui représentait une petite fille vue de trois quarts, avec une grosse natte nouée d'un ruban bleu dans le dos. Vêtue d'une blouse noire garnie d'une collerette blanche, d'une jupe rouge et de bottines, ses livres et ses cahiers d'école sous le bras, elle buvait, debout, une tasse de chicorée. Sur la table, devant elle, on pouvait voir un paquet de cette même chicorée, et un cahier sur lequel était écrite une phrase que ma mère m'avait lue : « La chicorée Leroux est la meilleure. » »

Extrait du roman *Au bonheur du matin* de Marie-Paul Armand paru aux Presses de la Cité dans la collection Terres de France

AU PROGRAMME CE MOIS-CI

- *Fête de l'alicoque à Nyons (Drôme), premier dimanche du mois.*
- *Les Oursinades de Carry-le-Rouet (Bouches-du-Rhône), trois premiers dimanches du mois.*
- *Fête du pain chaud à Saint-Brandan (Côtes-d'Armor), deux week-ends autour de mardi gras.*
- *Salon du chocolat à Clermont-Ferrand (Puy-de-Dôme), mi-février.*
- *Concours de Bagadoù à Brest (Finistère), mi-février.*
- *Fête des Bœufs gras de Bazas, le jeudi gras.*
- *Fête des vins d'Anjou à Chalonnes-sur-Loire (Maine-et-Loire), dernier week-end du mois.*
- *Carnaval de Nice (Alpes-Maritimes), deux dernières semaines du mois.*
- *Fête des terroirs d'ici et d'ailleurs à Remiremont (Vosges), dernier week-end du mois.*
- *Corso fleuri à Bormes-les-Mimosas (Alpes-Maritimes), dernier week-end du mois.*

JARDIN

Les travaux de la première quinzaine de février

- Divisez les topinambours.
- Taillez la vigne.
- Semez les fèves.
- Plantez les lis (sauf le lis de la Madone), les renoncules et les anémones de Caen.
- Continuez à planter les rosiers.
- Taillez les chèvrefeuilles, les bignones.
- Aérez le gazon.
- Supprimez les mottes créées par les vers de terre.
- Plantez les plantes grimpantes achetées en motte ou en container.

TERROIR ET TRADITIONS

La fête de l'alicoque à Nyons

L'alicoque, ou huile nouvelle, se célèbre deux fois par an à Nyons. Le premier dimanche de février, alors que la récolte des olives touche à sa fin et que l'huile commence à couler des moulins, la Confrérie des chevaliers de l'Olivier invite la population à la déguster autour des grandes tables dressées pour l'occasion sur la place des Arcades. La fête s'ouvre par des danses et des chants provençaux et se termine par un aïoli géant. La fête de l'olive reviendra à Nyons en juillet, avec les Olivades.

LES ARBRES DE NOS RÉGIONS

Le châtaignier

Originaire d'Asie Mineure, le châtaignier pousse à l'état spontané en Ardèche, dans les Cévennes, le Limousin, le massif des Maures et en Corse. Doté d'un tronc massif, il peut atteindre 4 m de circonférence et 30 m de hauteur. Son bois, résistant et facile à fendre, s'utilise en menuiserie, en charpenterie et entre dans la fabrication des manches d'outils.

CE JOUR-CI, AUTREFOIS

1913 inauguration de la gare la plus vaste du monde, Grand Central Terminal, à New York
1977 ouverture au public du Centre Pompidou à Beaubourg
1996 décès du danseur américain Gene Kelly

« S'il pleut à la Chandeleur, les vaches donnent beaucoup de beurre. »

TRUCS ET ASTUCES

Aérez votre maison en hiver

Si vous possédez une cheminée, jetez au feu des baies de genévrier ou des noyaux de fruits séchés et concassés ; ils diffuseront dans l'air une fraîcheur très agréable.

CE JOUR-CI, AUTREFOIS

1387 entrée en vigueur de la loi salique (aucune femme ne pourra succéder au royaume de France)
1962 voyage inaugural du paquebot France entre Le Havre et New York
2000 Jo Le Guen entame la traversée du Pacifique Sud à la rame

BIEN-ÊTRE

L'huile de camomille contre les rhumatismes

Placez les fleurs de camomille et l'huile de tournesol dans des bocaux transparents exposés au soleil durant trois jours. Chauffez-les ensuite au bain-marie pendant deux heures en gardant le bocal fermé. Une fois filtrée, l'huile obtenue s'utilise chaude en frictions contre les rhumatismes.

GASTRONOMIE

Les vins du Beaujolais

Si le beaujolais nouveau, que l'on déguste dès le mois de novembre, est le plus connu, il ne faut pas oublier les onze autres crus qui reçoivent l'appellation "Beaujolais". Les Beaujolais Village, par exemple, représentent à eux seuls 25% de la production du vignoble. Beaujolais Nouveau et Beaujolais Village ont la particularité de pouvoir être dégustés jeunes. Les autres crus gagnent en valeur avec le temps. Ainsi, les connaisseurs attendent le printemps qui suit les vendanges pour goûter les brouilly, chénas, chiroubles, côte-de-brouilly, fleurie, juliénas, morgon, moulin-à-vent, régnié et saint-amour. Les vignerons considèrent que les vins ont alors "fait leurs Pâques", c'est-à-dire qu'ils ont atteint leur maturité et qu'ils peuvent déployer toute leur saveur.

RECETTE

Garbure gasconne

Pour 8 personnes.

Ingrédients : 1 petit chou frisé ; 4 carottes ; 2 navets ; 1 poireau ; 4 gousses d'ail ; 1 kg de potiron ; 4 pommes de terre ; 250 g de haricots tarbais ; 2 feuilles de laurier ; 2 brins de thym ; 1 os de jambon ; 4 manchons de canard ou d'oie ; 1 c. à soupe de bicarbonate de soude ; sel ; poivre.

- Epluchez les légumes et coupez-les en gros dés.
- Plongez les haricots dans un faitout d'eau froide avec le bicarbonate de soude.
- Portez à ébullition et faites cuire 10 minutes.
- Dans un faitout, versez les légumes avec les haricots égouttés, le jambon, le thym et le laurier.
- Couvrez d'eau, salez, poivrez et laissez cuire 1 heure à petits bouillons.
- Faites réchauffer les manchons puis dégraissez-les.
- Ajoutez-les dans le faitout et laissez cuire quelques minutes avant de servir.

« Quand le jour de Saint-Blaise est brumeux, il pleuvra dans un jour ou deux. »

mercredi 4 février

Sainte **Véronique**

Soleil : 08 h 17 • 17 h 51
Verseau / 2e décan

CE JOUR-CI, AUTREFOIS

1944 première à Paris d'Antigone de Jean Anouilh

1969 inauguration du réseau Arpanet, qui deviendra plus tard Internet

MÉTÉO

Le mois de février 1956 restera comme le mois le plus froid du xxe siècle. En effet, une vague de froid d'une rigueur extrême toucha la France entière, ainsi qu'une grande partie de l'Europe. Le thermomètre sous abri afficha alors - 17 °C à Marseille, - 22 °C à Lyon, - 20 °C à Toulouse et - 25 °C à Nancy. La neige recouvrit les rues de Bordeaux sur plus de 80 cm. Dans le Midi, à Saint-Raphaël, la couche atteignit 60 cm. Tous les cours d'eau et certaines parties du littoral furent gelés.

JEUX Anagramme

Mélangez les cinq lettres des deux mots donnés pour former un troisième mot de dix lettres.

F	O	N	C	E	C	E	R	N	E

S	E	U	L	E	B	L	A	M	E

R	A	N	G	E	E	L	I	T	E

Solution : conférence, emballeuse, généralité

COMMENT S'APPELLENT…

les habitants de Montélimar dans la Drôme ?

Les Montiliens

VOS DROITS

Dans quel cas la redevance audiovisuelle est-elle due ?

Depuis 2005, tout particulier qui paye une taxe d'habitation et détient au 1er janvier, pour son usage privatif, un poste de télévision ou tout dispositif assimilé permettant la réception de la télévision doit acquitter la redevance audiovisuelle. La redevance est due quel que soit le mode d'acquisition du téléviseur ou du matériel assimilé : achat, don, prêt, succession.

EXPRESSION

C'est la croix et la bannière

Au xve siècle, des cortèges religieux accompagnaient les personnages importants. En tête se trouvaient des hommes qui portaient la croix et d'autres qui portaient une bannière. Ces cortèges exigeaient beaucoup d'organisation et de rigueur. C'est pourquoi, depuis la fin du xve siècle, on dit "c'est la croix et la bannière" pour qualifier une situation qui demande beaucoup de méticulosité. Par extension, l'expression signifie que quelque chose est difficile et complexe à réaliser.

TRUCS ET ASTUCES

Pour connaître la nature de son sol en hiver, en l'absence de plantes indicatrices, on peut ramasser une poignée de terre et verser dessus un peu de vinaigre. Si la terre grésille, c'est que le sol est calcaire.

« Pluie de février, de l'eau dans un panier. »

COUTURE ET TRICOT

Le patchwork à l'américaine

Aux Etats-Unis, le patchwork est une véritable institution, une tradition qui se perpétue depuis l'arrivée des premiers colons. La technique utilisée là-bas est celle des "blocs", c'est-à-dire des pièces faites de l'assemblage de morceaux de tissu de différentes tailles, formes et couleurs, qui constitue un motif. Les blocs sont ensuite assemblés les uns aux autres, endroit contre endroit, à petits points devant. La plupart des blocs portent un nom spécifique, lié au motif qu'ils forment ou à leur inventeur. D'autres sont baptisés en référence à un personnage célèbre, un lieu ou un événement. C'est en quelque sorte l'histoire des Etats-Unis qui est racontée à travers les noms des blocs de patchwork.

CE JOUR-CI, AUTREFOIS

1878 naissance de l'entrepreneur André Citroën
1902 réduction à 9 heures de la journée de travail pour les mineurs
1914 apparition du personnage de Charlot, interprété par Charlie Chaplin

TERROIR ET TRADITIONS

Les jours gras de Bailleul dans le Nord-Pas-de-Calais

Le défilé des chars qui commence le dimanche précédant le mardi gras donne le ton à ce carnaval familial nordiste. Petits et grands forment des tableaux vivants tandis que des musiciens déguisés en mitrons frappent sur des poêles et entonnent la chanson du héros de la fête : Gargantua. Créé en 1885 sous l'égide du personnage de Rabelais, ce carnaval incarne la bonne humeur et la jovialité. Le bon géant de Bailleul préfère la bonne chair à la guerre et brandit fièrement des couverts...

CURIOSITÉS DE NOS RÉGIONS

Le chêne d'Allouville-Bellefosse en Normandie

A 6 km au sud-ouest d'Yvetot, en Seine-Maritime, se trouve un chêne âgé de 1 200 ans, mesurant 16 m de circonférence à la base et renfermant deux chapelles superposées. Vers l'an 900, l'arbre fut planté dans un village alors nommé Alouf. Au fil du temps, le tronc du chêne pédonculé s'est creusé et l'on put, à la fin du XVIIe siècle, entrer à plusieurs dizaines dans le cœur de l'arbre. L'abbé du Détroit, curé d'Allouville, le transforma en chapelle dédiée à Notre-Dame de la Paix. Plus tard, la partie haute du tronc abrita une seconde chapelle : la chambre de l'Ermite. Sous la Restauration, la chapelle fut reconstruite en style gothique et la chambre de l'Ermite devint la chapelle du Calvaire.

« Eau qui court à la Sainte-Agathe mettra du lait dans la baratte. »

CE JOUR-CI, AUTREFOIS

886 effondrement du Petit-Pont à Paris à la suite d'une crue
1927 le violoniste Yehudi Menuhin, âgé de dix ans, se produit pour la première fois à Paris
1932 naissance du cinéaste François Truffaut

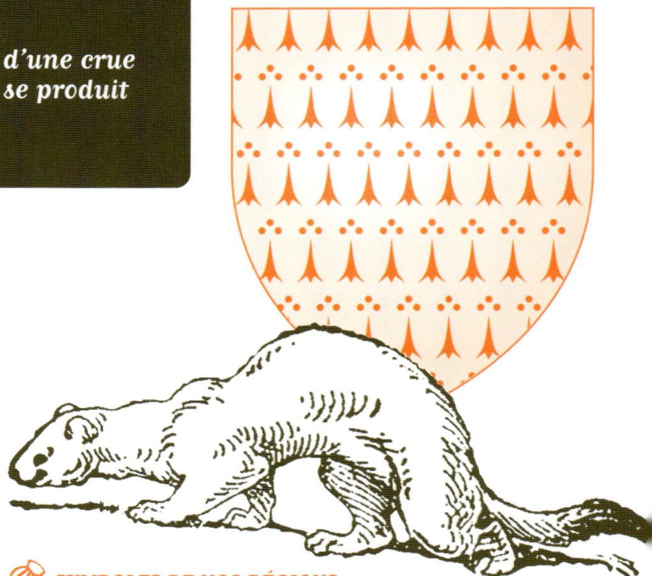

TRUCS ET ASTUCES

Pour nettoyer un cuivre, mélangez de la farine avec un blanc d'œuf, un peu de vinaigre, un jus de citron et du gros sel jusqu'à obtention d'une pâte compacte. Répartissez cette pâte sur le cuivre, puis laissez agir une demi-heure. Retirez la pâte puis rincez.

SYMBOLES DE NOS RÉGIONS

L'hermine de Bretagne

Symbole courant dans l'imagerie bretonne, l'hermine est représentée en héraldique par une queue blanche et trois mouchetures noires. Elle est accompagnée de la devise "Plutôt la mort que la souillure !", choisie au xe siècle par Alain II de Bretagne. Alors que son armée était poursuivie par les Normands, il aurait aperçu une hermine traquée par un renard. Au lieu de fuir, l'hermine fit face au prédateur. Alain II de Bretagne suivit son exemple et lança à ses troupes : "Plutôt la mort que la souillure !"

TERROIR ET TRADITIONS

Le barbichet limousin

Considéré comme l'une des plus belles coiffes de France, on compare le barbichet limousin à un papillon pour ses larges barbes de mousseline blanche rappelant les ailes de l'insecte. Il comporte un fond brodé à la main, à motifs floraux. Les "ailes" sont bordées d'une large bande de tulle. A l'arrière, il s'orne d'un nœud en soie naturelle, dont les pans retombent au niveau des épaules. Il existe trois modèles de barbichets, destinés à la fête, au demi-deuil et au deuil.

IDÉE DÉCO

Verres élégants

Munissez-vous d'un pinceau très fin, de peinture pour verre de couleur vert foncé, d'un tube canule de peinture relief de couleur or et d'un diluant pour peinture sur verre. Faites un croquis de fleur stylisée sur une feuille, glissez votre patron dans le verre et tracez les contours de la fleur avec la peinture relief. Diluez ensuite votre couleur en fonction de l'opacité désirée puis remplissez les surfaces au pinceau en procédant par petites touches. Laissez sécher 24 heures. Mettez vos verres au four et faites chauffer à 16 °C pendant 40 minutes.

"A la Saint-Gaston, surveille tes bourgeons."

Un homme bien tranquille

Yves Jacob

C'était une salle comme on en rencontrait beaucoup en Normandie, ornée d'une majestueuse horloge à balancier, d'une armoire normande finement ciselée et d'un imposant vaisselier où paradaient assiettes decorées, verres en cristal, tout ce qui pouvait agrémenter un charmant festin. Une longue table de chêne, orientée parallèlement aux petites fenêtres de la façade, encerclée par de solides chaises et deux bancs munis d'un dossier, remplissait le centre de la pièce.

Encastrée dans le mur, une vaste cheminée courait sur un pignon. Fixé à une robuste crémaillère, un chaudron était suspendu, et sur un trépied disposé sur le foyer, divers récipients attendaient qu'on fît appel à leurs services. Sur un côté, un bûcher exhibait un fagot et une provision de bois. Mais on était en été, et l'âtre était éteint.

Sur la tablette de la cheminée reposaient objets usuels et souvenirs d'une vie : chandeliers, lampe à pétrole, pipes, blague à tabac, images de la Vierge, photos de mariage, et le portrait de l'enfant qu'avait dû être la jeune fille de la maison.

Sur les murs blanchis à la chaux, entre deux placards encastrés dans la pierre et clos par des portes en bois, se poursuivait l'histoire de la famille, dans de grandes photographies ovales encadrées avec soin, évoquant les anciens campés dans une pose avantageuse, traits figés et port altier.

Fasciné, Nicolas retrouvait toute une ambiance familiale qu'il avait perdue. Il frissonna, secoua les épaules pour ne pas se laisser submerger par l'émotion. Le temps n'était pas à la nostalgie. Une dame surgie d'une pièce voisine pénétra dans la salle. Assez grande, osseuse, vêtue d'une robe noire descendant jusqu'à ses sabots de bois, elle s'arrêta devant les deux soldats. Un bonnet blanc masquant des cheveux longs ramenés en chignon et un tablier bleu sanglé à la taille adoucissaient la sévérité de sa tenue et de son visage.

— Bonjour, messieurs, dit-elle, ma fille m'a dit que vous vouliez manger ?

Extrait du roman *Un homme bien tranquille* d'Yves Jacob
paru aux Presses de la Cité dans la collection Terres de France

lundi 9 février

Sainte Apolline

Soleil : 08 h 08 • 18 h 01
Lune : ○
Verseau / 2e décan

NOS ANIMAUX

Le rut du renard

Le rut du renard a lieu en février. Plusieurs mâles se battent pour courtiser une femelle. Un seul s'accouplera avec elle. On pensait que le renard était monogame, mais il n'en est rien : souvent il pratique la bigamie, les deux femelles cohabitant sans problème. La femelle met bas de 3 à 5 renardeaux. L'effectif de la portée dépend directement de la quantité et de la qualité de la nourriture disponible sur son territoire. Il est donc inutile d'essayer de limiter la population de renards dans une région, car, plus on en tue, plus la femelle a des portées importantes et nombreuses.

ÉNIGME

Anne et Michel possèdent chacun des chèvres. Michel dit à Anne : "Si tu me donnais une de tes chèvres, j'en aurais le double du nombre qu'il t'en resterait." Anne lui répond : "Si toi tu me donnais une de tes chèvres, nous en aurions tous les deux le même nombre." Combien de chèvres ont Anne et Michel ?

Solution : Michel = 7 chèvres ; Anne = 5

CE JOUR-CI, AUTREFOIS

1902 à Paris, le docteur Doyen sépare des sœurs siamoises du cirque Barnum
1949 naissance de la Radiodiffusion et Télévision Française (la RTF)
1969 premier vol d'un Boeing 747

LANGAGE DES PLANTES

Le buis

Dans l'Antiquité, le buis symbolisait à la fois l'immortalité et la persévérance, en raison de la dureté de son bois et de la persistance de son feuillage. Les rameaux bénits symbolisaient l'espérance et la stabilité, tout en veillant sur la famille jusqu'à l'année suivante.

GASTRONOMIE

Les berlingots de Carpentras

Des bonbons de sucre cuits et aromatisés existeraient en France depuis le Moyen Age, sous différentes formes. Ainsi, bien des villes — Nantes, Bayeux, Pézenas ou Châtellerault — revendiquent l'invention des berlingots. Mais la recette du véritable berlingot, tel que nous le connaissons aujourd'hui, a vu le jour en 1844, dans la ville de Carpentras. Cette année-là, le confiseur François Long élabora une recette de bonbon de sucre cuit et battu. Quelques années plus tard, un autre confiseur améliora cette base en aromatisant les berlingots et en les colorant avec différents sirops. Depuis lors, le succès des célèbres bonbons tétraédriques ne s'est jamais démenti.

BIEN-ÊTRE

Le zinc

Ce minéral, essentiel à la croissance de l'enfant, est impliqué dans l'activation de plus de 70 enzymes, dans le système immunitaire, la cicatrisation des plaies et l'élimination de métaux toxiques de notre corps comme le cadmium et le plomb. Les personnes atteintes d'acné et d'eczéma sont souvent carencées en zinc. Un apport de ce métal pendant un mois ou deux permet une nette amélioration de ces deux affections de la peau. Le zinc est présent dans les huîtres, le foie de veau, le crabe, les sardines et les graines de citrouille.

« A la Sainte-Apolline présage certain, l'hiver s'achemine ou touche à sa fin. »

mardi 10 février

Saint **Arnaud**

Soleil : 08 h 07 • 18 h 03
Verseau / 3e décan

IDÉE REÇUE

Le lis est le symbole de la royauté

Faux. La fleur symbole de la monarchie est un iris. Le premier à l'adopter fut Clovis. Païen, le roi des Francs eut un jour à affronter des troupes germaniques. Se sentant menacé, il fit la promesse de se convertir si Dieu lui venait en aide. La bataille gagnée, Clovis devint chrétien et, par la même occasion, remplaça les trois crapauds qui ornaient sa bannière par trois iris. L'iris des marais, qui ne pousse qu'en eau peu profonde, fut pour le roi le signe divin montrant le gué pour traverser le Rhin et chasser l'envahisseur. Ce nouvel emblème royal devint, lors de la croisade de Louis VII, la bannière à fleur de Louis et, par déformation, à fleur de lis. Mais l'emblème des rois de France reste le dessin stylisé d'un iris.

CE JOUR-CI, AUTREFOIS

1898 naissance du romancier Joseph Kessel
1998 adoption du projet de loi Aubry sur la réduction du temps de travail à 35 heures hebdomadaires

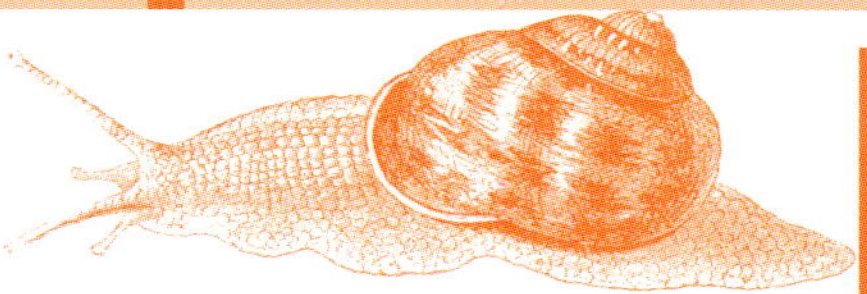

RECETTE

Escargots à la mode bourguignonne

Pour 6 personnes.

Ingrédients : 36 escargots de Bourgogne avec leurs coquilles ; 3 échalotes ; 2 gousses d'ail ; 3 c. à soupe de persil haché ; 400 g de beurre demi-sel ; 1 c. à café de poivre concassé ; gros sel.

- Allumez le gril du four.
- Mélangez les échalotes et l'ail hachés avec le persil dans une jatte.
- Coupez le beurre en petits morceaux et incorporez-le au mélange.
- Ajoutez le poivre.
- Réservez au frais 10 minutes.
- Rincez les escargots et épongez-les.
- Remplissez à moitié les coquilles avec le beurre composé.
- Ajoutez un escargot par coquille puis recouvrez chacun de beurre composé.
- Déposez les coquilles sur une plaque recouverte de gros sel.
- Faites cuire sous le gril du four 10 minutes, jusqu'à ce que le beurre grésille.

TERROIR ET TRADITIONS

Les lavoirs

La plupart des lavoirs en France forment un bassin couvert ou à tout vent, simple ou, plus rarement, savamment conçu et richement orné (en Bourgogne notamment). Certains sont à impluvium et sont alimentés en eau de pluie par un toit ouvert au-dessus du bassin et incliné vers l'intérieur. Il existe aussi des constructions plus rares, telles que des bateaux-lavoirs, bâtisses de bois flottantes à un ou deux niveaux, des lavoirs-tunnels, enterrés et voûtés dans le creux d'une falaise ou sous un talus, et des mairies-lavoirs, construites au XIXe siècle, l'étage étant réservé à l'administration et le rez-de-chaussée à la lessive.

« Quand la bise oublie février, elle arrive en mai. »

JEUX DOUBLE MOT

Pour créer deux mots, il faut découvrir la syllabe manquante commune aux deux termes. Par exemple : PER...SION : avec la syllabe MIS, vous formerez à la fois les mots PERMIS et MISSION.

BAR – – – TER

BEC – – – BUE

BAS – – – DRE

BIS – – – RER

BAM – – – BOU

DUG – – – LET

EPU – – – RRE

ESC – – – SER

Solution : QUE, HER, TON, SER, BOU, ONG, LIE, ALE

CE JOUR-CI, AUTREFOIS

1650 décès du philosophe René Descartes

1950 le Salaire minimum interprofessionnel garanti (SMIG) entre en vigueur

2001 pour son premier tour du monde en solitaire, Ellen MacArthur arrive, à 24 ans, seconde du Vendée Globe derrière Michel Desjoyeaux

TRUCS ET ASTUCES

Pour éviter que votre pare brise soit maculé de buée les matins d'hiver, frottez-le avec du savon sec ou encore de l'alcool à 90°.

VOS DROITS

Peut-on régler une succession sans recourir à un notaire ?

En l'absence de contrat de mariage et de dispositions de dernières volontés, le greffier en chef du tribunal d'instance est compétent avec le notaire pour dresser l'acte de notoriété.
Le greffier en chef doit définir les droits héréditaires des requérants afin qu'ils perçoivent le remboursement et le paiement de sommes appartenant au défunt. Il doit constater le lien de parenté ou de mariage avec le défunt et demander les documents suivants : le livret de famille si le défunt était marié, l'extrait d'acte de naissance de chaque héritier, l'extrait d'acte de mariage du défunt lorsqu'il existe un conjoint survivant et l'acte de décès.
Le tribunal d'instance compétent est celui du lieu d'ouverture de la succession.

TERROIR ET TRADITIONS

La culture de l'olivier dans les Alpilles

Déjà présent dans la région de Nyons (Vaucluse), avec une superbe huile d'olive AOC produite à base de la variété tanche, le vrai domaine de l'olivier commence au nord d'Orange. Arbre de paix emblématique de la Provence et du monde méditerranéen, on recense dans les Alpilles, cœur de la Provence oléicole, près de 400 000 oliviers, dont 80 000 sur la seule commune de Mauriès, la première de France avec ses deux moulins. Six variétés y sont récoltées, donnant également quelques spécialités comme l'olive cassée de la vallée des Baux ou la tapenade.

« Février avec neige nous garantit un bel été. »

LE PETIT GESTE ÉCOLO

Comment choisir son éclairage de jardin ?

Optez de préférence pour un éclairage basse tension ou pour un éclairage solaire, idéal pour éclairer les petits espaces comme les bordures et les sentiers.

CE JOUR-CI, AUTREFOIS

1961 lancement de la première fusée française, Véronique, qui atteindra 140 km d'altitude

1972 première de l'émission télévisée Le Grand Echiquier de Jacques Chancel

TERROIR ET TRADITIONS

La "foye" de Dunkerque

Le carnaval de Dunkerque (de mi-janvier à début mars) conjugue les festivités de mardi gras avec celles des pêcheurs de morue qui dépensaient jadis la prime des armateurs en festins ("foye" en flamand) avant d'embarquer pour l'Islande. Le dimanche qui précède mardi gras, les habitants, costumés, déferlent dans les rues au son des fifres et des tambours. Conduite par le tambour-major, la foule s'arrête devant l'hôtel de ville, où, de son balcon, le maire lui jette des harengs. Cette coutume, liée au carême, remonte au Moyen Age. Reuze, le géant dunkerquois, est aussi de la fête. Il aurait pour origine un guerrier scandinave blessé au combat que la population locale aurait soigné et qui, en signe de gratitude, l'aurait défendue contre une invasion.

EXPRESSION

Avoir la berlue

Le mot "berlue" viendrait du provençal beluga, qui signifie "être ébloui". La "berlue" est également le nom attribué à un problème de vue où l'on voit des choses qui ne sont pas devant nos yeux. C'est en référence à cette maladie que l'on dit d'une personne qu'elle a la berlue lorsqu'elle croit voir des choses qui n'existent pas.

MEUBLES DE NOS RÉGIONS

Les petits meubles du Nord

Le Nord recèle quantité de petits meubles à usage bien précis. Ainsi l'archelle, planche accrochée au mur, s'utilise comme support pour les pots en étain et autres objets à anse. Elle peut être munie de crochets en cuivre orné. L'égouttoir, caisse formée de barreaux plats posés sur quatre pieds droits ou cambrés, sert à égoutter les ustensiles utilisés pour la traite des vaches et la confection du beurre. L'étimier est une étagère à pieds composée de deux tablettes bordées d'une galerie servant à entreposer les pots de crème.

« Pluie de février vaut jus de fumier. »

MÉTIERS OUBLIÉS

Le tourneur sur bois

Le tourneur sur bois est un compagnon spécialisé dans la réalisation de pièces en bois tourné : fuseaux, pieds de chaises, bougeoirs et autres composants de section ronde. L'opération de tournage s'effectue sur tour à bois actionné au pied par un système de manivelle. A l'aide de gouges et de ciseaux de différentes formes appliquées sur la pièce, l'ouvrier enlève progressivement le bois pour obtenir le profil désiré matérialisé par un gabarit.

EXPRESSION

Un poilu

"Depuis hier, les poilus ont le droit de n'être plus poilus, de se raser la moustache. Il aura fallu deux ans. Au 36e d'infanterie, mon sergent-major me menaçait de prison parce que je me rasais la moustache", écrit Paul Morand le 21 octobre 1916, donc en pleine guerre.
Le poil étant considéré comme un signe de virilité, un poilu était donc un brave. Ce mot ne se généralisa dans les casernes que vers 1910, désignant plus spécialement un soldat. Il connut une vogue extraordinaire parmi les civils pendant la Première Guerre mondiale. En revanche, le mot "poilu" ne fut jamais utilisé pour désigner un soldat de la guerre de 1939-1945.

COLLECTIONS

Le collectionneur de cadenas s'appelle le caténaphiliste.

CE JOUR-CI, AUTREFOIS

1895 les frères Lumière déposent le brevet du cinématographe
1903 naissance de l'écrivain belge Georges Simenon

CONTES ET LÉGENDES

Vie et mœurs des korrigans

Selon les légendes bretonnes, les korrigans sont des nains farceurs et cruels qui possèdent une science magique inconnue des hommes. Terrés dans les talus pendant la journée, ils courent la lande dès la nuit tombée, attirant dans leur tanière les voyageurs attardés. Enfants de la nature, ils célèbrent leur fête annuelle le premier mercredi de mai, au milieu des bois. Les ethnologues voient l'origine de ces lutins dans les interdits imposés par les prêtres. Les curés racontaient que la nuit était habitée par de mystérieuses créatures chargées de punir les voleurs et les maris alcooliques ou infidèles.

« Février trop doux, printemps en courroux. »

HIVER

Les Chemins de garance

Françoise Bourdon

Il s'était occupé de tout et n'était jamais reparti. Il jouait aux échecs avec Augustin au cours des longues soirées et, tout naturellement, il avait pris en charge l'éducation de Camille. La gamine au regard triste s'était transformée à la lecture de l'*Encyclopédie*. Monsieur Etienne était un fervent partisan des Lumières. Pour lui, le salut ne pouvait venir que du progrès technique. Il bricolait des machines dans une resserre. Personne, à commencer par lui, ne connaissait leur utilité. Peu lui importait.

Nine se pencha et tisonna le feu. La grande cheminée possédait deux foyers. Au centre, l'âtre, où l'on faisait le feu et posait les marmites sur un trépied de fer. Le second, le potager, était carrelé de terre cuite et logé dans une cavité adjacente. Au fil des années, Nine avait aménagé à sa façon les nombreuses niches abritant aussi bien les bûches et les branches d'olivier et d'amandier que les marmites et la vaisselle de terre à feu. La pile, située près de la fenêtre, était surmontée d'étagères en bois destinées à faire égoutter la vaisselle.

La table en noyer – suivant une tradition bien établie, le père de Julia avait abattu un noyer le lendemain de la naissance de la petite, afin de faire fabriquer par un menuisier de ses connaissances de beaux meubles – était surmontée d'un porte-salaisons regroupant un gros jambon et différents saucissons. Des pommes étaient posées sur une claie plate en roseau, commandée par un système de cordes roulant sur de petites poulies, qui permettait de l'abaisser ou de la relever. Monsieur Etienne avait conçu ce système ingénieux, ainsi que la bouteille sans fond traversant chaque corde. Ainsi, les rats ne pouvaient y grimper. De toute manière, Nine leur faisait la chasse, aidée par le chat de la ferme, un énorme matou borgne, qui n'obéissait à personne.

Extrait du roman *Les Chemins de garance* de Françoise Bourdon
paru aux Presses de la Cité dans la collection Terres de France

lundi 16 février

Sainte **Julienne**

Soleil : 07 h 57 • 18 h 13
Lune : ☾
Verseau / 3e décan

HIVER

MÉTÉO

A l'étage supérieur de la troposphère, se trouvent les nuages les plus élevés tels que les cirrus, cirrocumulus et cirrostratus. Ils sont constitués de millions de minuscules cristaux de glace et leur température est inférieure à - 40 °C.

HISTOIRE DRÔLE

Un jeune Corse demande à son grand-père comment être heureux.
— Fiston, il faut la santé et un bon travail.
— Tu as eu cela, toi, Pépé ?
— J'ai toujours eu la santé car Mémé a toujours eu un bon travail !

CE JOUR-CI, AUTREFOIS

1723 Louis XV est proclamé roi de France
1905 le Sénat vote la loi fixant la durée du service militaire français à deux ans

JARDIN

Les travaux de la seconde quinzaine de février

- Plantez oignons, ail et échalotes.
- Semez sous châssis les tomates et les aubergines.
- Semez les petits pois à grains ronds.
- Plantez les bisannuelles achetées en godets.
- Préparez le terrain pour un futur semis de gazon.
- Rabattez les arbustes à floraison estivale comme les buddleias, les fuchsias rustiques, les cénanthes.
- N'oubliez pas de scarifier le gazon.

TRUCS ET ASTUCES

Comment supprimer des taches de café sur un tissu ou un tapis ?

Trempez une serviette ou un coton dans un jaune d'œuf battu et frottez la tache. Laissez agir quelques minutes puis rincez ensuite à l'eau claire.

TOPONYMIE

Origine du nom Carcassonne

D'après une légende, Carcassonne devrait son nom à dame Carcas, une princesse qui délivra la ville du siège de Charlemagne. Le siège levé, les cloches se mirent à sonner et l'un des généraux de l'armée en partance se serait écrié : "Carcas sonne !" Il apparaît plus probable que Carcassonne soit issu du gaulois carcasso, de kar, "gros rocher", et cassi, "guerrier".

LANGAGE DES PLANTES

La clématite vigne-blanche

Seule liane de la flore européenne, c'est une espèce extrêmement toxique. Le seul fait de broyer ses feuilles entraîne, par simple exhalaison, un fort gonflement du visage qui dure plusieurs heures. Les mendiants mettaient autrefois à profit cette dangereuse propriété : en se passant sur le visage du suc de feuilles fraîches écrasées, ils provoquaient des ulcères artificiels propres à inspirer la compassion, d'où son nom populaire d'"herbe aux gueux". Dans le langage des fleurs, la clématite évoque la tromperie, le jeu, mais également le désir amoureux.

« Février, bon mois pour semer carottes et pois. »

RECETTE

Poulet basquaise

Pour 4 personnes.

Ingrédients : 1 poulet de 1,2 kg ; 70 g de beurre ; 1 kg de tomates ; 250 g de poivrons ; 2 oignons ; 2 gousses d'ail ; 250 g de riz ; sel ; poivre.

- Faites dorer le poulet coupé en morceaux dans une cocotte avec 40 g de beurre.
- Ajoutez-y les oignons hachés, les tomates pelées et coupées en morceaux, les poivrons épépinés et hachés, l'ail haché, du sel et du poivre.
- Laissez mijoter de 45 à 50 minutes, couvert à demi.
- Vingt minutes avant de servir, faites chauffer le reste de beurre dans une casserole.
- Jetez-y le riz et ajoutez le double de son volume d'eau.
- Salez et poivrez.
- Couvrez et laissez mijoter 20 minutes environ, jusqu'à absorption complète du liquide.
- Mettez le riz dans un plat creux et disposez le poulet et les légumes par-dessus.

TERROIR ET TRADITIONS

Le corso fleuri à Bormes-les-Mimosas

Depuis plus de soixante-dix ans se déroule à Bormes-les-Mimosas l'une des plus belles fêtes de la Côte d'Azur : après la messe chantée, une vingtaine de chars, bateaux ou voitures fleuris soigneusement préparés par les habitants défilent dans les rues du village, entièrement recouverts de bouquets de mimosas et de fleurs fraîches. Les festivités se terminent par la traditionnelle bataille de fleurs.

GASTRONOMIE

Le beurre d'Echiré

Si la région Poitou-Charentes peut se targuer de bénéficier d'une AOC pour son beurre, celui de la petite ville d'Echiré, dans la même région, s'est forgé une réputation encore meilleure. Ce beurre est fabriqué à partir de laits provenant uniquement d'exploitations situées aux abords de la localité. En effet, des études ont montré que ce n'est pas la race des vaches qui donne un goût particulier au lait, et donc au beurre, mais plutôt la nourriture qu'elles consomment. Le terroir a donc toute son importance dans la saveur du beurre d'Echiré.

CE JOUR-CI, AUTREFOIS

1773 le navigateur James Cook observe dans l'océan Indien sa première aurore boréale

1878 création du premier réseau téléphonique à San Francisco, avec 18 téléphones

GÉNÉALOGIE

Origine du nom Marnier

Mélange d'argile et de calcaire, la marne était amplement utilisée au Moyen Age pour engraisser les terres. Le patronyme Marnier fait référence au propriétaire ou à l'ouvrier d'une carrière de marne. Les noms Marneur, Marnière et Marlier ont la même origine, de même que les formes Marniau et Marnot, qui se rencontrent notamment en Seine-et-Marne.

« Si février ne février̀e pas, tout mois de l'an peu ou prou le fera. »

LA MINUTE CULTURELLE

La Joconde de *Léonard de Vinci*

La Joconde (ou Portrait de Monna Lisa) de Léonard de Vinci est un tableau mythique. Réalisée sur un panneau de peuplier entre 1503 et 1506, cette œuvre marque un aboutissement dans l'évolution du portrait. Des artistes de toutes époques s'en sont ainsi inspirés, comme Corot, Delaunay ou encore Duchamp. L'énigme qui entoure le personnage féminin a toujours fasciné et, aujourd'hui, des milliers de visiteurs se pressent au Louvre pour admirer le célèbre sourire mystérieux. Selon l'hypothèse communément admise, il s'agirait du portrait de Lisa Del Giocondo, la femme d'un marchand de soie, mais d'autres spécialistes y voient le portrait d'une princesse italienne et même un autoportrait travesti de Léonard de Vinci !

BRICOLAGE

Réaliser une peinture brossée

Ce type de peinture est parfait pour estomper les aspérités et donner un coup de propre à des murs abîmés.

Il vous faut : une brosse, de la peinture à la chaux et un rouleau

- **Passez une première couche de peinture avec une brosse en la tenant à 45 degrés par rapport au mur pour effectuer des mouvements croisés. Cette première couche peut aussi être appliquée au rouleau en diluant un peu la peinture (5 à 10 % d'eau) et en la brossant aussitôt.**
- **Laissez sécher vingt-quatre heures, puis passez une deuxième couche à la brosse.**
- **Pour accentuer l'effet, utilisez un ton légèrement plus foncé à la seconde passe.**

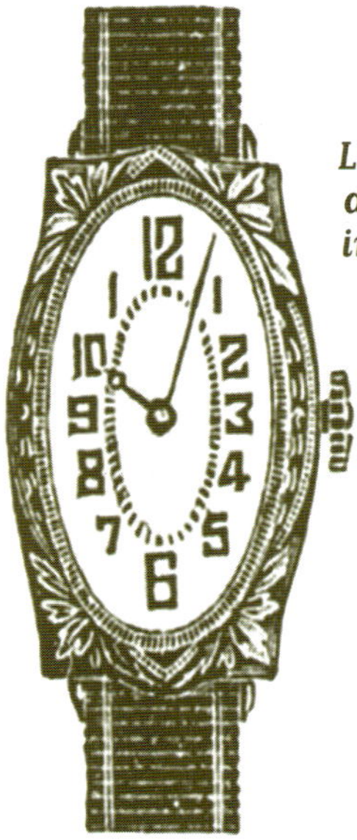

TERROIR ET TRADITIONS

La montre-bracelet

L'année 2008 marque le 90e anniversaire de l'usage de la montre-bracelet. Elle fut inventée par les poilus de la guerre 1914-1918. Pour pouvoir consulter plus facilement leur montre, ils eurent l'idée de la fixer au poignet par une petite chaîne. L'usage se répandit en 1918, grâce à Jean Chatenoud, industriel suisse établi à Annecy. Ces premières montres furent d'abord destinées aux hommes, avec un bracelet large, en cuir ou parfois en or. Puis furent fabriquées des montres-bracelets dites "sportives" pour les joueuses de tennis et les écuyères.

CE JOUR-CI, AUTREFOIS

1921 le Français Etienne Œhmichen fait décoller un hélicoptère pour la première fois

1986 première greffe d'un cœur artificiel à l'hôpital Broussais de Paris

"A la Sainte-Bernadette, souvent le soleil est à la fête."

jeudi 19 février

Saint **Gabin**

Soleil : 07 h 51 • 18 h 18
Verseau / 3e décan

CE JOUR-CI, AUTREFOIS

1800 Bonaparte, Premier consul, s'installe aux Tuileries
2001 décès du chanteur Charles Trenet

JEUX Grille inachevée

Complétez cette grille de mots croisés en utilisant tous les lettres qui vous sont données.

P	L		N	G		U		E	
	I	N		E	■		A		A
R	E	■	■		T	A	G	E	
A		R	E		■	N		E	S
P	R	E		E	R		S	■	
	E		R	■	A	N		E	■
U		N		E	■	A	E		
	■	I	■	T	E		■	S	
E	C		P			■			R
	I	N		S	T	R		S	

S A U I U
O O E R S
E E E S T
A L S S S
E D S E O
I S S S R
E G T E E

CONTES ET LÉGENDES

Les lis

Alors que Junon nourrissait Hercule, une goutte de lait serait tombée du sein de la déesse et aurait donné un lis. Plus tard, Vénus, jalouse de la blancheur immaculée de cette fleur, aurait fait tomber sur son blanc calice de longues étamines jaunes qui laissent, sur les doigts indiscrets, des traces jaunes de pollen indélébiles. Aujourd'hui, avec les croisements des espèces venues d'Asie, comme le lis royal ou le lis tigré de Corée, les lis sont de toutes les couleurs et il en existe même sans pollen.

VOS DROITS

Les réparations à la charge du locataire

En principe, le locataire doit effectuer les petites réparations courantes et l'entretien du logement. Par exemple, le graissage des gonds de portes et fenêtres, le remplacement des glaces détériorées, le rebouchage des trous avant de quitter les lieux. En outre, lorsque l'absence de réparation peut entraîner des dommages supplémentaires (fenêtres ne fermant pas, par exemple), il doit faire effectuer les travaux dès l'apparition de dégâts. Un locataire doit, lorsqu'il envisage des transformations importantes, demander au propriétaire son accord et la prise en charge des travaux envisagés en lui démontrant l'intérêt, pour le logement, de tels aménagements.

« Il vaut mieux voir un loup dans le troupeau qu'un mois de février trop beau. »

IDÉE DÉCO

Abat-jour en papier mâché

Coupez des feuilles de journaux en petits morceaux, mêlez-y des fragments de papier de soie si vous souhaitez apporter de la couleur, mélangez avec de la colle spéciale et laissez reposer 24 heures. Passez la pâte au mixeur, plus ou moins longtemps selon l'effet voulu (une pâte non lisse donnera un effet brut). Couvrez de cette pâte un pot de fleurs en pressant bien. Laissez sécher. Détachez alors le papier mâché, égalisez les bords au ciseau. Vous pouvez peindre cet abat-jour ou le laisser tel quel.

TRUCS ET ASTUCES

Pour éliminer les acariens des peluches de vos enfants allergiques : congelez-les ! Avant de les laver, placez-les dans un sac en plastique, et mettez-les au congélateur une bonne heure.

CE JOUR-CI, AUTREFOIS

1662 *Jean-Baptiste Poquelin, dit Molière, épouse Armande Béjart*
1912 *naissance de l'écrivain Pierre Boulle*

ASTROLOGIE

Poissons (du 20 février au 20 mars)

Planète : Neptune
Élément : Eau
Couleur : Bleu
Pierre : Aigue-marine
Qualités : Imaginatif, dévoué, émotif, honnête
Défaut : Paresseux
Affinités : Bélier, Cancer, Capricorne

BIEN-ÊTRE

Bain au carthame

Le carthame était surtout cultivé pour ses fleurs orangées, à l'aspect de chardon, qui donnent un colorant rouge utilisé pour teindre la soie, et pour ses graines dont on tire une huile d'excellente qualité. Quelques gouttes de cette huile dans un bain sont excellentes pour réhydrater les peaux sèches.

CURIOSITÉS DE NOS RÉGIONS

Les pigeonniers du Midi-Pyrénées

Conférant un prestige indiscutable aux demeures qui les abritent, les pigeonniers séduisent par la diversité de leurs formes dans la région Midi-Pyrénées. Ils peuvent être conçus sur plan carré, circulaire, rectangulaire ou polygonal, et posséder un ou deux étages au-dessus d'un rez-de-chaussée parfois ouvert par des arcades ou des colonnes. Ils se couvrent d'un toit en pavillon surmonté d'un lanternon, d'une coupole ou encore d'un toit dit pied-de-mulet, formé de deux pans successifs en marche d'escalier.

« *Février, entre tous les mois, le plus court et le moins courtois.* »

Les Enfants d'Elisabeth

Hélène Legrais

Andrés, elle allait enfin revoir Andrés ! Teresa avait beau agripper le volant à s'en faire blanchir les jointures des doigts, l'Opel se traînait entre les villages égrenés en chapelet le long de la route du Conflent, qui remontait la vallée de la Têt jusqu'au plateau de Cerdagne. En d'autres circonstances, elle aurait savouré ce paysage champêtre que les pêchers et les cerisiers parsemaient de petits nuages floconneux roses et blancs. La rivière qui prenait ses aises à Perpignan, tandis qu'elle sentait approcher la fin de son voyage vers les eaux turquoise de la Méditerranée, n'était encore, ici, qu'un torrent à l'eau cristalline qui bondissait en grondant entre les rochers arrondis et polis par l'usure.

Llibertat, qui avait fêté son premier anniversaire un mois plus tôt, ne tenait pas en place sur les genoux de María. Le nez écrasé contre la vitre, elle poussait de petits cris de ravissement au moindre ponceau de pierre, à la moindre vache alanguie dans un pré. Elle sortait si peu du parc de la maternité ! Parfois une petite balade, quand il n'y avait pas trop de vent, dans le gros landau à petites roues où quatre enfants arrivaient à tenir assis, un peu serrés certes, mais si contents, le long de la route de Montescot. Juste un aller et retour, on rebroussait chemin dès que les premières maisons étaient en vue.

Même si la señorita Isabel leur laissait volontiers la bride sur le cou, les pensionnaires de la maternité n'étaient pas libres et la police pouvait les ramener immédiatement au camp si elles s'éloignaient trop.

Alors cette sortie jusqu'à Prades, avec permission officielle, c'était une grande première dont l'enfant appréciait chaque minute !

Teresa lui avait expliqué avant de partir qu'il fallait être bien sage parce qu'elle allait enfin voir papa. Mais, pour la petite qui avait grandi depuis sa naissance dans un monde quasiment sans homme, ce mot n'évoquait pas grand-chose. Voir défiler le paysage le long de la voiture que conduisait maman suffisait à son bonheur et elle n'était pas pressée d'arriver.

Extrait du roman *Les Enfants d'Elisabeth* d'Hélène Legrais
paru aux Presses de la Cité dans la collection Terres de France

BIEN-ÊTRE

Le soufre

Présent dans toutes les cellules du corps, le soufre participe à la formation du cartilage entre les os, des tendons qui fixent les muscles aux os et de la structure osseuse elle-même. On le trouve dans les œufs, dans la viande rouge comme le bœuf, et dans les volailles : poulet et dinde. Il est aussi présent dans les plantes de la famille des crucifères, comme la moutarde, et dans de nombreux légumes comme les lentilles, les haricots blancs et les petits pois.

CE JOUR-CI, AUTREFOIS

1455 publication de la Bible par Gutenberg
1997 des chercheurs britanniques annoncent la naissance de la brebis Dolly, premier clone de mammifère adulte

GASTRONOMIE

La blanquette de Limoux

La blanquette de Limoux, produite en Languedoc, est considérée comme le vin mousseux le plus ancien au monde. En 1531, les moines de l'abbaye bénédictine de Saint-Hilaire découvrirent comment transformer leur vin blanc en vin pétillant et s'empressèrent de commercialiser leurs "flascons de blanquette", contribuant ainsi à la renommée de la blanquette hors des frontières du royaume. Depuis 1929, l'aire de production du cru Limoux est délimitée et l'AOC "Blanquette de Limoux et Blanquette Méthode Ancestrale" fut l'une des premières à être attribuées en France, en 1938.

LES ARBRES DE NOS RÉGIONS

Le peuplier

Il existe trois espèces de peupliers — le peuplier blanc du nord de la France, le peuplier tremble, le peuplier noir — ainsi qu'un grand nombre de variétés hybrides. Poussant dans les régions humides, il s'agit d'un arbre de grande taille (25 à 30 m) mais de longévité réduite (80 ans maximum). Son bois tendre s'emploie pour la caisserie, la papeterie et la menuiserie courante ; les billes de haute qualité servent à fabriquer des panneaux lattés ou contreplaqués.

TERROIR ET TRADITIONS

La fête des vins d'Anjou

Chalonnes-sur-Loire célèbre cette année le cinquantenaire de la fête des vins d'Anjou. L'occasion de découvrir les vingt-neuf AOC d'Anjou-Saumur, en présence de nombreuses confréries, de visiter une exposition sur les matériels agricole et viticole. Une visite historique de la ville à bord du train des Vignes et des randonnées à travers les vignobles sont également programmées.

NOS ANIMAUX

La couleuvre à collier

Elle vit près de l'eau. En hiver, on peut la surprendre dormant sous la paille. Lorsqu'on la dérange, elle sécrète un liquide anal à l'odeur pestilentielle ou elle feint d'être morte. Elle se retourne alors sur le dos, devient flasque et laisse pendre sa langue. Dès que le danger est passé, elle repart tranquillement. Ce serpent est inoffensif pour l'homme.

"S'il tonne en février, point de vin tiré."

CE JOUR-CI, AUTREFOIS

1500 naissance de l'empereur Charles Quint
2002 enlèvement de l'ancienne sénatrice Ingrid Betancourt par des rebelles des Forces armées révolutionnaires de Colombie

LANGAGE DES PLANTES

L'hellébore fétide

Prenez garde : cette espèce à fleurs vertes qui fleurit en février sur le bord des chemins est extrêmement toxique. En effet, elle contient de l'helléborine, un poison qui agit sur le cœur et paralyse le système nerveux. La toxicité de la plante se manifeste même par simple contact : des fleurs écrasées sur la peau provoquent la formation de nombreuses plaques très douloureuses. Dans l'Antiquité, l'hellébore jouait un grand rôle dans le traitement des maladies mentales. Grâce à elle, Hercule guérit de ses accès de folie. Cette fleur exprime également l'espoir d'une réponse de la personne aimée.

IDÉE REÇUE

Les épinards sont riches en fer

En réalité, les épinards ne contiennent que très peu de fer. Cette légende vient de la société de conserves américaine qui immortalisa Popeye et sa force grâce aux épinards. Lors de l'impression de la quantité de fer à inscrire sur la boîte, une secrétaire fit une faute en tapant un zéro supplémentaire. A cause de cela, qui n'a pas été obligé de manger des épinards ?

RECETTE

Carbonade flamande

une spécialité du Nord-Pas-de-Calais

Pour 6 personnes.

Ingrédients : 1 kg de bœuf à braiser ; 1 litre de bière ; 25 g de beurre ; 1 c. à soupe de moutarde ; 1 bouquet garni ; 6 oignons ; 2 c. à soupe de farine ; 2 c. à soupe de sucre en poudre ; sel ; poivre ; 2 c. à soupe de vinaigre.

- Faites fondre le beurre dans une casserole.
- Faites-y revenir le bœuf coupé en morceaux.
- Retirez la viande de la casserole et réservez-la.
- Dans la même casserole, faites revenir les oignons émincés.
- Saupoudrez de sucre et faites caraméliser.
- Ajoutez la bière et portez à ébullition.
- Ajoutez ensuite la viande, le bouquet garni, la farine et le vinaigre.
- Salez, poivrez, couvrez et laissez mijoter 2 h 30 à feu doux.
- Servez accompagné de moutarde.

TERROIR ET TRADITIONS

La fête des Bœufs gras de Bazas

La tradition des bœufs gras remonte à l'année 1283, lorsque le duc d'Aquitaine décréta que, le jour de la Saint-Jean, les bouchers de Bazas (Gironde) devraient offrir au clergé un taureau. En compensation, il leur octroya le privilège de promener leurs bœufs dans les rues de la ville le jeudi gras, invitant les populations locales à festoyer à leurs côtés. Depuis, la fête des Bœufs gras se perpétue, et voit de somptueux "bazadais" couronnés de fleurs et enrubannés défiler dans la ville au son des fifres et des tambours, avant d'être "sacrés" place de la Cathédrale par un jury d'experts.

« Fleur de février fait mal au pommier. »

CE JOUR-CI, AUTREFOIS

1841 naissance du peintre Auguste Renoir
1909 inauguration des premiers escaliers roulants du métro
1964 à 22 ans, Cassius Clay, qui prendra plus tard le nom de Muhammad Ali, devient champion du monde de boxe, catégorie poids lourds

JARDIN

La rotation des cultures au potager est un gage de réussite.
Bien faite, elle donne des légumes plus gros et plus résistants aux maladies et aux ravageurs. Cet assolement doit respecter 4 règles :
1) alterner des plantes ayant un mode végétatif différent : légumes-feuilles (salades, céleri, choux), légumes-racines (navets, carottes, pommes de terre), légumes-fruits (concombres, tomates, melons), légumineuses (haricots, petits pois, fèves) ;
2) éviter de faire se succéder des plantes de la même famille comme la carotte avec le céleri ou la tomate avec la pomme de terre ;
3) faire revenir régulièrement (une fois tous les 2 ans) une légumineuse, qui enrichira le sol ;
4) alterner les cultures exigeantes qui demandent beaucoup de fumure organique, comme les courges, les épinards, les melons, avec des cultures de plantes plus sobres comme les haricots, les radis ou les oignons.

PERSONNAGES DE NOS RÉGIONS

Chateaubriand et la Bretagne
Né à Saint-Malo le 4 septembre 1768, le vicomte François de Chateaubriand est l'un des précurseurs du romantisme. Il renonce à sa carrière de marin pour se consacrer à la poésie, fréquente les salons parisiens et assiste aux premiers bouleversements de la Révolution. Homme politique, ambassadeur, ministre, il est avant tout un grand homme de lettres, élu à l'Académie française et à qui l'on doit Atala, Génie du christianisme et son chef-d'œuvre Mémoires d'outre-tombe. Il meurt à Paris le 4 juillet 1848. Selon ses dernières volontés, il est enterré sur le rocher du Grand-Bé, un îlot situé dans la rade de sa ville natale, auquel on accède à pied depuis Saint-Malo.

DEVINETTE

Qu'est-ce que l'on met sur la table, qu'on coupe et qui ne se mange pas ?

Solution : un jeu de cartes

TERROIR ET TRADITIONS

Les parfums de Grasse
"La moitié de l'Europe tire de Grasse (Provence-Côte-d'Azur) ses essences", disait-on sous l'Ancien Régime. Dès le XVIIe siècle, en effet, la ville de Grasse se fit un nom dans l'industrie du parfum grâce à son jasmin et à la centifolia, une petite rose de mai locale à l'arôme des plus subtils, ainsi qu'à l'inventivité de ses tanneurs, qui eurent l'idée d'utiliser l'essence de ces fleurs pour confectionner des gants parfumés. Au siècle suivant, ces maîtres gantiers-parfumeurs se spécialisèrent dans l'eau florale, qui allait faire de Grasse la capitale mondiale du parfum.

« En février, si tu vois une poule sur le fumier, c'est du tonnerre toute la journée. »

LES JOLIS VILLAGES DE FRANCE

Collonges-la-Rouge

Entièrement construit en grès rouge, cet extraordinaire village fortifié médiéval au carrefour du Limousin, du Périgord et du Quercy, mérite d'être visité. La cité, essentiellement aristocratique, comme en témoignent les blasons, castels, tours, échauguettes qui foisonnent dans les minuscules ruelles pavées, possède une église du XIIe siècle dont le tympan sculpté représente l'Ascension du Christ.

VOS DROITS

La conduite accompagnée, avantages et inconvénients

L'apprentissage anticipé de la conduite (AAC) est un processus visant à faciliter l'apprentissage de la conduite dès 16 ans en France. L'apprenti conducteur doit tout d'abord réussir l'épreuve théorique du Code de la route puis suivre au minimum 20 heures de cours de conduite. Ensuite, l'élève doit parcourir au moins 3 000 km accompagné de son tuteur. La conduite accompagnée présente de nombreux avantages : la durée du permis probatoire passe de 3 à 2 ans, le taux de réussite au permis de conduire est plus élevé, et les compagnies d'assurances proposent des tarifs préférentiels à ces jeunes conducteurs une fois leur permis en poche. En contrepartie, les accompagnateurs doivent faire preuve d'une grande disponibilité et s'impliquer totalement afin de soutenir l'apprenti conducteur.

COMMENT S'APPELLENT…

les habitants d'Arras dans le Nord-Pas-de-Calais ?

Les Arrageois

CE JOUR-CI, AUTREFOIS

1790 la France est divisée, administrativement, en 83 départements
1806 début de la construction de l'Arc de Triomphe de l'Etoile commandé par Napoléon en l'honneur de la Grande Armée
1971 décès de l'acteur français Fernandel

LE PETIT GESTE ÉCOLO

Comment économiser l'eau de la machine à laver ?

En mettant des balles de caoutchouc dans le tambour de sa machine, on améliore le battage du linge, on économise de l'eau et on divise par deux la dose de lessive nécessaire pour un lavage. Ce type de balles est disponible dans le commerce, mais vous pouvez également les confectionner vous-même en récupérant de vieilles balles de tennis. Pour cela, il vous suffit d'ôter la partie jaune de la balle et de ne conserver que la balle en caoutchouc noire qui se trouve à l'intérieur.

« Il n'est de février si mauvais qu'il ne nous donne huit jours de printemps. »

JEUX Mots en pagaille

Reliez deux par deux les syllabes éparpillées.

MOU	MOT	ETA	MYG
MOU	MUL	INE	PIE
MUE	UET	SSU	TON
MUG	IVE	SLI	ALE
EAU	MUS	MUT	MYO

Solution : motive, moussu, mouton, muesli, muguet, muleta, museau, mutine, mygale, myopie

CONTES ET LÉGENDES

Dracula et Colmar

La bibliothèque municipale de Colmar (Alsace), construite à partir du XIIIe siècle, recèle quelque 1 200 manuscrits, dont les plus anciens remontent au VIIe siècle. L'un des recueils, datant des années 1460, relate les horribles traitements qu'infligeait aux minorités germaniques installées en Transylvanie le voïvode Vlad Dracul, aujourd'hui plus connu sous le nom de Dracula. Héros de la résistance roumaine aux Turcs, ce dernier fit subir les mêmes sévices aux ennemis faits prisonniers et aux étrangers travaillant sur ses terres. Le texte de "l'Histoire du voïvode Dracula" raconte notamment comment "ce fou sanguinaire fit empaler et brûler des hommes et bouillir leurs têtes dans une marmite…".
C'est ce document, dont le contenu fut largement diffusé dans les territoires du Saint-Empire, qui marqua le début de la gloire tragique de Dracula.

EXPRESSION

Décrocher la timbale

Autrefois, dans les villages, on organisait des fêtes avec des jeux comme les mâts de cocagne. On accrochait au sommet un large cerceau d'où pendait de la nourriture. Les joueurs devaient se hisser en haut de ces mâts à la force des bras afin de décrocher les aliments. L'expression "décrocher la timbale", apparue pour la première fois en 1877, signifie que l'on a obtenu un objet ardemment désiré et, dans un sens plus large, que l'on est parvenu à ses fins.

CE JOUR-CI, AUTREFOIS

1626 promulgation d'un édit du cardinal de Richelieu interdisant les duels
1890 naissance du danseur étoile russe Nijinski

COLLECTIONS

Le collectionneur de sous-bocks de bières s'appelle le tégestophiliste.

"Gelée du jour Sainte-Honorine rend toute la vallée chagrine."

Tempête sur Armen

Jean-Jacques Antier

« Tu seras comme moi gardien de phare ! » me disait mon père, Jean Kerdaniel, en me faisant sauter sur ses genoux. Ce père-là, gardien-chef du phare d'Armen jusqu'en 1905, je ne le voyais guère à la maison, à Audierne. En Bretagne maritime, pays de brume et de tempêtes, le règlement des Phares & Balises, vingt jours de service au phare, dix jours de repos à terre, est rarement respecté. Mais ces dix jours-là remplissaient toute notre vie, à maman et à moi.

Je revois la haute figure de mon père, sa carrure de pêcheur de grand banc, la peau tannée, brûlée, de son visage et ses mains de travailleur de la mer ; sa face hirsute, mal rasée, ses cheveux en broussaille. Son regard d'un bleu intense semblait vouloir vous transpercer, comme le faisceau du phare fouille la nuit profonde. Ah ! la lumière de ses yeux !

Je le revois, ce père si souvent absent, les étés merveilleux de Bretagne, où la mer se fait presque tendre, accueillante. A l'issue de ses vingt jours de service à Armen, je l'attendais avec maman sur le môle du petit port de Bestrée, sous la pointe du Raz. Le cœur battant, nous guettions la silhouette familière d'*Avec l'aide de Marie*, qui nous le ramenait pour dix jours. Il sautait sur le quai, prenait maman dans ses bras, la serrait sur son cœur. Je me sentais enfin protégé à côté de ce couple si soudé, que je croyais indestructible.

Soudain, il me voyait. Un grand sourire éclairait son visage. Il m'empoignait de ses bras si forts et me brandissait vers le ciel en criant : « Mon fils ! » Rien, alors, n'aurait pu me faire douter que j'étais le petit prince de ce monde, dont il était le roi.

Mais après le bel été revenait l'équinoxe, et l'hiver, où la mer et Armen nous le prenaient. A Audierne, maman se morfondait en écoutant le vent d'ouest qui sifflait dans les toitures, arrachant les ardoises et parfois les cheminées. « Il ne viendra pas, disait-elle. La chaloupe de la relève ne pourra pas approcher, à supposer qu'elle ait pu prendre la mer. Ar-men, le Roc, ce n'est même pas une île ! »

Extrait du roman *Tempête sur Armen* de Jean-Jacques Antier
paru aux Presses de la Cité dans la collection Terres de France

VOS DROITS

Est-on assujetti à la redevance audiovisuelle pour un poste de télévision installé dans une résidence secondaire ?

Depuis le 1er janvier 2005, la redevance s'applique au seul foyer fiscal. Ainsi une redevance unique est due pour toutes les personnes rattachées à ce foyer, quel que soit le nombre de résidences occupées.

BIEN-ÊTRE

Eau impériale

En faisant macérer dans de l'eau de vie, des feuilles de sauge, de laurier, des baie, des fleurs de romarin, et en ajoutant ensuite de la noix de muscade pilée, vous obtenez une lotion très revigorante pour la peau.

ÉNIGME

Deux employés enveloppent dix-huit paquets en une heure et demie. Le livreur doit emporter soixante-douze paquets dans une heure. Combien d'employés faudra-t-il pour envelopper ces soixante-douze paquets en une heure ?

Solution : 12 employés

SYMBOLES DE NOS RÉGIONS

La vache béarnaise

Caractéristique avec ses grandes cornes en forme de lyre, la vache du Béarn symbolisa longtemps la richesse passée de la province. Dès le XIIIe siècle, elle figura sur la monnaie locale, appelée baquette (de *baca*, "vache"). Adoptée sur le blason du Béarn par Louis le Pieux, elle est représentée rouge, munie d'un collier et d'une clochette bleue. Partout honorée au Béarn, la vache fit même l'objet d'inscriptions sur les porches des églises, où l'on peut lire "Vive la vaca" ou "Biba la baca".

CE JOUR-CI, AUTREFOIS

1848 limitation du temps de travail en France (10 heures à Paris et 11 heures en province)

2007 décès d'Henri Troyat, écrivain français d'origine russe et prix Goncourt

AU PROGRAMME CE MOIS-CI

- Foire à la brocante et au jambon de Chatou (Yvelines), deux premières semaines du mois
- Mer & Vigne et Gastronomie (Paris), 2e week-end du mois
- Vente des vins des hospices de Nuits-Saint-Georges (Bourgogne), mi-mars
- Fête du chocolat à Aÿ (Marne), mi-mars
- Foire aux boudins à Mortagne-sur-Perche (Orne), 3e week-end du mois
- Fête du cochon à Neuville (Corrèze), dernier week-end du mois

EXPRESSION

Etre la cinquième roue du carrosse

Le premier carrosse vit le jour en 1405. A l'époque, les routes étant cahoteuses, il arrivait souvent que les roues se cassent. Il fallait donc en trouver de rechange, ce qui n'était pas toujours facile. En 1900, avec l'apparition des voitures qui étaient munies d'une cinquième roue de secours, les carrosses furent mis de côté. "Etre la cinquième roue du carrosse" signifie donc être aussi inutile que ceux-ci le sont devenus de nos jours.

"Bonhomme, ne regarde jamais ton blé en mars, ta fille en mai."

RECETTE

Cassoulet de Castelnaudary

Pour 8 personnes.

Ingrédients : 1,5 kg de haricots lingots ; 200 g de couennes fraîches ; 300 g de lard non fumé ; 3 gousses d'ail ; 1 bouquet garni ; 1 oignon piqué de 2 clous de girofle ; 4 morceaux de confit de canard ; 800 g de jarret de porc ; une saucisse de Toulouse ; sel ; poivre.

- Faites tremper les haricots dans une grande casserole d'eau froide toute une nuit.
- Egouttez-les puis recouvrez-les d'eau tiède.
- Ajoutez les couennes coupées en morceaux, le lard grossièrement taillé, l'ail pelé et haché, le bouquet garni et l'oignon piqué.
- Laissez mijoter 1 heure.
- Mettez les morceaux de confit dans une poêle et faites fondre la graisse doucement.
- Faites revenir la viande de porc coupée en morceaux dans la graisse rendue, pendant 15 minutes, puis égouttez les morceaux.
- Faites cuire la saucisse de Toulouse dans cette graisse.
- Préchauffez le four à 160°.
- Remplissez un grand plat allant au four en alternant les couches de haricots et celles de morceaux de porc et de confit.
- Salez et poivrez.
- Posez la saucisse de Toulouse en spirale par-dessus et arrosez du jus de la poêle.
- Faites cuire au four pendant 2 heures.
- Dégraissez avant de servir très chaud.

CE JOUR-CI, AUTREFOIS

1873 invention du procédé de fabrication et de conservation de la bière par Louis Pasteur

2004 adoption par le Parlement du projet de loi sur la laïcité

TERROIR ET TRADITIONS

Foire à la brocante et au jambon de Chatou

Depuis 75 ans, l'île de Chatou, dans les Yvelines, accueille deux semaines durant au mois de mars une gigantesque foire regroupant pas moins de 800 exposants sur 4 hectares. Une partie de la foire est dédiée aux antiquités, une autre à la brocante, une troisième aux produits du terroir, avec un accent mis sur les jambons de pays et autres charcuteries.

JARDIN

Les magnifiques fleurs jaune d'or du forsythia apparaissent dès le mois de mars, bien avant le feuillage. Cet arbuste forme des haies magnifiques au printemps et très protectrices en été par son feuillage dense. Cette plante est facile à cultiver mais aussi à multiplier. Il suffit de prélever des morceaux de tiges de 30 cm et de les planter directement en terre, la reprise est quasi certaine par bouture. La plante a aussi tendance à se marcotter naturellement si l'une de ses branches entre en contact avec le sol.

« Si mars commence en courroux, il finira tout doux, tout doux. »

mercredi 4 mars

Saint **Casimir**

Soleil : 07 h 26 • 18 h 38
Lune : ☽
Poissons / 2e décan

LANGAGE DES PLANTES

La violette

Sainte Hildegarde la préconisait contre la mélancolie. On l'utilisait jadis aussi contre l'ivresse et les crises d'épilepsie. L'infusion de ses feuilles avec un peu de miel calme la toux. L'industrie utilise sa racine comme fixateur de parfum. Un bouquet de violettes envoyé à une jeune fille est une demande en mariage.
Chez les Orientaux, la violette est l'emblème de la modestie et de la soumission ; il est dit que la violette se prosterne devant la rose et penche sa tête par respect. La violette était la fleur préférée de Napoléon qui en avait fait l'emblème du premier Empire.

COUTURE ET TRICOT

Les rentrés de couture

Le rentré de couture correspond à la zone de tissu entre la ligne de couture et le bord coupé. Les patrons du commerce indiquent généralement des rentrés de 15 mm pour la confection et de 6 mm pour les loisirs créatifs. Cela laisse de la place pour tenir le tissu et ajuster la taille. Une fois les coutures cousues, il convient de couper la majeure partie du rentré et de surfiler les bords, sinon le tissu risque de s'effilocher et la couture peut se défaire. Pensez bien à ajouter les rentrés de couture sur les patrons que vous créez vous-même.

HISTOIRE DRÔLE

Un pêcheur rentre au port et raconte à ses collègues :
— Incroyable… Vous savez ce que j'ai rencontré ?
— Non
— Une sirène !
— Ça alors ! Et comment nageait-elle ?
— Très mal, elle m'a fait une queue de poisson !

CE JOUR-CI, AUTREFOIS

1933 Franklin Roosevelt devient le 32e président des Etats-Unis
1936 premier vol du dirigeable Zeppelin LZ 129 Hindenburg
1988 inauguration de la Pyramide du Louvre

GASTRONOMIE

Le bœuf charolais

Parmi les races bovines à viande, la charolaise est certainement celle dont la renommée est la plus grande. Présente sur les terres qui bordent le sud-est du Massif central depuis des siècles, elle est le résultat de croisements entre plusieurs races qui peuplaient déjà la Gaule au temps de Vercingétorix. A partir du XVIIIe siècle, les éleveurs ont perfectionné la race de façon à mettre en valeur la qualité de sa viande. Aujourd'hui, les amateurs de viande rouge apprécient la chair maigre et dense du bœuf charolais et reconnaissent les variétés de goût et de texture qui distinguent chacun des morceaux. Cette qualité est due au respect d'un cahier des charges très précis, qui fait l'objet de nombreux contrôles entre le pâturage et l'abattage. La viande peut alors être estampillée Charolais Terroir Label rouge.

MÉTÉO

Autrefois les saisons ne commençaient pas comme aujourd'hui. En effet, l'hiver débutait à la Chandeleur, soit le 2 février, le printemps le 11 mai aux saints de glace, l'été à l'Assomption le 15 août et l'automne à la Sainte-Elisabeth le 19 novembre.

« Mars qui rit malgré les averses prépare en secret le printemps. »

JARDIN

Les travaux de la première quinzaine de mars

- Plantez les plantes vivaces rustiques.
- Divisez les touffes de perce-neige.
- Taillez les hortensias.
- Plantez les rhododendrons, les bruyères.
- Finissez de planter les rosiers livrés en motte.
- Commencez la tonte de la pelouse.
- Semez les oignons, les épinards, les carottes, les radis, le persil.
- Plantez dans des jardinières des pensées et des myosotis achetés en godet et déjà fleuris.

SYMBOLES DE NOS RÉGIONS

Le costume féminin du Morbihan

La Morbihannaise revêt un corsage lacé sur le devant, attaché à une jupe de drap noir. Par-dessus, elle porte un ample tablier, d'étoffe simple et dépourvu de parure au quotidien, de satin ou de velours brodé pour les grandes occasions. Elle porte une parure autour du cou, composée d'une guimpe glissée dans l'ouverture du corsage et d'un col s'étalant dans le dos. Les cheveux relevés en chignon sont cachés sous une "coiffette", ou sous-coiffe, de tulle, surmontée d'un rectangle de gaze bordé de dentelles.

COLLECTIONS

Le collectionneur de phonographes s'appelle le gramophile.

CE JOUR-CI, AUTREFOIS

1903 ouverture du Moulin Rouge à Paris
1918 Moscou redevient la capitale de la Russie à la place de Petrograd

TRUCS ET ASTUCES

Comment réparer une fermeture Eclair

Si votre fermeture clair est difficile à actionner, enduisez-la de mine de crayon ou d'un peu de paraffine et elle glissera à nouveau comme avant !

TERROIR ET TRADITIONS

Pavés et meules d'Epernon

Située en Eure-et-Loir, la ville d'Epernon est à la fois renommée pour ses carrières de grès dur, qui servirent à la fabrication des pavés parisiens, et pour ses bancs de pierres appelées "meulières", en raison de l'usage principal qui en était fait : les meules de moulin. Livrées en France, en Europe, et même en Russie, celles-ci laissèrent place aux meules artificielles dans les années 1930, qui perpétuèrent du même coup la tradition meulière de la commune.

« Pluie de mars n'engraisse ni oie ni jars. »

JEUX Sudoku

1			8	3				2
5	7				1			
			5		9		6	4
7		4			8	5	9	
		3		1		4		
	5	1	4			3		6
3	6		7		4			
			6				7	9
8				5	2			3

MEUBLES DE NOS RÉGIONS

La commode lyonnaise

Imposante, beaucoup plus grande que la moyenne, dotée d'une façade légèrement bombée, la commode lyonnaise est réalisée tout en noyer. Reposant sur des pieds cambrés, elle peut être galbée sur les côtés, cintrée, en arbalète plissée par vagues sur le devant, et s'orner de profondes sculptures sur les tiroirs.

CE JOUR-CI, AUTREFOIS

1928 naissance de l'écrivain colombien Gabriel García Márquez, prix Nobel de littérature

1930 mise en vente des premiers aliments surgelés aux Etats-Unis

TRUCS ET ASTUCES

Halte aux poux !

Pour éviter qu'ils ne s'installent sur la tête de vos enfants, frictionnez leur cuir chevelu avec de l'eau de lavande ; les poux en détestent l'odeur. Pensez également à appliquer un après-shampooing après chaque shampooing, de façon à faire glisser les poux !

TERROIR ET TRADITIONS

Lexique ch'ti

- **Acater** : *acheter*
- **Alambique** : *cafetière*
- **Assir** : *asseoir*
- **Bouque** : *bouche*
- **Braire** : *pleurer*
- **Caïelle** : *chaise*
- **Chuc** : *sucre*
- **Fermer el quinquet** : *éteindre la lampe*
- **Gramin** : *beaucoup*
- **Harnaiquer** : *habiller*
- **Mier** : *manger*
- **Ouvrer** : *travailler*
- **Païelle** : *poêle*
- **Raviser** : *regarder*
- **Voyette (ou voïette)** : *ruelle*
- **Wassingue** : *serpillière*

BIEN-ÊTRE

Le manganèse

Les vitamines B1 et K favorisent l'absorption du manganèse. Avec une alimentation diversifiée, les carences sont rares. Toutefois, un apport en cas de vertiges, d'acouphènes, de troubles de la mémoire permet de diminuer ces handicaps. Le manganèse se trouve essentiellement dans les fruits secs comme les noix de macadamia, les noisettes, les noix de pécan, les amandes, les noix de cajou. Profitez également de ses bienfaits dans le thé et le riz complet.

« Quand mars entre comme un mouton, il sort comme un lion. »

L'Aîné des Gallian

Jean-Max Tixier

Anselme Gallian était né de cette terre, comme son père, son grand-père et des générations de Gallian. Ses racines remontaient sans doute à quelque soldat venu avec les légions romaines de Marius pour endiguer la poussée des hordes de barbares teutons. Le général avait établi ses positions sur un éperon rocheux favorable, à la pointe des Alpilles. Plus tard, à la faveur de la paix romaine, ses descendants, troquant le glaive pour l'araire, avaient fait souche. Le soldat s'était mué en paysan.

Anselme en éprouvait une légitime fierté. Il aimait les Alpilles parce qu'il fallait les mériter. Elles exigeaient le respect et l'amour, le travail bien fait, l'ouverture de l'esprit et du cœur, la qualité de l'âme. Il les aimait depuis sa tendre enfance, quand ses parents et ses grands-parents, l'initiant à en saisir les particularités, lui en avaient donné les clés. Il avait compris très tôt la nécessité de leur ressembler pour qu'elles vous admettent. Leur dénuement était richesse, leur solitude force, et beauté leur désolation.

Anselme tenait que dans le périmètre des Alpilles on était plus provençal que partout ailleurs dans la province. La quintessence de la provençalité se trouvait là, dans ce creuset de pierre blanche qui tantôt s'enveloppait de gaze diaphane, quand la roche moussait sous le soleil, tantôt s'amoncelait en masses compactes, dressant des remparts menaçants. Cela dépendait de la qualité du regard et de la luminosité de l'air. Peut-être aussi de l'humeur.

Lui s'adaptait à la mesure des choses. Il avançait dans la vie en accord avec son milieu. Chaque jour, il se promenait à travers la garrigue. Il partait de préférence à l'aube, avant que ne commencent les travaux des champs, ou au crépuscule, après qu'avait sonné l'angélus. Il ne pensait à rien. Il regardait. Il humait l'air de la campagne. Il puisait dans sa terre natale la vertu d'être un homme.

Extrait du roman *L'Aîné des Gallian* de Jean-Max Tixier paru aux Presses de la Cité dans la collection Terres de France

TRUCS ET ASTUCES

Comment retirer une tache de sang sur un tissu ?

*Quand celle-ci n'est pas encore sèche, elle peut être enlevée sans trop d'efforts.
Il vous suffit de tamponner la tache avec un coton imbibé d'un mélange d'eau et d'aspirine. Lavez ensuite à l'eau froide et vous constaterez que la tache a disparu !*

TERROIR ET TRADITIONS

Mer & Vigne et Gastronomie

Ce salon gourmand, qui se tient à l'Espace Champerret à Paris le deuxième week-end de mars, accueille une centaine d'ostréiculteurs, pêcheurs, viticulteurs et éleveurs venus des quatre coins de France.
Il est l'occasion de découvrir les produits des terroirs et de déguster maintes préparations originales, comme du tartare d'algues, du confit d'oignon, ou encore de la confiture de vin.

CE JOUR-CI, AUTREFOIS

1661 décès de Mazarin, cardinal et homme d'Etat

1934 naissance du cosmonaute russe Iouri Gagarine, premier homme dans l'espace

JARDIN

Au potager, associer les plantes pour qu'elles s'aident mutuellement est une pratique fondamentale de la culture biologique. Les betteraves, fraises, laitues et tomates apprécient le voisinage de l'ail et de l'oignon mais n'aiment pas être plantées à côté des haricots et des petits pois. Par contre, ceux-ci sont favorables aux pommes de terre, aux choux et aux carottes. Les carottes sont plus belles plantées à côté des tomates, des laitues et des radis. Ces derniers, comme les concombres et les épinards, végètent s'ils sont plantés près des pommes de terre. La proximité de certaines plantes peut avoir aussi une influence sur la saveur des légumes : des radis plantés à côté des laitues et du cresson sont savoureux sans être piquants. Au contraire, la proximité du cerfeuil donne des radis au goût très fort.

LANGAGE DES PLANTES

Le mouron des champs

Si la journée s'annonce ensoleillée, dès 8 heures du matin les petites fleurs rouges ou bleues du mouron des champs s'ouvrent. Si la journée s'annonce couverte, ses fleurs restent à demi cachées sous les feuilles. Enfin, si la pluie menace, elles demeurent totalement fermées. Aussi le mouron est-il souvent appelé "miroir du temps". Ses fruits, qui apparaissent l'été, ressemblent à de petites boîtes dont le couvercle, en s'ouvrant, libère les semences. Le mouron des champs est considéré comme une mauvaise herbe. Cette plante signifie : "Venez, je vous attends."

GÉNÉALOGIE

Origine du nom Magnan

Comme les patronymes Magnant, Magnain, Magnien et Lemagnan, le nom relativement courant de Magnan est issu de l'ancien français maignain, qui désignait un ouvrier travaillant dans les métiers du fer, et plus particulièrement dans la chaudronnerie ou dans la serrurerie.

« Quand en mars il pleut, sois heureux tant que tu peux. »

CE JOUR-CI, AUTREFOIS

1793 création du tribunal révolutionnaire en France
2006 la sonde américaine Mars Reconnaissance Orbiter devient le quatrième satellite artificiel en orbite autour de la planète Mars

TOPONYMIE

Origine du nom Nice

Contrairement à une idée reçue, Nice ne provient pas du grec nikaïa "la victorieuse", en référence à la victoire des Phocéens sur le peuple autochtone ligure établi sur la cité, au IIIe siècle avant J.-C. Le nom renvoie à la racine ligure nis, qui signifie "source". Jusqu'à une époque récente, une source jaillissait en effet sur la plage, permettant l'approvisionnement des navires de passage en eau douce.

GASTRONOMIE

La bonnotte de Noirmoutier

S'il est des pommes de terre de luxe, la bonnotte de Noirmoutier est de celles-là. Elle reste très peu de temps sur les étals des marchés, pendant le mois de mai, et se déguste fraîche. Plantée à la Chandeleur, elle se développe pendant 90 jours. Sa récolte est particulièrement précoce en raison du taux d'ensoleillement important qui préside à sa pousse, et de la présence d'embruns, qui évitent la gelée des jeunes plants. Cette petite pomme de terre dodue, à la peau claire et aux yeux très creusés, a failli disparaître, en raison de sa fragilité et de son faible rendement, mais des chercheurs de l'INRA ont réussi à la réhabiliter et à faire perdurer sa culture sur l'île vendéenne.

DEVINETTE

Je connais quelqu'un
qui toujours m'est proche,
et qui pourtant dans
le noir disparaît.
Une force invisible la
contraint à me suivre
mais, bien qu'elle me
touche, je ne peux la sentir.
Qui est-elle ?

Solution : mon ombre

NOS ANIMAUX

Le chat chasseur

La chasse faisant partie des instincts primaires du chat, il est difficile, même en l'éduquant, de l'empêcher de s'y adonner. Vous pouvez malgré tout lui rendre la tâche plus compliquée en accrochant quelques grelots sur son collier. Effrayées par le bruit, les proies fuiront bien vite.

« Mars avec ses manteaux dans leur mère tue les veaux. »

CONTES ET LÉGENDES

L'Avesnois des légendes

L'Avesnois (Nord-Pas-de-Calais) conserve d'authentiques lieux de légendes, dont certaines remontent au-delà de la période chrétienne. La forêt de Mormal fut jadis le théâtre d'une guerre contre Ursus, roi de la tribu germanique des Trévirois, et Ursa, reine des Belges. Les chênes, dit la légende, y ont été plantés en souvenir des hommes morts au combat, et les hêtres, en l'honneur des femmes tuées. Le village de Maroilles conserve la trace du passage de saint Humbert et de sa fontaine miraculeuse dont l'eau soigne la rage. Le jour de l'Ascension, des pèlerins viennent caresser son tombeau situé dans l'église avec une baguette à l'écorce torsadée qui protège les animaux de la maison. A Avesnes-sur-Helpe, Notre-Dame des Mouches repoussa un jour une attaque des Français, aidée par un essaim d'abeilles ; c'est pourquoi elle tient une baguette blanche à la main. Quant à la très belle fontaine Saint-Eloi de Floursies, les jeunes mariés s'en approchent pour caresser le manteau du saint en gage de bonheur.

RECETTE

Broyé du Poitou

Pour 6 personnes.

Ingrédients : 2 œufs ; 1 jaune d'œuf ; 1 poignée d'amandes effilées ; 250 g de beurre ; 250 g de sucre semoule ; 500 g de farine tamisée ; sel.

- Dans un robot, battez les œufs avec le sucre semoule et une pincée de sel.
- Ajoutez le beurre coupé en dés, et battez de nouveau.
- Incorporez la farine.
- Rassemblez la pâte en boule et laissez-la reposer 1 heure au réfrigérateur.
- Préchauffez le four à 180°.
- Etalez la pâte au rouleau afin d'obtenir une abaisse ronde de 1 cm d'épaisseur.
- Disposez-la sur une plaque de cuisson puis dorez au pinceau avec le jaune d'œuf battu.
- Saupoudrez d'amandes effilées.
- Glissez la plaque dans le four et faites cuire 25 minutes.
- Laissez le broyé refroidir 5 minutes avant de le retirer de la plaque de cuisson.

CE JOUR-CI, AUTREFOIS

1905 inauguration officielle du métro parisien
1921 naissance d'Astor Piazzolla, compositeur et père du tango moderne

VOS DROITS

Peut-on vous refuser l'accès à un restaurant ?

Non, sauf s'il n'y a vraiment plus de place ou que la fin du service est très proche. Mais vous interdire l'entrée au motif que vous êtes seul et qu'il ne reste qu'une table de quatre n'est pas un motif recevable. Le restaurateur se mettrait en situation de refus de vente passible d'une amende maximale de 1 500 euros.

« Quand mars mouillé sera, bien du vin tu récolteras. »

EXPRESSION

Etre un amphitryon

Amphitryon était un personnage de la mythologie dont Zeus prit l'apparence pour séduire Alcmène, la femme de celui-ci. De cette union naîtra Hercule. Par allusion au repas offert à Zeus par Alcmène, au mari trompé et depuis la comédie de Molière du même nom en 1668, un "amphitryon" désigne un hôte généreux.

CE JOUR-CI, AUTREFOIS

1912 naissance de l'homme de théâtre Jean Vilar, créateur du Festival d'Avignon
1955 premier vol de l'hélicoptère Alouette II
1979 naissance de l'ECU (remplacé par l'euro)

Mots croisés

Iorizontalement • 1. Permutation 2. Aveu de coquille . L'enfer du GI 4. Argent. Barrent 5. Démentis. Etain 6. Bords u chemin. Drame oriental. Proche 7. Tira la langue. L'opinion . Ductile 9. Possessif. Saule

'erticalement • A. Parties remises B. Excentrique C. Aurochs. atigué D. Vespasienne E. Volcan. Prénom allemand . Changeais de timbre. Planche G. Conduisit. Quotient . Grimace I. Se déplacer à pas de souris

	A	B	C	D	E	F	G	H	I
1									
2								■	
3								■	
4			■						
5					■			■	
6			■			■			
7							■		
8									
9				■					

MÉTIERS OUBLIÉS

Le garde champêtre

Il partageait avec le gendarme la surveillance des campagnes. Il constatait les délits ruraux et forestiers, les infractions concernant la pêche et le pâturage, les fraudes sur le tabac et l'alcool, ainsi que les contraventions aux arrêtés du maire. Les jours de foire et de marché, il vérifiait l'état sanitaire des animaux à vendre et attribuait leur place aux marchands. Régulièrement, il s'annonçait tambour battant sur la place du village pour communiquer les nouvelles de la mairie : "Avis à la population, monsieur le maire informe..." En 1958, le métier de garde champêtre cesse d'être obligatoire dans les communes rurales, ce qui entraîne la disparition des 20 000 à 30 000 gardes champêtres de l'époque.

« Le soleil de mars donne des rhumes tenaces. »

TERROIR ET TRADITIONS

Les Barcelonnettes du Mexique

Au début du XIXe siècle, les filatures tissant la laine des moutons de la vallée de l'Ubaye (Alpes du Sud) connurent de graves difficultés. Les jeunes de la région s'en allèrent alors chercher fortune au Mexique. Ils furent 5 000, appelés les "Barcelonnettes", à marcher sur les traces des frères Arnaud, partis de Jausiers en 1821. Unissant leurs efforts, ils bâtirent de véritables empires commerciaux et industriels. Aujourd'hui encore, au cœur des villes mexicaines, les grands magasins des Barcelonnettes rappellent cette étonnante aventure. Ces "Mexicains" sont revenus finir leurs jours au pays ; ils se sont fait construire de somptueuses villas et des tombeaux à l'avenant.

COUTURE ET TRICOT

La broderie d'Assise

Cette broderie doit son nom à la célèbre ville d'Italie où elle est apparue à la Renaissance. Si elle est composée de simples points de croix, sa particularité vient du fait que le fond est entièrement recouvert de points de croix d'une seule couleur tandis que le motif est laissé vide. Une bordure décorative réalisée au double point devant vient orner l'extérieur du motif.

PÊCHE

En France, pour la pêche, les poissons d'eau douce sont répartis en deux catégories. La première comprend les salmonidés (saumon, truite, omble, etc.) et la seconde les cyprinidés (gardon, rotengle, ablette, tanche, carpe, etc.). La pêche légale de l'ensemble de ces poissons s'effectue à la ligne. Les techniques de pêche à la ligne sont nombreuses. Les plus pratiquées sont : la pêche au coup, la pêche au lancer et la pêche à la mouche.

IDÉE REÇUE

Les chiens voient en noir et blanc

Contrairement à l'œil humain et ses trois cônes qui décomposent la lumière en couleurs, celui du chien n'en possède que deux. Il ne perçoit donc pas les couleurs comme l'homme. Le chien ne différencie pas le rouge et le vert, mais il distingue parfaitement le jaune du bleu. En revanche, le pouvoir de dilatation de sa pupille lui permet de mieux voir dans l'obscurité que les humains.

CE JOUR-CI, AUTREFOIS

1682 l'explorateur Cavelier de La Salle prend possession de la Louisiane au nom de la France

1986 inauguration de la Cité des sciences de la Villette à Paris

LE PETIT GESTE ÉCOLO

Lors du choix de vos équipements en électroménager, lisez attentivement l'étiquette énergie. Elle vous indique quels sont les appareils les moins gourmands en énergie (classés A) et ceux qui ont un appétit féroce (classés G), ainsi que la consommation moyenne de l'appareil sur une année.

« En mars quand il fait beau, prends un manteau. »

Le Semeur d'alphabets

Jean Anglade

Il rentrait le soir branli-branlan, les bras écartés en deux parenthèses pour garder l'équilibre. Léonie, sur le pas de la porte, guettait ses retours. Quand elle le voyait dans cet état, elle s'écriait avec désespoir :

— *O z'ou te* ! *O z'ou te* ! (Il tient sa cuite !)

Comme pour me prendre à témoin, elle ajoutait :

— Voilà ce que tu devras jamais faire quand tu seras grand ! Le vin est l'ennemi de l'homme.

En grommelant ses reproches, elle aidait mon père à se coucher. Puis elle le laissait cuver. Elle et moi, nous mangions tristement notre soupe borgne. Malgré son nom, celle-ci avait quelques yeux, j'essayais de les compter, car je savais les nombres jusqu'à dix, autant que j'avais de doigts. Le lendemain matin, mon père se levait honteux, laissait sur la table deux billets de la Banque de France pour payer mes frais de pension, nous embrassait, coiffait sa casquette et s'en allait reprendre le train qui devait le ramener à Clermont. Il travaillait aux imprimeries Mont-Louis. De là sortait *Le Moniteur du Puy-de-Dôme*, quotidien appartenant au sénateur Pierre Laval, maire d'Aubervilliers.

Privé de crocodile, je jouais avec des bouts de ficelle, des bobines sans fil, des bâtons, des billes, des toupies. Naturellement, je préférais (comme mon père) avoir la compagnie de mes voisins, car s'amuser seul donne envie de pleurer. On jouait ensemble à la *calhe* (la truie), une variante auvergnate de la pétanque provençale. Chez nous, le cochonnet était un morceau de bois arrondi, les boules étaient des galets. Le *tsatimpuo* (j'achète un porc), variante de la mourre italienne, consistait à faire deviner le nombre de petits objets (fèves, glands, cailloux) qu'on tenait serrés dans son poing. Le *bikilhou* (bâtonnet) ressemblait plutôt au cricket, jeu d'adresse assez dangereux : un joueur lançait un morceau de bois court contre un partenaire qui, armé d'un bâton, devait le repousser.

Extrait du roman *Le Semeur d'alphabets* de Jean Anglade paru aux Presses de la Cité dans la collection Terres de France

lundi 16 mars

Sainte **Bénédicte**

Soleil : 07 h 01 • 18 h 57
Poissons / 3e décan

GASTRONOMIE

Le brie de Meaux

Charlemagne était, dit-on, un grand amateur de brie. Blanche de Navarre, Charles d'Orléans ou encore le Grand Condé appréciaient eux aussi beaucoup ce fromage à pâte molle, au lait cru de vache. Mais si le brie est souvent associé aux grands noms de l'Histoire, ses origines demeurent inconnues. On sait cependant qu'il est produit à Meaux depuis des siècles, selon un procédé inchangé, aujourd'hui protégé par une AOC. La cuisson doit absolument préserver la flore microbienne présente dans le lait à sa sortie de la ferme (dans une zone délimitée autour de Meaux) ; le caillage doit être obtenu par coagulation du caillé pendant au moins dix-huit heures, le moulage être effectué manuellement, et le salage fait au sel sec. C'est le respect de ces règles qui confère au brie de Meaux son caractère.

LES ARBRES DE NOS RÉGIONS

Le charme

Il abonde dans les plaines et les plateaux du nord-est de la France. C'est un arbre à tronc fin et cannelé, dépassant rarement 20 m de hauteur et ne vivant pas au-delà de cent ans. Brûlant lentement tout en dégageant une forte chaleur, le charme fait un excellent bois de chauffage. On l'utilise aussi pour fabriquer des billots, des pièces de machine, des formes de chaussure, ou encore des instruments de précision comme des règles ou des équerres.

CE JOUR-CI, AUTREFOIS

- 1915 *interdiction de la liqueur d'absinthe en France*
- 1953 *naissance de la comédienne Isabelle Huppert*

TRUCS ET ASTUCES

Comment éloigner les souris des maisons ?

Il suffit de disposer sur leurs lieux de passage de petites boules de coton imbibées d'essence d'eucalyptus. L'odeur, pourtant si agréable, les fait fuir.

JARDIN

Les travaux de la seconde quinzaine de mars

- Plantez les fougères et les graminées.
- Plantez les arbustes à feuillage persistant.
- Plantez les haies de conifères.
- Plantez les œilletons d'artichaut.
- Semez en pleine terre les betteraves, les choux, les laitues.
- Plantez les asperges.
- Mettez en place les fraisiers appelés "frigo" qui produiront dans l'année.
- Greffez les arbres fruitiers à noyau.

TERROIR ET TRADITIONS

La vente des vins des hospices de Nuits-Saint-Georges

Les 15 et 16 mars a lieu cette année la 47e vente des vins de ce domaine atypique, réparti sur plusieurs communes. Certaines de ses parcelles appartiennent à l'hôpital local. Pour l'établissement, la vente est indispensable, car elle est l'occasion de récolter des revenus qui permettront de concrétiser les projets de l'année.

« Pluie de mars grandit l'herbette et bien souvent annonce disette. »

VOS DROITS

Quelle aide au logement pour votre enfant étudiant ?

L'allocation logement est attribuée au titre de la résidence principale. Un étudiant doit être titulaire d'un bail, l'allocation n'étant pas versée s'il est hébergé par votre famille, votre conjoint(e) ou votre concubin(e), même si vous payez un loyer. Pour un étudiant, est considérée comme résidence principale une maison ou un appartement, un logement dans une résidence universitaire, un logement en foyer ou un meublé. L'allocation est suspendue pendant les vacances d'été, sauf s'il conserve son logement pendant cette période. Vous devez vous informer auprès de la Caisse d'allocations familiales dont dépend le logement pour connaître le montant de l'allocation.

BIEN-ÊTRE

Un dentifrice à l'aubergine

Vous pouvez préparer facilement un dentifrice qui fortifie les dents tout en les rendant blanches. Pour cela, faites cuire au four une aubergine coupée en dés et enveloppée d'une feuille de papier aluminium. Lorsque les dés sont très cuits et presque noirs, ils deviennent friables. Ajoutez la même quantité d'argile et de sel, et écrasez l'ensemble pour obtenir une pâte homogène.

LE PETIT GESTE ÉCOLO

Changez vos ampoules

Remplacez vos ampoules classiques par des lampes à économie d'énergie appelées "lampes fluocompactes", ou "LFC". Si leur prix est plus élevé, elles consomment jusqu'à cinq fois moins d'électricité pour une même puissance lumineuse et durent dix fois plus longtemps (de 6 000 à 8 000 heures contre 1 000 heures pour une ampoule classique à incandescence).

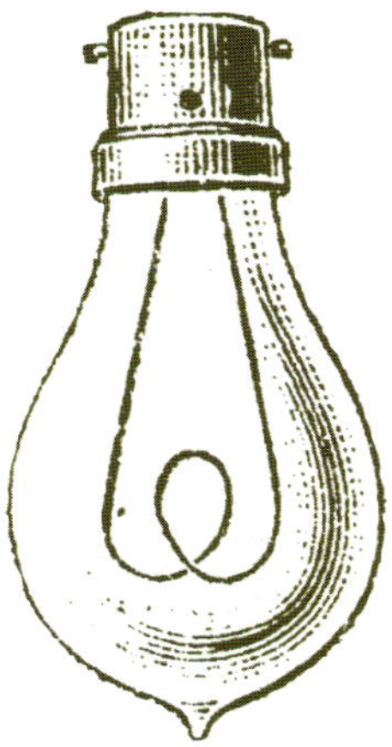

CE JOUR-CI, AUTREFOIS

1830 premier concert du compositeur Frédéric Chopin
1851 découverte de l'un des plus gros astéroïdes jamais observés, Psyché
1990 l'Ecosse réalise son troisième grand chelem au Tournoi des cinq nations

BRICOLAGE

Vous avez posé un carrelage et il reste des résidus de ciment-colle ? Diluez un fond de verre de Tabasco dans de l'alcool à brûler puis frottez.

NOS ANIMAUX

Bien nourrir ses poissons

Ne suralimentez pas les poissons. Donnez-leur la quantité qu'ils peuvent absorber en 2 ou 3 minutes. Vous éviterez ainsi une trop grande pollution de votre aquarium. Saupoudrez les flocons à la main plutôt que de verser directement le contenu de la boîte dans l'eau de l'aquarium.

“En mars, vent ou pluie, que chacun veille sur lui.”

PERSONNAGES DE NOS RÉGIONS

Paul Cézanne et la Provence

Né le 19 janvier 1839 dans la rue de l'Opéra, à Aix-en-Provence, d'une famille aisée, Paul Cézanne fréquente le collège Bourbon, où il se lie d'amitié avec Emile Zola. Il entreprend sans enthousiasme des études de droit à l'université d'Aix et suit des cours à l'école de dessin. En 1862, il abandonne la carrière juridique et part pour Paris. Il y rencontre Pissarro, Renoir, Monet et Sisley. Lorsqu'il n'est pas dans la capitale, il s'installe à l'Estaque. Sa première exposition se heurte à l'incompréhension du public, mais lui vaut l'estime des artistes. Sa renommée devient alors internationale, bien au-delà de sa mort, le 22 octobre 1906. Plus d'une centaine des œuvres de Paul Cézanne ont pour inspiration la Provence ou ont été peintes dans la région.

LANGAGE DES PLANTES

La mandragore

Modeste, sans tige, ornée de petites fleurs bleues, la mandragore n'aurait jamais acquis une telle célébrité si elle n'avait possédé une racine épaisse, de plus de 80 cm et ressemblant à un corps humain. Une plante munie d'une telle racine ne pouvait être que d'origine surnaturelle et seul un initié pouvait se la procurer. Celui-ci devait diriger ses pas, la nuit venue, à l'endroit de prédilection de la mandragore : gibet ou cimetière. L'ayant repérée grâce à ses fruits luminescents, il traçait autour d'elle – afin d'éviter qu'elle ne s'échappe – trois cercles concentriques, puis, muni d'une baguette de saule, l'entourait d'une corde reliée à un chien noir. L'animal tirait sur la corde, déterrant ainsi la racine, qui, arrachée, poussait des gémissements bientôt suivis des hurlements du pauvre animal à l'agonie. Devenue alors inoffensive, la mandragore donnait à celui qui la possédait tous les pouvoirs, notamment celui de se rendre invisible.

CE JOUR-CI, AUTREFOIS

1844 *naissance du compositeur russe Rimski-Korsakov*

1871 *début du soulèvement de la Commune de Paris*

CURIOSITÉS DE NOS RÉGIONS

La ferme picarde

En Picardie, l'habitat rural est dominé par la "cinse", une ferme aux bâtiments disposés en un quadrilatère clos autour d'une vaste cour intérieure. La maison est basse, sans étage, bâtie en pierres blanches ou en torchis et percée d'ouvertures étroites. Elle s'entoure d'une étable, d'une grange et d'appentis. La cour est en grande partie occupée par un trou à fumier. Sont également répandues les fermes formées de deux bâtiments parallèles, avec le logis en fond de cour et la grange donnant sur la rue. Celles-ci correspondent à une activité céréalière, alors que l'élevage est la vocation principale des premières.

« C'est en mars que le printemps chante et que les rhumatismes augmentent. »

JARDIN

Les narcisses sont en pleine floraison et font de magnifiques bouquets parfumés. Seul inconvénient : en vase, ils ne supportent pas la présence d'autres fleurs coupées, qui les font faner.

COLLECTIONS

Le collectionneur de documents sur les ovnis s'appelle l'ufologiste.

IDÉE REÇUE

Le lait est un antipoison

Rien de plus faux. Si on avale un produit toxique, il ne faut surtout pas boire de lait, ni d'eau. Il faut appeler le Centre antipoison le plus proche ou le 15.

BRICOLAGE

Comment réparer un robinet qui goutte

- Avant toute réparation, pensez à fermer l'eau au compteur ou au robinet d'arrivée le plus proche de votre fuite. Puis agissez délicatement pour ne rien endommager.
- Quand un robinet goutte, la fuite provient de l'usure de son clapet. Il faut donc changer cette rondelle de caoutchouc située au-dessus du corps du robinet et sous les poignées de commande.
- Tout d'abord, fermez la bonde afin de ne perdre aucune pièce au démontage.
- Démontez les deux poignées de commande. Vous mettez ainsi au jour une vis contenant le joint usé. Devissez-la et retirez le joint.
- Nettoyez le calcaire avec du vinaigre blanc.
- Replacez un joint neuf et remontez l'ensemble.

LA MINUTE CULTURELLE

Les Rougon-Macquart

Ecrit par Emile Zola entre 1871 et 1893, Les Rougon-Macquart, dont le sous-titre est "Histoire naturelle et sociale d'une famille sous le second Empire", regroupe un ensemble de vingt romans. Inspiré de La Comédie humaine de Balzac, l'ouvrage a notamment pour but d'étudier sur cinq générations les tares héréditaires d'une famille originaire de Plassans, nom imaginaire donné à la ville d'Aix-en-Provence. Il a pour ambition aussi de dépeindre la société du second Empire de la façon la plus exhaustive possible, en n'en oubliant aucune des composantes. Cet ensemble de romans marque le triomphe du mouvement littéraire appelé "naturalisme", dont Emile Zola est, avec Edmond et Jules de Goncourt, puis Guy de Maupassant, le principal représentant.

CE JOUR-CI, AUTREFOIS

1796 proclamation de la liberté de la presse en France
1937 reconnaissance de la capacité civile des femmes
1953 première diffusion télévisuelle de la cérémonie de remise des Oscars du cinéma

« Qui veut bonne melonnière, à la Saint-Joseph doit la faire. »

JEUX A une lettre près

VOILE

[ ] Pont médiéval

[ ] Punir

[ ] Heureux

[ ] Passeports

Solution : levis, sévir, ravis, visas

RECETTE

Omelette Vallée d'Auge

une spécialité de Normandie

Pour 4 personnes.

Ingrédients : 8 œufs ; 3 pommes reinettes ; 30 g de beurre ; 10 cl de crème fraîche ; 25 g de sucre en poudre ; 15 g de sucre glace ; 3 cl de calvados ; sel.

- Faites chauffer 20 g de beurre dans une poêle et mettez-y les pommes coupées en petits dés. Faites-les dorer quelques minutes avec le sucre en poudre.
- Laissez les pommes tiédir avant d'ajouter la crème fraîche.
- Réservez. Battez les œufs dans un bol avec une pincée de sel.
- Versez-les dans une poêle préalablement beurrée.
- Une fois l'omelette cuite, déposez-la sur un plat de service.
- Garnissez-en le centre avec les dés de pommes.
- Repliez les bords.
- Saupoudrez de sucre glace.
- Flambez l'omelette au calvados et servez.

COUTURE ET TRICOT

Bloquer un fil fin sur une aiguille

Certains fils fragiles, comme les fils métalliques ou en rayonne, sont souvent très fins et glissent. Pour fixer un de ces fils sur l'aiguille, doublez-le à environ 8 cm de l'extrémité et passez la boucle dans le chas de l'aiguille. Passez la pointe de l'aiguille à travers la boucle. Tirez délicatement les deux extrémités pour resserrer la boucle autour du chas.

BIEN-ÊTRE

L'huile de callune

Dans les Landes, on préparait jadis une lotion faite de fleurs de callune macérées pendant 15 jours dans 1/4 de litre d'huile d'olive. Filtrée et conservée dans une bouteille au verre teinté, cette huile, appliquée sur la peau, éliminait certaines taches et calmait les dermatoses.

CE JOUR-CI, AUTREFOIS

1727 décès du philosophe, mathématicien, physicien et astronome anglais Isaac Newton

1997 150 077 770 francs, c'est la plus grosse cagnotte du Loto remportée par un seul joueur !

ASTROLOGIE

Bélier (du 21 mars au 20 avril)

Planète : Mars
Élément : Feu
Couleur : Rouge
Pierre : Rubis
Qualités : Energique, passionné, entreprenant, optimiste
Défaut : Agressif
Affinités : Gémeaux, Sagittaire, Verseau

« Quand mars bien mouillé sera, beaucoup de fruits cueilleras. »

Les cigognes savaient

Elise Fischer

Et le train quitte Nancy. Sur le quai, des mains s'agitent, des hommes courent pour accompagner le wagon où se trouve la bien-aimée. Juchés sur les épaules d'un père ou dans les bras d'une jeune maman, des enfants envoient des baisers à leurs grands-parents. Elle est toujours émue par le spectacle de la vie et du flot de sentiments qu'un train apporte et emporte.

Le train passe maintenant devant les brasseries Kronenbourg – un peu d'Alsace en terre de Lorraine ? Faux, bien sûr. Cette brasserie fut d'abord lorraine avant d'être absorbée par son aînée alsacienne. Elle va fêter son centenaire. Un essor fulgurant, parce que la bière produite en Alsace avant 1918 était d'abord pour l'Allemagne, depuis la défaite de Napoléon III à Sedan en 1870. Une humiliation pour l'Alsace dont le cœur restait tourné vers la France, mais que la Prusse obligeait à un mariage dont elle ne voulait pas. Cinquante ans de domination – ironie du sort – avant de pouvoir chanter *La Marseillaise*... Celle de Rouget de Lisle, un Alsacien qui l'avait offerte à la France pendant la Révolution.

Le train longe à présent les anciennes aciéries de Pompey.

Des hauts-fourneaux, il ne reste rien. Des hectares de gazon plantés d'arbres avec quelques industries de pointe. Là où l'on a façonné l'acier, on s'occupe désormais de molécules pour l'industrie pharmaceutique. Ces nouvelles technologies ne concernent qu'une poignée de personnes.

Le train négocie sa courbe pour longer la Moselle. La Lorraine se meurt alors que l'Alsace demeure riante. Clémence ferme les yeux un instant puis les ouvre sur les vallons verdoyants caressés de brumes laiteuses et déjà lumineuses. Elle reçoit en plein visage cette onde de beauté jusqu'à l'éblouissement.

Extrait du roman *Les cigognes savaient* d'Elise Fischer paru aux Presses de la Cité dans la collection Terres de France

PRINTEMPS

VOS DROITS

Le numéro de sécurité sociale

Le numéro d'immatriculation à la sécurité sociale est géré par l'INSEE. C'est un numéro à 13 chiffres, créé à partir de l'état civil. Il indique le sexe (1 chiffre), l'année de naissance (2 chiffres), le mois de naissance (2 chiffres) et le lieu de naissance (5 chiffres ou caractères) de la personne concernée. Les 3 chiffres suivants correspondent à un numéro d'ordre qui permet de distinguer les personnes nées au même lieu le même jour.

GÉNÉALOGIE

Origine du nom Faisandier

Contrairement à ce qu'on pourrait croire, ce patronyme n'a rien à voir avec le faisan. Surtout porté en Auvergne et dans le Languedoc, il s'agit de la variante de Fasandier, lui-même issu de l'occitan fasendièr, qui désigne un ouvrier agricole. Au sud de la Loire, on retrouve également les formes dérivées Faizandié, Faizandier, Fésandier et Fézandier.

CE JOUR-CI, AUTREFOIS

1857 inauguration du premier ascenseur installé dans un grand magasin construit par E. G. Otis

1911 au dernier recensement, la France compte 39 605 000 habitants

1954 l'Abbé Pierre transforme en association la communauté Emmaüs fondée en 1949

BIEN-ÊTRE

Les huiles de poisson

Elles sont très riches en acides gras, essentiels pour fluidifier le sang, pour lutter contre les infections et pour un bon développement de la vue et de l'odorat. Leur rôle est fondamental pendant les trois derniers mois de la grossesse pour la croissance du cerveau du fœtus. Ces huiles sont extraites du foie de poissons comme la morue ou de la chair de poissons gras comme le saumon.

JARDIN

Par leur seule présence, certaines espèces végétales permettent de protéger les fruits et légumes du potager. La menthe, la lavande, la mâche éloignent les fourmis. L'œillet d'Inde, les capucines et les soucis plantés près des tomates leur évitent d'être infestées par les pucerons. En plantant de l'ail au pied des rosiers, on les protège de l'oïdium. Contre la piéride du chou, on peut placer des fougères sur les feuilles des choux.

RECETTE

Pastasciutta

une spécialité de Corse

Pour 4 personnes.

Ingrédients : 250 g de spaghettis ; 500 g de tomates ; 2 oignons ; 70 g de beurre ; 100 g de viande hachée cuite ; 1 gousse d'ail ; 1 petit morceau de piment fort ; 100 g d'olives vertes ; 50 g de gruyère râpé ; sel.

- Dans une poêle, faites dorer les oignons hachés avec le beurre.
- Ajoutez la viande hachée, les tomates pelées et coupées en morceaux, l'ail écrasé, le piment et du sel.
- Laissez mijoter, sans couvrir, 30 minutes, et retirez le piment en fin de cuisson.
- Faites bouillir une grande quantité d'eau salée.
- Faites-y cuire les spaghettis selon le temps indiqué sur le paquet.
- Egouttez-les puis versez-les dans un plat creux.
- Versez par-dessus le hachis, quelques noisettes de beurre et les olives ébouillantées et dénoyautées.
- Servez aussitôt en parsemant de gruyère râpé.

« Quand à glace il gèle à la Saint-Victorien, en pêches en abricots il n'y a rien. »

IDÉE REÇUE

Les salamandres peuvent traverser un feu sans se brûler

Faux ! Cette légende vient sans doute du fait qu'on les trouve l'hiver sous les tas de bois ou à cause du liquide brûlant que leur peau sécrète.

MÉTIERS OUBLIÉS

Le chaudronnier

Spécialisé dans la fabrication de marmites, chaudrons et autres ustensiles métalliques destinés au chauffage, le chaudronnier exerçait un métier dangereux nécessitant une grande force physique. Il commençait par la fonte des tôles de cuivre ou de fer, à des températures proches de 1 200 °C, coulait ensuite le métal fondu sur un moule de pierre, puis façonnait l'objet au marteau. Ceux que l'on appelait les "chaudronniers au sifflet" allaient de village en village, invitant les habitants, avec un coup de sifflet, à leur apporter leurs marmites à réparer ou leurs cuivres à revendre.

CE JOUR-CI, AUTREFOIS

1874 naissance de l'illusionniste hongrois Houdini
1934 présentation par Citroën du premier modèle d'automobiles à traction avant

JEUX Sudoku

	5	3			2			
6		7	8		3			
	8			9	5		6	
3					8	9	1	2
					1	3		
8	1	6	3			7		5
	3		5	8			7	
			9		4	2	5	8
			2			6	3	

GASTRONOMIE

Le chocolat de Bayonne

Le cacao fait partie de ces trésors inestimables que les Espagnols rapportèrent de leurs expéditions aux Amériques. Conquis par la boisson amère et épicée dont se délectait le souverain aztèque Moctezuma, ils importèrent la recette chez eux, où elle connut un franc succès. C'est ainsi que les premières chocolateries firent leur apparition en Espagne. Beaucoup étaient tenues par des Juifs, mais ceux-ci, persécutés dans le pays, furent contraints de s'exiler de l'autre côté des Pyrénées. Ils s'installèrent à Bayonne, où ils firent découvrir le chocolat et ses raffinements aux Français. Ils participèrent pour beaucoup à la tradition chocolatière qui s'imposa à Bayonne, et dont la renommée perdure encore aujourd'hui.

« Quand mars fait avril, avril fait mars. »

LES ARBRES DE NOS RÉGIONS

Le frêne

Il est depuis toujours un arbre mythique. Ses rameaux couvraient le monde entier, son tronc abritait le tribunal des dieux et dans ses racines vivaient les Parques, maîtresses des destinées. Le frêne était utilisé pour la fabrication d'armes. C'est également une plante médicinale. Pour sainte Hildegarde, c'était un excellent contrepoison aux morsures de vipère. Aujourd'hui ce sont surtout les feuilles, les samares et l'écorce qui sont utilisées. La décoction de feuilles de frêne soigne la goutte et tous les raidissements articulaires. L'homéopathie utilise l'écorce fraîche contre les rhumatismes.

HISTOIRE DRÔLE

Pourquoi un éléphant ne peut-il pas voir le bout de sa trompe ? Parce qu'il est nez avec défenses d'ivoire…

TRUCS ET ASTUCES

Comment éliminer les poils de chat sur les vêtements ?

Prenez un gant en plastique puis frottez la surface en faisant des cercles. Comme par magie, tous les poils se regroupent pour former une boule.

BIEN-ÊTRE

Un masque anti peau grasse

Cassez un œuf et séparez le blanc du jaune, en prenant soin de conserver un tiers du jaune. Battez fermement le blanc en neige. Ajoutez le jaune d'œuf conservé, ainsi qu'une vingtaine de gouttes de jus de citron. Mélangez le tout, lentement afin de ne pas casser les blancs. Appliquez la mousse obtenue sur l'ensemble du visage, en évitant simplement le contour des yeux – l'acidité du citron dans l'œil est assez désagréable. Laissez sécher un bon quart d'heure, puis rincez votre visage à l'eau tiède. L'effet astringent du citron referme les pores de la peau, et diminue par là même la production de sébum.

TERROIR ET TRADITIONS

Les métiers de la soie

Les ouvriers de la soie étaient pour la plupart regroupés à Lyon, figure de proue en matière de production de soieries. Les moulinières étaient chargées de tordre les fils de soie grège afin de les rendre plus solides. Elles travaillaient dans l'atelier du fabricant, tout comme les ourdisseuses, qui disposaient les fils en ordre pour former des chaînes. Celles-ci étaient tissées par les fameux canuts, surnommés ainsi peut-être en raison des "cannettes" de fils de soie qu'ils manipulaient ou des "cannes", pièces composant leur métier à bras.

CE JOUR-CI, AUTREFOIS

1839 publication des Recueillements du poète Lamartine
1918 décès du compositeur Claude Debussy
1984 Alain Prost gagne le grand prix de Formule 1 du Brésil

MÉTÉO

L'air froid en altitude associé au réchauffement progressif des basses couches de l'atmosphère donne un contraste thermique provoquant ce que l'on appelle les "giboulées de mars". Elles sont caractérisées par des vents violents, accompagnés d'averses avec grêlons, flocons de neige ou neige fondue.

« Le 25 mars, le compagnon rend la chandelle au patron. »

CONTES ET LÉGENDES

Le Graoully

La crypte de la cathédrale de Metz abrite un hôte inattendu. Il s'agit d'un animal rivé à la pierre, sorte de saurien, mi-dragon, mi-serpent, doté d'une longue langue écarlate et de dents acérées. La présence d'une telle créature dans un lieu saint a de quoi surprendre. Pourtant, la légende qui entoure ce monstre est liée à la christianisation de Metz. Au IIIe siècle, de terribles serpents élurent domicile dans l'amphithéâtre en ruine de la ville. Le plus vorace d'entre eux était le Graoully (de l'allemand graulich, "effrayant"). Quand saint Clément voulut évangéliser les Messins, il attacha le monstre avec son étole d'évêque et le noya avec ses congénères dans la Seille. A partir du XIIe siècle, le Graoully figura dans les rogations, processions qui marquaient les trois jours précédant l'Ascension.

EXPRESSION

S'en moquer comme de l'an quarante

L'origine de cette expression reste encore trouble. Une des explications concerne l'an mil. La peur de la fin du monde prévue cette année-là aurait duré pendant quarante ans. Voyant qu'aucune catastrophe n'arrivait, nos ancêtres auraient utilisé cette date pour se moquer de quelque chose qui n'arriverait pas, ou qui n'aurait pas d'importance. L'expression signifie aujourd'hui "accorder très peu d'importance à quelque chose".

TERROIR ET TRADITIONS

La tonte des moutons

Lorsque le froid n'est plus à craindre, il est temps de penser à débarrasser les moutons de leur pesant manteau de laine. La tonte, qui a lieu au printemps, doit se pratiquer par beau temps pour que l'animal ne souffre pas du froid. Avant la tonte, les moutons sont lavés à grande eau. Puis la laine est tondue avec des ciseaux spéciaux appelés "forces". Egalement appelée tondaille, la tonte se pratique généralement dans une atmosphère de fête et de ripaille.

CE JOUR-CI, AUTREFOIS

1827 décès du compositeur allemand Ludwig van Beethoven
1972 la SNCF présente le TGV

COLLECTIONS

Le collectionneur de téléphones s'appelle le téléphophiliste.

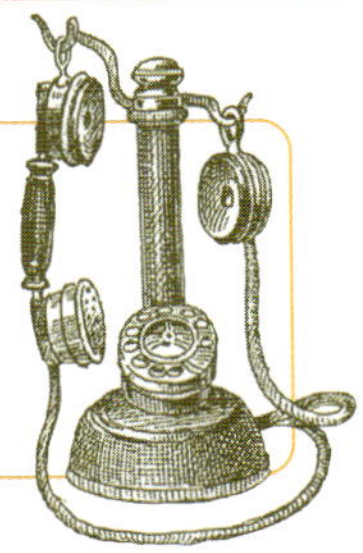

"Quand en mars il tonne, l'année sera bonne."

IDÉE DÉCO

Habiller une douche

Carreaux de terre cuite vernissés, les zelliges se déclinent en une variété infinie de teintes. A vous de voir si vous préférez réaliser un patchwork de couleurs contrastées ou de mêmes tons. Utilisez des carreaux de 10 x 10 cm, posez-les bord à bord jusqu'à hauteur d'épaule, puis jointez avec un joint gris-clair de 1 mm maximum (étant donné la coupe irrégulière des zelliges, le joint sera cependant plus large par endroits). Ces carreaux donneront un style méridional à votre douche.

MÉTIERS OUBLIÉS

L'acheteur de cheveux

En Bretagne, vendre ses cheveux restait pour une femme un véritable sacrifice. Foires, marchés, pardons étaient autant d'occasions pour les acheteurs de cheveux de convaincre les Bretonnes de vendre les leurs. Ils leur proposaient en échange de beaux mouchoirs, des tabliers brodés, des croix en or… Les jeunes filles pauvres ne résistaient pas à la tentation. Pour les femmes du pays de Léon, vendre ses cheveux, c'était vendre son âme, car l'eau du baptême avait coulé dessus. Les marchands les revendaient à prix d'or afin de fabriquer des perruques pour les élégantes de la ville.

TERROIR ET TRADITIONS

Les étoffes corses

Les vêtements corses résultaient du filage et du tissage domestiques, dont on tirait trois sortes de textile : la toile de lin, le drap corse, appelé pannu corsu ou pannu frisu, provenant de la laine de brebis, ainsi que le drap de Piloni, à partir duquel on fabriquait la cape pilone, faite en poils de chèvre. Il s'agissait d'une pelisse à capuche robuste et très chaude destinée aux bergers, qui pouvaient ainsi dormir à la belle étoile sans crainte des intempéries. Les robes noires étaient les plus recherchées, car, assurait-on, la laine obtenue était plus solide.

JARDIN

Chassez les taupes de votre jardin

Si vous connaissez l'entrée de la taupinière, placez-y quelques boules de naphtaline, ou un chiffon imbibé de pétrole. Cela les fera fuir sans les exterminer. Si ce n'est pas le cas, plantez quelques pieds d'Euphorbia lathyris à différents endroits du jardin. Vous pouvez aussi planter dans le sol des bouteilles vides dont vous aurez ôté le bouchon, afin de laisser le vent s'y engouffrer, engendrant un sifflement dans la terre qui fera fuir ces petites envahisseuses.

CE JOUR-CI, AUTREFOIS

1809 naissance du baron Haussmann, préfet de Paris

1880 cinquante-cinq mille exemplaires du nouveau roman d'Emile Zola, Nana, sont vendus dès le premier jour de parution

“Quand, au printemps la lune est claire, peu de noix espère.”

Les Filles de Roz-Kelenn

Hervé Jaouen

L'argent, il avait fallu le tirer du fleuve, comme un orpailleur, et la concurrence était celle d'une vingtaine de bateaux-lavoirs alignés le long du quai, en pleine ville. Quelques-uns étaient un simple ponton au ras de l'eau, mais la plupart, comme celui de Jabel, étaient des bateaux-lavoirs à deux étages : le pont du bas avec les postes de lavage, au-dessus la chaufferie couverte et, autour des feux sous les gigantesques lessiveuses, un réseau de fils où les femmes étendaient leur linge par mauvais temps ; par beau temps, elles l'étendaient sur le toit de l'étage, ou sur le quai, dans des espaces réservés. A l'avant du bateau-lavoir se trouvait l'appartement de Jabel : un cabinet de toilette, un débarras, une cuisine et une chambre.

Quand Jabel prit le bateau-lavoir en gérance, l'affaire consistait à louer des places à deux catégories de lavandières : des ménagères qui n'avaient pas d'endroit où laver leur linge dans leurs minuscules logements en ville et des professionnelles qui lavaient le linge des bourgeois. Les places étaient louées à la journée et le prix comprenait : un poste de travail sur le pont d'en bas, avec un « carrosse » où s'agenouiller, un baquet et un battoir ; l'usage de la cuve du haut où le linge était mis à bouillir, la fournée de chacune liée par une corde et identifiée par un bout de tissu particulier ; le droit d'étendre le linge autour du poêle et de la cuve, ou sur le toit ou sur les fils du quai. Le bateau-lavoir vendait obligatoirement la lessive, au prix fort, pour tenir compte du coût du bois de chauffe.

L'eau du fleuve était la même partout, cependant les lavandières avaient leur bateau-lavoir attitré, en fonction des patrons, de la qualité de la lessive, du tirage du poêle, de la température de l'eau chaude, de la propreté des cabinets d'aisance. Les professionnelles n'étaient pas des Filles de Jésus, loin de là ! Des vive-la-joie, à la langue bien pendue, et il le fallait bien pour se distraire, parce que si les ménagères venaient une fois le temps au bateau-lavoir, les professionnelles étaient tous les jours sur le pont, qu'il fasse chaud ou qu'il gèle, à genoux à décrasser le linge, à genoux à le rincer, debout ou pliées en deux autour de la cuve, à suer les courants d'air attrapés en bas.

Extrait du roman *Les Filles de Roz-Kelenn* d'Hervé Jaouen paru aux Presses de la Cité dans la collection Terres de France

CURIOSITÉS DE NOS RÉGIONS

La ferme du Morvan

Le type de ferme le plus répandu dans le Morvan est la maison-bloc, qui concentre au rez-de-chaussée le logis, la grange, l'étable et la remise. L'étage est réservé à de vastes fenils. Les murs de la maison sont construits en moellons blanchis à la chaux, sauf au niveau des encadrements des portes et des fenêtres, bâtis en pierres de taille de couleur variable. Le chaume qui coiffait à l'origine la ferme morvandelle a été remplacé par les ardoises et les tuiles plates.

LES ARBRES DE NOS RÉGIONS

Le chêne

L'un des feuillus les plus répandus en France, le bien nommé "roi des arbres" impressionne par ses dimensions et sa longévité. Culminant à 40 m en moyenne, il présente un fût droit et vigoureux pouvant atteindre 1 m de diamètre. Le chêne vit plusieurs siècles. Très utilisé en tonnellerie, pour la fabrication des fûts destinés aux grands crus, il sert également en ébénisterie à la confection du mobilier massif.

CE JOUR-CI, AUTREFOIS

1895 naissance de l'écrivain Jean Giono
1900 limitation de la journée de travail à 11 h pour les femmes et les enfants
1950 le journal Tintin publie le premier épisode d'Objectif Lune

MÉTÉO

La vitesse maximale du vent mesurée en France est de 320 km/h. Pour enregistrer ce record, il fallait être sur le mont Ventoux, à 1 912 mètres d'altitude, le 15 février 1967.

LA MINUTE CULTURELLE

Le Radeau de la Méduse de Théodore Géricault

Le fait divers que le peintre expose sur sa toile est celui du naufrage d'une frégate, la *Méduse*, le 2 juillet 1816, au large des côtes du Sénégal. Le commandant Hugues Duroy de Chaumareys, officier incompétent, refuse de prêter attention à un danger imminent, et c'est le drame : le navire coule corps et biens. Un radeau de 20 mètres sur 7 est construit à la hâte au moyen de rondins de bois, mais il s'avère inefficace. Le moment culminant choisi par Géricault dans cette dérive qui durera treize jours est celui où les naufragés voient au loin le navire qui vient les sauver. Le tableau sera présenté au musée du Louvre en 1819.

« Souvent la Saint-Amédée est de mars la plus belle journée. »

VOS DROITS

Un aide soignant ou aide à domicile a-t-il le droit de distribuer des médicaments ?

Le Conseil d'Etat a estimé que la distribution de médicaments et l'aide à la prise correspondait à un acte de la vie courante lorsque le médecin prescripteur l'avait laissé à l'initiative du malade. Dans ce contexte, la distribution peut être assurée par toute personne chargée de l'aide à domicile, informée des doses et des moments de prise.

CE JOUR-CI, AUTREFOIS

1928 la durée du service militaire passe à un an
1987 le tableau Iris de Van Gogh est vendu 220 millions de francs

RECETTE

Kouign Amann

une spécialité de Bretagne

Pour 6 personnes.

Ingrédients : 25 g de levure de boulanger ; 250 g de sucre en poudre ; 500 g de farine ; 250 g de beurre demi-sel ; 1 œuf.

- Dans un saladier, versez la farine et la levure délayée dans 2 c. à soupe d'eau.
- Pétrissez jusqu'à obtention d'une pâte lisse et homogène.
- Laissez lever la pâte pendant 3 heures à l'abri de l'air, dans un endroit tiède.
- Etalez la pâte et répartissez le beurre en parcelles sur toute sa surface.
- Saupoudrez de sucre et pliez en quatre tout en faisant pivoter l'ensemble d'un demi-tour.
- Rabaissez la pâte et renouvelez l'opération quatre fois.
- Placez la pâte dans un moule beurré et laissez reposer 30 minutes.
- Préchauffez le four à 200°.
- Badigeonnez la surface avec l'œuf battu et faites cuire 25 minutes. Dégustez tiède.

LES JOLIS VILLAGES DE FRANCE

Gordes

Magnifique village perché de Provence construit à même la roche, Gordes abrite un château Renaissance situé en plein cœur du village. Construit dès 1031 puis reconstruit en 1525, cet édifice majestueux impressionne par sa grandeur. L'église romane Saint-Firmin de Gordes, située tout près, date du XIIe siècle. Les deux chapelles de l'église sont dédiées aux cordonniers et aux tailleurs de pierre (chapelle Saint-Crespin) et aux serruriers et aux ferronniers (chapelle Saint-Eloi).

JARDIN

Dans la nature, la plupart des parasites du jardin ont leur prédateur. En aménageant des espaces pour les accueillir, on favorisera la lutte naturelle et biologique de ces ennemis. Les plus gros mangeurs d'insectes sont les oiseaux ; un jardin entouré de haies composées de végétaux de la région les attirera en grand nombre. On pourra aussi installer des plantes mellifères comme la lavande, le romarin, la phacélie, qui, eux, attireront des insectes pollinisateurs. On favorisera aussi la présence des hérissons, des orvets, des crapauds, grands mangeurs de limaces. Les taupes participent également à la lutte contre les nuisibles en dévorant insectes et vers, sans compter qu'elles aèrent le sol.

« En mars les vaches au pré, si ce n'est pour manger, c'est pour s'y gratter. »

BIEN-ÊTRE

Masque revitalisant à la pêche

Mélangez ensemble une demi-pêche mixée, deux cuillères à café de crème fraîche entière, deux cuillères à café de miel ainsi qu'une cuillère à café d'huile d'onagre. Appliquez sur votre visage, laissez agir 20 minutes puis rincez à l'eau tiède. Le jus de pêche resserre les pores de la peau, le miel et la crème fraîche nourrissent et l'huile d'onagre régénère.

IDÉE DÉCO

Voilages originaux

Procurez-vous trois bandes de voile de coton de 30 cm x 3 m (plus ou moins selon la taille de votre fenêtre), des teintures à froid pour textile de trois couleurs différentes et du fixateur. Lavez le voile et gardez-le humide. Préparez ensuite un bain d'eau froide additionnée de teinture, de fixateur et de sel. Plongez le tissu dans l'eau, remuez à l'aide d'un bâton pour que la teinture prenne uniformément, rincez jusqu'à ce que l'eau soit claire. Lavez avec votre lessive habituelle et laissez sécher. Posez enfin vos voilages.

AU PROGRAMME CE MOIS-CI

- Fête de l'œillet à Falicon (Alpes-Maritimes), 1er week-end du mois
- Toques et Clochers à Limoux (Aude), week-end de Pâques
- Foire aux jambons de Bayonne (Pyrénées-Atlantiques), week-end de Pâques
- Le Printemps des potiers à Bandol (Alpes-Maritimes), week-end de Pâques
- Les Vinées tonnerroises (Yonne), week-end de Pâques
- Fête du cresson à Veules-les-Roses (Seine-Maritime), dimanche de Pâques
- Foire aux bestiaux de Beaucroissant (Isère), mi-avril
- Foire comtoise de Besançon (Doubs), dernier week-end du mois
- Fête du miel à Mouans-Sartoux (Alpes-Maritimes), dernier dimanche du mois
- Fête de l'Agneau de Pauillac (Gironde), dernier dimanche du mois

COLLECTIONS

Le collectionneur de poissons d'avril s'appelle l'avrilopiscicophiliste.

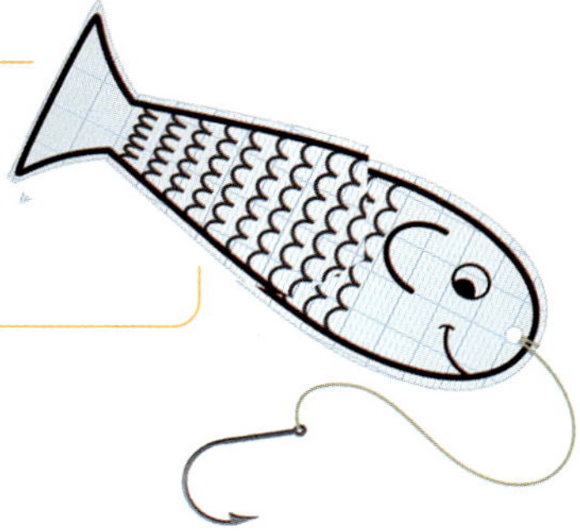

MEUBLES DE NOS RÉGIONS

Les sièges bressans

En hêtre ou en fruitier, paillé en jonc tressé ou en paille de couleur, le fauteuil bressan typique est rustique et confortable d'assise. On trouve également en Bresse les fameuses chaises à sel utilisées traditionnellement pour cacher le sel du temps de la gabelle. Dotées d'un coffre dissimulé sous le siège, elles présentent un dossier évidé. Les archebancs, des bancs rigides d'aspect, sont munis d'un dossier très élevé et de deux accoudoirs. Ils sont placés près des cheminées et réservés aux anciens.

CE JOUR-CI, AUTREFOIS

1868 naissance de l'écrivain Edmond Rostand
1923 loi portant le service militaire en France à 18 mois

« Pluie de Saint-Hugues à Sainte-Sophie remplit granges et fournils. »

jeudi 2 avril

Sainte **Sandrine**

Soleil : 07 h 26 • 20 h 23
Lune : ☽
Bélier / 2ᵉ décan

GASTRONOMIE

La carotte de Créances

La vente de la plupart des carottes (les petites grelots, les nantaises longues et croquantes ou les carottes de pleine terre) s'échelonne généralement d'avril à novembre. Les carottes de Créances apparaissent sur les étals des marchés vers la fin du mois d'août et restent visibles jusqu'à la fin du printemps. Originaires du littoral du Cotentin, ces "carottes des sables" ne poussent que sur les mielles — étendues de sable d'origine marine — de la région. Fondantes et délicates, elles sont riches en vitamines et en sels minéraux, grâce au varech, aux algues marines et aux embruns. Les racines des carottes de Créances sont lisses et régulières et particulièrement tendres, ce qui en fait des pièces de choix.

CE JOUR-CI, AUTREFOIS

- 1725 *naissance de l'aventurier italien Casanova*
- 1900 *instauration de la scolarité obligatoire*
- 1935 *installation de cabines de téléphone publiques dans le métro parisien*

EXPRESSION

Se tenir à carreau

Une des origines de cette expression proviendrait des cartes à jouer, chaque emblème symbolisant une arme. Le carreau représente le projectile tiré par l'arbalète. "Etre sur le carreau" signifiait "être derrière l'arme", par conséquent stable et en position de force. "Se tenir à carreau" veut donc dire se mettre à l'abri du danger, être sur ses gardes.

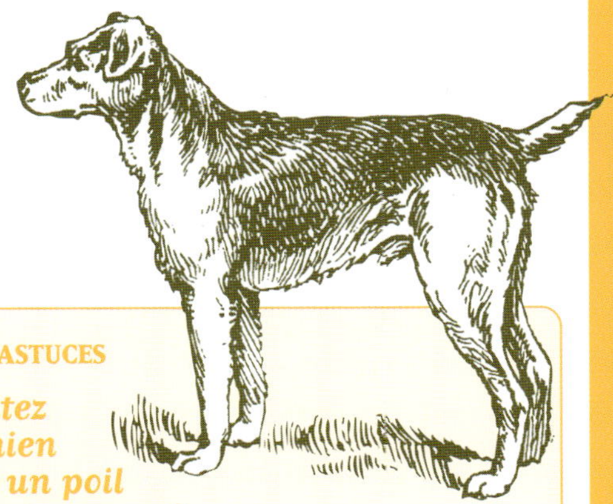

TRUCS ET ASTUCES

Vous souhaitez que votre chien ait toujours un poil magnifique et soyeux ?

Ajoutez une cuillère à soupe (soit environ 15 g) de germe de blé en flocons dans sa nourriture. Votre chien retrouvera tout son lustre et perdra moins de poils.

MÉTIERS OUBLIÉS

Le cloutier

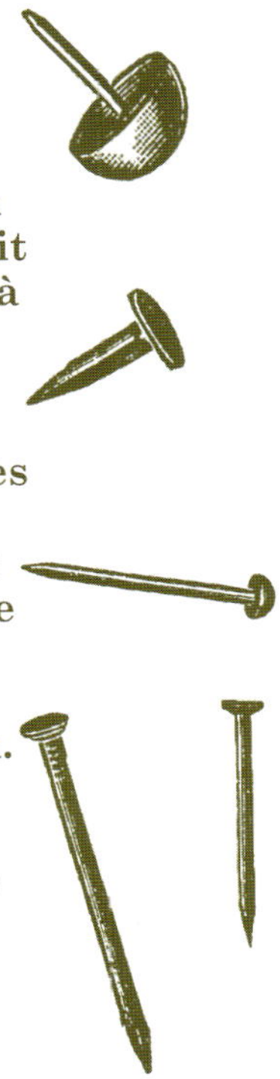

Installé à proximité d'un forgeron, qui le fournissait en tiges de fer, le cloutier exerçait un métier minutieux. Il avait à sa disposition une tranche pour couper les tiges, une enclumette pour les forger et en affiner la pointe, des formes diverses pour travailler les têtes, et plusieurs plaques, ou cloutières, cylindres percés de trous de tailles variées qui servaient à donner aux clous leur forme ronde à dimension. Il créait ainsi des clous de charpente, d'ébénisterie, de bourrellerie, de maréchalerie ou encore de saboterie.

« Quand avril tombe l'eau, vigneron répare le fond de ton tonneau. »

JARDIN

Les travaux de la première quinzaine d'avril

- Divisez les alysses, les corbeilles d'argent, les arabettes.
- Semez les pois de senteur.
- Supprimez le feuillage fané des bulbes de printemps, les fleurs fanées des rhododendrons.
- Taillez les forsythias, les groseilliers à fleurs.
- Plantez encore les rosiers achetés en containers.
- Semez le gazon et les plantes condimentaires : thym, mélisse, oseille, etc.
- Enfin, semez les annuelles rustiques comme les pavots de Californie, les capucines et les lavatères.

CE JOUR-CI, AUTREFOIS

1924 *naissance de l'acteur américain Marlon Brando*

2007 *record du TGV à la vitesse de 574,8 km/h*

COUTURE ET TRICOT

Le jacquard

Ce tricot traditionnel provient des îles Shetland. C'était à l'origine un tricot multicolore, souvent tricoté en rond, constitué de petits motifs répétés plusieurs fois dans l'ouvrage. On n'y trouvait jamais plus de deux couleurs par rang. Par extension, ce terme désigne aujourd'hui tout tricot multicolore avec répétition de motif.

JEUX Tourniquet

Inscrivez les mots dans les cercles qui entourent la définition centrale. Les mots se lisent et s'écrivent dans le sens des aiguilles d'une montre. La première lettre de chaque mot est indiquée par une flèche.

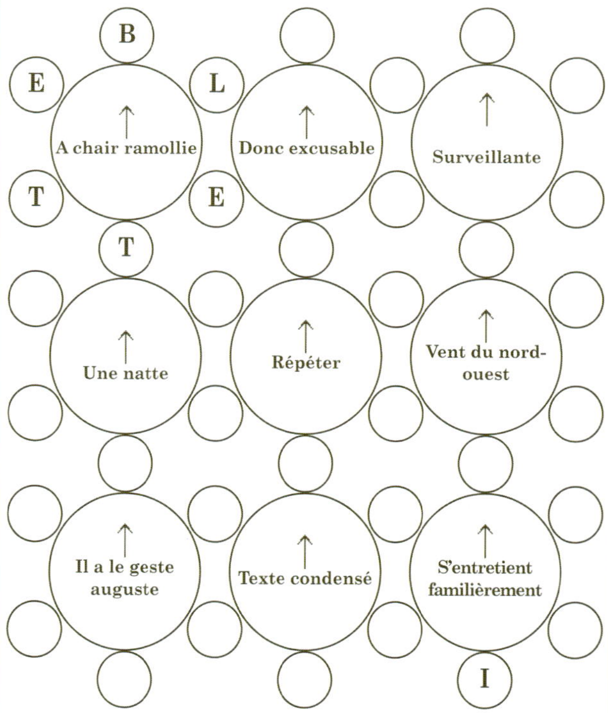

« Le 3 avril, le coucou chante mort ou vif. »

Confession d'Adrien le colporteur

Elise Fischer

Je m'appelle Adrien Mangin et, depuis plus de quarante ans, je suis colporteur. Je marche sur toutes les routes. J'arpente tous les chemins, mes foulées absorbent tant de lieues que je finis par me comparer au Juif errant. Mon bâton frappe le sol, ma hotte bien garnie frotte mon dos avec vigueur. Elle regorge de trésors culturels. Je suis le Juif errant du savoir. Mon action permettra peut-être à l'obscurantisme de reculer. Sans doute fais-je rire ces messieurs lettrés du second Empire moribond. Je les vois dans leurs vêtements bien ajustés, si sûrs d'eux, drapés dans leurs certitudes comme l'orgueilleux glaïeul du jardin de l'évêque de Saint-Dié. Colporteur, je suis. Mais pas n'importe lequel. J'insiste, c'est ma fierté. N'en déplaise aux âmes trop bien nées, je suis un colporteur de savoir ! Et qu'on ne s'avise pas de jeter le discrédit sur notre corporation en glissant, ici et là, que les colporteurs sont voleurs, menteurs, buveurs, rusés et de fieffés chenapans. Je serais capable sous le coup de l'insulte de me redresser et d'agiter mon bâton en direction de celles et ceux qui affirment cela. Que savent-ils au fond ? Rien ou si peu de chose.

Je vais et je viens sur les routes du pays. Quand je dis pays, je parle du mien, celui qui s'étend des Vosges à l'Alsace et même jusqu'à Bâle, en passant par la Franche-Comté. Parfois, je pousse un peu mes pas jusqu'à Troyes. Il m'est même arrivé d'accompagner le jeune Charles-Nicolas Pellerin, le fils de Nicolas, jusqu'à Paris. Il était temps que cette belle maison d'Epinal s'intéressât aux nouvelles techniques d'impression. On m'avait demandé en échange de quelque récompense d'accompagner le très jeune homme. J'avais une dette envers lui. Surtout envers son grand-père, Jean-Charles, et je ne voulais pas qu'il arrivât quelque chose de fâcheux au petit-fils. Les routes sont si peu sûres. J'en sais quelque chose, mes jambes plus que mon dos souvent battu par des maraudeurs qui voulaient s'emparer de mon trésor. Ma hotte de saint Hubert. Mais toujours j'ai résisté. C'est que j'ai le cuir dur et le bâton farouche. On ne touche pas à ma hotte, foi d'Adrien Mangin. Au fond, le grand saint Hubert m'aura bien protégé. Et chaque soir que Dieu fait, je le remercie de m'avoir gardé en vie et lui confie ma prochaine route.

Extrait du roman *Confession d'Adrien le colporteur* d'Elise Fischer paru aux Presses de la Cité dans la collection Terres de France

CE JOUR-CI, AUTREFOIS

1483 naissance du peintre italien Raphaël
1896 ouverture à Athènes des premiers jeux Olympiques modernes
1909 Robert Peary atteint le pôle Nord

RECETTE

Lapin à la beaujolaise

une spécialité de Bourgogne

Pour 6 personnes.

- *Ingrédients : 1 lapin découpé en morceaux ; 50 g de beurre ; 200 g de lardons ; 1 c. à soupe de farine ; 1 c. à soupe d'huile ; 1 oignon ; 3 gousses d'ail.*
- *Pour la marinade : 50 cl de beaujolais ; 2 c. à soupe de vinaigre de vin ; 1 oignon piqué de 2 clous de girofle ; 1 bouquet garni ; 3 c. à soupe d'huile ; sel ; poivre.*
- Mettez les morceaux de lapin dans un plat et recouvrez-les des ingrédients de la marinade.
- Couvrez d'un linge et laissez au frais 24 heures.
- Egouttez et épongez les morceaux.
- Faites-les revenir dans une cocotte avec le beurre et l'huile.
- Ajoutez les lardons et l'oignon haché, puis saupoudrez de farine.
- Laissez roussir puis mouillez avec 2 verres de jus de marinade.
- Ajoutez l'ail.
- Vérifiez l'assaisonnement et laissez mijoter 1 h 30.

TOPONYMIE

Noms de communes alsaciennes

Parmi les nombreux toponymes d'origine germanique :

- finales en -heim (de heim, "hameau") : Biesheim, Marckolsheim, Rosheim
- finales en -bach (de bach, "rivière") : Dambach-la-ville, Barembach, Hersbach
- finales en -bronn (de brunnen, "fontaine") : Niederbronn, Oberbronn, Morsbronn, Balbronn, Pechelbronn
- finales en -hausen ou -house (de haus, "maison") : Mittelhausen, Lixhausen, Furchhausen, Mulhouse
- finales en -statt ou -stett (de statt, "ville") : Brunstatt, Crastatt, Berstett, Reichstett

TERROIR ET TRADITIONS

Fête du cresson à Veules-les-Roses

Village côtier de haute Normandie, Veules-les-Roses est situé sur une rivière minuscule à l'eau particulièrement claire, idéale pour la culture du cresson. Chaque dimanche de Pâques, les cressonnières s'ouvrent aux visiteurs, qui peuvent assister à des animations consacrées à cette fameuse salade (expositions sur sa récolte et ses vertus) et déguster des produits tels que beurre, soupe et vin au cresson.

BIEN-ÊTRE

Les boutons d'acné

Pour venir à bout des boutons d'acné, il vous suffit d'appliquer dessus une compresse imbibée de jus de citron (réputé asséchant et antiseptique) plusieurs fois par semaine.

Comment s'appellent...

les habitants de Saint-Germain-des-Prés dans le Loiret ?

Les Germanopratins

« En avril, le sureau doit fleurir, sinon, le paysan va souffrir. »

mardi 7 avril

Saint **Jean-Baptiste de la Salle**

Soleil : 07 h 15 • 20 h 30
Bélier / 2e décan

COLLECTIONS

Le collectionneur de plaques émaillées s'appelle le placosmaltophiliste.

GASTRONOMIE

Le champignon de Paris

Contrairement à bon nombre de leurs congénères, qui poussent naturellement dans les forêts ou les prairies, les champignons de Paris, ou de couche, font partie des champignons de culture. Sous Napoléon, ils étaient cultivés à grande échelle dans les carrières désaffectées de la capitale, puis dans ses proches abords, en particulier à Montrouge. En effet, les grognards (soldats de l'Empereur) avaient découvert le compost idéal pour favoriser la production : paille, humidité et crottin de cheval. C'est à cette culture parisienne que le champignon doit son nom, même s'il est aujourd'hui produit à 60 % dans le Val de Loire. Les champignons de Paris sont de deux sortes : le blanc et le blond, que l'on dit plus parfumé.

CE JOUR-CI, AUTREFOIS

1897 premier transport public automobile entre Courbevoie et Colombes

1930 Saint-Exupéry est fait chevalier de la Légion d'honneur au titre de l'aéronautique navale

EXPRESSION

Un vieux de la vieille

Savez-vous que l'expression est issue directement du vocabulaire de l'armée, et plus spécifiquement de celui de l'armée napoléonienne ? En effet, ces "vieux de la vieille" désignaient, sous Napoléon, les soldats courageux qui ne se rendaient pas et mouraient au combat. Aujourd'hui, un "vieux de la vieille" est une personne honorable et respectée pour son expérience.

PÊCHE

L'ouverture de la pêche

La période d'ouverture de la pêche à la truite en 1re catégorie est presque harmonisée sur toute la France. Elle est généralement fixée du deuxième samedi de mars au troisième dimanche de septembre, afin d'assurer une protection optimale de la reproduction des animaux. Le préfet peut toutefois prolonger d'une à trois semaines cette période d'ouverture dans les plans d'eau et les parties de cours d'eau ou les cours d'eau de haute montagne. Dans les eaux de 2e catégorie, la pêche est autorisée toute l'année, à l'exception de la pêche du brochet ou des salmonidés, qui ont des périodes de fermeture spécifiques.

IDÉE DÉCO

Cadre rustique

L'emploi de sarments de vigne vous permettra de réaliser un cadre original au style campagnard.

Comptez une dizaine de branches pour chaque côté du cadre à réaliser.

Munissez-vous d'un cadre passe-partout de la taille de votre choix, coupez les sarments en les faisant largement dépasser des côtés du cadre.

Fixez les sarments entre eux et au cadre avec du fil de fer.

Dans un angle supérieur du cadre, fixez un sarment de manière oblique.

« Avril mou rend l'usurier fou. »

CE JOUR-CI, AUTREFOIS

1929 naissance du chanteur belge Jacques Brel
1962 les Français approuvent les accords d'Evian

DEVINETTE

Quatre horloges indiquent respectivement les heures suivantes : 14 h 30, 14 h 00, 14 h 50 et 14 h 20. On sait par ailleurs que parmi elles :
— l'une avance de 20 min
— l'une retarde de 10 min
— l'une s'est arrêtée
— l'une est à la bonne heure. Quelle heure est-il réellement ?

Solution : 14 h 30

CURIOSITÉS DE NOS RÉGIONS

La maison basque

La maison basque, ou etxea, se décline sous trois formes : de type "Labourdin", elle se distingue par ses murs blanchis à la chaux, sa toiture en tuiles romaines et ses pans de bois de couleur rouge sang de bœuf. La maison de type "Souletin", massive, bâtie en pierres du pays, se caractérise par sa toiture couverte d'ardoises à quatre pans raides, adaptée aux chutes de neige. Enfin, la maison de basse Navarre se reconnaît aux pierres de grès rose et rouge ornant les angles des murs, ainsi qu'à sa porte d'entrée surmontée d'un linteau sculpté s'élevant jusqu'à la base de la fenêtre.

VOS DROITS

Quelles différences entre le divorce et la séparation de corps ?

Contrairement au divorce, la séparation de corps ne dissout pas le mariage. Elle dispense seulement les époux de cohabiter et entraîne la séparation de biens. Elle maintient les devoirs de fidélité et de secours (versement d'une pension alimentaire au conjoint dans le besoin). En outre, sur le plan successoral, à la différence de l'époux divorcé, l'époux séparé de corps reste héritier de son conjoint. Au bout de deux ans, la séparation de corps pourra être convertie de plein droit en divorce à la demande de l'un des époux ; mais, quand elle est prononcée par consentement mutuel, la séparation de corps ne peut être convertie que par une nouvelle demande conjointe.

BIEN-ÊTRE

Les flavonoïdes

Le terme flavonoïdes rassemble une très large gamme de composés naturels appartenant à la famille des polyphénols. Les végétaux renferment plus de 20 000 flavonoïdes, jadis regroupés sous l'appellation de vitamine P. Ce sont eux qui donnent leurs belles couleurs aux fruits et aux légumes. Dans l'organisme, ils s'opposent à la destruction de la vitamine C. Ils possèdent des propriétés anti-inflammatoires et surtout peuvent prévenir la cataracte. On les trouve essentiellement dans les choux, les abricots, le citron.

« La lune d'avril nouvel ne passe pas sans gel. »

LANGAGE DES PLANTES

La laitue

Les Romains furent les grands créateurs de laitues, ils sélectionnèrent les variétés qui ne montaient pas et où le feuillage était le plus dense. L'une de leurs plus fameuses sélections fut la romaine.
Apportée par les papes à Avignon, cette variété va conquérir tout le sud de la France puis remonter jusqu'au potager du Roi, où La Quintinie mettra au point le forçage de la laitue afin que Louis XIV puisse la déguster en plein hiver. Le latex qui s'écoule des tiges a depuis toujours lié la laitue à la maternité mais aussi, étrangement, à la disparition du désir sexuel et à l'impuissance. Avec le nénuphar, elle est l'autre grande plante anti-aphrodisiaque. C'est l'herbe aux beaux rêves, celle qui fait dormir. Autrefois, avec son latex, on préparait le lactucarium, qui, bien avant la découverte du chloroforme, endormait les malades avant les opérations chirurgicales.

TRUCS ET ASTUCES

Du cerfeuil contre les rides

Pour assouplir votre peau et lutter contre l'apparition des rides, faites infuser du cerfeuil et utilisez-le en lotion. Faites bouillir un litre d'eau, ajoutez deux poignées de cerfeuil haché et laissez ainsi infuser pendant une demi-heure. Laissez refroidir et appliquez cette lotion quotidiennement. Elle se conserve au réfrigérateur pendant quatre ou cinq jours, et est également efficace pour les peaux grasses et contre l'acné.

CE JOUR-CI, AUTREFOIS

1682 Cavelier de La Salle prend possession du Mississippi au nom de la France
1895 naissance de l'acteur Michel Simon

TERROIR ET TRADITIONS

Le carnaval d'été de Cassel

Fondateurs légendaires de la ville de Cassel (Nord), sur le point culminant des Flandres maritimes, Reuze Papa et Reuze Maman renaissent chaque lundi de Pâques. Leur réveil officiel est orchestré par le tambour-major et par des habitants déguisés qui sillonnent les rues en tapant sur des cymbales et des tambours. Viennent ensuite le défilé des arlequins et le Four merveilleux : attisé par un diable, il aurait le pouvoir de rajeunir ceux qui y sont enfournés. L'origine de la fête est incertaine. Protecteur de la cité, Reuze Papa arbore cuirasse, casque et épée, arpente les rues et danse avec son épouse avant de sacrifier au baiser rituel.
Le départ du couple s'accompagne de feux de Bengale et de farandoles.

« Quand mars a fait l'été, avril met son manteau. »

LE PETIT GESTE ÉCOLO

Faites un geste pour les espèces menacées

Certains poissons se trouvant sur nos étals sont menacés d'extinction. Veillez à surveiller votre consommation le temps que leur survie soit assurée, notamment pour les espèces suivantes : cabillaud, églefin, bar sauvage, thon rouge, lotte, saumon de l'Atlantique.

LA MINUTE CULTURELLE

L'impressionnisme

Il s'agit d'une école picturale française, fruit au départ de l'association de quelques artistes parisiens dans la seconde moitié du XIXe siècle. Le nom de ce mouvement s'inspire de celui d'un tableau de Claude Monet de 1872, Impression soleil levant. Fortement critiqué à ses débuts, le mouvement se manifeste notamment, de 1874 à 1886, par huit expositions publiques à Paris, et marque la rupture de l'art moderne avec l'académisme. Parmi les pionniers du mouvement, on compte notamment Claude Monet, Pierre Auguste Renoir, Alfred Sisley et Frédéric Bazille, bientôt rejoints par Camille Pissarro, Paul Cézanne et Armand Guillaumin.

JEUX

Mots cachés

Retrouvez dans la grille le nom des lieux d'Isère suivants et formez avec les lettres restantes le nom d'un autre lieu :
BASTILLE, CLAIX
CORPS, ENGINS
FONTAINE, GIERES
GRENOBLE, GUA (LE), LANS, MENS
MEYLAN, OYEU
PIN (LE), REVEL
RIVES, SEYSSINS
VIF, VOIRON

G	S	E	V	I	R	M	S	R	N
B	R	V	F	V	I	E	N	E	O
S	A	E	O	I	C	Y	A	V	R
N	E	S	N	F	Z	L	L	E	I
I	N	C	T	O	I	A	A	L	O
S	G	O	A	I	B	N	L	I	V
S	I	R	I	M	L	L	L	O	X
Y	N	P	N	G	E	L	E	Y	N
E	S	S	E	E	U	N	E	E	I
S	E	R	E	I	G	A	S	U	P

ÉNIGME

J'ai des billes, toutes sont rouges sauf deux, toutes sont vertes sauf deux, et toutes sont bleues sauf deux. Combien ai-je de billes rouges, vertes et bleues ?

Solution : 1 rouge, 1 verte et 1 bleue

TERROIR ET TRADITIONS

Les Vinées tonnerroises

Les Vinées de Tonnerre, cité vinicole de l'Yonne, regroupent une soixantaine de producteurs-récoltants venus présenter les vins du Tonnerrois et de Bourgogne. Elles s'accompagnent d'intronisations, de marchés de pays ainsi que d'animations et d'expositions autour du thème de la vigne.

CE JOUR-CI, AUTREFOIS

1912 le Titanic quitte le port de Southampton (Royaume-Uni)
1925 naissance du navigateur Bernard Moitessier

« Quand arrive la Saint-Fulbert, dans la campagne tout est vert. »

Constance et la Ville d'Hiver

Alain Dubos

Tout de même, il passe plus de temps avec nos parqueurs qu'avec nous.

— Bast, foutons-lui la paix, réclamait l'ami des impressionnistes. Il n'a pas trop envie de raconter ses guerres. Finalement, il est comme son père, enfermé dans une mémoire impossible à partager. Ces gens-là ne nous ressemblent plus, ma nièce. Ils sont ailleurs, sur des rivages où ils furent les seuls à aborder. Et puis quoi, les parqueurs ! Ton mari a bien quelques actions dans leur flottille. Quant à ton frère, il a la tête encore pleine d'Orient.

La mort serrée de près, la souffrance des fièvres et de l'exil, l'odeur de la poudre et celle des cadavres déchiquetés par les rapaces. Albert Darrast tenait à sa théorie.

— Ici, les eaux sont bonnes pour la santé, tout comme l'air. Rémi se soigne à sa façon. Il s'immerge dans la vase du Bassin comme dans une matrice qui le protège. Laissons-le faire.

Parmi les durs travaux ostréicoles, Rémi préférait le détroquage, en compagnie des femmes. Les mains protégées par des gants lourds de sel et d'eau ou plus souvent par des charpies, engluée jusqu'au mollet, il s'agissait pour l'ouvrière de séparer les toutes jeunes huîtres de leur tuteur, de traverser, au couteau, un magma de lamelles, de chaux durcie, de débris divers collés aux aspérités. Tout cela en prenant grand soin de ne pas détruire les coquilles utiles.

La récolte était ensuite éparpillée à travers les parcs, à grands gestes de semeurs. Le grain de la mer, dispersé dans l'onde transparente aux premiers jours du printemps.

Rémi trouvait belles ces femmes au cou ceint de légers foulards, aux hanches arrondies par le serrage des corsets. Le rouge de leurs pantalons relevés jusqu'à mi-mollet colorait la grève. Elles avaient, ces paysannes de la mer, une grâce particulière que relevaient leur parler simple et direct, leurs colères comme leurs éclats de gaîté.

Extrait du roman *Constance et la Ville d'Hiver* d'Alain Dubos paru aux Presses de la Cité dans la collection Terres de France

LES ARBRES DE NOS RÉGIONS

Qu'appelle-t-on "Arbre remarquable" ?

En 1899, le directeur général des Eaux et Forêts demanda aux conservateurs des forêts françaises de protéger "les arbres renommés dans la contrée soit par les souvenirs historiques ou légendaires qui s'y rattachent, soit par l'admiration qu'inspirent la majesté de leur port, leurs dimensions exceptionnelles ou leur âge vénérable". Cette initiative fut relancée par l'ONF en 1996, qui depuis attribue le label Arbre remarquable aux sujets d'exception.

CE JOUR-CI, AUTREFOIS

1519 naissance de Catherine de Médicis
1834 répression de la révolte des Canuts à Lyon

TRUCS ET ASTUCES

Pour éviter que votre pot de peinture ne sèche, mettez un bouchon de liège dans le pot avant de le refermer chaque soir. Ainsi, lorsque vous voudrez réutiliser la peinture, il vous suffira de retirer le bouchon pour vous débarrasser de la couche sèche qui flotte sur le dessus : elle viendra automatiquement avec.

IDÉE DÉCO

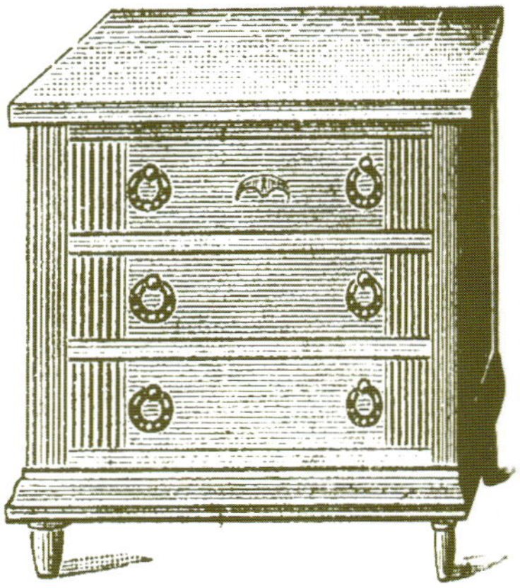

Commode pour enfant

Transformez une vieille commode en un joli meuble pour enfant ! Commencez par la dégraisser au besoin et poncez le bois pour supprimer les anciennes couches de vernis ou de peinture. Passez deux couches de laque satinée, de couleur bleu pastel par exemple, et laissez sécher. Découpez des formes d'animaux dans du papier cartonné et peignez-les d'une couleur assortie au meuble. Collez ces silhouettes en file indienne sur la commode.

TRUCS ET ASTUCES

Vous vous êtes cogné et vous craignez d'avoir un bleu ? Frottez vite la partie endolorie avec de l'essence de vanille. Effet assuré !

« Avril venteux rend le laboureur joyeux. »

MÉTÉO

L'harmattan est un vent chaud et sec de direction nord-est à est, chargé de sable et de poussière, qui prend naissance dans le Sahara et souffle sur le Sahel et les régions d'Afrique occidentale.

JARDIN

Au jardin biologique, les apports d'engrais, les fertilisants et les correcteurs de sols sont tous d'origine naturelle. Il en existe de toutes sortes. La lithomarine est un engrais à base de lithothamne, algue que l'on trouve au large des Glénan. Cet apport permet aux plantes de mieux lutter contre les insectes et les maladies. Le guano du Pérou est un engrais fait avec les fientes des oiseaux de mer, source importante de phosphore et d'azote. Le basalte est une poudre volcanique broyée qui apporte silice, magnésium, alumine, calcium et fer aux plantes. Le sang séché favorise la levée des semis et accentue la couleur des fleurs. Le Blactil® est du pur jus de fumier de cheval. L'endorize est un engrais fait avec le mycélium d'un champignon, il facilite l'assimilation des éléments nutritifs. Le Bioalgua® est un engrais à base d'un mélange d'algues, il stimule la résistance des plantes aux maladies. Le tourteau de neem apporte de l'azote, il est issu du neem, arbre indien appelé dans son pays "pharmacie du village".

RECETTE

Jambon braisé aux mogettes

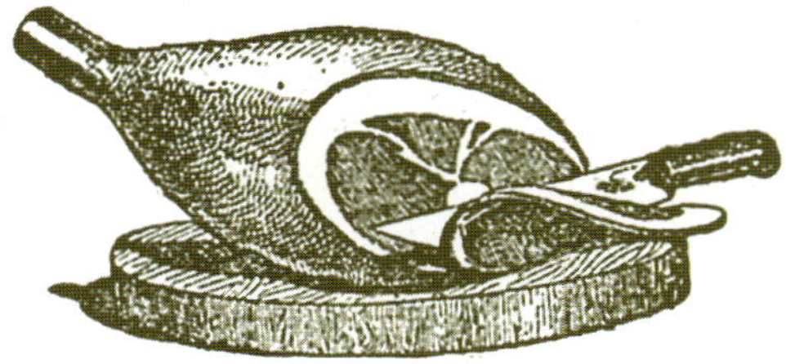

une spécialité de Vendée

Pour 4 personnes.

Ingrédients : 4 tranches épaisses de jambon de Vendée ; 600 g de mogettes fraîches ; 50 g de beurre ; 1 oignon ; 2 gousses d'ail ; 1 carotte ; 1 bouquet garni ; huile ; sel ; poivre.

- Faites tremper les mogettes dans de l'eau froide pendant 24 heures.
- Le jour même, plongez les mogettes écossées dans l'eau bouillante 5 minutes puis égouttez-les.
- Dans une casserole, faites-les revenir avec le beurre.
- Ajoutez la carotte coupée en rondelles, l'oignon haché, l'ail et le bouquet garni, puis couvrez d'eau froide.
- Portez à ébullition et laissez mijoter 2 heures à couvert, sur feu doux.
- Salez et poivrez à mi-cuisson.
- Juste avant de servir, huilez légèrement les tranches de jambon.
- Faites-les cuire sur un gril chaud.
- Servez le jambon accompagné des mogettes.

CE JOUR-CI, AUTREFOIS

1900 inauguration de l'Exposition universelle de Paris
1931 première transmission d'une image de télévision en France

TERROIR ET TRADITIONS

Le savon de Marseille

Il provient du savon d'Alep, vraisemblablement introduit en Europe par les croisés au XIIe siècle. A base d'huile d'olive locale et de carbonate de sodium, il acquit ses lettres de noblesse sous Louis XIV, qui en réglementa le procédé de fabrication, assurant ainsi la qualité du produit. Aujourd'hui, trois savonneries marseillaises continuent de fabriquer le produit "à l'ancienne", par saponification en chaudrons des huiles de coco, de palme ou d'olive.

"En avril, bruine obscure, trois jours dure."

EXPRESSION

Suivre comme un mouton de Panurge

Panurge, fidèle compagnon de Pantagruel dans le Quart Livre de Rabelais, décida d'acheter un mouton au marchand Dindenault, lors de la traversée en direction du Pays des Lanternes. Ce même Panurge jeta à l'eau son mouton — sans raison aucune — immédiatement après l'avoir acheté. Mais quel ne fut pas son étonnement en voyant tout le troupeau de moutons présent sur le bateau se jeter également à l'eau. L'expression désigne ainsi toute action non réfléchie, suivant simplement le mouvement général.

TERROIR ET TRADITIONS

La nature en langue corse

Bocca, foce, fugata : *col*
Erpa : *falaise*
Litu : *littoral*
Machja : *maquis*
Mare : *mer*
Marina : *plage*
Marosu, ballana : *vague*
Piaghia : *plaine*
Pioggia : *pluie*
Poghju : *montagne*
Pratu : *prairie*
Riu, fiume : *rivière*
Selva, valdu : *forêt*
Sole : *soleil*
Vianga, fiuminale : *vallée*

CE JOUR-CI, AUTREFOIS

1452 naissance du peintre, architecte, sculpteur, ingénieur italien Léonard de Vinci
1877 premier vol d'hélicoptère de l'ingénieur italien Enrico Forlanini

GASTRONOMIE

La chartreuse de Voiron

Cette liqueur aromatique est produite exclusivement par une quarantaine de frères et pères chartreux, installés dans un couvent à Voiron, dans l'Isère. Parmi eux, seulement trois moines détiennent la formule séculaire de l'élaboration de la chartreuse et connaissent toutes les plantes qui la composent. Chaque jour, ils se retirent dans une pièce du monastère proche de la distillerie pour y mélanger les ingrédients secrets qui entrent dans sa composition. On sait cependant que la chartreuse contient de la mélisse, de l'hysope, de l'angélique, de la cannelle, du macis et du safran, mais ils ne représentent qu'une petite partie des composants. Avant d'être dégustée, la liqueur doit vieillir en fût de chêne de Russie ou de Hongrie pendant au moins trois ans. La chartreuse VEP (vieillissement exceptionnellement prolongé), de qualité supérieure, vieillit pendant près de douze ans.

JARDIN

Les travaux de la seconde quinzaine d'avril

- Commencez à transplanter les annuelles semées sous châssis.
- Plantez les bulbeuses à floraison estivale comme les dahlias, les glaïeuls.
- Plantez et divisez les bambous.
- Mettez en place les plantes grimpantes annuelles achetées en godet comme les cobées et les ipomées.
- Taillez les troènes.
- Plantez les nénuphars. Semez les pois à grains ridés.
- Commencez à supprimer les stolons de fraisiers et supprimez les hampes florales de rhubarbe.

« A la mi-avril, le blé est à l'épi. »

VOS DROITS

Les dons et legs exonérés de droits de succession

L'exonération de certains biens, totale ou partielle, dépend soit de la nature des biens transmis, soit de la qualité du défunt ou de celle du bénéficiaire.
Sont notamment exonérés : les réversions de rentes viagères entre époux ou entre parents en ligne directe ainsi que les œuvres d'art, livres, tableaux, objets de collection donnés à l'Etat ou à des musées municipaux. De plus sont, entre autres, exonérés de droits de mutation les legs et dons faits aux régions, départements, communes, aux établissements publics hospitaliers, aux associations d'enseignement supérieur et aux sociétés d'éducation populaires reconnues d'utilité publique, aux associations cultuelles, aux unions d'associations cultuelles et aux congrégations autorisées, ou encore à l'Office national des anciens combattants et victimes de guerre.
Il convient alors de s'adresser à la recette des impôts du domicile du défunt ou à un notaire.

TRUCS ET ASTUCES

Vous pouvez confectionner un hygromètre naturel en fixant la base d'une branche d'épicéa sur une planche. Le rameau se dresse quand il va pleuvoir et s'abaisse si le beau temps s'annonce.

LE PETIT GESTE ÉCOLO

Laver votre voiture au jet peut entraîner la consommation de 300 litres d'eau ! Nettoyez plutôt votre véhicule à l'éponge et rincez-le avec un seau d'eau.

COUTURE ET TRICOT

Un ourlet express

Pour faire un ourlet en un temps record sans avoir à coudre, utilisez un ruban fusible pour coller l'ourlet. Placez la toile adhésive double face en sandwich entre le rentré d'ourlet et le tissu principal et fixez-la au fer à vapeur, sans oublier d'utiliser une pattemouille.

COLLECTIONS

Le collectionneur de figurines de soldats s'appelle le pixiphiliste ou le figuriniste.

TERROIR ET TRADITIONS

Le costume picard

Au quotidien, l'homme portait en Picardie un pantalon de couleur claire, une blouse bleue et un foulard assorti, bleu à points blancs. Il était coiffé d'une casquette ou d'un chapeau de paille. La femme portait une jupe multicolore protégée par un tablier noir, un corsage sombre ou blanc, piqué de points de couleurs variées.

CE JOUR-CI, AUTREFOIS

- *1889* naissance de l'acteur et réalisateur britannique Charles Chaplin
- *1917* début de la bataille du Chemin des Dames (Première Guerre mondiale)

« Si la pluie d'avril vaut son pesant d'or, quand le tonnerre va, c'est un trésor. »

CE JOUR-CI, AUTREFOIS

1905 délibérations sur le projet et les propositions de loi concernant la séparation des églises et de l'Etat

1970 Apollo 13 revient sur terre

MÉTIERS OUBLIÉS

L'instituteur

Sous la IIIe République, avec l'avènement de l'école gratuite, laïque et obligatoire, l'instituteur s'est vu confier une mission ambitieuse. Chargé d'enseigner un programme lourd qui mènerait les enfants jusqu'au certificat d'études, il était en outre tenu d'assurer l'éducation civique et morale des élèves, dans le but de former des citoyens vertueux et garants des valeurs républicaines. L'institutrice enseignait en plus la couture et le tricot aux filles, tandis que le maître formait les garçons à la menuiserie et, dans les villages, à l'agriculture.

LES ARBRES DE NOS RÉGIONS

L'aulne

Appelé aussi verne ou vergne, cet arbre peut atteindre 30 m de haut. De port pyramidal, à cime conique et à tronc droit, il pousse vite mais vit rarement plus de deux cents ans. Ses habitats naturels sont les tourbières, les bords de ruisseaux, de rivières et tous les terrains humides. La grande spécificité de l'aulne vient de son bois pratiquement imputrescible. C'est grâce à lui que la cité de Venise existe. En effet, la ville repose sur des millions de pieux d'aulne serrés les uns contre les autres.

JEUX Sudoku

6	2		5				8	1
9	1		8		6	5		
		4			1			2
7						1	6	
3			4		7			8
	5	6						9
8			7			3		
		9	3		2		1	6
1	3				9		2	4

EXPRESSION

Avoir du toupet

Au XVIe siècle, on trouvait en Italie des tueurs à gages appelés bravi. Ne souhaitant pas être reconnus, ils se cachaient à l'aide d'un "toupet", sorte de grosse tresse de cheveux. Aujourd'hui, on dit d'une personne qu'elle "a du toupet" lorsqu'elle fait preuve d'une grande audace, en référence aux bravi d'Italie qui tuaient de sang-froid pour de l'argent.

« Beau temps à la Saint-Anicet est l'annonce d'un bel été. »

Le Choix de Pauline

Henriette Bernier

Comme tous les matins, Justine Blanpain faisait ce qu'elle appelait la « tournée de ses fleurs » quand elle entendit la sonnette du facteur. Dans ce quartier de Lérouville où vivaient bon nombre de retraités et de veuves, il se savait attendu. A ceux qui étaient abonnés au journal quotidien, il apportait de quoi meubler l'essentiel de leur temps. Il y avait parfois aussi des lettres, ou alors des « papiers », documents administratifs encore fréquents en cette période d'après-guerre où il restait bien des problèmes à régler. Pour ceux auxquels il n'avait rien à remettre, son passage marquait simplement une étape du jour.

Le fait d'être attendu lui simplifiait la tâche. Il lui suffisait de faire tinter la sonnette de son vélo pour que s'ouvrent ou s'entrouvrent les portes et les fenêtres des maisons situées juste en bordure de la rue, pour que vienne jusqu'à lui, quand il y avait une cour ou un jardin, un bonhomme appuyé sur sa canne, ou une femme en train d'essuyer ses mains à son tablier, ou encore un enfant – il y en avait tout de même quelques-uns. Il n'entrait que s'il devait faire signer le destinataire d'une lettre recommandée, d'un mandat ou d'une pension. Ou, si on l'y invitait, pour une petite goutte prise en vitesse sur le coin d'une table de cuisine.

Les fleurs de Justine Blanpain faisaient l'admiration du voisinage. Toutes ses fenêtres en étaient garnies, ainsi que le pourtour de sa petite maison ; dans le jardin, elles se mêlaient aux semis et aux plantations de légumes. Chaque matin, à l'heure du facteur ou à peu près, elle leur rendait sa visite matinale et vérifiait qu'elles étaient au mieux de leur beauté.

Elle s'avança vers le petit portail.

Les maisons étaient si proches l'une de l'autre, même celles qui n'étaient pas mitoyennes, que le facteur parcourait la rue à pied en guidant son vélo d'une main. A son flanc battait sa sacoche, où il puisait de l'autre main.

— Bonjour, madame Blanpain ! Tenez, voilà pour vous, *L'Echo de la mode*, c'est le jour.

Extrait du roman *Le Choix de Pauline* d'Henriette Bernier paru aux Presses de la Cité dans la collection Terres de France

PRINTEMPS

✱ CE JOUR-CI, AUTREFOIS

1895 naissance de l'écrivain Henry de Montherlant

1995 transfert des cendres de Pierre et Marie Curie au Panthéon

TERROIR ET TRADITIONS

Fête du miel à Mouans-Sartoux

Miel des forêts, de thym, de tilleul, d'acacia, de lavande, etc., à la fête de Mouans-Sartoux le miel provençal se décline en une infinité de parfums. Outre les dégustations-ventes, les visiteurs peuvent assister aux démonstrations d'extraction du nectar et de cuisine au miel, se promener dans le jardin mellifère du château et découvrir toutes les facettes du métier d'apiculteur.

SYMBOLES DE NOS RÉGIONS

Le léopard normand

Le "léopard" du langage héraldique ressemble plutôt à un animal situé à mi-chemin entre le lion et la créature fantastique... Il fait partie du blason normand, un écu rouge à deux léopards posés l'un au-dessus de l'autre et tournant la tête de face. C'est Henri II Plantagenêt, roi d'Angleterre, comte d'Anjou et duc de Normandie au XIIe siècle, qui introduisit ce blason dans la région.

JARDIN

Plusieurs préparations de végétaux fermentés permettent aux plantes d'accroître leurs défenses naturelles. Le purin d'ortie stimule la fonction chlorophyllienne et éloigne les pucerons. L'extrait de prêle améliore la résistance aux attaques des champignons comme le mildiou, l'oïdium, la cloque du pêcher, etc. L'extrait de fougère stimule les défenses naturelles contre les pucerons et les taupins. On peut trouver des préparations biologiques appelées "éliciteurs phytostimulants" à base d'ortie, de prêle, de consoude et de fougère qui agissent comme des vaccins pour les plantes.

GÉNÉALOGIE

Origine du nom Bourgeois

Ce patronyme dérive de burgensis, en ancien français borgeis, qui signifiait "habitant d'un bourg", c'est-à-dire d'une ville affranchie de la justice féodale. On trouve surtout les Bourgeois en région parisienne et là où des villes importantes ont obtenu des privilèges sous l'Ancien Régime.

“Avril et mai secs, année maigre.”

CE JOUR-CI, AUTREFOIS

753 av. J.C. date légendaire de la fondation de Rome par Romulus
1816 naissance de la romancière britannique Charlotte Brontë

RECETTE

Kouglof
une spécialité d'Alsace

Pour 6 personnes.
Ingrédients : 400 g de farine ; 25 g de levure de boulanger ; 75 g de sucre ; 100 g de raisins de Corinthe ; 3 œufs ; 3 c. à soupe de lait ; 150 g de beurre ; sel.

- Dans un saladier, mélangez 100 g de farine, 50 g de beurre et la levure délayée dans le lait tiédi.
- Travaillez la pâte à la main.
- Façonnez une boule et laissez-la reposer dans un endroit tiède jusqu'à ce que la pâte ait doublé de volume.
- Versez le reste de farine sur le plan de travail avec une pincée de sel.
- Posez dessus la pâte levée, le sucre et les œufs.
- Pétrissez la pâte à la main en l'étirant et en l'aérant jusqu'à ce qu'elle soit élastique.
- Façonnez une boule, farinez légèrement, recouvrez d'un linge et laissez reposer 10 minutes.
- Rabattez la pâte et ajoutez les raisins préalablement trempés dans de l'eau chaude.
- Abaissez la pâte au rouleau, déposez le reste de beurre, repliez la pâte en trois et donnez deux coups de rouleau.
- Laissez reposer 1 heure.
- Préchauffez le four à 210°.
- Versez la pâte dans un moule à charlotte beurré jusqu'à mi-hauteur.
- Faites cuire au four 40 minutes.
- Démoulez et laissez refroidir.

ASTROLOGIE

Taureau (du 21 avril au 20 mai)

Planète : Vénus
Elément : Terre
Couleur : Vert
Pierre : Emeraude
Qualités : Solide, travailleur, pragmatique, endurant
Défaut : Rigide
Affinités : Capricorne, Scorpion, Vierge

TRUCS ET ASTUCES

Comment éliminer du cambouis sur les mains ?

Frottez-vous les mains avec de l'huile de cuisine puis lavez-les avec du liquide vaisselle.

LANGAGE DES PLANTES

Le lilas blanc

Autrefois, offrir à une jeune fille du lilas blanc était une déclaration d'amour mais aussi le respect de sa virginité. Si la fleur du lilas était mauve, c'était une demande en mariage. Ces cadeaux s'appelaient "lettres persanes", le lilas étant originaire de Perse. Cet arbuste a toujours été une plante protectrice. Aux Etats-Unis, on mettait des bouquets de lilas dans toutes les pièces pour les protéger des influences négatives. Mais, en Angleterre, le lilas n'est pas de bon augure : blanc, il est signe de mort et ne doit jamais être offert à un malade ; violet, il apporte l'infortune.

"Tel temps à la Saint-Anselme, tel temps pendant une semaine."

mercredi 22 avril

Saint Alexandre

Soleil : 06 h 46 • 20 h 5
Taureau / 1er décan

BIEN-ÊTRE

Masque régénérant pour la peau

Dans un bol, mélangez trois cuillères à soupe de fromage blanc battu avec deux cuillères à soupe de miel (de préférence de thym ou de romarin). Ajoutez quelques gouttes de jus de citron et mélangez bien le tout. Appliquez cette préparation sur votre visage et votre cou et laissez agir pendant une vingtaine de minutes. Rincez à l'eau et séchez soigneusement.

COLLECTIONS

Le collectionneur d'œufs décorés s'appelle l'ovominiaturiste.

CE JOUR-CI, AUTREFOIS

1870 naissance de l'homme politique russe Lénine
1901 naissance de l'écrivain Alexandre Vialatte

GÉNÉALOGIE

Origine du nom Bureau

Le mot "bureau" ne désigne un meuble que depuis le XVIe siècle. Ce patronyme vient en réalité du mot "bure", qui est une étoffe de grosse laine. Ce nom a été attribué au fabricant de cette toile ou bien à celui qui s'habillait avec ce tissu.
La variante Burel a exactement le même sens.

COUTURE ET TRICOT

Comment faire un pompon

- Sur un morceau de carton, tracez deux cercles identiques avec un petit cercle au centre de chacun. Découpez les cercles, coupez un segment dans chacun et évidez les cercles centraux.
- Posez les deux cercles l'un sur l'autre, en faisant coïncider les segments évidés. Enroulez de la laine autour des cercles jusqu'à ce qu'ils soient complètement couverts et que le trou central soit presque plein. Plus vous enroulerez de laine, plus votre pompon sera gros.
- Glissez la pointe de vos ciseaux entre les deux épaisseurs de carton et coupez la laine tout autour.

IDÉE REÇUE

Transpercer un pied de tomate d'un fil de cuivre protège la plante du mildiou

Faux. Le pied ainsi transpercé se retrouve même fragilisé et il est souvent le premier à être infecté. Il faut simplement vaporiser la plante avec de la bouillie bordelaise (solution de sulfate de cuivre additionné de chaux) et surtout arroser au pied en évitant de mouiller le feuillage.

HISTOIRE DRÔLE

Un jeune homme annonce à sa mère qu'il est amoureux et qu'il souhaite se marier. Avec un sourire en coin, il lui dit :
— J'ai invité ma fiancée et deux de ses amies demain à prendre le thé à la maison et tu essaieras de deviner laquelle des trois j'ai décidé d'épouser !
Le lendemain, il revient avec trois jolies filles. Ils passent au salon, discutent un bon moment, et le jeune homme demande à sa mère :
— Alors maman, à ton avis, laquelle vais-je épouser ?
— Celle du milieu.
— C'est super, tu as deviné !!! Comment as-tu fait ?
— Simple intuition, elle me tape déjà sur les nerfs...

« Avril et mai sont la clé de l'année. »

CE JOUR-CI, AUTREFOIS

1891 naissance du compositeur russe Sergueï Prokofiev
1918 naissance de l'écrivain Maurice Druon, auteur des Rois maudits

Comment s'appellent...
les habitants de Saint-Dié-des-Vosges ?

Les Déodatiens

SYMBOLES DE NOS RÉGIONS

Les coiffes alsaciennes

Symboles du folklore alsacien, les grandes coiffes à nœud sont apparues à la fin du XIXe siècle. Hautes et larges, appelées aussi "grands papillons noirs", elles sont composées d'un bonnet sur lequel se noue un large ruban. Les femmes protestantes portent des nœuds noirs, dont les pans retombent au niveau des épaules, tandis que les femmes catholiques préfèrent les rubans de couleur, rouges sur fond de coiffe doré, à motifs de fleurs, ou encore à imprimé écossais. Les pans descendent au niveau de la taille.

JEUX Sudoku

9					3			6
3		8	4					
6				1		4	3	
7					1		8	
	8			7	5			4
	4		9			2		
			3		4			
2	7			9		8		
						5	9	

NOS ANIMAUX

Les chiots pleurnichards

Vos jeunes chiots pleurnichent constamment ? Il leur manque probablement la chaleur de leur mère. Pour remplacer celle-ci, mettez dans le panier du chiot une couverture chauffante ou une bouillotte. Le jeune chien viendra s'y blottir et, rassuré, il cessera de geindre.

TERROIR ET TRADITIONS

Le café en patois ardennais

- **Café à la noquette** : *café bu avec le sucre sur la langue*
- **Café blanc** : *café au lait*
- **Café de quatre heures** : *goûter*
- **Café émillé** : *café avec du pain trempé*
- **Cafeter** : *faire du café*
- **Cafeteux** : *qui aime le café*
- **Lavasse** : *café très clair*
- **Rapapasse** : *café repassé sur le marc du précédent*

"A la Saint-Georges, quitte tes avoines pour semer ton orge."

TERROIR ET TRADITIONS

Les orpailleurs de l'Ariège

L'orpaillage — la recherche de l'or — se pratique depuis le Moyen Age dans l'Ariège (qui vient du latin auri gera, "qui charrie de l'or") et ses affluents, notamment entre Pamiers et Varilhes. Les orpailleurs extraient, par lavage, les paillettes d'or du lit des rivières. La méthode est simple : l'orpailleur emploie une batée, sorte de chapeau conique, pour filtrer les alluvions jusqu'à ce qu'il trouve les fameuses paillettes. Jadis, l'extraction de l'or était libre, mais sa vente était réglementée par la Monnaie de Toulouse ou par sa délégation de Pamiers, où siégeaient les orpailleurs jurés. Vers 1750, on pouvait extraire d'une rivière ariégeoise jusqu'à 50 kg d'or. Le métal était partout ; on dit que, durant les estives, les bergers mettaient une peau de mouton dans les ruisseaux de montagne pour ensuite aller vendre les paillettes accrochées à la toison. Les orpailleurs d'aujourd'hui trouvent juste assez d'or pour fabriquer de modestes bijoux.

COLLECTIONS

Le collectionneur de hameçons s'appelle l'hamuphiliste.

CE JOUR-CI, AUTREFOIS

1581 naissance de saint Vincent de Paul, fondateur d'un hospice pour vieillards, qui deviendra l'hôpital de la Salpêtrière en 1657
1990 lancement du télescope spatial Hubble par la NASA

LE PETIT GESTE ÉCOLO

Que faire de… ?

- vos radiographies médicales : donnez-les à votre pharmacien
- vos médicaments usagés : rapportez-les à votre pharmacien ainsi que leurs emballages.

EXPRESSION

Faire grève

Sur la place de Grève, à Paris, aujourd'hui place de l'Hôtel-de-Ville, avaient lieu les exécutions, mais également le rassemblement d'ouvriers sans travail. Ils se faisaient embaucher là par les entrepreneurs. Les ouvriers mécontents de leurs conditions de travail se mettaient en grève, c'est-à-dire retournaient sur la place de Grève dans l'espoir de propositions meilleures.
D'où "faire grève"… un raccourci moderne.

"Quand il tonne en avril, vendangeurs, préparez vos barils."

Le Crépuscule des patriarches

Jean-Paul Malaval

La résurrection du domaine de la Renaudière fut, de tous les événements récents de Saint-Ségur, un de ceux qui restera dans l'histoire locale comme le plus surprenant. Une semaine plus tôt, tout semblait perdu. Le sauve-qui-peut général par l'évacuation du mobilier avait marqué les esprits. Et, soudain, par une providentielle manne du destin, par un singulier retour des choses, meubles, literies, faïences et batteries de cuisine s'en revinrent au bercail par le même convoyage. Mais, cette fois, l'opération se déroula sans l'afflux de badauds, comme cela avait été le cas au moment de la débâcle. Pourtant, la nouvelle avait couru, à Saint-Ségur, de maison à maison, que le domaine était sauvé de la faillite, grâce à la générosité d'un riche donateur. Et la surprise fut plus éclatante encore lorsque chacun sut, enfin, que le sauveur n'était autre que Pierre Monestier. Ce Pierre Monestier, dont on disait que le vieil Angel l'avait chassé pour toujours vingt-cinq ans plus tôt, pourquoi s'en revenait-il ? Et d'où tirait-il les cinq cent mille francs qui avaient permis cette renaissance ?

S'il n'était à Saint-Ségur une seule âme bien-pensante pour se féliciter du sauvetage de la Renaudière, la raison en était plus basse et vile qu'un homme sain de cœur puisse l'imaginer. Dans son for intérieur, on avait tant éprouvé de ravissement dans la chute du vieux patriarche qu'on n'était plus, désormais, que déception et frustration. On enrageait même de voir le vieux renaître de ses cendres, alors qu'hier encore on lui prédisait une mort prompte, qui sait, un suicide, ou même un coup de folie.

Donc, les corbeaux s'étaient retirés, la mine basse. Le notaire lui-même, maître Bouvier, avait préféré briser ses trois ou quatre bouteilles de champagne mises au frais pour fêter avec ses alliés la déconfiture de la maison Monestier, plutôt que les remiser dans sa cave pour des jours meilleurs. Ainsi, la mort dans l'âme, les profiteurs avaient rejoint leur quartier. Seul l'industriel de Glandon, patron d'une scierie, Fernand Capelin, s'était interrogé sur son attitude hostile à l'égard des gens de la Renaudière.

Extrait du roman *Le Crépuscule des patriarches* de Jean-Paul Malaval
paru aux Presses de la Cité dans la collection Terres de France

MÉTÉO

Le 1er avril 1960 est une grande date pour les météorologues de la NASA, qui ont entre les mains les premières images satellitaires de l'histoire. Le placement en orbite du premier satellite météorologique américain a été un succès. Avant l'époque des satellites, il était impossible de connaître les conditions météo dans les endroits isolés, comme les déserts, les océans ou les régions polaires.

TRUCS ET ASTUCES

Changez la couleur de vos hortensias

La couleur des hortensias vire souvent au rose, surtout en terrain calcaire. Pour qu'ils retrouvent leur belle couleur bleue, il suffit de mettre à leur pied des morceaux d'ardoise pilée.

TOPONYMIE

Origine du nom Limoges

Limoges tire son nom du peuple gaulois des Lémovices, nom lui-même dérivé des mots gaulois lemo *("orme") et* vices *("qui vainquent"), signifiant "ceux qui vainquent avec l'orme". La lance des guerriers lémovices était en effet constituée de cette essence.*

CE JOUR-CI, AUTREFOIS

- 1848 abolition de l'esclavage en France à l'initiative de Victor Schoelcher
- 1911 naissance de l'éditeur de bandes dessinées Georges Dargaud

DEVINETTE

Je suis au début de la nuit, à la fin du matin et deux fois dans l'année… Qui suis-je ?

Solution : la lettre N

VOS DROITS

Quelles formalités doit accomplir la future mère ?

Afin de bénéficier d'allocations spécifiques, la femme enceinte doit dans un premier temps faire une déclaration de grossesse. Celle-ci doit être effectuée sous forme de certificat médical dans les 14 premières semaines de la grossesse, et adressée soit à l'organisme d'assurance maladie et maternité dont relève l'assurée, soit à l'organisme débiteur des prestations familiales. De plus, différents examens médicaux sont obligatoires. Durant la période prénatale, sept examens interviennent, le premier avant la fin du troisième mois de grossesse, les suivants du quatrième mois jusqu'à l'accouchement de façon mensuelle. En période postnatale, la mère doit obligatoirement subir un examen gynécologique et le nouveau-né doit être impérativement examiné dans les huit jours qui suivent sa naissance.

« A la Sainte-Zita, le froid ne dure pas. »

NOS ANIMAUX

Bien nettoyer les cages des rongeurs

Leur urine laisse dans le fond de la cage des traces blanches, très difficiles à enlever. Pour les faire partir, il vous suffit d'utiliser un produit anticalcaire ou du vinaigre dilué dans l'eau.

COUTURE ET TRICOT

Enfiler un fil épais sur une aiguille

Les galons et les rubans sont parfois difficiles à enfiler dans le chas d'une aiguille, même gros. Pliez un petit morceau de papier en deux. Placez l'extrémité du fil entre les épaisseurs de papier et poussez délicatement le papier au travers du chas : il emportera le fil avec lui.

BIEN-ÊTRE

Lotion capillaire à la sauge

En faisant macérer des feuilles de sauge dans du vinaigre de cidre durant dix jours, on obtient une lotion qui, appliquée en friction sur le cuir chevelu, tonifie les cheveux.

GASTRONOMIE

Le homard de Bretagne

Il existe plusieurs sortes de homards, dont l'aspect et le goût varient selon le lieu où ils sont pêchés. Mais le meilleur de tous est sans doute le grand bleu de la mer d'Iroise, ou homard de Bretagne. Ce crustacé à la chair fine est un produit rare : il y en a de moins en moins dans les eaux. La zone de pêche s'étend principalement entre le Finistère et le cap de la Hague, et la production reste limitée à environ 400 tonnes par an. La pêche du homard se fait de façon exclusivement artisanale : les pêcheurs n'ont d'autre choix pour le déloger que d'immerger des casiers sur les fonds sableux ou rocheux et d'appâter le crustacé avec un morceau de grondin ou de chignard.

CE JOUR-CI, AUTREFOIS

1816 création de la Caisse des dépôts et consignations
1943 naissance de l'acteur et chanteur Jacques Dutronc

PERSONNAGES DE NOS RÉGIONS

Pierre Loti en Charente-Maritime

Pierre Loti est né à Rochefort le 14 janvier 1850. Après l'Ecole navale, il devient officier de marine et ce, durant quarante ans. De Tahiti à l'Extrême-Orient, en passant par l'Afrique du Nord et la Turquie, il a sillonné toutes les mers du monde. Chacun de ses romans a pour décor un pays différent. Pierre Loti s'est donc affirmé comme "le plus grand écrivain exotique", et s'est vu attribuer un siège à l'Académie française au nez d'Emile Zola en 1891. Fervent admirateur de la Turquie, il vécut une passion amoureuse avec une jeune Turque, Aziyadé, qui lui inspira le roman éponyme.
Pêcheur d'Islande est son œuvre la plus connue. A Rochefort, la maison natale de l'auteur est devenue un magnifique musée dont chaque pièce est un univers à part, mêlant passé et ambiance de pays lointains. Il est décédé en 1923, et est enterré sur l'île d'Oléron.

EXPRESSION

Avoir le béguin pour quelqu'un

Au XIIe siècle, le "béguin" était une coiffure féminine, à l'origine du nom de l'ordre religieux des Béguines. Plus tard, le terme désigna une coiffe que les enfants portaient sous leur bonnet. C'est d'ailleurs de là qu'est née l'expression "être coiffé de quelqu'un", "être aveuglé par quelqu'un", comme si le béguin était trop baissé sur les yeux. L'expression est devenue "avoir le béguin pour" : "être fasciné par une personne, être amoureux".

"A la Sainte-Valérie, souvent le soleil luit."

TERROIR ET TRADITIONS

Les orgues alsaciennes

L'Alsace compte pratiquement un orgue par église, fait qui ne se retrouve nulle part ailleurs en France. L'origine de cette particularité remonte au XVIIIe siècle, lorsque les villages alsaciens, même les plus modestes, décidèrent de copier les villes et de s'équiper d'un instrument. La demande attira de nombreux facteurs, dont beaucoup laissèrent leur nom dans l'histoire de l'orgue, ainsi la famille Silbermann pour la sonorité unique de ses ouvrages, ou Louis Dubois pour l'élégance de ses buffets.

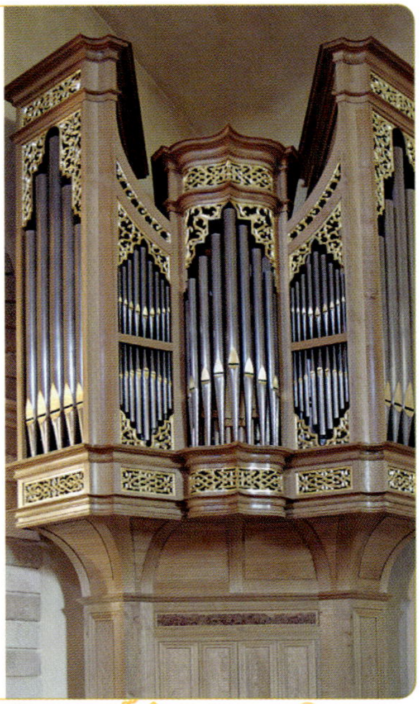

HISTOIRE DRÔLE

Un homme trouve un pingouin dans la rue. Il demande à un policier :
— Qu'est-ce que je fais de ce pingouin ?
Le policier lui répond de l'emmener au zoo.
L'homme s'y rend. Une heure plus tard, le policier revoit l'homme avec le pingouin et lui dit :
— Vous ne l'avez pas emmené au zoo ?
L'homme lui répond :
— Si, mais maintenant je l'accompagne au cinéma !

JARDIN

De nombreuses plantes cultivées au jardin (les ancolies, les aconits, les fruits du muguet, du fusain, du houx, du laurier-cerise, les bulbes de narcisses, de fritillaires, etc.) présentent des dangers si on les absorbe. Les feuilles et les fleurs de la pomme de terre sont toxiques, comme chez la plupart des plantes de la famille des solanacées. Les feuilles de rhubarbe sont aussi dangereuses. Les fleurs de panais peuvent provoquer des allergies graves si elles sont trop manipulées.

TRUCS ET ASTUCES

La pommade contre l'œil au beurre noir

Le mot "pommade" vient des Romains, qui soignaient beaucoup leurs blessures avec un onguent fait de pommes écrasées dans de l'huile. Aujourd'hui, les pommades ne sont pas toutes faites avec des pommes, mais une pomme crue râpée posée en cataplasme sur un œil au beurre noir calme la douleur presque instantanément.

CE JOUR-CI, AUTREFOIS

1899 la limite des 100 km/h est franchie par une voiture électrique, la Jamais Contente
1913 invention de la fermeture Eclair
2004 Olivier de Kersauson remporte le Trophée Jules Verne en bouclant le tour du monde à la voile en 63 jours

PÊCHE

La pêche au lancer

Elle consiste en l'action du pêcheur qui envoie sa ligne, au bout de laquelle est accroché un leurre. Le leurre, appelé aussi "cuiller" ou "devon", ressemble à un poisson. On peut pratiquer la pêche au lancer dans la grande majorité des cours d'eau et pêcher ainsi de nombreuses sortes de poissons.
Les plus fréquemment pêchés sont la truite ainsi que l'omble de fontaine.

"Avril a trente jours, si trente et un il avait, personne ne s'en plaindrait."

RECETTE

Axoa d'Espelette
une spécialité du Pays basque

Pour 4 personnes.

Ingrédients : 800 g de jarret de veau ; 1 c. à soupe d'huile ; 1 oignon ; 3 gousses d'ail ; 1 piment d'Espelette ; 2 tranches de jambon de Bayonne ; 2 c. à café de farine ; 1 verre de bouillon de bœuf ; 3 piments verts ; 1 c. à soupe de vinaigre de vin rouge ; 1 bouquet garni ; 1 jaune d'œuf ; sel ; poivre.

- Dans une cocotte, faites dorer à l'huile l'oignon émincé, l'ail haché et le piment d'Espelette coupé en fines rondelles.
- Ajoutez le jambon de Bayonne coupé en dés et laissez dorer.
- Saupoudrez de farine et mouillez avec le bouillon.
- Ajoutez la viande de veau hachée. Couvrez et laissez cuire deux heures à feu doux en remuant souvent.
- Quinze minutes avant la fin de la cuisson, ajoutez le vinaigre, le bouquet garni, les piments verts coupés en lamelles et le jaune d'œuf.
- Salez et poivrez.

TERROIR ET TRADITIONS

Expressions savoyardes

Adieu (ou bonzhor) : *bonjour*
A'rvi pâ : *au revoir*
Aulp : *alpage*
Branzin : *marmite*
Forclaz : *fourchette*
Galta : *grenier*
Gran maci : *merci*
Matafan : *mate la faim (beignet de pomme de terre)*
Panosse : *serpillière*
Rioule : *fête (faire la rioule)*
Sapé : *chapeau*
Snaille : *cloche*
Yaute : *Haute-Savoie*

CE JOUR-CI, AUTREFOIS

1598 *signature de l'édit de Nantes*
1897 *découverte de l'électron*

MEUBLES DE NOS RÉGIONS

L'armoire provençale

Généralement en noyer, l'armoire provençale est ventrue, assez imposante et finement travaillée. Elle s'orne de motifs délicats, tels que des roses, des fleurs de jasmin, des guirlandes ou encore des colombes. La légende provençale voulant que le diable se cache dans les coins des pièces, elle prend donc souvent place dans un angle.

CURIOSITÉS DE NOS RÉGIONS

Villefranche-du-Périgord : première bastide

Guillaume de Bagneux, sénéchal d'Agenais, œuvrant pour le compte d'Alphonse de Poitiers, frère de Saint Louis, fonda la première bastide en Périgord, en 1261. Villefranche jouit d'un cadre naturel enchanteur, en surplomb de la Lémance, dans un cirque de forêts de chênes et de châtaigniers. Aujourd'hui, cette bastide, devenue chef-lieu de canton, joue un grand rôle économique dans la région : non loin des belles maisons à arcades des XIIe et XIIIe siècles, la halle, sept fois centenaire, est un haut lieu du commerce de châtaignes et de cèpes.

« A la Saint-Robert, tout arbre est vert. »

CONTES ET LÉGENDES

La femme à barbe de Wissant

Lorsqu'on entre dans l'église Saint-Nicolas, à Wissant, dans le Pas-de-Calais, un étrange crucifix attire les regards. Une femme à barbe, les mains liées, semble avoir pris la place du Christ sur la Croix. Selon la légende, il s'agirait de la princesse sicilienne Wilgeforte (du latin "la vierge forte") qui, au XIe siècle, aurait demandé à Dieu de la défigurer en lui faisant miraculeusement pousser la barbe afin d'échapper au mariage qu'on lui imposait. On trouve également une statue de sainte Wilgeforte dans l'église Saint-Etienne de Beauvais, en Picardie.

LANGAGE DES PLANTES

L'aubépine

Très commune autrefois dans nos campagnes, l'aubépine était utilisée pour séparer les parcelles et constituer des haies vives. En mai, l'aubépine se couvre de fleurs blanches parfumées qui se transforment en baies rouges, les cenelles. La nuit du 1er mai, dans les villages, il était d'usage que les jeunes gens dressent des "mais" devant les maisons des jeunes filles à marier. Ils étaient constitués d'un grand mât recouvert de branches d'aubépine en fleur. On dansait toute la nuit autour de ces "mais" en chantant : "Mai d'épine, je t'aime ; blanche épine je t'aime." L'aubépine servait aussi à envoyer des messages moins sympathiques : offrir à une jeune fille un rameau d'aubépine défleuri signifiait : "vous avez fauté". Dans le langage des fleurs, l'aubépine signifie : prudence, doux espoir, "cachez votre amour".

AU PROGRAMME CE MOIS-CI

- Fête de la coquille Saint-Jacques à Loguivy-de-la-Mer (Côtes-d'Armor), 1er mai
- Feria di u Casgiu à Venaco (Corse), foire aux fromages fermiers, 1er week-end du mois
- Foire aux pieds de cochon à Sainte-Ménehould (Marne), 1er week-end du mois
- Festival en Côtes-de-Bourg (Gironde), 2e week-end du mois
- Foire aux fleurs de Saint-Flour (Cantal), 2e week-end du mois
- Fête de la morue de Binic (Côtes-d'Armor), mi-mai
- Festival des couteaux d'art à Thiers (Puy-de-Dôme), mi-mai
- Grande journée provençale à Jonquières (Vaucluse), dernier week-end du mois
- Journée des plantes à Mulhouse (Haut-Rhin), dernier week-end du mois
- Fête de la transhumance en Aubrac (Aveyron), dernier week-end du mois

CE JOUR-CI, AUTREFOIS

1819 proclamation de la liberté de la presse en France

1869 ouverture des Folies Bergère à Paris

TERROIR ET TRADITIONS

La fête du Travail et le muguet

La date du 1er mai comme jour de la fête des travailleurs fut adoptée en 1889, au congrès de la fondation de la IIe Internationale à Paris. Lors d'une manifestation en 1890, les hommes défilèrent en portant à la boutonnière un triangle rouge symbolisant leurs revendications, à savoir la division idéale de la journée en trois huit : travail - sommeil - loisirs. Ce triangle fut remplacé par la fleur d'églantine puis par le muguet cravaté de rouge. Depuis ce jour, la fête du Travail et le muguet furent associés.

« Bourgeon de mai remplit le chai. »

A l'heure de la première étoile

Jean-Pierre Leclerc

Mai, mois de la transhumance. Le bétail gagne les pâturages. Les bêtes montent depuis la veille. Les premiers troupeaux se sont mis en route dès neuf heures. Les bêtes les plus dociles vont devant, décorées de véritables pièces montées. Fixés aux cornes, se mêlent buis, jonquilles, drapeaux tricolores, cocardes, rubans. Ce début de périodes pastorales est pour les gens des plateaux une fête. De celles qui comptent pour une population trop souvent privée de réjouissances. Un accordéoniste accompagne le curé, celui-ci bénit à tour de bras, psalmodie des paroles censées protéger hommes et bêtes de la maladie, des accidents, des orages violents de l'été. Précédées de leurs gardiens, les vaches commencent l'escalade en passant entre des haies d'enfants en tabliers, gesticulants et braillards. Les cornes pointent dans le ciel, les robes acajou se détachent sur les pelouses verdoyantes. Les troupeaux processionnaires, à leur pas, rejoignent les chemins conduisant vers les hauteurs ; on les salue, les encourage ; on ne les reverra pas avant octobre.

Lucien serre les poings. Hier, il possédait son troupeau.

— Trente bêtes, trente magnifiques bêtes, murmure-t-il les yeux prêts à rendre larmes.

Toutes convergent vers les sommets dans un concert de sonnailles. Le Joran, les montagnes de la Blatte, de Brion, de la Noue Basse, de Jason, de la Godivelle, du Suc d'en Haut, de Riocros, pittoresques, nourriciers, en quelques jours sont envahis. Les hauteurs pérennisent de tendres, de fraîches, de grasses pelouses humectées de rosée, et le soir venu, comme une récompense, le vent chasse la chaleur du jour. Comme il était agréable de regagner le buron, se souvient Lucien, de s'étendre sur un lit de nard raide séché, protégé d'un toit de lauzes et d'une simple couverture.

Extrait du roman *A l'heure de la première étoile* de Jean-Pierre Leclerc paru aux Presses de la Cité dans la collection Terres de France

lundi 4 mai

Saint Sylvain

Soleil : 06 h 25 • 21 h 10
Taureau / 2e décan

BIEN-ÊTRE

Après une journée harassante, jetez quelques poignées de gros sel dans votre baignoire puis savourez ce bain aux bienfaits délassants.

TRUCS ET ASTUCES

Un miroir de salle de bains sans buée

Pour éviter la formation de buée sur le miroir de votre salle de bains, lavez-le avec un mélange d'eau chaude, de vinaigre et quelques gouttes de liquide vaisselle.
Essuyez soigneusement afin de ne laisser aucune trace.

EXPRESSION

Expressions familières du Lyonnais

- **Avoir les jambes en pâte à quenelle** : *avoir les jambes molles, être fatigué*
- **Cani** : *café, bistrot*
- **Carottes rouges et racines jaunes** : *betteraves et carottes*
- **Faire une tête de bugne en carême** : *faire la mijaurée*
- **Ficelle** : *funiculaire*
- **Gognand** : *personne maladroite et lente*

LES ARBRES DE NOS RÉGIONS

Le platane de Diane

Planté en 1556 à l'initiative de Diane de Poitiers, favorite d'Henri II, ce platane historique se rencontre dans le parc du château des Clayes-sous-Bois dans les Yvelines. Avec ses 31 m de hauteur, sa circonférence de 8 m et son envergure de 43 m, il compte parmi les plus beaux spécimens existant en France. Sa beauté réside notamment dans le marcottage naturel de ses branches maîtresses, plongeant dans le sol pour créer des racines et de nouvelles boutures sortant de terre.

CE JOUR-CI, AUTREFOIS

1814 début de l'exil de Napoléon sur l'île d'Elbe
1929 naissance de l'actrice américaine Audrey Hepburn

GASTRONOMIE

Le bleu d'Auvergne

Ce fromage au lait de vache, produit essentiellement dans le Puy-de-Dôme et le Cantal, est réputé pour sa pâte persillée au goût corsé. La technique de fabrication fut mise au point au XIXe siècle. Jusque-là, la raison pour laquelle certains fromages bleuissaient dans les caves relevait plus ou moins du mystère. Antoine Roussel, un producteur local, remarqua cependant que la moisissure apportait une saveur particulière à ses fromages et il tenta d'en maîtriser le développement. Lui vint ainsi l'idée d'incorporer des moisissures bleues de pain de seigle dans les fourmes, en les perçant avec une aiguille. Le procédé de fabrication est aujourd'hui encore identique et le bleu d'Auvergne bénéficie d'une AOC depuis 1975.

TERROIR ET TRADITIONS

La foire aux fleurs de Saint-Flour

Depuis quinze ans, Saint-Flour (Cantal) accueille le deuxième week-end de mai une grande manifestation horticole, où se côtoient les producteurs de fleurs, de plantes les plus variées ainsi que les vendeurs de matériel de motoculture. Rendez-vous des amateurs de nature, elle est animée par un jardinier de renom.

« C'est à la Saint-Sylvain que vend son vin le malin. »

BIEN-ÊTRE

Le calcium

Près de 90 % du calcium de notre corps se trouve dans les os et les dents. La carence en calcium entraîne l'ostéoporose. L'apport de calcium permet notamment aux enfants et aux personnes âgées de revitaliser le système osseux, d'éviter les maux de tête, dus aux douleurs musculaires et aux courbatures. Cet apport est favorisé s'il est pris avec de la vitamine D et des huiles de poisson ou d'onagre. Le calcium se trouve surtout dans les laitages, les fromages, mais aussi dans les oranges, le chou et certaines eaux minérales. A savoir : le lait de brebis est généralement plus riche en calcium que le lait de vache, et les fromages à pâte dure en ont une concentration plus importante que ceux à pâte molle.

IDÉE REÇUE

Les champignons blancs ne sont pas toxiques

Faux ! La toxicité d'un champignon n'a rien à voir avec sa couleur : l'entolome livide, l'amanite citrine, les formes blanches d'amanites phalloïdes et les clitocybes blancs sont tous toxiques, voire mortels pour certains.

LANGAGE DES PLANTES

La rhubarbe

Son origine est discutée : Tibet ou Mongolie ? Plante médicinale utilisée depuis fort longtemps par les Chinois, essentiellement comme purgatif, la rhubarbe a acquis dès le Moyen Age en Occident une réputation de remède aux vertus miraculeuses. Ce n'est que vers la fin du XVIIIe siècle que les Anglais pensèrent à utiliser les pétioles de rhubarbe en pâtisserie.
Les délicieuses tartes et crumbles à la rhubarbe venaient de naître. C'est en mai que les feuilles les plus larges sont coupées avec leur pétiole. La récolte doit se faire en fonction des besoins. En effet, la rhubarbe se conserve mal, même au réfrigérateur où ses pétioles perdent de leur goût. Il ne faut pas non plus dépouiller complètement les pieds, la plante ayant besoin de son feuillage pour alimenter son rhizome.

CE JOUR-CI, AUTREFOIS

1945 *création de l'ordre des pharmaciens*
1963 *aux Etats-Unis, un foie est le premier organe transplanté avec succès*

BRICOLAGE

Réparer un lavabo ébréché

Si votre lavabo en faïence, en émail ou en matériau synthétique est ébréché ou cassé, avant de le remplacer vous pouvez utiliser une pâte de réparation composée d'une résine et d'un durcisseur à mélanger que vous trouverez dans le commerce. Pour commencer, nettoyez votre lavabo avant de poncer les parties à réparer.
Appliquez ensuite la pâte avec une spatule et maintenez les pièces à l'aide de ruban adhésif. Une fois l'ensemble bien sec, utilisez un papier abrasif pour vous débarrasser des petites irrégularités.

« Le temps de Sainte-Judith va durer jusqu'au 10. »

LA MINUTE CULTURELLE

L'expressionnisme

Mouvement artistique apparu au début du XXe siècle, profondément ancré dans l'Europe du Nord, en particulier l'Allemagne, l'expressionnisme est une réaction à l'impressionnisme français. Les représentations sont souvent basées sur des visions angoissantes, déformant et stylisant la réalité pour atteindre la plus grande intensité expressive. Celles-ci sont le reflet de la vision pessimiste que les expressionnistes, comme Vassily Kandinsky, Edvard Munch ou encore Egon Schiele, ont de leur époque. Les œuvres expressionnistes sont influencées par la psychanalyse naissante et mettent souvent en scène les symboles de la modernité (la violence, la foule, les grandes villes, les machines).

CE JOUR-CI, AUTREFOIS

1815 naissance du dramaturge Eugène Labiche
1856 naissance du médecin et psychanalyste autrichien Sigmund Freud

VOS DROITS

Peut-on adopter une personne majeure ?

C'est possible. L'adopté doit donner son consentement à l'adoption devant le greffier en chef du tribunal d'instance de son domicile ou devant un notaire. Après un délai de deux mois, dit "délai de rétractation du consentement", le tribunal de grande instance du domicile de l'adoptant est saisi pour qu'un jugement soit rendu.
L'adoptant doit avoir au moins quinze ans de plus que l'adopté. Si l'adoption est réalisée par une personne seule, elle doit avoir au moins vingt-huit ans. Si elle est réalisée par un couple, ils doivent être non séparés de corps, mariés depuis plus de deux ans ou âgés l'un et l'autre de plus de vingt-huit ans.

LES JOLIS VILLAGES DE FRANCE

L'île d'Arz

Bien que mesurant moins de 4 kilomètres du nord au sud et d'est en ouest, l'île d'Arz est la deuxième par la taille du golfe du Morbihan. Au milieu de champs, de vergers et de marais, le bourg se love autour d'un prieuré, de quelques manoirs et d'une église romane classée. Les nombreuses et élégantes gentilhommières témoignent de la longue présence d'une lignée de capitaines originaires de l'île. Le moulin à marée de Berno qui a été remis en service mérite le détour.

« Au mois de mai, le seigle déborde la haie. »

COUTURE ET TRICOT

Faire une boutonnière simple en tricot

La manière la plus simple de faire une boutonnière sur un tricot est de faire un jeté accompagné de la diminution correspondante. Si vous utilisez le point mousse, par exemple, tricotez sur le rang de la boutonnière jusqu'à l'emplacement de celle-ci, faites un jeté puis tricotez deux mailles ensemble à l'endroit, et tricotez jusqu'à la fin du rang.

TERROIR ET TRADITIONS

La chasse à courre en Sologne

Réputée pour ses forêts giboyeuses, la Sologne est depuis plusieurs siècles la terre de prédilection des chasseurs à courre. La vénerie consiste à forcer les bêtes sauvages en mettant à leur poursuite des chiens courants et en déjouant leurs ruses, sans employer de pièges ni d'embûches. Considérée de ce fait comme une chasse noble, elle se scinde en deux groupes : la grande vénerie, qui se pratique à cheval et traque les cerfs, les chevreuils et les sangliers, et la petite vénerie, qui se pratique à pied et vise le petit gibier.

JARDIN

Les travaux de la première quinzaine de mai

- Semez les courges, les potirons et le basilic.
- Plantez les pommes de terre. Installez en pleine terre les tomates, les poivrons, les aubergines.
- Semez en place les courgettes et les melons.
- Divisez les plantes vivaces printanières comme les primevères et les violettes.
- Plantez les chrysanthèmes d'automne.
- Plantez les bulbeuses à floraison automnale comme les *Crinum*, les tubéreuses.
- Déterrez les bulbes de tulipe et mettez-les à l'abri dans un local sombre, frais et sec.
- Supprimez les gourmands des rosiers.
- Sortez les plantes d'orangerie comme les orangers et les citronniers.

CE JOUR-CI, AUTREFOIS

1954 chute de Diên Biên Phu : la France perd l'Indochine
1990 les gorges du Verdon deviennent un site naturel protégé

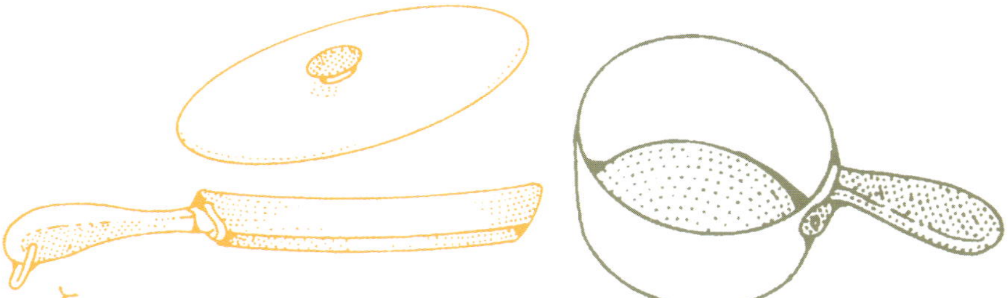

LE PETIT GESTE ÉCOLO

Petits conseils faciles à appliquer dans la cuisine

- *Mettez un couvercle pour accélérer l'ébullition.*
- *Eteignez les plaques un peu avant la fin de la cuisson : elles restent encore chaudes quelques minutes.*
- *Utilisez des casseroles de même diamètre que les plaques.*
- *Utilisez des essuie-tout en papier recyclé ou un torchon et préférez les serviettes en tissu aux serviettes à jeter.*

« A la Sainte-Gisèle, prends garde s'il gèle. »

JEUX Quiz

Faites un petit tour de France des spécialités culinaires.

1. Que boit-on comme spécialité en Bretagne ?
a) Chablis
b) Cabernet
c) Chouchen

2. Que mange-t-on comme spécialité en Alsace ?
a) Tartiflette
b) Choucroute
c) Potée aux choux

3. Que boit-on comme spécialité en Alsace ?
a) Muscat
b) Cidre
c) Sylvaner

4. Que mange-t-on comme spécialité en Champagne ?
a) Cassoulet
b) Andouillette de Troyes
c) Anguille

5. Que boit-on comme spécialité en Champagne ?
a) Rosé des Riceys
b) Vin de Branceilles
c) Muscadet

6. Que mange-t-on comme spécialité en Aquitaine ?
a) Potée aux choux
b) Jambon
c) Raclette

7. Que boit-on comme spécialité en Aquitaine ?
a) Sylvaner
b) Muscat
c) Monbazillac

8. Que boit-on comme spécialité en Auvergne ?
a) Calvados
b) Gentiane
c) Cognac

Solution : c, b, c, b, a, b, c, b.

RECETTE
Salade landaise
une spécialité du Sud-Ouest

Pour 4 personnes.
Ingrédients : 1 laitue ; 1 salade trévise ; 16 tranches de magret de canard fumé ; 12 gésiers de canard confits ; 4 tranches de foie gras de canard ; 4 tranches de jambon cru ; 1 c. à soupe d'huile ; 3 c. à soupe de vinaigre de vin ; sel ; poivre du moulin.

- **Mettez les salades lavées et effeuillées dans un saladier.**
- **Faites cuire les gésiers coupés en fines lamelles dans une sauteuse, à feu doux.**
- **Egouttez-les et réservez-les au chaud.**
- **Poêlez les tranches de magret à feu vif.**
- **Poêlez les tranches de foie gras à feu doux.**
- **Mélangez l'huile, le vinaigre, du sel et du poivre dans un bol et assaisonnez les salades. Répartissez les salades dans 4 assiettes.**
- **Répartissez dans chacune les lamelles de gésiers, le jambon cru, les morceaux de magret et, enfin, les tranches de foie gras.**
- **Poivrez et servez.**

CE JOUR-CI, AUTREFOIS

1880 décès de l'écrivain Gustave Flaubert
1903 naissance de l'acteur Fernandel

COLLECTIONS

Le collectionneur de plumes d'oiseaux s'appelle le rémigeophile.

« Sel de mai, sel de ce mois n'enrichit pas le bourgeois. »

La Demoiselle aux fleurs sauvages

Gérard Georges

Guillaume, aurais-tu oublié ta leçon d'escrime ? Cela fait plus d'un quart d'heure que le maître d'armes est à t'attendre dans la salle du bas.

Tout essoufflée pour avoir trop couru à chercher le garçon, Muguette ne pouvait cacher sa colère.

— Tu n'as pas plus de raison qu'un pinson, continua-t-elle en rajustant sa coiffure. Si cela continue, monsieur le baron ne voudra plus te garder au château, et cela sera tant pis pour toi.

Guillaume darda ses beaux yeux de jais vers Muguette et lui sourit. C'était un grand jeune homme de quinze ans, brun de cheveux, à la peau hâlée par sa vie au grand air et ses escapades dans la campagne environnante. Il s'approcha de la servante qu'il considérait un peu comme la mère qu'il n'avait jamais eue et, la soulevant par la taille, il la fit tourner en une ronde folle.

— Oh ! ma petite Mamette ! Il ne faut pas te mettre dans ces états pour si peu de chose ! Le maître d'armes ? Eh bien, il attendra !

— Lâche-moi, sacripant ! vociféra la femme que, par une étrange contraction de « maman » et de « Muguette », Guillaume avait toujours appelée « Mamette ».

De nouveau campée sur ses jambes, elle arrangea sa mise.

— Tu es plus polisson que lorsque tu étais petit, dit-elle en affectant un air sévère.

Le prenant par un bras, elle ordonna :

— Allons, maintenant, viens avec moi que je te conduise auprès de ton professeur.

Guillaume avait grandi au château de Portabéraud. Il avait neuf ans lorsque Victoire était née. Certes, tout le monde savait ici – sans en parler jamais qu'à demi-mot ! – qu'il était le fils naturel du baron Gabriel. Alors, bien sûr, il avait entendu des conversations dans son dos : « Comme il ressemble au maître ! » ; « C'est son portrait tout craché ! » ; « Pour de vrai, c'est un Mercier ! »

Extrait du roman *La Demoiselle aux fleurs sauvages* de Gérard Georges
paru aux Presses de la Cité dans la collection Terres de France

MÉTÉO

Tous les jardiniers savent qu'il est prudent d'attendre que les saints de glace soient passés avant de mettre les plantations en terre. Les trois saints au nom de Mamert, Pancrace et Servais sont traditionnellement les derniers jours où des gelées nocturnes peuvent se produire. Ils sont fêtés chaque année les 11, 12 et 13 mai. En Savoie, les jardiniers tremblent jusqu'à la Saint-Urbain, le 25 mai, Urbain étant traditionnellement considéré comme le quatrième saint de glace.

CE JOUR-CI, AUTREFOIS

1865 création à Paris du grand magasin Au Printemps

1904 naissance du peintre espagnol Salvador Dalí

TERROIR ET TRADITIONS

L'élevage breton

Acheter un cochon n'était pas une grosse dépense. Le porcelet était acquis au moment de la récolte des glands et des châtaignes pour être nourri à peu de frais. La plupart des paysans les laissaient en liberté pour glaner leur nourriture par les chemins et manger des racines. Pas un déchet de l'alimentation de leur maître qui n'arrivât dans leur auge. Les paysans parlaient à tous leurs bestiaux, mais le cochon jouissait d'une attention particulière sans doute parce qu'il était, de tous les autres animaux, le seul admis à côtoyer l'homme dans sa vie la plus intime : le cochon était même souvent présent à l'intérieur de la maison.

TRUCS ET ASTUCES

L'eau oxygénée

Produit désinfectant très présent dans les armoires à pharmacie, l'eau oxygénée peut servir à bien d'autres choses. Les mains tachées par les épluchures de salsifis, pommes de terre, carottes, etc., redeviennent propres si on y passe juste un coton imbibé d'eau oxygénée. L'eau oxygénée élimine aussi les traces de mouches sur les vitres, les ampoules électriques, les taches de vin et de fruits sur les tissus.

JARDIN

Les engrais verts

Au jardin biologique, le sol ne doit jamais être laissé à nu. Pour éviter tout lessivage et améliorer la structure du sol, on utilise des engrais verts. La plupart des plantes utilisées sont des légumineuses qui ont la capacité de fixer l'azote de l'air dans les nodosités situées dans leurs racines. Les plantes sont semées en mai à la volée puis, lorsqu'elles ont atteint leur taille adulte, elles sont broyées et incorporées au sol par un labour peu profond. Les meilleures espèces sont les fèves, le lupin jaune, la luzerne, la minette, la moutarde brune, le sainfoin, le trèfle. On utilise aussi d'autres espèces comme la phacélie, qui empêche la venue des mauvaises herbes, ou le seigle, qui étouffe le chiendent.

« Gare s'il gèle à la Sainte-Estelle. »

VOS DROITS

Comment démissionner de son travail ?

Le Code du travail ne prévoit aucune forme particulière pour présenter sa démission : elle peut être verbale, écrite ou résulter d'un comportement sans ambiguïté du salarié. Toutefois, le salarié a intérêt à remettre sa démission par écrit (si possible par lettre recommandée avec accusé de réception), ce qui permet aussi de définir le début du préavis. Il n'est pas nécessaire de préciser les motifs de la démission. En cas d'absence prolongée, il n'est pas possible pour l'employeur de considérer le salarié comme démissionnaire. Enfin, le refus du salarié d'accepter un changement des conditions de travail ne constitue pas une démission. En effet, la démission doit procéder d'une manifestation claire et non équivoque de la part du demandeur.

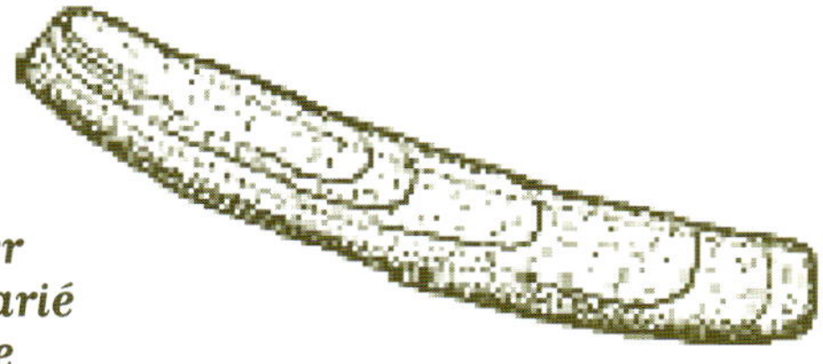

PÊCHE

Le couteau

Ce coquillage présent sur les côtes françaises se pêche à pied lorsque la mer remonte. Il se repère par de doubles petits trous dans le sable ; lorsqu'on y verse une poignée de sel, le couteau surgit hors de son trou et peut être capturé.

EXPRESSION

Avoir une épée de Damoclès au-dessus de la tête

Damoclès, courtisan du tyran de Syracuse Denys l'Ancien, vantait toujours le bonheur de son roi. Celui-ci répondit : "Tu envies ma place, prends-la." Installé sur un lit où il dégustait les vins et les mets les plus délicats, Damoclès vit au-dessus de lui une lourde épée accrochée seulement par un crin de cheval. C'est pourquoi on parle d'une "épée de Damoclès" pour décrire une situation particulièrement dangereuse ou pénible, un danger constant.

GASTRONOMIE

Les calissons d'Aix

En provençal, le mot "calisson" désigne la claie ronde sur laquelle les confiseurs font sécher leurs fruits confits. Le nom des célèbres confiseries d'Aix-en-Provence semble donc bien porté puisqu'elles sont composées d'un fond de pain azyme surmonté d'une pâte faite à 40 % d'amandes émondées et à 60 % de melon et d'orange confits, additionnée de sucre et d'eau de fleur d'oranger. Pourtant, un mot très proche désignait déjà au XIIIe siècle en Italie un bonbon à base de farine et d'amandes fabriqué par les moines. La confiserie aurait traversé les Alpes au XVIIe siècle et trouvé sa terre d'adoption dans la ville d'Aix, connue pour être le plus grand marché d'amandes de la région à l'époque.

CE JOUR-CI, AUTREFOIS

1797 Napoléon conquiert Venise

1930 première traversée sans escale de l'Atlantique Sud par Jean Mermoz entre le Sénégal et le Brésil

DEVINETTE

Dès que l'on me nomme, je n'existe plus. Qui suis-je ?

Solution : le silence

« Que mai soit venteux ou clair, toute récolte aura bon air. »

EXPRESSION

Faire le zouave

Le mot zouave vient de l'arabo-berbère "Zwawa", nom d'une tribu berbère, et fut attribué à un corps militaire fondé à Alger en 1831. Très strict et discipliné à l'extrême, le corps des zouaves était réputé pour rendre les hommes idiots. L'expression "faire le zouave" signifie donc aujourd'hui "faire le pitre, l'idiot" en adoptant des comportements extravagants en public.

MÉTIERS OUBLIÉS

Le porteur de glace

Autrefois, aux jours chauds de l'été, bouchers et restaurateurs avaient bien du mal à garantir à leurs clients des produits parfaitement frais. Au pied des massifs montagneux s'est alors développé un métier méconnu et particulièrement laborieux : celui de porteur de glace. Paysans le jour, ces hommes quittaient leur maison à minuit et rejoignaient les sommets enneigés pour découper à l'aide d'une hache des blocs de glace d'une vingtaine de kilos qu'ils enveloppaient dans des sacs de jute garnis de sciure et qu'ils redescendaient ensuite à dos de mules au petit matin avant de les vendre.

BIEN-ÊTRE

La tisane des "quatre fleurs"

Cette tisane, composée de mauve, d'antennaire, de coquelicot et de tussilage, était employée contre les bronchites, la toux, la coqueluche et les angines.

CE JOUR-CI, AUTREFOIS

1957 naissance de la spationaute Claudie Haigneré
1992 double première : trois astronautes de la NASA sortent en même temps dans l'espace et récupèrent un satellite errant

TERROIR ET TRADITIONS

La fête de la morue à Binic

Le joli port de Binic (Côtes-d'Armor) organise depuis 1997 une fête dédiée à la mémoire des marins bretons qui, dès le XVe siècle, allèrent pêcher la morue au large de Terre-Neuve. Pendant quatre jours, des chants de marins, des cercles celtiques, des danses traditionnelles au son de la bombarde et de la cornemuse accompagnent les parades des vieux gréements bretons.

CURIOSITÉS DE NOS RÉGIONS

Le musée du corbillard

A Cazes-Mondenard (Midi-Pyrénées), un philocorbolien — un amoureux des corbillards — accueille les visiteurs, vêtu parfois en croque-mort, parfois en ecclésiastique, et leur présente sa collection de 80 corbillards émanant d'époques diverses. Afin qu'on ne sorte pas "refroidi" de cette visite funèbre, le maître des lieux propose aussi le musée de l'Attelage et le Musée agricole. Si cela ne suffit pas, une dégustation de produits régionaux est gracieusement offerte. On s'y sentira transporté au paradis !

« Brouillard de mai, chaleur de juin amènent la moisson à point. »

TERROIR ET TRADITIONS

La toile de Jouy

Elle fut créée en 1759 par Christophe Philippe Oberkampf, qui avait choisi d'établir sa manufacture à Jouy-en-Josas, dans les Yvelines, pour profiter des eaux de la Bièvre, propices au lavage des étoffes. Vendue à l'époque sous forme de mouchoirs-châles de coton, la toile de Jouy se distinguait par ses grandes compositions polychromes au dessin raffiné, à motifs de fleurs, animées de personnages ou encore relatant des mythes ou des événements historiques. La toile de Jouy fut imitée partout en France, si bien qu'on finit par appeler ainsi toute étoffe à motifs similaires.

JARDIN

Plantez des haricots

Pour être sûr d'une bonne et rapide germination des haricots, il suffit de tremper les graines au préalable une demi-journée dans une eau tiède. Cette méthode a un autre avantage : elle permet d'éliminer les mauvaises graines, celles qui flottent car elles ne germeront pas.

HISTOIRE DRÔLE

Un chauffard arrive en trombe dans un village de campagne lorsqu'une brave dame traverse la route. Il fait un écart pour l'éviter et écrase une poule.
Très ennuyé, le chauffard va voir le paysan :
— Je suis désolé, j'ai écrasé une de vos poules pour éviter cette brave dame. Je vais vous rembourser.
— Alors vous, les bêtises, vous les accumulez : vous écrasez ma meilleure pondeuse pour éviter ma belle-mère !

CE JOUR-CI, AUTREFOIS

1968 la Sorbonne est proclamée commune libre, et Nanterre, faculté autonome
1979 élection de la première femme à l'Académie des sciences, Yvonne Choquet-Bruhat

TRUCS ET ASTUCES

Une fois entamé, un oignon ne doit pas être conservé plus d'une journée. Au-delà, il développe une toxine dangereuse. S'il vous reste une moitié d'oignon non utilisée, vous pouvez toutefois l'émincer et la mettre au congélateur.

COLLECTIONS

Le collectionneur de boîtes à musique s'appelle le boximusicophiliste.

« Au jour de Saint-Matthias, toute boue s'efface. »

CE JOUR-CI, AUTREFOIS

1610 Louis XIII devient roi de France
1859 naissance du physicien Pierre Curie

LANGAGE DES PLANTES

Les plantes médicinales et la loi

Toute plante inscrite à la pharmacopée française ne peut être délivrée que par les pharmaciens ou les herboristes. Font exception 34 plantes médicinales qui peuvent être vendues librement, à la seule condition qu'aucune mention de leurs éventuelles propriétés médicinales ne soit inscrite sur leur emballage. Ces plantes sont les suivantes : bardane, bouillon blanc, bourgeon de pin, bourrache, bruyère, camomille, chiendent, cynorhodon, eucalyptus, frêne, gentiane, guimauve, hibiscus, houblon, lavande, lierre terrestre, matricaire, mauve, mélisse, menthe, ményanthe, olivier, oranger, ortie blanche, pariétaire, pensée sauvage, pétale de rose, queue de cerise, reine des prés, ronce, sureau, tilleul, verveine citronnelle, violette. Elles ne doivent pas être mélangées entre elles, excepté le tilleul, la verveine, la camomille, la menthe, l'oranger, le cynorhodon et l'hibiscus.

COUTURE ET TRICOT

Le point de feuille

Ce point permet de créer une forme en "V" ou en "Y".

- Sortez l'aiguille au point supérieur gauche du "V" et piquez-la en haut à droite de la lettre, en formant une boucle avec le fil.
- Sortez l'aiguille dans la pointe du "V", à l'intérieur de la boucle de fil.
- Tirez pour tendre le fil enroulé et faites un petit point arrière vers le bas pour maintenir la boucle en place. Ce point peut être très court, pour former un "V", ou plus long, pour former un "Y".

LE PETIT GESTE ÉCOLO

Bien régler son chauffe-eau

60 °C est la température idéale de réglage du chauffe-eau. Une eau trop chaude est source de brûlures et de gaspillage d'énergie.

JEUX Sudoku

3		7				1	6	5
	6							
8					1			7
	4			7		2		
	2		5	4	3		8	
		6		1			3	
6			7					8
							7	
4	7	8				3		1

« Fraîcheur et rosée de mai, vin à la vigne et foin au pré. »

La Lavandière de Saint-Léger

Sylvie Anne

Père, vous avez encore trop bu ! s'énerva Clarisse. Comment vais-je pouvoir vous ramener à la maison ? Elle s'agenouilla pour ramasser le chapeau qui traînait sur le sol. Déjà, elle redoutait son retard chez les Faussade car rien ne devenait simple, à présent. Il fallait trouver une carriole pour le transporter. Qui se dévouerait ? Mains sur les hanches, elle jeta un regard autour d'elle comme si une aide inopinée pouvait surgir. C'est à ce moment qu'elle entendit son père geindre avant d'énoncer quelques mots inaudibles. Elle ne ressentait ni effroi ni inquiétude, seulement de l'irritation. En soupirant, elle se baissa vers lui :

— Calmez-vous ! Je vais me rendre chez la mère Pouge, quelqu'un viendra bien me donner un coup de main !

— Dans ma poche, dans ma poche, lâcha-t-il alors dans un souffle qui ressemblait presque à un râle.

Cette fois, elle s'alerta. Il n'avait pas son comportement habituel et ses yeux exprimaient une vraie souffrance. D'ailleurs, quand il tenta de lever une main, celle-ci retomba sans force. Une angoisse étreignit Clarisse. L'alcool n'était pas seul en cause dans cet état second. Avec fébrilité, elle fouilla dans les poches de sa veste jusqu'à ce qu'elle déniche un petit caillou qui brillait dans la pénombre.

— Ils n'ont pas réussi à le prendre, articula-t-il dans un rire qui se transforma vite en grimace. Bon Dieu ! Mon dos…

L'affolement gagna Clarisse. Elle ne comprenait plus rien sauf que son père était blessé et qu'il fallait du secours.

— Ne bougez surtout pas, recommanda-t-elle, je cours chercher de l'aide.

— Ecoute-moi d'abord, reprit-il d'une voix sifflante, ce caillou vient de notre jardin.

Il s'interrompit, passa la langue sur ses lèvres comme s'il avait soif puis poursuivit entre deux respirations :

— C'est une pépite d'or, je l'ai trouvée en creusant. Il doit exister un filon. N'en parle à personne !

Extrait du roman *La Lavandière de Saint-Léger* de Sylvie Anne
paru aux Presses de la Cité dans la collection Terres de France

LANGAGE DES PLANTES

La valériane officinale

Plante qui pousse dans les endroits humides, au bord des ruisseaux, elle fleurit en mai. La partie utilisée en phytothérapie est la racine. En décoction, sa racine fraîche est le remède à tous les désordres nerveux, depuis la simple insomnie jusqu'aux spasmes convulsifs. Elle est très efficace pour stopper le hoquet. C'est aussi une jolie plante décorative. Installée au jardin, la valériane officinale fera la joie des chats qui se roulent dessus et s'enivrent de son odeur, sans aucun danger pour eux.

GASTRONOMIE

Le sel de Guérande

La presqu'île de Guérande était il y a un millénaire quasiment recouverte par les eaux. Puis la mer se retira, laissant apparaître des marais salants, qui devinrent la principale ressource de la région. Le sel fit la fortune de Guérande durant plusieurs siècles, puis la concurrence des sels des mines du Jura et d'Alsace, ainsi que des sels de Méditerranée, sonna la fin de son âge d'or. Le métier de paludier se fit de plus en plus rare, jusqu'en 1970 où des passionnés décidèrent de remettre les marais en état et de promouvoir le sel de l'Atlantique. Grâce à leur acharnement, le sel de mer gris pâle, naturel et goûteux, est classé au rang des meilleurs produits du terroir.

JARDIN

Les travaux de la seconde quinzaine de mai

- Semez les haricots verts.
- Buttez les pommes de terre.
- Sortez les plantes d'intérieur sous un arbre, comme les orchidées et les ficus.
- Plantez les plantes grimpantes gélives comme les passiflores.
- Plantez les lotus.
- Enlevez les algues du bassin et continuez à tondre toutes les semaines la pelouse.
- Mettez en place, dans des jardinières, les pélargoniums achetés en godet ou ceux ayant passé l'hiver à l'abri.

EXPRESSION

Avoir les yeux d'Argus

Dans la mythologie grecque, Argus était un géant aux cent yeux : lorsque cinquante yeux dormaient, les cinquante autres veillaient. La jalouse Héra fit appel à lui pour surveiller la nymphe Io, maîtresse de Zeus. Ce dernier ordonna alors à Hermès de libérer Io et de tuer Argus. Pour célébrer la fidélité du géant, Héra plaça les cent yeux d'Argus sur la queue de son animal fétiche : le paon. Aujourd'hui, "avoir les yeux d'Argus" veut dire être lucide et vigilant.

TRUCS ET ASTUCES

Pour conserver les poêles en Teflon en bon état, faites-y chauffer régulièrement du gros sel à blanc. Toutes les saletés vont ainsi se fixer sur le sel. Il sera donc inutile de frotter la poêle, ce qui l'endommagerait.

CE JOUR-CI, AUTREFOIS

1904 naissance de l'acteur Jean Gabin
1993 inauguration de la ligne TGV Paris-Lille

« Soleil à la Saint-Eric promet du vin plein les barriques. »

IDÉE REÇUE

Un champignon rongé par des limaces est comestible

Attention, c'est faux ! Beaucoup d'animaux se délectent de champignons toxiques pour l'homme. Ainsi, les limaces s'attaquent impunément aux amanites phalloïde et tue-mouches. Cette dernière, malgré son nom, est souvent visitée par les insectes.

IDÉE DÉCO

Choisir la bonne couleur pour un mur

Quelques conseils pour éviter le mauvais choix :

- Le gris : couleur neutre et tiède. Une pièce trop empreinte de gris serait peu accueillante et risquerait de manquer de dynamisme.
- Le noir : il évoque la mort, la nuit, le silence, mais, utilisé en petites touches, il saura mettre en valeur des objets aux couleurs vives. Enfin, si le noir trouve sa place dans la décoration moderne, attention à la poussière !
- Le violet : couleur froide, mystique, secrète, mélancolique. A utiliser également avec parcimonie car une pièce trop violette manquerait probablement de joie de vivre.

CONTES ET LÉGENDES

Les graines fraîches de carvi croquées permettaient aux artistes de retrouver l'inspiration. Aux Pays-Bas, les jardiniers méfiants et jaloux plantaient des pieds de carvi pour s'assurer de la fidélité de leur épouse. Si la femme allait retrouver son amant, le carvi perdait aussitôt ses ombelles fleuries et la tige se penchait dans la direction où avaient lieu les amours coupables !

BRICOLAGE

Reboucher un trou avec du plâtre

Vous avez besoin d'un grattoir triangulaire, d'une éponge, de plâtre pour scellement, d'un platoir, d'enduit de lissage.

- Eliminez le plâtre abîmé avec un grattoir triangulaire.
- Dépoussiérez et mouillez la zone avec une éponge.
- Comblez le trou avec du plâtre neuf en le déposant avec un platoir.
- Passez ensuite ce dernier sur la surface pour l'aplanir parfaitement.
- Eliminez l'excédent de plâtre tant que celui-ci est encore humide en raclant sa surface avec l'arête du platoir.
- Si vous le pouvez, creusez légèrement la surface afin de finir le rebouchage, après séchage, avec de l'enduit de lissage.

CE JOUR-CI, AUTREFOIS

1364 sacre de Charles V à Reims
1994 ouverture du tunnel sous la Manche

TERROIR ET TRADITIONS

Le costume masculin corse

Il se compose d'une chemise ample, en lin fin, boutonnée au col sous un gilet rouge, ou bien fermée par un foulard noué, le frisghettu, et portée sous un gilet rayé. Par-dessus, les hommes enfilent une veste à pans coupés. Les culottes sont larges, noires ou brunes, en drap corse, et se boutonnent aux genoux. Les mollets sont protégés par des guêtres faites du même tissu ou de peau de chèvre pour les bergers.

« Quand il tonne en mai, vaches ont du lait. »

CURIOSITÉS DE NOS RÉGIONS

La grotte Chauvet

Restée inviolée depuis la préhistoire, elle a été découverte fortuitement, en 1994, à Vallon-Pont-d'Arc (Ardèche) par des archéologues. C'était la première fois qu'un gisement archéologique de cette importance était mis au jour. Sa richesse est telle que son étude ne cesse de livrer des secrets sur notre lointain passé. Ses fresques remontent à 30 000 ans, ce qui signifie qu'elles sont deux fois plus anciennes que toutes celles découvertes précédemment. Pour l'heure, ces grottes sont inaccessibles au public en raison de la fragilité des fresques.

EXPRESSION

Un colosse aux pieds d'argile

Parler d'un "colosse aux pieds d'argile" traduit une vulnérabilité derrière une apparence de force et de puissance. Dans la Bible, on raconte que le roi Nabuchodonosor fut témoin de la destruction d'une immense statue par une petite pierre. Faite d'or, d'argent, de bronze et de fer, la statue reposait sur de fragiles pieds d'argile. Aussi, lorsqu'une pierre se détacha et alla frapper les pieds de la statue, celle-ci s'effondra tout entière.

CE JOUR-CI, AUTREFOIS

1498 arrivée en Inde du navigateur Vasco de Gama
1506 décès de l'explorateur génois Christophe Colomb

COLLECTIONS

Le collectionneur de souvenirs s'appelle le mnémophiliste.

TERROIR ET TRADITIONS

La pêche à la langouste

Camaret-sur-Mer (Finistère) est, avec Douarnenez, le seul port de France spécialisé dans la pêche à la langouste. Les campagnes durent trois mois au large de la Mauritanie. Chaque navire embarque entre 1 600 et 1 800 casiers et des chaluts. Il rapporte entre 20 et 25 tonnes de langoustes vivantes et de 12 à 15 tonnes de congelées. L'activité la plus intense a lieu en décembre. Elle cesse de juin à septembre, lorsque la température de l'eau en Mauritanie n'est plus assez fraîche pour conserver les crustacés en viviers. Les armateurs vendent ensuite directement leur pêche aux mareyeurs bretons de Roscoff, de Concarneau et du Guilvinec.

TERROIR ET TRADITIONS

La grande journée provençale à Jonquières

Située dans le Vaucluse, Jonquières organise chaque année fin mai une fête dédiée à la transhumance. Plus d'un millier d'ovins défilent dans le village, accompagnés d'ânes, de chevaux et de chiens, au son des tambours et des grosses caisses. Après la messe en provençal, un apéritif est offert par les vignerons, puis un repas communal a lieu. Démonstrations de métiers anciens, ateliers et dégustations de produits du terroir complètent les festivités.

« Pendant le joli mois de mai, couvre-toi plus que jamais. »

ASTROLOGIE

Gémeaux (du 21 mai au 21 juin)

Planète : Mercure
Élément : Air
Couleur : Gris
Pierre : Aigue-marine
Qualités : Intelligent, vif d'esprit, indépendant, actif
Défaut : Versatile
Affinités : Lion, Verseau, Cancer

CE JOUR-CI, AUTREFOIS

1844 naissance du peintre Henri Rousseau, dit "le Douanier Rousseau"
1992 accord des douze membres de la CEE sur la politique agricole commune

JARDIN

Associez le goût et l'esthétique au potager

De nombreuses variétés de légumes sont aussi de belles plantes d'ornement.
Les arroches ont des feuilles pourpres.
On trouve des betteraves à feuillage décoratif comme les variétés "Bull's Gold" et "Mac Gregor's Favourite". Il existe des variétés de céleri à feuillage doré. Les choux d'ornement aux feuilles cloquées vertes, rouges ou roses sont parfaitement comestibles. Les poirées sont présentes avec des variétés aux côtes rouges, pourpres, jaunes ou orange. Les courges se déclinent en une multitude de formes.
Les variétés de tomates donnent des fruits rouges, jaunes, blancs ou presque noirs.
Les plantes aromatiques ont aussi leurs variétés décoratives, comme le fenouil bronze et le basilic pourpre. Les topinambours donnent de magnifiques fleurs jaunes et les fleurs d'artichaut sont d'un très beau bleu.

MÉTÉO

Bien que la météo soit encore capricieuse en mai, à partir de la troisième semaine du mois, le risque de gelées devient quasi nul. A la campagne, on disait que tout semis à l'extérieur devenait possible lorsque l'aubépine était en fleur. En 1947, les températures en mai atteignirent des records de chaleur : plus de 33 °C à Paris, ce qui inaugurait l'un des étés les plus chauds jamais enregistrés en France.

VOS DROITS

Le serveur a renversé de la sauce sur mon costume, le restaurant est-il tenu de prendre en charge le nettoyage ?

Le restaurateur doit réparer le préjudice subi par son client du fait de la faute (même involontaire) de son serveur. Si la tache nécessite l'intervention d'un teinturier, le restaurateur doit prendre en charge cette dépense.

CONTES ET LÉGENDES

Le pivert

Selon la légende, après le Déluge, la terre était si desséchée que Dieu demanda à tous les oiseaux de prendre chacun une goutte de rosée sur les arbres du paradis et de la rapporter sur terre. Le pivert refusa. Pour le punir, Dieu le condamna à ne jamais pouvoir se désaltérer. Depuis, il pleure et tape désespérément sur l'écorce des arbres pour y récolter la moindre goutte d'eau. Le pivert est appelé à la campagne "oiseau de pluie", ou "pleupleu", car son chant est censé annoncer la pluie.

TRUCS ET ASTUCES

Pour éliminer les odeurs de poisson dans votre maison, faites bouillir dans une casserole pendant quelques minutes de l'eau et du vinaigre blanc.

"Au mois de mai, pour une fois, le vent ne court pas sur le toit."

TERROIR ET TRADITIONS

La fête des Mères

Cette coutume est née à Philadelphie, aux Etats-Unis, il y a une centaine d'années, le jour où hommage leur fut rendu en leur offrant des œillets blancs. Ce geste obtint un caractère officiel en 1914 et l'on en fixa la date au deuxième dimanche de mai. La Suisse, l'Allemagne, les pays nordiques adoptèrent cette fête au début des années 1920. En France, l'Alsacien Camille Schneider fut le promoteur inlassable de cette idée. Professeur à l'école normale de Strasbourg, il demanda à ses élèves d'honorer leur mère en ayant envers elle un petit geste simple. En 1926, un décret généralisa la fête des Mères. Une loi du 25 mai 1950 renforça le caractère officiel en fixant définitivement sa date au dernier dimanche de mai.

CE JOUR-CI, AUTREFOIS

1813 naissance du compositeur allemand Richard Wagner
1885 décès de Victor Hugo

Abracadamots

JEUX

Remplissez cette grille à l'aide des 9 lettres qui vous sont proposées et trouvez le mot mystère.

	B		E				O	
			J	I		A	E	
		E	B		A	T		J
		A	I	O	B			T
	I		A	T	N		B	
N		B						A
		T	O	B	I	N		
B	N					E	A	
C		I	N		E			

LES ARBRES DE NOS RÉGIONS

Le bouleau

Fréquent partout en France sauf dans le Midi, le bouleau se reconnaît à son écorce blanche tachetée de noir. Sobre, résistant au froid, il exige beaucoup de lumière. Il mesure de 20 à 25 m et présente une cime peu développée. Le bouleau vit rarement plus de cent ans. On l'utilise pour faire du papier et des articles de dessin, des emballages, des ossatures de meubles et des panneaux contreplaqués pour l'ébénisterie.

« A la Saint-Emile, luzerne à pleine faucille. »

Le Marchand de Bergerac

Guillemette de La Borie

Le gouyat[1], en descendant à la Dordogne relever ses nasses, vit deux chaussures bien alignées au milieu du chemin. Deux chaussures à la haute tige, cirées de frais, en cuir fauve à peine craquelé.

— *Milladiu* ! Les souliers du Moussu !

Il n'y avait aucun doute là-dessus, Honoré connaissait bien les pieds de monsieur d'Arsac. A Belcayre, et dans toute la paroisse de Lajoinie, hors ces messieurs dames du château, tout le monde portait des sabots, garnis de paille par temps froid. Sauf pour les grandes occasions... et encore les attachait-on alors sur l'épaule par leurs lacets, autant pour ne pas les user trop que pour être mieux à son aise.

Ces chaussures, donc, Honoré mit un moment à les approcher. Lou Moussu ne devait pas être loin...

Il contourna respectueusement l'obstacle et rejoignit la berge, à la hauteur de la passe aux poissons, là où le courant dévalait les galets ronds. C'était le printemps, saison des hautes eaux ; les saumons remontaient le pertuis. Tant mieux si l'un d'eux trouvait sur son chemin la nasse d'osier tressé, en forme de berceau, fabriquée par le père. Retroussant haut son pantalon, le gouyat avança avec précaution dans la rivière glacée, jusqu'à son piège. Il y trouva une lamproie de quatre livres au moins, plusieurs anguilles, un barbot et une grenouille égarée, qu'il relâcha aussitôt.

— Té ! le *païe*[2] sera content...

Mais il n'était ni gabarrier[3] ni permissionnaire de pêche[4], et il lui faudrait remonter bien vite se cacher derrière les vergnes de la rive. Les gabarots[5] chargés de grave au port de Lalinde descendaient vers Bergerac, et pourraient surgir soudain du coude de la rivière.

1. Jeune garçon.

2. « Père ».

3. Menant une gabarre, bateau à fond plat descendant la Dordogne.

4. Ayant payé la redevance pour pêcher et revendre le pouvoir.

5. Petites gabarres, destinées à être réduites après le voyage.

Extrait du roman *Le Marchand de Bergerac* de Guillemette de La Borie
paru aux Presses de la Cité dans la collection Terres de France

CURIOSITÉS DE NOS RÉGIONS

La ferme bretonne

Austère, simple, toujours soignée, la ferme bretonne compte parmi les habitations les plus pittoresques de France. Les murs de granit rose ou gris, les arcs de pierre ou les blocs de granit qui encadrent les ouvertures, l'étroitesse des fenêtres et des lucarnes éclairant le grenier lui confèrent un caractère très affirmé. Il existe en Bretagne deux types de maisons rurales : la maison côtière, de type finistérien, et la maison de l'intérieur, de type morbihannais. La première est une chaumière basse, rectangulaire, qui s'isole au fond des vallons à l'abri du vent et de la pluie. Sa façade, orientée au sud, est le seul mur à comporter quelques fenêtres. L'écurie, l'étable et les remises sont rassemblées autour de la maison dans des bâtiments séparés ou accolés. Plus haute et d'aspect très différent, la ferme morbihannaise frappe d'abord par l'importance de son toit. Jadis en chaume, il abrite un vaste grenier à deux étages percé d'ouvertures entourées d'un arc en chaume. A l'extérieur, un escalier de pierre permet d'y accéder.

EXPRESSION

Faire ripaille

Au XVe siècle, le prieuré de Ripaille, en Haute-Savoie, fut à deux reprises un lieu de retraite pour Amédée VIII, premier duc de Savoie. Il s'y retira après avoir abandonné la couronne à son fils, puis une seconde fois, en renonçant à la tiare pontificale qu'il avait portée durant une dizaine d'années. Très pieux depuis son veuvage, il menait une vie relativement austère à Ripaille. Les seigneurs qui l'entouraient et lui-même portaient des barbes tels les capucins, et les femmes n'étaient pas admises. Mais la nourriture était aussi abondante que succulente, et le vin coulait à flots. Une succession de festins qui donna lieu à l'expression “faire ripaille”, c'est-à-dire “faire bombance”.

LANGAGE DES PLANTES

Le genévrier

Cet arbuste adopte des ports très différents suivant les terrains où il pousse. Toute l'année, le genévrier est couvert simultanément de fruits verts et de fruits mûrs. A maturité, ces baies de genièvre sont d'un noir violacé. Surtout utilisées comme condiment, elles servent à aromatiser la choucroute. On confectionne des liqueurs en les faisant infuser dans de l'eau-de-vie. Mises à fermenter dans de l'eau sucrée avec de l'orge germée, elles donnent une sorte de bière, la genévrette. Quant au gin, il est préparé en distillant des baies fermentées. Dans le langage des plantes, il symbolise la force et la sagesse.

CE JOUR-CI, AUTREFOIS

1846 *évasion de Louis-Napoléon Bonaparte, déguisé en ouvrier, du fort de Ham où il purgeait une peine d'emprisonnement à perpétuité*

1923 *première course des 24 Heures du Mans*

“A la Sainte-Sophie, le soleil ne quitte pas son lit.”

NOS ANIMAUX

Le hamster

Les hamsters que l'on trouve dans les animaleries appartiennent à l'espèce Mesocricetus auratus. Ils descendent tous d'une seule femelle importée de Syrie en 1930 et qui donna naissance à douze petits. En France, on ne trouve le hamster sauvage que dans les plaines d'Alsace, où il vit près de l'eau dans les prairies et sur les terres cultivées.

BIEN-ÊTRE

Le chrome

Cet élément favorise l'action de l'insuline, cette hormone qui régule le taux de sucre circulant dans le sang. Les scientifiques pensent qu'il existe un lien entre le glaucome et une carence en chrome. Un apport est alors très bénéfique. Il est aussi efficace en cas d'envie de "sucré" et de fringales. Le chrome se trouve en grande quantité dans la levure de bière, les céréales complètes, les haricots secs, les noix, les cacahuètes.

CE JOUR-CI, AUTREFOIS

1933 l'Australie revendique un tiers du continent antarctique

1954 découverte de la barque funéraire du pharaon Kheops en Egypte

TERROIR ET TRADITIONS

La maison en basque

- **Ate** : *porte*
- **Belartegi** : *grenier à foin*
- **Bertz** : *chaudron*
- **Bihitegi** : *grenier*
- **Gandera** : *chandelle*
- **Gela** : *chambre*
- **Hegatztegi** : *toit*
- **Jan gela** : *salle à manger*
- **Lastotegi** : *grenier à paille*
- **Leiho** : *fenêtre*
- **Mailadi** : *escalier*
- **Sarate** : *porte d'entrée*
- **Sargia** : *entrée*
- **Sorailu** : *balcon*
- **Sukalde** : *cuisine*
- **Zu bazter** : *cheminée*
- **Zuhaindegi** : *grenier à fourrage*

TERROIR ET TRADITIONS

Les deux battoirs de la lavandière

La tradition disait que les laveuses possédaient deux battoirs. Avec le premier, sorte de planche en bois munie d'un manche court, elles tapaient énergiquement le linge pour faire pénétrer le savon. Avec le second, la langue, elles déblatéraient les unes contre les autres. Ces joutes oratoires dégénéraient d'ailleurs souvent en bagarres, si bien que les autorités locales devaient intervenir. En 1934, "le maire de Signes rappelle aux usagères du lavoir... qu'elles ont le droit de dire tout ce qu'elles pensent du gouvernement, du Conseil général, du maire de Signes... Mais surtout elles ne doivent jamais se disputer avec leurs voisines et surtout, les coups de langue ne doivent jamais dégénérer en coups de battoir".

"Tant que mai n'est pas au 28, l'hiver n'est pas tout à fait cuit."

JEUX Mots cachés

Retrouvez tous les noms se rapportant à l'univers du bois cachés dans la grille ci-contre et trouvez le mot mystère avec les lettres restantes.

E	C	H	A	T	A	I	G	N	I	E	R	P	E	M
P	Z	M	O	R	M	E	N	I	D	N	O	R	R	U
I	R	E	I	N	N	O	R	R	A	M	D	S	A	R
N	S	N	L	C	Y	G	R	U	M	E	T	U	B	I
K	C	E	T	E	O	E	P	I	C	E	A	A	L	E
F	I	H	R	G	M	C	E	S	R	E	M	Y	E	R
U	E	C	K	L	V	R	O	E	R	B	I	S	E	E
T	C	N	O	R	T	C	I	U	O	U	E	I	L	I
T	I	L	L	E	U	L	S	U	L	R	S	E	O	S
G	E	N	E	T	P	T	H	S	P	I	U	L	L	I
E	B	N	T	U	H	E	U	Y	R	O	E	E	I	R
L	E	U	E	U	T	N	C	E	J	R	E	R	V	E
U	N	P	Y	R	U	L	C	A	X	U	O	H	I	M
A	E	A	E	R	F	U	C	A	I	O	U	Q	E	S
S	S	A	P	I	N	A	S	Y	C	O	M	O	R	E

Acajou
Aulne
Bambou
Cèdre
Cerisier
Châtaignier
Chêne
Cyprès
Ébène
Eleis
Epicéa
Érable
Frêne
Fût
Genêt
Ginkgo
Grume
Hêtre
Houx
Marronnier
Mélèze
Merisier
Micocoulier
Mûrier
Noyer
Olivier
Orme
Peuplier
Pin
Pommier
Prunus
Rondin
Sapin
Saule
Scie
Séquoia
Stère
Sureau
Sycomor
Teck
Thuya
Tilleul
Tronc

CE JOUR-CI, AUTREFOIS

1944 naissance du chanteur Alain Souchon

1944 présentation de la pièce de théâtre Huis clos de Jean-Paul Sartre

ÉNIGME

Incroyable !

1) Choisissez un nombre
2) Multipliez-le par 2
3) Ajoutez 4
4) Multipliez par 5
5) Ajoutez 12
6) Multipliez par 10
7) Soustrayez 320
8) Rayez les deux chiffres de droite.

Que remarquez-vous ?

Solution : vous êtes revenu au chiffre de départ

GÉNÉALOGIE

Origine du nom Granger

Nom d'origine professionnelle, il renvoie à un ancêtre habitant ou travaillant dans un lieu où l'on serrait les gerbes avant de les ranger. Plus tard, le terme de grange, qui vient du latin granica signifiant "grain" désigna la ferme.

« Mai en rosée abondant rend le paysan content. »

jeudi 28 mai

Saint **Germain**

Soleil : 05 h 54 • 21 h 41
Gémeaux / 1er décan

MÉTIERS OUBLIÉS

Le tailleur de pierre

Jadis affecté à la construction de châteaux, d'églises, de demeures bourgeoises, de ponts, etc., le tailleur de pierre était chargé de couper les pierres extraites des carrières et de les façonner d'après les tracés de l'appareilleur. Il débitait les blocs en tranches sur un châssis de sciage, traçait au compas et au crayon les lignes de coupe à suivre, dégrossissait la pierre à l'aide de masses et de chasses. Les outils dentés lui servaient à former des rainures, les ciseaux à bout rond, des découpes arrondies. Proche de l'artisanat d'art, son métier disparut dans les années 1930 avec la généralisation du béton, et les tailleurs se tournèrent vers la restauration du patrimoine.

TRUCS ET ASTUCES

Comment réparer une brûlure de cigarette sur une moquette de laine ?

Pour cela, prélevez quelques brins de laine sur le bord de votre moquette ou bien coupez quelques fils dans une pelote de laine dont la couleur est identique à celle de votre moquette. A l'aide d'une épingle, piquez les brins de laine dans la colle de façon à reconstituer la texture de la moquette, puis badigeonnez le fond de la partie endommagée avec de la colle à tissu. Placez le morceau reconstitué et laissez votre doigt appuyé dessus quelques instants le temps que la colle prenne.

JARDIN

Malgré les nombreuses créations des horticulteurs du monde entier, certaines couleurs sont toujours absentes chez plusieurs espèces de fleurs. Ainsi, le bleu n'existe toujours pas chez les roses ni chez les narcisses, les camélias, les soucis et les bégonias. Les tulipes noires ont en fait des pétales pourpre foncé. Le noir est une couleur très rare dans la nature, on ne compte que deux fleurs réellement noires : la fritillaire Fritillaria camschatcensis *et une gentiane appelée "flor de muerto". Les iris rouges sont absents des catalogues. Le rouge est rare également chez les orchidées.*

CE JOUR-CI, AUTREFOIS

- 1910 *passage de la comète de Halley*
- 1934 *naissance des premières quintuplées connues, les sœurs Dionne, canadiennes*

“Soleil de Saint-Germain nous promet du bon vin.”

LE PETIT GESTE ÉCOLO

En voyage, méfiez-vous des souvenirs "exotiques" et naturels (corail, fossiles, objets en ivoire, plantes...). Non seulement vous risquez de graves ennuis à la douane, mais vous pourriez contribuer à mettre en péril les ressources naturelles du pays d'origine.

COUTURE ET TRICOT

Le point de feston

En couture, le point de feston sert à assembler deux épaisseurs ensemble tout en ornant le bord.

- Fixez le fil au bord de votre ouvrage. Commencez avec l'aiguille sur l'envers. Tirez-la délicatement vers l'endroit.
- Faites une boucle par-dessus l'aiguille avec le fil attaché sur l'envers de l'ouvrage.
- En maintenant la boucle en place avec le pouce, tirez entièrement l'aiguille à travers la boucle. Recommencez, en passant l'aiguille de l'avant vers l'arrière à environ 4 mm du point précédent. Continuez jusqu'à la fin de la rangée.
- Terminez la couture par 2 ou 3 points arrière.

TERROIR ET TRADITIONS

La faïence de Quimper

Déjà réputée pour ses productions de terres cuites et de grès, Quimper se spécialisa dans la faïencerie au début du XVIIIe siècle. Trois artistes venus de trois régions différentes — le potier provençal Bousquet, le faïencier nivernais Bellevaux et le peintre sur faïence rouennais Caussy — s'influencèrent mutuellement pour créer un style unique, dit "Quimper populaire". Celui-ci se reconnaît à ses cinq couleurs de base : bleu, vert, rouge, jaune, violet, et à ses motifs de fougères, de grandes fleurs et de personnages en costumes du pays. Quimper reste aujourd'hui le seul grand centre faïencier encore en activité en France.

CE JOUR-CI, AUTREFOIS

1902 naissance de l'aviateur Henri Guillaumet
1953 première ascension de l'Everest par Edmund Hillary et Tenzing Norgay

TRUCS ET ASTUCES

Pour faire mûrir un avocat plus rapidement, enfouissez-le un ou deux jours dans un bol de farine.

RECETTE

Coq au riesling

une spécialité d'Alsace

Pour 4 personnes.

Ingrédients : 1 coq de 1,5 kg ; 4 échalotes ; 1 gousse d'ail ; 10 brins de persil ; 150 g de champignons de Paris ; 10 cl de cognac ; 25 cl de riesling ; 20 cl de bouillon de poule ; 2 c. à soupe d'huile ; 75 g de beurre ; 1 jaune d'œuf ; 100 g de crème fraîche épaisse ; 1 c. à soupe de farine ; sel ; noix de muscade ; poivre.

- Coupez le coq en morceaux.
- Dans une cocotte, faites-les revenir dans l'huile et la moitié du beurre.
- Salez, poivrez, ajoutez une pincée de noix de muscade et laissez cuire 5 minutes.
- Parsemez de persil, de l'ail haché et des échalotes émincées.
- Flambez au cognac puis mouillez avec le riesling et le bouillon.
- Laissez mijoter à feu doux 35 minutes.
- Dans une poêle, faites revenir les champignons de Paris avec le reste du beurre puis versez-les dans la cocotte.
- Juste avant de servir, mélangez la farine, le jaune d'œuf et la crème fraîche.
- Ajoutez cette sauce dans la cocotte.

"A la Saint-Aymar, les radis sont encore rares."

Les Hauts de Cabrières

Jean Siccardi

« Cette sorcière ne peut prescrire aucune ordonnance ni dispenser l'art de soigner sans mon autorisation ! clamait-il haut et fort en présence des autorités.

— Tant qu'elle nous fait du bien… » protestaient les pauvres gens.

A cette époque, seuls les bourgeois ou les riches bénéficiaient des services du médecin et de médication. L'homme de science ne pénétrait que rarement sous le toit d'un paysan ou d'un ouvrier. Alors les tisanes, teintures, jus frais, bouillies conseillés par Léontine suffisaient à réduire les maux de ses clients, leurs rhumatismes récurrents et combattre la maladie. Si aucune guérison ne s'avérait possible, que le mal empirait, ils pensaient aussitôt à un ensorcellement, une punition de Dieu, de la Vierge ou des saints et s'en remettaient directement au prêtre.

Des planches étagées en sapin coloré occupaient les murs. Parfaitement rangés par catégories – altérant, incisif, relâchant, purgatif, rafraîchissant –, des bocaux aux flancs ventrus côtoyaient des vases en porcelaine blanche. Des pots émaillés, des bouteilles au large goulot, des amphores en terre cuite, des boîtes en fer-blanc composaient le précieux musée de la rebouteuse. Des mixtures de racines et de feuilles dont Léontine possédait la juste association macéraient dans des bonbonnes au robinet en cuivre. Sur de larges plateaux séchaient des bouquets odorants. Des petites caisses en bois blanc renfermaient des compositions particulières. Des bouquets de plantes séchées suspendus aux solives dégageaient des parfums poivrés et enivrants. Chaque récipient portait une étiquette de couleur[1] : blanche pour le séné, la rhubarbe, le loch, la poudre de quinquina ; bleue pour le pavot, le laudanum ; rose pour l'aigremoine, la potentille, la pimprenelle, la ronce ; rouge pour le chardon aux feuilles marbrées, l'hysope… Léontine connaissait aussi les vertus du bouillon de vipère, les teintures mères, l'efficacité des crapauds fendus et appliqués vivants sur les morsures, les propriétés de l'eau bénite chauffée à la chaleur du cierge pascal, de l'œuf de poule noire bouilli à la Saint-Jean ou des ciseaux sous le matelas. »

1. Formulaire de Galien ou de Mesé dont l'image décorait ordinairement les panneaux extérieurs de la devanture.

Extrait du roman *Les Hauts de Cabrières* de Jean Siccardi
paru aux Presses de la Cité dans la collection Terres de France

PRINTEMPS

LANGAGE DES PLANTES

La mélisse

Elle se distingue par son odeur aromatique proche de celle du citron, qui peut toutefois s'avérer désagréable suivant les terrains où elle pousse. On la rencontre dans les haies, au bord des chemins, dans les vignes et les décombres. Son nom vient du grec melissa, qui signifie "abeille", du fait que ses fleurs blanches sont très visitées par ces insectes. La mélisse est avant tout stimulante et antispasmodique. C'est également un excellent sédatif, qui aide les personnes nerveuses à retrouver le sommeil. Elle est aussi utilisée pour calmer les migraines, les névralgies et soulager les règles douloureuses. L'infusion de ses feuilles avec du miel est depuis toujours un remède contre les digestions difficiles, les crampes d'estomac et la fatigue intellectuelle.

IDÉE DÉCO

Décorer ses fenêtres avec des rideaux originaux

Pour cela, il vous faut du fil de fer souple et fin, un assortiment de perles (bois, résine, verre...), des petites fleurs en tissu, des morceaux de ruban de 4 cm de long maximum, des pastilles en nacre ou en résine.

- Passez dans le fil de fer des perles, des morceaux de ruban, des fleurs en tissu en alternant les pièces d'une façon variée.
- Faites un nœud entre deux séries de 3 ou 4 pièces afin d'aérer la guirlande.
- Prévoyez 8 cm de longueur de fil supplémentaire par rapport à la longueur finale désirée.
- Ces centimètres vont être utilisés pour nouer les éléments et servir à maintenir la guirlande à la tringle de la fenêtre.

CE JOUR-CI, AUTREFOIS

987 Hugues Capet est élu roi de France
1987 lancement de France Info

AU PROGRAMME CE MOIS-CI

- Fête du kouglof à Ribeauvillé (Haut-Rhin), 1er dimanche du mois
- Fête de la morue à Bègles (Gironde), 1er week-end du mois
- Salon des vignes et de la gastronomie à Cassis (Bouches-du-Rhône), début juin
- Pardon des mariniers de Saint-Jean-de-Losne (Côte-d'Or), 3e week-end du mois
- Fête de la mer à Fécamp (Seine-Maritime), 3e week-end du mois
- Fête des roses à Saverne (Bas-Rhin), 3e samedi du mois
- Les Journées châtillonnaises (Côte-d'Or), dernier week-end du mois

SYMBOLES DE NOS RÉGIONS

La loutre, mascotte du Puy-de-Dôme

Cette mascotte est très récente, le conseil général du Puy-de-Dôme l'ayant adoptée en 2006. Encore abondantes en France au XIXe siècle, aujourd'hui menacées de disparition à cause de la pollution des eaux, les loutres ne se rencontrent plus que dans la Creuse, la Corrèze et le Puy-de-Dôme. L'animal a été choisi par ce dernier département pour symboliser la qualité de ses rivières.

« Juin froid et pluvieux, tout l'an sera grincheux. »

TRUCS ET ASTUCES

Pour conserver plus longtemps vos fleurs coupées en vase, il faut régulièrement raccourcir les tiges sous l'eau et faire dissoudre dans cette eau un cachet d'aspirine. On peut aussi y plonger un morceau de sucre et du charbon de bois.

CE JOUR-CI, AUTREFOIS

1953 couronnement de la reine Elisabeth II du Royaume-Uni

1983 élection du poète sénégalais Léopold Sédar Senghor à l'Académie française

JARDIN

Les travaux de la première quinzaine de juin

- Semez les bisannuelles : digitales, pieds-d'alouette, giroflées.
- Divisez les iris.
- Taillez les arbustes à floraison printanière comme les lilas.
- Semez les plantes annuelles à développement rapide comme les zinnias, les buglosses.
- Déterrez les bulbes de jacinthe.
- Semez en place le houblon et le haricot d'Espagne.
- Protégez les fraisiers des oiseaux par un filet.
- Tuteurez les pieds de tomate et d'aubergine.
- Semez du maïs doux.

BIEN-ÊTRE

Shampooing à la saponaire

La racine de la saponaire a la particularité de faire mousser l'eau dans laquelle elle est trempée. On peut préparer soi-même son shampooing en faisant bouillir cette racine puis en la laissant macérer avec des fleurs de tilleul (pour cheveux blonds), avec des fleurs de souci (pour cheveux roux) ou des fleurs de romarin (pour cheveux noirs et châtains). On peut ajouter des fleurs de lavande si on a les cheveux gras.

LE PETIT GESTE ÉCOLO

Profitez de la lumière du jour !

La lumière naturelle est à consommer sans modération : la proximité d'une fenêtre est idéale pour installer le coin à vivre, un fauteuil ou un bureau. Attention aux ombres sur le plan de travail : le bureau doit être placé perpendiculairement à la fenêtre. La meilleure solution est l'éclairage naturel par le plafond, il est uniforme et plus efficace. De même, plus les murs de la pièce sont clairs, plus ils réfléchissent la lumière : un moyen simple d'y voir clair sans allumer la lumière.

TERROIR ET TRADITIONS

Les défis basques

Héritières des anciennes activités agricoles et artisanales pratiquées dans la région, les épreuves de force sont très populaires au Pays basque. Ainsi organise-t-on des concours entre bûcherons, ou aizkolaris. Ceux-ci doivent couper à la hache le plus de bûches en un minimum de temps. Les leveurs de pierre, ou harrijasotzailes, capables pour certains de soulever des blocs de 300 kg, s'affrontent aussi. Ainsi que les faucheurs, ou segalaris, qui doivent faucher le plus d'herbe possible en un temps donné. Ces jeux se déroulent sur des places spéciales appelées probalekus.

« Un pré est bien vaurien quand en juin il ne donne rien. »

TERROIR ET TRADITIONS

Les crêpes bretonnes

Régal suprême, les crêpes ne faisaient pourtant pas partie du menu quotidien des Bretons. C'était un mets d'exception qu'on ne consommait qu'aux fêtes et pendant les grands travaux agricoles. La farine de froment était utilisée par les paysans les plus aisés. Les autres se contentaient de la farine de blé noir, ou sarrasin. Gare à la crêpière si des grumeaux entraient dans la pâte ! Ils risquaient de ruiner sa réputation. Le rozell est le petit râteau de bois utilisé pour étendre la pâte. Une spatule en bois, dite spanell, servait à retourner la crêpe une fois cuite sur le premier côté. Quant à la tuile crêpière, elle s'appelait le bilig.

JARDIN

Beaucoup de plantes vivent en bonne intelligence avec les rosiers, mais ceux-ci n'apprécient pas la présence d'arbustes trop hauts qui leur feraient de l'ombre, ni les plantes vivaces au feuillage ou au système de racines trop envahissant comme les renouées et les anémones du Japon. Evitez de planter à proximité des espèces au parfum trop prononcé qui pourrait nuire à celui des roses tels la fritillaire impériale, le ricin, les euphorbes, les fusains aux senteurs désagréables. En revanche, les rosiers apprécient les népétas, les lamiers, les pieds-d'alouette et les bulbes comme les tulipes, les muscaris, les iris qui cacheront leur pied souvent dénudé et disgracieux. Les rosiers grimpants s'associent très bien avec les clématites et les pois de senteur.

VOS DROITS

Au restaurant, les prix doivent-ils être affichés à l'extérieur ?

Les restaurateurs sont libres de fixer leurs tarifs. Ils doivent cependant en informer leurs clients avant que ceux-ci ne passent la porte de leur établissement. A l'extérieur doivent aussi figurer les prix de cinq vins, ou de cinq boissons couramment servies si le restaurant ne sert pas de vin. Bien entendu, vous devez retrouver les mêmes prix sur les cartes à l'intérieur du restaurant. Les menus doivent indiquer si la boisson est comprise ou non dans le prix.

CE JOUR-CI, AUTREFOIS

1906 *naissance de la chanteuse Joséphine Baker*
1950 *première ascension de l'Annapurna, sommet de l'Himalaya, par Maurice Herzog et Louis Lachenal*

EXPRESSION

Avoir une marotte

Au Moyen Age, à l'époque des troubadours et des fous, la fête allait bon train à la cour du roi. En effet, il était coutume d'inviter des bouffons, toujours affublés de vêtements colorés et d'accessoires indispensables pour leurs spectacles. Parmi ces derniers se trouvait la marotte, attribut des fous, désignant le petit bâton en haut duquel était la plupart du temps placée une marionnette ornée de grelots. L'expression, encore usuelle de nos jours, désigne ainsi toute personne victime d'une passion démesurée pour quelque chose ou quelqu'un.

« En juin, brume obscure, trois jours seulement dure. »

MÉTIERS OUBLIÉS

Le pharmacien

Jusque dans les années 1950, la fabrication des médicaments occupait longuement le pharmacien, qui préparait sirops, pommades, cachets et autres pilules. Il avait à disposition un mortier et un pilon pour broyer la matière première, des balances et des éprouvettes pour le dosage, un entonnoir, un pilulier, des presses et des nécessaires à cachets et à suppositoires. Homme de confiance du quartier, il prodiguait à ses clients des conseils avisés et n'hésitait pas à donner pansements et compresses en cas d'urgence.

CE JOUR-CI, AUTREFOIS

1783 les frères Montgolfier atteignent 500 m dans leur ballon de taffetas

1904 fin de l'exposition de Claude Monet comportant 32 tableaux, dont les célèbres Vues de la Tamise, à Londres

RECETTE

Croustade aux pommes

une spécialité du Tarn

Pour 12 personnes.

Ingrédients : 5 kg de pommes ; 500 g de farine ; 125 g de beurre ; 1 œuf ; 500 g de sucre ; 50 cl de rhum ; 25 cl d'eau de fleur d'oranger ; sel.

- Pelez et émincez les pommes.
- Faites-les macérer 12 heures avec le sucre, le rhum et l'eau de fleur d'oranger.
- Recueillez le jus de macération.
- Dans un saladier, mélangez-en 20 cl avec la farine, l'œuf, une pincée de sel et 30 g de beurre. Travaillez jusqu'à ce que la pâte se détache du saladier puis laissez reposer 1 heure.
- Préchauffez le four à 190°.
- Etalez la pâte finement et beurrez-la.
- Nappez-la d'une fine couche de pommes puis roulez en boudin.
- Déposez le boudin dans un plat en terre beurré et aplatissez-le.
- Saupoudrez de sucre et faites cuire 1 heure.
- Servez tiède, nappé de jus de macération.

TRUCS ET ASTUCES

Pour lutter contre la moisissure dans les théières, laissez systématiquement un carré de sucre dans votre théière vide : il absorbera l'humidité néfaste.

« A la Sainte-Clotilde, de fleur en buisson, abeille butine à foison. »

SYMBOLES DE NOS RÉGIONS

Le moulin cavier d'Anjou

Symbole de l'Anjou, le moulin à vent dit "cavier" se compose d'une cabine de bois orientable portant les ailes, appelée "hucherolle", juchée sur un cône en maçonnerie abritant les meules, la "cave". Atteignant de 12 à 15 m de haut, il est souvent implanté au milieu des vignes, car il était à l'origine exploité par des meuniers également viticulteurs, d'où le nom "cave" donné à la base du moulin.

MÉTÉO

La météo a parfois des conséquences déterminantes sur le cours de l'histoire... Ainsi, durant le mois de mai 1944, les services météorologiques civils et militaires travaillèrent d'arrache-pied pour mettre au point des méthodes de prévision jusqu'à sept jours. Les conditions "idéales" d'un débarquement sur les côtes normandes étaient : nuit de pleine lune, peu de nuages, vent faible pour le parachutage des hommes, peu de vagues pour le débarquement des hommes et du matériel. Compte tenu de ces impératifs, le général Eisenhower fixa la date du débarquement en Normandie au 5 juin 1944, mais celui-ci fut repoussé de 24 heures pour ces mêmes raisons climatiques.

CE JOUR-CI, AUTREFOIS

1662 Louis XIV prend le soleil comme emblème

1931 naissance du réalisateur Jacques Demy

COUTURE ET TRICOT

Joindre une nouvelle pelote

Sur le point de terminer une pelote de laine alors que votre ouvrage n'est pas fini, il vous faut joindre une nouvelle pelote. Pour cela, attachez le nouveau fil autour de l'extrémité de l'ancien, en laissant un morceau d'au moins 15 cm. Poussez le nœud près du bord de l'ouvrage et commencez le rang suivant avec la nouvelle pelote. Une fois l'ouvrage terminé, défaites le nœud et rentrez les morceaux de fil. Bien entendu, évitez de réaliser cette opération au milieu d'un rang.

JEUX

Sudoku

	3				7			4
6		2		4	1			
	5			3		9	6	7
	4				3			6
	8	7				3	5	
9							2	
7	1	8		2			4	
			1	6		8		9
4			5				3	

« De juin le vent du soir est pour le grain bon espoir. »

La Tresse de Jeanne

Nathalie de Broc

Les deux sonneurs avaient pris place contre le puits ; grimpé sur un tonneau, le violon accordait son instrument. Du côté des danseurs, on barguignait, tournait autour de la piste, tergiversait ; les filles minaudaient, tâtaient du sabot pour mesurer le degré d'« enfoncement », tout comme on eût tâté d'une eau froide avant de se baigner : la terre travaillée n'avait rien de très attirant. Exhortant au travail, la bombarde résonna soudain dans toute la cour, fit s'envoler les oiseaux. Le biniou enfla à sa suite, le violon suivit. De l'écurie répondirent les hennissements. A côté, la volaille s'égosillait ; sur le seuil de la ferme, Stephan tenait son gilet à deux mains, surveillant de près la première ronde. Une longue chaîne se mit à serpenter, martelant en cadence la nouvelle terre meuble pour la tasser. Job n'était pas encore entré dans la danse. Il craignait d'en ralentir le rythme, préférait attendre ridées ou an dro, mieux adaptés, avant de se lancer. Louis le happa au passage :

— Pas question de paresser, mon vieux ! Tu t'y mets comme tout le monde.

Pour ne pas faire d'histoires, Job obtempéra, laissa passer toute la file avant de s'interposer entre deux jeunes filles de sa connaissance, pas trop loin d'une certaine rousse, pour la contempler à loisir.

Bustes raidis, têtes droites contrastaient avec les lancers saccadés de bras et jambes. Jupes et rubans volaient. On commençait à s'échauffer, à se dérider. Les joues rosissaient. Des gouttes de sueur emperlaient les tempes sous les chapeaux. Quelques « you » lancés à tue-tête résonnèrent. Satisfait, Stephan lissait sa moustache. Vu l'ardeur des « ouvriers à danser », l'aire serait belle, tiendrait plus que la saison.

Les sabots claquaient, la terre s'apaisait, se lissait, les oreilles bourdonnaient, les bouches fredonnaient les couplets, sifflaient les mélodies. Les sonneurs ne levaient pratiquement pas les lèvres, qui sur son anche[1], qui sur le biniou, enchaînaient les airs. Le violon n'était pas en reste. Les musiciens avaient été grassement payés ; Stephan leur avait laissé entendre qu'une rallonge pouvait venir compléter ses largesses s'ils se montraient consciencieux. Ils ne lésinaient pas. Une fête réussie au Pouldu sous-entendait d'autres engagements, un calendrier rempli pour la saison.

1. Petite spatule de bois qui permet à la bombarde d'émettre ses sons.

Extrait du roman *La Tresse de Jeanne* de Nathalie de Broc paru aux Presses de la Cité dans la collection Terres de France

CE JOUR-CI, AUTREFOIS

1637 *publication du* Discours de la méthode *de René Descartes*
1903 *naissance de l'écrivain Marguerite Yourcenar, première femme élue à l'Académie française*

VOS DROITS

Peut-on consulter son dossier fiscal et obtenir copie de ses déclarations ?

Tout contribuable peut obtenir, sur justification de son identité, communication des déclarations qu'il a faites au service des impôts. Il peut également obtenir des copies, des attestations ou certificats établis à partir des documents élaborés par le service et résultant directement de ses propres déclarations. Il est aussi possible de consulter son dossier fiscal sur place gratuitement.

BIEN-ÊTRE

Le cuivre

Il favorise la synthèse de l'hémoglobine et le bon fonctionnement du système nerveux. Il atténue aussi les symptômes de l'arthrite. Ainsi, porter des bracelets en cuivre en permanence protégerait de toute atteinte d'arthrite. Le cuivre est présent dans le foie de veau, les huîtres, les sardines, le homard, le crabe, les cacahuètes, les graines de tournesol, les champignons et les pruneaux.

LES ARBRES DE NOS RÉGIONS

Le frêne

Feuillu poussant sur les sols frais du Nord, de la Champagne, des Ardennes et de la Franche-Comté, le frêne peut atteindre 30 m de hauteur et 1 m de diamètre. D'une longévité de 150 à 200 ans en moyenne, il présente un tronc droit, assez lisse, gris-vert, et un couvert léger. A la fois résistant et flexible, il est recherché en charronnage, pour les manches d'outils et les maillets. En ébénisterie, on l'utilise principalement pour le placage. Ses feuilles et son écorce s'emploient en herboristerie et en pharmacie.

JARDIN

Les plantes aquatiques

Les variétés que l'on peut installer dans un plan d'eau sont nombreuses. Le choix doit se faire en fonction de la profondeur du bassin. Les iris du Japon et de Sibérie poussent sous 5 cm d'eau ; le jonc fleuri, les nénuphars nains, le plantain d'eau, la salicaire ont besoin de 15 cm d'eau. L'iris des marais pousse sous 20 cm d'eau. Sous 40 cm d'eau, on peut installer des arums d'eau et des massettes. Les nénuphars supportent des profondeurs jusqu'à 90 cm d'eau. Dans des bassins plus profonds, on peut planter des élodées du Canada, des potamots à feuilles crépues et des lotus. Ces derniers ne poussent bien que dans les régions à climat doux. On peut aussi installer des plantes flottantes comme les jacinthes d'eau et les laitues d'eau. Ces deux espèces deviennent vite envahissantes mais sont détruites au moindre gel.

« S'il pleut à la Saint-Médard, la récolte diminue d'un quart. »

CE JOUR-CI, AUTREFOIS

1534 Jacques Cartier est le premier Européen à découvrir le Saint-Laurent

1930 naissance de la chanteuse Barbara

TERROIR ET TRADITIONS

Les estaminets du Nord

Installés dans des maisons particulières, on trouvait jadis des estaminets près des églises, des cimetières et, à partir du XIXe siècle, à l'entrée des villages et à côté des usines. Anciennement cabaret, il revêt aujourd'hui plutôt l'aspect d'un café, dans lequel on continue de chanter et de faire la fête. Traditionnellement, on y boit de la bière et on joue à des jeux populaires tels que le jeu de la grenouille, le billard Nicolas, le trou-madame, le saut de puce, le jeu du marteau ou encore le passe-boule.

PÊCHE

La pêche à la mouche

Cette pêche est ainsi appelée car elle utilise comme appât une mouche. Il s'agit en fait d'un appât artificiel, imitant un insecte, fait de plumes de couleurs fixées à un hameçon. Il existe plusieurs types de mouches. Les mouches noyées (imitant un insecte nageant dans l'eau), les mouches sèches (simulant un insecte qui éclôt en surface), les mouches fantaisie (évoquant simplement l'insecte) et les streamers (imitant de très petits poissons, de gros insectes aquatiques, des vers d'eau, etc.). La pêche à la mouche permet de prendre surtout des salmonidés mais aussi des ablettes, des chevaines, des vandoises, etc.

COLLECTIONS

Le collectionneur de cactus s'appelle le kaktophiliste.

COMMENT S'APPELLENT…

les habitants du Crotoy en Picardie ?

Les Crotellois

GASTRONOMIE

Le rhum de Martinique

Aux Antilles, il n'est de fête sans que le rhum soit à l'honneur. Il faut dire que l'eau-de-vie à base de canne à sucre produite là-bas n'a rien à voir avec les ersatz colorés au caramel fabriqués industriellement. Le rhum agricole des Antilles, et plus particulièrement celui de la Martinique, qui bénéficie d'une AOC depuis 1996, est produit exclusivement à partir de vesou, le jus très aromatique de la canne à sucre. Celui-ci est mis à fermenter et enfin distillé, pour donner un alcool incolore titrant de 66 à 75°. Il est alors coupé avec de l'eau distillée pour atteindre 50 à 55°. On obtient ainsi le rhum blanc. Pour obtenir un rhum vieux, coloré, il faut le laisser vieillir en fût de chêne pendant au moins trois ans.

« Eau de juin ruine le moulin. »

JARDIN

En ville, les plantes sur les balcons ou dans les jardins subissent les atteintes de la pollution. Certaines espèces sont plus résistantes que d'autres. Parmi les moins sensibles à la pollution, on trouve l'ajonc, l'amélanchier, l'aucuba, le bouleau, le buis, le camélia, le cotonéaster, le houx, le lierre, le lilas, le sureau. Certaines espèces poussent même mieux lorsque l'atmosphère est très polluée. C'est le cas du ginkgo, de l'ailante, du savonnier et du buddleia.

CE JOUR-CI, AUTREFOIS

1673 naissance du corsaire René Duguay-Trouin
2007 lancement du TGV Est

JEUX *Mots cachés*

Retrouvez dans la grille les mots suivants relatifs au Tour de France. Les lettres restantes forment un 25e mot.

C	B	E	C	H	A	P	P	E	E	C	L
Y	T	I	R	E	I	L	A	D	E	P	A
C	R	E	D	E	P	E	L	O	T	O	N
L	A	M	N	O	E	O	U	N	R	C	O
I	P	R	E	G	N	V	E	L	O	U	I
S	E	N	A	T	A	M	I	R	U	I	G
M	D	O	E	V	E	T	U	R	E	S	E
E	S	D	R	S	A	O	N	U	R	S	R
E	E	N	S	E	T	N	I	O	P	A	O
T	L	A	E	P	A	T	E	T	M	R	U
O	L	B	T	O	L	L	I	A	M	D	T
C	E	A	G	R	I	M	P	E	U	R	E

ABANDON
ARRIVÉE
BIDON
CARAVANE
CLASSEMENT
CÔTE
CUISSARD
CYCLISME
DÉPART
ÉCHAPPÉE
ÉTAPE
GRIMPEUR
MAILLOT
MÉTÉO
MONTAGNE
PÉDALIER
PELOTON
POINTE
RÉGIONAL
ROUE
ROUTE
SELLE
TOUR
VÉLO

TERROIR ET TRADITIONS

Les danses bretonnes

Deux parentés différentes dans l[…] danses de basse Bretagne : celles que l'on rencontrait au nord des monts d'Arrée ressemblaient à ce[…] des îles Britanniques. Au sud des monts d'Arrée, on retrouvait dan[…] la gavotte ou le jabadao les dans[…] d'Europe centrale. Dans le Morbihan, on dansait la ridée, e[…] cercle et avec lenteur. Les jeux de bras y étaient prédominants. On dansait encore l'en dro (le tour) […] l'hanter-dro (le demi-tour). A Plougastel, on avait pitié des vieu[…] il existait en effet la danse des vieux et la danse des jeunes. Dan[…] le Léon et le Trégor, on dansait la dérobée : les danseurs se faisaien[…] voler, au début de chaque couple leurs partenaires du couplet précédent.

“Eté bien doux, hiver en courroux.”

NOS ANIMAUX

L'aquarium de vos poissons

Avant d'acheter un aquarium, il est important de choisir le meilleur emplacement pour celui-ci. A éviter : les endroits trop sombres, une place près du téléviseur ou près d'une fenêtre trop ensoleillée - ce qui risque d'entraîner une prolifération d'algues. La base de l'aquarium doit être environ à un mètre du sol. N'oubliez pas de placer votre aquarium près d'une source d'eau, car vous aurez à changer l'eau du bocal une à deux fois par semaine.

MEUBLES DE NOS RÉGIONS

Le mobilier lorrain

Rigide, rectiligne et souvent ostentatoire, le mobilier lorrain s'orne de panneaux géométriques moulurés sur les portes d'armoire, à motifs de soleils ou de fleurs, et de quadrilobes sur les buffets. A l'est de la Moselle, influencés par la production alsacienne, les meubles, assez lourds, présentent des placages marquetés au filet de plomb ou de cuivre. Ils sont plus fins et plus délicatement sculptés autour de Nancy. Les essences utilisées sont le chêne et le cerisier pour les gros meubles, le prunier pour les sièges, l'acacia pour la marqueterie.

CE JOUR-CI, AUTREFOIS

1864 naissance du compositeur et chef d'orchestre allemand Richard Strauss

1925 naissance de l'écrivain Jean-Pierre Chabrol

COLLECTIONS

Le collectionneur d'accordéons s'appelle l'akkordiophile.

MÉTIERS OUBLIÉS

Le cantonnier

On le reconnaissait à sa veste bleue, à son chapeau de cuir portant la mention “cantonnier” et à la haute tige métallique qu'il plantait près de son lieu de travail pour signaler sa présence. Parmi ses nombreuses tâches, le cantonnier devait combler les nids-de-poule sur les routes, curer les fossés, niveler les berges, entretenir les accotements et les talus, nettoyer les caniveaux et les trottoirs, en plus, l'été, d'éparer les haies et de couper l'herbe des talus. Ses outils étaient rangés dans une cabane en bord de route, qui lui servait aussi d'abri en cas d'intempéries.

“A la Saint-Barnabé, les jours croissent du saut d'un baudet.”

IDÉE REÇUE

Les orchidées sont des plantes exotiques

Excepté au Groenland, quelque 30 000 espèces d'orchidées poussent sur toute la planète. Une centaine d'espèces poussent à l'état sauvage en France. Au jardin, on peut cultiver en pleine terre de nombreuses orchidées parfaitement rustiques comme les Pleione, les Disa et les Bletilla.

CE JOUR-CI, AUTREFOIS

1790 Avignon rejoint la France après cinq siècles d'administration pontificale

1969 ouverture du Café de la Gare avec notamment Romain Bouteille, Coluche, Patrick Dewaere, Miou-Miou

MÉTÉO

Autrefois, à la campagne, en l'absence de prévisions météo, on faisait confiance aux plantes pour prédire le temps. Sur les portes des bergeries de montagne, on clouait des carlines acaules : en effet, les feuilles qui entourent la fleur se resserrent au fur et à mesure que l'air s'humidifie. En se refermant, cet hygromètre naturel indique que l'orage n'est pas loin et qu'il ne faut pas sortir les bêtes.

BIEN-ÊTRE

Lutter contre les vergetures

Si vous êtes enceinte, appliquez quotidiennement sur votre ventre du beurre de karité. Cela rendra votre peau plus élastique et vous permettra de lutter contre l'apparition de vergetures. Vous pouvez également continuer les applications quelques mois après l'accouchement.

LA MINUTE CULTURELLE

Le Penseur de Rodin

Le Penseur est l'une des plus célèbres sculptures en bronze d'Auguste Rodin. Elle représente un homme en train de méditer, en proie à une réflexion intense et éprouvante. Tout d'abord appelée *Le Poète*, cette pièce fait partie d'une commande du musée des Arts décoratifs de Paris, qui voulait créer un portail monumental basé sur *La Divine Comédie* de Dante. Chacune des statues de cette pièce représentait l'un des personnages principaux du poème épique. *Le Penseur* a été ainsi conçu comme une copie du poète Dante devant les portes de l'Enfer. Rodin a réalisé le modelage original en plâtre de 71,5 cm de haut vers 1880. Avant de revenir à Paris, la sculpture a d'abord été exposée pour la première fois à Copenhague. Elle est aujourd'hui visible à l'hôtel Biron, transformé en musée Rodin à Paris.

« Juin fait pousser le lin, et juillet le rend fin. »

Le Mas des terres rouges

Jean-Max Tixier

Les halles Delacroix – du nom du préfet Charles Delacroix – occupaient le centre d'un des quartiers les plus commerçants de Marseille, en plein cœur de la ville. Elles avaient été construites en 1803, sur l'emplacement du théâtre de la rue Vacon, propriété de l'avocat Jean-Pierre Chomel. L'édifice dévolu aux muses avait été démoli au profit d'une halle à poissons. Succession étrange, mais bien dans la logique de cette cité imperméable à l'art, tout entière occupée de négoce où, depuis l'origine, les livres de comptes prévalaient sur les partitions, où les tintements des tiroirs-caisses l'emportaient sur les plus belles symphonies du répertoire.

La construction, avec son fronton soutenu par des colonnes massives, ressemblait à un temple. Un temple dédié à la mer puisque sur le pourtour et à l'intérieur, sur des étals de pierre, grouillait, dans une symphonie de couleurs, une variété de poissons et de coquillages étalés sur des lits d'algues brunes. Des poissonnières à la langue bien pendue, au verbe haut, à l'insulte facile trônaient comme des matrones romaines. Elles donnaient de la voix pour crier à la cantonade la marée fraîchement pêchée. Mais, il faut le reconnaître, moins harmonieusement que du temps où le théâtre drainait les amateurs de tragédie ou de comédie.

Tout autour s'installaient des marchands des quatre-saisons, des vendeurs à la sauvette, prompts à s'éclipser dès que pointait le képi d'un sergent de ville. Dans les petites rues adjacentes s'alignaient des échoppes d'artisans et les devantures de petits commerces, cordonniers, cavistes, bonnetiers, ferblantiers, droguistes, papetiers, charcutiers, épiciers. S'en dégageaient des odeurs de légumes, de plantes aromatiques, d'épices. Malheureusement aussi des remugles nauséabonds, des pestilences. L'hygiène et la propreté n'étaient pas les vertus cardinales de ces lieux où, dans un brouhaha ponctué de clameurs et de cris, se pressait en permanence une foule populaire et bigarrée, composée de chalands et de curieux, ou de sbires en quête d'un mauvais coup, voleurs à la tire, pickpockets, nervis descendus des vieux quartiers de Saint-Jean, des Acoules et des Moulins.

Extrait du roman *Le Mas des terres rouges* de Jean-Max Tixier paru aux Presses de la Cité dans la collection Terres de France

TRUCS ET ASTUCES

C'est le moment d'allumer le barbecue mais votre unique boîte d'allumettes est restée dehors et s'est imprégnée d'humidité ! Pour allumer une allumette mouillée, trempez son extrémité dans du vernis à ongles.

LE PETIT GESTE ÉCOLO

Optez pour un panier lorsque vous faites vos courses. Les sacs en plastique engendrent une pollution durable pour l'environnement et sont dangereux pour la faune des rivières et des océans.

GASTRONOMIE

Le poulet de Bresse

Parmi les milliards de poulets produits en France chaque année, un million seulement répondent aux critères stricts qui donnent droit au nom de "poulet de Bresse". Ces animaux, impérativement élevés dans la Bresse, ont des plumes très blanches, une crête rouge corail et des pattes bleues et brillantes. Le mode d'élevage est clairement défini : les poussins restent à l'abri pendant trois semaines puis sont mis en liberté. Leur nourriture est constituée de ce qu'ils trouvent dans la nature et d'un complément en maïs et en sarrasin. Le poulet est abattu à 16 semaines. Il pèse alors environ 2 kilos, sa peau est fine et blanche, et sa chair tendre et particulièrement goûteuse.

TERROIR ET TRADITIONS

Expressions familières de Lorraine

- Se tenir mieux à table qu'une bique sur ses cornes
- C'est le bon Dieu qui range son bois et fait tomber des bûches (en parlant du tonnerre)
- C'est le diable qui marie sa fille et bat sa femme (en parlant de la pluie et du soleil simultanés)
- Toutes les filles sont sérieuses tant que le tablier ne lève pas
- Un village raccordé avec des planches et ravitaillé par des corbeaux (pour parler d'un village isolé)
- Passer la relavotte (pour nettoyer la table)
- Pousser des braillées

CE JOUR-CI, AUTREFOIS

1594 naissance du peintre Nicolas Poussin
1888 création du CAC 40

JARDIN

Les travaux de la seconde quinzaine de juin

- Matérialisez l'emplacement des plantes vivaces défleuries et ayant perdu leur feuillage comme les cœurs de Marie et les pavots d'Orient, afin d'éviter d'endommager leurs racines par des sarclages ou des binages.
- Plantez la clématite de montagne, la Suzanne-aux-yeux-noirs, la capucine des Canaries.
- Taillez les charmilles.
- Pincez les tomates.
- Taillez les cassis et les groseilliers après la récolte.

« En beau juin, toute mauvaise herbe donne bon foin. »

CONTES ET LÉGENDES

Les dragons du mont Canigou

Le Canigou, qui signifie "colline" en vieux celtique, est la montagne sacrée des Catalans, qui, à l'aube du 24 juin, y allument le premier des feux de la Saint-Jean et y cueillent les herbes réputées assurer bonheur et protection. Le majestueux Canigou a toujours suscité un mélange d'admiration et d'effroi ; on n'osait l'affronter car on y craignait les dragons. La légende révèle que le premier à avoir osé gravir le mont fut le roi d'Aragon Pierre III le Grand, en 1285. Parvenu seul au sommet, il trouva un étang et y jeta une pierre : il en sortit aussitôt un dragon hideux qui s'envola et, de son souffle, couvrit l'espace de ténèbres. Vieille croyance partagée par la plupart des peuples européens selon laquelle orages et averses prendraient source dans les lacets de montagne.

TERROIR ET TRADITIONS

Le vinaigre des quatre voleurs

Lors de la grande peste de Marseille en 1720, quatre voleurs dévalisaient les maisons et les cadavres. Ils s'étaient immunisés contre l'infection grâce à un élixir à base d'ail. Arrêtés, on leur promit la vie sauve s'ils révélaient la composition de leur potion miraculeuse. Le secret de la fameuse recette fut alors propagé par voie d'affiche à toute la population, mais les voleurs furent pendus ! Cette boisson, appelée depuis "vinaigre des quatre voleurs", est toujours utilisée comme antiseptique.

TERROIR ET TRADITIONS

L'huile de millepertuis

En faisant macérer pendant trois jours 500 g de sommités fleuries dans 1 litre d'huile d'olive et 1/2 litre de vin blanc, puis en faisant bouillir au bain-marie jusqu'à évaporation du vin, on obtient une huile de couleur rouge vif. Appliquée avec des compresses sur la peau brûlée, blessée ou enflée, elle calme immédiatement la douleur.

CE JOUR-CI, AUTREFOIS

1883 parution du premier numéro de La Croix
1963 la Soviétique Valentina Terechkova est la première femme à aller dans l'espace

TOPONYMIE

Noms de villes auvergnates

- Ambert : provient du celte ritus, "gué", et amba, "petite rivière".
- Aurillac : provient du nom de personne latin Aurelius, et du suffixe latin -iacum, désignant l'appartenance d'un domaine à une personne.
- Issoire : provient du nom de personne gaulois Iccios.
- Plusieurs noms de villes et de monts d'Auvergne sont bâtis sur le mot "puy", tels que Le Puy-en-Velay, le puy de Dôme, le puy de Sancy, etc. : ils proviennent du latin podium, signifiant "éminence".
- Riom : provient du gaulois ricomagos, formé sur rig, "roi", et magos, "homme riche".

DEVINETTE

Quand je vis, je dévore tout, et, quand je bois, je meurs. Qui suis-je ?

Solution : le feu

PRINTEMPS

" Beau temps trois jours durant avant la Saint-Jean, bon grain pour l'an. "

LES JOLIS VILLAGES DE FRANCE

Collioure

Joyau de la Côte Vermeille surplombant la Méditerranée, le port de Collioure est dominé par un château royal réaménagé par Vauban. Entre deux plages, l'église fortifiée, riche de neuf précieux retables, comporte une tour caractéristique occupant l'ancien phare. Ce village est également réputé pour ses anchois, ingrédient essentiel de la cuisine catalane.

CE JOUR-CI, AUTREFOIS

- 1714 naissance de l'astronome César François Cassini
- 1882 naissance du compositeur russe Igor Stravinski

GASTRONOMIE

La ratte du Touquet

Tout comme les célèbres roseval, belle de Fontenay ou amandine, la ratte du Touquet fait partie des pommes de terre de conservation à chair ferme. Apparue à la fin du XIXe siècle, elle a failli disparaître après la Première Guerre mondiale mais a été réimplantée sur les terres picardes en 1977. Elle doit sa couleur jaune pâle et son goût au sol crayeux et au climat spécifique de la Côte d'Opale. La ratte du Touquet est appréciée pour sa chair ferme et sa texture fine. Les grands chefs la privilégient d'ailleurs souvent à ses consœurs pour ses qualités gustatives exceptionnelles. Ce n'est donc pas un hasard si la célèbre purée de pommes de terre de Joël Robuchon, connue pour sa légèreté et son onctuosité, est préparée à base de rattes du Touquet.

CURIOSITÉS DE NOS RÉGIONS

Les cadrans solaires

Les Hautes-Alpes sont le département de France où l'architecture des maisons est le plus liée au soleil, d'où l'abondance des cadrans solaires. On en a recensé plus de 400. L'un des plus beaux se trouve à la collégiale de Briançon, le plus monumental à Ceillac, dans le parc naturel du Queyras, l'un des plus anciens à Saint-Véran. Les cadrans solaires comportent des devises qui peuvent être lues et interprétées à plusieurs niveaux, telles que : "Le soleil est ton guide" ; ou bien, en parlant des heures qui s'écoulent : "Toutes blessent, la dernière tue" ; ou encore : "Profite du temps présent et pense à la dernière." Selon la saison, il faut ajouter une demi-heure ou une heure et demie à l'heure qui s'affiche sur les cadrans.

"Temps de Saint-Hervé n'est pas toujours mauvais."

EXPRESSION

[C]rier haro

[A]u Moyen Age, les gens criaient "Haro !" pour appeler au secours [l]es sergents de guet ou les passants. Plus tard, ce fut le cri qui soulevait [l]es foules, le cri d'appel au jugement. L'expression signifie aujourd'hui ["]charger quelqu'un présumé coupable de tous les méfaits" ou "soulever [l]a colère publique contre lui".

GÉNÉALOGIE

[O]rigine des noms Maurin et Maury

[C]es deux patronymes très [r]épandus dans le sud de la [F]rance correspondent à l'ancien [n]om de baptême Maurinus, [p]rénom d'un saint peu connu, [u]niquement honoré dans le Midi. [I]l peut également être le diminutif [d]e "maure", surnom qui désignait [u]ne personne au teint et à la [c]hevelure sombres.

CE JOUR-CI, AUTREFOIS

1948 l'ONU adopte la Déclaration universelle des droits de l'homme

1953 création de la Société française de psychanalyse

PERSONNAGES DE NOS RÉGIONS

Jean Bart et Dunkerque

Né le 21 octobre 1650 à Dunkerque, Jean Bart se rendit célèbre par ses exploits de corsaire durant les guerres de Louis XIV, pour le compte de qui il travaillait. Dès 1672, il navigue en course pour le compte de la France et se révèle un virtuose du genre, accumulant plus de 50 prises entre 1674 et 1678. L'exploit le plus fameux de Jean Bart date de 1694, lorsqu'il s'empare, aux dépens des Hollandais, au large de Texel, d'un énorme convoi de 130 navires chargés de blé. Cette prise, effectuée en période de disette, fait du corsaire un héros national et lui vaut ses lettres de noblesse. Chef d'escadre en 1697, il commande la marine à Dunkerque, où il meurt le 27 avril 1702.

MÉTIERS OUBLIÉS

L'oublieur

Petits gâteaux légers, plats et ronds, les oublies étaient confectionnées dans les pâtisseries en fin de journée avec les restes de pâte. Bientôt, les garçons pâtissiers eurent l'idée de les vendre dans la rue aux passants : ainsi naquit le métier d'oublieur, l'un des plus anciens parmi ceux des crieurs de rue. Ces petits vendeurs faisaient aussi du porte-à-porte dans les immeubles où, fait rare, on les laissait circuler librement. Certains en profitèrent pour se faire indicateurs de bandits, si bien qu'on les surnomma "vendeurs de vol" !

« Mauvais temps à la Saint-Léonce, peu de fruits, beaucoup de ronces. »

LANGAGE DES PLANTES

L'œillet

Bien que l'œillet soit, avec la rose, la fleur la plus vendue dans le monde, il jouit d'une très mauvaise réputation. On l'accuse d'attirer le mauvais sort. Les comédiens, même les moins superstitieux, n'en portent jamais. En Italie, le mauvais œil n'est, dit-on, jamais loin de l'œillet blanc. Au Brésil, l'œillet est appelé le "clou du défunt" et il n'est jamais offert. En Angleterre, l'œillet est considéré comme vulgaire.

Il n'y a qu'en Espagne que la fleur jouit d'une bonne réputation. Les jours de feria, les danseuses de flamenco se parent de robes colorées, qui, pour certains, représentent la corolle d'un œillet. Sur leurs cheveux ramassés en chignon, elles piquent un œillet rouge. Pendant les corridas, l'œillet se porte derrière l'oreille, l'oreille gauche si la fille est libre, la droite si elle ne l'est pas. A la mort du taureau, les aficionados jettent dans l'arène un bouquet d'œillets rouges au valeureux torero.

JEUX

Abracadamots

	T	L		I				M
			L		M			
			N		E	I		R
	L	A				S	T	
	E						M	
	I	T				L	R	
T		N	R		L			
			S		T			
L				A		T	N	

CE JOUR-CI, AUTREFOIS

1842 début de la publication des Mystères de Paris d'Eugène Sue dans le Journal des débats

1862 l'esclavage est officiellement aboli aux Etats-Unis

BIEN-ÊTRE

Démaquillant pour peaux grasses

Faites bouillir des fraises dans du sucre jusqu'à obtenir une pâte épaisse. Laissez refroidir. Pendant ce temps, faites fondre de la cire d'abeille dans de l'huile de tournesol. Ajoutez ensuite la préparation à la fraise et mélangez bien. Vous obtenez un excellent démaquillant. Vous pouvez également ajouter quelques gouttes de benjoin afin de conserver cette préparation.

COUTURE ET TRICOT

Le point de croix réalisé seul

Cette technique permet de terminer un point avant de passer au suivant.

- Pour réaliser une forme pleine de point de croix, commencez en bas à gauche de la zone à couvrir. Sortez l'aiguille dans l'angle supérieur gauche du carré de tissu à couvrir par le point, et piquez-la dans l'angle opposé. Tirez le fil de l'autre côté du tissu.
- Ressortez l'aiguille en haut à droite du carré de tissu. Piquez l'aiguille dans l'angle opposé.
- Sortez l'aiguille en haut à droite de la croix terminée, pour commencer le point suivant.

"Labour d'été vaut fumier."

L'Orfèvre de Saint-Séverin

Anne Courtillé

Pendant que Martille entassait les pains dans le large corbillon qu'elle devait livrer, Honoré avait saisi une flamiche qu'il savourait sur le seuil de l'échoppe avant de partir à sa réunion à la Maison des Piliers, place de Grève. Après avoir passé des heures dans son atelier, il aimait prendre l'air de la rue, qui était assez calme. Juste quelques passants qu'il connaissait quasiment tous et qui vaquaient paisiblement à leurs occupations. Parmi eux cependant, le talemelier remarqua soudain un visage inconnu ou presque. Un homme qui dépassait les autres d'une tête. Il portait en bandoulière deux sacs de toile écrue qui ballottaient dans ses jambes et lui donnaient une allure difforme. Ces balluchons l'obligeaient, en effet, à écarter les bras et ses grosses mains tentaient en vain à chaque pas de stabiliser la charge. Il était accompagné d'un garçon qui semblait tout petit à côté de lui.

— Il se prend pour un baudet, celui-là ! lança, en le voyant déambuler drôlement, Honoré, avec cet éclat de rire tonitruant dont il avait le don de régaler le voisinage.

L'homme passa devant lui sans le regarder. Le garçon s'arrêta, jeta un œil vers le beau parleur, parut hésiter un instant, puis trottina quelques pas pour rattraper le géant.

— Encore un sans feu ni lieu, maugréa le marchand en plantant ses dents dans le gros morceau de flamiche à la croûte dorée.

— Par le sang foutre Dieu ! répondit, sans se retourner, l'autre d'une voix haletante mais puissante qui résonna sous les encorbellements de la rue.

Et il leva le poing vers le ciel ou plutôt vers cette bande bleutée si étroitement emprisonnée entre les pignons pointus des maisons.

— Occupe-toi de tes affaires ! cria Nathalène du fond de l'échoppe.

— Un sans feu ni lieu, je te dis, répéta son mari, par les temps qui courent, il y en a partout ! Et qui blasphème !

Extrait du roman *L'Orfèvre de Saint-Séverin* d'Anne Courtillé
paru aux Presses de la Cité dans la collection Terres de France

ÉTÉ

LANGAGE DES PLANTES

Le thym

Le thym est un sous-arbrisseau qui pousse dans toute la France mais qui croît uniquement à l'état sauvage dans la région méditerranéenne. Il recherche les endroits en pente, arides, rocailleux et calcaires. Dès la belle saison, cette plante vivace fleurit et dégage une odeur aromatique très prononcée. Bien que minuscules, ses fleurs sont très visitées par les abeilles. Du thym, on extrait une huile, le thymol, qui confère à la plante des vertus antiseptiques, toniques et digestives. L'infusion de la plante entière prise chaque jour à titre préventif protège des grippes, des rhumes et des angines. Au Moyen Age, les dames avaient l'habitude de broder sur l'écharpe de leur chevalier partant en campagne une abeille bourdonnant autour d'une branche de thym. Cet emblème rappelait au chevalier qu'il ne devait pas oublier, malgré ses activités guerrières, la douceur de sa belle.

ASTROLOGIE

Cancer (du 22 juin au 23 juillet)

Planète : Lune
Élément : Eau
Couleur : Bleu
Pierre : Turquoise
Qualités : Créatif, fantaisiste, intuitif, authentique
Défaut : Irréaliste
Affinités : Poissons, Scorpion, Gémeaux

TERROIR ET TRADITIONS

Les Journées châtillonnaises

Située en Côte-d'Or, la ville de Châtillon organise depuis une dizaine d'années une manifestation pour la sauvegarde de la tradition foraine dans la région. Sont mis en avant les savoir-faire des artisans locaux travaillant le bois, la pierre, le métal, etc., les produits du terroir, ainsi que l'élevage bovin, avec la présentation et la vente internationale de vaches de race brune.

CE JOUR-CI, AUTREFOIS

1940 signature de l'armistice entre la France et l'Allemagne, marquant ainsi le début du régime de Vichy
1945 création de l'ENA

GÉNÉALOGIE

Origine du nom Furet

Fréquent en Charente-Maritime et dans le Loiret, ce patronyme désigne par métaphore celui qui est vif ou fouineur comme un furet, mais également un voleur (fur en ancien français). On trouve aussi les variantes Furaud, Furaux et Furaudet.

NOS ANIMAUX

Aidez votre chat à devenir propre !

Attirez votre animal vers sa litière avec un peu d'eau de Javel. Versez-en dessus quelques gouttes, car le chat en adore l'odeur. Cette astuce l'aidera à devenir plus propre.

« A la Saint-Alban, on peut poser ses vêtements. »

mardi 23 juin

Sainte **Audrey**

Soleil : 05 h 47 • 21 h 58
Cancer / 1er décan

BRICOLAGE

Comment entretenir et ranger ses outils ?

- Chaque outil doit avoir sa place précise et être entretenu avec soin.
- Les scies devront être détendues et suspendues après chaque utilisation.
- Les marteaux, les tenailles, les clés seront accrochés bien en vue.
- Les ciseaux et les bédanes seront engagés, lame vers le bas, dans des encoches ou des trous pratiqués dans une planchette.
- Les rabots et les varlopes seront couchés dans une armoire à l'abri des chocs et de l'humidité.
- Les clous et les vis trouveront leur place dans des boîtes.
- Enfin les outils seront huilés et graissés pour éviter la rouille.

LES ARBRES DE NOS RÉGIONS

Le merisier

Originaire du Moyen-Orient, le merisier, ou cerisier sauvage, pousse sur des sols fertiles et frais, principalement en lisière de forêt. Il présente un fût droit et cylindrique, une cime étroite et arrondie, ainsi qu'un couvert léger. Mesurant de 20 à 25 m, il vit en moyenne un siècle. Recherché pour son bois de couleur brun rosé à jaune, il s'emploie en ébénisterie et également en lutherie. Ses fruits charnus, rouge foncé ou noirs, servent à élaborer le kirsch.

GASTRONOMIE

Le nougat de Montélimar

Il existe quantité de nougats en France, mais celui de Montélimar est certainement le plus réputé. Sa recette aurait été finalisée dans la deuxième moitié du XVIIe siècle. Les ingrédients de base en sont simples : miel, sucre et blanc d'œuf, mais une stricte réglementation impose que 28 % d'amandes douces et 2 % de pistaches entrent dans la composition de la pâte. Celle-ci est blanche et aérée, délicatement posée sur de minces feuilles de pain azyme. La qualité du nougat de Montélimar repose pour beaucoup sur celle des amandes utilisées pour le préparer. Elles doivent être sélectionnées minutieusement, triées, ébouillantées, mondées, séchées et légèrement grillées pour être dignes de la gourmandise à laquelle on les destine.

CE JOUR-CI, AUTREFOIS

1763 naissance de l'impératrice Joséphine de Beauharnais
1857 première édition des Fleurs du mal de Charles Baudelaire
2006 décès d'une tortue des Galápagos, Harriet, à l'âge de 175 ans

COMMENT S'APPELLENT…

les habitants de Mont-de-Marsan dans les Landes ?

Les Montois

« Le sage dit qu'à la Sainte-Audrey, mieux vaut suer que grelotter. »

mercredi 24 juin

Saint Jean-Baptiste

Soleil : 05 h 47 • 21 h 58
Cancer / 1er décan

MÉTIERS OUBLIÉS

Le sabotier breton

Le sabotier vivait, tout comme le bûcheron et le charbonnier, dans la forêt. Lieu sauvage par nature, les paysans ne s'y aventuraient guère à la nuit tombée. Aussi les habitants de la forêt étaient-ils considérés avec une certaine méfiance. Dans le Morbihan, on les désignait sous le nom d'"âmes des bois". Réciproquement, les sabotiers traitaient les paysans de "sots". La première chose que faisait le sabotier avant de s'installer dans un nouveau lieu était de négocier l'achat d'une petite parcelle de forêt de hêtres. Marché conclu, il s'installait avec les siens en se construisant une modeste cabane. Il abattait ainsi les hêtres dont il avait besoin pour sa fabrication et utilisait sa matière première sur place. La parcelle de bois exploitée, il partait s'installer ailleurs et reprenait dans le même ordre ses activités. Lorsqu'il avait une quantité suffisante de sabots, il allait les vendre sur les champs de foire.

EXPRESSION

Eclairer la lanterne de quelqu'un

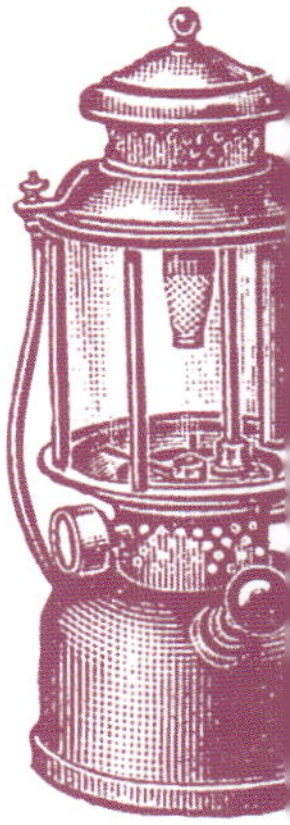

L'expression, encore usuelle en français courant, signifie aujourd'hui "apporter des explications à quelqu'un sur une situation quelconque, l'orienter dans un chemin précis". Son origine est à chercher dans une fable de l'homme de lettres Florian, Le Singe qui montre la lanterne magique *(1873), dans laquelle il raconte l'histoire d'un petit singe intelligent qui, pour expliquer aux autres animaux la présence du soleil et la naissance du monde, emprunta la lanterne de son maître et fit un spectacle.*

CE JOUR-CI, AUTREFOIS

1901 première exposition de Pablo Picasso à Paris
1930 naissance du réalisateur Claude Chabrol

ÉNIGME

Cinq enfants attendent leur goûter. Au menu, il y a : une orange, une brioche, une pomme, un pain au chocolat et un pain aux raisins.
— Michelle n'aime pas le chocolat ni les oranges.
— Irène adore les raisins.
— Pierre et Sarah ne veulent pas du pain au chocolat.
— Pierre et Jean sont les seuls à aimer la pomme.
Identifiez les goûters des uns et des autres.

Solution : Pierre = pomme, Michelle = brioche, Irène = pain aux raisins, Jean = pain au chocolat, Sarah = orange

VOS DROITS

Où célébrer un mariage ?

Le mariage est organisé dans la commune où l'un des deux futurs époux a son domicile ou sa résidence depuis un mois au moins d'habitation continue à la date de la publication prévue par la loi. Le mariage est célébré à la mairie. Des exceptions sont prévues : en cas d'empêchement grave, le procureur de la République peut demander à l'officier d'état civil de se transporter au domicile ou à la résidence de l'une des parties pour célébrer le mariage. La célébration hors de la mairie est mentionnée dans l'acte de mariage.

« Si Saint-Jean manque sa ventée, celle de Saint-Pierre ne sera pas volée. »

jeudi 25 juin

Saint **Prosper**

Soleil : 05 h 48 • 21 h 58
Cancer / 1er décan

TRUCS ET ASTUCES

Nettoyant pour carrelage

Pour éliminer efficacement les traces de savon dans votre salle de bains, mélangez dans une bouteille 25 g de bicarbonate de soude, 10 cl d'ammoniaque, 5 cl de vinaigre blanc et 1,5 litre d'eau chaude. Bouchez et agitez. Prenez bien soin d'étiqueter la bouteille et de la mettre hors de portée des enfants. Pour les petites surfaces, remplissez un vaporisateur avec la solution ; aspergez directement sur les traces, puis essuyez avec une éponge humide. Attention ! Ne mélangez pas ce nettoyant avec un autre contenant du chlore (eau de Javel).

JARDIN

Certaines espèces s'adaptent mal aux jardins qui ne sont entretenus que le temps d'un week-end. Il faut donc choisir des plantes peu fragiles et surtout extrêmement couvrantes, évitant ainsi la venue de mauvaises herbes. Parmi les plantes vivaces, de nombreuses espèces se prêtent à la confection de magnifiques tapis qui exigent peu de soins comparés notamment à un gazon. Pour tapisser une zone ombragée et humide, on pourra utiliser des bugles, des lamiers et de la pervenche. A mi-ombre, on plantera des alchémilles, des géraniums à grosses racines et des fleurs des elfes. En plein soleil, les bruyères, les épiaires et les sédums feront parfaitement l'affaire.

CE JOUR-CI, AUTREFOIS

1992 *"La langue (officielle) de la République (française) est le français" est ajouté à l'article 2 de la Constitution de 1958*
1997 *décès de l'océanographe Jacques-Yves Cousteau*

PERSONNAGES DE NOS RÉGIONS

Tristan Corbière à Morlaix

Né le 18 juillet 1845 à Morlaix, dans le Finistère, Tristan Corbière est un poète méconnu qui fait pourtant partie du panthéon des cinq poètes maudits de Verlaine. En raison d'une santé déficiente, il arrête ses études et commence une vie de marginal. Il voyage dans le Sud, lit les œuvres d'Hugo, Baudelaire et Musset. Puis il s'installe à Roscoff dans une maison que possèdent ses parents. Les habitants du village le surnomment l'"Ankou", c'est-à-dire le spectre de la mort, en raison de sa maigreur. Il publiera un seul recueil de poésie, *Les Amours jaunes*, et mourra à peine âgé de trente ans, le 1er mars 1875.

« Le jour de la Saint-Prosper, n'oublie pas de fumer la terre. »

CURIOSITÉS DE NOS RÉGIONS

Les fermes du Puy-de-Dôme

Elles se caractérisent par leur homogénéité, tant dans la forme de leur toiture, à deux pans couvrants à pente raide, que dans les matériaux utilisés : les toits sont en lauze ou en ardoise et les murs, de couleur bleu sombre, sont bâtis en pierres de lave. Ces fermes peuvent aligner leurs bâtiments, logis et grange notamment, les disperser dans l'exploitation, mais, le plus souvent, elles regroupent le logis, la grange et l'étable sous le même toit.

IDÉE REÇUE

La rhubarbe meurt lorsqu'elle a fleuri

Ceci est complètement faux. Même s'il est vrai que l'émission de la tige florale se fait au détriment de la grosseur des pétioles, la plante resurgit, sans problème, au printemps de l'année suivante.

COLLECTIONS

Le collectionneur de taille-crayons s'appelle le molubdoténophiliste.

JEUX A une lettre près

RESSAC
Tableaux
Prêtre laïc
Prêt
Refroidir
Publier

Solution : cadres, diacre, crédit, tiédir, éditer

RECETTE

Entrecôtes Bercy

une spécialité d'Ile-de-France

Pour 4 personnes.

Ingrédients : 2 entrecôtes ; 40 g de beurre ; 1 échalote ; 12,5 cl de vin blanc sec ; 1 c. à café rase de farine ; persil ; sel ; poivre.

- Hachez l'échalote et le persil.
- Faites chauffer 25 g de beurre dans une grande poêle.
- Saisissez les entrecôtes de 2 à 3 minutes sur chaque face.
- Salez et poivrez.
- Réservez les entrecôtes au chaud.
- Remettez la poêle sur feu vif.
- Versez-y le vin blanc, 1 c. à café d'eau, l'échalote et le persil hachés.
- Faites bouillir 1 minute sur feu vif.
- Mélangez la farine avec le reste de beurre et incorporez à la sauce.
- Mélangez sur feu doux jusqu'à ce que la sauce épaississe.
- Versez sur la viande et servez.

CE JOUR-CI, AUTREFOIS

1892 naissance de l'écrivain américain Pearl Buck
1967 décès de l'actrice Françoise Dorléac

« Qui en juin se porte bien, au temps chaud ne craindra rien. »

Au cabaret des oiseaux

Michel Jeury

Depuis douze ans qu'il enseigne à Miraval, le maître d'école, monsieur Laprade, n'a connu qu'un seul échec au certificat, pour cause de rhume des foins. Qui aurait pu prévoir la calamité de 1931 : deux candidats collés sur trois présentés ? Monsieur Laprade est au bord du suicide, le maire au bord de la démission. La faute à la politique, le régent est trop moderne, d'abord. Il n'avait qu'à pas envoyer de filles au certificat, ça lui apprendra !

Parmi les deux candidats blackboulés, figure une candidate, Faustine Peyrac, sur qui toute la faute retombe.

— Quelle idée, de présenter les drôlettes au certificat !

— Pas besoin du certificat pour faire la mique !

— Ni même pour tenir le ménage.

— Femme savante, brebis bêlantes !

Une résolution est votée pour demander au maître de ne plus présenter de filles les années suivantes. Marius Laprade se fâche tout rouge et décide de commencer de suite la préparation de sa championne de 1932 : Germaine Lagrange. Bibi !

— Toi, tu vas emporter des devoirs pour tout l'été. Tu viendras tous les lundis après-midi les corriger à l'école ! Il faut que tu nous ramènes le prix cantonal l'année prochaine pour effacer l'affront de cette année !

Je me tais, les larmes aux yeux. Je n'ai guère envie d'être première du canton, encore moins de travailler tout l'été. Quant à me retrouver seule avec le maître tous les lundis, j'ai la gorge serrée rien que d'y penser. Adieu moissons, adieu bleuets ! Adieu courses folles dans les prés fauchés ! Adieu longues échappées dans la touffeur des bois !

Le maître se dispute en public, sur la place du village, avec l'adjoint Clotaire Minjou, l'adversaire le plus fougueux de l'instruction des filles. Le maître est grand, maigre et imberbe, il a le nez crochu et le chapeau sur l'oreille. L'adjoint est court, un peu ventru, il porte moustache, il a le nez bourgeonnant et coiffe son béret sur le front ou sur l'œil.

Extrait du roman *Au cabaret des oiseaux* de Michel Jeury paru aux Presses de la Cité dans la collection Terres de France

TERROIR ET TRADITIONS

La pêche au lamparo

La pêche au lamparo est une activité traditionnelle du Roussillon. Pendant toute l'année, les bateaux sortent la nuit, éclairant la mer d'un puissant projecteur. Les pêcheurs recherchent le poisson bleu : la sardine et l'anchois. Les conserveries d'anchois ont contribué à la réputation de Collioure, bien qu'il n'y reste que trois ateliers, menacés par les normes européennes. Déchargés, les poissons sont mélangés avec du sel puis vidés et étêtés. Mis à mariner dans un bain de saumure durant trois mois, ils sont ensuite débarrassés de leur arête centrale avant d'être lavés et conditionnés.

CE JOUR-CI, AUTREFOIS

1694 anoblissement du corsaire Jean Bart
1900 naissance de l'écrivain Antoine de Saint-Exupéry

TRUCS ET ASTUCES

Pour retirer le chewing-gum collé sur un vêtement, mettez votre linge à plat et posez des glaçons dessus. Attendez quelques minutes que la pâte à mâcher durcisse, elle se décollera facilement si vous la grattez légèrement.

LA MINUTE CULTURELLE

Les Quatre Saisons d'Antonio Vivaldi

Composées de quatre concertos pour violon accompagnés de quatre sonnets probablement rédigés par Vivaldi, Les Quatre Saisons sont l'une des œuvres les plus célèbres du répertoire classique. Chaque saison se présente comme l'un des actes d'une pièce de théâtre, le climat en étant le personnage principal, répondant à différents acteurs de la faune et de la flore.

Les passages les plus connus sont l'introduction du printemps et le presto de l'été.

C'est grâce à ces concertos qu'en 1725 Vivaldi connaît enfin le succès et la gloire. Il devient alors le musicien le plus courtisé de Venise avant de s'éteindre en 1741, oublié de tous, dans le plus grand dénuement.

CURIOSITÉS DE NOS RÉGIONS

Les tapis de Cogolin

A Cogolin (Provence-Alpes-Côte d'Azur), le visiteur peut voir s'affairer des artisans sur une superbe réplique d'un tapis de la Savonnerie ou un tapis de haute laine blanche "sculpté" de motifs géométriques. La fabrique de Cogolin travaille aussi bien l'ancien que le moderne, pour les châteaux comme pour les demeures privées. Quelques réfugiés arméniens arrivés dans la région en 1922 sont à l'origine de la vocation de ce gros bourg actif, connu non seulement aujourd'hui pour ses fabriques de pipes mais aussi pour ses meubles en bambou, ses roseaux et ses anches d'instruments à vent. L'affaire périclitait, lorsqu'elle fut reprise, en 1928, par Jean Lauer, véritable créateur de la manufacture et du style Cogolin.

« Saints-Pierre-et-Paul pluvieux est pour trente jours dangereux. »

TOPONYMIE

Noms de villes corses

Bastia provient du latin bastia signifiant "bastille". Bonifacio doit son nom à son fondateur, Bonifacio, comte de Toscane. Corte vient du latin cohortem, "place forte", Calvi, de calvus, "lieu dénudé", et Ajaccio, de adjacium, "lieu de halte".

CE JOUR-CI, AUTREFOIS

1764 première attaque officiellement retenue de la Bête du Gévaudan

1970 vote de la première loi antidrogue par l'Assemblée nationale

LANGAGE DES PLANTES

La pivoine

C'est une herbacée aux grosses fleurs roses ou blanches très parfumées. Plante pour jardiniers patients, il faut souvent cinq ans avant de la voir fleurir ! Elle déteste aussi être déplacée. A partir de l'espèce sauvage venue de Mongolie, on a créé de nombreuses variétés. La pivoine a toujours été considérée comme une plante bénéfique. En Asie comme en Europe, ses graines étaient réputées pour calmer les crises d'épilepsie et les convulsions. On croyait également que ses feuilles empêchaient la conception ; aussi, les jeunes filles allant au bal avec des amoureux un peu trop entreprenants n'oubliaient jamais d'en mettre dans leurs souliers ou dans leurs bas !

GASTRONOMIE

Les pâtisseries

Le paris-brest a été inventé à la fin du XIXe siècle en référence au nom de la grande course cycliste Paris-Brest-Paris, fraîchement créée. D'ailleurs, le gâteau — couronne en pâte de chou fourrée d'une délicieuse crème pralinée — rappelle une roue de vélo. D'autres pâtisseries doivent leur nom à leur forme : le financier ressemble à un lingot d'or, la religieuse fait penser à une nonne en habit. Le baba au rhum, lui, aurait été conçu au XVIIIe siècle à la cour de Stanislas Leszczynski, roi de Pologne exilé en Lorraine. Trouvant le kouglof alsacien trop sec, il l'aurait mouillé de liqueur et baptisé du nom de son héros favori, Ali Baba. Quant au Petit Beurre, il a été créé en 1886 par Louis Lefèvre-Utile, fils de Jean-Romain Lefèvre et de Pauline-Isabelle Utile.

HISTOIRE DRÔLE

Un homme entre chez un marchand d'animaux :
— Bonjour, je voudrais une dizaine de souris, une quinzaine d'araignées, quelques rats et des cafards.
— Monsieur fait des expériences ?
— Non, je déménage et je dois laisser mon appartement dans l'état où je l'ai trouvé en arrivant !

LES ARBRES DE NOS RÉGIONS

Le roi des Maubert

Ce hêtre majestueux se dresse dans le Cantal, au milieu de la forêt de Maubert et Gaulis. Remarquable par ses dimensions, il atteint 43 m de hauteur et s'impose par son fût unique de 3 m de circonférence. Fragilisé aujourd'hui, il fait l'objet d'une grande attention.

« La nuit de la Saint-Martial, l'abeille prend son bien ou son mal. »

CE JOUR-CI, AUTREFOIS

1903 départ du premier Tour de France cycliste

1992 entrée en vigueur du permis à points en France

AU PROGRAMME CE MOIS-CI

- Melon en fête à Cavaillon (Vaucluse)
- Petites Fêtes de Dionysos à Arbois (Jura) 1er week-end du mois
- Fête de l'abricot à Rivesaltes (Pyrénées-Orientales), 1er week-end du mois
- Fête de la brioche aux pralines de Saint-Genix (Savoie), 1er week-end du mois
- Fête des brodeuses à Pont-l'Abbé (Finistère), week-end du 14 juillet
- Fête des chipirons à Hendaye (Pyrénées-Atlantiques), mi-juillet
- Festival de Cornouaille à Quimper (Finistère), mi-juillet
- Fête du picodon à Saoû (Drôme), 3e week-end du mois
- Foire à la tomate de Marmande (Lot-et-Garonne), fin juillet

SYMBOLES DE NOS RÉGIONS

La chèvre de Montagnac

Comme la plupart des communes de l'Hérault, Montagnac possède un animal totem. La chèvre fut adoptée au XVIIIe siècle en souvenir d'une légende ancienne. On raconte que, vers 1200, un vagabond serait entré dans le village accompagné d'une chèvre au lait miraculeux, capable d'engendrer une joie de vivre éternelle et de guérir tous les maux. La femme du consul de Montagnac, alors gravement malade, but le breuvage et fut immédiatement guérie.

RECETTE

Flognarde

une spécialité du Limousin

Pour 4 personnes.

Ingrédients : 4 œufs ; 100 g de sucre en poudre ; 100 g de farine ; 1,5 l de lait ; 10 cl d'eau de fleur d'oranger ; 3 pommes ; 50 g de beurre ; sel.

- Préchauffez le four à 220°.
- Battez les œufs en omelette dans une jatte.
- Ajoutez le sucre en poudre et fouettez jusqu'à ce que le mélange soit mousseux.
- Ajoutez la farine et 1 pincée de sel, puis versez doucement le lait.
- Mélangez avec une cuillère en bois jusqu'à ce que la consistance soit homogène, puis ajoutez l'eau de fleur d'oranger.
- Pelez les pommes, retirez le cœur et les pépins, puis taillez-les en lamelles et incorporez-les à la pâte.
- Beurrez un plat à four à bords hauts et versez-y la pâte.
- Recouvrez du reste de beurre coupé en morceaux et faites cuire 30 minutes au four.

NOS ANIMAUX

Retirer une tique

Contrairement à une idée reçue, il est fortement déconseillé d'utiliser de l'éther pour retirer les tiques des chiens. Munissez-vous d'une pince à épiler et d'huile de cuisine. Le geste est simple : l'important est de ne pas laisser la tête du parasite dans le corps du chien. Versez un peu d'huile sur la tique. Enfilez des gants, prenez la pince à épiler et saisissez la tique au plus près possible de la peau de votre chien. Maintenez-la, et tirez lentement en tournant dans le sens inverse des aiguilles d'une montre.

« Grêle n'est mauvaise que là où elle tombe. »

BRICOLAGE

Lisser les joints d'étanchéité en silicone

Lorsque vous posez un joint d'étanchéité sur le bord d'une baignoire, d'un lavabo ou d'un évier, son lissage est à effectuer avant qu'il ne sèche. La façon la plus simple consiste alors à appliquer sur votre index quelques gouttes de produit vaisselle et à passer le doigt sur le joint pour obtenir une surface lisse et uniforme.

VOS DROITS

Pour un mariage, doit-on impérativement avoir des témoins et peut-on les choisir librement ?

Aucun mariage civil ne peut être célébré sans la présence de témoins, celle-ci ayant pour objet de certifier l'identité des comparants et la conformité de l'acte avec leur déclaration. Au nombre de deux ou de quatre, les témoins doivent être âgés de 18 ans au moins et sont librement choisis par les futurs mariés. En dernier recours, le personnel de la mairie peut faire office de témoin si les époux n'en ont pas trouvé.

CE JOUR-CI, AUTREFOIS

1190 départ de Vézelay des rois Philippe Auguste et Richard Cœur de Lion pour la troisième croisade

1778 décès de l'écrivain et philosophe suisse Jean-Jacques Rousseau

GASTRONOMIE

L'oignon rosé de Roscoff

Sa particularité est sa couleur rose légèrement cuivrée. Croquant et juteux cru, il devient doux et fondant une fois cuit, tout en conservant son goût fruité. Au XVIIe siècle, l'oignon de Roscoff était essentiellement destiné à la consommation des marins. Ses qualités de conservation en faisaient en effet un aliment idéal pour les longs voyages en mer, tandis que sa richesse en vitamine C permettait de lutter contre le scorbut. Aujourd'hui, ce sont surtout ses qualités gustatives, et notamment sa saveur sucrée, qui le rendent intéressant aux yeux des gastronomes.

COLLECTIONS

Le collectionneur d'uniformes s'appelle l'uniformologiste.

BIEN-ÊTRE

Le fer

Cet élément constitue 60% de la composition de l'hémoglobine et lui permet d'apporter l'oxygène aux cellules du corps. Son apport est recommandé lors de règles douloureuses et pour améliorer la concentration intellectuelle, en particulier chez les adolescents dont le régime alimentaire manque souvent de fer. L'apport de fer est recommandé aux personnes végétariennes et aux femmes près d'accoucher. Le fer se trouve essentiellement dans les fibres de son et de blé complet, dans les graines de sésame, le gibier et les sardines.

« Pluie du matin en juillet est bonne au vin. »

CE JOUR-CI, AUTREFOIS

1608 *fondation de la ville de Québec par Samuel de Champlain*
1944 *parution de La Presse cherbourgeoise, premier quotidien de la France libérée*

CONTES ET LÉGENDES

La légende de Saint-Christophe

Christophe était un colosse qui voulait se mettre au service du roi le plus puissant du monde. Il alla le trouver, mais remarqua que celui-ci avait peur de Satan. Satan étant donc le plus puissant, Christophe se mit à son service. Mais il découvrit que Satan lui-même avait peur du Christ : il devait donc être son serviteur. "Pour cela, lui dit un ermite, tu dois faire le bien pour ton prochain".

Le géant s'installa donc au bord d'une rivière et aida les gens à traverser. Une nuit, un enfant vint le trouver. L'homme le prit sur son épaule et avança dans l'eau. Mais, à chaque pas, l'enfant devenait de plus en plus lourd, si lourd que le colosse dut s'appuyer sur son bâton pour ne pas tomber. "Tu as porté celui qui a créé le monde", lui dit l'enfant, qui était en fait le Christ. Depuis, Christophe (du grec Christophoros, "celui qui porte le Christ") est le patron des voyageurs, des automobilistes, des chauffeurs de taxi.

JEUX Sudoku

		7		5	4	6		
8	5		2		6			
	9	4		8		2		
4	7			6		3		1
							6	
5		6		2			8	9
		5						
			6		9		5	2
		2	3	1		7		

JARDIN

Le mois de juillet est celui de la plantation des iris. Avant d'envahir nos jardins d'ornement, l'iris était cultivé dans les abbayes comme plante médicinale. Les moines faisaient frire la racine dans du saindoux avec des œufs pour en faire une omelette qui soignait la rage. L'iris servait aussi à parfumer : les blanchisseuses plaçaient de la poudre d'iris mêlée de quelques graines d'anis dans le linge. Dès la fin du XIXe siècle, de nombreux hybrides vont voir le jour en France avec le botaniste Vilmorin et l'horticulteur Cayeux. Chaque année, des milliers de nouvelles variétés sont créées. Chacun cherche désespérément l'impossible iris : celui qui aurait des fleurs d'un parfait rouge vif ou d'un noir absolu.

« En juillet, mois d'abondance, le pauvre a toujours sa pitance. »

Le Vent de l'aube

Françoise Bourdon

Il aperçut d'abord un grand chapeau de paille qui semblait se déplacer tout seul entre deux haies de mûriers, puis la maison toute de pierres sèches, rugueuses et blondes sous son toit offrant un camaïeu de roses patinés.

Les ouvertures étaient hautes, tournées vers le sud pour mieux se protéger du mistral, et encadrées d'épais volets peints d'une délicate nuance gris-vert.

En se rapprochant, il constata que le chapeau de paille ne parvenait pas à recouvrir une masse de cheveux châtains. Dessous, il devinait la silhouette d'une gamine qui rentrait ses chèvres. Un bouc de taille plus élevée menait le troupeau. Un beau troupeau, en vérité, constitué de bêtes à la robe rouge doré et aux cornes en forme de lyre.

La chevrière se retourna et Paul, devinant sa silhouette en transparence dans la lumière rasante du soleil couchant, comprit qu'elle était plus âgée qu'il ne l'avait pensé.

— Vous venez au mas ? demanda-t-elle en s'avançant vers lui.

Elle pouvait avoir entre vingt et vingt-cinq ans. Un fin réseau de rides griffait déjà le coin de ses yeux bruns. Elle n'était pas vraiment jolie, avait le teint trop hâlé, la bouche trop grande mais sa façon de marcher vers lui, main tendue, plut à Paul.

— Vous devez être le docteur, lui dit-elle en souriant enfin. Je m'appelle Marceline, et je suis la plus jeune sœur de Vincent. Il travaille aux champs. Vous savez, nous n'avons eu personne pour le remplacer tout le temps de la guerre. Il y a de l'ouvrage en retard.

Il vit bien, à la façon dont elle le regardait, qu'elle ne comprenait pas pourquoi un médecin cheminait ainsi, à pied, sans cheval. Il éprouva la tentation de lui confier qu'il ne savait même plus s'il avait encore envie d'exercer la médecine, s'abstint à temps. Il ignorait s'il allait rester au mas de Césarée. Il n'aspirait qu'à l'oubli.

Extrait du roman *Le Vent de l'aube* de Françoise Bourdon
paru aux Presses de la Cité dans la collection Terres de France

CONTES ET LÉGENDES

Les charentaises

Les charentaises sont de confortables pantoufles en feutre, originaires de la Charente. Au XVIIe siècle, Louis XIV demanda à Colbert, contrôleur général des finances, de trouver un site pour y installer un port militaire. Ce fut Rochefort, à l'embouchure de la Charente. La région d'Angoulême profita de cette venue massive des marins et fournit les toiles, les draps et le feutre pour leur équipement. Mais ceux-ci n'utilisaient que les meilleurs éléments. Une partie du feutre partait donc au rebut. On eut alors l'idée de la conserver pour la fabrication de chaussons à glisser dans les bottes ou les sabots afin de les rendre plus agréables. Plus tard, ces chaussons devinrent des chaussures d'intérieur. Le véritable âge d'or de la charentaise eut lieu au XXe siècle à l'initiative de deux industriels de La Rochefoucauld : André Chaignaud, qui lui donna des couleurs vives et des motifs écossais, et James Rondinaud, qui les exporta aux quatre coins du monde.

COLLECTIONS

Le collectionneur de nœuds papillons s'appelle le nœudélérophiliste.

COUTURE ET TRICOT

Broder à l'aide d'une toile tire-fils

- Bâtissez la toile tire-fils sur le support à broder.
- Marquez le croisement avec une épingle à l'intersection des deux plis. Repérez le milieu du diagramme. La broderie commence au centre de la toile par le milieu du diagramme.
- Réalisez la broderie en prenant à la fois la toile tire-fils et le tissu.
- Otez un à un les fils horizontaux de la toile tire-fils en commençant par un angle puis ôtez tous les fils verticaux. Seule la broderie restera sur le support.

JARDIN

Les travaux de la première quinzaine de juillet

- Repiquez les semis de bisannuelles.
- Tuteurez les dahlias et les glaïeuls.
- Taillez les seringas.
- Supprimez les gourmands des rosiers.
- Continuez à pincer les tomates.
- Plantez des chicorées, des choux de Bruxelles, des choux-fleurs et des poireaux.
- Etayez les branches des pommiers et des poiriers trop productifs.
- Ebourgeonnez les dahlias.
- Taillez les rosiers non remontants.

CE JOUR-CI, AUTREFOIS

1907 naissance de l'artiste peintre mexicaine Frida Kahlo

1928 les dix plus gros grêlons du monde tombent dans le Nebraska avec une circonférence de 44 cm et un poids de 744 grammes

GÉNÉALOGIE

Origine du nom Martin

Ce patronyme représente un ancien nom individuel de baptême. C'est le nom de famille le plus répandu en France, avec environ 180 000 porteurs. Il fait référence à saint Martin, évêque de Tours et partageur de manteau, qui évangélisa la Gaule au IVe siècle et qui fut considéré par les populations médiévales comme le symbole de la victoire du christianisme sur les traditions païennes.

« Ciel de juillet rouge au matin est un pluvieux voisin. »

JARDIN

L'attrait pour le potager biologique a permis la redécouverte de légumes anciens et oubliés. Parmi eux, les plus savoureux sont : le panais, au goût sucré ; l'arroche, qui est un très bon succédané d'épinard ; le cerfeuil musqué, au goût d'anis ; le crambe, sorte de chou sauvage aux feuilles d'une saveur très aromatique ; l'onagre, dont la racine une fois bouillie a la saveur du jambon ; l'oca, petit tubercule que l'on prépare comme les pommes de terre ; l'héliantis, proche du topinambour, au goût sucré ; le potimarron, courge à la chair orange et à goût de châtaigne ; le souchet, aux rhizomes sucrés. Tous ces légumes sont la plupart du temps proposés par des producteurs biologiques, ils se cultivent sans problème et sont rarement attaqués par les ravageurs et les maladies.

TRUCS ET ASTUCES

Pour faire briller un miroir, frottez l'ensemble de la surface avec une pomme de terre coupée en deux. Passez ensuite un chiffon imbibé d'alcool à brûler et d'eau (15 cl d'alcool pour 1 litre d'eau). Laissez sécher et faites briller avec un chiffon sec.

CE JOUR-CI, AUTREFOIS

1922 naissance du couturier Pierre Cardin
1939 sortie du film La Règle du jeu *de Jean Renoir*
1971 inauguration du pont de Noirmoutier

EXPRESSION

Passer sous les fourches caudines
Cette expression tire son origine de l'histoire romaine et évoque plus spécifiquement un épisode des guerres sanglantes entre Romains et Samnites. Pour se venger des Romains, les Samnites leur infligèrent une peine infamante dans le défilé des Fourches de Caudium en 321 av. J.-C. : passer en se courbant sous leurs lances. L'expression désigne le fait de devoir se plier à une concession humiliante.

NOS ANIMAUX

Soignez les griffes de votre chat

Ne faites pas dégriffer votre chat, c'est une méthode douloureuse qui amoindrit votre animal. Pour le chat, faire ses griffes sur un objet est un comportement naturel et indispensable pour les entretenir, les aiguiser et les nettoyer, sans parler du marquage territorial. Si le chat vit en appartement, il faudra prévoir un griffoir : une bûche de bois recouverte d'une moquette épaisse ou d'une grosse corde.

« Juillet, c'est le mois des moissons, on met la faux au sillon. »

BIEN-ÊTRE

Crème adoucissante pour les mains

Lorsque vos mains ont été malmenées par des travaux de jardinage ou desséchées par le froid, vous pouvez préparer une crème faite de cire d'abeille, d'huile d'amande douce, d'huile de noix de coco et de glycérine ; mettez ensuite le tout à fondre au bain-marie. L'ensemble prend l'aspect d'une crème épaisse qui adoucit et hydrate les mains.

TERROIR ET TRADITIONS

Les fêtes de Gayant

Le premier dimanche qui suit le 5 juillet, les habitants de Douai célèbrent le plus ancien des géants du Nord : Gayant, forme picarde du mot "géant". Cet immense mannequin d'osier et de carton-pâte (8,60 m et 370 kg) fut créé en 1530 par la corporation des manneliers – fabricants de paniers en osier – pour commémorer l'échec de Louis XI devant Douai en 1477. Chaque année, Gayant est promené dans les rues au son de la grosse cloche de l'hôtel de ville. Guerrier casqué, il est accompagné de son épouse Marie Vagenon et de ses enfants, Jacquot, Fillion et Binbin-qui-louche, gros bébé affecté d'un strabisme qui protégerait les enfants contre les problèmes oculaires.

ÉNIGME

Jean-Paul fait huit tartelettes en quarante minutes.
Combien de temps lui faudra-t-il pour faire cent soixante tartelettes ?

Solution : 800 minutes (soit 13 heures et 20 minutes)

TOPONYMIE

Noms de villes du Languedoc-Roussillon

- *Béziers est tiré du celte* betarae, *signifiant "passage à gué".*
- *Collioure proviendrait de l'expression préromane* Kouk-Illi-Berri *signifiant "port de la ville neuve".*
- *Conques,* Concas *en occitan, provient du latin* concha, *"coquille", la rivière de l'Ouche au bord de laquelle la commune est située semblant à ce niveau se replier comme une coquille.*
- *Lodève provient du gaulois* Luteva, *formé à partir de* lut, *"boue".*
- *Mende est un nom d'origine gauloise signifiant "montagne".*
- *Montpellier provient de l'occitan* mount pellé, *"mont pelé".*

IDÉE REÇUE

Les cactées craignent le froid

Il y a bien sûr des exceptions, mais la plupart des cactées supportent même des périodes de gel intense. D'ailleurs, sans ce froid, les cactées ne fleurissent pas. Mais elles craignent par-dessus tout les périodes fraîches accompagnées d'humidité, ce qui est souvent le cas dans nos régions. Au jardin, il faudra abriter ces succulentes non pas du froid, mais de l'humidité.

CE JOUR-CI, AUTREFOIS

1838 *naissance de l'inventeur du dirigeable Ferdinand von Zeppelin*
1992 *création de la carte à puce bancaire*

"A la Saint-Thibault, sème tes raves, arrache tes aulx."

VOS DROITS

Quelle différence entre une main courante et une plainte ?

Le dépôt sur main courante est un moyen pratique pour dater des événements d'une certaine gravité mais qui ne sont pas à eux seuls caractéristiques de la commission d'une infraction (ex : constat du départ du conjoint du domicile) devant faire l'objet d'une plainte. Le dépôt sur main courante est une simple déclaration d'un particulier qui peut être faite soit au commissariat de police, soit à la brigade de gendarmerie. Le dépôt sur main courante n'ouvre pas de poursuites judiciaires, il constitue seulement une preuve.
La plainte, elle, est une démarche juridique qui tend à faire poursuivre l'auteur des faits en justice et, si ce dernier est reconnu coupable, à le faire condamner à une peine, complétée éventuellement d'une condamnation à verser des dommages-intérêts à la victime.

CE JOUR-CI, AUTREFOIS

- *1810 Napoléon Ier annexe la Hollande à la France et la divise en sept départements*
- *1877 premier tournoi de tennis de Wimbledon*
- *1934 naissance du chanteur Pierre Perret*

LANGAGE DES PLANTES

La coriandre

La coriandre est utilisée depuis toujours par les peuples méditerranéens. Elle est citée dans l'Ancien Testament sous le nom de gad. Les Hébreux l'utilisaient pour aromatiser leurs galettes de pain. Dans l'Egypte ancienne, on s'en servait pour aider à la fermentation des farines d'orge et de millet. Les Romains conservaient leurs viandes dans du vinaigre additionné de graines de coriandre pilées. Au Moyen Age, elle fait partie des plantes recommandées par Charlemagne. Les pays d'Afrique du Nord utilisent toujours beaucoup les feuilles de coriandre fraîche pour aromatiser les salades et les soupes. En Europe, on préfère consommer les graines séchées, au parfum plus doux. Le suc de la plante fraîche provoque une légère ivresse.

LES JOLIS VILLAGES DE FRANCE

Les Baux-de-Provence

Certainement l'un des villages de France les plus beaux et les plus visités, Les Baux (du provençal biou signifiant "piton") offrent un panorama vertigineux. S'étendant sur la falaise, les ruines de la forteresse se confondent avec la paroi de la montagne. Le village se compose d'une partie basse très animée avec ses rues pavées bordées d'élégantes maisons Renaissance, sa charmante place et son église Saint-Vincent du XIIe siècle, et d'une partie haute désertée, jadis séparée du village par un rempart et un fossé : la "cité morte" qui domine le val d'Enfer.

« Qui dort en juillet jusqu'au soleil levant mourra pauvre finalement. »

TERROIR ET TRADITIONS

Fête des brodeuses à Pont-l'Abbé

Créée en 1954, la fête des brodeuses est l'une des plus anciennes manifestations folkloriques de France. Elle a pour ambition de faire vivre la tradition du terroir bigouden et la richesse de la culture bretonne. Au programme : concerts de musique et spectacles de danse, défilés, démonstration de broderie par les Bigoudènes, et élection de la "reine des brodeuses".

JEUX Le passe-muraille

Partez de la première syllabe pour construire un mot composé de 6 syllabes.
Il s'agit de récupérer une seule brique par rangée pour arriver au mot final.

PLU

RAM	NA	TO	RI
TE	AN	AIN	MA
ER	NU	UN	BOU
ROL	EIL	EL	AM
TIR	QUE	SME	LE

Solution : pluriannuelle

IDÉE DÉCO

Cheminée transformée

Une cheminée inutilisée pourra faire office de bibliothèque. Coffrez l'intérieur du foyer à l'aide d'une planche de bois ou d'aggloméré, tapissée ou peinte d'une couleur assortie à la pièce. Découpez deux panneaux pour servir de montants à la bibliothèque et percez dans ces panneaux les trous qui accueilleront les taquets des étagères. Placez les montants contre les parois de l'âtre, insérez des taquets et posez des étagères aux dimensions.

CE JOUR-CI, AUTREFOIS

1900 inauguration du métro parisien

2003 annonce de la découverte de la planète la plus vieille et la plus éloignée jamais observée, distante de 5 600 années-lumière

HISTOIRE DRÔLE

Un couple discute le matin.
Elle : Tu as vu le voisin, tous les matins il embrasse sa femme avant de partir au travail. Pourquoi tu n'en fais pas autant ?
Lui : Tu sais, je ne la connais pas très bien !

"Juillet sans orage, famine au village."

Les Amants de la petite reine

Annie Degroote

De toutes les fenêtres ouvertes de cette bourgade tranquille de la Flandre française, résonnaient les acclamations pour l'arrivée du Tour de France. Il faisait si beau en ce mois de juillet 1939 ! Seuls quelques nuages opalins et joufflus parsemaient le ciel sans jamais en affaiblir la luminosité estivale. La campagne environnante déployait ses fastes d'été.

Des effluves de pommes de terre parvenaient jusqu'au cœur de la petite ville d'Hazebrouck et se mêlaient à l'odeur familière de la chicorée. Sur la Grand-Place, le temps semblait s'être arrêté. Un contraste curieux existait entre l'image figée, digne d'une carte postale, d'un hôtel de ville de style napoléonien, l'absence de tout mouvement, et les clameurs sourdes qui s'élevaient des maisons et se propageaient aux alentours. On n'entendait même plus le cognement familier des roues des trains sur les rails, ni le sifflet de la « loco » qui emplissait l'air lorsque le vent était à l'est.

Le cœur de Céline s'ébaudissait encore de la découverte de sa première bicyclette de femme, gris bleuté, au cadre en col de cygne, une petite sacoche en cuir attachée derrière la selle, et la plaque d'identité à son nom.

Elle était d'autant plus émue qu'Alexandre, lui, ne possédait qu'un vieux clou de vélo, doté de cette obsolète lanterne à acétylène encore appelée lanterne à carbure. Mais pour sa « petite Linette », il avait désiré l'un des tout derniers modèles.

— Quelle élégance ! Ton vélo est assorti à tes yeux ! s'était exclamée sa maman, au visage rond et avenant.

Les yeux d'Hélène pétillaient d'un plaisir enfantin. La gosse qu'elle était jadis vivotait avec le secours du bureau de bienfaisance. Il était trop tard pour avouer qu'elle ne savait pas pédaler, pas plus qu'elle n'avait appris à nager.

Extrait du roman *Les Amants de la petite reine* d'Annie Degroote
paru aux Presses de la Cité dans la collection Terres de France

TERROIR ET TRADITIONS

Les images d'Epinal

Grâce aux célèbres images créées par Jean-Charles Pellerin, fils d'un graveur sur bois et imprimeur, installé dans la cité vosgienne depuis 1735, l'image d'Epinal acquiert sa notoriété. L'imagerie d'Epinal continue à les imprimer et à les diffuser. Le musée départemental d'Art ancien et contemporain en possède une vaste collection. D'abord unique, l'image d'Epinal se décline bientôt en planche, lointain ancêtre de la bande dessinée. Son contenu évolue avec le temps : d'abord instructive et moralisatrice, elle devient aussi humoristique et satirique. Elle contribuera, notamment, à forger la légende napoléonienne.

CE JOUR-CI, AUTREFOIS

- **1908** première participation des femmes aux jeux Olympiques modernes
- **1932** naissance de l'astrophysicien québécois Hubert Reeves
- **1989** inauguration de l'Opéra Bastille

VOS DROITS

La déclaration de naissance

Obligatoire pour tout enfant, la déclaration doit être faite dans les trois jours qui suivent le jour de la naissance. Si celle-ci n'a pas été déclarée dans ce délai, elle ne peut être inscrite sur les registres que sur présentation d'un jugement rendu par le tribunal du lieu où l'enfant est né.
La naissance est déclarée par le père ou, à défaut, par le médecin ou les personnes ayant assisté à l'accouchement.
La déclaration de naissance est établie à la mairie du lieu de naissance par un officier d'état civil qui remet au parent un carnet de santé. L'acte de naissance est rédigé immédiatement.

TRUCS ET ASTUCES

Pour rendre vos chaussures impeccables alors que vous n'avez plus de cirage, frottez-les simplement avec l'intérieur d'une peau de banane puis passez un coup de brosse.

MÉTÉO

Le mois de juillet 1947 est le plus chaud enregistré en France depuis la création de la station météo du parc Montsouris à Paris. Tout le pays est sous la fournaise : il fait plus de 43 °C dans la capitale sous abri !

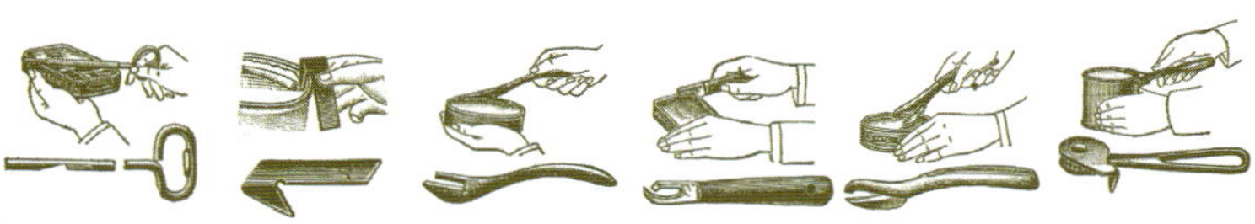

COLLECTIONS

Le collectionneur d'ouvre-boîtes s'appelle l'appertophiliste.

« De juillet la chaleur fait de septembre la valeur. »

TERROIR ET TRADITIONS

Cure bulgare

Cette potion alcoolisée préparée en laissant macérer pendant vingt jours des bulbes d'ail concassés dans de l'alcool à 75° était censée protéger de l'artériosclérose et des troubles de la circulation. Il suffisait pour guérir de prendre, sur un sucre, le premier jour, une goutte de cette potion, puis, le deuxième, deux, et ainsi de suite jusqu'au 50e jour et ses 50 gouttes.

CE JOUR-CI, AUTREFOIS

1804 première attribution de la Légion d'honneur
1919 naissance de l'acteur Lino Ventura

EXPRESSION

La carmagnole

Elle tire son nom d'un petit village du Piémont : Carmagnola. Les ouvriers piémontais qui venaient travailler en France portaient une carmagnole, habit qui fut adopté par les fédérés marseillais. Cette veste à collet retombant sur les épaules, à revers courts et basques étroites avec poches extérieures et ornées de plusieurs rangées de boutons de métal sur le devant, fut beaucoup portée par les révolutionnaires. Elle donna son nom à la chanson et à la ronde qu'ils affectionnèrent si bruyamment en 1793.

COUTURE ET TRICOT

Le point de tige

On l'utilise en broderie pour représenter des lignes courbes et sinueuses. On l'utilise de préférence sur du tissu à armure toile.

- Tracez la ligne à broder sur le tissu. Travaillez de gauche à droite. Sortez l'aiguille au début de la ligne, en A, puis piquez-la un petit peu plus loin sur la droite en B, légèrement au-dessous de la ligne. Sortez l'aiguille à mi-longueur le long du point précédent, légèrement au-dessus de la ligne, en C, au-dessus du fil du point précédent.
- Répétez l'étape précédente jusqu'à la fin de la ligne.

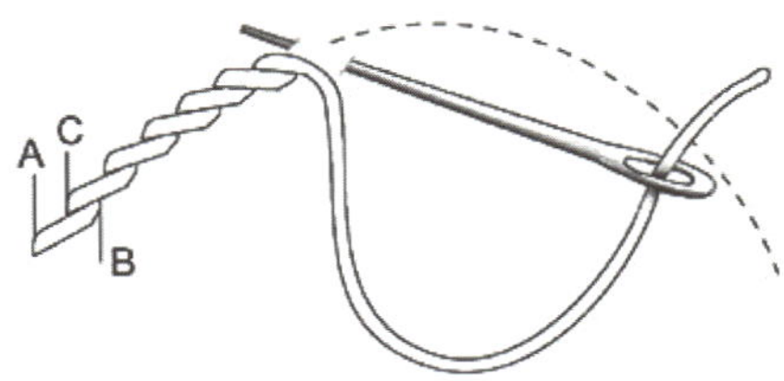

GASTRONOMIE

L'endive du Nord

Les endives ont été "inventées" en Belgique, au milieu du XIXe siècle. Un paysan, originaire des environs de Bruxelles, découvrit que des racines de chicorée sauvage, qu'il avait laissées négligemment dans un endroit sombre, humide et chaud, avaient fini par donner des pousses allongées aux feuilles jaunâtres. Bréziers, jardinier en chef du jardin botanique de Bruxelles, améliora le résultat en utilisant la variété de chicorée witloof ("feuille blanche"), qui donna le légume blanc et oblong que l'on connaît aujourd'hui. Dès l'entre-deux-guerres, les paysans du nord de la France commencèrent à la cultiver et, à partir de 1950, la production devint intensive, le sol et le climat locaux convenant parfaitement à cette culture.

"Juillet, orage de nuit, peu de mal, mais que de bruit !"

MÉTIERS OUBLIÉS

La dentellière

Aux XVIe et XVIIe siècles, les dentellières œuvraient dans les ateliers familiaux ou les manufactures des grands centres de production comme Le Puy-en-Velay, la Normandie et le Nord. Puis la mode de la dentelle s'étendit à l'ensemble de la France et, dès lors, chaque village eut son ouvrière spécialisée. L'outil de base de la dentellière était le carreau, ou métier, qu'elle posait sur ses genoux et qui servait de support à son patron. Elle piquait dans ce dernier des épingles destinées à tenir les motifs en forme, puis enroulait autour des fuseaux ses fils de lin, de laine, de coton, plus rarement de soie. Elle entrecroisait ensuite les fuseaux deux à deux autour des épingles pour reproduire le motif souhaité.

JARDIN

Les travaux de la seconde quinzaine de juillet

- Taillez les glycines.
- Taillez les ifs, les thuyas, les buis et les lauriers-cerises.
- Récoltez les échalotes, l'ail et les oignons et laissez-les ressuyer une journée sur le sol.
- Pincez les tiges des potirons et des melons pour obtenir des fruits plus gros en limitant leur quantité.
- Semez des laitues d'automne.
- Marcottez les mûres.

CE JOUR-CI, AUTREFOIS

1914 vote de la loi de finances instaurant l'impôt sur le revenu
1959 naissance de l'acteur Vincent Lindon
2007 lancement du Vélib' à Paris et des 10 000 vélos en libre service

CONTES ET LÉGENDES

La légende des trois épis

En mai 1491, le forgeron Dietrich Schoeré se rendait par la forêt au marché de Niedermorschwihr (Haut-Rhin) pour y acheter du blé. Passant devant le "chêne à l'homme mort", il s'arrêta : selon la coutume, une image pieuse avait été fixée sur cet arbre, devant lequel un paysan s'était mortellement blessé quelques années auparavant. Après avoir prié pour le repos de l'âme du malheureux, le forgeron s'apprêtait à repartir quand la Vierge lui apparut, tenant trois épis dans la main droite et un glaçon dans la main gauche. "Ce glaçon, lui dit-elle, symbolise les fléaux qui vont punir les impies ayant suscité la colère divine. Quant à ces trois épis, ils représentent l'abondance qui récompensera les êtres vertueux." Une chapelle fut bientôt érigée à l'endroit où la Vierge était apparue, donnant naissance au pèlerinage des Trois-Epis.

"En mi-juillet, pluie ou vent font mal au froment."

jeudi 16 juillet

Notre-Dame du Mont-Carmel

Soleil : 06 h 04 • 21 h 48
Cancer / 3e décan

MÉTÉO

Si l'influence de la lune sur les êtres vivants est souvent contestée, chacun s'accorde pour reconnaître son action sur la météo. On a constaté que les jours de beau temps sont plus nombreux lorsque la lune est dans son premier quartier et que le mauvais temps et la pluie surviennent la plupart du temps après la pleine lune. C'est à cette époque que l'attraction lunaire est la plus importante, surtout lorsqu'elle est en périgée. D'ailleurs, les tempêtes et les orages arrivent souvent lorsque la lune est pleine et le plus près de la terre. C'est l'attraction lunaire sur l'énorme masse des mers et des océans qui crée les marées et tous ces changements climatiques.

LANGAGE DES PLANTES

Le groseillier

C'est un arbrisseau aux rameaux bruns et aux feuilles rugueuses. De petites fleurs d'un jaune verdâtre s'épanouissent en grappes au printemps. Peu décoratives, elles attirent de nombreux insectes, qui y trouvent un abondant nectar. Fécondées elles sont suivies de fruits translucides et légèrement épineux : les groseilles, blanches ou rouges. Originaire des pays du nord de l'Europe et de Sibérie, le groseillier a commencé à être cultivé en Allemagne au XVIe siècle, puis en Lorraine, et sa culture s'est étendue jusqu'en Italie. De ce pays viendront les variétés rouges, car les premières groseilles connues dans notre pays étaient blanches. Les groseilles se consomment fraîches ou cuites en gelée. Les plus célèbres sont celles de Bar-le-Duc, où l'on épépine chaque baie à la plume d'oie afin d'obtenir une gelée sans le moindre pépin.

CE JOUR-CI, AUTREFOIS

1886 naissance du romancier et poète Pierre Benoit
1989 décès du chef d'orchestre autrichien Herbert von Karajan

TRUCS ET ASTUCES

Pour vous débarrasser des taches d'eau et garder les robinets brillants, appliquez un peu de dentifrice avec un linge. Laissez sécher et frottez pour faire reluire.

DEVINETTE

Tous les voleurs me possèdent.
Je viens en premier dans les vengeances.
Tous les devins m'utilisent.
Les savants ne peuvent se passer de moi,
Car je suis le centre de gravité. Qui suis-je ?

Solution : la lettre a

RECETTE

Fonds d'artichaut Clamart

une spécialité d'Ile-de-France

Pour 4 personnes.

Ingrédients : 8 fonds d'artichaut ; 500 g de petits pois en boîte ; 50 g de beurre ; cerfeuil ; sel ; poivre.

- Faites chauffer les petits pois dans leur jus, sans les laisser bouillir.
- Egouttez les fonds d'artichaut et faites-les revenir à la poêle avec un peu de beurre. Salez et poivrez.
- Egouttez les petits-pois. Ajoutez une grosse noix de beurre. Salez et poivrez.
- Disposez les fonds d'artichaut dans un plat.
- Garnissez-les de petits pois.
- Parsemez de cerfeuil haché.

« A la fête du Mont-Carmel, mieux vaut chèvre que vache à lait. »

JEUX Quiz

LES DANSES DE FRANCE

Laissez-vous aller à quelques petits pas de danse…
Choisissez la bonne réponse.

1. Dans quelle région pouvez-vous danser la crouzade?
a - Auvergne
b - Alsace
c - Bretagne

2. Où pouvez-vous taper du pied pour accompagner la danse appelée farandole ?
a - Aquitaine
b - Provence
c - Poitou-Charentes

3. Sous quels cieux pouvez-vous danser l'an-dro ?
a - Bretagne
b - Berry
c - Creuse

4. Dans quelle région pouvez-vous danser une gigouillette?
a - Savoie
b - Centre
c - Corse

5. Où devez-vous aller pour danser la soyotte ?
a - Lorraine
b - Poitou-Charentes
c - Touraine

6. Où danserez-vous la gavotte ?
a - Savoie
b - Aquitaine
c - Bretagne

Solution : a, b, a, b, a, b

CE JOUR-CI, AUTREFOIS

1429 sacre de Charles VII en la cathédrale de Reims
1815 Napoléon se livre aux troupes britanniques à Rochefort

JARDIN

C'est souvent en plein été que l'on commence à regretter d'avoir installé certaines plantes exotiques dans son jardin. Sorties de leur habitat naturel, elles vont devenir de véritables parasites, souvent impossibles à détruire. C'est le cas de la renouée du Japon, qui rampe et grimpe sur tout ce qu'elle trouve. On ne se débarrasse pas non plus facilement de la berce du Caucase, qui, bien qu'elle meure au premier coup de gel, a eu le temps de disséminer ses graines qui deviennent la saison suivante autant de plantes géantes. Les bambous sont eux aussi de redoutables envahisseurs.

BIEN-ÊTRE

Les pommes d'ambre

Pour parfumer l'intérieur des armoires, vous pouvez y placer des pommes d'ambre. Ce sont des oranges piquées de clous de girofle et que l'on recouvre ensuite de poudre d'épices, notamment de cannelle. En plus du parfum agréable, les clous de girofle agissent comme un excellent antimites.

« Le soleil de juillet travaille pour deux. »

Une famille française

Jean-Paul Malaval

Et Mariguitte aussi se mit à exulter, ce qui n'était pas pour déplaire au maître. Des hommes, la jeune fille ne savait rien d'autre que l'autorité d'un père, les taquineries de ses frères Paul et Pierre. A la vérité, Paul était plutôt volontaire et raide comme Angel, tandis que Pierre s'avérait doux et délicat. Elle se disait : Si je dois un jour prendre mari, il faudrait qu'il soit comme mon Pierre. Mais c'était parole en l'air, bluette de jeune fille romantique, car le destin n'a point de maître ni de contradicteur, il dispose des vies selon les circonstances.

L'homme descendit aux cuisines, traversa le salon, les couloirs, en battant la semelle. Il allait et venait comme un étranger dans sa propre maison. Qu'est-ce donc qui lui prêtait cette sensation singulière ? L'habit, le chapeau, le cuir rasé de frais. Ne suis-je point en train d'en faire un peu trop ? s'interrogeait-il.

— Mais où est Clémence ? cria-t-il.

Sa voix de baryton monta jusqu'aux étages. Et Athanaïs prit peur. Les cris de son mari, les foucades, les appels rauques la mettaient en transe. Elle descendit les escaliers, quatre à quatre.

— Sais-tu où est Clémence ?

— Elle se cache, révéla la mère.

— Pourquoi ? Est-ce une manière, le jour des accordailles ?

— Justement.

— Justement, quoi ?

— C'est une affaire d'hommes.

Angel parut rassuré. Et il s'approcha de sa femme, encore en camisole de nuit. Tout occupée à apprêter le mari, elle n'avait pas eu une seule minute à elle. Il la prit dans ses bras puissants, prisa fort les tressaillements de désir qu'ils partageaient.

— Tu es impossible, mon pauvre Angel.

— Ne suis-je pas trop bien vêtu ? Notre Brillat mérite-t-il tant d'attention ? Le ridicule serait la pire impression que je puisse donner…

— Tu es parfait, Angel, parfait.

Extrait du roman *Une famille française* de Jean-Paul Malaval
paru aux Presses de la Cité dans la collection Terres de France

GÉNÉALOGIE

Origine du nom Tournier

Ce patronyme a pour origine les mots latins *tornus* et *tornator*, qui signifient "tour" et "tourneur". Il qualifiait les hommes qui exerçaient le métier de potier ou de tourneur de bois, et plus généralement tous les métiers où il était fait usage d'un tour. Il peut parfois également correspondre à des métiers de gardien de tour, de portier ou encore de geôlier, mais il aurait pour origine cette fois-ci l'ancien français *tornier* signifiant "tour". Parmi les noms partageant la même origine, on trouve Tornier, Tornir, Torny, Tornÿr, Tournade, Tournadre, Tournaire, Tournay, Tourné, Tourneur, Tourneux, Tournié.

LANGAGE DES PLANTES

La sauge officinale

Elle a la réputation de cicatriser les peines de cœur ; ainsi en offre-t-on aux amoureux qui se sont laissé prendre leur amie. Autrefois, dans l'Allier, les jeunes garçons qui demandaient une fille en mariage portaient à leur boutonnière un petit bouquet de sauge. Dans le langage des fleurs, la sauge signifie chasteté et santé, et, lorsqu'elle est en boutons et en fleur : "j'ai le désir de vous voir". Dans l'est de la France, la sauge était moins bienveillante. Accrochée sur la porte d'une maison, elle annonçait aux membres de la famille de grands malheurs.

HISTOIRE DRÔLE

Un homme arrive à son travail, un énorme bandage sur la tête. Son collègue, un peu inquiet, lui demande :
— Que t'est-il arrivé, Paul ?
— Une abeille m'a piqué.
— Mais une piqûre d'abeille n'a pas besoin d'un si gros bandage !
— Ben si, ma femme l'a tuée avec une pelle !

TERROIR ET TRADITIONS

La chasse au Pays basque

Chaque automne au Pays basque, la chasse à la palombe est l'occasion d'une ferveur collective sans égale. Profitant des migrations des pigeons ramiers, les chasseurs partent se jucher dans les palombières, promontoires pouvant atteindre 20 m de haut et offrant une vue idéale sur les passages d'oiseaux. Inventée par les moines de Roncevaux au XIIIe siècle, la technique consiste traditionnellement à lancer des pierres contre les pigeons pour les détourner vers des filets tendus par des hommes à terre.

CE JOUR-CI, AUTREFOIS

1925 *naissance de l'économiste et homme politique Jacques Delors*
1938 *naissance de l'actrice américaine Natalie Wood*

NOS ANIMAUX

Pour maintenir en place les gamelles de vos animaux pendant leur repas, fixez 4 rondelles de caoutchouc sous les écuelles. Elles joueront le rôle de ventouses.

« S'il pleut à la Sainte-Marina, des noix il n'y en aura pas. »

TERROIR ET TRADITIONS

Les mariages collectifs

En Bretagne, les mariages collectifs n'étaient pas rares. Propres à certaines localités, ils permettaient aux paysans d'unir leurs richesses pour marier leurs jeunes gens et de limiter les dépenses. La date de ces mariages était fixée en fonction des travaux agricoles et l'on choisissait la période la plus creuse pour se livrer sans remords aux réjouissances d'usage. Dans la région de Plougastel-Daoulas, les mariages se célébraient tous le même jour dans la première quinzaine de janvier. Ils réunissaient parfois plus de mille convives ! En 1895, il y eut 46 couples de mariés le même jour. Ces grands mariages collectifs ont cessé en 1925.

GASTRONOMIE

Les canelés de Bordeaux

Les ingrédients de base de ces délicieuses gourmandises typiquement bordelaises sont des plus classiques : œufs, farine, lait et sucre. Leur spécificité tient surtout à deux ingrédients ajoutés à la pâte : le rhum et la vanille, et aux moules rainurés en cuivre étamé dans lesquels ils sont cuits. Les Bordelais, fiers d'avoir mis au point la recette de ces gâteaux moelleux à la croûte caramélisée, ont créé la Confrérie du canelé (les puristes revendiquent cette orthographe) de Bordeaux en 1985. Cependant, les origines de cette spécialité ne sont pas claires : certains prétendent qu'elle aurait été créée à partir des restes de farine récupérés lors du chargement ou du débarquement des bateaux ; d'autres en voient la naissance dans le couvent des dames de l'Annonciade, à Bordeaux, tandis que d'aucuns les apparentent aux canoles, lointaine spécialité de Limoges.

CE JOUR-CI, AUTREFOIS

356 av. J-C	naissance d'Alexandre le Grand
1985	le coureur cycliste Bernard Hinault remporte à 31 ans son cinquième Tour de France

BIEN-ÊTRE

L'iode

L'iode est un composant essentiel de nos hormones thyroïdiennes. Les personnes qui consomment en trop grande quantité des aliments riches en fer comme les choux sont souvent carencées en iode car le fer gêne l'assimilation de l'iode dans l'organisme. Un apport en iode sous forme d'iodure de potassium peut rétablir l'équilibre. L'iode est surtout présent dans les fruits de mer. La grande majorité des sels de table sont enrichis en iode.

« Soleil de juillet donne la fortune. »

mercredi 22 juillet

Sainte **Marie-Madeleine**

Soleil : 06 h 11 • 21 h 42
Lune : ●
Cancer / 3e décan

PERSONNAGES DE NOS RÉGIONS

Rabelais à Chinon

Dans les romans de Rabelais, le terroir local, à savoir Chinon et Tours, est constamment évoqué et fait partie intégrante de l'œuvre. Né en 1494 à Chinon, en Touraine, François Rabelais fait son noviciat chez les Franciscains. Après des études de droit puis de médecine à Montpellier, il entre comme médecin à l'Hôtel-Dieu de Lyon en 1532. Parallèlement à son activité de médecin, Rabelais se met à écrire et publie plusieurs romans, dont les plus connus restent Pantagruel en 1532 et Gargantua en 1535. Drôles mais surtout truffés de références savantes ainsi que d'allusions à la vie locale et politique de Touraine, ils sont considérés comme des classiques de la littérature française du XVIe siècle.

CE JOUR-CI, AUTREFOIS

1832 décès de Napoléon II, dit l'"Aiglon"
1985 dix-huit radios libres privées sont autorisées à émettre en région parisienne

TERROIR ET TRADITIONS

La foire à la tomate de Marmande

Dans le Lot-et-Garonne, Marmande célèbre fin juillet la tomate pendant deux jours. On peut y découvrir un grand marché dédié à ce légume et aux produits fermiers, des démonstrations de recettes à base de tomate, ainsi qu'un concours de tomates présidé par un jury de professionnels. Une centaine d'artistes animent les rues pour l'occasion.

LA MINUTE CULTURELLE

Guernica de Pablo Picasso

Guernica est une ville d'Espagne, dans le Pays Basque, détruite par les Allemands, alors alliés des franquistes, lors de la guerre civile espagnol le 26 avril 1937.
Pour l'Exposition universelle de Paris, l'artiste Pablo Picasso, ému et révolté par ce crime, peint une immense et impressionnante fresque, Guernica, véritable allégorie de l'horreur de la guerre. Depuis 1992, ce tableau est exposé au musée Reina Sofía à Madrid.

MEUBLES DE NOS RÉGIONS

Surtout présente dans le pays de Caux et de Bray, la bonnetière était, comme son nom l'indique, réservée au rangement des bonnets et des coiffes. Haute et étroite, réalisée dans du chêne, elle ressemble à une petite armoire à une seule porte. Elle est quelquefois vitrée dans sa moitié supérieure et dotée d'un ou plusieurs tiroirs en bas de la porte.
La bonnetière est surmontée d'une corniche droite ou sculptée.

« Sainte-Madeleine pluie amène. »

CONTES ET LÉGENDES

La légende raconte que l'archange Raphaël serait apparu en rêve à un ermite et lui aurait conseillé d'utiliser l'angélique pour guérir la peste. Elle serait la plante la plus détestée des démons ! Pour les éloigner et en prévention de la peste, tous les monastères se mirent à la cultiver. Ce n'est que bien plus tard qu'ils l'utilisèrent dans leurs célèbres liqueurs. Cette plante protégeait de tout, même les femmes volages devenaient fidèles en croquant ses tiges. Jadis, les joueurs, pour attirer la chance, portaient en amulettes des racines fraîches d'angélique.

TRUCS ET ASTUCES

Pour recoller au mieux une page déchirée, en évitant le scotch, prenez un pinceau fin et appliquez un peu de blanc d'œuf sur les bords de la déchirure. Replacez ensuite délicatement la partie déchirée, puis laissez sécher. Les traces seront moins visibles et l'ensemble beaucoup plus esthétique !

CE JOUR-CI, AUTREFOIS

1904 apparition du cône glacé
1976 décès de l'écrivain Paul Morand
1995 découverte de la comète Hale-Bopp

IDÉE REÇUE

Les plantes vertes renouvellent l'air des pièces

S'il est vrai que, le jour, les plantes transforment le gaz carbonique en oxygène grâce à la lumière et à leur chlorophylle, la nuit, elles absorbent l'oxygène pour rejeter du gaz carbonique. Il n'est donc pas recommandé de placer les plantes vertes dans les chambres à coucher.

RECETTE

Sandre au beurre blanc

une spécialité de Nantes

Pour 2 personnes.

Ingrédients : 2 pavés de sandre ; 4 échalotes ; 180 g de beurre ; 1 c. à soupe de crème liquide ; 10 cl de vinaigre d'alcool blanc ; 50 cl de vin blanc sec ; sel ; poivre.

- Mettez les échalotes hachées dans une poêle avec le vinaigre et le vin.
- Portez à ébullition et laissez réduire quasi à sec.
- Ajoutez la crème liquide et mélangez au fouet.
- Donnez un bouillon puis, sur feu très doux, incorporez petit à petit 150 g de beurre bien froid coupé en morceaux, en fouettant vivement.
- Retirez du feu, salez et poivrez.
- Faites fondre le reste de beurre dans une poêle.
- Salez et poivrez les pavés de sandre et faites-les cuire 2 à 3 minutes côté peau, puis retournez-les, couvrez et achevez la cuisson sur feu éteint.
- Servez les pavés de sandre nappés du beurre blanc.

COUTURE ET TRICOT

Découdre une couture

Il est parfois nécessaire de défaire une couture, si l'on n'a pas cousu au bon endroit ou si l'on souhaite modifier la couleur du fil. Dans ce cas, il faut utiliser un découseur, de façon à ne pas endommager le tissu. Placez la lame entre les points, tous les 25 mm environ, et retirez doucement la couture. N'essayez pas de passer le découseur entre les épaisseurs le long de la couture, car vous pourriez couper accidentellement le tissu. Otez tout le fil et repassez la couture à la vapeur (utilisez une pattemouille pour les tissus délicats), de façon à estomper les trous formés par les fils.

« Quand en juillet fourmi rehausse sa maison, l'hiver sera dur et long. »

vendredi 24 juillet

Sainte **Christine**

Soleil : 06 h 13 • 21 h 38
Lion / 1er décan

ÉTÉ

JEUX A une lettre près

SOTTES
Espèces
Moyens de transport
Horloge
Couper à ras
Offrir

Solution : sortes, mètres, montre, tondre, donner

CONTES ET LÉGENDES

La Mare au diable

Les frondaisons du bois de Chanteloube près de Châteauroux abritent une vaste mare triangulaire et sombre ; une croix de bois, dressée et penchée, dépasse ses eaux troubles. C'est la Mare au diable. Pour certains, ce nom serait sorti de l'imagination enfiévrée de George Sand. C'est en effet dans l'imaginaire de la région de La Châtre qu'elle a puisé pour bâtir l'intrigue de ses romans. Selon la romancière, ceux qui font le tour de la Mare au diable doivent se plier à un rituel bien particulier : ils ne doivent s'en approcher qu'après y avoir jeté trois pierres de la main gauche tout en faisant un signe de croix de la main droite...

ASTROLOGIE

Lion (du 24 juillet au 23 août)

Planète : Soleil
Élément : Feu
Couleur : Jaune
Pierre : Sardonyx
Qualités : Ambitieux, distingué, énergique, loyal
Défaut : Arrogant
Affinités : Bélier, Sagittaire, Cancer

EXPRESSION

Avaler des couleuvres

Cette expression signifie "subir un affront, une vexation sans être en mesure de protester". L'expression date du XVe siècle où Furetière la définit ainsi : "On dit qu'un homme a bien avalé des couleuvres, lorsqu'on a dit ou fait devant lui plusieurs choses fâcheuses qu'il se peut appliquer, ayant été cependant obligé de cacher le déplaisir qu'il en avait."

CE JOUR-CI, AUTREFOIS

1534 Jacques Cartier prend possession du Canada au nom du roi de France
1802 naissance de l'écrivain Alexandre Dumas (père)

« A la Sainte-Christine, coupe le blé, plie l'échine. »

Les Silences du maître drapier

Annie Degroote

Guillaume se dirigea vers le bourg de la Tasnerie, et il reconnut l'entrée, en saillie sur la rue. Cette grande cave gorgé d'humidité faisait office de chambre de dentelle. Des bougies, placées derrière des carafes d'eau, multipliaient et répandaient la lumière. Des ouvrières studieuses agées de cinq à vingt ans, au petit bonnet, au tablier goudronné, assises sur leurs chaises, leur ouvrage sur les genoux, avaient la pâleur engendrée par d'épuisantes journées passées au sein de ce lieu humide, propice au travail du fil. Ici, point de vermillon ni de céruse sur les visages.

L'entrée de l'élégant gentilhomme en costume de voyage et guêtres de cuir, au chapeau tricorne bordé de plumes, provoqua un émoi parmi les jeunes captives. Au travers de leurs galons, cols, manchettes, mouchoirs et bouillonnés de corsage, elles rêvaient de princes charmants, tout en maniant les fuseaux de leurs doigts agiles. Les bobines virevoltaient et s'entrechoquaient. Les mains se hâtaient. Les regards fatigués ne se détachaient pus du bel inconnu. Tandis que Guillaume questionnait la maîtresse dentellière à propos de Maria Rimbert, l'atelier bruissa de chuchotements, d'où perlait parfois un éclat de rire vite étouffé. Rien pourtant n'avait changé dans ce travail dur et discipliné. Le commerce de la dentelle était florissant. Fine, « la Valenciennes » se vendait bien. Plate, à larges motifs, elle éclipsait les autres. On commençait à la juger inimitable. Les maisons de charité, orphelinats, couvents, ouvroirs, tous accueillaient des apprenties. Beaucoup aussi œuvraient à domicile.

Qui ne désirait, dès lors qu'il possédait un peu d'argent, orner ses vêtements, aménager ses intérieurs avec la précieuse dentelle ?

Extrait du roman *Les Silences du maître drapier* d'Annie Degroote paru aux Presses de la Cité dans la collection Terres de France

lundi 27 juillet

Sainte **Nathalie**

Soleil : 06 h 17 • 21 h 36
Lion / 1er décan

CE JOUR-CI, AUTREFOIS

1794 *(9 thermidor an II) chute et arrestation de Maximilien de Robespierre*
1884 *rétablissement du divorce en France*
1917 *naissance du comédien Bourvil*

EXPRESSION

Battre la chamade

Autrefois, lors d'une bataille, quand on souhaitait s'entretenir avec ses ennemis ou se rendre, on émettait un signal avec un tambour ou une trompette. On appelait cela "battre la chamade". Mais bien souvent, avec le bruit des tirs, on n'entendait pas les signaux émis, si bien que beaucoup d'hommes périssaient inutilement. Lorsque le cœur bat la chamade, cela signifie que nous sommes soumis à une vive émotion, similaire à celle que devaient ressentir les soldats à l'approche des ennemis.

COLLECTIONS

Le collectionneur de briquets s'appelle le pyrophile.

LE PETIT GESTE ÉCOLO

Privilégiez les produits sans phosphates

Certaines lessives et détergents contiennent des phosphates, qui se retrouvent dans les cours d'eau et les nappes phréatiques. Ces produits favorisent l'apparition et la prolifération d'algues toxiques. Préférez les produits labellisés NF-Environnement. Ils signalent des produits à la fois plus performants et plus respectueux de l'environnement.

CONTES ET LÉGENDES

L'Alsace des sorcières

**L'Alsace est une terre de prédilection pour les sorcières. Celles-ci s'y réunissaient la nuit, recevaient les ordres du diable et s'accouplaient avec lui. Dans le pays de Hanau, on peut encore voir des trous où les sorcières allumaient les feux autour desquels elles festoyaient, ainsi qu'une grande variété de fossiles, autrefois considérés comme des accessoires créés par Satan. Goethe visita ce site géologique exceptionnel qui l'impressionna au point de lui inspirer le décor de la scène de la nuit de Walpurgis décrite dans *Faust*. La partie orientale du Bastberg est aussi appelée la "colline du Gibet", où 17 personnes, dont 16 femmes, furent brûlées pour des faits de sorcellerie. Dans le sud de l'Alsace, près d'Orschwihr, les sabbats se déroulaient sur le Bollenberg, qui est surmonté de la chapelle Sainte-Croix, localement dénommée la "chapelle aux Sorcières".
Le 14 août, à Orschwihr, se déroule une étrange fête. Elle commence par une retraite aux flambeaux et se poursuit par le Haxafir, le feu des Sorcières, qui détruit un immense bûcher, illuminant la colline jusqu'au petit matin.**

« A la Sainte-Nathalie, temps joli. »

GASTRONOMIE

La truffe

On parle souvent de la truffe du Périgord. Pourtant, seulement 5 à 8 % de la production française provient de cette région. La majeure partie des truffes est récoltée dans le Sud-Est, dans le Tricastin et sur les pentes du Ventoux. Sous des dehors rustiques, la truffe offre une chair délicate et parfumée, à la texture croquante et à l'arôme incomparable. Son développement est tributaire de plusieurs facteurs : il est lié au sous-sol, qui doit être calcaire, à certaines essences d'arbres et à un climat plutôt méditerranéen. Il reste cependant imprévisible et capricieux. La truffe est donc à la fois un produit rare et mystérieux, ce qui explique les prix faramineux qu'elle peut atteindre.

TRUCS ET ASTUCES

Un désherbant pratique

Un bon jardinier ne jette pas l'eau de cuisson de ses féculents car, additionnée de quelques gouttes d'eau de Javel, elle fait un redoutable désherbant, à la fois bon marché et peu dangereux.

LANGAGE DES PLANTES

Le bouillon-blanc

Les sentiers larges et ensoleillés sont souvent bordés de cette grande plante bisannuelle qui peut dépasser les 2 mètres. La floraison a lieu tout l'été, les fleurs ne durent qu'une journée mais sont remplacées par de nouvelles qui se succèdent le long de la tige florale. Ces fleurs jaunes, séchées et préparées en infusion ont un goût sucré, rappelant le miel ; elles soulagent les toux irritantes. Les feuilles s'emploient en cataplasme pour relaxer. Ces propriétés émollientes ne doivent pas faire oublier que le bouillon-blanc est aussi une plante toxique. Le duvet blanc qui recouvre ses feuilles est irritant et les petites graines noires sont très dangereuses. Les capsules broyées avec leurs graines servaient aux braconniers à empoisonner les poissons.

CE JOUR-CI, AUTREFOIS

551 av. J.-C.	*naissance du philosophe et penseur Confucius*
1741	*décès du compositeur italien Antonio Vivaldi*

IDÉE DÉCO

Pot pour fines herbes

Procurez-vous un pot en terre cuite, de la peinture ocre, beige et marron, une serviette en papier à motif d'herbes, de la colle et du vernis-colle pour serviettes. Appliquez le marron sur le rebord du pot et le beige sur le reste de la surface. A l'aide d'une éponge, tamponnez la partie beige avec la peinture ocre. Laissez sécher. Mettez du vernis-colle sur la partie qui accueillera le motif, puis placez le motif découpé. Lissez avec le doigt puis repassez une couche de vernis-colle. Laissez sécher, mettez de la terre et placez votre plante dans le pot.

ÉNIGME

Un chauffeur de taxi s'engage, un peu pressé, dans une ruelle en sens interdit. Il regarde sans broncher le panneau rouge et continue. Là, il est arrêté par un policier. Tous les deux discutent un petit peu et le chauffeur de taxi repart. Comment est-ce possible ?

Solution : il est à pied !

« Juillet doit rôtir ce que septembre mûrira. »

PERSONNAGES DE NOS RÉGIONS

Henri Bosco et la Provence

Henri Bosco est un écrivain né à Avignon en 1888. Originaire d'une famille d'ouvriers piémontais immigrée en France, il passe son enfance à Avignon, fréquente le Conservatoire, et part ensuite à Grenoble pour y suivre des études de lettres jusqu'à l'agrégation. En 1924 paraît son premier livre, *Pierre Lampedouze* ; suivront d'autres romans aux évocations et images toujours en lien avec sa région natale. En 1968, l'Académie française le couronne d'un prix pour l'ensemble de son œuvre. A la fin de sa vie, il s'installe à Nice, sur les hauteurs de Cimiez, dans un vieux mas provençal. Il y meurt en 1976.

CE JOUR-CI, AUTREFOIS

1789 l'Assemblée nationale se donne un règlement
1987 la France et l'Angleterre signent l'accord en vue de la construction du tunnel sous la Manche

JEUX

Sudoku

	4		3		6		7	
	5	8				4	3	
1								8
		7	2	5	1	9		
		1	8	6	4	7		
4								9
	9	5				2	6	
	8		9		3		5	

SYMBOLES DE NOS RÉGIONS

Les pipes de Saint-Claude

Niché dans les montagnes du Jura, le bourg de Saint-Claude est connu dans le monde entier pour ses pipes de bruyère, ce qui peut paraître étrange à première vue puisque la bruyère pousse autour du bassin méditerranéen. En réalité, Saint-Claude était au XIXe siècle réputé pour le savoir-faire de ses tourneurs sur bois. Ainsi, un certain sieur Tafanel alla y proposer ses blocs de bois de bruyère qui, durs et résistants, permettaient de fumer dedans sans que jamais ils ne brûlent ni ne s'altèrent. Ainsi naquit dans les années 1850 l'industrie de la pipe à Saint-Claude.

« Mauvais temps à la Sainte-Marthe n'est rien, car il faut qu'il parte. »

CE JOUR-CI, AUTREFOIS

1791 vote de la suppression des titres de noblesse par l'Assemblée constituante
1971 atterrissage d'Apollo 15 sur la Lune

BRICOLAGE

Réparer une porte qui frotte

A l'aide d'une burette, huilez les gonds de la porte. Si celle-ci continue de grincer, sortez-la de ses gonds : ouvrez la porte perpendiculairement au mur, glissez dessous un burin (ou un tournevis) posé sur une cale pour faire levier. Face à la porte, maintenez-la par les côtés et appuyez sur le levier jusqu'au dégondage. Si les gonds sont rouillés, nettoyez-les avec de la toile émeri avant de les enduire de graisse.

COUTURE ET TRICOT

La broderie Hardanger

Originaire de Norvège, le principe de la broderie Hardanger est simple : on commence par réaliser une bordure au point passé plat puis on coupe et on retire certains fils pour former un jour, que l'on décore de barrettes et de points de jour pour créer un motif géométrique complexe.

SYMBOLES DE NOS RÉGIONS

.a rose de Picardie

.a rose est devenue au fil des ıns l'emblème de la Picardie, e symbole de la paix retrouvée t du renouveau. La chanson Roses de Picardie naquit en 916 de la rencontre d'un soldat ritannique et d'une villageoise le la Somme. Frappé par le ontraste entre les batailles erribles et la vision tranquille le cette femme prenant soin de es rosiers, le soldat décida l'écrire un poème. Véritable ıymne à la paix et à l'amour, le exte émut toute une génération. Quant à la rose, elle fait depuis 'objet d'une culture abondante.

RECETTE

Soupe au pistou

une spécialité de Provence

Pour 4 personnes.

Ingrédients : 1 courgette ; 125 g de haricots verts ; 125 g de poireaux ; 125 g de carottes ; 125 g de navets ; 125 g de céleri-rave ; 2 tomates ; 50 g de spaghettis ; sel.
Pour le pistou : 2 gousses d'ail ; quelques feuilles de basilic ; 50 g de parmesan ; 20 cl d'huile d'olive.

- Lavez, épluchez et coupez tous les légumes en petits dés.
- Jetez-les dans une grande casserole d'eau bouillante salée.
- Couvrez et laissez cuire doucement 1 heure.
- Ajoutez les spaghettis coupés en tronçons et faites cuire 10 minutes après reprise de l'ébullition.
- Pour le pistou, écrasez au pilon l'ail et le basilic.
- Ajoutez le parmesan puis l'huile d'olive petit à petit, sans cesser de remuer.
- Mélangez le pistou à la soupe et servez.

COMMENT S'APPELLENT…

les habitants de Gif-sur-Yvette dans l'Essonne ?

Les Giffois

« Pluie de juillet, eau en janvier. »

CURIOSITÉS DE NOS RÉGIONS

La ferme normande

Il existe deux types de fermes qui correspondent à des régions aux conditions naturelles différentes.
La haute Normandie, où les forêts abondent, voit ainsi le règne des colombages. Souvent variés dans leurs combinaisons, ils contribuent à la solidité du bâtiment et produisent un bel effet ornemental. Traditionnellement, la maison ne comporte qu'un rez-de-chaussée ; son toit à forte pente, autrefois en chaume, est aujourd'hui recouvert d'ardoises ou de tuiles plates. Par crainte des incendies, on préférait éloigner les dépendances et bâtiments annexes : l'étable, la grange, le pressoir à cidre, etc., construits suivant le même principe que l'habitation, étaient alors disséminés sur le terrain, le long de la clôture.
La basse Normandie, pays de la pierre, offre un tout autre type d'architecture : les colombages ont disparu, excepté dans le pays d'Auge, pour céder la place à la pierre calcaire, au schiste, au granit ou au grès. L'agencement de la ferme diffère également : les bâtiments sont regroupés autour d'une cour centrale, dont ils forment soit la totalité, soit une partie de l'enceinte. Dans ce dernier cas, un mur ou une haie ferme les intervalles.

TERROIR ET TRADITIONS

Les animaux en patois normand

- **Barbelotte :** coccinelle
- **Bêton :** jeune bovin
- **Beus :** bœufs
- **Blaine :** brebis
- **Blin :** bélier
- **Câ :** chat
- **Caillaine :** poule naine
- **Caillon ou cagnon :** cheval
- **Cônèle, cauvette, corbin :** corbeau
- **Mâlard :** canard
- **Paisson :** poisson
- **Quien :** chien
- **Tauriau :** taureau
- **Vaque :** vache

CE JOUR-CI, AUTREFOIS

1498 découverte par Christophe Colomb de l'île de la Trinité

1901 naissance du plasticien Jean Dubuffet

VOS DROITS

Quelle définition l'administration fiscale donne-t-elle de la résidence principale ?

L'administration fiscale entend comme habitation ou résidence principale, d'une façon générale, le logement où les contribuables résident habituellement et effectivement avec leur famille et où se situe le centre de leurs intérêts professionnels et matériels. Cette définition exclut donc toute pluralité d'habitations principales.

« De juillet chaud vient un automne pendant lequel souvent il tonne. »

La Couze

Sylvie Anne

Les moissons battaient leur plein. Ce n'était que le début de la matinée, mais déjà la chaleur écrasante du mois d'août pesait comme un étau. Dans le champ où elle s'activait sans relâche, Marie Bourzat releva la tête pour essuyer les gouttes de sueur qui perlaient sur son front. A quarante-cinq ans, ses bras et son corps robustes habitués aux durs travaux ne faiblissaient pas. « Les machines, c'est bon pour les fainéants ! » répétait-elle avec ce franc-parler qui la caractérisait.

Ici, dans ce petit village des Trois-Fontaines, à une lieue de Juillac, personne n'aurait songé à se moquer d'elle. Depuis le départ de celui qui partageait sa vie, voilà presque dix-sept ans, vaille que vaille, elle avait dû faire face à tout pour élever les deux garçons qu'il lui laissait. D'un coup d'œil à droite puis à gauche, elle se rassura : dans les parcelles alentour, ses fils ne chômaient pas non plus. Pierre, l'aîné, suivait la javeleuse tirée par un cheval et engerbait les blés. De l'autre côté, assis parmi les femmes moins valides, Joseph, le plus jeune, le plus fragile, confectionnait les liens qui allaient enserrer chaque botte. Partout, le cliquetis régulier des outils se mêlait aux ahans rauques qui s'échappaient des lèvres sèches. Tous les habitants étaient rassemblés là, tendus sous le même effort. Comme eux, Marie le savait, cette dernière journée allait être la plus éprouvante. Pour ne pas perdre de temps, elle ajusta le chapeau de paille noir qui la protégeait du soleil et se remit au travail jusqu'à ce qu'un grincement d'essieu en provenance de la route ne l'oblige à s'interrompre de nouveau.

Une carriole, conduite par un homme dont elle ne distinguait que le large chapeau de feutre, arrivait sur la route. A ses côtés, une femme assise paraissait serrer un sac sur ses genoux. Rien qu'à son port altier, à la façon particulière dont il tenait les rênes, Marie ne fut pas longue à reconnaître Séverin Barial. Au même instant, autour d'elle, l'un après l'autre, les moissonneurs se figèrent. Un étrange silence s'installa. Barial avait beau être le plus riche fermier du pays, celui à qui appartenait l'unique javeleuse mécanique du canton, son apparition ne suffisait pas à expliquer cette stupeur collective.

Extrait du roman *La Couze* de Sylvie Anne
paru aux Presses de la Cité dans la collection Terres de France

CE JOUR-CI, AUTREFOIS

1589 Henri de Navarre devient roi de France sous le nom d'Henri IV
2004 décès du photographe Henri Cartier-Bresson

TERROIR ET TRADITIONS

La foire aux agnelles de Saint-Christol-d'Albion

Depuis près de cinquante ans, Saint-Christol, dans le Vaucluse, organise la plus grande foire ovine de Provence. Après l'ouverture officielle, place au concours : présentation des bêtes au jury puis remise des prix aux éleveurs lauréats. Suit le repas champêtre des bergers à base de grillades d'agneau. Toute la journée se succèdent des démonstrations de dressage de chiens de berger et de tonte de brebis, des présentations de l'élevage ovin, des dégustations et un marché artisanal.

CURIOSITÉS DE NOS RÉGIONS

L'art et l'artisanat d'art à Biot

Sur une terre particulièrement riche en argile et en oxydes, Biot (Côte d'Azur) connut très tôt une tradition potière, dont les célèbres jarres perpétuent la mémoire. De nombreux artisans d'art proposent leurs créations dans les rues du village. La localité est également inséparable du peintre Fernand Léger, dont le musée à l'impressionnante façade en mosaïque-céramique abrite des œuvres essentielles. Enfin, depuis 1958, la verrerie de Biot illustre l'art du verre bullé. On peut en visiter les ateliers et une galerie qui expose les dernières créations contemporaines en matière de verre.

EXPRESSION

Pas de quartier

Cet ordre de massacre date du temps où Hollandais et Espagnols guerroyaient. Il était convenu que la rançon d'un officier ou d'un soldat serait d'un quartier de sa solde. Ne point faire de quartier signifiait donc que le combat serait sans merci, qu'il n'y aurait pas de prisonniers.

AU PROGRAMME CE MOIS-CI

- Fête de l'ail rose à Lautrec (Tarn), 1er vendredi du mois
- Foire aux agnelles de Saint-Christol (Vaucluse), 1er dimanche du mois
- Fourmofolies d'Ambert (Puy-de-Dôme), 1er week-end du mois
- La route du champagne en fête (Champagne), 1er week-end du mois
- Foire aux huîtres de Bouzigues (Hérault), mi-août
- Fête de la carotte des sables à Créances (Manche), mi-août
- Les ferias de Dax (Landes), week-end du 15 août
- Fête de la lavande à Lesches (Drôme), 15 août
- Fête du pain bénit de Bramans (Savoie), 15 août
- Pardons bretons (dans diverses communes de Bretagne), 14 et 15 août
- La force basque à Saint-Palais (Pyrénées-Atl.), 3e dimanche du mois

« Ce que le mois d'août ne mûrira pas, ce n'est pas septembre qui le fera. »

BIEN-ÊTRE

Le potassium

Minéral indispensable au bon fonctionnement des muscles et des nerfs, le potassium évite aussi la déperdition du calcium par les urines. Sa carence se manifeste par l'accélération du rythme cardiaque. A l'inverse, une alimentation trop riche en potassium favorise l'apparition de calculs rénaux. Son apport est préconisé pour lutter contre les crampes musculaires, ou après une maladie ayant provoqué de forts vomissements ou diarrhées. Le potassium se trouve dans les fruits comme la banane, les fruits de la Passion, la pêche, la mangue, mais aussi dans le vin rouge.

JARDIN

Les travaux de la première quinzaine d'août

- Semez les radis d'automne, les carottes, les choux de printemps.
- Buttez les poireaux et le céleri.
- Plantez des bulbes de freesia et d'arum d'Ethiopie.
- Bouturez les pélargoniums.
- Plantez les iris de jardin.
- Supprimez les fruits des pois de senteur pour favoriser la floraison.
- Plantez les nérines, les colchiques et les fritillaires.
- Continuez à supprimer les stolons des fraisiers.

VOS DROITS

Sur le menu, le restaurateur peut-il utiliser des termes trompeurs ?

Si la carte mentionne un poulet fermier ou des produits d'appellation d'origine contrôlée (AOC), il est interdit au restaurateur de servir autre chose. Ainsi, un dessert annoncé "fait maison" ne doit pas provenir du supermarché voisin. Ce genre de supercherie peut coûter très cher au restaurateur : peine d'emprisonnement de deux ans et/ou amende de 37 500 euros.
Si vous suspectez une tromperie, vous pouvez saisir la Direction départementale de la concurrence, de la consommation et de la répression des fraudes.

CE JOUR-CI, AUTREFOIS

1532 traité de rattachement de la Bretagne à la France
1821 naissance du créateur Louis Vuitton
1901 naissance du chanteur et trompettiste de jazz américain Louis Armstrong

PÊCHE

L'homme n'est pas le seul à utiliser des leurres. Pour pêcher, le héron vert capture un insecte qu'il laisse tomber à la surface de l'eau, puis il attend sans bouger qu'un poisson vienne gober son leurre pour le capturer. Si l'appât ne fonctionne pas, il reprend son insecte et le dépose plus loin. Il peut aussi utiliser comme leurre une plume.

« En août comme en vendanges, il n'y a ni fêtes ni dimanches. »

NOS ANIMAUX

Pour faciliter l'intégration d'un nouveau poisson dans votre aquarium, ne le lâchez pas directement dans l'eau. Dans un premier temps, immergez-le dans son sac, que vous percerez. Ainsi, il s'habituera progressivement et ses voisins se familiariseront avec sa présence.

GASTRONOMIE

La vanille de La Réunion

Le vanillier fait partie de la famille des orchidées. Il est cultivé au Mexique, à Madagascar, aux Antilles, à Tahiti ainsi qu'à La Réunion, où son fruit est appelé "vanille Bourbon", en référence au nom que l'île portait autrefois. La vanille locale est particulièrement réputée, notamment pour son mode de fécondation, pratiqué à la main, mais surtout pour son goût exceptionnel. Les gousses de vanille, cueillies tout juste mûres, sont ébouillantées puis séchées une semaine sur des claies dans un four avant d'être exposées au soleil quelques heures par jour, pendant plusieurs mois. Les gousses prennent alors une couleur brun foncé et se couvrent de cristaux de vanilline, qui donnent à la vanille son goût et son parfum uniques.

LA MINUTE CULTURELLE

L'Ecole de Pont-Aven

A l'image de Barbizon, cette petite ville de Cornouaille, en Bretagne, jouit d'une grande renommée grâce au mouvement pictural d'avant-garde qui y vit le jour à la fin du XIXe siècle, sous la houlette de Paul Gauguin et d'Emile Bernard, bientôt rejoints par Sérusier, Filiger, Laval, Meyer de Haan, Verkade, Ballin et Slewinski. De leur recherche artistique naquit une nouvelle esthétique, fondée en particulier sur la simplification des formes, aux contours accentués, et sur l'importance accordée aux couleurs. Cette école influença plus tard les nabis.

CE JOUR-CI, AUTREFOIS

1897 Edison produit le premier film publicitaire
1962 décès de Marilyn Monroe

« Au mois d'août, le vent est fou. »

TERROIR ET TRADITIONS

Les maisons corses

Construites en schiste dans le nord de l'île et en granit dans le centre et au sud, elles s'élèvent sur quatre, voire cinq étages, auxquels on accède par des escaliers extérieurs. Les petites ouvertures dans les façades permettent de se protéger du froid en hiver, de la chaleur et de la lumière en été. Les toits sont recouverts de grandes plaques de schiste, les teghje, de couleur gris-bleu autour de Corte, verte vers Bastia et grise en Castagniccia.

CE JOUR-CI, AUTREFOIS

1928 naissance de l'artiste américain Andy Warhol

1995 les cyclistes parisiens peuvent circuler librement sur les quais de la Seine

IDÉE REÇUE

La cuisson fait disparaître la toxicité d'un champignon.

Il est vrai que certains champignons présentent des dangers s'il sont ingérés crus et deviennent parfaitement comestibles une fois cuits ; c'est le cas des morilles. Mais c'est loin d'être une règle générale ! L'amanite phalloïde a beau être cuite, séchée ou surgelée, elle reste mortelle.

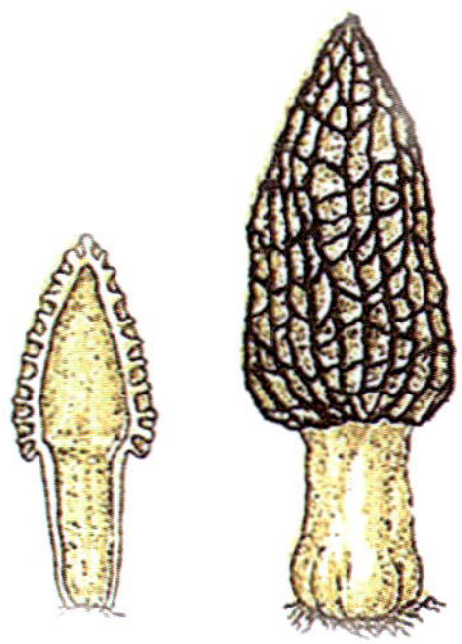

EXPRESSION

Avoir un œil au beurre noir

Expression attestée dès le XVIe siècle, "avoir un œil au beurre noir" tirerait son origine d'un plat composé à partir d'œufs cuits et de beurre. Des "œufs pochés au beurre noirci" aux "yeux au beurre noirci", le lien n'est pas évident. Il s'agit probablement d'une extension sémantique, provoquée par la ressemblance entre les deux formulations. L'expression désigne la réaction physique suite à un coup porté !

PERSONNAGES DE NOS RÉGIONS

François Mauriac à Bordeaux

Issu d'une famille bourgeoise, François Mauriac naît à Bordeaux le 11 octobre 1885. Il étudie d'abord la littérature à l'université de Bordeaux puis gagne la capitale en 1905 et se consacre entièrement à l'écriture. Très attaché à ses racines, il prend pour décor de nombre de ses écrits les landes bordelaises. Ses romans – *Le Désert de l'amour, Thérèse Desqueyroux, Le Nœud de vipères* – deviennent des œuvres majeures et, en 1933, il est élu à l'Académie française. Il s'engage alors dans un combat politique, dénonce la menace fasciste et, pendant la Seconde Guerre mondiale, s'engage en faveur de la Résistance. Il obtient le prix Nobel de littérature en 1952 puis est fait grand-croix de la Légion d'honneur en 1958. Il meurt à Paris le 1er septembre 1970.

« Au mois d'août, n'ôte la flanelle qu'en cas de chaleur torrentielle. »

LE PETIT GESTE ÉCOLO

Ne capturez pas les insectes dans la nature
Chaque petite bête a son rôle dans la chaîne alimentaire et participe à son échelle à la préservation de l'écosystème dans lequel elle évolue. Evitez donc de les collectionner.

CE JOUR-CI, AUTREFOIS

1947 arrivée du radeau Kon-Tiki en Polynésie française après un périple de 6 900 km

1976 la sonde spatiale Viking 2 entre dans l'orbite de la planète Mars

GÉNÉALOGIE

Origine du nom Bureau
Le mot "bureau" ne désigne un meuble que depuis le XVIe siècle. Le patronyme Bureau vient du mot "bure", qui est une étoffe de grosse laine. Ce nom a été attribué au fabricant de cette toile ou bien à celui qui s'habillait avec ce tissu. La variante Burel a exactement le même sens.

JEUX Mots codés

Vous devez décrypter cette grille de mots croisés en remplaçant les nombres par les lettres correspondantes. Un même nombre représente toujours la même lettre. Aidez-vous de la définition suivante, F horizontal : n'est pas virtuel.

	1	2	3	4	5	6	7	8	9	10
A	12	8	14	15	10	4	12	13	13	12
B	11	15	10	14	7	■	8	12	6	N 1
C	8	14	12	11	9	7	12	1	13	12
D	6	13	■	12	1	3	9	11	12	12
E	7	12	4	9	12	■	14	9	11	■
F	14	12	12	3	■	5	12	15	■	11
G	9	■	9	3	3	12	■	1	6	15
H	3	9	1	12	6	3	12	■	2	3
I	3	10	12	■	15	12	10	4	14	12
J	12	13	14	12	11	■	13	I 9	12	1

A	B	C	D	E	F	G	H	I	J	K	L	M
								9				

N	O	P	Q	R	S	T	U	V	W	X	Y	Z
1												

TERROIR ET TRADITIONS

La fête de l'ail rose à Lautrec
Elle se tient chaque année le premier vendredi du mois d'août. A l'origine, elle marquait le début de la vente de l'ail, qui, après être resté quelques semaines dans les séchoirs, était prêt à être trié et commercialisé. Créée dans les années 1970, la fête de l'ail rose propose des dégustations gratuites de soupe à l'ail, un marché et un concours de la plus longue "manouille" (tresse d'ail).

« Quiconque se marie en août souvent ne ramasse rien du tout. »

Le Destin des jumeaux Fabrègues

Hélène Legrais

L'organiste plaqua les premiers accords et Joan se retourna pour voir celle qui allait devenir sa femme remonter l'allée centrale vers l'autel au bras de son père. « Jepe petit » trottinait derrière elle, la mine grave et concentrée, veillant comme on le lui avait demandé à ce que le voile de la future épouse de son parrain ne traînât pas sur les dalles usées. Engoncé dans une veste neuve au tissu encore un peu raide, Augustin Mestres affichait un air excessivement réjoui, comme s'il voulait convaincre la terre entière, ou du moins la nombreuse assistance qui se pressait dans l'église Saint-André, de son bonheur de voir sa fille se marier ce jour. Anna Maria s'accrochait à lui, les jambes sans doute flageolantes d'émotion sous sa robe immaculée. Sa mère avait absolument tenu au blanc virginal. Anna Maria aurait préféré une tenue plus discrète mais la Tonia avait été intraitable : personne ne devait rien soupçonner. Et comme Clara Roura avait offert à son amie d'enfance un voile de dentelle qui lui venait d'une de ses grand-mères – elle gardait l'autre, plus beau, tout brodé, pour le jour où elle-même convolerait en justes noces –, c'est en mariée de rêve qu'Anna Maria s'avançait pour ce qui aurait dû être le plus beau jour de sa vie.

Ces demoiselles de Rivesaltes, les Marie, Marguerite, Madeleine et Léontine, massées en un gracieux bouquet de couleurs claires dans la partie gauche de la nef, en étaient vertes de jalousie. Une si belle robe ! Et un marié de si belle prestance ! La fille Mestres avait toutes les chances !

Cependant, elles l'auraient peut-être moins enviée si elles avaient vu, comme Joan au moment où sa promise le rejoignait et s'agenouillait sur son prie-Dieu de velours rouge, que la pâleur de son visage rivalisait avec celle de son voile.

Extrait du roman *Le Destin des jumeaux Fabrègues* d'Hélène Legrais paru aux Presses de la Cité dans la collection Terres de France

CE JOUR-CI, AUTREFOIS

1792 arrestation du roi Louis XVI
1960 l'Antarctique devient territoire international et réserve scientifique

CONTES ET LÉGENDES

La quête du Graal

Symbole de toute-puissance et d'immortalité, le Graal est un vase magique qui a une double origine, celte et chrétienne. La tradition celte affirme que le Graal est le chaudron d'abondance que les druides utilisaient, cinq siècles avant notre ère, lors de leurs grandes cérémonies d'initiation. Ce chaudron contenait un breuvage qui possédait le pouvoir de nourrir, de rendre invincibles et d'éclairer spirituellement les hommes. Selon la tradition chrétienne, le Graal serait la coupe sacrée dans laquelle Joseph d'Arimathie recueillit le sang qui coula de la blessure ouverte au flanc du Christ lors de sa crucifixion. Il aurait ensuite transporté cette coupe en Grande-Bretagne et c'est au Ve siècle qu'un groupe de chevaliers, initiés par Merlin l'Enchanteur et guidés par le roi Arthur, partit à sa recherche. Au XIIe siècle, le poète Chrétien de Troyes, au service de la reine Aliénor d'Aquitaine, popularisa le Graal dans son roman *Perceval ou le Conte du Graal*, mélangeant subtilement tradition celte et croyance chrétienne.

CURIOSITÉS DE NOS RÉGIONS

Le Festival interceltique de Lorient

Un important rendez-vous musical et culturel se tient chaque été en août à Lorient depuis 1971. C'est aujourd'hui un festival très fréquenté (environ 250 000 spectateurs) et de renommée internationale. Programmés dans toute la ville, les spectacles sont structurés autour de la découverte et de la confrontation des différentes traditions celtes représentées par des instrumentistes et chanteurs venus du pays de Galles, d'Irlande, d'Écosse, de Galice, des Asturies, de la Cornouailles anglaise et de Bretagne.

TOPONYMIE

Origine du nom Sète

Ce petit port de l'Hérault doit son origine à la forme du mont Saint-Clair qui le surplombe, rappelant une baleine lorsqu'il est vu depuis la mer. D'où l'appellation "Cette" que conserva la ville jusqu'en 1927, en référence au cétacé.

« Pour la Saint-Laurent, tout fruit est bon pour les dents. »

mardi 11 août

Sainte **Claire**

Soleil : 06 h 37 • 21 h 13
Lion / 2e décan

HISTOIRE DRÔLE

Au restaurant, un client commande à nouveau le même plat. Il s'impatiente :
— Garçon, j'attends une autre andouille !
— Bien, monsieur. Alors, j'ajoute un couvert !

COLLECTIONS

Le collectionneur de lunettes anciennes s'appelle le lynétaphiliste.

JARDIN

Les graines germées de nombreux végétaux font de délicieuses salades

Ces légumes sont presque instantanés car il suffit de poser quelques heures les graines sur un support humide – coton ou sable – pour voir apparaître de jeunes pousses. La seule précaution est d'utiliser des graines issues de la culture biologique.
Les graines classiques étant souvent traitées contre les ravageurs et la pourriture, leurs germes sont impropres à la consommation. Parmi les espèces les plus intéressantes, on trouve le cresson alénois, très prisé des Anglo-Saxons, le mungo, appelé abusivement "soja", le fenugrec, à saveur de curry, la roquette, à saveur piquante, le blé, à saveur sucrée. D'autres graines de légumes peuvent aussi se consommer germées : celles des betteraves rouges, du poireau, des oignons, des radis et du basilic.

CE JOUR-CI, AUTREFOIS

1792 pour la première fois en France, instauration du suffrage universel
1986 en France, l'hélicoptère Lynx porte le record du monde de vitesse en altitude à 400 km/h

BIEN-ÊTRE

Soignez vos coups de soleil
Pour un soulagement rapide, prenez un bain froid avec des flocons d'avoine bien écrasés. Versez-en deux verres dans le bain et prenez soin de ne pas glisser en entrant dans l'eau. Restez dans le bain de 15 à 20 minutes et séchez-vous en tapotant doucement afin qu'il reste sur votre peau une fine pellicule d'avoine.
Vous pouvez aussi passer du suc de feuilles d'aloès fraîches ou encore du fromage blanc battu sur les zones brûlées.

NOS ANIMAUX

Pour inciter votre chien à boire abondamment pendant les chaleurs d'été, mélangez l'eau de sa gamelle à un peu de bouillon de bœuf ou de poulet. Il y reviendra par simple gourmandise.

“Toujours pour la Sainte-Claire, journée chaude et claire.”

COMMENT S'APPELLENT…

les habitants d'Evreux dans l'Eure?

Les Ebroïciens

LA MINUTE CULTURELLE

L'Homme à la pipe de Vincent Van Gogh

Le 23 décembre 1888, dans leur atelier d'Arles, Van Gogh tente de blesser Paul Gauguin avant de se trancher le lobe de l'oreille avec une lame de rasoir. Cette nouvelle crise de folie marque la fin de la collaboration des deux peintres. Rapidement rétabli, Van Gogh fait son autoportrait, l'oreille blessée étant pansée par un bandage qui lui entoure le visage. La toile se trouve actuellement à Chicago, dans la collection privée de M. et Mme Leigh B. Block.

CE JOUR-CI, AUTREFOIS

1944 libération de la ville de Nantes
1987 au Japon, inauguration du plus long pont du monde entre les îles de Honshu et de Shikoku

SYMBOLES DE NOS RÉGIONS

Le béret basque

Typique de la tenue béarnaise et devenu symbole de la France, le béret était fabriqué dans la région dès le haut Moyen Age par les bergers eux-mêmes. Marron à l'origine, de la couleur des chèvres élevées dans les Pyrénées, il a évolué vers le noir. On le porte de petite circonférence les jours de la semaine, et plus large à l'occasion des fêtes. Le feutrage de la laine, obtenu par foulage, le rend imperméable.

MÉTÉO

Les animaux sont très sensibles aux indices météorologiques. Les abeilles rentrent promptement à la ruche dès qu'elles sentent l'orage arriver. Les martinets le détectent aussi et évitent tout danger en bifurquant à angle droit par rapport à l'orage pour ne revenir qu'à la fin du mauvais temps. Quant aux grenouilles, elles peuvent annoncer la pluie, car les mélanophores, les pigments qui recouvrent leur peau, changent de couleur suivant le degré hygrométrique et s'assombrissent avant la pluie.

IDÉE REÇUE

Plus un thé est infusé, plus il est fort

C'est le contraire : le thé est d'autant plus fort qu'il est peu infusé. Lors de l'infusion, le thé libère progressivement des tanins qui neutralisent la caféine et la théine. Un thé rapidement infusé est donc plus fort qu'un thé qui a libéré ses tanins. A l'inverse, pour le café, la caféine est libérée bien après les arômes et autres composants d'une mouture de café. Un café allongé est donc beaucoup plus fort qu'un café serré, car il laisse le temps aux dernières gouttes rassemblant l'essentiel de la caféine de passer dans le breuvage.

« S'il pleut à la Sainte-Clarisse, c'est souvent comme vache qui pisse. »

VOS DROITS

Le téléachat

Cette formule permet d'acheter des articles présentés dans des émissions de télévision, par correspondance ou par téléphone.
Les consommateurs sont protégés par deux mesures. Tout d'abord, l'offre de vente doit être claire, précise et complète. Par ailleurs, le consommateur dispose d'un délai de réflexion de 7 jours à compter de la livraison pour retourner la marchandise, afin de procéder à un échange ou d'être remboursé.

TERROIR ET TRADITIONS

La poudre polonaise

Ce remède miracle était censé guérir de l'alcoolisme invétéré. Versée à l'insu du buveur dans son verre, la poudre devait le dégoûter à jamais de toute boisson alcoolisée ! Sa composition était la suivante : 0,70 g de poudre d'anis, 0,20 g de cannelle, 0,10 g de quinquina et 9 g de bicarbonate.

LES ARBRES DE NOS RÉGIONS

Le pin parasol

Reconnaissable à son couvert déployé à la manière d'un parasol, il pousse sur le pourtour méditerranéen, dans les bois ou les maquis. Il grandit en s'adaptant à la pente du terrain et en recherchant le soleil, ce qui peut donner à son fût une forme courbe et irrégulière. Dépassant rarement 30 m de hauteur, le pin parasol vit en moyenne 250 ans. Son bois léger et souple s'utilise en menuiserie et en charpenterie navale.

CE JOUR-CI, AUTREFOIS

1961 début de la construction du mur de Berlin
1998 décès du chanteur et compositeur Nino Ferrer

TRUCS ET ASTUCES

Pour aiguiser vos ciseaux, prenez une feuille de papier aluminium. Pliez-la en quatre et coupez-la avec les ciseaux pendant une minute.

« Quand août est bon, abondance à la maison. »

TERROIR ET TRADITIONS

Les ramoneurs

Jusqu'au début du XXe siècle, les petits ramoneurs étaient recrutés dans les régions montagneuses. Agés de 6 ou 7 ans, ils étaient issus de familles démunies. Les patrons les emmenaient à pied et par étapes dans les villes de province et à Paris. Ils doivent leur nom de "ramoneurs" au balai qu'ils utilisaient pour nettoyer les conduits, un fagot de branches, balai se disant "ramon" en vieux français.

JEUX *Sudoku*

	4				2		1	9
			3	5	1		8	6
3	1			9	4	7		
	9	4						7
2						8	9	
		9	5				4	1
4	2		1	6	9			
1	6		8				7	

DEVINETTE

Qu'est-ce que l'on met sur la table, qu'on coupe et qui ne se mange pas?

Solution : un jeu de cartes

CURIOSITÉS DE NOS RÉGIONS

La fête de la lavande à Lesches

Célébrée le 15 août dans le village drômois de Lesches-en-Diois, cette fête existe depuis 1953 et attire chaque année plus de 10 000 visiteurs. Les rues sont alors envahies par des étals de lavande exhalant un parfum savoureux. Sont également programmés des défilés de bergers conduisant leurs troupeaux, des démonstrations de distillation de lavande, un bal, un feu d'artifice et des concerts de groupes folkloriques.

CE JOUR-CI, AUTREFOIS

1910 naissance du photographe Willy Ronis

1926 naissance du scénariste de bande dessinée René Goscinny

GASTRONOMIE

Le vinaigre de Lagny

Il a la particularité de ne pas contenir de vin, mais de l'alcool pur ou aromatisé avec du sirop. La mise au point de ce vinaigre date de la fin du XIXe siècle, lorsque la crise du phylloxéra ravagea la région. Le vin se mit à manquer, et avec lui le vinaigre. On commença alors à produire de l'alcool surfin à partir de betteraves sucrières, que l'on fit fermenter avec des copeaux de hêtre secs. Après brassage, mélange et filtrage, on obtint un vinaigre qui était commercialisé soit pur, soit aromatisé au citron, à l'estragon, à la menthe ou à l'orange.

« Qui dort en août dort à son coût. »

L'Enfant du mistral

Jean-Michel Thibaux

Tout le monde attendait ce moment. L'amen du prêtre dans la nef provoqua une rumeur qui se propagea vers l'extérieur. Sarah et Mireille entendirent les orgues mugir, puis s'accorder avec les instruments de la musique municipale. Les voix de la chorale s'élevèrent et chantèrent en provençal le cantique de saint Marcel.

Soudain, ce fut le délire. L'air des Tripettes remplaça celui du cantique. Et tous les fidèles rassemblés sous le regard de Jésus, de la Vierge et des saints se mirent à danser, à sauter, à cavaler dans tous les sens, comme pris d'une folie furieuse. Dans l'église, la tempête se déchaîna. Ce n'étaient plus des croyants qui rendaient hommage à saint Marcel, mais des diables échevelés soulevant les chaises et les fracassant sur le sol, donnant de violents coups de pied sur les dalles et les colonnes, grimpant sur le bénitier, assaillant la chaire, tambourinant sur le confessionnal. Le curé lui-même et les enfants de chœur, les yeux exorbités, dansaient et grimaçaient devant le maître autel. Une autre foi se manifestait ; une manière ancienne d'expier ses péchés. Cela n'avait rien à voir avec les excès des prêtres saliens de Rome ou une coutume locale païenne. La danse des Tripettes était bien née le 17 janvier 1350, quand les laveuses de tripes avaient rencontré le cortège triomphant de saint Marcel que de hardis Barjolais avaient tiré de sa tombe. Subitement, le cantique fut repris. Tout rentra dans l'ordre. Les fidèles exprimèrent dans la dignité l'amour qu'ils avaient pour leur saint. Jusqu'au refrain. La trépidante danse des Tripettes fit de nouveau voler les chaises et les cierges. Dans un galop étourdissant, des hommes et des femmes sortirent de l'église, communiquant leur folie aux gens sur la place.

Extrait du roman *L'Enfant du mistral* de Jean-Michel Thibaux paru aux Presses de la Cité dans la collection Terres de France

LE PETIT GESTE ÉCOLO

Lors de vos balades en forêt, ne jetez rien !
Un mégot de cigarette met 2 ans à se dégrader, un chewing-gum 5 ans, une canette en aluminium 100 ans et un sac en plastique 450… C'est encore pire en montagne, car le froid conserve les déchets.

CE JOUR-CI, AUTREFOIS

1932 naissance de l'illustrateur Jean-Jacques Sempé
1945 droit de vote des militaires de carrière en France

CURIOSITÉS DE NOS RÉGIONS

Le rayon vert équinoxial de la cathédrale de Strasbourg
Deux fois par an, aux équinoxes de printemps et d'automne, un curieux phénomène a lieu dans la cathédrale de Strasbourg : un rayon vert illumine la statue du Christ en croix qui orne la chaire de la nef. C'est le soleil qui le produit en traversant une pièce de verre de couleur verte composant une partie du pied gauche d'un personnage traditionnellement présenté comme Judas et qui figure sur l'un des vitraux du triforium méridional. Selon certains, il s'agirait d'un personnage féminin difficilement identifiable. Pour les porte-parole de l'évêché de Strasbourg, le rayon vert n'est qu'un simple phénomène d'optique sans signification particulière. Une certitude s'impose cependant : sa beauté, son caractère exceptionnel et son aura de mystère attirent un nombre sans cesse croissant d'admirateurs.

JARDIN

Les travaux de la seconde quinzaine d'août

- Semez les épinards d'hiver, les oignons blancs, la mâche, le persil.
- Blanchissez les chicorées.
- Ensachez les fruits pour les préserver de l'attaque des frelons.
- Semez les cyclamens.
- Pincez les fuchsias pour obtenir une seconde floraison.
- Plantez le lis de la Madone.
- Semez des annuelles rustiques qui passeront l'hiver, comme les soucis, les nigelles, les coquelicots.
- Plantez le safran.
- Taillez la lavande.

COUTURE ET TRICOT

Comment corriger une erreur au tricot avec un crochet
Vous pouvez utiliser cette méthode si vous avez fait une petite erreur dans un jersey, par exemple si vous avez tricoté une maille à l'endroit dans un rang à l'envers ou si une maille a séparé les brins du fil.

- Lorsque vous vous rendez compte de l'erreur, tricotez le rang suivant, l'endroit vers vous, jusqu'à la maille au-dessus de l'erreur. Sortez cette maille de l'aiguille gauche et défaites-la jusqu'à la maille correcte sous l'erreur. Piquez le crochet dans la boucle de cette maille, de l'avant vers l'arrière.
- Piquez le crochet sous le brin de fil qui se trouve immédiatement au-dessus de la boucle sur le crochet, et attrapez ce brin avec le crochet. Passez le brin dans la boucle sur le crochet.
- Répétez l'étape précédente jusqu'à ce que tous les brins aient été crochetés. Glissez la dernière boucle sur l'aiguille gauche, sans la tordre. Terminez le rang.

« Temps trop beau en août annonce hiver en courroux. »

GASTRONOMIE

Le cantal d'Auvergne

Produit dans les hautes montagnes d'Auvergne, au pied des volcans éteints, le cantal est un fromage à pâte pressée non cuite, faite avec le lait des vaches de race salers ou aubrac. Une de ses particularités réside dans les différents temps d'affinage qu'on peut lui faire subir, selon l'apparence et la saveur que l'on souhaite obtenir. Le cantal jeune, à la croûte fine et grise, est affiné pendant au moins 1 mois. Son goût est doux. Le cantal entre-deux (de 2 à 6 mois d'affinage) présente une croûte légèrement dorée ; son goût et son parfum sont plus forts. Enfin, le cantal vieux, affiné pendant plus de 6 mois, est paré d'une croûte très épaisse. Son goût est très riche et corsé.

EXPRESSION

Les immortels

Pourquoi donner cette appellation aux membres de l'Académie française et non aux autres membres de l'Institut ? Parce que, après l'approbation par le cardinal de Richelieu des statuts de l'Académie française, le sceau qui fut adopté était formé d'une couronne de laurier avec ces mots : "A l'immortalité".

TERROIR ET TRADITIONS

Le costume féminin d'Agde

Il est coutume de dire que l'Agathoise est au Languedoc ce que l'Arlésienne est à la Provence : le symbole de l'élégance. Les pièces les plus remarquables de la tenue d'Agde sont la coulane, un grand sautoir de chaînes, le sarret, une coiffe discrète mais élaborée, faite de broderies et de dentelles de Bruges ou de Calais, et un châle en cachemire, de soie ou de velours, agrémenté de perles de jais.

CONTES ET LÉGENDES

Menhirs et dolmens

Pendant des siècles, la croyance populaire attribua aux fées et aux géants l'origine des menhirs (pierres levées) et des dolmens (tables de pierre). On sait aujourd'hui que ces mégalithes (grandes pierres) furent érigés par des tribus du néolithique, c'est-à-dire entre 5000 et 2000 av. J.-C.
Les archéologues affirment qu'ils étaient réalisés dans le seul but de traverser les siècles, comme si ces peuples lointains avaient voulu construire pour leurs morts des maisons destinées à vaincre le temps.
La construction des mégalithes s'arrêta un peu après 2000 av. J.-C. Sur la carte du Morbihan, on distingue deux zones à forte densité mégalithique : le littoral, avec comme épicentre Carnac, et les landes de Lanvaux, avec comme principal alignement les Pierres droites de Monteneuf.

CE JOUR-CI, AUTREFOIS

1929 *naissance du chanteur Hugues Aufray*
1966 *début de la révolution culturelle en Chine*

« En août, de l'aube au soir, on n'a qu'une heure pour s'asseoir. »

COLLECTIONS

Le collectionneur de bouilloires s'appelle le bullirophiliste.

BIEN-ÊTRE

Après-shampooing au thé

Si vos cheveux sont châtains, vous pouvez utiliser comme après-shampooing un thé très infusé. Vos cheveux prendront alors une très belle couleur cuivrée.

CONTES ET LÉGENDES

Les chasseurs prétendaient qu'une belette mordue par un serpent se soignait en allant manger des feuilles de rhubarbe. Protectrice, la rhubarbe le serait aussi pour les hommes. Il suffit, paraît-il, de servir à son mari de la tarte à la rhubarbe pour éviter qu'il ne devienne volage !

RECETTE

Socca
une spécialité de Nice

Pour 8 personnes.
Ingrédients : 250 g de farine de pois chiches ; 6 c. à soupe d'huile d'olive ; sel ; poivre.

- Préchauffez le four à 250 °C.
- Versez 50 cl d'eau froide dans un saladi et délayez-y la farine de pois chiches au fouet.
- Ajoutez 2 c. à soupe d'huile d'olive et 1 à café de sel fin et mélangez vivement.
- Badigeonnez une plaque circulaire du re d'huile et mettez-la au four pour 5 minut
- Versez la pâte sur la plaque et étalez-la de façon homogène.
- Au bout de 2 minutes, mettez le four en position gril.
- Laissez cuire de 5 à 7 minutes, jusqu'à que la croûte soit bien dorée.
- Pendant la cuisson, vous pouvez perc avec un couteau les cloques qui se forme
- Retirez du four, poivrez abondamment découpez et servez.

TRUCS ET ASTUCES

Nettoyage du micro-ondes

Faites bouillir dans un grand bol un volume d'eau. Laissez le bol dans le micro-ondes : la vapeur qui se dégage va faciliter le nettoyage des parois. Il vous suffira ensuite de passer un simple coup d'éponge.

CE JOUR-CI, AUTREFOIS

1924 *décès de Ferdinand Cheval, dit "le facteur Cheval", facteur rural et artiste naïf*

1986 *la nageuse allemande Kristin Otto porte le record du monde du 100 m dos à 54'73"*

« Mois d'août pleureux rend le cep vineux. »

CE JOUR-CI, AUTREFOIS

1860 naissance du président de la République française Raymond Poincaré
1938 naissance du spationaute Jean-Loup Chrétien

TERROIR ET TRADITIONS

Les artisans du jais

Extrait des mines de l'Aude, des Bouches-du-Rhône ou de l'Ariège, le jais se travaillait dans des moulins à jayet dispersés le long des cours d'eau. Les morceaux de jais brut étaient confiés aux escapoulaires, chargés de les tailler sur les meules puis de les dégrossir au couteau. Ils étaient ensuite percés au foret puis retournaient au moulin pour le polissage. Demandant une excellente vue et une grande minutie, le forage et le perçage étaient toujours confiés à des jeunes femmes. Les pierres étaient ensuite remises à d'autres ouvrières, qui en faisaient des bijoux, des croix, des chapelets.

COUTURE ET TRICOT

La broderie suisse

On l'utilise en tricot pour orner un ouvrage d'un motif en recouvrant les mailles tricotées.

- Laissez un fil de 15 cm à l'arrière de l'ouvrage et amenez l'aiguille à la base de la maille à couvrir. Faites-la passer de droite à gauche sous les deux fils qui forment la maille au-dessus. Tirez le fil.
- Repiquez l'aiguille à la base de la maille et tirez l'excès de fil vers l'arrière, de façon à couvrir une maille tricotée.
- Lorsque vous travaillez plusieurs points de broderie suisse, commencez à la base du motif. Travaillez un rang de droite à gauche et le rang suivant de gauche à droite, en finissant en haut du motif. Rentrez les fils sur l'envers de l'ouvrage.

JARDIN

Contrairement aux idées reçues, ce n'est pas au printemps mais à la mi-août que les fraisiers ont les meilleures chances de s'enraciner. On peut multiplier les fraisiers en repiquant les stolons que les plants émettent naturellement. Les fraisiers sont des plantes très gourmandes qui épuisent rapidement le sol. Les plants doivent être déplacés tous les trois ans, sinon les fraisiers deviennent malingres et sont victimes de maladies.

CURIOSITÉS DE NOS RÉGIONS

La maison du Périgord sarladais

Les maisons du Sud-Ouest périgourdin s'étendent le long des cours d'eau ou s'adossent aux escarpements. Elles se distinguent par leur toiture à forte pente composée de tuiles plates ou de lauzes et par leurs murs de couleur miel bâtis en pierre calcaire.

« Pluie de la Saint-Bernard fait déborder la mare. »

LANGAGE DES PLANTES

La guimauve

Cette espèce se rencontre le long des chemins sableux du midi de la France et le long des fossés qui bordent les marais de Bretagne et de la côte atlantique. Avec ses délicates fleurs d'un blanc bleuté, remplies de nectar, et ses feuilles duveteuses, il émane de la plante une impression de douceur. Sa racine se mange crue et dépouillée de sa peau. Jaune, elle est quelquefois vendue sous le nom de "bâton de guimauve". Jadis, on en donnait à mastiquer aux enfants pour apaiser la douleur de gencives enflammées. La décoction de cette racine réduite en pâte était souvent utilisée à la campagne comme emplâtre pour soigner les inflammations de toutes sortes.

CE JOUR-CI, AUTREFOIS

1389 entrée solennelle à Paris de la nouvelle reine de France, Isabeau de Bavière
1888 première machine à calculer de William Seward Burroughs

JEUX

Sudoku

				1	9		3	
9			3	8	5			4
3	1		4			2		
				6	4	5		3
5		1				7		6
2		4	7					
		3			7		6	1
1			6	3	2			5
	5		8	9				

LA MINUTE CULTURELLE

Le surréalisme

C'est un mouvement littéraire et artistique né en 1924, en réaction aux horreurs de la Première Guerre mondiale. Théorisé par le Manifeste du surréalisme d'André Breton, le surréalisme s'appuie sur un refus de toutes les constructions logiques de l'esprit. Il explore au contraire les champs de l'inconscient et du rêve, jugés fondamentaux dans l'acte de création. Yves Tanguy, Salvador Dalí, René Magritte, Paul Eluard et bien d'autres se prêteront ainsi à des expériences artistiques comme l'écriture automatique, la parole sous hypnose ou le jeu du cadavre exquis, tout en utilisant constamment des techniques et des matériaux inédits.

« Pluie violente à la Saint-Christophe peut mener à la catastrophe. »

Le Hameau des mirabelliers

Michel Caffier

« Le cortège montait le chemin de terre ocre et pierreux. Cinq ou six enfants couraient devant. Ils arrachaient des herbes sur les bas-côtés, sans s'arrêter pour les éparpiller sur le sol, si diffuses qu'on les remarquait à peine. Un violoneux — c'était le tambour communal — et un joueur de flûte précédaient les mariés. Le fils Colin, Albert, cuit par le soleil, avait enlevé sa lourde veste à chevrons et ouvert le col de sa chemise blanche. Le chapeau haut de forme penché sur la tête lui donnait un air de fêtard rentrant du bal des conscrits. Léontine, accrochée à son bras, subissait la carapace serrée de son caraco noir et le poids de sa jupe longue. Une couronne tressée autour de ses mèches blondes servait de diadème. Elle tenait contre sa poitrine le bouquet de violettes séchées que, de longue date dans la famille Pierron, à chaque mariage, les mères passaient aux filles et les aînées aux cadettes, comme un porte-bonheur sans véritable garantie pour l'avenir. Derrière les mariés, l'ordre établi à la sortie de l'église était rompu depuis le bas de la côte du Hameau. Pour reprendre souffle ou mettre de l'ambiance, des hommes, quittant leur compagne, effectuaient une pause sur le flanc du talus. Les dames les plus âgées traînaient à quelques mètres, serrées sous des ombrelles noires qui chauffaient plus qu'elles ne protégeaient du brûlant ensoleillement.

En haut du chemin, en bordure de l'ouvroir qui servait d'esplanade à la maison Colin, les jumeaux Muller, Gustave et Léon, tendaient un ruban de soie devant deux des grand-mères des mariés, assises sur un banc étroit, la tête figée sous la halette blanche qui mettait en valeur le hâle de leurs visages fatigués. Entourée par les enfants, Léontine coupa le ruban avec le canif passé par son mari. Les invités firent cercle autour des grand-mères assises. Elles se levèrent pour céder le siège à la jeune femme. Celle-ci remonta le bas de sa jupe, dégageant ses escarpins et ses socquettes roses : « Plus haut, plus haut ! » cria un jeune homme aussitôt conspué par les femmes solidaires. »

Extrait du roman *Le Hameau des mirabelliers* de Michel Caffier paru aux Presses de la Cité dans la collection Terres de France

ASTROLOGIE

Vierge (du 24 août au 23 septembre)

Planète : Mercure
Élément : Terre
Couleur : Blanc
Pierre : Diamant
Qualités : Raisonnable, tenace, dévoué, méthodique
Défaut : Tatillon
Affinités : Capricorne, Scorpion, Taureau

TRUCS ET ASTUCES

Un maquillage qui tient

Avant de vous maquiller, passez-vous un glaçon sur le visage, ou, si le froid est trop intense, arrosez-le avec une eau très fraîche. En plus de vous réveiller, ce geste assurera une bonne tenue de votre maquillage pour le reste de la journée !

CE JOUR-CI, AUTREFOIS

1916 naissance du chanteur et compositeur Léo Ferré
2006 Pluton n'est plus reconnue comme une planète du système solaire mais comme membre d'une nouvelle classe d'objets célestes

MEUBLES DE NOS RÉGIONS

La panetière provençale

Pièce maîtresse de la cuisine provençale, la panetière servait jusqu'à la Renaissance à protéger les aliments des nuisibles et de l'humidité. Elle ressemblait alors à un coffre ajouré et était suspendue aux poutres de la maison. Par la suite, elle ne servit plus qu'à conserver le pain et fut accrochée au mur. Surmontée de bobèches et terminée par des pieds sculptés, elle est souvent galbée sur la façade et les côtés.

PÊCHE

La pêche à pied

La pêche en mer n'implique pas obligatoirement une pêche loin des rivages. Elle peut se pratiquer à partir de plages, de grèves, de jetées, etc., avec un matériel très simple. C'est le cas pour la pêche à pied, à laquelle on s'adonne à marée descendante et qui permet de ramasser des moules, des crabes ou des crevettes. Le pêcheur les attrape à la main, s'aidant parfois d'un crochet pour les débusquer dans les trous des rochers.

DEVINETTE

Mon premier est le petit de la vache.
Mon second est la onzième lettre de l'alphabet.
Les enfants aiment jouer avec mon troisième.
On respire mon quatrième.
Il est utile d'avoir mon tout en abondance.

Solution : veau-K-bulle-air : vocabulaire

« A la Saint-Barthélemy, la perche au noyer, le trident au fumier. »

mardi 25 août

Saint **Louis**

Soleil : 06 h 57 • 20 h 46
Vierge / 1er décan

BRICOLAGE

Comment changer une prise murale

Il vous faut : un tournevis, une nouvelle prise du même modèle, un testeur de courant.

- Coupez le courant au disjoncteur général et enlevez le fusible qui correspond à la prise.
- Démontez le socle et sortez-le du boîtier avec les fils toujours reliés à leurs fixations.
- Utilisez le testeur de courant pour être sûr que le circuit est fermé.
- Faites un schéma du montage des fils (le nombre, les couleurs, la borne à laquelle ils sont reliés).
- Desserrez les fixations et dégagez les fils.
- Reliez les fils aux bornes du nouveau socle puis enfoncez-le dans le boîtier.
- Vissez le socle et remettez le courant au disjoncteur.

GASTRONOMIE

Le munster des Vosges

Le munster (ou munster-géromé) est un fromage au lait de vache à pâte molle et à la croûte lavée. Sa teneur en matières grasses doit être d'au moins 45 %. Le munster bénéficie d'une AOC depuis 1969. Sa zone de production couvre sept départements sur les versants alsaciens et lorrains des Vosges. L'affinage se fait en 21 jours minimum (en 14 jours seulement pour les petits munsters). Au cours de l'affinage, il est retourné plusieurs fois et frotté régulièrement avec un linge trempé dans de la saumure. C'est ainsi qu'il acquiert sa croûte fine et lisse dont la couleur va du jaune-orangé au rouge. La pâte, souple et onctueuse, dégage une odeur franche et forte, qui va de pair avec son goût corsé.

CURIOSITÉS DE NOS RÉGIONS

Les enclos paroissiaux bretons

L'enclos paroissial est caractéristique de l'art religieux breton. Il se compose de plusieurs édifices regroupés dans un espace sacré, généralement placé au centre du village, voué au repos des morts et entouré d'un mur d'enceinte qui le sépare de l'espace profane. Le fidèle y accède par une porte triomphale qui peut rappeler les arcs de triomphe antiques (Sizun) ou présenter un aspect baroque et Renaissance (Saint-Thégonnec). A l'intérieur de l'enclos, on trouve l'église, le calvaire et l'ossuaire. La plus forte concentration d'enclos se situe dans la région des monts d'Arrée, dans le centre et le nord du Finistère. On y trouve les plus riches témoignages du patrimoine religieux de la Renaissance et de l'époque classique (XVIIe-XVIIIe siècle). Il existe pour le visiteur un circuit des enclos paroissiaux.

CE JOUR-CI, AUTREFOIS

1718 fondation de La Nouvelle-Orléans en Louisiane

1822 décès de l'astronome britannique William Herschel

« Beau temps de Saint-Louis, plusieurs jours sans pluie. »

LANGAGE DES PLANTES

Le mois d'août est sans conteste celui où les tomates au jardin sont le plus belles. La tomate fait partie des trésors rapportés d'Amérique. Pourtant, il lui fallut plusieurs siècles pour séduire les Européens, qui se méfiaient d'elle. Trop rouge, on la considérait comme une plante toxique. Les botanistes l'appelèrent Lycopersicum, qui signifie "pêche de loup". A la fin du siècle dernier, on conseillait encore dans des ouvrages culinaires anglo-saxons, pour se prémunir des risques toxiques de la tomate, de la faire cuire au moins trois heures ! En France, dans les catalogues de graines de Vilmorin, elle resta classée dans la rubrique "Plantes décoratives" jusqu'en 1778. Il fallut attendre la Révolution pour qu'elle commence à être appréciée. Aujourd'hui, la tomate est l'un des aliments les plus consommés au monde.

LE PETIT GESTE ÉCOLO

N'hésitez pas à diluer avec un peu d'eau vos produits ménagers (liquide vaisselle, shampooing, savon). Vous en utiliserez moins et ils seront aussi efficaces.

CE JOUR-CI, AUTREFOIS

1885 naissance de l'écrivain Jules Romains
1910 naissance de la religieuse catholique indienne, Mère Teresa, prix Nobel de la paix
1985 Christo emballe le Pont-Neuf à Paris avec de la toile

EXPRESSION

Branle-bas de combat

Le "branle-bas de combat", sorte de remue-ménage, qualifie une situation agitée. L'expression est issue du vocabulaire de la marine : les "branles" désignaient au XVIIe siècle les hamacs qui servaient de lits aux marins. A bord du navire, lorsqu'on tirait le "branle-bas de combat", chaque marin devait détacher son hamac et procéder au nettoyage du bateau. Cela se faisait dans l'agitation et le bruit, d'où le sens que l'on accorde aujourd'hui à cette expression.

TERROIR ET TRADITIONS

La valérianine camphrée de Bornéo

Cette préparation à base de sucs frais de valériane et de camphre de Bornéo était utilisée pour rétablir l'équilibre du système nerveux. Une cuillerée à café le soir dans une tisane de tilleul apportait le calme, la détente et l'assurance d'une nuit réparatrice.

COLLECTIONS

Le collectionneur de tirelires s'appelle le tiraliphile.

« Quand il pleut au mois d'août, les truffes sont au bout. »

VOS DROITS

Que faire à réception d'une marchandise détériorée ?

Avant de signer le bon de livraison, il faut toujours déballer le colis. Si vous constatez de graves défauts, vous pouvez refuser le colis, en ne signant pas le bon. Si les détériorations sont légères, vous devez signaler les défauts constatés sur le bon de livraison et les confirmer par lettre recommandée avec accusé de réception, dans les trois jours. Si un règlement à l'amiable n'est pas possible, il est conseillé, avant de s'adresser au tribunal, de s'informer précisément de ses droits auprès d'une association de consommateurs. Ils sont variables selon que le responsable des détériorations est le vendeur ou le transporteur, et selon le mode de paiement.

CONTES ET LÉGENDES

Le trésor de Crèvecœur

En 1449, deux cents Anglais qui tenaient garnison à Crèvecœur-en-Auge furent assiégés et durent fuir précipitamment. Une légende naquit : ils auraient caché un trésor dans le château. Au XIXe siècle, une commerçante, Mme Frigard, harcela les propriétaires du château afin d'y diriger des fouilles. Les pioches travaillèrent des semaines et des mois durant et, à force de creuser, ouvrirent un véritable labyrinthe. Les pluies détrempèrent ce sol bouleversé et l'on eut toutes les peines du monde à financer la remise en état des lieux. Une action en justice fut intentée, que Mme Frigard perdit.

CE JOUR-CI, AUTREFOIS

1860 la Savoie devient française
1939 premier vol d'un avion à réaction, conçu par Ernst Heinrich Heinkel

TERROIR ET TRADITIONS

Le bacha en Ardèche

Le terme "bacha" désignait en Ardèche le bassin recueillant l'eau d'une fontaine. La coutume voulait que les mariés se rendent à ces points d'eau au sortir de la mairie. Se tenant par les épaules, ils devaient poser leur front contre la pierre surmontant le bassin. On disait alors qu'ils "jourtaient le bacha", ce qui, assurait-on, leur promettait une vie conjugale longue et heureuse.

« A la Sainte-Monique, ne te plains pas si le soleil pique. »

ÉTÉ

CE JOUR-CI, AUTREFOIS

1572 *déclaration royale interdisant l'exercice du culte réformé dans tout le royaume*
1828 *naissance de l'écrivain russe Léon Tolstoï*

CURIOSITÉS DE NOS RÉGIONS

Les chorégies d'Orange

Le théâtre antique d'Orange, le mieux conservé du monde, a gardé son énorme mur de scène (103 m de long, 36 m de haut) où trône une statue d'Auguste. Les compagnies contemporaines ont tiré parti de son acoustique exceptionnelle : de 1869 à 1902, les Fêtes romaines y donnèrent des spectacles où brillaient Sarah Bernhardt et Mounet-Sully... Rebaptisé "Chorégies", consacré désormais à l'art lyrique, le festival attire chaque été un public international venu écouter les plus grands interprètes, galvanisés par ce cadre grandiose et chargé d'histoire.

RECETTE

Poulet à la champenoise

Pour 4 personnes.

Ingrédients : 1 poulet de 1,2 kg ; 250 g de champignons ; 4 échalotes ; 35 cl de champagne ; 3 c. à soupe de crème fraîche ; 500 g de petits pois frais ; 70 g de beurre ; 20 g de farine ; sel ; poivre.

- Faites dorer le poulet coupé en morceaux dans une cocotte avec 20 g de beurre.
- Ajoutez les échalotes hachées et les champignons.
- Laissez colorer légèrement puis mouillez avec le champagne.
- Salez et poivrez.
- Laissez mijoter 40 minutes à couvert.
- Ecrasez à la fourchette le beurre restant et la farine.
- Faites cuire les petits pois à l'anglaise.
- Dès que le poulet est cuit, réservez-le au chaud sur un plat de service.
- Liez la sauce avec le beurre manié et la crème fraîche.
- Versez les petits pois et les champignons dans le plat et nappez de sauce.

TERROIR ET TRADITIONS

Expressions alsaciennes

- **Lehr ebs, no kansch ebs.**
  Apprends et tu sauras.
- **Liewer met de gläser ahnstosse àls met de käpf.**
  Mieux vaut choquer les verres que les têtes.
- **M'r kann net nùmme vun d'r luft lâwe.**
  On ne peut pas vivre que de l'air.
- **Dorne un dischel stäche sehr, falschi zùnge noch viel meh.**
  Epines et chardons piquent fort, mais mauvaises langues bien plus encore.
- **Dùrisch schàde wurd m'r schlöij.**
  Les erreurs rendent sage.
- **E blendi huehn fendt als auj e kern.**
  Une poule aveugle trouve aussi son grain.

« A la Saint-Augustin, les orages sont proches de leur fin. »

La Tresse de Jeanne

Nathalie de Broc

L'égrènement de la multitude de sabots contre les cailloux du chemin résonnait dans les oreilles de Jeanne. Elle s'amusa quelques instants à fermer les yeux, à marcher guidée par la seule main de son père au milieu des chants et des voix, s'imagina fendant un chemin dans un déferlement de rochers, que couvrait le bruit de la mer. Le piaillement incessant des goélands et des mouettes accompagnait la cadence. Ses pas se firent hésitants. Sentir sans le voir tout ce monde autour la grisait et l'inquiétait à la fois. Les bruits s'amplifiaient, elle butait contre les cailloux. La curiosité lui fit rouvrir les yeux. La foule dense, immense vague noire crêtée de coiffes ou de béguins blancs que l'empois irisait de bleu, continuait de descendre vers le bourg. Au détour du chemin en contrebas, Roscoff étendait ses toits d'ardoises. Au centre pointait le clocher de Notre-Dame-de-Croas-Batz. Les silhouettes des bateaux amarrés aux quais emmêlaient leurs armées de mâts. Parmi eux, celui qu'allait prendre son père. Plus elle avançait, plus l'effervescence du port prenait forme. Des charrettes chargées de sacs pansus alignaient leurs bras de bois. Quelques carrioles se frayaient un passage entre les boutes qui striaient le quai.

L'itinéraire de la procession était immuable. Jeanne savait que bientôt on emprunterait les rues étroites que bordait l'alignement de maisons de kersanton ou de granit. La chaleur emperlait le front de Jeanne d'une sueur salée qui lui coulait dans le cou. A chaque pas, le velours épais de sa jupe s'alourdissait. Elle regardait droit devant elle, avec, pour tout amer dans ce flot humain, la nuque de Job, brunie jusqu'au col de sa chemise, la tête de Suzanne collée aux épaules de son père. Les vapeurs d'encens se mêlaient à celles, iodées, des vagues qui venaient doucement lécher les abords du port, aux effluves sucrés des crêpes, en piles sur des tables de fortune installées au hasard du lacis de ruelles et qui bientôt rassasieraient la foule à jeun depuis le matin.

Extrait du roman *La Tresse de Jeanne* de Nathalie de Broc
paru aux Presses de la Cité dans la collection Terres de France

ÉTÉ

BIEN-ÊTRE

Le vanadium

Cet oligoélément est indispensable à l'homme car il réduit le taux de sucre dans le sang en simulant les effets de l'insuline sur les cellules. Il prévient les caries et les attaques cardiaques, favorise la production de globules rouges et ralentit la production de cholestérol dans le sang. Sa carence est provoquée par l'excès de vitamine C. On ne peut être supplémenté en vanadium car, à forte dose, il devient extrêmement toxique, entraînant des risques de psychose maniaco-dépressive. On le trouve dans le persil, les radis, les fraises, les laitues et dans le poisson.

CE JOUR-CI, AUTREFOIS

1867 décès du poète Charles Baudelaire
1937 création de la SNCF

LANGAGE DES PLANTES

Le coton

Le cotonnier est un arbuste originaire d'Inde, cultivé dans de nombreux pays chauds. Ses fleurs possèdent des corolles de couleur ivoire à cinq pétales. Les graines sont recouvertes de longs poils unicellulaires (jusqu'à 30 à 40 millimètres) d'aspect soyeux qui commencent à pousser dès la fécondation et constituent les fibres de coton, formées de cellulose quasi pure. Ces fibres sont utilisées pour la fabrication de coton hydrophile, de fil ou d'étoffe. Comme toutes les fleurs blanches, le coton désigne un amour naissant. Il célèbre également la première année de mariage.

CONTES ET LÉGENDES

L'abbaye hantée de Mortemer

A une trentaine de kilomètres à l'est de Rouen, au cœur de la forêt de Lyons, l'abbaye de Mortemer, aujourd'hui en ruine, semble être le royaume de Dieu et de Satan. Son nom, Mortum Mare, pèse déjà lourdement sur ses terres. Dès sa fondation au XIIe siècle, l'abbaye est placée sous le signe des quatre éléments : l'eau, car elle est construite sur un marécage ; la terre, dont elle doit tirer sa substance ; le feu, qui s'empare périodiquement de sa forêt ; et l'air, puisqu'elle est dédiée au ciel. Affiliée à l'ordre cistercien, elle vit en totale autarcie. Elle périclite au siècle des Lumières et, pendant la Révolution, les derniers moines sont massacrés dans le cellier. Dès lors, la légende rejoint l'histoire, et l'abbaye commence à avoir la sulfureuse réputation d'abriter des fantômes. Il existe de nombreux phénomènes inexpliqués et la rumeur locale laisse entendre que le spectre de l'abbaye serait celui de Mathilde, emmurée au XIIe siècle par son père qui lui reprochait de mener une vie dissolue. Pour essayer de percer le mystère, il convient de visiter, à Lisors (Eure), le musée des Légendes et Fantômes.

NOS ANIMAUX

Une alternative à l'herbe à chat du commerce

Vous pouvez acheter des graines d'orge, d'avoine, de blé ou de Cyperus zumela (variété de papyrus tendre) que vous ferez pousser chez vous.

« Température d'août à nos vins donne goût. »

mardi 1er septembre

Saint **Gilles**

Soleil : 07 h 07 • 20 h 32
Vierge / 1er décan

CE JOUR-CI, AUTREFOIS

1557 *décès de Jacques Cartier, découvreur du Canada*
1951 *Jean Vilar devient directeur du Théâtre national populaire*
1985 *découverte de l'épave du Titanic, soixante-treize ans après son naufrage*

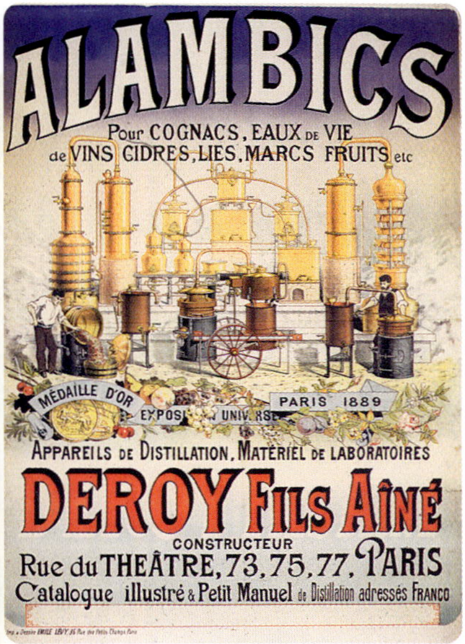

GASTRONOMIE

Le cognac

A la fin du XIIe siècle, les vins rouges ou blancs de Charente étaient très prisés des négociants anglais et hollandais. A partir du XVIIe siècle, la demande s'orienta vers des vins à teneur plus forte en alcool. Dès lors, les vignerons de la région commencèrent à transformer en eau-de-vie les vins de moindre qualité achetés aux environs de La Rochelle. Bientôt, ils décidèrent de distiller leurs propres vins afin d'écouler les stocks excédentaires qui encombraient leurs caves. Ainsi naquit ce qu'on appelait alors le “brandevin”, c'est-à-dire “vin brûlé”. Les techniques de distillation du cognac furent perfectionnées au fil des ans, chaque maison mettant au point son propre procédé, garantissant la variété et la qualité de cette “liqueur des dieux”, comme le surnommait Victor Hugo.

TRUCS ET ASTUCES

Pour lutter contre la moisissure sur les joints de carrelage, recouvrez-les d'une pâte faite de poudre à récurer et d'un peu d'eau de Javel. Laissez agir une journée, décollez la pâte en frottant avec une éponge puis rincez abondamment.

AU PROGRAMME CE MOIS-CI

- *Fête de la mirabelle à Metz (Moselle), 1re semaine du mois*
- *Foire gastronomique de Châlons-en-Champagne (Marne), 1re semaine du mois*
- *Foire aux fromages de La Capelle (Aisne), 1er week-end du mois*
- *Cérémonie du Biou en Arbois (Jura), 1er dimanche du mois*

MÉTÉO

Les cyclones ne sont pas propres aux pays tropicaux. Ainsi, le mois de septembre 1952 en vit deux traverser la France, provoquant des dégâts considérables, notamment dans le Poitou et le sud des Pays de la Loire. A Tours, les vents atteignirent jusqu'à 180 km/h !

“S'il pleut à la Saint-Gilles, cela dure jusqu'à la Saint-Michel.”

TERROIR ET TRADITIONS

La céramique de Vallauris

Vallauris fut et reste le principal centre de production de céramique des Alpes-Maritimes. Au XVIe siècle, on y fabriquait déjà des poteries sous forme de pignates (marmites), tians (récipients divers) et dourguetos (cruches). Vers 1800, sous l'impulsion des frères Maurel, la céramique d'art vit le jour et, avec elle, les objets décorés à l'italienne, aux formes exubérantes et fantaisistes. Après une période de déclin entre 1900 et 1950, elle connut une seconde vie grâce à l'arrivée au "village des cent potiers" de Picasso, suivi de Chagall, Miró, Braque, et d'autres peintres de renom qui tous s'essayèrent à la céramique.

TRUCS ET ASTUCES

Ne jetez plus vos coquilles d'œuf !

Nettoyez-les à l'eau claire et conservez-les dans une boîte. Lorsque vous en avez assez, écrasez-les au pilon et répandez-les au pied de vos plantes d'intérieur ou dans le jardin. Il s'agit là d'un excellent engrais, naturel et économique.

VOS DROITS

Après un divorce, la femme peut-elle conserver son nom d'épouse ?

En se mariant, la femme a seulement l'usage du nom du mari. A la suite du divorce, chacun des époux perd l'usage du nom de son conjoint. Toutefois, chacun d'eux pourra conserver l'usage du nom de l'autre, soit avec l'accord de celui-ci, soit avec l'autorisation du juge, s'il justifie d'un intérêt particulier pour lui ou ses enfants qui sera apprécié au cas par cas par le juge.

SYMBOLES DE NOS RÉGIONS

Le chant des Allobroges de Savoie

Ecrit au XIXe siècle par l'écrivain et journaliste savoyard Joseph Dessaix, le chant des Allobroges connut un succès immédiat, au point de devenir l'hymne de la Savoie. Il s'agit d'un chant allégorique dans lequel la Liberté chassée de France trouve refuge dans les montagnes, rappelant le refuge en Savoie des proscrits par le coup d'Etat de Louis-Napoléon Bonaparte en 1851. Elle a pour refrain "Allobroges vaillants ! Dans vos vertes campagnes / Accordez-moi toujours asile et sûreté / Car j'aime à respirer l'air pur de vos montagnes : Je suis la Liberté ! la Liberté !"

CE JOUR-CI, AUTREFOIS

1910 premier vol de Blanche Scott, première femme pilote professionnelle
1945 fin de la Seconde Guerre mondiale

"Forte chaleur en septembre, à pluies d'octobre faut s'attendre."

jeudi 3 septembre

Saint Grégoire

Soleil : 07 h 10 • 20 h 28
Vierge / 2e décan

MÉTIERS OUBLIÉS

Le taillandier

Il était chargé de produire les outils tranchants, dits "à taillant", à partir de longues barres d'acier qu'il travaillait dans une forge. Pour réaliser des outils auto-affûtants, il entaillait dans de l'acier doux une âme d'acier plus dur ; l'ensemble était ensuite porté à haute température, martelé puis trempé. Il fabriquait ainsi des haches, des ciseaux, des scies, des faux, des faucilles, des couteaux : tous les outils indispensables aux gens de métier et aux cultivateurs.

JEUX Sudoku

	2	1		6	3			9
						2	3	
	4				8			
		6		4		3		5
	8			7			9	
4		2		8		7		
			8				2	
	1	8						
2			4	1		5	7	

TERROIR ET TRADITIONS

Sirop de citrouille

Ce sirop obtenu en dissolvant dans du miel des pépins de courge décortiqués et réduits en poudre était conseillé aux hommes de plus de 50 ans pour prévenir les problèmes de prostate.

CE JOUR-CI, AUTREFOIS

1189 accession de Richard Cœur de Lion au trône d'Angleterre
1791 adoption par l'Assemblée nationale de la Constitution qui fait de la France une monarchie constitutionnelle
1883 décès de l'écrivain russe Ivan Tourgueniev

CURIOSITÉS DE NOS RÉGIONS

La Bambouseraie de Prafrance

Près d'Anduze (Languedoc-Roussillon), sur 15 hectares, a été créé un parc appelé la Bambouseraie de Prafrance. Eugène Mazel, Cévenol passionné de botanique et riche homme d'affaires, fut à son retour d'Extrême-Orient charmé par la flore locale. Ainsi naquit Prafrance, qui présente une centaine de variétés de bambous, formant une véritable forêt, ainsi que des séquoias, des magnolias, des tulipiers de Virginie. Les serres fleuries sont une merveille. Un jardin aquatique, où poussent des lotus et des papyrus d'Egypte, abrite des carpes japonaises. Le parc a servi de cadre au film Le Salaire de la peur avec Yves Montand et Charles Vanel.

« Pluie de septembre est bonne à vigne et à semailles. »

JARDIN

Les catalogues de vente de plantes par correspondance arrivent dans les boîtes aux lettres en proposant une multitude de variétés de bulbes. Avant toute chose, il est sage de vérifier l'origine des plantes proposées. Si l'achat de narcisses ou de jacinthes ne pose en général pas de problèmes, celui des tulipes est plus incertain. Le commerce des bulbes de tulipes relève souvent de l'escroquerie, et les nombreuses gammes de couleurs vantées dans les catalogues finissent le plus souvent par des tulipes d'un rouge d'une grande banalité. Un conseil : commandez plutôt chez des fournisseurs spécialisés et surtout méfiez-vous des offres alléchantes à prix cassés. S'il y a tromperie, n'hésitez pas à alerter le service de répression des fraudes, qui connaît parfaitement ce problème. Pour cela, conservez l'image de la variété commandée et joignez une photo de la tulipe qui a fleuri dans votre jardin.

CE JOUR-CI, AUTREFOIS

1896 *naissance de l'écrivain Antonin Artaud*
1989 *décès de l'écrivain belge Georges Simenon*
2006 *premier essai réussi de l'Airbus A380 avec des passagers à son bord*

GÉNÉALOGIE

Origine du nom Tardon

Les plus anciennes mentions connues situent ce patronyme dans le Gard au XVIIe siècle. En occitan, un tardon est un agneau de la dernière portée mais le terme désigne aussi le dernier-né de la famille.

GASTRONOMIE

Le miel de Provence

Le miel de lavande (jaune doré) et le miel de lavandin (légèrement plus clair) proviennent des Alpes-de-Haute-Provence, des Hautes-Alpes, de la Drôme, du Vaucluse et du Var. Pour produire ces miels très parfumés, typés et savoureux, les abeilles récoltent le nectar de la lavande vraie (ou "fine"), de la lavande aspic et du lavandin. Ces plantes aromatiques colorent de mauve les terres de Provence dès le mois de juin et jusqu'en septembre. Après le passage des abeilles, lorsque les corolles ont été butinées, elles flétrissent rapidement et servent alors à la production des huiles essentielles, si prisées en parfumerie. Le miel de lavande se prête, lui, à la gastronomie : il n'est en effet pas de nougat ou de croquant provençal sans lui.

"Si juin fait la quantité, septembre fait la qualité."

Constance et la Ville d'Hiver

Alain Dubos

La maline avait transformé le Bassin en un immense banc de sable parcouru par les veines bleues des chenaux. Le très fort coefficient de marée, couplé ce jour-là au grand calme de l'Océan, permettait aux parqueurs d'accéder à pied à leurs chantiers, surtout à ceux que la mer recouvrait en permanence.

Le phénomène avait été attendu avec fébrilité. Des immensités de crassats, virtuellement découpés en concessions pour les parqueurs, se trouvaient à découvert. Piqués de bois de toutes parts, scintillants sous le soleil, ils s'ouvraient devant les ouvriers comme une invitation aux intenses travaux de nettoyage.

En ces rares occasions, c'était ainsi tout le peuple de la mer intérieure qui se ruait vers les parcs. Changer les tuiles cassées, vérifier la bonne agrégation des jeunes huîtres, l'étanchéité des pignots censés empêcher les raies et les étoiles de mer de festoyer à l'intérieur des parcs. L'ouvrage ne manquait pas.

A la grande stupéfaction des non-initiés découvrant une ruche à ciel ouvert, le sable plus ou moins vaseux s'animait d'une foule de gens accroupis ou penchés vers l'avant, fouillant le fond du Bassin. Pantalons rouges, blouses bleues ou corsages blancs, bénaizes de Saintonge ou chapeaux de paille, on s'était mis aux couleurs de la République, dans une bonne humeur criarde.

— C'est fête aussi sur la rive, constata Jeannot Duhart en se massant les reins. Tous ces oisifs pieds nus dans les baïnes ! Les vives vont pouvoir jouer de leurs piquants.

Loin de l'île aux Oiseaux, où besognaient les Duhart et leur troupe, les gens s'étaient rassemblés le long de la plage d'Arcachon, observant le grouillement à la jumelle. Quelques hardis explorateurs en canotier s'étaient risqués, déchaussés, le long des rigoles creusées par les ressacs. Partout on ramassait des coquillages, des huîtres égarées loin de leurs agglutinats, des trésors marins révélés par les basses eaux.

Extrait du roman *Constance et la Ville d'Hiver* d'Alain Dubos
paru aux Presses de la Cité dans la collection Terres de France

ÉTÉ

COUTURE ET TRICOT

Réaliser un liseré

Choisissez une bande de biais, taillée dans le tissu principal de l'ouvrage auquel vous voulez ajouter un liseré, ou découpée dans un tissu d'une autre couleur. La bande doit mesurer 4 cm de large environ. Munissez-vous également d'une cordelette de 6 mm d'épaisseur. Repliez la bande de biais par-dessus la cordelette, l'endroit vers l'extérieur, en faisant coïncider les bords bruts. A l'aide d'un pied pour fermeture Eclair, cousez à la machine près de la cordelette. Epinglez ensuite le liseré sur l'endroit du tissu principal, le long de la ligne de couture, puis fixez-le à la machine, à l'aide d'un pied pour fermeture Eclair.

CE JOUR-CI, AUTREFOIS

1621 *naissance de l'homme de lettres Jean de La Fontaine*
1945 *parution du premier numéro du Dauphiné libéré*

TRUCS ET ASTUCES

Bien choisir les litchis

Une fois récolté, le litchi ne mûrit plus. Il est donc préférable de l'acheter en grappes en choisissant les plus gros fruits possible. Ils doivent être de la taille d'une cerise car, plus petits, ils manquent de pulpe et sont amers. Les bons litchis sont ceux dont l'écorce est le moins fripée et de couleur rose. On en trouve aussi toute l'année en conserve dans du sirop, mais ils sont moins riches en vitamines.

MEUBLES DE NOS RÉGIONS

La commode bordelaise

En noyer ou en chêne, à la fois massive et élégante, la commode bordelaise se reconnaît à son galbe accusé et à son absence de plateau de marbre. Elle comporte généralement trois rangées de tiroirs. Montée sur des pieds courts et courbes, elle est parfois agrémentée d'un décor sculpté au niveau des arêtes et présente des serrures et des poignées en bronze finement ouvragées.

EXPRESSION

Entrer en lice

"Entrer en lice" signifie aujourd'hui "entrer en combat" mais peut aussi désigner le fait de "prendre part à un débat ou à une compétition sportive". L'origine de cette expression la situe toutefois dans un contexte nettement plus violent, à savoir celui des tournois du Moyen Age. Les tournois étaient organisés autour des châteaux et avaient toujours lieu dans des espaces clos, délimités par des "lices". "Entrer en lice" signifiait ainsi "prendre part aux combats".

"A la Sainte-Reine, sème tes graines."

CE JOUR-CI, AUTREFOIS

1873 naissance de l'écrivain Alfred Jarry, inventeur de la pataphysique

1910 naissance de l'acteur et metteur en scène Jean-Louis Barrault

TRUCS ET ASTUCES

Vous avez rangé vos pinceaux sans les avoir bien lavés et les poils ont durci ? Laissez-les tremper 10 minutes dans de l'eau tiède avec quelques gouttes de vinaigre et ils retrouveront alors toute leur souplesse !

PERSONNAGES DE NOS RÉGIONS

Henri Queffélec et Brest

Profondément attaché à sa région natale, la Bretagne, Henri Queffélec, né en janvier 1910 à Brest, fait de ses romans le réceptacle de son amour pour cette région. La Bretagne, et plus spécifiquement la Bretagne maritime, est en effet l'unité de lieu de presque tous ses romans — plus de 80 —, comme en témoigne par exemple le roman Un recteur de l'île de Sein, porté à l'écran par Jean Delannoy sous le titre Dieu a besoin des hommes. Henri Queffélec a été couronné de plusieurs prix littéraires, dont le Grand Prix du roman de l'Académie française.

TERROIR ET TRADITIONS

Foire aux fromages de La Capelle

Depuis plus de quarante ans, La Capelle en Picardie honore son fromage de marque, le maroilles, au cours de trois jours de festivités. Au programme : vente et concours de produits régionaux, dégustation de plats à base de maroilles, exposition d'animaux et fabrication de fromages locaux. Le tout se déroule en fanfare et s'achève par un feu d'artifice.

JARDIN

Les travaux de la première quinzaine de septembre

- Divisez les touffes des vivaces défleuries.
- Plantez les arbustes à feuillage persistant.
- Déterrez les bulbes de glaïeuls et rentrez-les dans un local sombre, frais et sec.
- Semez les laitues et les poireaux.
- Semez de l'engrais vert sur les parties délaissées du potager.
- Terminez la plantation des fraisiers.
- Plantez les choux de printemps.
- Bouturez le cassis et le groseillier.

« Le temps de la Nativité dure tout un mois sans variété. »

CURIOSITÉS DE NOS RÉGIONS

Villers-Cotterêts

Cette cité de l'Aisne abrite un musée consacré à Alexandre Dumas fils. Quant à son château Renaissance, il comporte l'un des plus beaux escaliers du XVIe siècle. On notera que c'est au cours d'un séjour à Villers-Cotterêts, en août 1539, que François Ier promulgua une ordonnance comprenant deux cents articles qui imposa en particulier l'usage du français à la place du latin dans les actes publics et notariés, et fit obligation aux curés de mentionner sur un registre les dates de baptême et de décès des paroissiens, jetant ainsi les bases de l'état civil actuel.

CE JOUR-CI, AUTREFOIS

1898 décès du poète Stéphane Mallarmé
1929 naissance du chanteur et compositeur Claude Nougaro

LES ARBRES DE NOS RÉGIONS

L'épicéa commun

Il pousse à l'état spontané dans le haut Jura et les Alpes, et en reboisement dans les Pyrénées et le Massif central. Pouvant vivre jusqu'à 400 ans, il se reconnaît à sa cime aiguë et à sa haute taille, 50 m en moyenne. Son bois léger et tendre, facile à travailler, convient aux menuiseries intérieures (moulures, lambris, huisseries) et extérieures (bardeaux, fenêtres), aux charpentes légères et aux coffrages. Les vieux épicéas sont recherchés pour la fabrication des instruments de musique (violons, pianos, tuyaux d'orgue).

MÉTÉO

Septembre 1958 voit s'abattre sur tout le sud de la France des pluies diluviennes. A Anduze, un torrent de boue ravage la ville et tue une trentaine de personnes.

LA MINUTE CULTURELLE

La Vénus de Milo

La statue de la *Vénus de Milo*, représentant la déesse Aphrodite, est actuellement conservée au musée du Louvre. Célèbre dans le monde entier, elle a été mise au jour en avril 1820 à Milo, une île de la mer Egée, par un paysan. Le hasard fit qu'un élève officier de marine français, Olivier Voutier, passionné par l'archéologie, y assista. Quelle ne fut pas sa surprise en découvrant le buste en marbre de Paros, qui n'avait déjà plus ses bras. Voutier fit alors pression sur le consul pour que la France achète la statue. La *Vénus de Milo* représente une femme debout, plus grande que nature. Le haut du corps est dénudé ; le bas est revêtu d'un himation roulé autour des hanches.

« Août mûrit, septembre vendange. »

jeudi 10 septembre

Sainte
Inès

Soleil : 07 h 20 • 20 h 14
Vierge / 2e décan

CE JOUR-CI, AUTREFOIS

1897 naissance de l'écrivain Georges Bataille
1946 naissance de la femme politique Michèle Alliot-Marie
1960 réunion des cinq principaux pays producteurs de pétrole pour fonder l'OPEP

VOS DROITS

.a vente à domicile

'ette formule de vente, aussi ıppelée "démarchage", est ıtrictement réglementée. .e démarcheur doit, pour oute vente, remettre un ontrat écrit, daté et signé par 'acheteur. Sur ce contrat doit tre clairement mentionnée a possibilité qu'a le client le renoncer à la vente, dans ın délai de 7 jours, par lettre ecommandée avec accusé le réception. Un formulaire l'annulation doit être remis ıu client. D'autre part, le lémarcheur ne peut exiger ıucune somme d'argent, 'acheteur ne le paiera qu'à 'expiration du délai de 7 jours, ,'il décide de confirmer a vente.

TERROIR ET TRADITIONS

La cérémonie du biou en Arbois

Chaque premier dimanche de septembre, Arbois, cité vinicole du Jura, honore saint Just, le patron de la ville. En guise d'offrande, les viticulteurs confectionnent un biou, énorme grappe de raisins noirs et blancs ornée d'une couronne de fleurs. Vers 10 h, le biou quitte son lieu de fabrication en grande pompe et en musique, pour défiler dans les rues selon un trajet immuable, jusqu'à l'église où l'attend le clergé. Bénit, il sera hissé au-dessus de la table de communion, où il restera jusqu'au début des vendanges.

LE PETIT GESTE ÉCOLO

Jn bébé écolo !

)ptez pour des couches en oton, l'allaitement ou les iberons en verre et faites os purées vous-même ! Au lieu l'utiliser des lingettes jetables, nunissez-vous de petites erviettes, d'un bol d'eau tiède t de quelques gouttes d'huile l'amande douce.

JEUX La ronde des cerceaux

Retrouvez le cercle dont le total des nombres est égal à 100.

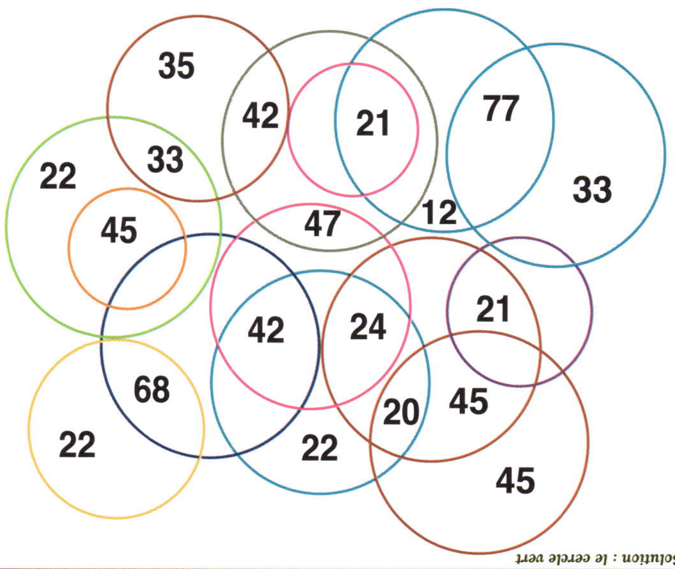

Solution : le cercle vert

DEVINETTE

Plus j'ai de gardiens, moins je suis gardé. Moins j'ai de gardiens, plus je suis gardé. Qui suis-je?

Solution : le secret

« Septembre en sa tournure de mars suivant fait la figure. »

ÉTÉ

TOPONYMIE

Noms de villes basques

- Anglet vient du latin angulus, "en forme de coin".
- Bayonne, Ibaiona en basque, signifie "bonne rivière", d'après bai, "rivière" et ona, "bonne".
- L'origine de Biarritz fait l'objet de deux hypothèses : le nom viendrait du basque belharr, "herbe", avec le suffixe locatif -itz et signifierait "endroit herbeux", ou serait issu d'un anthroponyme d'origine germanique.
- Hendaye a pour origine les mots basques handi, "grand", et baia, "baie".
- Itxassou, Itsasu en basque, ou "lieu des genêts", vient de itsas, "genêt".
- Saint-Jean-de-Luz vient du basque Donibane Lohizune, signifiant "Saint-Jean-des-Marais".

COLLECTIONS

Le collectionneur de cravates s'appelle le kravacolluphiliste.

RECETTE

Piperade

une spécialité du Pays basque

Pour 4 personnes.

Ingrédients : 6 tomates pelées et épépinées ; 3 poivrons verts doux ; 2 oignons ; 4 gousses d'ail ; 2 c. à soupe d'huile ; 12 œufs ; 150 g de jambon de Bayonne émincé ; sel ; poivre ; 1 petit piment d'Espelette.

- Faites blanchir les poivrons épluchés et épépinés quelques minutes à l'eau bouillante.
- Versez l'huile dans une casserole et faites-y cuire doucement les oignons émincés.
- Ajoutez l'ail haché, les poivrons et les tomates coupées en quartiers.
- Salez, poivrez et laissez cuire 30 à 40 minutes, jusqu'à ce que les tomates aient rendu leur eau.
- Cassez les œufs dans un bol et battez-les au fouet.
- Versez-les sur la piperade et laissez-les se former en œufs brouillés.
- Faites blondir le jambon à la poêle et déposez-le sur la piperade.
- Servez aussitôt, décoré du piment d'Espelette.

EXPRESSION

Filer un mauvais coton

L'origine de cette expression est à chercher dans le monde du textile. Au XVIIe siècle, on employait l'expression "jeter un vilain coton", en rapport avec l'activité du tissage, et désignant le fait de se ruiner. Au XIXe siècle, l'adjectif "vilain" a été supplanté par "mauvais". "Filer un mauvais coton" signifie aujourd'hui que quelqu'un est dans une posture délicate ou que la situation prend une tournure étrange.

CE JOUR-CI, AUTREFOIS

909 fondation de l'abbaye de Cluny en Bourgogne

1609 découverte de l'île de Manhattan par Henry Hudson, qui donnera son nom à la rivière Hudson

« Septembre se montre souvent comme un second et court printemps. »

Et tout me parle de vous

Dominique Marny

Autour de Chinon, les vignes se livrèrent aux mains des journaliers. Dès l'aube, ils s'accroupissaient au pied des ceps afin d'en récolter les grappes. Quand leur hotte était pleine, ils en versaient le contenu dans la benne du camion qui rapportait le butin vers le domaine. Ce bouillonnement de vie et de gaieté faisait du bien à Ariane. Dès qu'elle en avait l'opportunité, elle poursuivait son chemin en direction de la Loire. Elle ne se lassait pas de regarder le fleuve sauvage qui avait séduit tant de souverains et d'artistes, ce large ruban d'eau qui, au fil de son déroulement, reflétait châteaux et gentilhommières. De Blois à Angers, la Renaissance l'avait jalonné de ses joyaux architecturaux. Ajoutée à la douceur du climat, l'étroite alliance de l'eau et de la flore attirait les oiseaux. Il lui arrivait d'observer à l'aide de jumelles les hérons cendrés, les grèbes huppés ou les martins-pêcheurs qui se réfugiaient dans les bancs de sable. Survolant les îlots et les rives frangées d'ajoncs, les goélands et les mouettes rieuses cherchaient une pitance. Par beau temps, Ariane étendait une couverture et observait. A cette époque de l'année, la Loire n'était pas entrée dans la phase tumultueuse que déclenchaient les crues. Caressée par la lumière d'octobre, elle s'écoulait paisiblement vers son embouchure. Ariane, qui avait lu un ouvrage sur les mariniers, songeait à ces hommes qui à bord de leurs nacelles acheminaient les marchandises entre l'embouchure et leurs étapes fluviales. Jusqu'à la création du chemin de fer, le trafic ligérien avait connu ses heures de gloire. Les matériaux de construction – tuffeau et ardoise – transitaient par bateau, ainsi que le plomb, le cacao ou le thé. Sans oublier le vin, exporté grâce à des chalands à fond plat et sans quille. Faits de chêne, de sapin ou de frêne, ils étaient équipés d'un gouvernail qui n'était qu'une grosse rame rudimentaire fixée à l'arrière de l'embarcation. Certains possédaient une petite voile suspendue à un mât amovible qu'il fallait enlever pour passer sous les ponts.

Extrait du roman *Et tout me parle de vous* de Dominique Marny paru aux Presses de la Cité dans la collection Terres de France

CE JOUR-CI, AUTREFOIS

1515 victoire de François Ier à Marignan contre les Suisses
1982 décès de la princesse Grace de Monaco

CONTES ET LÉGENDES

La légende du gouffre de Padirac

Le célèbre site du Lot possède sa légende : saint Martin, au cours d'une tournée sur le causse, rencontre le diable qui s'en retourne aux enfers, la besace pleine d'âmes damnées dont il vient de faire ample moisson parmi la population de la région. La conversation s'engage, et le diable, se moquant des piètres résultats de Martin, lui propose de franchir l'obstacle qu'il lui indiquera. S'il y parvient, il récupérera le sac du diable et sauv les âmes enfermées. Martin tient le pari ; le diable frappe le sol sous ses pieds, s'ouvre le fameux gouffre. "Saute de l'autre côté si tu le peux !" lui ordonne-t-il. Le saint enfourche sa mule, qu'il talonne violemment tout en invoquant le Tout-Puissant. Et l'animal fait un tel bond qu'il retombe de l'autre côté de l'abîme, imprimant la marque de ses sabots sur une dalle de roche – où elle est encore visible. Laissant là sa besace, le diable, furieux, regagne les enfers par le trou qu'il a ouvert. Voilà pourquoi le gouffre de Padirac mène à Lucifer.

COUTURE ET TRICOT

Des accrocs sur le tissu ?

Si vous repérez des accrocs sur l'ouvrage que vous êtes en train de coudre, cela signifie certainement que vous n'utilisez pas le type d'aiguille approprié à votre tissu. Pour les tissus tricotés, qui sont plutôt élastiques, il faut choisir une aiguille à bout rond, de façon que la pointe sépare les fibres plutôt que de les transpercer. Pour les tissus soyeux, prenez au contraire une aiguille à pointe très fine.

BRICOLAGE

Pâte décapante

Pour décaper un meuble ancien avec un produit moins agressif que ceux vendus dans le commerce, quelques ingrédients de base suffisent. Réalisez une colle en faisant bouillir 200 grammes de farine dans 1 litre d'eau. Délayez ensuite 200 grammes de poudre à récurer, toujours dans 1 litre d'eau. Mélangez les deux pâtes, vous obtenez alors un gel. Appliquez ce gel sur l'ensemble du meuble, et laissez agir quelques heures : la peinture viendra avec lorsque vous le retirerez.

BIEN-ÊTRE

Le sodium

Notre corps renferme environ 120 mg de sodium, un tiers dans le squelette et le reste dans les liquides qui circulent en périphérie de la peau. Une transpiration trop abondante peut entraîner une forte déshydratation. Celle-ci doit être compensée par la prise de boissons isotoniques, riches en sodium. Le sodium se trouve essentiellement sous forme de chlorure de sodium autrement dit le sel de table. Il est présent aussi dans les charcuteries, les chips et le pain complet

"De Sainte-Croix à Saint-Michel, la pluie va dévaler du ciel."

mardi 15 septembre

Saint **Roland**

Soleil : 07 h 27 • 20 h 03
Vierge / 3e décan

TRUCS ET ASTUCES

Rattrapez un lainage feutré

Faites tremper le lainage feutré dans une eau dans laquelle vous aurez fait cuire des haricots blancs ou ajouté un bouchon de glycérine. Séchez ensuite à l'air, à plat sur une serviette. Les mailles devraient s'être relâchées.

GASTRONOMIE

Le sucre d'orge de Moret-sur-Loing

A l'origine, le sucre d'orge est une simple friandise de sucre cuit aromatisé avec une décoction d'orge. Plusieurs villes, telles Evian, Cauterets, Vichy ou Bourbon-l'Archambault, en ont fait leur spécialité, mais le plus réputé est celui de Moret-sur-Loing (Seine-et-Marne). Sa recette fut mise au point par des religieuses, qui le fabriquèrent pendant plus de trois siècles. Sous Vatican II cependant, les sœurs furent contraintes de livrer leur recette secrète, le pape n'appréciant guère l'association de la religion et du commerce. M. Jean Rousseau, propriétaire d'une confiserie familiale, se retrouva donc en possession du secret des sucres d'orge de Moret-sur-Loing. Il reprit la fabrication des friandises selon la recette artisanale ancestrale et perpétue encore aujourd'hui cette tradition gastronomique incomparable.

CE JOUR-CI, AUTREFOIS

1890 *naissance de la romancière britannique Agatha Christie*
1919 *naissance du coureur cycliste italien Fausto Coppi*
1965 *la chanteuse Barbara triomphe à Bobino*

JARDIN

A partir de la mi-septembre, les périodes de pluie se font plus nombreuses, c'est le moment idéal pour semer sa pelouse. Il existe de nombreuses compositions qui font l'objet de labels. Elles diffèrent par la présence de différentes espèces de graminées. Il existe trois grands types de gazons. Ceux dits "d'ornement" sont constitués de 80% de fétuque durette et de 20% d'agrostide commune. Ce type donne une pelouse à l'anglaise très fine, d'un beau vert tendre. C'est le plus élégant des gazons mais il nécessite beaucoup d'humidité et d'entretien. Ceux dits "d'agrément" sont composés de 40% de ray-grass anglais, de 30% de fétuque rouge gazonnante et de 30% de fétuque rouge traçante. Ce type est le plus répandu, c'est le gazon "à la française". Ceux dits "rustiques" sont constitués de 30% de ray-grass anglais, de 20 % de fétuque demi-traçante, de 20% de fétuque traçante et de 30% de fétuque élevée. Ce type est réservé aux pelouses servant d'aires de jeux.

« Septembre nous produit le plus délectable des fruits. »

IDÉE DÉCO

Fenêtres façon vitrail

Cette décoration convient aux vitres composées de plusieurs carreaux. Elle se réalise avec des peintures pour vitrail, transparentes et brillantes, que vous pouvez mélanger pour obtenir des teintes particulières. Commencez par dégraisser les vitres à l'alcool à brûler. Si vous souhaitez un effet pastel, diluez vos couleurs avec de l'essence de pétrole raffinée. A l'aide d'un pinceau souple, pour éviter les rayures, appliquez la peinture. Une seule couche sur une seule face suffit. Laissez sécher pendant 12 heures.

CURIOSITÉS DE NOS RÉGIONS

La ferme auvergnate

C'est dans la région montagneuse du Cantal que les fermes auvergnates trouvent leur plus belle expression. Seules ou groupées en villages, elles se distinguent par leurs murs de pierres sombres et leur toiture vaste et abrupte percée de lucarnes superposées. L'étable est généralement contiguë au logis, tandis que les autres dépendances, poulailler, porcherie, fournil et hangar à charrettes, sont dispersées sur le terrain. A l'intérieur, au rez-de-chaussée, la salle commune comprend une grande cheminée avec des bancs dans l'âtre et une souillarde, niche arrondie pourvue d'un évier et de quelques étagères recevant les ustensiles de cuisine. En altitude, dans les monts Dore, s'élèvent des constructions typiques de la région : les burons. Pendant l'estive (période de l'année où les troupeaux paissent sur les pâturages de montagne), les bergers y logeaient et y fabriquaient leurs fromages. Avec ses bâtiments disposés autour d'une cour centrale et son toit peu incliné, la maison rurale de basse Auvergne diffère nettement des fermes du Cantal. Elle est édifiée en hauteur.

SYMBOLES DE NOS RÉGIONS

Le sanglier des Ardennes

Animal sacré des Gaulois, le sanglier représentait à la fois l'intelligence, la force et la vaillance. Resté la mascotte des Ardennes, où il abonde, il imprègne la vie quotidienne de la région, aussi le voit-on sur des autocollants à l'arrière des voitures, sur les enseignes des boutiques et des restaurants, et, bien entendu, il garnit les tables familiales lors des festivités.

CE JOUR-CI, AUTREFOIS

1913 naissance de l'écrivain Félicien Marceau
1994 premier astronaute autonome dans l'espace grâce à un "sac à dos" propulseur SAFER

« Le coq en septembre chantant la matinée annonce une abondante rosée. »

CE JOUR-CI, AUTREFOIS

1743 naissance de l'écrivain, mathématicien et philosophe des Lumières Nicolas de Condorcet

1926 naissance de l'archevêque de Paris, cardinal et académicien Jean-Marie Lustiger

GASTRONOMIE

.es fromages des Pyrénées

Au Pays basque et dans le Béarn, l'élevage des brebis est une tradition séculaire ; il n'est donc pas étonnant que les fromages originaires des Pyrénées soient pour la plupart à base de lait de brebis. L'ardi-gasna, l'esbareich ou le laruns s'inscrivent dans cette tradition, mais ils sont difficiles à trouver au-delà de leur région d'origine. L'etorki et l'ossau-iraty sont souvent les seuls représentants de la tradition et de la fabrication artisanale du fromage telle qu'on la conçoit dans les "cujalas" béarnaises ou dans les "cayolars" basques. L'etorki est un fromage de brebis pasteurisé en forme de fourme cylindrique de 4,5 kg environ, à la croûte humide et à la pâte pressée non cuite. L'ossau iraty, quant à lui, possède une pâte légèrement pressée non cuite et une croûte naturelle séchée et frottée. Il se présente sous la forme d'une meule de 4 à 5 kg en moyenne – de 2 à 3 kg pour les petits, jusqu'à 7 kg pour certains fromages fermiers.

NOS ANIMAUX

Chat et comprimés

Pour faire avaler un comprimé à votre chat, déposez-le dans le fond de sa gorge, puis frottez-lui immédiatement le nez. Il va alors sortir sa langue pour se toiletter et, sans s'en rendre compte, avaler la pilule.

LANGAGE DES PLANTES

La tubéreuse

C'est une plante bulbeuse qui craint le gel. Au jardin, il faut laisser la plante en place le plus longtemps possible afin que le feuillage régénère le bulbe. A partir de septembre, la tubéreuse produit jusqu'à novembre des fleurs blanches, cireuses et étoilées qui dégagent, surtout le soir venu, un parfum vaporeux, voluptueux, qui est l'un des plus suaves et des plus pénétrants du monde végétal. Les notes florales très féminines sont rehaussées d'effluves d'épices et de cacao. L'essence extraite de ces fleurs est rarement vendue à l'état d'extrait simple. Elle entre comme note accessoire dans des compositions. On la trouve dans les parfums comme Poison de Christian Dior ou Chloé de Karl Lagerfeld.

JARDIN

Les travaux de la seconde quinzaine de septembre

- Plantez les pivoines.
- Commencez à planter les bulbes à floraison printanière.
- Isolez les potirons et les courges du sol en les plaçant sur une planche afin d'éviter des débuts de pourriture.
- Commencez à rentrer les plantes fragiles comme les cactées et les agrumes.
- Rentrez le soir les jardinières si la nuit s'annonce froide.

« De beau raisin, parfois pauvre vin. »

EXPRESSION

Jouer les Cassandre

Dans la mythologie grecque, Apollon accorda à la princesse Cassandre le don de divination puis, comme elle se refusait à lui, la condamna à n'être jamais crue. Ainsi, quand Cassandre prédit la chute de Troie, personne ne la prit au sérieux. "Jouer les Cassandre" signifie en français courant "porter malheur" et une Cassandre est une personne qui stigmatise le malheur et qui, finalement, le provoque.

JEUX *Quiz Palette de couleurs*

L'art sublime la couleur
par quelques subtilités de langage.
Saurez-vous trouver les bonnes réponses ?

1. Des dentelles éburnéennes sont-elles de couleur :
a - Jade
b - Ambre
c - Ivoire

2. Une chemise de soie ponceau est-elle de couleur :
a - Bleu marine
b - Rouge vif
c - Vert sapin

3. Une pierre précieuse de couleur balais est-elle :
a - Rose
b - Bleu ciel
c - Blanche

4. Une robe de taffetas zinzolin est-elle de couleur :
a - Violette
b - Orange
c - Vert émeraude

5. Une teinture de couleur bis est-elle :
a - Noire
b - Grise
c - Marron rouille

Solution : c, b, a, a, b

IDÉE REÇUE

Les géraniums de nos balcons sont des plantes annuelles

Faux ! Les géraniums qui ornent nos balcons appartiennent au genre Pelargonium. Ce sont des plantes vivaces mais gélives. Il ne faut pas confondre rustique et vivace. Une plante est dite rustique si, dans nos régions, elle supporte le gel ; elle est dite vivace si elle vit plusieurs années, à l'opposé des plantes annuelles qui germent, fleurissent, fructifient et meurent le temps d'une seule saison.

CE JOUR-CI, AUTREFOIS

1851 première publication du New York Times
1973 admission des deux Etats allemands à l'ONU

"Automne en fleurs, hiver plein de rigueur."

Les Dames de Tarnhac

Guillemette de La Borie

La mère Bouyssou, de la Séguinie, venait veiller avec ses deux grands fils et la petite Eline, car le père était trop malade pour venir jusque-là. Malvina avait préparé des cambos d'*ouilhos*, des merveilles, avec du lait, des œufs et de la farine de froment. Il y avait aussi une pleine oule[1] de châtaignes blanchies. Les femmes racontaient des counté du temps jadis. Comme l'histoire de Jacquou, le croquant de la forêt Barade, dont l'histoire avait même été publiée à Paris par monsieur Eugène Le Roy.

C'était à qui se ferait le plus peur, en parlant de feux follets, de fagilières[2] et de *léberou*[3]. Mélie assurait avoir aperçu dans son enfance cet étrange être mi-homme, mi-loup, qui hantait la nuit. Le chien, étalé sous la table avec la tête entre les deux pattes de devant, gémissait de plaisir. Et les chaînes des bêtes, dans l'étable voisine, cliquetaient doucement. Dehors, la lune éclairait un ciel froid et constellé d'étoiles.

— Un *cacalou* !

Chaparotte, toujours silencieux, avait lâché cela comme un cri. Avec le temps, les Vignal apprenaient à le comprendre. On se tut pourtant. L'usage voulait que le jeune homme qui trouvait une de ces minuscules noix creuses embrasse la fille de son choix. Et l'on savait bien que, pour assurer sa chance, celui qui voulait se déclarer garnissait ses poches bien avant la veillée.

— Un poutou !

Eline, qui venait d'attraper ses quinze ans, s'y connaissait déjà en ces affaires. Tout le monde rit, et Chaparotte vint coller son bec-de-lièvre sur la joue rose de la Malvina qui baissait les yeux. Elle aurait tant préféré recevoir ce poutou-là de l'un des deux frères Bouyssou, beaux gaillards au visage ouvert !

Mais ils n'étaient plus pour elle, et les Bouyssou s'en étaient retournés chez eux par le chemin de traverse, à la lueur de leur falot. La Mélie recouvrit de cendres les braises de la cheminée, et chacun s'en fut dormir.

1. Marmite
2. Sorcières
3. Loup-garou

Extrait du roman *Les Dames de Tarnhac* de Guillemette de La Borie paru aux Presses de la Cité dans la collection Terres de France

ÉTÉ

lundi 21 septembre

Saint **Matthieu**

Soleil : 07 h 35 • 19 h 5[illegible]
Vierge / 3e décan

EXPRESSION

S'en soucier comme d'une guigne

La guigne, dans l'expression "s'en soucier comme d'une guigne", est une chose de peu d'importance. Rien à voir, comme on pourrait le croire, avec son homonyme en argot signifiant "malchance". Le terme désigne plutôt ici la variété de cerise noire donnant par exemple le guignolet. L'expression signifie ainsi "n'accorder aucune importance à quelque chose".

LE PETIT GESTE ÉCOLO

Halte aux véhicules pollueurs !

Favorisez l'achat de voitures peu polluantes et adaptées à vos besoins. Un 4x4 en ville consomme en moyenne 3,6 litres d'essence de plus qu'une berline classique pour un intérêt somme toute limité. Préférez les petites voitures et choisissez-les neuves car une voiture d'occasion de 4 ou 5 ans rejette plus de gaz à effet de serre.

Par ailleurs, conduisez en souplesse et pas trop vite : vous consommerez ainsi 40 % de carburant en moins.

DEVINETTE

Quand après-demain sera hier, il nous faudra autant de jours pour atteindre dimanche qu'il nous en a fallu quand avant-hier était demain pour que nous soyons aujourd'hui.
Quel jour sommes-nous ?

Solution : lundi

CE JOUR-CI, AUTREFOIS

1948 Marcel Cerdan devient champion du monde de boxe des poids moyens
2001 explosion de l'usine AZF à Toulouse

LES ARBRES DE NOS RÉGIONS

Arbres remarquables d'Alsace

- *Le hêtre de Reinhardsmunster : âgé de 120 ans, cet arbre a pris racine dans la forêt de Saverne, à un emplacement pour le moins singulier, sur un rocher, et, au fil du temps, a enveloppé la roche de ses racines protectrices.*
- *Les douglas géants de Ribeauvillé : ces huit douglas de 110 ans dominent la forêt de Ribeauvillé du haut de leurs 60 mètres.*

LANGAGE DES PLANTES

La cardère

La cardère est une herbe qui affectionne les chemins, les endroits non cultivés, les décharges. Ses petites fleurs roses-violettes se regroupent en un gros capitule en forme d'œuf. La floraison sur ce capitule se fait par zones. Les fleurs apparaissent d'abord au centre, puis en haut et en bas, pour recouvrir enfin entièrement la boule. Toute la plante est couverte d'épines. Ses feuilles groupées deux par deux sont soudées entre elles par la base. Cette disposition permet à l'eau de s'y accumuler, d'où son nom latin *Dipsacus*, qui vient du grec *dipsa*, "soif", et ses nombreux noms vernaculaires : cabaret des oiseaux, cuvette de Vénus. Ses tiges et ses capitules séchés ont servi de tout temps à carder la laine. A la campagne, on l'appelle couramment "peigne de loup".

"Si Matthieu pleure au lieu de rire, le vin en vinaigre vire."

CE JOUR-CI, AUTREFOIS

1914 décès de l'écrivain Alain-Fournier
1976 la sonde américaine Viking confirme que la planète Mars possède une calotte glaciaire

CURIOSITÉS DE NOS RÉGIONS

Le musée des cap-horniers de Saint-Malo

Le cap Horn ! Rêve des aventuriers d'aujourd'hui, cauchemar des marins de jadis. On a toujours évoqué la vie rude, le froid glacial de l'hiver, la mer démontée, les hommes sculptant les dents de cachalot... Tous ces souvenirs sont rassemblés dans ce musée, le premier consacré à l'épopée du Horn (du premier passage en 1616 aux routes commerciales du XIXe siècle). Il a été inauguré en 1970 dans la tour Solidor, à Saint-Servan-sur-Mer. Celle-ci abrite une collection exceptionnelle : iconographie, livres, maquettes, objets divers et même un superbe albatros empaillé, ennemi juré des naufragés auxquels il s'attaquait à coups de bec fatals.

VOS DROITS

Le restaurateur doit-il informer ses clients sur l'origine des viandes servies ?

Les restaurateurs doivent porter à la connaissance de la clientèle l'origine des morceaux de viande bovine ou de la viande hachée depuis un décret du 17 décembre 2002.
L'origine est indiquée par l'une ou l'autre des mentions suivantes : "Origine : (nom du pays)" ou bien "Né et élevé : (nom du pays de naissance et nom du ou des pays d'élevage) et abattu : (nom du pays d'abattage)".
Si le restaurateur n'affiche pas ces informations, il peut être puni d'une amende de 450 euros.

BIEN-ÊTRE

ait de dattes

aites infuser 100 g de dattes lans un litre de lait bouilli. 'ous obtenez un lait sucré ue vous pouvez boire ou utiliser n gargarismes pour soulager es maux de gorge.

COMMENT S'APPELLENT...

les habitants de Bourg-en-Bresse dans l'Ain ?

Les Burgiens

CONTES ET LÉGENDES

Les grottes d'Arcy-sur-Cure

Une pluie de stalactites ocre mystérieusement figées dans les airs, de belles et étranges concrétions où la pierre semble couler : les onze grottes d'Arcy-sur-Cure, dans l'Yonne (900 m de long), façonnées durant des millions d'années par les eaux de la Cure, palpitent encore d'une vie secrète. Est-ce le souvenir des hommes de la préhistoire qui s'y sont succédé ou la présence du bestiaire peint sur les parois des cavernes ? Mammouths, rennes, ours, félins, tous intacts, font revivre la grande saga paléolithique. Seule la grande grotte se visite (500 m de long, deuxième grotte ornée du monde après la grotte Chauvet). Elle vaut aussi bien par ses concrétions que par ses fresques exceptionnelles découvertes en 1990.

“Matin à forte rosée, tonnerre en fin de journée.”

JARDIN

Au mois de septembre, une chaleur encore douce et une hygrométrie importante sont les conditions idéales pour le développement des maladies dues à des champignons. Pour les éviter, supprimez sous les arbres fruitiers les fruits tombés au sol. Au potager, tout légume présentant un début de pourriture doit être arraché. Il vous faut aussi éliminer les feuilles atteintes de maladies, notamment celles touchées par la rouille ou les taches noires des rosiers. Enfin, débarrassez-vous des pieds de tomates atteints d'oïdium. Tous ces feuillages doivent être rassemblés et brûlés.

LANGAGE DES PLANTES

L'épine-vinette

Cet arbrisseau pousse uniquement en terrain siliceux. Il était autrefois très commun dans les haies. Aujourd'hui, l'espèce est menacée, détruite par les cultivateurs car elle transmet la rouille à leurs céréales. Pourtant, l'épine-vinette ne manque pas de qualités. A partir de ses petites fleurs jaunes en grappes se développent des baies rouge-orangé. Très prisées des oiseaux, elles sont comestibles. Très acides, car riches en acide citrique, elles peuvent être consommées telles quelles, mais il est préférable de les cuire. En écrasant des baies fraîches et en les laissant fermenter dans de l'eau et du miel, on obtient au bout de quelques semaines une sorte d'hydromel. L'écorce de l'épine-vinette était autrefois utilisée pour teindre en jaune les cuirs et la laine. Son bois est d'une belle couleur jaune ; on l'utilise en marqueterie, en tournage et pour la fabrication de cure-dents.

LES JOLIS VILLAGES DE FRANCE

Barbizon

Au XIXe siècle, quelques artistes firent de Barbizon, en bordure de la forêt de Fontainebleau, le centre de la peinture de paysages. Outre Corot, Théodore Rousseau et Millet — qui y situa son fameux Angélus — s'y installèrent, attirant une pléiade de peintres. Ils festoyaient dans l'épicerie-buvette du père Ganne, qui fut souvent payé en œuvres d'art, alors sans valeur marchande. La grande rue est aujourd'hui bordée d'hôtels, de magasins d'antiquités et de restaurants. On peut visiter les ateliers de Rousseau et de Millet.

CE JOUR-CI, AUTREFOIS

1880 *entrée en fonction du gouvernement de Jules Ferry*

1964 *inauguration du nouveau plafond de l'opéra Garnier peint par Chagall*

« La pluie de septembre fait la joie du paysan. »

BIEN-ÊTRE

Le silicium

C'est avec le carbone, l'oxygène et l'hydrogène un élément essentiel de la matière vivante. Le silicium joue un rôle majeur dans le système immunitaire. Il régénère et restructure les fibres d'élastine et de collagène. La carence en silicium entraîne le vieillissement de la peau et des vaisseaux sanguins, et des troubles ostéo-articulaires. La quantité de silicium diminue de façon irréversible avec le vieillissement. Il est utilisé en dermatologie pour soigner les vergetures et les engelures. Le silicium est très abondant dans les agrumes, la prêle et surtout dans la bière.

CE JOUR-CI, AUTREFOIS

- *1944* *décès du sculpteur Aristide Maillol*
- *1953* *projection du premier film en CinémaScope,* La Tunique, *de Henry Koster*

PERSONNAGES DE NOS RÉGIONS

Henri Vincenot à Dijon

Henri Vincenot est un écrivain né en 1912 à Dijon. Issu d'une famille de paysans, il a multiplié les métiers avant de se consacrer uniquement à l'écriture. Très marqué par son milieu d'origine ainsi que par la Bourgogne, il ponctue presque tous ses romans d'allusions à cette région, tout en faisant parler ses personnages d'une façon typiquement bourguignonne, avec un patois local. Ses œuvres les plus célèbres sont Le Pape des escargots *et* La Pie saoule. *A la fin de sa vie, il se retire à Commarin, en Côte-d'Or, et meurt le 21 novembre 1985 à Dijon.*

CONTES ET LÉGENDES

Le trésor des Templiers

Gisors dans l'Eure occupe depuis ses origines une place stratégique sans égale dans le Vexin. Son château est l'un des plus intéressants de l'époque médiévale. Une légende dit qu'il renfermerait des archives secrètes et le trésor des Templiers. Le 12 octobre 1307, veille d'une offensive menée par Philippe le Bel, qui convoitait leurs richesses, douze chevaliers auraient quitté le Temple de Paris pour la côte normande avec trois chariots chargés du trésor de l'Ordre. Aujourd'hui encore, le mystère perdure car les galeries ont été comblées et le ministère de la Culture a fait murer de béton la porte de l'énigme.

ASTROLOGIE

Balance (du 24 septembre au 23 octobre)

Planète : Vénus
Elément : Air
Couleur : Rose
Pierre : Corail
Qualités : Ouvert, affable, jovial, pacifique
Défaut : Influençable
Affinités : Cancer, Sagittaire, Verseau

« En septembre, le raisin ou la figue pendent. »

JEUX Sudoku

		4			3	6		9
	7					5	4	
				2	9			
		8		1				3
		3				2		
1				6		8		
			8	9				
	2	6					3	
8		5	6			9		

GASTRONOMIE

La saucisse de Strasbourg

En Alsace, gastronomie rime souvent avec charcuterie. Saucisse de foie à tartiner, cervelas court, saucisson de bière, saucisson de langue ou saucisson de jambon sont des inventions locales. Mais la plus célèbre des spécialités charcutières alsaciennes est sans conteste la saucisse de Strasbourg. Longtemps dotée d'une peau colorée en rouge ou en orange, elle arbore aujourd'hui un rose beige tendre. Sa farce très fine réunit à parts égales du porc et du bœuf, additionnés de lard. Longue de 10 centimètres environ, elle doit cuire délicatement à l'eau, de façon que sa peau n'éclate pas, ce qui gâcherait son goût légèrement fumé.

TRUCS ET ASTUCES

En cette fin de mois, les journées et leur ensoleillement raccourcissent ; les tomates ont de plus en plus de mal à mûrir et la moindre gelée nocturne peut leur être fatale. Il est préférable alors de les cueillir, même vertes, et de les entreposer dans un local frais et sec, enveloppées dans du papier journal : elles continueront à mûrir sans le moindre danger.

CE JOUR-CI, AUTREFOIS

1901 naissance du cinéaste Robert Bresson
1926 signature de la convention abolissant l'esclavage
1985 faux mariage de Coluche et Thierry Le Luron, "pour le meilleur et pour le rire"

AU PROGRAMME CE WEEK-END

Les Trophées de la gastronomie bretonne

Ils ont lieu à Quiberon durant la dernière semaine de septembre et sont destinés à récompenser les meilleurs produits bretons. Les Trophées débutent par un concours à huis clos où treize catégories de produits sont évaluées (fruits de mer, conserves de fruits, produits laitiers, poissons fumés, etc.) et se poursuivent du vendredi au dimanche avec un marché aux produits bretons, des démonstrations de recettes, des expositions et des animations folkloriques.

« Vins de septembre font les femmes s'étendre. »

Au cabaret des oiseaux

Michel Jeury

Mon papa ! L'envie me trotte d'aller poser un baiser sur la joue mal rasée et de pleurer un peu sur son gilet taché de vin. Je dévale la pente sans songer au microbe du tétanos tapi sous chaque pierre.

Les genêts me giflent, les églantiers m'agrippent au passage comme les ongles des damnés quand on arrive au purgatoire. Je bondis par-dessus le petit ruisseau qui croise le sentier de la côte et débouche devant la maison de poupée. A mon passage, les poules d'eau claquent la surface de leurs ailes et s'enfuient en poussant des cris presque humains.

Maintenant, si j'étais un chat sauvage ou un lutin, je pourrais atterrir d'un petit saut sur le toit du bistrot !

Mais je ne suis ni l'un ni l'autre. Impossible de me montrer avec cette robe laide à faire cuire les yeux, les clients me prendraient pour une couraude. J'attends qu'une idée me vienne, je retiens mon souffle pour mieux guetter.

J'admire la vallée où s'étale encore une écharpe de brume colorée en mauve comme le foulard de ma mère. Je me retourne vers les collines et la forêt. Le soleil d'automne illumine les taches jaunes des coteaux, entre les îles rouges des hameaux et les récifs sombres des sapins, glisse dans le creux des combes, où s'enchevêtrent rocs, broussailles, ruisseaux et sentiers. Le merle siffle, la fauvette jette un long chant mélancolique, le loriot crie son nom de tout son cœur : compè' lo' io! compè' lo' io !

Je ne peux quand même pas aller à l'école dans cette tenue un si beau jour ! Alors la grange des bois ? Cette baraque sert de bergerie aux métayers du château. Jean Tite, mon ami Jeannot, s'y est aménagé un coin et y couche souvent. Enfin, je dis mon ami, mais il a presque deux fois mon âge.

Le « castel du moussu », du monsieur, est à cinq ou six kilomètres, par la route ? Je vais prendre par le Rau, le grand ruisseau, remonter par Taillefer et les Brandes de bruyères, ça doit raccourcir d'une rognure et d'un chicot.

Extrait du roman *Au cabaret des oiseaux* de Michel Jeury
paru aux Presses de la Cité dans la collection Terres de France

TOPONYMIE

Origine du nom Toulon

La ville de Toulon est mentionnée pour la première fois par les Romains au IIe siècle avant J.-C. sous le nom de Telo Martius. Cette appellation associe le nom de la divinité Telo, la déesse des eaux du peuple ligure fondateur de la cité, et celui de Mars, dieu guerrier romain. Par déformation, Telo devint Tolon, puis Toulon.

CE JOUR-CI, AUTREFOIS

1920 mise en vente des premiers postes de radio TSF
1934 naissance de l'actrice Brigitte Bardot
1990 mise en service du TGV Atlantique

COUTURE ET TRICOT

Appliquer un entoilage fusible

L'entoilage sert à consolider les tissus délicats, pour la broderie notamment.

- Transférez le motif que vous voulez broder sur l'endroit du tissu.
- Coupez l'entoilage aux mêmes dimensions que le tissu et collez-le au fer sur l'envers.
- Faufilez tout autour du bord avant de placer le tissu sur un tambour ou sur un cadre. Réalisez la broderie à travers les deux épaisseurs.

TRUCS ET ASTUCES

Lorsque vous dépoussiérez votre bibliothèque, passez un coton imbibé d'alcool à brûler sur les tranches de vos livres fermés, elles en sortiront comme neuves !

PÊCHE

La fermeture de la pêche

Pour les eaux classées en première catégorie, la fermeture de la pêche est fixée au troisième dimanche de septembre. Elle a pour but essentiellement d'assurer une protection optimale de la reproduction de la truite fario. Dans les eaux de seconde catégorie, la pêche est autorisée toute l'année, sauf pour la truite fario, la truite arc-en-ciel, le saumon de fontaine et l'omble chevalier, dont la pêche n'est autorisée que pendant l'ouverture de la première catégorie.

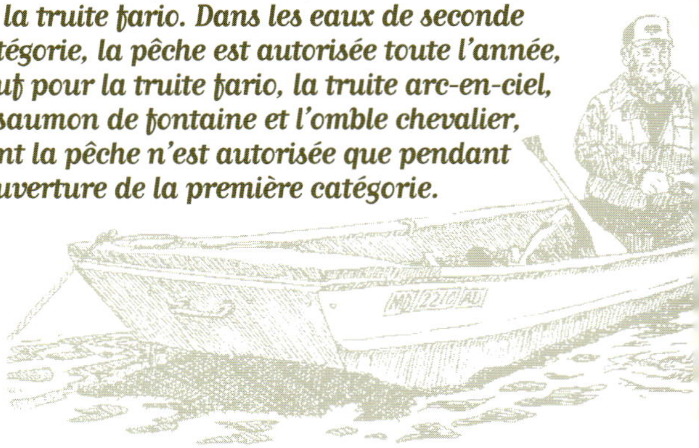

CONTES ET LÉGENDES

La consoude

Le nom de la consoude vient du verbe "souder", car la plante, dès l'Antiquité, était réputée refermer les plaies et consolider les fractures. Une légende du Moyen Age raconte même qu'une servante, la veille de son mariage, s'était préparé un bain de consoude pour retrouver sa virginité ; or, ayant omis d'avertir sa maîtresse, celle-ci se plongea dans le même bain ; elle obtint un tel résultat que son mari fut étonnamment surpris de cette virginité nouvelle !

« Pour vendanger, il faut attendre au moins la fin septembre. »

IDÉE REÇUE

Donner du sucre à un chien lui fait couler les yeux

Jamais le sucre n'a fait couler les yeux des chiens. Leurs larmoiements proviennent d'une inflammation ou d'une conjonctivite responsable d'une hypersécrétion des glandes lacrymales. Un nettoyage quotidien des yeux au sérum physiologique freine cette infection.

CE JOUR-CI, AUTREFOIS

1518 naissance du peintre italien le Tintoret
1547 naissance de l'écrivain espagnol Miguel de Cervantes

VOS DROITS

Est-on assujetti deux fois à la redevance audiovisuelle pour un deuxième poste de télévision installé dans son logement ?

Une seule redevance audiovisuelle est due par les personnes imposables à la taxe d'habitation, et ceci quel que soit le nombre d'appareils détenus dans la résidence principale et les résidences secondaires.

RECETTE

Raie grenobloise

Pour 4 personnes.

Ingrédients : 4 morceaux de raie ; 6 c. à soupe de vinaigre ; 2 tranches de pain de mie ; 1/2 citron ; 3 c. à soupe de câpres ; 100 g de beurre ; persil.

- Mettez les morceaux de raie lavés dans une grande casserole d'eau froide.
- Ajoutez 5 c. à soupe de vinaigre.
- Portez à ébullition et laissez pocher 15 minutes dans l'eau frémissante.
- Mettez la raie égouttée et pelée dans un plat chaud.
- Parsemez-la de câpres, de persil haché et de citron pelé et coupé en rondelles.
- Réservez au chaud.
- Faites fondre le beurre dans une poêle et faites-y dorer le pain coupé en dés.
- Versez sur la raie.
- Remettez la poêle sur le feu avec 1 c. à soupe de vinaigre et laissez bouillir un instant.
- Arrosez-en la raie et servez.

CURIOSITÉS DE NOS RÉGIONS

Les "petites toulousaines"

Il s'agit de petites maisons typiques de Toulouse. Les murs sont construits en brique ou sont recouverts de crépi blanc, auquel cas la brique encadre les ouvertures. La façade est percée d'une porte centrale entourée de quatre fenêtres aux volets bleu pastel. Elles ne comportent habituellement qu'un rez-de-chaussée. Lorsqu'elles sont pourvues d'un étage, on les appelle les "toulousaines à talon haut".

« De Saint-Michel à la Toussaint, laboure grand train. »

mercredi 30 septembre

Saint Jérôme

Soleil : 07 h 48 • 19 h 3
Balance / 1er décan

LANGAGE DES PLANTES

Le safran

Le safran est une plante dont le bulbe développe de longues feuilles fines vert pâle, parcourues par une ligne blanche. Au centre de ces feuilles apparaît en octobre la fleur mauve, veinée de rouge avec, en son centre, des étamines jaunes et un long style divisé en trois stigmates rouge-orangé. Le stigmate séché constitue l'épice utilisée en cuisine comme assaisonnement ou comme agent colorant. Les croisés rapportèrent le safran du Moyen-Orient en France, où il fut cultivé jusqu'au début du XIXe siècle. Le Gâtinais était une grande région de culture. Le safran reste, de loin, l'épice la plus chère : 8 000 euros le kilo, soit 10 fois plus que la vanille et 50 fois plus que la cardamome. Les fleurs sont cueillies le matin, puis on arrache les stigmates que l'on met à sécher sur des tamis de crin. Avec 100 000 fleurs, on obtient 5 kilos de stigmates frais donnant, après dessiccation, 1 kilo de safran.

CE JOUR-CI, AUTREFOIS

1791 *première représentation de* La Flûte enchantée *de* Mozart

1985 *décès de l'actrice* Simone Signoret

BIEN-ÊTRE

Le vinaigre de cidre

C'est un très vieux remède que les Anciens appelaient "élixir de jeunesse". C'est également un excellent complément alimentaire qui aide à nettoyer et à régénérer l'organisme. Il contient en effet plus d'une trentaine de substances nutritives importantes, une douzaine de minéraux, une demi-douzaine de vitamines et d'acides essentiels, des enzymes et de la pectine. Il est notamment riche en potassium, en phosphore, en calcium, magnésium, soufre, fer, fluor et bore. Cette richesse en minéraux le rend particulièrement utile pour soulager les crampes musculaires. On le recommande pour les bursites, mais aussi pour les tendinites et l'arthrose.

COLLECTIONS

Le collectionneur d'enveloppes timbrées ou illustrées s'appelle l'envelopillystrophile.

TRUCS ET ASTUCES

Faites triple usage de vos citrons

- Utilisez-les pour frotter les robinets de votre salle de bains.
- Mélangez un jus de citron avec une poignée de gros sel pour faire briller le carrelage de votre salle de bains.
- Enfin, pour éliminer une odeur tenace dans votre micro-ondes, pressez un citron et mélangez-le avec un peu d'eau et passez-le au four à la puissance maximum durant une minute.

“A la Saint-Jérôme, hoche tes pommes.”

MÉTIERS OUBLIÉS

Le projectionniste ambulant

Dès 1900, le projectionniste itinérant a permis aux villageois d'accéder au cinéma. Muni d'un projecteur, de bobines de film et de l'indispensable drap de lit faisant office d'écran, il projetait ses films dans les cafés, transformés pour l'occasion en salles de cinéma. Quand les bistrots ne faisaient pas l'affaire, il s'installait dehors, le drap fixé à un mur quelconque, voire à une aile de camion, et branchait son projecteur chez l'habitant !

CE JOUR-CI, AUTREFOIS

1929 décès du sculpteur Antoine Bourdelle
1967 première émission en couleur à la télévision

GASTRONOMIE

Le vin jaune du Jura

C'est un vin blanc sec à la couleur et au goût très caractéristiques, produit uniquement dans le Jura. Il est fabriqué à partir de savagnin, un cépage typique de la région. Le raisin vinifié est mis en fût, pour une durée de 3 mois à 6 ans, sans que le vigneron intervienne jamais pour remettre le fût à niveau. Un processus d'oxydation se met en place, accompagné de l'apparition d'un voile de levure à la surface du vin, qui le protège. Les fûts de vin jaune sont surveillés très régulièrement par les vignerons, qui les goûtent et les font analyser en laboratoire tous les 6 mois. Cette longue période de vieillissement en fût sous atmosphère oxydative transmet au vin sa couleur jaune, ses arômes et son goût de noix verte, d'amande, de pain grillé et parfois de pain d'épices.

IDÉE DÉCO

Rangements discrets

Pourquoi ne pas tirer parti des recoins inutilisés de la maison pour en faire des rangements ? Dans un couloir, on peut fixer une étagère en hauteur sur toute la longueur du mur, peinte de même couleur pour plus de discrétion, et y placer les objets inutiles au quotidien. Sous les lits, on installe des paniers-tiroirs. On range les accessoires de ménage dans le placard du compteur électrique. Dans les toilettes, on pose un grand placard au-dessus de la chasse d'eau. On peut aussi clouer ses outils sur une planche que l'on fixe à un mur, comme dans les ateliers.

DEVINETTE

Je peux donner des coups à tout le monde.
Je suis souvent le bienvenu et il ne se passe pas un seul instant dans le monde sans que quelqu'un me voie.
Qui suis-je?

Solution : le soleil

EXPRESSION

Être pieds et poings liés

L'expression signifie en français courant "se retrouver dans une situation inextricable".
Très explicite, la métaphore esquissée ici suggère bien la difficulté que l'on peut avoir à se libérer quand on se retrouve "pieds et poings liés". Notons toutefois qu'en français courant, l'expression a un sens davantage moral que physique.

« Pour faire le labour d'automne, attends qu'un beau temps Dieu nous donne. »

CURIOSITÉS DE NOS RÉGIONS

Le musée de l'Ecole de Nancy

Aménagé dans une demeure du début du XXe siècle, ce superbe musée présente des collections qui illustrent le mouvement artistique né à la fin du XIXe siècle sous l'impulsion du verrier et céramiste Gallé. Des artistes tels Majorelle, Grüber, Prouvé, Vallin, les frères Daum et Wiener œuvrent alors au renouvellement des arts décoratifs. Influencés par le japonisme s'inspirant de la nature, ils créent une esthétique en rupture avec le style du second Empire, dominée par la courbe, l'arabesque, la ligne fluide et la profusion ornementale. L'école de Nancy est officiellement fondée en 1901, et les architectes emboîtent le pas aux initiateurs. Le mouvement s'éteint dans les premières années du XXe siècle.

CE JOUR-CI, AUTREFOIS

1892 décès de l'écrivain, philosophe, philologue et historien Ernest Renan
1991 ouverture d'Orlyval

MEUBLES DE NOS RÉGIONS

Le mobilier corse

Les maisons corses sont traditionnellement peu fournies en meubles. La pièce à vivre comporte une table pisane, un banc à haut dossier (bancale) *placé face à la cheminée, quelques chaises paillées, un récipient de cuivre ou de bois* (sechja) *accroché au mur et servant au transport de l'eau, un pétrin* (meria) *et un coffre* (cascione) *employé pour ranger les ustensiles de cuisine et les provisions. La chambre est dotée d'un lit simple et d'une malle* (baugliu) *pour les papiers et le linge. Tous les meubles corses sont réalisés en bois de châtaignier.*

LE PETIT GESTE ÉCOLO

Utilisez un herbicide naturel pour nettoyer vos allées : conservez l'eau de cuisson des pommes de terre et versez-la sur les zones à désherber.

COUTURE ET TRICOT

Comment détricoter

Si vous avez commis une erreur dans le façonnage ou dans un point complexe, vous serez peut-être amené à détricoter une partie de votre ouvrage.

- Glissez les mailles hors de l'aiguille et défaites-les jusqu'au rang situé juste au-dessus de celui où se trouve l'erreur.
- Tenez l'ouvrage dans la main gauche et une aiguille dans la main droite. L'aiguille doit être un peu plus fine que vos aiguilles à tricoter.
- Glissez la pointe de l'aiguille, de l'arrière vers l'avant et de droite à gauche, dans la maille sous la première boucle vide, puis tirez délicatement sur le fil pour défaire la boucle. Rattrapez chaque maille une à une le long du rang de cette façon, pour défaire le rang incorrect. Tricotez le rang suivant avec une aiguille du bon diamètre. Rangez la petite aiguille et prenez l'autre aiguille du bon diamètre pour continuer.

« Automne en fleurs, hiver plein de rigueur. »

La Cour de récré

Jean Siccardi

Adrien engrangeait des visions fabuleuses. Chaque tour de roue le conduisait vers une liberté palpable, sans murs, ni grilles, ni barrière. Il avait l'impression de naître, de renaître, de pénétrer enfin dans son univers d'enfant. Il foulerait les prés, se roulerait dans l'herbe, hurlerait dans les vallons, entendrait l'écho de sa voix. Le paysage lui parut d'un ravissement sans égal. Les champs décorés d'énormes chardons bleus, la lumière filtrant au travers des branches, les bosquets éparpillés comme de petits points dans l'immensité, les églantiers rouges fusant à l'horizon, les vaches aux mamelles repues cherchant l'ombre, les chevaux en liberté formaient une gigantesque farandole.

— Amélie, pourquoi m'as-tu choisi ? A Saint-Paul il y a plein d'autres enfants ?

— Sais pas, c'est comme ça !

— Tu ne me réponds pas !

— Peut-être Dieu l'a voulu ainsi.

— Tu parles comme sœur Clarisse !

Adrien demeura plongé dans le mystère du hasard. Devait-il essayer de comprendre ? Il la dévisagea tel un nouveau-né qui découvre sa maman. Il perçut que son regard gênait Amélie.

Deux longs coups de klaxon dans l'ultime virage annoncèrent l'arrivée du car.

— Castelroche, dernier arrêt, gueula le chauffeur.

— Comme si on ne savait pas qu'on était arrivés, râla un passager.

La route se resserra. Après un dédale de ruelles, le véhicule s'immobilisa pile devant la guérite à cars. La porte à soufflet se rétracta sur ses gonds. Amélie désigna du doigt au travers de la vitre une maison si loin qu'Adrien aurait pu la poser sur la paume de sa main.

— Saint-Hubert, c'est tout là-haut !

Elle prit le bagage et sortit la première, la tête haute, fière. Julien les attendait, un peu à l'écart, près de la fontaine. Il avait attelé la carriole, évitant ainsi à l'enfant une longue route à pied.

Extrait du roman *La Cour de récré* de Jean Siccardi paru aux Presses de la Cité dans la collection Terres de France

JARDIN

Les travaux de la première quinzaine d'octobre

- Blanchissez les scaroles et les cardons. Semez de la mâche.
- Mettez en pot des bulbes de narcisses, de jacinthes pour les forcer en appartement.
- Plantez le muguet.
- Divisez les vivaces ayant fleuri en fin d'été.
- Au bassin, rentrez les plantes gélives comme les jacinthes d'eau et les laitues d'eau.
- Otez les feuilles mortes du bassin.

AU PROGRAMME CE MOIS-CI

- *Fête de la crevette à Honfleur (Calvados), 1er week-end du mois*
- *Fête du miel à Roquebrune (Var), 1er week-end du mois*
- *Fête de la courge à Marchiennes (Nord), 1er week-end du mois*
- *Foire aux potirons de Tranzault (Indre), 2e dimanche du mois*
- *Festival gourmand du cochon de Bayeux (Calvados), mi-octobre*
- *Frairie des petits ventres à Limoges (Haute-Vienne), 3e vendredi du mois*
- *Salon du pain, vin et fromage à Beaune (Côte-d'Or), 3e week-end du mois*
- *Marché aux fruits anciens à Treffort-Cuisiat (Ain), 3e week-end du mois*
- *Fête de la vielle dans diverses villes d'Auvergne, dernier week-end du mois*

COLLECTIONS

Le collectionneur d'étiquettes d'hôtel s'appelle le marbéthophiliste.

CE JOUR-CI, AUTREFOIS

1713 naissance de l'écrivain et philosophe Denis Diderot
1944 une ordonnance confirme le droit de vote des femmes
1989 remise du prix Nobel de la paix au dalaï-lama

CONTES ET LÉGENDES

Pour les Grecs, chaque point blanc qui constituait la Voie lactée représentait l'âme d'un mort. Dans ce vaste royaume appelé "Champs-Elysées", les défunts goûtaient un bonheur parfait, se nourrissant d'asphodèles, plantes vivaces. Tous n'avaient pas la chance de monter aux Champs-Elysées, seuls les héros et les hommes bons pouvaient, après leur mort, s'épanouir parmi les asphodèles. Les autres devaient errer sans fin, entre ciel et terre, à la recherche de leur nourriture. C'est pour cette raison que l'on plantait autour des tombes ces plantes nourricières des morts.

« En octobre, brume passe, beau temps passe. »

CE JOUR-CI, AUTREFOIS

1887 naissance de l'architecte et urbaniste Le Corbusier
1995 annonce de la découverte de la première exoplanète par des astrophysiciens de l'observatoire de Genève

MEUBLES DE NOS RÉGIONS

La manka basque

Typique de la basse Navarre, la manka se situe entre le buffet et l'armoire. D'environ 1,60 m de hauteur, elle est dotée de deux ou trois portes, accessoirement surmontées d'un coffre et flanquées d'un tiroir sur le bas. Réalisée en bois de noyer ou de merisier, elle peut présenter des ornementations stylisées de part et d'autre des portes, gravées au couteau et représentant des motifs végétaux.

RECETTE

Soupe des vendangeurs

une spécialité d'Alsace

Pour 4 personnes.

Ingrédients : 2 poireaux ; 2 gros oignons ; 4 grosses pommes de terre ; 100 g de beurre ; 20 cl de crème fraîche ; 1 bouquet de ciboulette ; 8 saucisses de Strasbourg ; noix de muscade râpée ; sel ; poivre.

- Faites fondre 60 g de beurre dans une grande casserole.
- Versez-y les poireaux et les oignons émincés.
- Remuez sur feu modéré pour faire suer sans coloration.
- Salez, poivrez et ajoutez une pincée de noix de muscade.
- Ajoutez les pommes de terre coupées en cubes dans la casserole.
- Couvrez de 1,5 l d'eau et portez à ébullition.
- Lorsque les légumes sont cuits, incorporez la crème et le reste de beurre en fouettant.
- Dix minutes avant de servir, faites pocher les saucisses dans l'eau frémissante.
- Servez la soupe parsemée de ciboulette et accompagnée des saucisses.

BIEN-ÊTRE

Lotion antipelliculaire

En faisant macérer des feuilles d'ortie dans de l'alcool à 40 °C pendant 2 jours, vous obtenez une lotion qui, appliquée tous les 15 jours en friction sur le cuir chevelu, empêche l'apparition de pellicules.

TRUCS ET ASTUCES

Ranger ses bulbes

Les plateaux en carton moulé qui servent au transport des œufs constituent un système de rangement pratique pour les bulbes et oignons à fleurs, qui se trouvent ainsi protégés de tout contact et parfaitement aérés. De plus, ce système permet une classification par espèces et par couleurs ainsi qu'un empilage très pratique.

« Quand on sème à la Saint-Bruno, la rouille s'y mettra bientôt. »

VOS DROITS

La déclaration de succession

Les héritiers, les donataires ou les légataires doivent souscrire une déclaration de succession. Si le décès est intervenu depuis le 1er janvier 2006, l'héritier en ligne directe, l'époux survivant et, depuis le 22 août 2007, le partenaire du PACS n'ont aucune déclaration à remplir quand le montant de l'actif brut successoral est inférieur à 50 000 euros.
Pour les autres héritiers, ce montant est égal à 3 000 euros.
L'héritier doit remplir différents imprimés de déclaration. S'il a recours à un notaire pour le règlement de la succession, ce dernier peut se charger des formalités de déclaration.
La déclaration de succession doit être déposée au centre des impôts. Le conjoint survivant ou un héritier doit faire sa déclaration dans les six mois suivant le décès, sinon il devra payer en supplément un intérêt de retard.

CE JOUR-CI, AUTREFOIS

1950 *fondation de l'ordre des Missionnaires de la Charité par Mère Teresa*
1957 *pose de la première tôle du paquebot* France

EXPRESSION

Tomber des nues
Aujourd'hui tombé en désuétude, le mot "nues" désignait autrefois le ciel et les nuages. A l'origine, "tomber des nues" voulait dire "arriver de manière inopinée", comme tombé du ciel, prenant par surprise son entourage. Le sens de l'expression a évolué et, de nos jours, elle signifie "être décontenancé par un événement inattendu".

LE PETIT GESTE ÉCOLO

Savez-vous qu'une lessive en poudre rejette trois fois moins de tensioactifs qu'une lessive liquide ? A utilisation équivalente, la poudre compacte est encore moins polluante que la poudre ordinaire.

TERROIR ET TRADITIONS

La tue-cochon

Dans les campagnes, on tuait généralement deux cochons par an, aux environs de Pâques et de la Toussaint. On les abattait soi-même ou l'on faisait appel au "tueur de cochons", généralement un charcutier ambulant qui agissait selon un rituel bien rodé. La tue-cochon était une véritable fête. En effet, elle procurait de quoi se nourrir pendant plusieurs mois. L'animal était tout d'abord assommé avant d'être égorgé. Le sang était immédiatement recueilli et salé. Le porc était ensuite mis à griller sur un feu de paille dans la cour puis suspendu à une échelle : on fendait alors la bête de haut en bas et l'on s'attelait au dépeçage. Le soir même, on faisait l'"âme du cochon", un repas préparé exclusivement à partir des restes des différentes préparations. On commençait par la tête et les oreilles grillées, puis on passait au pâté de foie. Venaient ensuite boudin et saucisses, jambon et côtes. Et, entre deux plats, on avalait un peu d'eau-de-vie pour faire passer tout cela !

"A la Saint-Serge, achetez vos habits de serge."

TOPONYMIE

Origine des lieux bretons

On distingue en Bretagne l'Armor (de are mor, "près de la mer" : le littoral) et l'Argoat (de are goat, "près des forêts" : l'intérieur des terres). Morbihan, ou petite mer, provient du breton mor, "mer", et bihan, "petit", et Finistère du breton Penn-ar-beg, "le bout du monde", qui fut traduit en latin par finibus terrae, "fin de la terre". Quimper provient de kemper, le "confluent". Rennes doit son nom aux Redones, peuple gaulois établi dans la région au IIe siècle av. J.-C., et Vannes, au peuple maritime nommé Vénètes. Brest provient du breton beg are rest, "la pointe du château", et Lorient, du breton An Oriant.

CE JOUR-CI, AUTREFOIS

1943 Ajaccio, première ville française libérée
1978 premier prototype de VisiCalc, ancêtre des tableurs (Multiplan, Excel...)

TERROIR ET TRADITIONS

Le costume masculin du Roussillon

Les hommes portent une chemise au col fermé par un mouchoir de couleur noué sur le devant. Par-dessus, ils revêtent une veste de velours foncée, ceinturée par une bande de tissu rouge, la faixa, dont ils laissent pendre un pan sur le côté. La veste est assortie au pantalon ou à la culotte, cousus en général de boutons de cuivre dorés. Ils sont coiffés d'une barretina, un bonnet de laine rouge doublé de noir, ou d'un chapeau de feutre, et sont chaussés d'espardenyas, des sandales à semelle de corde lacées autour des chevilles.

CURIOSITÉS DE NOS RÉGIONS

La ferme alpestre

Robuste, spacieuse, souvent imposante, la ferme alpestre possède un puissant caractère qui s'accorde à merveille avec le paysage montagneux qui l'entoure. En bois ou en pierre, serrée au creux des vallées ou dispersée sur des prairies bien exposées, elle est conçue pour résister aux caprices d'une nature hostile, en particulier au vent, au froid et à la neige. D'où la prédominance de la maison-bloc, rectangulaire ou en hauteur, au détriment de la ferme éclatée ou ouverte sur cour. Abritant sous le même toit les hommes, le bétail, le fourrage et les provisions, elle permettait de se calfeutrer chez soi pendant les longs mois d'hiver. Dans le souci de tout placer dans un seul espace, on avait aménagé de grands balcons de bois protégés par l'avant-toit : jadis, on y faisait sécher le linge, la bouse et le foin et on y entassait le bois que l'on brûlait l'hiver. Seul le "grenier", sorte de chalet en réduction, était séparé de la maison principale. On y conservait les céréales, les papiers de famille et les objets de valeur.

« Octobre le vaillant fatigue son paysan. »

HISTOIRE DRÔLE

Qu'est-ce qu'une blonde répond quand on lui demande si son clignotant de voiture fonctionne ?
— Il marche. Il marche pas. Il marche. Il marche pas. Il marche. Il marche pas...

CE JOUR-CI, AUTREFOIS

1907 naissance du réalisateur Jacques Tati
1930 l'Américaine Laura Ingalls est la première femme à traverser les Etats-Unis en avion d'est en ouest
1981 abolition de la peine de mort en France

TERROIR ET TRADITIONS

La foire aux potirons de Tranzault
Niché au cœur de l'Indre, le village de Tranzault célèbre le potiron et les légumes rares chaque deuxième dimanche d'octobre depuis 1987. Attirar plus de 10 000 visiteurs, la foire est l'occasion de découvrir les cucurbitacées les plus insolites et les plus savoureuses, de déguster des préparations régionales, dont le fameux citrouillat, et d'assister au concours du potiron géant (le record est jusqu' présent détenu par un potiron de 317 kg !).

JEUX Abracadamots

Complétez la grille avec les 9 lettres. Vous verrez alors apparaître un mot sur la première ligne horizontale.

		S		R			T	
D		I	S	A	T			U
T	U	R				A		
				B	A	T	I	
	R	T			I	S	E	
			T	S				D
R	D	B				E	U	I
	I	U	B	D	E			
			R				S	

LANGAGE DES PLANTES

Le maïs
A l'époque des Aztèques, Quetzalcóatl était le dieu le plus important du Mexique. Dieu du vent, de la vie, de la fertilité, il inventa le maïs et l'agriculture. La légende raconte qu'au début des temps, le soleil aurait explosé et déversé sur la terre une pluie de petits grêlons d'or : les premiers grains de maïs. Espèce dont les parties mâles et femelles sont totalement distinctes, la plante peut atteindre 3 m. Le maïs est avec le blé et le riz l'une des plantes les plus consommées au monde, mais, avec le développement des semences transgéniques, il est devenu le symbole de l'agriculture intensive.

« A la Saint-Denis, malgré le temps qu'il fait, prends la vendange telle qu'elle est. »

Le Puits Amélie

Marie Kuhlmann

Dans la nuit glacée, chaque tour de roue qui l'éloignait de son foyer rapprochait Lucien de l'enfer, d'autant plus redouté qu'il l'avait noirci au fil des jours, des heures et des minutes écoulés depuis le moment fatidique où il avait dû se résoudre, la mort dans l'âme, à choisir la mine comme solution de repli. Il ne pouvait s'empêcher d'évoquer le jour récent où il avait effectué le même trajet, son dernier jour de bonheur. Une belle matinée d'hiver, au froid sec et piquant sous un soleil pâle, si différente de la grisaille neigeuse qui attristait la région ces derniers temps.

Seul le soutien de sa famille l'aidait à tenir. Son épouse Lydia restait à ses côtés, pilier inébranlable, dans les bons comme les mauvais jours, se gardant bien de lui rappeler les conseils judicieux qu'elle lui avait prodigués à chaque choix de son existence professionnelle, conseils qu'il avait hélas ignorés alors qu'il était encore temps de les suivre.

En apprenant la nouvelle de la faillite paternelle et de sa reconversion, Roger s'était exclamé : « Moi aussi, je veux travailler à la mine ! » Lucien s'était élevé contre cette idée saugrenue, mais lorsque Blanche avait annoncé son embauche dans les bureaux, il avait été désarçonné, touché, si ému de cette solidarité indéfectible qu'il n'avait guère protesté.

Sa petite Blanche, qui avait commencé avant lui, se déclarait satisfaite de son emploi.

« J'arriverai à progresser, affirmait-elle. Tu verras, papa, tu seras fier de moi. »

Il l'était déjà, Lucien. Cela lui donna le courage de dépasser la maison de son copain Paul Reinhart, pourvue d'une porte de cave neuve, avant que la nouvelle de la faillite n'ait fait le tour de Wittelsheim. Il n'aurait pas supporté les commentaires teintés de commisération. A la hauteur de l'atelier qui ne lui appartenait plus désormais, la frustration et la douleur de l'échec lui firent monter des larmes aux yeux, faiblesse qu'il combattit courageusement.

— Allez, Lucien, se morigéna-t-il. Conduis-toi en homme.

Extrait du roman *Le Puits Amélie* de Marie Kuhlmann paru aux Presses de la Cité dans la collection Terres de France

LES ARBRES DE NOS RÉGIONS

Le sapin pectiné

Seule espèce de sapin poussant à l'état spontané en France, le sapin pectiné se rencontre en montagne et en basse Normandie. S'élevant jusqu'à 50 m, il présente un fût de 2 m de diamètre en moyenne et peut vivre plus de 200 ans. Il fait un excellent bois de menuiserie et s'utilise en parqueterie, caisserie, pour la fabrication des jouets et la papeterie. Les meilleurs choix servent à la construction des planeurs.

CONTES ET LÉGENDES

Les sept collines sacrées

Sept collines sacrées dominent la terre bretonne, au sommet desquelles les druides, grands prêtres des tribus celtes, célébraient le soleil et la lune en invoquant leurs dieux et déesses. La plupart de ces collines ont été reprises par la tradition catholique. Au sommet du mont Dol (Ille-et-Vilaine), une statue de la Vierge rappelle la victoire du christianisme sur l'antique religion celte. Dans le Finistère, le Menez-Hom ("colline sacrée" en breton) fut un lieu de culte où les druides allumaient de grands feux en l'honneur du dieu celte du soleil. Le Mont-Saint-Michel-de-Brasparts, point culminant des monts d'Arrée, est surmonté d'une petite chapelle datant de 1672 dédiée à l'archange Saint-Michel. Le Mané-Guen (Morbihan), qui domine la vallée du Blavet, est un lieu sacré depuis les temps néolithiques. Le Méné-Bré ("montagne du sortilège") se trouve dans la région du Trégor, et l'abbé Guillermic y pratiquait des exorcismes au milieu du XIXe siècle. Point culminant du Méné, Bel-Air (Côtes-d'Armor) est peut-être la plus mystérieuse des sept collines sacrées avec ses huit allées de hêtres représentant la course de l'astre solaire dans le ciel. Enfin, le Mont-Saint-Michel, frontalier de la Bretagne, est considéré comme le symbole des croyances celtes et chrétiennes.

CE JOUR-CI, AUTREFOIS

1492 découverte de l'Amérique par Christophe Colomb
1920 Georges Carpentier devient champion du monde de boxe dans la catégorie mi-lourds
1988 instauration du revenu minimum d'insertion, le RMI, par le Premier ministre Michel Rocard

JARDIN

La plupart des rosiers vendus en jardinerie et sur catalogue sont des plantes greffées. Les porte-greffes sont des rosiers botaniques. Cette technique permet à l'arbuste de pousser dans presque n'importe quel sol et lui offre une meilleure rusticité. Les principaux porte-greffes utilisés sont l'églantier et le rosier multiflore. L'églantier, parfaitement rustique sous nos climats, accepte tous les types de sols. Le rosier multiflore a, lui, l'avantage de donner des rosiers qui poussent rapidement, mais il ne supporte pas le calcaire. En outre, il est si vigoureux qu'il prend souvent le pas sur le greffon, qui finit par mourir. On peut trouver également comme porte-greffe le rosier du Bengale, quoiqu'il soit peu rustique. Malheureusement, à l'achat d'un rosier, il n'est pratiquement jamais fait mention du nom du porte-greffe ; seuls certains pépiniéristes l'indiquent.

"Saint-Wilfried ensoleillé, deux jours plus tard emmitouflé."

JEUX Mots croisés

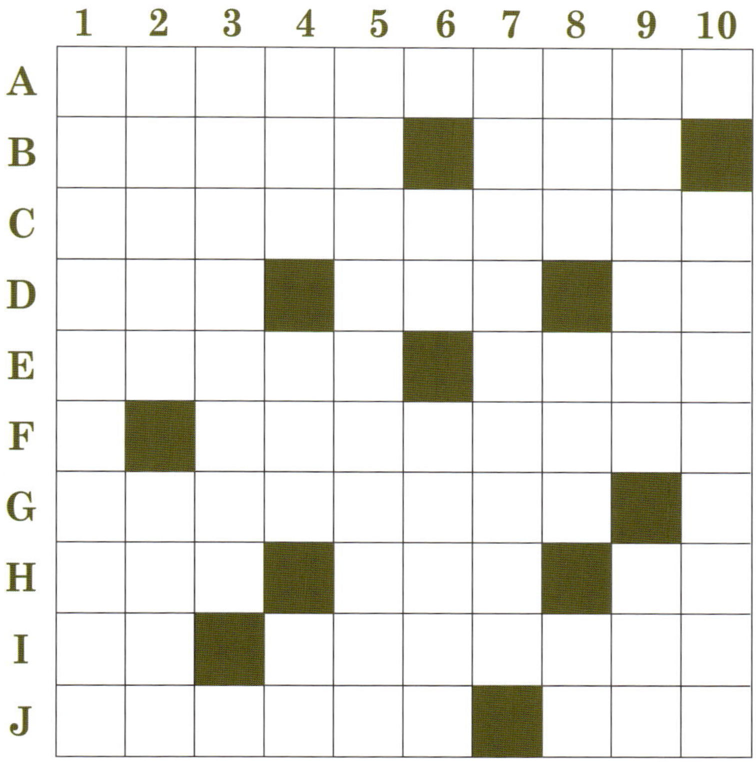

Horizontalement : **A.** Gratification pour service rendu. **B.** Arc de l'art gothique. L'essence même. **C.** Infusion, décoction ou encore marinade. **D.** Mesure agraire. En passant par. Mesure en Chine. **E.** Dieu de la mer. Couche tendre d'une pierre dure. **F.** Qui date d'Adam et Eve. **G.** Avec grande effusion de sang. **H.** Pronom relatif. Dépôt de vin. Points cardinaux opposés. **I.** Déchiffré à l'envers. Ivoire des dents. **J.** Contemplation mystique. Exit, l'ennemi !

Verticalement : **1.** De caractère plutôt sentimental. **2.** Qui a perdu son chemin. Têtes à la saveur piquante. **3.** Guide pour touristes. **4.** Ornement architectural. Désert. Affirmation slave. **5.** On en compte sept au monde. **6.** C'est un paresseux. Ceinture qui affine la taille et le ventre. **7.** Petit café populaire. **8.** A porté tort (a). Détiennent. En Côte-d'Or, sur la Tille. **9.** Annotation pour l'interprétation d'un texte antique. Organisation pour la paix. **10.** Incrustées d'émail noir.

TERROIR ET TRADITIONS

Devises de villes bretonnes

- *Carnac* : **Trema ar mor, dre ar vein, edan an heol** (*"Vers les mers, à travers les pierres, sous le soleil"*)
- *Crozon* : **Etre daou vor** (*"Entre deux mers"*)
- *Gouesnou* : **Unanet gant ar garantez** (*"Unis dans le nœud de l'amitié"*)
- *Guipavas* : **Audaces fortunas juvat** (*"La fortune sourit aux audacieux"*)
- *Nantes* : **Favet Neptunus eunti** (*"Neptune favorise ceux qui voyagent"*)
- *Quiberon* : **E-kreiz an avel atav** (*"Au milieu du vent toujours"*)
- *Saint-Nazaire* : **Aperit et nemo claudit** (*"Elle ouvre et personne ne ferme"*)

CE JOUR-CI, AUTREFOIS

1946 adoption de la constitution de la Quatrième République

1983 première formule 1 équipée d'un moteur turbocompressé

COLLECTIONS

Le collectionneur de rouges à lèvres s'appelle le tubeulabruphile.

"Octobre est bon s'il est de saison."

CE JOUR-CI, AUTREFOIS

1967 décès de l'écrivain, scénariste et dialoguiste Marcel Aymé,
1976 marée noire due au naufrage du pétrolier Böhlen au large d'Ouessant

IDÉE REÇUE

Nombre de conseils donnés en cas de morsure de serpent sont totalement erronés et surtout dangereux. Ainsi, il ne faut jamais sucer la plaie, faire de garrot (risque de gangrène), boire de l'alcool, du thé, du café et autres excitants. Il ne faut pas non plus inciser la plaie, au risque d'augmenter la surface de contact entre le venin et la peau. Enfin, si les systèmes de pompe aspirante diminuent la quantité de venin, ils ne l'éliminent pas complètement. Il est donc impératif d'appeler les secours et de patienter allongé en bougeant le moins possible.

BIEN-ÊTRE

Masque apaisant aux pétales de lis

Faites tiédir une poignée de pétales de lis blanc dans 20 cl d'eau de rose. Appliquez les pétales sur votre visage et restez allongée une demi-heure. Rincez avec de l'eau de rose ou de fleur d'oranger.

TERROIR ET TRADITIONS

L'élixir de longue vie

La formule de l'"élixir du Suédois" a été retrouvée, après sa mort, dans les papiers d'un médecin suédois qui aurait vécu 104 ans, sa mère 104 ans, son père 112 ans et sa grand-mère 134 ans ! Cette extraordinaire longévité serait due à l'usage journalier de 7 gouttes de cet élixir dissoutes dans du vin blanc. Sa composition était la suivante :
10 g d'aloès, 5 g de myrrhe, 0,2 g de safran, 10 g de feuilles de séné, 10 g de camphre, 10 g de racines de rhubarbe, 10 g de racines de zédoaire, 10 g de manne du frêne, 10 g de thériaque de Venise, 5 g de racines de carline et 10 g de racines d'angélique.

NOS ANIMAUX

Aménagez un lit douillet pour votre animal de compagnie

Utilisez vos vieilles serviettes et vos oreillers en synthétique éventrés. Glissez ces derniers entre deux serviettes usées, refermez le tout et disposez la couverture obtenue dans le fond du panier de votre chat ou de votre chien.

JARDIN

Bêche ou louchet ?

Ces deux outils de jardin sont très proches. Ils servent tous deux à découper des mottes de terre puis à les retourner. C'est leur emmanchement qui les différencie. Le manche de la bêche est dans un œillet tandis que celui du louchet vient se glisser entre deux pattes en fer tenues par un anneau métallique. Le métal du louchet est plus épais et surtout parfaitement poli sur ses deux faces, évitant ainsi l'adhérence de la terre. Le louchet est surtout utilisé pour travailler les terres argileuses.

« Brumes d'octobre, pluie de novembre font ensemble un bon décembre. »

GASTRONOMIE

Le crottin de Chavignol

La ville de Chavignol, dans le Cher, à quelques kilomètres de Sancerre, est mondialement connue pour son crottin. Ce délicieux fromage à pâte molle est recouvert d'une fine croûte naturelle légèrement fleurie. Si ses qualités gustatives sont unanimement reconnues, les origines de son nom font débat. D'aucuns arguent qu'il vient de l'aspect noirâtre et légèrement ratatiné que prend le fromage après un long affinage ; d'autres affirment que "crottin" dérive du mot patois local "crot", qui désigne une petite lampe d'argile, source d'inspiration pour les faisselles en grès dans lesquelles les fromages étaient moulés à l'origine.

PÊCHE

Autrefois, pour pêcher les carpes au filet, on utilisait comme appât des châtaignes. On les faisait cuire puis, débarrassées de leurs peaux, on les trempait dans une infusion de menthe. Elles macéraient ensuite dans du lait mêlé de fromage pourri. Les châtaignes ainsi préparées étaient accrochées au fond du filet. Une autre méthode consistait à tremper un linge imprégné de sang mêlé de farine d'orge.

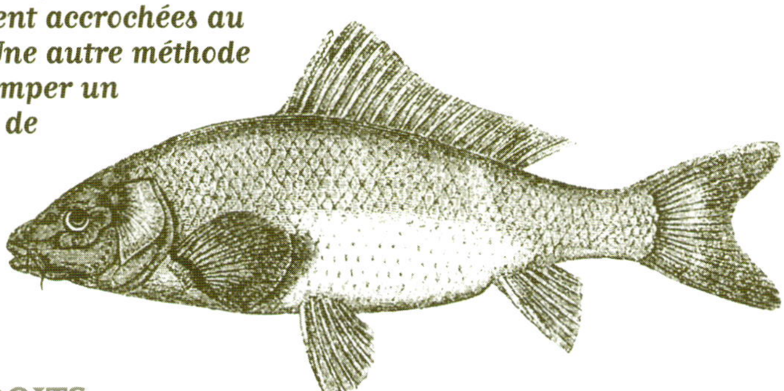

CURIOSITÉS DE NOS RÉGIONS

La ferme provençale

Elle se distingue par sa façade sobre aux teintes subtiles et par son toit à tuiles canal dont la pente peu accentuée évite de donner prise au vent. Lorsqu'elle est isolée en plaine, la ferme s'accompagne de dépendances : remise, écurie et bergerie sont alors réparties autour en cour fermée ou en bloc linéaire. Souvent de hauteur inégale, les différents volumes forment un ensemble hétéroclite original. Un pigeonnier ainsi qu'un puits à margelle de pierre complètent l'entourage de la maison. Quant au logis, construit sur deux niveaux, il se compose d'une salle commune et d'une cave au rez-de-chaussée et de plusieurs pièces à l'étage. Jadis, celles-ci servaient autant de chambres à coucher que de greniers. En effet, près des lits s'accumulaient les sacs de blé et les claies où l'on étalait les raisins, les figues et les olives.

VOS DROITS

Peut-on rompre le contrat de travail pendant la période d'essai ?

Oui. Cette rupture, établie soit par le salarié, soit par l'employeur, ne nécessite aucune formalité, préavis ou motif à alléguer. Par ailleurs, aucune indemnité ne doit être versée. Cette rupture sera considérée comme abusive si l'une des parties a manifesté une intention de nuire à l'autre. Dans ce cas, la partie lésée pourra demander des dommages et intérêts.

CE JOUR-CI, AUTREFOIS

1926 naissance du philosophe Michel Foucault
1940 sortie du film américain Le Dictateur de Charles Chaplin
1984 création de SOS Racisme

« La gelée de Sainte-Thérèse met les vignerons mal à l'aise. »

BIEN-ÊTRE

Les bienfaits du sel

C'est l'élément le plus présent dans notre sang. Nos besoins quotidiens sont d'environ 1,5 g par jour, mais ce besoin peut être considérablement augmenté lorsque la transpiration est abondante. Aujourd'hui, le sel est considéré comme l'ennemi de notre santé, accusé de favoriser et de provoquer de nombreuses affections comme l'hypertension artérielle, l'ostéoporose. S'il est vrai que notre alimentation est souvent trop riche en sel, ne pas en manger s'avère tout aussi dangereux. Notre corps a besoin de sel, sa carence entraîne des palpitations, un sentiment de froid, une faiblesse des muscles, des crampes, une peau grasse, des cicatrices qui tardent à se refermer et un état dépressif. Le sel se trouve dans la nature, sous forme de chlorure de sodium dans la mer, ou sous forme de roche, le sel gemme.

DEVINETTE

Pourquoi les ambulances belges ont-elles une baignoire sur le toit ?

Solution : pour la sirène

COLLECTIONS

Le collectionneur d'entonnoirs s'appelle l'entonnophile ou l'uticonuphile.

CE JOUR-CI, AUTREFOIS

1921 décès du compositeur Camille Saint-Saëns
1996 la Croatie devient le 40e membre du Conseil de l'Europe

TERROIR ET TRADITIONS

Le Festival gourmand du cochon de Bayeux

Chaque année à la mi-octobre, Bayeux (Calvados) propose un rendez-vous festif et gastronomique autour de son célèbre cochon blanc rosé à taches noires, en présence d'éleveurs et de chefs normands. On y déguste les produits du terroir et on peut participer aux fameux repas du cochon de Bayeux rôti qui accueillent en musique, midi et soir, des centaines de convives sous un chapiteau.

LA MINUTE CULTURELLE

La Victoire de Samothrace

Mondialement connue, la Victoire de Samothrace, sculpture grecque représentant la déesse Athéna Niké — "Athéna qui apporte la victoire" —, est actuellement conservée au musée du Louvre. La statue est découverte le 15 avril 1863, sur l'île de Samothrace, en Grèce, par Charles Champoiseau, au cours d'une mission d'exploration. Champoiseau identifie tout de suite la statue comme une représentation de Niké la Victoire, habituellement représentée comme une femme ailée. Les morceaux sont envoyés aux conservateurs du Louvre, qui reconstituent complètement la statue en 1884. La Victoire de Samothrace se situe sur le palier supérieur de l'escalier Daru du musée du Louvre.

« Pluie de mi-octobre, semée fructueuse. »

L'Aîné des Gallian

Jean-Max Tixier

« Etre le patriarche, cela se mérite, disait Baptiste. Il faut avoir l'étoffe. Etre le plus ancien de la famille ne suffit pas à justifier cet honneur. Il faut de la présence, de l'autorité, du prestige. Respecter les siens pour être respecté. Sinon, comment servir d'exemple, de référence, de caution, de recours ? »

Ces paroles demeuraient dans la mémoire d'Anselme.

Le patriarche venait de très loin dans le passé, par des chemins obscurs et malaisés. Il avait traversé l'histoire et la légende. Il marchait depuis la Bible, à travers une succession d'hommes graves, portant la barbe et s'appuyant sur un bâton de berger. C'étaient les descendants de Moïse, les héritiers du pater familias. Les Tables de la Loi étaient imprimées dans leur cœur. Même si certains ne savaient plus les lire ou ne tenaient plus compte de leurs prescriptions.

Jadis, on écoutait les anciens, méditait Anselme avec nostalgie. La vieillesse n'était pas encore un naufrage puisque le dernier mot appartenait à l'ancêtre. Plusieurs générations vivaient sous le même toit selon une hiérarchie fixée par l'usage. Une harmonie primitive régnait au foyer. Seuls quelques esprits forts la contestaient parfois. Ces crises ne duraient pas. Tout rentrait rapidement dans l'ordre ancestral. Chacun retrouvait sa place, et la vie, un instant perturbée, reprenait son cours comme auparavant.

Mais Anselme Gallian n'avait pas suivi le cours naturel des choses. Il était né patriarche comme d'autres naissent musiciens ou acrobates. La coutume des villages désignait les gens par des sobriquets. L'état civil cédait souvent le pas à la comédie villageoise où chaque individu tenait le rôle de son surnom. Le Guinche n'avait pas les yeux dans sa poche. Le Cuge se taillait une réputation de farfelu. Beau-Gibus promenait sa bosse porte-bonheur. Le Pastaïre ne gâchait pas que du plâtre.

Aucune étiquette ne collait à Anselme. Son allure fière, son air farouche décourageaient la caricature. Même ses camarades de classe se comportaient différemment avec lui, comme s'il appartenait à une autre espèce. Son sérieux, sa rigueur, son attitude distante en imposaient depuis l'enfance. »

Extrait du roman *L'Aîné des Gallian* de Jean-Max Tixier paru aux Presses de la Cité dans la collection Terres de France

PERSONNAGES DE NOS RÉGIONS

Jean de La Varende et la Normandie

Jean de La Varende voit le jour au château de Bonneville le 24 mai 1887, à Chamblac en Normandie. Le terroir normand et surtout le pays d'Ouche constituent, avec l'attrait de la mer, la trame de son œuvre, qui célèbre la caste des hobereaux normands à laquelle il appartient et la nostalgie de l'Ancien Régime. Il a notamment écrit *Pays d'Ouche*, *Cœur pensif* et *Le Cavalier seul*. Ce traditionaliste à la foi tourmentée était monarchiste, proche de l'Action française. On lui doit de nombreuses biographies, notamment de Guillaume le Conquérant et Surcouf. Candidat malheureux à l'Académie française à deux reprises, il meurt le 8 juin 1959. Il est inhumé avec ses ancêtres au cimetière de Chamblac, à proximité du château.

MEUBLES DE NOS RÉGIONS

Le buffet bas du Nord

Appelé "armoire" dans le Pas-de-Calais, "traite" en Picardie et "dresche" en Artois, le buffet bas est généralement taillé dans du bois de poirier, quelquefois dans celui de chêne ou de merisier. En Picardie, il peut comporter jusqu'à huit portes séparées par des panneaux fixes et surmontées de tiroirs. En Artois, il se distingue par ses moulures de cuivre sur les battants et les tiroirs.

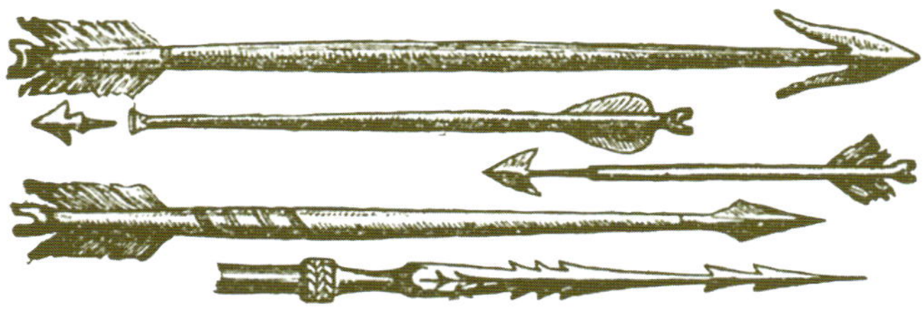

EXPRESSION

Avoir plusieurs cordes à son arc

Cette expression désigne encore aujourd'hui une personne qui possède plusieurs moyens pour obtenir ce qu'elle veut. Issue du Moyen Age, elle fait directement référence aux archers qui étaient toujours en possession de plusieurs flèches et plusieurs cordes pour leurs arcs. A l'origine, il faut savoir qu'on avait "deux cordes à son arc", formulation qui s'est transformée en "plusieurs cordes".

COMMENT S'APPELLENT...

les habitants de Lons-le-Saunier dans le Jura ?

Les Lédoniens

CE JOUR-CI, AUTREFOIS

1873 ***Arthur Rimbaud publie son recueil de poèmes*** Une saison en enfer

1996 ***la numérotation téléphonique passe à 10 chiffres***

2003 ***béatification de Mère Teresa par Jean-Paul II***

"A la Saint-René, couvre ton nez."

CONTES ET LÉGENDES

Barbe-Bleue

Gilles de Rais, que la tradition populaire a surnommé "Barbe-Bleue", fut l'une des plus grandes fortunes françaises du XVe siècle. Maréchal de France et compagnon d'armes de Jeanne d'Arc, il possédait de vastes domaines et de nombreux châteaux perchés sur les collines d'Anjou et de Vendée. Les plus importants d'entre eux, ceux de Champtocé, Tiffauges, Machecoul et Pouzauges, furent le théâtre de sinistres faits divers. C'est en effet derrière leurs murailles que le puissant seigneur commit de terribles meurtres en sacrifiant de jeunes garçons — officiellement 140 — au cours de messes noires où l'orgie sexuelle se mêlait aux invocations diaboliques. Dans son château de Machecoul, le 15 septembre 1440, abandonné de tous, il fut arrêté par les hommes du duc de Bretagne. Après un procès au cours duquel il avoua tous ses crimes, il fut brûlé à Nantes le 26 octobre 1440.

JARDIN

Les travaux de la seconde quinzaine d'octobre

- Plantez les arbres fruitiers.
- Rabattez les tiges des framboisiers ayant fructifié.
- Arrachez les annuelles ayant fleuri.
- Déterrez les bulbes de dahlia et rentrez-les dans un local sombre, frais et sec.
- Rentrez les pélargoniums et les bégonias.
- Plantez les rosiers à racines nues et les conifères.

CE JOUR-CI, AUTREFOIS

1854 naissance de l'écrivain Alphonse Allais
1939 naissance du comédien et humoriste Daniel Prévost

LE PETIT GESTE ÉCOLO

Toutes les aides pour réduire les coûts de votre construction écologique

- Le crédit d'impôt, dont le taux peut s'élever à 50 % du prix des équipements, mais dont les modalités d'application sont restreintes aux équipements économes en énergie pour la résidence principale de propriétaires. Par ailleurs, le bénéfice du crédit d'impôt porte sur l'année fiscale suivante ; il existe donc un décalage de trésorerie d'un an.
- Les primes, aides et subventions diverses sur les équipements écologiques, dont les modalités d'application sont très variables, y compris d'un département à l'autre. Le bénéfice de ces aides est généralement immédiat.
- La TVA à taux réduit, dont l'application est large et permet de réduire de 14 % les frais de travaux (équipement et main d'œuvre). Le bénéfice de cette réduction est immédiat.
- Les prêts écologiques, qui n'allègent pas la facture, mais permettent de financer des travaux bénéficiant d'un taux réduit.

« Octobre glacé fait vermine trépasser. »

MÉTIERS OUBLIÉS

Le rémouleur

Les rémouleurs sont de petits artisans, des “gagne-petit”, qui vont de porte en porte, invitant les ménagères à faire affûter le fil émoussé de leurs ciseaux ou de leurs couteaux. Avec son banc mobile équipé d’une meule en grès, il s’installe sur les places des villages et répare et redresse toutes les lames tordues. Comme l’aiguisage des couteaux ne rapporte guère, le rémouleur se fait aussi affûteur de scies.

CE JOUR-CI, AUTREFOIS

- *1650 naissance du corsaire Jean Bart*
- *1833 naissance de l’industriel suédois, chimiste et instigateur des prix Nobel, Alfred Nobel*
- *1954 débuts de Juliette Gréco à Bobino*

TERROIR ET TRADITIONS

La nature en dialecte savoyard

- **Balme :** grotte
- **Bouchet :** groupe de bosquets
- **Chouia :** chemin
- **Combe :** vallée
- **Côtés :** terrains en pente à flanc de montagne
- **Fins :** bonnes terres
- **Foron :** torrent
- **Iles :** lieu isolé
- **Mollard :** grande colline ronde
- **Nant :** petit torrent
- **Platière :** plateaux
- **Praz :** prés
- **Rival :** cours d’eau
- **Saisie :** roche

VOS DROITS

Où se procurer le texte d’une convention collective ?

Vous pouvez consulter sur le site Légifrance les conventions collectives nationales étendues ainsi que les accords s’y rattachant, dans leur version en vigueur. Vous pouvez également acheter les conventions collectives auprès de la Documentation française, qui diffuse depuis 2006 toutes les conventions collectives éditées par les journaux officiels. Enfin, vous pouvez consulter les conventions collectives départementales ou régionales auprès des directions départementales du travail, de l’emploi et de la formation professionnelle (DDTEFP).

NOS ANIMAUX

Changez la litière de votre chat

Lorsque vous changez la litière de votre chat, n’hésitez pas à glisser au fond du bac quelques pages de vieux journaux. Ceux-ci absorbent efficacement l’urine et ses odeurs, et la litière n’en sera que plus facile à changer la fois suivante.

TRUCS ET ASTUCES

Pour vous débarrasser des poils de chat incrustés sur votre tapis ou votre moquette, frottez avec une grosse éponge mouillée en formant des spirales de moins en moins larges. A la fin de chaque mouvement, vous aurez formé une boule de poils facile à jeter.

“Tonnerre en octobre, vendanges peu sobres.”

CURIOSITÉS DE NOS RÉGIONS

Les inventions de Léonard de Vinci au Clos-Lucé

En 1516, Léonard de Vinci vint s'installer au château du Clos-Lucé en Indre-et-Loire. L'artiste devait passer les trois dernières années de sa vie dans ce somptueux manoir Renaissance et y mourir à l'âge de 67 ans. On connaît sa réputation de peintre et de sculpteur. On connaît moins ses talents d'ingénieur, qu'il mit au service des plus grands souverains. Au Clos-Lucé, on peut ainsi voir 40 maquettes, reconstitutions contemporaines des extraordinaires machines qu'il a imaginées. En avance de plus de quatre siècles sur son temps, le père de La Joconde fut ingénieur militaire avant tout. Il inventa le char d'assaut, la mitrailleuse et le canon à vapeur. Outre une anticipation de l'hélicoptère et du parachute, on peut admirer au Clos-Lucé une très moderne turbine hydraulique et la toute première automobile. On remarque aussi l'entrée du souterrain secret qui reliait le manoir au château d'Amboise. La tradition rapporte que le roi François Ier l'empruntait pour rendre visite à son protégé, occupé à mettre au point de nouvelles inventions.

JEUX Sudoku

7			9			8	1	3
	5					9	4	
1		2	3				7	
6	3				7			
		4	6	5	2			
				9	3	6	8	5
	1		2	4				
					6	1	9	
	6	8		7				4

CE JOUR-CI, AUTREFOIS

1811 naissance du compositeur hongrois Franz Liszt
1906 décès du peintre Paul Cézanne
1943 naissance de l'actrice Catherine Deneuve

COUTURE ET TRICOT

Le point de fronce

Comme son nom l'indique, il sert à froncer un bord. Il se réalise comme un point devant : faites un double nœud à l'extrémité du fil, piquez ensuite l'aiguille sur l'envers puis sur l'endroit, et réalisez ainsi 3 ou 4 longs points à la fois. Chaque point doit mesurer 10 à 15 mm de long. Lorsque la longueur à froncer est cousue, tirez doucement sur l'extrémité du fil pour froncer la surface à votre convenance. Pour consolider la couture et maintenir la fronce en place, faites 2 ou 3 points arrière au même endroit, puis coupez l'extrémité du fil.

« Si octobre s'emplit de vent, du froid tu pâtiras longtemps. »

TOPONYMIE

Origine du nom Grenoble

Après Cularo, nom originel de la ville fondée par le peuple des Allobroges, Grenoble fut renommée Gratianopolis au IVe siècle en référence à l'empereur romain Gratien qui s'y était établi. Elle devint par déformation Graignovol, puis Grenoble, dont on pense que le suffixe "-noble" témoigne du rattachement du Dauphiné à la couronne de France.

BIEN-ÊTRE

L'élixir de Garrus

Cette préparation était faite à base de safran, que l'on mélangeait avec de l'aloès, de la myrrhe et de la cannelle. Elle avait la propriété de faciliter la digestion, mais il était conseillé de la consommer avec précaution. On disait en effet que, mélangée au vin et bue en grande quantité, elle entraînait une ébriété conduisant à la folie. Même si cette affirmation n'a jamais pu être vérifiée, il est certain que la présence de safran n'y est pas étrangère car, à dose élevée, cette épice devient toxique : plus de 5 g de safran pur dans l'organisme commencent à occasionner des troubles sérieux.

SYMBOLES DE NOS RÉGIONS

La coupe sainte de Provence

La Coupo santo fut offerte par les Catalans aux félibres provençaux pour l'hospitalité donnée à leur poète Victor Balaguer, chassé d'Espagne en 1867. Le célèbre écrivain provençal Frédéric Mistral immortalisa cette coupe dans une chanson, qui devint l'hymne provençal et qui commence ainsi : "Provençaux, voici la coupe / Qui nous vient des Catalans / Tour à tour buvons ensemble / Le vin pur de notre cru."

RECETTE

Riz savoyard

Pour 6 personnes.

Ingrédients : 250 g de riz long grain ; 250 g de jambon de Savoie ; 3 tomates ; 150 g d'emmental râpé ; 350 g de petits pois ; 3 œufs durs ; 100 g d'olives noires ; huile ; sel ; poivre.

- Faites cuire le riz 20 minutes et les petits pois 10 minutes.
- Préchauffez le four à 120 °C.
- Coupez le jambon en dés.
- Dans un saladier, mélangez le riz, les petits pois égouttés et le jambon.
- Salez et poivrez.
- Versez ce mélange dans un plat à gratin.
- Déposez par-dessus des rondelles de tomates et d'œufs durs.
- Parsemez le plat de fromage râpé.
- Arrosez légèrement d'huile et faites cuire au four 30 minutes.
- Décorez avec les olives noires et servez.

CE JOUR-CI, AUTREFOIS

1916 fin de la bataille de la Somme
1940 naissance du joueur de football brésilien Pelé
1954 les Etats-Unis, la France, la Grande-Bretagne et l'Union soviétique conviennent de mettre fin à l'occupation de l'Allemagne

"Si octobre est trop chaud, en février la glace est au carreau."

La Poussière des corons

Marie-Paul Armand

Je suis née, en même temps que le vingtième siècle, le 1er janvier 1900, dans un petit village du Pas-de-Calais. Dans le coron où j'ai vu le jour, tous les hommes étaient mineurs, de père en fils. Mon père n'avait pas échappé à cette règle. Je fus son seul enfant. Il en fut heureux, préférant n'avoir qu'une fille à des fils qui, tôt ou tard, auraient dû prendre le chemin de la mine.

Le travail de mineur était un travail dur, aride, et dangereux. Moi, je n'ai connu que le sort des femmes : l'angoisse, l'incertitude, l'incapacité de savoir si, chaque soir, l'être aimé reviendrait au foyer. Je ne peux que rendre hommage au courage, à l'endurance de ces hommes qui sont descendus dans les entrailles de la terre, bien souvent au péril de leur vie. Ils ont formé une chaîne indestructible, où, à chaque maillon, est venu s'accrocher celui de la génération suivante. Je ne sais pas s'il existe une autre corporation d'ouvriers qui, au fil des années, a pu connaître autant de catastrophes. Le destin qui, dès ma naissance, m'a placée dans ce milieu n'a pas été tendre avec moi.

Dès ma petite enfance, je fus familiarisée avec le dur univers du mineur. Toute petite, encore presque un bébé, je ne reconnaissais pas ce grand homme noir qui revenait le soir chez nous et de qui j'avais peur. Il se lavait dans un coin de la cuisine où nous habitions, à l'abri d'un paravent que ma mère installait uniquement en cette circonstance. Le miracle se renouvelait chaque soir, qui faisait réapparaître, après quelques instants, mon père venant vers moi, sagement installée sur une couverture à même le sol.

Il me prenait dans ses bras et me levait jusqu'au plafond, riant de mes cris de joie et de peur.

Notre maison était la dernière du coron. Le coron, c'était, autour de la mine, des longues bandes d'habitations noires et tristes, toutes rigoureusement identiques. La nôtre se situait au bout de la rue ; ensuite venaient les champs. Aussi, en sortant de chez nous, le paysage était très différent selon le côté où l'on regardait.

Extrait du roman *La Poussière des corons* de Marie-Paul Armand
paru aux Presses de la Cité dans la collection Terres de France

dimanche 25 octobre | Saint Crépin | Passage à l'heure d'hiver
Soleil : 07 h 26 • 17 h 42
Scorpion / 1er décan

HISTOIRE DRÔLE

Une blonde marche dans la rue avec un porcelet vivant sous le bras. En chemin, une personne lui demande :
— Où avez-vous eu ça ?
Et le porcelet de répondre :
— Je l'ai gagnée à la kermesse !

MÉTÉO

Les éclairs qui claquent les soirs d'orage dégagent une énergie fabuleuse. Le courant électrique qu'ils induisent est de 100 000 ampères, soit plus de 200 000 fois plus qu'une ampoule à incandescence et un million de fois plus lumineux. La température au sein de l'éclair dépasse les 30 000 °C, la dilatation de l'air y est si violente que son expansion provoque un bruit d'explosion : le tonnerre.

CE JOUR-CI, AUTREFOIS

1917 publication de la première bande dessinée mettant en vedette Félix le Chat
1956 sortie du film La Traversée de Paris *de Claude Autant-Lara avec Jean Gabin et Bourvil*

ASTROLOGIE

Scorpion (du 24 octobre au 22 novembre)
Planète : Pluton
Elément : Eau
Couleur : Noir
Pierre : Améthyste
Qualités : Discret, travailleur, indépendant, observateur
Défaut : Destructeur
Affinités : Vierge, Cancer, Taureau

LANGAGE DES PLANTES

Le panais

C'est une ombellifère qui se rencontre à l'état sauvage en Europe dans les prés et le long des chemins. Depuis l'Antiquité, le panais est consommé pour sa racine sucrée. A partir de l'espèce sauvage, l'homme a créé des panais à longues racines, beaucoup plus gros que des carottes. Le panais est une plante bisannuelle. Il produit ses racines la première année, pour alimenter la plante la deuxième année, où elle produira fleurs et fruits avant de mourir. Avec le gel, l'amidon contenu dans la racine se transforme en sucre. Le panais, au goût très aromatique, se mange cru, râpé comme le céleri-rave ou cuit. Les feuilles et les fruits sont aussi comestibles. La saveur de ces derniers est assez piquante et jadis, à la campagne, ils servaient de condiments. Le panais, qui, jusqu'à la fin du XIXe siècle, était l'un des légumes les plus consommés, a brusquement disparu au profit de la carotte.

DEVINETTE

Qu'est-ce qui fait 999 fois tic et 1 fois toc ?

Solution : un mille-pattes avec une jambe de bois

« En octobre, il faut que l'homme vite s'habille quand le mûrier se déshabille. »

RECETTE

Bœuf bourguignon

Pour 4 personnes.

Ingrédients : 1 kg de gîte de bœuf coupé en 8 morceaux ; 50 g de beurre ; 1 carotte ; 2 oignons ; 1 c. à soupe bombée de farine ; 75 cl de vin rouge ; 1 gousse d'ail ; 1 bouquet garni ; sel ; poivre ; persil.

- Faites chauffer le beurre dans une cocotte.
- Saisissez la viande sur tous les côtés, à feu vif.
- Ajoutez la carotte et les oignons coupés en rondelles puis saupoudrez de farine.
- Mélangez sur feu vif pour que la farine dore.
- Couvrez la viande de vin rouge et portez à ébullition.
- Salez, poivrez, ajoutez 1 verre d'eau, l'ail écrasé et le bouquet garni.
- Couvrez et laissez cuire 2 heures à feu doux.
- Disposez la viande dans un plat creux. Arrosez-la avec la sauce passée. Saupoudrez de persil haché.
- Servez avec des pommes de terre cuites à l'eau.

CE JOUR-CI, AUTREFOIS

1469 naissance de l'humaniste et théologien hollandais Erasme

1990 décès du réalisateur Jacques Demy

BIEN-ÊTRE

Laits de toilette

L'appellation "lait" provient du fait que ces préparations dissoutes dans l'eau lui donnent un aspect laiteux. Pour les fabriquer, il faut faire fondre de la paraffine, du savon et de la cire d'abeille dans de l'huile. On ajoute pour parfumer des essences ou des sucs obtenus en pressant des fruits ou des légumes. Parmi ces préparations, le lait de concombre et le lait de lilas sont les plus agréables.

IDÉE REÇUE

Le compost dégage un odeur nauséabonde de pourriture

Bien fait, un compost ne dégage aucune mauvaise odeur. Au contraire, il répand un délicat parfum d'humus, le même que l'on peut sentir en se promenant dans la forêt. Le compost n'attire pas non plus les rats comme on le croit souvent.

VOS DROITS

Votre voisin a-t-il le droit de tondre sa pelouse le dimanche matin ?

Peut être sanctionnée toute personne qui, dans un lieu public ou privé, est à l'origine de bruits de nature à porter atteinte à la tranquillité du voisinage ou à la santé de l'homme par leur durée, leur répétition ou leur intensité.
En pratique sont particulièrement visés les engins motorisés de jardinage très sonores, s'ils sont mal entretenus ou vétustes. Une loi existe et impose des horaires d'utilisation des engins de jardinage bruyants à moteur électrique ou thermique. De 8 h 30 à 12 h et de 14 h 30 à 19 h 30 pour les jours ouvrables, de 9 h à 12 h et de 15 h à 19 h pour le samedi et de 10 h à 12 h pour le dimanche. De nombreuses municipalités ont pris des arrêtés interdisant purement et simplement l'utilisation de ces engins le dimanche.

« Octobre au coin du feu fait venir le leu. »

BIEN-ÊTRE

La lysine

Cet acide aminé est essentiel à l'homme. Il favorise le développement de la masse musculaire, facilite la concentration et prévient les risques de stérilité. Sa carence est extrêmement rare, elle entraîne anémie et perte des défenses immunitaires. Son apport est prescrit chez les grands brûlés et chez les athlètes à l'entraînement intensif. Souvent, les nourritures pour bébés sont enrichies en lysine. On la trouve aussi dans des onguents et des rouges à lèvres. La lysine est présente naturellement dans le poisson, le lait, la viande, la levure.

CE JOUR-CI, AUTREFOIS

1944 naissance de l'humoriste et acteur Coluche
1988 une fusée Ariane place sur orbite le premier satellite français de télévision

LE PETIT GESTE ÉCOLO

Faites la chasse aux emballages ! Achetez des produits en vrac ou en grandes quantités (en plus c'est moins cher !), quitte à les reconditionner dans des boîtes plus petites. Ceci est valable pour la lessive, les pâtes, les mouchoirs en papier, les fournitures scolaires, etc. Cela fera autant de déchets en moins.

CONTES ET LÉGENDES

Les sarcophages de Quarré-les-Tombes

Dans ce joli village du Morvan situé dans le département de l'Yonne, 112 sarcophages entourent l'église du village. D'où viennent-ils ? Parmi les hypothèses avancées, ces tombes, accumulées entre les VIIe et Xe siècles, constitueraient les restes d'un sanctuaire dédié à saint Georges, patron des chevaliers. Il s'agirait donc d'une vaste nécropole où des nobles, originaires de lointaines provinces, se faisaient enterrer sous la protection de leur saint.

LA MINUTE CULTURELLE

Le Déjeuner des canotiers d'Auguste Renoir

Etonnant tableau que *Le Déjeuner des canotiers* de Renoir, qui est, entre autres, la dernière grande œuvre du peintre dans ce style. On y découvre de nombreux amis de Renoir comme le peintre Gustave Caillebotte ou encore l'actrice Jeanne Samary, installés sur la terrasse du restaurant Fournaise à Paris. Vivant et contrasté, ce tableau est fondamental dans l'histoire de l'art car, à la différence des autres impressionnistes (Van Gogh et Monet), Renoir préfère peindre des êtres humains plutôt que des paysages. A travers ce tableau se révèle l'immense talent de ce peintre qui excelle aussi bien dans l'art du portrait collectif que dans celui de la nature morte ou du paysage.

« Quand Simon et Jude sont arrivés, souvent ils portent la neige à leurs souliers. »

jeudi 29 octobre

Saint **Narcisse**

Soleil : 07 h 32 • 17 h 35
Scorpion / 1er décan

COLLECTIONS

Le collectionneur d'aigles s'appelle l'aquilaphiliste.

TRUCS ET ASTUCES

Pour bien repeindre chaises, tables basses et autres meubles à pieds jusqu'en bas, plantez des clous sous chacun des pieds, et déposez ensuite le meuble sur un papier. Ainsi, votre pinceau ira sans encombre jusqu'au bas des pieds, et même dessous ! Et le papier de protection du sol ne collera pas au meuble.

CE JOUR-CI, AUTREFOIS

1882 *naissance du dramaturge Jean Giraudoux*
1959 *création du personnage d'Astérix par le scénariste René Goscinny et le dessinateur Albert Uderzo*

RECETTE

Ficelle picarde

Pour 6 personnes (2 crêpes par personne).
Ingrédients : 12 crêpes ; 50 cl de sauce Mornay ; 6 tranches de jambon blanc ; 250 g de champignons de Paris ; 3 échalotes ; 10 cl de lait ; fromage râpé ; une noix de beurre ; sel ; poivre.

- Faites cuire les crêpes.
- Faites chauffer la sauce Mornay.
- Préchauffez le four à 210 °C.
- Faites revenir les échalotes hachées avec le beurre, puis ajoutez les champignons émincés.
- Salez, poivrez et poursuivez la cuisson 10 minutes.
- Incorporez les champignons à la sauce Mornay.
- Garnissez chaque crêpe d'une couche de sauce, d'une demi-tranche de jambon puis d'une autre couche de sauce.
- Roulez les crêpes et déposez-les dans un plat à gratin.
- Diluez le reste de sauce avec le lait et nappez-en les crêpes.
- Parsemez de fromage râpé.
- Gratinez au four 10 minutes.

JARDIN

Faut-il tailler ses arbres d'ornement ?

Pour de plus en plus de jardiniers respectueux de la nature, la taille est une aberration. Elle n'est en aucune façon une nécessité biologique. Dans la nature, les végétaux ont des mécanismes de régulation de leurs branches en fonction de la lumière disponible. On s'est rendu compte par exemple que recommander de répartir les grosses branches d'un arbre en vue d'aérer l'ensemble favorisait surtout l'apparition de maladies car la blessure de la coupe devient la porte ouverte à toutes les invasions. Dans une végétation naturelle, l'aération se fait de façon automatique : en effet, les branches qui ont le moins de lumière meurent. Tailler, c'est aussi supprimer le gîte et le couvert de nombreuses espèces d'oiseaux comme les pics. Leurs populations régressent régulièrement à cause des arbres taillés aux branches ressemblant à des moignons.

« Neige le jour de Saint-Narcisse pour le blé est un bénéfice. »

vendredi 30 octobre

Saint **Bienvenue**

Soleil : 07 h 34 • 17 h 33
Scorpion / 1er décan

CE JOUR-CI, AUTREFOIS

1794 création de l'Ecole normale supérieure par la Convention nationale
1918 naissance du dessinateur de presse Jacques Faizant

TERROIR ET TRADITIONS

L'abarka basque

Chaussure traditionnelle des bergers basques, l'abarka est taillée en une seule pièce dans de la peau de veau. Ouverte sur le dessus, elle se porte avec des chaussettes et se noue au moyen d'un long lacet fait d'artila (laine tressée) entourant plusieurs fois la cheville. Elle a peu à peu été délaissée au cours du XXe siècle au profit de l'espadrille, dont la capitale se situe dans le Pays basque, à Mauléon.

CURIOSITÉS DE NOS RÉGIONS

La pierre sonnante de Bieuzy-les-Eaux

A quelques kilomètres de l'axe Pontivy-Lorient se trouve la localité morbihannaise de Bieuzy-les-Eaux. Près du village, encastrée au pied d'un gros rocher dominant la vallée du Blavet, la chapelle Saint-Gildas a été édifiée sur les lieux mêmes où ce saint venu d'Irlande en 540 est mort. A gauche, en entrant, on aperçoit la célèbre pierre sonnante posée sur un socle. Lorsqu'on la frappe avec une autre pierre, elle émet un curieux son clair qui se répercute le long des murs de la chapelle. Certains spécialistes en tirent jusqu'à trois sons différents. On dit que saint Gildas, qui avait rapporté cette pierre d'Irlande, frappait dessus pour appeler à la prière ses fidèles éparpillés dans la campagne. En sortant de la chapelle, une fontaine miraculeuse se trouve en contrebas. La tradition populaire locale lui attribue la guérison des rhumatismes.

JEUX A une lettre près

LIVRE	
	Ennemi
	Nettoyer
	Mettre bas
	Souhaiter
	Pas mûre

Solution : rival, laver, vêler, rêver, verte

TERROIR ET TRADITIONS

La fête de la vielle

Chaque dernier week-end d'octobre depuis l'an 2000, différentes villes de la Creuse, du Puy-de-Dôme et de Corrèze honorent la vielle à roue afin de revaloriser l'instrument emblématique de la région. Au programme : des expositions d'instruments, de photographies ou de films d'archives, centrées sur la vielle et ses musiciens de renom, des animations, des stages d'initiation aux danses traditionnelles et des bals animés par des groupes folkloriques.

« Quand les oignons ont trois pelures, attention à la froidure. »

Un amour naguère

Jean-Pierre Leclerc

Une aube grise se répandit dans la chambre. Louise s'éveilla la première. Son corps douloureux résonnait encore d'assauts amoureux tels qu'elle n'en avait jamais connu. Mille maux délicieux émanant d'une joute ardente, livrée une partie de la nuit. Camille s'était approprié Louise, comme il l'aurait fait d'une épouse aimée. Et à l'envie de prendre à autrui il avait ajouté le don de soi. L'échange amoureux avait guidé leurs gestes et leurs paroles. Louise rayonnait ce matin. Femme fade jusqu'alors, elle s'était révelée aux premières caresses. Chaque partie de son corps avait réagi, comme une terre longtemps négligée elle en avait favorisé le retournement et soudain s'était ouverte aux plaisirs insoupçonnés. Maintenant épanouie, Louise contemplait la vie sans en voir les restrictions. Bien au contraire, comme son corps quelques heures plus tôt, il lui semblait que le monde s'ouvrait devant elle et que les sommets placés en travers du chemin l'avaient été pour être conquis.

C'est donc que l'amour est le toit du monde, y accéder le but d'une vie. Mais derrière chaque versant menant au sommet se trouve celui qui descend et vous ramène au point de départ. La vraie difficulté ne réside pas dans le fait d'atteindre des hauteurs, mais d'y demeurer, se disait-elle ce matin, penchée au-dessus de Camille endormi.

Celui-ci se retourna. Louise le regarda se mouvoir dans la chaleur épaisse des draps.

Les formes de ce corps sont désormais les limites de mon univers, se dit-elle, soudain submergée par un flot de joie.

Extrait du roman *Un amour naguère* de Jean-Pierre Leclerc paru aux Presses de la Cité dans la collection Terres de France

CE JOUR-CI, AUTREFOIS

1789 nationalisation des biens du clergé en France
1945 création des centres de protection maternelle et infantile (PMI)
1979 Jacques Mesrine, l'ennemi public n°1, est abattu par la police

AU PROGRAMME CE MOIS-CI

- Journées gourmandes de Vaison-la-Romaine (Vaucluse), 1re semaine du mois
- Fête de la pomme et du cidre à Evreux (Eure), 1er week-end du mois
- Festival de la soupe de Florac (Lozère), 1er week-end du mois
- Le Goût du large à Port-en-Bessin (Calvados), 11 novembre
- Vente des Hospices de Beaune (Côte-d'Or), 3e dimanche de novembre
- Fête du hareng à Fécamp, Etaples, Dieppe, Saint-Valery-en-Caux (Normandie) tout au long du mois

HISTOIRE DRÔLE

Quel est le métier de ton papa ? demande la maîtresse.
— Moi, mon papa, il est pompeur.
— Ah, non ! On ne dit pas pompeur, mais pompiste ! Et toi ?
— Moi, mon papa, il est livriste.
— Voyons ! On ne dit pas livriste mais livreur ! Et toi, Lucie, que fait ton papa ?
— Ben moi, maintenant, je ne sais plus si papa est mineur ou ministre !

BIEN-ÊTRE

Un bouton a surgi sur votre visage pendant la nuit ? Appliquez une fine tranche de tomate pendant un quart d'heure puis rincez. Renouvelez ensuite l'opération avec une feuille d'oseille.

COUTURE ET TRICOT

Le tricot intarsia est un tricot à motifs. La méthode intarsia consiste à tricoter des blocs de coloris différents sans faire courir les fils sur l'envers de l'ouvrage. Pour cela, une pelote de fil distincte est confectionnée pour chaque zone de couleur.

TERROIR ET TRADITIONS

Les Journées gourmandes de Vaison-la-Romaine

Cinq jours durant, sous la grande halle dressée au cœur de la ville, une centaine d'exposants mettent à l'honneur les produits du terroir d'une région dans une ambiance festive. Ces journées scellent le grand festival de la soupe du mois d'octobre. Elles débutent par la finale du concours des soupes, se poursuivent par des repas préparés par de jeunes chefs, des ateliers de cuisine et des concours et dégustations de vins primeurs.

« La neige le jour des trépassés annonce un printemps ensoleillé. »

JARDIN

Les méthodes de conservation des légumes de votre potager pour l'hiver

Plusieurs méthodes sont possibles.

- La conservation sur place : c'est la méthode la plus simple et la plus naturelle. La plupart des légumes racines (topinambour, betterave, carotte, céleri-rave, navet, panais, chou-rave, rutabaga) peuvent rester en pleine terre sur leur lieu de plantation dans les sols meubles et sains. Une protection contre le froid peut être nécessaire en novembre et décembre : il faut pailler les plants.
- La conservation en cave : dans un local aéré où règne une température de 2 à 5 °C, les légumes sont placés dans des caissettes parfaitement lavées et sèches. On peut aussi stocker les légumes sur une couche de sable ou de tourbe en les disposant en rang sans qu'ils se touchent.
On les recouvre ensuite d'une nouvelle couche de sable. Il faut aussi se prémunir contre l'attaque des rongeurs en protégeant l'ensemble par un grillage.
- La conservation en silo : elle consiste à creuser un simple trou dans la terre, que l'on tapisse de planches ou de briques et que l'on recouvre de paille, d'isolant et d'une protection contre la pluie.

CE JOUR-CI, AUTREFOIS

1957 à bord de Spoutnik II, la chienne Laïka devient le premier être vivant à voyager dans l'espace
1958 inauguration du Palais de l'Unesco à Paris

VOS DROITS

Une banque peut-elle refuser l'ouverture d'un compte à un particulier ?

Une banque peut refuser l'ouverture d'un compte sans avoir à motiver sa décision. Un recours est possible si vous n'êtes titulaire d'aucun compte bancaire. En effet, toute personne physique résidant en France a droit à l'ouverture d'un compte dans un établissement bancaire de son choix. En cas d'impossibilité de vous faire ouvrir un compte, vous devez saisir la Banque de France par courrier recommandé avec accusé de réception en demandant à bénéficier de la procédure "droit au compte".

GASTRONOMIE

Les pruneaux d'Agen

Les premiers pruniers furent introduits dans le Lot-et-Garonne au XIIe siècle. Le sol argilo-calcaire et la douceur du climat favorisèrent le développement de cette culture sur les coteaux ensoleillés des environs de Villeneuve-sur-Lot notamment. C'est là en effet qu'étaient produites – et le sont toujours – les prunes d'ente qui servent à préparer les pruneaux. Ceux-ci sont dits d'Agen parce qu'ils étaient acheminés vers Bordeaux puis vers l'Angleterre via le port de commerce d'Agen, situé sur la Garonne. La rivalité entre Agen et Villeneuve-sur-Lot est donc ancienne, et chacune revendique la paternité de ces prunes séchées noires, luisantes et souples, à la pulpe ambrée, que sont les pruneaux d'Agen.

« Novembre mois mort, vêtis-toi plus fort. »

TRUCS ET ASTUCES

Pour parfumer agréablement une pièce, versez quelques gouttes d'huile essentielle ou d'eau de Cologne sur un chiffon et passez-le sur les ampoules froides. Lorsque vous allumerez la lumière, l'odeur se diffusera dans la pièce.

NOS ANIMAUX

Pensez à faire vacciner votre chien tous les ans

La visite annuelle de santé est l'occasion pour le vétérinaire de vérifier la bonne santé de votre animal. C'est aussi l'occasion de lui administrer les vaccins dont il a besoin pour maintenir à jour sa protection contre les principales maladies infectieuses. Il est essentiel de réaliser que, pour certaines maladies du chien, l'immunité assurée par le vaccin diminue très rapidement après un an.

JARDIN

Les travaux de la première quinzaine de novembre

- Paillez avec des feuilles mortes les pieds des plantes vivaces nouvellement plantées et celles peu rustiques comme les *Gunnera*.
- Sortez les semis de plantes vivaces ayant besoin d'une vernalisation (action du froid) pour fleurir, comme les aconits et certaines primevères.
- Déterrez les cannas.
- Plantez les muscaris, les tulipes et les narcisses.
- Taillez les rosiers.

PERSONNAGES DE NOS RÉGIONS

Bourvil et la Normandie

André Raimbourg, plus connu sous le nom de Bourvil, est né en 1917 à Prétot-Vicquemare, en Normandie. Célèbre pour ses rôles d'éternel gentil et ses répliques à Louis de Funès dans La Grande Vadrouille, Bourvil est un artiste complet : acteur au cinéma et au théâtre mais aussi chanteur d'opérette et excellent musicien. Tout au long de sa carrière, il gardera un profond attachement à la région de son enfance à qui il doit son nom de scène, emprunté à un village normand, Bourville.

CE JOUR-CI, AUTREFOIS

1924 décès du compositeur Gabriel Fauré
1939 première voiture au système d'air climatisé

GÉNÉALOGIE

Origine du nom Delpierre

Fréquent notamment dans le Nord et dans l'Aube, ce patronyme désigne celui qui est originaire d'un lieu dit La Pierre ou Le Rocher. On trouve différentes variantes, comme Delapierre en Normandie et en Bourgogne, ou Delepiere dans le Nord-Pas-de-Calais.

« Novembre chaud au début, froid à la fin. »

JEUX
Mots croisés

	1	2	3	4	5	6	7	8	9	10
A										
B					■					
C									■	
D							■			
E					■					
F		■		■					■	
G			■					■		
H						■				
I							■			
J										

Horizontalement : A. Recherche de la filiation des familles. B. Gouffre, dans la région du Rouergue. Premiers. C. Peu recommandable s'il ne l'est pas. D. On le plante en haie. Petit if qui fleurit jaune. E. Souffle de moribond. Trait de lumière. F. Choisis entre tous. G. Expression enfantine. Au goût désagréable. Préposition. H. Accablé de dettes. Prénom masculin. I. Viendra à point. Division des temps géologiques. J. Départs de la ruche pour une nouvelle colonie.
Verticalement : 1. Fin gourmet. 2. Ville du Portugal. Usage excessif. 3. Fleur d'oranger bonne à distiller. Lentille. 4. Soumise à la greffe. Air italien. 5. Une révolution complète. Roche pour toile abrasive. 6. Pétale supérieur de l'orchidée. Pour la matinée. 7. Oui, au temps jadis. Vallée des Pyrénées. 8. Roche constituée de quartz, feldspath, mica et amphibole. Désert rocheux. 9. C'est-à-dire, en latin. Interjection marseillaise. Vieille Irlande. 10. Aspirations à des temps meilleurs.

TERROIR ET TRADITIONS

Le Goût du large à Port-en-Bessin

Le week-end du 11 novembre, Port-en-Bessin, premier port de pêche du Calvados, célèbre les traditions maritimes. Sont proposés pour l'occasion un festival de chants de marins, des dégustations et ventes de produits de la pêche (coquilles Saint-Jacques notamment), des visites guidées de chalutiers et de chantiers navals ainsi que des ateliers de nœuds marins.

LE PETIT GESTE ÉCOLO

A l'approche de l'hiver, pensez à surveiller la température de votre maison : 1 °C de moins chez soi, c'est 7 % de consommation en moins par mois. Modulez donc le chauffage en fonction des pièces de la maison. Pour votre santé, pour votre portefeuille et pour l'environnement, 19 °C dans les pièces à vivre et 16 °C la nuit dans les chambres sont des températures largement suffisantes.

CE JOUR-CI, AUTREFOIS

1913 naissance de l'actrice américaine Vivien Leigh
1950 diffusion de la première émission en FM stéréo

« Le 5, tu sauras quel mois tu auras. »

DEVINETTE

Que jette-t-on lorsqu'on en a besoin et que l'on ramasse dès que cela n'est plus nécessaire ?

Solution : une ancre de bateau

LANGAGE DES PLANTES

L'aubergine

Il y a 4 000 ans, l'aubergine était déjà consommée en Inde, son pays d'origine. Ce n'est qu'à la fin du siècle dernier que ce légume à la robe violette fait son apparition sur nos tables. En Inde et dans tout l'Extrême-Orient, l'aubergine est une plante considérée comme très précieuse. Les jeunes filles à marier étaient choisies pour leur beauté, mais aussi pour leurs talents culinaires, notamment dans la préparation des aubergines. Une légende raconte ainsi qu'un imam, Bayildi, épousa une jeune fille pour ces raisons. Il demanda en dot douze grosses jarres d'huile d'olive. A peine onze jours après le mariage, toute l'huile était déjà utilisée pour la préparation des aubergines, dont l'une des caractéristiques est de se gorger du liquide jusqu'à saturation. A cette nouvelle, l'imam s'écroula mort, saturé d'huile ou atterré par la nouvelle...

CE JOUR-CI, AUTREFOIS

1814 naissance de l'inventeur du saxophone Adolphe Sax
1967 apparition de la carte Bleue

PÊCHE

Afin de permettre aux poissons de se reproduire, il a été décidé une taille au-dessous de laquelle le poisson pêché doit être remis à l'eau. Les tailles limites sont les suivantes : 145 cm pour l'esturgeon, 50 cm pour le saumon, 40 cm pour le brochet, 35 cm pour le sandre, 30 cm pour l'omble, 23 cm pour la truite et 20 cm pour le mulet.

CURIOSITÉS DE NOS RÉGIONS

Les clochers tors

Le Baugeois, somptueuse région de forêts située dans le nord-est du Maine-et-Loire, possède cinq églises rurales dont le clocher est vrillé, ou tors. Les villages auxquels elles appartiennent sont groupés autour de la ville de Baugé, située à environ 40 kilomètres à l'est d'Angers : Le Vieil-Baugé, Pontigné, Mouliherne, Fougeré et Fontaine-Guérin. Le clocher du Vieil-Baugé est à la fois tors et penché ; celui de Pontigné présente un vrillage parfait ; seul celui de Fontaine-Guérin tourne dans le sens contraire des aiguilles d'une montre. L'origine de cette forme particulière est incertaine, sans doute fruit du hasard exploité avec fantaisie par des maîtres charpentiers.

« En novembre, s'il tonne, l'année sera bonne. »

La Fille de la pierre

Bernard Simonay

Le travail des champs étant considérablement ralenti en cette période, Pierre se rendait dans les caves presque tous les matins, de bonne heure, et en rentrait vers midi. Alors qu'il faisait encore nuit, il hissait Sylvine sur l'encolure de Fidèle et la fillette, engoncée dans un épais manteau, frissonnait de plaisir de sentir sous ses fesses les muscles puissants de la monture, qui obéissait docilement aux commandements de son père. Elle lui avait fait promettre de lui apprendre à monter quand elle serait un peu plus grande, et il avait accepté.

L'entrée des *perrières*, située à mi-pente de la colline, n'avait rien de remarquable. Elle ressemblait à n'importe quelle entrée de cave, et était tout juste assez large pour laisser passer une carriole tirée par un cheval. Du lierre dégringolait en cascade de part et d'autre.

Une centaine de *perriers*, qu'on appelait aussi les gueules blanches, travaillaient régulièrement dans les caves. Les indigènes, comme Pierre, cultivaient également la vigne, le blé et l'avoine. Pour d'autres au contraire, l'extraction de la pierre constituait un métier à temps plein. Certains venaient même de loin, sûrs de trouver là un emploi et le gîte. Ces gens-là n'habitaient pas en ville, mais demeuraient sur place. La falaise se creusait d'innombrables petites maisons troglodytiques comportant une ou deux pièces où ils pouvaient loger l'hiver avec leur famille. Ils travaillaient jusqu'à seize heures par jour, aidés par leurs femmes et leurs enfants. Ces derniers contribuaient au travail de leurs aînés en dégageant les déchets résultant de la taille. Ils aimaient aussi imiter leurs pères et découpaient dans la roche tendre de petits blocs de pierre avec lesquels ils construisaient des maisons miniatures. Le soir, chaque famille se réunissait dans le veillot – la chambre taillée dans la pierre – autour de la cheminée, dont le conduit s'élevait dans la falaise, pour écouter les anciens narrer quelque légende.

Extrait du roman *La Fille de la pierre* de Bernard Simonay paru aux Presses de la Cité dans la collection Terres de France

EXPRESSION

A la sueur de son front

Directement issue de la Bible, cette expression fait référence à Adam et Eve, qui, une fois chassés du paradis, durent faire beaucoup d'efforts pour survivre. Elle a gardé le même sens qu'à l'origine : obtenir quelque chose grâce à ses efforts et à sa capacité de travail.

CE JOUR-CI, AUTREFOIS

1881 ***quasi-alignement du Soleil, Mercure, la Terre, Mars, Jupiter, Uranus, Neptune et Pluton, phénomène astronomique rare***
1922 ***naissance de l'humoriste belge Raymond Devos***
1981 ***loi autorisant les radios libres***

CONTES ET LÉGENDES

Les bonnes fontaines du Limousin

Il est fréquent de trouver près des fontaines limousines des vêtements déposés par des personnes en quête de guérison. Ces “bonnes fontaines”, que l'on compte par centaines dans la région, possèdent des vertus curatives pour l'homme et pour le bétail. Leur sacralisation est due aux Celtes, et les Romains les placèrent sous la protection des nymphes. Symboles de fécondité, les fontaines permettaient également aux célibataires de trouver l'âme sœur. Devant la persistance de leur succès, les prêtres n'eurent d'autre choix que de les christianiser en y associant une croix ou une chapelle et en leur donnant le nom d'un saint. Celui qui souhaite faire un vœu s'adresse à la “recommandeuse”. Cette experte choisit la fontaine où il faut se rendre, rituel qui se nomme “tirer les saints” et qui s'effectue ainsi : des branches de coudrier sont brûlées au-dessus d'un verre d'eau où l'on fait tomber ensuite les charbons en récitant des noms de saints. Celui prononcé au moment où le charbon s'enfonce désigne le saint qu'il convient d'invoquer.

TOPONYMIE

Origine du nom Toulouse

On a longtemps pensé que Toulouse, du latin **Tolosa,** ***provenait du mot gaulois tol signifiant "hauteur". Il est désormais admis que*** **Tolosa** ***est apparu avant l'époque gallo-romaine et est issu du basque, sans doute de tolso, signifiant "torsadé", pour évoquer la forme que prend la Garonne à cet endroit.***

“Orage de la Saint-Théodore annonce une année en or.”

LE PETIT GESTE ÉCOLO

Dégivrer son réfrigérateur avant que la couche de givre n'atteigne 3 mm d'épaisseur permet d'économiser jusqu'à 30 % de sa consommation d'électricité.

TERROIR ET TRADITIONS

Mucilage de tilleul

Ce mucilage, sorte de pommade visqueuse et liquide, fait de feuilles fraîches et de morceaux de la deuxième écorce de tilleul, le tout réduit en miettes, était appliqué en cataplasmes ou directement sur la peau, pour calmer les brûlures.

TRUCS ET ASTUCES

Les fruits du tilleul grillés sur une plaque de four sont d'excellents succédanés du café. Mêlés aux fleurs, ils peuvent aussi servir à préparer un arôme très proche du chocolat.

IDÉE DÉCO

Tentures en tête de lit

Une tenture double suspendue derrière un lit suffit presque à décorer une chambre. Optez tout d'abord pour un dessus-de-lit blanc, surmonté d'un jeté de lit de même couleur que les rideaux, de couleur vive de préférence. Choisissez deux tentures identiques, de teinte claire et unie, bordées de chaque côté d'une bande de couleur vive assortie aux rideaux. Suspendez ces tentures à des tringles en laissant apparaître entre elles une bande du mur. Ces lignes verticales élanceront la composition, tandis que les touches de couleur vive apporteront de la personnalité à la chambre.

JARDIN

Beaucoup d'arbustes drageonnent en émettant de nombreuses pousses tout autour du pied mère. Le plus souvent, ce sont des variétés greffées sur des espèces sauvages. Le lilas est sans doute l'arbuste qui drageonne le plus et, si l'on n'y prend pas garde, de nouvelles pousses issues du porte-greffe finiront par prendre le pas sur la greffe. Les fleurs deviendront alors celles de l'espèce sauvage. La seule solution consiste à acheter des plants issus de la culture in vitro : ce sont les seuls à garantir la fixité de la variété et l'absence de drageonnement.

NOS ANIMAUX

En hiver, après une promenade, des précautions sont à prendre pour protéger votre chien du froid. Pour le réchauffer, frictionnez-le avec une serviette pendant quelques minutes. S'il a neigé, pensez à bien essuyer ses pattes car le sel épandu sur la chaussée peut provoquer des gerçures importantes. Enfin, sachez que les chiens les plus fragiles sont les plus jeunes, les plus âgés et les chiens de petite taille à poil ras.

CE JOUR-CI, AUTREFOIS

- 1920 *naissance de l'écrivain, journaliste et philosophe Maurice Clavel*
- 1981 *décès du cinéaste Abel Gance*

« Brouillard en novembre, l'hiver sera tendre. »

MÉTIERS OUBLIÉS

Le potier

La poterie était une activité familiale : l'homme tournait tandis que la femme réalisait les travaux d'appoint. Une fois la terre choisie et extraite par ses soins, le potier la lavait et la tamisait avant de la laisser s'assouplir en cave. Les balles d'argile étaient ensuite façonnées sur un tour composé d'une roue lancée à l'aide d'un bâton, puis séchées, polies et enfournées. Une fois cuites, les pièces étaient peintes et vernies. Elles se déclinaient en assiettes, saloirs, pots à lait, cruches, vases, cuviers et autres ustensiles nécessaires à la vie quotidienne.

MÉTÉO

La Saint-Martin

Les nombreux dictons sur la météo du mois de novembre indiquent qu'à la Saint-Martin, le 11 novembre, l'été revient durant trois jours avant que le froid s'installe. Dans le Poitou, on disait : "L'été de la Saint-Martin dure trois jours et un brin." Dans le Gâtinais, le dicton était : "Bel été de Saint-Martin présage un hiver certain." Mais, même si en 2006 les températures ont dépassé les 15 °C dans toute la France du 10 au 15 novembre, la Saint-Martin se fête en général dans le froid.

BIEN-ÊTRE

La bromélaïne

La bromélaïne, extraite de l'ananas, est une enzyme qui améliore le renouvellement des protéines dans l'organisme, y compris celles du tissu articulaire. Elle agit à double titre : elle résorbe les inflammations, notamment les œdèmes, les tendinites, et calme la douleur provoquée par ces inflammations. Elle est très efficace pour traiter les escarres et améliorer la cicatrisation dans le traitement des brûlures et des engelures.

COUTURE ET TRICOT

Ranger un tricot en cours

Entre deux séances de tricot, mettez votre ouvrage à l'abri de la poussière, de l'humidité et du soleil. Utilisez un sac, une boîte ou un tiroir dont l'intérieur est lisse pour éviter les accrocs. Conservez les petits accessoires, tels que le mètre ruban, les ciseaux, les carnets et les crayons dans un sac. Ne rangez jamais votre tricot au milieu d'un rang. Placez les aiguilles côte à côte. Si vous avez beaucoup de mailles et qu'elles risquent de s'échapper, utilisez un protège-pointes ou enroulez la pointe des deux aiguilles ensemble à l'aide d'un élastique.

CE JOUR-CI, AUTREFOIS

- *1864* *naissance de l'écrivain Maurice Leblanc*
- *1920* *transfert du cœur de Léon Gambetta au Panthéon*

« Si le brouillard entoure Saint-Martin, l'hiver passe tout bénin. »

BIEN-ÊTRE

Lotion pour toutes les peaux

Jetez une poignée de pétales de rose dans 25 cl d'eau bouillante. Hors du feu, laissez infuser 15 minutes puis filtrez. Tamponnez votre visage et votre cou matin et soir avec un coton imbibé de ce tonique.

CURIOSITÉS DE NOS RÉGIONS

Le Moulin de Richard-de-Bas

A 6 km d'Ambert, à l'ouest de Montbrison, dans la Loire, cet ancêtre des moulins à papier est le dernier témoin de ce qui fut l'activité essentielle de la vallée durant des siècles. On y fabrique toujours le papier à l'ancienne. Les chiffons sont d'abord broyés sous des piles de bois, jusqu'à ce qu'ils constituent une bouillie qui, après divers traitements, est emprisonnée dans un moule. Une fois l'eau égouttée, la feuille est formée et il n'y a plus qu'à la lever pour la coucher entre des feutres. Une presse à essorer, maniée à bras, extrait le surplus d'eau des feuilles avant qu'elles soient mises à sécher dans d'immenses étendoirs.

RECETTE

Brandade de morue à la nîmoise

Pour 4 personnes.

Ingrédients : 1 kg de morue salée ; 35 cl d'huile d'olive ; 25 cl de lait ; 2 gousses d'ail ; 1 c. à soupe de persil ; sel ; poivre ; 3 pommes de terre ; croûtons frits ; olives.

- **Faites dessaler pendant 24 heures la morue dans un grand saladier d'eau, en changeant souvent l'eau.**
- **Faites cuire les pommes de terre épluchées dans l'eau bouillante 30 minutes puis réduisez-les en purée.**
- **Retirez la peau et les arêtes de la morue.**
- **Pochez-la 7 minutes dans l'eau frémissante puis égouttez-la et émiettez-la.**
- **Versez-la dans un plat à gratin et mélangez-la avec la purée.**
- **Dans une sauteuse, faites chauffer l'huile. Ajoutez l'ail et le persil hachés et le lait chauffé, salez, poivrez, puis mélangez.**
- **Versez le mélange dans le plat.**
- **Passez sous le gril du four 15 minutes.**
- **Servez dans les assiettes avec les croûtons et les olives.**

CE JOUR-CI, AUTREFOIS

1851 naissance de l'archéologie égyptienne grâce aux fouilles d'Auguste Mariette

1961 naissance de la gymnaste roumaine Nadia Comaneci

TRUCS ET ASTUCES

Vous venez de perdre votre lentille de contact par terre... Placez vite un collant en nylon sur l'embout de votre aspirateur et passez-le tout autour de vous. Vous retrouverez ainsi rapidement votre lentille !

« Bel automne vient plus souvent que beau printemps. »

CE JOUR-CI, AUTREFOIS

1951 naissance officielle du beaujolais
1986 décès de l'humoriste Thierry Le Luron

IDÉE REÇUE

Le chocolat fait grossir

C'est faux. Certes, le chocolat et un aliment très énergétique, mais ce sont les produits incorporés dedans (noisettes, lait, sucre et certaines matières grasses autorisées aujourd'hui pour remplacer le beurre de cacao) qui font grossir. Une autre idée reçue : le chocolat constipe. Non, car les tanins contenus dans le chocolat favorisent les contractions des fibres musculaires des parois de l'intestin et aident à la digestion. En outre, le chocolat contient des fibres favorisant le transit.

JEUX Sudoku

	7	6				1		
			6	7	2			
4	9	2		8				5
1						3		
8		3	9			2	6	1
2		7	1	5	3			9
	1						2	
9	2	4	7					
7			8		4			6

LES JOLIS VILLAGES DE FRANCE

Saint-Bertrand-de-Comminges

Situé dans la Haute-Garonne, ce village est construit sur un bloc rocheux avec en fond les montagnes toutes proches des Pyrénées. Ce n'est qu'au XIe siècle que le village prend son essor. Sous un toit unique, le vaisseau cathédral abrite trois églises d'époques et de styles différents : l'église romane du XIIe siècle, l'église gothique du XIVe siècle et l'église Renaissance. Le cloître s'ouvre au sud, trois galeries sur quatre sont romanes, celle du nord est gothique. Dans la ville haute, les maisons s'organisent tout autour du centre religieux. Les nobles demeures à colombages côtoient les humbles maisonnettes médiévales blotties derrière les remparts.

SYMBOLES DE NOS RÉGIONS

Quelques emblèmes basques

- Le lauburu, ou "croix basque", représenté par une croix à quatre virgules, indique le mouvement des quatre saisons.
- L'ikurrina, drapeau réalisé en 1911, représente les Pays basques français et espagnol. Une croix blanche et une croix verte se détachent sur fond rouge.
- Zazpiak bat, signifiant "les sept provinces en font une", désigne les armoiries de la région. Celles-ci sont constituées de six parties représentant chaque province basque, et non de sept, la haute et la basse Navarre ayant le même blason.

« Brumes en novembre, Noël en décembre. »

L'Or blanc des pâturages

Henriette Bernier

L'automne apportait aux paysans la récompense de leur travail. Les granges étaient pleines de gerbes de blé, d'orge et d'avoine, les « sineaux » regorgeaient de foin et de regain, les caves abritaient les réserves de pommes de terre et de betteraves, sans oublier les fruitiers, où s'alignaient les pommes et les poires.

Cette année, 1927, avec tous ses hectares supplémentaires, Emile Charmollet avait travaillé dur, mais avec entrain. Il avait dû embaucher un commis, Onésime, un gars des Ardennes pour qui il avait isolé par une cloison un coin de la « chambre du haut » du moulin, que Célina avait arrangé proprement. Les deux nouveaux chevaux s'étaient rapidement habitués à son commandement, tout comme les vaches nouvelles à l'étable et à la main de Célina pour la traite.

Albert avait laissé son fils mener la ferme à sa guise, retenant parfois certaines remarques ou critiques, comme par exemple quand, faute de place suffisante pour engranger les récoltes, il avait fallu faire une meule. C'est à Célina seulement qu'il disait :

« Moi je l'aurais pas placée là... je l'aurais faite un peu plus large, et moins haute... »

Albert passait complètement la main à son fils pour ne pas réveiller sa déception, laquelle semblait oubliée. De son côté il continuait à s'occuper de la meunerie, du moins du peu qu'il en restait. Et c'était bien assez pour lui, car même s'il réussissait encore à porter les sacs et qu'il se forçait à manger pour donner le change à Célina, il sentait bien qu'en dedans quelque chose n'allait pas...

Il ne restait comme travail important que le battage, qui se ferait tout au long de l'hiver, mais cela non plus ne faisait pas peur à Emile. Albert, en plus de tout le reste, avait entrepris de faire installer une batteuse à moteur, comme seuls Edgar et Ernest en possédaient jusque-là, les autres utilisant encore le « tripot », l'antique batteuse actionnée par la force d'un cheval.

Extrait du roman *L'Or blanc des pâturages* d'Henriette Bernier paru aux Presses de la Cité dans la collection Terres de France

TRUCS ET ASTUCES

Pour faire disparaître les marques de meubles sur votre moquette, placez dessus des cubes de glace et laissez-les fondre. Vous pouvez aussi appliquer sur les traces un coup de fer à repasser à vapeur.

BIEN-ÊTRE

Quand vous avez les doigts jaunis par le tabac, frottez-les sur l'intérieur d'une peau de banane. Bientôt il n'y paraîtra plus ; ni trace, ni odeur ! Le procédé est également efficace contre les taches d'encre sur la peau.

GASTRONOMIE

Le veau du Limousin

Sa réputation n'est plus à faire. La race limousine se prête en effet parfaitement à la production de viande jeune, et l'élevage traditionnel garantit une qualité constante. Les veaux élevés sous la mère et les veaux fermiers représentent le fleuron de cet élevage. Les premiers tètent leur mère deux ou trois fois par jour, tandis que les seconds se tournent parfois vers une autre vache, une "tante", pour obtenir leur ration de lait quotidienne. Les veaux portent une muselière, pour éviter qu'ils ne mangent de l'herbe ou des grains. Tout autre aliment que le lait modifierait la couleur et le goût de leur chair. Or, ce que les amateurs apprécient, c'est justement la chair ivoire, légèrement teintée de rose, au léger goût de noisette, rehaussé d'une touche lactée, de ces veaux d'exception.

JARDIN

Les travaux de la seconde quinzaine de novembre

- Plantez les arbustes à feuillage caduc.
- Plantez les rosiers livrés racines nues.
- Semez des fèves et des petits pois à grains ronds.
- Plantez les arbres fruitiers et les arbustes à petits fruits.
- Buttez les artichauts et les cardons pour les protéger du froid.

CE JOUR-CI, AUTREFOIS

1866 le journal Le Figaro devient quotidien
1917 Georges Clemenceau accède au pouvoir
1993 décès du clown Achille Zavatta

GÉNÉALOGIE

Origine du nom Noguès

Très répandu dans le sud-ouest de la France, ce patronyme vient du latin nucarius, qui signifie "noyer", et désigne celui qui habite près d'un noyer ou d'une plantation de noyers.

« Novembre par tous les temps, le bois dans la cheminée est flambant. »

LE PETIT GESTE ÉCOLO

Ne jetez jamais les restes de peinture, de solvants usagés (white-spirit, acétone...) dans les toilettes ni dans l'évier mais apportez-les à la déchetterie. Les rejets de substances toxiques, même émises en faibles quantités, peuvent avoir des conséquences irréversibles sur les écosystèmes et présenter des dangers pour la santé.

CE JOUR-CI, AUTREFOIS

1966 *une pluie de plus de 46 000 météorites s'abat sur l'Arizona en 20 minutes*
1975 *Emile Ajar (Romain Gary) refuse le Goncourt*

TERROIR ET TRADITIONS

Proverbes alsaciens

- **Alti Lieb roscht nitt :** vieilles amours ne rouillent pas.
- **An einem ohr hört er nix un am andere esch er daub :** d'une oreille il n'entend rien et il est sourd de l'autre.
- **D'mùke un d'friend komme im summer :** les mouches et les amis arrivent en été.
- **Dorne un dischel stäche sehr, falschi zùnge noch viel meh :** épines et chardons piquent fort, mais les mauvaises langues bien plus encore.
- **E mànn ohne frau, esch e baum ohne bluescht :** un homme sans femme est comme un arbre sans fleurs.
- **S'wetter kànn m'r net kaufe :** on ne peut pas acheter le temps.

NOS ANIMAUX

Le nez de votre chat est un excellent indicateur de sa température. Si votre chat est somnolent ou que son alimentation vous semble irrégulière, touchez son nez. S'il est froid, pas de problème, mais s'il est chaud et que cela dure, une visite chez le vétérinaire est conseillée.

CURIOSITÉS DE NOS RÉGIONS

Le mas provençal

Orienté au sud pour se protéger du mistral, présentant un toit à deux pans peu pentu et peu couvrant en tuiles canal, le mas forme un gros bloc, en général rectangulaire, avec ou sans décrochement, percé d'ouvertures très étroites pour empêcher la chaleur estivale de pénétrer à l'intérieur. Construit en galets dans la vallée de la Durance, en pierres rouges ou ocrées dans le Roussillon, il comporte en général un ou deux étages réservés aux chambres, au stockage des grains et du fourrage, et éventuellement à la magnanerie, salle réservée à l'élevage des vers à soie.

EXPRESSION

Courir sur le haricot

L'expression est construite à partir du verbe "courir", qui, dès le XVIe siècle, signifiait au sens figuré "importuner", et du substantif "haricot". Ce dernier est un dérivé d'un autre verbe, "haricoter", signifiant au XIXe siècle "faire preuve de mesquinerie". Quand quelque chose nous "court sur le haricot", cela signifie que l'on se sent fortement agacé.

"A la Sainte-Elisabeth, le temps n'est pas à la fête."

JEUX Abracadamots

Complétez la grille avec 9 lettres, toutes différentes. Chaque lettre ne peut être utilisée qu'une seule fois dans chaque ligne, dans chaque colonne et dans chaque bloc. Vous verrez apparaître un mot de 9 lettres sur la première ligne horizontale.

	L		R			S		
			E					A
	E	R		M		I	T	
R		I			T			M
E			M		U	A	S	
S				E	R		I	U
L		E		R	S			T
		M			E			
	R	U	T	A	M	E		S

CE JOUR-CI, AUTREFOIS

1793 *inauguration du musée du Louvre*
1861 *première à la Comédie-Française de la pièce d'Alfred de Musset* On ne badine pas avec l'amour
1928 *présentation du premier dessin animé de Walt Disney avec Mickey Mouse*

PERSONNAGES DE NOS RÉGIONS

Claude Nougaro à Toulouse

Né en 1929 à Toulouse, Claude Nougaro est le fils d'un chanteur d'opéra et d'une professeur de piano. Elevé par ses grands-parents dans le quartier des Minimes, il restera toute sa vie attaché à la Ville rose. Après une jeunesse chaotique, il monte à Paris en 1947, où il rencontre Georges Brassens, qui deviendra son mentor, puis il s'essaie à la chanson et à la poésie. En 1962, il décide de chanter ses œuvres et rencontre un immense succès avec Cécile, ma fille *en 1967, et avec son vibrant hommage à sa ville natale,* Toulouse. *Sa musique est fortement inspirée des tempos jazz et des sonorités brésiliennes. En 1984, c'est l'exil à New York, d'où il reviendra avec un nouvel album, intitulé* Nougayork, *récompensé aux Victoires de la musique en 1988. Il meurt en 2004 à Paris mais ses cendres sont dispersées dans la Garonne.*

« Tonnerre de novembre remplit le grenier. »

EXPRESSION

Faire le chaperon

A l'origine, le chaperon était une coiffe qui protégeait la tête et les épaules. Ainsi, sans adulte pour l'accompagner dans la forêt, l'unique protection de la petite fille qui se rend chez sa mère-grand est son chaperon rouge. Par glissement, le chaperon est devenu une personne respectable qui accompagne les jeunes filles pour des raisons de décence.

SYMBOLES DE NOS RÉGIONS

Le "rot un wiss" alsacien

En dialecte alsacien, la locution rot un wiss, ou "rouge et blanc", désigne le drapeau de la région. Constitué de deux bandes horizontales, une rouge et une blanche, il fut adopté au XIXe siècle en rappel des couleurs rouge et argent qui composaient les écus des anciennes familles nobles d'Alsace.

CURIOSITÉS DE NOS RÉGIONS

La route Napoléon

En 1815, résolu à reconquérir son trône après son exil à l'île d'Elbe, Napoléon débarque à Golfe-Juan. Il choisit, malgré les difficultés de l'hiver, la route des Alpes, de Grasse à Grenoble — en passant par Castellane, Digne, Sisteron, Gap, etc., pour voler "de clocher en clocher jusqu'aux tours de Notre-Dame". Ce trajet porte désormais le nom de l'Empereur, tout comme les refuges qui furent construits sur les pentes des cols, grâce à l'argent qu'il laissa au département des Hautes-Alpes après son passage.

CE JOUR-CI, AUTREFOIS

1917 naissance de la femme politique et Premier ministre d'Inde Indira Gandhi
2005 couronnement d'Albert II de Monaco

BIEN-ÊTRE

Quelques bains réconfortants

Le bain détente

Faites bouillir pendant 10 minutes six poignées de flocons d'avoine dans trois litres d'eau. Filtrez puis versez dans l'eau de votre bain. Détendez-vous pendant 15 minutes.

Le bain relaxant

Faites infuser pendant 20 minutes une grosse poignée de camomille dans un litre d'eau bouillante. Filtrez, versez dans l'eau de votre bain et savourez 20 minutes de tranquillité !

Le bain adoucissant

Versez un litre de lait de vache ou de chèvre dans votre bain, ajoutez-y quelques gouttes de votre huile essentielle préférée. Votre peau sera adoucie par le lait pendant que l'huile essentielle libérera ses bienfaits !

"Mauvais automne n'enrichit personne."

HISTOIRE DRÔLE

Une chauve-souris vampire couverte de sang revient en zigzaguant à sa grotte et se pose pour dormir. Ses compagnes, réveillées par l'odeur du sang, la harcèlent pour savoir où elle en a trouvé.
— Oh non ! Laissez-moi tranquille ! gémit la chauve-souris.
— Dis-nous où tu as eu ce sang ! hurlent les autres.
Finalement, la petite chauve-souris cède et leur demande de la suivre. Après dix minutes de vol silencieux dans la nuit noire, elles plongent dans une vallée, puis dans une forêt. A l'entrée d'une clairière, la chauve-souris dit :
— On y est ! Vous voyez cet arbre là-bas ?
— Oui ! Oui ! crient les autres chauves-souris, l'eau à la bouche.
— Eh bien, moi, je l'avais pas vu…

JARDIN

Alors que la végétation est endormie, certains arbustes fleurissent en dégageant des parfums souvent très capiteux. C'est le cas du daphné odorant aux fleurs blanches cireuses, du chimonanthe odorant aux fleurs jaunes et du chèvrefeuille d'hiver aux fleurs d'un blanc nacré, sans doute le plus parfumé des chèvrefeuilles. Le jasmin d'hiver est lui aussi en fleur, mais ses fleurs jaunes ne dégagent aucun parfum.

CE JOUR-CI, AUTREFOIS

1873 fixation à sept ans de la durée du mandat du président de la République française par Mac-Mahon
1889 naissance de l'astronome américain Edwin Hubble

TRUCS ET ASTUCES

Pour des plantes en bonne santé, bien vertes et en forme, mettez de la cendre sur la terre et arrosez avec l'eau de cuisson des pommes de terre.

CONTES ET LÉGENDES

Les fosses de la forêt de la Braconne

Sur la commune d'Agris, en Charente, dans la forêt de la Braconne, on trouve trois impressionnantes dépressions en entonnoir. C'est la dissolution du calcaire dans les reliefs karstiques qui leur a donné naissance. La Grande Fosse présente une circonférence de 450 m pour une profondeur de 42 m.
En 1971, des spéléologues découvrirent, au fond de la Fosse limousine, une petite nécropole datant de l'âge du bronze. Au creux de la Fosse mobile s'ouvre un gouffre sombre conduisant à un labyrinthe de plus de 8 km qui serpente sous la forêt.
On raconte qu'un jeune homme des environs avait tué son père. Il attendit la nuit pour se débarrasser du corps en escomptant le jeter dans le trou noir et insondable de la Fosse mobile. Mais, quand il s'approchait, chargé de son fardeau, le gouffre reculait. Lorsque le criminel allait à gauche, le gouffre allait à droite, refusant de se faire ainsi complice du meurtre. C'est à cette légende que la Fosse mobile doit son nom.

« A la Saint-Edmond, le temps n'est pas bon. »

Les Hauts de Cabrières

Jean Siccardi

La draille que suivait Léontine Perron, creusée de trous, ruisselait de cascatelles improvisées. Le ciel était maussade. L'hiver pointait déjà ses redoutables frimas. Elle appréciait ces moments d'évasion. Une ivresse naïve l'ensorcelait. L'aube l'étreignait d'une fraîcheur délicieuse qui fouettait ses sens. Elle s'étira, avala à grands poumons l'air piquant. Qu'il pleuve ou qu'il vente, par un itinéraire précis du cimetière au belvédère du Baou Morine, elle s'octroyait une randonnée par semaine afin de glaner la flore nécessaire à son commerce. Chaque herbage, chaque clôture, chaque bosquet était méticuleusement fouillé. De la primevère aux sucs ambrés à la violette amoureuse, des tiges d'épilobe à fleurs rosées au gaillet prétentieux, elle en distinguait les moindres chimères. Elle ne cueillait que des plantes saines orientées vers le soleil, et sans arracher les racines. Il lui fallait collecter sa manne avec délicatesse, au bon moment, au bon endroit et de la bonne manière.

La brise tressait un fil d'Ariane qui la poussait vers la montagne. Elle laissait dans son dos un paysage meurtri. Elle se surprit à parler tout haut. Sa voix rompit la sérénité d'une flore impalpable. La nature s'épanouissait dans un univers de rêve. Les fourrés tressaillaient. L'herbe frémissait. L'eau remplissait les traces des semelles dans la boue. Parfois, Léontine tapait dans une touffe, des milliers de gouttelettes de rosée retombaient en perles sur la mousse.

A la croisée du collet Assou, le layon bifurquait : une branche montait vers le Baou Morine, l'autre suivait le profil girond des mamelons et s'évadait vers la ferme de Rouyère. La chapelle en ruine, pétrie d'ombre et d'azur, surveillait le carrefour. La Vierge de plâtre s'écaillait sous le toit crevé. Les ronces et le lierre dévoraient les murs, l'autel et les bancs de bois vermoulus. Les premiers rayons de soleil matinaux immolaient ce symbole de piété. Dans un champ, près d'une haie de buis, Adèle, la chevrière, veillait sur son troupeau, une badine à la main. Elle était courbée comme une branche noircie par le feu. Son chien la suivait pas à pas, se couchant quand elle s'arrêtait, se dressant les oreilles tendues lorsqu'elle reprenait sa marche. Léontine ne voulut pas la déranger. Elle lui lança de loin un signal en guise de bonjour. Quelques brumes s'effilochaient sur l'Audibergue. De loin en loin, des fumerolles s'estompaient dans l'atmosphère, signalant les paysans affairés à préparer leurs brûlots. Ici, un souffle, un parfum révélaient la langueur des rochers.

Extrait du roman *Les Hauts de Cabrières* de Jean Siccardi paru aux Presses de la Cité dans la collection Terres de France

CE JOUR-CI, AUTREFOIS

1976 l'apnéiste Jacques Mayol devient le premier homme à atteindre sans équipement respiratoire 100 mètres de profondeur en mer
1996 transfert des cendres d'André Malraux au Panthéon

COLLECTIONS

Le collectionneur de peignes s'appelle le pechniphiliste.

TERROIR ET TRADITIONS

La confrérie bachique des Entonneurs rabelaisiens

Si la Touraine compte un nombre important de confréries vineuses, la plus célèbre est celle des Entonneurs rabelaisiens de Chinon. Fondée en 1961, elle est aujourd'hui, par son nombre d'adhérents, la deuxième confrérie de France après celle des Chevaliers du tastevin de Bourgogne. Loin d'être artificiel, le patronage rabelaisien qu'elle invoque trouve sa légitimité dans les "Caves painctes", inspiratrices du temple de la Dive Bouteille, où elle tient ses chapitres et dans le vignoble du clos de l'Echo, sous les murailles du château qui appartint à la famille de l'illustre écrivain.

BIEN-ÊTRE

Si la peau de votre visage tire et picote à cause du froid, appliquez en masque : 2 cuillères à soupe de flocons d'avoine mélangés à 1 cuillère à soupe d'huile d'amande douce et à quelques gouttes d'huile essentielle de rose. Laissez reposer 15 minute et rincez bien à l'eau tiède.

LANGAGE DES PLANTES

La betterave

Les Romains l'appelaient *beta*, car sa tige, en grandissant, se courbe et dessine une boucle ressemblant à la lettre grecque bêta. Ce légume est le résultat de l'amélioration d'une plante sauvage des bords de mer, la bette maritime, qui a donné d'autres légumes, comme la betterave sucrière ou les blettes, que l'on nomme "poirées" lorsqu'on consomme le limbe de leurs feuilles et "cardes" quand on mange les nervures des feuilles. La plupart du temps, les betteraves rouges sont vendues cuites pour les salades, qu'elles agrémentent de leur saveur sucrée et de leur couleur vive. Les betteraves se consomment également crues : râpées en fines lamelles, elles sont délicieuses. La betterave est très riche en vitamines A, B, C, E, PP ainsi qu'en sels minéraux, tels le calcium, le phosphore, le magnésium et le rubidium.

ASTROLOGIE

Sagittaire (du 23 novembre au 22 décembre)

Planète : Jupiter
Elément : Feu
Couleur : Bleu cobalt
Pierre : Saphir
Qualités : Sociable, protecteur, optimiste, meneur
Défaut : autoritaire
Affinités : Bélier, Lion, Balance

"Quand l'hiver vient doucement, il est là à la Saint-Clément."

mardi 24 novembre

Sainte
Flora

Soleil : 08 h 13 • 17 h 01
Sagittaire / 1er décan

IDÉE REÇUE

a truite saumonée provient du croisement ntre une truite et un saumon

'eci est faux. Une truite "saumonée", que ce soit a truite fario ou la truite arc-en-ciel, est appelée insi lorsque sa chair est rose. Cette couleur est niquement due au type d'alimentation du poisson. insi, les truites fario des torrents alpins ont la hair blanche, tandis que celles du Mont-Cenis ont ne chair très rose. Quant aux truites d'élevage, lles n'ont du saumon que la couleur de leur chair, olorée artificiellement par l'adjonction de arotène dans leur alimentation.

JEUX Mots cachés

Retrouvez dans la grille les noms des peintres suivants. Avec les lettres restantes, formez un dernier nom de peintre.

Bacon	Doré	Léger	Rubens
Cézanne	Géricault	Matisse	Schiele
Corot	Giotto	Michel-Ange	Sisley
Courbet	Goya	Miró	Titien
Dalí	Ingres	Monet	Van Gogh
David	Klee	Rembrandt	
Degas	Klimt	Renoir	

E	I	N	G	R	E	S	S	I	T	A	M
R	R	D	I	V	A	D	E	O	E	C	V
E	G	O	Y	A	T	N	R	G	O	A	S
M	K	M	D	I	N	O	N	U	N	C	O
B	L	A	T	A	C	A	R	G	H	T	O
R	E	I	Z	M	L	B	O	I	T	R	Y
A	E	E	O	E	E	G	E	O	I	E	S
N	C	N	H	T	H	L	I	M	L	B	N
D	E	C	O	D	E	G	A	S	E	A	E
T	I	K	L	I	M	T	I	N	G	C	B
M	D	A	L	I	R	S	E	T	E	O	U
T	L	U	A	C	I	R	E	G	R	N	R

TRUCS ET ASTUCES

Comment nettoyer une casserole brûlée ?

Faites bouillir dans la casserole une poignée de cendres de bois (récupérée dans votre cheminée ou dans votre barbecue) mélangée avec un ou deux verres d'eau. Le brûlé se décollera quand vous gratterez le fond avec une spatule.

JARDIN

Bien que la température descende souvent au-dessous de 0 °C en cette fin de mois de novembre, il est possible de semer des légumes sur un sol gelé. Lancez à la volée des graines, que vous recouvrirez d'un peu de terre. Ces semis lèveront dès le début du printemps avec une avance de croissance allant jusqu'à trois semaines par rapport à un semis classique au printemps. Pour ce type de semis, choisissez des légumes qui, une fois levés, ne sont pas sensibles aux basses températures : carottes, épinards, poireaux, persil, salsifis, oignons.

CE JOUR-CI, AUTREFOIS

1798 création de l'impôt sur les portes et fenêtres
1803 inauguration du pont des Arts à Paris
1839 le compositeur Hector Berlioz fait jouer son opéra Roméo et Juliette à Paris

« Grand soleil, petit vent ; petit soleil, grand vent. »

mercredi 25 novembre

Sainte Catherine

Soleil : 08 h 14 • 17 h 0
Sagittaire / 1er décan

CURIOSITÉS DE NOS RÉGIONS

Les sources de Chaudes-Aigues

A 750 m d'altitude, nichée au creux de la vallée du Remontalou, Chaudes-Aigues, dans le Cantal, est construite au-dessus de failles d'où sourdent les eaux les plus chaudes d'Europe. Parmi les 32 sources qui y jaillissent, comme pour témoigner du feu ardent qui brûle les entrailles de la terre, celle du Par est la plus remarquable. Sa température atteint 80 °C et son débit est de 280 l/min. Durant toute l'année, une partie de ses eaux sert à alimenter les sept fontaines publiques de la ville. En dehors de la saison thermale, qui s'étend d'octobre à avril, son eau est distribuée aux maisons qu'elle surplombe. L'eau chaude est conduite par gravitation à travers des tuyaux enterrés dans les trottoirs de la commune. Une dérivation en forme de I, de L ou de M entre dans chaque maison, chauffant le sol avant de repartir dans la maison suivante, en ayant abandonné un petit degré au passage.
Depuis toujours, les Caldaguès (habitants de Chaudes-Aigues) utilisent quotidiennement ce trésor sans cesse renouvelé, comme en témoignent les vestiges des thermes gallo-romains.

COLLECTIONS

Le collectionneur d'enclumes s'appelle l'incudinophiliste.

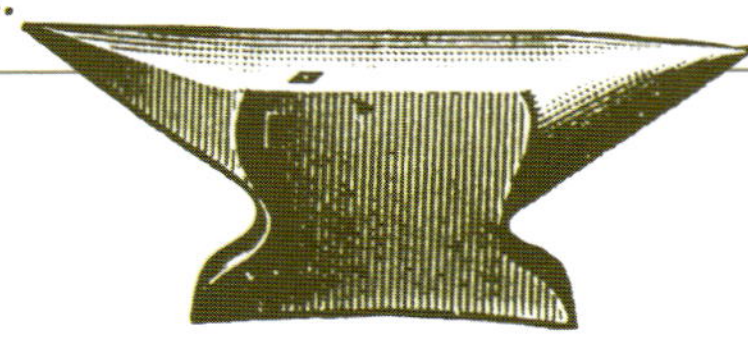

RECETTE

Lentilles à la dijonnaise

Pour 4 personnes.

Ingrédients : 250 g de lentilles ; 2 oignons ; 1 carotte ; 4 tranches de jambon fumé ; 1 noix de beurre ; 30 g de farine ; 1 c. à café de moutarde ; 1 clou de girofle ; 1 bouquet garni ; persil ; sel ; poivre.

- Mettez les lentilles lavées et triées dans une grande quantité d'eau froide avec un oignon piqué du clou de girofle, le bouquet garni et la carotte.
- Laissez cuire à petits bouillons 1 heure.
- Salez à mi-cuisson.
- Quinze minutes avant la fin de la cuisson, faites revenir le jambon dans une casserole avec le beurre puis retirez-le.
- Faites dorer le deuxième oignon haché à la place.
- Saupoudrez de farine, ajoutez un bol d'eau de cuisson des lentilles et poivrez.
- Remuez jusqu'à épaississement.
- Ajoutez le jambon coupé en morceaux.
- Laissez mijoter 5 minutes puis ajoutez la moutarde.
- Egouttez les lentilles.
- Recouvrez-les de sauce et parsemez-les de persil haché.

CE JOUR-CI, AUTREFOIS

1867 invention de la dynamite par Alfred Nobel
1959 décès de l'acteur Gérard Philipe

« A la Sainte-Catherine, si le ciel fait la moue, il faut patauger dans la boue. »

jeudi 26 novembre

Sainte **Delphine**

Soleil : 08 h 16 • 16 h 59
Sagittaire / 1er décan

CURIOSITÉS DE NOS RÉGIONS

Les fermes lorraines

Elles sont pour la plupart organisées en profondeur et comportent plusieurs travées parallèles. Elles présentent une étroite façade donnant sur la rue, un toit couvert de lames de pierre ou de tuile, avec un pan arrière très étiré. Elles se distinguent par leur immense grenier aéré par des œils-de-bœuf, servant au stockage du fourrage.

TRUCS ET ASTUCES

Pour allumer plusieurs bougies sur un gâteau ou pour atteindre une mèche au fond d'un photophore, servez-vous d'un spaghetti ! Il mettra plus longtemps à se consumer qu'une allumette et vous laissera le temps de tout allumer sans vous brûler les doigts.

CONTES ET LÉGENDES

Le miracle de Déols

L'abbaye Notre-Dame-de-Déols (Berry) fut fondée en 917. Aujourd'hui, seul le clocher de l'église subsiste. En 1187, la population locale dut affronter les troupes de Richard Cœur de Lion. La tradition locale dit que le roi Arthur et ses chevaliers s'y seraient illustrés en prêtant main-forte aux Berrichons. Alors que Richard pénétrait dans la ville avec l'intention de la brûler, un de ses soldats, passant devant l'église, jeta une pierre sur la statue de la Vierge. Le bras gauche se cassa et du sang en jaillit. Grâce à cette intervention divine, une trêve s'ensuivit. On peut voir une très belle copie de cette statue dans l'actuelle église Saint-Etienne, toute proche des ruines de l'ancienne abbaye.

LES ARBRES DE NOS RÉGIONS

L'alisier blanc de neige

Appelé souvent "allouchier" ou "allier", cet arbre peut atteindre 20 m de haut. En automne apparaissent de petits fruits rouges, les alises, très appréciés des oiseaux, qui, en rejetant les noyaux, participent à la propagation de l'espèce. Ces fruits sont comestibles mais de saveur fade et farineux. Autrefois, on en faisait du vinaigre et de l'eau-de-vie. En décoction, les alises calment la toux. Le bois de l'alisier blanc, lourd et homogène, est employé pour la fabrication d'outils. L'alisier torminal est plus petit (10 m de haut). Ses feuilles sont simples, brillantes, avec de 5 à 9 lobes rougissant à l'automne. Ses fruits, de la grosseur d'une cerise, bruns à maturité, sont comestibles.

CE JOUR-CI, AUTREFOIS

986 fondation de la ville de Montpellier
1865 publication d'Alice au pays des merveilles

« En novembre, si tu entends la grive chanter, rentre à la maison pour t'abriter. »

CURIOSITÉS DE NOS RÉGIONS

Le passage Pommeraye à Nantes

En plein cœur de la ville de Nantes, ce passage est classé monument historique depuis 1976. Cette longue galerie commerciale, inaugurée en 1843, s'inscrit dans la lignée des grands passages commerciaux parisiens de la monarchie de Juillet. Resté quasiment intact au fil des ans, le passage a conservé tout son charme de la fin du XIXe siècle. Si aucune boutique d'origine n'a subsisté, les devantures ont été soigneusement conservées et le passage Pommeraye est toujours une galerie marchande très appréciée des Nantais et des touristes.

EXPRESSION

Démarrer sur les chapeaux de roue

Cette expression signifie que l'on commence une activité à vive allure ou que l'on part à toute vitesse. Elle tire son origine du vocabulaire automobile, où les chapeaux de roue désignent les enjoliveurs, sur lesquels les voitures se "couchaient" lors d'un démarrage rapide.

MÉTIERS OUBLIÉS

Le chapelier

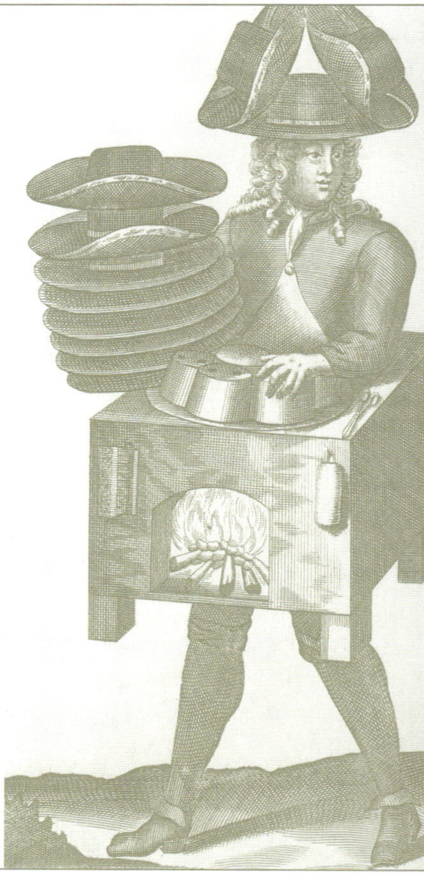

Artisan citadin, le chapelier confectionna jusqu'au milieu du XIXe siècle des chapeaux de feutre ou de paille à partir de gabarits standard, ce qui posait souvent problème du fait de la diversité des formes de crâne... Enfin, en 1843, un instrument révolutionnaire vit le jour : le conformateur. Le fabricant le plaçait sur la tête du client et obtenait alors une empreinte sur papier cartonné, qu'il ajustait sur un agrandisseur afin de couper à bonne mesure la matière du couvre-chef. Dans les années 1960, le chapeau tomba en désuétude et les chapeliers fermèrent peu à peu boutique.

CE JOUR-CI, AUTREFOIS

1790 à Paris, l'Assemblée impose le serment aux ecclésiastiques
1940 l'Alsace-Lorraine est annexée par l'Allemagne

« A la Saint-Séverin, la neige est en chemin. »

La Banquise
Jean-Pierre Chabrol

Les premiers âges de la terre avaient parsemé le crâne du vieux mont chauve de rocs énormes, du granite sans angles, pierres couchées, pierres levées, dolmens et menhirs d'avant le premier humain, colosses debout évoquant d'inquiétants pèlerins enveloppés dans leurs capes, monstres accroupis prêts à bondir, cavaliers tellement cuirassés qu'ils ne formaient qu'une masse avec leurs pesantes montures... Cette armada dépareillée donnait en ordre dispersé l'assaut sur les pentes du sommet, exhortée par une piétaille de sorciers voûtés et de sorcières encagoulées, attaque fantastique dans son inlassable élan immobile. Et les grands vents, la tramontane tantôt et tantôt le marin, jouant des trous et des bosses de ces guerriers à l'affût, en tiraient de longs hurlements d'agonie.

L'hiver, la nuit tombante dotait cette populace pétrifiée d'une vie délirante. Chaque soir, l'écolière devait traverser ce cauchemar de granite. Elle courait à perdre haleine, de toute la vitesse de ses jambes courtes mais musclées, infatigables, avec de brusques écarts pour éviter des bottes de Sept Lieues ou la face plate au nez épaté d'un cyclope sortant soudain de terre devant elle. Et lorsque le pan de son tablier frôlait l'une de ces peaux granuleuses, elle ne pouvait s'empêcher de marmonner des excuses sans ralentir pour autant. Chaque trajet quotidien était une mite affolée dans l'histoire et les légendes au programme du cours élémentaire première année. La fillette serrait convulsivement son manche de pioche, résolue à se battre jusqu'au lever du soleil comme la brave petite chèvre de Monsieur Seguin.

Extrait du roman *La Banquise* de Jean-Pierre Chabrol paru aux Presses de la Cité dans la collection Terres de France

AUTOMNE

HISTOIRE DRÔLE

Deux enfants voient le panneau "Ralentir, école" :
— Ils ne croient tout de même pas qu'on va y aller en courant !

AU PROGRAMME CE MOIS-CI

- *Foire aux santons de Marseille (Bouches-du-Rhône), tout au long du mois*
- *Foires grasses de Brive-la-Gaillarde (Corrèze), 1er week-end du mois*
- *Fête de la Saint-Nicolas en Alsace et en Lorraine, le 6 décembre*
- *Foire aux dindes à Sées (Orne), 2e week-end du mois*
- *Foire au gras de Mazères (Ariège), mi-décembre*
- *Fête de la dinde à Licques (Pas-de-Calais), mi-décembre*

BIEN-ÊTRE

L'inositol

Cette vitamine du groupe B se concentre dans le cerveau, l'estomac, le foie et le cœur. Elle aide à brûler les graisses, prévient l'anxiété, régule le taux de cholestérol, permet de garder des ongles solides et favorise le sommeil. Son apport est préconisé dans le traitement des troubles nerveux. L'inositol se trouve dans le jaune d'œuf, le foie, le germe de blé, le riz complet, les agrumes et les noix.

EXPRESSION

Un enfant de la balle

La balle dont il s'agit était celle du jeu de paume. Un enfant de la balle était le fils d'un maître du jeu de paume, élevé dans la profession de son père. Par la suite, cette expression désigna toute personne succédant à son père dans le même métier artistique. De nos jours, elle concerne presque exclusivement les comédiens.

CE JOUR-CI, AUTREFOIS

1886 première revue des Folies Bergère
1894 création par la loi Siegfried-Ribot des habitations à bon marché (HBM)

TRUCS ET ASTUCES

En hiver, les plantes d'intérieur souffrent de l'air desséché dû au chauffage. Par ailleurs, chaleur et sécheresse favorisent la venue des cochenilles. De nombreux produits sont proposés pour lutter contre ces insectes, mais ils dégagent une odeur très désagréable et provoquent souvent la mort de la plante s'ils sont employés à forte dose. Or, à faible dose, ils ont une efficacité douteuse. La meilleure solution est de retirer les cochenilles en passant un coton imbibé d'alcool dénaturé ou d'eau savonneuse (paillettes de savon de Marseille).

PÊCHE

Malgré le froid, tous les poissons ne sont pas en état de sommeil. Le mois de décembre est celui de la pêche des chevesnes, amorcés avec un seau de sang de bœuf malaxé à du son et à du sable. Ce poisson très craintif perd toute méfiance à la vue du sang et se fait prendre par l'hameçon aiché d'un morceau de foie.

« La neige de l'Avent a de longues dents. »

mardi 1er décembre

Sainte **Florence**

Soleil : 08 h 22 • 16 h 56
Sagittaire / 1er décan

JARDIN

De nombreux fruits ne deviennent comestibles qu'une fois touchés par le gel. C'est le cas des nèfles, des alises, des cormes, des kakis et des prunelles. Lorsqu'ils sont blets, c'est-à-dire à maturité avancée, il faut les congeler. La pulpe de kaki est délicieuse et garde tout son arôme une fois décongelée.

PETIT GESTE ÉCOLO

Qu'est-ce que l'Amap ?

L'Association pour le maintien d'une agriculture paysanne regroupe des paysans et producteurs locaux autour de consommateurs qui s'engagent à acheter leur production hebdomadaire. Cette structure qui participe à l'économie solidaire a déjà permis de sauver des petites exploitations de la faillite et offre la garantie au consommateur d'acheter à des prix équitables des produits frais, de saison et cultivés biologiquement.

CE JOUR-CI, AUTREFOIS

1944 naissance de l'acteur Pierre Arditi
1986 inauguration du musée d'Orsay
1991 la France remporte la coupe Davis

IDÉE DÉCO

Marque-place pour Noël

- Prenez deux boules de polystyrène de 9 et 4 cm de diamètre. Elles formeront le corps et la tête d'un bonhomme de neige.
- Assemblez-les avec un cure-dent.
- Enfoncez trois épingles dans un petit carré de carton blanc puis fixez le bonhomme dessus.
- Ajoutez un pompon rouge sur le dessus de la tête.
- Enfilez des perles de rocaille sur des épingles pour les yeux, le nez et la bouche.
- Entourez le cou d'un ruban rouge pour l'écharpe.
- Découpez et pliez en deux une feuille de bristol.
- Inscrivez-y le nom de l'invité et fixez-la au corps du bonhomme par une épingle.

TERROIR ET TRADITIONS

Savon aux algues marines de Jafna

Ce savon était très employé au siècle dernier par les femmes désireuses de perdre du poids. Il était réputé, en pénétrant dans la peau, dissoudre le tissu graisseux. Il suffisait de frictionner les parties du corps que l'on voulait voir mincir. En complément, il était conseillé de boire de la tisane d'algues marines, une infusion aux vertus également amincissantes.

COLLECTIONS

Le collectionneur d'outils à bois s'appelle le xylophiliste.

« Neige de décembre est engrais pour la terre. »

SYMBOLES DE NOS RÉGIONS

Le dauphin du Dauphiné

Au XIe siècle, un certain Guigues d'Albon s'adjugea le gouvernement des départements actuels de l'Isère, de la Drôme et des Hautes-Alpes. "Dauphin" était à la fois son deuxième prénom et le titre qu'il se donna, d'où l'appellation "Dauphiné" attribuée à la province. Un peu plus tard, le dauphin en tant qu'animal fut logiquement inscrit sur le blason : il y est représenté courbé, bleu, à la crête rouge.

CE JOUR-CI, AUTREFOIS

1859 naissance du peintre Georges Seurat
1955 le président du conseil Edgar Faure dissout l'Assemblée nationale
1980 décès de l'écrivain Romain Gary

LANGAGE DES PLANTES

Le pistachier

Originaire d'Asie, le pistachier a été acclimaté dans le bassin méditerranéen pour ses graines comestibles. Ces pistaches, ou amandons pour les botanistes, sont entourées d'une coque lisse et dure légèrement entrouverte. Vertes et teintées de rose, les pistaches se mangent crues surtout en Italie, ailleurs on les préfère légèrement grillées. Ces graines pressées fournissent une huile qui ressemble à celle de pépins de raisin. L'huile obtenue par pression à froid est très claire, tandis que celle produite par dissolution dans des sulfures est verdâtre et aromatique. Il faut bien vérifier la date de fabrication, car elle rancit rapidement, surtout si elle est exposée à la lumière. Chez les Anciens, l'huile de pistache était utilisée pour soigner les morsures de serpent, mais n'apparaissait que très rarement sur les tables. Aujourd'hui, l'Asie est l'un des rares producteurs de cette huile.

RECETTE

Bouilleture d'anguilles

une spécialité des Pays de Loire

Pour 4 personnes.

Ingrédients : 1 kg de petites anguilles ; 5 échalotes ; 50 g de beurre ; 1 c. à soupe de farine ; 1 l de vin rouge ; 1 bouquet garni ; 1 c. à soupe de poivre concassé ; sel.

- Lavez et videz les anguilles puis découpez-les en tronçons de 5 cm.
- Salez et réservez.
- Faites fondre le beurre dans une cocotte.
- Ajoutez les échalotes finement émincées et faites-les suer 1 à 2 minutes.
- Saupoudrez de farine et mélangez.
- Faites cuire 2 minutes puis versez le vin rouge.
- Mélangez doucement et portez à ébullition.
- Ajoutez les tronçons d'anguilles, le bouquet garni et la moitié du poivre concassé.
- Mélangez et faites cuire à feu modéré 15 minutes.
- Retirez du feu, ôtez le bouquet garni et ajoutez le reste de poivre.
- Servez chaud.

« En décembre froid, laboureur a foi. »

TERROIR ET TRADITIONS

Proverbes du Vivarais

- **Dis mé en caou vas, té dirai caou siès :** dis-moi qui tu hantes, je te dirai qui tu es.
- **Omi dé cadun, omi dé dengun :** ami de tous, ami de personne.
- **Aima è estré hoï, espéra è noun véni, estré ei lié è noun durmi, soun trés caousos qué fon mouri :** aimer et être haï, espérer et ne pas voir venir, être au lit et ne pas dormir sont trois choses qui font mourir.
- **L'omitié pouo pa véni tou d'un caïré :** l'amitié ne peut venir toute d'un seul côté.
- **Vaou maï omi en plaço, qu'orihen en bourso :** mieux vaut ami en place qu'argent en bourse.

GASTRONOMIE

Le saint-nectaire d'Auvergne

Longtemps, ce fromage en forme de disque épais ne porta pas de nom. Il serait d'ailleurs très certainement resté confidentiel si Henri de La Ferté-Senneterre, maréchal de France, ne l'avait présenté à la table de Louis XIV. Le roi l'ayant trouvé fort à son goût, le fromage fut enfin baptisé, d'après le marché local où il était le mieux vendu, dans la région des monts Dore en Auvergne. Le saint-nectaire présente une pâte souple et onctueuse, sous une croûte fine et sèche. Il dégage une légère odeur d'humus et de terre, et possède une saveur de noisette caractéristique. Délicieux de juillet à mars, on peut le servir dans un plateau de fromages régionaux ou le déguster seul, avec du pain de seigle et un vin rouge léger.

CURIOSITÉS DE NOS RÉGIONS

Les arbres sonneurs du haut Doubs

Dans les forêts d'altitude du Doubs, des arbres sont recherchés par les luthiers du monde entier : les arbres à violon. Ces épicéas, choyés depuis des siècles, donnent un bois précieux, dit "de résonance" en raison de l'acoustique incomparable qu'il confère aux instruments à cordes. La légende veut que le tic-tac d'une montre posée au pied d'un épicéa soit audible à la cime. La sélection et la coupe de l'épicéa de lutherie obéissent à des traditions immuables. L'arbre, d'au moins deux cents ans, âge à partir duquel il offre son meilleur rendement, doit présenter un port rectiligne, une écorce fine et un tronc sans nœuds. Il faudra impérativement l'abattre à la lune descendante de décembre, gage d'une grande conservation. S'il n'est pas travaillé par un luthier du cru, le bois sera exporté vers le Japon, l'Allemagne ou les Etats-Unis.

CE JOUR-CI, AUTREFOIS

1873 *mise à l'eau à Toulon du plus gros navire en bois jamais construit, le Richelieu*
1919 *décès du peintre Auguste Renoir*

« Rossignol de décembre muet en sa prison présage tardive et froide saison. »

JEUX Sudoku

					6		4	8
8	6	3			4			1
5			1		8	3		2
	7	5			9			
4		8		1		5		9
6			3			1	7	
9		2	7		3			5
3			9			4	1	
	5		8			2		

CE JOUR-CI, AUTREFOIS

1922 naissance de l'acteur Gérard Philipe
1995 le Grand Stade de Saint-Denis est nommé Stade de France

VOS DROITS

Dans quelles conditions utiliser un pseudonyme ?
Il s'agit d'un nom choisi librement par une personne pour dissimuler au public son identité réelle dans l'exercice d'une activité particulière, notamment dans le domaine littéraire ou artistique. Aucune réglementation particulière ne s'applique mais il faut savoir qu'un pseudonyme ne peut pas figurer dans les actes de l'état civil. Il n'est donc pas transmissible à la descendance, même si les héritiers peuvent en revendiquer l'usage.

TERROIR ET TRADITIONS

Les foires grasses de Brive-la-Gaillarde
Idéalement située au carrefour de l'Auvergne, du Quercy et du Périgord, Brive-la-Gaillarde abrite des foires grasses depuis le haut Moyen Age. Elles se déroulent de nos jours quatre fois dans l'année : le premier week-end de décembre, début et fin janvier, et mi-février. Les producteurs viennent y présenter leurs foies gras d'oie et de canard ainsi que leurs plus beaux palmipèdes. Les meilleurs produits sont récompensés par des prix.

AUTOMNE

« Décembre prend, il ne rend. »

La Pénitente

Jean-Michel Thibaux

« La bergerie d'Antoine Guidicelli se profila entre ciel et terre. Blanche coque de pierres sèches sur laquelle un millepertuis déployait l'or de ses larges fleurs, elle était le plus lointain des bastions de la communauté des mazzeri de Foce di Bilia. Elle avait été construite sur une zone neutre, à l'écart des anciennes tombes et du ruisseau où les défunts appelés par des rivaux pouvaient apparaître et attaquer les vivants.

En pénétrant dans l'étroite bergerie, Gilda fut prise de nausée. Il faisait sombre dans ce casgile percé de minuscules ouvertures. L'odeur y était épouvantable.

Pourtant ce n'était pas la saison des fromages. Il y avait des pilones pendus à des crochets. La puanteur émanait de ces manteaux en poil de chèvre et du matelas crasseux qu'Antoine désigna du menton.

— Asseyez-vous.

Gilda eut un mouvement de recul. Des punaises et toutes sortes de vermines devaient grouiller dans le crin de ce grabat, mais, imitant sa mère et Julietta, elle obtempéra. Elle s'assit entre les deux sur le bord des fesses, serrant les cuisses et les dents.

Antoine alluma trois bougies et les posa sur le sol. Il sortit une petite boîte de sa poche, en dévissa le couvercle et prit des fragments de cierges bénits à la Chandeleur qu'il répandit dans le triangle formé par les bougies. Ces préparatifs achevés, il retira de dessous le lit une assiette creuse qu'il remplit d'eau, puis un bol dans lequel il versa un peu d'huile d'olive. Ce rituel se transmettait entre personnes de même sang le soir de Noël. Il l'avait appris de sa grand-mère.

Gilda se crispa en le voyant poser l'assiette entre les bougies. Elle ne voulait pas voir l'œil. Antoine récita trois Notre-Père, puis il traça trois signes de croix au-dessus de l'assiette. Le moment était crucial. Les trois femmes retinrent leur souffle. Paula et Julietta se penchèrent. Le buste droit, Gilda n'entra pas dans le jeu du mazzeru. Elle essayait de mettre de la distance entre elle et cet homme qui la perçait à jour, verrouillant les portes de son esprit. Pourtant, elle désirait savoir si elle était envoûtée ou non et son regard suivait les mains brunes et calleuses du berger aux pouvoirs surnaturels. »

Extrait du roman *La Pénitente* de Jean-Michel Thibaux paru aux Presses de la Cité dans la collection Terres de France

AUTOMNE

LES ARBRES DE NOS RÉGIONS

Les arbres de nos régions : les faux de Verzy

Le terme "fau" a désigné jusqu'au XVIIIe siècle le hêtre. La commune de Verzy, sur la montagne de Reims, en possède des spécimens singuliers, au tronc et aux branches tordus, tortueux, boursouflés par endroits, et dotés d'un port en forme d'immense coupole. Présents depuis le VIe siècle, ils furent multipliés par les moines de Verzy, qui, déjà, les avaient jugés remarquables...

COLLECTIONS

Le collectionneur de cure-dent s'appelle le dentiscalpiste.

CE JOUR-CI, AUTREFOIS

1732 *ouverture du théâtre de Covent Garden à Londres*

1933 *André Malraux reçoit le prix Goncourt pour* La Condition humaine

CONTES ET LÉGENDES

La légende de saint Nicolas

La fête de la Saint-Nicolas est inspirée d'un personnage réel. Saint Nicolas naquit vers 270 en Turquie et mourut en 343 alors qu'il était évêque. Son culte se répandit tout d'abord en Orient. Au XIe siècle, des marchands italiens rapportèrent ses reliques à Bari. Un chevalier lorrain put emporter l'une de ses phalanges à Port – aujourd'hui Saint-Nicolas-de-Port –, sur la Meurthe, où une somptueuse basilique fut édifiée. Des guérisons et autres phénomènes miraculeux lui furent attribués, attirant les foules. La légende conte l'histoire de trois enfants égarés qui demandèrent l'hospitalité à un boucher, lequel les tua, les découpa en morceaux et les plaça dans un saloir. Sept ans plus tard, saint Nicolas vint demander à goûter le petit salé. Démasqué, le boucher s'enfuit. Usant alors de ses pouvoirs miraculeux, saint Nicolas rendit la vie aux enfants, qui déclarèrent avoir bien dormi et s'être sentis aussi bien qu'au paradis. Il est depuis lors le bienfaiteur des enfants et on le célèbre dans de nombreux pays d'Europe. Saint Nicolas est également le patron de la Lorraine, où il est célébré, ainsi qu'en Alsace.

« Si Saint-Ambroise voit neiger, de huit jours de froid nous sommes en danger. »

LE PETIT GESTE ÉCOLO

Privilégiez les produits locaux

En achetant vos fruits et légumes localement, vous encouragerez l'économie de proximité et réduirez les coûts de transport routier et aérien, source importante de pollution. De plus, vos produits seront plus frais et vous limiterez ainsi l'apport de conservateurs chimiques dans vos aliments.

TRUCS ET ASTUCES

Pour avoir une peau toute douce

Mettez 10 cuillerées à soupe de farine de maïs dans un bol, ajoutez 5 cuillerées à soupe d'eau en évitant de rendre la préparation trop liquide. Appliquez cette lotion sur votre corps et attendez qu'elle sèche complètement pendant environ 20 minutes. Rincez-vous abondamment à l'eau claire. Renouvelez l'opération toutes les semaines pour retrouver une peau de bébé.

CE JOUR-CI, AUTREFOIS

1554 Ambroise Paré obtient le titre de docteur en chirurgie
1844 naissance de l'inventeur du dessin animé Emile Reynaud
1944 création des premières Compagnies républicaines de sécurité

JARDIN

Les travaux de la première quinzaine de décembre

- Eliminez les fruits abîmés restant sur les arbres fruitiers ou tombés au sol.
- Epandez des matières organiques sur le sol.
- Effectuez un traitement d'hiver sur les arbres fruitiers.
- Ramassez les feuilles mortes sur la pelouse et disposez-les au pied des plantes fragiles.
- Supprimez toute la végétation fanée des plantes vivaces.
- Arrachez les annuelles défleuries.
- Finissez l'installation des bulbes à floraison printanière.
- Faites très attention en ces périodes de froid aux pots de terre cuite qui peuvent se fendre avec le gel, surtout s'ils sont mouillés. Les pots vernissés sont encore plus sensibles au gel. Il est préférable de rentrer toutes les poteries en ayant soin de bien les nettoyer et de les sécher. Celles contenant des plantes laissées à l'extérieur devront être recouvertes de film plastique à bulles ou entourées de paille.

LA MINUTE CULTURELLE

La Flûte enchantée *de Mozart*

C'est pour une troupe populaire que Mozart a composé cet opéra en allemand, plein de fantaisie et de mystère, où le prince Tamino, l'oiseleur Papageno et la Reine de la Nuit se disputent les faveurs du public. Le livret de cette œuvre féerique est ponctué d'allusions à la franc-maçonnerie, un mouvement ésotérique né quelques décennies plus tôt en Angleterre et auquel ont appartenu Mozart et son librettiste. On y voit ainsi des prêtres assemblés comme en une loge maçonnique. Le triomphe de cet opéra sera sans lendemain, car, épuisé, Mozart meurt deux mois plus tard. Aujourd'hui, La Flûte enchantée *est l'un des opéras les plus populaires.*

« Le jour de l'Immaculée ne passe jamais sans gelée. »

COUTURE ET TRICOT

Lire une grille de tricot

Sur une grille de tricot, chaque petit carré représente une maille. Les rangs sont généralement numérotés sur les côtés de la grille. Les nombres impairs (rangs sur l'endroit) sont du côté droit et les nombres pairs (rangs sur l'envers) du côté gauche.

LES ARBRES DE NOS RÉGIONS

Le pin maritime

Il pousse essentiellement sur la côte sud-ouest de la France, dans le Midi et en Corse. De grande taille et de longévité moyenne, il se distingue par son odeur de résine très prononcée. Son bois dur et lourd se travaille bien. Il convient parfaitement à la charpenterie et à la parqueterie.

RECETTE

Pain d'épices

une spécialité de Bourgogne

Ingrédients : 250 g de miel (d'un goût assez fort, bruyère par exemple) ; 10 cl de lait chaud ; 100 g de beurre fondu ; 200 g de farine ; 1/2 sachet de levure ; 50 g de cassonade ; 1 œuf ; 1 pincée de sel ; cannelle, gingembre, clou de girofle, noix de muscade... ; noix, noisettes, amandes, noix de coco, écorces d'orange.

- **Délayez le miel dans le lait chaud.**
- **Ajoutez le beurre fondu, puis la farine en mélangeant énergiquement en cas de grumeaux.**
- **Incorporez alors la levure, la cassonade, l'œuf et le sel.**
- **Ajoutez les épices et les fruits secs, selon les goûts.**
- **Faites cuire dans un moule à cake (ou à pain) pendant 30 à 35 minutes, à four chaud (180 - 200 °C).**

CE JOUR-CI, AUTREFOIS

1852 parution des Poèmes antiques de Leconte de Lisle
1905 les femmes obtiennent le droit d'être élues juges
1946 naissance de l'explorateur Jean-Louis Etienne

DEVINETTE

Quels fruits se retrouvent dans toutes les maisons ?

Solution : les coings (coins) et les mûres (murs)

VOS DROITS

A partir de quel montant de patrimoine doit-on faire une déclaration d'impôt sur la fortune ?

Les personnes concernées par cet impôt sont celles dont la valeur nette du patrimoine appréciée au 1er janvier de l'année dépasse un seuil fixé à 760 000 euros. Mais ce seuil est réévalué chaque année.

« Tonnerre de décembre promet beaucoup de vent pour l'année suivante. »

TOPONYMIE

Origine du nom Lyon

Lyon provient de Lugdunum, ou "forteresse de Lug", Lug désignant un dieu gaulois et dunos un fort. La ville changea de nom à plusieurs reprises et fut appelée Caput Galliae à l'époque romaine (capitale des Gaules). Au Moyen Age, le nom gaulois fut repris et évolua de Lugdunum vers Loudoun, Lion, puis Lyon.

TRUCS ET ASTUCES

Un accélérateur de sèche-linge

Economisez temps et énergie lorsque vous utilisez votre sèche-linge en glissant, au milieu de la lessive mouillée, une serviette-éponge sèche. Celle-ci absorbera au fur et à mesure les gouttelettes dégagées par le reste du linge.

LANGAGE DES PLANTES

Le cognassier

D'origine perse, le cognassier fut introduit dès le VIIe siècle av. J.-C. en Grèce puis en Italie. Les pommes d'or des Hespérides n'étaient autres que des coings. Le fruit était consacré à Vénus. Gage d'amour, il était d'usage qu'une nouvelle mariée mange un coing avant sa nuit de noces. Les coings arrivèrent en France au début de l'ère chrétienne. Au Moyen Age, le cognassier était sur la liste des espèces à planter dans les jardins royaux. Le coing avait la réputation de donner de beaux enfants. Ne se consommant que cuit et préparé en gelée ou en pâte, le coing est aujourd'hui un fruit malheureusement délaissé.

CE JOUR-CI, AUTREFOIS

1908 naissance du compositeur Olivier Messiaen

1915 prix Nobel de littérature décerné à l'écrivain Romain Rolland pour l'ensemble de son œuvre

1935 Irène et Frédéric Joliot-Curie obtiennent le prix Nobel de chimie

TERROIR ET TRADITIONS

Les santons de Provence

Ces figurines sont nées en Provence au XIXe siècle, pour pallier la disparition des "crèches vivantes", où les scènes de la Nativité étaient jouées par les villageois. Faites de bois, de cire, de faïence ou de verre, elles furent l'objet d'un véritable engouement. En 1803, Marseille inaugura la première foire aux santons, et fut bientôt imitée par tous les bourgs de la région. Loin de se cantonner aux figures bibliques, la crèche provençale inclut des personnages tirés des pastorales, pièces de théâtre chantées, comme l'aveugle et son fils, et de la littérature régionale, comme la Mireille de Mistral, ainsi que des figures populaires tels le meunier et l'Arlésienne.

« Décembre de froid trop chiche ne fait pas le paysan riche. »

IDÉE REÇUE

Les pingouins ne volent pas

Très souvent, le pingouin est confondu avec le manchot, qui, du fait de son adaptation à la vie aquatique, ne vole pas. Or, le pingouin, lui, vole bel et bien ! On explique cette méprise par une caractéristique du grand pingouin, espèce disparue au XIXe siècle, qui, comme le manchot, avait perdu sa faculté de voler. D'autre part, même si la ressemblance physique existe, ils évoluent dans des hémisphères différents. En effet, les pingouins vivent dans l'hémisphère Nord, tandis qu'on trouve les manchots dans l'hémisphère Sud.

JEUX Le passe-muraille

Partez de la première syllabe donnée pour construire un mot composé de 6 syllabes. Il s'agit donc de récupérer une seule brique par rangée pour arriver au mot final.

RE

PU	LO	CI	TRO
CA	AC	PRO	DI
ER	MA	JEC	TI
AC	TI	VE	TÉ
MÉ	TRI	MENT	DER

Solution : rétroactivement

MÉTIERS OUBLIÉS

Le porteur d'eau

On comptait plus de 20 000 porteurs d'eau à Paris au XVIIIe siècle. Emigrés auvergnats pour la plupart, à l'instar des charbonniers, ils allaient remplir leurs tonneaux aux fontaines publiques, et les transportaient sur une petite voiture à deux roues parfois tirée par un cheval. Les porteurs pratiquaient l'abonnement. Vigoureux et infatigables, ils pouvaient porter deux seaux d'eau sur leurs épaules jusqu'au septième étage, et ce, trente fois par jour !

CE JOUR-CI, AUTREFOIS

1803 naissance du compositeur Hector Berlioz
1946 création de l'UNICEF par les Nations unies
2003 élection de Valéry Giscard d'Estaing à l'Académie française

« Visite les ruches à la Saint-Daniel mais garde-toi de leur ôter le miel. »

Le Puits Amélie

Marie Kuhlmann

« Le jour se levait à peine. Lucien Mosmann pédalait allègrement. Un vent cinglant qui traînait sur la route, ce lundi matin, lui picotait les joues et brûlait ses poumons. A chaque tour de roue, il expirait un vigoureux jet de buée dans l'air glacé.

A plus de quarante ans, Lucien était un bon Alsacien au visage avenant. Quelques fils argentés se mêlaient déjà à sa tignasse châtain au niveau des tempes, dissimulées par sa casquette à rabats couvrant les oreilles. Il jetait sur le monde un regard clair, direct, confiant, et au premier abord inspirait la sympathie. Qui le connaissait mieux le trouvait optimiste, enclin à voir le bon côté des choses, ce qui n'était pas une qualité en toutes circonstances, et sans doute un peu naïf.

Lucien ne souffrait pas du froid. L'exercice lui échauffait les muscles. Alors qu'il allait quitter la maison que la famille louait dans le centre de Wittelsheim, Blanche s'était précipitée vers lui.

« Attends, papa ! Tu oublies ton écharpe et tes gants ! »

Il n'oubliait rien du tout, Lucien, et surtout pas le rituel quotidien. La sollicitude de sa fille aînée, âgée de seize ans déjà, le munissait d'une provision de bonheur, renouvelée chaque matin, à déguster tout au long du trajet.

Lucien Mosmann était heureux. Heureux mari, avec sa Lydia, heureux père de quatre enfants, et depuis quelques mois heureux copropriétaire d'un atelier de menuiserie.

Un virage, au moment où il s'engageait sur la route filant tout droit vers la sortie sud-est de Wittelsheim, lui révéla, émergeant des arbres, le chevalement de la mine de potasse. Sa belle humeur s'assombrit. Cette gigantesque verrue dressée au beau milieu de la plaine lui gâchait le paysage.

— Faut être fou pour descendre dans une mine, grommela-t-il. Un travail de forçat.

Après un temps de réflexion, il ajouta :

— Faudrait me payer cher pour que j'accepte de m'enterrer.

Secouant la tête, il conclut :

— Pour descendre sous terre, j'attendrai d'être mort. »

Extrait du roman *Le Puits Amélie* de Marie Kuhlmann paru aux Presses de la Cité dans la collection Terres de France

COLLECTIONS

Le collectionneur d'encriers s'appelle l'atramantophile.

CE JOUR-CI, AUTREFOIS

1553 naissance du roi Henri IV
1902 le premier câble télégraphique est posé dans l'océan Pacifique
1923 première représentation de Knock avec Louis Jouvet à la Comédie des Champs-Elysées

BIEN-ÊTRE

Eau de riz

Nos grand-mères avaient l'habitude de faire boire l'eau de cuisson du riz à leurs petits-enfants malades de diarrhée. Pour mieux leur faire avaler ce breuvage, elles le sucraient avec du miel.

GASTRONOMIE

Le pain d'épices de Dijon

La recette du pain d'épices fut très certainement rapportée du Moyen-Orient par les croisés, en même temps que des épices, des fruits et des parfums jusque-là inconnus en Europe. Très vite, ce délicieux gâteau devint la pâtisserie de Noël par excellence. Plusieurs villes de France, telles que Pithiviers, Bourges, Orléans ou Chartres, en firent leur spécialité au Moyen Age et perpétuèrent la tradition. Tombé en défaveur sous Henri II, le pain d'épices retrouva ses titres de noblesse sous Henri IV, et deux villes se lancèrent alors dans sa fabrication : Reims et Dijon. La première resta jusqu'à la Révolution la première productrice de pain d'épices, la deuxième s'imposa ensuite grâce à la qualité et à la finesse de ses préparations.

RECETTE

Gougère bourguignonne

Pour 6 personnes.

Ingrédients : 200 g de gruyère ; 1 noix de beurre ; 75 g de margarine ; 150 g de farine ; 3 œufs ; sel.

- **Faites chauffer 30 cl d'eau dans une casserole et ajoutez-y 1/2 c. à café de sel et la margarine coupée en morceaux.**
- **Dès que celle-ci est fondue, retirez la casserole du feu.**
- **Versez-y la farine d'un seul coup et mélangez.**
- **Remettez sur le feu et remuez énergiquement avec une cuillère en bois jusqu'à ce que la pâte ne colle plus à la cuillère.**
- **Hors du feu, ajoutez les œufs un à un, en battant fermement la pâte.**
- **Incorporez 150 g de gruyère râpé.**
- **Préchauffez le four à 160 °C.**
- **Déposez la pâte en couronne dans une tourtière beurrée.**
- **Parsemez-la du reste de gruyère coupé en dés.**
- **Faites cuire 20 minutes puis baissez la température du four à 140 °C et poursuivez la cuisson 25 minutes. Servez chaud.**

« Quand à la Sainte-Odile tombe la neige, le gel est souvent du cortège. »

CURIOSITÉS DE NOS RÉGIONS

Le thermalisme vosgien

Le massif vosgien bénéficie de la vertu vivifiante de ses eaux minérales. Chargées de sels, d'oligo-éléments, de gaz et de matières organiques dont la répartition et l'équilibre déterminent la singularité de chaque source, ces eaux possèdent des qualités curatives éprouvées. Les nombreuses sources vosgiennes, en particulier d'eaux chaudes, sont connues depuis l'époque antique.
La ville de Plombières dispose d'eaux très fluorées et peu minéralisées. Contrexéville, favorisée par le roi Louis XVI, qui permit la construction du premier établissement thermal de la ville, traite les infections urinaires, les infections biliaires et l'obésité, tandis que Vittel, dont le site thermal a connu une longue éclipse, soigne les affections du foie et des reins.

CE JOUR-CI, AUTREFOIS

1948 naissance de Zoé, première pile atomique française

2001 réouverture de la tour de Pise au public après onze ans de travaux

LANGAGE DES PLANTES

Le lupin

Plante vivace, rustique et très résistante, le lupin pousse principalement sur des terrains sablonneux. Pouvant atteindre 1,50 m de hauteur, sa floraison est très spectaculaire avec ses grands épis de fleurs bleues, pourpres, jaunâtres ou rougeâtres. Dans le langage des plantes, le lupin signifie : "Vous rendez le calme à mon âme."

GASTRONOMIE

La clémentine de Corse

C'est au père Clément, un moine agrumiculteur installé en Algérie, près d'Oran, à la fin du XIXe siècle, que l'on doit la mise au point du clémentinier et de son fruit, la clémentine. Après de nombreux essais, il obtint ce résultat en 1902 en croisant un oranger amer, le bigaradier, avec un mandarinier. Rapidement, la culture de la clémentine s'imposa en Corse. Si ce fruit est aujourd'hui encore peu connu dans les pays du nord de l'Europe, il s'est forgé une solide réputation en France, où on l'apprécie notamment pour son absence de pépins et pour sa chair savoureuse, légèrement acidulée et très parfumée. Autre particularité : la clémentine est souvent vendue avec ses feuilles, ce qui lui donne un atout esthétique indéniable.

« Décembre trop beau, été dans l'eau. »

LE PETIT GESTE ÉCOLO

Privilégiez autant que possible les piles rechargeables aux piles acalines. Economiques à long terme, elles sont surtout écologiques. En effet, les piles rechargeables ont jusqu'à 30 fois moins d'impact sur l'environnement que les piles jetables.

CE JOUR-CI, AUTREFOIS

1669 Racine fait jouer pour la première fois à Paris sa pièce Britannicus
1888 naissance du maréchal de France et académicien Alphonse Juin
1946 Léon Blum devient Premier ministre

JARDIN

Les travaux de la seconde quinzaine de décembre

- Rangez les outils et protégez les poteries en les recouvrant de film plastique à bulles.
- Retirez les pompes du bassin.
- Rangez les tuyaux d'arrosage en veillant à ce qu'ils ne contiennent plus d'eau.
- En période de non-gel, vous pouvez toujours continuer à planter les rosiers à racines nues, les arbustes à feuillage caduc, livrés en mottes et en containers, et les conifères livrés en mottes et en containers.
- Evitez de marcher sur la pelouse lorsqu'elle est gelée.

TERROIR ET TRADITIONS

Les danses ardennaises

Dans les Ardennes françaises, on dansait la branle de village, en couple, face à face, en sautillant vers l'avant et l'arrière en claquant les sabots ; on pratiquait la danse du mouchoir, en ronde ouverte et fermée, en enchaînant les pas frappés et glissés ; la valse de Mézières impliquait quatre couples formant une croix et le déplacement des danseuses aux bras des cavaliers successifs ; enfin, les jeunes gens dansaient la joyeuse en couple à l'"octave de la ducasse", soit le huitième jour de la fête patronale.

IDÉE REÇUE

Le vin chaud permet de se réchauffer

C'est faux. Certes, le vin chaud dilate les petits vaisseaux sous la peau et procure une sensation de chaleur instantanée, mais elle est éphémère. L'organisme est alors exposé à un refroidissement encore plus important. De plus, l'alcool peut être à l'origine d'une chute brutale de la glycémie (taux de sucre dans le sang).

TERROIR ET TRADITIONS

Les boules de Noël

Autrefois, les sapins de Noël étaient décorés avec des pommes. La légende raconte qu'en 1858, l'hiver fut si rigoureux en Moselle qu'il ne resta aucune pomme. Un souffleur de verre eut alors l'idée de les remplacer par des boules de verre.

« A la Sainte-Alice, si tu as trop froid, va te réchauffer à Nice. »

COUTURE ET TRICOT

Rétrécir un ourlet

Faites enfiler le vêtement à rétrécir à son propriétaire.

- En commençant par l'arrière, mesurez du sol jusqu'à la longueur voulue, en repérant la position avec des épingles ou une craie. Recommencez pour l'avant et les côtés.
- Retournez l'excédent de tissu sur l'envers, le long de la ligne tracée, et épinglez pour vérifier le niveau de l'ourlet.
- Placez l'endroit du vêtement sur une surface plate et marquez le nouveau rentré d'ourlet. Mesurez 4 cm à partir de cette pliure. Coupez tout excédent de tissu.
- Retournez le bord brut sur 10 mm pour le recouvrir et fixez au fer. Piquez le bord de l'ourlet sur le tissu au point d'ourlet caché en réduisant le surplus d'épaisseur au fur et à mesure de la couture.

TOPONYMIE

Origine du nom Lille

Lille tire son nom de l'ancien français L'Isle ("l'île"). Fondée au Moyen Age, Lille se trouvait alors sur une île au milieu de la Deûle, rivière naviguée dès l'époque gallo-romaine et canalisée peu à peu à partir du XIIIe siècle.

BIEN-ÊTRE

Vinaigre de toilette

Faites macérer 15 jours dans du vin blanc des fleurs de sauge, de menthe, de romarin, des clous de girofle et de la racine d'angélique. Filtrez. Vous obtenez ainsi une lotion très efficace pour laver la peau et la débarrasser de ses points noirs et autres boutons.

CE JOUR-CI, AUTREFOIS

1830 naissance de l'écrivain Jules de Goncourt
1996 inauguration de la bibliothèque François-Mitterrand par le président Jacques Chirac

CURIOSITÉS DE NOS RÉGIONS

La maison normande

En haute Normandie, les fermes se disséminent dans la plaine et dispersent le four à pain, la grange, l'étable et le pressoir à cidre dans leur domaine arboré. Les plus typiques sont les maisons basses à pans de bois, construites avec des briques vernissées dans le pays d'Auge et de la pierre ailleurs, et couvertes de chaume. En basse Normandie, la ferme est bâtie en granit.

VOS DROITS

Le vote par procuration

C'est, pour un électeur absent ou empêché, la possibilité de choisir un autre électeur pour accomplir à sa place les opérations de vote. Gratuite et délivrée par la gendarmerie, la procuration est valable pour un seul scrutin déterminé et pour les deux tours. Elle peut toutefois être établie pour une durée maximale d'un an, mais il faudra alors justifier de l'impossibilité de se rendre dans un bureau de vote de façon durable. Les Français vivant à l'étranger peuvent obtenir une procuration de trois ans.

« A la Saint-Gaël, petit moulin tourne tes ailes. »

CE JOUR-CI, AUTREFOIS

1948 naissance du chanteur Laurent Voulzy
1956 admission du Japon à l'ONU

JEUX *Sudoku*

	6				4	7	8	
3				7	8	9	4	
7		4		6				
	5	8			9		7	4
9					3			1
	3		7			8	2	
						6		3
	1	6	3	2				7
5	9		6				1	

TERROIR ET TRADITIONS

La tisane parégorique

Cette tisane composée de feuilles d'ortie, de bourse-à-pasteur, de feuilles de rosier, de coing et d'écorce de noyer était utilisée pour les troubles intestinaux et digestifs. Elle était recommandée aux colons qui, ayant séjourné longtemps sous les tropiques, souffraient de diarrhée et de dysenterie.

CONTES ET LÉGENDES

Les sources de la Seine

Jamais le culte des sources n'a été aussi présent qu'aux sources de la Seine. Tapie dans un charmant vallon planté de pins, en Côte-d'Or, la source jaillit d'une grotte ; une statue de nymphe complète ce tableau bucolique. Sequana était fille de Bacchus. Neptune l'aperçut, la désira éperdument, mais la jeune déesse se refusa à lui. Pour échapper à la fureur du dieu, son père la transforma en fleuve. Ainsi naquit la Seine, selon la mythologie latine, reprise par les Gaulois.

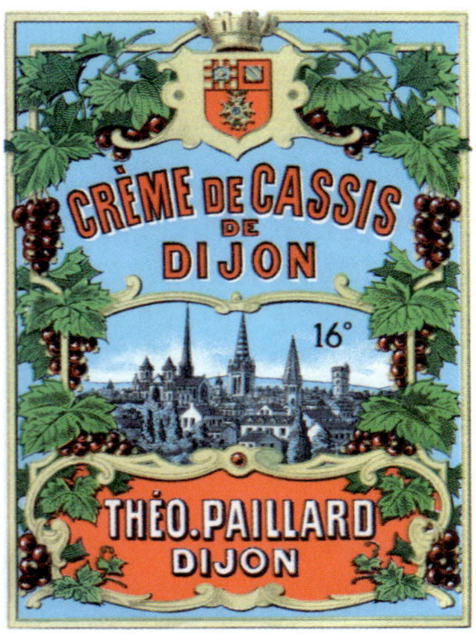

GASTRONOMIE

La crème de cassis de Dijon

Ne répond pas à l'appellation "crème de cassis de Dijon" qui veut. Pour prétendre à ce titre, la liqueur, obtenue par macération des fruits des groseilliers noirs — ou cassissiers — dans de l'alcool additionné de sirop de sucre, doit impérativement être produite dans la capitale de la Côte-d'Or, avec des fruits récoltés dans le département. Née au XIXe siècle, la crème de cassis dijonnaise connut dès son apparition un franc succès, notamment auprès des dames. Cet engouement incita les vignerons locaux à se lancer dans la culture du cassissier, le terroir favorisant la production de fruits bien noirs et très parfumés, d'excellente qualité. Quant à la boisson dans laquelle on retrouve la crème de cassis, le kir, elle fut rendue célèbre par le chanoine du même nom, qui faisait servir cette boisson lors des vins d'honneur à l'hôtel de ville de Dijon, dont il fut le maire pendant vingt-deux ans.

« Neige avant Noël, fumier pour le seigle. »

La Bonne Rosée

Jean Anglade

La patronne, madame Mignot, née Zapatez, descendante d'aristocrates carlistes installés en Auvergne vers 1860, grattait des carottes dans sa cuisine. La tête penchée, les paupières clignées, elle fumait une cigarette. Par son volume, par cette habitude du tabac en ce temps-là purement masculine, elle était une sorte de curiosité foraine : les clients l'appelaient « la grosse », et ils l'observaient à la dérobée s'adonnant en cachette à son vice, au fond de son arrière-boutique. Eux prisaient plutôt en travaillant. Ou chiquaient. Ou rien du tout. La poudre de corne, l'huile de trempe, la limaille leur desséchaient suffisamment la gorge ; ils recherchaient l'humide de préférence au sec. Les pelauds, les croquants de la montagne désapprouvaient cette cigarette aux lèvres d'une femme, comme ils auraient désapprouvé ces maris des villes qui, paraît-il, acceptaient sans dignité d'aider leur conjointe à plier les draps ou à faire la vaisselle. Avait-on idée de choses pareilles ? La femme commence par t'ôter le tabac de la bouche ; si tu la laisses faire, elle t'enlèvera un jour le service militaire, le bulletin de vote, le nom de la famille. Et pour finir, elle chantera la messe à la place du curé. A La Muratte, aucune femme n'avait jamais fumé et ne fumerait jamais.

En revoyant Auguste, madame Mignot laissa tomber son mégot dans ses épluchures.

— Mais c'est notre chasseur alpin ! Comme je suis contente, m'ami, de te revoir !

Elle le pressa sur ses énormes estomacs, le fit asseoir, lui remplit un verre, apporta des biscuits à la cuiller en recommandant :

— Trempe-les dans ton vin.

Ses yeux à lui filaient vers la salle où ils voyaient Toinette aller et venir de table en table. Quand est-ce donc, se demandait-il, que je vais pouvoir lui offrir mes oranges ?

Extrait du roman *La Bonne Rosée* de Jean Anglade paru aux Presses de la Cité dans la collection Terres de France

TERROIR ET TRADITIONS

Lexique normand de la pluie

Le lexique normand comprend plus de 40 termes évoquant la pluie !
On dit que le temps est "mucre" quand il annonce la pluie. Il "brouollache", "brouolli" ou "brouasse" selon l'intensité du crachin. Il "plleuvachi" ou "boucailli" quand la pluie faible est gênante et il "plouvinaer" ou "plouvotaer" quand elle ne l'est pas. La "tapaée" est une petite averse passagère ; la "harée", une averse dense ; la "chilaée", une averse plus forte encore ; la "lâchie", une pluie forte mêlée de vent. La "vouéchie" et la "dépêlaée" trempent jusqu'aux os...

CE JOUR-CI, AUTREFOIS

1913 première grille de mots croisés
1963 la seconde chaîne de télévision française commence à émettre
1985 inauguration du premier "resto du cœur" à Paris par Coluche

MÉTÉO

En décembre 1999, la France a été frappée par de violents ouragans. Ce terme s'applique à des conditions météorologiques extrêmement pluvieuses accompagnées de vent violents supérieurs à 117 km/h. Dans les régions du Pacifique, c'est le terme "typhon" qui est employé. Suivant leur intensité, les ouragans sont classés en 5 catégories sur l'échelle de Saffir-Simpson, échelle de classification de l'intensité des cyclones tropicaux.

TERROIR ET TRADITIONS

Le costume féminin niçois

Gai et chatoyant, le costume du comté de Nice se compose d'une chemisette à dentelles aux manches bouffantes surmontée d'un corselet de velours noir et d'une jupe rayée rouge et blanc. Celle-ci est froncée à la taille et bordée dans le bas de deux rangées de velours noir. Le tablier et le châle de velours sont agrémentés de broderies. La Niçoise est coiffée d'une capeline en paille tressée, de forme plate, bordée d'un liseré noir.

GASTRONOMIE

La réglisse d'Uzès

Si les vertus des racines de réglisse dans les domaines médical et gastronomique sont connues depuis la haute antiquité, son utilisation en confiserie ne remonte qu'au XVIe siècle, et encore, de façon anecdotique. La production à grande échelle de bonbons à base de réglisse ne commença qu'au XVIIe siècle en Angleterre, et en France au XIXe siècle dans le Sud-Est, près des lieux de culture ou d'importation de réglisse. Plusieurs usines ouvrirent, dont celle de M. Carenou, à Moussac, père des fameux bonbons Car en Sac, puis celles de Lorette à Marseille, Florent à Avignon, et Zan à Uzès. La ville fit de la réglisse sa spécialité, et la fusion Car-Zan-Florent, propriétaire du groupe Haribo, la conforta dans son rôle de capitale de la réglisse.

"Hiver rude et tardif rend le pommier productif."

HISTOIRE DRÔLE

Dans le train Liège-Bruxelles, un passager tente d'engager la conversation avec son voisin :
– C'est quand même terrible. A chacune de mes respirations, un homme meurt dans le monde.
Et son voisin de répondre :
– Essayez plutôt de mâcher un chewing-gum à la chlorophylle !

RECETTE

Foie gras au sel
une spécialité du Sud-Ouest

Pour 6 personnes.
Ingrédients : 1 lobe de foie gras frais (500 à 600 g) ; 1,5 litre de lait entier ; sel fin et gros sel ; poivre ; de la gaze en rouleau.

- Dénervez délicatement le lobe à l'aide d'un petit couteau pointu.
- Laissez tremper le foie dans le lait à température ambiante pendant 15 à 20 min.
- Egouttez-le, salez et poivrez puis enroulez-le serré dans la gaze.
- Mélangez ensuite les deux sels et mettez une couche d'environ 2 cm au fond d'une terrine.
- Déposez le foie emmailloté, que vous recouvrirez ensuite avec le sel restant.
- Recouvrez la terrine d'un film transparent et placez-la au frais pendant 24 h au moins.
- Ainsi préparé, le foie se conserve une semaine au réfrigérateur.

CURIOSITÉS DE NOS RÉGIONS

Les moulins de la Beauce

Vaste plaine ouverte à tous les vents, la Beauce a logiquement été la terre des moulins à vent. Elle recèle des moulins tours, de forme cylindrique et bâtis en pierre, mais les plus typiques de la région sont les moulins pivots, constitués d'une grande cage de bois pivotant autour d'un axe vertical, de manière que les ailes soient toujours tournées face au vent.

MÉTIERS OUBLIÉS

Le savonnier

C'était un métier très courant jusqu'au milieu du XXe siècle. Le savonnier mélangeait dans d'énormes chaudrons un corps gras avec un peu de lessive de soude puis de l'eau. Une fois cuite, la pâte obtenue était refroidie puis découpée. Le savoir-faire du savonnier résidait dans le dosage des différents ingrédients mais aussi dans la cuisson de la pâte et dans la multiplicité des senteurs et des formes que pouvait prendre le savon. Aujourd'hui encore, le célèbre savon de Marseille est traditionnellement composé d'huile d'olive et de soude végétale. Il cuit plusieurs heures avant d'être façonné et estampillé du célèbre "pur à 72%".

CE JOUR-CI, AUTREFOIS

1639 naissance du dramaturge Jean Racine
1900 naissance du réalisateur Marc Allégret

« Belle nuit en hiver, jour qui suit souvent couvert. »

RECETTE

Bugnes briochées

une spécialité de Lyon

Pour 6 personnes.

Ingrédients : 500 g de farine ; 1 verre de sucre ; 2 œufs ; 1 sachet de levure ; 1 sachet de sucre vanillé ; 1 pincée de sel ; 1 soupçon de rhum ; 75 g de beurre ; 1 bon verre de lait.

- Mélangez d'abord le beurre ramolli dans le lait puis ajoutez les autres ingrédients toujours en remuant.
- Pétrissez immédiatement la pâte sans la laisser reposer.
- Faites des lamelles que vous torsaderez légèrement pour réaliser les bugnes.
- Plongez-les quelques secondes dans de l'huile chaude et laissez-les refroidir sur du papier absorbant.

IDÉE DÉCO

Boules de Noël strass et paillettes

Procurez-vous des boules de plastique transparentes en deux parties avec attache. Ouvrez une boule et pulvérisez sur les deux faces du vernis-colle en aérosol. Recouvrez de paillettes argentées ou dorées. Sur chaque face, dessinez des arabesques avec un tube de colle pailletée argent ou or. Collez ensuite des strass de 5 mm de diamètre dans les boucles des arabesques. Rassemblez les deux parties de la boule.

ASTROLOGIE

Capricorne (du 23 décembre au 20 janvier)

Planète : Saturne
Elément : Terre
Couleur : Orange
Pierre : Ambre
Qualités : Intègre, discipliné, ambitieux, persévérant
Défaut : Individualiste
Affinités : Taureau, Vierge, Poissons

CE JOUR-CI, AUTREFOIS

1947 présentation du transistor par les laboratoires Bell
1953 élection à la présidence de la République de René Coty après treize tours de vote du Parlement

LA MINUTE CULTURELLE

Le naturalisme

En littérature, le naturalisme désigne un mouvement de la fin du XIXe siècle qui vise à introduire les sciences expérimentales, et particulièrement la médecine, dans l'art. L'écrivain naturaliste s'inspire ainsi des techniques scientifiques pour écrire. Il se veut objectif et pour cela il observe sur le terrain, se documente énormément et analyse minutieusement les données récoltées. Le plus grand représentant du naturalisme est Emile Zola, qui dans son cycle “Les Rougon-Macquart”, publié entre 1871 et 1893, peint la société de son époque et développe le thème de l'hérédité et de l'incidence du milieu dans toutes les classes sociales.

“Ail mince de peau, hiver court et beau.”

TRUCS ET ASTUCES

Pour conserver vos fruits plus longtemps, placez au fond de votre corbeille des bouchons de liège.

GASTRONOMIE

Les treize desserts de Noël en Provence

Sur la table provençale, treize desserts, représentant les treize convives de la Cène, sont servis en même temps :

- raisins secs ;
- figues sèches ;
- amandes et noix ;
- prunes de Brignoles ;
- pommes et poires d'hiver ;
- cédrats confits ;
- confiture de coing et confiture de fruits au moût de raisin ;
- nougat blanc (noisettes, pignons et pistaches) et nougat noir (miel) ;
- cachat piquant (fromage blanc) ;
- fougasses ;
- bugnes frites ;
- galettes au lait parfumées au fenouil et au cumin ;
- pompe à l'huile (ou fougasse d'Arles).

BIEN-ÊTRE

L'huile d'onagre

Elle est obtenue par pression des graines d'onagre, plante bisannuelle aux fleurs jaunes qui pousse le long des chemins et dans les prés. On l'appelle aussi "huile de primerose". Cette huile, connue des Indiens d'Amérique, a de multiples vertus : elle empêche le dessèchement de la peau, permet d'atténuer les dommages hépatiques dus à l'alcool, soulage les déséquilibres hormonaux de la ménopause, et réduit l'inflammation des arthrites rhumatismales. Elle est préconisée en lotion pour prévenir le vieillissement de la peau. Elle peut aussi être ingérée car elle est également vendue sous forme de capsules.

TERROIR ET TRADITIONS

Le père Noël des régions

En Savoie, on l'appelle "Chalande" ; en Bourgogne et dans le Nivernais, c'est le "père Janvier" ; "Olentzaro" au Pays basque ou encore "Barbassionné" en Normandie.

LANGAGE DES PLANTES

Le houx

Il fait traditionnellement partie des décorations de Noël. Pour les chrétiens, il est associé à l'histoire de l'Enfant Jésus. La légende raconte que lorsque Hérode, roi de Judée, lança son armée à la recherche de tous les nouveau-nés juifs, des miracles aidèrent la Sainte Famille à fuir jusqu'en Egypte. Un de ces miracles concerne le houx, qui étendit ses branches pour cacher les fugitifs. Depuis, le houx, bénit par Marie, reste toujours vert quelle que soit la saison et symbolise la persistance et l'immortalité.

CE JOUR-CI, AUTREFOIS

1897 naissance du dernier poilu français décédé en 2008, Lazare Ponticelli
1979 premier lancement de la fusée européenne Ariane
1982 décès du poète Louis Aragon

« Vent qui souffle à la sortie de la messe de minuit dominera l'an qui suit. »

CE JOUR-CI, AUTREFOIS

- **1907** naissance du chef d'orchestre et musicien de jazz américain Cab Calloway
- **1953** première greffe de rein réussie
- **1961** naissance d'Ingrid Betancourt

BIEN-ÊTRE

Masque bonne mine au yaourt

Pour avoir bonne mine un lendemain de fête, pratiquez un léger gommage fait de yaourt nature et de sucre puis rincez à l'eau tiède. Appliquez le yaourt restant en masque et laissez reposer 15 minutes avant de rincer. Votre peau sera ainsi revivifiée.

TRUCS ET ASTUCES

Pour que vos bouquets de fleurs séchées durent plus longtemps, vaporisez régulièrement de la laque dessus. Non seulement les fleurs ne s'émietteront pas, mais en plus vous pourrez secouer votre bouquet pour en faire tomber la poussière sans risque de l'abîmer.

JEUX La ronde des cerceaux

Le total des nombres présents dans un seul cercle doit être égal à 100.

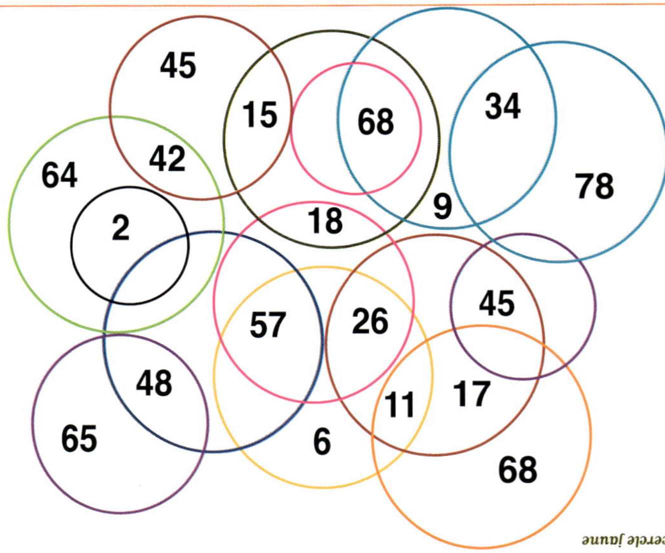

Solution : le cercle jaune

JARDIN

Pour Noël, vous avez acheté un sapin en container afin de le transplanter dans votre jardin une fois les fêtes terminées. Pour une bonne reprise, pendant tout son séjour dans la maison, le sapin devra être régulièrement arrosé et vaporisé puis, débarrassé des guirlandes, il sera entreposé quelques jours dans un local frais afin d'éviter un trop grand écart de température entre l'intérieur surchauffé et l'extérieur. Avant de le transplanter, secouez bien les branches pour faire tomber les aiguilles desséchées. Creusez un trou deux fois plus large et deux fois plus profond que la taille du container et comblez-le avec du terreau et de la terre de bruyère. Pour le transplanter, choisissez un jour sans gel et de préférence humide.

« Ciel laiteux à Noël, partout très long gel. »

Marghareta la huguenote

Michel Caffier

« Marghareta, ferme la porte !

La vieille Mélanie regardait ses deux oies rejoindre le troupeau communal. Pour la rassurer, la gardienne indiqua de la main que le portail était clos. Mélanie élevait six lapins, laissés en liberté parmi les poules et autres volailles. Le ramassage, surveillé de près, troublait moins Marghareta que le retour, quand les propriétaires, méfiants, comptaient leurs bêtes, palpaient, auscultaient, cherchant des signes d'identification cachés dans les plumes, les palmes ou une bague sur une patte.

La basse-cour ambulante comptait cent vingt têtes. Pendant six heures, les deux chiens, Minou, Minette, tournaient derrière les croupes ou devant les becs qui criaillaient et cacardaient : les plus audacieuses rentraient vite dans le rang.

En bordure de la Meuse, Saint-Mihiel restait rurale, malgré son abbaye bénédictine au renom important en Lorraine et au-delà. Les prés des oies de Marghareta couraient sur les côtes désertes, par-delà le fleuve, derrière la maison familiale, la dernière de la commune de ce côté-là. Federico était cordonnier, Maria élevait les poules et les lapins, cultivait les légumes qu'elle livrait aux bons pères. Leur histoire alimentait beaucoup de conversations dans les familles ou à l'auberge.

Federico, que tout le monde respectait, était un pigeon voyageur. Espagnol de naissance, entraîné sous des uniformes divers à guerroyer dans des batailles sans éclat, il avait été capturé pendant le siège de Calais par les troupes du duc de Guise, le Balafré, et, par hasard, amené à Saint-Michel où on l'avait abandonné. Le père de Maria l'avait hébergé, en avait fait un cordonnier apte à reprendre l'échoppe en mariant la fille, origine du teint hâlé, des yeux vifs et de la tignasse noire de Marghareta. »

Extrait du roman *Marghareta la huguenote* de Michel Caffier
paru aux Presses de la Cité dans la collection Terres de France

MÉTÉO

Appelées "monstres blancs" ou "morts blanches", les avalanches sont destructrices et meurtrières. Dévalant les pentes à plus de 150 km/h, elles font chaque année des dizaines de morts. L'histoire regorge d'accidents provoqués par des avalanches. C'est ainsi qu'en 218 av. J.-C. le général carthaginois Hannibal aurait, au cours de la traversée des Alpes, perdu 18 000 hommes de ses troupes, ensevelis sous la neige par une avalanche. Durant la guerre 1914-1918, 80 000 hommes périrent dans des avalanches, dont 10 000 sur le front austro-italien.

NOS ANIMAUX

Herbe à chat

Si votre chat mange les feuilles de vos plantes d'intérieur, c'est sans doute qu'il ne sort pas souvent, et qu'il lui manque l'herbe qui l'aiderait à mieux digérer. Prévoyez donc une plante spécifique à son alimentation, l'idéal étant l'herbe à chat vendue en animalerie, et votre félin cessera de s'intéresser à vos plantes d'ornement.

COLLECTIONS

Le collectionneur de premiers numéros de magazines s'appelle le cocoframophile.

PERSONNAGES DE NOS RÉGIONS

Joseph Delteil et l'Aude

**Né le 20 avril 1894 dans la ferme de La Pradeille à Villar-en-Val, Joseph Delteil vit ses premières années à 30 kilomètres de Carcassonne. Il demeure jusqu'à son certificat d'études à Pieusse et est ensuite élève au collège de Carcassonne. Cet écrivain entre en littérature avec deux recueils poétiques, *Le Cœur grec* en 1919 et *Le Cygne androgyne* en 1921. Ses racines paysannes et occitanes en font un personnage à part à Paris, où il s'installe en 1920. Parallèlement à son emploi de fonctionnaire, il lit, écrit beaucoup et très vite se lie d'amitié avec des poètes tels que Max Jacob et les surréalistes.
Il connaîtra un succès avec sa *Jeanne d'Arc* en 1925.
Il s'installe en 1937 dans l'Hérault où il mène une vie de "paysan-écrivain" jusqu'à sa mort en 1978.**

CE JOUR-CI, AUTREFOIS

- *1897* *triomphe d'Edmond Rostand avec Cyrano de Bergerac*
- *1981* *naissance du premier bébé-éprouvette américain*
- *1995* *le cinéma a cent ans : anniversaire de la première séance publique payante au Grand Café en 1885*

TRUCS ET ASTUCES

Comment effacer des traces de stylo bille sur le cuir ?

Passez de la mie de pain sur le cuir et gommez doucement.

"Si décembre est sous la neige, la récolte elle protège."

GASTRONOMIE

Le foie gras de canard du Sud-Ouest

Si le foie gras existait déjà du temps des Grecs et des Egyptiens, puis chez les Romains, c'est dans le sud-ouest de la France, région portant haut la tradition de la gastronomie, qu'il a acquis la qualité et la renommée qu'on lui connaît. C'est sur les terres d'Aquitaine et de Midi-Pyrénées (ainsi que dans une partie du département de l'Aude) que les canards et les oies doivent être élevés, gavés, abattus et transformés pour que les foies gras puissent porter la mention IGP. Le foie gras de canard est réputé pour être ferme et goûteux, tandis que le foie gras d'oie, bien que plus rare et plus cher, a une texture plus fragile et un goût plus léger. Cela explique le succès du premier, parfois au détriment du second, qui reste tout de même fort apprécié des amateurs.

CE JOUR-CI, AUTREFOIS

1952 *mise en vente du premier appareil à transistor pour malentendants*

1987 *retour sur terre du cosmonaute soviétique Yuri Romanenko après la plus longue mission jamais réalisée dans l'espace, soit 326 jours, 11 heures et 40 minutes*

BRICOLAGE

Si vous posez un parquet flottant, c'est-à-dire posé à même le sol et non sur des lambourdes, il n'est pas impossible qu'il commence à gondoler au bout de quelques mois. Cette déformation est causée par la présence d'humidité qui dilate le bois et parvient à le déformer. Pour réduire considérablement les risques, pensez à placer un film de polyane sur le sol avant de poser votre parquet. Vous garantirez ainsi le maintien de votre plancher flottant tout en l'isolant des remontées d'humidité.

CURIOSITÉS DE NOS RÉGIONS

L'abbaye de Fontevraud

De l'époque romane, l'abbaye conserve son église et ses cuisines, dont la toiture de pierre est en pointe de diamant. Fondé au sud de Montsoreau, dans le Maine-et-Loire, à la fin du XIe siècle par Robert d'Arbrissel, ce monastère mixte est des plus originaux. Les différentes communautés placées sous l'autorité d'une abbesse occupaient des bâtiments séparés. Jeunes filles de la noblesse et reines déchues s'y retiraient. Les Plantagenêts le choisirent comme nécropole royale ; les gisants d'Henri II d'Angleterre, d'Aliénor d'Aquitaine et de Richard Cœur de Lion se trouvent dans le transept. Profanée pendant les guerres de Religion, mutilée sous la Révolution, transformée en prison par Napoléon Ier, l'abbaye est aujourd'hui occupée par le Centre culturel de l'Ouest, qui en assure la restauration et l'animation.

« Si en décembre l'hiver ne fait son devoir, c'est en janvier qu'il se fera. »

CONTES ET LÉGENDES

Les diables de Bessans

Pour impressionner le curé du village de Bessans, au cœur de la vieille Maurienne, Etienne Vincendet sculpta, vers 1860, un diable grimaçant et fourchu dans un morceau de bois. Aussitôt, quelqu'un voulut l'acheter. Il en exécuta alors plusieurs, tous aussi inquiétants, mais très populaires dans ce pays de légendes. Ainsi lança-t-il au XIXe siècle l'exploitation touristique des diables, dont la tradition était cependant bien plus ancienne. Etienne Vincendet s'était principalement inspiré des peintures de la chapelle Saint-Sébastien de Lanslevillard, réalisées à l'initiative d'un riche habitant du pays épargné par la peste au XVe siècle. L'artisanat local reprit la production lancée par le sculpteur.

TERROIR ET TRADITIONS

Le flottage du bois à Clamecy

De Clamecy partirent pendant des siècles au fil de l'Yonne des trains de bois qui servaient à alimenter Paris en bois de chauffe. Ces radeaux, qui atteignaient 80 m de long pour 4 m de large, étaient constitués de bêches arrivées par flottage des forêts du Morvan et assemblées par de simples liens ligneux. Une fois parvenus à destination, ces vaisseaux de fortune étaient démontés puis vendus. Le dernier train rallia Clamecy à la capitale en 1923. Si les flotteurs sur bois ont disparu, les joutes dans lesquelles ils s'affrontaient pour occuper leurs périodes d'inactivité demeurent et perpétuent leur souvenir.

LES ARBRES DE NOS RÉGIONS

Le néflier

Egalement appelé mêlier ou mesplier, le néflier est originaire d'Asie Mineure, où il est cultivé depuis l'an 1000 av. J.-C. Ce petit arbre de sous-bois au tronc tortueux et à l'écorce rocailleuse se couvre de fruits jaunâtres en automne : les nèfles. Elles se récoltent en janvier après avoir subi un coup de gel. On les dispose ensuite sur des claies sur une seule couche. Peu à peu, elles perdent leur âpreté pour devenir douces et très agréables à déguster. On peut aussi en faire du vin savoureux.

CE JOUR-CI, AUTREFOIS

1891 *naissance de l'homme d'Etat et créateur du [nouveau] franc, Antoine Pinay*

1926 *décès du poète autrichien Rainer Maria Rilke*

LE PETIT GESTE ÉCOLO

Privilégiez la consommation de l'eau du robinet quand cela est possible. La fabrication des bouteilles en plastique, leur transport et leur recyclage coûtent environ 200 fois plus cher que de consommer l'eau du robinet !

« En hiver, plus même qu'en été, est incommode pauvreté. »

RECETTE

Ragoût de porc antillais

un plat de réveillon

Pour 6 personnes.

Ingrédients : 2 kilos d'échine de porc ; 2 oignons ; un bouquet de ciboulette ; un bouquet de persil ; 4 gousses d'ail ; 3 feuilles de laurier ; 4 branches de thym ; piment ; 1 verre de vinaigre ; 1 citron vert ; 6 clous de girofle ; sel ; poivre ; un peu d'huile.

- Dans un saladier, mélangez le vinaigre, l'ail, le jus du citron et sa chair écrasée, le sel, le poivre et le piment, puis ajoutez la viande coupée en gros morceaux.
- Recouvrez d'un film alimentaire et laissez mariner au frais toute la nuit.
- Faites chauffer un peu d'huile dans une poêle, ajoutez les clous de girofle, le thym et les feuilles de laurier, et faites dorer la viande à feu moyen.
- Lorsque la viande est rissolée, ajoutez les oignons en morceaux ainsi que la ciboulette et le persil. Laissez cuire quelques minutes.
- Déglacez avec le reste de marinade puis recouvrez la viande d'eau.
- Laissez mijoter 40 minutes à couvert puis à découvert jusqu'à réduction du jus.

GASTRONOMIE

Les aguignettes normandes

Déformation de l'expression "au gui l'an neuf", le terme "aguignettes" désignait en Normandie les étrennes distribuées le jour de l'an. Il s'agissait en général de pâtisseries feuilletées, que les enfants allaient chercher de porte en porte en entonnant cette chanson : "Aguignettes roses, aguignettes, ma marraine, donnez-mé quèque chose, donnez-mé du pain, d'la crème, si vous m'donnez rien, j'coupe la queue d'vot'chien !"

CE JOUR-CI, AUTREFOIS

1491 naissance du navigateur et découvreur du Canada Jacques Cartier
1869 naissance du peintre Henri Matisse
1913 loi sur les monuments historiques

MEUBLES DE NOS RÉGIONS

Les presses à lin du Finistère

Tissé sur place dans les fermes bretonnes, le linge en fibre de lin se rangeait dans un meuble particulier, appelé "presse" ou "pressoir". Cette armoire à deux ou quatre portes tire son nom d'un dispositif composé de deux planches serrées par une grosse vis, entre lesquelles on plaçait les toiles de lin encore humides pour les défroisser.

"Saint-Sylvestre, un jour de moins, était de reste."

Solution

Mots fléchés

des jeux

Mots croisés, mots fléchés et sudokus

vendredi 2 janvier

7	5	3	4	2	9	6	1	8
9	1	6	3	7	8	2	5	4
8	4	2	6	1	5	3	7	9
6	2	5	9	8	7	4	3	1
1	3	8	2	4	6	7	9	5
4	9	7	1	5	3	8	6	2
5	6	9	8	3	4	1	2	7
3	8	1	7	9	2	5	4	6
2	7	4	5	6	1	9	8	3

vendredi 23 janvier

P	A	R	C	H	E	M	I	N
I	N	H	R	M	A	P	C	E
M	E	C	N	I	P	H	A	R
C	H	E	P	A	I	N	R	M
R	M	A	E	N	H	C	P	I
N	I	P	M	R	C	E	H	A
H	R	N	I	P	M	A	E	C
A	C	I	H	E	N	R	M	P
E	P	M	A	C	R	I	N	H

vendredi 30 janvier

7	8	9	6	2	4	5	1	3
2	1	6	5	7	3	8	4	9
4	5	3	8	1	9	7	2	6
1	9	2	7	5	6	3	8	4
6	4	8	3	9	2	1	7	5
3	7	5	4	8	1	6	9	2
8	3	1	9	4	5	2	6	7
5	2	4	1	6	7	9	3	8
9	6	7	2	3	8	4	5	1

jeudi 19 février

P	L	O	N	G	E	U	S	E	S
A	I	N	E	E	S	■	A	G	A
R	E	■	■	S	T	A	G	E	S
A	R	R	E	T	■	N	E	E	S
P	R	E	T	E	R	A	S	■	E
L	E	U	R	■	A	N	S	E	■
U	S	N	E	E	■	A	E	R	E
I	■	I	■	T	E	S	■	S	U
E	C	O	P	E	S	■	D	E	R
S	I	N	I	S	T	R	O	S	E

vendredi 6 mars

1	4	9	8	3	6	7	5	2
5	7	6	2	4	1	9	3	8
2	3	8	5	7	9	1	6	4
7	2	4	3	6	8	5	9	1
6	8	3	9	1	5	4	2	7
9	5	1	4	2	7	3	8	6
3	6	2	7	9	4	8	1	5
4	1	5	6	8	3	2	7	9
8	9	7	1	5	2	6	4	3

jeudi 12 mars

	A	B	C	D	E	F	G	H	I
1	R	O	U	L	E	M	E	N	T
2	E	R	R	A	T	U	M	■	R
3	V	I	E	T	N	A	M	■	O
4	A	G	■	R	A	I	E	N	T
5	N	I	A	I	■	S	N	■	T
6	C	N	■	N	O	■	A	M	I
7	H	A	L	E	T	A	■	O	N
8	E	L	A	S	T	I	Q	U	E
9	S	E	S	■	O	S	I	E	R

mardi 24 mars

4	5	3	1	6	2	8	9	7
6	9	7	8	4	3	5	2	1
1	8	2	7	9	5	4	6	3
3	7	4	6	5	8	9	1	2
9	2	5	4	7	1	3	8	6
8	1	6	3	2	9	7	4	5
2	3	9	5	8	6	1	7	4
7	6	1	9	3	4	2	5	8
5	4	8	2	1	7	6	3	9

vendredi 3 avril

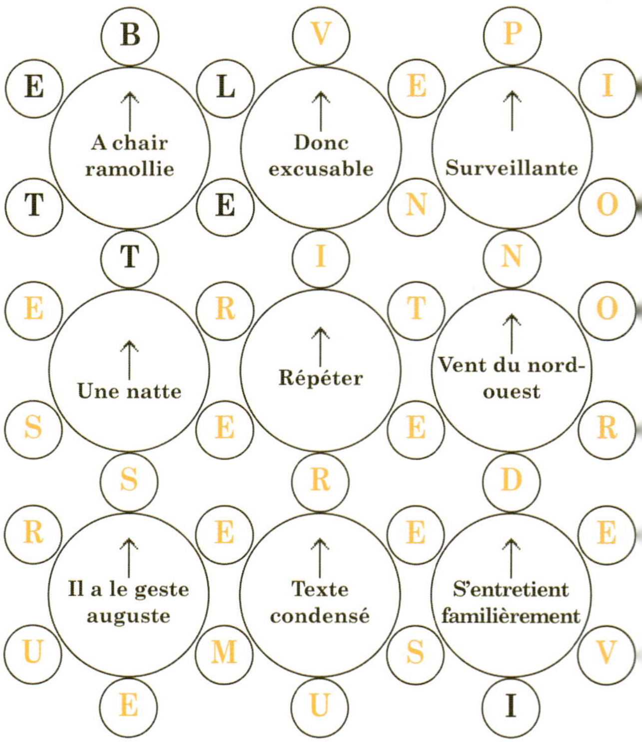

vendredi 10 avril

G	S	E	V	I	R	M	S	R	N
B	R	V	F	V	I	E	N	E	O
S	A	E	O	I	C	Y	A	V	R
N	E	S	N	F	Z	L	L	E	I
I	N	C	T	O	I	A	A	L	O
S	G	O	A	I	B	N	L	I	V
S	I	R	I	M	L	L	L	O	X
Y	N	P	N	G	E	L	E	Y	N
E	S	S	E	E	U	N	E	E	I
S	E	R	E	I	G	A	S	U	P

Mot mystère : Vizille

vendredi 17 avril

6	2	7	5	4	3	9	8	1
9	1	3	8	2	6	5	4	7
5	8	4	9	7	1	6	3	2
7	4	8	2	9	5	1	6	3
3	9	1	4	6	7	2	5	8
2	5	6	1	3	8	4	7	9
8	6	2	7	1	4	3	9	5
4	7	9	3	5	2	8	1	6
1	3	5	6	8	9	7	2	4

jeudi 23 avril

9	1	4	8	2	3	7	5	6
3	5	8	4	6	7	1	2	9
6	2	7	5	1	9	4	3	8
7	3	2	6	4	1	9	8	5
1	8	9	2	7	5	3	6	4
5	4	6	9	3	8	2	1	7
8	9	1	3	5	4	6	7	2
2	7	5	1	9	6	8	4	3
4	6	3	7	8	2	5	9	1

vendredi 15 mai

3	9	7	4	2	8	1	6	5
2	6	1	9	5	7	8	4	3
8	5	4	3	6	1	9	2	7
5	4	3	8	7	6	2	1	9
1	2	9	5	4	3	7	8	6
7	8	6	2	1	9	5	3	4
6	1	2	7	3	5	4	9	8
9	3	5	1	8	4	6	7	2
4	7	8	6	9	2	3	5	1

vendredi 22 mai

A	B	J	E	C	T	I	O	N
T	C	N	J	I	O	A	E	B
I	O	E	B	N	A	T	C	J
J	E	A	I	O	B	C	N	T
O	I	C	A	T	N	J	B	E
N	T	B	C	E	J	O	I	A
E	A	T	O	B	I	N	J	C
B	N	O	T	J	C	E	A	I
C	J	I	N	A	E	B	T	O

mercredi 27 mai

E	C	H	A	T	A	I	G	N	I	E	R	P	E	M
P	Z	M	O	R	M	E	N	I	D	N	O	R	R	U
I	R	E	I	N	N	O	R	R	A	M	D	S	A	R
N	S	N	L	C	Y	G	R	U	M	E	T	U	B	I
K	C	E	T	E	O	E	P	I	C	E	A	A	L	E
F	I	H	R	G	M	C	E	S	R	E	M	Y	E	R
U	E	C	K	L	V	R	O	E	R	B	I	S	E	E
T	C	N	O	R	T	C	I	U	O	U	E	I	L	I
T	I	L	L	E	U	L	S	U	L	R	S	E	O	S
G	E	N	E	T	P	T	H	S	P	I	U	L	L	I
E	B	N	T	U	H	E	U	Y	R	O	E	E	I	R
L	E	U	E	U	T	N	C	E	J	R	E	R	V	E
U	N	P	Y	R	U	L	C	A	X	U	O	H	I	M
A	E	A	E	R	F	U	C	A	I	O	U	Q	E	S
S	S	A	P	I	N	A	S	Y	C	O	M	O	R	E

Mot mystère : sylviculture

vendredi 5 juin

8	3	9	6	5	7	2	1	4
6	7	2	9	4	1	5	8	3
1	5	4	8	3	2	9	6	7
5	4	1	2	8	3	7	9	6
2	8	7	4	9	6	3	5	1
9	6	3	7	1	5	4	2	8
7	1	8	3	2	9	6	4	5
3	2	5	1	6	4	8	7	9
4	9	6	5	7	8	1	3	2

mercredi 10 juin

C	B	E	C	H	A	P	P	E	E	C	L
Y	T	I	R	E	I	L	A	D	E	P	A
C	R	E	D	E	P	E	L	O	T	O	N
L	A	M	N	O	E	O	U	N	R	C	O
I	P	R	E	G	N	V	E	L	O	U	I
S	E	N	A	T	A	M	I	R	U	I	G
M	D	O	E	V	E	T	U	R	E	S	E
E	S	D	R	S	A	O	N	U	R	S	R
E	E	N	S	E	T	N	I	O	P	A	O
T	L	A	E	P	A	T	E	T	M	R	U
O	L	B	T	O	L	L	I	A	M	D	T
C	E	A	G	R	I	M	P	E	U	R	E

Mot mystère : coureur

vendredi 19 juin

E	T	L	A	I	R	N	S	M
R	N	I	L	S	M	E	A	T
A	M	S	N	T	E	I	L	R
M	L	A	I	R	N	S	T	E
N	E	R	T	L	S	A	M	I
S	I	T	E	M	A	L	R	N
T	S	N	R	E	L	M	I	A
I	A	M	S	N	T	R	E	L
L	R	E	M	A	I	T	N	S

vendredi 3 juillet

2	3	7	9	5	4	6	1	8
8	5	1	2	3	6	9	7	4
6	9	4	1	8	7	2	3	5
4	7	9	5	6	8	3	2	1
3	2	8	4	9	1	5	6	7
5	1	6	7	2	3	4	8	9
7	6	5	8	4	2	1	9	3
1	4	3	6	7	9	8	5	2
9	8	2	3	1	5	7	4	6

mercredi 29 juillet

2	4	9	3	8	6	5	7	1
6	5	8	1	9	7	4	3	2
1	7	3	5	4	2	6	9	8
8	6	7	2	5	1	9	4	3
5	2	4	7	3	9	8	1	6
9	3	1	8	6	4	7	2	5
4	1	2	6	7	5	3	8	9
3	9	5	4	1	8	2	6	7
7	8	6	9	2	3	1	5	4

vendredi 7 août

	1	2	3	4	5	6	7	8	9	10
A	E 12	P 8	R 14	O 15	U 10	V 4	E 12	T 13	T 13	E 12
B	S 11	O 15	U 10	R 14	D 7		P 8	E 12	A 6	N 1
C	P 8	R 14	E 12	S 11	I 9	D 7	E 12	N 1	T 13	E 12
D	A 6	T 13		E 12	N 1	L 3	I 9	S 11	E 12	E 12
E	D 7	E 12	V 4	I 9	E 12		R 14	I 9	S 11	
F	R 14	E 12	E 12	L 3		G 5	E 12	O 15		S 11
G	I 9		I 9	L 3	L 3	E 12		N 1	A 6	O 15
H	L 3	I 9	N 1	E 12	A 6	L 3	E 12		C 2	L 3
I	L 3	U 10	E 12		O 15	E 12	U 10	V 4	R 14	E 12
J	E 12	T 13	R 14	E 12	S 11		T 13	I 9	E 12	N 1

vendredi 14 août

5	4	6	7	8	2	3	1	9
9	7	2	3	5	1	4	8	6
3	1	8	6	9	4	7	2	5
6	9	4	2	3	8	1	5	7
7	8	3	9	1	5	2	6	4
2	5	1	4	7	6	8	9	3
8	3	9	5	2	7	6	4	1
4	2	7	1	6	9	5	3	8
1	6	5	8	4	3	9	7	2

vendredi 21 août

6	4	5	2	1	9	8	3	7
9	7	2	3	8	5	6	1	4
3	1	8	4	7	6	2	5	9
7	8	9	1	6	4	5	2	3
5	3	1	9	2	8	7	4	6
2	6	4	7	5	3	1	9	8
8	2	3	5	4	7	9	6	1
1	9	7	6	3	2	4	8	5
4	5	6	8	9	1	3	7	2

jeudi 3 septembre

5	2	1	7	6	3	8	4	9
8	6	7	9	5	4	2	3	1
9	4	3	1	2	8	6	5	7
1	7	6	2	4	9	3	8	5
3	8	5	6	7	1	4	9	2
4	9	2	3	8	5	7	1	6
6	5	4	8	9	7	1	2	3
7	1	8	5	3	2	9	6	4
2	3	9	4	1	6	5	7	8

vendredi 25 septembre

2	8	4	7	5	3	6	1	9
3	7	9	1	8	6	5	4	2
6	5	1	4	2	9	3	8	7
7	6	8	2	1	5	4	9	3
5	4	3	9	7	8	2	6	1
1	9	2	3	6	4	8	7	5
4	3	7	8	9	2	1	5	6
9	2	6	5	4	1	7	3	8
8	1	5	6	3	7	9	2	4

vendredi 9 octobre

A	B	**S**	U	**R**	D	I	**T**	E
D	E	**I**	**S**	**A**	**T**	B	R	**U**
T	**U**	**R**	I	E	B	**A**	D	S
U	S	D	E	**B**	**A**	**T**	**I**	R
B	**R**	**T**	D	U	**I**	**S**	**E**	A
I	A	E	**T**	**S**	R	U	B	**D**
R	**D**	**B**	A	T	S	**E**	**U**	**I**
S	**I**	**U**	**B**	**D**	**E**	R	A	T
E	T	A	**R**	I	U	D	**S**	B

mardi 13 octobre

	1	2	3	4	5	6	7	8	9	10
A	R	E	C	O	M	P	E	N	S	E
B	O	G	I	V	E	■	S	U	C	■
C	M	A	C	E	R	A	T	I	O	N
D	A	R	E	■	V	I	A	■	L	I
E	N	E	R	E	E	■	M	O	I	E
F	E	■	O	R	I	G	I	N	E	L
G	S	A	N	G	L	A	N	T	■	L
H	Q	U	E	■	L	I	E	■	O	E
I	U	L	■	D	E	N	T	I	N	E
J	E	X	T	A	S	E	■	S	U	S

jeudi 22 octobre

7	4	6	9	2	5	8	1	3
8	5	3	7	6	1	9	4	2
1	9	2	3	8	4	5	7	6
6	3	5	8	1	7	4	2	6
9	8	4	6	5	2	7	3	1
2	7	1	4	9	3	6	8	5
5	1	9	2	4	5	3	6	7
4	2	7	5	3	6	1	9	8
3	6	8	1	7	9	2	8	4

jeudi 5 novembre

	1	2	3	4	5	6	7	8	9	10
A	G	E	N	E	A	L	O	G	I	E
B	A	V	E	N	■	A	I	N	E	S
C	S	O	R	T	A	B	L	E	■	P
D	T	R	O	E	N	E	■	I	V	E
E	R	A	L	E	■	L	A	S	E	R
F	O	■	I	■	E	L	U	S	■	A
G	N	A	■	A	M	E	R	■	E	N
H	O	B	E	R	E	■	E	R	I	C
I	M	U	R	I	R	A	■	E	R	E
J	E	S	S	A	I	M	A	G	E	S

vendredi 13 novembre

3	7	6	4	9	5	1	8	2
5	8	1	6	7	2	4	9	3
4	9	2	3	8	1	6	7	5
1	4	9	2	6	8	3	5	7
8	5	3	9	4	7	2	6	1
2	6	7	1	5	3	8	4	9
6	1	8	5	3	9	7	2	4
9	2	4	7	1	6	5	3	8
7	3	5	8	2	4	9	7	6

mercredi 18 novembre

A	**L**	T	**R**	U	I	**S**	M	E
M	I	S	**E**	T	L	U	R	**A**
U	**E**	**R**	S	**M**	A	**I**	**T**	L
R	U	**I**	A	S	**T**	L	E	**M**
E	T	L	**M**	I	**U**	**A**	**S**	R
S	M	A	L	**E**	**R**	T	**I**	**U**
L	A	**E**	I	**R**	**S**	M	U	**T**
T	S	**M**	U	L	**E**	R	A	I
I	**R**	**U**	**T**	**A**	**M**	**E**	L	**S**

mardi 24 novembre

E	I	N	G	R	E	S	S	I	T	A	M
R	R	D	I	V	A	D	E	O	E	C	V
E	G	O	Y	A	T	N	R	G	O	A	S
M	K	M	D	I	N	O	N	U	N	C	O
B	L	A	T	A	C	A	R	G	H	T	O
R	E	I	Z	M	L	B	O	I	T	R	Y
A	E	E	O	E	E	G	E	O	I	E	S
N	C	N	H	T	H	L	I	M	L	B	N
D	E	C	O	D	E	G	A	S	E	A	E
T	I	K	L	I	M	T	I	N	G	C	B
M	D	A	L	I	R	S	E	T	E	O	U
T	L	U	A	C	I	R	E	G	R	N	R

Mot mystère : Manet

vendredi 4 décembre

2	9	1	5	3	6	7	4	8
8	6	3	2	7	4	9	5	1
5	4	7	1	9	8	3	6	2
1	7	5	4	2	9	8	3	6
4	3	8	6	1	7	5	2	9
6	2	9	3	8	5	1	7	4
9	1	2	7	4	3	6	8	5
3	8	6	9	5	2	4	1	7
7	5	4	8	6	1	2	9	3

vendredi 18 décembre

1	6	9	5	3	4	7	8	2
3	2	5	1	7	8	9	4	6
7	8	4	9	6	2	1	3	5
6	5	8	2	1	9	3	7	4
9	7	2	4	8	3	5	6	1
4	3	1	7	5	6	8	2	9
2	4	7	8	9	1	6	5	3
8	1	6	3	2	5	4	9	7
5	9	3	6	4	7	2	1	8

Crédits photographiques :

APEI : Janvier : 2, 8, 14g, 16, 23, 30. Février : 4, 11, 19, 27. Mars : 6, 12, 20, 24. Avril : 3, 10, 17, 23. Mai : 15, 22, 27. Juin : 5, 10, 19, 26. Juillet : 3, 10, 24, 29. Août : 7, 14, 21. Septembre : 3, 10, 25. Octobre : 9, 13, 22, 30. Novembre : 5, 13, 18, 24. Décembre : 4, 11, 18, 25.

DR : Janvier : 1, 2, 5h, 6b, 7b, 8b, 9h, 12b, 13h, 14hd, 14b, 15, 19hd, 20, 21, 22, 23b, 26h, 27, 28h, 29h. Février : 3h, 6d, 9h, 10, 16bd, 17b, 18b, 19, 20, 23b, 25d, 26h. Mars : 3h, 4b, 5h, 9b, 10hd, 10bd, 11, 13b, 16hg, 16b, 17, 18b, 19hg, 20g, 23g, 24h, 25g, 26bd, 27d, 30g, 31bd. Avril : 1bd, 2d, 7b, 10g, 13d, 14h, 15, 16g, 17h, 20b, 21b, 22b, 23, 27h, 29b. Mai : 1b, 4b, 7hg, 7bd, 8, 11h, 12, 13bd, 14h, 18hg, 18b, 19, 20h, 21b, 29. Juin : 1, 2d, 3d, 8b, 9b, 15g, 16d, 22b, 23, 24hd, 25h, 26b, 30h. Juillet : 1, 2bg, 2bd, 3h, 3b, 7d, 9h, 10h, 13, 14bg, 14hd, 16h, 17, 20d, 24d, 28d, 30h. Août : 4h, 4bg, 5b, 6hd, 7h, 10b, 11h, 12h, 12bd, 18, 19b, 20h, 21h, 24g, 25g, 26d, 28, 28h, 30b, 31d. Septembre : 1, 2h, 2b, 7, 8h, 15, 16b, 17h, 18b, 21hg, 22, 23hg, 23b, 28, 39, 30 Octobre : 1b, 2, 5, 6b, 7, 9b, 12g, 13, 14, 15, 16b, 19b, 20b, 27, 29h. Novembre : 3b, 4d, 5g, 5d, 9h, 10, 11g, 12, 13g, 16h, 18, 23h, 24, 25, 27g. Décembre : 1, 2, 7h, 11g, 14h, 18h, 21, 23, 24, 25hd, 28, 29, 30.

Fotolia : Janvier : 5b, 6b, 7h, 9b, 12h, 13b, 15, 16, 19hg, 19b, 23h, 25g, 26b, 28b, 29b, 30. Février : 2, 3b, 4g, 5, 9b, 12, 13hg, 13b, 16hd, 16bg, 17h, 23h, 24, 25g, 27b. Mars : 2, 3b, 4h, 5b, 6, 9h, 13h, 16hd, 19hd, 20d, 23d, 25d, 26g, 31. Avril : 1hg, 1hd, 2hg, 3, 6, 7h, 8, 9, 13g, 14b, 16d, 20h, 21h, 22h, 24h, 28, 29h, 30. Mai : 1h, 4h, 5, 6b, 7, 11b, 13bg, 14b, 15, 18d, 20b, 21h,17, 22, 25, 26h, 27, 28b. Juin : 2g, 5, 8h, 9h, 10g, 11h, 12, 15d, 19, 22h, 24b, 30b. Juillet : 6, 7g, 8, 9b, 15hd, 16b, 20g, 21b, 23, 24g, 27bg, 28g, 29b, 30b, 31. Août : 4bd, 5hg, 6hg, 7b, 10hd, 11b, 13, 17, 18, 19h, 20b, 25d, 26g, 27, 31g. Septembre : 3, 4, 9h, 10, 11g, 16h, 17b, 21hd, 25, 30h. Octobre : 8b, 12d, 20h, 21, 23, 26, 29b. Novembre : 2, 4g, 6d, 9b, 13d, 16b, 17, 26d, 27d, 30. Décembre : 9, 10, 15b, 17b, 25hg, 25b.

Leemage : Novembre : 3h, 6g, 11d, 20, 18b, 31.

Roger-Viollet : Février : 5d, 6g, 13hd, 18h, 27h. Mars : 10g, 12, 18h, 19b, 24b, 26hd, 27g, 30d, 31hd. Avril : 10d, 17b, 24b, 27b. Mai : 6h, 13h, 26b, 28h. Juin : 3d, 4h, 10d, 11b, 16g, 18, 24hg, 25b, 26h, 29g. Juillet : 15hg, 21h, 22, 27bd, 29h. Août : 3, 5hd, 6b, 10hg, 12bg, 14h, 22b, 24d. Septembre : 8b, 9b, 11d, 14, 18h, 23hd, 24. Octobre : 1b, 6h, 8h, 9h, 16h, 19h. Novembre : 3b, 5d, 9h, 11g, 12, 18, 19, 23b, 26g. Décembre : 3, 4, 7b, 8, 11d, 14b, 15h, 16, 17h, 22.

Photos couverture : Village de Vézelay et champs de colza © Marge/Sunset – Affiche ROC : © Coll. Perrin/Kharbine-Tapabor – Carte postale (Pyrénées-Atlantiques) © Collection Kharbine-Tapabor – Coquelicot : Editions Rossignol © Coll. Rossignol/Kharbine-Tapabor – Fraises : Chromolithographie vers 1910 © Coll. Jonas/Kharbine-Tapabor – Publicité pour la 4 CV Renault, 1947. Design automobile années 1940. © Coll. Kharbine-Tapabor – Cafetière italienne © Foodanddrinkphotos / Sunset – Femme rouge : autochrome vers 1905, par H. Calmels © Kharbine-Tapabor – Alphabet illustré, Imagerie Olivier-Pinot à Epinal. © Coll. Kharbine-Tapabor.

Rédaction des textes : Claire Chamot, Anne-Laure Estèves,
Anastasia Goyer, Murielle Neveux, Jean-Paul Ollivier, Michel Viard
Edition : Carole Collin et Marie Baumann assistée d'Aurélie Legay
Lecture-correction : Isabelle Dupré
Conception graphique : Marina Delranc
Couverture : Claude Lieber
Mise en page : Gwénaël Le Cossec
Photogravure : Frédéric Bar
Fabrication : Lysiane Bouchet

Achevé d'imprimer en France en août 2008 par IME

Ernst Waldemar Bauer

Humanbiologie

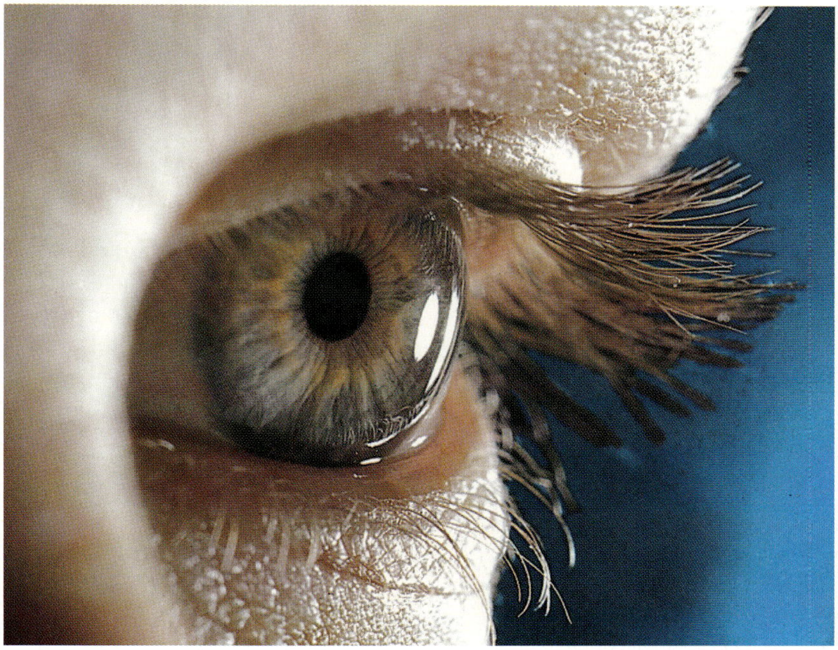

Cornelsen

Humanbiologie
von Ernst Waldemar Bauer

empfohlen für das 9./10. Schuljahr

Herausgeber:
Prof. Dr. Ernst Waldemar Bauer, Ostfildern

Redaktion:
Biologieredaktion des Verlages: Annerose Bender, Maren Glindemann
Unter Mitarbeit von Monique Broche-Baumann, Ina Jäger, Frank Scholz und Gabi Hofmann

Layout und technische Umsetzung:
Zlatka Kovse, Christoph Berten, Berlin

Wissenschaftliche Berater:
Prof. Dr. Hansjochem Autrum, Zoologisches Institut der Universität München; Prof. Dr. Ulrich Bienzle, Institut für Drogenmedizin Berlin; Prof. Dr. Martin Bührle, Sportzentrum der Universität Freiburg/Brsg.; Priv.-Doz. Dr. Peter Drings, Medizinische Universitätsklinik Heidelberg; Dr. Manfred R. Klee, Max-Planck-Institut für Hirnforschung, Frankfurt/M.; Dr. Ernst Kofrányi, Max-Planck-Institut für Ernährungsphysiologie, Dortmund; Dr. Ralph Meyer, Notfallmedizin; Dr. Rüdiger Ortlieb, Zahnarzt, Esslingen/N.; Dr. Dr. C. Steffens und Prof. Dr. F. Vogel, Institut für Humangenetik und Anthropologie der Universität Heidelberg; Dr. Hans H. Vollhaber, Thoraxchirurgische Spezialklinik, Heidelberg; Dr. Hartmann Würz, Facharzt für innere Krankheiten, Esslingen/N.

Einbandfoto: Studio-tv-Film GmbH, Heidelberg

Cornelsen online http://www.cornelsen.de

1. Auflage € Druck 7 6 5 4 Jahr 06 05 04 03

Alle Drucke dieser Auflage sind inhaltlich unverändert
und können im Unterricht nebeneinander verwendet werden.

Druck: CS-Druck CornelsenStürtz, Berlin

ISBN 3-464-01517-3

Bestellnummer 15173

Gedruckt auf säurefreiem Papier,
umweltschonend hergestellt aus chlorfrei gebleichten Faserstoffen.

Inhalt

Stammesgeschichte des Menschen

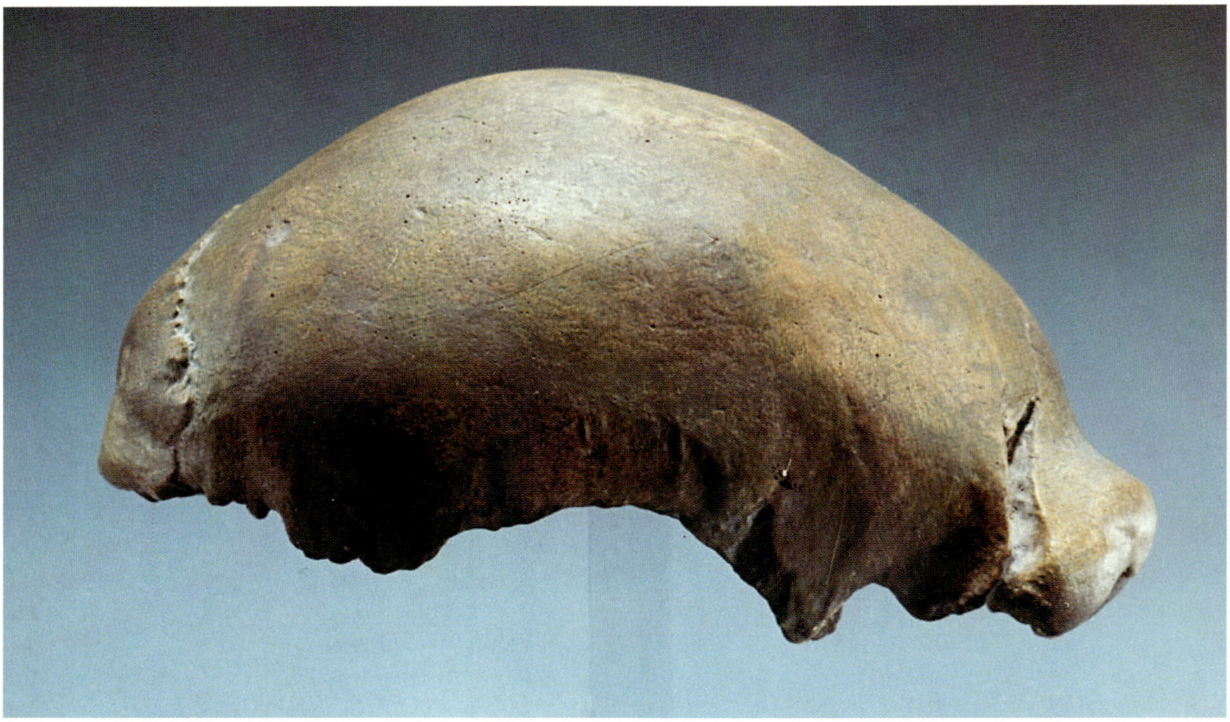

1 *Schädeldach aus dem Neandertal*

2 *So könnte ein Neandertaler ausgesehen haben.*

1 Der umstrittene Fund

Im August 1856 erreichten die Steinbrucharbeiten im Neandertal bei Düsseldorf die Felsen mit der kleinen Feldhofer Grotte. Die Arbeiter erweiterten den niedrigen Zugang. Mit Spitzhacke und Schaufel trugen sie die 2 m dicken Lehm- und Schuttablagerungen in dem kleinen Höhlenraum ab. Ungefähr 60 cm unter der Oberfläche stießen sie auf Knochen. Man legte das gefundene Schädeldach, die Oberarmknochen, Elle und Speiche, Schlüsselbein, Oberschenkelknochen, eine Beckenhälfte und Bruchstücke anderer Skelettteile Johann Carl Fuhlrott aus Elberfeld vor. Er erkannte in ihnen die Überreste eines uralten, mit seinen Worten „... sintflutartigen Menschenwesens, einer primitiven, wilden Urrasse", die sich in der Höhle erhalten hatten.

Diese Feststellung fand bei den maßgeblichen Gelehrten seiner Zeit keinen Anklang. Die massigen Knochen und das flache Schädeldach mit der fliehenden Stirn hielt man für die „Überreste einer durch Verletzungen und Krankheit viel geprüften Persönlichkeit, ... eines armen Irren, ... eines verschlagenen Wilden". Wohl bemerkte man den großen Unterschied zwischen den Knochen aus der Höhle und einem normalen Menschenskelett. Die Annahme eines Urmenschen war damals jedoch völlig neu. Noch war unbestritten, dass alle Pflanzen- und Tierarten sowie auch der Mensch, so erschaffen worden waren, wie sie auch heute noch sind. Die Vorstellung von der Unveränderbarkeit, der *Konstanz der Arten*, war die wissenschaftliche Lehrmeinung. Selbst angesehene Wissenschaftler jener Zeit verteidigten geradezu erbittert diese Vorstellung.

1 *Rekonstruktion von menschenaffenähnlichen Lebewesen der Gattung Dryopithecus. Vor 20 Millionen Jahren lebte Dryopithecus. Er kam auch in Südwestdeutschland vor. Sahen so die gemeinsamen Vorfahren von Mensch und Menschenaffe aus?*

2 *Johann Carl Fuhlrott (1804–1877). Er deutete 1856 die Skelettfunde im Neandertal als Überreste einer ausgestorbenen Menschenart.*

3 *Charles Darwin (1809–1882) Darwin stellte eine umfassende Theorie über die Entstehung der Arten auf. Sie gilt im Wesentlichen noch heute.*

2 Die Evolution der Arten

Jean Baptiste Lamarck (1774–1829), ein französischer Naturforscher führte die Ähnlichkeit im Bau verschiedener Arten auf gemeinsame Vorfahren zurück. Diese gemeinsamen Vorfahren waren anders gestaltet als die heute lebenden Pflanzen und Tiere. Nach seiner Ansicht entwickelten sich diese im Verlauf langer Zeit aus einfacheren Anfängen zu ihrer heutigen Gestalt.

Charles Darwin. Im Jahr 1859 legte der englische Naturforscher Charles Darwin eine umfassende *Theorie über die Entstehung der Arten* vor. Er hatte die treibenden Kräfte für ihre *Stammesentwicklung*, die man auch *Evolution* nennt, erkannt:
- *Überproduktion* von Nachkommen,
- *individuelle Unterschiede* zwischen diesen Nachkommen,
- daraus folgende *unterschiedliche Lebenschancen*.

Auch Darwin führte die Ähnlichkeiten im Bau der Lebewesen auf ihre Abstammung von gemeinsamen Vorfahren zurück. Die Vielfalt der Arten war für ihn eine Folge der Überproduktion unterschiedlich ausgestatteter Nachkommen und deren mehr oder weniger gute Anpassung an unterschiedliche Lebensbedingungen.

Man kann sich kaum einen Begriff davon machen, wie sehr die Vorstellung einer Stammesentwicklung der Lebewesen die Zeitgenossen Darwins erregte. Sofort wurde auch, ohne dass sich Darwin dazu geäußert hatte, die Frage nach der Herkunft des Menschen gestellt. Sie bewegte die Gemüter aufs Heftigste. Auf einen einfachen Nenner gebracht, lautete die kritische Frage: „Stammt der Mensch vom Affen ab?“

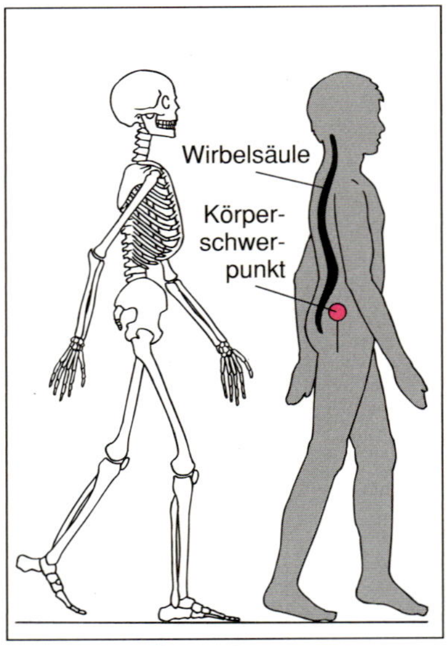

1 *Körperhaltung und Skelett*

2 *Mutter mit Kind*

3 *Schimpanse*

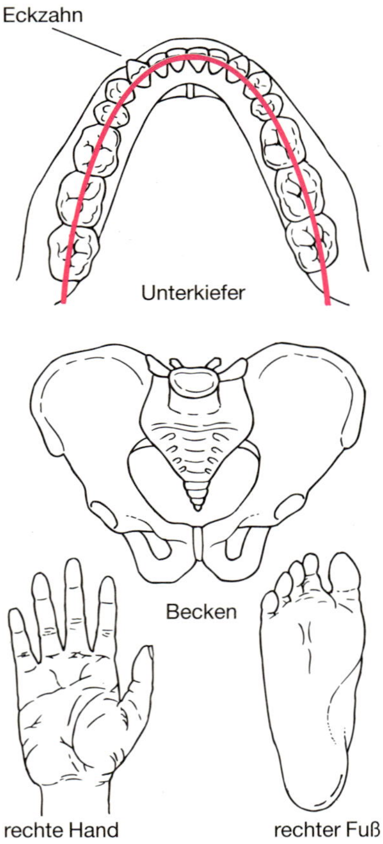

4 *Unterkiefer, Becken, Hand und Fuß des Menschen. Die Zahnreihe bildet einen geschlossenen Bogen.*

3 Die Menschenaffen und der Mensch

Gemeinsamkeiten

Kein Zweifel, unter allen Lebewesen sind uns die *Menschenaffen* am ähnlichsten. Am nächsten stehen uns Schimpanse und Gorilla.

Bei einer Untersuchung von 1065 Körpermerkmalen kam man zu dem Ergebnis, dass immerhin 305 dieser Merkmale dem Menschen allein vorbehalten sind. Die große Zahl der Gemeinsamkeiten betrifft den Aufbau der *Knochen*, der *Muskeln*, der *Nieren* und der *Fingernägel* ebenso wie die *Zusammensetzung des Blutes* und die *Ausbildung der Blutgruppen*.

Aufgrund der Übereinstimmungen im Aufbau der körpereigenen Proteine (Eiweißstoffe) würden manche Biochemiker heute am liebsten Gorilla, Schimpanse und Mensch als „Menschenartige“ zusammenfassen und ihnen allein den Orang-Utan als Menschenaffen gegenüberstellen.

Unterschiede

Trotz vieler gemeinsamer Merkmale unterscheidet sich der Mensch im Körperbau wesentlich von den Menschenaffen. So kann nur er *dauernd aufrecht gehen*. Wahrscheinlich wurden die grundlegenden Voraussetzungen für den aufrechten Gang als Anpassung an die Fortbewegung im Geäst der Bäume erworben.

Durch den aufrechten Gang erfasst er mit seinen Sinnen einen weiten Umkreis. Außerdem hat er die Hände frei. Die *Vielseitigkeit und Geschicklichkeit der Hände* wird mit zunehmender Leistungsfähigkeit des Gehirns immer größer.

Dank seines großen, *leistungsfähigen Gehirns* kann der Mensch über sich selbst nachdenken. Das Gehirn erschließt dem Menschen durch die Erinnerung die *Vergangenheit* und durch folgerichtiges Denken ein Stück *Zukunft*. Wissenschaft und Technik verringern die Abhängigkeit des Menschen von seiner Umwelt.

1 *Gorilla*

2 *Orang-Utan*

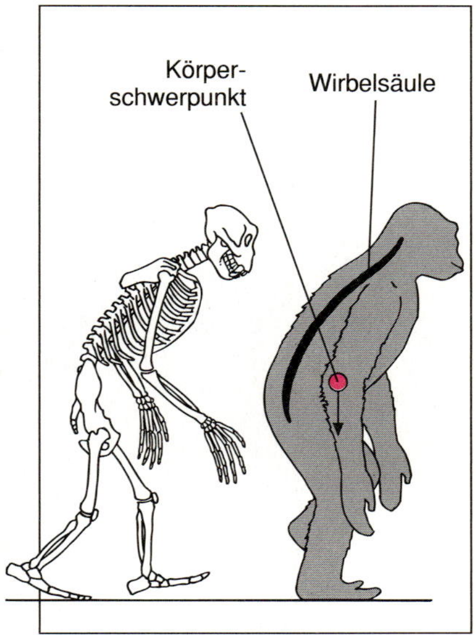

3 *Körperhaltung und Skelett*

Die Menschenaffen
Im Gegensatz zum Menschen sind die Menschenaffen an ganz *bestimmte Lebensräume angepasst*. Ihre Zahl nimmt inzwischen erschreckend ab. Vor allem Orang-Utan und Gorilla sind unmittelbar vom Aussterben bedroht. Am besten haben sich bisher die Schimpansen gehalten.
Der Orang-Utan kommt heute noch auf Sumatra und Borneo vor. Er ist am besten an das Leben im Wald und auf den Bäumen angepasst. Mit seinen langen Armen und Greifhänden ist er imstande, sich in weiten Schwüngen durch das Geäst zu hangeln. Er lebt in kleinen Familienverbänden und bevorzugt pflanzliche Kost. Auf den Waldboden kommt er nur selten. Brandrodungen zerstören seinen Lebensraum.
Der Gorilla lebt nur noch in den Wäldern Zentralafrikas. Von den Berggorillas gibt es nur noch einige Hundert. Gorillas leben in größeren Familienverbänden. Auch sie sind nahezu reine Vegetarier. Die meiste Zeit verbringen sie am Boden.
Der Schimpanse bevorzugt den Übergangsbereich von tropischem Wald und offener Grassteppe. Mit allen Vieren klettern Schimpansen, springen von Ast zu Ast oder bewegen sich hangelnd fort. Begünstigt wird diese Fortbewegungsweise durch die Verlängerung des Unterarms und der Hand. Nur selten gehen sie aufrecht. Schimpansen sind zwar gewandte Kletterer, halten sich aber meist am Boden auf.
Auch die Schimpansen leben in größeren Familienverbänden. Fleischnahrung spielt in ihrer Ernährung eine größere Rolle als bei den anderen Menschenaffen. Schimpansen setzen verschiedenartige *Werkzeuge* ein: Mit Stöcken verteidigen sie sich gegen Leoparden, mit Grashalmen angeln sie Termiten aus deren Bau, mit einem Schwamm aus Flechten saugen sie Wasser aus Astlöchern.

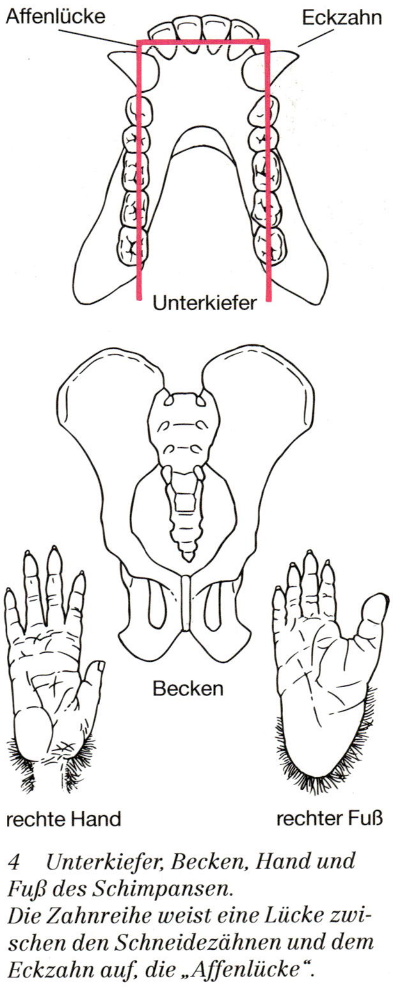

4 *Unterkiefer, Becken, Hand und Fuß des Schimpansen.*
Die Zahnreihe weist eine Lücke zwischen den Schneidezähnen und dem Eckzahn auf, die „Affenlücke".

1 *Dieser Schimpanse benutzt Blätter wie einen Schwamm.*

2 *Angstgrinsen beim Schimpansen*

Geistige Fähigkeiten. Experimente, die vor allem mit jungen Schimpansen und jungen Orang-Utans durchgeführt wurden, zeigen, dass Menschenaffen sehr gelehrig sind. Das *planende Handeln* erfasst allerdings nur die *allernächste* Zukunft. Es fällt ihnen auch schwer, die in einem Experiment gewonnenen Erfahrungen zur Lösung eines neuen Problems heranzuziehen.

Dies zeigt eine Untersuchung, die mit einer Schimpansengruppe in zwei aneinander grenzenden Räumen durchgeführt wurde: Im ersten Zimmer lernten die Schimpansen Kisten aufeinander zu türmen. Dadurch konnten sie Bananen erreichen, die man an die Decke gehängt hatte. Aus diesem Zimmer wurden die Schimpansen durch eine offene Tür in ein Nachbarzimmer geführt. Auch hier hingen Bananen an der Decke. Nur ein besonders kluges Männchen erinnerte sich beim Anblick der Bananen an die Kisten im anderen Zimmer und holte sie.

Selbst die Schimpansin *Washoe*, die nach 22 Monaten Unterricht 30 verschiedene Zeichen gelernt hatte und das Zeichen „Blume" im übertragenen Sinne auch für „Garten" und „Düfte" verwendete, schaffte es nicht, Vergangenes und Zukünftiges in ihren Mitteilungen auszudrücken. Gerade diese Fähigkeit ist aber dem Menschen eigen.

● Der Mensch verfügt über ein so leistungsfähiges Gehirn, dass es ihm möglich ist, Vergangenheit und Zukunft in seine Überlegungen einzubeziehen und zu planen.

▶ Stellen Sie in einer Tabelle vier Unterschiede im Skelett von Mensch und Schimpanse zusammen.

▶ Stellen Sie in einer einfachen Skizze die wesentlichen Unterschiede zwischen dem Gebiss des Menschen und dem eines Menschenaffen dar.

3 *Schimpansen können lernen, abstrakte Zeichen sinnvoll zu verwenden.*

Sie nannten sie Lucy

Fund in der Wüste. In der Afarwüste, 160 km nordöstlich von Addis Abeba, hat eine Gruppe von Wissenschaftlern ihre Zelte aufgeschlagen. In Gesteinsschichten, die 3 bis 4 Millionen Jahre alt sind, suchen sie nach Knochen von Lebewesen, die möglicherweise in die Vorfahrenreihe des Menschen gehören. Wochenlang finden sie so gut wie nichts.

42 °C Lufttemperatur. Zwei der Wissenschaftler stellen ihren Landrover ab und machen nach langer Suche noch einen kleinen Umweg durch eine Senke. Da sehen sie auf halber Höhe am Hang das Bruchstück eines zierlichen Armknochens. Ist es ein Teil eines menschlichen Wesens oder ein Teil eines Affenskeletts? Sie finden auch den hinteren Teil eines kleinen Schädels. Unmittelbar daneben liegt ein Oberschenkelknochen. Noch weitere Knochenbruchstücke kommen hinzu: zwei Rückenwirbel und das Bruchstück eines Beckenknochens. Alle sind sehr menschenähnlich. Einer der Wissenschaftler schreibt später: „Mir schoss ein unglaublicher, eigentlich unverzeihlicher Gedanke durch den Kopf. Wie wäre es, wenn alle diese Knochen zusammenpassten? Könnten es Teile eines einzigen, sehr primitiven Skeletts sein? Ein solches Skelett war bisher noch nirgends gefunden worden."

Dann finden sie Rippen. Es wird immer deutlicher: Es handelt sich um ein zusammengehörendes Skelett. Freudenschreie! Begeisterung! Die beiden Forscher kehren ins Lager zurück. Das Tonbandgerät spielt den Beatles-Song „Lucy in the Sky with Diamonds". An diesem Novemberabend des Jahres 1974 nennen sie den Fund „Lucy" *(Australopithecus afarensis)*.

Später stellt sich heraus, dass fast 40 % des ganzen Skeletts geborgen wurden. Lucy lebte vor 3,75 Millionen Jahren. Sie war 30 kg schwer, 105 cm groß und starb mit etwa 30 Jahren eines natürlichen Todes.

Nach Donald C. Johanson und Maitland A. Edey

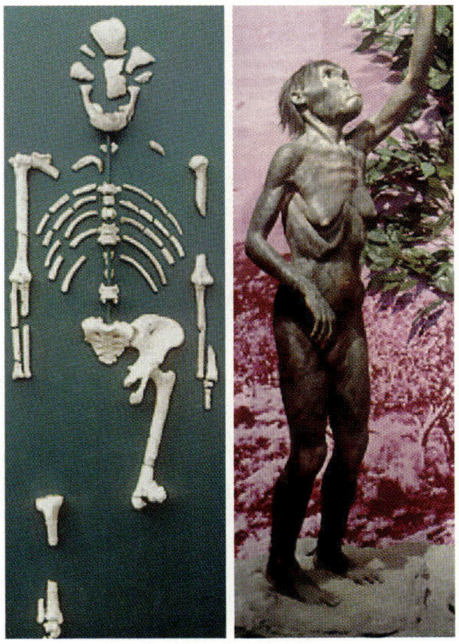

1 „Lucy" und eine Rekonstruktion

2 Die Fußspuren von Laetoli. Die großen Abdrücke weisen auf einen Mann hin. Ein kleineres Wesen, vielleicht eine Frau, geht in den Spuren des Mannes – wahrscheinlich um auf dem matschigen Boden besser voranzukommen. Daneben befindet sich die Spur eines Kindes. Die Fußspuren sind rund 3,6 Millionen Jahre alt.

Offene Fragen. Kein Menschenaffe hat ein Skelett wie Lucy. Auch das Skelett des Menschen ist anders gebaut. Skelettmerkmale, wie sie für den Menschen typisch sind, überwiegen aber. Der Körper zeigt alle Baumerkmale eines aufrecht gehenden Lebewesens. Auffällig ist das breite, schüsselförmige Becken. Der Schädel von Lucy ähnelt dem eines Schimpansen. Die „Affenlücke" für die Eckzähne ist deutlich ausgebildet, das Gebiss jedoch ist kürzer. Der runde Zahnbogen, wie er den Menschen kennzeichnet, ist allenfalls angedeutet. Heute stellt man Lucy zur großen, vielgestaltigen Gruppe der „Südaffen", den *Australopithecinen*. Fußspuren eines ähnlichen aufrecht gehenden Lebewesens aus jener Zeit haben sich in der erhärteten vulkanischen Asche von Laetoli in Tansania erhalten.

Gehört Lucy zu unseren Vorfahren?

1 *So könnte ein kräftiger Australopithecine ausgesehen haben.*

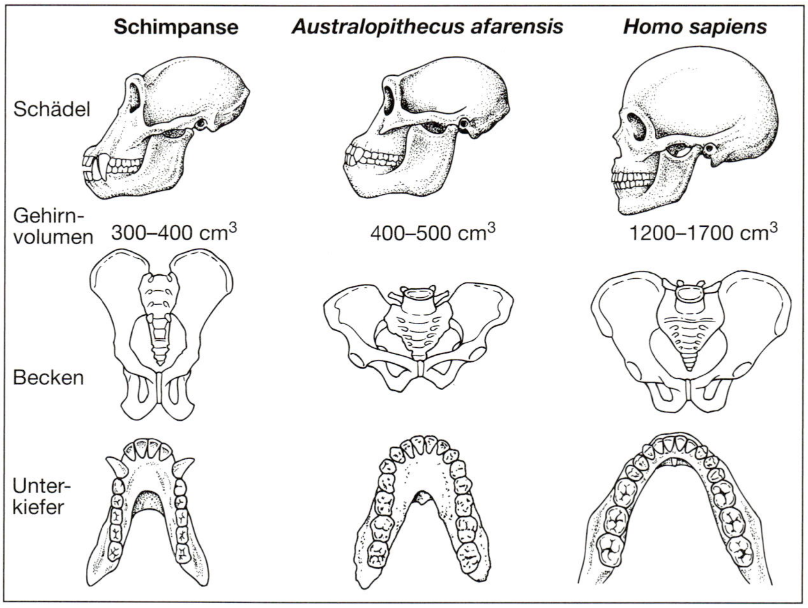

2 *Vergleich von Schimpanse, Australopithecus afarensis und Homo sapiens*

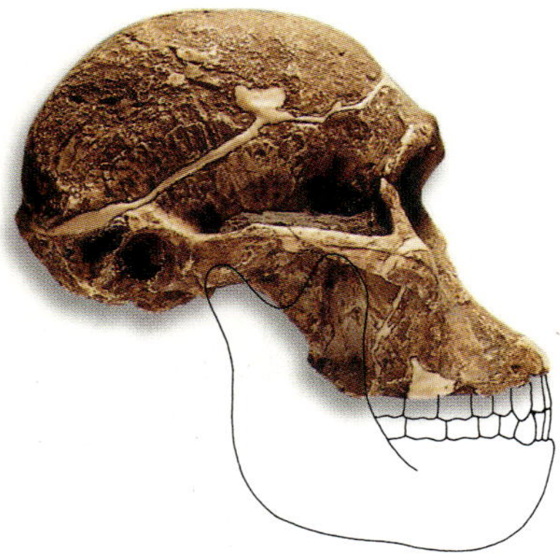

3 *Schädel eines Australopithecinen. Der Unterkiefer ist ergänzt.*

4 *Baumsavanne in Ostafrika. Hier lebten die Australopithecinen.*

4 Urmenschen oder Urmenschenaffen?

Als „Südaffen" oder Australopithecine wird eine artenreiche Gruppe bezeichnet, von der zahlreiche Funde in einigen Höhlen Südafrikas, in der Olduvai-Schlucht in Tansania, am Turkanasee in Kenia und in der Afarwüste in Äthiopien gemacht wurden. Zum Teil lebten verschiedene Arten zur gleichen Zeit im gleichen Gebiet. Die ältesten Funde sind etwa 4 Millionen, die jüngsten etwa 1 Million Jahre alt. Lucy, mit dem wissenschaftlichen Namen *Australopithecus afarensis* genannt, gehört zu den frühen Formen. Sie lässt sich weder den Vorfahren des Menschen noch den Vorfahren der Menschenaffen ohne Einschränkungen zuordnen. Neben kleinen Australopithecinen gab es auch große, eher plumpe Formen. Insgesamt zeigen sie eine eigenartige Mischung *„fortschrittlicher"* (menschenartiger) *und „ursprünglicher"* (affenartiger) *Merkmale*. Ihr Gehirnvolumen erreicht bis zu 500 cm^3 und ist damit größer als das aller vergleichbaren Lebewesen jener Zeit. Es war aber nicht größer als das der heutigen Menschenaffen. Die Schneidezähne und die Eckzähne sind klein. Deshalb wirkt das Gebiss, obwohl es ziemlich lang gestreckt ist, recht menschenähnlich.

Homo habilis. In Afrika, südlich der Sahara, wurden Skelettteile gefunden, die auffällig zartgliedrig waren und einen hohen Schädel aufwiesen. Ihr Gehirnvolumen erreichte 700 cm^3. Zunächst wurden sie zu den Australopithecinen gerechnet, aber als *Homo habilis*, das heißt „der fähige Mensch", bezeichnet. Ob er bereits Werkzeuge aus Stein, Horn und Knochen herstellte, ist nicht gesichert. Aufgrund seiner Körpermerkmale wird er zu den Frühmenschen gerechnet.

- Die Australopithecinen sind eine große, formenreiche Gruppe, zu der vermutlich auch die Vorfahren des Menschen gehörten.

5 Die Frühmenschen

Im gleichen Zeitraum mit den Australopithecinen treten offenbar weitere Vertreter der Gattung *Homo* auf, erstmals auch außerhalb Afrikas. Der bisher älteste Fund stammt aus Java. Er wurde *Homo erectus*, der „aufgerichtete Mensch“ genannt. Er stellte Steinwerkzeuge her und nutzte das Feuer. Es ist die erste Frühmenschengruppe außerhalb Afrikas. Sie dürfte sich sehr lange gehalten haben.

Der Heidelberger Mensch. Einen bedeutenden Fund machte ein Arbeiter 1907 in einer Sandgrube bei Mauer nahe Heidelberg. Unter 24 Metern Sand und Löss fand er zusammen mit vielen Skelettresten altertümlicher Säugetiere den Unterkiefer eines Frühmenschen. Dieser Unterkiefer ist massig. Ein Kinn ist nicht ausgebildet. Der Zahnbogen und die Form der Zähne wirken aber ausgesprochen menschlich.

Der Heidelberger Mensch, wissenschaftlich *Homo heidelbergensis* genannt, ist wesentlich jünger als die Australopithecinen. Sein Alter ist bis heute nicht exakt bestimmbar. Es liegt etwa zwischen 600 000 und 400 000 Jahren.

Der Steinheimer Mensch. Ein weiterer, außerordentlich wichtiger Fund wurde 1933 in einer Kiesgrube bei Steinheim an der Murr gemacht. Der erste Eindruck des Besitzers dieser Kiesgrube, der einen Wissenschaftler mit den Worten herbeirief: „Herr Professor, kommet Se schnell, bei ons guckt a Aff aus dr Wand“, war falsch. Es handelte sich um einen Menschenschädel, sehr wahrscheinlich um den Schädel einer Frau. Viele Merkmale dieses Schädels stimmen mit denen der Frühmenschen überein. Deshalb wird der Fund heute auch als *Homo steinheimensis* bezeichnet.

Der Steinheimer Schädel zeigt jedoch daneben ausgesprochen „moderne“ Merkmale, so die steil stehenden Scheitelbeine und die verkümmerten Weisheitszähne. Das Gehirnvolumen erreichte allerdings kaum mehr als 1100 cm^3.

Das Alter des Skeletts der „Steinheimerin“ wird heute mit etwa 300 000 Jahren angegeben. Wie der Heidelberger Mensch lebte auch der Steinheimer Mensch in einer Warmzeit des Eiszeitalters.

Geistige Fähigkeiten der Frühmenschen. Das Gehirnvolumen lag zwischen 750 cm^3 und 1300 cm^3. *Homo erectus* stellte zweifelsfrei *einfache Werkzeuge* her und kannte den *Gebrauch des Feuers*. Damit war er auch in der Lage, in kältere Gebiete vorzudringen.

Die ältesten, gut datierten Feuerstellen mit einem Alter zwischen 400 000 und 300 000 Jahren wurden in der Nähe von Peking gefunden. Sehr wahrscheinlich wird Feuer schon seit 750 000 Jahren benutzt.

- Bei den Frühmenschen der Art *Homo erectus* überwiegen die menschlichen Merkmale. *Homo erectus* kann zweifelsfrei in die Vorfahrenreihe des Menschen gestellt werden.

▶ Von welcher Bedeutung sind die Begleitfunde des Schädels von Mauer für dessen Altersbestimmung?

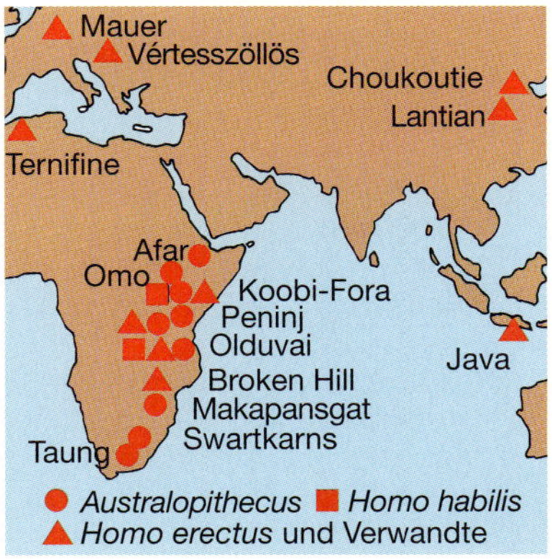

1 Fundstätten von Australopithecinen, Homo habilis und Homo erectus

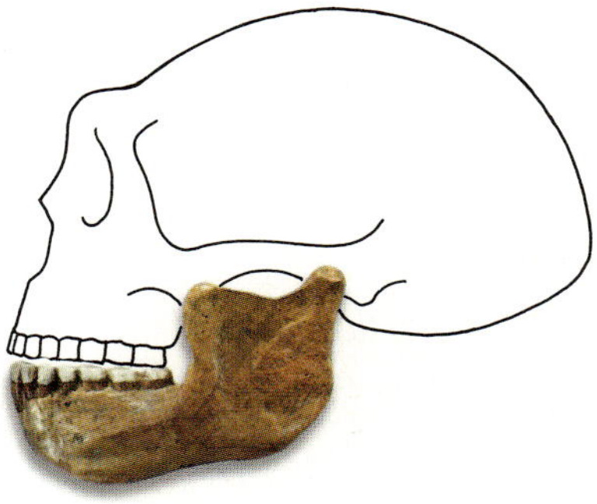

2 Homo heidelbergensis. Der Unterkiefer wurde bei Mauer gefunden.

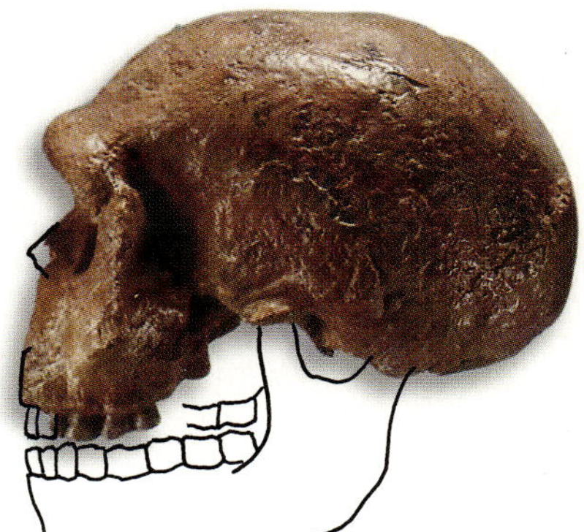

3 Homo steinheimensis. Der Fund stammt aus Flussschottern bei Steinheim an der Murr.

1 Mithilfe moderner Technik gelingt es heute, Schädelskelette in lebensechte Gesichter zu verwandeln.

ⓐ Zunächst wird ein Abguss eines Originalschädels hergestellt.
ⓑ Auf dieses Arbeitsmodell werden nun Muskeln und Haut mit Ton aufmodelliert.
ⓒ Es entsteht ein Tonmodell mit Hautstruktur und Falten.
ⓓ Mit Kautschuk und Kunstharz wird ein identisches Kunstoffmodell hergestellt. Bild d zeigt das Abziehen der flexiblen Kautschukhaut.
ⓔ Schließlich werden die Haare eingesetzt und dem Modell wird jene Hauttönung verliehen, die die Wissenschaftler für die wahrscheinlichste halten.

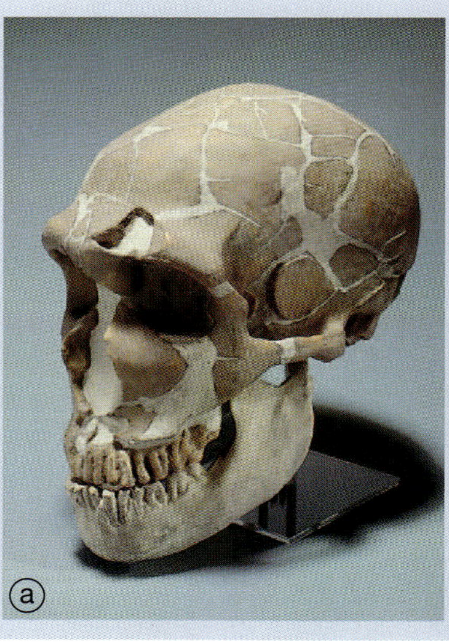

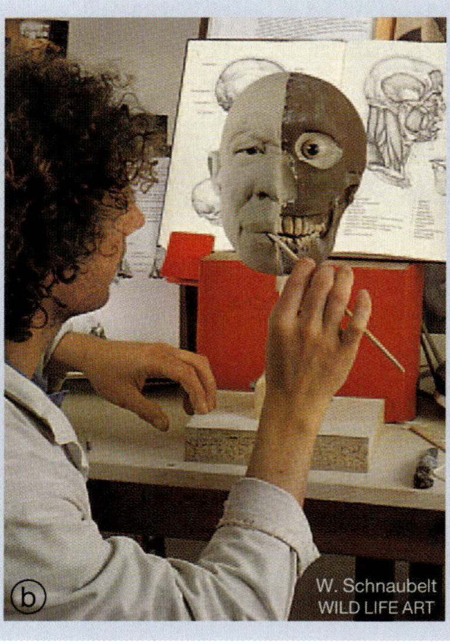

2 Faustkeil aus Feuerstein

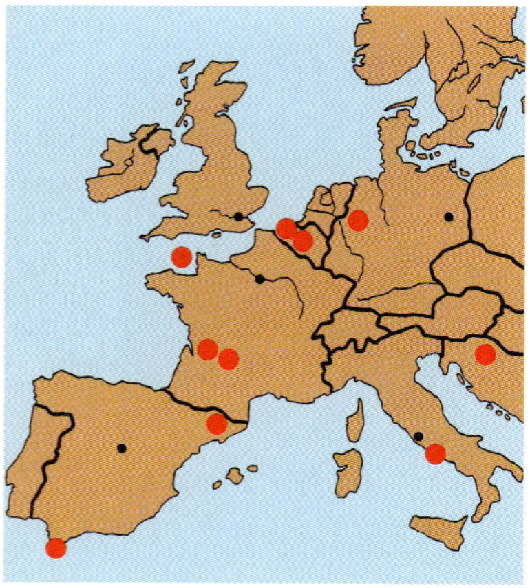

3 Wichtige Fundstätten von Neandertalern in Europa

6 Der Neandertaler und der Moderne Mensch

Die Entwicklung zum heutigen Menschen beschleunigt sich offenbar unter dem Druck weltweiter Klimaveränderungen, die vor etwa 3 Millionen Jahren einsetzten. In unseren Breiten führten sie zu einem wiederholten Wechsel von Kaltzeiten und Warmzeiten mit Vorstößen der Gletscher Skandinaviens bis an die deutschen Mittelgebirge und zum Niederrhein. Während der stärksten Vereisung schob sich der Rheingletscher aus den Alpen bis über die Donau vor. Auch der Hochschwarzwald war vergletschert. Gegen Ende der Eiszeit gab es zwei unterschiedliche Menschenarten: *Homo neanderthalensis* und *Homo sapiens*. Letzterer wird auch als Moderner Mensch bezeichnet. Zu dieser Art gehören die heutigen Menschen.

Der Neandertaler-Mensch

Dreißig Jahre nach der Entdeckung im Neandertal fand man unter dem Portal einer belgischen Höhle Knochen, die denen vom Neandertal glichen. Sie lagen dort neben den Resten ausgestorbener eiszeitlicher Tiere.

Damit war eine gesicherte Alterszuordnung möglich. Jetzt begann sich die Meinung durchzusetzen, dass sich auch der Mensch im Verlauf langer Zeiten aus urtümlichen Vorfahren entwickelt hatte. Heute kennt man über 150 Funde von Neandertaler-Menschen. Die ältesten sind etwa 100 000 Jahre alt.

Körperbau. Der Neandertaler war zwar im Durchschnitt nur *160 cm groß*, aber mit 80 Kilogramm *massig* und *kräftig*. Der Schädel war flach und zeigte ausgeprägte *Überaugenwülste*. Das *Gehirnvolumen* erreichte bis zu *1750 cm*^{3}. Das ist mehr als beim Gegenwartsmenschen.

Geistige Fähigkeiten. Der Neandertaler war nicht der primitive Höhlenbewohner, für den man ihn lange hielt. Er verstand es, *leistungsfähige Werkzeuge und Waffen* aus Stein, Holz, Horn und Knochen herzustellen. Der Faustkeil, ein Vielzweckgerät aus Feuerstein,

spielte eine wichtige Rolle. Mit wärmender Kleidung schützte er sich gegen das härtere Klima im Norden. Nur gelegentlich zog er sich in den Schutz eines Höhleneingangs zurück.

Leben in der Gruppe. Die Neandertaler *sammelten* Wildfrüchte. Sie fischten und jagten. Ihre wichtigsten Beutetiere waren Wildpferd, wollhaariges Nashorn, Mammut und Höhlenbär. Diesen schnellen und wehrhaften Tieren waren die Jäger einzeln nicht gewachsen. Wenigstens zeitweise müssen sie sich zu *Gruppen* zusammengeschlossen haben, die größer als ein Familienverband waren. Man geht davon aus, dass die Neandertaler über eine *Lautsprache* verfügten. Aus einer Reihe von Funden geht hervor, dass sie die Toten mitunter mit großer Sorgfalt bestatteten.

- Der Neandertaler war kein unmittelbarer Vorfahre des heutigen Menschen.

1 *Die Neandertaler bestatteten ihre Toten.*

1 Die Cro-Magnon-Menschen lebten als Jäger. Ein begehrtes Beutetier war das Mammut.

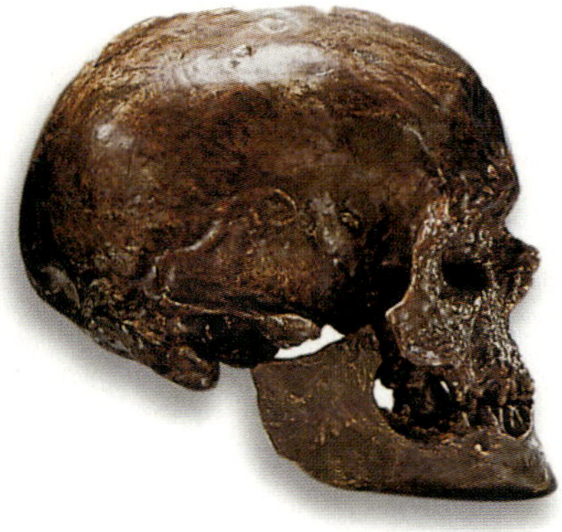

2 Schädel des Cro-Magnon-Menschen

3 Entwicklung des Gehirnvolumens

Der Mensch von Cro-Magnon
Unter dem Felsdach von Cro-Magnon im Vézèretal in Südfrankreich entdeckte man 1868 die Reste eines „modernen" Menschentyps, eines *Homo sapiens*. Dieser *Cro-Magnon-Mensch* lebte vor 35 000 Jahren. Zu dieser Zeit gab es auch noch Neandertaler.

Körperbau. Der Schädel des Cro-Magnon-Menschen ist höher, die Stirn breiter als beim Neandertaler. Überaugenwülste sind kaum ausgebildet. Die Nase ist schmal, das Gebiss kurz, das Kinn deutlich ausgeprägt. Das *Skelett ist feingliedriger*, das Gehirnvolumen entspricht mit etwa 1450 cm^3 dem des heutigen Menschen.

Geistige Fähigkeiten. Auch der Cro-Magnon-Mensch war Jäger. Das verraten die Geräte und Beutereste rings um die ausgegrabenen Feuerstellen. Er war ein Konkurrent des Neandertalers.

Eindrucksvoll sind die großartigen Malereien und Gravierungen, Elfenbein- und Knochenschnitzereien, die uns die Cro-Magnon-Menschen der jüngeren Altsteinzeit in den Höhlen und unter den Fels-

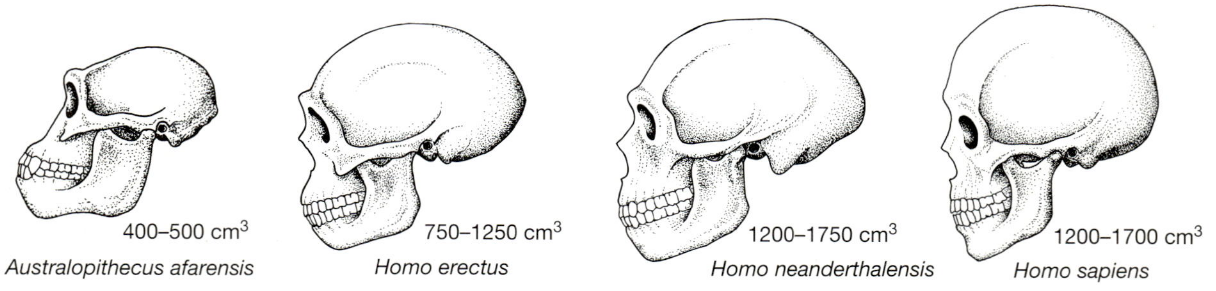

1 und 2 Höhlenmalerei in Lascaux in Südfrankreich und Schnitzereien aus Elfenbein.
Oben: Wildpferd 4,8 cm;
Mitte: Großkatze 6,9 cm;
Unten: vermutlich Wollnashorn 15 cm, gefunden in der Vogelherdhöhle auf der Schwäbischen Alb.
Sie sind Beispiel für frühe, von Menschen geschaffene Kunstwerke.

dächern Nordspaniens, Südfrankreichs und Süddeutschlands hinterlassen haben. Zierliche *Plastiken* des begehrten Wilds fand man auch in Höhlen der Nordschweiz und der Schwäbischen Alb. Im Schutt einer Höhle bei Blaubeuren wurde die älteste plastische Darstellung eines Menschen gefunden. Sie ist mehr als 30 000 Jahre alt.

- Der Cro-Magnon-Mensch ist unser *unmittelbarer Vorfahre*. Im Gegensatz zum Neandertaler gehört er, wie alle heute lebenden Menschen, zur Art *Homo sapiens*.

- Listen Sie Gemeinsamkeiten und Unterschiede zwischen Neandertaler und Cro-Magnon-Mensch auf.

3 Die wichtigsten Entwicklungsstufen des Menschen

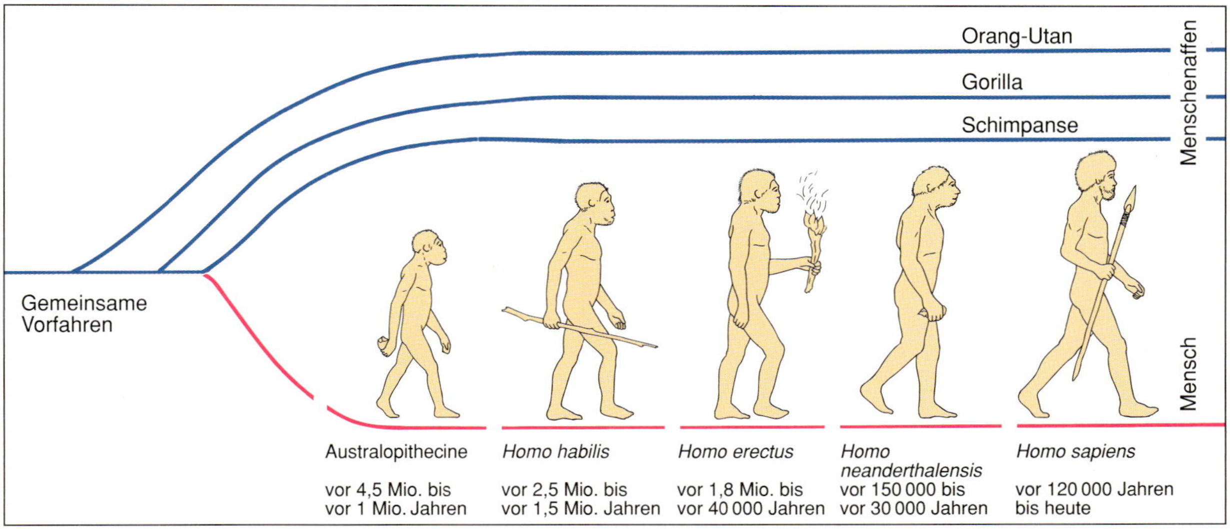

7 Getrennte Wege

Vor etwa 7,5 Millionen Jahren setzten Klimaveränderungen ein, die dazu führten, dass sich die gemeinsamen Vorfahren der Menschenaffen und des Menschen in eine Reihe recht unterschiedlicher Formen aufspalteten. Schließlich bildeten sich verschiedene Arten heraus. Doch die Fundlücken sind groß und neue Funde können neue Erkenntnisse bringen.

In den Subtropen begannen sich weite Baum- und Grassteppen auszubreiten. Die frühen Vorfahren der Menschen wurden mit den veränderten Lebensbedingungen in der Baumsavanne am besten fertig. Die Fähigkeit, aufrecht zu gehen, war in der offenen Landschaft von Vorteil. Die Übersicht war größer, die Hände wurden frei und feinfühliger, sie waren imstande, immer sicherer und genauer zu greifen. Handwerkliche Techniken konnten sich entwickeln. Das kam zunächst vor allem der Nahrungsbeschaffung und der Verteidigung zugute. Mit dieser Entwicklung war die Weiterentwicklung des Gehirns eng verknüpft. Ihre unmittelbare Abhängigkeit von den Bedingungen der Umwelt nahm damit ab. Diese Entwicklung dauert bis heute an.

Das Ende der Neandertaler. Die große Zahl der Funde der Art *Homo neanderthalensis* und der Art *Homo sapiens,* auch der Begleitfunde, zeigen nicht nur, dass diese beiden Menschenarten in Vorderasien und Europa über lange Zeit nebeneinander existierten. Sie lassen auch den Schluss zu, dass der *Homo sapiens* den *Homo neanderthalensis* verdrängte. Es könnte sein, dass zum ersten Mal in der Geschichte des Menschen nur eine einzige Art der Gattung *Homo,* nämlich *Homo sapiens,* unseren Planeten besiedelt.

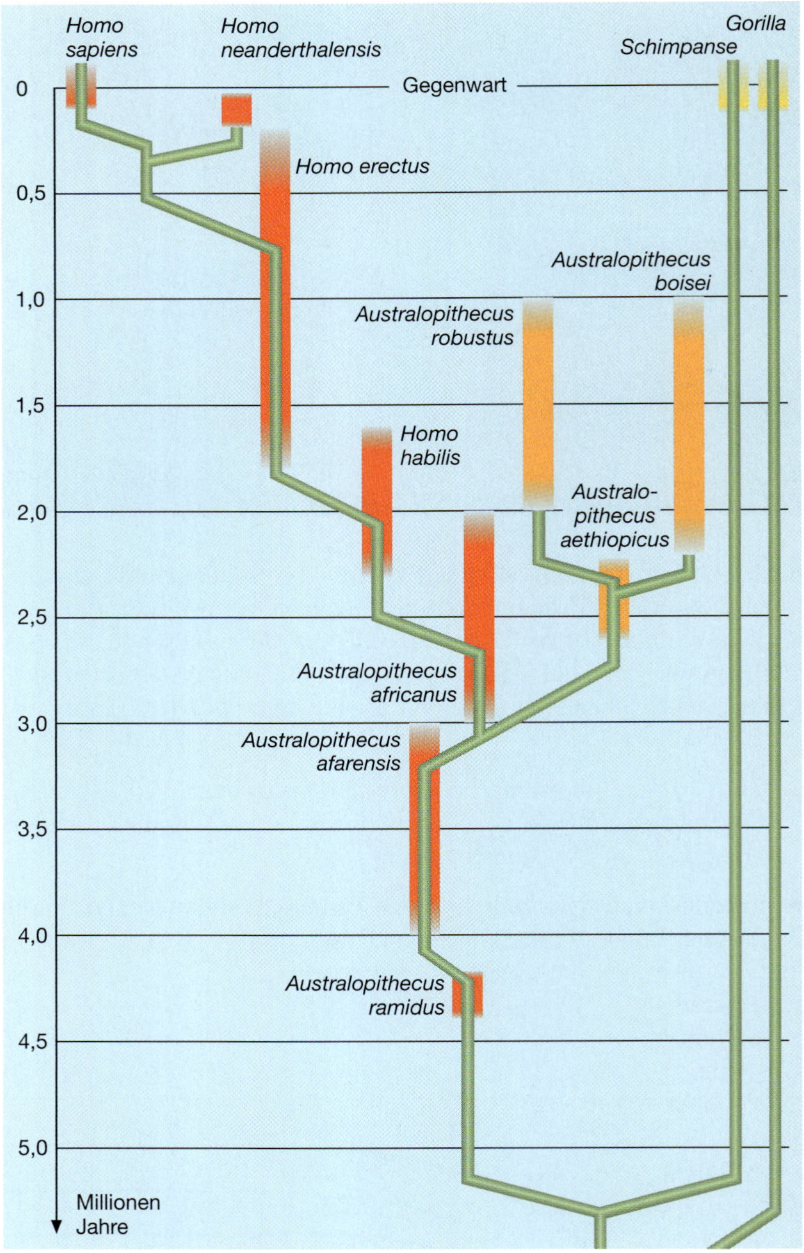

Zwar sind sich auch Wissenschaftler nicht völlig einig, auf welchen Wegen die Entwicklung zum Menschen verlief, aber einige Linien zeichnen sich mit immer größerer Sicherheit ab. Manche Arten haben Jahrhunderttausende überdauert. Andere erloschen früh. In die unmittelbare Gegenwart reicht nur die Stammeslinie des Homo sapiens.

▶ Manchmal wird behauptet, dass der Mensch vom Affen abstammt. Stellen Sie diese Behauptung richtig.

8 Vielfalt in der Art

Alle heute lebenden Menschen gehören zur biologischen Art *Homo sapiens.* Sie stimmen in der weit überwiegenden Zahl ihrer Erbanlagen überein. Dennoch lassen sich Unterschiede zwischen Menschen unterschiedlicher geographischer Herkunft erkennen. Sie sind ein Beweis dafür, dass die Evolution auch nach dem Cro-Magnon-Menschen weitergegangen ist.

In Anpassung an die unterschiedlichen *Lebensbedingungen der jeweiligen Umwelt* bildeten sich im Laufe von Jahrtausenden Anpassungsmerkmale heraus, die vererbt werden. Haarfarbe, Haarstruktur, Hautfarbe, auch Feinheiten des Körperbaus und Stoffwechsels gehören dazu.

Indianer

Am Beispiel der Indianervölker Nord- und Südamerikas lässt sich ein Zusammenhang zwischen der Hautfarbe und der Intensität der Sonneneinstrahlung erkennen.

Vor 40000 bis 25000 Jahren wechselten sibirische Jäger über die damals begehbare Beringstraße von Asien nach Amerika. Es handelte sich dabei vermutlich um relativ kleine Gruppen. Auch wenn die Einwanderer und ihre Nachkommen ihr Jagdgebiet nur etwa zwei Kilometer pro Jahr nach Süden ausdehnten, können die Ersten schon nach 5000 Jahren Kap Hoorn erreicht haben.

Inzwischen lassen sich bei den verschiedenen Indianervölkern Unterschiede im äußeren Erscheinungsbild erkennen. So haben die Indianer des äußersten Nordens und Südens zum Beispiel eine hellere Haut als die Bewohner des Hochgebirges und der offenen Landschaften im äquatorialen Bereich. Die dunkelsten Hautfarben kommen in der äquatornahen Hochgebirgsregion vor. Dort ist die Sonneneinstrahlung am stärksten. Die Hautfarbe der Indianervölker ist Ausdruck ihrer Siedlungsgeschichte.

Hautfarbe

Betrachtet man die Verteilung der Hautfarben der Menschen über die Erde, lässt sich derselbe Zusammenhang zwischen Intensität der *Sonneneinstrahlung* und der Hautfarbe erkennen.

Die dunklen Hautpigmente absorbieren das ultraviolette Licht und schützen so den Körper vor zu viel Strahlung. Dies ist sehr wichtig, denn ein Übermaß an UV-Strahlung kann Hautkrebs auslösen. Wie die Karten auf Seite 20 zeigen, fallen die Bereiche dunkelster Hauttönung mit den strahlungsintensiven Gebieten zusammen.

Die helle Haut der Nordeuropäer hat diese schützende Fähigkeit nicht von vornherein. Aber immerhin kann sich ihre Haut durch Pigmenteinlagerung bräunen und damit den Sonnenschutz verstärken. Der Vorteil der hellen Haut wurde deutlich, als man erkannte, dass ein lebensnotwendiges Vitamin D nur unter Einwirkung energiereicher Strahlen in der Haut aufgebaut werden kann. Ein Mangel an Vitamin D führt unter anderem zu Knochenerweichung, der Rachitis. Damit erweist sich der Mangel an Pigment, also die hellere Haut, als ein typisches Anpassungsmerkmal an einen bestimmten Lebensraum, nämlich an den lichtarmen Norden.

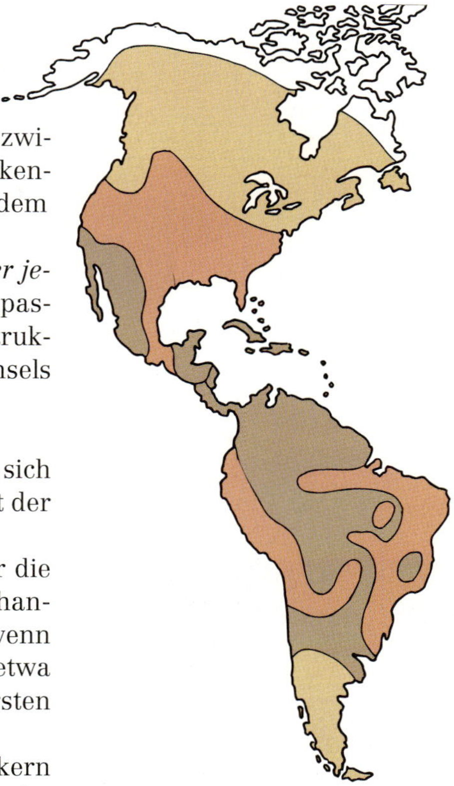

1 Einst kamen die Indianer als kleine, einheitliche Gruppe von Asien nach Amerika. Heute unterscheiden sie sich u. a. in der Intensität der Hautpigmentierung. Dies wird in der Grafik durch die verschiedenen Brauntöne dargestellt.

2 Navajo aus Nordamerika

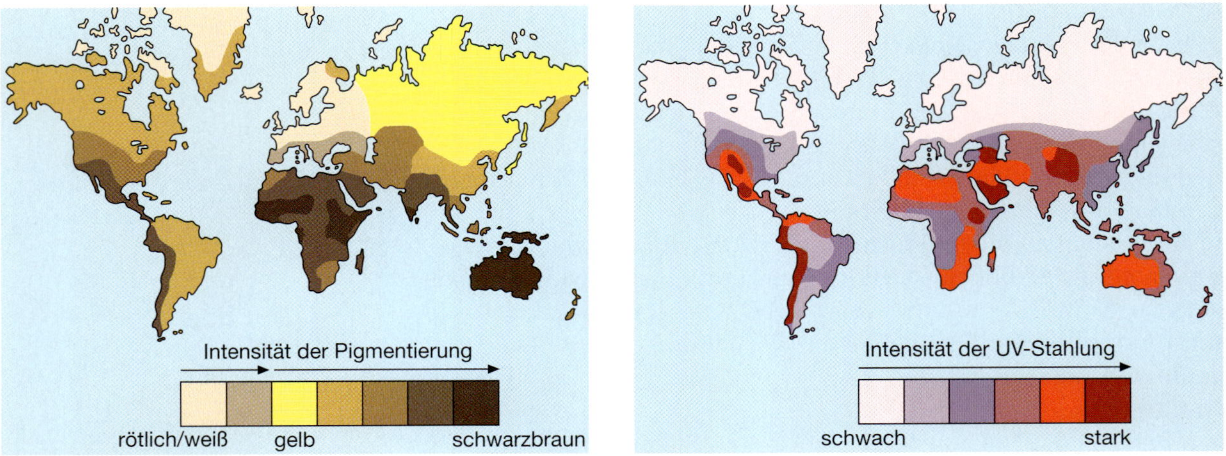

1 *Verteilung der Hautfarben und der ultravioletten Strahlungsintensitäten auf der Erde*

2 *Nordeuropäer*

3 *Aborigines aus Nordaustralien*

Etwa 60 Prozent der Nordeuropäer werden dem besonders hellhäutigen Typ zugerechnet. Bei den Uraustraliern, den Aborigines, sind etwa 25 Prozent tief schwarzbraun. Alle anderen sind mit Abstufungen hellhäutiger. Es gibt keine Gruppe auf der Erde, bei der typische Merkmale wie Hautfarbe, Kraushaar oder Glatthaar durchweg gleich stark ausgeprägt sind.

„Rassen“ und Vorurteile

Vor allem die Hautfarbe, aber auch andere Merkmale wurden herangezogen, um die Art Mensch in Untergruppen, „Rassen“, zu gliedern. Dabei wird immer deutlicher, dass die Anzahl der Erbanlagen, die für diese, wenn auch auffälligen Merkmale verantwortlich sind, im Verhältnis zur großen Zahl der menschlichen Erbanlagen verschwindend gering ist.

Die wachsende Mobilität der Menschheit hat eine wachsende Durchmischung zur Folge. Die Grenzen werden immer fließender. In der Vergangenheit und leider bis in unsere Zeit hinein wurden und werden Unterschiede der Sprache, der Religion, der politischen Auffassung, der Herkunft, der Kleidung und eben auch der Hautfarbe immer wieder herangezogen, um die entsetzlichsten Gräueltaten zu rechtfertigen. Die Rassengesetzgebung und Judenvernichtung während des Dritten Reichs oder die Bürgerkriege unserer Tage sind schlimme Beispiele dafür.

Es bleibt die Hoffnung, dass der intensivere Kontakt mit anderen Völkern und die wachsende Einsicht in biologische Zusammenhänge Rassenvorurteilen und Rassenhass schließlich den Boden entziehen.

Unterscheidbare Gruppen. Es ist schwierig, unterschiedliche Bevölkerungsgruppen auf den großen Kontinenten gegeneinander abzugrenzen, denn Wanderungen, Kriege, Kolonisation und Handel haben ihre Spuren hinterlassen.

Dennoch unterscheiden einige Humanbiologen anhand einer Reihe von kennzeichnenden Merkmalen typische Gruppen, die sie auch als *Großrassen* bezeichnen.

1 Mongolin aus der Mongolei

2 Europäerin aus Mitteleuropa

3 Negride aus Kenia

Die Mongoliden. Die auffälligsten Merkmale des mongoliden Rassenkreises sind der gedrungene Körperbau mit verhältnismäßig langem Rumpf und kurzen Gliedmaßen. Der Kopf ist meist rundlich, die Ohren und die Nase sind klein, die Wangenknochen treten deutlich hervor. Die Augen sind durch Fettpolster schlitzförmig verengt. Die Haare sind dunkel und glatt. Die Haut ist wenig behaart, leicht bräunlich pigmentiert und verfügt über ein gut entwickeltes Fettgewebe. Diese Körpermerkmale entsprechen einer *Anpassung an das Leben in den Kältesteppen* Nordwestchinas während der Eiszeit.

Die Europiden. Im Vergleich zu den Mongoliden sind die Europiden durchschnittlich schlanker, ihre Gliedmaßen sind länger. Die Kopfform ist lang gestreckter, Ohren und Nase sind größer und deshalb bei Kälte gefährdeter. *Anpassungsmerkmale* an *trockene Wärme* herrschen vor. Wahrscheinlich haben sich die Europiden im heutigen Südrussland entwickelt. Gegen Ende der Eiszeit folgten einzelne Gruppen dem zurückweichenden Eis nach Norden. Die pigmentarme Haut und das helle Haar der Nordeuropäer sind *Anpassungsmerkmale an diesen lichtarmen Lebensraum.*

Die Negriden sind meist schlank und groß. Ihr Körperbau zeigt eine *Anpassung an den tropischen Lebensraum.* Die Haut ist stark pigmentiert und für ultraviolettes Licht fast undurchlässig. Auch das Kraushaar ist ein hervorragender Lichtschutz. Zahlreiche Schweißdrüsen sorgen für gute Kühlung. Eine große Zahl von Talgrüsen hält die Haut elastisch.

- Vorurteile gegen Menschen anderer „Rassenzugehörigkeit" sind durch nichts, am wenigsten durch biologische Befunde zu begründen oder zu rechtfertigen. Rassenvorurteile verletzen das Grundrecht auf Gleichberechtigung und Menschenwürde.

4 Viele Länder und ihre Bewohner sind heute multikulturell gemischt.

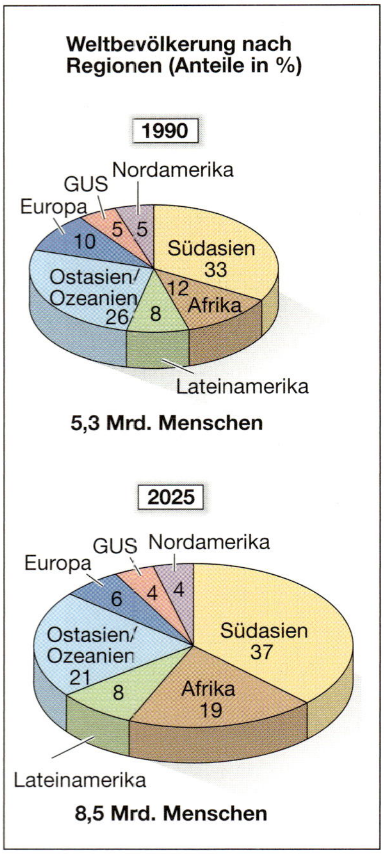

1 Wahrscheinliche Bevölkerungsentwicklung

9 Die Zahl der Menschen wächst

Vor 1 Million Jahren lebten vielleicht 100 000 Menschen auf der Erde. Diese Zahl änderte sich über lange Zeit kaum. Erst vor etwa 10 000 Jahren, gegen Ende der Eiszeit, wuchs die Erdbevölkerung auf etwa 1 Million Menschen an. Auf dem Gebiet der heutigen Bundesrepublik Deutschland lebten damals einige tausend *Sammler* und *Jäger*.

Vor etwa 6000 Jahren wurden in Asien, Nordafrika und Europa die Jäger und Hirten zu sesshaften *Ackerbauern*. Die Zahl der Menschen verdoppelte sich in den nächsten 2000 Jahren. Im Jahr 2000 v. Chr. lebten etwa 300 Millionen Menschen auf der Erde.

- Um Christi Geburt erreicht die Bevölkerungszahl der Erde 400 Millionen. 54 Millionen Menschen leben allein im Reich des Kaisers Augustus.
- Um 1650 bewohnen rund 500 Millionen Menschen die Erde.
- Um 1750 gibt es 1 Milliarde Menschen.
- Um 1950 sind es 2,5 Milliarden Menschen.
- Im Jahr 2000 ist die 6-Milliarden-Grenze überschritten.
- Im Jahr 2070 werden 16 Milliarden Menschen die Erde bevölkern, wenn sich die Bevölkerung wie bisher weiterentwickelt.

Führt man solche Rechnungen fort, so wäre für das Jahr 2600 eine *Bevölkerungsdichte* zu erwarten, die jedem Menschen gerade noch Platz unter seinen Füßen lässt. Hochrechnungen dieser Art sind sinnlos. Schon jetzt sterben Jahr für Jahr Millionen Menschen den *Hungertod*.

Regionale Überbevölkerung. Am schnellsten wächst gegenwärtig die Bevölkerung Afrikas, Südamerikas, Südasiens und Ozeaniens.

Die rascheste Entwicklung findet auf dem afrikanischen Kontinent statt. In Nigeria wächst die Zahl der Einwohner jährlich um 3 %. In nur 24 Jahren würde sich die derzeitige nigerianische Bevölkerung verdoppeln.

In Europa liegt der Bevölkerungszuwachs nur noch bei 0,27 %. Das bedeutet, hier sterben mehr Menschen als geboren werden. Verallgemeinernd kann man sagen, dass in den *Industrieländern* eine *Verlangsamung des Wachstums* eingetreten ist, in den *Entwicklungsländern* dagegen ein *explosionsartiges Wachstum* stattfindet.

2 Entwicklung der gesamten Weltbevölkerung in den letzten 10 000 Jahren

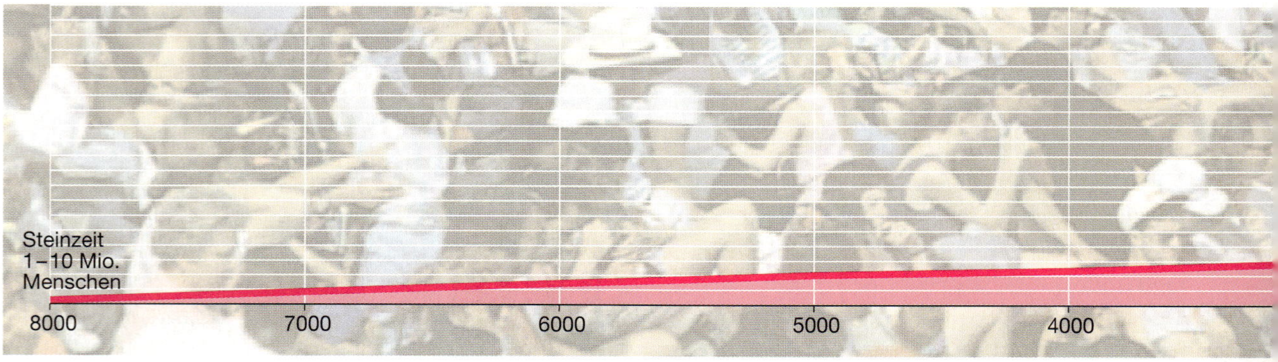

Die Entwicklung der Menschheit
Von Erich Kästner

Einst haben die Kerls auf den Bäumen gehockt,/ behaart und mit böser Visage./ Dann hat man sie aus dem Urwald gelockt/ und die Welt asphaltiert und aufgestockt/ bis zur dreißigsten Etage.

Da saßen sie nun, den Flöhen entflohn,/ in zentralgeheizten Räumen./ Da sitzen sie nun am Telefon./ Und es herrscht noch genau derselbe Ton/ wie seinerzeit auf den Bäumen.

So haben sie mit dem Kopf und dem Mund/ den Fortschritt der Menschheit geschaffen./ Doch davon mal abgesehen und/ bei Lichte betrachtet sind sie im Grund/ noch immer die alten Affen.

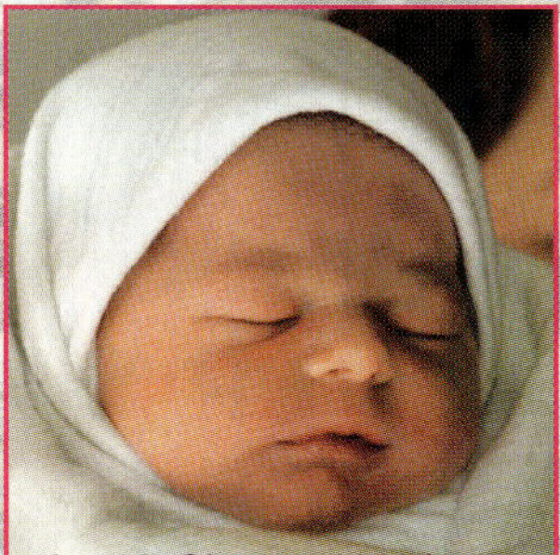

Am 12. Oktober 1999 kam in Sarajewo der symbolisch sechsmilliardste Erdenbürger zur Welt.

Immer deutlicher wird der Zusammenhang zwischen *Bevölkerungswachstum und Ausbildung* in den Ländern der Dritten Welt. Dies gilt besonders für Mädchen und Frauen. Sie sollten sich viel intensiver als bisher auf ihre künftige Rolle als Frau vorbereiten und sich ihres Wertes und ihrer Bedeutung bewusst werden um auch Männern gegenüber mit größerer Sicherheit auftreten zu können. Obwohl gerade in den armen Ländern Kinder als Teil der Altersversorgung gesehen werden, kann dies kein Grund sein, die Frauen dazu zu zwingen, 10 und mehr Kinder am Rande des Hungertodes durchzubringen. Schon vor Jahren wurde im Auftrag der Vereinten Nationen in Zentralafrika eine Untersuchung durchgeführt. Das unwidersprochene Ergebnis war, dass Mädchen mindestens bis zum Alter von 16 Jahren in der Schule bleiben sollten. Ist der Staat nicht in der Lage, mehr als 4 Schuljahre zu finanzieren, soll die Schule erst mit 10-Jährigen beginnen. Bis zu diesem Lebensalter können die Kinder im Kreis ihrer Familie und ihres Dorfes vieles lernen, was zum Leben notwendig ist. Das spätere Ende der Schulzeit würde verhindern, dass die Mädchen zu jung, zu unerfahren und damit zu unselbstständig in die Ehe gehen.

- Soll es nicht zur Katastrophe kommen, muss der Bevölkerungszunahme Einhalt geboten werden.

▶ Wie lässt sich die Zunahme der Bevölkerungsdichte erklären?

Hormone und Entwicklung

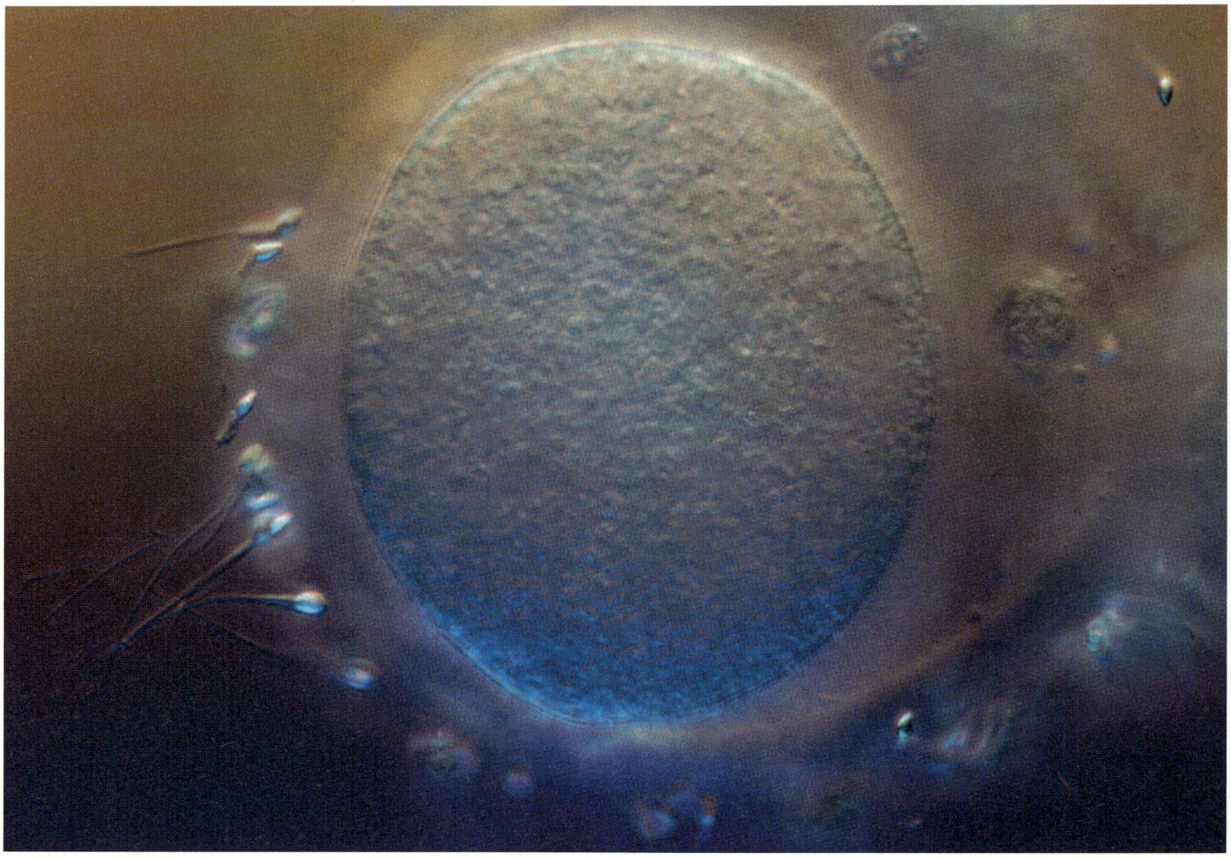

1 Männliche Spermien (Länge eines Spermiums: 0,06 mm) und eine weibliche Eizelle (Durchmesser: 0,2 mm)

2 Schema einer menschlichen Körperzelle. Alle Zellen sind generell nach diesem Bauplan gebaut. Die Zelle ist die kleinste Lebenseinheit.

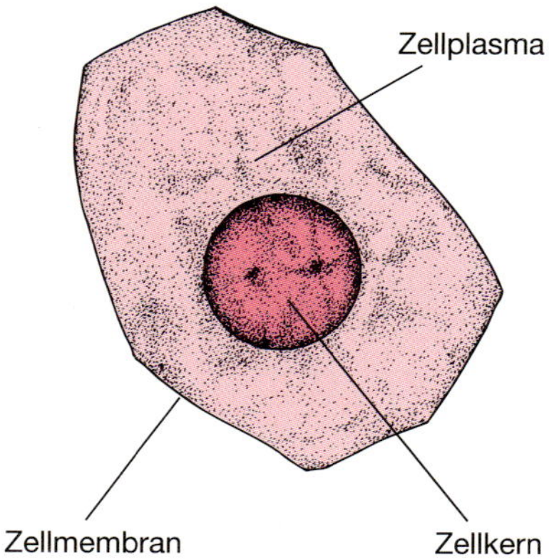

1 Zelle – Gewebe – Organ

Wenn eine Eizelle befruchtet wird, beginnt sie sich anschließend zu teilen. 2, 4, 8, 16, 32 und immer mehr Zellen entstehen. Schließlich, beim erwachsenen Menschen, sind 60 Billionen mit unterschiedlichen Formen und Aufgaben daraus geworden. Zellen des gleichen Bautyps bilden bestimmte *Gewebe*:

– *Deckgewebe* zeichnet sich durch plattenförmige, zylinderförmige und pflasterförmige Zellen aus. Zellen mit Flimmerhärchen kommen im Darm und im Eileiter vor.
– *Muskelgewebe* besteht aus lang gestreckten Zellen, die sich zusammenziehen können.
– *Stützgewebe* der Knochen wird von sternförmigen Zellen gebildet, die nach allen Seiten Knochensubstanz abscheiden. Auch Knorpelzellen bilden Stützgewebe.
– *Nervengewebe* besteht aus Zellen, die durch feine Fortsätze miteinander in Verbindung stehen.
– *Bindegewebe* bildet Kapseln, dünne Häute und Bänder aus faserförmigen Zellen.
– *Drüsengewebe* wird von Zellen gebildet, die bestimmte Körpersäfte wie Mundspeichel, Magenschleim oder Hormone bilden und ausscheiden. *Hormone* sind Botenstoffe. Sie wirken in winzigen Mengen steuernd auf andere Zellen ein.

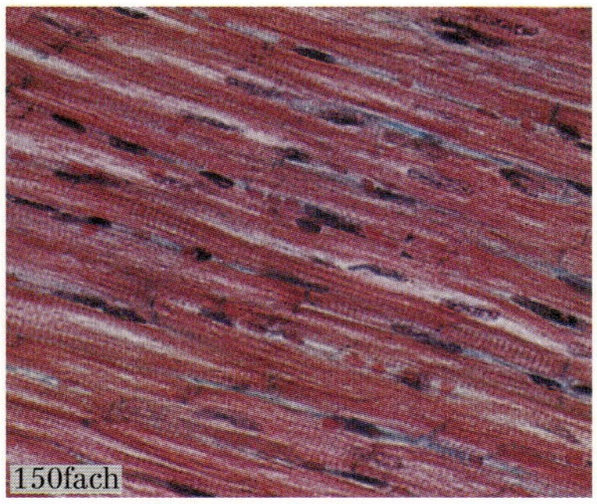

1 Muskelgewebe des Herzens

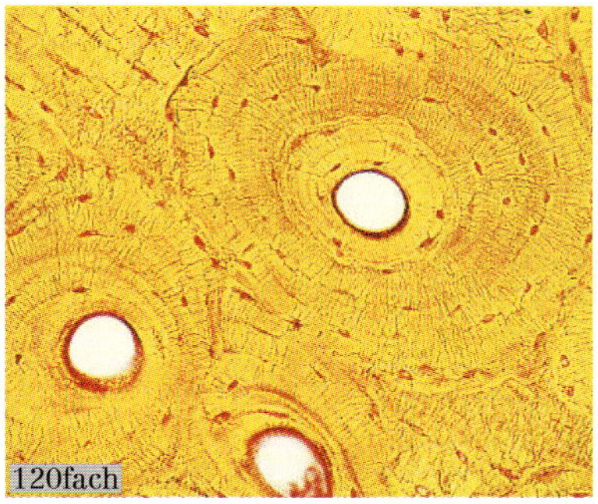

2 Stützgewebe der Röhrenknochen

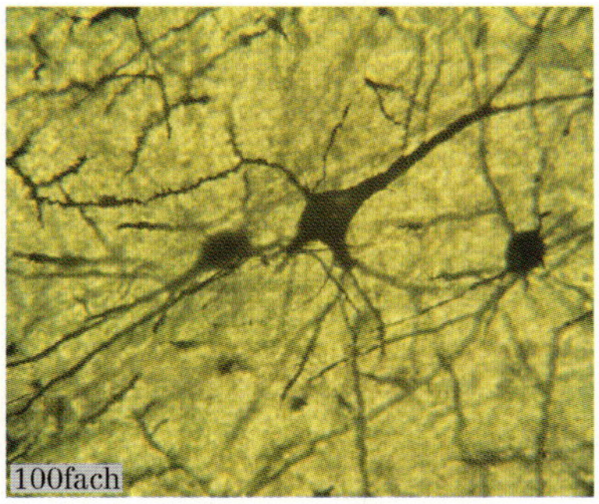

3 Nervengewebe des Gehirns

- Zellen von gleichartigem Bau bilden Gewebe mit ganz bestimmten Aufgaben. Beispiele: Deckgewebe, Muskelgewebe, Stützgewebe, Nervengewebe, Bindegewebe und Drüsengewebe.

Verschiedenartige Gewebe können Verbände mit einer ganz bestimmten Aufgabe bilden. Man nennt solche Verbände *Organe*. Am Aufbau eines Muskels ist neben Muskelgewebe auch Bindegewebe und Nervengewebe beteiligt. Die Haut besteht vor allem aus Deckgewebe, Drüsengewebe, Bindegewebe, Fettgewebe und Nervengewebe.

- Verbände aus verschiedenartigen Geweben mit einer ganz bestimmten Aufgabe bezeichnet man als Organe.

Welche Zelltypen und Organe entstehen, an welcher Stelle und welche Wirkung sie entfalten, ist vor allem das Resultat des *Entwicklungsprogramms*, das in jeder Zelle im Zellkern vorliegt. Aber auch die vielfältigen Wirkungen, die ständig von den Nachbarzellen ausgehen, spielen eine Rolle. Von Bedeutung ist dabei der steuernde Einfluss der Hormone.

- ▶ Welche Baumerkmale sind allen Zellen gemeinsam? Wodurch zeichnen sich Muskelzellen aus, wodurch Nervenzellen und Deckgewebszellen?
- ▶ Definieren Sie die Begriffe Zelle, Gewebe, Organ.

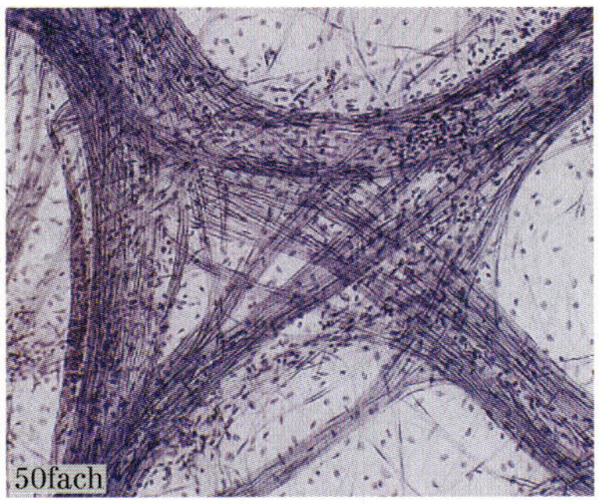

4 Bindegewebe der Harnblase mit elastischen Fasern

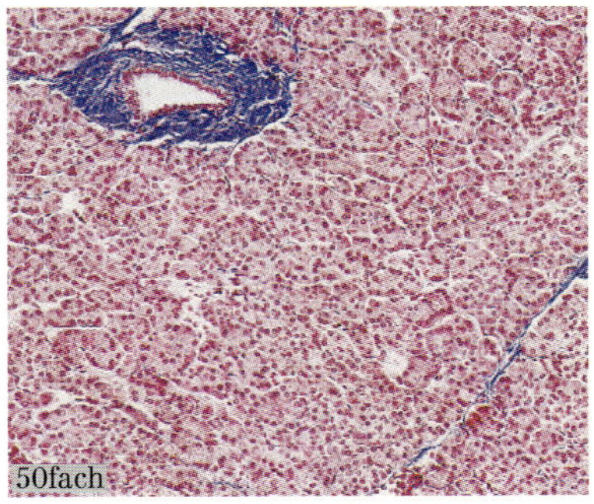

5 Drüsengewebe der Bauchspeicheldrüse

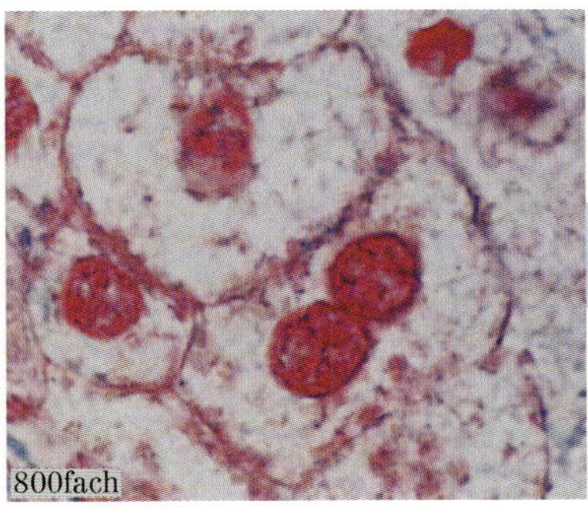

6 Leberzellen

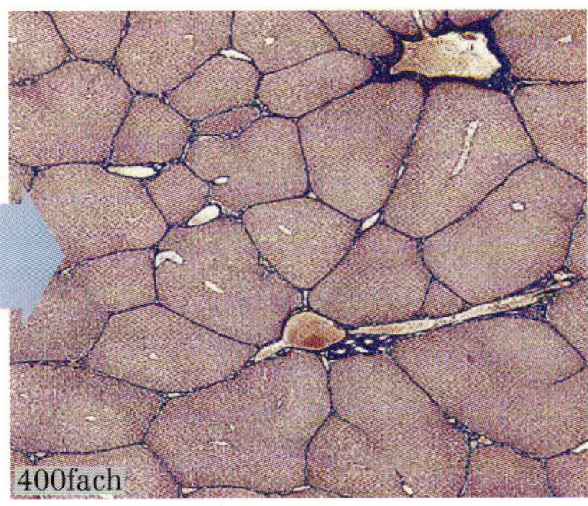

7 Deckgewebe der Leber

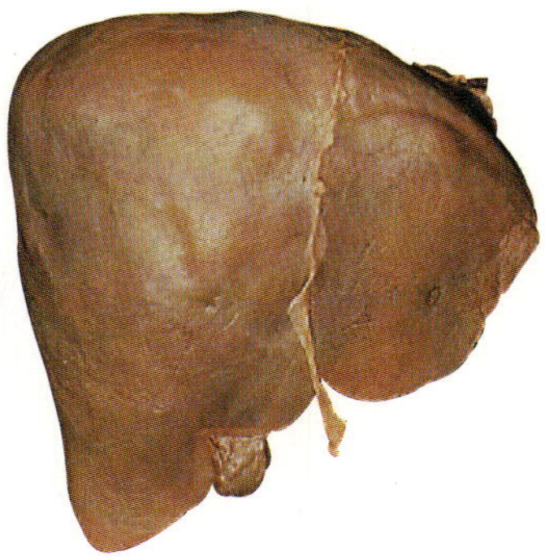

8 Die Leber als Organ

Embryonalentwicklung

Mit der befruchteten Eizelle beginnt die Entwicklung. Sie führt zu Zellvermehrung und Zellen unterschiedlicher Ausbildung. Am Ende des 1. Monats ist die menschliche Grundform herausgearbeitet. Von diesem Zeitpunkt an bis zur Geburt wird das Gewicht des Embryos vertausendfacht.

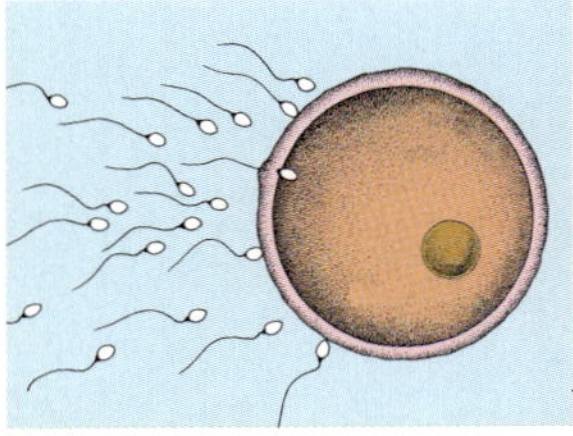

Zelle, Gewebe, Organ

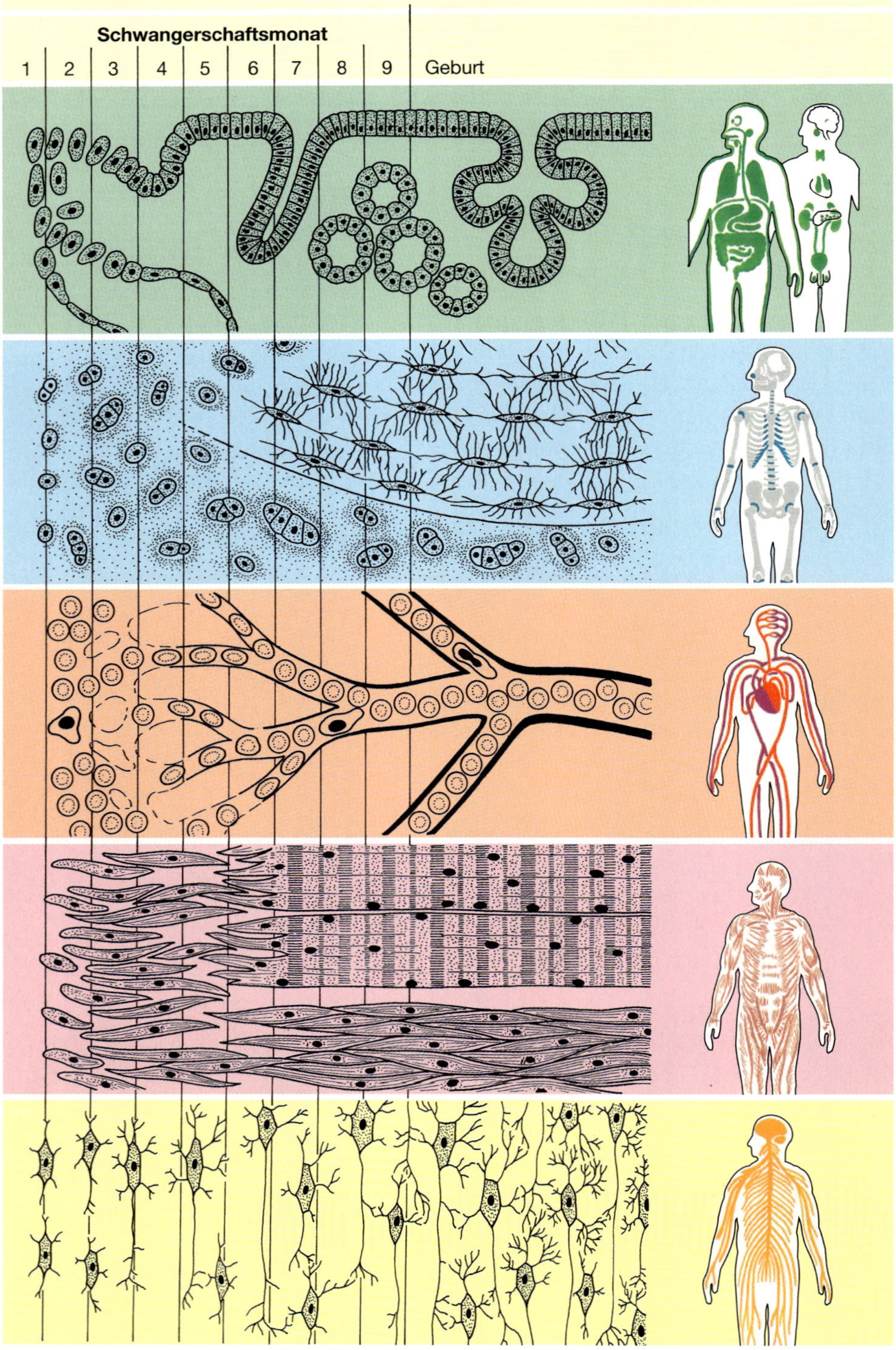

Deck- und Drüsengewebe. Geschlossene Zellverbände, die äußere und innere Oberflächen (Drüsen) bilden. Die Haut übernimmt Schutzaufgaben. Die Drüsen sondern wichtige Stoffe ab.

Stützgewebe.
Knorpel und Knochen. Die Knorpelzellen (links) liegen in der Grundsubstanz, die von Knochenzellen (rechts oben) abgeschieden wird.

Blutgewebe.
Ab der 2. Woche bilden sich Herz und Blutgefäße. Blut ist ein Gewebe, dessen Zellen in Flüssigkeit aufgeschwemmt sind. 45% des Blutes sind Blutzellen.

Muskelgewebe.
Es besteht aus Muskelzellen. Die Skelettmuskeln bilden quer gestreifte Fasern (oben); die Eingeweidemuskulatur besteht aus glatten Muskelzellen (unten).

Nervengewebe.
Nervenzellen bauen das Nervengewebe auf. Im Gegensatz zu den anderen Zellarten können sich Nervenzellen im ausgewachsenen Zustand nicht mehr teilen.

Praktikum: Zellen und Gewebe

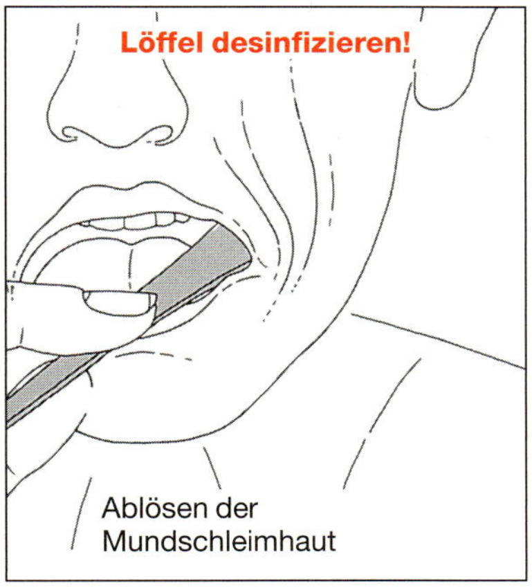

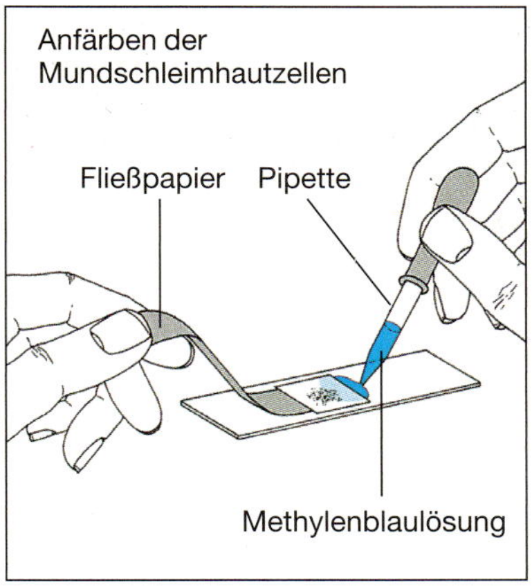

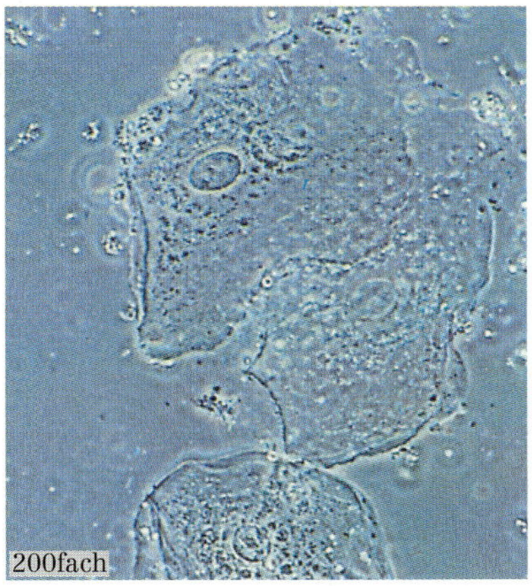

1 Gewebe der Mundschleimhaut

Benötigt werden: kleiner Löffel, Glasstab, Wasser, Pipette, Objektträger, Deckglas, Mikroskop, Eosinlösung.
Die Mundschleimhaut ist ein Deckgewebe aus plattenförmigen Zellen. Mit einem kleinen desinfizierten Löffel lassen sich Gewebsstücke von der Auskleidung der Mundhöhle ablösen. Etwas davon wird mit einem Glasstab auf einen Objektträger mit Wasser gebracht. Dann deckt man mit einem Deckglas ab und mikroskopiert. Das Präparat kann auch mit Methylenblaulösung angefärbt werden. Zeichnen und beschriften Sie einige Zellen auf einem Blatt.

Foto: Methylenblau gefärbte Mundschleimhautzellen

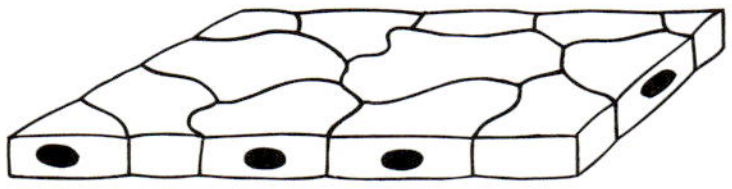
Plattengewebe

Flimmergewebe

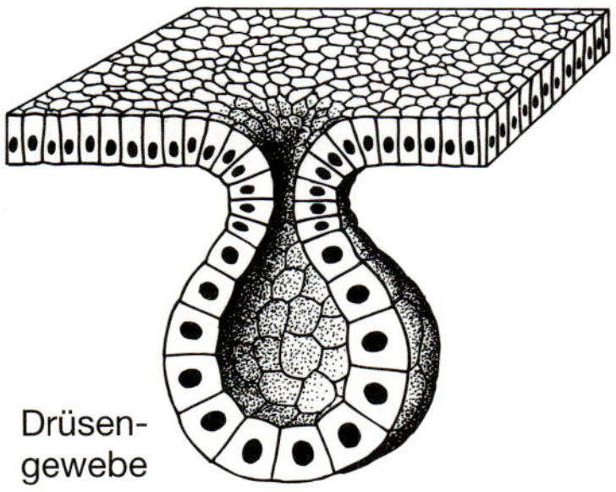
Drüsengewebe

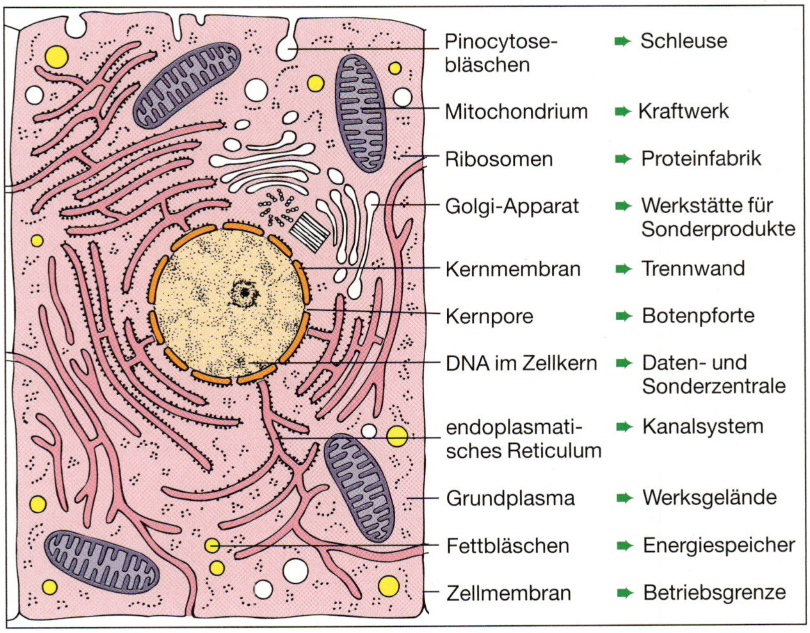

2 Gewebefunktion

Gewebe erfüllen unterschiedliche Aufgaben. Welche Aufgaben werden die oben abgebildeten Gewebe im menschlichen Körper erfüllen?

3 Die Zelle und ihre Aufgaben

Sie sehen die Bestandteile einer Zelle von Tier und Mensch, wie sie im Elektronenmikroskop sichtbar sind. Ihre Aufgaben werden aus dem Vergleich mit einer Industrieanlage ersichtlich.
Welche dieser Bestandteile können Sie auch unter dem Lichtmikroskop sehen?

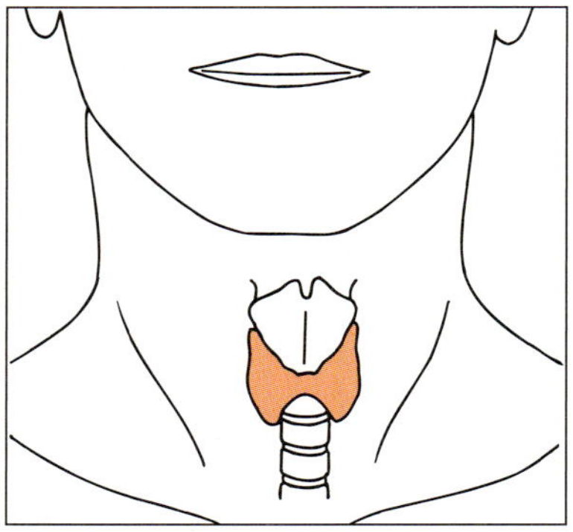

1 *Lage der Schilddrüse*

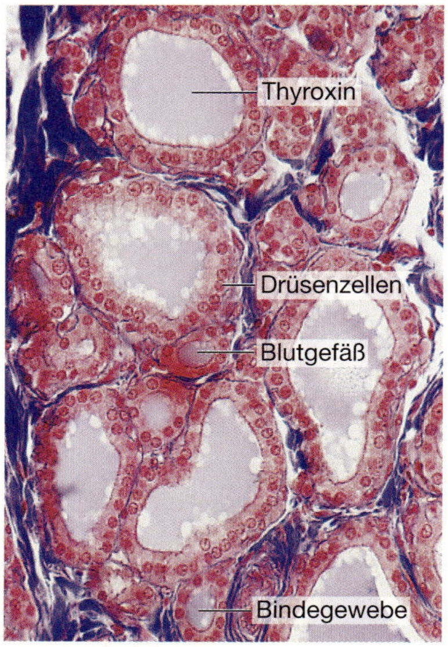

2 *Schilddrüsengewebe*

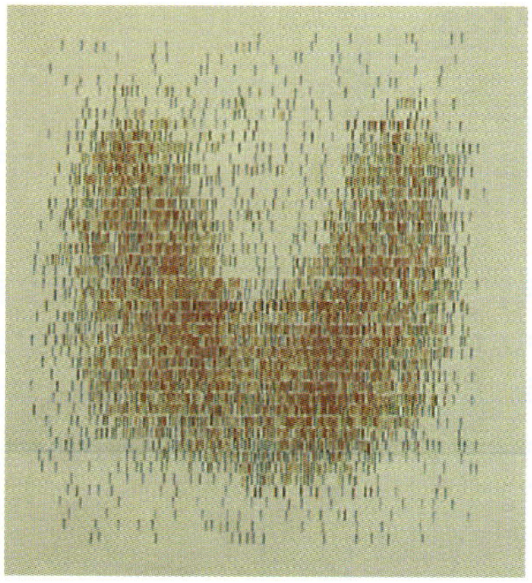

3 *Mithilfe von radioaktivem Iod lässt sich ein Szintigramm der Schilddrüse erstellen. Es gibt Auskunft über die Thyroxinkonzentration in der Schilddrüse.*

2 Hormondrüsen und Hormone

Hormone sind Wirkstoffe, die von *besonderen Hormondrüsen*, von *Teilen des Nervensystems* und von manchen *Geweben* gebildet werden. Sie gelangen in die *Blutbahn* und werden mit dem Blut im ganzen Körper verteilt. Sie sind in *geringsten Mengen* wirksam. Nur Zellen, die besondere *Empfangsmoleküle* dafür besitzen, sprechen auf Hormone an. Je mehr Empfangsmoleküle eine Zelle hat, umso stärker kann sich das entsprechende Hormon auswirken. Im Vergleich zur Informationsübermittlung im Nervensystem entfalten Hormone ihre Wirkung langsamer und dauerhafter.

3 Die Schilddrüse und ihr Hormon

Die Schilddrüse ist etwa 33 g schwer. Sie liegt unterhalb des Kehlkopfs vor der Luftröhre. Die hormonliefernden Drüsenzellen im Innern sind von einer Hülle aus Bindegewebe umgeben. Sie bilden Hunderte winziger Bläschen, in die das *iodhaltige Hormon Thyroxin* abgegeben wird. In den Bläschen wird es in einer Gallerte gespeichert und bei Bedarf in die Blutbahn abgegeben.

Thyroxin

Täglich bildet die Schilddrüse zwischen 100 und 300 µg Thyroxin. Während des ganzen Lebens sind das nicht mehr als 8 g. Überschüssiges Thyroxin wird ständig abgebaut. Innerhalb einer Woche ist etwa die Hälfte des gebildeten Thyroxins wieder verschwunden. Man kennt diese *biologische Halbwertszeit* deshalb so genau, weil zum Aufbau von Thyroxin Iod benötigt wird. Bietet man dem Körper statt normalem Iod *radioaktives Iod* an, lässt sich die damit gebildete Thyroxinmenge genau bestimmen. Die aus dem Körper austretende Strahlung kann über ein *Szintigramm* registriert und als *Strichrasterbild* wiedergegeben werden. Je höher die Strichfolge, desto höher ist die Thyroxinproduktion. Auch Speicherung und Abbau in der Leber und Niere können gut verfolgt werden.

Regelung der Thyroxinkonzentration

Das Schilddrüsenhormon Thyroxin regelt den Stoffumsatz in den Zellen. Untersucht man die Zusammenhänge, so stellt man fest, dass die *Temperatur* eine Rolle spielt. Ist es kalt, wird der Stoffumsatz bis zu einer Obergrenze gesteigert, die nicht überschritten wird. Nimmt die Temperatur zu, lässt der Stoffumsatz nach.

Die Schilddrüse ist bei diesen Vorgängen nicht auf sich allein gestellt, sondern wird vom gesamten Körpergeschehen beeinflusst. Am wichtigsten ist dabei die Wirkung einer übergeordneten Hormondrüse, der *Hirnanhangdrüse* oder *Hypophyse*. Folgende Zusammenhänge bestehen beispielsweise:

- Der *Umweltreiz* Kälte wird vom Kältesinn festgestellt und zum Gehirn gemeldet.
- Unter dem Einfluss der Kältemeldung liefern bestimmte Gehirnzellen ein *Hormon*, das auf die *Hypophyse produktionssteigernd* wirkt.
- Die Hypophyse bildet als Folge ihrerseits ein *Hormon*, das auf die hormonbildenden Zellen der *Schilddrüse anregend* wirkt.

- Die Schilddrüse stellt jetzt *mehr Thyroxin* her.
- Die erhöhte Thyroxinmenge im Blut führt zu einer *Steigerung des Stoffwechsels*.
- Auf die Zellen der Hypophyse, in denen das schilddrüsenanregende Hormon produziert wird, wirkt Thyroxin zügelnd. Dadurch wird die *Hormonproduktion der Hypophyse gebremst*, die Thyroxinabgabe durch die Schilddrüse geht zurück. Letzten Endes regelt also die Thyroxinkonzentration im Körper über die Hypophyse die weitere Thyroxinausschüttung.

● Das Schilddrüsenhormon Thyroxin beeinflusst den Stoffumsatz im Körper. Über hormonproduzierende Zellen im Gehirn und die Hypophyse wird die Herstellung von Thyroxin in Gang gebracht. Durch Rückmeldung der Thyroxinkonzentration zur Hypophyse wird die Produktion geregelt.

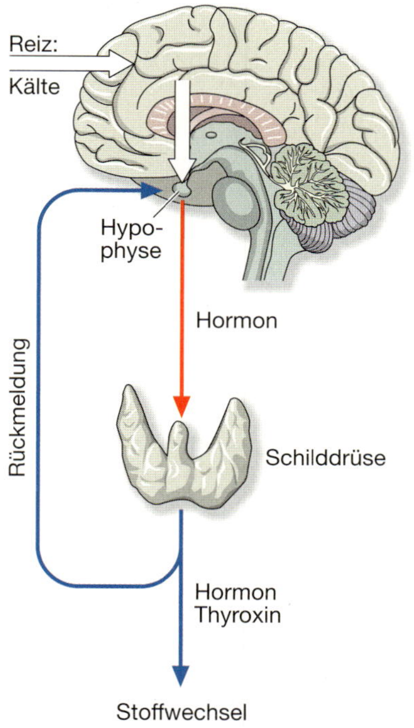

1 *Steuerung des Stoffwechsels*

Zu viel und zu wenig Thyroxin

Überfunktion. Bildet die Schilddrüse *zu viel Thyroxin, so steigt der Stoffumsatz*. Der Körper arbeitet schließlich auf „Hochtouren". Der Blutdruck steigt, Atmung und Herzschlag beschleunigen sich. Die Haut wird heiß und feucht. Die Augen treten vor und glänzen. Trotz guten Appetits kommt es zu einer Gewichtsabnahme. Nervosität und Konzentrationsschwäche stellen sich ein. Dies ist vor allem eine Folge von Fettabbau und Mineralstoffverlusten. Diese Schilddrüsenüberfunktion wird auch als *Basedow-Krankheit* bezeichnet. Zur Überfunktion der Schilddrüse kommt es, wenn sich die Zahl der Drüsenzellen erhöht oder deren Aktivität steigt.

Unterfunktion. Bildet die Schilddrüse *zu wenig Thyroxin, so sinkt der Stoffumsatz*. Der Körper arbeitet auf „Sparflamme". Dies führt zu körperlicher und geistiger Trägheit, zu Müdigkeit und Schwächegefühl. Fettgewebe wird vermehrt gebildet. Die Haut fühlt sich weich und schwammig an. Das Körpergewicht steigt, die davon Betroffenen beginnen zu frieren. Besteht eine Schilddrüsenunterfunktion von Geburt an, so ist die körperliche und geistige Entwicklung beeinträchtigt.

3 *Seefisch enthält viel Iod.*

Kropf. Ein Kropf entsteht, wenn die Zahl der Schilddrüsenzellen stark zunimmt. Dies ist meist dann der Fall, wenn in der Nahrung *nicht genügend Iod* enthalten ist. Deshalb nahm früher bei uns die Kropfhäufigkeit mit wachsender Entfernung vom iodhaltigen Meer von Norden nach Süden zu. Heute wird *iodiertes Speisesalz* bundesweit angeboten. Seit man die Arbeitsweise der Schilddrüse kennt, lässt sich eine Mangelerscheinung auch durch *gezielte Iodgaben* beheben.

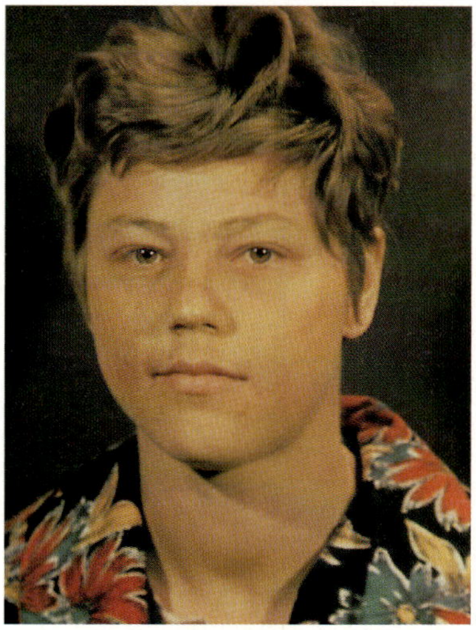
2 *Vergrößerte Schilddrüse infolge Iodmangels*

▶ Wie wirkt sich eine Abnahme der Thyroxinkonzentration auf den Stoffwechsel und auf die Hypophyse aus?

▶ Welche Aufgabe hat iodiertes Speisesalz?

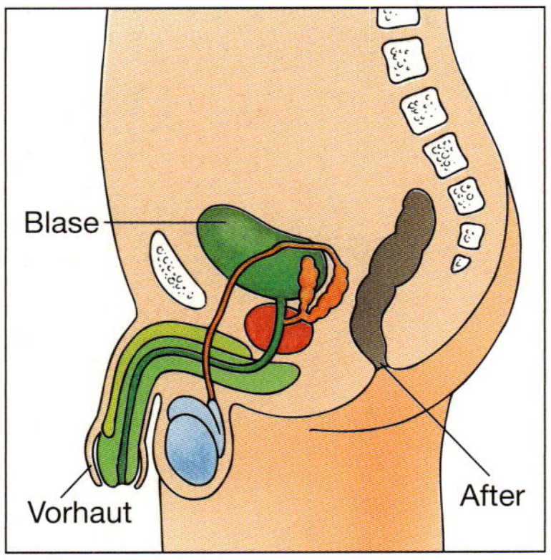

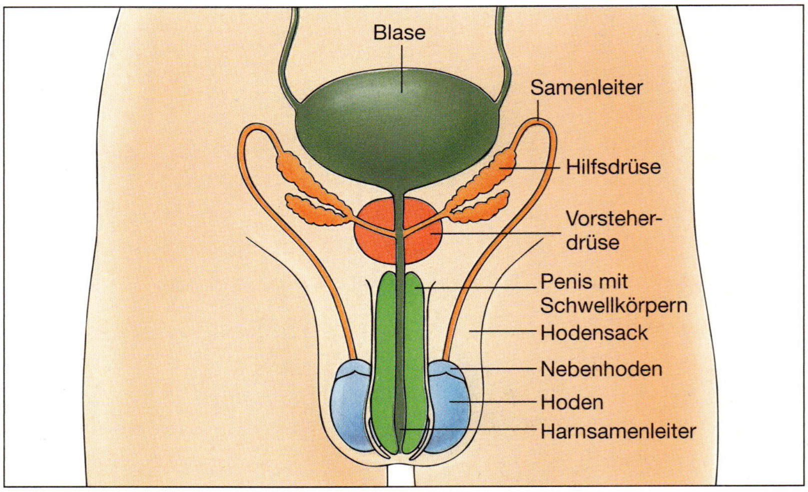

1 und 2 Die männlichen Geschlechtsorgane – seitlich und von vorne

4 Geschlechtsmerkmale

Primäre Geschlechtsmerkmale. Der Unterschied der Geschlechter ist schon in der befruchteten Eizelle angelegt. Äußere Unterschiede sind jedoch in den ersten 6 Wochen der Entwicklung des Kindes im Mutterleib noch nicht erkennbar.

Ab der 12. Woche entwickeln sich im weiblichen Embryo die *Eierstöcke* und im männlichen Embryo die *Hoden*. Im weiteren Verlauf der Keimesentwicklung bilden sich die *primären Geschlechtsmerkmale* vollständig aus:

- Beim Jungen sind äußerlich Penis und Hodensack erkennbar. Im Hodensack liegen die beiden Hoden, in denen die Spermien gebildet werden. Im Körperinnern befinden sich die Samenleiter mit den Hilfsdrüsen.
- Beim Mädchen sind äußerlich die Schamlippen zu erkennen, Scheide, Gebärmutter, Eileiter und Eierstöcke liegen im Körperinnern. Die schlauchförmige Scheide ist mit einer Schleimhaut ausgekleidet.

3 und 4 Die weiblichen Geschlechtsorgane liegen im Unterleib. Seitlich und von vorne dargestellt

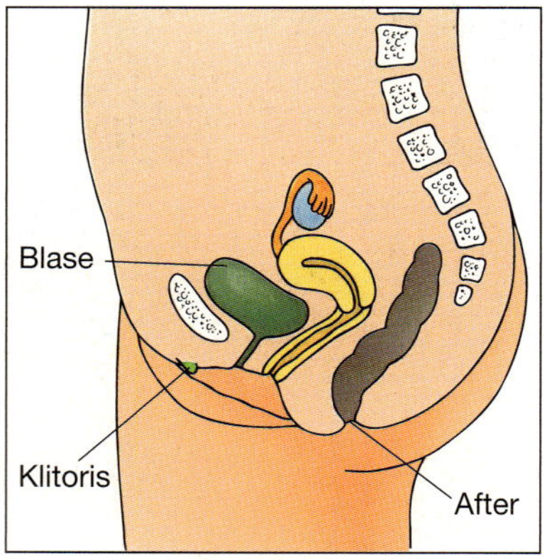

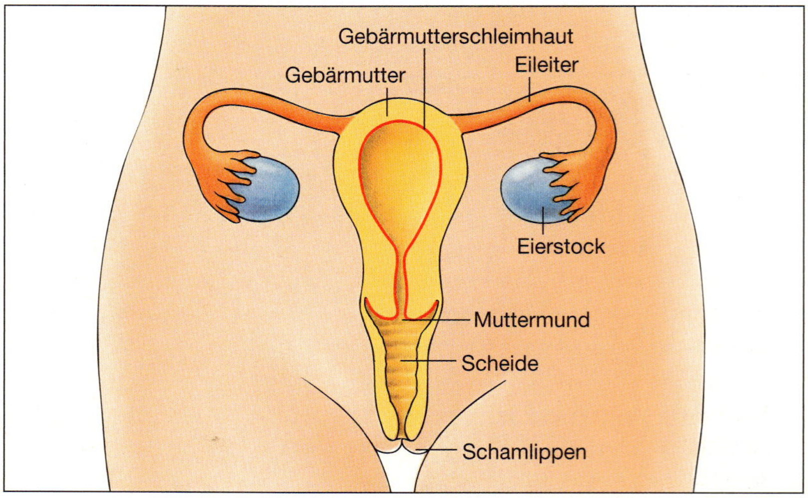

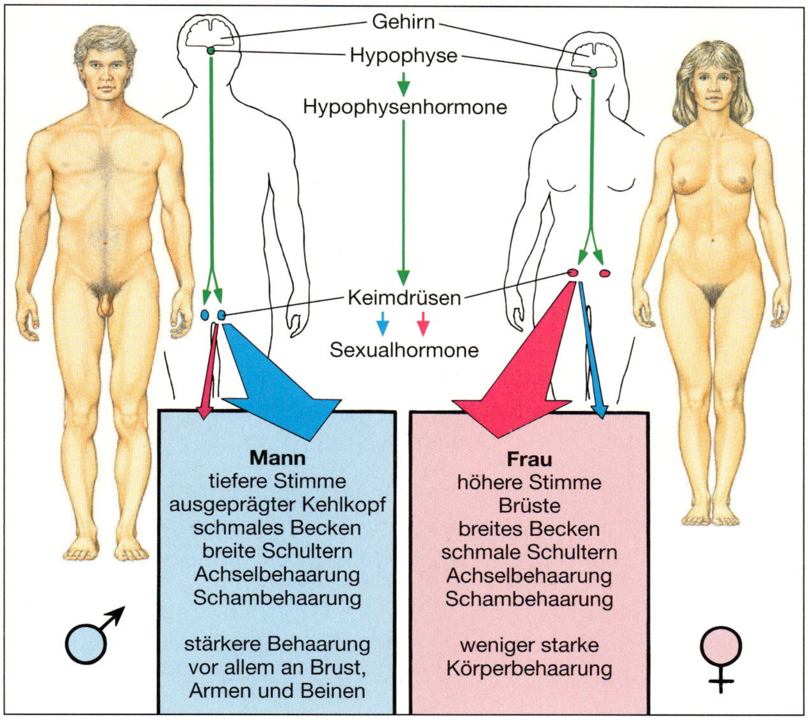

1 und 2 Die Geschlechtsreife wird durch das Zwischenhirn, die Hypophyse und die Sexualhormone gesteuert. Die Hypophysenhormone sind FSH und LH. Als Sexualhormone überwiegen beim Mann die Androgene, bei der Frau Östrogene und Gestagene. Das jeweilige Mischungsverhältnis weiblicher und männlicher Sexualhormone prägt das Erscheinungsbild von Mann und Frau.

Sekundäre Geschlechtsmerkmale. Außer durch die primären Geschlechtsmerkmale unterscheiden sich Jungen und Mädchen in ihrem Körperbau während der ersten Lebensjahre kaum. Dies ändert sich, sobald in der *Pubertät* die Ausbildung der *sekundären Geschlechtsmerkmale* einsetzt:

- Beim Jungen beginnen *Schamhaare*, *Achselhaare* und *Barthaare* zu sprießen. Der Kehlkopf vergrößert sich, die Stimmbänder werden länger. Deshalb wird während des *Stimmbruchs* die Stimme tiefer. Die *Muskulatur* ist in der Regel kräftiger als bei Mädchen.
- Beim Mädchen entwickeln sich ebenfalls *Schamhaare* und *Achselhaare*. Durch Einlagerung von *Fettpolstern* in die Unterhaut wird die Körpergestalt insgesamt rundlicher. Die *Brüste*, deren Milchdrüsen von lockerem Fettgewebe umhüllt sind, vergrößern sich. Auf der Höhe von Becken und Oberschenkeln ist der weibliche Körper am breitesten.

3 Junge oder Mädchen? Bei Dreijährigen ist das nicht immer so leicht zu erkennen.

▶ Nennen Sie die primären und sekundären Geschlechtsmerkmale von Mann und Frau.

▶ Worin besteht der wesentliche Unterschied zwischen den primären und den sekundären Geschlechtsmerkmalen?

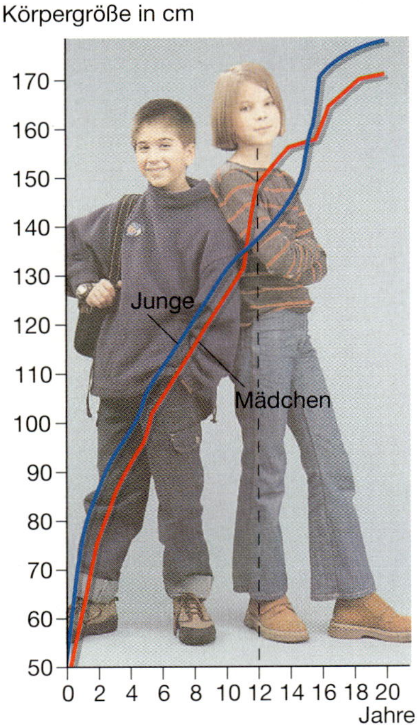

1 Durchschnittliche Wachstumskurve bei Jungen und Mädchen. Im Alter von 12 Jahren eilen die Mädchen den Jungen am stärksten voraus.

2 Tägliche Körperpflege ist besonders in der Pubertät sehr wichtig, weil die Drüsen der Haut verstärkt Talg und Schweiß absondern.

Reifezeit, Zeit des Wandels

Beschleunigtes Wachstum. Die *Pubertät* ist eine Zeit tief greifender *hormonaler Umstimmung*. Äußere Anzeichen sind die *Entwicklung der sekundären Geschlechtsmerkmale* und ein *Längenwachstumsschub*. Meist setzt die Pubertät bei Mädchen mit 10 bis 11 Jahren, bei Jungen mit etwa 12 Jahren ein. Auch das seelische Leben erfährt in dieser Zeit eine Veränderung. Die Pubertät reicht bei Mädchen bis zum 16./17., bei Jungen bis zum 18./19. Lebensjahr.
Manchmal wird die noch kindliche Muskulatur den Anforderungen des rasch herangewachsenen Körpers nicht gerecht. Deshalb kann bei den „Schnellwachsern" die körperliche Leistungsfähigkeit stark absinken. Erst wenn sich auch die anderen Organe umgestellt haben, nimmt die Leistungsfähigkeit wieder zu. Bei den „Langsamwachsern" treten solche Schwierigkeiten kaum auf.

- Laufen, Schwimmen, Gymnastik und genügend Schlaf, aber auch Verständnis und Entgegenkommen vonseiten der Erwachsenen sind für das Wohlbefinden während der Pubertät besonders wichtig.

▶ Welche Körpermerkmale verändern sich im Laufe der Reifung besonders stark?

Körperpflege. Die Schweißdrüsen und Talgdrüsen der Haut beginnen während der Pubertät verstärkt zu arbeiten. Vor allem in den Achselhöhlen entwickeln sich Duftstoffe, die lästig sein können. Das tägliche Duschen oder Waschen ist daher unerlässlich.
Wenn die Ausfuhrkanäle der Talgdrüsen verstopft sind, staut sich der Talg in den Drüsen und verhärtet sich. Mitesser und Pickel können sich bilden. Eine spezielle Reinigungslotion und Gesichtswasser können helfen. In schwierigen Fällen sollte man den Hautarzt aufsuchen.
Hormone. Verantwortlich für die körperlichen und seelischen Veränderungen in der Pubertät sind *Hormone*. Aus der Hirnanhangdrüse, der Hypophyse, werden Hormone in die Blutbahn abgegeben, die die *Keimdrüsen* – beim Mädchen die *Eierstöcke*, beim Jungen die *Hoden* – zur Bildung von *Geschlechtshormonen* anregen. Die Aktivität der Hypophyse wird ihrerseits durch die Geschlechtshormone beeinflusst.
Das jeweilige Mischungsverhältnis weiblicher und männlicher Hormone prägt den Körper von Mann und Frau. Die Jugendlichen beginnen sich für das andere Geschlecht zu interessieren.

- Von der Hypophyse werden während der Pubertät in vermehrtem Maß Hormone abgegeben, die die Keimdrüsen zur Bildung von Geschlechtshormonen anregen.

Vor der Pubertät werden nur geringe Mengen von Geschlechtshormonen gebildet, weil die kindliche Hypophyse den Geschlechtshormonen gegenüber so empfindlich ist, dass sie nur eine äußerst geringe Menge keimdrüsenanregender Hormone herstellt.

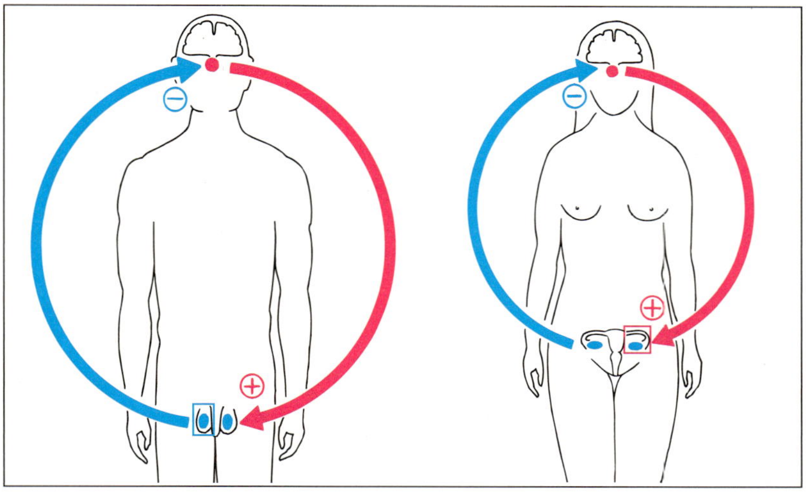

1 Für die körperliche Reifung ist die Wechselwirkung zwischen Hypophyse und Keimdrüsen von großer Bedeutung. Die Hypophyse (rot) regt die Keimdrüsen (blau) zur Hormonproduktion an.
Die Geschlechtshormone aus den Keimdrüsen hemmen die Hormonproduktion der Hypophyse.
Hormone sind Botenstoffe, die in geringer Menge große Wirkung erzielen.

Ein bis zwei Jahre vor der Entwicklung der sekundären Geschlechtsmerkmale kommt es dann zu einer Veränderung:

- Die Empfindlichkeit der Hypophyse gegenüber den Geschlechtshormonen nimmt ab.
- Als Folge davon steigt die Produktion keimdrüsenanregender Hormone durch die Hypophyse.
- Dies bewirkt eine Erhöhung der Produktion von Geschlechtshormonen.

Im Verlauf der Pubertät werden im Körper des Jungen und des Mädchens verstärkt sowohl weibliche als auch männliche Geschlechtshormone gebildet. Von den Eierstöcken wird vor allem Östrogen gebildet, von den Hoden vor allem Testosteron.

- Beim Jungen überwiegt das männlich bestimmende Testosteron.
- Beim Mädchen überwiegt das weiblich bestimmende Östrogen.

● Die Geschlechtsreife wird durch die Hypophyse und die Sexualhormone gesteuert.

▶ Vergleichen Sie das Zusammenwirken von Hypophyse und Keimdrüsen vor und nach der Pubertät. Welche Unterschiede bestehen?

Vom Jungen zum Mann

Sowohl die körperlichen als auch die seelischen Veränderungen während der Reifezeit werden beim Jungen vor allem durch das männlich bestimmende *Testosteron* hervorgerufen. Die Reifung der Geschlechtsorgane wird deutlich empfunden. Gliedversteifung als Folge geschlechtlicher Erregung tritt vermehrt auf. Sobald unter der Wirkung des Testosterons die Produktion von *Spermazellen* eingesetzt hat und die Kanälchen der Nebenhoden die Spermazellen nicht mehr zu speichern vermögen, kommt es von Zeit zu Zeit zu nächtlichen *Samenergüssen*, auch *Pollutionen* genannt. Ein Samenerguss besteht aus Drüsensekreten und etwa 200 bis 300 Millionen Spermazellen, auch Spermien genannt.

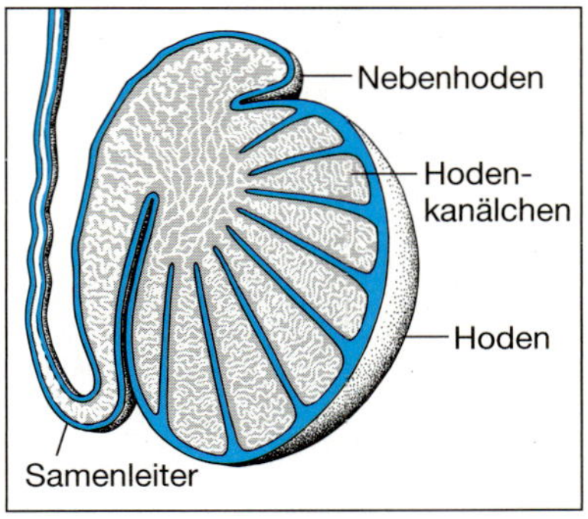

2 Schnitt durch Hoden und Nebenhoden

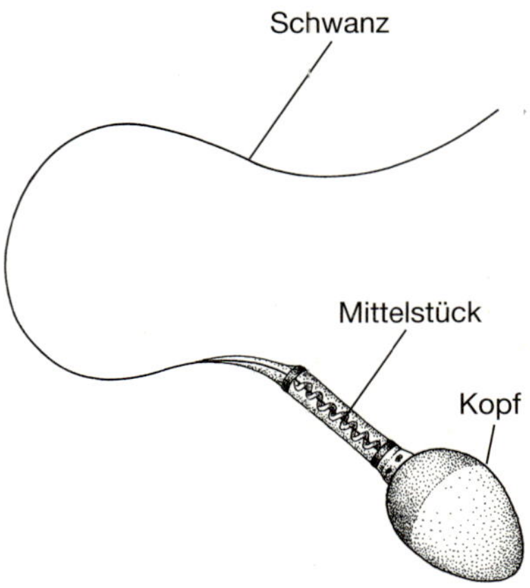

3 Spermium

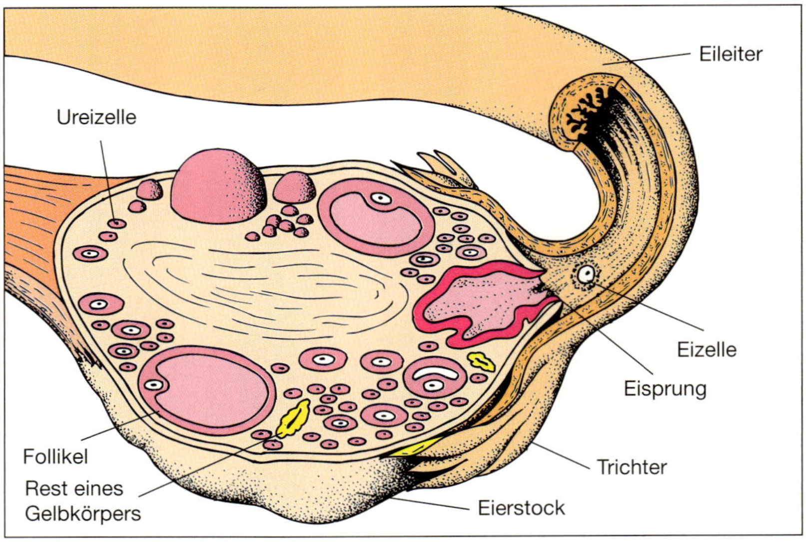

1 Übersicht über den Eierstock mit heranreifenden Follikeln. Beim Eisprung wird die Eizelle aus dem Follikel frei.

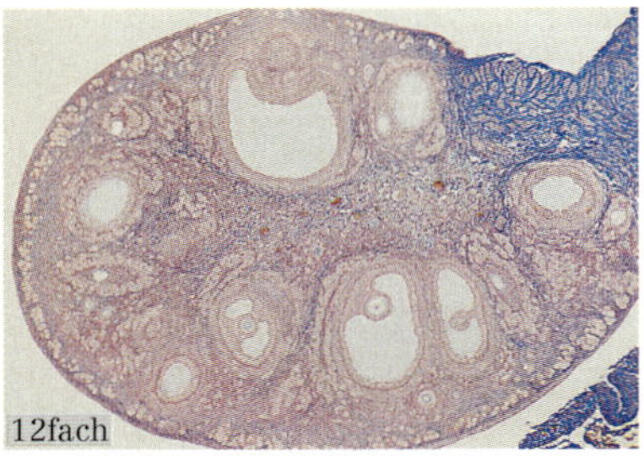

2 Das Mikrofoto zeigt einen Schnitt durch den Eierstock mit verschieden reifen Follikeln.

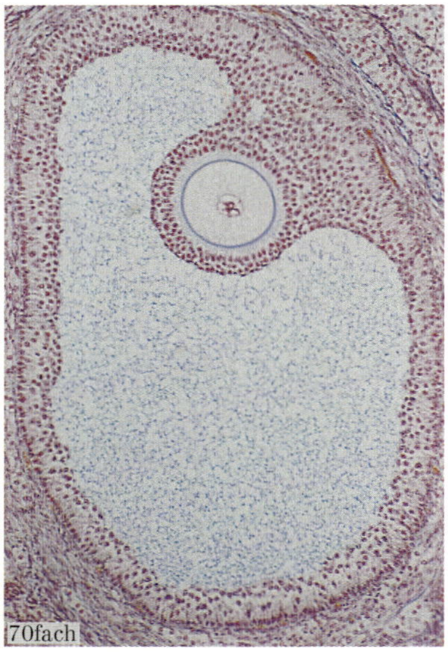

3 Schnitt durch einen Follikel.

▶ Wie groß ist die Eizelle in Bild 3 in Wirklichkeit?

Vom Mädchen zur Frau

Mit der Abgabe der ersten *befruchtungsfähigen Eizelle* aus dem *Follikel*, einem mit Flüssigkeit gefüllten Bläschen, kommt es zur *ersten Regelblutung*. Etwa zwei Jahre nach dieser *Menarche* hat sich der weibliche Zyklus auf eine *Periode von 26 bis 31 Tagen* eingespielt. Man bezeichnet den weiblichen Zyklus auch als *Menstruationszyklus*.

Zwei Hypophysenhormone. Als Zeitgeber für den Zyklus wirkt das Gehirn. Es beeinflusst die Hypophyse. Dort werden zwei Hormone erzeugt, die vor allem auf den Eierstock einwirken:

- Das *follikelstimulierende Hormon (FSH)* wirkt anregend auf die Follikel im Eierstock. Unter dem Einfluss des FSH wächst der Follikel zum flüssigkeitserfüllten Bläschen heran, dessen Wände von mehreren Zellschichten gebildet werden. In einem Hügel, der in das Bläschen hineinragt, liegt die Eizelle.
- Das *luteinisierende Hormon (LH)* unterstützt die Wirkung des follikelstimulierenden Hormons FSH.

Östrogen. Unter der Wirkung der beiden *Hypophysenhormone LH und FSH* entsteht im Follikel ein drittes Hormon: Östrogen.
Das Hormon ist an der Steuerung des Menstruationszyklus beteiligt.

- Das *Follikelhormon Östrogen* wandert aus dem Follikel in den ganzen Körper.
  In der Gebärmutter bewirkt es ein starkes *Wachstum der Schleimhaut* und in der Hypophyse die Abnahme der FSH-Produktion. Die LH-Produktion wird verstärkt.
  Der inzwischen kirschgroße Follikel wandert an die Außenwand des Eierstocks. Unter dem Einfluss eines ganz bestimmten Mengenverhältnisses von FSH und LH wird die Eizelle etwa am 14. Tag nach Beginn der letzten Blutung in einer Hülle von Hilfszellen Richtung Eileiter entlassen. Obwohl dieser Vorgang keineswegs sprunghaft abläuft, wird er *Eisprung* genannt.

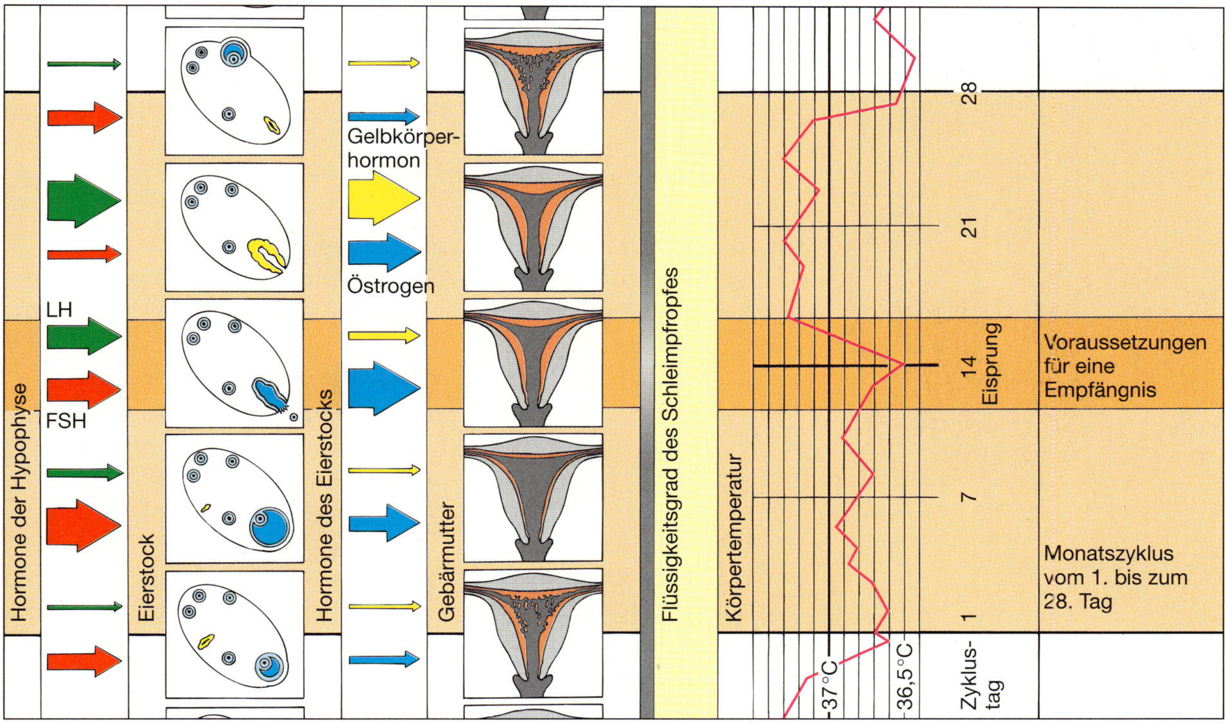

1 *Auf einen Blick:*
- *Von der Hypophyse gebildete Mengen an FSH und LH während des Zyklus*
- *Heranreifen des Follikels, Eisprung und Gelbkörperbildung; Östrogen- und Progesteronbildung im Eierstock*
- *Heranwachsen der Uterusschleimhaut, Schleimhautabstoßung und Blutung*
- *Nach dem Eisprung steigt die Körpertemperatur um 0,4 bis 0,9 °C. Da die Eizelle eine Lebensdauer von nur 12 Stunden hat, gelingt es durch Messung der Körpertemperatur, fruchtbare und unfruchtbare Tage zu bestimmen.*

Das Ei wird normalerweise von den Fransen des *Eileiters*, die sich über den Follikel legen, eingefangen und durch sanfte Bewegungen der Eileitermuskulatur zur *Gebärmutter* hin bewegt. Die Reste des Follikels wandeln sich unter LH-Wirkung zum *Gelbkörper* um.

- Das *Gelbkörperhormon Progesteron* wird als viertes beteiligtes Hormon jetzt verstärkt gebildet. Progesteron bremst einerseits die Hormonproduktion der Hypophyse und fördert andererseits das Wachstum der *Gebärmutterschleimhaut*. Viele Blutgefäße bilden sich. Nährstoffe reichern sich an. Die Schleimhautdrüsen beginnen Schleim abzusondern. Alles ist zur Aufnahme eines *befruchteten Eies* bereit.

Kommt ein unbefruchtetes Ei in der Gebärmutter an, so wirkt sich der bremsende Einfluss des Progesterons auf die Hypophyse aus, und die Bildung von FSH und LH in der Hypophyse geht zurück. Dies führt zu einer Verkleinerung des Gelbkörpers. Die Östrogen- und Progesteronproduktion wird eingestellt. Die Gebärmutterschleimhaut bildet sich zurück. Sobald unter dem Einfluss des Zwischenhirns die FSH-Produktion wieder ansteigt und dadurch erneut das Follikelhormon Östrogen gebildet wird, kommt es – durch Östrogen veranlasst – zu Bewegungen der Gebärmuttermuskulatur. Dies führt schließlich zur *Abstoßung der Gebärmutterschleimhaut* und die *Menstruation* tritt ein.

● Am weiblichen Zyklus sind die Hypophysenhormone FSH sowie LH und die Geschlechtshormone Östrogen sowie Progesteron beteiligt.

1 *Die erste Regelblutung der jungen Frau wird von einem feierlichen Ritual begleitet.*

5 Reif oder nicht reif

Mit der ersten Pollution und dem ersten Eisprung sind die Heranwachsenden *geschlechtsreif*. Bei vielen Völkern wird dieses Ereignis meist mit dem Erwachsensein gleichgesetzt. Feierliche Rituale besiegeln dies. Ob ein Mensch seine Erwachsenenrolle übernehmen kann, ist aber weniger eine Frage der körperlichen als der *sozialen Reife*.

Die soziale Reife ist, um mit dem Sozialpsychologen Bondy zu reden: „... von den Forderungen der Kultur abhängig. Ein Mensch ist erwachsen, wenn er in der Lage ist, die Erfordernisse, die eine Kultur stellt, zu erfüllen."

Erwachsensein hängt aber nicht nur davon ab, dass jemand in der Lage ist seinen Lebensunterhalt zu bestreiten. Zur sozialen Reife gehören auch die Fähigkeit und die Bereitschaft sich mit den Problemen der Gesellschaft auseinander zu setzen.

Partnerschaft und Liebe

Der Mensch ist kein Einzelgänger. Er lebt in der Gruppe, umgeben von einer großen Gemeinschaft. Junge Leute, deren Bindung an die Familie im Laufe der Jahre etwas lockerer wird, suchen Gemeinsamkeit unter Gleichgesinnten, unter Freundinnen und Freunden. Obwohl sie sich nicht selten in der großen, anonymen Schar der Disko oder eines Open-Air-Konzerts tummeln, sind sie auf der Suche nach dauerhafteren Bindungen. Das Interesse am anderen Geschlecht wächst.

„Dieses Kribbeln im Bauch ..." – das muss Liebe sein! *Partnerschaften* bilden sich, scheinbar zufällig, aber durchaus einer inneren Stimmung folgend, gewünscht und gesucht, ernsthaft gemeint. Enttäuschungen, die sich gar nicht vermeiden lassen, werden nicht immer leicht verkraftet. Frühe Bindungen sind in hohem Maß gefühlsbestimmt und innerlich auf Dauer angelegt, auch wenn die Wirklichkeit dem oft genug entgegensteht. Die Erwartungen sind hoch. Bei Mädchen oft mehr als bei Jungen. Dabei ist es ganz natürlich, dass nicht alle Versprechen in den siebenten Himmel führen: Vieles, was „Liebe" genannt wird, ist nichts anderes als „verliebt sein".

Liebe ist eines der stärksten Gefühle, zu denen wir Menschen fähig sind. Sie setzt das höchste Maß an Vertrauen voraus und die Bereitschaft, sich selbst auch unter Verzicht auf persönliche Vorteile in die Zweiergemeinschaft einzubringen. Sie schließt den ganzen Menschen ein – mit seinen liebenswerten und seinen schwierigen Seiten. Sie gibt und empfängt Geborgenheit, Wärme, Vertrauen und Hilfe. Liebe ist zwar vom Gefühl bestimmt. Sie darf aber, wenn sie echt sein will, die Vernunft nicht ausschließen.

2 *Liebe ist ein starkes Gefühl.*

▶ Denkanstöße!

Zeige ich mich dem Partner immer nur von meiner „Schokoladenseite"?

Kann ich „Nein" sagen, wenn mir etwas nicht gefällt?

6 Auf einen Blick: Hormondrüsen im Körper

1 Zirbeldrüse
Die Zirbeldrüse hat etwa die Größe einer Haselnuss. Sie liegt im Dach des Zwischenhirns.
Ihre Hormone beeinflussen die Reifung der Geschlechtsmerkmale. Möglicherweise steuern sie die Keimdrüsenentwicklung mit.

2 Hypophyse
Diese bohnengroße Drüse hängt an der Unterseite des Zwischenhirns. Sie gibt etwa 10 verschiedene Hormone ab und ist damit die wichtigste Steuerzentrale des gesamten Hormonhaushalts. Sie wirkt eng mit dem Gehirn zusammen.

3 Schilddrüse
Die Schilddrüse ist etwa 30 Gramm schwer und liegt beiderseits unmittelbar unter dem Kehlkopf. Sie bildet mehrere Hormone, von denen das Thyroxin, das den Stoffwechsel aller Körperzellen beeinflusst, das wichtigste ist.

4 Thymusdrüse
Die Thymusdrüse verändert sich im Laufe eines Menschenlebens. Die hinter dem Brustbein gelegene Drüse ist im Kindesalter stark entwickelt, im Erwachsenenalter zurückgebildet. Sie beeinflusst die Entwicklung des Immunsystems.

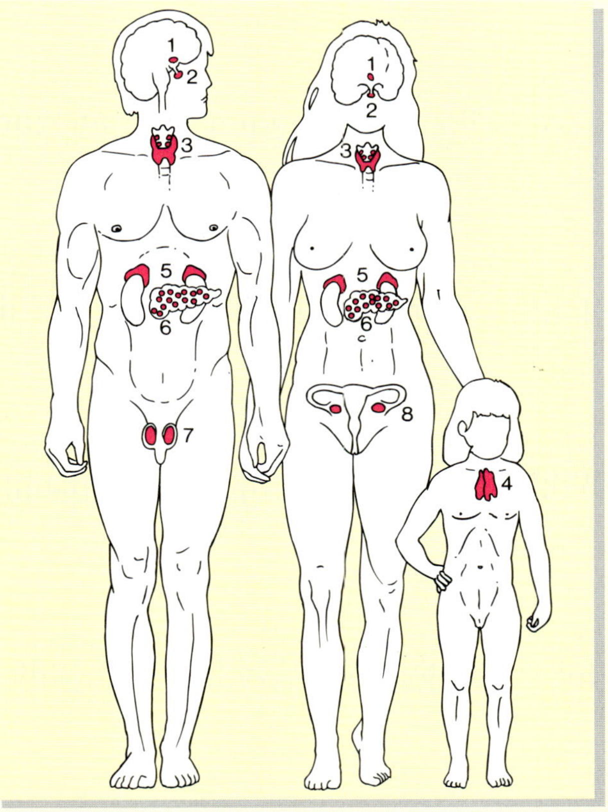

5 Nebenniere
Die Nebennieren sitzen den Nieren wie eine Kappe auf.
Die Hormone des Nebennierenmarks steigern die Herzleistung, erhöhen den Blutzuckerspiegel, vertiefen den Atem, steigern die Leistungsbereitschaft des Körpers. Die Hormone der Nebennierenrinde mobilisieren unter anderem die letzten Reserven des Körpers.

8 Weibliche Keimdrüsen, Eierstöcke
Vom Eintritt der Geschlechtsreife bis etwa zum 50. Lebensjahr reift in den beiden mandelgroßen Eierstöcken der Frau monatlich eine Eizelle. Dieser Zyklus wird durch Hormone, die vom Eierstock gebildet werden, im Zusammenwirken mit Hypophysenhormonen geregelt.

7 Männliche Keimdrüsen, Hoden
In beiden Hoden des Mannes sind zahlreiche dünne Hodenkanälchen aufgewunden. In ihnen werden die Spermien gebildet. Zwischen den Kanälchen liegen Zellen, in denen die männlichen Geschlechtshormone erzeugt werden. In geringer Menge bilden Hoden auch weibliche Geschlechtshormone.

6 Bauchspeicheldrüse
In Nabelhöhe, hinter dem Zwölffingerdarm, liegt die Bauchspeicheldrüse. Sie bildet zum einen Hormone wie Insulin und Glukagon, die direkt ins Blut gelangen und den Blutzuckerhaushalt regulieren.
Zum anderen gibt sie Verdauungssäfte durch einen Ausführgang in den Zwölffingerdarm ab.

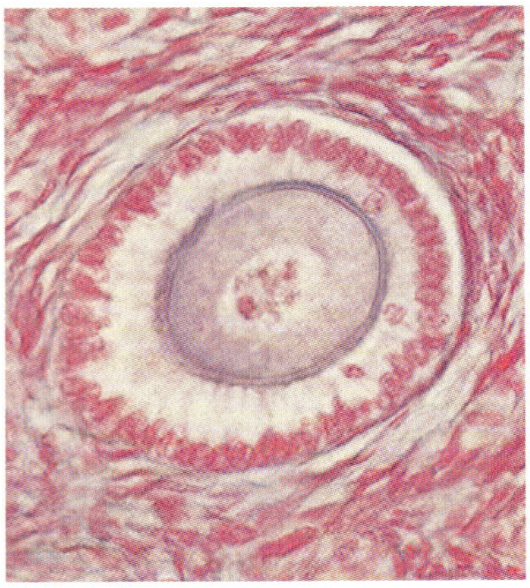

1 Eizelle (Bildmitte, Durchmesser 0,2 mm)

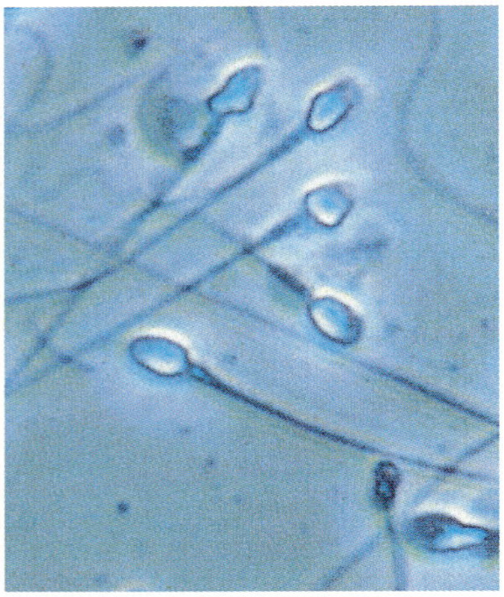

2 Spermien (Durchmesser Kopfstück ca. 0,02 mm)

7 Fortpflanzung und Keimesentwicklung

Fortpflanzung

Die körperliche Vereinigung von Mann und Frau, der *Geschlechtsakt*, ist die natürliche Voraussetzung für die Fortpflanzung. Auf dem Höhepunkt der geschlechtlichen Vereinigung kommt es beim Mann zur Ausstoßung von Flüssigkeit mit Spermazellen. Dabei werden zwischen 200 und 300 Millionen Spermazellen abgegeben. Während eines Zeitraums von etwa 45 Minuten wandert ein Teil der beweglichen Spermazellen durch den Schleimpfropf im Gebärmutterhals in die Gebärmutter und von dort in die Eileiter.

Befruchtung

Treffen die im Eileiter aufsteigenden Spermazellen auf ein befruchtungsfähiges Ei, so dringen einige von ihnen in dessen Hülle aus Kranzzellen ein. Unmittelbar nach dem Eindringen eines Spermiums in die Eizelle verdickt sich ihre Zellhaut. Auf diese Weise wird verhindert, dass weitere Spermazellen in die Eizelle eindringen.
Sobald das Kopfstück der Spermazelle die Zellhaut der Eizelle durchdrungen hat, stößt es sein Schwanzstück ab. Das Kopfstück, das den Zellkern enthält, quillt auf. Die Kerne von Spermazelle und Eizelle verschmelzen miteinander. Damit ist die *Befruchtung* vollzogen.
Die aufsteigenden Spermazellen bleiben bis zu 48 Stunden befruchtungsfähig. Die unbefruchtete Eizelle hat eine Lebensdauer von etwa 12 Stunden.

Die Entwicklung des Keims

Die befruchtete Eizelle hat sich etwa 30 Stunden nach der Befruchtung in 2 Tochterzellen geteilt. Nach 50 Stunden sind es 4 Zellen. Von da an erfolgt ungefähr alle 12 Stunden eine weitere *Zellteilung*. Die ersten Teilungen nennt man *Furchung*. Nach 3 Tagen ist ein Stadium erreicht, bei dem viele kleine Zellen einen Zellverband, den *Maulbeerkeim* (Morula), bilden.

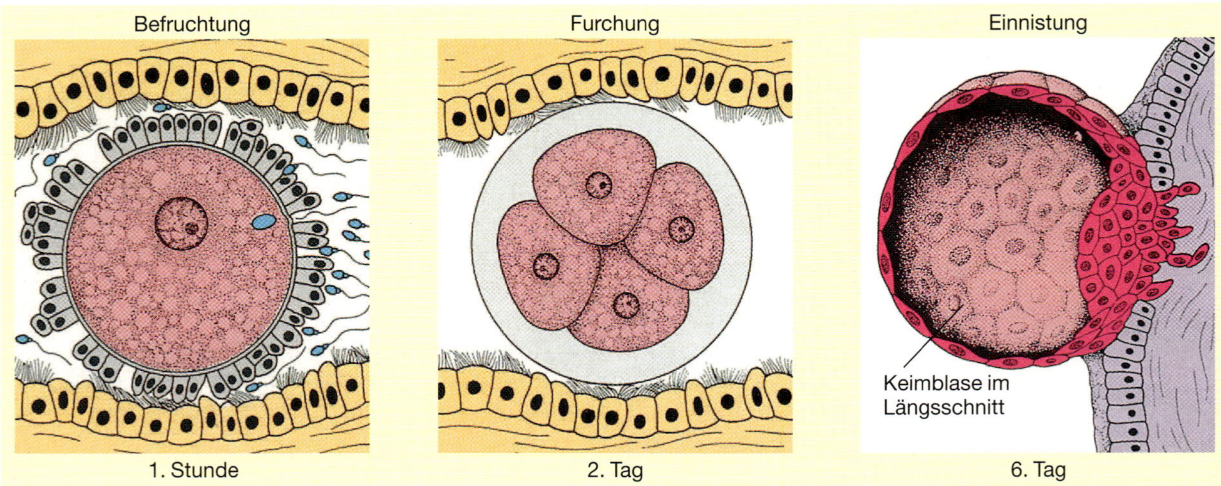

3 bis 5 Bei der Befruchtung vereinigen sich die Kerne einer Eizelle und einer Spermazelle. Die Entwicklung des neuen Lebewesens beginnt. Durch Furchung entwickelt sich die befruchtete Eizelle zum vielzelligen Keim. Mit der Einnistung des Keims in die Gebärmutter beginnt die eigentliche Schwangerschaft.

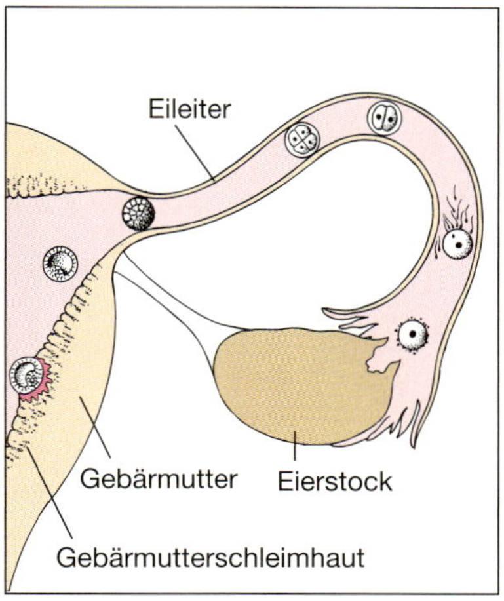

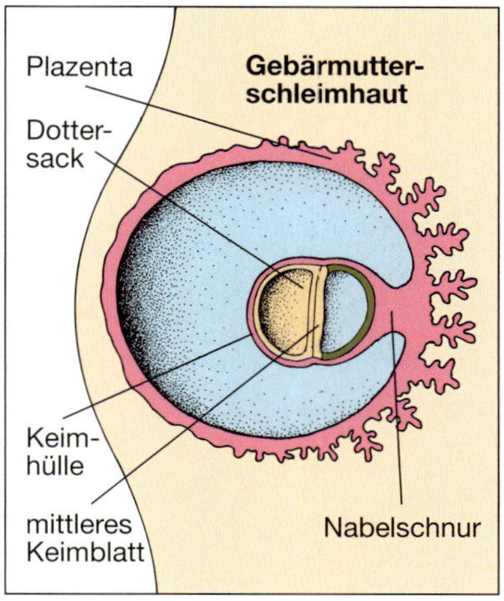

1 und 2 Die Eizelle wird im Eileiter befruchtet. Drei bis vier Tage später erreicht der Keim die Gebärmutter. Dort nistet er sich am fünften oder sechsten Tag als Blasenkeim ein. In seinem Innern bildet sich in der zweiten Woche die Keimscheibe.

3 Schwangerschaftsnachweis durch einen Test. Das Hormon HCG wird im Urin ausgeschieden. Schon 12 Tage nach dem Ausbleiben der Regelblutung ist es nachweisbar.

Der Maulbeerkeim erreicht 3 bis 4 Tage nach der Befruchtung als Zellhäufchen, das aus 12 bis 16 Zellen besteht, die Gebärmutter. Durch weitere Zellteilung entsteht ein blasenförmiges Gebilde, der *Blasenkeim* (Blastocyste). Er lagert sich an die Schleimhaut der Gebärmutter an. Damit beginnt die *Einnistung*.

Der Blasenkeim besteht aus etwa 100 Zellen. Diese bilden eine Hohlkugel. Der Hohlraum ist mit Flüssigkeit gefüllt. Auf einer Seite des Blasenkeims bildet sich ein Zellhaufen, der sich in der Gebärmutterschleimhaut verankert. Dabei wird ein Teil der Schleimhautzellen aufgelöst. Von ihnen ernährt sich der Blasenkeim zunächst. Auf der Innenseite bildet sich in der zweiten Woche der Keimesentwicklung aus dem Zellhaufen die *Keimscheibe*.

Die Keimscheibe besteht aus drei Schichten:

- Die dünnen, plattenartigen Zellen der Innenschicht *(inneres Keimblatt)* bilden im Blasenkeim ein Bläschen, den *Dottersack*.
- Von der äußeren Schicht der Keimscheibe *(äußeres Keimblatt)* wird ebenfalls ein Bläschen gebildet. Es umhüllt später den ganzen Keim. Man nennt es deshalb *Keimhülle* oder *Amnion*.
- Zwischen dem äußeren und inneren Keimblatt liegt ein drittes, *mittleres Keimblatt*.

Die Zellen der äußeren Hülle des Blasenkeims bilden die *Zottenhaut*. Auf der Seite, die zur Gebärmutterwand weist, wachsen sie immer weiter vor. Dabei lösen sie neue Schleimhautzellen auf und setzen dadurch Nährstoffe frei.

Verhinderung von Eisprung und Menstruation

Während der Keimesentwicklung bilden der Keim und die Gebärmutterschleimhaut das *Schwangerschaftshormon HCG*. Dadurch werden weiterhin Östrogen und Progesteron gebildet und die Gebärmutterschleimhaut bleibt erhalten. Die FSH-Produktion wird gebremst, die Bildung neuer befruchtungsfähiger Eizellen dadurch verhindert.

▶ Wie groß ist der in Bild 5 erkennbare Keim in Wirklichkeit?

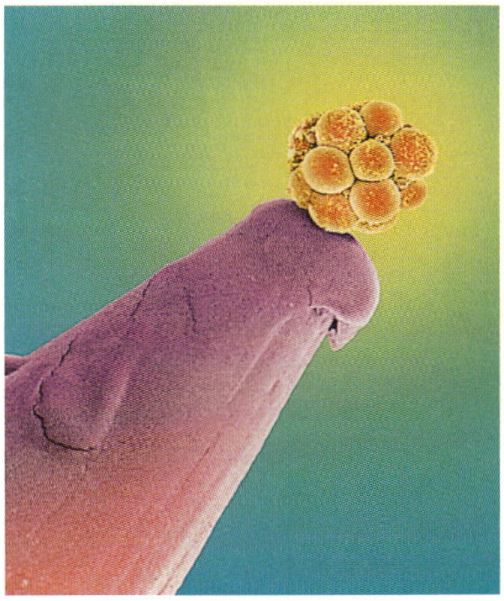

4 Maulbeerkeim – zum Größenvergleich auf einer Nadelspitze

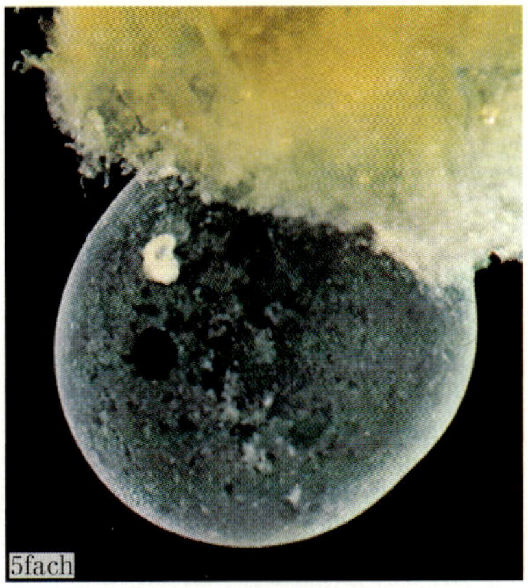

5 Zwei Wochen alter Embryo. Als weißes Körperchen ist er in der bläulichen Fruchtblase zu erkennen.

1 Embryo in der dritten Schwangerschaftswoche.
Die drei Keimblätter sind ausgebildet. Der Embryo misst 1,5 mm.

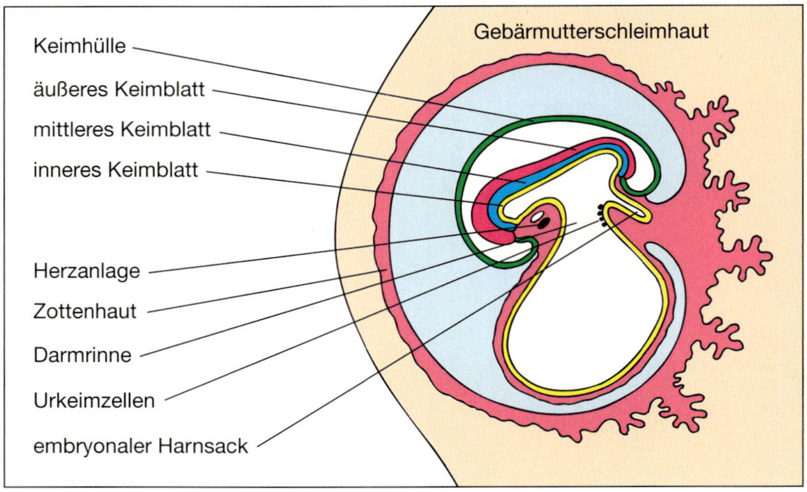

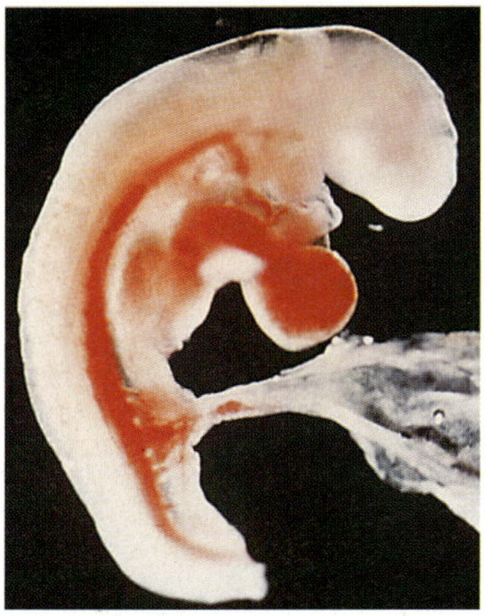

2 Embryo in der vierten Schwangerschaftswoche.
Er misst jetzt etwa 2 mm.

Die Plazenta

In der dritten Schwangerschaftswoche hat sich das Ei tief in die Gebärmutterschleimhaut eingenistet. Zapfenartige Ausstülpungen des Keims und der Gebärmutterschleimhaut verzahnen sich fest ineinander. Ein „gemischtes" Organ, der Mutterkuchen, entsteht. Der *Mutterkuchen* wird auch *Plazenta* genannt. Auf der Seite der Mutter führen Blutgefäße in die Plazenta hinein. Auf der Seite des heranwachsenden Keims, des *Embryos*, bildet sich ebenfalls ein Blutgefäßsystem aus. Es tritt mit dem mütterlichen Blut in einen engen Stoffaustausch ein, nimmt Sauerstoff sowie Nährstoffe auf und gibt Kohlenstoffdioxid sowie Abfallstoffe ab. Trotzdem bleiben die beiden Blutgefäßsysteme durch Wände voneinander getrennt.

- Im Verlauf von 4 Wochen hat sich der Embryo so weit entwickelt, dass sich der entstehende Mensch trotz seiner geringen Größe abzuzeichnen beginnt. Über die Plazenta wird er vom mütterlichen Blut versorgt.

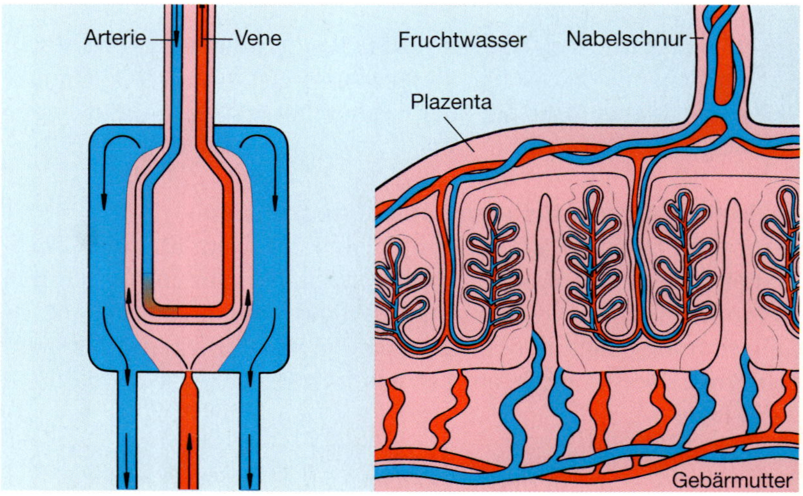

3 und 4 Das Blut des Embryos wird durch die Nabelarterien in die Plazentazotten gepumpt. Dort trennt nur eine dünne Gewebeschicht das embryonale Blut vom mütterlichen. Kohlenstoffdioxid und Schlackenstoffe werden hier an das müttlerliche Blut abgegeben, Sauerstoff und Nährstoffe werden aufgenommen. Das Schema links verdeutlicht die Zusammenhänge.

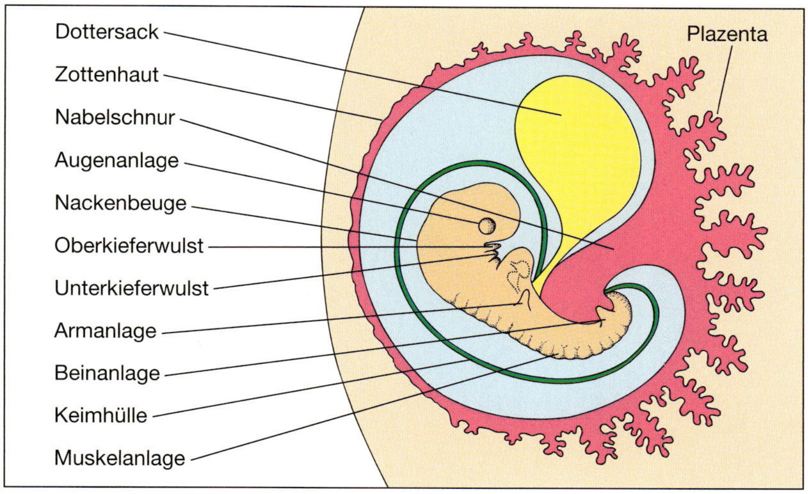

1 Embryo in der fünften Schwangerhaftswoche. Er misst 8 mm.

Der Verlauf der Schwangerschaft

Geht man von 10 Mondmonaten zu je 28 Tagen aus, so kommt man zu folgendem Verlauf der Schwangerschaft:

1. Monat. Nach einem Monat ist der Embryo etwa 5 mm lang. Im vorderen Teil wächst er am schnellsten. Ein rundlicher Kopfbereich bildet sich aus. Die *Augenanlagen* und die *Ohrenanlagen* sind sichtbar. Unter dem Kopf ist das Herz zu erkennen. In der *vierten Woche beginnt es zu schlagen.*

Im Kopf entwickelt sich das *Gehirn* aus einem flüssigkeitserfüllten Bläschen. Die Verlängerung dieses Bläschens wird zum Rückenmark. Die Wirbel beginnen sich abzuzeichnen.

2. Monat. Der Embryo wird 30 bis 40 mm lang. Er wiegt knapp 2 g. Gegen Ende der achten Woche sind *alle Organe angelegt*.

3. Monat. Ab dem dritten Monat nennt man das heranwachsende Lebewesen *Fetus*. Es wächst auf etwa 90 mm heran und wiegt rund 14 g. *Ohren, Augenlider, Nase* und *Mund* sind erkennbar. Das Gehirn und das Rückenmark wachsen besonders stark. Die Nerven, die in den Körper führen, beginnen sich zu bilden.

Die Gebärmutter der Schwangeren ist jetzt faustgroß, der Bauch fängt an sich zu runden.

4. Monat. Nach 16 Wochen ist der Fetus etwa 160 mm lang. Die *Gliedmaßen* sind voll ausgebildet. Selbst die Fingernägel sind nun entwickelt. Das durchsichtige Knorpelskelett beginnt zu verknöchern.

Erste Bewegungen sind jetzt ab und zu spürbar. Das Herz schlägt etwa 160-mal in der Minute. Ein dichter *Wollhaarflaum, Lanugo* genannt, bedeckt den Körper.

- ▶ Wie unterscheidet sich die Versorgung des Embryos von der Versorgung eines Körperorgans der Mutter?
- ▶ Versuchen Sie die Zusammenhänge zwischen Gebärmutterschleimhaut, Zottenhaut, Keimhülle, Dottersack und Embryo kurz zu skizzieren und zu beschreiben.

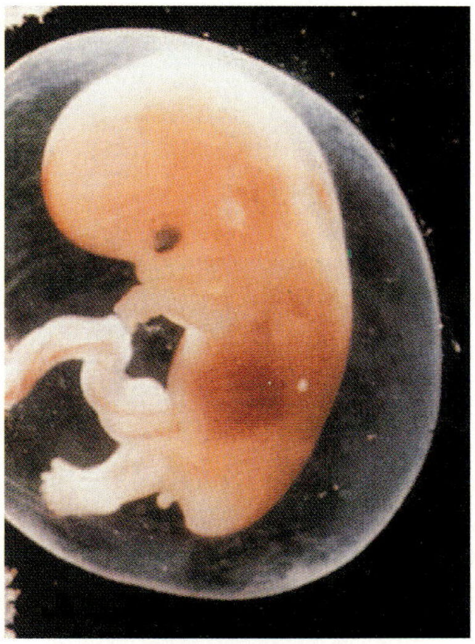

2 Zwei Monate alter Embryo. Er ist ungefähr 4 cm lang.

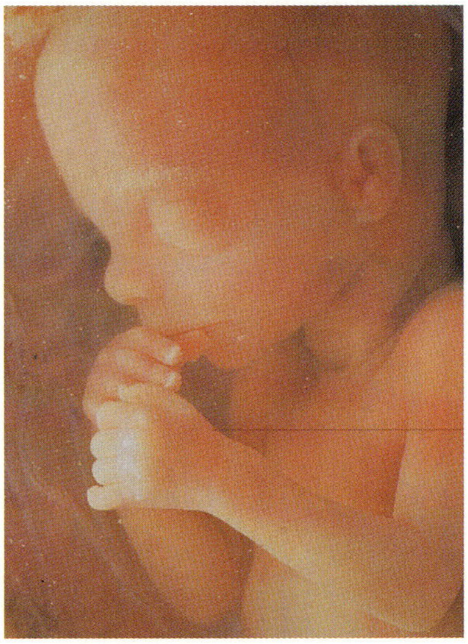

3 Fünf Monate alter Fetus. Er misst jetzt 25 cm.

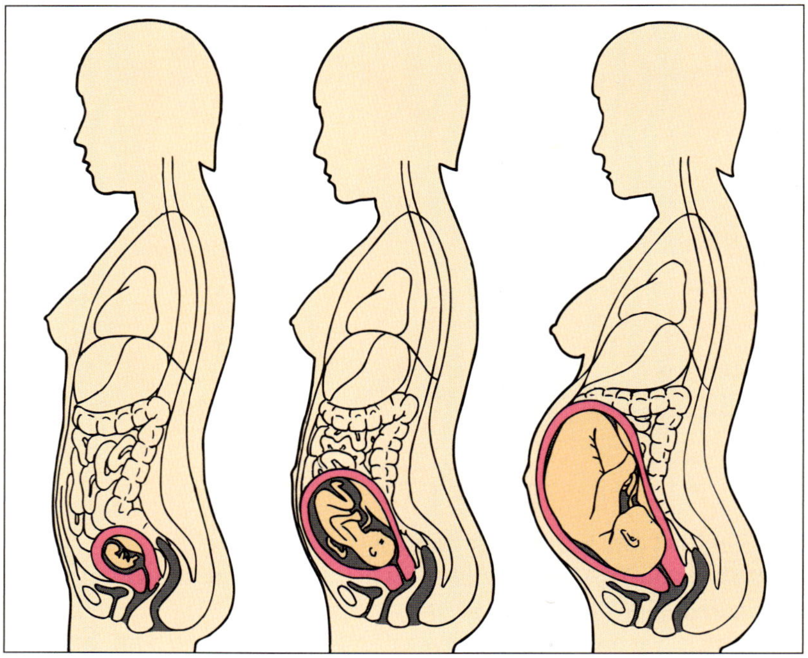

1 Zwischen dem vierten und neunten Monat verändert sich die Gestalt der Mutter erheblich. Das wachsende Kind dehnt die Gebärmutterwand sehr stark. Die inneren Organe der Mutter werden nach oben gedrängt.

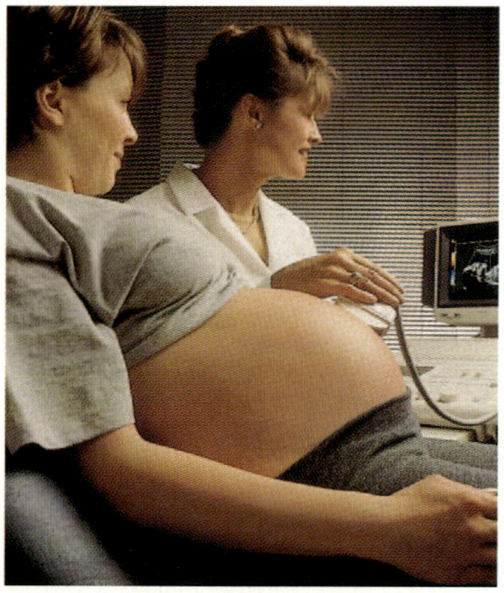

2 Regelmäßige Ultraschalluntersuchungen sind wichtig. Sie geben Auskunft über den Entwicklungs- und Gesundheitszustand des Fetus.

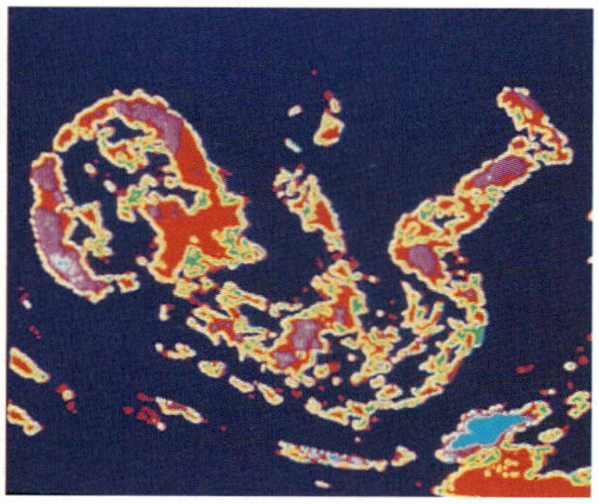

3 Ultraschallbild eines ca. 6 Monate alten Fetus

5. Monat. Der heranwachsende Fetus ist 25 cm lang und wiegt um 400 g. Den *Herzschlag* kann man jetzt *von außen hören*. Die Kindsbewegungen werden deutlich spürbar.

6. Monat. 30 cm Größe werden erreicht, das Gewicht steigt auf 900 g. Der Oberrand der Gebärmutter liegt auf Nabelhöhe. Die Schwangerschaft wird äußerlich erkennbar. Alle Organe sind so weit entwickelt, dass das Baby bei einer *Frühgeburt gute Überlebenschancen* hat. Selbst so genannte „Frühchen" mit nur 700 g können heute im *Brutkasten* überleben.

7. Monat. Der Fetus ist auf etwa 40 cm herangewachsen und wiegt rund 1400 g. Der Platz im Mutterleib beginnt knapp zu werden. Von Zeit zu Zeit streckt sich das heranwachsende Baby.

8. Monat. Das Gewicht nimmt weiter zu und erreicht 2200 g, die Körperlänge liegt bei 45 cm. Für die Mutter ist diese Zeit der Schwangerschaft meist die beschwerlichste. Durch Druck auf die Wirbelsäule und den Magen können sich Kreuzschmerzen und Sodbrennen einstellen.

9. Monat. Das Gewicht erreicht 2900 g, die Länge beträgt rund 50 cm. Normalerweise liegt der Fetus jetzt mit dem *Kopf nach unten* in der Gebärmutter. Der Oberrand der Gebärmutter erreicht den Rippenbogen.

10. Monat. Gegen Ende der Schwangerschaft ist der Fetus meist länger als 50 cm. Durchschnittlich wiegt er 3300 g. Der Leibesumfang der Mutter erreicht mehr als 100 cm. Sobald sich die *Gebärmutter senkt*, steht die Geburt bevor.

▶ Welchen wichtigen Entwicklungsstand hat der Fetus im 6. Schwangerschaftsmonat erreicht?

1 *Eine Schwangerschaft ist für jede Frau eine ganz besondere Zeit. Dennoch sollte sie sich so natürlich wie möglich verhalten, sich gesund ernähren und sich mit dem Partner oder der Familie auf das Baby freuen.*

Rat für die werdende Mutter

Lebensweise. Hektik und Lärm lassen das Ungeborene unruhig werden. Ein regelmäßiger Tag- und Nachtrhythmus der Mutter macht sich bis in die ersten Lebenswochen des Säuglings hinein positiv bemerkbar.

Die Ernährung der werdenden Mutter ist ebenfalls von Bedeutung. Auf keinen Fall soll die Schwangere „für zwei" essen. Insgesamt sollte das Gewicht während der Schwangerschaft um nicht mehr als 11 kg zunehmen. Bei der Nahrung ist darauf zu achten, dass sie *abwechslungsreich und ausgewogen* ist. Vor allem *proteinreiche Nahrungsmittel*, wie Fisch, Fleisch und Milcherzeugnisse, sind wichtig.

Medikamente, die für die Mutter normalerweise ungefährlich sind, können dem Ungeborenen schaden. Vor der Einnahme von Medikamenten sollte der Arzt befragt werden.

Alkohol führt nicht selten zu *Missbildungen* des Embryos. Vor allem in den ersten Monaten der Schwangerschaft wirkt Alkohol verheerend, denn während dieser Zeit werden das Nervensystem, die Knochen, die Sinnesorgane und das Herz angelegt. Jede Zellschädigung durch *Alkoholmissbrauch* hat besonders in den Geweben mit starker Zellteilung negative Folgen. Auch *Koffein* in größeren Mengen und *Nikotin* sind problematisch.

Infektionskrankheiten können dem Ungeborenen ebenfalls gefährlich werden. Dazu gehören vor allem die *Röteln*. Eigentlich ist diese Virusinfektion eine harmlose Kinderkrankheit. Wird aber eine schwangere Frau von Röteln befallen, solange die embryonalen Organe in der Entwicklung sind, kommt es vor allem an den Gliedmaßen des Kindes zu schweren Missbildungen. Vorbeugende Impfung aller Mädchen gegen Röteln ist ein unbedingt notwendiger Schutz. Außerdem kann sich das Kind während der Geburt mit Geschlechtskrankheiten der Mutter wie *Syphilis* und *Tripper* infizieren. Weil die Gefahr der Erblindung besteht, verabreicht man jedem Neugeborenen vorbeugend antibiotische Augentropfen.

2 *Schwangere sollten den Rücken entlasten und nicht schwer heben.*

Faktoren, deren negativer Einfluss auf den Embryo nachgewiesen ist:
- Überernährung,
- Lärm und Stress,
- Infektionskrankheiten,
- Nikotin,
- Alkohol,
- Rauschgift,
- Medikamente.

1 Familienplanung ist selbstverständlich

8 Familienplanung und Empfängnisverhütung

Familienplanung. Eine Partnerschaft, in der beide Partner sich gefühlsmäßig , sozial und materiell auf ein Kind einstellen, gilt heute als wichtige Bedingung dafür, dass *Kinder wirklich gewünscht* sind und gut versorgt aufwachsen können.

Die Verwirklichung des Kinderwunsches zu einem bestimmten Zeitpunkt schließt die *Verhütung* mit ein. Besonders für Frauen hat sich durch die modernen Möglichkeiten der Empfängnisverhütung viel geändert. Sie können unabhängiger planen und berufliche Wünsche ebenso verwirklichen wie Partnerschaft und Familie – eine Aufgabe, die Verantwortungsbewusstsein bei Mann und Frau erfordert.

Empfängnisverhütung. Es gibt kein Verhütungsmittel, das man rundum optimal nennen könnte. Alle Methoden haben Vor- und

		Pearl-Index*	
Kalendermethode 	Enthaltsamkeit an den fruchtbaren Tagen in der Zyklusmitte (für ca. 8–12 Tage)	14–40	Sehr unsichere Methode, besonders bei Frauen mit einem unregelmäßigen Zyklus. Vor Anwendung der Kalendermethode sollte der Zyklus 6–12 Monate beobachtet werden.
Basaltemperaturmethode 	Tägliches Messen der morgendlichen Aufwachtemperatur. 1–2 Tage nach dem Eisprung steigt die Temperatur um 0,2–0,5°C auf meist über 37°C und fällt nach 9–10 Tagen wieder ab. Ab dem Abend des dritten Tages mit erhöhter Temperatur bis zum Beginn der Regel ist nicht mehr mit einer Empfängnis zu rechnen.	10–14	Täglich gewissenhaftes Messen der Morgentemperatur und genaues Eintragen in ein Zyklusblatt ist Voraussetzung für die Anwendung.
Babycomputer 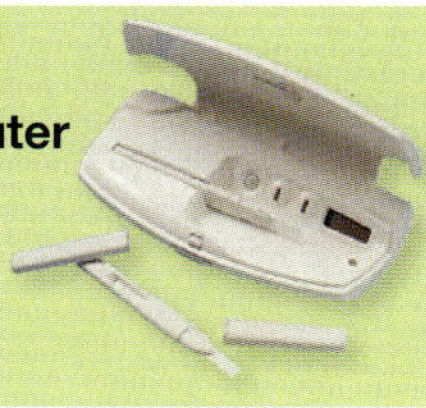	Durch Hormonbestimmung im Urin mit Einmalteststreifen werden mit einem Computer die fruchtbaren bzw. unfruchtbaren Tage angezeigt.	6–12	Diese Methode erfordert eine große Sorgfalt und die genaue Beachtung der Angaben des Herstellers.
Spirale/ Intrauterinpessar 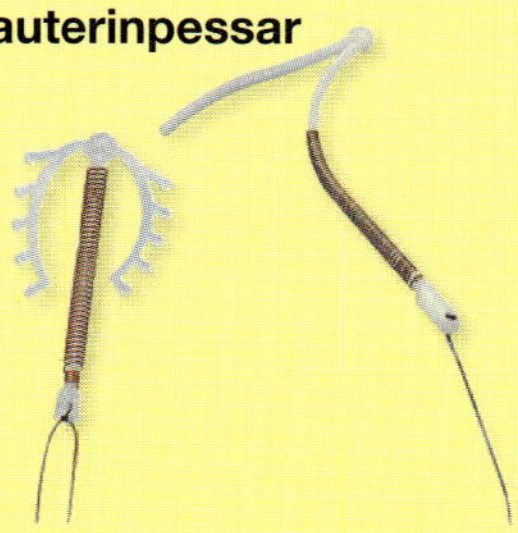	Ein wie ein T oder U geformtes Gebilde aus Plastik, das mit Kupferdraht umwickelt oder mit Hormonen versehen ist und vom Gynäkologen individuell in die Gebärmutter eingesetzt wird. Je nach Modell kann es bis 5 Jahre in der Gebärmutter bleiben und verhindert dadurch die Einnistung des Eies.	0,5–1,5	Die Regelblutung kann stärker, länger und schmerzhafter werden, evtl. können Zwischenblutungen auftreten. In seltenen Fällen wird die Spirale vom Körper wieder ausgestoßen. Die Spirale ist nicht geeignet für junge Frauen, die noch keine Kinder haben.

Nachteile. Die wichtigsten Methoden der modernen Empfängnisverhütung sind in der Tabelle zusammengefasst.

Natürliche Methoden. Der Kern des Schutzes besteht darin, die *fruchtbaren Tage der Frau zu ermitteln* und an diesen Tagen zu verhindern, dass Samen in die Scheide eindringen kann.

Barrieremethoden. Hierzu zählen alle *mechanischen und chemischen Mittel*, die verhindern, dass Ei und Samenzelle überhaupt zusammentreffen und miteinander verschmelzen können.

Hormonelle Methode. Hormonpräparate, die den *Eisprung unterdrücken*, werden *Ovulationshemmer* genannt. Die „Pille" ist ein solches Hormonpräparat. Sie enthält die weiblichen Hormone Östrogen und Gestagen. Sie ist nach wie vor die sicherste und die am häufigsten verwendete Empfängnisverhütung der Frauen, wenn auch nicht frei von unerwünschten Nebenwirkungen.

		Pearl-Index*	
Scheidenpessar/ Diaphragma 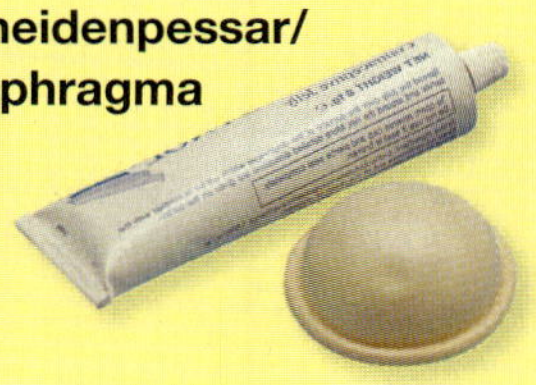	Eine Gummimembran, die mit einem Spermien abtötenden Gel bestrichen ist, wird über den Muttermund gelegt und verhindert das Eindringen der Spermien.	1,8–5	Das Pessar kann direkt, aber auch ca. 2–3 Stunden vor dem Geschlechtsverkehr eingesetzt werden und danach noch 6–8 Stunden verbleiben. Gelegentlich kann es zu Ausfluss, Infektionen oder Pilzerkrankungen kommen.
Kondom/ Präservativ 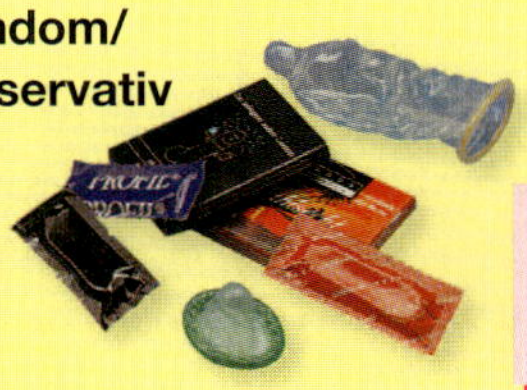	Dünner Gummischutz, der über das Glied gestreift wird und die Spermien auffängt. Das Kondom ist das einzige Verhütungsmittel, das gleichzeitig Schutz vor Aids und anderen sexuell übertragbaren Krankheiten bietet.	3–8	Nur geprüfte Kondome (CE-Kennzeichnung) sind empfehlenswert. Nur unbeschädigte Kondome verwenden. Selten kann es zu (Latex-) Allergien kommen.
Schaumzäpfchen, Gels, Cremes 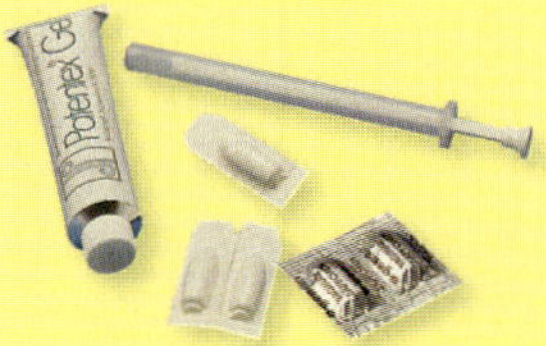	Diese Mittel bilden in der Scheide einen zähen Schleim, der die Samenzellen abtötet. Sie müssen mindestens 10 Minuten vor jedem Sex in die Scheide eingeführt werden.	0,7–15	In Scheide oder Penis kann es zu Wärmegefühl und Brennen kommen. Alleine angewendet sind diese Präparate nicht sicher, bei Kombination mit Kondomen relativ sicher. Allerdings muss die problemlose Kombination mit einem Kondom ausdrücklich vermerkt sein.
Antibabypille (Ovulationshemmer) 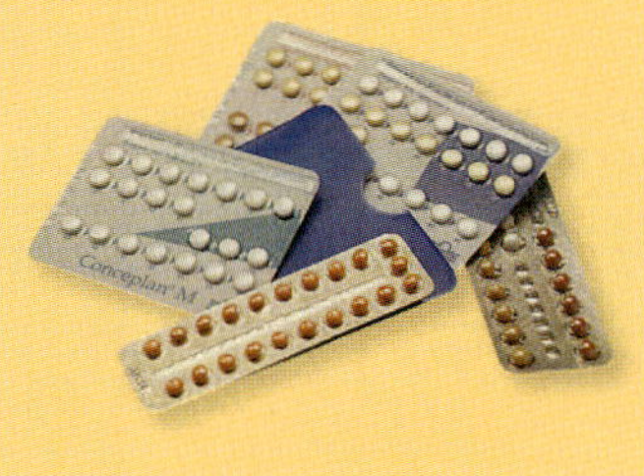	Tabletten, die täglich einzunehmen sind und eine dreifache Wirkung haben. – Sie verhindern durch die Hormone Östrogen und/oder Gestagen den Eisprung, – sie verfestigen den Schleim im Gebärmutterhalskanal, – die Gebärmutterschleimhaut wird nur ungenügend aufgebaut, sodass sich ein befruchtetes Ei nicht einnisten kann.	0,4–2,5	Selten treten Nebenwirkungen wie Kopfschmerzen, Brustschmerzen, Übelkeit, Gewichtszunahme auf. Durch den Wechsel auf ein anderes Präparat ist es meist möglich, die geeignete „Pille" zu finden. Hormonale Verhütungsmittel sind nicht geeignet für Frauen mit Venenleiden, Stoffwechselerkrankungen und starke Raucherinnen.

* Der Pearl-Index gibt die Sicherheit einer Verhütungsmethode an. Vermerkt wird, wie viele Frauen von 100 innerhalb eines Jahres schwanger werden, obwohl sie mit dieser Methode verhüten.

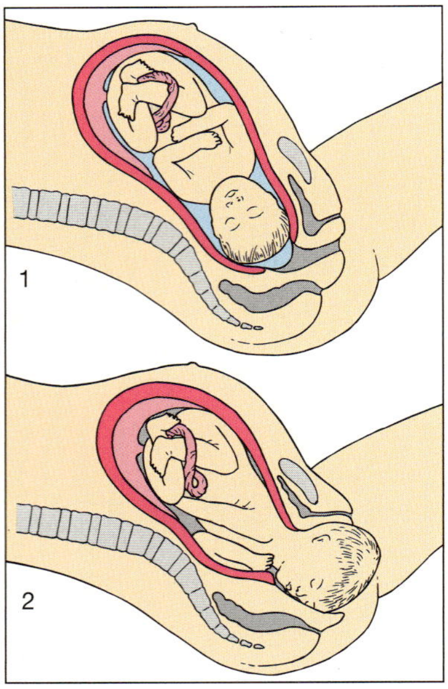

1 *Geburtsvorgang*

Kaiserschnitt
Ist das Becken zu eng, so muss das Kind durch einen Kaiserschnitt zur Welt kommen. Dabei werden unter Narkose zuerst der Bauch, dann die Gebärmutter geöffnet und das Kind mitsamt Fruchthülle und Plazenta herausgenommen.
Anstelle der Vollnarkose kann eine Periduralanästhesie (Rückenmarksspritze) gegeben werden. Sie ermöglicht, dass die Frau vom Becken ab schmerzunempfindlich ist und so die Geburt bewusst miterleben kann.

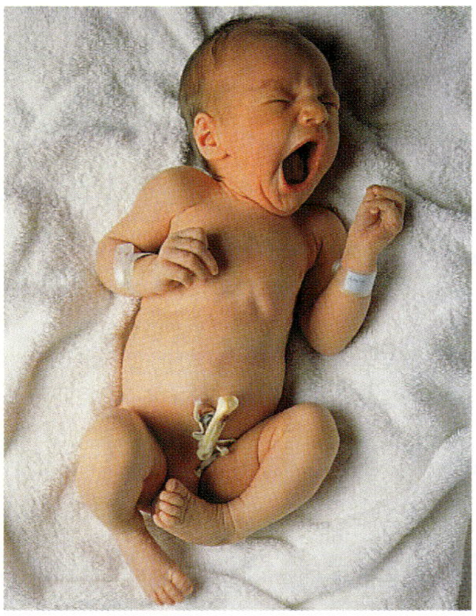

2 *Neugeborenes*

9 Die Geburt

Rund 95% aller Kinder kommen zwischen dem 266. und dem 294. Tag nach der Befruchtung der Eizelle zur Welt. *Veränderungen in der Zusammensetzung der Hormone* leiten die Geburt ein. Sie beginnt mit den *Wehen*, das sind starke Kontraktionen der Gebärmuttermuskulatur. Eine normale Geburt vollzieht sich in mehreren Abschnitten:

Erste Phase. Das Kind sinkt zusammen mit der Gebärmutter langsam tiefer. Der *Muttermund*, die Öffnung der Gebärmutter, wird weiter. Schließlich platzt die *Fruchtblase* unter dem Druck einer Wehe. 1 bis 2 Liter *Fruchtwasser* fließen ab. Diese *Eröffnungsphase* dauert 6 bis 10 Stunden.

Zweite Phase. Sie verläuft rascher. Die Wehen ändern ihren Charakter und veranlassen die Mutter mitzupressen. Eigenbewegungen des Kindes erleichtern den Geburtsvorgang. Durch den Druck des Kopfes wird der Scheideneingang gedehnt, sodass der Kopf nach etwa einer Stunde von außen sichtbar wird. Hebamme oder Geburtshelfer unterstützen den weiteren Ablauf.

Beim Durchtritt durch das Becken dreht sich der Kopf etwas zur Seite. Auf diese Weise reicht die Geburtsöffnung aus. Die Schultern, die dem Kopf folgen, sind zwar breiter, lassen sich aber zusammendrücken. Wenn der Bauch durch den Geburtskanal gezwängt wird, tritt Schleim aus dem Magen und aus der Speiseröhre des Kindes aus und fließt durch Mund und Nase ab.

Die kurze Unterbrechung der Blutzufuhr bei der Geburt erhöht den Gehalt an Kohlenstoffdioxid im Blut. Das Atemzentrum im Gehirn wird dadurch gereizt und das Kind macht den ersten Atemzug. Dabei entfalten sich seine Lungen, die Blutdurchströmung wird verstärkt. Der Schleim in Mund und Nase wird von der Hebamme oder dem Geburtshelfer abgesaugt.

Dritte Phase. *Eine Hand breit vom Nabel* entfernt wird jetzt die Nabelschnur durchtrennt. Etwa 20 Minuten später löst sich die Plazenta von der Wand der Gebärmutter. Eine Wehe befördert sie als *Nachgeburt* nach außen.

Das Neugeborene sollte baldmöglichst an die Brust der Mutter angelegt werden, da der *Saugreflex* bereits in den ersten Lebensminuten ausgeprägt ist und die so genannte Vormilch der Mutter viele wichtige Stoffe für das Neugeborene enthält.

● In der Eröffnungsphase weitet sich der Muttermund, das Fruchtwasser läuft ab.
Aufeinander folgende Wehen, unterstützt durch die Mutter, drücken in der zweiten Phase das Kind durch die Geburtsöffnung. Die Lungen entfalten sich, das Neugeborene beginnt zu atmen.
In der dritten Phase wird die Nabelschnur durchtrennt, die Nachgeburt gelangt nach außen.

▶ Welche Aufgabe hat die Nabelschnur? Was versteht man unter Nachgeburt?

10 Hormonale Umstimmung nach der Geburt

Nach der Geburt versiegt die Produktion des Schwangerschaftshormons HCG. Dafür regt jetzt ein Hormon der Hypophyse, das *Prolactin*, die *Milchproduktion* in den Brüsten der Mutter an.
Schon während der Schwangerschaft wurden die Brüste durch das Gelbkörperhormon und das Schwangerschaftshormon auf ihre neue Aufgabe vorbereitet. 15 bis 24 Milchdrüsen liegen im Unterhautfettgewebe und im Bindegewebe jeder Brust. Ihre Ausführgänge, die Milchgänge, erweitern sich kurz vor ihrem Ende zu Milchsammelgängen. Diese münden in die Brustwarze. Dem Säugling bedeuten die Brüste der Mutter Nahrung. Die Antikörper der Muttermilch schützen ihn gegen Infektionen. Auch die behütende Nähe ist von großer Bedeutung. Jedes Saugen des Kindes fördert die weitere Ausschüttung des Prolactins.

- Durch eine hormonale Umstimmung nach der Geburt wird die Milchproduktion in den Brüsten in Gang gesetzt.

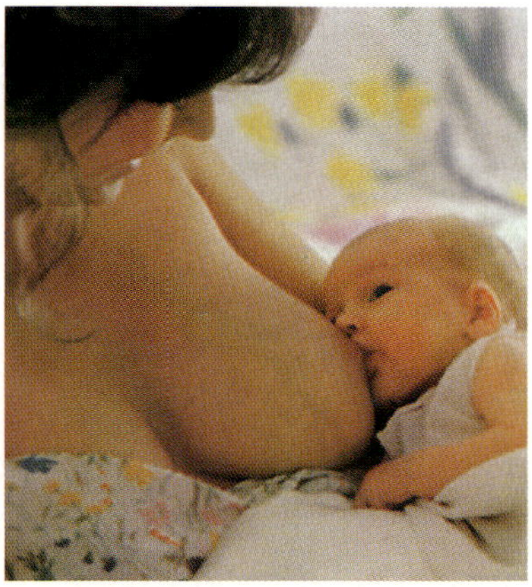

1 *Trinkender Säugling*

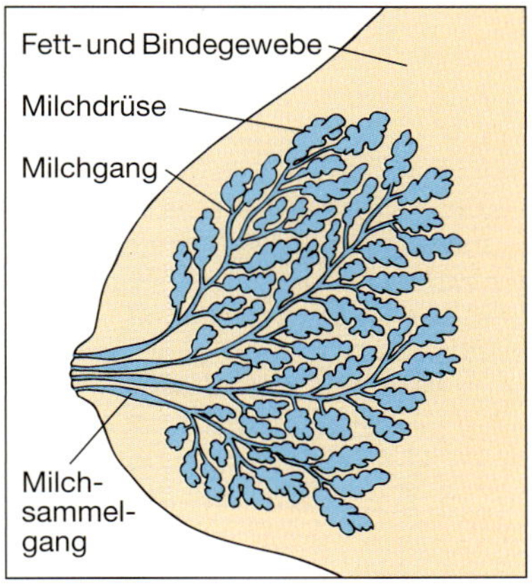

2 *Milchdrüsen in der mütterlichen Brust*

11 Mutter und Kind

Angeborenes Verhalten. Suchen, Saugen, Trinken – von Anfang an strampelt der Säugling mit den Beinen, rudert mit den Ärmchen und bewegt den Kopf. Sobald sein Mundbereich berührt wird, beginnt er mit Suchbewegungen. Er öffnet den Mund und saugt sich fest, sobald der die Brustwarze gefunden hat. Saugen und trinken kann das Neugeborene ohne es lernen zu müssen. Der Ablauf dieser komplizierten Bewegungsfolge ist angeboren.
Weinen und Schreien. Auf diese Weise macht das Kind auf sich aufmerksam. Es sind Hilferufe, die Zuwendung fordern. Beschäftigt sich die Mutter oder eine andere Kontaktperson mit dem Säugling, wird er gestreichelt, umhergetragen, gefüttert oder gesäubert, beruhigt er sich normalerweise bald.
Klammern. Berührt man die Handfläche eines Säuglings mit dem Finger, so packt er zu. Ähnliche Greifbewegungen führen auch die Zehen aus. Das Neugeborene versucht sich anzuklammern. Affenkinder klammern sich auf diese Weise im Fell ihrer Mutter fest. Aus dem Verhalten des Säuglings lässt sich schließen, dass unsere fernen Vorfahren ihre Neugeborenen in ähnlicher Weise als „Traglinge" mit sich führten.
Körperproportionen. Kleine Kinder wirken auf uns anziehend. Ihre Körperformen, vor allem aber die Form des Kopfes, lösen Zuwendung aus. Insbesondere die Merkmale Pausbacken, große Augen und hohe Stirn sind es, auf die wir ansprechen. Diese Merkmale nennt man Kindchenschema. Sie fordern das *Pflegeverhalten* der Mutter wie auch fremder Personen heraus. Dieses Verhalten ist uns angeboren.

- Jeder Säugling zeigt die lebenssichernden, angeborenen Verhaltensweisen: saugen, schreien und klammern.
  Merkmale des Säuglings lösen Zuwendung aus. Auch dies ist ein angeborenes Verhalten.

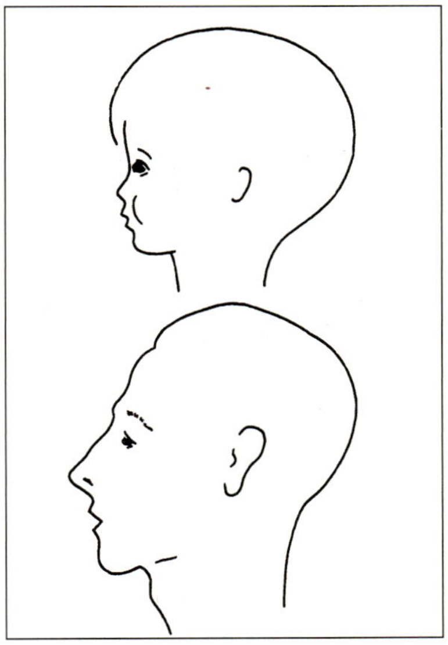

3 *Kindchenschema*

1 und 2 Noch lange nach der Geburt ist der Säugling von der Fürsorge einer Bezugsperson abhängig.
Nur wenn man sich intensiv mit ihm beschäftigt, entwickelt er sich gesund und wird zu einem vollwertigen Mitglied der Familie.

Zuwendung und Urvertrauen

Körperkontakt. Nach der Geburt legt die Hebamme das Neugeborene der Mutter an die Brust. Dieser erste *Hautkontakt* ist von großer Bedeutung, weil einige Minuten nach der Geburt der Saugreflex besonders stark ausgeprägt ist. Für die Mutter erwächst aus diesem ersten Hautkontakt Zuwendung, für das Neugeborene Geborgenheit als Beginn einer engen Beziehung. Kinder, die mit dauernd wechselnden Personen zu tun haben, sind unruhiger und gegen Krankheiten anfälliger als andere.

Blickkontakt. Neben dem Körperkontakt ist für die Entwicklung des menschlichen Säuglings der *Blickkontakt* von großer Bedeutung. Dabei spielt das Lächeln eine besondere Rolle. Das Gesicht der Mutter löst beim Säugling Lächeln aus. Die Mutter nimmt es wahr und lächelt zurück. Das Lächeln des Säuglings verstärkt sich. Dieser Dialog zwischen Mutter und Kind bewirkt eine starke Bindung.

3 bis 5 Auch für junge Affen ist der Körperkontakt zur Mutter sehr wichtig. Das zeigt ein Versuch, bei dem ein Affenjunges mit einer „Drahtmutter" und einer „Plüschmutter" aufgezogen wird. Obwohl nur die „Drahtmutter" (links) Nahrung spendet, hält sich das Affenkind meist bei der „Plüschmutter" auf, die ihm mehr Körperkontakt vermittelt.

1 bis 3 Im ersten Jahr nimmt die Fähigkeit wahrzunehmen zu. Das Kind lernt nach Gegenständen sicherer zu greifen. Im Krabbelalter wird die Umgebung erforscht.

Urvertrauen. Kommt zum Körperkontakt und Blickkontakt noch der *Kontakt durch die Sprache* hinzu, verfestigt sich die Bindung an eine *Bezugsperson*. Ein *Urvertrauen* wird geschaffen.

- Säuglinge und Kleinkinder brauchen den engen Kontakt zu vertrauten Menschen. Nur so können sie ein Urvertrauen aufbauen.

4 Erst bei Fünf- bis Sechsjährigen ist das Wachstum so weit fortgeschritten, dass sie beim Griff über den Kopf das Ohr der anderen Seite berühren können. Dieser Nachweis ist ein Bestandteil des Schulreifetests.

12 Reifen und Lernen

Haltung und Bewegung. Im ersten Monat lernt der Säugling den Kopf zu heben. Mit 9 Monaten kann er meist sitzen. Krabbelnd beginnt er die nähere Umwelt zu erkunden. Mit einem Jahr versucht er zu stehen. Wenig später beginnt er mit unsicheren Schritten auf beiden Beinen zu gehen. Diese Entwicklung verläuft bei allen Kindern in derselben Reihenfolge. Es handelt sich dabei nicht um Lernen, sondern um das *Heranreifen von Fähigkeiten*, die uns *angeboren* sind.

Geistige Fähigkeiten. Reifung liefert „das Gefäß, das durch Lernen gefüllt werden will". Dies gilt für die zunehmende Fähigkeit, Wörter und Sätze zu formen. Reifung und Lernen wirken zusammen:

Mit etwa 6 Wochen reagiert der Säugling auf menschliche Stimmen. Mit 3 Monaten beginnt er zu lallen. Mit 9 Monaten fängt er an Sprachlaute zu imitieren. Im Alter von 12 bis 18 Monaten beherrscht er etwa 10 Wörter.

Mit ungefähr 2 Jahren sagt das Kleinkind „ich", beherrscht rund 100 Wörter und spricht in Dreiwortsätzen.

Von 3 Jahren an erzählt es flüssig und verfügt über einen Wortschatz von rund 1000 Wörtern.

Mit 4 Jahren findet die Gehirnentwicklung einen Abschluss. Die vielfältigen Verknüpfungen der Gehirnzellen untereinander sind angelegt. Nun beginnt das Kind sich ein Bild der Umwelt zu machen und diese auch zu beurteilen.

Grundlagen der Vererbung

1 Menschen ähneln in ihren Eigenschaften oder in ihrem Aussehen den Eltern und Vorfahren. Je näher wir verwandt sind, desto größer ist die Ähnlichkeit.
Das Familienfoto zeigt ein Elternpaar mit seinen drei Töchtern.

1 Von Generation zu Generation

Die Weitergabe von Erbinformationen von einer Generation zur nächsten nennt man *Vererbung*. Wie diese Informationen weitergegeben werden und welchen Regeln sie dabei folgen, behandelt die *Vererbungslehre*.

Ganz selbstverständlich erscheint es uns, dass die Ähnlichkeit zwischen Eltern und Kindern auf Vererbung beruht. Auf Fotos gelingt es uns leicht, Verwandte und Fremde zu unterscheiden. In der Regel sind wir einander umso ähnlicher, je näher wir miteinander verwandt sind.

Selbst wenn die Ähnlichkeit in Körpergestalt, Gesichtszügen oder Charakter auffallend ist, lässt sie sich meist nur schwer beschreiben. Sie beruht auf der Ähnlichkeit in vielen Einzelmerkmalen, die man nicht auf Anhieb alle erfassen kann.

- Unter Vererbung versteht man die Weitergabe von Erbinformationen von einer Generation zur nächsten.

▶ Das Familienfoto zeigt Eltern mit ihren drei Kindern. Welche vererbten äußerlichen Ähnlichkeiten können Sie bei dieser Familie entdecken?

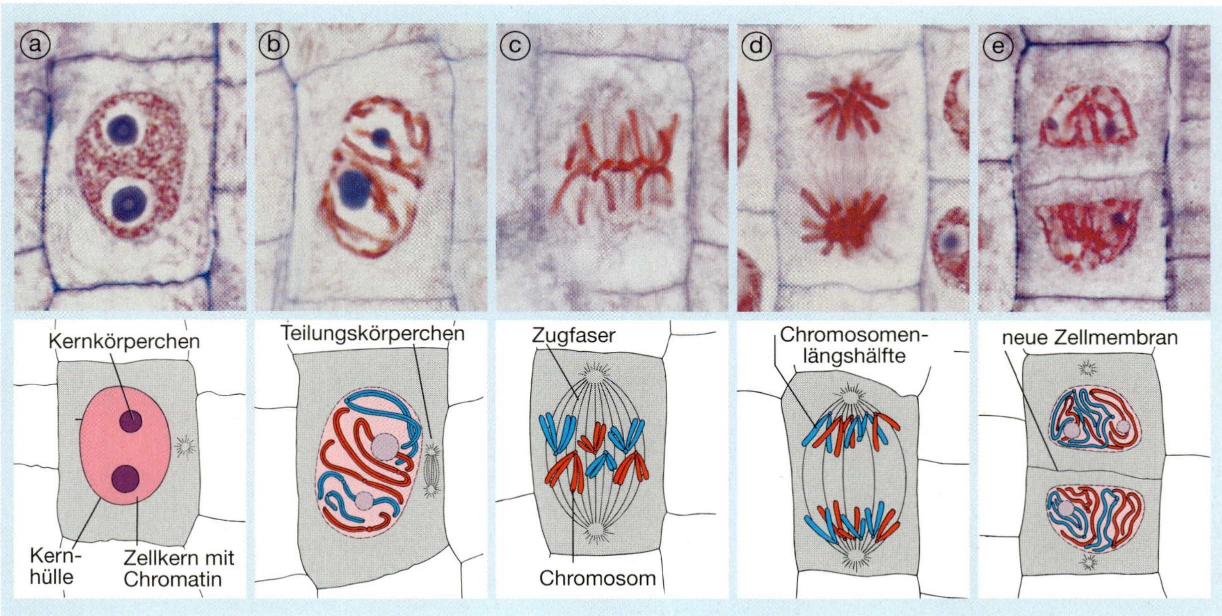

1 *Ablauf der Zellteilung*

Zellkern und Zellteilung

- Im *Zellkern* liegen die Chromosomen. Sie werden vor der *Zellteilung* kopiert (a) und während der Zellteilung auf die Tochterzellen verteilt. Nur während der Zellteilung, die auch als *Mitose* bezeichnet wird, sind sie besonders gut erkennbar.
- Zunächst verdoppelt sich das *Teilungskörperchen.* Die neuen Körperchen wandern an die Pole der Zelle. Im Zellkern beginnen sich fädige Strukturen, die *Chromatinfäden*, schraubenartig zusammenzuziehen. Nach einigen Stunden werden sie als *Chromosomen* erkennbar (b).
- Die Hülle des Zellkerns löst sich auf. Die Chromosomen ordnen sich in der „Äquatorialebene" der Zelle an. Jetzt lassen sie sich bei starker Vergrößerung unter dem Mikroskop auszählen und unterscheiden.
- *Zugfasern* zwischen den Teilungskörperchen und den Chromosomen bilden sich aus (c).
- Die *Chromosomenlängshälften (Chromatiden)* werden durch Zugfasern an die Zellpole gezogen. An jedem Zellpol befindet sich danach ein kompletter „Satz" von Chromosomenlängshälften (d).
- Die Zugfasern verschwinden. Die Chromosomenlängshälften werden wieder zu dünnen Chromatinfäden (e).
- Zwei neue Zellkerne bilden sich, das Plasma schnürt sich durch. Vor der nächsten Zellteilung bildet jeder Chromatinfaden einen *Parallelfaden* nach.

● Jede Tochterzelle besitzt nach der Zellteilung wieder so viele Chromosomen wie die Mutterzelle vor der Teilung.

▶ In welcher Phase der Zellteilung lassen sich die Chromosomen in den Zellen am besten erkennen?

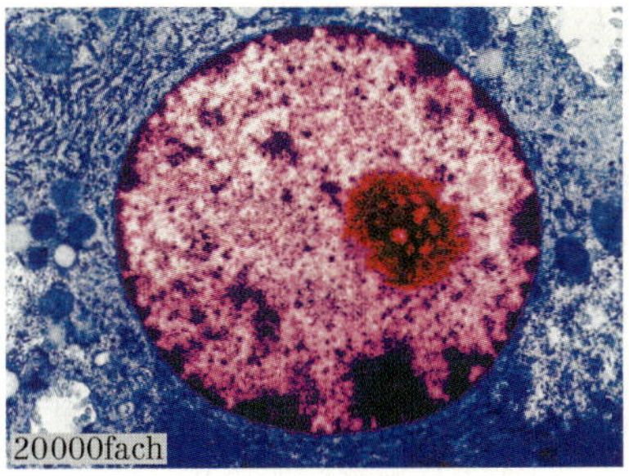

2 *Ausschnitt aus einer Zelle im Elektronenmikroskop. Der Zellkern (lila) mit dem Kernkörperchen (rot) ist deutlich zu erkennen.*

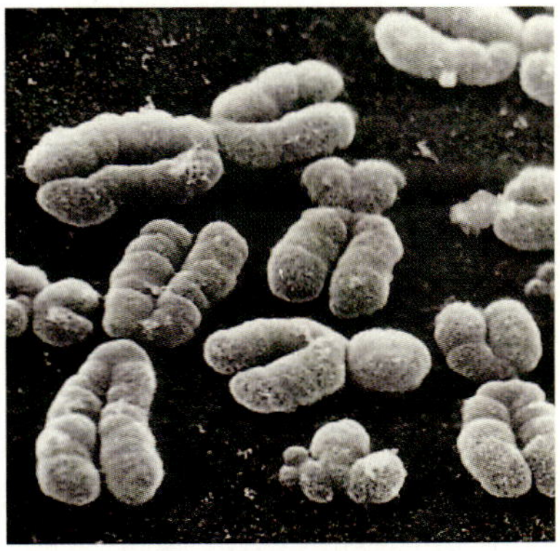

3 *Chromosomen im Zellkern vor der Zellteilung. Aufnahme eines Rasterelektronenmikroskops*

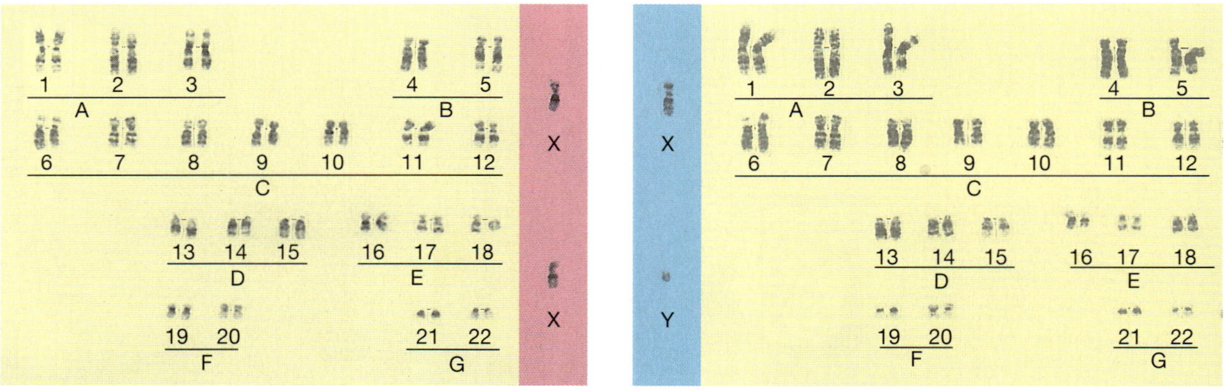

1 Als Karyogramm geordneter Chromosomensatz des Menschen. Die Chromosomenpaare 1 bis 22 haben Mann und Frau gemeinsam. Unterschiedlich sind nur die Geschlechtschromosomen.

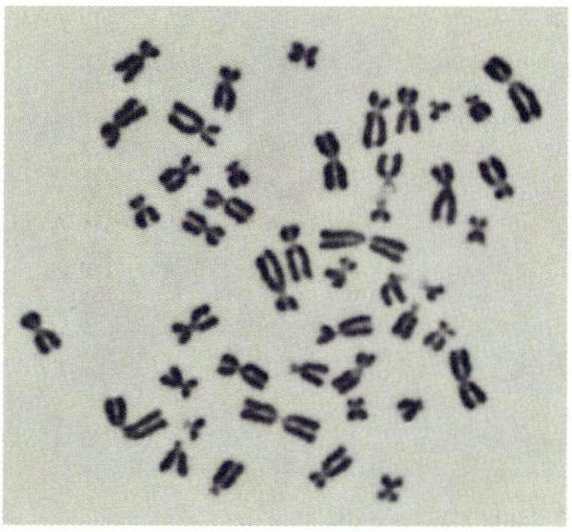

2 Ungeordneter Chromosomensatz des Menschen

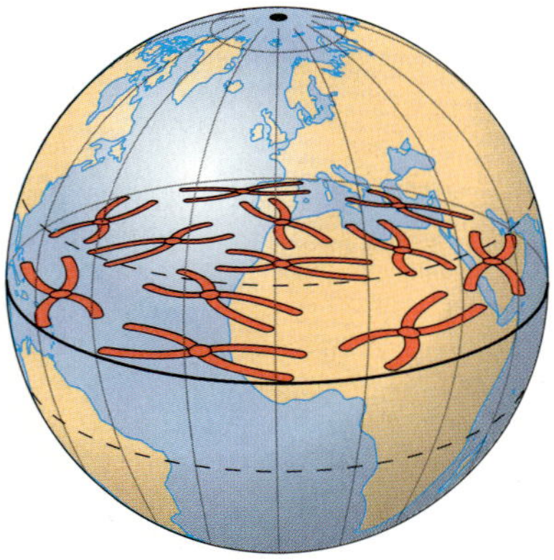

3 Denkt man sich die Zelle als Weltkugel, wird deutlich, was mit der Anordnung der Chromosomen in der Äquatorialebene gemeint ist.

XX und XY

Will man die Zahl und die Form der Chromosomen genau untersuchen, so fotografiert man die Zellteilung, solange die Chromosomen in der „Äquatorialebene" liegen. Aus diesem Foto schneidet man die Chromosomen aus und ordnet sie entsprechend ihrer Form und Größe. Dabei stellt sich heraus, dass der Mensch *46 Chromosomen* besitzt. Bei der Frau kann man alle 46 Chromosomen nach Größe und Form paarweise ordnen. Beim Mann bleibt am Schluss ein ungleiches Paar übrig. Den kleineren Paarling nennt man *Y-Chromosom*, den größeren Paarling *X-Chromosom*. Bei der Frau kommt das größere X-Chromosom zweimal vor.

- Der Chromosomensatz des Mannes ist 44 + XY.
- Der Chromosomensatz der Frau ist 44 + XX.

Die X-Chromosomen und Y-Chromosomen werden als *Geschlechtschromosomen* bezeichnet.

Keimzellbildung und Reduktion der Chromosomenzahl

Die weiblichen Keimzellen entstehen in den paarigen Eierstöcken, die männlichen Keimzellen in den Hoden. Stets kommt es bei ihrer Reifung zu einer *Reduktion des Chromosomensatzes* von 44 + XY oder 44 + XX auf 22 + Y oder 22 + X. Allgemeiner ausgedrückt: Aus dem *diploiden Satz (2 n)* wird der *haploide Satz (n)*. Diesen Sonderfall der Zellteilung bezeichnet man als *Reifeteilung* oder *Meiose*. Treffen bei der Befruchtung eine männliche und eine weibliche Keimzelle zusammen, wird aus den beiden haploiden Sätzen (n) wieder der diploide Satz (2 n). Die Reifeteilung erfolgt in zwei Schritten. Beim Menschen findet die Reduktion des Chromosomensatzes von 46 auf 23 Chromosomen während der ersten Reifeteilung statt.

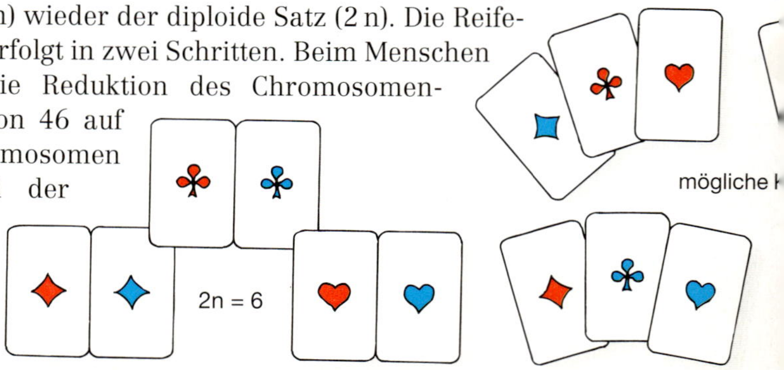

4 Spielkartenmodell zur zweiten Reifeteilung

Die weiblichen Keimzellen

Bildung. Bei der *ersten Reifeteilung* entstehen eine plasmareiche, große und eine winzig kleine Zelle. Die kleine Zelle wird zum so genannten *Polkörperchen.* Bei der *zweiten Reifeteilung* wird von der großen Zelle erneut eine winzige Zelle abgeschnürt. Auch das Polkörperchen teilt sich. Neben einer haploiden großen, *plasmareichen Eizelle* entstehen also drei haploide kleine Zellen. Diese sterben später ab. Die Eizelle besitzt nach den Reifeteilungen den haploiden Chromosomensatz (n) von 22 + X.

Schon während der Embryonalentwicklung des Mädchens entstehen in der Markschicht der Eierstöcke die *Ureizellen.* Ihre Zahl beträgt bei der Geburt etwa 1 Million. Sie verringert sich bis zum Eintritt der Geschlechtsreife auf etwa 300 000.

Die Reifung der Eizellen beginnt während der Pubertät im Alter zwischen 11 und 15 Jahren und endet meist zwischen 40 und 50 Jahren. Während der fortpflanzungsfähigen Zeit der Frau kommen 400 bis 500 Eizellen zur Reife.

Bau. Jede Eizelle enthält außer dem Kern viel Plasma und Dottermaterial, das die Nährstoffe für den jungen Keim enthält. Mit einem Durchmesser von etwa 0,1 mm ist die Eizelle eine der größten Zellen des menschlichen Körpers.

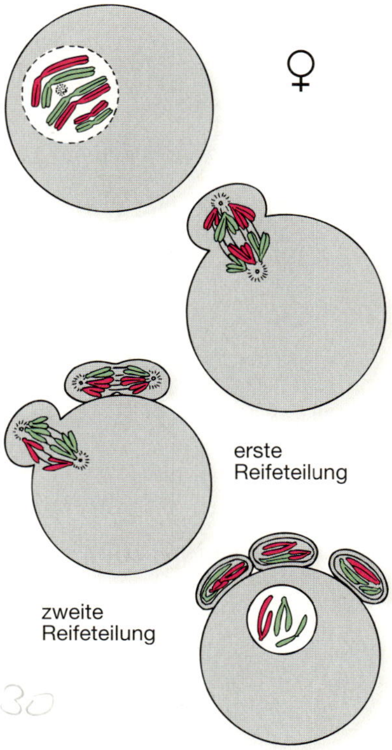

1 *Bildung weiblicher Keimzellen*

Die männlichen Keimzellen

Bildung. Die *Spermazellen* entstehen in den Hoden. Sie bilden sich aus rundlichen *Urspermazellen*, die die Wände der Hodenkanälchen auskleiden. Zunächst finden zahlreiche normale Zellteilungen dieser Urspermazellen statt. Die dabei entstehenden Zellen entfernen sich vom Kanälchenrand und nehmen an Größe zu. Auch in diesen Zellen erfolgt im Verlauf einer *ersten Reifeteilung* die Reduktion der Chromosomenzahl von 46 auf den haploiden Satz (n = 23).

Da die männlichen Zellen durchweg das ungleiche Chromosomenpaar XY aufweisen, hat eine der zwei haploiden Zellen nach der ersten Reifeteilung den Chromosomensatz 22 + X, die andere 22 + Y. Nach dieser Reduktionsteilung kommt es zur *zweiten Reifeteilung.* Bei dieser Teilung wird die Chromosomenzahl nicht verändert. Im Ganzen sind also 4 Zellen entstanden. Im Laufe der nächsten Tage entwickeln sich aus allen 4 Zellen schwimmfähige Spermazellen.

Insgesamt dauert die Bildung der Spermazellen 60 bis 70 Tage. Sie reifen in den Nebenhoden aus und werden dort im Idealfall bei einer Temperatur von etwa 32 °C gespeichert.

tionen für n = 3

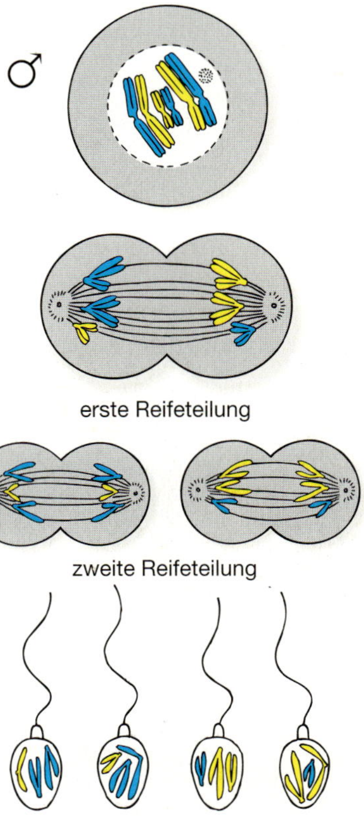

2 *Bildung männlicher Keimzellen*

1 Bildung der Spermazellen in einem Hodenkanälchen

Bau. Das *Kopfstück* der Spermazelle enthält vor allem den Zellkern mit den Chromosomen. In der Kappe des Kopfstücks befinden sich Enzyme, die imstande sind die Hülle der Eizelle aufzulösen. Im *Mittelstück* liegen zwei Teilungskörperchen. Außerdem finden sich hier zahlreiche Mitochondrien. Diese liefern die Energie, die für die Bewegung der Spermazelle benötigt wird.
Der *Schwanzteil* schlägt hin und her und bewegt so das Spermium Kopf voran vorwärts. Die Gesamtlänge einer Spermazelle beträgt 0,04 mm.

● Die männlichen und weiblichen Keimzellen entstehen durch die Reifeteilung aus diploiden Urkeimzellen. Dabei wird der doppelte Chromosomensatz (2 n) auf den einfachen Satz (n) reduziert und das Erbgut dem Zufall folgend durchmischt.

▶ Worin unterscheidet sich die Keimzellbildung von einer normalen Zellteilung?

▶ Worin liegt der wesentliche Unterschied zwischen der männlichen und weiblichen Keimzellbildung?

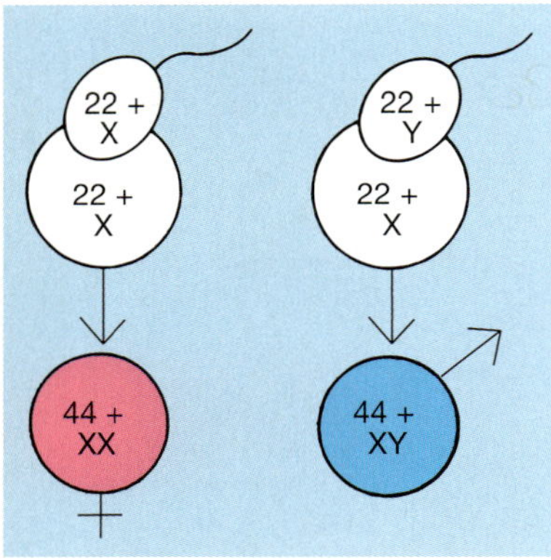

2 Geschlechtsbestimmung

Junge oder Mädchen

Da jede Eizelle stets den Chromosomensatz 22 + X besitzt, hängt die *Bestimmung des Geschlechts* in der befruchteten Eizelle davon ab, ob sie von einer Spermazelle mit dem Chromosomensatz 22 + X oder einer Spermazelle mit dem Chromosomensatz 22 + Y befruchtet wird. Da die Chancen theoretisch 1 : 1 stehen, lässt die etwas größere Zahl neugeborener Jungen darauf schließen, dass „Y-Spermien“ bei der Befruchtung begünstigt sind.
Die Chromosomen bestimmen nicht nur das Geschlecht, sie sind auch die *Träger der anderen Erbanlagen*. Das kann man unter anderem aus Fehlern bei der Verteilung der Chromosomen auf die Tochterzellen schließen.

3 und 4 Befruchtung

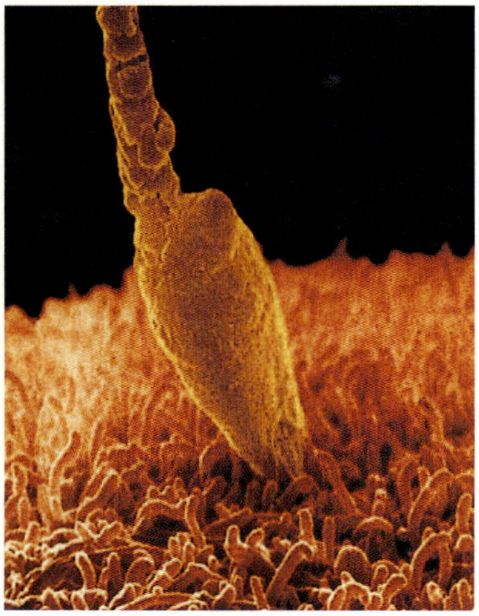

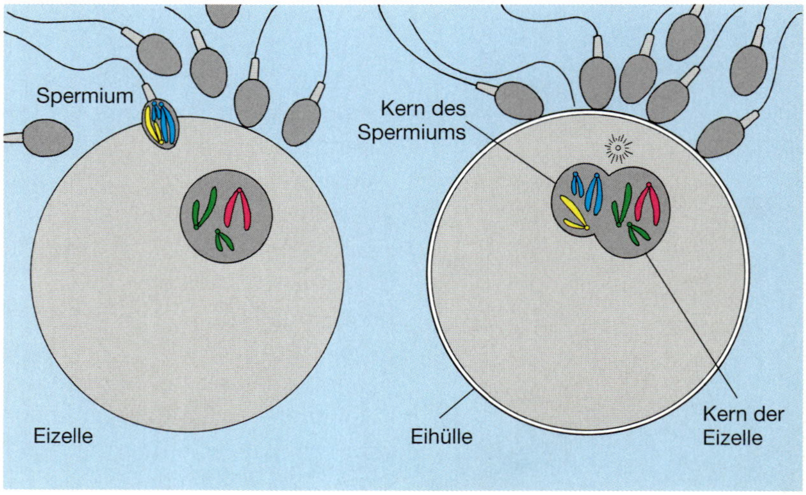

Fehler bei der Chromosomenverteilung

Nicht jede Zellteilung verläuft völlig planmäßig. Kommt es bei der Chromosomenverteilung zu *Fehlern*, sind die neu gebildeten Zellen in der Regel nicht lebensfähig. Es gibt aber Ausnahmen.

Überzählige Geschlechtschromosomen. Auf 100 weibliche Neugeborene kommt 1 Kind mit einem *überzähligen X-Chromosom*. Es weist also den Chromosomensatz 44 + XXX auf. Solche Mädchen bleiben in der geistigen Entwicklung zurück. Unter 1000 männlichen Neugeborenen sind durchschnittlich 2, bei denen der Chromosomensatz 44 + XXY vorkommt. Abgesehen von einer leicht verminderten Intelligenz wirkt sich diese Veränderung des Chromosomenbestands vor allem auf die körperliche Entwicklung aus. Die Hoden sind abnorm klein, Spermazellen werden nicht gebildet. Sekundäre männliche Geschlechtsmerkmale entwickeln sich kaum. Liegt der Chromosomensatz 44 + XYY vor, so sind die Betroffenen meist auffallend groß und weniger intelligent.

1 *Mädchen mit Down-Syndrom*

Trisomie 21. Auf 1000 lebend geborene Kinder kommen durchschnittlich 3 bis 4, die ein Chromosom zu viel haben. Bei den frühen Fehlgeburten sind es 200 von 1000. Bei den ausgestoßenen, entwicklungsfähigen Eiern liegt die Fehlerquote sogar bei 400 von 1000.

Auf 600 Geburten kommt 1 Geburt, bei der das Neugeborene das *Chromosom Nr. 21* in jeder Zelle nicht doppelt, sondern *dreifach* aufweist. Dies führt zu Stoffwechselschwierigkeiten. Die davon Betroffenen werden nicht so groß, haben einen rundlichen Kopf und kleine Ohren. Vom oberen zum unteren Augenlid verläuft eine Hautfalte wie bei Menschen der mongolischen Rasse. Daher entstand die frühere Bezeichnung „Mongolismus". Heute nennt man die Krankheit korrekterweise *Trisomie 21* oder das *Down-Syndrom*.

Menschen mit dem dreifachen Chromosom 21 sind oft anfällig gegen Infektionskrankheiten. Ihre körperliche Leistungsfähigkeit und ihre geistigen Fähigkeiten sind stark eingeschränkt. Wer aber Betroffene kennt, der weiß, wie freundlich und anhänglich viele von ihnen sind und dass sie bemerkenswerte handwerkliche und künstlerische Fähigkeiten entfalten können.

Die Zahl der Fälle von Trisomie 21 steigt mit dem Alter der Mutter. Jede schwangere Frau über 37 Jahren sollte als Vorsorgeuntersuchung eine *Amniozentese* durchführen lassen. Das ist eine Untersuchung des Fruchtwassers. Der Arzt gewinnt dabei embryonale Zellen, deren Chromosomenzahl bestimmt werden. Aus dem Chromosomenbefund kann man erkennen, ob eine Trisomie 21 vorliegt.

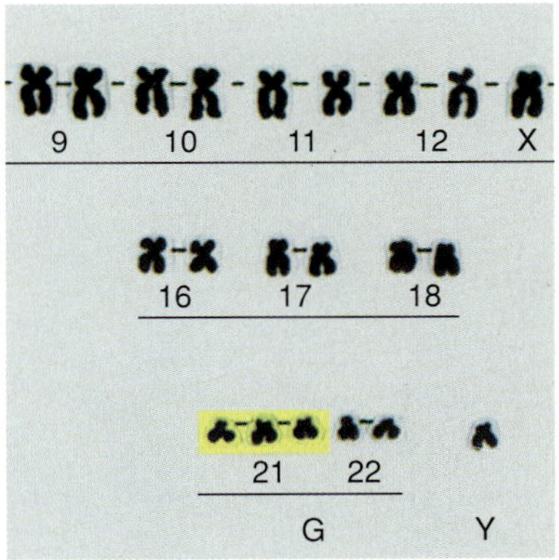

2 *Ausschnitt aus dem Karyogramm eines Menschen mit Trisomie 21*

Häufigkeit Neugeborener mit Trisomie 21 in Abhängigkeit vom Alter der Mutter

Alter der Mutter (in Jahren)	Häufigkeit kranker Neugeborener (in %)
unter 20	0,043
20–24	0,062
25–29	0,062
30–34	0,115
35–39	0,350
40–44	0,993
über 45	2,200

- Die Bestimmung des Geschlechts durch die Geschlechtschromosomen und die Wirkung überzähliger Chromosomen auf die Entwicklung zeigen, dass die Chromosomen die Träger der Erbanlagen sind.

▶ Welchen Schluss lässt die Tabelle rechts zu?

1 Johann Gregor Mendel (1822–1884)
Ohne die Vorgänge bei der Befruchtung und die Rolle der Chromosomen zu kennen, entdeckte er die grundlegenden Gesetzmäßigkeiten der Vererbung.

2 Gregor Mendel entdeckt die Gesetzmäßigkeiten der Vererbung

Am 8. Februar 1865 trug Gregor Mendel die Ergebnisse seiner langjährigen Kreuzungsversuche an Pflanzen dem naturforschenden Verein in Brünn vor. Keiner seiner Zuhörer bemerkte allerdings, welchem Geheimnis der Augustinerpater in mehr als *10 000 Versuchen an Erbsen* und anderen Pflanzen auf die Spur gekommen war. Vielleicht lag es daran, dass seine Versuche einfach, aber genial waren. Um herauszufinden, welchen Gesetzmäßigkeiten die Vererbung folgt, bemühte er sich nicht darum – wie viele vor ihm –, die schwer bestimmbare allgemeine Ähnlichkeit zwischen Eltern und Kindern zu untersuchen. Er beschränkte sich darauf, die *Weitergabe einzelner, einfacher Merkmale von Generation zu Generation* zu verfolgen. Solche einfachen Merkmale können die Blütenfarbe, Stängellänge, Blattform sowie Form und Farbe der Samen sein.

- Mendels Versuche beschränkten sich auf einzelne, einfache Merkmale. Mendel verfolgte die Weitergabe dieser Merkmale über mehrere Generationen und führte die Versuche an einer großen Zahl von Versuchspflanzen durch.

Vererbung eines Merkmals

1. mendelsche Regel. Mendel kreuzte *rot blühende Erbsen*, deren Vorfahren immer nur rote Blüten hatten, mit *weiß blühenden* Erbsen, deren Vorfahren immer nur weiß geblüht hatten. Diese reinerbigen Eltern, auch Parentalgeneration (P) genannt, hatten in der ersten Tochtergeneration, auch Filialgeneration (F_1) genannt, ausnahmslos rot blühende Nachkommen.
Kreuzte er in der P-Generation reinerbige *gelbsamige* Erbsen mit reinerbigen *grünsamigen,* so waren die Nachkommen in der F_1 durchweg *gelbsamig.*

2 bis 4 Mendels Kreuzungstechnik bei Erbsen

Zur Kreuzung werden die Staubblätter bei der einen Sorte entfernt.

Pollen der zweiten Sorte wird zur Bestäubung der ersten abgenommen.

Zum Schutz vor Fremdbestäubung werden die Blüten umhüllt.

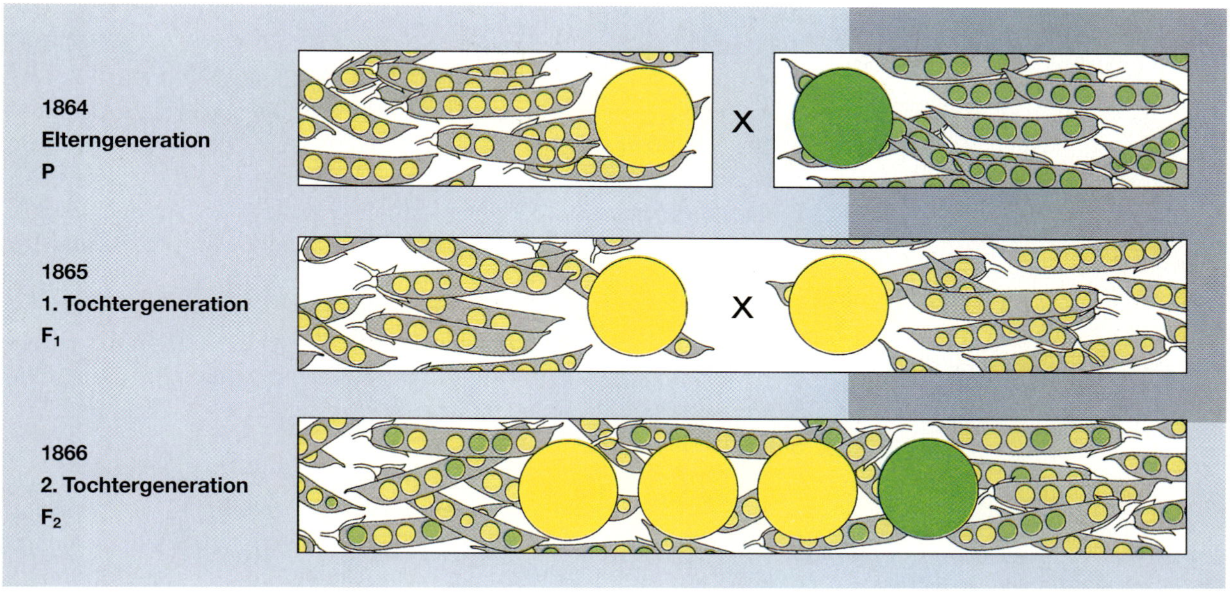

1 Mendels erste Kreuzungsversuche mit gelben und grünen Erbsen

Bei allen Versuchen ergab sich, dass die Pflanzen der 1. Tochtergeneration (F_1) untereinander gleich sind. Man nennt diese Regelmäßigkeit *Uniformitätsregel.* Zu Ehren Mendels wird sie auch als *1. mendelsche Regel* bezeichnet. Sie lautet:

- Kreuzt man in der P-Generation Individuen, die sich in einem Merkmal reinerbig unterscheiden, sind die Individuen der F_1 untereinander gleich (uniform).

2. mendelsche Regel. Im folgenden Jahr kreuzte Mendel die *rot blühenden Pflanzen* der F_1 untereinander und erhielt unter ihren Nachkommen in der F_2 nicht nur rot blühende, sondern auch wieder *weiß blühende* Pflanzen. Drei Viertel der Pflanzen blühten rot, ein Viertel hatte weiße Blüten. Die F_2-Generation ist also nicht einheitlich, sondern die verschiedenen Erscheinungsformen *spalten* sich vielmehr in einem bestimmten *Zahlenverhältnis* auf.
Bei den *gelbsamigen* Pflanzen der F_1, die Mendel ebenfalls untereinander kreuzte, erhielt er für die F_2 6022 *gelbe* und 2001 *grüne* Samen. Das ist ein Zahlenverhältnis von 3,01 : 1.
Je größer die Zahl der Versuchspflanzen ist, umso mehr nähert man sich dem Zahlenverhältnis 3 : 1.
Die Aufspaltung in der F_2 bezeichnet man als *Spaltungsregel* oder *2. mendelsche Regel.* Sie lautet:

- Die Individuen der F_2 sind untereinander nicht gleich, sondern die verschiedenen Erscheinungsformen des Merkmals spalten sich in einem bestimmten Zahlenverhältnis auf.

- ▶ Mendel erhielt durch Kreuzung der gelben Erbsen der F_1 gelbe und grüne Erbsen in der F_2. Wie ist das Vorhandensein der grünen Erbsen in der F_2 zu erklären?

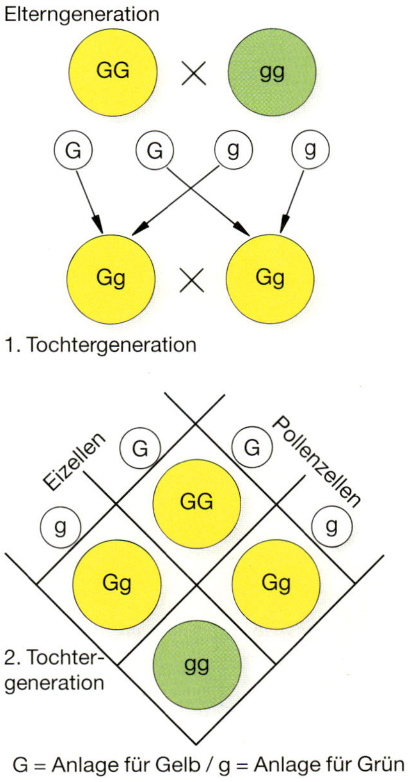

2 Verteilung der Erbanlagen bei der 1. und 2. mendelschen Regel

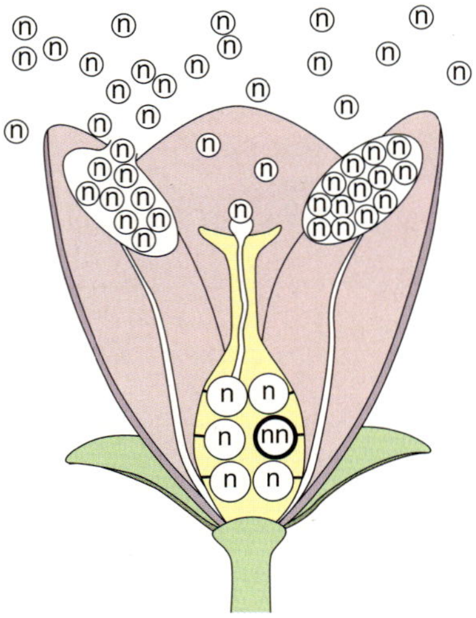

1 *Bei der Befruchtung wird aus dem haploiden Chromosomensatz (n) der Keimzellen der diploide Chromosomensatz (2n) der befruchteten Eizelle.*

2 *Verteilung der Chromosomen (links) und der in ihnen liegenden Gene bei der Keimzellbildung. Der diploide Chromosomensatz ist hier 2 n = 2.*

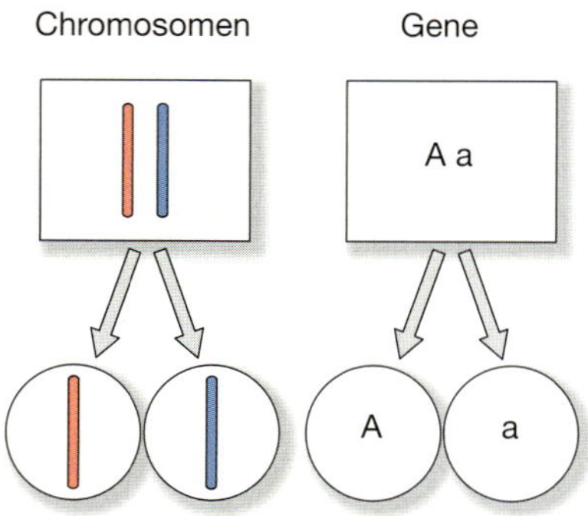

Anlagen und Merkmale

Bei den Erbsen mit *gelben* Samenschalen liegen demnach in der F_1 je eine Erbanlage für eine *grüne* und eine Erbanlage für eine *gelbe* Samenschale vor. Die Anlage für Gelb ist dabei stärker als die Anlage für Grün. Die Anlage für Gelb ist *dominant*. Die Anlage für Grün ist *rezessiv*. Hinter dem *Zahlenverhältnis von 3 : 1* verbirgt sich das *Zahlenverhältnis 1 : 2 : 1* der Anlagen. Die rezessive Anlage für grüne Samen vermag sich aber nur durchzusetzen, wenn die Anlage für gelbe Samen fehlt.

Im Erbschema werden die Anlagen mit Buchstaben angegeben. Großbuchstaben stehen für dominante, Kleinbuchstaben für rezessive Merkmale. So kann man die dominante Anlage für eine gelbe Samenschale mit G bezeichnen, die rezessive Anlage für eine grüne Samenschale mit g.

Alle Pflanzen der F_1 haben somit für das Merkmal „Farbe der Samenschale“ die *Anlagenkombination Gg*. Solche Pflanzen sind in Bezug auf das Merkmal *mischerbig*. Man bezeichnet sie als *Hybriden*. Die reinerbigen Pflanzen der P-Generation besitzen demnach die Anlagen GG oder gg. In der F_2 treten dann GG, Gg und gg im Verhältnis 1 : 2 : 1 auf.

- Für jedes Merkmal liegen stets zwei Erbanlagen vor. Die Gesamtheit der Merkmale eines Individuums, seine äußere Erscheinung also, bezeichnet man als Phänotyp. Die zugrunde liegenden Erbanlagen stellen den Genotyp dar.

▶ Definieren Sie die Begriffe Genotyp und Phänotyp.

Gene und Chromosomen

In jeder Körperzelle sind für jedes Merkmal zwei Gene vorhanden. Bei der Bildung der Keimzellen werden die beiden Gene voneinander getrennt. Bei der Reduktionsteilung, die zur Bildung von Keimzellen führt, wird der diploide Chromosomensatz (2 n) auf den haploiden Chromosomensatz (n) in jeder Keimzelle reduziert. Bei der Befruchtung werden zwei haploide Chromosomensätze zusammengeführt.

Die *Parallelen* zwischen den Vorgängen bei der *Keimzellbildung und der Befruchtung* mit den von Mendel beobachteten Vorgängen bei *der Vererbung* sind unübersehbar. Sie erhärten, dass die Chromosomen die Träger der Gene sind.

- Für jedes Merkmal liegen stets zwei Erbanlagen oder Gene vor. Die Gesamtheit der Merkmale eines Individuums, also seine äußere Erscheinung, bezeichnet man als Phänotyp. Die zugrunde liegenden Gene stellen den Genotyp dar. Träger der Gene sind die Chromosomen.

▶ Welche Zusammenhänge bestehen zwischen Keimzellbildung und Chromosomensatz?

▶ Wie unterscheidet sich die Erbinformation der Gehirnzellen von der Erbinformation der Hautzellen?

Vererbung mehrerer Merkmale

3. mendelsche Regel. Mendel kreuzte weiterhin 2 Erbsenrassen, die sich in *2 Merkmalspaaren* voneinander unterscheiden. Eine Erbsenrasse hatte *gelbe, kantige* Samen. Die andere hatte *grüne, glattschalige* Samen. Gelb dominierte dabei über Grün, glattschalig über kantig.

- In der F_1 waren alle Nachkommen erwartungsgemäß *untereinander gleich,* nämlich gelb und glattschalig. Die *1. mendelsche Regel* wurde bestätigt.
- In der F_2 spalteten die Nachkommen der F_1, die er untereinander gekreuzt hatte, auf. Alle Formen, die aus der Vorfahrenreihe der F_2 bekannt waren, treten auf. Die *2. mendelsche Regel* bestätigte sich.
- Darüber hinaus fand Mendel eine völlig neue Rasse mit grünen, kantigen Samen. Die *Neukombination* ist zu erklären, wenn man annimmt, dass die Anlagen für die Samenschalenfarbe und die Samenschalenform *unabhängig voneinander vererbt* werden.

● Diese Regel wird als *3. mendelsche Regel* oder als Regel von der Neukombination der Gene oder als Unabhängigkeitsregel bezeichnet.

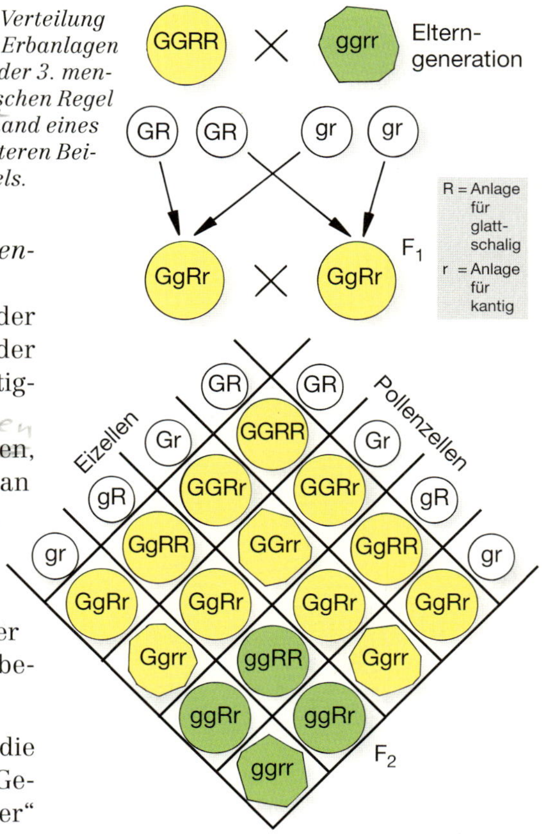

1 Verteilung der Erbanlagen bei der 3. mendelschen Regel anhand eines weiteren Beispiels.

Die 3. mendelsche Regel gilt nicht uneingeschränkt, denn für die rund 40 000 Erbanlagen des Menschen beispielsweise stehen in Gestalt der Chromosomen nur 23 verschiedene „Transportbehälter" zur Verfügung. Daraus folgt zwingend, dass viele Anlagen aneinander gekoppelt vererbt werden, weil sie auf demselben Chromosom liegen.

2 Samen verschiedener Erbsenrassen

Rückkreuzung

Ob ein bestimmtes Merkmal reinerbig oder mischerbig vorliegt, lässt sich im Phänotyp nicht erkennen. Um diese Frage zu klären, ist eine *Testkreuzung* notwendig. Als Kreuzungspartner werden Individuen herangezogen, bei denen das entsprechende Merkmal *reinerbig rezessiv* (gg) vorliegt. Da es dem reinerbig rezessiven Elter entspricht, nennt man diesen Kreuzungstyp *Rückkreuzung.* Ein Beispiel: Spaltet bei der Rückkreuzung die F_1 im Zahlenverhältnis 1 : 1 auf, so ist die Testpflanze in Bezug auf das untersuchte Merkmal mischerbig. Ihre Anlagen sind demnach Gg. Wäre die Testpflanze reinerbig dominant (GG), so müsste die F_1 entsprechend der 1. mendelschen Regel uniform (Gg) sein.

● Durch Rückkreuzung lässt sich feststellen, ob ein Individuum in einem bestimmten Merkmal reinerbig oder mischerbig ist.

▶ Wie viele unterschiedliche Phänotypen entstehen bei einer Kreuzung mit 2 Merkmalspaaren?

▶ Mendel erhielt bei seinen Kreuzungsversuchen mischerbige und reinerbige gelbe Erbsen. Wie ging er vor um beide Gruppen zu unterscheiden?

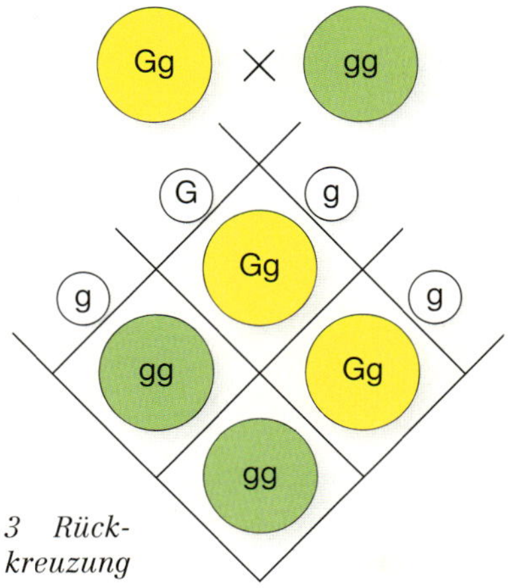

3 Rückkreuzung

Auf einen Blick: Die 3 mendelschen Regeln

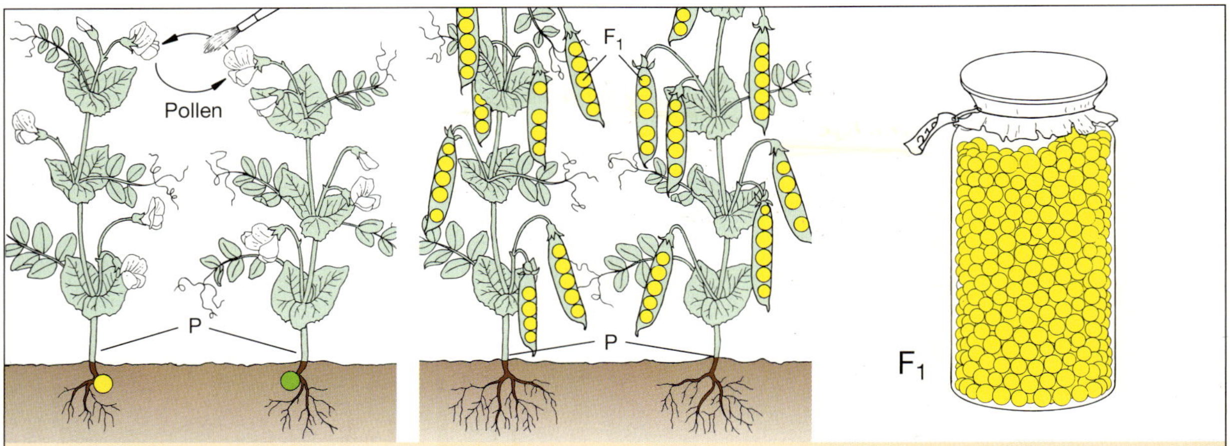

Kreuzung der Elterngeneration (P). Individuen, die sich in einem Merkmal reinerbig unterscheiden.

Die Nachkommen (F_1-Generation) sind in Bezug auf dieses Merkmal untereinander gleich.

Uniformitätsregel
(1. mendelsche Regel)

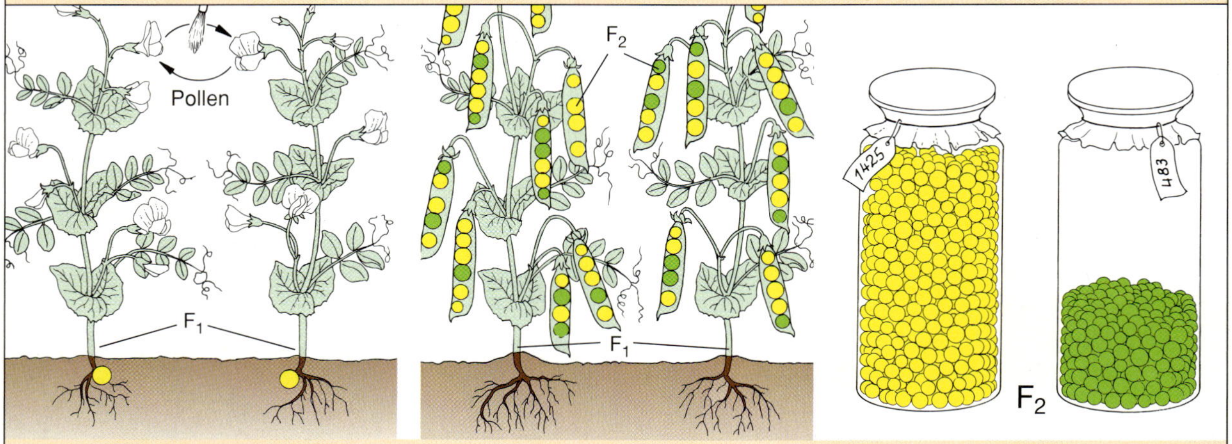

Kreuzung der F_1-Generation untereinander. Individuen sind mischerbig in einem Merkmal.

Die Nachkommen (F_2-Generation) sind in Bezug auf dieses Merkmal aufgespalten.

Spaltungsregel
(2. mendelsche Regel)

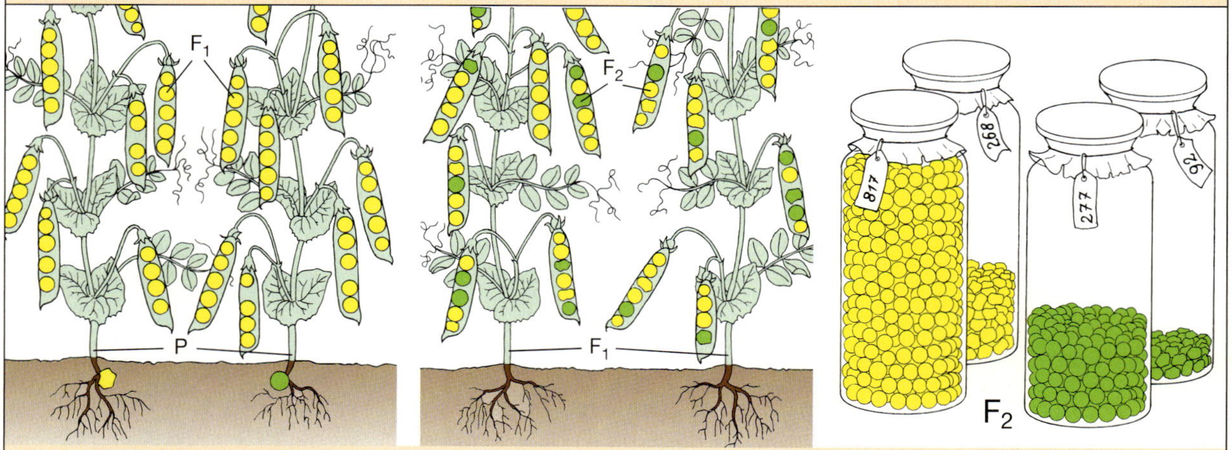

Kreuzung der F_1-Generation. Individuen, die sich in mehreren Merkmalen mischerbig unterscheiden.

Die Nachkommen (F_2-Generation) sind in Bezug auf diese Merkmale aufgespalten. Neukombinationen treten auf.

Unabhängigkeitsregel
(3. mendelsche Regel)

1 und 2 Die Familienforschung untersucht die Weitergabe von Erbanlagen beim Menschen. Die „Habsburger Unterlippe" gehört zu den wenigen Merkmalen beim Menschen, deren Auftreten über viele Generationen dokumentiert ist.

3 Vererbung beim Menschen

Die Bedeutung der Versuchsergebnisse Gregor Mendels wurde von den Wissenschaftlern seiner Zeit nicht erkannt. Erst Jahre nach seinem Tod entdeckten drei Botaniker um 1900 die Gesetzmäßigkeiten der Vererbung erneut. Schon ein Jahr später konnte gezeigt werden, dass die mendelschen Regeln auch für die Tiere und den Menschen gelten. Der Mensch ist kein Objekt für Erbversuche. Dennoch weiß man heute über die Vererbung beim Menschen gut Bescheid. Vor allem durch *Familienforschung,* durch statistische Erhebungen und mithilfe der *Zwillingsforschung* wurde die Weitergabe von Anlagen beim Menschen verfolgt. Dass es sich bei den untersuchten Merkmalen häufig um Erbgänge von Krankheiten handelt, hängt damit zusammen, dass manche Krankheitsbilder auffällig und deshalb gut erforscht sind.

Familienforschung

Vererbung körperlicher Merkmale. Familienforschung ist häufig *Stammbaumforschung.* Dabei ist es wichtig, das Auftreten bestimmter Merkmale in möglichst vielen Fällen über möglichst viele Generationen hinweg zu verfolgen. So genügt es keineswegs, die Vererbung der Blutgruppen nur an einem Ehepaar und dessen vier oder fünf Kindern zu untersuchen. Für eine fundierte Aussage wäre die Zahl der Untersuchten viel zu klein. Einige Beispiele sollen dies deutlich machen:

Erbliche Kurzsichtigkeit. Es gibt eine Form der Kurzsichtigkeit, die *rezessiv* vererbt wird. Angenommen, beide Eltern seien im Hinblick auf das rezessive Gen der Kurzsichtigkeit mischerbig. Dann müssten statistisch gesehen 25% der Kinder dieser Ehe kurzsichtig sein. Dennoch ist es möglich, dass alle Kinder normalsichtig sind. Es ist auch denkbar, dass alle kurzsichtig sind. Die Wahrscheinlichkeit dafür ist allerdings geringer. Je mehr Familien untersucht werden, die von dieser Sehschwäche betroffen sind, umso genauer stellt sich das Verhältnis 1 : 2 : 1 (Genotyp) bzw. 3 : 1 (Phänotyp) ein.

Stammbaumanalyse
Die wichtigste Methode zur Ermittlung von Erbgängen beim Menschen ist die Stammbaumanalyse. Tritt ein Merkmal in einer Familie gehäuft auf, kann man vermuten, dass es erblich ist. In einem Stammbaum, der über Geschlecht und Verwandtschaftsbeziehung Auskunft gibt, werden die Merkmalsträger markiert. Anschließend wird geprüft, ob sich der Erbgang mit den mendelschen Regeln erklären lässt.

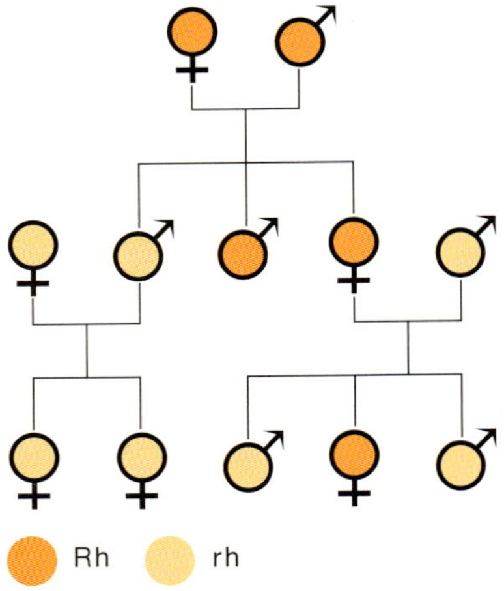

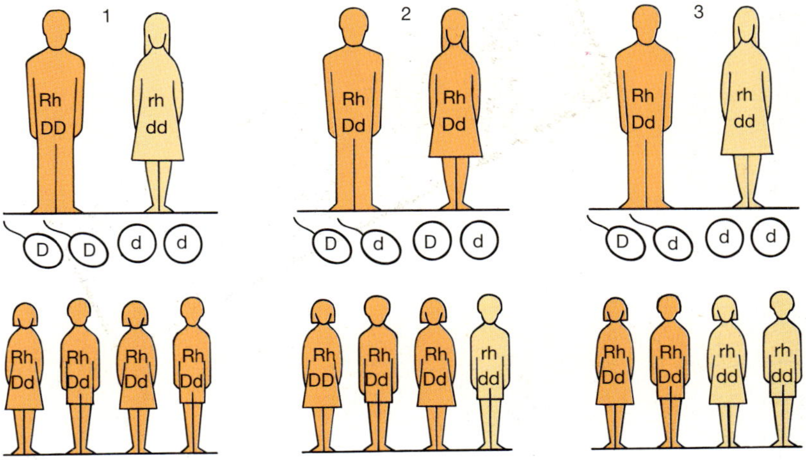

1 und 2 Stammbaum zur Vererbung des Rhesusfaktors. Welche Genotypen lassen sich den einzelnen Personen zuordnen?

Der Rhesusfaktor (Rh) tritt bei 85% aller Menschen in den roten Blutkörperchen auf. Er wird dominant vererbt. Die Träger dieses Stoffes sind Rh-positiv (Rh). Sie besitzen entweder die Anlagen DD oder Dd. Nichtträger sind Rh-negativ (rh), entsprechend sind ihre Anlagen dd. Wie Bild 2 zeigt, folgt auch die Vererbung des Rhesusfaktors den mendelschen Regeln:

- Fall 1 bestätigt die *1. mendelsche Regel.*
- Fall 2 bestätigt die Gültigkeit der *2. mendelschen Regel.*
- Fall 3 entspricht einer *Rückkreuzung*. Für die Kinder gilt das statistische Verhältnis von mischerbig zu reinerbig wie 1 : 1.

3 Intermediärer Erbgang der Wunderblume

Intermediäre Erbgänge zeichnen sich dadurch aus, dass die Anlagen gleichwertig sind. Die Hybriden der F_1-Generation zeigen eine Mittelstellung zwischen den Merkmalen der reinerbigen Eltern. Dies kann bei der Wunderblume beobachtet werden. Man spricht von *Kodominanz*, wenn zwei Anlagen gleichwertig sind und beide Merkmale bei den mischerbigen Nachkommen in Erscheinung treten. Die *Blutfaktoren M und N*, bei Vaterschaftstests untersuchte Merkmale, unterliegen einem kodominanten Erbgang.

Dominant-rezessive Erbgänge sind beim Menschen häufiger. So sind die *Blutfaktoren A und B* gegenüber *0* (null) *dominant*. Auch eine Reihe auffälliger Krankheiten, so die Kurzfingrigkeit, werden dominant vererbt.

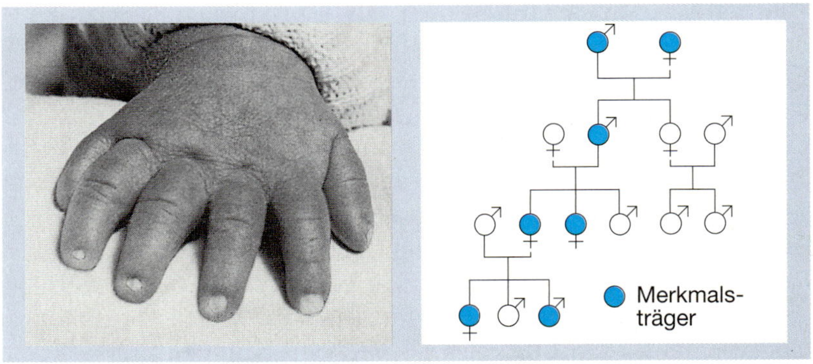

4 Vererbung der Vielfingrigkeit. Links das Erscheinungsbild, daneben der Stammbaum einer Sippe, in der Vielfingrigkeit auftritt. Ausgefüllte Kreise: Vielfingrige Personen

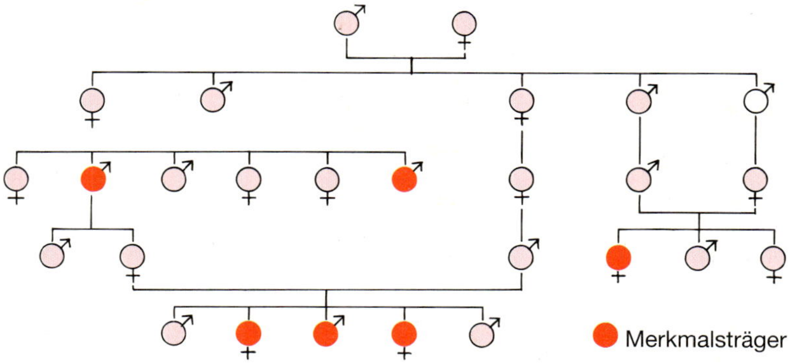

1 *Stammbaum einer Familie, in der Taubstummheit vererbt wird. Der Erbgang ist rezessiv. Die rot ausgefüllten Kreise entsprechen taubstummen Personen.*

Rezessive Anlagen können über viele Generationen hinweg verborgen bleiben. Dies gilt beispielsweise für eine bestimmte Form der *Taubstummheit* und die *Rot-Grün-Verwechslung*.
Die Erbanlagen für die Unterscheidung von Rot und Grün liegen auf dem *X-Chromosom*. Da Frauen immer zwei X-Chromosomen besitzen, Männer aber nur eines, wirkt sich eine X-chromosomale Vererbung unterschiedlich aus: Bei Männern leidet ein Merkmalsträger immer unter der Rot-Grün-Verwechslung. Frauen können dagegen symptomfrei sein und dennoch als *Konduktorin* (Merkmalsüberträgerin) das betreffende Gen mitführen und weitervererben.
Bei nahen Verwandten ist die Wahrscheinlichkeit größer, dass sie dieselben rezessiven Anlagen besitzen. Damit steigt die Wahrscheinlichkeit und damit auch das Risiko für Kinder aus Verwandtenehen, dass bei ihnen rezessiv vererbte Krankheiten in Erscheinung treten. Wenn in einer Familie Erbkrankheiten bekannt sind, sollten sich die Partner in einer *genetischen Beratungsstelle* informieren. Hier erfahren sie, welche Gefahren sich für ihre Kinder ergeben können. Die Gesundheitsämter geben Auskunft, wo sich genetische Beratungsstellen befinden.

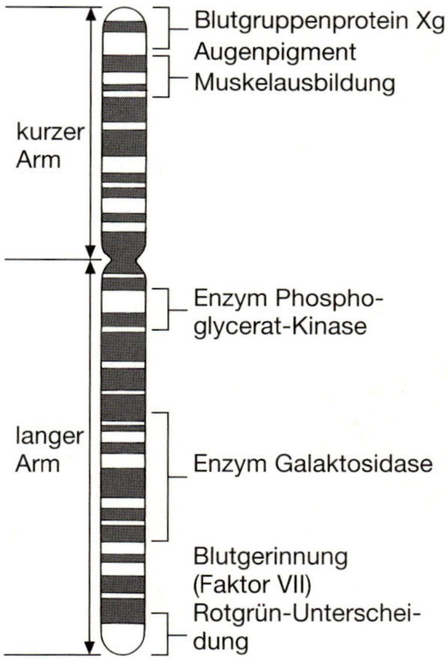

2 *Erbanlagen auf dem X-Chromosom des Menschen*

- Testen Sie Ihr Farbunterscheidungsvermögen mit Bild 4. Welche Zahl erkennen Sie?
- Ein Kind hat die Blutgruppe B. Welche Blutgruppen können seine beiden Eltern nicht haben?

3 und 4 *Stammbaum einer Familie, in der Rot-Grün-Verwechslung vorkommt. Testkarte für die Farbtüchtigkeit*

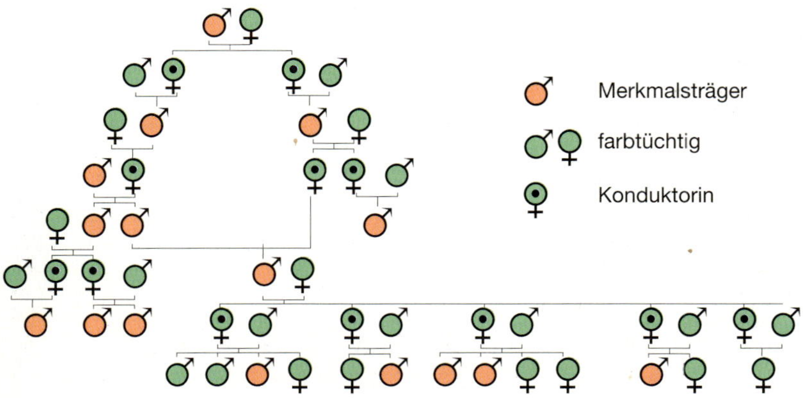

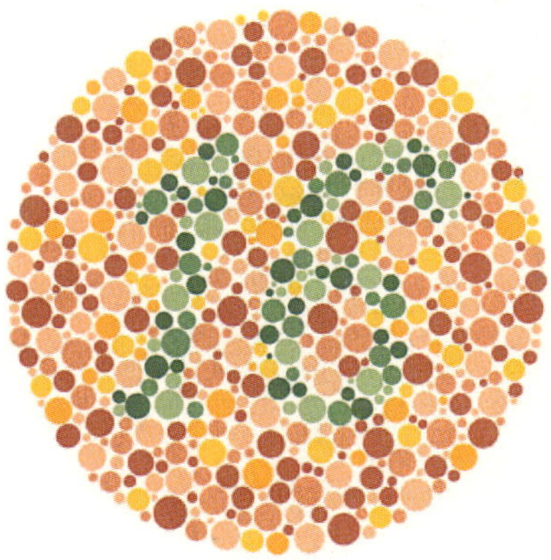

1 *Bei der Form und Farbe der Haare sind die Übergänge fließend. Heute weiß man, dass in solchen Fällen häufig nicht nur ein, sondern mehrere Paare von Erbanlagen die Ausprägung des Merkmals bewirken.*

Vererbung geistiger Merkmale

Die Vererbung einzelner körperlicher Merkmale bis hin zu einem bestimmten Blutfaktor lässt sich verhältnismäßig leicht verfolgen. Schon bei der Vererbung der Hautfarbe oder Haarfarbe allerdings stößt man auf die Schwierigkeit, dass an der Ausbildung dieser Merkmale *mehrere Gene* beteiligt sind. Noch viel mehr gilt dies für geistige Fähigkeiten. Sie sind Ausdruck einer *Fülle höchst unterschiedlicher Voraussetzungen.* So braucht ein guter Musiker nicht nur ein hervorragendes Gehör, er muss sich auch an Klangbilder erinnern können und in der Lage sein, sich neue Klangbilder auszudenken. Er muss ein Gefühl für Rhythmus haben und zudem die Fingerfertigkeit besitzen um ein Instrument spielen zu können.

Es gibt viele Familien, in denen Musikalität gehäuft auftritt. Ist hier die Zahl der günstigen Gene besonders groß? Oder liegt es vor allem daran, dass im Hause eines Musikers diese Begabung besonders gefördert wird?

In der Familie des Komponisten und Musikers *Johann Sebastian Bach* gab es beispielsweise sehr viele bedeutende Musiker. Erbgut oder Umwelt? Vieles spricht für den Einfluss des Erbguts. Man muss aber auch bedenken, dass in der Familie Bach viel musiziert wurde, sodass auch die Umwelt die musikalische Entwicklung der Kinder förderte. Welches Gewicht bei der Ausprägung bestimmter Merkmale dem Erbgut und welches der Umwelt zuzumessen ist, ist schwer zu entscheiden. Niemand wird als „fertiger" Mensch geboren. Begabungen können gefördert werden oder verkümmern. *Lernen und Üben* sind für die Entwicklung und Leistungsfähigkeit des Menschen von erheblicher Bedeutung.

2 und 3 *Familie Bach bei der Hausmusik.*
Stammbaum der Familie Bach.
Über die Musikalität der Frauen sagt der Stammbaum nichts aus. Man darf aber davon ausgehen, dass ihre Begabung hinter der der Männer nicht zurückstand.

- ● Auch die Umwelt beeinflusst die Ausprägung der Merkmale. Dies wird jedoch nicht vererbt.

- ▶ Mit welchen Untersuchungsmethoden lässt sich am schlüssigsten feststellen, ob ein Merkmal beim Menschen ererbt oder erworben wurde?

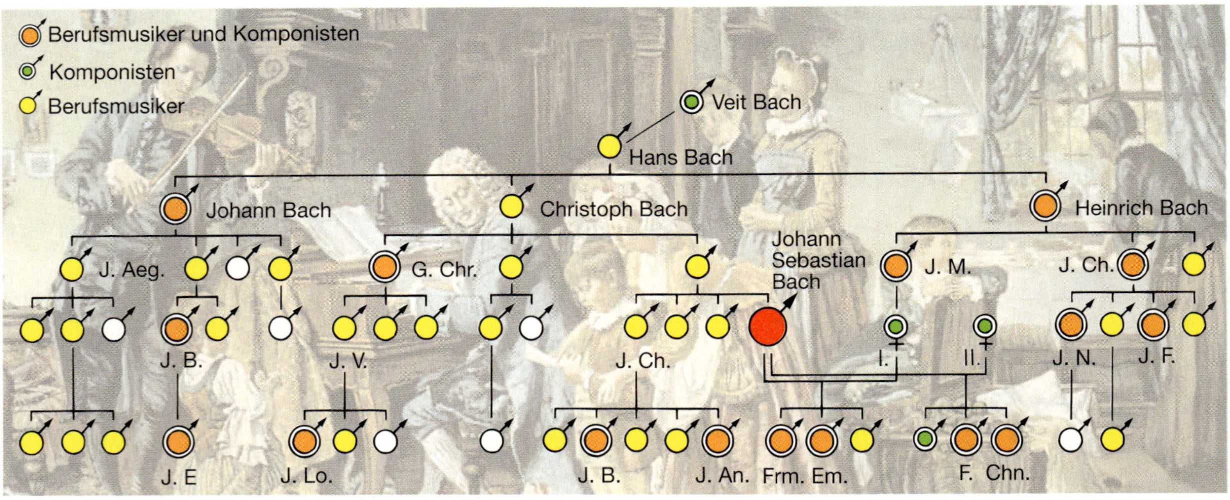

1 bis 4 Entstehung eineiiger und zweieiiger Zwillinge

Zwillingsforschung

In Deutschland kommen Zwillingsgeburten ungefähr einmal unter 80 Geburten vor. Die *Zwillingsforschung* untersucht bevorzugt eineiige Zwillinge, die getrennt unter verschiedenen Umwelteinflüssen aufgewachsen sind. Aus den Ergebnissen lässt sich erkennen, dass die Umwelt einen erheblichen Einfluss auf den Menschen hat.

Zweieiige Zwillinge (ZZ) gleichen sich meist nicht mehr als normale Geschwister auch. Sie entstehen aus *zwei verschiedenen Eizellen*, die von *verschiedenen Spermazellen befruchtet* worden sind. 75% der zweieiigen Zwillinge sind gleichgeschlechtlich, 25% sind Pärchenzwillinge.

Eineiige Zwillinge (EZ) gleichen sich oft wirklich bis aufs Haar. Im Körperbau und im Verhalten zeigen sie weitgehende Übereinstimmung. Selbst ihre Stoffwechselvorgänge entsprechen sich so weitgehend, dass bei Organübertragungen von Körper zu Körper keine Abstoßungsreaktionen auftreten.

Diese grundlegende Ähnlichkeit beruht auf der größtmöglichen genetischen Übereinstimmung. Eineiige Zwillinge gehen aus *einer einzigen Eizelle,* die von einer Spermazelle befruchtet wurde, hervor. Deshalb sind sie auch stets *gleichgeschlechtlich.* Meist teilt sich der Keim in einem frühen Entwicklungsstadium. Unterbleibt die vollständige Trennung, so entstehen *„siamesische Zwillinge"*.

Auch auf die Entwicklung erbgleicher Zwillinge wirken Umweltbedingungen ein. Viele Merkmale aber prägen sich unabhängig von Umwelteinflüssen aus. Sie erweisen sich als *umweltstabil.* Die *Blutgruppen,* das *Fingerbeerenmuster* und die *Augenfarbe* sind Beispiele dafür.

Aber wie steht es mit allgemeineren Merkmalen wie Körpergewicht, Körpergröße, Anfälligkeit gegenüber bestimmten Krankheiten oder gar Intelligenz?

- Wodurch unterscheiden sich EZ von ZZ?
- Kennen Sie Zwillinge? Sind sie eineiig oder zweieiig? Worin unterscheiden sie sich? Worin gleichen sie sich?

Grad der Übereinstimmung für ein bestimmtes Merkmal bei eineiigen Zwillingen	
Zeitpunkt des Sitzens	82%
Zeitpunkt des Laufens	68%
Haarfarbe	89%
Augenfarbe	99%
Blutdruck	63%
rechts-/linkshändig	79%
Zuckerkrankheit	65%
Down-Sydrom	89%

Grad der Übereinstimmung für ein bestimmtes Merkmal bei zweiigen Zwillingen	
Zeitpunkt des Sitzens	76%
Zeitpunkt des Laufens	31%
Haarfarbe	22%
Augenfarbe	28%
Blutdruck	36%
rechts-/linkshändig	77%
Zuckerkrankheit	18%
Down-Sydrom	7%

1 Je älter eineiige Zwillinge werden, umso interessanter sind sie für die Erbforschung. Diese Zwillinge sind 66 Jahre alt.

Intelligenz
Intelligenzmessungen geben nur Aufschluss über ganz bestimmte Fähigkeiten und Fertigkeiten, die in einer bestimmten Kultur gefordert werden. Bei Schlussfolgerungen aus Zwillingsuntersuchungen ist zu bedenken, dass getrennt aufgewachsene Zwillinge in den meisten Fällen trotzdem in einer ähnlichen Umwelt leben, sodass die Unterschiede in der IQ-Punktzahl (IQ = Intelligenzquotient) relativ niedrig ausfallen und nur bedingt Rückschlüsse auf den Anteil der Vererbung zulassen.

Um solche Fragen beantworten zu können, vergleicht man eineiige Zwillinge, die *gemeinsam aufgewachsen* sind, mit solchen, die möglichst *seit früher Jugend getrennt* voneinander leben. Auch der Vergleich gemeinsam aufgewachsener EZ mit gleichgeschlechtlichen ZZ, die gemeinsam aufgewachsen sind, ist aufschlussreich. In der Tabelle sind einige Ergebnisse zusammengestellt:

Merkmale	**zusammen aufgewachsen**		**getrennt aufgewachsen**
	EZ	**ZZ**	**EZ**
durchschnittlicher Unterschied in der Körpergröße	1,3 cm	4,5 cm	2,1 cm
durchschnittlicher Unterschied im Gewicht	4,7 kg	7,9 kg	4,8 kg
durchschnittlicher Punktunterschied bei einem Intelligenztest	7,4	13,4	9,5

Offenbar sind die angeführten körperlichen Merkmale zu einem erheblichen Teil *erblich bedingt*. Die zahlreichen Untersuchungen über die Intelligenz von Zwillingen lassen keine eindeutigen Schlüsse zu. Zwischen 45% und 85% der Intelligenz werden von verschiedenen Forschern erblichen Faktoren zugeschrieben.
Temperament und Charakter sind umweltabhängiger. Auch der Schulerfolg hängt nicht unerheblich von *Umwelteinflüssen* ab. Es ist eben nicht einerlei, ob die Gaben eines Menschen gefördert werden oder nicht.

- Ein Vergleich von getrennt aufgewachsenen Zwillingen lässt Rückschlüsse darauf zu, inwieweit körperliche und geistige Merkmale durch die Umwelt beeinflusst werden.

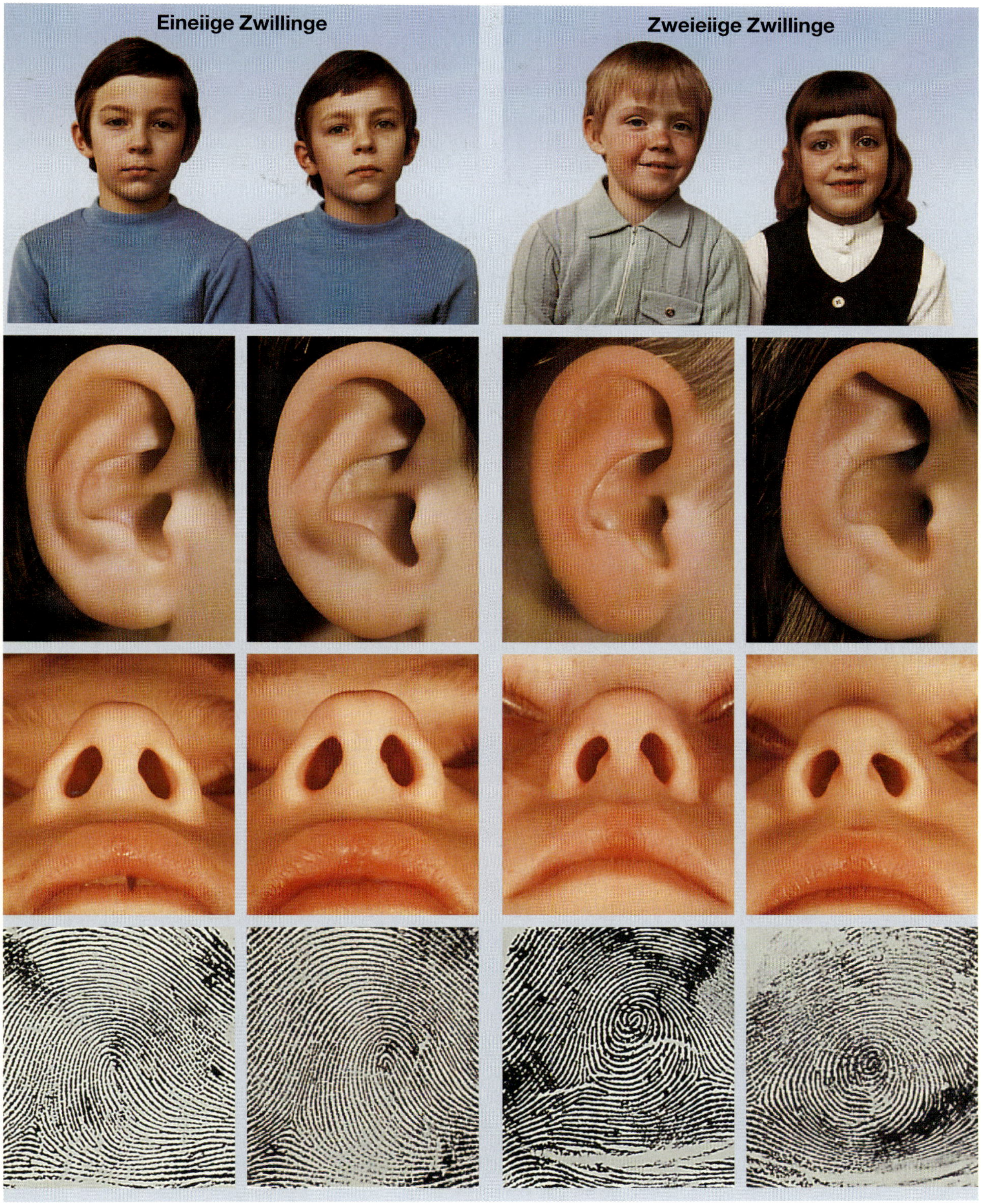

● Zwillingsforschung ist eine wichtige Methode bei der Erforschung der Vererbung beim Menschen.

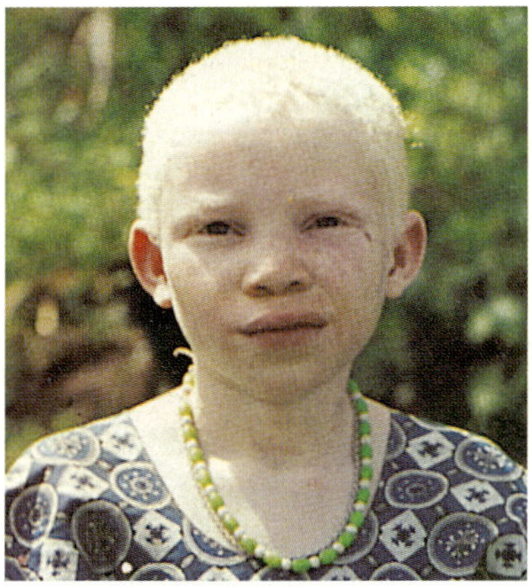

1 *Schwarzafrikanisches Mädchen mit Albinismus*

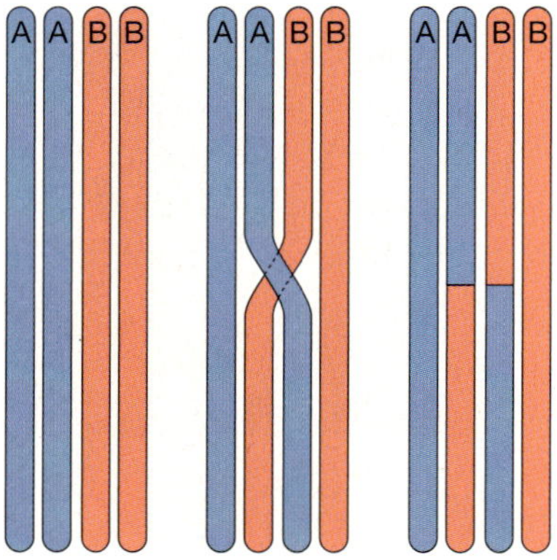

2 *Während der Zellteilung kann es zu einem Stückaustausch zwischen einander entsprechenden Chromosomen kommen. Dabei nehmen die Chromosomen eine charakteristische Figur ein.*

3 *Heuschreckenchromosomen während des Crossing-over. So nennt man den Stückeaustausch zwischen Chromosomen. Die Zeichnung stammt von dem niederländischen Zoologen Janssens, der das Crossing-over entdeckte.*

Veränderungen im Erbgut

Defekte von einzelnen Genen, ganzen Chromosomen oder Chromosomensätzen haben eine Veränderung des Erbguts zur Folge.
Solche Defekte nennt man *Mutationen.* Sie können bei der Verdopplung des Erbguts, bei Zellteilungen und bei der Bildung der Keimzellen entstehen, wenn die Chromosomen nicht richtig verteilt werden.
Auch durch *Umwelteinflüsse* werden Mutationen hervorgerufen. Es gibt viele *Chemikalien,* die den Bau der Gene verändern können. Ebenso kann durch *energiereiche Strahlung* die Erbsubstanz verändert werden. Darin liegt die große Gefahr der *radioaktiven Strahlung,* die bei Atombombenversuchen und bei Unfällen in Atomkraftwerken verstärkt auftreten kann. Auch *Röntgenstrahlen* und die *ultraviolette Strahlung* des Sonnenlichts sind energiereich und können Mutationen auslösen. Sie dürfen deshalb nicht in zu hoher Dosis auf die Zellen einwirken.
Mutationen sind für die Organismen in den meisten Fällen von Nachteil. Sie können zum Beispiel zu einer ungehemmten Teilung der betroffenen Zellen führen und *Krebsgeschwüre* auslösen. Wenn Mutationen in solchen Zellen auftreten, aus denen sich Keimzellen entwickeln, besteht die Gefahr, dass sie an die nächste Generation weitergegeben werden.

● Mutationen sind zufällig auftretende, unvorhersehbare Veränderungen der Erbinformation.

▶ Kann man sich vor Mutationen schützen?

Jeder Mensch ist einmalig

Beim Menschen lassen sich rund 40 000 Gene unterscheiden. Damit ist klar, dass auf jedem der 23 Chromosomen des haploiden Chromosomensatzes viele Gene Platz haben müssen. Allein auf dem X-Chromosom kennt man die Orte von mehr als 100 Genen. Und dies, das sei noch einmal betont, obwohl jeder Erbversuch beim Menschen ausgeschlossen ist.
Stellt man sich nun die *Kombinationsmöglichkeiten* allein der Chromosomen vor, so kommt man zu riesigen Zahlen. Da außerdem zwischen gleichartigen Chromosomen auch Stücke ausgetauscht werden können, erhöht sich die Zahl möglicher Kombinationen noch weiter. Auch Teile von Chromosomen, selbst Gene, können verändert, *mutiert,* werden.
Bei der Reduktion des diploiden Chromosomensatzes von 46 Chromosomen auf den haploiden Satz und bei der Wiederherstellung eines diploiden Satzes durch die Befruchtung einer Eizelle kommt es zu neuen Kombinationen von Chromosomen und damit auch von Genen.
Bei der Verwirklichung der Anlagen spielt die Umwelt eine Rolle. Sie prägt die Persönlichkeit mit. Deshalb gilt:

● Kein Mensch hat einen identischen Doppelgänger.

Praktikum: Vererbung

1 Modellversuch zur Spaltungsregel

Mit diesem Modellversuch kann man verdeutlichen, dass die mendelschen Regeln auf statistischen Gesetzmäßigkeiten beruhen. In einen undurchsichtigen Sack füllt man gleich viele schwarze und weiße Kugeln oder Plastikplättchen. Ohne hinzuschauen werden jeweils 2 Kugeln oder Plättchen herausgenommen. Für die drei möglichen Kombinationen wird eine Strichliste angelegt. Nach 10, 50 und 100 Versuchen wird das jeweilige Zahlenverhältnis bestimmt.
Die Zahl der Kugeln im Sack sollte immer gleich groß sein.

- Wie häufig werden die drei möglichen Farbkombinationen gezogen?
- Inwiefern entspricht das Modell der 2. mendelschen Regel?
- Warum müssen die Kugeln nach jedem Zug wieder in den Sack zurück?

2 Wird Schizophrenie vererbt?

Schizophrenie ist eine Erkrankung der Psyche. Bei Zwillingsuntersuchungen in 5 Ländern kam man zu folgenden Ergebnissen:

Zwillingspaare	Norwegen 1968	Dänemark 1969	England 1972	Finnland 1968	USA 1969
Anzahl EZ konkordant	55 45 %	21 56 %	22 58 %	17 35 %	95 43 %
Anzahl ZZ konkordant	90 15 %	41 26 %	33 12 %	20 13 %	125 9 %

Konkordanz bedeutet gleichartiges Erscheinungsbild. Das heißt, dass beide Zwillinge entweder betroffen oder nicht betroffen sind. Welche Schlüsse lassen sich aus der Tabelle ziehen?

3 Dominant oder rezessiv?

Wird das Erbmerkmal im Erbschema dominant oder rezessiv vererbt? Ist es an das X- oder Y-Chromosom gebunden?

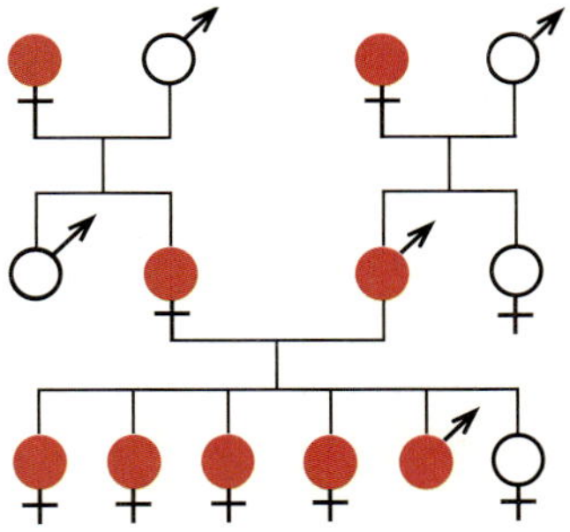

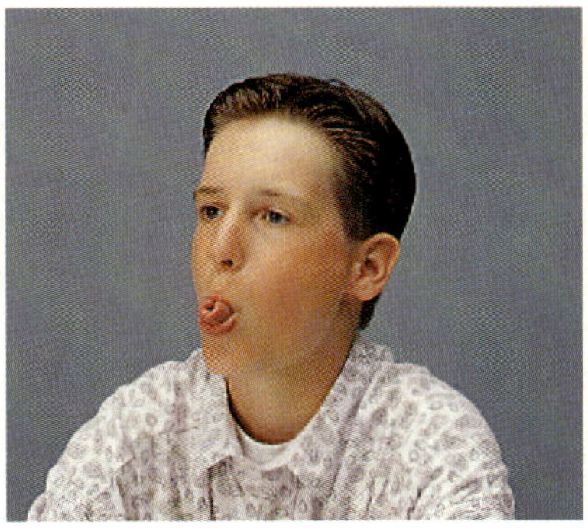

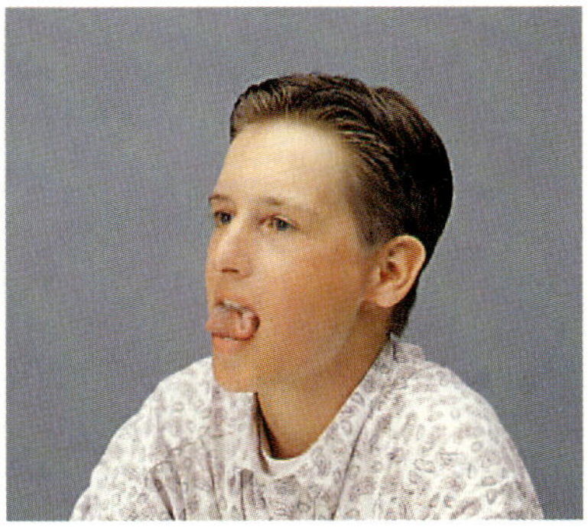

4 Merkmale Zungenrollen und Zungenfalten

Wie die Fotos zeigen, können manche Menschen die Zunge beim Herausstrecken um die Längsachse rollen oder in der Querachse falten. Diese Fähigkeiten sind erblich. Prüfe bei dir selbst, bei deinen Klassenkameraden, Bekannten und Verwandten, wer die Zunge rollen und wer sie falten kann.

- Wie groß ist jeweils der Prozentsatz der Zungenroller und Zungenfalter?
- Kommen die beiden Merkmale immer nur einzeln oder auch kombiniert vor?
- Lässt sich die Ausprägung des Merkmals durch Übung beeinflussen?

Die Vererbung der Merkmale Zungenrollen und Zungenfalten entspricht nicht vollständig den mendelschen Regeln.
Trotzdem kann davon ausgegangen werden, dass Zungenrollen dominant und Zungenfalten rezessiv vererbt wird.

Ernährung und Verdauung

1 *Milch ist gesund und schmeckt.*

1 Unsere Nahrung

Der Mensch ist auf die Stoffproduktion anderer Lebewesen angewiesen. Er ernährt sich sowohl von pflanzlicher als auch von tierischer Kost.

Aus der Fülle der einzelnen Nahrungsmittel, die uns tagtäglich zur Verfügung stehen, kommt die *Milch* einer *vollwertigen Nahrung* am nächsten.

Milch als Nahrungsmittel

Jeder Deutsche verbraucht durchschnittlich 100 Liter Milch im Jahr. In Skandinavien, in der Schweiz und in den USA ist der Milchverbrauch mehr als doppelt so hoch.

Vollmilch, wie sie bei uns auf den Markt kommt, wird in der Molkerei *pasteurisiert* und auf einen Fettgehalt von 3,5% gebracht. Unveränderte Milch wird als *Roh- oder Vorzugsmilch* bezeichnet. Bei ihr muss in besonderem Maß darauf geachtet werden, dass sie aus seuchenfreien Viehbeständen stammt.

Kuhmilch enthält 85 bis 90% Wasser und alle wichtigen Nährstoffe: 2,8 bis 4,5% Fett, 3,3 bis 4,0% Proteine und 3,0 bis 5,5% Milchzucker. Die 0,7% Mineralstoffe der Milch sind vor allem Calcium, Natrium, Kalium und Phosphat. Auch Vitamine lassen sich in der Milch nachweisen.

- Milch enthält mit Fetten, Proteinen, Kohlenhydraten, Mineralstoffen und Vitaminen alle wichtigen Nährstoffklassen. Sie ist in ihrer Zusammensetzung eine nahezu vollwertige Nahrung, lediglich Ballaststoffe fehlen.

Nährstoffe: Proteine, Kohlenhydrate, Fette, Vitamine, Mineralstoffe

Ballaststoffe: unverdauliche, nicht abbaubare Bestandteile pflanzlicher Nahrung wie Cellulose. Ballaststoffe regen die Darmtätigkeit an und fördern die Absonderung von Verdauungssäften.

1 Nahrungsmittel unseres täglichen Bedarfs

Nährstoffbedarf und Energiebedarf

Analysiert man einige Nahrungsmittel, so zeigt es sich, dass alle Stoffklassen, die in der Milch nachweisbar sind, auch in anderen Nahrungsmitteln vorkommen. Darüber hinaus findet man noch *Ballaststoffe* wie das Kohlenhydrat *Cellulose*. Cellulose ist der wichtigste Baustoff der Zellwände von Pflanzen. Der Mensch vermag Cellulose zwar nicht zu verdauen, als Ballaststoff regt sie aber die Verdauungstätigkeit des Darms an.

Manche Nahrungsmittel enthalten Zusätze, um den Geschmack, die Haltbarkeit und das Aussehen zu verbessern. Alle Zusätze zu den Nahrungsmitteln unterliegen der Gesundheitsüberwachung. Sie müssen auf den Verpackungen angegeben werden.

Unsere Nahrung sollte aus einer ausgewogenen Mischung von *Proteinen, Kohlenhydraten* und *Fetten*, aber auch von *Vitaminen, Mineral- und Ballaststoffen* bestehen.

- Kohlenhydrate und Fette liefern in erster Linie die *Energie* für den Ablauf der Lebensvorgänge.
- Proteine, Vitamine und Mineralstoffe liefern vor allem *Baustoffe*, das sind Stoffe, die dem Aufbau körpereigener Substanzen dienen und *Stoffe zur Steuerung der Lebensvorgänge*.

Wie auch immer der Speisezettel aussehen mag, zwei Bedingungen müssen erfüllt sein:

● Der Energiebedarf und der Baustoffbedarf des Körpers müssen gedeckt werden.

▶ Welcher Unterschied besteht zwischen Energiestoff und Baustoff?

▶ Welche Nährstoffe enthalten die oben abgebildeten Nahrungsmittel?

2 Von allen „sieben“ täglich. Können Sie diese Regel einhalten?

① *Brot, Getreide, Kartoffeln*
② *Gemüse, Salat*
③ *Obst*
④ *zuckerarme Getränke*
⑤ *Milch und Milchprodukte*
⑥ *Fisch, Fleisch, Eier*
⑦ *Fette und Öle*

Praktikum: Milch

1 Fettnachweis

Benötigt werden: Vollmilch, Objektträger, Deckglas, Uhrglas, Wasser, Pipette, Mikroskop, Lösung von Sudan III in Glycerin, Filterpapier, Reagenzglas, Zentrifuge.

- Etwas Milch wird im Uhrgläschen mit doppelt so viel Wasser verdünnt. 1 Tropfen davon wird mikroskopiert. Was ist zu sehen?
- Anschließend wird 1 Tropfen Sudan-III-Glycerin auf den Rand des Deckglases getropft. Mit einem Filterpapierstreifen zieht man den Farbstoff unter das Deckglas. Mikroskopieren Sie nochmals. Was wurde angefärbt?
- Vollmilch wird im Reagenzglas mit Sudan-III-Glycerin versetzt, bis sie blassrosa erscheint. Zentrifugieren oder schütteln und einige Stunden stehen lassen. Ergebnis?

2 Proteinnachweis

Benötigt werden: Vollmilch, Zitronensaft, Filterpapier, 3 Bechergläser, Glasstab, Löffel, Pipette, konz. Salpetersäure.

In einem Becherglas lässt man Vollmilch einige Stunden stehen. Der Rahm, der sich oben absetzt, wird abgeschöpft. Die übrig bleibende Magermilch versetzt man mit Zitronensaft. Die Milch gerinnt. Filtrieren. Das Filtrat wird aufgefangen. Im Filter bleibt Quark zurück. Der Quark wird in ein Becherglas gegeben. Dann gibt man 1 Tropfen Salpetersäure vorsichtig mit der Pipette dazu. Beobachtung?

Salpetersäure nicht auf die Haut bringen!

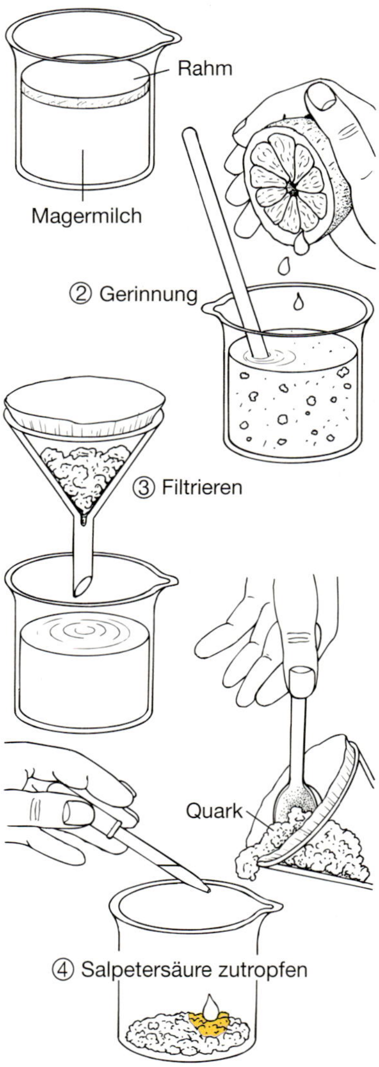

1 Nachweis von Proteinen mit Salpetersäure

3 Kohlenhydratnachweis

Benötigt werden: Filtrat aus dem vorigen Versuch, Fehling-Lösung I und II, 2 Reagenzgläser, Holzklammer, Brenner. In Reagenzglas 1 werden je 5 ml Fehling I und II gegeben. In Reagenzglas 2 werden 5 ml des Filtrats und 1 ml der dunkelblauen Fehling-Lösung aus Reagenzglas 1 zugefügt. Reagenzglas 2 wird vorsichtig erhitzt. Was ist zu beobachten? Mit dieser „Fehling-Probe" lassen sich verschiedene Zucker wie Glucose und Milchzucker nachweisen.

Vorsicht: Fehling-Lösung ist alkalisch und ätzt!

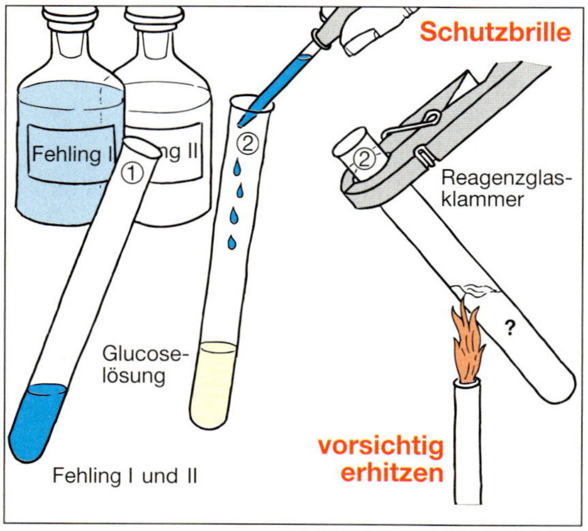

2 Nachweis von Kohlenhydraten

Anteile von Proteinen, Kohlenhydraten und Fett in jeweils 100 g. Vergleichen Sie den Nährwert (in kJ).

	Proteine	Kohlenhydrate	Fett
Emmentaler Käse	29,0 g	1,4 g	33,0 g
Milch	3,4 g	4,8 g	3,0 g
Quark	16,0 g	4,0 g	1,0 g

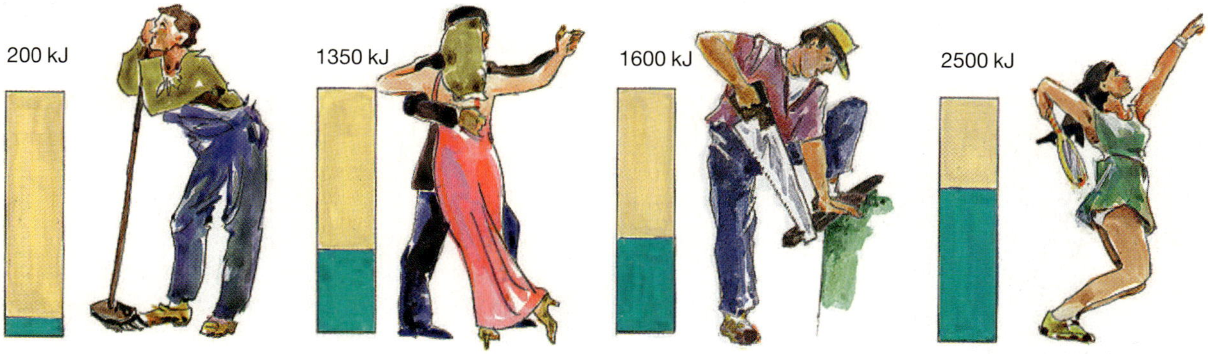

1 Energieverbrauch in Kilojoule pro Stunde bei verschieden anstrengenden Tätigkeiten

Energiezufuhr und Energieumsatz

Der Grundumsatz eines Menschen wird als Energieverbrauch während 24 Stunden bei *völliger Ruhe* bestimmt. Die letzte Mahlzeit sollte 12 Stunden zurückliegen. Eine Frau kommt auf durchschnittlich 5900 kJ, ein Mann auf 7100 kJ.

Der Minimalumsatz wird bei *anhaltendem Hunger* erreicht. Er kann bis auf 30% des Grundumsatzes absinken. Zwar kann das Leben bei diesem minimalen Energieumsatz einige Zeit aufrechterhalten werden, jedes weitere Absinken führt aber zum Tod.

Der Arbeitsumsatz entspricht der Energie, die zusätzlich benötigt wird, wenn man eine *Tätigkeit ausübt*. Sobald man sich nur aus dem entspannten Zustand erhebt, leisten die Muskeln Arbeit und verbrauchen bei dieser zusätzlichen Tätigkeit auch mehr Energie. Schon bei leichter körperlicher Arbeit wird ein Arbeitsumsatz von 3000 kJ erreicht.

Der Gesamtumsatz addiert sich aus *Grundumsatz plus Arbeitsumsatz*. Bei mittlerer körperlicher Arbeit wird ein Gesamtumsatz von 10000 kJ erreicht. Bei Schwerstarbeit kommt es zu einem täglichen Gesamtumsatz von 21000 kJ.

Energie

Die Maßeinheit für Energie ist das Joule. Auch die Energie, die der Körper zur Verrichtung von Arbeit benötigt, wird in Joule gemessen.

1000 Joule = 1 Kilojoule (kJ)
1 Kilojoule ist die Energie, die benötigt wird, um einen Körper von 100 kg Masse 1 m hochzuheben.

Umrechnung in Kalorien:
4,186 kJ entsprechen 1 Kilokalorie (kcal).
Die Maßeinheit Kalorie sollte nicht mehr verwendet werden.

- Zu den Nährstoffen zählen Fette, Kohlenhydrate und Proteine. Diese führen dem Körper nicht nur Baustoffe, sondern auch Energie für den Stoffwechsel zu.

- Die Energie, die der Körper in Ruhe verbraucht, ist der Grundumsatz. Bei Arbeit wird zusätzlich Energie verbraucht: Arbeitsumsatz.

▶ Was und wie viel essen Sie täglich? Versuchen Sie den Energiegehalt Ihrer Nahrung annähernd zu bestimmen.
Deckt ihre Nahrungsaufnahme den Energiebedarf und ihren Bedarf an Baustoffen?
Liegen ihre Werte über dem Grundumsatz?

▶ Errechnen Sie den Gesamtumsatz für 1 Stunde gemütliches Radfahren und 1 Stunde Fußball.

Tätigkeit und Energiebedarf	kJ pro Minute
Sitzen	1
Stehen	2
Bügeln, Aufwischen	7
gemütliches Radfahren	12
Federball, Gymnastik	20
Tischtennis	22
Tanzen, Schwimmen	22-30
Fußball	50
Bergsteigen	80

1 Bei extremer Belastung ist der Energieumsatz höher.

Nährstoff	physikalischer Brennwert (kJ/g)
Glucose	15,7
Stärke	17,6
Butterfett	38,6
Pflanzenfett	39,8
Muskelprotein	24,0
Milchprotein	24,2

2 Bestimmung des physikalischen Brennwerts von Zucker in einem Kalorimeter.
1 Kilokalorie (kcal) ist der Energiebetrag, mit dem 1 l Wasser von 14,5 auf 15,5 °C erwärmt wird.

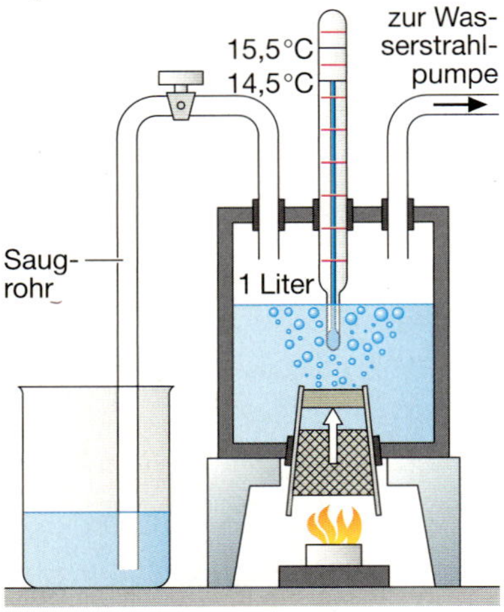

Die Grenze des Energieumsatzes

Die *Untergrenze* des Energieumsatzes erreicht man bei völliger Ruhe und minimaler Nährstoffzufuhr. Als Obergrenze für den menschlichen Körper werden etwa 37700 kJ/Tag angegeben. Sie werden nur unter extremer Belastung erreicht, wie sie beispielsweise bei anstrengendem Klettern im Hochgebirge auftritt.
Wo die Obergrenze letztlich liegt, wird auch davon bestimmt, wie gut die Zellen mit Nährstoffen und Sauerstoff versorgt und von Abfallstoffen befreit werden können. Diese Leistung hängt entscheidend von der Durchblutung ab. Die Schlaggeschwindigkeit des Herzens und der Blutdruck können zwar beträchtlich erhöht werden, die Blutgefäße können sich erweitern, doch selbst dieser Anpassung an die Leistungssteigerung sind Grenzen gesetzt. Auch in den Zellen selbst lässt sich der Umsatz schon deshalb nicht beliebig steigern, weil die Anzahl der am Umsatz beteiligten Zellbestandteile und Stoffe schon aus räumlichen Gründen beschränkt ist.

- Dem Energieumsatz sind durch den Bau des Körpers Grenzen gesetzt.

Nährstoffe als Energieträger

Wie viel Energie die einzelnen Nährstoffe zum Energieumsatz beisteuern, kann im Versuch geprüft werden. Wenn man Glucose mit Sauerstoff verbrennt, wird Energie in Form von Wärme abgegeben. In einem wärmeisolierten Gefäß kann man diese Wärmemenge, den *physikalischen Brennwert*, bestimmen. Es ergibt sich:

$$\underset{\text{Glucose}}{C_6H_{12}O_6} + \underset{\text{Sauerstoff}}{6\,O_2} \rightarrow \underset{\text{Kohlenstoffdioxid}}{6\,CO_2} + \underset{\text{Wasser}}{6\,H_2O} \;\Big|\; \underset{\text{Energie}}{-2800\,\text{kJ}}$$

Die Angabe der Energie bezieht sich auf 180 g Glucose, das entspricht 1 Mol. Entsprechende Versuche zur Bestimmung des physikalischen Brennwerts lassen sich auch mit Stärke, wasserfreiem Fett und trockenem Protein durchführen. Mineralstoffe und Vitamine spielen als Energieträger keine Rolle.

Die Nährstoffe sind nicht gleichwertig

Soweit es um die *Energieversorgung* des Körpers geht, können sich Kohlenhydrate, Fette und Proteine gegenseitig vertreten. Trotzdem sind sie *nicht gleichwertig*.
Der Körper vermag zwar aus Kohlenhydraten Fett herzustellen und in geringem Umfang aus Fetten Kohlenhydrate, aber weder aus Kohlenhydraten noch aus Fetten kann er Proteine aufbauen. Warum das so ist, zeigt die *Elementaranalyse* der drei Nährstoffklassen: Kohlenhydrate und Fette enthalten C, O und H. Proteine enthalten neben C, O, H, N meist auch S.

▶ Nennen Sie Gründe dafür, dass der Stoffumsatz und der Energieumsatz unseres Körpers nur in gewissen Grenzen gesteigert und gedrosselt werden können.

2 Kohlenhydrate

Aufbau und Eigenschaften

Kohlenhydrate sind entweder Einfachzucker oder Verbindungen von Einfachzuckern. Nahezu alle Kohlenhydrate in unserer Nahrung sind *pflanzlichen Ursprungs*.

Einfachzucker (Monosaccharide) sind beispielsweise der *Traubenzucker* (Glucose) und der *Fruchtzucker* (Fructose). Alle Einfachzucker sind *wasserlöslich*. Sie bilden ringförmige Moleküle mit meist 5 oder 6 C-Atomen.

Doppelzucker (Disaccharide) entstehen unter Wasserabspaltung aus je zwei Einfachzuckern. Beim *Malzzucker* (Maltose) sind zwei Glucosemoleküle unter Wasserabspaltung über eine Sauerstoffbrücke miteinander verknüpft. Entsprechend lautet die Summenformel $C_{12}H_{22}O_{11}$. Auch *Rohrzucker* (Saccharose) und *Milchzucker* (Lactose) sind Doppelzucker. Doppelzucker sind wie die Einfachzucker *wasserlöslich*.

Vielfachzucker (Polysaccharide) sind sowohl die *Pflanzenstärke* (Amylose und Amylopektin) als auch die *Leberstärke* (Glykogen) und der *Zellstoff* (Cellulose). Bei der Amylose verbinden sich mehrere hundert Glucosemoleküle zu einem schraubig aufgebauten Kettenmolekül. Glykogen und Amylopektin bilden verzweigte Ketten.
Das häufigste Polysaccharid ist die Cellulose. Cellulose bildet lange, faserförmige Moleküle mit dem Grundbaustein Glucose. Die meisten Polysaccharide sind *wasserunlöslich*.

1 *Kohlenhydratreiche Lebensmittel sind vor allem pflanzlicher Herkunft.*

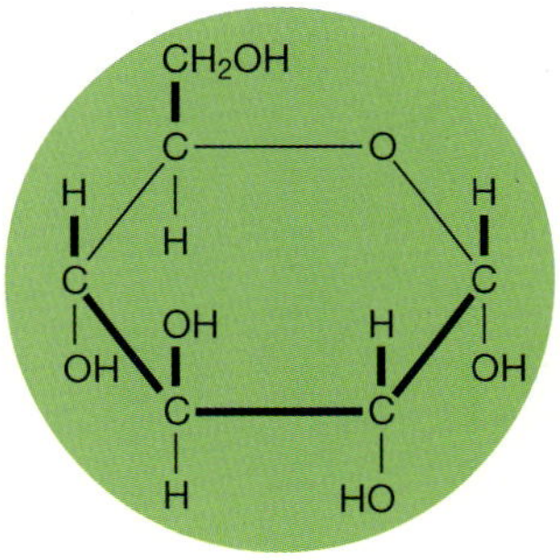

2 *Strukturformel des Traubenzuckers*

Aufgaben

Kohlenhydrate sind in erster Linie *rasch verfügbare Energieträger*. Sie spielen aber auch als *Zellbaustoffe* eine Rolle. Der Kohlenhydratanteil in der Leber und in der Muskulatur ist wesentlich größer als im übrigen Körper. In der Leber sind etwa 200 g Glykogen gespeichert. Das entspricht rund 3300 kJ.

- Kohlenhydrate dienen dem Körper als Energie- und Baustoffe. In Mitteleuropa werden in der Nahrung täglich durchschnittlich 350 g Kohlenhydrate aufgenommen, das entspricht 6300 kJ.

3 *In unterschiedlichen Kombinationen bauen Einfachzucker sowohl Doppelzucker als auch Vielfachzucker auf.*

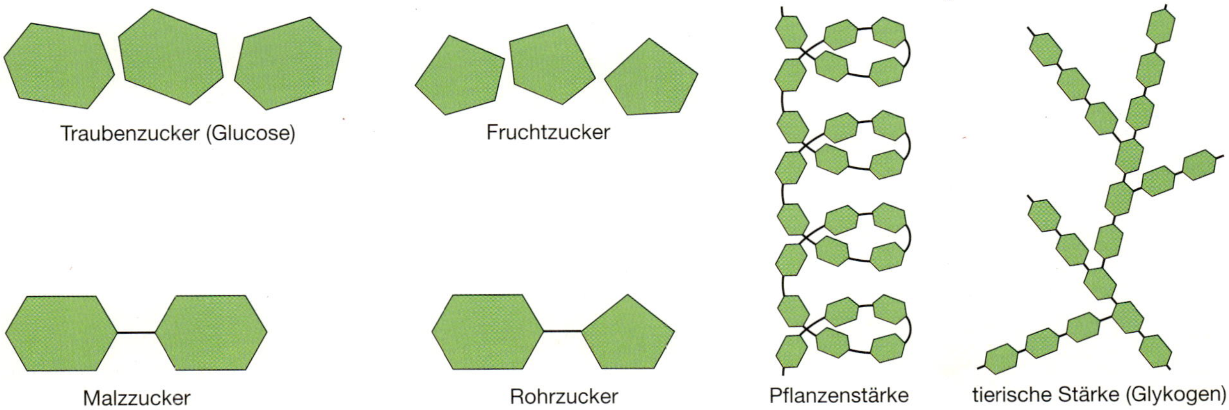

1 Hoher Fettgehalt ist nicht immer leicht zu erkennen.

3 Fette

Aufbau und Eigenschaften

Fette bestehen aus Molekülen, in denen *Glycerin* über Sauerstoffbrücken mit *3 Fettsäuren* verknüpft ist. Dabei machen Fettsäuren mit 14, 16 und 18 Kohlenstoffatomen fast 95% des gesamten Fettsäureanteils der Nahrungsfette aus.

Die meisten Fettsäuren vermag unser Körper selbst aufzubauen. Einige wenige aber, unter ihnen die *Ölsäure* und die *Linolsäure*, kann er nicht selbst herstellen. Man nennt solche Fettsäuren deshalb *essentiell*, also unverzichtbar. Täglich brauchen wir 2 bis 3 g essentielle Fettsäuren. Da diese Fettsäuren in unserer Nahrung normalerweise in genügender Menge vorkommen, sind in unseren Breiten Mangelkrankheiten nicht zu befürchten.

Fette sind *nicht wasserlöslich*. Werden sie mit Wasser durchmischt, so schließen sie sich zu Kügelchen zusammen und bilden eine milchige Emulsion.

Fette gehören zu den *verderblichsten Nahrungsmitteln*. Bei längerer Lagerung wird Fett ranzig und damit ungenießbar. Vor allem Butter, eine Emulsion aus Fett und Wasser, wird von Mikroorganismen zersetzt. Die Fettsäuren, die dabei entstehen, sind für den üblen Geruch ranziger Butter verantwortlich.

Aufgaben

Fett ist der bevorzugte *Energiespeicher* in den Zellen. Dies hängt damit zusammen, dass es unter den Nährstoffen am meisten Energie enthält. Eine Reihe von Vitaminen löst sich nur in Fett. Fette sind am *Aufbau der Plasmamembranen* beteiligt. Fette isolieren die Nervenzellen. Fett polstert den Körper und verzögert den Wärmeabfluss aus dem Körper.

- Fette sind unsere wichtigsten Energiestoffe.
  Eine Fettaufnahme von etwa 80 g pro Tag ist sinnvoll. Dies entspricht rund 3100 kJ.

2 und 3 Fettmoleküle sind aus einem Glycerinmolekül und meist drei Fettsäuremolekülen aufgebaut. Rechts steht die Strukturformel.

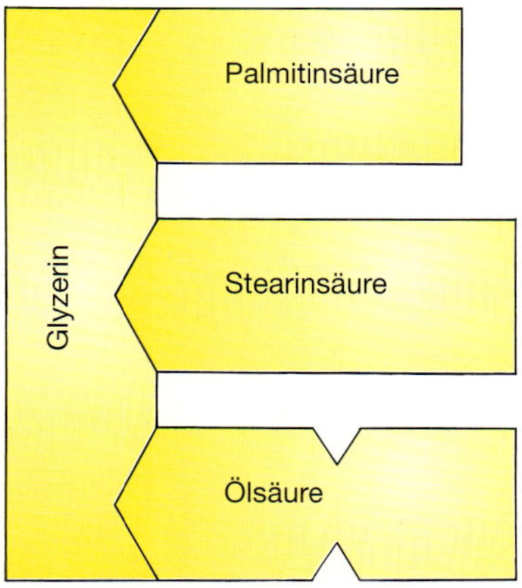

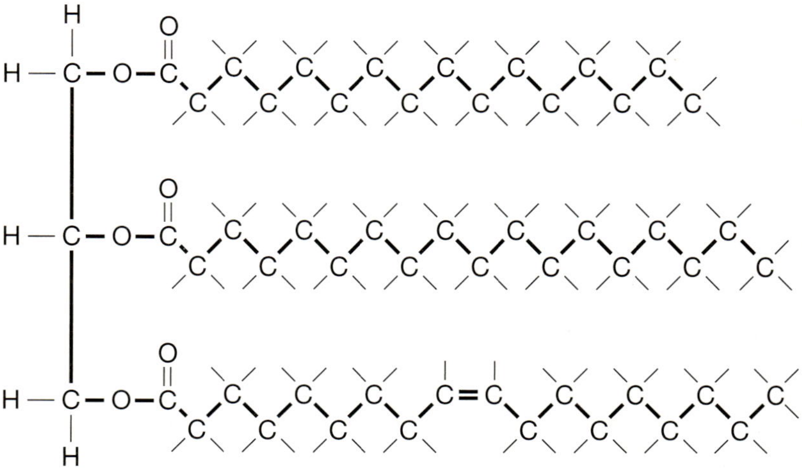

4 Proteine

Aufbau und Eigenschaften

Als Proteine oder Eiweißstoffe bezeichnet man Kettenmoleküle, an deren Aufbau 20 verschiedene „Grundbausteine" beteiligt sein können. Diese Grundbausteine heißen *Aminosäuren*.

Aminosäuren sind Moleküle, die sowohl die sauer reagierende *Carboxylgruppe (COOH)* als auch die basisch reagierende *Aminogruppe (NH_2)* enthalten. Das Kohlenstoffatom, das der Carboxylgruppe am nächsten steht, besitzt außer einem H-Atom einen Rest R. Er ist von Aminosäure zu Aminosäure unterschiedlich. R kann neben Kohlenstoff und Wasserstoff auch Stickstoff- oder Schwefelatome enthalten.

Peptide und Proteine. Die Carboxylgruppe einer Aminosäure kann sich mit der Aminogruppe einer anderen Aminosäure unter Wasseraustritt vereinigen. Auf diese Weise können Ketten aus vielen Aminosäuren gebildet werden. Ketten von weniger als hundert Aminosäuren nennt man *Peptide*. Ketten von über hundert Aminosäuren bezeichnet man als *Proteine*.

Aufgaben

In jeder Zelle kommen einige tausend unterschiedliche Proteine vor. Aus den Nahrungsproteinen werden im Wesentlichen Körperproteine aufgebaut.

- *Faserproteine* bilden fädige Strukturen in der Zelle. Zu ihnen gehören die Fibrillen der Muskeln. Das Fibrin im Wundverschluss ist ein Faserprotein, ebenso die Hornsubstanz der Haut, der Fingernägel und der Haare.
- *Knäuelförmige Proteine* sind am Aufbau kugeliger Bestandteile des Zellplasmas beteiligt.
- *Zusammengesetzte Proteine* enthalten neben den Aminosäuren auch andere Bestandteile.

● Die Proteine der Nahrung liefern Körperbaustoffe, die durch keinen anderen Stoff ersetzt werden können. Pro Kilogramm Körpergewicht sollte der Erwachsene täglich etwa 1 g Protein aufnehmen. Jugendliche brauchen die doppelte Menge. Auch alte Menschen brauchen etwas mehr.

▶ Stellen Sie eine Mahlzeit zusammen, mit der sich der Tagesbedarf an Protein preiswert decken lässt.

1 *Lebensmittel, die viel Eiweiß enthalten, liefern Baustoffe.*

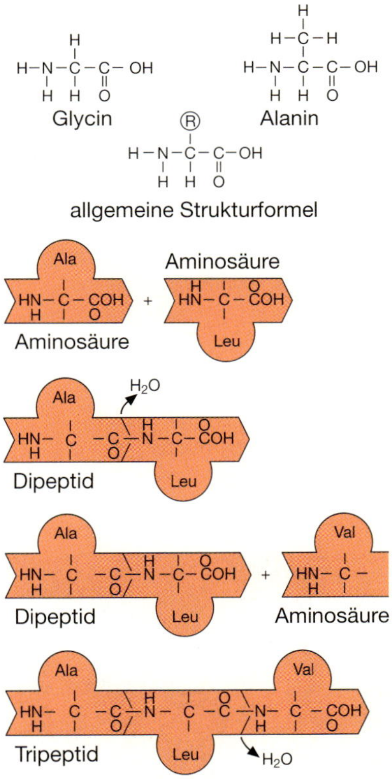

2 *Strukturformeln der Aminosäuren Alanin und Glycin (oben). Durch Aneinanderlagerung von Aminosäuren (vereinfacht dargestellt) bilden sich unter Wasserabspaltung Dipeptide, Tripeptide, Polypeptide sowie Makropeptide (Proteine).*

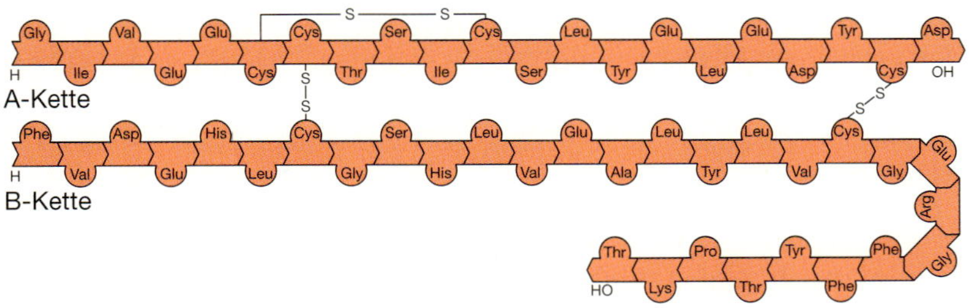

3 *Beim Insulin, einem Hormon der Bauchspeicheldrüse, sind zwei Polypeptidketten über Schwefelbrücken miteinander verbunden.*

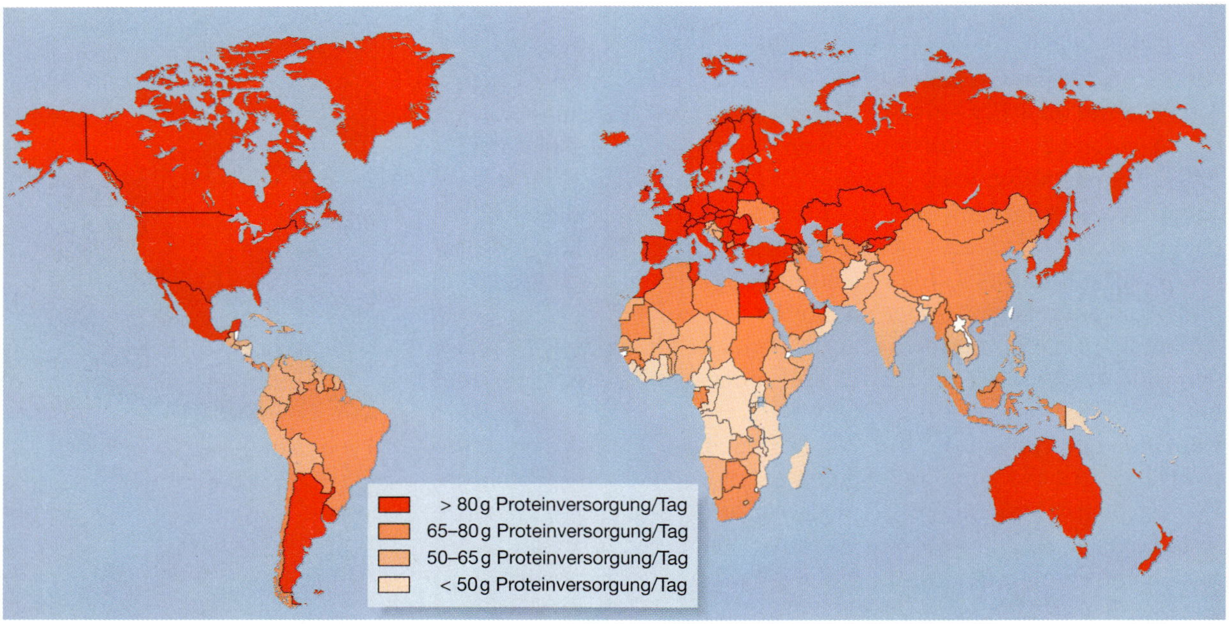

1 Versorgung der Weltbevölkerung mit Proteinen.
Die angegebenen Zahlen für eine Reihe von Entwicklungsländern unterliegen z. T. erheblichen Schwankungen. Ein Erwachsener benötigt pro Tag etwa 75 bis 85 g Protein.

2 Bei unzureichender Proteinversorgung kommt es zu Mangelerscheinungen.
Das Kind leidet an Kwashiorkor.

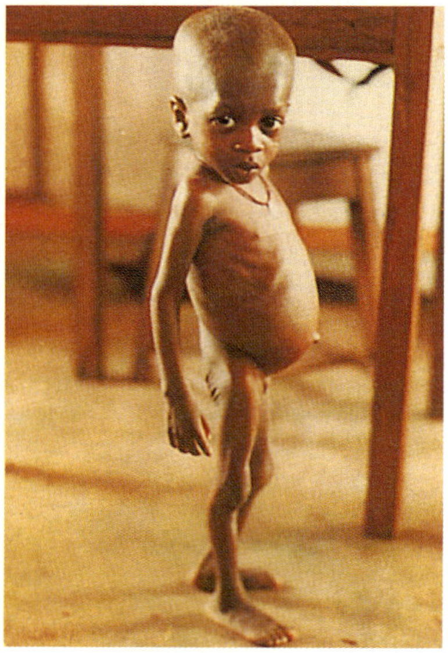

Proteinmangel

Die Proteinverluste, die im Körper durch ständigen Proteinabbau entstehen, müssen laufend ersetzt werden. Wird die Proteinzufuhr längere Zeit unterbrochen oder wird bei anhaltendem Hunger Protein vermehrt zur Deckung des Energiebedarfs herangezogen, so kommt es zu Proteinmangelerscheinungen. *Kwashiorkor* ist eine derartige *Mangelkrankheit*. Sie tritt vor allem bei Kindern in den Tropen auf. Hautschäden, Gliederschwellungen, Leberschrumpfung und schließlich der Tod sind die Folgen. Durch Proteinzusatz zur Nahrung, beispielsweise durch Magermilchpulver, kann Kwashiorkor zumindest in einem frühen Stadium innerhalb weniger Wochen geheilt werden. Im Gegensatz zu den Kohlenhydraten und den Fetten, die man auf Vorrat essen kann, ist dies bei den Proteinen nur in ganz geringem Umfang möglich. Bei Proteinüberschuss wird Protein nämlich in Fett umgewandelt.

Essentielle Aminosäuren

Proteine *tierischer Herkunft* sind für die Ernährung des Menschen durchschnittlich um rund 20% wertvoller als pflanzliche Proteine. So braucht man, um Kwashiorkor zu bekämpfen, fast doppelt so viel Weizeneiweiß wie Milcheiweiß. Mit Maiseiweiß ließ sich die Krankheit früher überhaupt nicht verhindern. Schließlich entdeckte man, dass unser Körper von 20 Aminosäuren, die er zum Aufbau seiner körpereigenen Proteine benötigt, nur 12 selbst herzustellen vermag. 8 Aminosäuren müssen mit der Nahrung aufgenommen werden. Sie sind *essentiell*. Wenn eine essentielle Aminosäure längere Zeit fehlt, wird man krank.

- Der biologische Wert von Proteinen hängt nicht zuletzt von deren Anteil an essentiellen Aminosäuren ab.

Proteine als Enzyme
Wenn süßer Wein, Fruchtsäfte oder eine Zucker-Lösung im Freien stehen bleiben, so beginnen sie nach einiger Zeit zu gären. Hefepilze bewirken, dass der Zucker unter Energiegewinn in *Alkohol* und *Kohlenstoffdioxid* gespalten wird. Der französische Chemiker Louis Pasteur konnte in der Mitte des letzten Jahrhunderts nachweisen, dass die Hefepilze Stoffe enthalten, die für die Spaltung des Zuckers verantwortlich sind. Diese Stoffe wirken als Reaktionsbeschleuniger. Der Chemiker spricht von *Katalysatoren*. Wirken Proteine als Katalysatoren, nennt man sie *Enzyme*.
Aufbau. Füllt man Hefepresssaft in ein Zellophansäckchen, so rinnt ein Teil der Flüssigkeit durch die engen Poren des Zellophans hindurch. Die großen Proteinmoleküle werden zurückgehalten. Testet man sowohl den Rückstand im Säckchen als auch das durchgelaufene Filtrat auf seine Fähigkeit, Zucker zu spalten, dann erlebt man eine Enttäuschung: weder der Säckcheninhalt noch das Filtrat sind dazu in der Lage. Gießt man aber beide wieder zusammen, so wirkt das Enzym wieder. Offenbar besteht das aktive Enzym aus zwei Bauteilen: Der eine Teil ist das Protein, das im Zellophansäckchen zurückgehalten wird, das Apoenzym. Der zweite Teil besteht aus einem kleineren Körper, der durch das Zellophan hindurchwandern kann, dem Koenzym. *Apoenzym* und *Koenzym* zusammen bilden das funktionsfähige Enzym.
Wirkungsweise. Am Glucoseabbau in den Zellen sind 15 verschiedene Enzyme beteiligt. Dabei greift jedes Enzym an einer ganz bestimmten Stelle in einer Kette aufeinander folgender Vorgänge ein. Ohne Enzyme würde die Gesamtreaktion zwar auch ablaufen, aber ein Vielfaches an Zeit benötigen. Weil die Reaktionsgeschwindigkeit erhöht wird, kommt es zu einer gewaltigen Beschleunigung des Stoffumsatzes. Enzyme können im Körper einige Millionen Moleküle in der Minute umsetzen.

- Enzyme sind Biokatalysatoren.

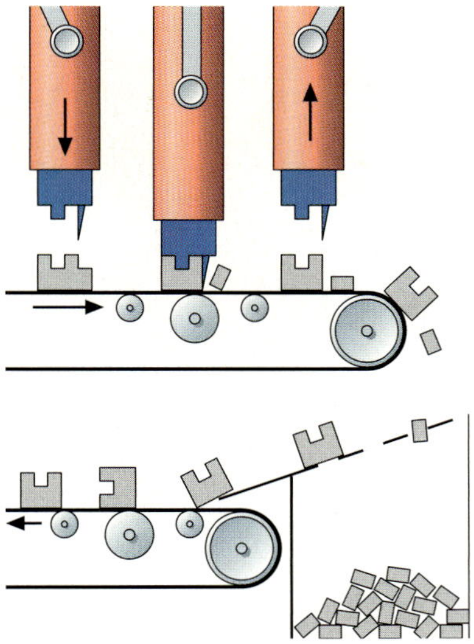

1 Die Aufgabe von Enzymen im Stoffwechsel lässt sich mit der Arbeit am Fließband vergleichen: Durch das Eingreifen eines passenden Werkzeugs wird ein Werkstück in seine Bestandteile zerlegt.

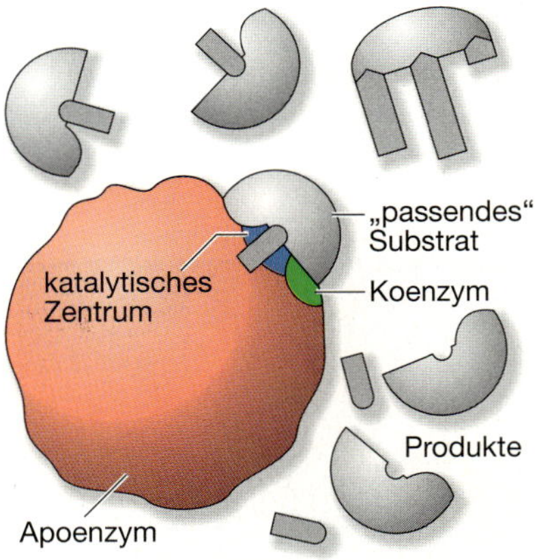

2 Nur das passende Substrat kann sich an das katalytische Zentrum eines Enzyms anlagern und wird dort gespalten. Voraussetzung für die Wirksamkeit von Enzymen ist meist die Anlagerung eines Koenzyms an das Apoenzym.

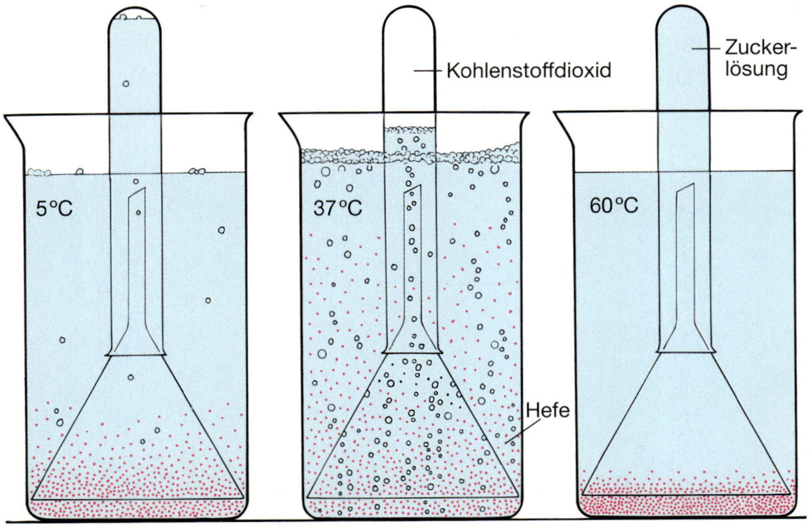

3 Versuch zur Enzymwirkung. Enzyme von Hefezellen (rot markiert) spalten Glucose. Die optimale Temperatur liegt bei 37 °C. Bei 5 °C verläuft die Spaltung äußerst langsam, bei 60 °C werden die meisten Enzyme zerstört.

1 *Vitamine sind lebensnotwendig.*

5 Vitamine

Die Erkenntnis, dass der menschliche Körper mit Kohlenhydraten, Fetten und Proteinen allein nicht auskommt, sondern auf die Zufuhr geringer Mengen weiterer, lebensnotwendiger Stoffe angewiesen ist, ist etwa hundert Jahre alt. Man kannte zwar schon vorher seuchenartige Erkrankungen, die sich auf langen Seereisen einstellten. Die Ursache dieser Krankheiten war aber nicht bekannt.
Skorbut, auch Scharbock genannt, *Rachitis, Beriberi* und *Pellagra* sind Mangelkrankheiten, die auftreten, wenn *Vitamine* in der Nahrung fehlen.
Entdeckung. Der holländische Arzt Christian Eijkman beobachtete gegen Ende des 19. Jahrhunderts in Indonesien, dass Hühner, die nur mit geschältem Reis gefüttert wurden, Lähmungs- und Krampferscheinungen zeigten. Das Krankheitsbild glich dem von Menschen, die an *Beriberi* erkrankt waren. Gab man den kranken Hühnern Reiskleie zu fressen, so verschwanden die Krankheitszeichen innerhalb weniger Tage. Die Reiskleie enthielt also offenbar ein Gegenmittel gegen Beriberi. Auch die Beriberi des Menschen ließ sich mit Reiskleie heilen.
Langsam setzte sich die Erkenntnis durch, dass der Körper ständig winzige Mengen eines „Anti-Beriberi-Stoffes" mit der Nahrung aufnehmen muss, um gesund zu bleiben. 1926 gelang es erstmals, diesen Stoff aus Kleie rein herzustellen. Heute wird er als Vitamin B_1 bezeichnet. Skorbut, die Krankheit der Seeleute, kann mit *Vitamin C* geheilt werden, Rachitis mit *Vitamin D.*
Wasserlösliche Vitamine und *fettlösliche Vitamine* lassen sich unterscheiden.

- Vitamine sind lebensnotwendige organische Stoffe. Sie werden nur in geringen Mengen benötigt, müssen aber mit der Nahrung aufgenommen werden. Sie sorgen für einen geregelten Ablauf der Stoffwechselvorgänge.

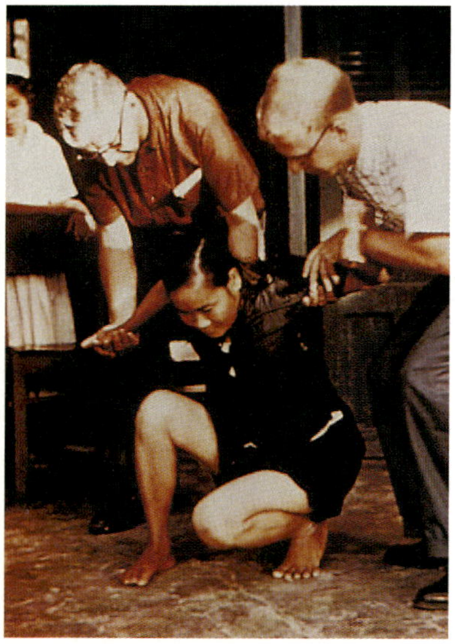

2 *Beriberi*
Wichtigste Symptome sind Muskelschwund, Lähmungen und Herzversagen. Die abgebildete Patientin leidet an Lähmungen in den Beinen.

- ▶ Begründe, warum man Gemüse erst nach dem Waschen zerkleinern soll.
- ▶ Warum soll man das Wasser, in dem Gemüse gegart wurde, mitverwenden?

Vitamine

fettlöslich (A, D, E, K) — wasserlöslich (B₁ bis C)

Vitamin	Bedeutung	Mangelsymptome	Mangelkrankheit	Vorkommen
A **Axerophthol** empfohlene tägl. Zufuhr 1,3 mg	normale Hautbildung, Aufbau des Sehpurpurs, Wachstum	Austrocknung und Abschuppung von Haut und Schleimhaut, verlangsamtes Körperwachstum	Augendürre, Nachtblindheit	Fischlebertran, Säugetierleber, Milch, als Vorstufe in Karotten
D **Calciferol** empfohlene tägl. Zufuhr 0,01 mg	Calciumaufnahme, Verkalkung von Knochen	Hemmung der Verkalkung; Knochenerweichung, Knorpelschwellung	Rachitis	Fischlebertran, Säugetierleber, Tierfett
E **Tocopherol** empfohlene tägl. Zufuhr 30 mg	Anregung der Bildung von Hormonen, die auf die Geschlechtsorgane wirken	Leberverfettung, Muskelabbau, Fehlgeburten, Hodenverkümmerung		Getreidekeime, Erdnussöl, Olivenöl
K **Phyllochinon** empfohlene tägl. Zufuhr 1 mg	Wirkstoff bei der Blutgerinnung	verzögerte Blutgerinnung, Blutungen in Organen		Gemüse, Kartoffeln
B_1 **Aneurin** empfohlene tägl. Zufuhr 0,4– 1,8 mg	Enzymbestandteil	Lähmungen, Muskelschwund, Herzversagen	Beriberi	Hefe, Getreidekeime, Reiskleie, Brot, Gemüse, Milch, Eier
B_2 **Lactoflavin** empfohlene tägl. Zufuhr 1,6–2,6 mg	Enzymbestandteil	Wachstumsstillstand, Hauterkrankung		Hefe, Getreide, Eiweiß, Milch, Leber
B_6 **Pyridoxin** empfohlene tägl. Zufuhr 2–4 mg	Enzymbestandteil	Hautveränderungen, Krämpfe, Anämie		Hefe, Getreide, Gemüse, Fleisch
B_{12} **Cyanocobalamin** empfohlene tägl. Zufuhr 1–3 mg	Enzymbestandteil	Verdauungsstörungen, Anämie	perniziöse (= gefährliche) Anämie	Leber, Milch, Eier, Fleisch
Nikotinsäureamid empfohlene tägl. Zufuhr 12–18 mg	Enzymbestandteil	Hautveränderungen, Magen-Darmblutungen, Krämpfe, Lähmungen	Pellagra (= schwarze Haut)	Hefe, Getreide, Gemüse, Leber, Milch
Folsäure empfohlene tägl. Zufuhr 0,5 mg	Enzymbestandteil	Blutveränderungen	perniziöse Anämie	Hefe, Gemüse, Leber, Darmbakterien
H **Biotin** empfohlene tägl. Zufuhr 0,3 mg	Enzymbestandteil	Hautabschuppung		Leber, Eigelb, Milch, Hefe
C **Ascorbinsäure** empfohlene tägl. Zufuhr 75 mg	Regelung des Wassergehalts der Zwischenzellsubstanz	Frühjahrsmüdigkeit, Appetitlosigkeit, Infektionsanfälligkeit, Zahnfleischbluten	Skorbut	Zitrusfrüchte, Paprika, Gemüse, Sauerkraut, Kartoffeln

1 *Deutschland gilt mit Ausnahme der Küstengebiete als Iodmangelgebiet. Mit iodhaltigem Speisesalz führt man deshalb dem Körper regelmäßig kleinste Mengen Iod zu.*

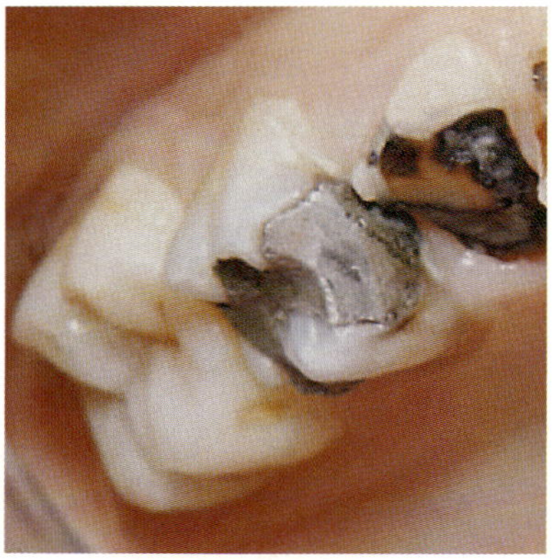

2 *Amalgamzahnfüllungen sind heute nicht mehr gefragt. Sie enthalten giftiges Quecksilber.*

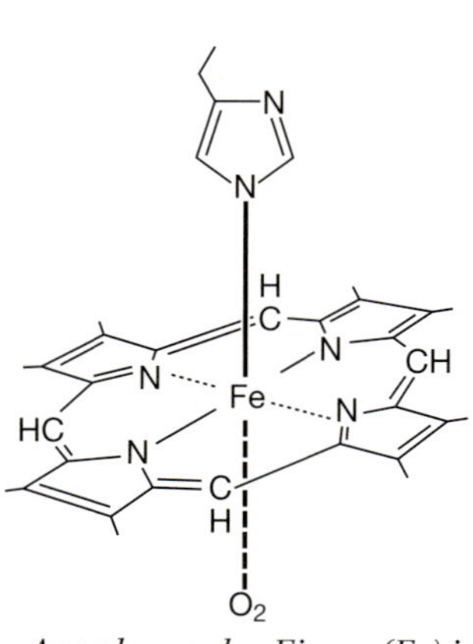

3 *Anordnung des Eisens (Fe) im Blutfarbstoff Hämoglobin*

6 Mineralstoffe

Natriumionen (Na^+) werden überwiegend als Kochsalz (NaCl) aufgenommen. Der Tagesbedarf beträgt 3 bis 6 g und ist in der Nahrung ausreichend vorhanden. Der Kochsalzgehalt des Blutes liegt bei 0,6%. In allen Zellen sind Natriumionen (Na^+) und Chloridionen (Cl^-) vorhanden. Viele Stoffwechselvorgänge laufen nur in ihrem Beisein ungestört ab. Kochsalz ist für die *Salzsäurebildung* in der Magenschleimhaut unabdingbar, ebenso für die *Schweißbildung.*

Kaliumionen (K^+) braucht der Körper ebenfalls in einer Menge von etwa 3 g pro Tag. Die pflanzlichen Nahrungsmittel, die wir täglich essen, enthalten diese Menge. Kaliumionen sind vor allem im *Zellstoffwechsel* von großer Bedeutung.

Calciumionen (Ca^{2+}) nehmen wir zu einem erheblichen Teil mit dem Trinkwasser auf. Aus dem Calciumgehalt der Milch vermag unser Körper seinen Calciumbedarf am leichtesten zu decken. Aminosäuren, Citronensäure und Vitamin D verbessern die Calciumaufnahme. Der wachsende Organismus hat einen besonders hohen Calciumbedarf. Calcium wird in die *Knochen* als Calciumphosphat und in geringerer Menge als Calciumcarbonat eingebaut. Auch für die *Muskelarbeit* sind Calciumionen unbedingt erforderlich.

Phosphationen (PO_4^{3-}) übernehmen im Körper unterschiedliche Aufgaben. In den Knochen sind Calciumphosphat und Magnesiumphosphat die stützende Substanz. Phosphate sind als energieübertragende Moleküle im Zellstoffwechsel wichtig.

- An Mineralstoffen werden vor allem Natrium-, Kalium-, Calcium-, Magnesium-, Chlorid- und Phosphationen benötigt.

Spurenelemente nennt man lebensnotwendige Mineralstoffe, die nur in winzigen Mengen benötigt werden. Selbst manche *Schwermetallionen* sind unentbehrlich oder zumindest funktionsfördernd. Zu den Spurenelementen gehört das *Eisen*, das im roten Blutfarbstoff und in einer Reihe von Enzymen vorkommt. Auch *Kupfer, Kobalt, Mangan, Zink* und *Molybdän* sind in kleinsten Mengen lebensnotwendig. Das Nichtmetall *Iod* ist im Schilddrüsenhormon Thyroxin enthalten. *Fluor* kommt im Zahnschmelz vor.

- Unter normalen Ernährungsbedingungen ist die Versorgung unseres Körpers mit Spurenelementen gesichert.

Metalle als Gifte. Wenn Schwermetallionen eine bestimmte Konzentration überschreiten, wirken sie als *Gifte*. So ist die nach einem japanischen Fischereihafen benannte *Minimata-Krankheit* eine *Quecksilbervergiftung*. Die ärmere Bevölkerung lebt dort fast ausschließlich von Fischen der Küstengebiete. Aus Industrieabwässern nahm das Plankton Quecksilber auf. Die Fische, die dieses Plankton fraßen, reicherten Quecksilber an. Die Menschen speicherten als Endverbraucher das mit dem Fischfleisch aufgenommene Quecksilber und erkrankten schließlich daran.

Auch *Blei, Kupfer, Cadmium* und *Vanadium* wirken schon in geringer Konzentration giftig.

Bestandteile einiger Nahrungsmittel

Nahrungsmittel (100 g verzehrbarer Anteil)		Energiegehalt (kJ)	Kohlenhydrate (g)	Fette (g)	Proteine (g)	Vitamine	Mineralstoffe	Ballaststoffe (g)
Brot und Backwaren	Brötchen	1173	58	1	7	+	+	3,4
	Mischbrot	1048	51	1	6	+	++	6
	Vollkornbrot	1006	46	1	7	+	++	8,9
	Weißbrot	1089	50	1	8	+	+	3,2
	Salzstangen	1140	80	0,5	10	+	+	3
Obst	Birnen	247	13	•	1	++	++	2,8
	Kirschen	239	13	•	1	++	++	1,9
	Äpfel	218	12	•	•	++	++	2,3
	Orangen	226	9	•	1	++	++	2,2
	Bananen	377	21	•	1	++	++	2
Gemüse, Kartoffeln	Blumenkohl	117	4	•	3	++	++	2,9
	Weißkohl	100	6	•	1	++	++	2,5
	Feldsalat	116	12	•	2	++	++	1,8
	Tomaten	80	3	•	1	++	++	1,8
	Kartoffeln	356	19	2	2	++	++	2,5
	Erbsen	211	50	2	24	++	++	5
Milch, Milchprodukte, Ei	Trinkmilch 1/4 l	677	12	9	8,2	+	++	– bis +
	Speisequark 40 %	718	3,5	12	12	+	++	– bis +
	Camembert 60 %	1600	2	34	18	+	++	– bis +
	Butter	3220	•	83	0,6	+	++	– bis +
	Ei (60 g)	369	•	6	7	+	++	–
Fisch	Hering	675	•	12	11	+	++	–
	Rotbarsch	469	•	3	19	+	++	–
	Makrele	783	•	12	19	+	++	–
	Ölsardinen	1006	1	14	24	+	++	–
Fleisch, Wurst	Rinderfilet	528	•	4	19	+	++	–
	Schweinefilet	737	•	15	19	+	++	–
	Brathuhn	603	•	6	21	+	++	–
	fetter Speck	3582	–	89	2	+	++	–
	Bockwurst	1232	•	25	12	+	++	–
	Wiener	1106	•	21	15	+	++	–
	Zervelat	2028	•	43	17	+	++	–
	Corned Beef	600	•	6	22	+	++	–
	Mettwurst	2263	•	52	12	+	++	–
Getränke	Apfelsaft 1/8 l	250	14	–	•	+	+	–
	Traubensaft 1/8 l	360	14	–	0,2	+	+	–
	Cola 1/8 l	229	14	–	–	+	•	–
	Limonade 1/8 l	257	15	–	–	+	•	–
	Bier (Pils) 1/2 l	1005	19	–	2	+	•	–
	Sprudel 1/8 l	–	–	–	–	+	• bis ++	–
Süßwaren, Eis	Honig	1360	81	–	•	•	•	–
	Fruchtgummi	1508	80	–	48	+	+	–
	Vollm.-Schokol.	2359	55	33	9	+	+	– bis •
	Marzipan	2081	57	25	8	•	•	– bis •
	Eiskrem	859	20	12	4	•	+	–

\+ vorhanden – nicht vorhanden • Spuren ++ reichlich

1 In fettreicher Fastfood-Nahrung fehlen nicht nur wertvolle Ballaststoffe, sie belastet auch Herz, Kreislauf und Leber.

2 Schönheitsideal: Model-Figur! Das Trugbild schlanker Schönheit ist nicht ungefährlich.

7 Falsche Essgewohnheiten

Überernährung. Fett wird im Speichergewebe vor allem der Unterhaut abgelagert, aber auch im Bauchraum und in der Leber. Häufige Ursachen für *Fettsucht* sind *Überernährung* und *Bewegungsmangel.* Wer Übergewicht hat und sein Fett weder durch Bewegung noch durch Einschränkung der Mahlzeiten loswird, der sollte zum Arzt gehen. Auf keinen Fall lässt sich mit einer Abmagerungskur spaßen.

Nicht selten tritt in höherem Alter als Folge von Überernährung Zuckerkrankheit auf, weil die Regulation des Blutzuckerspiegels durch die beiden Hormone Insulin und Glukagon nicht mehr funktioniert.

Unterernährung. Nicht weniger gefährlich ist Nahrungsverweigerung um einem Trugbild von schlanker Schönheit näher zu kommen. Nicht nur, dass der unterernährte Körper erhebliche Schwierigkeiten hat, seinen Energiebedarf zu decken, er ist auch anfälliger gegen Krankheiten. Wer regelmäßig fastet, muss mit Störungen des Hungergefühls rechnen. Nach einiger Zeit erlischt der Wunsch nach Nahrung fast ganz, es kommt zu einer lebensbedrohlichen, krankhaften *Magersucht.* Hervorstechendes Merkmal der Krankheit ist eine *absichtliche Gewichtsabnahme* deutlich unter das Normalgewicht. Die Störung entwickelt sich meist zwischen Pubertät und jungem Erwachsenenalter und tritt nur selten beim männlichen Geschlecht auf.

Bulimie. Bei der *Ess-Brech-Sucht* wechseln sich Fressanfälle und absichtlich herbeigeführtes Erbrechen ab. Bulimisch Kranke „fressen ihren Ärger" in sich hinein. Wichtigster Schritt bei der Therapie ist deshalb die richtige Bewältigung von Alltagssorgen.

Gerade junge Leute sollten deshalb die Grundregel beachten:
- Iss regelmäßig und vielseitig.
- Achte auf Obst, frisches Gemüse und genügend Proteine.
- Iss mit Genuss, aber nicht zu viel und nicht zu wenig.

▶ Wer „Hamburger" zu seiner Grundnahrung macht, muss mit Vitaminmangel, Kochsalzüberschuss und Darmträgheit rechnen. Begründen Sie diese Aussage.

Das „richtige Gewicht"
Richtig ist das Gewicht, bei dem man sich wohl fühlt, das einem beim Treppensteigen nicht belastet und bei dem der Arzt keine Krankheitszeichen feststellen kann. Als Orientierung kann der Body-Mass-Index dienen. Er berechnet sich nach der Formel:

$$\frac{\text{Körpergewicht in kg}}{(\text{Körpergröße in m})^2}$$

Werte zwischen 18 und 25 liegen im normalen Bereich. Jugendliche im Wachstumsalter können von diesem Wert stark abweichen.

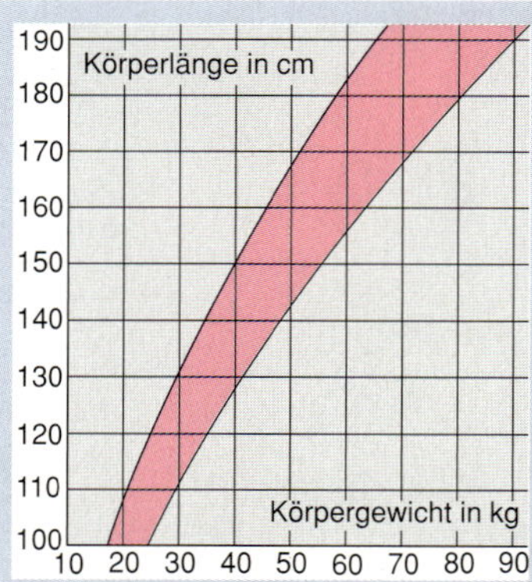

8 Verdauung

Prüfen und Kauen. Die *Zunge* betastet den Bissen. Dann wird er zwischen die Backenzähne geschoben und zerquetscht. Die Zunge durchmischt die Portionen. Mit den Zungenrändern wird festgestellt, was sauer schmeckt. Der Zungengrund erfasst bittere Geschmacksstoffe, die Zungenspitze Süßes.

Zähne. Das *Milchgebiss* ist das erste Gebiss des Menschen. Es umfasst 20 Zähne und beginnt sich im 1. Lebensjahr zu entwickeln. Meist werden die vorderen, unteren Schneidezähne zuerst sichtbar, dann folgen die oberen Schneidezähne, später die Backen- und Mahlzähne sowie die Eckzähne.

Das bleibende Gebiss, auch *Folgegebiss* genannt, bildet sich ab dem 6. Lebensjahr und beginnt mit der Ergänzung des Milchgebisses durch die ersten bleibenden Backenzähne. Insgesamt umfasst das Folgegebiss 32 Zähne. Die letzten, die Weisheitszähne, erscheinen meist erst zwischen dem 14. und dem 24. Lebensjahr.

Der *Zahnwechsel* verläuft allerdings nicht immer ohne Probleme. Zwar räumen die kleinen Milchzähne den Platz für die größeren Zähne des Folgegebisses in der Regel schmerzlos. Wenn das Kieferwachstum aber mit dem Zahnwachstum nicht Schritt hält, kommt es zu Fehlstellungen. Eine Zahnspange, die der Zahnarzt anpasst, sorgt für Korrektur.

Weisheitszähne finden häufig nicht den Platz, den sie eigentlich brauchen. Das kann dazu führen, dass sich ein gut korrigiertes Gebiss erneut verschiebt. Sobald Schmerzen auftreten, muss der Zahnarzt aufgesucht werden. Nicht voll durch das Zahnfleisch hindurchgetretene Weisheitszähne liefern Brutherde für Bakterien und andere Krankheitserreger, die sich in den Zahnfleischtaschen im Übermaß entwickeln.

Zahnpflege. Ein schönes, gepflegtes Gebiss zieht nicht nur bewundernde Blicke auf sich, es ist für die Gesundheit des Körpers von entscheidender Bedeutung. Bei der *Zahnpflege* geht es vor allem darum, die Zähne von Belägen und Speiseresten zu befreien, möglichst nach jeder Mahlzeit, aber zumindest morgens nach dem Frühstück und abends vor dem Zubettgehen. Es empfiehlt sich der Gebrauch von zwei unterschiedlichen Bürsten und *fluoridhaltiger Zahnpasta*. Was den Zähnen schadet, sind süße Dauerlutscher und zuckerhaltige Kaugummi. Damit werden die Bakterien prächtig ernährt, den Zähnen schaden sie jedoch.

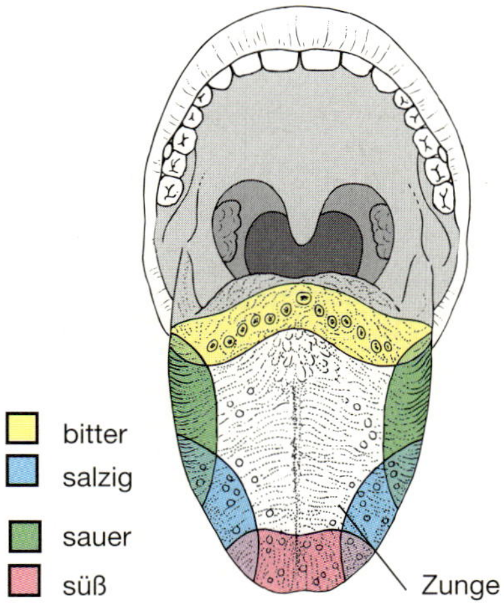

1 Geschmacksfelder auf der Zungenoberfläche. Mehr als die vier Geschmacksqualitäten süß, sauer, bitter und salzig können wir nicht wahrnehmen.

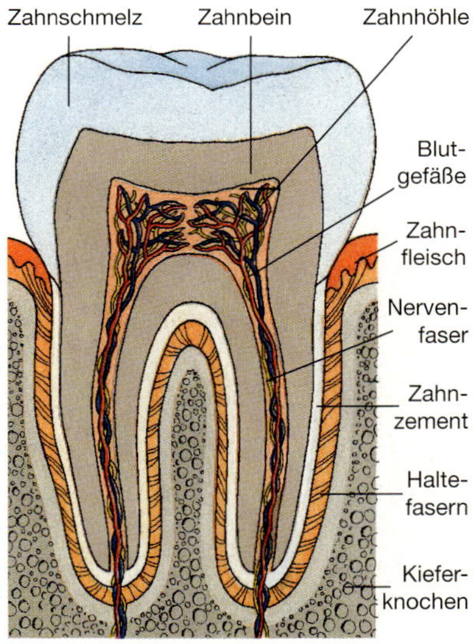

2 Aufbau eines Backenzahnes. Bei allen Zähnen ist der Aufbau gleich.

3 Vergleich von Milch- und Erwachsenengebiss

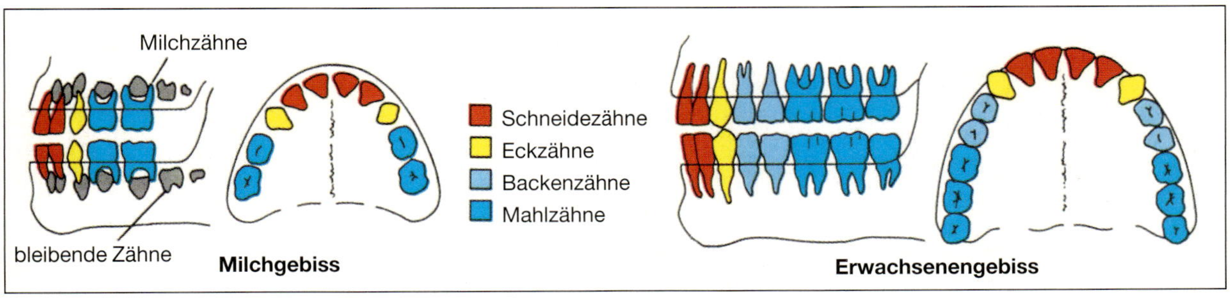

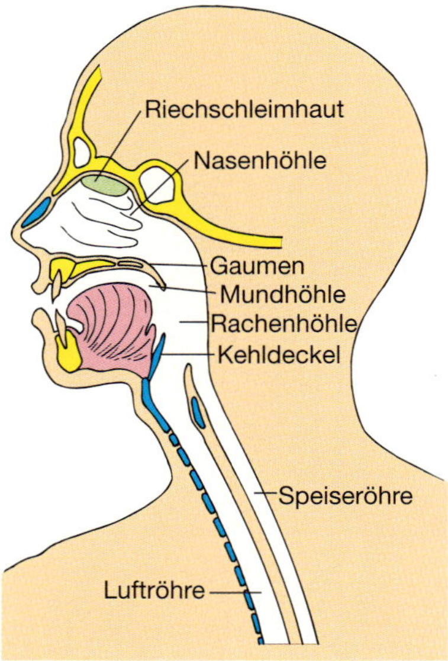

1 Lage von Speiseröhre und Luftröhre

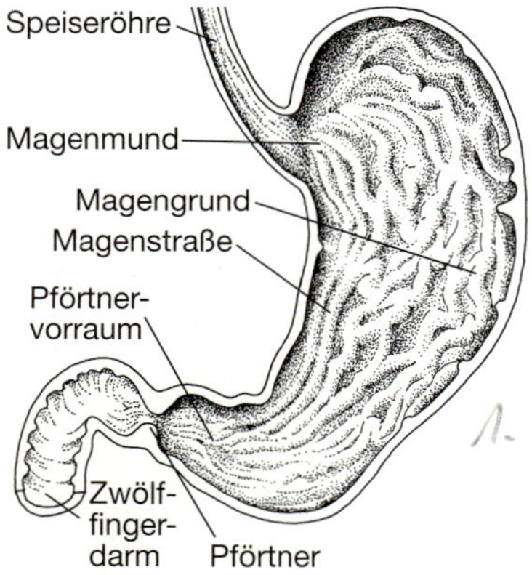

2 Leerer Magen

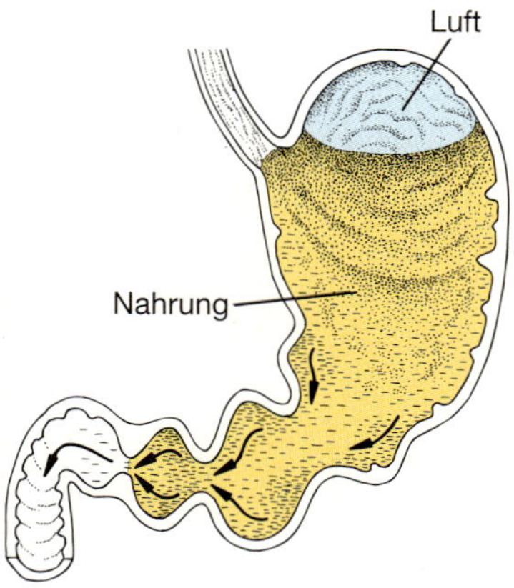

3 Einschichtung der Nahrung

Mundspeichel feuchtet die Speise an und macht sie schlüpfrig. Außerdem enthält er das Stärke spaltende *Enzym Amylase*. Gebildet wird der Speichel in zwei Unterzungendrüsen, zwei Unterkieferdrüsen und zwei Ohrspeicheldrüsen. Enthält die Nahrung *Stärke,* so wird ein Teil davon durch die *Amylase* im Mund bis zum wasserlöslichen *Doppelzucker Maltose* abgebaut. Diesen Vorgang nennt man *Vorverdauung*.

- Im Mund wird durch die Vorverdauung ein Teil der Stärke in Doppelzucker umgewandelt.

Vom Mund zum Magen

Ist die Speise gekaut und eingespeichelt, wird sie von der Zunge gegen den Gaumen gedrückt und dann geschluckt. Der *Schluckvorgang* läuft *unwillkürlich* ab: Zunächst hebt sich der Kehlkopf und wird dadurch vom Kehldeckel verschlossen. So wird vermieden, dass Speise in die Luftröhre gelangt. Spricht man allerdings während des Schluckens, so kann Speise in den „falschen Hals" geraten. Durch Husten werden dann die Luftröhre und der Kehlkopf wieder freigepustet.

Normalerweise gleitet die Speiseportion in die *Speiseröhre*, die hinter der Luftröhre liegt. Wo die Speise die Wand der Speiseröhre berührt, erschlaffen die Ringmuskeln. Hinter der Speise ziehen sich die Muskeln zusammen und drücken sie auf diese Weise weiter.

Die Speiseröhre ist mit einer empfindlichen Schleimhaut ausgekleidet. Sobald saurer Magensaft in die Speiseröhre aufsteigt, kommt es zu unangenehmem *Sodbrennen*.

Die Nahrung im Magen

Einschichtung. Noch bevor der erste Bissen in den Magen gelangt, beginnen die Drüsen der Magenwand mit der Bildung von *Magensaft*. Dieser enthält neben Schleim auch Salzsäure und Protein spaltende Enzyme.

Der leere Magen ist zusammengezogen. Sein kleiner Innenraum ist dann teilweise mit Flüssigkeit gefüllt. Mit zunehmender Füllung geben die muskulösen Wände nach. Das hat zur Folge, dass die Speise zunächst nicht durchmischt, sondern eher *geschichtet eingelagert* wird. Deshalb dauert es auch fast eine Stunde, bis der ganze Mageninhalt mit Magensaft durchsetzt ist. Beim Trinken von viel Flüssigkeit gelangt diese über die „Magenstraße" rasch in den Dünndarm.

Vorverdauung. Die etwa 0,5%ige Salzsäure erfüllt mehrere Aufgaben:

- Sie beendet die Tätigkeit der Speichelamylase.
- Sie bewirkt, dass Proteine gerinnen und quellen. In dieser Form können sie von Protein spaltenden Enzymen leichter angegriffen werden.
- Sie säuert den Speisebrei an. Nur in saurer Flüssigkeit können die Protein spaltenden Enzyme wirken.
- Sie tötet Bakterien ab.

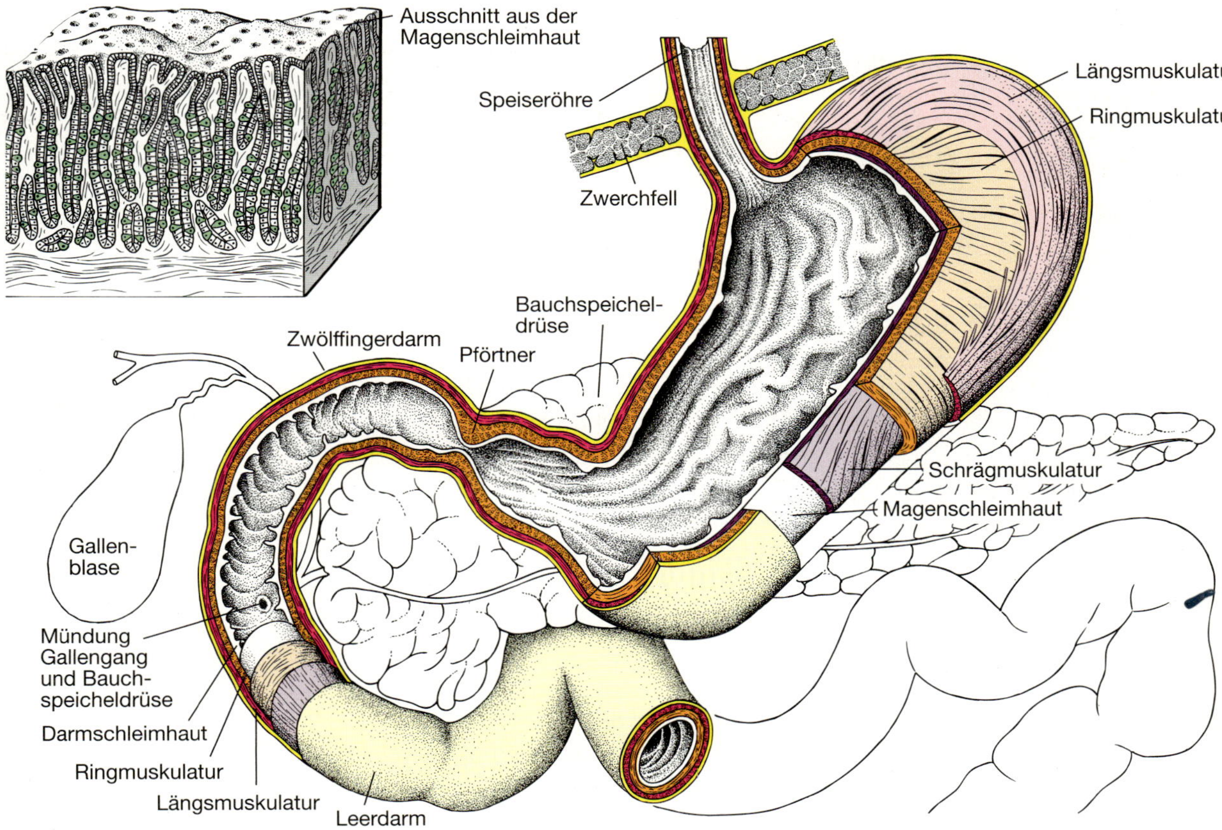

1 Im Magenmund mündet die Speiseröhre. Die Magenwand wird von einer Muskelschicht aus Längs-, Ring- und Schrägmuskulatur aufgebaut. Auf eine Bindegewebsschicht folgt nach innen die Magenschleimhaut.

Das wichtigste Enzym des Magensafts ist das *Pepsin*. Seine unwirksame Vorstufe, das *Pepsinogen*, wird von den Drüsenzellen der Magenwand in das Mageninnere abgegeben. Dort wird es unter der Einwirkung der Salzsäure aktiv. Pepsin spaltet die Proteinmoleküle in kürzere, *wasserlösliche Polypeptide*. Auch diesen Vorgang bezeichnet man als *Vorverdauung*, weil dabei noch keine Endprodukte entstehen, die vom Körper übernommen werden können.

- Der Magen speichert die Nahrung, säuert sie an und bildet das Enzym Pepsin. Pepsin greift die Proteine an und zerlegt sie bei dieser Vorverdauung in kleinere Teilchen.

Weitertransport. Zunächst liegt die Speise ruhig im Magen. Dann aber beginnt sich der Magen einzuschnüren. Rhythmisch aufeinander folgende Einschnürungswellen laufen vom Mageneingang zum Magenausgang. Man nennt sie *peristaltische Bewegungen*. Etwa alle 10 bis 20 Sekunden entsteht eine solche Bewegung am Mageneingang.

Am Magenausgang wird der Magenraum so stark zusammengepresst, dass sein Inhalt portionsweise durch den *Pförtner* in den *Zwölffingerdarm* gedrückt wird. Der Magenpförtner ist ein ringförmiger Schließmuskel, der den Magen gegen den Darm abschließt. Der Zwölffingerdarm wird so genannt, weil er so lang ist, wie 12 Finger breit sind.

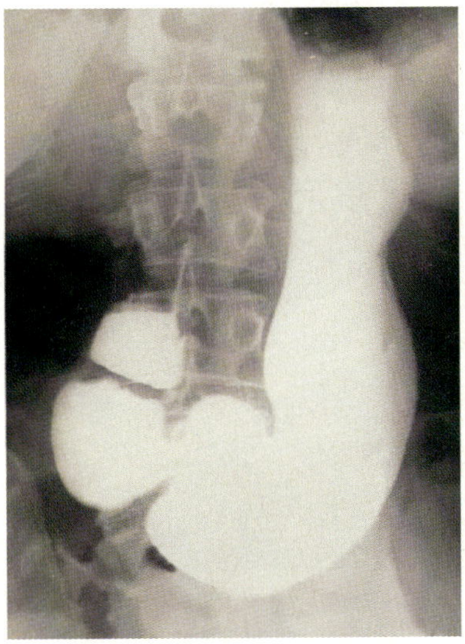

2 Röntgenbild eines vollen Magens

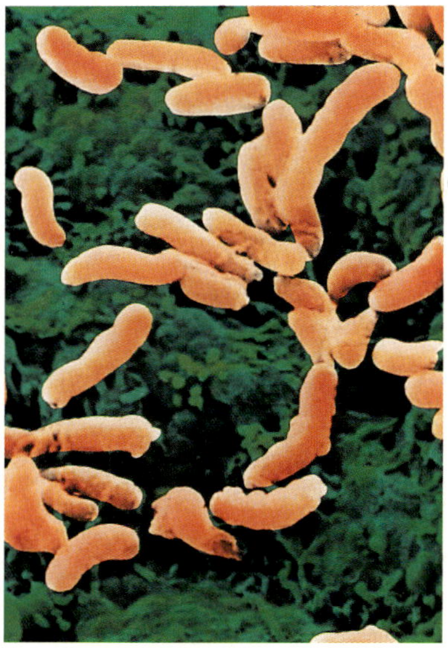

1 *Das Bakterium Helicobacter pylori verursacht Magengeschwüre (Rasterelektronenmikroskopaufnahme).*

Schutz vor Selbstverdauung

Die Zellen der Magenwand bestehen ebenso wie alle anderen Zellen des Körpers vor allem aus Proteinen. Man muss sich fragen, warum sie nicht vom Magensaft angegriffen und verdaut werden. Für den Schutz der Magenwand vor Selbstverdauung sorgt der *Magenschleim*. Er wird von der Magenschleimhaut und von Schleim bildenden Magenwanddrüsen gebildet. Der Magenschleim bindet die Säure und hebt damit die Wirkung des Pepsins auf.

Sobald jedoch die Schleimhaut an einer Stelle geschädigt ist, kann es dort zur Selbstverdauung kommen. Als Folge davon können *Magengeschwüre* entstehen.

Ursache für die Geschwürbildung ist nach neuesten Erkenntnissen in über 90 % der Fälle eine Infektion mit dem Bakterium *Helicobacter pylori*. Diese Bakterien haben bestimmte Enzyme, die sie vor der Magensäure schützen. Sie setzen sich auf der Magenschleimhaut ab und sondern Stoffe ab, die die Zellen schädigen und die Geschwüre entstehen lassen.

Zu viel Magensäure, übermäßiges Rauchen, Alkoholgenuss und Stress verstärken die Infektionsanfälligkeit. Eine Kombinationsbehandlung aus *Säureblockern* und *Antibiotika* gilt daher als Standardtherapie. In vielen Krankenhäusern gibt es keine Magenschonkost oder spezielle Magendiät mehr.

Mit dem Tod verliert die Magenwand ihren Verdauungsschutz. Jetzt wird sie vom Magensaft angegriffen. Am Grad der Selbstverdauung kann der Gerichtsmediziner den Zeitpunkt des Todes erkennen.

Gastroskopie

Das Mageninnere zu sehen, ohne den Magen aufschneiden zu müssen, ermöglicht die *Magenspiegelung* oder *Gastroskopie*. Sie dauert heute nur wenige Minuten.

Der Patient bekommt ein Beruhigungsmittel und muss dann einen etwa kleinfingerdicken Schlauch schlucken. Durch den beweglichen Magenschlauch kann der Arzt nicht nur die Innenwände von Magen und Darm mit einer winzigen Kamera genauestens inspizieren, sondern gleichzeitig auch kleine Gewebeproben entnehmen, um verdächtige Stellen auf Krebszellen oder Helicobacter-Bakterien zu untersuchen.

Die Gastroskopie gilt heute als sicherste und genaueste Untersuchungsmethode bei Magen- und Darmerkrankungen.

Welche Medikamente helfen und was der Patient zu beachten hat, sollte der Arzt bestimmen. Zwar gibt es viele gut gemeinte Ratschläge zum Thema „Magenbeschwerden“, aber verlassen sollte man sich nur auf den Rat des Spezialisten.

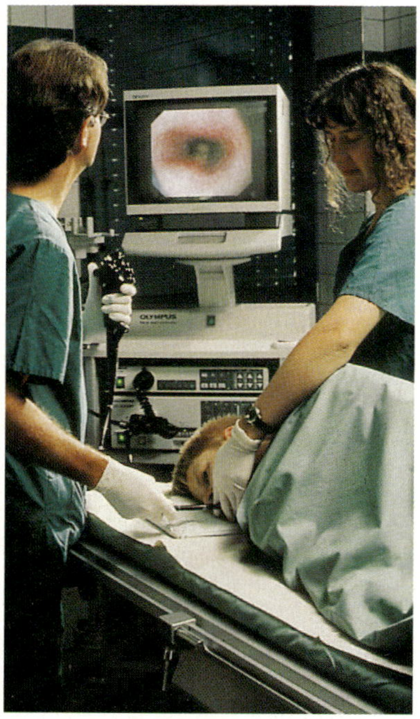

2 *Die Magenspiegelung ist für die moderne Diagnostik unerlässlich und unproblematisch.*

- Die Magenschleimhaut schützt die Magenwand vor Selbstverdauung. An dennoch geschädigten Stellen können Magengeschwüre entstehen.

- ▶ Welche Aufgaben hat der Magen?
- ▶ Wird die Magenschleimhaut geschädigt, können sich Magengeschwüre bilden. Welche Folgen sind zu erwarten?

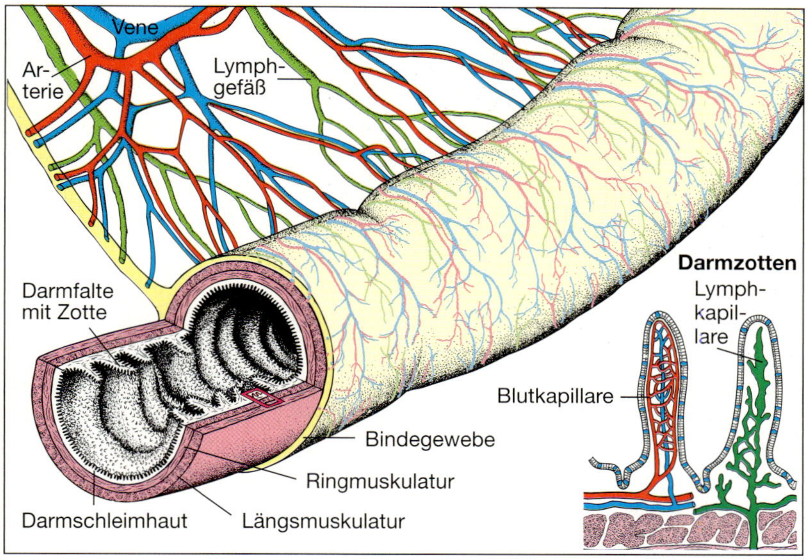

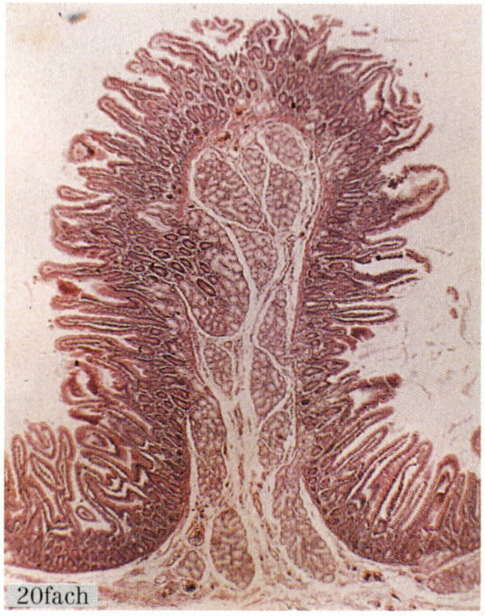

1 und 2 Aufbau des Dünndarms und der Dünndarmzotten.
Jede Zotte enthält Blutgefäße, Lymphgefäße, Muskelfasern und Nervenendigungen.
Durch Falten der Zotten wird die Oberfläche des Darms stark vergrößert.

Dünndarm

Aufbau. Der *Zwölffingerdarm* ist der Anfangsabschnitt des Dünndarms. Im 2 bis 3 m langen Dünndarm folgen von innen nach außen *Schleimhaut, Ringmuskelschicht, Längsmuskelschicht* und *Bindegewebshülle* aufeinander. Die Schleimhaut wird ständig erneuert.
Die Innenfläche der Darmschleimhaut ist dicht mit winzigen *Darmzotten* besetzt. Sie vergrößern die Kontaktfläche im Darm um das 25fache. Obwohl die einzelnen Zotten nur etwa 0,5 bis 1,5 mm lang sind, enthält jede von ihnen *Lymph- und Blutgefäße*. *Nervenfasern* ziehen in jeder Zotte bis zur Zottenspitze. Durch *Muskelzellen* in ihrer Wand können sich die Zotten rhythmisch zusammenziehen. Die Schleimhautzellen der Zotten haben zusätzlich viele winzige Ausstülpungen, so genannte *Mikrozotten*. Sie vergrößern die Kontaktfläche zusätzlich.
Peristaltische Bewegungen des Darms sorgen dafür, dass immer neuer Speisebrei mit der Darmschleimhaut in Berührung kommt. Von Zeit zu Zeit schieben peristaltische Bewegungen den Darminhalt weiter.

- Der lange, gewundene Dünndarm mit seinen Falten, den Zotten und den Mikrozotten bildet eine Kontaktfläche von insgesamt rund 125 m^2.

▶ Erklären Sie den Vorteil der großen Kontaktfläche im Dünndarm.

Verdauung im Dünndarm. An der Verdauung sind außer den *Enzymen aus den Darmwanddrüsen* auch *Enzyme aus der Bauchspeicheldrüse* und die *Gallenflüssigkeit* beteiligt. Die Gallenflüssigkeit wird in der Leber gebildet und in der Gallenblase gespeichert. Der Ausführgang der Gallenblase und der Ausführgang der Bauchspeicheldrüse münden zusammen in den Zwölffingerdarm.
Der saure Speisebrei aus dem Magen wird im Dünndarm leicht *alkalisch* gemacht. Erst im alkalischen Bereich werden die Enzyme der Bauchspeicheldrüse und der Darmwanddrüsen voll wirksam.

3 Rasterelektronenmikroskopische Aufnahme der Dünndarmschleimhaut mit Zotten.

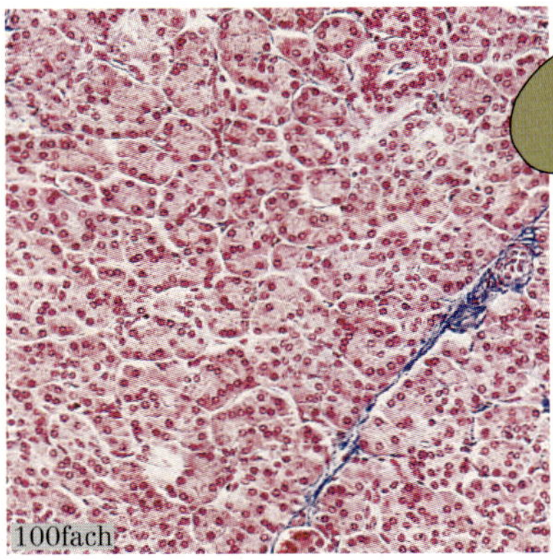

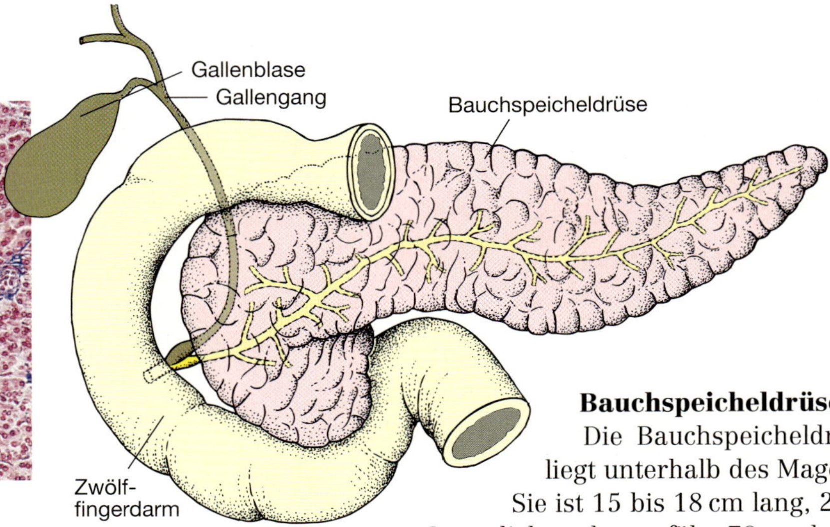

1 und 2 Die Bauchspeicheldrüse liegt im hinteren Teil des Bauchraums unterhalb des Magens. Die große Zahl der Drüsenzellen liefern den Verdauungssaft.

Bauchspeicheldrüse

Die Bauchspeicheldrüse liegt unterhalb des Magens. Sie ist 15 bis 18 cm lang, 2 bis 3 cm dick und ungefähr 70 g schwer. Sie ist außerordentlich gut durchblutet. Täglich liefert sie etwa 1,5 *l* *Bauchspeichel*. Dieser Verdauungssaft wird in den Zwölffingerdarm abgegeben. Der Bauchspeichel enthält die *Vorstufen von Enzymen* für die Verdauung von Proteinen, Fetten und Kohlenhydraten.

Hormone. Zwischen den Drüsenzellen, die die Verdauungssäfte der Bauchspeicheldrüse liefern, liegen inselartig eingestreute Zellgruppen, in denen die Hormone *Insulin* und *Glukagon* gebildet werden. Diese beiden Hormone regulieren den Glucosegehalt des Blutes, den *Blutzuckerspiegel*.

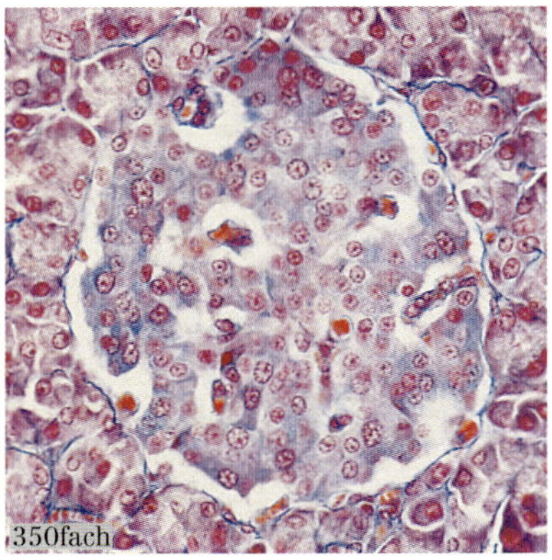

3 Die inselartig eingestreuten Hormondrüsen produzieren Insulin und Glukagon.

- Die Bauchspeicheldrüse liefert die Vorstufen der Enzyme, die Proteine, Fette und Kohlenhydrate verdauen. Außerdem bilden sie Hormone.

▶ Welche doppelte Aufgabe erfüllt die Bauchspeicheldrüse?

Leber

Die Leber ist die *größte Drüse* des menschlichen Körpers. Im *Stoffwechsel* des Körpers nimmt sie eine *zentrale Stellung* ein. Das weiche, braunrote, stark durchblutete Organ wiegt etwa 1500 g. Äußerlich sind ein rechter und ein linker Leberlappen erkennbar.

Aufbau. Am rechten Leberlappen sitzt die *Gallenblase*. In ihr sammelt sich die Gallenflüssigkeit, die aus einem stark verzweigten Netz von Gallenkapillaren und Gallengängen aus der Leber kommt.

Die *Pfortader* tritt in den rechten Leberlappen ein. Sie führt sauerstoffarmes, nährstoffreiches Blut vom Dünndarm heran, außerdem Blut von der Bauchspeicheldrüse und der Milz.

Das Pfortadersystem verzweigt sich in der Leber stark und bildet ein engmaschiges Netzwerk.

Die *Leberarterie* führt sauerstoffreiches Blut vom Herzen heran. Sie verzweigt sich ebenfalls zu einem engmaschigen Netzwerk.

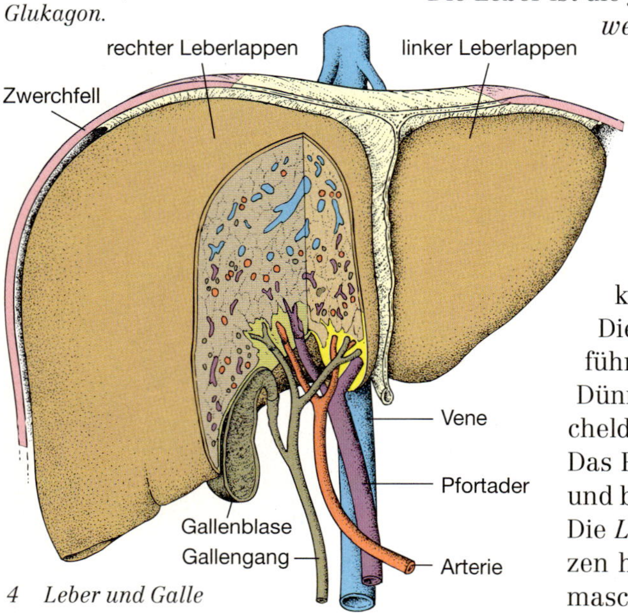

4 Leber und Galle

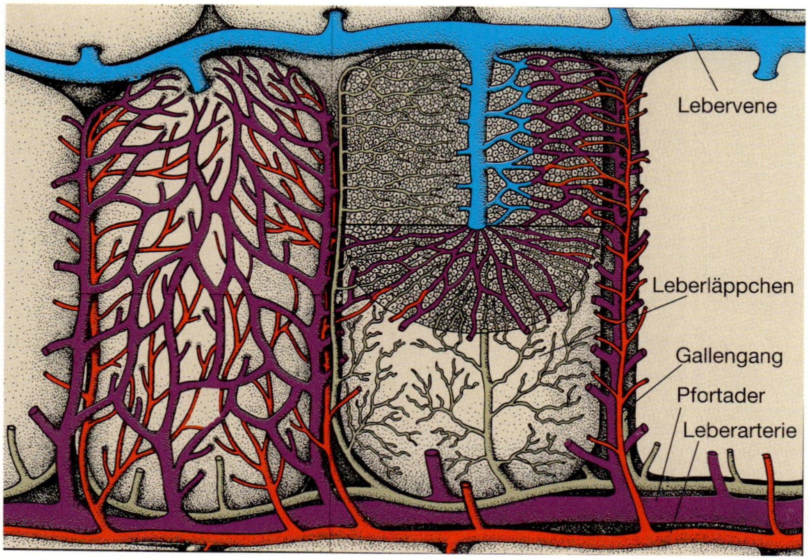

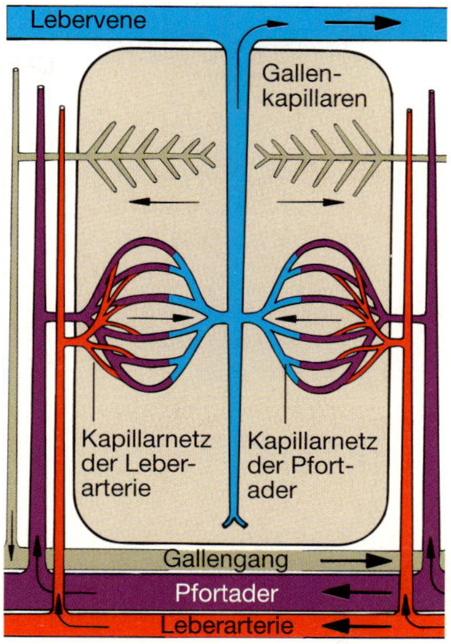

1 und 2 Aufbau der Leber. Das Kanalsystem Pfortader-Leberarterie-Gallengänge lässt sich selbst in den Leberläppchen noch erkennen. Rechts ist stark vereinfacht ein Leberläppchen als Funktionseinheit dargestellt.

Das dreifache Kanalsystem von Leberarterie, Pfortader und Gallengängen lässt sich bis in die kleinsten Baueinheiten der Leber, die so genannten *Leberläppchen*, hinein verfolgen. Die Leberläppchen haben einen Durchmesser von 1 bis 2 mm. Das Blut, das von den Verdauungsorganen kommt, *muss* die Leber durchlaufen.

Entsprechend rege ist der Stoffwechsel in den Leberzellen. Das lässt sich daran erkennen, dass die Temperatur in der Leber bis auf 41 °C ansteigt und damit den Höchstwert im Körper erreicht.

Leberarterie und Pfortader vereinigen sich schließlich zu einem gemeinsamen ableitenden Blutgefäß, der Lebervene. Die *Lebervene* mündet in die große Körpervene, die zum Herzen führt.

Aufgaben. Die wichtigste Aufgabe der Leber ist die *Entgiftung des Blutes*. Dazu gehört der Abbau verbrauchter Blutzellen. Ein Abbauprodukt des roten Blutfarbstoffs sind die gelbgrünen Gallensäuren. Viele Zellgifte, zu denen nicht zuletzt der Alkohol gehört, werden in der Leber abgebaut. Allerdings werden die Leberzellen durch diese Entgiftungsarbeit selbst in Mitleidenschaft gezogen.

Absterbende Leberzellen werden meist durch funktionslose Fettzellen ersetzt. Schließlich kommt es zu einer lebensbedrohenden *Leberschrumpfung*, der *Leberzirrhose*.

Die Leber ist außerdem ein Speicherorgan. In ihr wird die überschüssige Glucose, die mit der Pfortader vom Darm kommt, als Folge hormonaler Steuerung zum unlöslichen Polysaccharid Glykogen, der Leberstärke, aufgebaut. Bei Bedarf wird die Leberstärke wieder in Glucose zerlegt.

Die Leber liefert zusätzlich Gallenflüssigkeit, die an der *Fettverdauung* mitwirkt.

- Die Leber entgiftet das Blut und speichert Glykogen. Außerdem bildet sie Gallenflüssigkeit, die an der Verdauung der Fette mitwirkt.

Warum schmeckt ein zerkleinertes Zuckerstück süßer? Weil sich die kleineren Zuckerteilchen viel rascher im Mundspeichel lösen als das große Stück. Warum das? Weil die Auflösung an der Oberfläche des Zuckers ansetzt und viele kleine Zuckerstückchen eine wesentlich größere Oberfläche anzubieten haben als das eine kompakte Stück. Auch für die Verdauung gilt dieses Prinzip. Je kleiner die Speiseteilchen, umso größer die Angriffsfläche für Enzyme.

- Welche Aufgaben erfüllt die Leber?
- Nennen Sie Beispiele für die Bedeutung großer Oberflächen als Kontaktflächen.

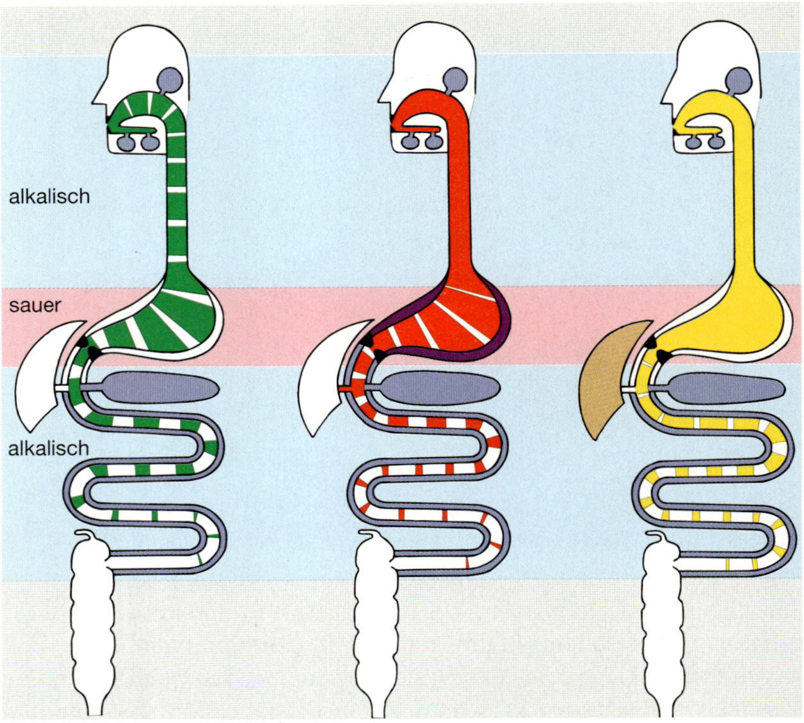

1 Schema der Verdauung:

Grün: Kohlenhydrate
Rot: Proteine
Gelb: Fette
Blau: Verdauungsdrüsen, die alkalischen Verdauungssaft liefern
Violett: Verdauungsdrüsen, die sauren Verdauungssaft liefern
Braun: Leber, die Gallensaft produziert

Die Darmwanddrüsen. Neben der Bauchspeicheldrüse und der Leber spielen viele kleine Drüsen und Drüsenzellen der Darmwand eine erhebliche Rolle bei der Verdauung. Diese Darmwanddrüsen bilden täglich etwa 3 Liter *Protein spaltende, Fett spaltende und Kohlenhydrat spaltende Enzyme*. Ein Teil der Enzyme der Darmwand stammt aus abgeschilferten Schleimhautzellen, die im Darm zersetzt werden. Der Abrieb der Darmschleimhaut beträgt etwa 250 g pro Tag. Das ist so viel, dass sich die Innenfläche der Darmwand innerhalb von 1 bis 2 Tagen „mausert".

Die Endverdauung der Nährstoffe im Dünndarm

Durch den Mundspeichel wurde die Stärke, durch den Magensaft der Proteinanteil der Nahrung vorverdaut. Schon bevor der saure Mageninhalt in den Zwölffingerdarm eintritt, hat die Ausscheidung der Verdauungssäfte durch die Leber, die Bauchspeicheldrüse und die Darmwanddrüsen begonnen. Für die *Endverdauung* der drei Nährstoffgruppen gilt:

Kohlenhydrate. Soweit die Stärke nicht schon vorher zerlegt wurde, wird sie von Enzymen der Bauchspeicheldrüse zunächst zu Doppelzuckern abgebaut. Die Doppelzucker werden von anderen Enzymen der Bauchspeicheldrüse, aber auch von den Enzymen des Darmsafts anschließend in Einfachzucker zerlegt. Einfachzucker, wie beispielsweise die Glucose, machen keine Verdauung durch. Das Polysaccharid Cellulose kann im menschlichen Darm nicht abgebaut werden, es regt aber die Darmtätigkeit an. Cellulose ist in pflanzlicher Nahrung in großen Mengen vorhanden.

Biotechnische Bedeutung der Enzyme

Gentechnisch veränderte Bakterien erzeugen heute Enzyme in beliebiger Menge. Neue Einsatzmöglichkeiten ergeben sich:

Lebensmittel. Bei der Erzeugung von Quark und Käse lassen natürliche Enzyme die Milch gerinnen und die verschiedenen Käsesorten reifen. Enzyme aus Hefe und Sauerteig lassen den Teig „gehen".

Waschmittel. Vollwaschmittel enthalten heute künstliche Enzyme, die Fette, Kohlenhydrate und Proteine spalten. Blut- und Speisereste, Getränke-, Suppen- und Soßenreste lassen sich damit mühelos entfernen.

Abfallbeseitigung. Organische Abfälle werden in wachsendem Maß mithilfe von Enzymen abgebaut.

Proteine. Sie werden von den Enzymen der Bauchspeicheldrüse in kürzere Peptidstücke gespalten und schließlich von den Enzymen des Darmsafts in ihre Aminosäuren zerlegt.
Fette. Im Mund und im Magen werden Fette nicht angegriffen. Durch die Gallensäuren des Gallensafts werden sie im Zwölffingerdarm in kleinste Tröpfchen zerlegt. Eine Emulsion entsteht. Damit vergrößert sich ihre Oberfläche. An den emulgierten Fetttröpfchen greifen Enzyme aus dem Bauchspeichel und aus den Darmwanddrüsen an. Sie spalten durch Wassereinbau die Fettsäuren vom Glycerin ab. Manchmal werden alle drei, meistens aber nur zwei Fettsäuren abgetrennt.

● Die Endprodukte der Verdauung sind:
- Einfachzucker,
- Aminosäuren,
- Glycerin und Fettsäuren.

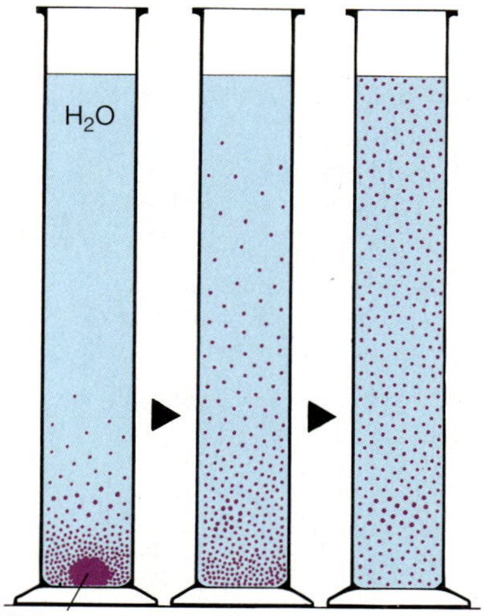

1 Modellversuch zur Diffusion

Resorption

Die Aufnahme der Endprodukte der Verdauung durch die Darmwand hindurch ins Blut und in die Lymphe nennt man *Resorption*. Die Resorption im Dünndarm hält mit der Verdauung Schritt.
Eine erhebliche Rolle spielt dabei das *Konzentrationsgefälle*, das für die Abbauprodukte durch die Darmwand hindurch besteht. Der *passive Transport* durch die natürliche Teilchenbewegung, die *Diffusion*, reicht allein allerdings nicht aus, um den raschen Übertritt der Nährstoffe aus dem Darminnern in Blut und Lymphe zu erklären. Die Durchtrittsgeschwindigkeit ist nämlich für manche Moleküle, so die Glucose, bis zu tausendmal größer als dies bei Diffusion der Fall wäre. Es zeigt sich, dass nur der lebende Darm zu dieser Leistung befähigt ist und dass er dazu Energie benötigt.
In den Darmwandzellen stehen zusätzlich *Transportmoleküle* zur Verfügung, die die Verdauungsprodukte *aktiv* in das Blut und in die Lymphe befördern.

● Die Resorption geschieht sowohl durch Diffusion als auch durch energiezehrenden, aktiven Stofftransport.

▶ Welcher Unterschied besteht zwischen Diffusion und aktivem Transport?

Die Verteilung der Nährstoffe im Körper

Die Einfachzucker sind im Blut gelöst. Mit dem Blutstrom gelangen sie von der Darmwand aus in die Pfortader und dann in die Leber. Dort wird die überschüssige Glucose aus dem Blut entnommen und in Form des unlöslichen Polysaccharids *Glykogen* gespeichert. Glykogen ist die Stärkeform der Leber. Bei Bedarf kann durch Glykogenabbau in der Leber Glucose mobilisiert werden.
Da die Leber aber nur eine begrenzte Menge an Glykogen speichern kann, wird, wenn die Glucosezufuhr sehr groß ist, das Kohlenhydrat in Fett umgebaut und in dieser Form in den Fettzellen gespeichert.

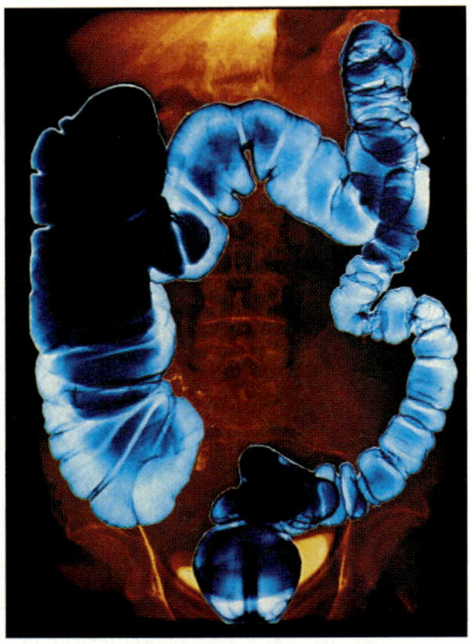

1 *Röntgenaufnahme des Verdauungstrakts. Mit einem Kontrastmittel, das einige Zeit vor der Aufnahme geschluckt werden muss, wird der Verlauf von Dünndarm und Dickdarm sichtbar gemacht. Deutlich sind die starken Einschnürungen erkennbar.*

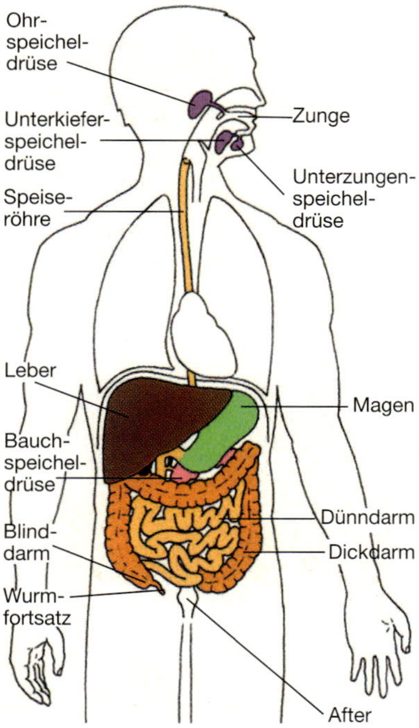

2 *Die Lage der Verdauungsorgane*

Das Fett gelangt vor allem in Form seiner Bausteine *Glycerin* und *Fettsäuren* in einem großen Lymphgefäß, dem Milchbrustgang, in die Schlüsselbeinvene und damit in die Blutbahn. Im Milchbrustgang erscheint die *Lymphe* durch viele Fetttröpfchen milchig trüb, daher der Name.

Die Aminosäuren gelangen wie die Einfachzucker im Blut zunächst durch die Pfortader zur Leber, von dort zum Herzen und dann in den übrigen Körper. In den Zellen werden aus ihnen körpereigene *Proteine* aufgebaut.

- Die Grundbausteine der Nährstoffe gelangen durch die Darmwand ins Blut und in die Lymphe. Blut und Lymphe verteilen sie im Körper.

Die Vorgänge im Dickdarm

Vier bis fünf Stunden nach einer Mahlzeit tritt der Dünndarminhalt, von einer kräftigen peristaltischen Welle getrieben, in den *Dickdarm* über. Bei normaler, gemischter Kost sind dann nahezu alle Nährstoffe aus dem Darminhalt verschwunden.

Bei reiner Pflanzenkost sind hingegen noch erhebliche Nährstoffmengen in den cellulosehaltigen und deshalb schwer verdaulichen Pflanzenzellen zu finden. Dies kann im Dickdarm zu Gärung und Fäulnis führen, zumal der Endabschnitt des Dünndarms und der Dickdarm von vielen *Darmbakterien* besiedelt sind. Methan, Ammoniak und Schwefelwasserstoff entstehen. Durch die Produktion von Vitamin B leisten die Darmbakterien jedoch auch einen Beitrag zu unserer Ernährung.

Im Dickdarm wird ein großer Teil des *Wassers*, das mit den Verdauungssäften in den Darm abgegeben wurde, *zurückgewonnen*.

Durch peristaltische Wellen, die gegen die normale Bewegungsrichtung verlaufen, wird der Darminhalt zunächst im Blinddarmbereich „festgestampft". Später wird er in unregelmäßigen Schüben weiterbefördert und tritt schließlich in den *Mastdarm* ein, den letzten Teil des Dickdarms.

Dadurch kommt es zu Stuhldrang, der schließlich zu einer lebhaften Peristaltik des Mastdarms führt. Der Kot kann aus dem After austreten, sobald willentlich die Spannung des Schließmuskels aufgehoben wird. Der Kot enthält noch etwa 65 bis 85% Wasser. 50% der Trockensubstanz sind Bakterien, zu 25% besteht sie aus abgeschilferten Darmwandzellen.

Ähnlich einer inneren Haut des Körpers ist der Darm den Angriffen von Schad- und Giftstoffen, Pilzen, Bakterien, Viren und anderen Mikroorganismen ausgesetzt. Bei einer Dauerinvasion von Krankheitserregern wirken Darmzellen wie ein *Schutzsieb*. Sie stimulieren auch die Produktion von *Immunzellen*.

- Im Dickdarm wird der Darminhalt eingedickt, das Wasser wird zurückgewonnen.

▶ Stellen Sie zusammen, was mit den Proteinen, Fetten und Kohlenhydraten in Mund, Magen und Dünndarm geschieht.

Die Regelung des Blutzuckerspiegels

Die Höhe des „Blutzuckerspiegels" wird von den Hormonen *Insulin* und *Glukagon* aus der Bauchspeicheldrüse gesteuert. Beim gesunden Menschen kommen 100 mg Glucose auf 100 ml Blut. Dieser Wert wird erstaunlich genau eingehalten.

- *Insulin senkt den Blutzuckerspiegel.* Es bewirkt den Aufbau von Glykogen aus Traubenzucker.
- *Glukagon hebt den Blutzuckerspiegel* durch Glykogenabbau in der Leber.

Welches Hormon in welcher Menge benötigt wird, wird der Bauchspeicheldrüse über Nervensignale vom Zwischenhirn und durch Hormone der Hypophyse übermittelt.

Bei der *Zuckerkrankheit* (Diabetes mellitus) ist die Regelung des Blutzuckerspiegels gestört. Sobald der Wert von 160 mg Glucose pro 100 ml Blut erreicht ist, wird Glucose im Harn ausgeschieden.

Sinkt der Blutzuckerspiegel auf unter 80 mg pro 100 ml Blut, treten Kopfschmerzen, Schwächegefühl und Sehstörungen auf.

Diabetiker sind deshalb meist auf zusätzliche Insulingaben angewiesen.

▶ Warum gibt es keine Insulintabletten? (Tipp: Insulin ist ein Eiweißmolekül.)

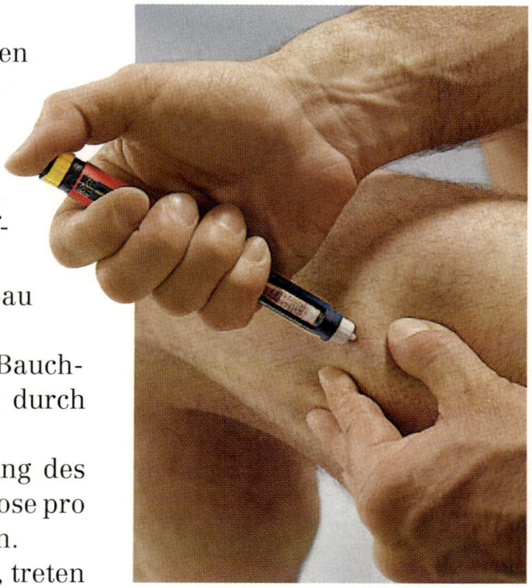

1 Pen im Einsatz: Insulinaufziehen entfällt, injiziert wird wie mit der Spritze auch.

2 Vereinfachtes Schema zur Regelung des Blutzuckerspiegels

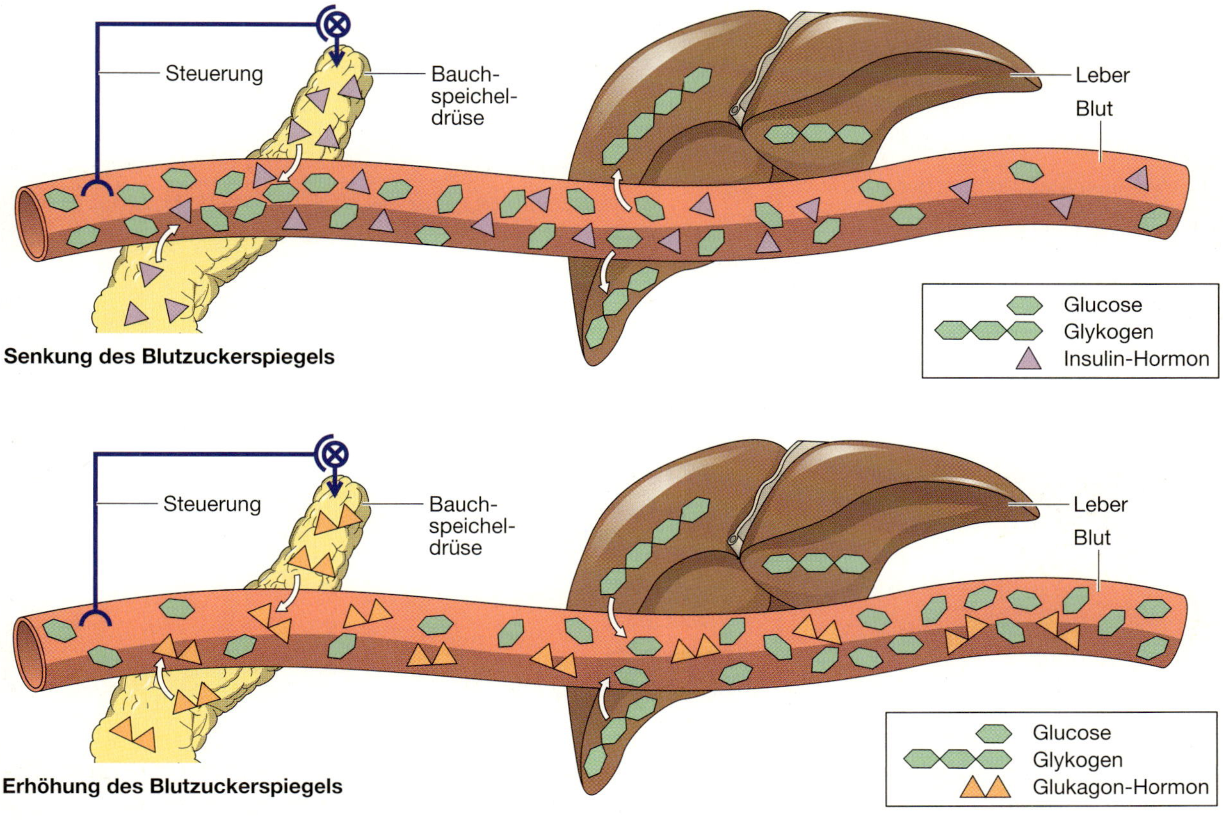

1 Verdauung und Resorption der Nährstoffe.
Die Nahrung, die wir aufnehmen, enthält als Nährstoffe Proteine, Kohlenhydrate und Fette. Diese werden auf dem Weg durch den Verdauungstrakt in ihre Bausteine zerlegt.
Dies nennt man Verdauung.

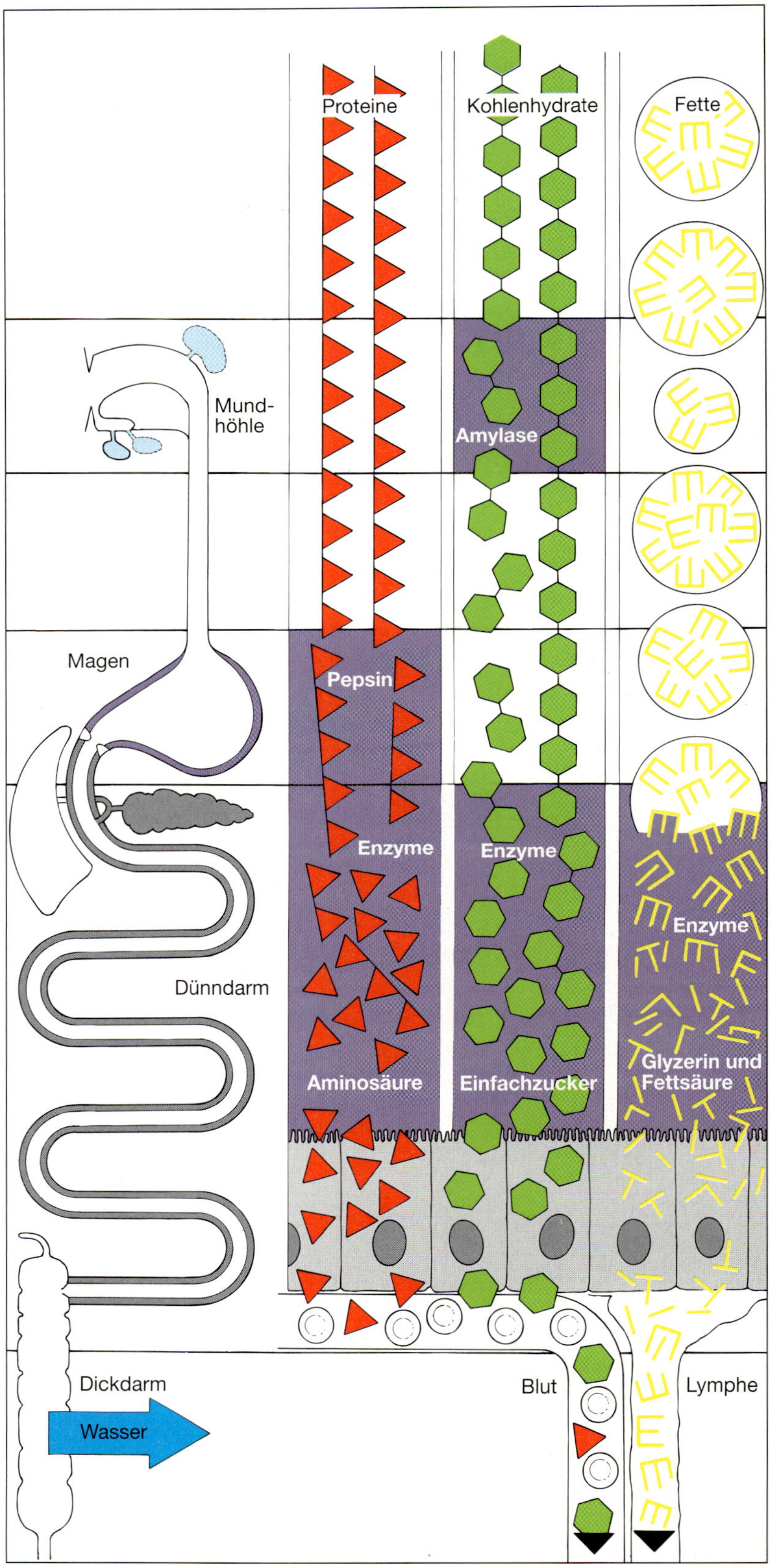

Mund
Ein Teil der Stärke wird durch das Enzym Amylase im Speichel in Doppelzucker gespalten: Vorverdauung der Kohlenhydrate. Fette und Proteine bleiben im Mund unverändert.

Magen
Die Proteine werden durch das Enzym Pepsin in Bruchstücke zerlegt: Vorverdauung der Proteine. Salzsäure tötet Bakterien ab.

Dünndarm
Fett wird von der Galle fein verteilt. Enzyme aus der Bauchspeicheldrüse und Dünndarmschleimhaut zerlegen Fette, Kohlenhydrate und Proteine. Die Fette werden in ihre Bestandteile Glycerin und Fettsäuren aufgespalten.
Die einzelnen Aminosäuren der Proteine werden freigesetzt.
Die Verdauung ist jetzt abgeschlossen.

Resorption
Die winzigen Bauteile der Nährstoffe gelangen durch die Wand der Darmzotten hindurch in Blut und Lymphe. Anschließend werden sie im Körper verteilt.

Dickdarm
Der Körper gewinnt Wasser zurück. Die unverdaulichen Reste der Nahrung, abgelöste Darmwandzellen sowie Darmbakterien werden als Kot ausgeschieden.

Praktikum: Verdauungsversuche

1 Wirkung der Amylase

Benötigt werden:
2 beschriftete Reagenzgläser, Reagenzglasklammer, Spatel, Wasserbad 37 °C, Heizplatte, destilliertes Wasser, Fehling-I- und -II-Lösung.

Durchführung:
Geben Sie einige Haferflocken in Reagenzglas 1 und fügen Sie 10 ml Wasser sowie je 5 ml Fehling-I- und -II-Lösung zu.
Kauen Sie einige Haferflocken mindestens 3 Minuten lang.
Geben Sie den entstandenen Brei in Reagenzglas 2. Fügen Sie 10 ml Wasser sowie je 5 ml Fehling-I- und -II-Lösung zu.
Stellen Sie beide Reagenzgläser für etwa 20 Minuten in das warme Wasserbad.
Erklären Sie den Unterschied.

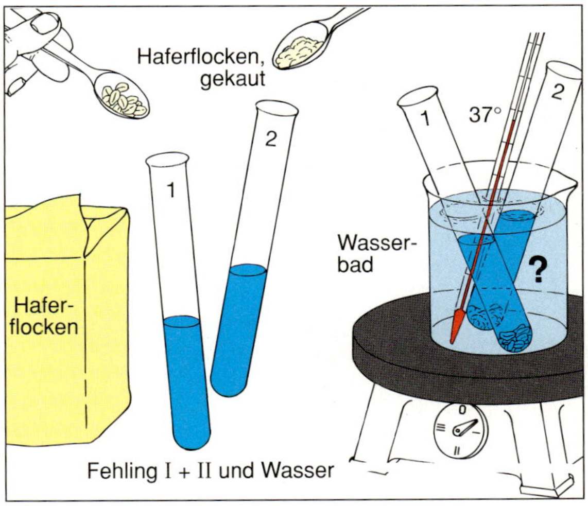

2 Wirkung von Pepsin

Benötigt werden:
4 Reagenzgläser, Messer, Spatel, Teesieb, Wasserbad, Heizplatte, 0,5%ige Salzsäure, Pepsinlösung, destilliertes Wasser, gekochtes Ei.

Durchführung:
Gekochtes Eiweiß wird durch ein Teesieb gedrückt.
In jedes der 4 Reagenzgläser kommt eine Spatelspitze Eiweiß.
Fügen Sie noch hinzu:

Glas 1: 11 ml Wasser
Glas 2: 1 ml Pepsin, 10 ml Salzsäure
Glas 3: 1 ml Salzsäure, 10 ml Wasser
Glas 4: 1 ml Salzsäure, 10 ml Pepsinlösung

Was stellen Sie fest?

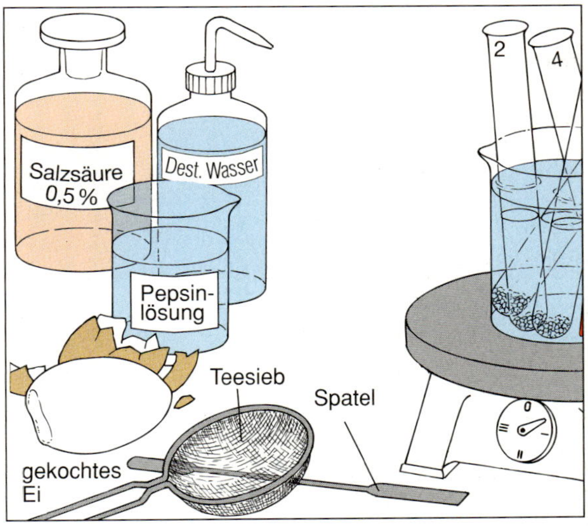

3 Wirkung des Gallensafts

Benötigt werden:
Ochsengalle aus einem Fachgeschäft für Farben und Zeichenbedarf, Speiseöl, 2 Reagenzgläser, destilliertes Wasser.

Durchführung:
Füllen Sie 2 ml Speiseöl und 5 ml Wasser in ein Reagenzglas.
Schütteln Sie gut durch.
Füllen Sie 2 ml Speiseöl und etwa 5 ml Ochsengalle in ein zweites Reagenzglas.
Schütteln Sie gut durch.
Lassen Sie beide Reagenzgläser etwa 1 Minute lang ruhig stehen und vergleichen Sie dann.

Was ist zu beobachten?
Erklären Sie den Unterschied.

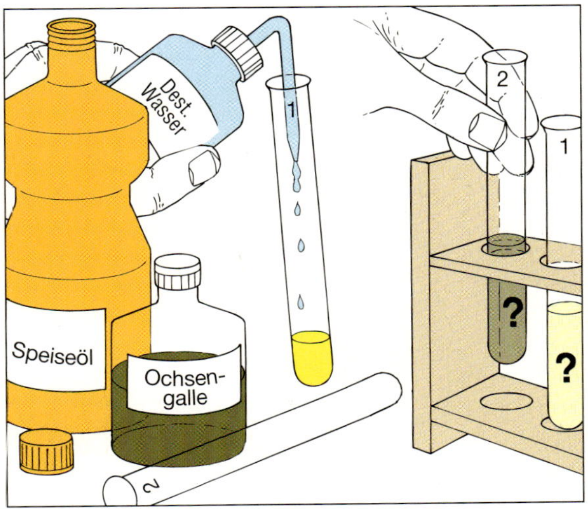

Das Blut

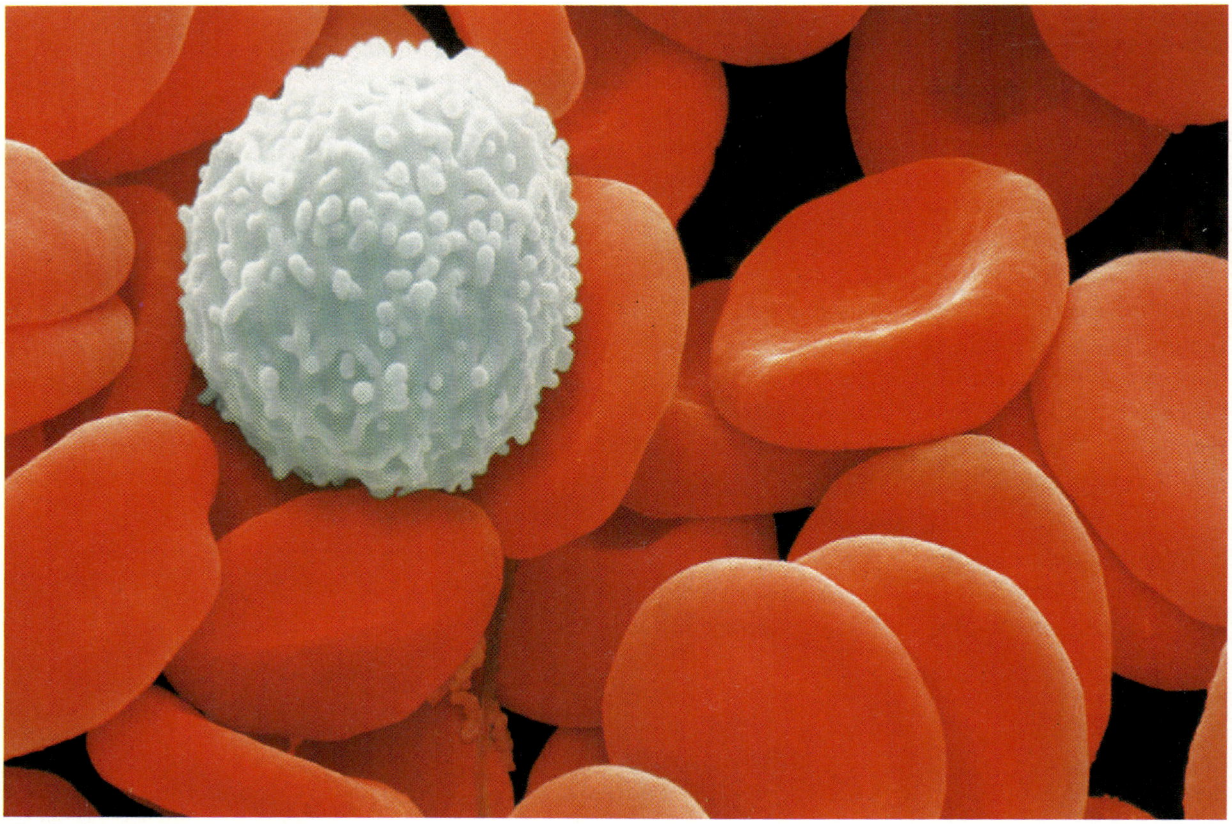

1 Rote und ein abgekugeltes weißes Blutkörperchen

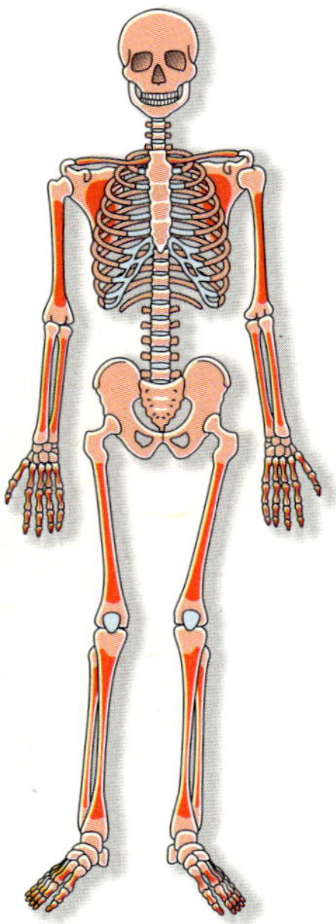

2 Orte der Blutbildung.
Hellrote und tiefrote Flächen: Kleinkind
Hellrote Flächen: Erwachsener

1 Transport durch das Blut

Das Blut ist ständig in Bewegung. Als wichtiges *Transportsystem* verbindet es alle Teile des Körpers miteinander:

- *Sauerstoff* aus der Atemluft gelangt mit dem Blut von den Lungen zu allen Geweben.
- *Kohlenstoffdioxid* aus den Zellen wird vom Blut in die Lungen gebracht.
- *Wasser* gelangt mit dem Blut zu allen Geweben im Körper. Überschüssiges Wasser wird in erster Linie den Nieren zugeführt.
- *Nährstoffe* werden vom Blut an die Orte des Bedarfs und in die Speichergewebe befördert.
- *Abfallstoffe* werden in die Ausscheidungsorgane, vor allem zu den Nieren gebracht.
- *Giftstoffe*, die von außen in den Körper gelangen oder im Körper selbst entstehen, werden vom Blut den Entgiftungsorganen, insbesondere der Leber und den Nieren, zugeführt.
- *Abwehrstoffe* gegenüber vielen körperfremden Stoffen und Zellen können im Blut rasch an jede „Gefahrenstelle" gebracht werden.
- *Hormone*, die von hormonliefernden Geweben und Drüsen in das Blut gelangen, werden mit dem Blut im ganzen Körper verteilt.
- *Wärme* wird durch das Blut aus dem Körperinnern zur Haut und zu den Atemwegen transportiert.

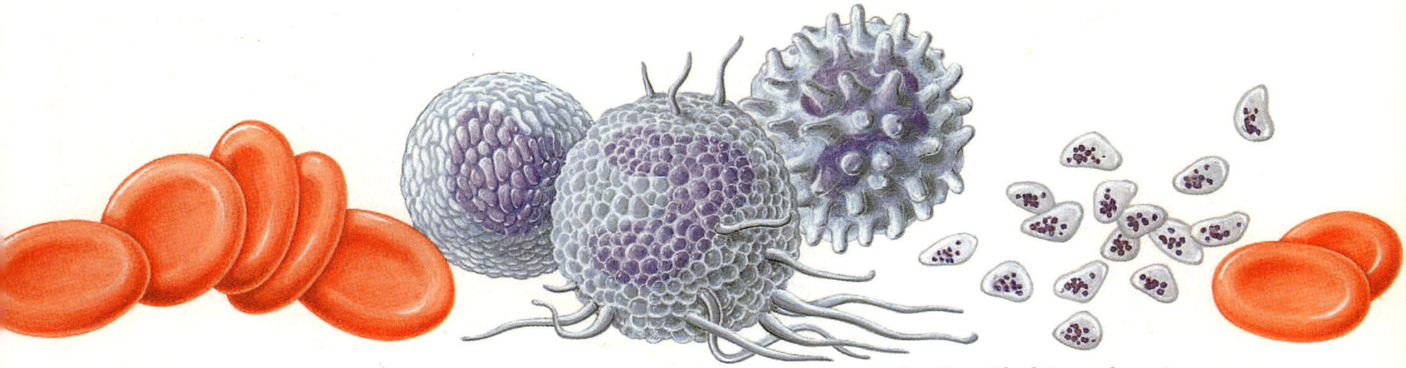

1 *Rote Blutkörperchen: 8 µm; weiße Blutkörperchen sind fast doppelt so groß. Daneben die viel kleineren Blutplättchen.*

2 Die Zusammensetzung des Blutes

Der Anteil des Blutes am Körpergewicht beträgt durchschnittlich 8%. Eine Frau mit 60 kg Körpergewicht besitzt demnach etwa 4 l Blut. Ein Mann mit 75 kg Körpergewicht hat rund 6 l Blut.

Lässt man Blut außerhalb des Körpers in einem glattwandigen Gefäß erschütterungsfrei stehen, dann setzt sich eine rote, undurchsichtige Masse ab. Im Mikroskop sieht man, dass es sich dabei um *Blutkörperchen* handelt. Über den Blutkörperchen bleibt eine durchsichtige, bernsteinfarbene Flüssigkeit stehen, das *Blutplasma*.

▶ Beim Anblick von Blut erschrecken viele Menschen. Rot wird als häufigste Warn- und Signalfarbe eingesetzt. Kennen Sie Beispiele, bei denen die Farbe Rot wie ein Signal auf uns wirkt?

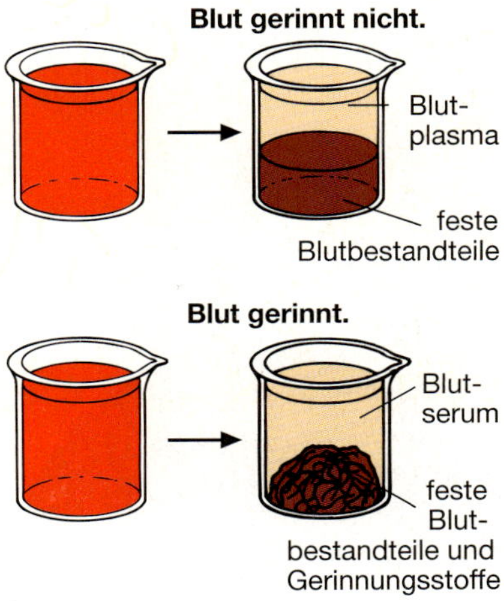

Blutkörperchen

Die Blutkörperchen werden auch als Blutzellen bezeichnet. In den Fachbegriffen *Erythrozyt* und *Leukozyt* kommt dies zum Ausdruck.

Rote Blutkörperchen (Erythrozyten)

Etwa 99% der abgesetzten Masse wird von *roten Blutkörperchen* gebildet. Beim Mann sind in 1 mm^3 Blut etwa 5,5 bis 6 Millionen rote Blutkörperchen enthalten. Bei der Frau sind es 4,2 bis 5,4 Millionen rote Blutkörperchen in 1 mm^3 Blut.

Form. Die roten Blutkörperchen gleichen in ihrer Form einem Drops. Dadurch ist die Oberfläche, verglichen mit kugelförmigen Zellen des gleichen Inhalts, größer.

Ihr Durchmesser beträgt etwa 8 µm. Die Gesamtoberfläche aller roten Blutkörperchen zusammen ergibt eine Fläche von 3500 m^2. Das entspricht 1600-mal der Körperoberfläche oder etwa der halben Fläche eines Fussballfelds.

2 und 3 *Verhindert man die Blutgerinnung und lässt Blut längere Zeit stehen, setzen sich die Blutkörperchen ab. Darüber bleibt das Plasma stehen. Geronnenes Blut enthält Gerinnungsstoffe. Blutplasma ohne Gerinnungsstoffe nennt man Blutserum.*

Durch Blut ist die gefährliche Krankheit AIDS übertragbar. Daher dürfen in der Schule zur Sicherheit keine Untersuchungen mit menschlichem Blut durchgeführt werden.

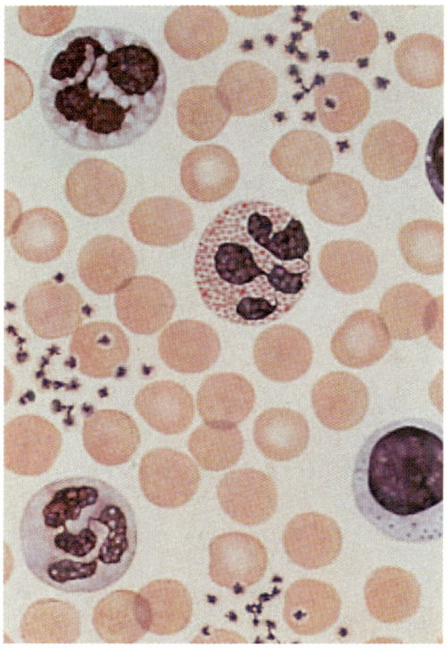

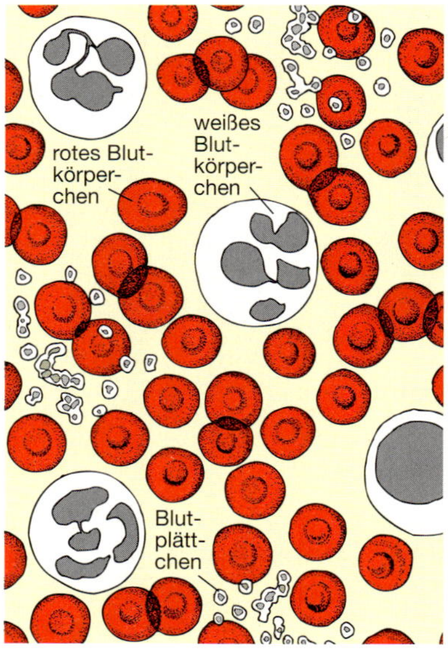

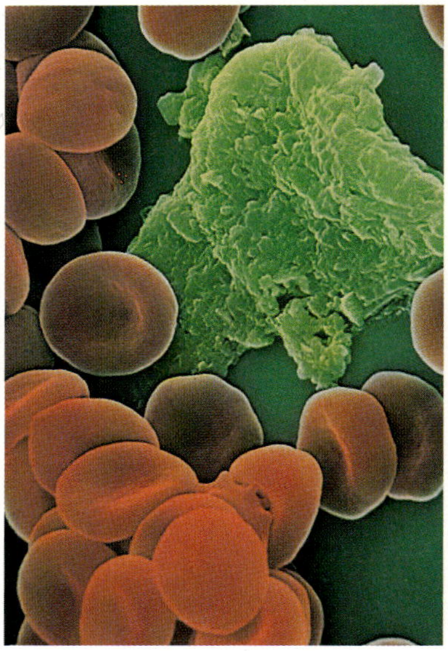

*1 bis 3 Angefärbte rote und weiße Blutkörperchen unter dem Mikroskop.
Grafische Erläuterung in der Mitte.
Rote und weißes Blutkörperchen im Rasterelektronenmikroskop rechts*

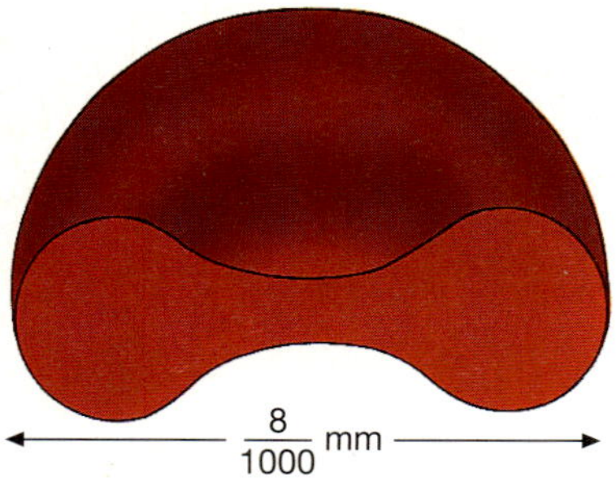

4 Halbiertes rotes Blutkörperchen

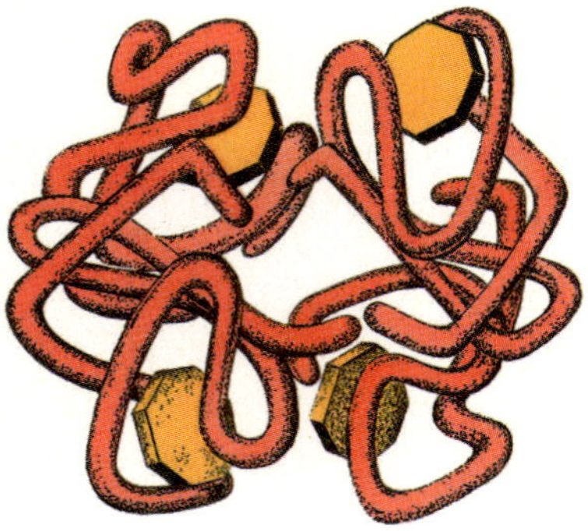

5 Hämoglobin besteht aus Protein. Jedes Molekül enthält vier Orte, an die Eisen angelagert ist. Hier kann Sauerstoff gebunden werden.

Bildung und Abbau. Die roten Blutkörperchen sind Zellen, die im *roten Knochenmark* gebildet werden. Im Verlauf ihrer Entwicklung wird der Zellkern ausgestoßen. Die fertigen roten Blutkörperchen sind also *kernlos*. Ihre durchschnittliche Lebensdauer beträgt 110 Tage. In dieser Zeit legen sie eine Wegstrecke von etwa 1500 km zurück.
In jeder Sekunde entstehen in unserem Körper mehr als 1 Million rote Blutkörperchen. Während des ganzen Lebens sind es rund 5000 Billionen. Ein Teil der roten Blutkörperchen zerfällt im Blut. Die übrigen „abgenutzten" Blutkörperchen werden im *Knochenmark, in der Leber und in der Milz abgebaut.*
Gastransport. Im Mikroskop erscheinen die roten Blutkörperchen blassrot. Diese Farbe kommt vom roten Blutfarbstoff, dem eisenhaltigen Protein *Hämoglobin*. Hämoglobin ermöglicht den *Transport von Sauerstoff*, weil sich an ihm Sauerstoffmoleküle anlagern können. Bei abnehmender Sauerstoffkonzentration im Blut wird der locker gebundene Sauerstoff wieder abgegeben.
Kohlenstoffmonooxid geht dagegen mit dem Hämoglobin eine stabile Verbindung ein und blockiert auf diese Weise den Sauerstofftransport. Darauf beruht seine hochgiftige Wirkung. Kohlenstoffmonooxid entsteht bei unvollständiger Verbrennung vor allem in Kraftfahrzeugen und Heizungen. Im Tabakrauch ist es ebenfalls enthalten.
Kohlenstoffdioxid, das in den Zellen als Abfallstoff gebildet wird, löst sich im Blutplasma und wird in dieser Form transportiert.

- ▶ Wie hoch wäre ein Turm aus gestapelten roten Blutkörperchen, wenn die Gesamtblutmenge 5,4 l beträgt?
  Jedes Blutkörperchen ist 0,0025 mm dick.
- ▶ Warum ist eine Versorgung des Körpers mit eisenhaltigen Nahrungsmitteln für die Blutbeschaffenheit wichtig?

Weiße Blutkörperchen (Leukozyten)

Die weißen Blutkörperchen sind etwa doppelt so groß wie die roten, besitzen einen *Zellkern*, aber *kein Hämoglobin*. 4800 bis 10000 zählt man in 1 mm³. Es gibt verschiedene Typen mit unterschiedlichen Aufgaben.

Abwehr. Weiße Blutkörperchen können sich als *Wanderzellen* wie Amöben mit Scheinfüßchen selbstständig fortbewegen. Eingedrungene Fremdkörper (z.B. Bakterien) werden von den *Lymphozyten* unter anderem mit Abwehrstoffen, so genannten *Antikörpern*, bekämpft. Andere weiße Blutkörperchen fressen Fremdkörper auf. Diesen Typ bezeichnet man daher als *Fresszellen*. Nur etwa 5% der Wanderzellen halten sich im Blut auf, die meisten befinden sich in den Gewebslücken und im Knochenmark.

Bildung. Die weißen Blutkörperchen reifen im roten Knochenmark, in der Milz und in den Lymphknoten heran.

▶ Welche Gemeinsamkeiten und welche Unterschiede bestehen zwischen den roten und den weißen Blutkörperchen?

Blutplättchen (Thrombozyten)

Blutplättchen erreichen nur ein Viertel der Größe von roten Blutkörperchen. Ihre Form ist unregelmäßig. Sie sind *kernlose Bruchstücke von Riesenzellen im Knochenmark*. 150000 bis 400000 kommen auf 1 mm³ Blut. Als Träger wichtiger Enzyme spielen sie vor allem bei der *Blutgerinnung* eine Rolle. Die durchschnittliche Lebensdauer der Blutplättchen beträgt 4 Tage.

Blutplasma

Das *Blutplasma* enthält 90% Wasser und etwa 10% darin gelöste Stoffe. Dieser Wert wird trotz schwankender Wasserabgabe des Körpers ziemlich *konstant* gehalten.

Proteine stehen unter den gelösten Stoffen mit 7 bis 8% an erster Stelle. *Glucose* (Traubenzucker) spielt mit 0,1%, das sind etwa 6 g, mengenmäßig kaum eine Rolle. Als sofort einsetzbarer Energielieferant für die Muskeln ist sie jedoch lebensnotwendig. *Fette* kommen als winzige Tröpfchen in wechselnder Menge im Blut vor. Nach einer fetten Mahlzeit erscheint das Blut milchig trüb. Schon nach kurzer Zeit ist das Fett weitgehend verschwunden und im Fettspeichergewebe eingelagert. *Mineralstoffe* sind zu etwa 1% im Blutplasma vorhanden. Sie sind durchweg als Ionen gelöst. Natriumionen, Kaliumionen, Calciumionen, Chloridionen und Phosphationen spielen dabei die Hauptrolle.

Im Blutplasma werden außerdem *Abfallstoffe* befördert, so *Kohlenstoffdioxid* und *Harnstoff*. Harnstoff ist das wichtigste Abbauprodukt des Proteinstoffwechsels. Er kommt mit 0,025% im Blut vor. Der Harnstoffüberschuss wird ständig von den Nieren ausgeschieden.

● Das Blut besteht aus dem Blutplasma, den roten und weißen Blutkörperchen sowie den Blutplättchen.

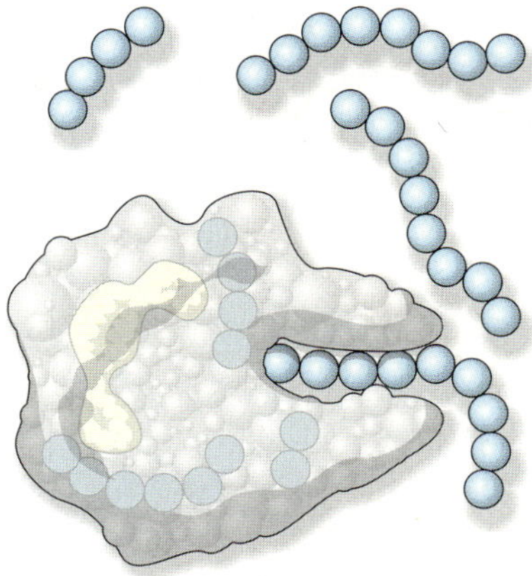

1 Ein weißes Blukörperchen frisst eine Kette von Bakterien.

2 Leukozyt frisst einen Fremdkörper.

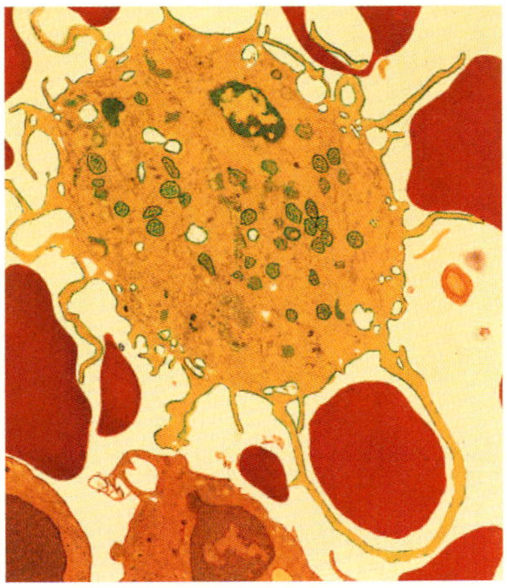

3 Nicht nur Bakterien und andere Krankheitserreger, sondern auch gealterte rote Blutkörperchen werden von den weißen Blutkörperchen aufgenommen.

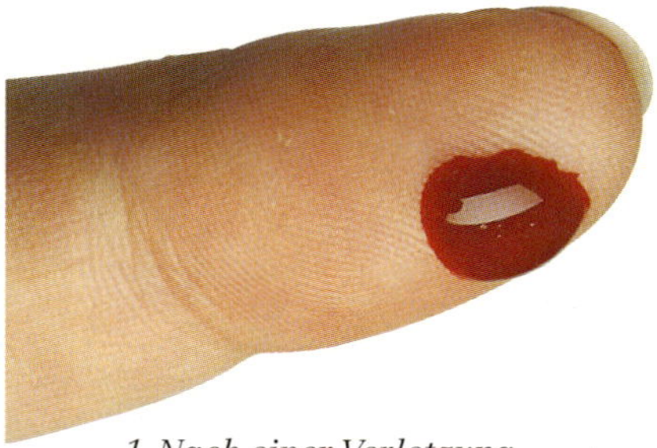

1 Nach einer Verletzung …

3 Blutgerinnung und Bluterkrankheit

Bei einer Verletzung bildet sich schnell eine Kruste oder ein *Wundschorf*, der die Wunde verschließt. Erst wenn die neue Hautschicht nachgewachsen ist, wird die Kruste abgestoßen. Zuvor schützt sie den Körper vor Blutverlust und eindringenden Keimen. Der Wundschorf entsteht aus *geronnenem Blut*. Menschen, bei denen der *Blutgerinnungsfaktor* fehlt, leiden an der *Bluterkrankheit*. Schon kleine Verletzungen können für einen *Bluter* gefährlich sein.

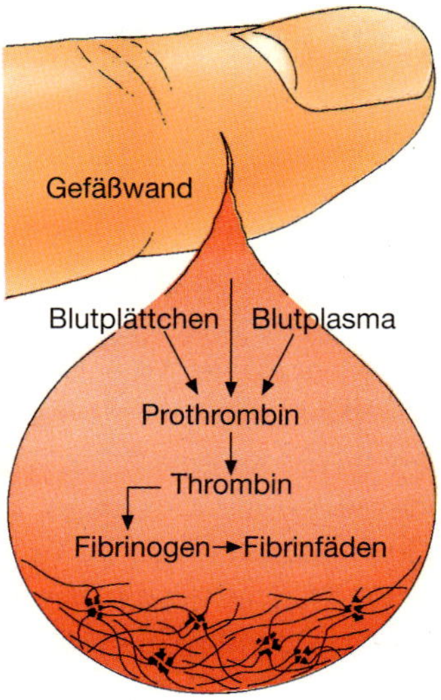

4 Schema der Blutgerinnung

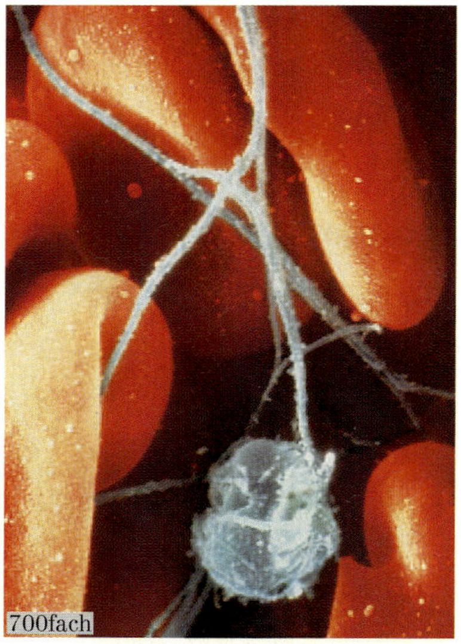

2 … bildet sich an der Wunde ein Netz aus Fibrinfasern.

Blutgerinnung

Sobald Blut aus dem Körper austritt, wie dies bei einer Verletzung der Fall ist, bilden sich an der Austrittsstelle im Blutplasma lange *Fibrinfasern*. Dieses Protein spinnt die Blutkörperchen ein und bindet sie zu einem *Wundverschluss* zusammen. Der Ablauf der Blutgerinnung lässt sich an jeder Wunde beobachten:

- Die austretenden Blutplättchen kleben an den Bindegewebsfasern der Wundränder fest.
- Nach einer Blutungszeit von etwa 3 Minuten hängen dort so viele Blutplättchen aneinander, dass sich ein Wundpfropf bildet.
- Durch ein Netz von Fibrinfasern bekommt der Wundpfropf die notwendige Festigkeit.

An der Blutgerinnung sind eine Reihe von *Enzymen* und *Ionen* beteiligt. So bewirkt das Enzym *Thrombin* die Bildung von unlöslichem *Fibrin* aus löslichem *Fibrinogen*, das im Blutplasma enthalten ist. Das Thrombin muss seinerseits aus einer Vorstufe, dem *Prothrombin*, gebildet werden. Für diesen Prozess sind das Enzym *Thrombokinase* und Calciumionen notwendig. Die Herstellung der Vorstufen ist mehrfach abgesichert.

Auf diese Weise wird eine Blutgerinnung in den Blutgefäßen selbst verhindert. Bildet sich dennoch ein derartiges Gerinnsel innerhalb der Gefäße, spricht man von einer *Thrombose*.

Bei Blutkonserven darf es zu keiner Blutgerinnung kommen. Dies erreicht man durch einen genau bemessenen Zusatz von Citronensäure, die das Calcium im Blutplasma bindet.

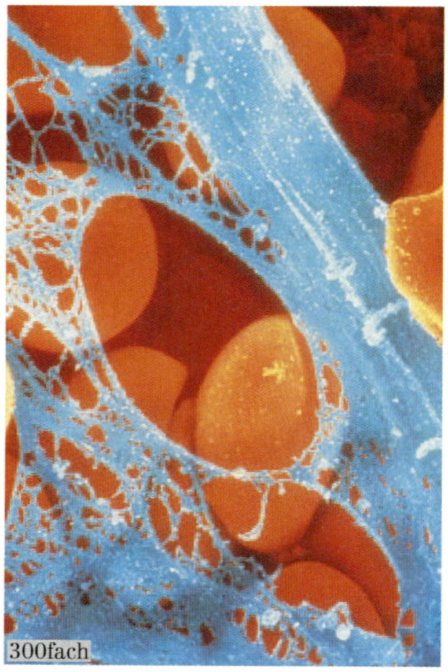

3 Im Fadennetz verfangen sich Blutzellen.

● Bei der Blutgerinnung entstehen aus löslichem Fibrinogen unlösliche Fibrinfasern. Dazu ist das Enzym Thrombin notwendig.

▶ Welche Vorgänge laufen bei der Blutgerinnung nacheinander ab?

▶ Welche Aufgabe haben bei der Blutgerinnung die Blutplättchen. Warum sind Calciumionen notwendig?

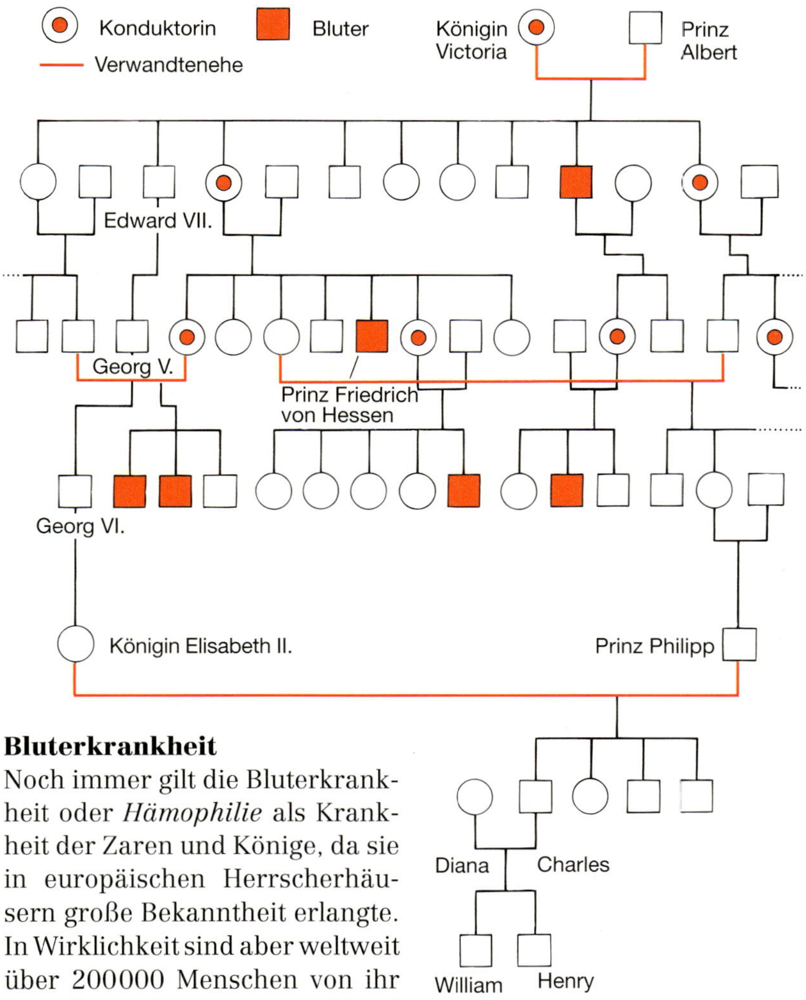

1 und 2 Die Bluterkrankheit ist erblich. Der Stammbaum zeigt, dass sie rezessiv ist und vorwiegend bei Männern auftritt. Da sie an das X-Chromosom gebunden ist, können Frauen Überträgerinnen der Krankheit sein oder – wenn ihre beiden X-Chromosomen das mutierte Gen aufweisen – selbst bluterkrank sein. Dies ist allerdings noch nicht oft beobachtet worden.
Das Foto zeigt Königin Victoria und Prinz Albert mit Kindern und Angehörigen.

Bluterkrankheit

Noch immer gilt die Bluterkrankheit oder *Hämophilie* als Krankheit der Zaren und Könige, da sie in europäischen Herrscherhäusern große Bekanntheit erlangte. In Wirklichkeit sind aber weltweit über 200000 Menschen von ihr betroffen, allein in Deutschland rund 7500. Bei diesen Blutern ist die *Gerinnungsfähigkeit des Blutes stark vermindert*. Selbst kleinste Blutungen nach Schürfung, Schnitt oder Stoß können für sie lebensbedrohlich werden. Früher starben daher die meisten Bluter in der Kindheit. Noch um 1960 betrug ihre Lebenserwartung nur 20 Jahre. Inzwischen ist es gelungen, den Gerinnungsstoff, den die Bluter selbst nicht bilden können, aus gespendetem Blut zu gewinnen und als Medikament zu verabreichen. Das Gen mit der Information für den Aufbau des *Gerinnungsstoffs* liegt auf dem X-Chromosom. Damit erklärt sich die Tatsache, dass praktisch alle Bluterkranken Männer sind: Erbt ein Mann von seiner Mutter ein X-Chromosom mit dem mutierten Gen, wird er Bluter sein, eine Frau dagegen nicht, da sie ja noch ein zweites X-Chromosom mit dem nicht mutierten Gen besitzt. Frauen sind daher fast immer nur *Konduktorinnen*, also Gen-Überträgerinnen für die Bluterkrankheit.

- Die Bluterkrankheit folgt einem an das X-Chromosom gebundenen rezessiven Erbgang.

Praktikum: Blut

1 Blutgerinnung

Benötigt werden:
0,5 bis 1 l frisches Oxalatblut vom Schlachthof oder Metzger,
1 großes Becherglas, Glasstab, Stäbchen aus rauem Holz, Ammoniumoxalat, Calciumchlorid-Lösung.

Hinweis:
Ausströmendes Blut gerinnt nach wenigen Minuten. Für den Versuch wäre es dann ungeeignet. Um die Gerinnung zu verhindern, gibt man ihm bereits beim Schlachten unter Umrühren Ammoniumoxalat zu („Oxalatblut"). Durch Zugabe von Calciumchlorid wird das Blut wieder gerinnungsfähig (30 ml gesättigte Lösung auf 500 ml Blut).

Durchführung:
- Gießen Sie etwa 0,5 l frisches Oxalatblut in das Becherglas. Das Glas bleibt ohne jegliche Behandlung etwa 2 Tage stehen. Wie sieht das Blut jetzt aus?
- Rühren Sie das Blut mit einem Glasstab einige Male um. Beschreiben Sie Ihre Beobachtung.
- Schütten Sie nun 30 ml Calciumchlorid-Lösung in das Gefäß mit dem Blut, anschließend mit dem Holzstäbchen etwa 3 Minuten lang kräftig durchrühren.

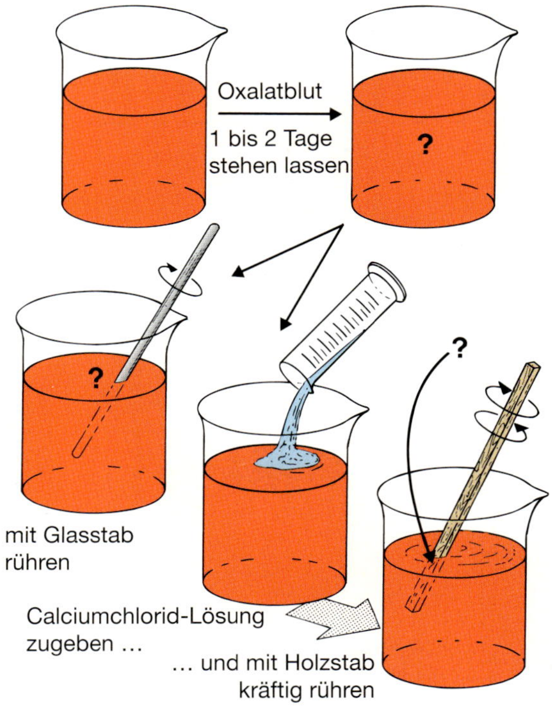

Betrachten Sie den Holzstab genau. Beschreiben Sie die Veränderung.

2 Aufnahme von Sauerstoff und Kohlenstoffdioxid

Benötigt werden:
etwa 0,5 l Oxalatblut, Druckflaschen mit Sauerstoff und Kohlenstoffdioxid, mehrere Gummi- oder Plastikschläuche, Winkelrohre aus Glas, Glaszylinder, einige Milliliter Propanol.

Durchführung:
- Schütten Sie 0,5 l Oxalatblut in den großen Glaszylinder. Geben Sie einige Milliliter Propanol zu um die spätere Schaumbildung des Blutes zu verhindern.

Öffnen Sie nun vorsichtig das Ventil an der Druckflasche für Sauerstoff und lassen Sie das Gas über Schlauch und Winkelrohr langsam durch das Blut perlen. Welche Veränderung können Sie erkennen?
- Leiten Sie nun Kohlenstoffdioxid durch das Blut. Beobachtung?
- Leiten Sie erneut Sauerstoff durch das Blut, bis es sich wieder verändert. Atmen Sie jetzt über Schlauch und Winkelrohr einige Male durch das Blut aus. Welche Veränderung stellen Sie fest?

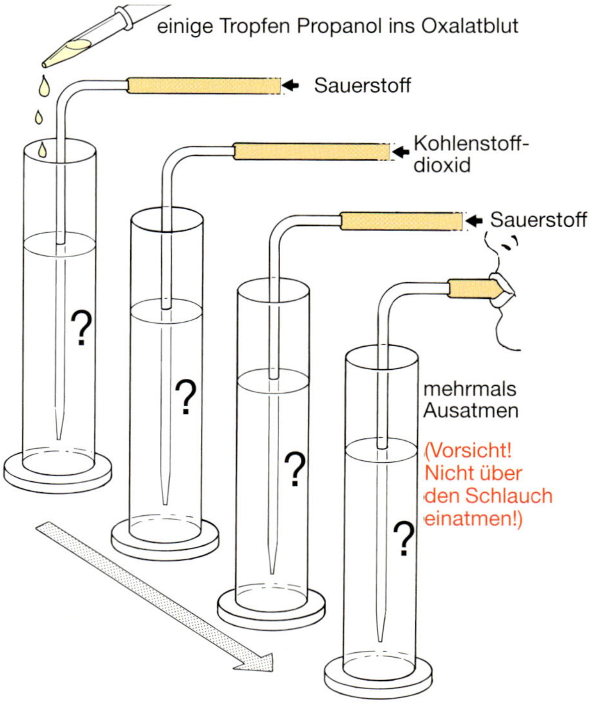

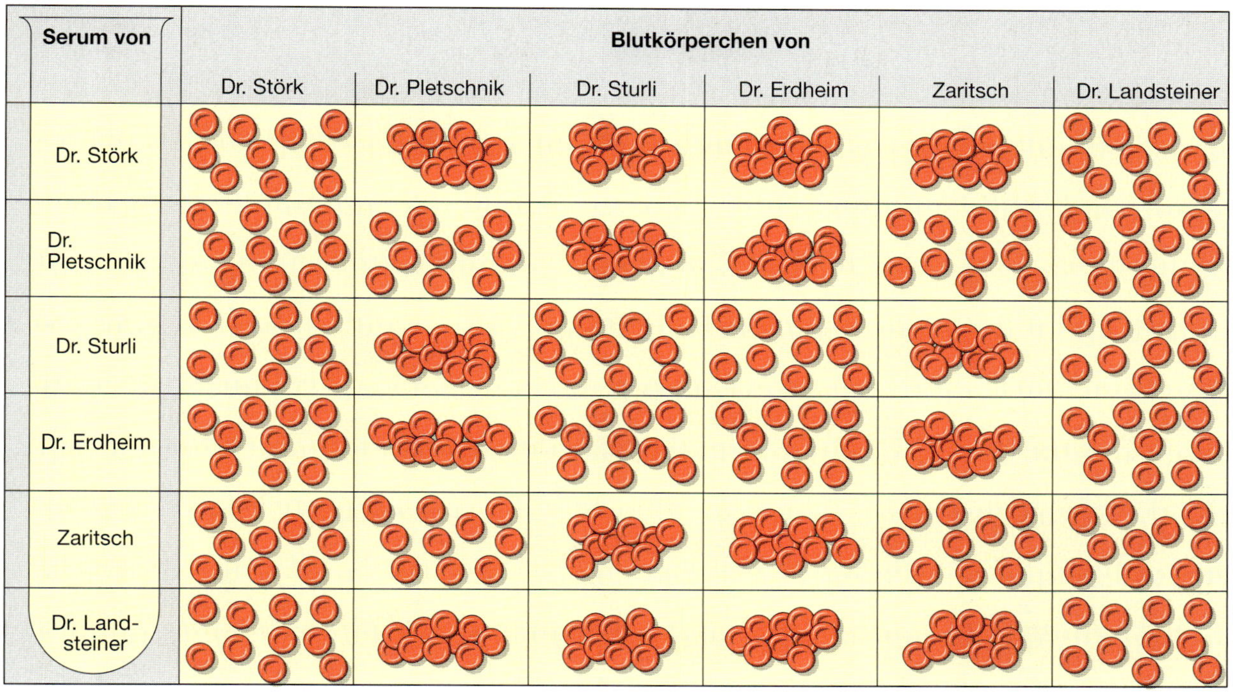

1 Landsteiners Versuch, der zur Entdeckung der Blutgruppen führte.

4 Die Blutgruppen

Bis 1900 glückte nur die Hälfte aller Blutübertragungen. Viele verliefen tödlich. Der Wiener Arzt *Karl Landsteiner* führte im Jahr 1901 das entscheidende Experiment zur Klärung dieses Problems durch: Er entnahm fünf seiner Mitarbeiter und sich selbst Blut und trennte es in *Blutserum* und *Blutkörperchen*. Blutserum ist Blutplasma, aus dem das Fibrin entfernt wurde.
Sein Versuch „Alle gegen alle!“ zeigte, dass es mindestens drei verschiedene Blutgruppen geben muss. Im Jahr darauf wurde noch eine vierte, seltener vorkommende Blutgruppe entdeckt.
Man bezeichnet diese *vier „klassischen“ Blutgruppen* als A, B, AB, und 0 (null).

2 Karl Landsteiner (1869–1943) Er entdeckte die Blutgruppen.

3 Erklärung der Blutgruppen nach Antigen-Antikörper-Reaktion

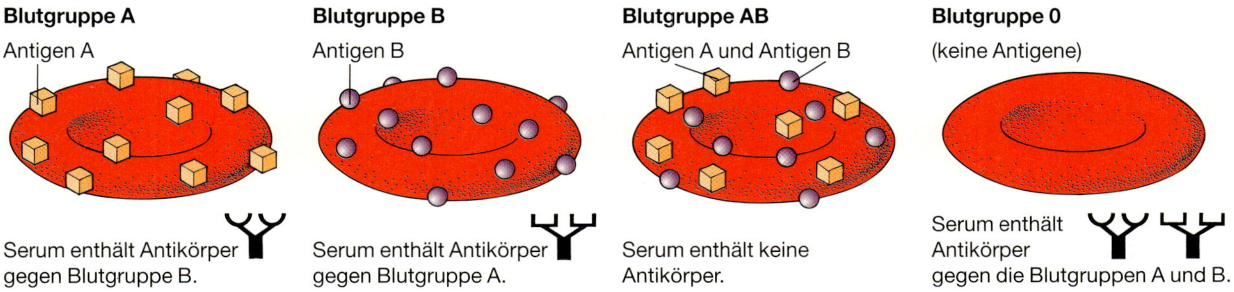

1 *Testergebnis bei der klassischen Blutgruppenbestimmung*

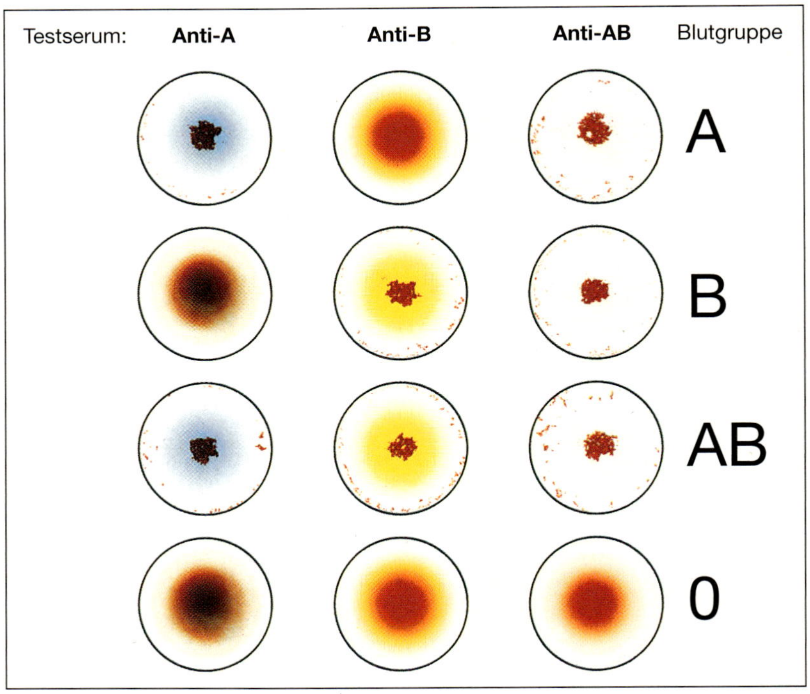

Die Häufigkeit der einzelnen Blutgruppen in Europa:

A	=	42,5 %
0	=	37,0 %
B	=	14,0 %
AB	=	6,5 %

Verklumpungsstoffe

Durch die Versuche Landsteiners wurde deutlich, dass im Blutserum *Verklumpungsstoffe* vorkommen, die sich an die roten Blutkörperchen anderer Blutgruppen anlagern und sie miteinander verklumpen.

- Die *Blutgruppe A* enthält den Verklumpungsstoff *Anti-B*.
- Die *Blutgruppe B* enthält den Verklumpungsstoff *Anti-A*.
- Die *Blutgruppe 0* enthält *Anti-A* und *Anti-B*.
- Die *Blutgruppe AB* enthält *keine Verklumpungsstoffe*.

Von der Oberfläche der roten Blutkörperchen hängt es ab, mit welchem Stoff sie verklumpen.

- Blutkörperchen der *Blutgruppe A* verklumpen mit *Anti-A*.
- Blutkörperchen der *Blutgruppe B* verklumpen mit *Anti-B*.
- Blutkörperchen der *Blutgruppe AB* verklumpen mit *Anti-A* und *Anti-B*.
- Blutkörperchen der *Blutgruppe 0* können *nicht verklumpt* werden.

Die Zugehörigkeit zu einer der klassischen Blutgruppe kann mit 2 Testseren bestimmt werden, nämlich mit *Serum Anti-A* und *Serum Anti-B*. Der Test mit Serum Anti-A plus Anti-B dient der *Kontrolle*. Verklumpen die Blutkörperchen miteinander, so bilden sich im Testtropfen Flocken.

▶ Johannes hat die seltene Blutgruppe AB. Er kann im Notfall Blutzellen der Blutgruppen A, B, AB und 0 empfangen.
Begründen Sie.

▶ Erklären Sie: Die Blutgruppe AB gilt als Universalempfänger, die Blutgruppe 0 als Universalspender.

● Verklumpungsstoffe im Blutserum, die sich an die roten Blutkörperchen anlagern, können diese verklumpen.
Mit welchem Verklumpungsstoff die roten Blutkörperchen verklumpbar sind, hängt von ihrer Oberfläche ab.

für Blutzellen ←

für Blutzellen

Kann AB auch Universalspender sein? → Ja für Blutplasma serum +

Erblichkeit

Die Blutgruppenzugehörigkeit ändert sich im Lauf des Lebens nicht. Die Anlagen A und B sind gegenüber 0 *dominant*. Daraus lässt sich schließen, dass jeder Träger der Blutgruppe 0 *reinerbig* (00) ist. Die Träger der Blutgruppe AB besitzen sowohl die Anlage für A als auch für B. Bei den Trägern der Blutgruppe A und der Blutgruppe B kann *Reinerbigkeit* (AA oder BB) oder *Mischerbigkeit* mit der Anlage 0 (A0 oder B0) vorliegen.

Rhesusfaktor

Wie die Blutgruppenzugehörigkeit können auch andere Blutfaktoren vererbt werden. Zu ihnen gehört der bei Rhesusaffen entdeckte *Rhesusfaktor*. Dieser ist ebenfalls an die *roten Blutkörperchen gebunden*. 85% aller Europäer besitzen einen Rhesusfaktor. Man bezeichnet sie als *Rhesus-positiv* (Rh-positiv).

Ist ein heranwachsender Embryo Rhesus-positiv, die Mutter hingegen Rhesus-negativ (Rh-negativ), besteht Gefahr. Sobald nämlich gegen Ende der Schwangerschaft Risse in der Plazenta auftreten, können geringe Mengen von Rh-positivem Blut des Fetus in den mütterlichen Kreislauf gelangen.

Gegen den Faktor Rh-positiv baut der mütterliche Körper Abwehrstoffe, *Antikörper*, auf. Diese Antikörper bewirken, dass die dem mütterlichen Körper fremden Blutkörperchen mit dem Faktor Rh-positiv abgebaut werden. Dies geschieht zunächst im mütterlichen Körper. Sobald aber Antikörper gegen das Rh-positive Blut in den Körper des Fetus gelangen, werden auch dort rote Blutkörperchen zerstört.

Während der ersten Schwangerschaft spielt diese Unverträglichkeit zwischen dem Blut der Mutter und dem Blut des Fetus in der Regel keine Rolle. Die gebildeten Antikörper gegen den Faktor Rh-positiv bleiben aber bei der Mutter längere Zeit erhalten.

Bei einer weiteren Schwangerschaft können sie in das Blut des möglicherweise wieder Rh-positiven Ungeborenen gelangen. Dort zersetzen sie rote Blutkörperchen. Meist werden solche Kinder mit Blutmangel und Gelbsucht geboren. Nur ein sofortiger *Blutaustausch* kann ihnen helfen.

Im Rahmen der *Schwangerschaftsvorsorgeuntersuchung* können bei Schwangeren entsprechende Antikörper festgestellt werden. Ist dies der Fall, muss man Vorsorge treffen.

- Der Rhesusfaktor ist ein an die roten Blutkörperchen gebundenes Merkmal, das bei Schwangerschaften zu Blutunverträglichkeiten zwischen Mutter und Kind führen kann. Für das Kind kann dies lebensgefährlich sein.

- ▶ Welche Blutgruppe kann der Vater eines Kindes haben, wenn das Kind die Blutgruppe A, die Mutter die Blutgruppe 0 besitzt?
- ▶ Beschreiben Sie anhand der Grafik rechts die Probleme des Rhesusfaktors bei einer Schwangerschaft.

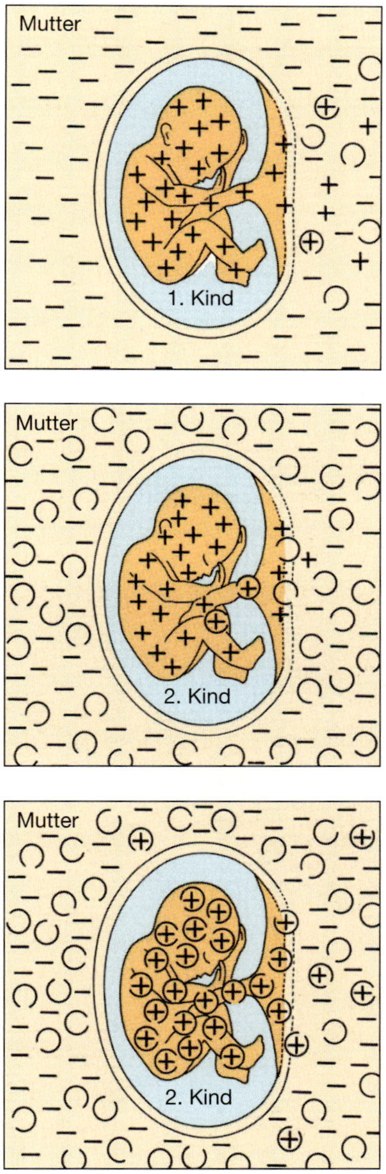

1 Rhesusfaktor und Antikörperbildung.
Ist die Mutter Rhesus-negativ, das Ungeborene dagegen Rhesus-positiv, so kommt es gegen Ende der Schwangerschaft zur Antikörperbildung im Blut der Mutter.
Tritt erneut eine Schwangerschaft ein und ist das Kind wieder Rhesus-positiv, kann es durch die schon vorhandenen Antikörper schwer geschädigt werden.

Was passiert, wenn Blutgr. 0 Blutpl. von and. Blutgr. erhält? → nichts

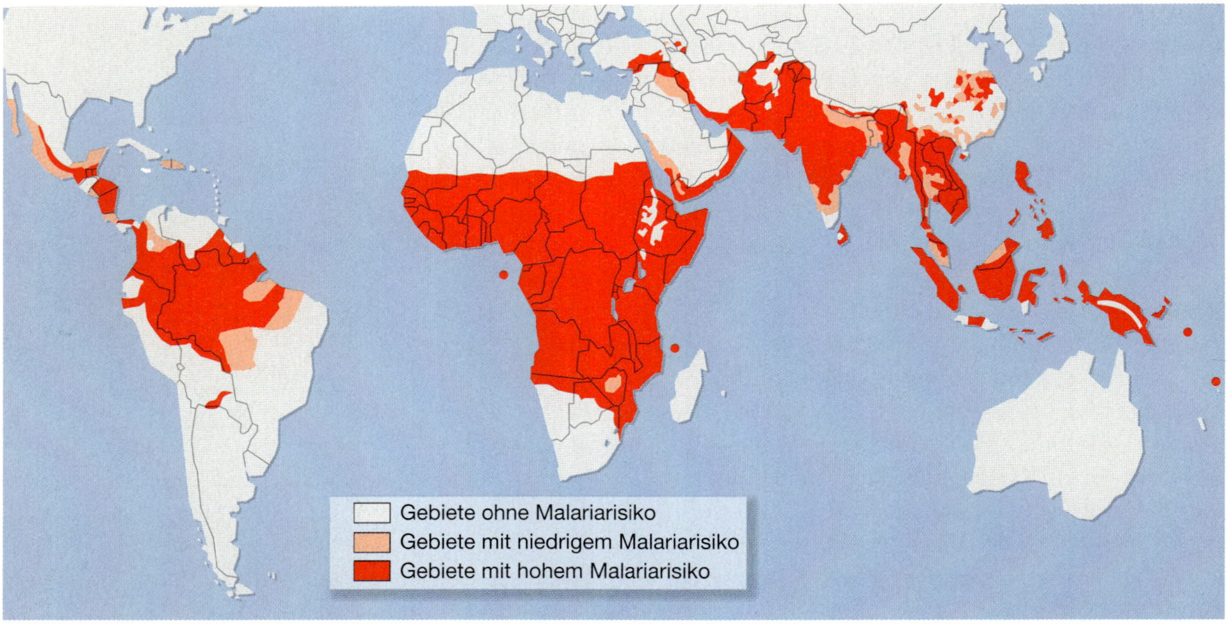

1 *Karte zur Malariaverbreitung*

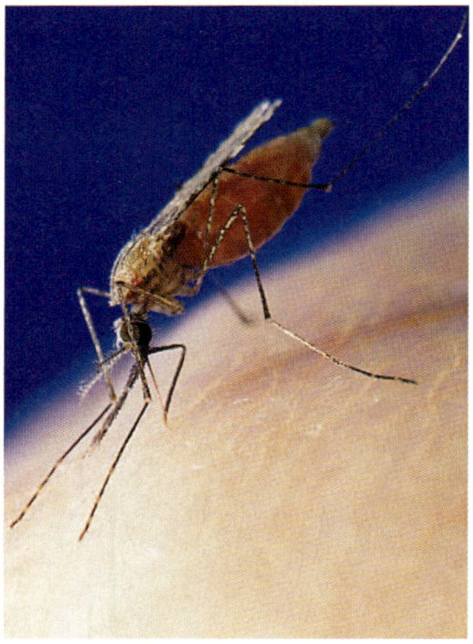

2 *Anopheles bei der Blutmahlzeit*

Blutsauger

Stechmücken sind weit verbreitet. Ihre Weibchen fliegen warmblütige Tiere und den Menschen an um Blut zu saugen. Erst nach der Blutmahlzeit können die Eier reifen. Die Larven entwickeln sich in stehendem Wasser. Die Männchen besitzen ebenfalls einen Stechrüssel, saugen aber Pflanzensäfte.

Wie alle Blutsauger können Stechmücken Krankheitserreger übertragen. Die in den Tropen häufige Stechmücke *Anopheles* überträgt die Erreger der *Malaria*. Diese lebensbedrohende Krankheit beginnt vereinzelt auch in Südeuropa wieder Fuß zu fassen. Vorbeugung ist durch Medikamente möglich. Andere Stechmückenarten übertragen Gelbfieber und Dengue-Fieber.

Tsetsefliegen sind auf das tropische Afrika beschränkt. Sie übertragen einzellige Erreger, die die *Schlafkrankheit* beim Menschen und eine Reihe von Tierseuchen auslösen. Alle Versuche, den gefährlichen Parasiten auszurotten, sind bisher fehlgeschlagen, nicht zuletzt, weil die Fliegen zwar über ein riesiges Gebiet verbreitet sind, aber nur in verhältnismäßig geringer Zahl vorkommen.

Bettwanzen sind auffällig flach. Selbst in engen Ritzen, hinter Bildern und Tapeten finden sie Unterschlupf. Ungepflegte Wohnungen und Schlafstätten sind ihr Zuhause. Bei Nacht gehen die Wanzen auf Nahrungssuche. Wanzenstiche sind schmerzhaft und schwellen meist an. In tropischen und heißen Gebieten sind Wanzen häufig Krankheitsüberträger.

3 *Vergleich Anopheles und Culex. Die Haltung der Anopheles erinnert an ein **A**, die der Culex (einheimische Stechmücke) an ein **C**.*

Läuse sind ständige Gäste ihrer Wirte. Der Mensch kann von drei ganz unterschiedlichen Läusearten besiedelt werden. Die *Kopflaus* mit ihren Klammerbeinen hält sich im dünneren Kopfhaar auf und ist außerdem an die etwas kühlere Umgebung angepasst. Die *Kleiderlaus* findet sich in den Fasern der Kleidung. Sie bevorzugt die höhere Temperatur am Körper. Die *Filzlaus* hält sich im warmen und locker behaarten Achsel- und Schambereich auf. Die Kopflaus ist in Europa immer noch verbreitet. Läuse wechseln auch von einem Wirt zum anderen. Ihre Blutnahrung holen sie in winzigen Portionen. Ohne ständigen Kontakt zu ihrem Blutspender sind sie bald verloren. Die Stiche werden kaum bemerkt. Läuse sind Überträger gefährlicher Krankheiten. Das *Fleckfieber* gehört dazu.
Flöhe springen ihre Opfer an und stechen oft mehrfach nacheinander, um sie bald wieder zu verlassen. Ihre Larven entwickeln sich im Hausstaub. Holzböden mit Ritzen sind ein bevorzugter Aufenthaltsort. Flöhe wechseln ihre Wirte. Sehr gefährlich für uns sind die Flöhe der Nagetiere, vor allem die der Ratten. Sie können die *Rattenpest* übertragen. In der Not wechseln diese Rattenflöhe auf den Menschen über und übertragen den *Pesterreger*. Im Mittelalter haben Pestepidemien ganze Landstriche entvölkert. Bis heute ist die Pest nicht völlig ausgerottet. In den Bergwäldern Nord- und Südamerikas, in Zentral- und Südafrika, Madagaskar sowie in Zentral- und Südostasien haben sich Pestherde gehalten. Eine Schutzimpfung gegen Pest ist möglich.
Zecken sind Verwandte der Milben und damit *Spinnentiere*. Sie besitzen acht Beine. Zecken können zwischen den Blutmahlzeiten Monate lang hungern, um im Gebüsch oder Gras auf einen Wirt zu warten. Als Überträger vieler zum Teil gefährlicher Krankheitserreger spielen sie eine große Rolle. Viren, die Hirnhautentzündung *(Frühsommer-Meningoencephalitis, FSME)* hervorrufen, gehören dazu, ebenso Borrelia-Bakterien. Infektionen durch Zeckenstiche können lebensbedrohlich sein. Gegen die Viren können Impfungen schützen. Die *Lyme-Borreliose*, u.a. erkennbar an einem ringförmigen Entzündungsbereich um die Stiche, muss rasch vom Arzt behandelt werden.

1 *Kopflaus im Kopfhaar, 2,5–3 mm*

2 *Menschenfloh, 2–3 mm*

3 *Blut saugende Zecke, 3–11 mm*

4 *Bettwanze auf einem Betttuch, 3–6 mm*

Abwehr und Immunisierung

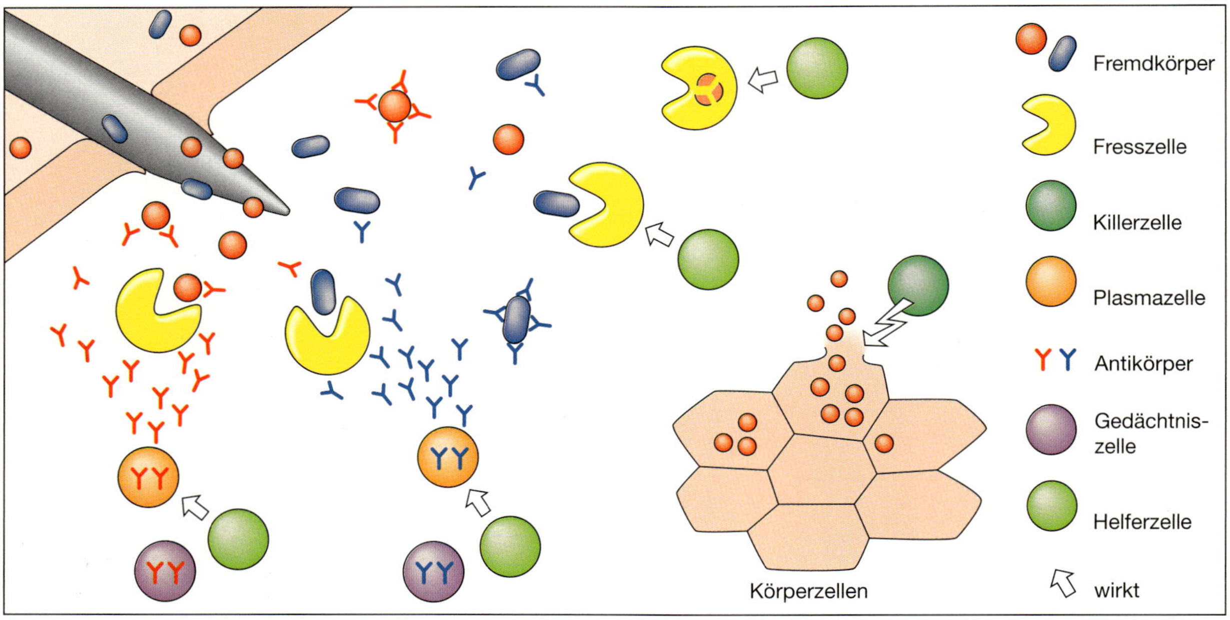

1 Bei einer kleinen Verletzung werden die eingedrungenen Fremdkörper von Abwehrzellen bekämpft.

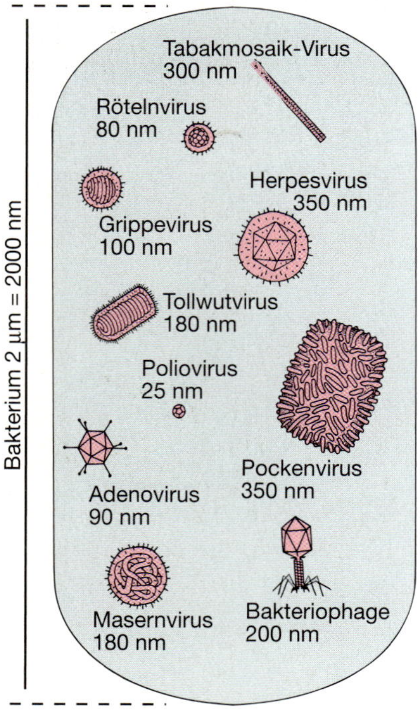

2 Größenvergleich von Bakterien und Viren

1 Abwehrsystem des Körpers

Gegenüber fremden Zellen und körperfremden Stoffen baut der Körper ein wirksames *Abwehrsystem* auf. Bei einer Verletzung oder Infektion dringen Fremdkörper in den Körper ein. Sie tragen Merkmale auf ihrer Oberfläche, die man als *Antigene* bezeichnet. Diese Antigene werden vom *Abwehr- oder Immunsystem* des Körpers sofort überprüft. Werden sie als körperfremd eingestuft, entwickelt es Gegenmaßnahmen.

Fresszellen, die überall im Körper vorkommen, umschließen die Eindringlinge und lösen sie auf. Außerdem werden vermehrt *Plasmazellen* gebildet. Sie produzieren Abwehrmoleküle gegen die Erreger und ihre Gifte. Diese Abwehrmoleküle oder *Antikörper* heften sich an die Antigene. Sie werden jetzt von den Fresszellen leichter aufgenommen oder durch Enzyme zerstört. Jede Plasmazelle produziert eine Sorte von Antikörpern. Ein Antikörper passt nur auf „sein" Antigen, wie ein Schlüssel in sein Schloss.

Neben Plasmazellen entstehen *Gedächtniszellen*. Sie sorgen dafür, dass bei einem späteren Kontakt mit dem gleichen Antigen die Antikörperproduktion schlagartig einsetzt.

Eine Schlüsselrolle im Abwehrsystem haben die so genannten *Helferzellen*. Sie veranlassen die Vermehrung von Plasmazellen. Zudem regen sie die Fresszellen zur Verdauung der Fremdkörper an.

Körperzellen, die von Viren oder Bakterien befallen sind, werden von *Killerzellen* zerstört. Die Antigene sind wieder frei und können bekämpft werden.

▶ Beschreiben Sie mithilfe der obigen Grafik das Abwehrsystem des Körpers bei eingedrungenen Fremdkörpern in einer Wunde.

Typhus-Infektion

Typhus ist eine ansteckende Darmerkrankung. *Bakterien* vom Typ *Salmonella typhi* gelangen mit der Nahrung, vor allem mit dem Trinkwasser, in den *Darm*. Die Typhusbakterien dringen in die Zellen der Darmwand ein. Das absterbende Gewebe liefert den Nährboden, in dem sich die Bakterien rasch vermehren. Schließlich erreichen sie auch die Gewebe hinter der Darmwand und geraten in die *Lymphknoten*, die den Dünndarm in großer Zahl umgeben.

Abwehr in den Lymphknoten

Die Lymphknoten sind wichtige *Bakterienfilter*. Sie liegen meist in Gruppen über den Körper verteilt an den Verzweigungen der Lymphgefäße, oft in der Nähe von Venen. Ihre Gestalt ist bohnenförmig, die Größe schwankt zwischen 1 und 30 mm. Das Innere der Lymphknoten besteht aus einem feinmaschigen Gewebe und *Abwehrzellen*. Die Abwehrzellen, das sind *Lymphozyten* und *Fresszellen*, bekämpfen die eingeschwemmten Bakterien. Allerdings vergiften sie sich nach einiger Zeit selbst mit dem Bakteriengift und gehen daran zugrunde. Die Lymphknoten schwellen an und entzünden sich. Schließlich gelangen immer mehr Bakterien in die Lymphbahnen und ins Blut. Etwa 10 bis 14 Tage dauert es, bis der Körper die Krankheit „ausgebrütet" hat. Nach dieser Inkubationszeit bricht sie voll aus. Bestimmte weiße Blutkörperchen produzieren Fieber erzeugende Stoffe, sobald sie mit Giftstoffen der Bakterien in Berührung kommen. Bei Typhus bewirkt dies einen *Temperaturanstieg* bis auf 40 °C.

Wirkung der Bakteriengifte

Die Bakteriengifte, auch *Toxine* genannt, schädigen bei Typhus die Darmschleimhaut so, dass es zu schweren *Durchfällen* kommt. Die Toxine wirken sich auch auf das Gehirn aus, Benommenheit ist die Folge. Die *entzündeten Hirnhäute* lösen heftige Kopfschmerzen aus. Nach einer Woche erscheinen *hellrote Flecken* auf der Haut, die Milz vergrößert sich. Wenn eine Behandlung ausbleibt, ist die dritte Woche die schlimmste. Danach tritt gewöhnlich Besserung ein.

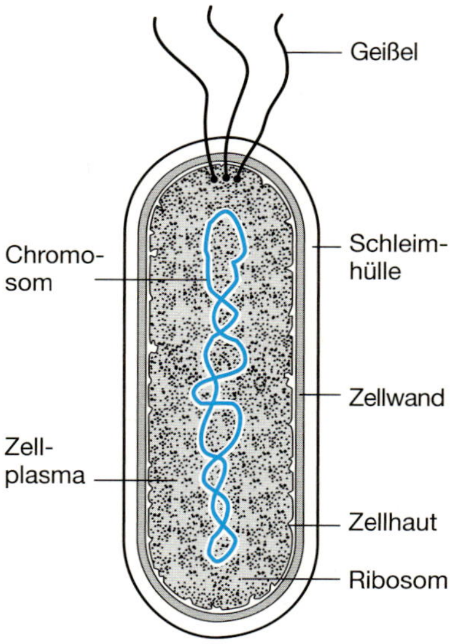

1 Bau eines Bakteriums

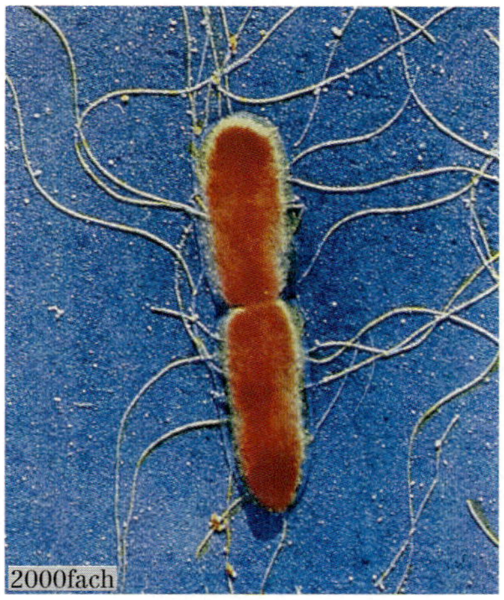

2 Salmonella typhi

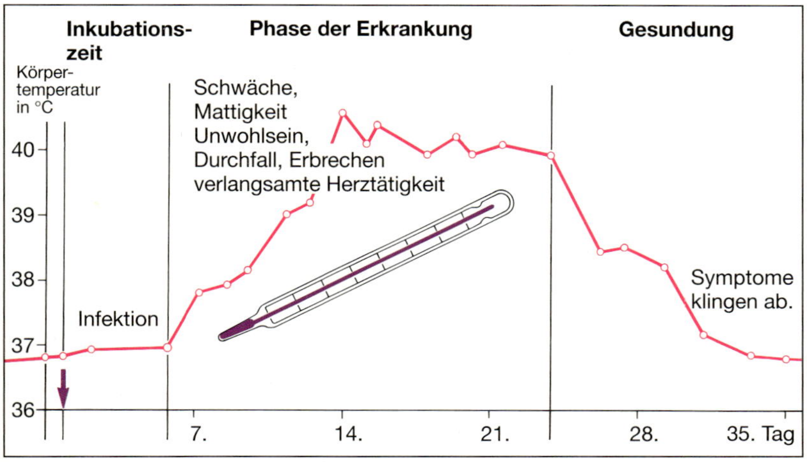

▶ Salmonellose gehört zu den meldepflichtigen Krankheiten. Der Arzt muss jeden Krankheitsfall dem Gesundheitsamt mitteilen. Können Sie sich denken weshalb?

3 Solch eine Fieberkurve ist für eine Erkrankung typisch, die durch Salmonellen hervorgerufen wurde.

2 Immunisierung

Etwa 85% der Typhus-Erkrankten überleben die Krankheit auch ohne Behandlung, wenn ihre *Abwehrkräfte* den Wettlauf mit der Infektion gewinnen. Auch jeder weiteren Typhusinfektion sind sie gewachsen. Sie sind im Verlauf der Krankheit gegen Typhus immun geworden. Ihr Körper ist jetzt in der Lage, Abwehrstoffe gegen Typhusbakterien rasch und gezielt zu bilden. Die Abwehrstoffe nennt man *Antikörper*. Ein Beispiel:

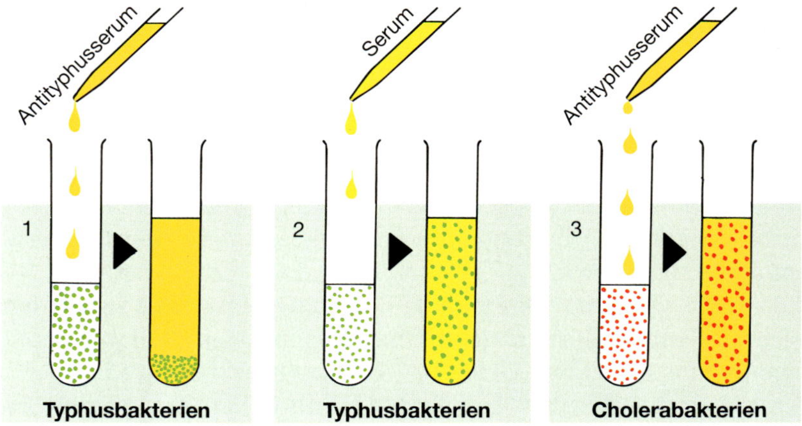

1 Im Reagenzglasversuch lässt sich zeigen, dass Menschen, die Typhus überstanden haben, Antikörper besitzen (1). Ihr Blutserum flockt im Gegensatz zum Serum von Menschen, die noch nie Typhus hatten (2), Typhusbakterien aus. Gegen Cholera wirken Typhusantikörper nicht (3).

- In einem Reagenzglas befinden sich einige Milliliter einer milchig trüben Aufschwemmung von Typhusbakterien. Zu ihr wird Blutserum eines Menschen gegeben, der erst vor kurzem eine Typhuserkrankung überstanden hat.
- Ein zweites Reagenzglas enthält ebenfalls einige Milliliter der Aufschwemmung von Typhusbakterien. Zu ihr werden einige Tropfen Blutserum eines Menschen gegeben, der noch nie an Typhus erkrankt war.

Im ersten Glas sinken die Bakterien nach wenigen Minuten in Flocken zu Boden. Im zweiten Glas ändert sich nichts. Wie kommt es zu diesem Unterschied?

Im Körper der Person, die bereits früher an Typhus erkrankt war, haben die sich Antikörper gegen Typhusbakterien gebildet. Die Antikörper *verklumpen die Bakterien miteinander*. Dass diese Antikörper nur gegen Typhusbakterien wirken, ergibt sich aus einem weiteren Versuch:

- Bringt man zu einer Aufschwemmung von Cholerabakterien ebenfalls Serum eines Menschen, der gegen Typhus immun geworden ist, so kommt es zu keiner Ausflockung.

● Antikörper wirken stets nur gegen Krankheitserreger, die die Bildung dieser Antikörper bewirkt haben. Sie sind erregerspezifisch.

▶ In einem Versuch wird das Serum eines Menschen, der die Cholera überstanden hat, mit Cholerabakterien zusammengebracht. Was ist zu erwarten? Was geschieht, wenn statt der Cholerabakterien Typhusbakterien vorhanden sind?

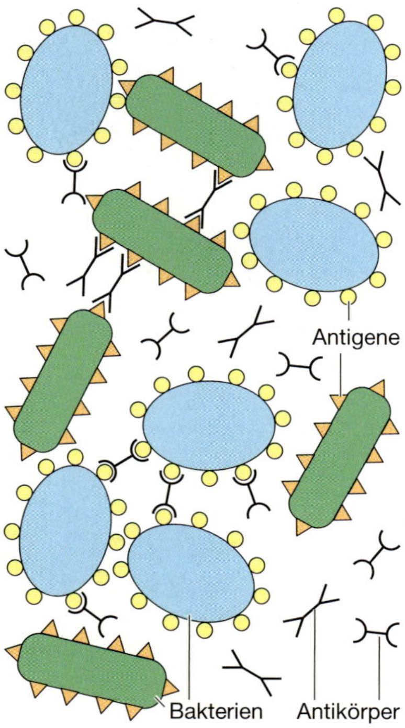

2 Antikörper verklumpen Antigene und machen auf diese Weise die Bakterien unschädlich. Zu bestimmten Antigenen passen immer nur bestimmte Antikörper.

Antigene. Die Bildung von *Antikörpern* wird von ganz bestimmten chemischen Stoffen ausgelöst. Diese sind Strukturen der Oberfläche körperfremder Zellen bzw. Stoffe. Man nennt sie *Antigene.* Mit den Genen der Vererbungslehre haben sie nur die Bezeichnung gemeinsam. Antigene sind häufig Proteine. Auch Polysaccharide und fettähnliche Stoffe können als Antigene wirken.
Antikörper. Sie werden an vielen Orten des Körpers gebildet, vor allem in den *Lymphozyten* der Lymphknoten. Antikörper sind stets Proteine. Sobald Antigene von den Lymphozyten erkannt werden, beginnt die Produktion entsprechender Antikörper.

▶ Definieren Sie: Blutplasma, Blutserum, Antigen, Antikörper.

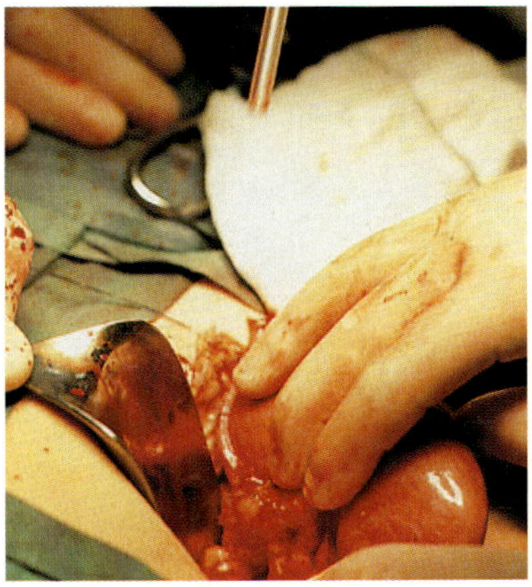

1 Nierentransplantation. Eine Organübertragung ist fast immer nur dann möglich, wenn die körpereigene Immunabwehr durch Medikamente geschwächt wird.

Immunschranke. Die Abwehrbereitschaft des Körpers gegen körperfremde Stoffe und Zellen ist für unser Leben von größter Bedeutung. Ohne sie könnten wir in der ständigen Auseinandersetzung mit unserer Umwelt nicht bestehen. Wenn es allerdings darum geht, Blut, Gewebe oder Organe von einem Menschen auf einen anderen zu übertragen, wird die *Immunschranke* zu einem Hindernis: Der Körper des Empfängers wehrt sich mit Antikörpern und Fresszellen auch gegen transplantierte Organe wie fremde Haut oder eine fremde Niere. Nur bei eineiigen Zwillingen besteht die Immunschranke nicht, weil ihr stofflicher Aufbau identisch ist.
Organtransplantation. Bei *Blutübertragungen* und noch viel stärker bei *Transplantationen* kommt es darauf an, möglichst viele Störfaktoren zu erkennen und die höchstmögliche Verträglichkeit zwischen Spender und Empfänger zu erreichen. In fast allen Fällen ist es unumgänglich, das körpereigene *Immunsystem* durch bestimmte Medikamente zu *schwächen.* Dies kann dann zwar die Abstoßung verhindern, führt aber zu einer erhöhten Anfälligkeit gegenüber Infektionskrankheiten.
Organspende. Viele Menschen mit erkranktem Herzen oder einer nicht mehr funktionierenden Niere warten dringend auf ein *Spenderorgan.* Dabei könnte ihr Leben durch die Organspende von Verkehrsopfern gerettet werden. Die Bereitschaft, im eigenen Todesfall Organe zu spenden, sollte deshalb größer sein.

Organtransplantationen
Bis 1999 wurden in Deutschland übertragen:

Niere	37 240	34 Jahre*
Herz	5 749	22 Jahre*
Leber	6 185	27 Jahre*
Lunge	796	12 Jahre*
Pankreas	904	16 Jahre*

* Durchschnittliche Überlebensdauer der Organempfänger mit dauerhaftem Transplantat

▶ Bei einer Transplantation wird die Immunabwehr des Körpers mit Medikamenten weitgehend ausgeschaltet.
Erklären Sie.

▶ In welchem Fall gelingt eine Transplantation ohne nennenswerte Immunreaktion des Empfängers?

2 Ein Organspenderausweis kann Leben retten.

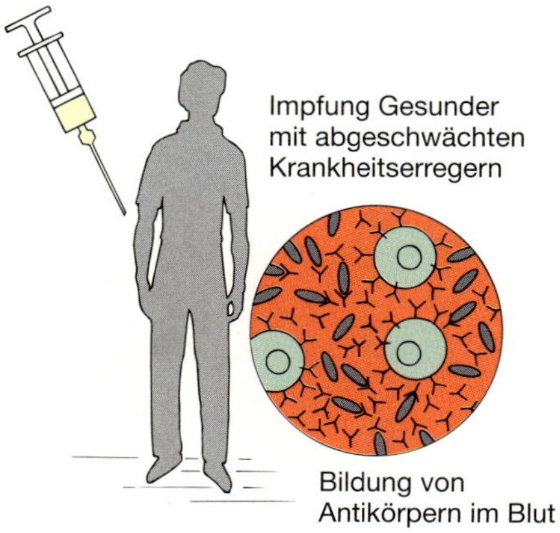

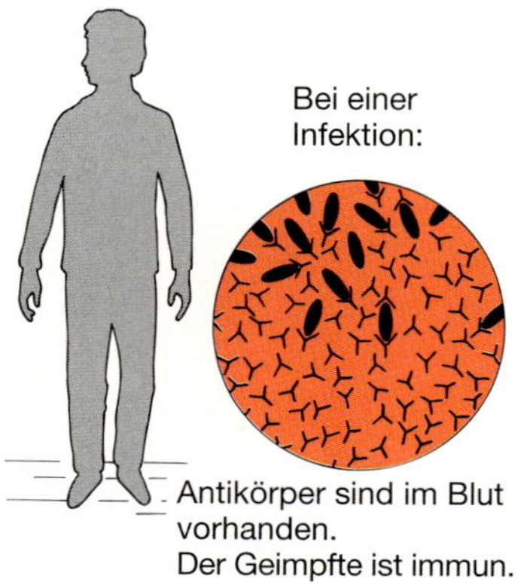

1 und 2 Aktive Immunisierung

3 Aktive und passive Immunisierung

In der zweiten Hälfte des 19. Jahrhunderts wurden die *Bakterien* als Krankheitserreger erkannt. Die sehr viel kleineren *Viren* entdeckte man mithilfe des Elektronenmikroskops erst in der Mitte des letzten Jahrhunderts.

Die medizinische Forschung konzentrierte sich schon bald darauf, die Abwehrkräfte des Körpers gegenüber den Infektionskrankheiten zu stärken oder den Körper in seinem Abwehrkampf durch Impfung von Antikörpern zu unterstützen. Am Beispiel der *Pocken* und der *Diphtherie* sollen die beiden Möglichkeiten aufgezeigt werden.

Jenners aktive Schutzimpfung gegen Pocken

Pocken sind äußerst ansteckend. Der widerstandsfähige Krankheitserreger, das *Pockenvirus*, wird durch Tröpfcheninfektion oder durch Berührung der Pockenpusteln übertragen.

Etwa 12 Tage nach der Infektion setzt hohes Fieber mit Schüttelfrost ein. Kopf- und Kreuzschmerzen stellen sich ein.

Nach 3 bis 4 Tagen lässt das Fieber nach, eine rote Hautschwellung breitet sich über den Körper aus. *Pockenpusteln* entstehen.

Nach 8 bis 9 Tagen füllen sich diese mit einer wässrigen Flüssigkeit. Das Fieber steigt erneut an. Wer die Krankheit überlebt, kann mit einer viele Jahre anhaltenden *Immunisierung* rechnen.

Eine ähnliche, aber sehr viel leichter verlaufende Krankheit sind die *Kuhpocken*. Wer Kuhpocken gehabt hat, erkrankt niemals an echten Pocken. Diese Erfahrung brachte den englischen Arzt Edward Jenner schon gegen Ende des 18. Jahrhunderts auf den Gedanken, Menschen gegen Pocken immun zu machen. Dazu impfte er sie mit einem Serum, das die harmlosen Kuhpocken enthielt. Seine Methode erwies sich als äußerst wirksam.

Bis heute ist diese Pockenschutzimpfung eine erfolgreiche *aktive Schutzimpfung*. Sie beruht darauf, dass die Antikörper, die unser Abwehrsystem gegen den Erreger der Kuhpocken bildet, später auch gegen die Erreger der echten Pocken wirken.

Die Zahl der an Pocken erkrankten Menschen in der Welt ging von 360000 im Jahr 1950 auf nur einen im Jahr 1977 zurück. Seit 1977 gilt die Pockenkrankheit somit als ausgestorben. Nach den internationalen Impfbestimmungen sind deshalb Impfungen gegen Pocken nicht mehr erforderlich. Inzwischen zeigt sich allerdings, dass es Restherde von Pocken unter anderem in Kalifornien und Indien gibt. Besiegt sind die Pocken bis heute nicht.

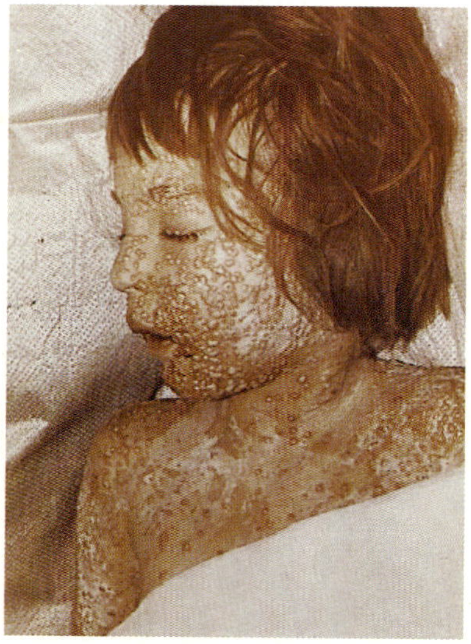

3 An Pocken erkranktes Mädchen

- Die aktive Immunisierung erfolgt durch ein Serum, das abgeschwächte Erreger oder abgeschwächte Bakterientoxine enthält.

- ▶ Bei erkrankten Personen hilft die aktive Immunisierung nicht. Begründen Sie.

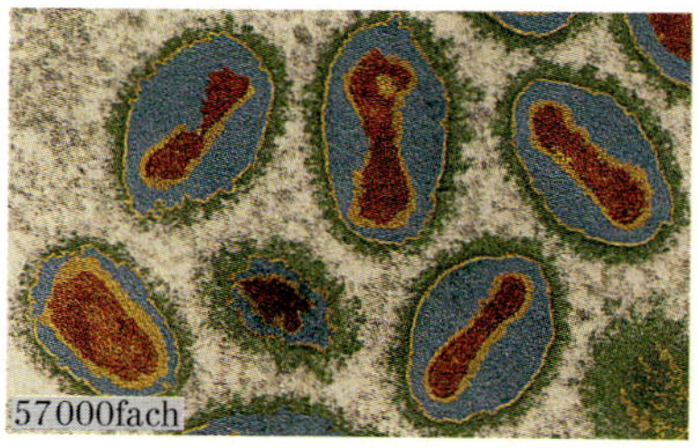

4 Pockenviren im Rasterelektronenmikroskop

Behrings passive Schutzimpfung gegen Diphtherie

Die *Diphtherie* wird von stäbchenförmigen Bakterien ausgelöst, die sich meist im Rachenraum und auf den Mandeln ansiedeln. Normalerweise wird die Diphtherie durch *Tröpfcheninfektion* übertragen. Mäßig hohes Fieber stellt sich ein. Das Bakterientoxin wirkt vor allem auf das *Nervensystem*. Ein Versagen ganzer Muskelgruppen ist die Folge. Lebensgefahr besteht, sobald die Atemmuskulatur betroffen ist.

Nachdem deutsche und französische Biologen sowie Mediziner das Diphtheriebakterium entdeckt und gezüchtet hatten, konnte wenig später auch sein Gift, das Diphtherietoxin, rein gewonnen werden. Emil von Behring gelang es schließlich, in langen Versuchsreihen ein Heilverfahren zu entwickeln. Man bezeichnet es heute als *passive Schutzimpfung*.

Pferde werden mit *abgeschwächtem Diphtherietoxin* geimpft. Ihr Körper bildet Antikörper. Später werden die Tiere mit voll wirksamem Toxin mehrfach nachgeimpft. Dadurch kommt es zu einer verstärkten Antikörperbildung, die Pferde werden immun.

Aus der Halsvene wird den aktiv immunisierten Pferden Blut entnommen. Das Serum dieses Blutes wird Menschen bei Diphtherieverdacht oder bei bereits ausgebrochener Diphtherie eingespritzt. Dadurch wird der *Antikörperspiegel* im Blut des Kranken schlagartig *erhöht*. Jetzt sind genügend Antikörper vorhanden, um die Toxine der Diphtheriebakterien unschädlich zu machen. Der Körper hat nun ausreichend Zeit um eigene Antikörper auszubilden.

Heute werden statt des Heilserums gegen Diphtherie meist Antibiotika verabreicht. Die Diphtherie ist als Seuche ausgerottet.

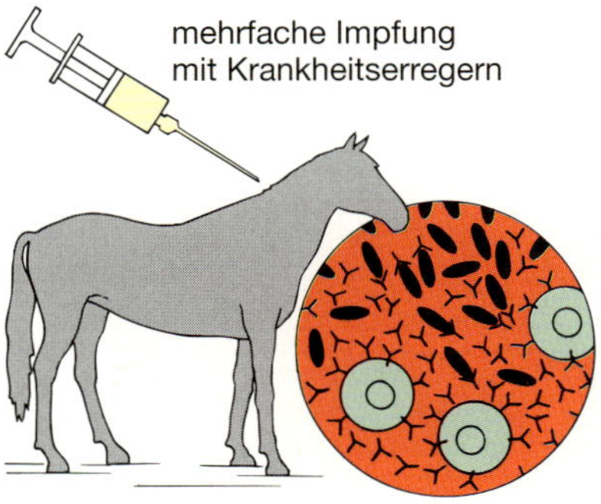

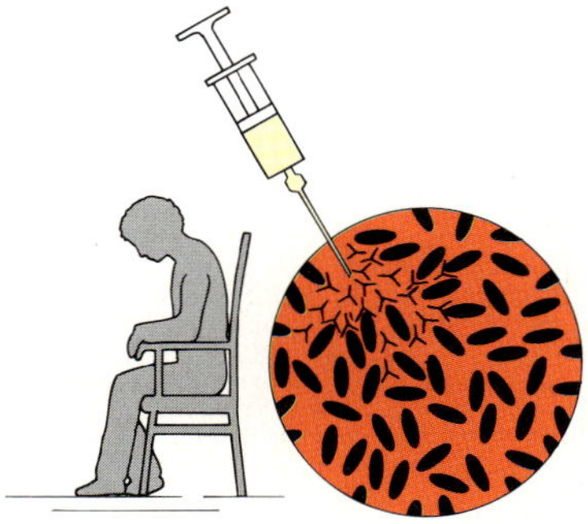

1 und 2 Passive Immunisierung

- Die passive Immunisierung erfolgt durch ein Serum, das Antikörper enthält.

Giftiges Serum

Mit den Erfolgen der passiven Schutzimpfung stellten sich auch unerwartete Rückschläge ein. Impfte man nämlich Serum vom Pferd ein zweites Mal, so kam es zu schweren, *schockartigen Reaktionen*. Weshalb? Pferdeserum enthält körperfremde Proteine. Gegen dieses Fremdprotein baut der menschliche Körper im Laufe der Zeit Antikörper auf.

- Bei einer Zweitimpfung mit dem gleichen Serum kommt es zu einer Verklumpung der körperfremden Proteine im Blut.

Mit der Gefahr, die sich aus der mehrmaligen Verwendung von Pferdeserum ergab, wurde Behring rasch fertig: Für die Zweit- und Drittimpfung wurden Diphtherieseren von Rind und Schaf bereitgestellt. Sie enthielten *andere Proteine*.

▶ Vergleichen Sie aktive und passive Immunisierung. Worin liegen die wesentlichen Unterschiede?
Nehmen Sie die grafischen Abbildungen auf dieser Doppelseite zu Hilfe.

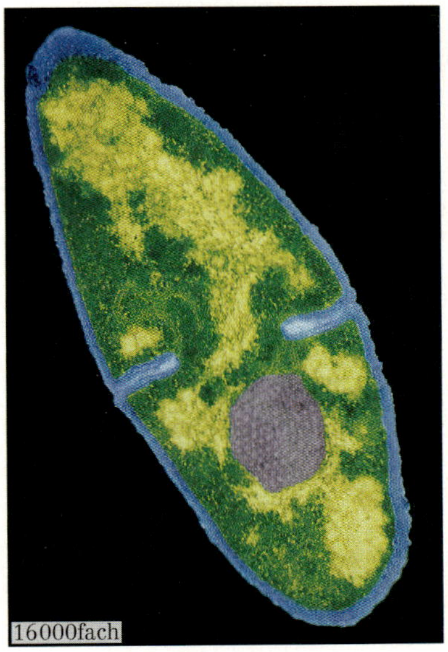

3 Diphtherie-Bakterium

Kampf gegen die spinale Kinderlähmung
Die Erreger der *spinalen Kinderlähmung*, Poliomyelitis genannt, sind Viren, die sich im Darm stark vermehren. Die Krankheit bricht aus, sobald die Viren die Darmwand durchdringen und mit dem Blut sowie über die Nervenbahnen ins *Rückenmark und Gehirn* gelangen. Wenn sich die Viren in Bereichen festsetzen, die für die Steuerung der Muskeltätigkeit verantwortlich sind, treten *Lähmungen* auf.

Salks Impfung. Dem Amerikaner Jonas Edward Salk glückte es, Polioviren in Nierenzellen von Affen zu züchten. Es gelang ihm auch, die Vermehrungsfähigkeit der Viren in diesen Kulturen gezielt zu hemmen. Dabei blieben ihre Antigeneigenschaften erhalten. Der Weg zur Bekämpfung der Kinderlähmung war damit frei. Die vermehrungsunfähigen Viren werden geimpft. Der Körper bildet Antikörper gegen sie und schützt sich damit aktiv gegen weitere Infektionen.

In Deutschland wird heute eine andere Methode angewendet. Der Amerikaner Albert Sabin schwächte die Polioviren durch besondere Kulturmethoden so weit ab, dass sie zwar noch schwach infektiös sind, aber menschliches Nervengewebe nicht mehr befallen. Bei der „Schluckimpfung" gelangen die Viren in den Darm. Dort vermehren sie sich, wandern durch die Darmwand und veranlassen den Körper zur Antikörperbildung. Die Bildung von Antikörpern gegen Polioviren hält danach noch lange an. Wer sich nicht impfen lässt, setzt seine Gesundheit leichtsinnig aufs Spiel.

▶ Charakterisieren Sie die Leistungen der auf diesen beiden Seiten vorgestellten fünf bedeutenden Ärzte.

Kampf gegen Infektionskrankheiten

Unsere Vorfahren standen den großen Seuchen wie Pest, Cholera, Pocken und auch Fleckfieber hilflos gegenüber.
Erst im 19. Jahrhundert waren die Kenntnisse der Wissenschaft so weit fortgeschritten, dass die Erreger der Seuchen erkannt und erfolgreich bekämpft werden konnten.

Ärzte, die bedeutende Schritte im Kampf gegen Infektionskrankheiten gemacht haben:

Edward Jenner (1749–1823)
Er wagte 1796 die erste Pockenschutzimpfung mit einem Impfstoff aus Pusteln von Kuhpocken.
Jenner wurde damit zum Begründer der aktiven Schutzimpfung.

Louis Pasteur (1822–1895)
Pasteur entdeckte den Zusammenhang zwischen Infektionskrankheiten und Mikroorganismen.
Er entwickelte als Erster Impfstoffe gegen Infektionskrankheiten.

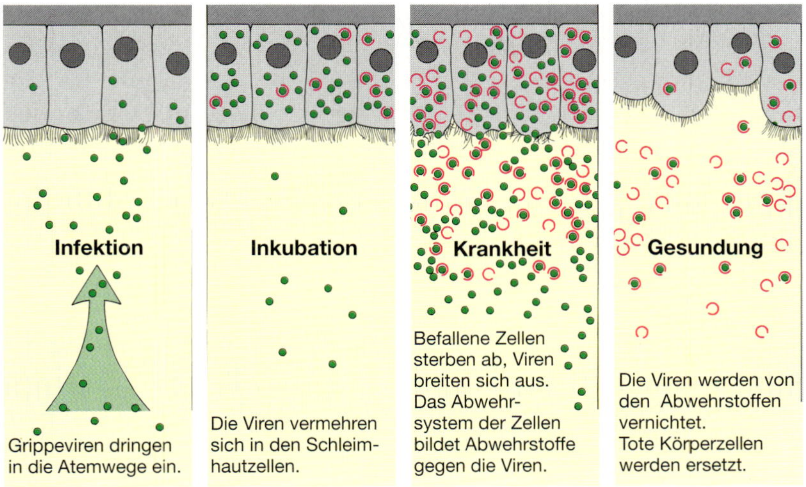

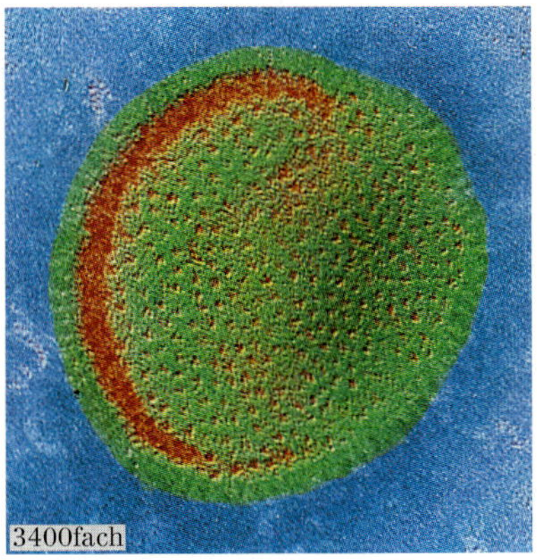

1 und 2 Verlauf einer Grippeinfektion. Grippevirus (Rasterelektronenmikroskopaufnahme)

Die gefährliche Grippe

Grippe wird ebenfalls durch *Viren* verursacht. Bei den letzten großen *Grippeepidemien* erkrankten in Deutschland über 40 % der Bevölkerung. Etwa 80 000 Menschen starben. Gegen Grippeviren gibt es bis heute kein zuverlässiges Heilmittel. Gefährdete Personengruppen und ältere Menschen können mit einem Impfstoff mit aktueller Antigenkombination geschützt werden. Da sich aber die Oberfläche der Viren und damit die Antigene ständig verändern, bieten auch Impfungen keinen absolut sicheren Schutz.

- Grippeviren bilden fortwährend neue Varianten, oder wie der Arzt sagt, neue Stämme aus, gegen die die vorhandenen Antikörper häufig wirkungslos sind.

Impfintervalle bei Erwachsenen	
Diphtherie	alle 10 Jahre
FSME (Zeckenimpfung)	alle 5 Jahre
Gelbfieber	alle 10 Jahre
Hepatitis (Leberentzündung)	alle 5 Jahre
Poliomyelitis (Kinderlähmung)	alle 10 Jahre
Tetanus	alle 10 Jahre
Tollwut	alle 3 Jahre

Robert Koch (1843–1910)
Er brachte den eindeutigen Beweis dafür, dass bestimmte Bakterien bestimmte Krankheiten hervorrufen. Er entwickelte auch verlässliche Züchtungsverfahren für Bakterien.

Emil von Behring (1854–1917)
Der Schüler von Robert Koch entwickelte die passive Schutzimpfung nach der Entdeckung, dass Tiere Antitoxine zu bilden vermögen, die im Menschen wirksam sind.

Alexander Fleming (1881–1956)
Er suchte nach einem Mittel, das Bakterien im Körper abtötet, ohne dem Körper zu schaden, und entdeckte das Penicillin. 1945 erhielt er dafür den Nobelpreis für Medizin.

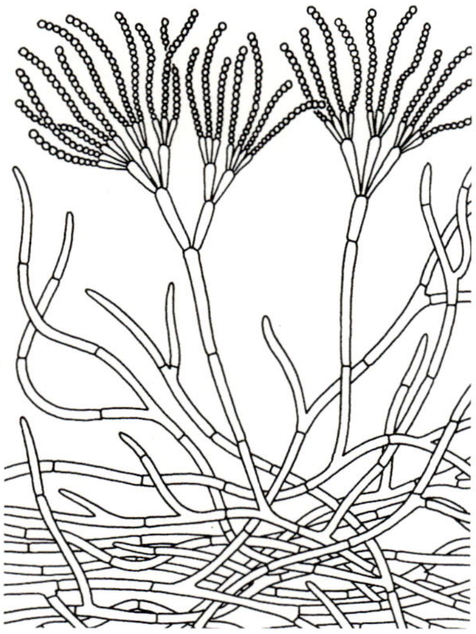

1 *Fadengeflecht des Schimmelpilzes Penicillium mit Sporenträgern*

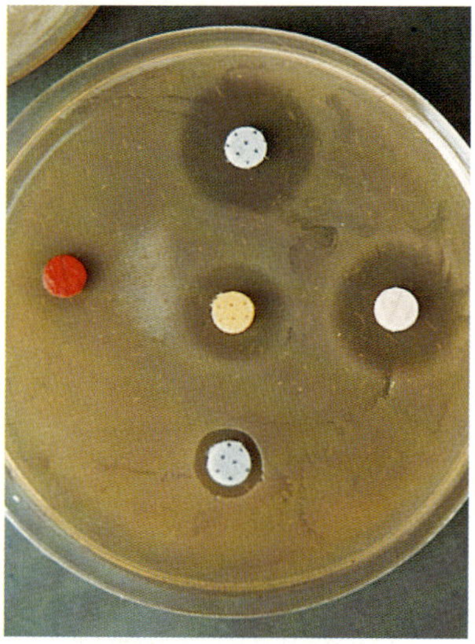

2 *Gibt man verschiedene Antibiotikatabletten auf eine Bakterienkultur, so lässt sich die Antibiotikawirkung am dunkleren, bakterienfreien Hof um die Tabletten herum ablesen.*

4 Antibiotika und Chemotherapeutika

Penicillin, ein Antibiotikum. Der englische Bakteriologe Alexander Fleming bemerkte 1928, dass in einer Bakterienkultur, die durch den *Schimmelpilz Penicillium* verunreinigt war, die Bakterien um den Schimmelpilz herum abgetötet wurden. Er nahm an, dass der Schimmelpilz einen Stoff abgibt, der die Bakterien vernichtet. Versuche bestätigten diese Vermutung. Dabei stellte sich heraus, dass der Wirkstoff, den er *Penicillin* nannte, unter anderem auch die Erreger von Scharlach, Lungenentzündung, Diphtherie, Tripper und Milzbrand abtötete.

Das Penicillin und zahlreiche ähnlich wirkende Stoffe bezeichnet man zusammenfassend als *Antibiotika*.

Sulfonamide als Chemotherapeutika. 1935 fand der deutsche Bakteriologe Gerhard Domagk einen Farbstoff, der ebenfalls Bakterien abtötete. Als wirksam erwies sich ein bestimmter Teil des Moleküls, den der Chemiker als *Sulfonamidgruppe* bezeichnete. Auch andere Verbindungen mit einer Sulfonamidgruppe hatten diese Wirkung, daher der Name Sulfonamide. Heute nennt man die synthetisch hergestellten, antibakteriellen Mittel zusammenfassend *Chemotherapeutika*.

Wirkungsweise. Im Heilverfahren wirken sowohl die Antibiotika als auch die Chemotherapeutika hemmend und abtötend auf Krankheitserreger. Meist greifen sie unmittelbar in den *Zellstoffwechsel der Bakterien* ein: Der Proteinaufbau in den Bakterien wird blockiert, die Zellwand zerstört, der schützende Schleim um die Bakterienzelle abgelöst oder die Bewegungsfähigkeit der Geißeln gehemmt.

● Krankheitserregende Bakterien werden heute meist mit Antibiotika und Chemotherapeutika bekämpft.

▶ Wie ist die unterschiedliche Wirkung der verschiedenen Antibiotikatabletten auf eine Bakterienkultur in Bild 2 zu erklären?

▶ Antibiotika wurden nach ihrer Entdeckung als „Segen für die Menschheit" gefeiert. Begründen Sie diese Aussage.

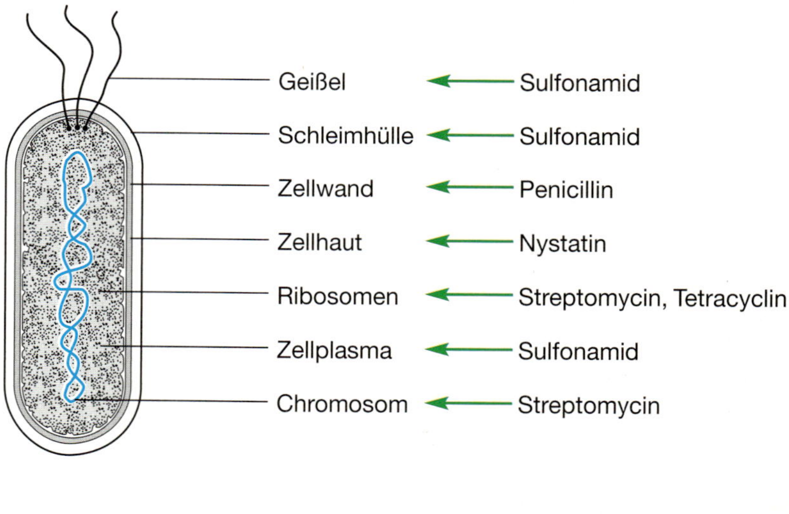

3 *Antibiotika und Chemotherapeutika schädigen die Bakterienzellen an unterschiedlichen Stellen. Die Pfeile geben die Wirkorte an.*

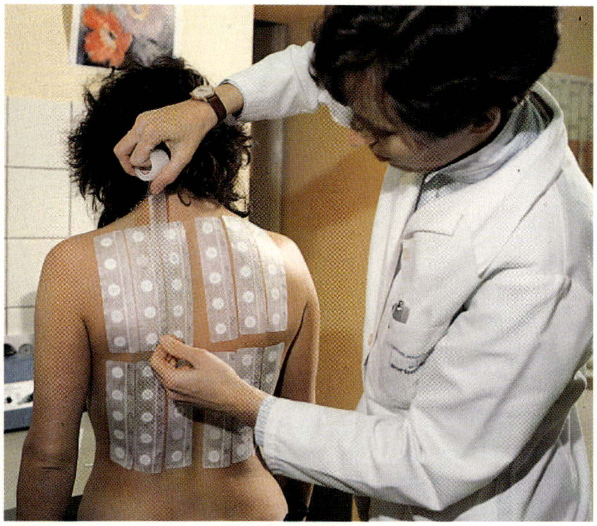

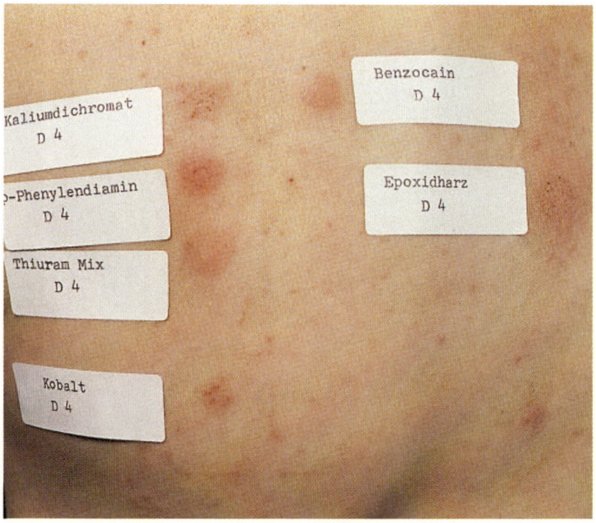

1 und 2 Allergentest. Möglichst viele Substanzen aus der Umwelt des Patienten werden unter Pflastern auf die Haut gebracht. Das Allergen verrät sich durch Hautreizung.

5 Allergie – wenn das Immunsystems überreagiert

Wenn im Frühling die Blüte einsetzt und *Pollen* mit dem Wind verbreitet wird, beginnt für viele Menschen eine Leidenszeit.
Der Blütenstaub, der mit der Atemluft auf die Nasenschleimhäute gelangt, löst *Heuschnupfen* aus. Die Schleimhäute schwellen an. Die Blutgefäße werden durchlässig, rote Blutkörperchen lösen sich auf. Weiße Blutkörperchen werden in großer Zahl gebildet.
Die glatte Muskulatur der Atemwege verkrampft sich. In seltenen, besonders schweren Fällen kann sogar *Asthma* auftreten. Dies sind die Merkmale einer Überreaktion, einer *Allergie*.
Allergene. Einige hundert Substanzen sind heute als *Allergene* bekannt, als Stoffe, die eine Allergie hervorrufen können.
Pollen, Tierhaare, Ausscheidungsprodukte der Hausstaubmilbe, Schimmelpilze, Wolle, Federn, Metallstaub, Chemikalien und Arzneimittel zählen zu den wichtigsten Allergieauslösern.
Die Allergene lösen vor allem in der Unterhaut die Bildung von Antikörpern aus. Kommt es häufiger zur Berührung mit einem Allergen, so bildet unser Körper das Protein *Histamin*. Dieses löst „Großalarm" aus und bewirkt damit eine *allergische Reaktion*.

3 Hausstaubmilben

- Eine Allergie ist eine übermäßige Abwehrreaktion des Körpers, der zu viele Antikörper bildet. Einatmen, Verzehr oder Einnahme eines Allergens, aber auch schon seine Berührung lösen eine Allergie aus.

- ▶ Allergien werden immer häufiger. Sammeln Sie Berichte und hören Sie sich um.
  Legen Sie eine Tabelle mit Spalten zu Auslöser, Merkmale der Allergie und Behandlung an.
- ▶ Ein Bekannter berichtet, dass sein Heuschnupfen ohne Behandlung von Jahr zu Jahr abnahm und dann schließlich ganz verschwandt. Welche Erklärung haben Sie dafür?

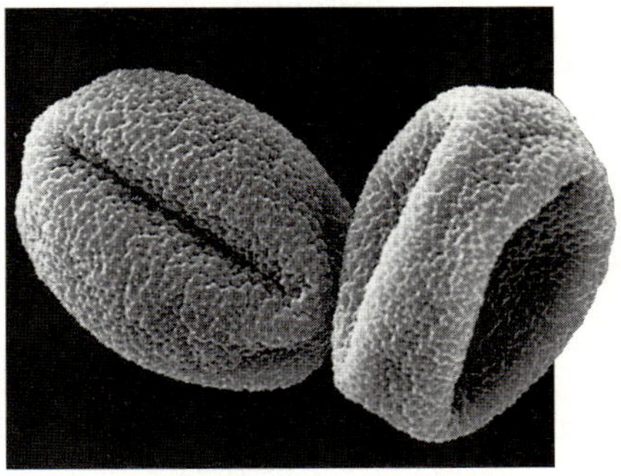

4 Pollen vom Sauerampfer

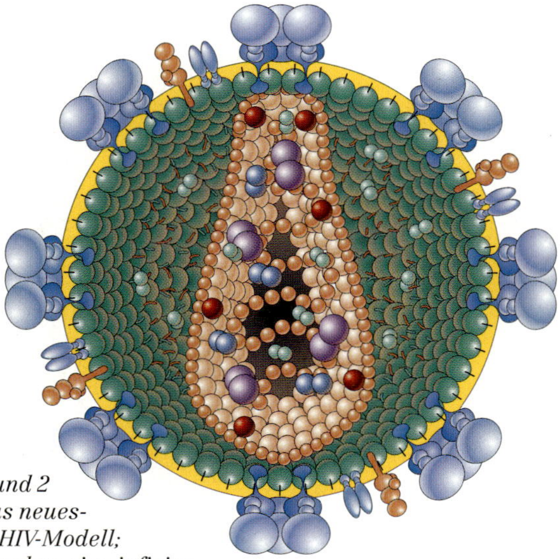

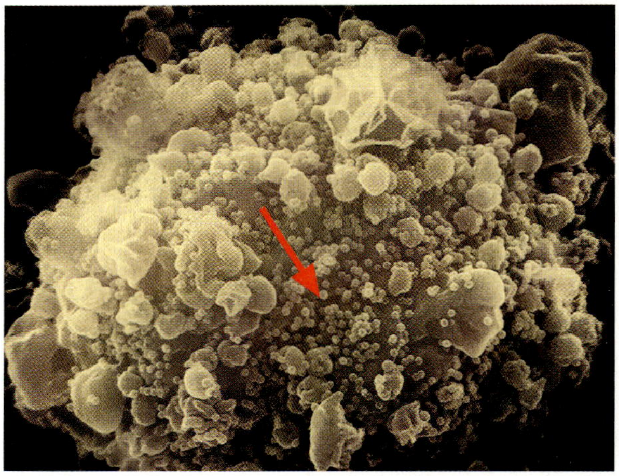

1 und 2
Das neueste HIV-Modell; daneben eine infizierte T-Helferzelle mit neu gebildeten HI-Viren (klein, rund)

Krankheitsverlauf bei Aids

1. Infektion. Sie verläuft „grippeähnlich" und bleibt meist unbemerkt.
2. Ruhestadium ohne Krankheitssymptome. Es dauert zwischen 5 Monate und 11 Jahre.
3. Stadium mit Lymphknotenschwellungen. Daneben treten unspezifische Symptome wie stärkerer Gewichtsverlust, Fieber, Husten und Durchfall auf.
4. Aids-Vollbild. Es zeigen sich schwere Krankheitssymptome wie das Kaposi-Sarkom (ein Hautkrebs), Lungenentzündungen, Pilzbefall der Schleimhäute, die zum Tod führen.

6 Die erworbene Immunschwäche Aids

Aids wurde erstmals 1981 in den USA als Krankheit beschrieben. 1983 wurde der Erreger dieser längst weltweit verbreiteten Krankheit, ein Virus, entdeckt. Die schwerste Form der Erkrankung wird von *HIV-1* ausgelöst.

Aids *(**A**cquired **i**mmune **d**eficiency **s**yndrome)*: Diese Bezeichnung weist darauf hin, dass das HI-Virus das *Abwehrsystem* des Menschen *zerstört.*

Bedrohung. Aids ist eine lebensbedrohliche Krankheit, gegen die es derzeit keine Heilung auf Dauer gibt. Sie wird von einem Virus ausgelöst, das erst 1983 in den USA entdeckt wurde. Das Virus HIV-1 hat inzwischen mehr als *30 Millionen Menschen infiziert.* 7 Millionen sind erkennbar erkrankt.

Schutz vor Ansteckung. Das Virus wird nicht auf dem Umweg über Ess- und Trinkgeschirr oder unsaubere Toiletten übertragen. Allein der enge Kontakt mit bereits infizierten Menschen, wie er bei *sexueller Vereinigung* stattfinden kann, ermöglicht die Übertragung. Schleimhäute, in denen feinste Risse entstehen, werden durchlässig für die Viren. Zuverlässigen *Schutz* bieten hier nur *Kondome.*

Aidshandschuhe, wie sie in jedem Erste-Hilfe-Kasten liegen, schützen, wenn blutende Wunden versorgt werden müssen. Besonders gefährdet sind Fixer, die gebrauchte Spritzen benutzen.

Behandlung. Alle Versuche, Aids durch *Impfungen* abzuwehren, sind bisher gescheitert, ebenso die Behandlung der Infizierten mit *Antibiotika.* Immerhin gelingt es, das Leiden durch Linderung der Schmerzen und menschliche Zuwendung er-

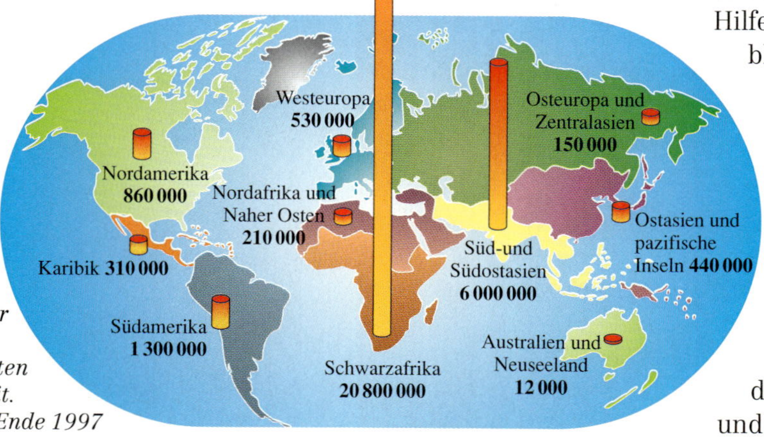

3 Die Zahl der HIV-Infizierten weltweit. Stand: Ende 1997

träglicher zu machen. Mindestens so schwer wie an der Infektion selbst tragen die Betroffenen daran, dass sie sich von ihren Mitmenschen isoliert und abgelehnt fühlen. Die allgemeine Furcht vor dem Zusammensein mit Aidskranken ist nicht berechtigt.

Verlauf der Krankheit. Sobald das Virus im Blut ist, heftet es sich an die Oberfläche kleiner weißer Blutkörperchen, die man *T-Helferzellen* nennt. Die T-Helferzellen spielen eine zentrale Rolle bei allen unseren Immunreaktionen. Nach einiger Zeit dringen die Viren in die T-Helferzelle ein, verändern deren Erbgut und veranlassen sie, HI-Viren in großer Zahl zu produzieren.

Die neuen Viren setzen sich auch an anderen *Abwehrzellen* fest und verändern deren Oberfläche so, dass sie nicht mehr in der Lage sind, HI-Viren abzuwehren.

Nach mitunter jahrelanger Ruhe können schlagartig viele HI-Viren freigesetzt werden und blockieren das gesamte Abwehrsystem. Dann erst bricht die Krankheit erkennbar aus. Schließlich kommt es zum *Zusammenbruch des gesamten Abwehrsystems*.

Fieber und *Lymphknotenschwellungen* sind damit verbunden. Meist stirbt der Kranke an Krankheiten, die er normalerweise überwinden kann: an Herpes, Lungenentzündung und Pilzinfektionen.

- Die erworbene Abwehrschwäche Aids wird durch das HI-Virus hervorgerufen. Es wird mit Körperflüssigkeiten übertragen und befällt speziell die T-Helferzellen. Durch Ausschalten der körpereigenen Abwehr kommt es zu Sekundärinfektionen, die letztlich zum Tod führen.

- Für Aids wird auch die Bezeichnung „erworbene Abwehrschwäche“ verwendet. Erklären Sie.
- Welcher Unterschied besteht zwischen der Infektion durch Pockenviren und der Infektion durch Aids-Erreger? Welche Eigenschaften machen den Aids-Erreger so gefährlich?
- Stellen Sie eine Übersicht zusammen, auf welche Weise eine Ansteckung durch HI-Viren möglich ist und wie sie auf keinen Fall erfolgen kann.

Safer Sex

Hauptansteckungsweg bei Aids ist der Geschlechtsverkehr. Jede und jeder muss sich also mit dem Thema Aids auseinander setzen. Auch wenn kein absoluter Schutz zu erreichen ist: Kondome bieten ein so hohes Maß an Sicherheit, dass niemand darauf verzichten sollte.

Voraussetzung ist allerdings:
- Man muss sie zur Hand haben, daher rechtzeitig in Apotheke oder Drogerie besorgen.
- Sie müssen richtig angewendet werden; vorher Gebrauchsanweisung lesen und allein üben!
- Kondome konsequent immer benutzen.

Weitere Infos bekommen Sie:

Aids-Beratungsstellen bei den Gesundheitsämtern

Adresse im Telefonbuch; Informationsmaterialien liegen zur Mitnahme aus; Berater kommen auch in Schulen.

Aids-Hilfen

Adresse im Telefonbuch

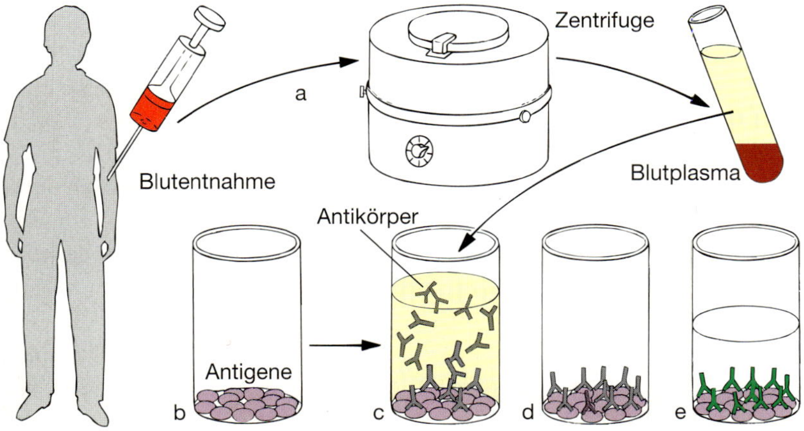

1 *So funktioniert der Aids-Test: In einer Zentrifuge wird das Blutplasma abgetrennt (a). Teströhrchen werden mit Antigenen von HI-Laborviren beschichtet (b). Enthält das Blutplasma HIV-Antikörper, bilden sie mit den Antigenen Komplexe (c). Überschüssiges Blutplasma wird weggespült, die gebundenen Antikörper bleiben zurück (d). Nachweis mit einer Farbreaktion bestätigt, die Blutprobe ist „positiv“. Es liegt eine HIV-Infektion vor (e).*

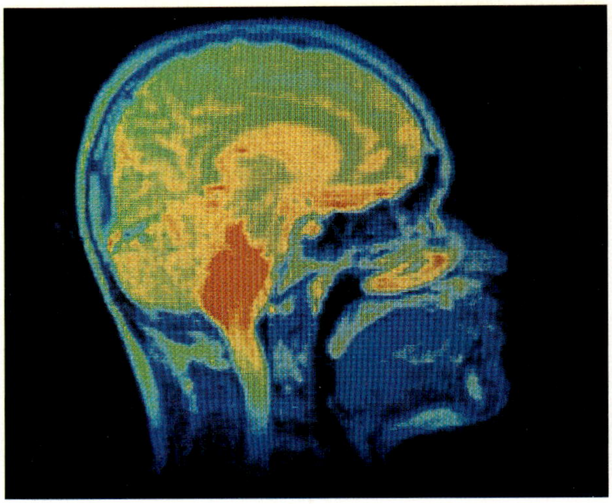

1 und 2 Eine Krebszelle wächst in das gesunde Gewebe in ihrer Umgebung ein. Auf der Computertomographie ist ein Gehirntumor (rot) zu sehen.

7 Die Krebskrankheit

Von den rund 80 Millionen Einwohnern Deutschlands sterben jährlich etwa 50000 an *Krebs*. Die Zahl der Krebserkrankungen ist in den letzten Jahrzehnten deutlich angestiegen.

Wuchernde Zellen. Unter Krebs versteht man die Bildung „bösartigen" Gewebes. Der medizinische Fachausdruck lautet *Karzinom*. Zu einer derartigen Geschwulstbildung kommt es, wenn im Körper Zellen wild zu wuchern beginnen. Sie dringen in gesundes Gewebe ein und zerstören es.

Eine besondere Gefahr jeder Krebserkrankung liegt darin, dass vom Karzinom aus einzelne Zellen oder ganze Zellgruppen mit dem Blut und der Lymphe im Körper verteilt werden können. Die Bildung von Tochterkarzinomen, so genannten *Metastasen*, an anderer Stelle im Körper erschwert die Krebsbekämpfung sehr.

Abwehr. Man geht heute davon aus, dass sich „bösartige" Zellen gar nicht so selten bilden. Im gesunden Körper werden abweichende Zellen normalerweise ausgeschaltet und entfernt. Mithilfe von *Antikörpern* und *beweglichen Fresszellen* werden Krebsherde unschädlich gemacht. Weshalb die Abwehrkraft des Körpers unter bestimmten Bedingungen erlahmt, ist bisher nicht bekannt.

Ursachen. Das Geschlecht, das Lebensalter, die Ernährungsgewohnheiten, der Beruf und erbbedingte Anfälligkeit spielen eine Rolle bei der Krebserkrankung. Auch ein gestörter Hormonhaushalt kann sich Krebs fördernd auswirken.

Zunehmende Bedeutung kommt auch einer Vielzahl Krebs auslösender Stoffe aus unserer Umwelt zu. Man nennt sie *Kanzerogene*. Mit Sicherheit gibt es Kanzerogene im *Tabakrauch* und im Teer. *Asbeststaub* kann Krebs auslösen. Krebs erregend sind auch *energiereiche Strahlen*, so die Ultraviolettstrahlung des Sonnenlichts, Röntgenstrahlen und die Strahlung radioaktiver Stoffe.

Ganz sicher lösen auch manche Viren Krebs aus. Sie programmieren das „Erbrezept" der betroffenen Zelle um, sodass eine ungesteuerte Zellvermehrung einsetzt.

Vorsorge. Vom 20. Lebensjahr an sollte man die Möglichkeit der *Krebsvorsorgeuntersuchung* in Anspruch nehmen. Je früher ein Karzinom erkannt wird, umso eher besteht die Möglichkeit, dieses zu bekämpfen. Das kann durch eine Operation, durch gezielt eingesetzte, energiereiche Strahlung oder durch bestimmte Chemikalien geschehen.

Monoklonale Antikörper. Seit kurzem werden neue Möglichkeiten der Krebsbekämpfung diskutiert. Es gibt *monoklonale Antikörper*, die sich nur an ganz bestimmte Zellen anlagern. Diese Antikörper werden von Zellen gebildet, die alle von der gleichen Mutterzelle abstammen. Sie sind daher völlig gleich und *wirken hochspezifisch*. Monoklonale Antikörper können mit einer zellzerstörenden Substanz versehen werden. Handelt es sich dabei um Antikörper, die sich nur an Krebszellen anheften, werden diese geschädigt und abgetötet.

- Krebszellen vermehren sich ungehemmt. Ein Tumor entsteht. Bei bösartigen Tumoren wird das gesunde Gewebe von den Krebszellen zerstört. Es bilden sich Metastasen. Je früher Krebs erkannt wird, desto größer ist die Chance zur Heilung.

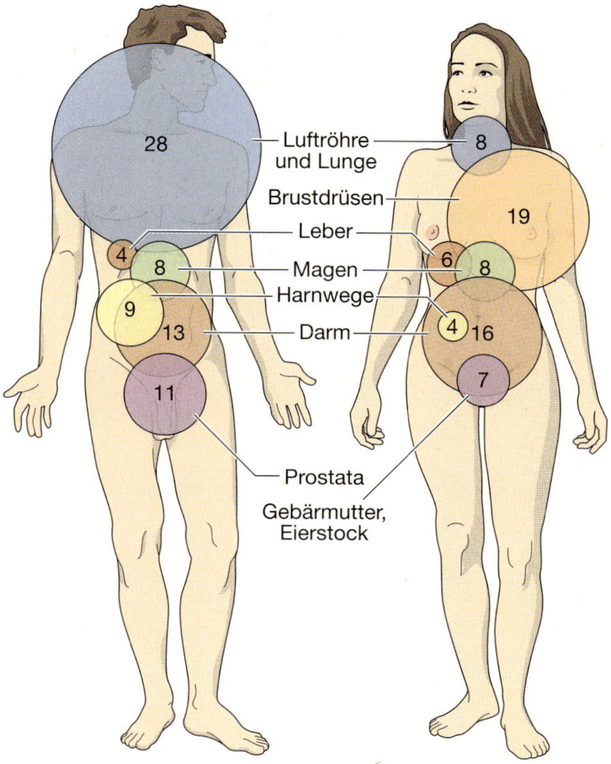

1 *Die Angaben sind Prozentzahlen der häufigsten Krebserkrankungen 1998 in Deutschland. Der Zigarettenkonsum der Frauen ist wesentlich geringer als der der Männer.*

Anzeichen für Krebs können sein:
Jede nicht heilende Wunde.
Jede Veränderung an einer Warze oder Muttermal.
Knoten oder Verdickungen an der Körperoberfläche, besonders im Bereich der Brustdrüse.
Auffällige Lymphknotenschwellungen am Hals, unter der Achsel und im Bereich der Leistenbeuge.
Nicht erklärbare Gewichtsabnahme, blasse Haut, Appetitmangel – besonders im Alter über 50 Jahre.
Anhaltende Magen-, Darm- oder Schluckbeschwerden.
Ungewöhnliche Absonderungen.
Störungen der Harnentleerung, Schmerzen beim Wasserlassen, blutiger Harn.
Unregelmäßige Monatsblutungen oder Scheidenausfluss mit Blutbeimischung.

2 *Die Mammografie hilft Brustkrebs frühzeitig zu erkennen.*

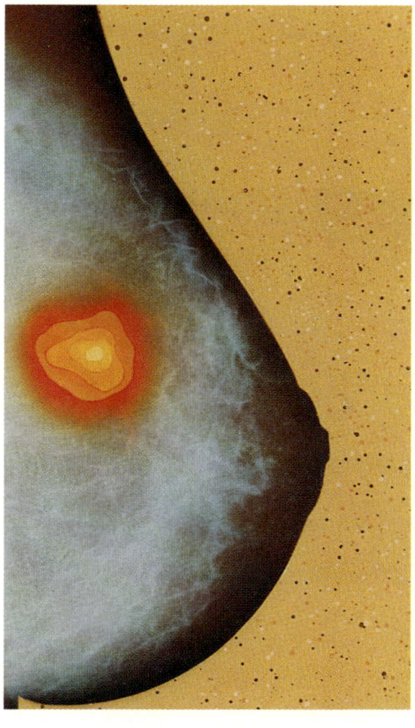

Der Blutkreislauf

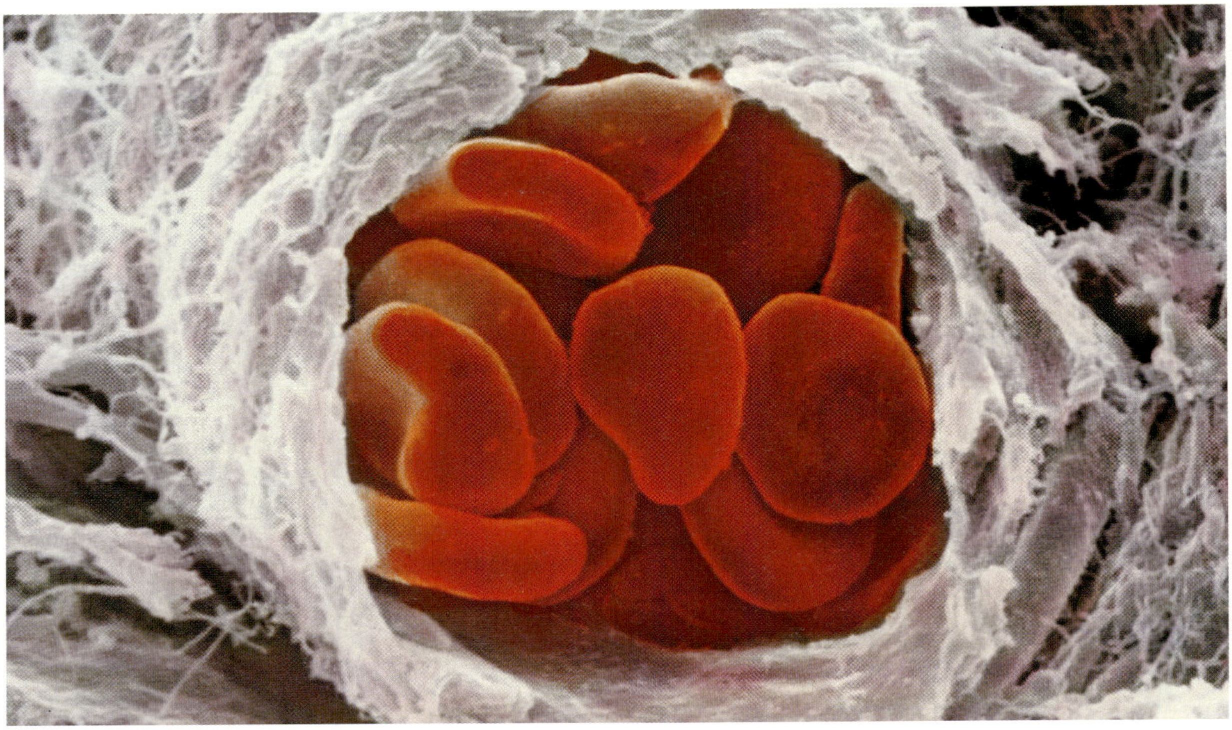

1 Rote Blutzellen in einer Arteriole

1 Das Herz

Lage und Bau. Im Röntgenbild erscheint das Herz als faustgroßer Schatten. Es liegt gut geschützt im *Herzbeutel,* etwas links der Körpermitte. Seine Spitze weist nach links unten. Das Herz ist ein kräftiger *Hohlmuskel.* Seine beiden Hälften sind durch die muskulöse Herzscheidewand vollständig voneinander getrennt. In jeder Herzhälfte sind zwei Hohlräume ausgebildet: Oben liegt jeweils ein etwas dünnwandiger *Vorhof*, auch Vorkammer genannt. Darunter befindet sich jeweils die wesentlich dickwandigere *Herzkammer*.

In den Venen fließt das Blut zum Herzen. Zwischen Vorhof und Herzkammer bildet die glatte Innenhaut des Herzens ein Ventil aus *Segelklappen*. Auf diese Weise kann das Blut nur in eine Richtung fließen, nämlich vom Vorhof zur Herzkammer.

Wo die Herzkammern in die Schlagadern übergehen, liegt auf jeder Seite ein weiteres Ventil. Dieses wird von *Taschenklappen* gebildet. Sie verhindern, dass das Blut aus den Schlagadern in die Herzkammern zurückströmt. Ziehen sich die Herzkammern zusammen, so wird das Blut aus dem Herzen in die Schlagadern (Arterien) gedrückt.

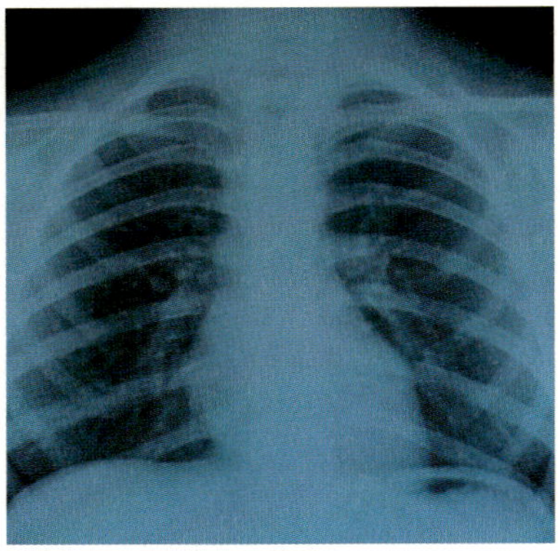

2 Röntgenaufnahme des Brustkorbs. Man sieht das Herz als helle Fläche etwas links von der Körpermitte.

- Das Herz ist ein Hohlmuskel. Es besteht aus zwei Vorhöfen und zwei Herzkammern, die durch die Herzscheidewand voneinander getrennt sind. Segelklappen sowie Taschenklappen verhindern das Zurückströmen des Blutes.

- ▶ Warum fühlen wir den Herzschlag auf der linken Körperseite, obwohl ein Drittel des Herzens in der rechten Brusthälfte liegt?

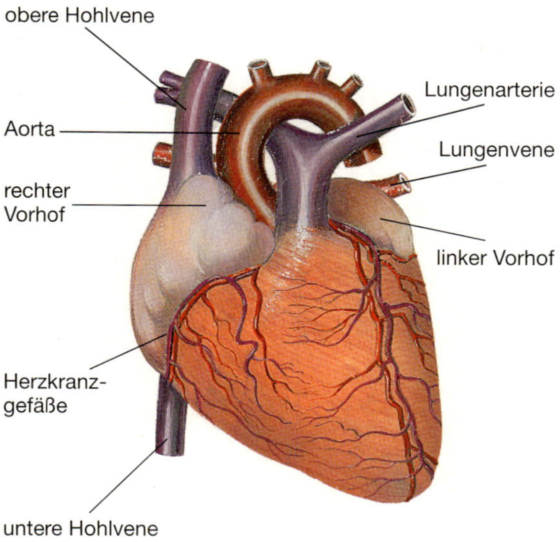

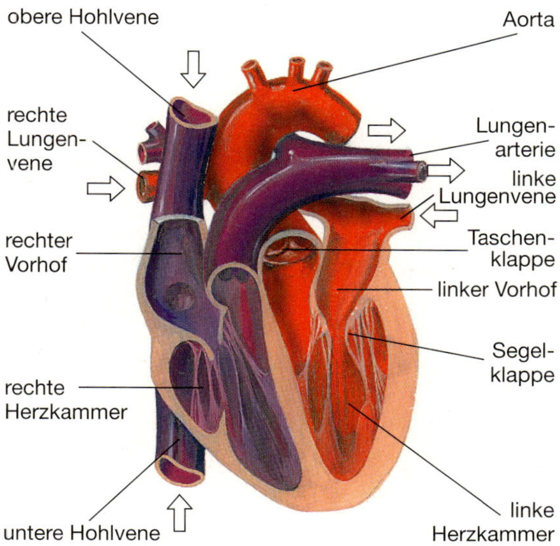

1 und 2 Herz des Menschen mit Herzkranzgefäßen (links). Längsschnitt durch das Herz (rechts)

Arbeitsweise und Leistung des Herzens. Die Arbeit des Herzmuskels gewährleistet, dass unser Blut ständig durch den ganzen Körper strömt. Beide Herzhälften arbeiten gleichzeitig. Dabei kontrahiert und erschlafft die Herzmuskulatur abwechselnd. Zunächst ziehen sich die beiden Vorhöfe zusammen und pressen das Blut in die erschlafften Herzkammern. Dann kontrahieren sich die beiden Herzkammern und drücken das Blut in die Schlagadern. Die Vorhöfe, die jetzt erweitert sind, saugen Blut aus den Venen an. So kann man die Arbeitsweise des Herzens mit der einer *Saug-Druck-Pumpe* vergleichen.
Die Erschlaffungsphase der Herzkammermuskulatur wird als *Diastole,* die Kontraktionsphase als *Systole* bezeichnet. Bevor sich die Vorhöfe erneut zusammenziehen, legt das Herz eine kurze Pause ein.
Das Herz eines Erwachsenen schlägt 60- bis 70-mal in der Minute. Das sind 100000 Herzschläge pro Tag. Bei jedem Schlag pumpt das Herz etwa 70 ml Blut in die Körperschlagader und die gleiche Menge in die Lungenarterie. In jeder Minute werden demnach vom Herzen ungefähr 5 l Blut bewegt. Die Dauerleistung des Herzens liegt zwar nur bei etwa 2 Watt, erstaunlich sind aber seine *lange Lebensdauer* und die *hohe Betriebssicherheit*.

- Das Herz lässt sich in seiner Funktion mit einer Saug-Druck-Pumpe vergleichen.

Herztöne. Innerhalb von nur 0,2 Sekunden zieht sich die Muskulatur der Herzkammern zusammen. Das Herz wird dabei schlanker. Mit dem Stethoskop, dem Hörrohr des Arztes, hört man diesen Schlag als *Segelklappenton*. Da die Taschenklappen am Beginn der Schlagadern verhindern, dass das Blut in die Herzkammern zurückschießt, kann es nur bis zu den Klappen zurückströmen. Das entstehende Geräusch bezeichnet man als *Taschenklappenton*.

Herzschläge in der Minute	
Höchstwert beim Sport	250
neugeborenes Kind	130
6-jähriges Kind	90
Dreißigjähriger	70
Siebzigjähriger	60–70

Transportleistung des Herzens	
0,07	l/Schlag
5	l/Minute
300	l/Stunde
8000	l/Tag
3000000	l/Jahr
200000000	l/70 Jahre

- ▶ Durch welche Herzkammer fließt sauerstoffreiches Blut?
- ▶ Welche Aufgabe haben die Taschenklappen?

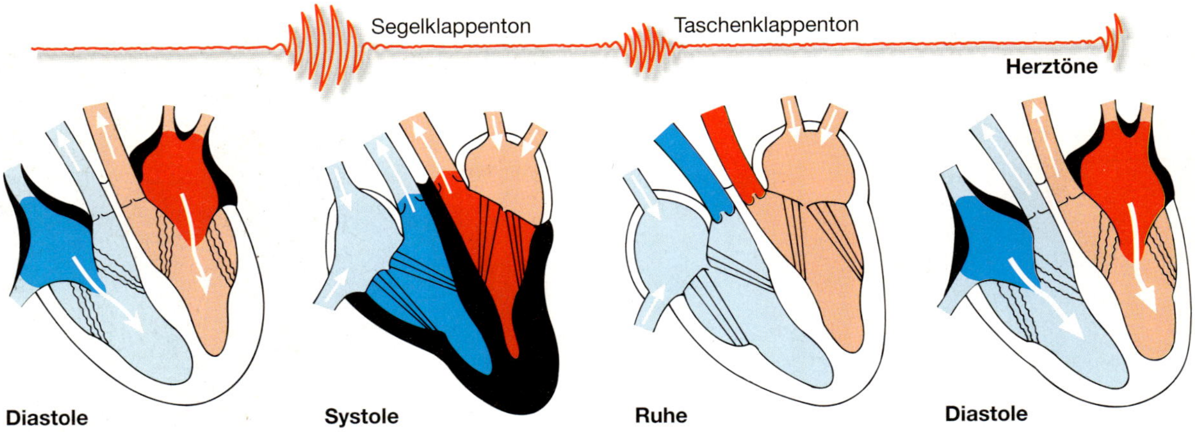

1 *Arbeitsrhythmus des Herzens*

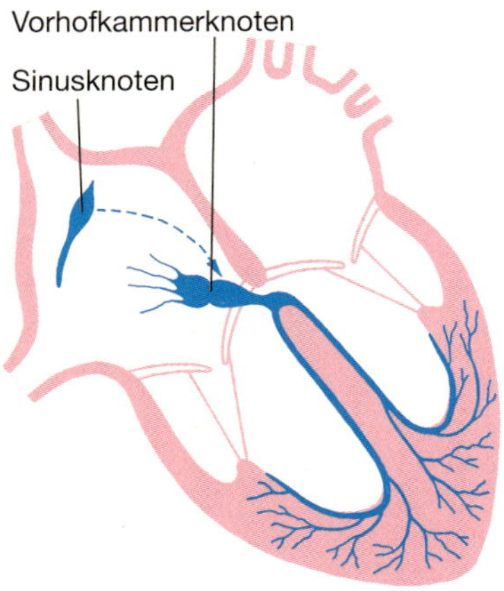

2 *Schrittmacher des Herzschlags*

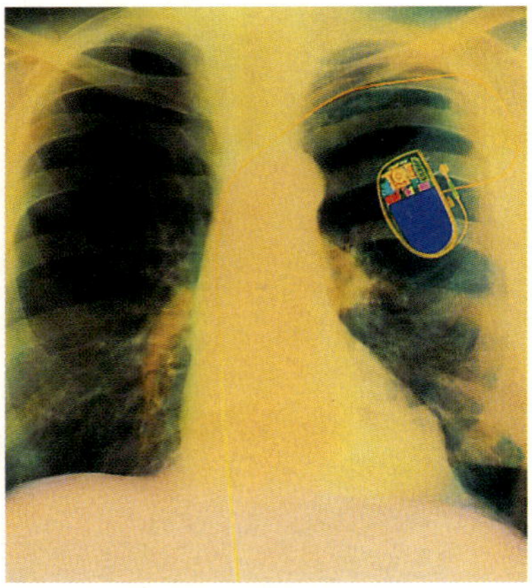

3 *Das Röntgenbild zeigt den Brustkorb mit einem eingepflanzten technischen Herzschrittmacher.*
Starke elektromagnetische Felder stören den Schrittmacher.
Bei Passagierkontrollen in Flughäfen ist deshalb Vorsicht geboten.

Schrittmacher des Herzschlags. Die elektrischen Impulse, die den Herzmuskel zur Kontraktion bringen, entstehen im Herzen selbst. Das Herz arbeitet *autonom*. Als *Schrittmacher* für die Herzarbeit wirkt der Sinusknoten an der Mündung der oberen Hohlvene in den rechten Vorhof. Er besteht aus umgebildeten Muskelzellen. Die Erregungen, die hier gebildet werden, laufen über die Muskulatur der Vorhöfe und bringen diese zur Kontraktion. Dann erreichen sie den *Vorhofkammerknoten* am Grund des rechten Vorhofs. Von ihm gehen Fasern aus, die die Erregungen an die Muskeln der Herzkammern weiterleiten und für deren Kontraktion sorgen.

Steuerung der Herztätigkeit. Das Herz arbeitet zwar autonom, es passt sich aber wechselnden Bedürfnissen an. Nervenerregungen aus dem *vegetativen Nervensystem* und *Hormone* steigern und drosseln die Herztätigkeit. Dass auch Gefühle und Stimmungen einen Einfluss auf das Herz haben, wissen wir: das Herz kann vor Schreck „stillstehen“, Freude lässt es „höher schlagen“.

Fällt der natürliche Schrittmacher aus oder arbeitet er unregelmäßig, kann er heute durch *technische Schrittmacher* ersetzt werden. Diese batteriegespeisten, elektrischen Impulsgeber werden operativ in den Brustkorb eingepflanzt.

- Das Herz erzeugt die Impulse für seine Kontraktion selbst. Das vegetative Nervensystem und Hormone steuern die Herztätigkeit.

Das Elektrokardiogramm. Die Arbeit des Herzmuskels ist mit einer Schwankung der elektrischen Aktivität verbunden. Die Spannungsschwankungen lassen sich von der Körperoberfläche ableiten und im Oszilloskop sichtbar machen. Man kann sie als *Elektrokardiogramm (EKG)* auch auf Papier aufzeichnen lassen.

- Der Arzt kann am Verlauf des EKG erkennen, wie leistungsfähig das Herz ist.

▶ Warum steigt die Zahl der Herzschläge bei körperlicher Anstrengung, während sie bei Ruhe absinkt?

▶ Bei Hochleistungssportlern steigt die Zahl der Herzschläge bei körperlicher Anstrengung nicht so rasch wie bei untrainierten Personen. Erklären Sie.

Praktikum: Herz und Blutgefäße

1 Untersuchung eines Herzens

Zum Präparieren eignen sich am besten Schweineherzen.
Der Lehrer kann sie im Schlachthof besorgen.
Sie sollten noch nicht aufgeschnitten sein.

Achtung:
Das Herz ist nicht zum Verzehr geeignet.

Benötigt werden:
Präparierwanne, Glasstab, Lupe, Messer oder Skalpell, evtl. Einmalhandschuhe.

Durchführung:
- Spülen Sie das Herz in kaltem Wasser gründlich ab.
- Fahren Sie mit dem Glasstab durch die Öffnung der Blutgefäße in das Herz hinein. Wie weit kann man vordringen?
- Schneiden Sie nun – wie die Abbildung zeigt – das Herz mit einem scharfen Messer oder Skalpell von der Spitze aus zu den schmalen Seiten hin ein und klappen es auf. Schauen Sie sich die Schnittflächen an. Was haben Sie beim Schneiden festgestellt?
- Betrachten Sie nun das Herz von innen. Können Sie einzelne Bereiche unterscheiden?
- Benennen Sie die Teile, die Sie im Herzen erkennen können.
- Fühlen Sie auch die Herzinnenflächen. Beschreiben Sie, was Ihnen auffällt.
- Suchen Sie die Herzklappen. Wie funktionieren sie?

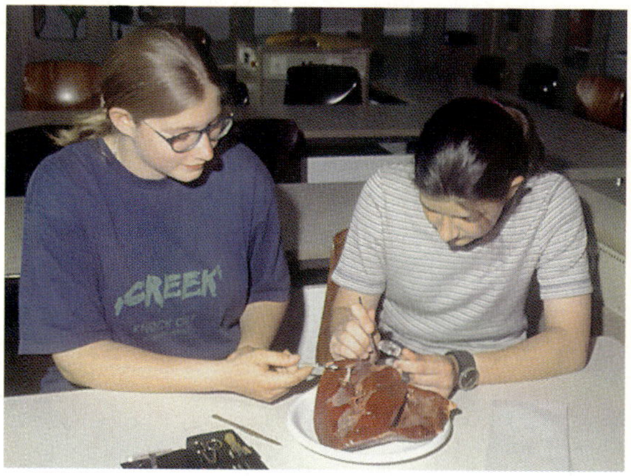

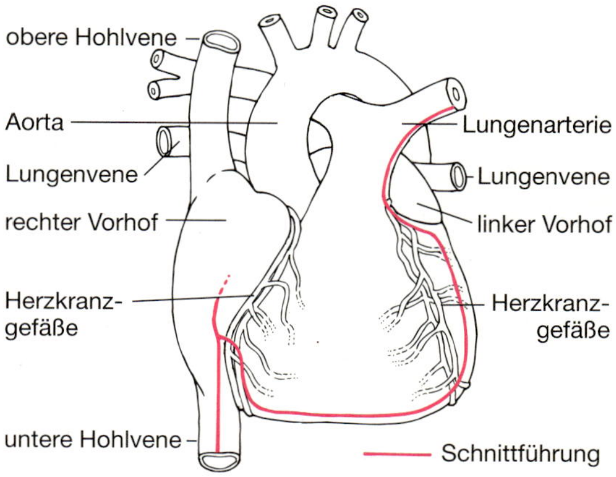

2 Untersuchung von Arterien und Venen

Die Blutgefäße bekommt man im Schlachthof. Für die Präparation eignen sich am besten Arterien und Venen von Rindern.

Benötigt werden:
Präparierwanne, Präpariernadel, Schere, Trichter, Becherglas mit Wasser, evtl. Einmalhandschuhe.

Durchführung:
- Spülen Sie die Arterien und Venen in kaltem Wasser aus.
- Betrachten Sie die Öffnungen im Querschnitt und beschreiben Sie die Unterschiede.
- Streifen Sie ein Arterienstück vorsichtig über den Auslass eines Trichters. Gießen Sie mit dem Becherglas Wasser in den Trichter und beobachten Sie, wie es durch das Arterienstück fließt.
- Führen Sie den Versuch auch mit einem Venenstück durch. Streifen Sie das Venenstück nach dem ersten Versuch mit dem anderen Ende über den Auslass des Trichters und wiederholen Sie den Versuch. Erklärung.

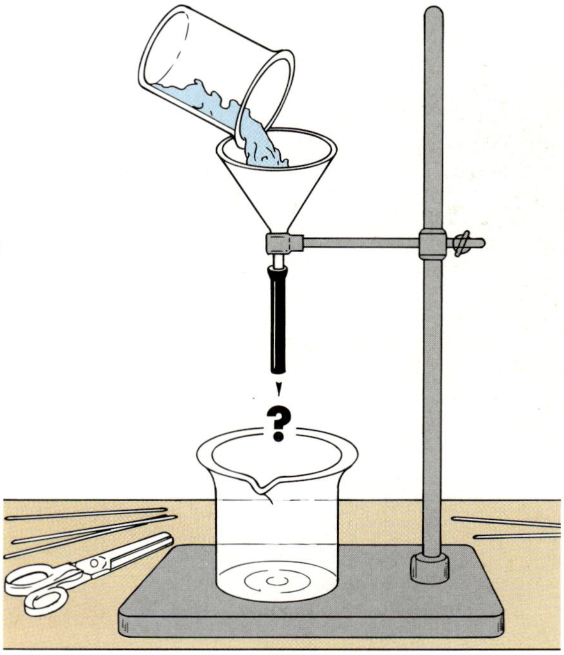

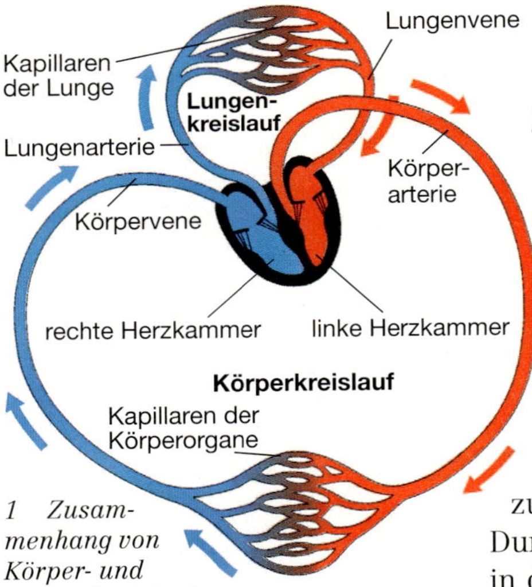

1 *Zusammenhang von Körper- und Lungenkreislauf*

2 Der Körperkreislauf

Aorta. Die große *Körperschlagader*, die *Aorta*, geht von der linken Herzkammer aus. Sie bringt *sauerstoffreiches, kohlenstoffdioxidarmes Blut* in den Körper. Ihr Innendurchmesser beträgt 10 mm. Sie verzweigt sich in ungefähr 40 große Arterien. Die wichtigsten davon ziehen in den Kopf, in die Arme, die Leber, den Darm, die Geschlechtsorgane und in die Beine. Durch die Aorta strömt das Blut mit einer Geschwindigkeit von 20 bis 60 cm/s und einem Druck von etwa 200 hPa.

Arterien und Arteriolen. Die großen Arterien verzweigen sich zu *Arterienästen* und schließlich zu *Arteriolen*, die nur noch einen Durchmesser von 0,02 mm haben. Die Strömungsgeschwindigkeit in den Arteriolen nimmt daher auf etwa 0,25 cm/s ab. Die Wände der Arteriolen zeigen den typischen Grundaufbau der Arterien: Von innen nach außen folgen eine einschichtige *Bindegewebshaut*, eine Schicht aus *glatten Muskelzellen* und eine *Bindegewebshülle* aufeinander.

- Schlagadern oder Arterien sind muskulöse Blutgefäße, die das Blut vom Herzen wegführen.

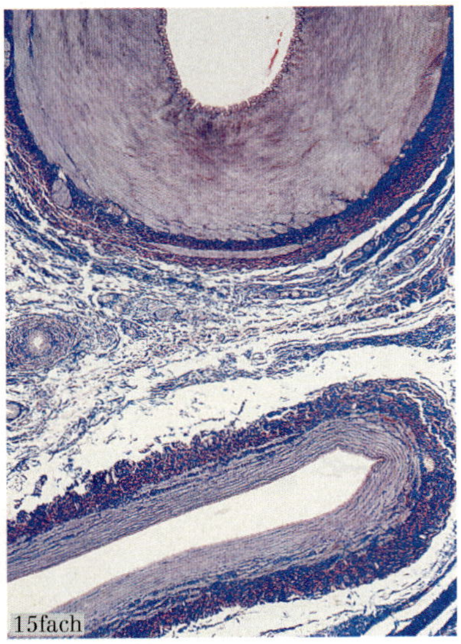

2 *Querschnitt durch eine Arterie (oben) und eine Vene*

Die elastische Arterienwand kann Druckschwankungen, die das pumpende Herz erzeugt, ausgleichen. Diese Ausgleichswirkung wird als *Windkesselfunktion* bezeichnet. Die Druckerhöhung, die durch die Kontraktion der Herzkammern erzeugt wird, ist als *Pulsschlag* an oberflächlich gelegenen Arterien (z.B. am Hals, Handgelenk) fühlbar.

Infarkt. Im Alter nimmt die Elastizität der Arterien ab, weil Fett und Kalk in ihre Wand eingelagert wurden. Diese Veränderung wird als Verkalkung oder *Arteriosklerose* bezeichnet. Die Gefäßwände werden hart und unelastisch, die Gefäße enger. Bildet sich jetzt an der Innenwand einer Arterie ein Blutgerinnsel, wird der Blutfluss schlagartig unterbrochen. Es kommt zum *Infarkt*. Ist der Herzmuskel betroffen, spricht man von einem *Herzinfarkt*, bei Arterien des Gehirns von einem *Gehirninfarkt oder Hirnschlag*.

3 *Arterien, Venen und Kapillaren. Die Querschnitte zeigen den unterschiedlichen Aufbau. Im Ausschnitt ist eine Venenklappe zu sehen. Die Kapillaren sind so dünn, dass sich die roten Blutkörperchen gerade noch hindurchzwängen können.*

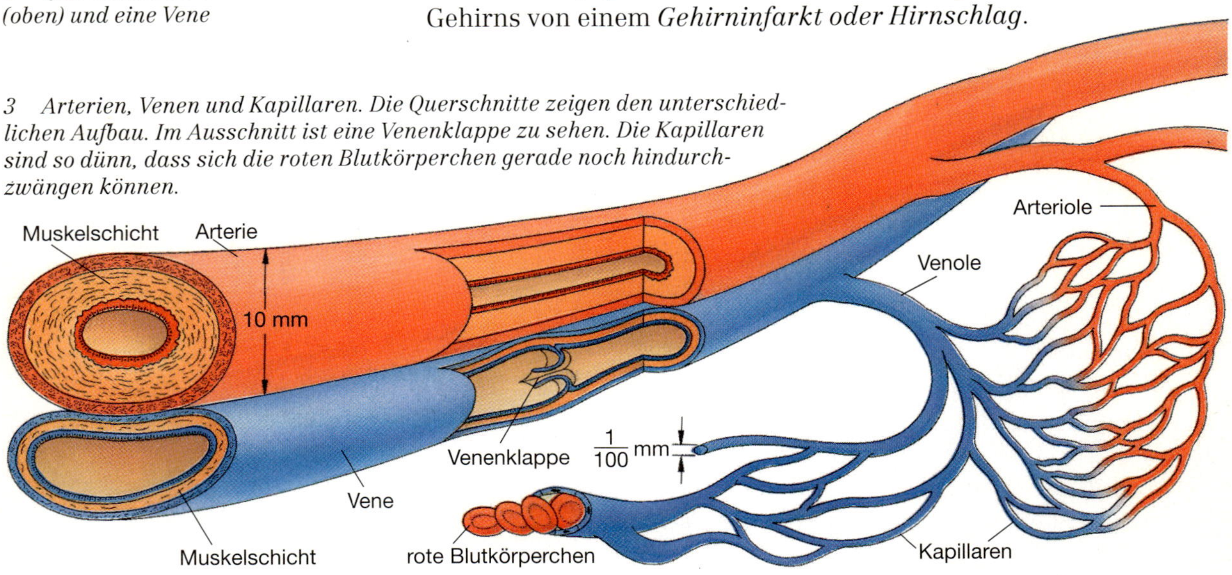

Kapillaren. Die Arteriolen verzweigen sich immer weiter und bilden schließlich ein Netz *feinster Blutgefäße* mit einem Durchmesser von nur noch 0,01 mm. Damit sind diese Gefäße gerade noch so weit, dass die roten Blutkörperchen hindurchschlüpfen können. Ein Haar ist zehnmal so dick wie eine Kapillare. Die *zuführenden Kapillaren*, in denen der Blutdruck auf 30 bis 40 hPa absinkt, vereinigen sich schließlich zu *ableitenden Kapillaren*. In diesem Bereich sinkt der Blutdruck auf etwa 20 hPa ab. Das Blut strömt von da an so gleichmäßig, dass der Pulsschlag kaum noch feststellbar ist.
Im Körper gibt es mehr als 1 Milliarde Kapillaren. Ihre Länge erreicht rund 1000 km, ihre Oberfläche beträgt insgesamt 30 m^2.
Stoffaustausch. In den zuführenden Kapillaren nimmt der Blutdruck auf 30 bis 40 hPa ab. Immerhin reicht dieser Druck noch aus, um einen Teil des Blutplasmas mit den gelösten Stoffen durch die dünnen, einschichtigen Wände der Kapillaren in die *Gewebsspalten* zu pressen. Nährstoffe und Sauerstoff treten in die Gewebe über. Abfallstoffe und Kohlenstoffdioxid werden vom Gewebe an das Blut abgegeben. Die großen Proteinmoleküle bleiben im Blut. Die weißen Blutkörperchen können sich zwischen den Zellen der Kapillarwände hindurchzwängen und das Blut verlassen.

- Im Kapillarbereich werden Nährstoffe sowie Sauerstoff an die Gewebe abgegeben. Kohlenstoffdioxid und andere Abfallstoffe werden im Blut abtransportiert.

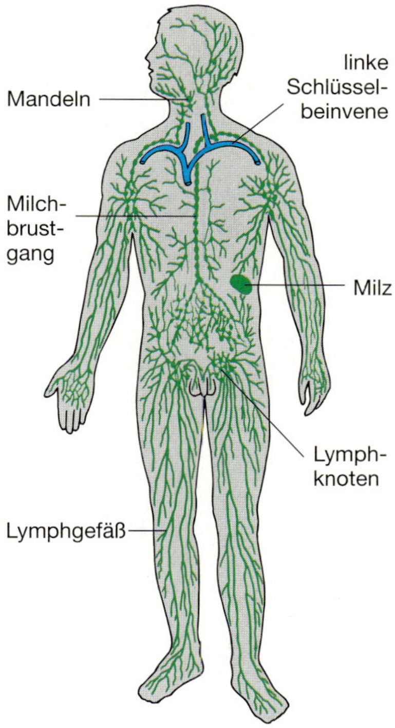

1 Lymphsystem

Lymphe. Ein erheblicher Teil des Blutplasmas, das im Bereich der Kapillaren durch die Gefäßwände sickert, bleibt außerhalb der Blutgefäße in den Gewebslücken. Ein besonderes *Sammelgefäßsystem* sorgt für den Abtransport dieser Zwischenzellflüssigkeit, die man *Lymphe* nennt. Die Lymphe enthält viele Abwehrzellen, weiße Blutkörperchen also, die vor allem für die Bildung von Antikörpern von Bedeutung sind.
Die Gewebslücken gehen in *Lymphkapillaren* über, diese wiederum in dünnwandige, weiträumige *Lymphgefäße*. Die Lymphgefäße nehmen einen Teil der aus den Blutkapillaren austretenden Flüssigkeit auf.
In die Lymphgefäße sind Verdickungen eingeschaltet. Diese *Lymphknoten* sind Filterorgane. In ihnen werden eingedrungene Krankheitserreger von Abwehrzellen bekämpft.
Die Lymphgefäße vereinigen sich schließlich zu einem Sammelgang, dem *Milchbrustgang*. Dieses große Lymphgefäß mündet in die Schlüsselbeinvene und führt dem Blutkreislauf Lymphe zu.
Die Lymphgefäße sind insgesamt ungefähr so lang wie die Blutgefäße. Sie bilden aber keinen Kreislauf, sondern ein *Rücklaufsystem*. *Taschenklappen* sorgen dafür, dass der Lymphstrom immer in die gleiche Richtung fließt.
Als *Ödem* bezeichnet man die krankhafte Ansammlung größerer Mengen von Lymphe zwischen den Geweben.

- In den Lymphgefäßen sammelt sich die Zwischenzellflüssigkeit. In den Lymphknoten wird sie gefiltert.

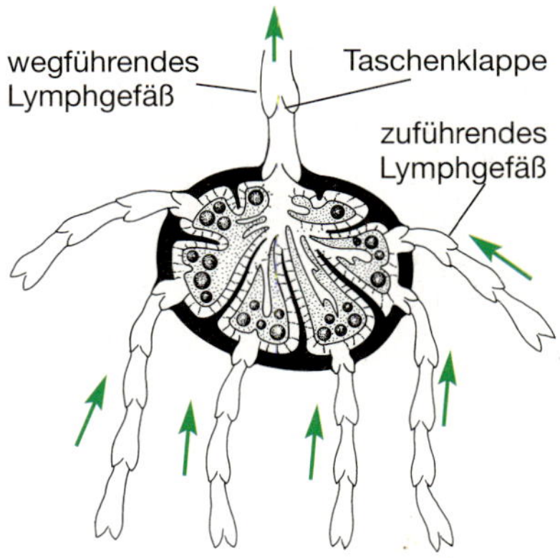

2 Im Lymphknoten laufen zuführende Lymphgefäße zusammen. Taschenklappen verhindern das Zurückströmen der Lymphe. In den Lymphknoten werden eingedrungene Krankheitserreger abgefangen.

- ▶ Worin unterscheiden sich Blut und Lymphe?
- ▶ Welche Aufgabe hat der Milchbrustgang?

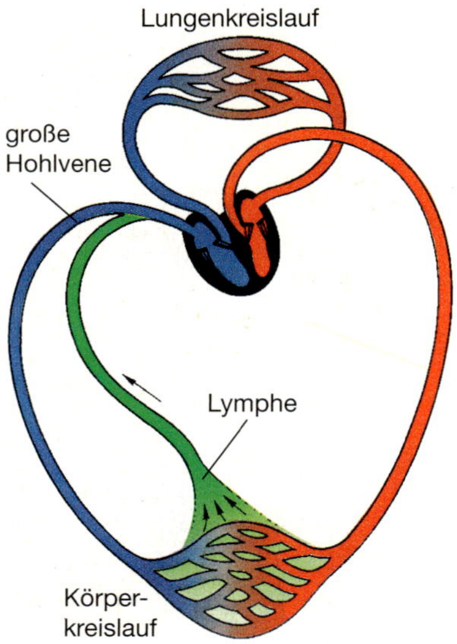

1 *Beziehung zwischen dem Blutgefäßsystem und dem Lymphgefäßsystem*

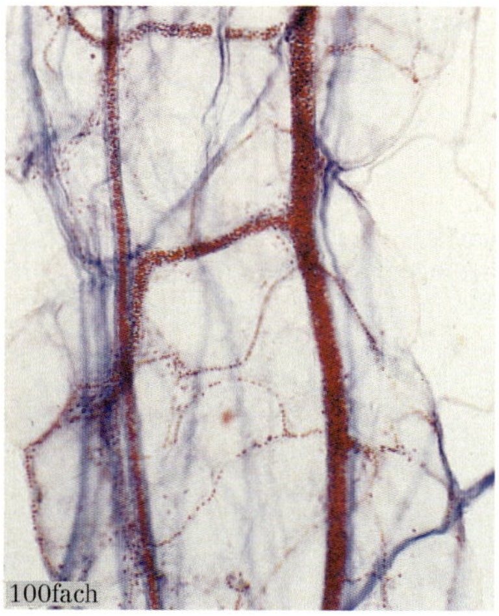

2 *Kapillaren, Arteriolen und Venolen (Mikrofoto). Das Präparat wurde angefärbt. Blau: Bindegewebsfasern.*

Die Venen

Die Kapillaren des Blutgefäßsystems vereinigen sich zu dünnwandigen *Venolen*. Diese schließen sich zu *Venenästen* zusammen. Schließlich bilden sich große Venen, die sich zu zwei *Hohlvenen* vereinigen. Im Gegensatz zu den Arterien, deren glatte, muskulöse Schläuche einen nahezu kreisrunden Querschnitt haben, ist der Querschnitt der Venen unregelmäßig. Ihre *Muskelschicht* ist *dünner*, das *Bindegewebe schwächer* ausgebildet.

Die Wände der Venen müssen einen geringeren Druck aushalten als die Wände der Arterien. Je weiter sich das Blut vom Herzen entfernt, desto schwächer wird der Druck. In den *Venen* geht der Blutdruck gegen null.

Blutspeicher. Die kleinen Venen sind *dehnbar*. Auf diese Weise sind sie in der Lage, Blut zu speichern und es bei Bedarf in den Kreislauf zu drücken. Die Venen der Gliedmaßen sind dickwandiger als die Kopfvenen, sie sind auch stärker belastet. *Venenklappen* bewirken, dass sich kein Blut in den Beinen und Armen staut.

▶ Charakterisieren Sie: Arterie, Kapillare, Vene und Venenklappe.

Bluttransport. Der Blutstrom in den Venen wird durch die ständige *Bewegung des Körpers* unterstützt: Bei Anspannung der Muskeln werden die Venen zusammengedrückt und das in ihnen enthaltene Blut weitertransportiert. Bei der Muskelerschlaffung füllen sich die Venen wieder. Die Venenklappen verhindern den Rückstrom, eine gleichmäßige Strömung zum Herzen hin ist die Folge. Durch die *Sogwirkung* des Herzens wird die Strömung verstärkt. Auch die *Pulswellen* der Arterien unterstützen den Bluttransport: Da Venen und Arterien häufig durch eine Bindegewebshülle zusammengepackt sind, drückt jede Pulswelle der Arterie die benachbarte Vene zusammen und schiebt das Blut in der Vene in Gegenrichtung weiter.

Die *untere Hohlvene*, die aus dem Bauchraum aufsteigt, und die *obere Hohlvene*, die das Blut aus den Armen und vom Kopf zum Herzen zuführt, münden getrennt voneinander in den rechten Vorhof. Das Blut kehrt *sauerstoffarm* und *kohlenstoffdioxidreich* zum Herzen zurück. Der Körperkreislauf ist damit geschlossen.

● Venen sind dünnwandige Blutgefäße. Sie führen das Blut zum Herzen. Taschenklappen in den Venen wirken als Ventile.

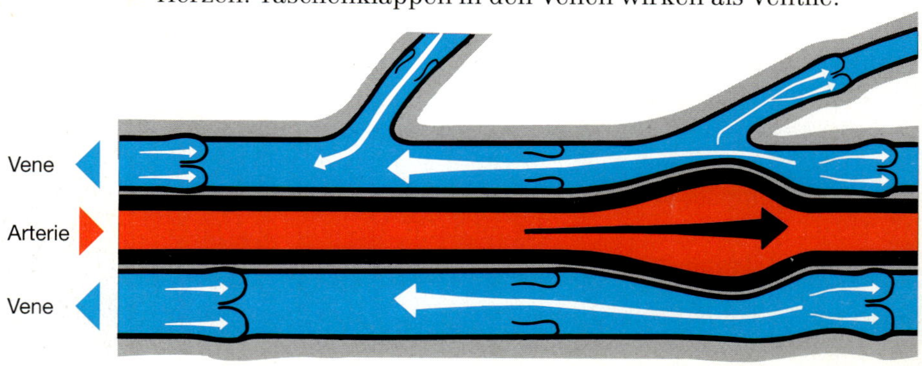

3 *Blutbewegung in den Venen*

3 Der Lungenkreislauf

Das *sauerstoffarme, kohlenstoffdioxidreiche Blut* gelangt vom rechten Vorhof in die rechte Herzkammer. Von dort wird es über die *Lungenarterie* zur Lunge gepumpt. Dabei zweigt zu jedem Lungenflügel ein Arterienast ab.

Das *sauerstoffreiche, kohlenstoffdioxidarme Blut* wird in den beiden Ästen der *Lungenvene* gesammelt und dann zum linken Herzvorhof geführt. Durch die linke Herzkammer wird es wieder in den Körper gepumpt.

Gasaustausch in der Lunge. Vor den beiden Lungenflügeln teilt sich die Luftröhre in zwei *Bronchien* auf. Jede Bronchie führt in einen Lungenflügel. In den Lungenflügeln verzweigen sich die Bronchien mehrfach. Feinste *Bronchiolen* bilden sich. Die Bronchiolen enden schließlich in den *Lungenbläschen*. Diese dünnwandigen Bläschen haben einen Durchmesser von etwa 0,2 mm. Sie bilden eine mehr als 200 m² große Kontaktfläche zu den Lungenkapillaren.

Austausch von Sauerstoff und Kohlenstoffdioxid. An der Kontaktfläche zwischen Lungenkapillaren und Lungenbläschen findet der *Gasaustausch* statt. Da in den Lungenbläschen der Sauerstoffdruck höher ist als im Blut, geht *Sauerstoff* an der feuchten Innenwand der Lungenbläschen in Lösung und wandert durch die Bläschenwand und die dünne Wand der Kapillaren hindurch ins Blut. Dort wird er vom Hämoglobin, dem Blutfarbstoff der roten Blutkörperchen, rasch gebunden und mit dem strömenden Blut weggeführt. Immerhin reicht die kurze Zeit von einer drittel Sekunde, in der das Blut an der Wand eines Lungenbläschens entlangströmt, um die *Sauerstoffsättigung* im Blut von 75 % auf 96 % zu erhöhen. Gleichzeitig diffundiert *Kohlenstoffdioxid* aus dem Blut in die Lungenbläschen.

Äußere und innere Atmung. Die roten Blutkörperchen übernehmen den Ferntransport der Atemgase und stellen die Verbindung zwischen Lunge und Körperzellen her. Diese brauchen Sauerstoff, um aus den ihnen zugeführten Nährstoffen Energie zu gewinnen. Als „Abfall" entsteht dabei Kohlenstoffdioxid. Während die Vorgänge in der Lunge *äußere Atmung* genannt werden, bezeichnet man den Gasaustausch, der für die Stoffwechselvorgänge innerhalb der Körperzellen notwendig ist, als *innere Atmung*.

- Sauerstoff tritt aus den Lungenbläschen ins Blut, Kohlenstoffdioxid aus dem Blut in die Lungenbläschen über.

▶ Worin unterscheidet sich das Blut der Lungenvene von dem der Körpervene?

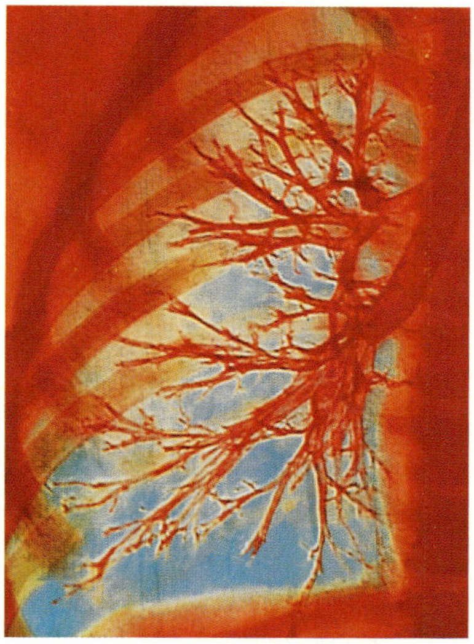

1 Verzweigungen der Bronchien in der Lunge

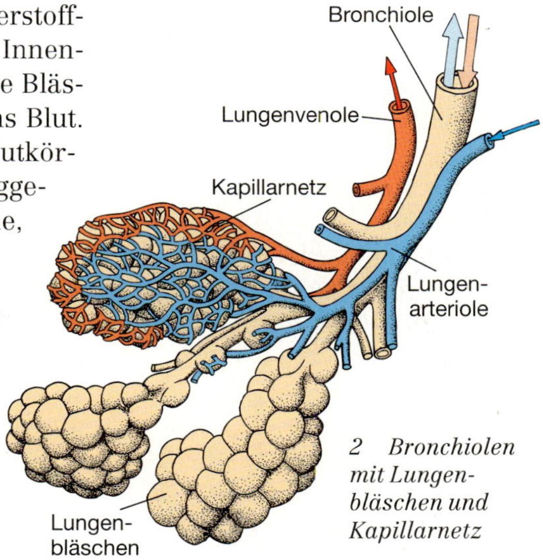

2 Bronchiolen mit Lungenbläschen und Kapillarnetz

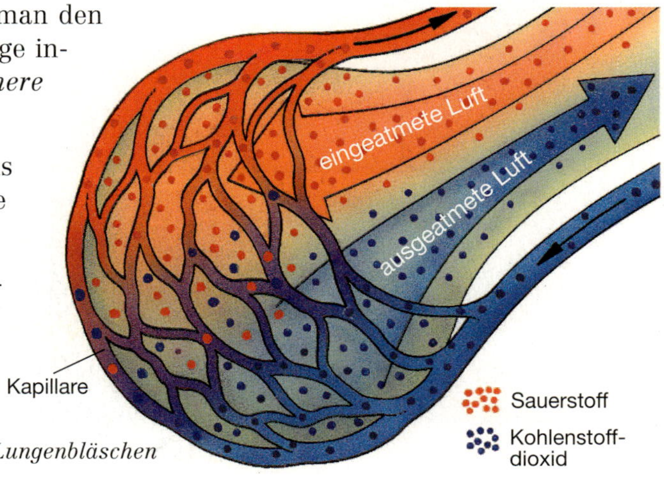

3 Gasaustausch in einem Lungenbläschen

Praktikum: Blutkreislauf

1 So wird der Blutdruck gemessen
Benötigt werden:
Blutdruckmessgerät und Stethoskop.
Durchführung:
Um den Oberarm wird eine aufblasbare Gummimanschette gelegt. Beim Aufpumpen spannt sich die Manschette. Damit wird der Blutfluss in der Armarterie eingeengt, bis er schließlich ganz unterbunden ist. Durch Öffnen eines Ventils lässt man nun so lange langsam Luft aus der Manschette ab, bis man mit dem in der Armbeuge angelegten Stethoskop das Geräusch der ersten Pulswelle hören kann, die den Manschettendruck gerade überwindet. Auf einem angeschlossenen Messgerät, dem Manometer, kann man nun den systolischen Blutdruck ablesen.
Nun lässt man weitere Luft aus der Manschette ab, bis das Strömungsgeräusch des Blutes immer schwächer wird und schließlich ganz verschwindet.
Jetzt wird der untere oder diastolische Blutdruckwert abgelesen.
Der Blutdruck ist der Druck des Blutes auf die Gefäßwand.

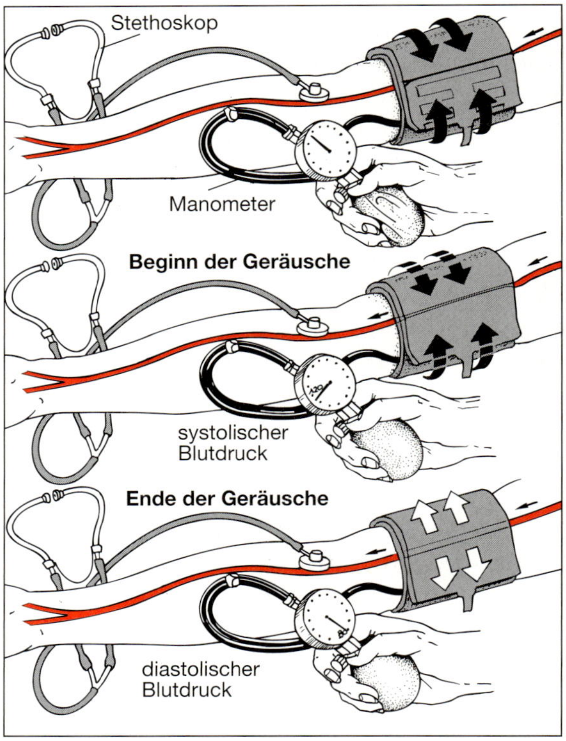

2 Puls und Blutdruck bei Aktion
Untersuchen Sie den Blutdruck und den Pulsschlag eines Mitschülers
- in Ruhe,
- nach 15 Kniebeugen,
- nach 30 Kniebeugen.

Vergleichen Sie die Ergebnisse mit denen anderer Mitschüler. Legen Sie im Heft eine Tabelle nach nebenstehendem Muster an und tragen Sie alle Ergebnisse ein.
Finden Sie eine Erklärung für ihre Ergebnisse.

	Schüler 1		Schüler 2		Schüler 3		…
	Blut-druck	Puls	Blut-druck	Puls	…		
in Ruhe	…	…					
nach 15 Kniebeugen							
nach 30 Kniebeugen							
…							

3 Nachweis der Venenklappen
Durchführung:
Den rechten Oberarm mit einem Tuch über dem Ellbogen abbinden. Dadurch treten die Venen deutlich hervor.
Die Venen auf dem Handrücken werden der Reihe nach mit dem Zeigefinger der anderen Hand zu den Fingern hin ausgestrichen. Kurz vor dem Fingeransatz wird abgedrückt. Meist wird dann eine Venenklappe erkennbar. Sie sorgt dafür, dass kein Blut in die ausgestrichene Vene zurückfließt.
Sobald nicht mehr abgedrückt wird, strömt Blut nach.

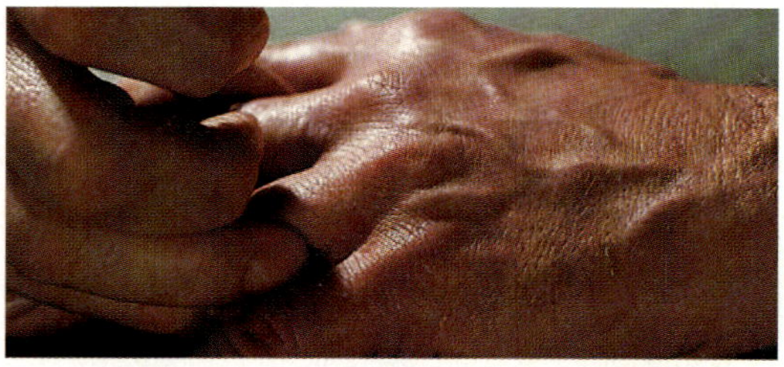

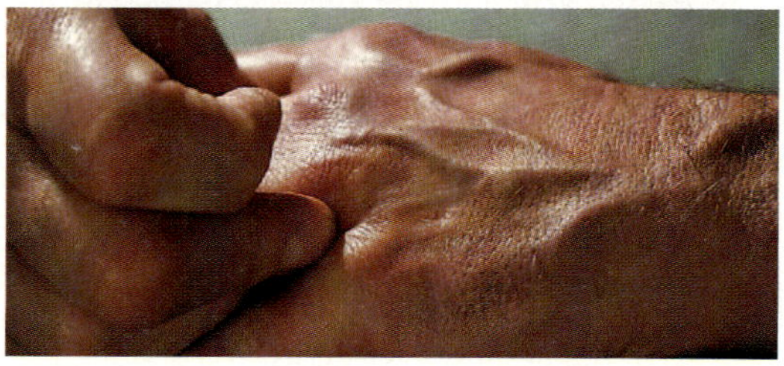

1 und 2 Gefüllte Vene (oben) und Vene nach dem Ausstreichen

4 Kreislauferkrankungen kann man vorbeugen

Mit *Sport und Bewegung* kann man *Herz- und Kreislauferkrankungen* vorbeugen.
Ausdauertraining beugt Kreislauferkrankungen vor. Jeder sollte einmal pro Tag mindestens 10 Minuten oder einmal pro Woche 1 Stunde intensiv trainieren und den Kreislauf auf Trab bringen. Ausschließlich kurze Hochbelastungen sind weniger gesund.
Geeignet für jedermann sind *Radfahren, Joggen* (die Gehversion *„Walken"* schont die Gelenke), *Schwimmen* oder *Inlineskaten*.
Noch besser wäre es, sich für eine Sportart zu begeistern, die richtige Ausdauer verlangt, sodass man sie auch regelmäßig betreibt, sei es nun *Volleyball, Tennis, Aerobic, Leichtathletik* oder vielleicht ein *Tanzkurs*. Das Angebot der Jugendgruppen in den Sportvereinen ist vielfältig.
Ebenfalls wichtig ist es, sich auch in *Stresszeiten* regelmäßige Ruhepausen zu gönnen. *Yoga* oder *autogenes Training* können diese Pausen noch effektiver unterstützen. Ein *Saunabesuch* entschlackt außerdem den Körper von Giftstoffen.
Letztlich trägt auch noch eine bewusste und *gesunde Ernährung* zur Gesunderhaltung des Herz-Kreisaufsystems bei. Wenig Fett und Kohlenhydrate in der Nahrung halten die Gefäße frei und elastisch und helfen das Normalgewicht zu halten.

1 *Ein ausgewogenes Fitness- und Entspannungsprogramm kann Kreislauferkrankungen vorbeugen.*

Zu niedriger Blutdruck
Bei jungen Menschen tritt häufig zu niedriger Blutdruck auf.
Nach dem Aufstehen fühlt man sich schwindlig, ist müde, abgespannt und hat oft keine Lust etwas zu unternehmen.
Durch Sport und Spiel, Bewegung in frischer Luft und eine ausgewogene Ernährung kann man eine Besserung erzielen.

Erhöhter Blutdruck
Vor allem bei älteren Menschen tritt zu hoher Blutdruck auf, der die Gesundheit beeinträchtigen kann.
Die Ursachen des Bluthochdrucks sind bis heute noch nicht vollständig erforscht. Man nimmt jedoch an, dass Rauchen, Alkohol, Übergewicht, eine salzreiche Kost und Dauerstress mit großer Wahrscheinlichkeit dazu führen.
Die Blutgefäße sind dem zu hohen Druck auf Dauer nicht gewachsen und werden brüchig.

Arteriosklerose
An verhärteten und brüchigen Arterien lagern sich Blutplättchen und das Blutfett Cholesterin ab.
Die Arterie versucht durch die Bildung neuer Zellen die Ablagerungen einzukapseln. Dadurch werden die Gefäße mit der Zeit immer enger.

Schlaganfall und Herzinfarkt
Ist eine der Arterien, die zum Gehirn führen, verstopft, kann ein Schlaganfall auftreten. Das nicht mehr durchblutete Gewebe stirbt ab. Lähmungen sind häufig die Folge. Ist eine Arterie betroffen, die das Herz versorgt, kommt es zum Herzinfarkt, der oft tödlich verläuft.

Sauerstoffsättigung
Die Löslichkeit von Sauerstoff in Wasser ist temperaturabhängig. Bei 10°C können sich maximal 10,9 mg Sauerstoff in Wasser lösen, bei 30°C nur noch 7,5 mg. Diese Werte bezeichnet man als Sättigungswerte.

5 Gasaustausch und Zellatmung

Gasaustausch. Ein Einzeller, der im Wasser lebt, deckt seinen Sauerstoffbedarf aus dem umgebenden Wasser. Solange die Sauerstoffkonzentration im Wasser höher ist als im Innern des Einzellers, diffundieren Sauerstoffmoleküle in den Einzeller. Nimmt die Sauerstoffkonzentration im Wasser ab, wird die Lage für den Einzeller kritisch. Schließlich stirbt er an Sauerstoffmangel.

Auch die Zellen des menschlichen Körpers benötigen *Sauerstoff*. Sowohl der Übergang des Sauerstoffs aus den Lungenbläschen ins Blut als auch aus dem Blut in die Gewebe folgt einem Konzentrationsgefälle. Dieselbe Gesetzmäßigkeit gilt auch für den Weg, den das Kohlenstoffdioxid nimmt. Aus den Geweben gelangt es ins Blut, das den Ferntransport in die Lunge übernimmt.

Zellatmung. Beim Abbau der Nährstoffe wird in den Zellen unter Sauerstoffverbrauch in vielen aufeinander folgenden Einzelstufen Energie freigesetzt. Diesen Vorgang nennt man *Zellatmung*. Bei der Umsetzung von 1 Mol Glucose, dies entspricht 180 g, werden 2800 kJ frei.

Der aufgenommene Sauerstoff wird benötigt, um den Wasserstoff als H_2O zu binden. Das Kohlenstoffdioxid entsteht beim schrittweisen Abbau der Glucose. Das Wasser wird in den Stoffkreislauf des Körpers einbezogen, während das Kohlenstoffdioxid ständig ausgeschieden wird.

- Beim Abbau von Glucose wird in den Zellen Energie freigesetzt. Für diese Zellatmung wird Sauerstoff benötigt, Wasser und Kohlenstoffdioxid entstehen.

1 Zellen verbrauchen zur Energiegewinnung Sauerstoff. Den Vorgang nennt man Zellatmung. Bevorzugter Brennstoff ist die Glucose, die in Wasser und Kohlenstoffdioxid zerlegt wird.

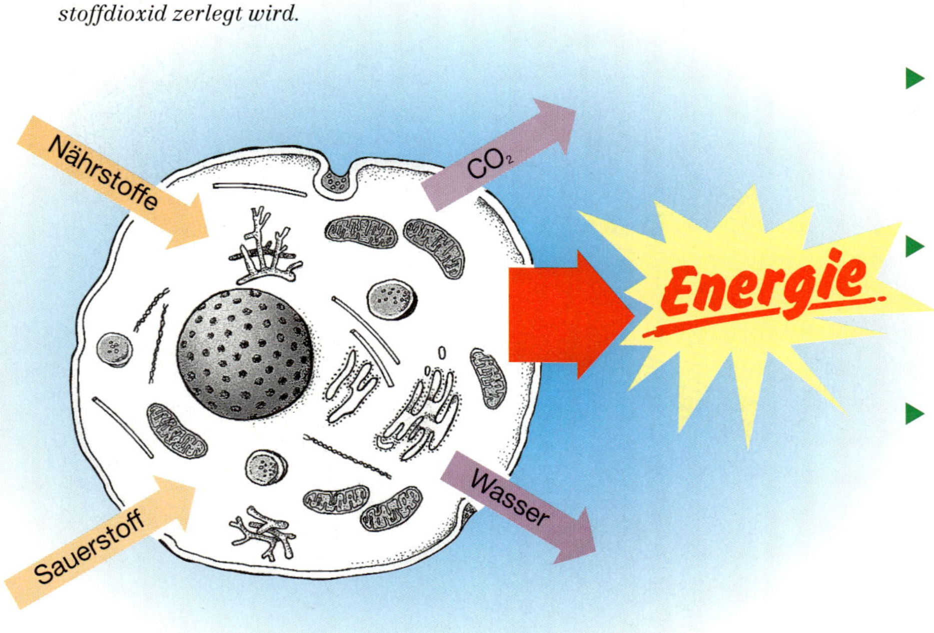

- ▶ Man kann 20 Tage ohne Essen und 7 Tage ohne Wasser, aber nur 5 Minuten ohne Sauerstoff überleben. Begründen Sie!
- ▶ Die Luft, die wir ausatmen, ist reich an Kohlenstoffdioxid. Erklären Sie, wie dieses Gas entsteht und in die Lunge gelangt.
- ▶ Bei körperlicher Arbeit steigt der Sauerstoffbedarf an. Gleichzeitig erhitzt sich der Körper. Erklären Sie.

Glucose	+	Sauerstoff	⟶	Wasser	+	Kohlenstoffdioxid	+	Energie
$C_6H_{12}O_6$	+	$6\ O_2$		$6\ H_2O$	+	$6\ CO_2$	|	-2800 kJ

6 Komplikationen bei der Sauerstoffversorgung

1 *Ohne Atemgerät ist der Aufenthalt in großen Höhen nur möglich, wenn der Körper sich allmählich an die sauerstoffarme Luft anpassen kann.*

Die Höhenkrankheit. Wenn die Außenluft nicht genügend Sauerstoff enthält, kommt es zu Kopfweh, Schwindel und körperlichem Zusammenbruch. Deshalb tragen die meisten Bergsteiger *Atemgeräte* auf dem Weg zu den höchsten Gipfeln der Erde. Wenn der Übergang vom Flachland ins Hochgebirge langsam erfolgt, vermag sich der Körper an die Außenbedingungen recht gut anzupassen. In der Übergangszeit werden die *Atemgeschwindigkeit* und die *Atemtiefe* gesteigert. Nach einigen Tagen beginnt sich die Zahl der *roten Blutkörperchen* im Blut zu *vermehren*. Sie kann beim Mann von normal 5,5 bis 6 Millionen pro mm^3 auf 8 Millionen ansteigen.

Kohlenstoffmonooxidvergiftung. Verkehrspolizisten in der Großstadt weisen eine *erhöhte Zahl roter Blutkörperchen* auf.

Auch ihr Körper hat sich an eine besondere Belastung angepasst. Zwar ist der Sauerstoffgehalt der Luft an den Verkehrskreuzungen kaum geringer als sonstwo, ihr Gehalt an *Kohlenstoffmonooxid* (CO) ist jedoch erheblich größer.

Bei unvollständiger Verbrennung entstehen Abgase, die Kohlenstoffmonooxid enthalten. Da die Bindung von CO an Hämoglobin im Vergleich zu Sauerstoff 350-mal stärker ist, werden die „Transportplätze" für Sauerstoff vom CO besetzt.

2 *Taucher mit Pressluftflaschen*

Taucherkrankheit. Unter Überdruck lösen sich Gase verstärkt in Flüssigkeit. Nimmt der Druck anschließend rasch ab, bilden sich Gasbläschen.

Diese Gefahr droht jedem Taucher, der mit Pressluftflaschen in Tiefen unter 20 m absteigt. Die damit verbundene Druckzunahme um mehr als 200 hPa führt dazu, dass sich vermehrt *Luftstickstoff im Blut* löst. Bleibt der Taucher längere Zeit in der Tiefe, hat sich so viel Luftstickstoff im Blut gelöst, dass sich beim raschen Auftauchen *Stickstoffbläschen* bilden. Diese Gasbläschen können die Kapillaren verstopfen und dadurch die Blutversorgung bestimmter Bezirke unterbrechen.

Gefährlich wird es, wenn dabei Nervenzellen im Rückenmark und im Gehirn von der Sauerstoffversorgung abgeschnitten werden. Dann kann es zu *Lähmungen* mit Todesfolge kommen. Wird der Taucher aber rasch in eine Überdruckkammer gebracht und der Druck langsam ausgeglichen, entweicht der Stickstoff ohne Bläschenbildung. Um im Vorfeld zu verhindern, dass der im Blut gelöste Stickstoff ausperlt, muss der Taucher beim Auftauchen Pausen einlegen. Auf diese Weise kann er den Außendruck Stufe um Stufe ausgleichen. Dies wird als *Dekompression* bezeichnet.

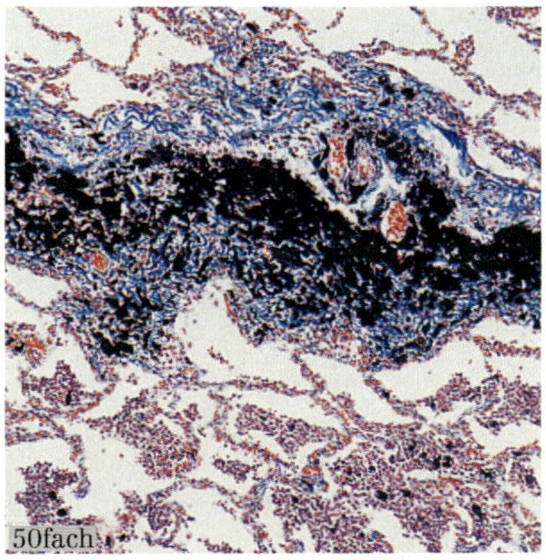

3 *Staublunge eines Arbeiters aus einem Zementwerk*

Staublunge. Wenn feinste, scharfkantige Quarzsandteilchen in die Lungenbläschen eindringen, kann sich eine Staublunge bilden. Das *Lungengewebe* wird schwer geschädigt und der *Gasaustausch beeinträchtigt*. Vor allem Bergleute, Steinbrucharbeiter und Steinmetze sind gefährdet.

Luftwege, Kehlkopf und Lunge

1 Zum Leben braucht der Mensch ständig Sauerstoff aus der Luft.

Wochenlang kann der Mensch ohne Nahrung leben. Tagelang hält er durch ohne zu trinken. Nur wenige Minuten jedoch übersteht er ohne zu atmen. Ständig braucht der menschliche Körper Sauerstoff aus der Luft. Die Luft wird durch die Nase und den Mund aufgenommen. Durch den Kehlkopf und die Luftröhre strömt sie in die Lunge.

1 Nase

Eine Reihe wichtiger Aufgaben werden von der Nase erfüllt:
- Sie *erwärmt* die Luft an den stark durchbluteten Nasenmuscheln.
- Sie *befeuchtet* die Luft. Die Nasenschleimhaut, aber auch die Tränenflüssigkeit, die aus den Tränengängen in die Nase gelangt, wirken dabei mit.
- Sie *reinigt* die Luft. Staub und andere Verunreinigungen der Atemluft bleiben am Nasenschleim haften. Die Flimmerhärchen der Schleimhautzellen befördern die Schmutzteilchen zu den Nasenlöchern und zum Rachen.
- Sie *prüft* die Luft auf Duftbeimengungen. Stechend riechende Gase wie Ammoniak oder Formaldehyd lösen einen Reflex aus, der für kurze Zeit zu Atemstillstand führt. Kitzelnde Reizung der Nasenschleimhaut löst den Niesreflex aus. Der Luftstoß bläst die Nasenhöhle frei.
- Sie wirkt an der *Stimmbildung* mit. Die lufterfüllten Nebenhöhlen und die angrenzenden Knochen dienen mit der Nasenhöhle zusammen als Resonanzorgan.

● Die Nase erwärmt, befeuchtet, reinigt und prüft die Luft. Außerdem wirkt sie an der Stimmbildung mit.

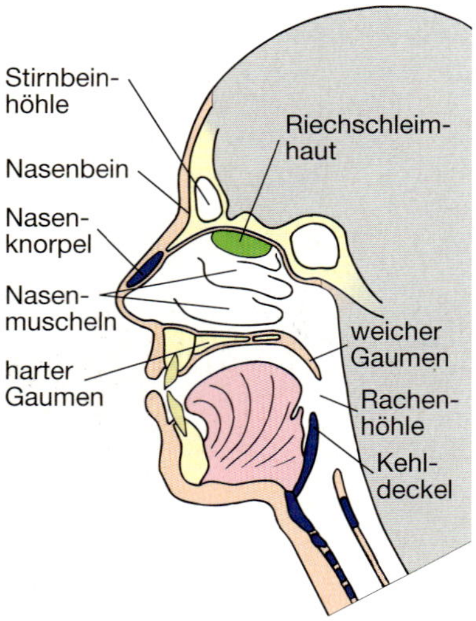

2 Nur eine 2,5 cm² große Fläche in jeder Nasenhälfte ist mit Riechschleimhaut (grün) ausgekleidet.

2 Rachen und Kehlkopf

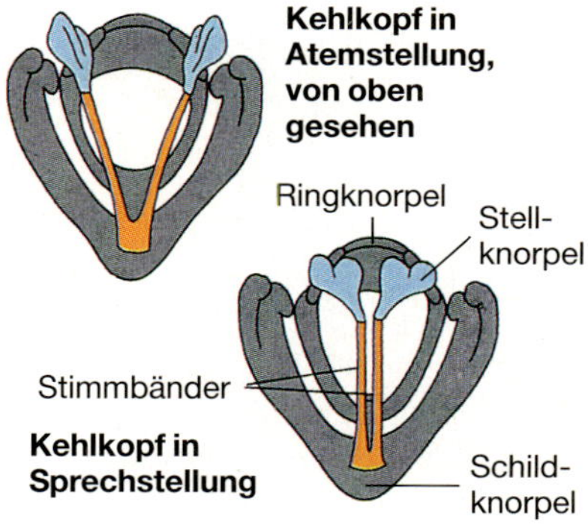

Aus der Nasenhöhle tritt die Luft in den *Rachenraum* ein. Zwei große Lymphknoten, die *Mandeln*, liegen an der hinteren Rachenwand. Zahlreiche weiße Blutkörperchen, die aus den Mandeln austreten, bekämpfen eingedrungene Bakterien. Im Rachenraum kreuzen sich der Luft- und der Speiseweg.

Den knorpeligen *Kehlkopf* sieht man beim Schlucken auf und ab wandern. Der *Kehldeckel* verschließt beim Essen den Eingang zur Luftröhre, sodass keine Speisen in den „falschen Hals" gelangen. Beim Atmen und Sprechen ist der Kehldeckel hochgeklappt. Deshalb ist das Reden mit vollem Mund auch gefährlich. Der Kehlkopf spielt als Stimmbildungsorgan eine wichtige Rolle.

Stimmbildung. Zwei Knorpelspangen, der Schildknorpel und der Ringknorpel, geben dem Kehlkopf seine äußere Form. Zwischen dem Schildknorpel und den beiden Stellknorpeln sind die *Stimmbänder* ausgespannt. Zwischen ihnen bleibt die Stimmritze offen. Die Stimmbänder sind mit dem Ringknorpel verbunden. Durch Muskeln können sie weit auseinander gezogen werden. Das ist beim normalen Luftholen der Fall. Durch Muskelzug an den Stellknorpeln wird die *Stimmritze* dagegen verengt. Beim Husten spüren wir, dass der Kehlkopf dicht geschlossen werden kann.

Durch Muskeln kann auch die Spannung der Stimmbänder verändert werden. Wenn die Atemluft durch die enge Stimmritze ausströmt, entstehen *hohe Töne*. Die Stimmbänder schwingen jetzt rasch und unterbrechen den Luftstrom in kurzen Intervallen. *Tiefe Töne* entstehen bei langsamen Schwingungen, wenn die Stimmritze weit ist.

Für die Klangfarbe sind Größe und Form der lufterfüllten Räume in Lunge, Luftröhre, Mund, Nase und in den Nebenhöhlen der Schädelknochen von großer Bedeutung.

Zischgeräusche entstehen beim Ausströmen der Luft aus dem Mund. Die Zunge vibriert dabei mit. Die *Bruststimme* ist tief und kräftig. Bei ihr schwingen die Bänder über die ganze Länge, die Stimmritze ist verhältnismäßig eng. Deshalb hält die Luft lange vor.

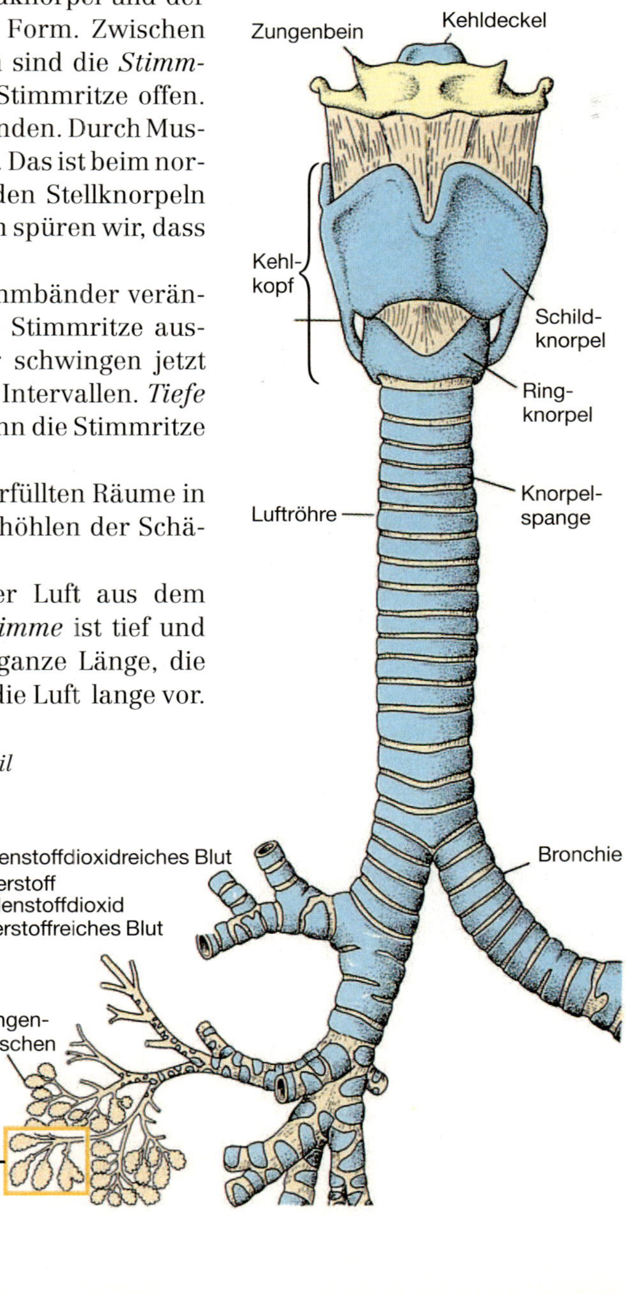

1 bis 3 Kehlkopf, Luftröhre und Lungenbläschen im Detail

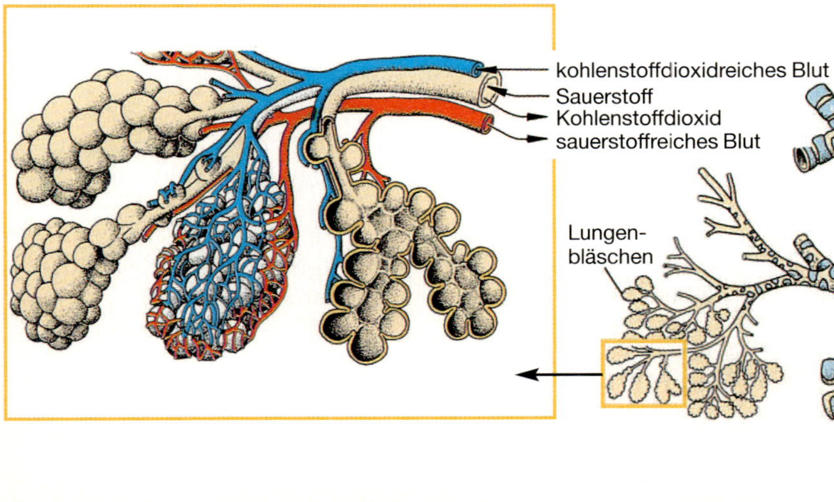

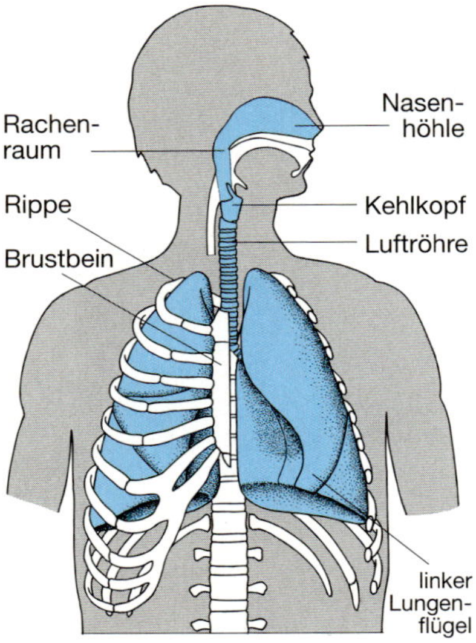

1 Die Lunge liegt zwischen der Brustkorbwandung und dem Zwerchfell. Der rechte Lungenflügel besteht aus drei, der linke aus zwei Lappen.

2 Das Ausgusspräparat einer Lunge zeigt die feinen Verzweigungen der Lungenvenen und Lungenarterien.

Benötigte Luftmenge pro Stunde in Liter	
Schlafen	280
Liegen	400
Stehen	450
Gehen	1000
Radfahren	1400
Schwimmen	2600
Bergsteigen	3100
Rudern	3600

Die *Kopfstimme* ist hoch und wenig kräftig. Die Bänder sind straff und schwingen nur in einem Teilbereich. Die Stimmritze ist leicht geöffnet, sodass mehr Luft „ungenutzt" verströmt.
Kinder haben eine sehr hohe Stimme, weil ihre Stimmbänder kurz sind. Während des *Stimmbruchs* wächst der Kehlkopf beim Jungen stark. Die Stimmbänder des Mannes sind etwa 18 mm lang, die der Frau ungefähr 12 mm.

● Schwingungen der Stimmbänder im Kehlkopf führen zu Schwingungen der Luft, Töne entstehen. Ist die Stimmritze eng, entstehen hohe Töne. Bei weiter Stimmritze sind die erzeugten Töne tief.

▶ Die Stimmbildung erfolgt im Kehlkopf. Beschreiben Sie die dazu notwendigen Einrichtungen.

▶ Wissen Sie, welcher Stimmlage Ihre Stimme entspricht? Am Klavier können Sie ihren Stimmumfang testen.

3 Luftröhre

Die Luftröhre ist 10 bis 12 cm lang. Sie liegt vor der Speiseröhre. Etwa 20 hufeisenförmige Knorpelspangen halten sie offen.
Die Innenwand der Luftröhre ist von einer *Flimmerschleimhaut* ausgekleidet. Die Flimmerhaare ihrer Zellen befördern eingedrungene Fremdkörper zusammen mit Schleim nach oben. Durch *Räuspern* wird der Schleim über den Kehlkopf in die Speiseröhre geschafft. Die Speiseröhre liegt hinter der Luftröhre.

▶ Die Luftröhre wird durch hufeisenförmige Knorpelspangen offen gehalten. Wie ist dies bei der Speiseröhre?

4 Lunge

Lungenflügel, Lungenfell und Rippenfell. Die beiden Lungenflügel liegen gut geschützt im Brustkorb. Der rechte Lungenflügel ist durch zwei tief greifende Einschnitte in drei Lappen unterteilt. Der linke Lungenflügel weist nur zwei Lappen auf. Ein kleiner Teil des Herzens wird vom linken Lungenflügel überdeckt. Die Lunge ist von einer doppelten Hülle umgeben:
- Das *Lungenfell* umgibt die Lungenflügel.
- Das *Rippenfell* kleidet die Innenwand des Brustkorbs aus.

Lungenfell und Rippenfell zusammen werden als *Brustfell* bezeichnet. Ihre Berührungsfläche ist glatt und feucht. Deshalb gleiten die beiden Hüllen fast reibungslos aneinander. Da sich im Gleitspalt keine Luft befindet, haften die feuchten Häute auch bei Bewegungen aneinander.

● Das Lungenfell umschließt die beiden Lungenflügel. Das Rippenfell kleidet die Innenwand des Brustkorbs aus.

▶ Die Anzahl der Atemzüge pro Minute nennt man Atemfrequenz. Stellen Sie Ihre Atemfrequenz fest. In welchen Situationen atmen Sie schneller oder langsamer?

Praktikum: Atmung

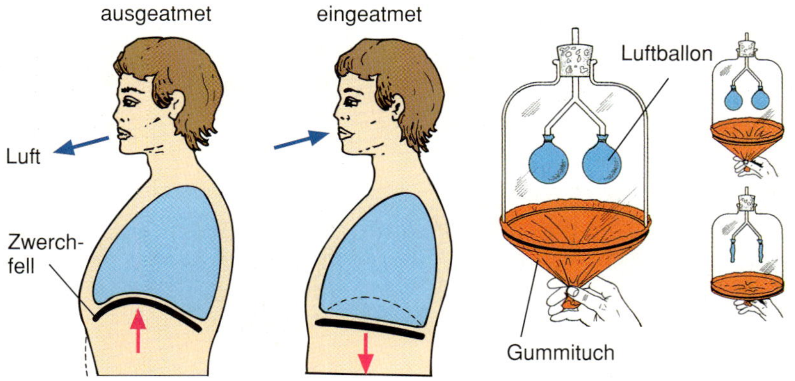

1 Modell zur Bauchatmung
Zieht sich die Zwerchfellmuskulatur zusammen, spannt sich das Zwerchfell und senkt sich nach unten. Das Lungenvolumen nimmt zu: Einatmen. Lässt die Spannung des Zwerchfells nach, wird es nach oben gedrückt: Ausatmen. Bauen Sie das Modell zur Bauchatmung nach. Welche Funktion hat das Gummituch?

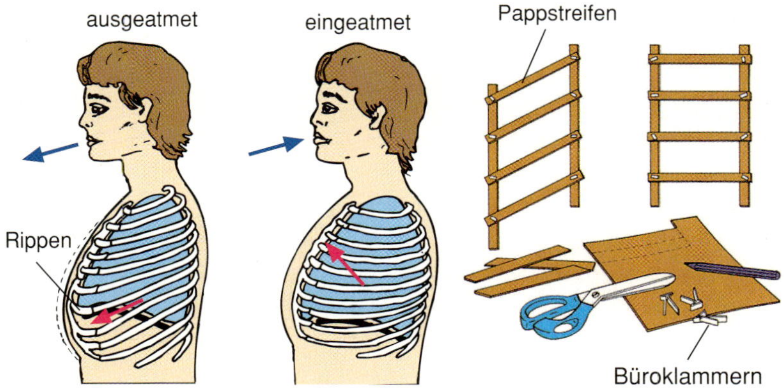

2 Modell zur Brustatmung
Der Brustkorb hebt sich, wenn sich die Zwischenrippenmuskeln zusammenziehen. Dadurch erweitert sich der Luftraum in der Brust. Luft wird eingesaugt. Lässt die Spannung der Muskeln nach, wird der Luftraum kleiner. Luft wird ausgepresst. Bauen Sie das Modell nach. Beschreiben Sie die Volumenänderung.

3 Nachweis von Kohlenstoffdioxid
Füllen Sie zwei Gläser mit Kalkwasser. Fügen Sie dem einen Leitungswasser, dem anderen die gleiche Menge kohlensäurehaltiges Mineralwasser hinzu. Was geschieht?
Füllen Sie zwei weitere Gläser mit Kalkwasser. Leiten Sie für je 3 Minuten Luft per Luftpumpe und per Trinkhalm in die Gläser. Was können Sie jetzt beobachten?

4 Bestimmung der Vitalkapazität
Benötigt werden:
Plastikwanne, große Glasglocke, Gummischlauch, Wasser.
Zu Beginn des Versuchs ist die Glasglocke mit Wasser voll gefüllt.
Ein erwachsener Mann von 75 kg atmet bei ruhigen Atemzügen etwa 500 ml Luft ein und aus: normales Atemvolumen. Darüber hinaus kann er noch ungefähr 2000 ml Einatmungsreserve aufnehmen. Auch über die ruhige Ausatmung hinaus kann er noch etwa 2000 ml ausatmen. Man nennt diese Luft Ausatmungsreserve.
Sein maximales Atemvolumen, die Vitalkapazität, macht demnach 4500 ml aus.
Durchführung:
Bauen Sie die Versuchsanleitung nach und bestimmen Sie Ihre persönliche Vitalkapazität.

Erste Hilfe

1 *Bei einem Unfall kann jede Sekunde über Leben oder Tod entscheiden.*

1 Richtiges Verhalten am Unfallort

Ein Unfall! Opa ist von der Leiter gefallen, Mutter hat sich mit dem Messer geschnitten, ein Kind ist mit dem Fahrrad verunglückt, jemand hat auf nasser Straße die Kontrolle über sein Auto verloren. Jeder hat die Pflicht zu helfen. Dabeistehen und zuschauen hilft nicht. **Erste Hilfe** ist gefragt. Schnell und sachkundig:

- **Bei einem Verkehrsunfall** Unfallstelle sichern, dazu Warnschilder in genügender Entfernung aufstellen, Warnlichter und Warnlampe einsetzen um Folgeunfälle zu vermeiden;
  feststellen, ob der Betroffene bei Bewusstsein ist oder nicht.
- **Ist der Verletzte ansprechbar,** fragen, wo er Schmerzen hat;
  Verbandskasten holen, Schutzhandschuhe anziehen, Blutungen stillen;
  beruhigend mit dem Betroffenen reden;
  Unfallmeldung abgeben.
- **Ist der Verletzte nicht ansprechbar,** Atmung kontrollieren.
- **Wenn keine Atmung feststellbar,** Schutzhandschuhe anziehen, Atemwege freimachen;
  Atemspende durch Mund-zu-Nase-Beatmung: 2 Atemstöße;
  dann Puls prüfen.
- **Wenn kein Puls zu spüren ist,** Herz-Lungen-Wiederbelebung.
- **Wenn Atmung und Puls stabil,** blutende Wunden versorgen (Schutzhandschuhe!);

Eine richtige Unfallmeldung muss folgende Informationen enthalten:

Wo ist es passiert?
Was ist passiert?
Wie viele Verletzte?
Welche Art der Verletzung?

Warten Sie auf Rückfragen!

Merkhilfe: **W W W W W**

▶ Wie lautet der Notruf in Ihrer Region?
▶ Nennen Sie die Namen von vier Rettungsdiensten.

wenn möglich bewusstlose Verletzte in eine stabile Seitenlage bringen: Vorsicht! Auf keinen Fall zerren oder ziehen, vor allem nicht bei Verdacht auf Rückenverletzungen;
Unfallmeldung abgeben;
Verletzten mit Decke oder Wärmefolie zudecken;
möglichst kein Transport des Unfallopfers und schon gar keine gewaltsame Befreiung aus dem Auto, es sei denn, es besteht Brandgefahr.

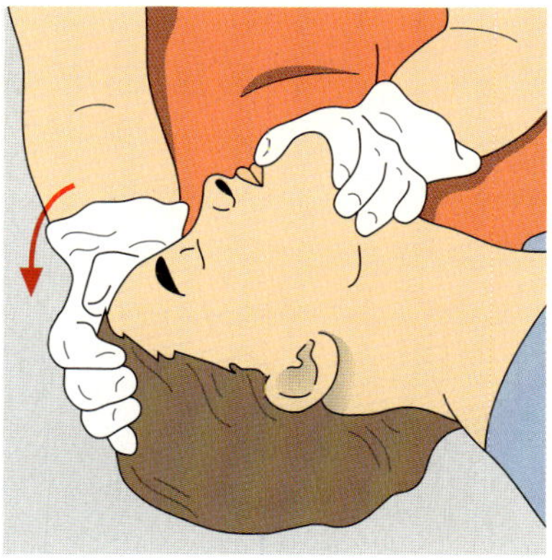

1 Überstreckung des Kopfes

2 Wiederherstellung der Vitalfunktionen

Die lebenswichtigen Körperfunktionen, die dafür sorgen, dass unser Körper ausreichend mit Sauerstoff versorgt wird, bezeichnet man als *Vitalfunktionen*. Je länger die Unterversorgung des Organismus mit Sauerstoff dauert, umso mehr Zellen werden geschädigt. Das Gehirn reagiert besonders empfindlich. Deshalb sollten Hilfemaßnahmen sofort einsetzen.
Um festzustellen, ob eine Vitalfunktion gestört ist, müssen sowohl das *Bewusstsein* und die *Atmung* als auch der *Kreislauf* überprüft werden.

Bewusstlosigkeit

Opfer schwerer Unfälle verlieren häufig das Bewusstsein. Blutdruckabfall oder direkte Gehirnschädigung führen dazu, dass die Großhirnzellen ihre Funktion einstellen. Sinnesreize werden nicht mehr verarbeitet und gezielte Bewegungen sind nicht mehr feststellbar. Der Betroffene reagiert auch nicht auf lautes Ansprechen.
Es besteht die Gefahr, dass der Verletzte aufgrund einer *Blockade der Atemwege* erstickt. Durch Erschlaffung der Schlundmuskulatur fällt die Zunge nach hinten und versperrt die Luftröhre. Die Erschlaffung der Muskulatur des Mageneingangs kann bewirken, dass Mageninhalt austritt und über die Luftröhre bis in die Lunge fließt. Machen Sie deshalb die Atemwege des Bewusstlosen frei: Seinen Kopf leicht nach hinten überstrecken, Zunge nach vorne holen, Mundraum mit einem Finger freiräumen (z.B. lose Zahnprothesen, Erbrochenes entfernen).

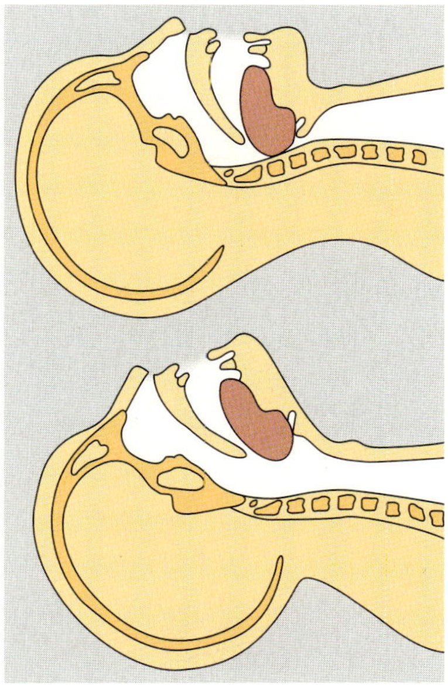

2 Zungenposition vor und nach der Überstreckung des Kopfes

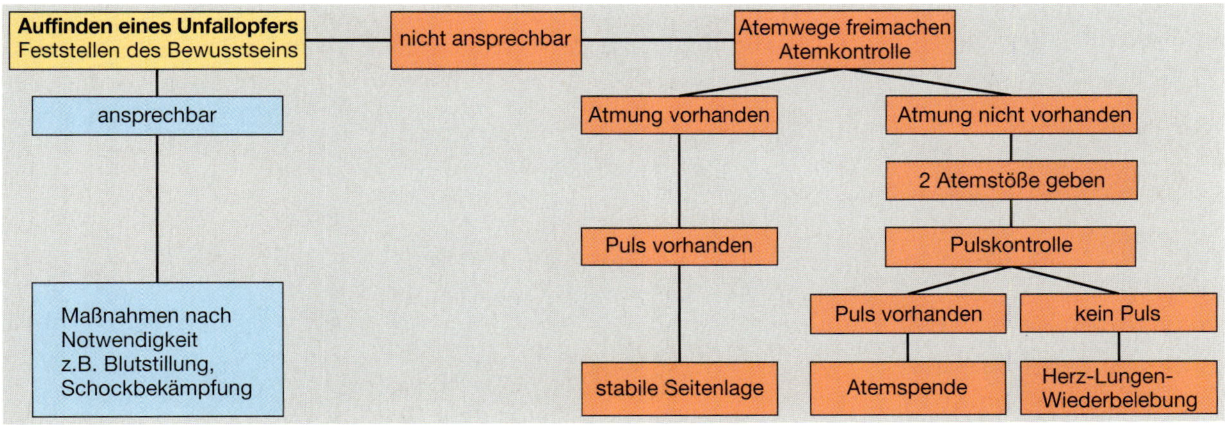

3 Richtige Vorgehensweise in einer Notfallsituation

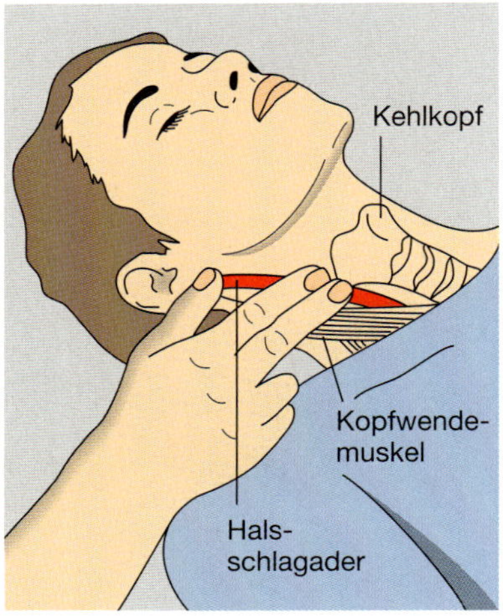

1 Ertasten des Pulses

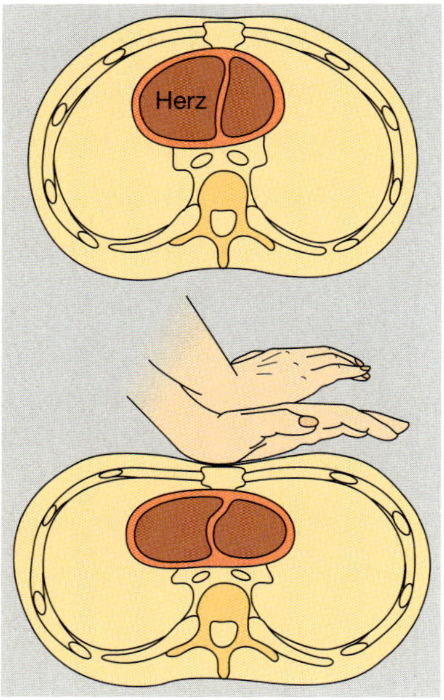

2 Verformung des Herzens und des Brustkorbs während der Herz-Druck-Massage

Herzstillstand und Atemstillstand

Ob das Herz normal arbeitet, lässt sich am Pulsschlag feststellen. Am leichtesten ist dieser mit Zeige- und Mittelfinger an den Halsschlagadern zu beiden Seiten des Kehlkopfs zu ertasten. Ist kein Puls mehr zu fühlen, besteht die Gefahr eines Herzstillstands. Herzversagen führt auch zu Atemstillstand. Diese beiden Vitalfunktionen können mithilfe der *Herz-Lungen-Wiederbelebung* häufig wieder stabilisiert werden.

Herz-Druck-Massage. Durch den Druck der Hände auf das Brustbein erhöht sich der Druck im Brustraum. Das Blut wird aus dem Herzen in die Gefäße gedrückt. Bei nachlassendem Druck füllt sich das Herz wieder mit Blut. Der Helfer übernimmt gewissermaßen die Aufgabe des Herzmuskels. Die Herz-Druck-Massage ist oft lebensrettend, aber nicht ganz ungefährlich. Schon deshalb sollten Sie einen Erste-Hilfe-Kurs besuchen.

Atemspende. Zwischen den Druckmassagen wird der Verletzte mithilfe der *Mund-zu-Nase-Beatmung* beatmet. Sie entspricht im Gegensatz zur Mund-zu-Mund-Beatmung dem natürlichen Atemweg.

Sollten Sie allein am Unfallort sein, 15-mal kräftig und rhythmisch auf den Brustkorb des Verletzten drücken, dann wieder 2 Atemstöße geben. Wenn ein zweiter Helfer anwesend ist, übernimmt der eine die Aufgabe den Brustkorb zu drücken, der andere gibt die Atemspende (nach dem Muster 5-mal drücken, 1-mal beatmen).

So beatmen Sie richtig:
- Drehen Sie den Verletzten auf den Rücken.
- Beugen Sie seinen Kopf in den Nacken.
- Verschließen Sie seinen Mund mit einer Hand.
- Atmen Sie normal ein.
- Setzen Sie den Mund auf die Nase des Verletzten und pressen Sie die Luft langsam in die Nase ein. Die richtige Stärke der Beatmung erkennen Sie an der Hebung des Brustkorbs.
- Anschließend heben Sie den Mund ab, atmen normal ein und beatmen erneut.

Stabile Seitenlage

Während der Mund-zu-Nase-Beatmung und der Herz-Lungen-Wiederbelebung befindet sich der Verletzte in der Rückenlage. Bewusst-

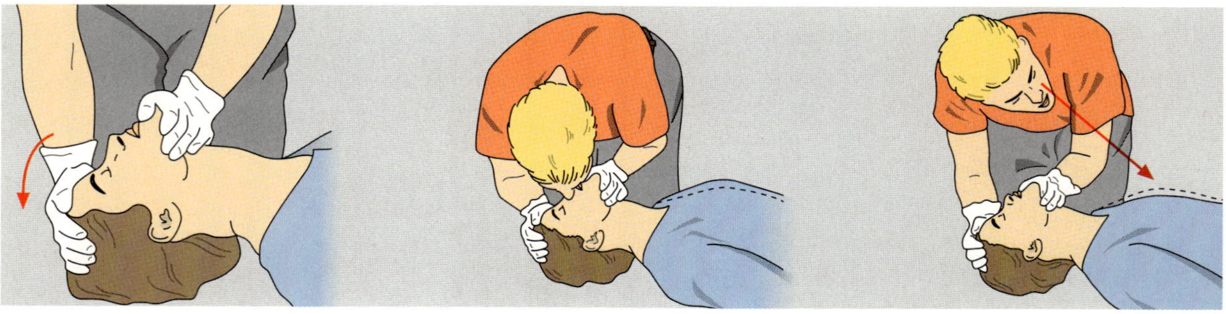
3 Mund-zu-Nase-Beatmung

lose Personen, deren Puls und Atmung stabil sind, sollten in die *stabile Seitenlage* gebracht werden, damit Erbrochenes, Blut und Schleim aus dem Mund stets abfließen können.

Blutungen

Bei starkem Blutverlust wird der Körper nicht mehr ausreichend mit Sauerstoff versorgt. Deshalb muss die Blutung gestillt werden. Lagern Sie den blutenden Körperteil hoch und legen Sie einen festen Wundverband an. Verbandskästen enthalten dafür z. B. Pflaster und Binden.

Lässt sich die Blutung auf diese Weise nicht stillen, wird ein *Druckverband* angelegt: Über die Wundauflage kommt ein Druckpolster. Ein geschlossenes Verbandspäckchen oder eine Mullbinde genügen. Das Druckpolster wird mit einer Binde oder einem Dreiecktuch stramm fixiert.

Kann die Blutung auch so nicht gestillt werden, muss die zuführende Schlagader abgedrückt werden.

Schock

Auch bei nicht lebensgefährlichen Verletzungen kann ein Schockzustand eintreten. Starke Schmerzen und Blutverlust, ja allein das Miterleben können ihn auslösen:

- Der Puls ist schnell und schwach.
- Das Gesicht ist blass, Stirnschweiß bildet sich.
- Die Haut ist kalt.
- Der Verletzte friert.
- Oft sind die Notfallopfer unruhig und verwirrt.

Schockzustände können lebensbedrohlich sein. Trösten Sie Betroffene mit beruhigenden Worten. Lassen Sie sie sitzen oder sich hinlegen. Lagern Sie die Beine hoch und decken Sie den Verletzten wärmend zu. Der Körper sollte nicht in eine Schräglage gebracht werden, wenn Schädelverletzungen erkennbar sind, der Verletzte über Atemnot oder über plötzliche Schmerzen im Brust- bzw. Bauchraum klagt.

● Es ist wichtig, die einzelnen Handgriffe der ersten Hilfe zu üben. Nehmen Sie an einem Erste-Hilfe-Kurs teil!

▶ Beschreiben Sie anhand der Grafik auf Seite 141 das richtige Vorgehen in einer Notfallsituation.

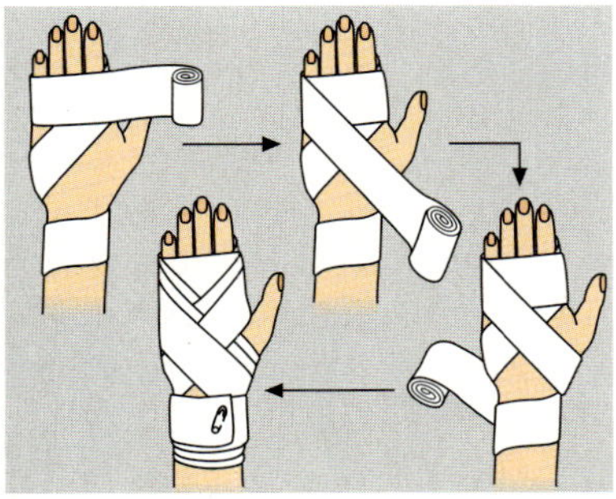

1 *Anlegen eines Handverbands*

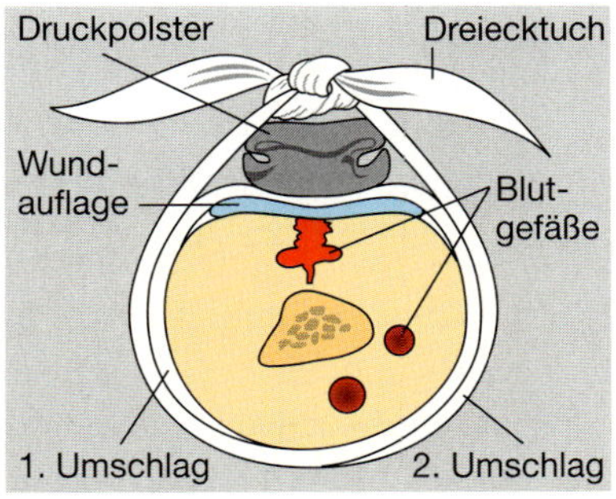

2 *Druckverband am Arm*

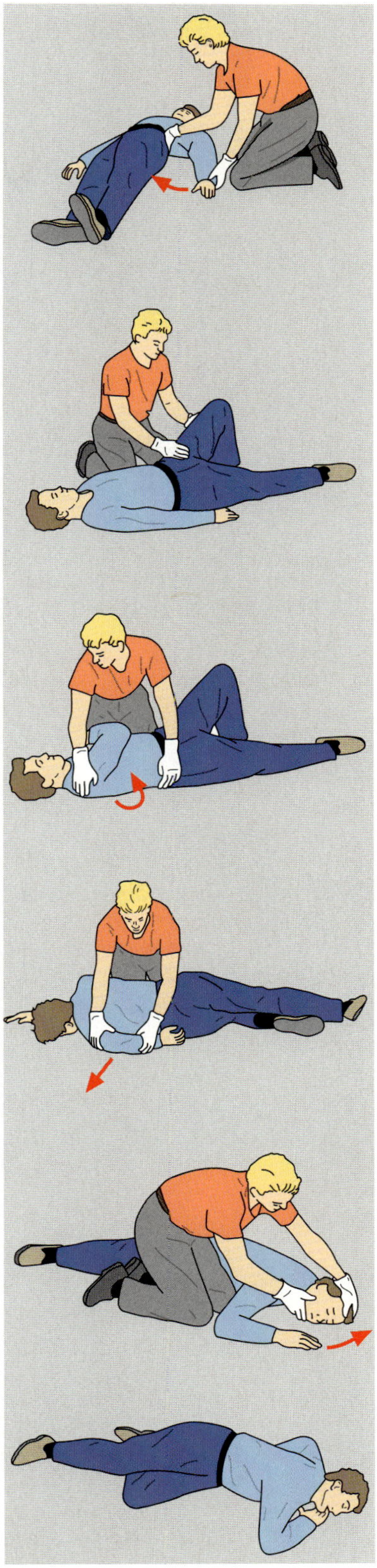

3 *Stabile Seitenlage*

Ausscheidung durch die Nieren

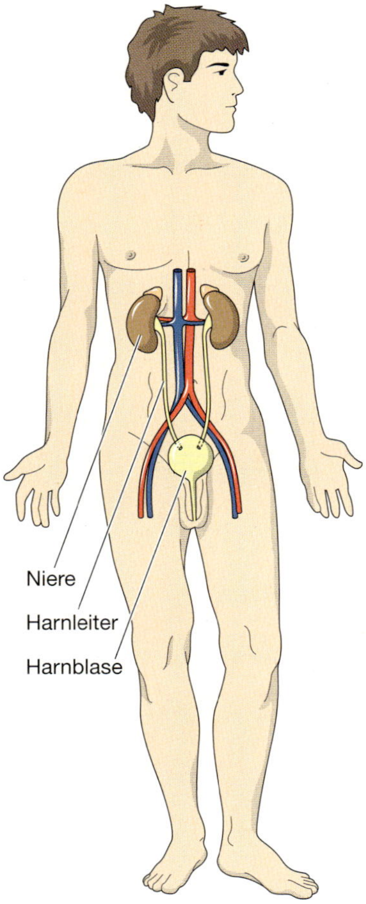

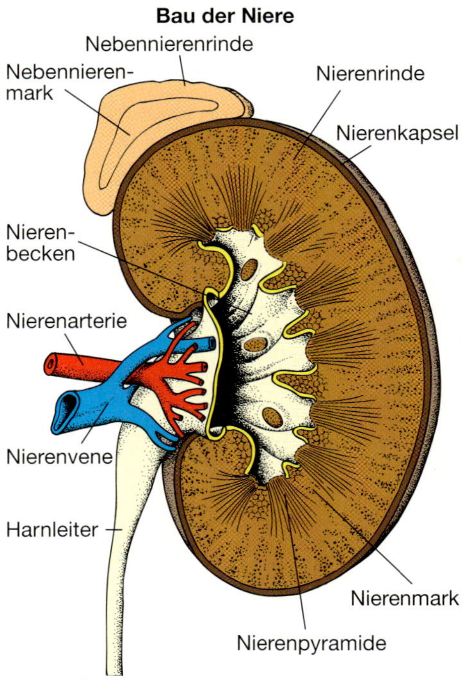

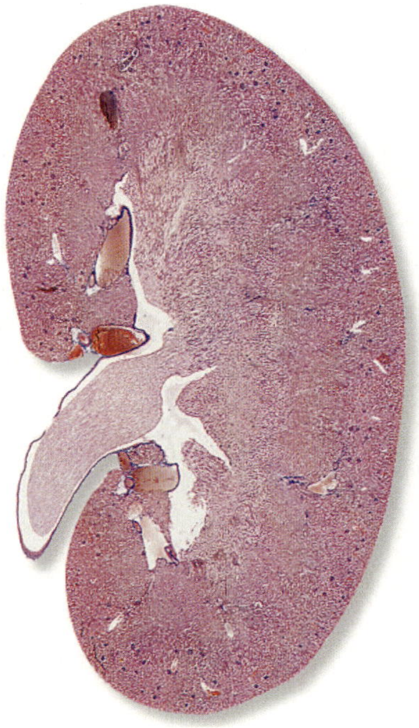

1 bis 3 Lage der harnableitenden Organe im Körper. Schema des Aufbaus einer Niere und Mikrofoto in Originalgröße

1 Lage und Leistung der Nieren

Die beiden bohnenförmigen Nieren liegen links und rechts der Bauchschlagader und sind locker an der Rückwand des Bauchraumes aufgehängt. Durch eine Haut gegen die umliegenden Organe abgegrenzt, sind sie in ein schützendes Fettpolster eingebettet. Ihre Aufgaben:

- Durch kontrollierte Wasserausscheidung und Salzausscheidung regulieren sie die *Menge der Körperflüssigkeiten* und sorgen dafür, dass deren Zusammensetzung innerhalb eines engen Spielraums bleibt.
- Sie *regulieren den Säurespiegel* der Körperflüssigkeiten durch entsprechende Ausscheidung.
- Sie entlasten und *entgiften den Körper* durch Ausscheidung von Endprodukten des Stoffwechsels.
- Die Nieren und die Nebennieren, die den Nieren aufliegen, *bilden Hormone*.

● Die Hauptaufgabe der Nieren besteht in der Regulation des Wasser- und Salzhaushalts sowie in der Ausscheidung von Stoffwechsel-Endprodukten.

Im Verlauf eines Tages bilden die beiden Nieren etwa 1,5 Liter Harn. Harn enthält neben *Mineralstoffen* unterschiedliche *Endprodukte des Stoffwechsels,* vor allem den stickstoffhaltigen Harnstoff und Spuren von Glucose und Hormonen.

Die gelbe Farbe des Harns rührt von Abbauprodukten des roten Blutfarbstoffs her, die aus der Leber kommen.

Die Bildung des Harns ist mit erheblicher Stoffwechselarbeit verbunden. Ein Schnitt durch die Niere lässt die Baueinheiten erkennen, von denen diese Arbeit geleistet wird. Zwei Schichten sind zu unterscheiden: außen die körnige *Nierenrinde* und innen das hellere, gestreifte *Nierenmark*. Die Niere enthält viele Blutgefäße.

- Die Zusammensetzung des Harns ist großen Schwankungen unterworfen. Sie hängt sowohl von der Ernährung als auch vom Stoffumsatz ab.

Im mikroskopischen Bild sieht man, dass in der Nierenrinde viele *Kapillarknäuel* liegen, die von feinen Arteriolen gebildet werden. In jeder Niere gibt es davon etwa 1 Million.
Jedes Kapillarknäuel ist von einer bläschenartigen Hülle umgeben. Beide zusammen bezeichnet man als *Nierenkörperchen*.
Von jeder der bläschenförmigen Hüllen geht ein dünnes Rohr aus, das *Nierenkanälchen*. Zunächst bildet das Nierenkanälchen eine lange Schleife durch das Nierenmark. Dann mündet es zusammen mit etwa 5000 weiteren Nierenkanälchen in ein *Sammelröhrchen*. Dieses endet an der Spitze einer *Nierenpyramide* zusammen mit anderen Röhrchen und entlässt den gebildeten Harn ins Nierenbecken. Jede dieser Arbeitseinheiten aus Nierenkörperchen, Nierenkanälchen und Sammelröhrchen wird als *Nephron* bezeichnet.

- Eine große Anzahl gleichartiger Arbeitseinheiten führt in der Niere zu hoher Leistungsfähigkeit.

▶ Durch welche Baueinheiten erhält die Nierenrinde ihre körnige, das Nierenmark seine gestreifte Struktur?
▶ Welche Baueinheit der Niere nennt man Nierenkörperchen? Was ist ein Nephron? Welche Aufgabe verrichtet es?
▶ Warum verordnet der Arzt einem Nierenkranken eine eiweißarme Diät?

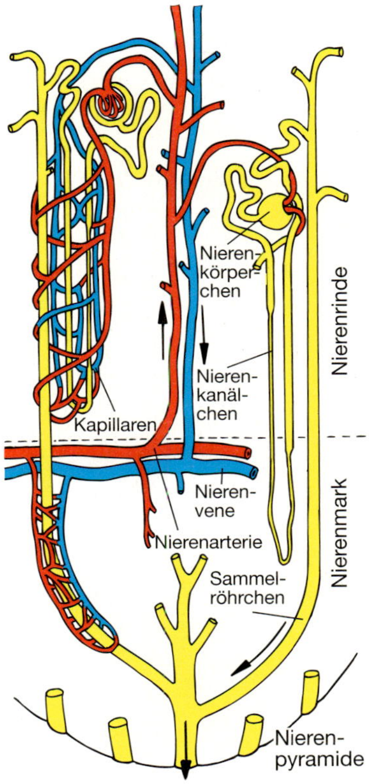

1 Das Nephron ist die Arbeitseinheit der Niere.

2 Harnbildung

Untersucht man die Kapillarknäuel der Nierenkörperchen genauer, so kann man erkennen, dass ihre zuführende Arteriole einen größeren Durchmesser hat als die ableitende Arteriole. Das Blut wird deshalb in den Kapillaren *zurückgestaut*. Für die Leistung der Niere ist dies von großer Bedeutung.
Filterwirkung. Unter dem entstehenden Druck in den Kapillaren werden Wasser und die darin gelösten, kleineren Moleküle durch die Poren der dünnen Kapillarwände und die Wand des Nierenkörperchens wie durch ein Filter hindurch in die Nierenkanälchen gepresst. In dieser Flüssigkeit befinden sich *Glucose, Aminosäuren, Vitamine, Hormone, Harnstoff und Mineralstoffionen*.
Für die Proteine des Blutserums und die Blutkörperchen sind die Poren der Kapillarwände und der Nierenkörperchen zu eng. Diese großen Moleküle bleiben im Blut zurück.
Innerhalb von 5 Minuten hat das gesamte Blut des Körpers die Nieren einmal passiert. Tägich sind das rund 1700 Liter Blut.

2 Kapillarknäuel der Nierenkörperchen (Rasterelektronenmikroskopaufnahme)

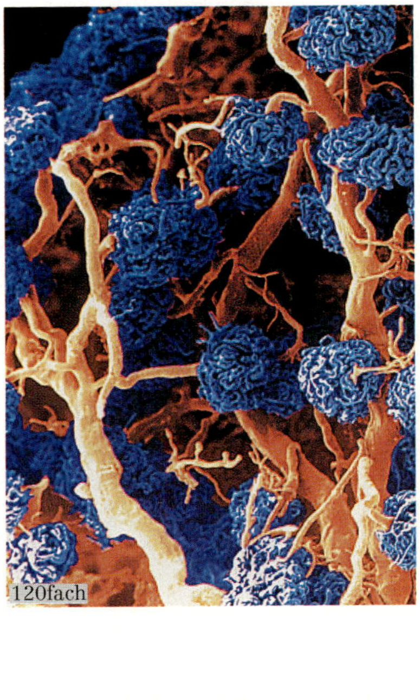

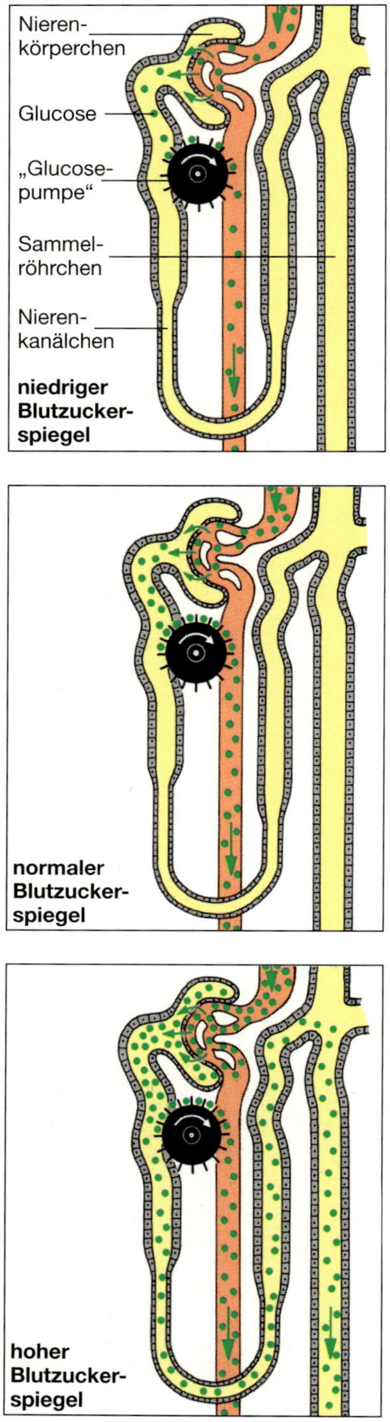

1 und 2 Wasser, Glucose und Salze werden durch die Tätigkeit der Wandzellen in den Nierenkanälchen zurückgewonnen.
In der Grafik ist dies für die Glucose modellhaft in Form eines Schaufelrads dargestellt.

Primärharn. Mindestens 150 Liter Flüssigkeit werden täglich als Primärharn aus dem Körper in die Nierenkanälchen abgegeben. Würde diese Menge dem Blut für immer entzogen, dann wäre es schon nach 15 Minuten so dickflüssig, dass es nicht mehr durch die Blutgefäße strömen könnte. Aus dem Primärharn wird vielmehr auf seinem Weg durch die Nierenkanälchen bis zum Sammelröhrchen der größte Teil des Wassers zurückgewonnen, ebenso die Glucose und der größte Teil der Ionen. Diesen Prozess nennt man *Rückresorption*.
Die Menge des gebildeten Primärharns hängt stark vom Blutdruck ab. Dieser kann durch Genussmittel, Medikamente und Hormone, die zu Gefäßverengungen oder Gefäßerweiterungen führen, beeinflusst werden. Wer viel tierische Produkte zu sich nimmt, erhöht den Harnsäurespiegel im Blut. Das kann neben Gicht auch zu Harnsäuresteinen in der Niere führen.
Endharn. Nur überschüssige Ionen, Giftstoffe und schädliche Abbauprodukte wie Harnstoff sollen den Körper verlassen. Diese Stoffe werden auf dem Weg durch die Nierenkanälchen nicht ins Blut zurückgeholt, sondern verbleiben im Endharn.
Der Weg des Harns. Aus dem Nierenbecken gelangt der Endharn in den *Harnleiter*. Durch peristaltische Bewegungen, die 3- bis 6-mal in der Minute als Welle über diese enge Röhre hinweglaufen, wird der Harn in die *Harnblase* gepresst.
Die Harnblase ist ein Hohlmuskel, der seinen Inhalt mit leichtem Druck umschließt. Bei maximaler Dehnung vermag die *Harnblase* etwa 1 Liter Urin aufzunehmen.
Die *Harnröhre* ist beim Mann 20 bis 25 cm lang. Unmittelbar hinter der Blase führt sie durch die *Vorsteherdrüse* (Prostata), die durch übermäßiges Wachstum den Harnabfluss hemmen kann.
Da eine krankhafte Vergrößerung der Prostata nicht selten ist, empfiehlt es sich, ab dem 20. Lebensjahr regelmäßig einen Facharzt, den Urologen, aufzusuchen. Prostata-Krebs tritt häufig zwischen dem 50. und 70. Lebensjahr auf.
In ihrem längsten Teil ist die Harnröhre des Mannes gleichzeitig Samenröhre. Bei der Frau ist die Harnröhre nur etwa 3 cm lang.

- Jedes Nierenkörperchen bildet täglich etwa einen Tropfen Primärharn. 99 % dieser Menge werden auf dem Weg durch das Nierenkanälchen wieder zurückgewonnen.
  Die Niere ist ein Beispiel dafür, wie durch eine große Zahl gleichartiger Elemente ein riesiger Stoffumsatz bewältigt wird.
- ▶ Unterscheiden Sie Primärharn und Endharn.

Stoffmengen, die während eines Tages die Nieren passieren:

	Blut (1700 *l*)	Primärharn	Endharn
Wasser	1500 *l*	150 *l*	1,5 *l*
Natriumionen	5700 g	1500 g	5 g
Glucose	1700 g	180 g	Spuren
Harnstoff	700 g	50 g	30 g

3 Schädigungen der Harnwege und der Nieren

Steine in den Harnwegen. Als *Nierengrieß* werden kleine Kristalle bezeichnet, die aus Salzen entstehen und im Harn suspendiert sind. Sie werden ohne Schwierigkeiten durch den Harnleiter transportiert. Größere Kristalle bleiben im Nierenbecken liegen und wachsen dort zu *Nierensteinen* weiter. Wenn solche Nierensteine den Abfluss des Harns blockieren, wird die Niere durch den zurückgestauten Harn geschädigt. Gelangt ein Stein in den Harnleiter, so wird er durch die peristaltischen Bewegungen zur Blase gedrückt. Dabei kann es zu quälenden Schmerzen mit Schüttelfrost und Fieber, einer *Harnleiterkolik*, kommen. Die meisten Steine gehen mit dem Harn ab. Bleiben sie jedoch in der Harnblase liegen, können sie als *Blasensteine* weiterwachsen.

Wenn der Arzt derartige Steine nicht in der Blase zertrümmern und durch die Harnröhre entfernen kann, muss operiert werden.

Harnweginfektionen. Frauen leiden daran wesentlich häufiger als Männer, weil Bakterien die kurze weibliche Harnröhre leichter durchwandern können.

Die künstliche Niere. Tausende von Nierenkranken sind auf die *künstliche Niere* angewiesen. Dieses Gerät reinigt das Blut, wenn die Nieren diese Aufgabe nicht mehr zu leisten vermögen. Das Blut wird dazu aus einer Vene zu einem Zellophanschlauch geleitet. Durch das Zellophan hindurch können der Harnstoff und andere Abbaustoffe, Gifte und Wasser in eine Flüssigkeit abgegeben werden, die den Zellophanschlauch umspült.

Das gereinigte Blut wird in eine Vene zurückgeleitet. Der Vorgang der künstlichen Blutreinigung wird *Dialyse* genannt.

▶ Vielen Nierenkranken könnte mit einer Transplantation geholfen werden. Aber noch immer gibt es zu wenig Organspender. Informieren Sie sich über das Thema Organspende bei einer Krankenkasse, Ärzten oder in Apotheken und bereiten Sie mit Ihren Mitschülern eine Ausstellung vor.

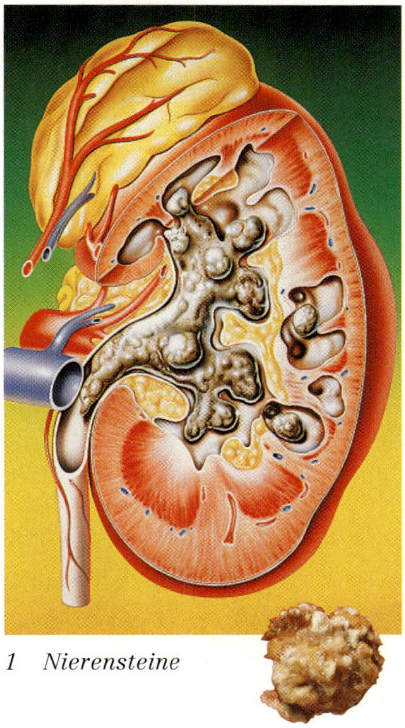

1 *Nierensteine*

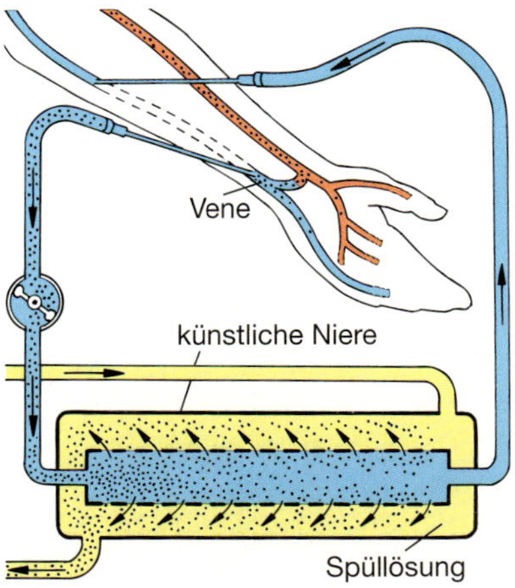

2 *Das Prinzip der künstlichen Niere ist einfach. Dieses künstliche Organ konnte erst gebaut werden, nachdem man durch Zufall erkannt hatte, dass die Poren des Zellophans genau die Größe der Harnstoffmoleküle haben. In der künstlichen Niere fließt das Blut des Kranken über einen Zellophanschlauch. Die Harnstoffmoleküle gleiten durch die Poren des Zellophans und werden von der Spülflüssigkeit mitgenommen.*

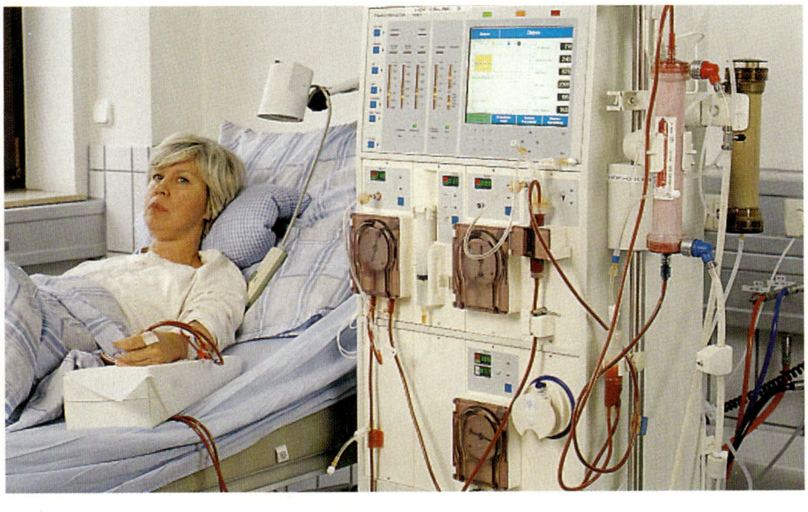

3 *Die Dialyse ist eine künstliche Blutreinigung.*

Die Haut – das vielseitige Organ

1 Der Schutz durch die Haut hat Grenzen.

1 Aufgaben der Haut

Die Haut *schirmt* den Körper gegen die *Außenwelt* ab. Sie stellt aber auch die unmittelbare *Kontaktfläche zur Umwelt* dar. Das heißt, die Haut schützt den Körper, verhindert aber zugleich die Abgabe körpereigener Stoffe an die Umgebung. Bei einer Fläche von rund 2 m^2 und einer durchschnittlichen Dicke von 7 bis 9 mm wiegt die Haut etwa 10 kg. Das sind rund 15% des Körpergewichts.

Die Haut ist unser größtes Organ. Sie ist geschmeidig, glatt, elastisch und zäh zugleich. Bis auf die Handflächen und Fußsohlen ist sie über ihre Unterlage *verschiebbar*, sodass sich Muskeln und Gelenke ohne Schwierigkeiten bewegen können. *Fettpolster* in der Haut runden die Körperformen ab.

Die Haut:
- schützt gegen *Verletzungen*.
- schützt gegen *Austrocknung* und *eindringendes Wasser*.
- schützt gegen die *energiereiche Strahlung* im Sonnenlicht.
- schützt gegen *Krankheitserreger*.
- entfaltet starke *Immunreaktionen*.
- enthält viele *Blutgefäße*.
- speichert *Fett*.
- scheidet *Wasser*, *Salze* und *Abbaustoffe* aus.
- ist an der *Regelung der Körpertemperatur* beteiligt.
- nimmt *Sinnesreize für Berührung, Druck, Temperatur* und *Schmerz* auf.
- sendet *Duft- und Farbsignale* aus.

2 Das Muster der Hautleisten der Oberhaut entspricht der Anordnung der Papillen der Lederhaut. Das Hautlinienmuster wird vererbt. Der Fingerabdruck ist von Person zu Person verschieden.

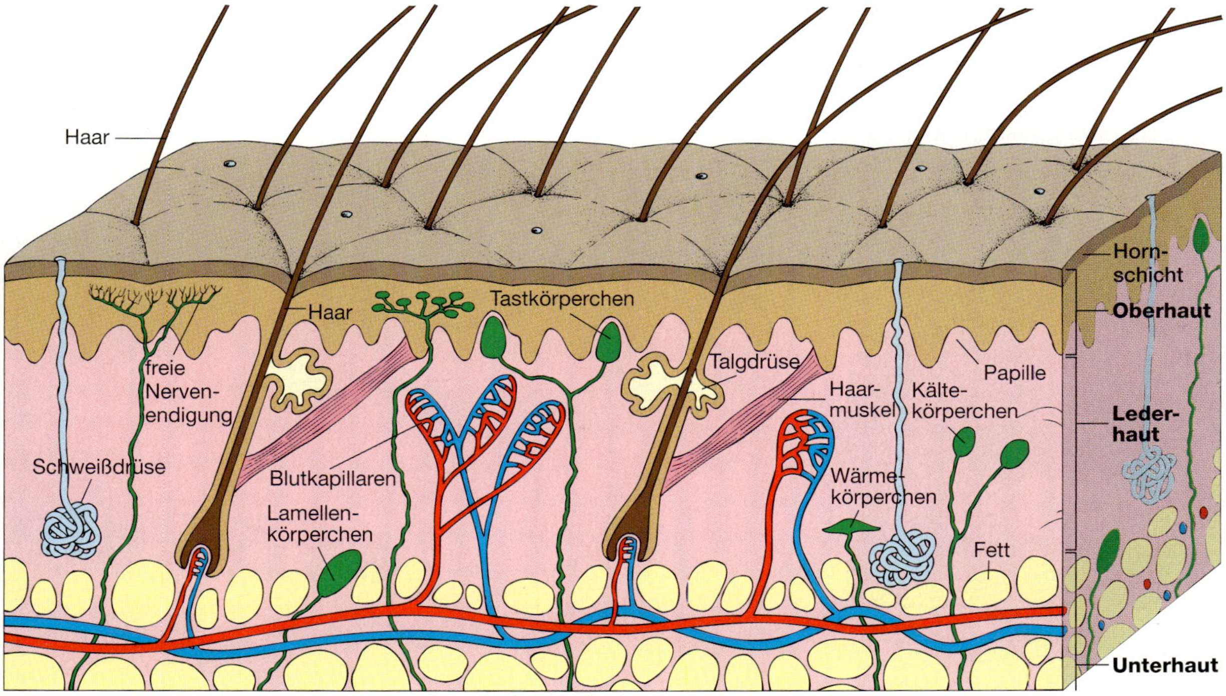

1 Aufbau der Haut

2 Aufbau der Haut

In der Haut lassen sich sowohl nach ihren Baumerkmalen als auch nach ihren Aufgaben drei Schichten gegeneinander abgrenzen: *Unterhaut, Lederhaut und Oberhaut*.

Die Unterhaut
besteht aus lockerem Binde- und Fettgewebe. Sie ist die dickste der drei Schichten und dient zugleich als *Fettspeicher, Isolierschicht* und *Stoßdämpfer*. Außerdem laufen hier *Immunreaktionen* ab.

Die Lederhaut
besteht vor allem aus Bindegewebe und verleiht der Haut ihre Festigkeit. Daneben enthält sie zahlreiche Blutgefäße, Nerven-, Sinnes- und Muskelzellen. Die Lederhaut ist der zähe *Schutzmantel* des Körpers, das wichtigste Organ zur Abgabe von Wärme und ein ausgedehntes *Sinnesorgan*. Schweiß und Talg bilden zusammen einen leicht sauren Schutzfilm auf der Haut. Dieser hält die Hornschicht feucht, verhindert die Vermehrung von Bakterien und sorgt bei seiner Verdunstung für Kühlung.

Die Oberhaut
ist ungefähr so dünn wie eine Seite dieses Buches. Sie besteht fast nur aus Deckgewebszellen, die von den Papillen der Lederhaut aus versorgt werden. In ihrer untersten Schicht, der *Keimschicht*, bilden sich ständig neue Zellen. Im Laufe eines Monats werden sie zur Oberfläche hin abgedrängt. Sie verhornen dabei und bilden die *Hornschicht*. Die obersten Schichten sterben ab und werden als Hautschuppen abgestoßen.
Die Oberhaut ist *Verdunstungsschutz, Strahlungsschutz, wasserdichte Abdeckung* und zugleich Bildungsstätte von *Haaren* und *Nägeln*. Die Hautleisten der Oberhaut machen die Fußsohlen, die Zehenkuppen, die Handflächen und die Fingerkuppen griffig.

▶ Wie unterscheiden sich Oberhaut, Lederhaut und Unterhaut?

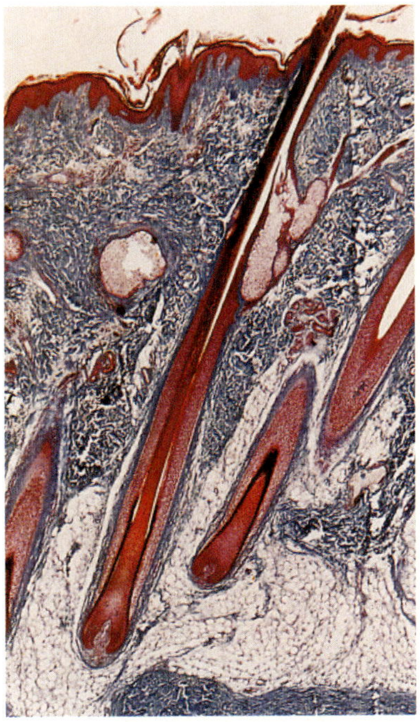

2 Schnitt durch die Kopfhaut mit Haar

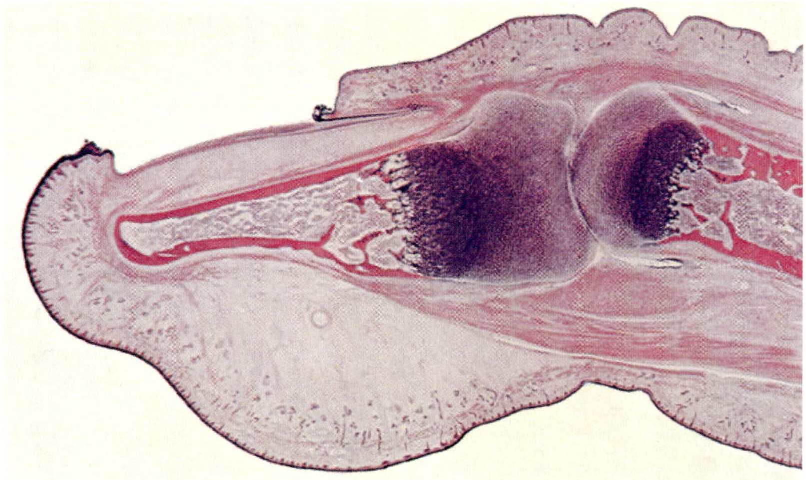

1 und 2 Der Pinzettengriff der Finger wird durch die Fingernägel noch präziser.
Schnitt durch das letzte Fingergelenk eines Embryos. Der Nagel beginnt sich herauszuschieben und das Nagelbett zu bedecken.

Fingernägel und Zehennägel sind ebenfalls Bildungen der Oberhaut. Reichliche Blutversorgung unter dem Nagel sorgt für ein Wachstum von immerhin 0,1 mm pro Tag. Die Nägel schützen Zehen und Fingerspitzen, sie verbessern außerdem den präzisen, *pinzettenartigen Griff* der Finger.

Die Haare entstehen jeweils am Grund einer 3 bis 5 mm tiefen Einsenkung der Oberhaut, dem *Haarbalg*. In der *Haarzwiebel* bilden sich in großer Anzahl rasch verhornende Oberhautzellen.

Täglich wächst ein Haar um etwa 0,4 mm. Nach einiger Zeit hört es auf zu wachsen und fällt aus.

Die *Haardichte* auf dem Kopf liegt bei 200 Haaren pro cm^2, am Unterarm sind es nur etwa 15 pro cm^2.

Jeder Haarbalg besitzt einen kleinen Muskel. Bei Kälte ziehen sich die *Haarbalgmuskeln* zusammen, eine Gänsehaut bildet sich. Auf diese Weise wird der Wärmeschutz verbessert.

▶ Welche Bedeutung hat die Körperbehaarung?

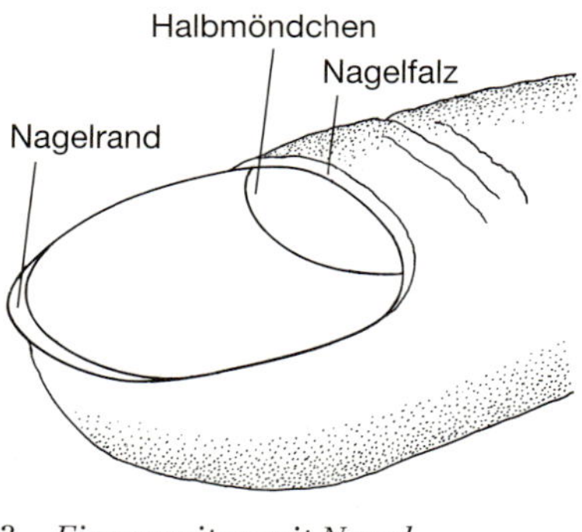

3 Fingerspitze mit Nagel

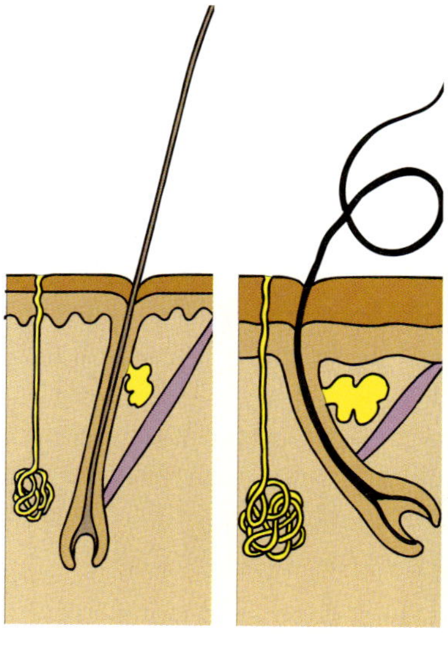

4 und 5 Die Anpassung der Menschen an unterschiedliche Umweltbedingungen lässt sich auch im Aufbau der Haut erkennen. Links die Haut eines Weißen, rechts die eines Schwarzafrikaners. Eine dicke Oberhaut, große Schweißdrüsen und ein gekrümmter Haarbalg mit gekräuseltem Haar sorgen für einen wirksamen Strahlungs- und Überhitzungsschutz.
Rechts: elektronenmikroskopische Aufnahme eines einzelnen Haars

Die Hautdrüsen, zu denen die Schweißdrüsen, die Duftdrüsen und die Talgdrüsen gehören, werden aus tiefen Einsenkungen der Oberhaut in die Unterhaut gebildet.
Die **Schweißdrüsen** sind lang und schlauchförmig. In der Unterhaut bilden sie kleine Knäuel, die von Blutgefäßen umsponnen sind. Insgesamt liegen etwa 2,5 Millionen Schweißdrüsen in der Haut. Besonders zahlreich sind sie auf den Handflächen, auf den Fußsohlen und in den Achselhöhlen.
Der unangenehme Schweißgeruch geht nicht auf den Schweiß selbst zurück. Er ist das Produkt von Bakterien, die abgestorbene Zellen und vor allem das Fett auf der Haut zersetzen. Dabei wird übel riechende *Buttersäure* freigesetzt.
Ungefähr 1 Liter *Schweiß* scheidet der Körper normalerweise täglich aus. Bei körperlicher Anstrengung und Hitze kann ein Wert von 5 Liter pro Tag erreicht werden. Die Höchstwerte in der Wüste liegen bei 10 Liter pro Tag. Normaler Schweiß enthält etwa 1% Salze, vor allem Kochsalz, und Harnstoff. Schweiß ist leicht sauer. Bei großem Flüssigkeitsverlust durch die Haut kann Kochsalzmangel entstehen.

- Schweiß *befeuchtet* die verhornte Oberhaut und macht sie *elastisch*.
- Schweiß verhindert durch seine Säure die Vermehrung von Bakterien und bildet so einen *Schutzfilm* für die Haut.
- Schweiß verbraucht bei der Verdunstung 2400 kJ pro Liter. Damit wird die *Wärmeabgabe* des Körpers verstärkt.

Die Duftdrüsen sind ähnlich gebaut wie die Schweißdrüsen. Sie scheiden Duftstoffe aus. In den Achselhöhlen, im Schambereich und in der Afterregion sind sie besonders zahlreich. Ihre Duftstoffe spielen auch bei der Partnerwahl eine Rolle. „Ich kann dich nicht riechen." Eine schärfere Ablehnung eines anderen Menschen gibt es kaum. Sie zeigt deutlich, wie bedeutsam die Rolle der Duftstoffe in unserem Leben ist. Es soll auch Schulklassen geben, deren Geruchsnote, vor allem nach einer Klassenarbeit, schwer zu ertragen ist.
Die **Talgdrüsen** münden in die Haarbälge. In den sackförmigen Drüsen werden ständig Zellen abgegliedert, die mit Fettstoffen voll gepackt sind. Diese Zellen zerfallen. Der fette Talg schmiert Haare und Hornhaut und weist das Wasser ab.

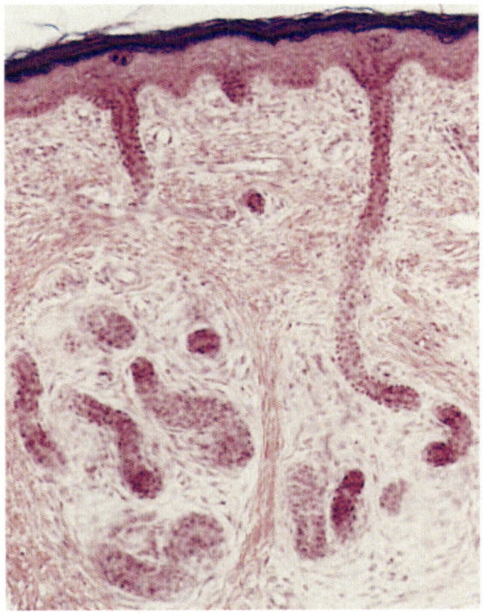

1 und 2 An besonders heißen Tagen oder bei körperlicher Angstrengung sondern die Schweißdrüsen mehrere Liter Schweiß ab. Bei der Verdunstung kühlt der Körper ab.
Unten: Mikrofoto der Schweißdrüsen der menschlichen Fußhaut

● Als Barriere zur Außenwelt schützt die Haut den Körper. Außerdem regelt sie die Körpertemperatur und hilft bei der Abwehr von Krankheitserregern.
Die Haut besteht aus drei Schichten: Oberhaut, Lederhaut und Unterhaut. Diese Schichten lassen sich sowohl in ihrem Aufbau als auch in ihren Aufgaben unterscheiden.

▶ Die Haut ermöglicht uns das Leben in den unterschiedlichsten Klimazonen. Erklären Sie.

▶ Warum müssen Menschen, die in der Wüste leben, viel salzhaltiges Wasser trinken?

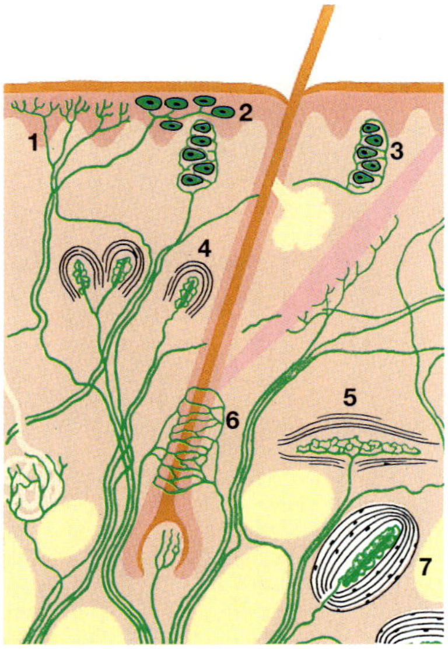

1 In der Haut liegen nicht nur Rezeptoren für Berührung und Druck, sondern auch unterschiedliche Sinneseinrichtungen für weitere Reize.
① *freie Nervenendigung: Schmerz*
② *Tastscheiben: Tasten*
③ *Tastkörperchen: Tasten*
④ *Endkolben: Kälte*
⑤ *Endplatte: Wärme*
⑥ *Haarbalggeflecht: Berührung*
⑦ *Lamellenkörperchen: Druck*

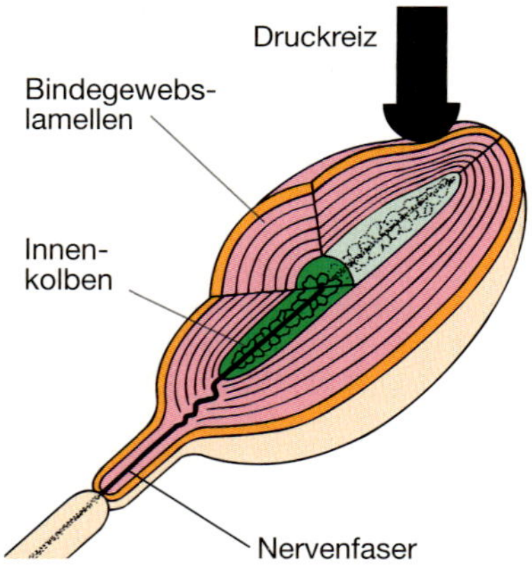

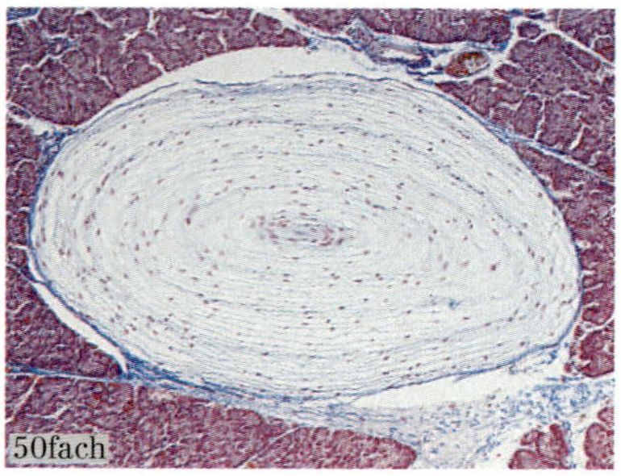

2 und 3 Lamellenkörperchen. Unten: Mikrofoto

3 Die Haut als Sinnesfläche

Berührung und Druck

Bei einer leichten Berührung der Haut entsteht der Eindruck, dass ein ganzes Hautstück durch den Berührungsreiz gleichmäßig erregt wird. Tastet man jedoch mit der Spitze einer Borste die Hautoberfläche sorgfältig ab, so entdeckt man, dass jedem Haar auf der Haut ein *Tastpunkt* zugeordnet ist. Die Haare wirken bei der Reizung als Hebel und verstärken die Kraft, die auf ein Geflecht von Nervenendigungen am Haarbalg und an der Haarwurzel einwirkt.
Auch die unbehaarten Flächen der Haut weisen druckempfindliche Punkte auf. In den Fingerbeeren stehen diese *Druckpunkte* so dicht, dass zwei Zirkelspitzen im Abstand von 2 mm noch getrennt registriert werden. Auf der Zunge können Reize noch im Abstand von 1 mm getrennt festgestellt werden. Am wenigsten genau werden Druckreize auf dem Rücken lokalisiert.
Die Empfangseinrichtungen für Druckreize werden *Druckrezeptoren* genannt. Sie liegen in der Unterhaut. Es handelt sich um bis zu 4 mm große, ovale Körperchen, die aus vielen einander umhüllenden Lamellen aufgebaut sind. Man nennt sie daher *Lamellenkörperchen*. Im mikroskopischen Bild erinnert ihr Aufbau an eine Zwiebel. Der Innenkolben enthält die Endverzweigungen einer *Nervenfaser*. Jede Verformung des Lamellenkörperchens wird registriert. Die Nervenfasern führen von den Lamellenkörperchen weg und vereinigen sich mit vielen anderen Fasern zu Nerven, die zum Gehirn führen. Im Gehirn werden die Druckmeldungen aus der Haut ausgewertet.

- ▶ Versuchen Sie mit einer handwarmen Stricknadel den Abstand der Druckpunkte der Unterlippe, der Wangen, des Nackens und der Finger zu bestimmen.
- ▶ Bei der Reizung der Körperhaare wird Berührung empfunden. Erklären Sie dies anhand von Bild 1.

Alles oder nichts. Damit ein Reiz registriert wird, müssen bestimmte Voraussetzungen erfüllt sein. Landet eine Stechmücke auf der Haut, dann spüren wir das nur, wenn das Gewicht der Mücke ausreicht, um die Haut zu verformen. Die *Reizschwelle* für die Druckrezeptoren *muss überschritten werden*. Von einer leichten Mücke wird die Mindestenergie, die für eine Nervenerregung notwendig ist, nicht geliefert. Liegt der Reiz dagegen über der Reizschwelle, so wird er registriert, ganz gleich um welchen Wert er über der Schwelle liegt. Ein Reiz wird also entweder gemeldet – oder nicht. Diese Reizauswertung entspricht der *„Alles-oder-nichts-Regel"*. Alles, was sich unterhalb der Reizschwelle unserer Sinnesorgane ereignet, bleibt uns verborgen.

- ● Die Bildung von Nervenerregungen folgt der „Alles-oder-nichts-Regel". Der kleinste Wert eines Reizes, der eine Erregung auslösen kann, heißt Schwellenwert.

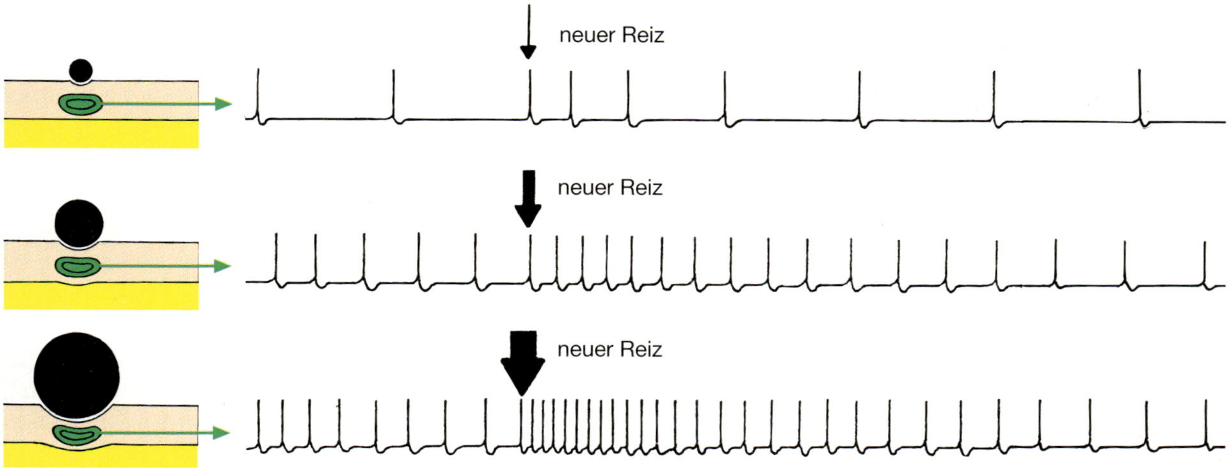

1 Zusammenhang zwischen der Stärke des Reizes und der Zahl der Impulse.
Je größer der Druckreiz ist, desto stärker wird das Lamellenkörperchen verformt und desto mehr Impulse laufen über den Nerv. Hält der Reiz länger an, nimmt die Zahl der Impulse allmählich wieder ab.
Es kommt zu einer Abstumpfung.

Nervensignale und ihre Leitung
Unser Unterscheidungsvermögen für Berührungsreize ist erstaunlich gut. So bemerken wir noch gut die Verstärkung einer einwirkenden Kraft um 1/25. Wie leistet unser Nervensystem die Weiterleitung dieser Reize?
Der Druck, den die Druckrezeptoren registrieren, wird über die Nervenzellen nicht als Druck weitergemeldet. Der Reiz wird vielmehr in Signale übersetzt, die dem Aufbau der Nervenzellen angemessen sind. Es handelt sich um *elektrische Erregungen*, die in Form kurzer *Impulse* mit einer Geschwindigkeit von bis zu 150 m/s über die Nervenzellen laufen.

- Reize rufen elektrische Erregungen hervor, die als kurze Impulse über die Nervenzellen geleitet werden.

▶ Versuchen Sie am Beispiel eines berührungsempfindlichen Haars auf dem Handrücken die „Alles-oder-nichts-Regel" zu erläutern.

Ruhe und Aktion. Die Nervenzellen sind gegenüber ihrer Umgebung mit etwa minus 70 Millivolt (–70 mV) aufgeladen. Im Ruhezustand wird dieses Potenzial zwischen Außenseite und Innenseite der Zellmembran konstant gehalten. Man bezeichnet es als *Ruhepotenzial*. Wirkt ein Reiz auf die Nervenzelle ein, dann bricht das Ruhepotenzial an der Stelle der Reizung zusammen. Unmittelbar danach stellt sich ein Potenzial von etwa plus 30 Millivolt (+ 30 mV) ein. Die Differenz zum Ruhepotenzial beträgt also 100 mV = 0,1 V. Sie wird *Aktionspotenzial* genannt. Das Aktionspotenzial pflanzt sich als elektrischer Impuls über die Nervenfaser fort. Etwa 1 Millisekunde nach dem Durchgang eines Impulses wird das Ruhepotenzial durch Energie verbrauchende Stoffwechselprozesse wiederhergestellt. Jetzt kann der nächste Impuls geleitet werden.

- Die kurzen Impulse, die als elektrische Erregungen über die Nervenzellen geleitet werden, bezeichnet man als Aktionspotenziale.

Abstand, in dem zwei gleich starke Druckreize noch getrennt wahrgenommen werden:

Hautstelle	mm
Zungenspitze	1
Fingerbeere	2
Lippen	4
Unterarm	40
Rücken	70

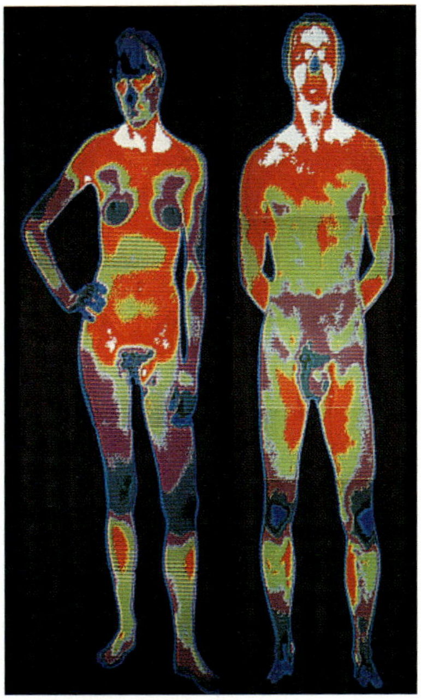

1 *Temperaturbild (Thermogramm) von Frau und Mann. Rot: Bereiche höchster Körpertemperatur*

Weitermeldung. Wie eine Nervenfaser verschieden starke Reize weitermeldet, lässt sich experimentell feststellen. Dazu legt man an eine freipräparierte Nervenfaser zwei dünne Drähte als Elektroden an. Eine der beiden Elektroden gelangt ins Innere der Nervenfaser. Mithilfe eines Verstärkers können die Impulse über einen Lautsprecher hörbar und mit einem Oszilloskop sichtbar gemacht werden. Nervenfasern, die von Druckrezeptoren kommen, wurden so untersucht. Das Ergebnis:

- Je stärker der Reiz, desto größer die Zahl der Impulse pro Sekunde.

Abstumpfung. Bleibt der Druck auf der Haut für einige Zeit gleich groß, so nimmt die Impulszahl langsam ab. Die Sinneszellen gewöhnen sich an den Druckreiz. Diese *Abstumpfung* erleichtert uns das Leben, weil gleich bleibende Reize mehr und mehr übergangen, Änderungen hingegen betont werden.
Ganz alltägliche Erfahrungen machen das deutlich: Wir tragen Kleider und spüren sie kaum. Wir sitzen auf einem Stuhl und bemerken dies nur, wenn wir daran denken. Eine Fliege, die sich auf unsere Nase setzt, scheuchen wir weg. An die viel schwerere Sonnenbrille dagegen haben wir uns längst gewöhnt.

▶ Definieren Sie: Reiz, Erregung, Ruhepotenzial, Aktionspotenzial.

Der Kältesinn

Tastet man die Haut mit einer Kupferperle ab, die an einem dünnen Draht sitzt und Zimmertemperatur hat, so entsteht durch den Wärmeentzug an vielen Punkten der Haut die Empfindung *kalt*.
Auf dem Handrücken gibt es 4 bis 5 Kälterezeptoren pro cm^2, im Gesicht sind es 12 bis 15 pro cm^2. Diese Kältepunkte liegen nahe der Hautoberfläche.

Der Wärmesinn

Mit einer etwa 0,5 cm^2 großen, runden Metallfläche, die auf etwa 40 °C erwärmt ist, entsteht als Folge der Wärmezufuhr an bestimmten Punkten der Haut die Empfindung *warm*.
In der Nähe der Augen und an der Seitenfläche der Finger kommen durchschnittlich 2 Wärmepunkte auf 1 cm^2, am Arm nur 1 auf 3 cm^2. Die Wärmepunkte lassen sich nicht so genau lokalisieren wie die Kältepunkte, weil die Wärmerezeptoren tiefer in der Haut liegen.

- Kältesinn und Wärmesinn messen die Änderungen der Hauttemperatur.

2 *Die Sinneseindrücke aus der Haut werden im Gehirn verarbeitet. Hautflächen, die mit vielen Sinnespunkten ausgestattet sind, werden dabei stärker berücksichtigt. Die unproportionierte Figur zeigt, welche „Bedeutung" welchem Körperteil in der Großhirnrinde zukommt.*

Temperaturtäuschung

Sehr heiß kann man mit eiskalt verwechseln. Dies hängt damit zusammen, dass die Kälterezeptoren bei einer Hauttemperatur von mehr als 40 °C keine Impulse mehr abgeben. Steigert man die Temperatur jedoch rasch darüber hinaus, beginnen neben den Wärmerezeptoren auch die Kälterezeptoren Impulse zu bilden.

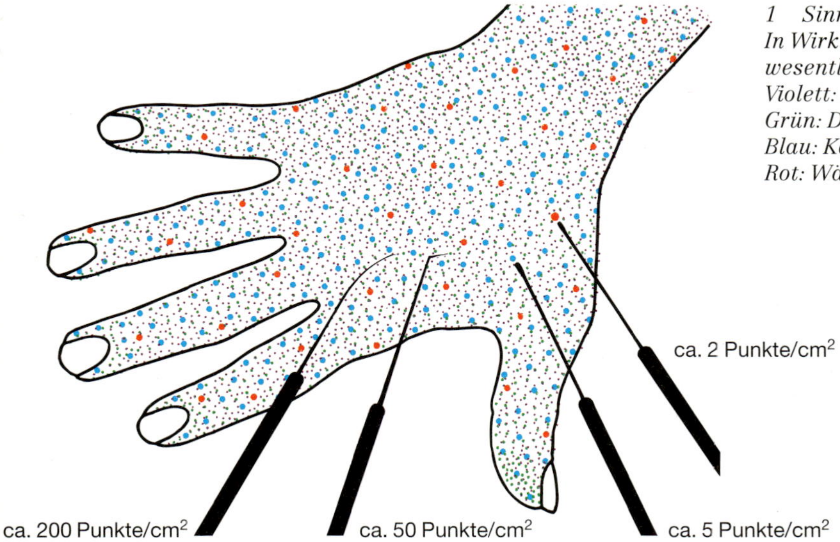

1 Sinnespunkte der Haut. In Wirklichkeit liegen die Punkte wesentlich dichter beisammen. Violett: Schmerzpunkte (200/cm²) Grün: Druckpunkte (50/cm²) Blau: Kältepunkte (5/cm²) Rot: Wärmepunkte (2/cm²)

Das empfinden wir als Kälte. Die *Temperaturtäuschung* ist darauf zurückzuführen, dass das Gehirn alle Nachrichten, die von den Kälterezeptoren kommen, als Kältemeldung bewertet. Daraus folgt:

- Im Gehirn sind Meldepunkte für alle Messpunkte in der Haut vorhanden. Bei der Gleichartigkeit der Signale, die von den Sinneszellen kommen, ist ihre eindeutige *Zuordnung die Voraussetzung für eine sinnvolle Auswertung.*

2 Der Schmerzsinn hat eine wichtige Warnfunktion.

Der Schmerzsinn

Die *Schmerzpunkte* in der Haut kann man mit einer Stachelborste feststellen, die immer mit der gleichen Kraft in die Haut gestochen wird. Die Anzahl der Schmerzpunkte ist viel größer als die Anzahl der Druckpunkte. Sie erreicht zwischen 50 und 200 pro cm^2. Die Unterschiede zwischen den verschiedenen Körperregionen sind nicht sehr groß. *Schmerzrezeptoren* liefern Impulse aufgrund sehr unterschiedlicher Reize: Stich, Schlag, starker Druck, Hitze, Säure und bestimmte Gifte. Die Abstumpfung gegenüber Schmerzen ist nur gering. Zwei Schmerzqualitäten lassen sich unterscheiden:

- Der „helle" *Oberflächenschmerz* entsteht durch einen Nadelstich, durch Kneifen oder bei einer leichten Verbrennung. Er lässt sich leicht lokalisieren. Wir reagieren auf diesen Schmerz meist mit Abwehr oder Flucht.
- Der „dumpfe" *Tiefenschmerz* entsteht beim Schlag gegen das Schienbein, durch Druck auf einen Muskel oder durch Quetschung und wird als quälend empfunden. Wir reagieren durch Zusammensinken. Rezeptoren für Tiefenschmerz gibt es in den meisten Organen. Trotzdem ist er nicht genau zu lokalisieren.

Schmerzunempfindlich sind Herz, Lunge und Gehirn, nicht aber Herzbeutel und Hirnhäute.

- Der Schmerz ist als allgemeiner Warnsinn von großer Bedeutung.

3 Schnitt durch die Schädelkapsel. Durch Flüssigkeit, Häute und Knochen ist das Gehirn gut geschützt.

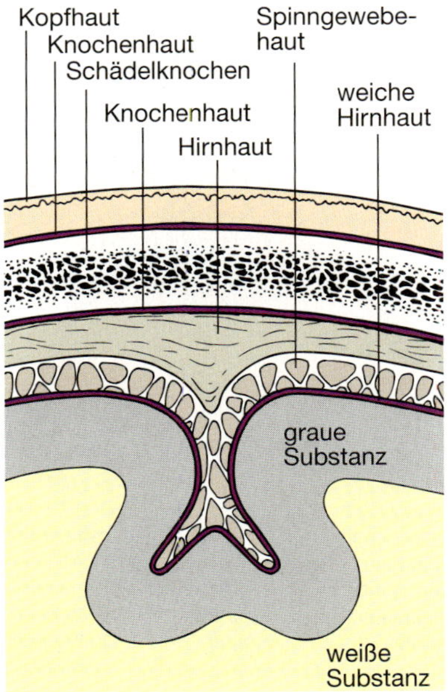

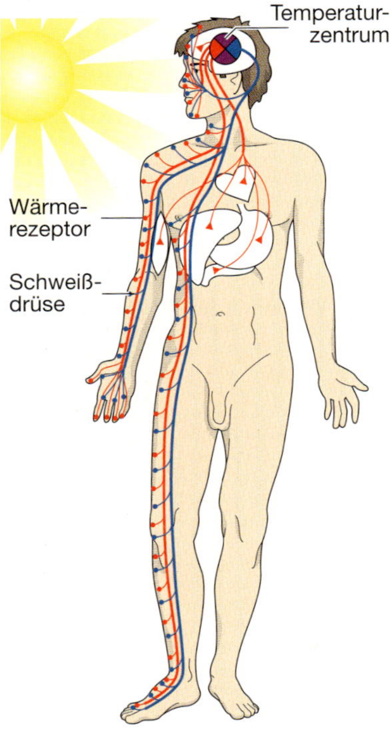

1 Regelung der Körpertemperatur. Die Sonne erwärmt die Haut. Wärmerezeptoren stellen dies fest und melden den Wärmezustand (Istwert) über Nerven zum Temperaturzentrum im Zwischenhirn. Dort wird der Istwert mit dem Sollwert verglichen. Die Differenz wird als Stellgröße dem Stellglied, in diesem Fall den Schweißdrüsen, mitgeteilt. Durch Schwitzen kühlt sich die Haut ab, bis der Sollwert erreicht ist.

2 Den Vorgang der Temperaturregelung im Körper kann man vereinfacht als Regelkreis darstellen.

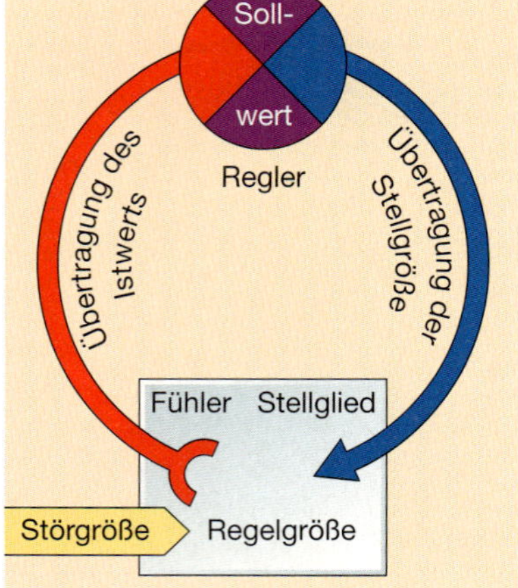

Zusammenschau der Meldungen

Die Meldungen über Kälte und Wärme, Berührung, Druck und Schmerz werden im Gehirn so zusammengeführt, dass

- eine *allgemeine Empfindung* über den Zustand der Körperoberfläche und
- eine *direkte Zuordnung* der Empfindungen zu einem bestimmten Teil der Körperoberfläche möglich ist.

Regelung der Körpertemperatur

Alle *Temperaturmeldungen* aus der Haut gelangen zunächst ins *Zwischenhirn*. Dort laufen auch die entsprechenden Meldungen aus den Muskeln und den inneren Organen zusammen. Außerdem wird im Zwischenhirn die *Bluttemperatur* gemessen. Das Zentrum der Temperaturüberwachung im Zwischenhirn leitet schon bei Abweichungen von 0,1 °C vom „Soll" Gegenmaßnahmen ein. Die normalen Schwankungen der Körpertemperatur von 36,5 °C um 6 Uhr und 37,5 °C um 18 Uhr werden dabei berücksichtigt.

Unter 31 °C. *Sinkt* die Temperatur der Haut unter 31 °C, setzt ein *Kältegefühl* ein. Die Blutgefäße in der Haut verengen sich. Dadurch wird die Wärmeabfuhr aus dem Körperkern verringert. Zusätzlich wird durch Muskelzittern Wärme erzeugt.

Über 35 °C. *Steigt* die Hauttemperatur über 35 °C, empfinden wir das als *Hitze*. Die Blutgefäße öffnen sich weit, die Haut wird rot. Überschüssige Wärme wird dadurch vom Körperkern an die Körperoberfläche befördert. Wenn durch die Verdunstung von Schweiß zusätzlich Wärme verbraucht wird, kann selbst bei hoher Außentemperatur die Temperatur im Körperinnern erträglich niedrig gehalten werden.

Temperatursprung. Ein rascher Wechsel der Lufttemperatur von 50 °C und mehr, wie wir ihn beim Wechsel aus eisiger Kälte in das geheizte Zimmer erleben, gleicht unser Körper rasch aus. Gefährlich wird es allerdings, wenn man ohne vorherige Abkühlung aus der Sonnenhitze in kaltes Wasser springt. Wasser leitet nämlich die Wärme etwa 17-mal rascher ab als Luft. Die Blutgefäße der Haut, eben noch weit und prall gefüllt, ziehen sich schlagartig zusammen. Der *Blutdruck* schnellt hoch. Vor allem die Herzkranzgefäße werden stark beansprucht. Herzschlag droht.

Wärmeverlust. Bei einer Wassertemperatur unter 27 °C wird der Wärmeverlust auf die Dauer zu groß. Die Wärmeregelung unseres Körpers ist überfordert.

Bei sehr kaltem Wasser reichen auch heftige Bewegungen nicht aus um den Wärmeverlust wettzumachen. Selbst der *Schüttelfrost*, der beim Absinken der Temperatur im Körperkern um mehr als 1 °C einsetzt, hilft nur kurze Zeit.

Fieber. Unter dem Einfluss Fieber erregender Stoffe werden von den weißen Blutkörperchen *Hormone* gebildet. Diese wirken auf das Gehirn ein. Dadurch wird der *Sollwert nach oben verstellt*. Man *friert* dann und klappert mit den Zähnen, weil die Normaltemperatur des Körpers als zu kalt empfunden wird.

Erst wenn der Körper auf den neuen „Fieber-Sollwert“ aufgeheizt ist, lässt das Kältegefühl nach.
Mit Schweißausbrüchen hingegen reagiert der Körper, wenn das Fieber abklingt und der Sollwert wieder auf die Normaltemperatur „heruntergeschaltet“ wird.

4 Hautpflege

Damit die Haut ihre Aufgabe erfüllen kann, muss sie gepflegt und geschützt werden. Schmutz, Schweiß, abgestorbene Hautteilchen und Bakterien können nur durch gründliches und regelmäßiges Waschen entfernt werden.
Normale Haut mit guter Durchblutung kann mit guter *Toilettenseife* gewaschen werden. Übermäßiges Duschen und Baden entfettet die Haut und baut den Säurefilm ab. Die Oberhaut quillt. Bakterien und Pilze können sich leichter einnisten. Nach dem Duschen gründlich abtrocknen.
Trockene Haut fühlt sich leicht rau an, schilfert in Schüppchen ab und ist gegen Seife besonders empfindlich. Sie braucht *fette Hautcreme*, aber nicht im Übermaß.
Fette Haut hat große Talgdrüsenausgänge und einen fettigen Glanz. Sie neigt zu Mitessern, Pickeln mit Entzündungen und muss besonders sorgfältig mit einer *Reinigungsemulsion* behandelt werden. Anschließend mit Wasser abwaschen.
Akne. *Mitesser, Pickel* und *schmerzende Eiterpusteln* sind ein besonderes Problem für Jugendliche. Sie haben *Akne.*
Wenn *Eitererreger,* kugelige Bakterien, in den Haarbalg und in die Talgdrüse gelangen,verstopfen die Talgdrüsen. Ein *Mitesser* ist entstanden.
Dringen Bakterien ein, entzündet sich die umliegende Haut. Sie rötet sich. Mit dem Blut herangeführte *weiße Blutkörperchen* stoßen bis zum Entzündungsherd vor. Dort fressen sie die Bakterien und die Reste der abgestorbenen Hautzellen, zerfallen schließlich und bilden zusammen mit den abgetöteten Bakterien und Resten der Hautzellen Eiter. Jetzt ist es ein *Pickel.*
Akne kann Narben hinterlassen. Wer unter starker Akne leidet, sollte einen Hautarzt aufsuchen.

*1 Erhöhte Körpertemperatur beim Menschen von über 37,5 °C bezeichnet man als Fieber.
Ursache ist meist eine Abwehrreaktion des Körpers gegen Krankheitserreger.*

*2 Mit einer milden Reinigungsemulsion, die den Säureschutzmantel der Haut nicht angreift, kann man der Verstopfung von Hautporen vorbeugen.
Zu häufiges Waschen kann der empfindlichen Haut im Gesicht eher schaden.*

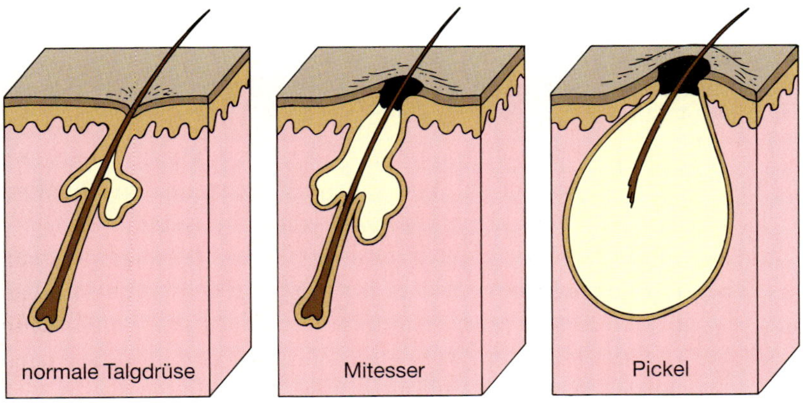

*3 Ein Mitesser entsteht, wenn die Pore der Talgdrüse verstopft.
Ein Pickel entsteht, wenn sich eine verstopfte Talgdrüse entzündet.*

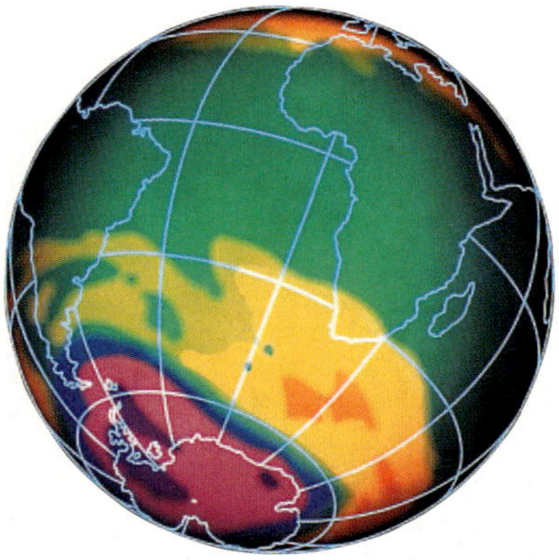

1 Ozonloch.
Die Erde ist in der hohen Atmosphäre von einer ozonreichen Schicht umgeben. Sie wirkt als Schutzhülle für alle Lebewesen, die von der energiereichen Strahlung geschädigt werden würden.
Vor allem Treibgase (FCKW) sind am Abbau des Ozons beteiligt. Über der Antarktis kommt es zuerst zu einem Abbau des Ozons. In der Computergrafik ist dies am rot-violetten Farbmuster zu erkennen. Durch dieses „Ozonloch" kann energiereiche und damit schädliche Strahlung bis zur Erdoberfläche vordringen. Die Zerstörung der Ozonschicht gilt als eine der Ursachen für die Zunahme von Hautkrebs.

2 Die Werte für die Dauer des Sonnenbads gelten für Mitteleuropa.

Sonnenbad-Tabelle

1. Tag	10 Minuten
2. Tag	15 Minuten
3. Tag	20 Minuten
4. Tag	30 Minuten
5. Tag	40 Minuten
6. Tag	55 Minuten
7. Tag	75 Minuten

Hautpflegemittel sollten in Maßen verwendet werden. Eine fettarme Tagescreme schützt die Gesichtshaut vor Verschmutzung und Witterungseinflüssen. Nach der abendlichen Gesichtsreinigung bleibt die Haut über Nacht frei von allen Präparaten.

Ernährung. Richtige Ernährung ist wichtig für die Haut. Wer zu Mitessern und Pusteln neigt, sollte scharfe Gewürze, fettes Fleisch, Schokolade und Alkohol meiden. Zu empfehlen sind Milchprodukte, Gemüse und Obst.

Sonne und Haut. Die Sonne bräunt die Haut. Man sollte sich der Sonne aber nur in Maßen aussetzen. Mit 10 Minuten beginnen. Nie länger als 30 Minuten in der prallen Sonne liegen. Den Kopf schützt man am besten mit einem luftdurchlässigen Sonnenhut. Kopftücher stauen die Wärme. Parfum begünstigt in der Sonnenhitze Entzündungen, die zu braunen Flecken führen.

Vollständigen Schutz vor *Sonnenbrand* gewähren auch Sonnenschutzmittel nicht. Sobald die Haut prickelt, sollte man in den Schatten gehen und kühlende Feuchtigkeitscreme auftragen. Auch bei bedecktem Himmel wird der bräunende Ultraviolettanteil des Sonnenlichts nur zum Teil zurückgehalten. Zu lange Sonnenbestrahlung macht die Haut ledrig und trocken, Hautkrebs kann entstehen. An der See und in den Tropen ist besondere Vorsicht geboten.

● In der Sonne wirken Wassertropfen wie ein Brennglas. Deshalb sollte man sich nach dem Schwimmen gut abtrocknen.

Tipps für gesundes Sonnen

Die Sonne ist für alle Menschen wichtig. Bei Sonnenschein fühlen wir uns wohler. Aber nur mit Vorsicht und in Maßen genossen ist die Sonne gesund.

- Ein Sonnenschutzmittel verstärkt den natürlichen Hautschutz. Je höher der Lichtschutzfaktor ist, desto stärker hält es die ultravioletten Strahlen von der Haut ab. Eine gute Sonnenbrille mit hellen, UV-Strahlen absorbierenden Gläsern schützt die Augen.
- Zwischen 11 und 15 Uhr ist die ultraviolette Strahlung am stärksten. Zu dieser Tageszeit hält man sich am besten im Schatten auf. Auch im Schatten bräunt die Haut.
- Etwa eine halbe Stunde vor dem Sonnenbad sollte man sich mit dem Sonnenschutzmittel einreiben, damit es seinen vollen Schutz entfalten kann.
- Beim Baden braucht man ein wasserfestes Sonnenschutzmittel. Die ultravioletten Strahlen reichen nämlich einen halben Meter tief in das Wasser hinein.
- Auch bei bedecktem Himmel und im Schatten kann man einen Sonnenbrand bekommen. Am oder im Wasser, im Gebirge und beim Skifahren muss man besonders vorsichtig sein.
- Wer lange nicht mehr in der Sonne war, kann besonders schnell einen Sonnenbrand bekommen. Am besten richtet man sich bei den ersten Sonnenbädern nach der nebenstehenden Tabelle. Die angegebenen Zeiten gelten für den dunkleren, sonnenunempfindlichen Hauttyp.

Praktikum: Haut

Mit der Haut lassen sich viele Sinneswahrnehmungen aufnehmen. Stellen Sie fest, um welche es sich handelt.

1 Druckempfindung
Benötigt werden:
Stift, Schere, Fotokarton, Lineal, Papier.
Durchführung:
- Schneiden Sie aus Fotokarton einen Zackenkarton wie auf dem Bild rechts aus. Verbinden Sie ihrem Partner die Augen. Berühren Sie Stirn, Lippen, Fingerspitzen, Oberarm und Nacken mit allen Seiten des Zackenkartons. Ihr Partner gibt seine Vermutung an, mit welcher Seite er berührt wurde. Tragen Sie die Ergebnisse in eine Tabelle ein.

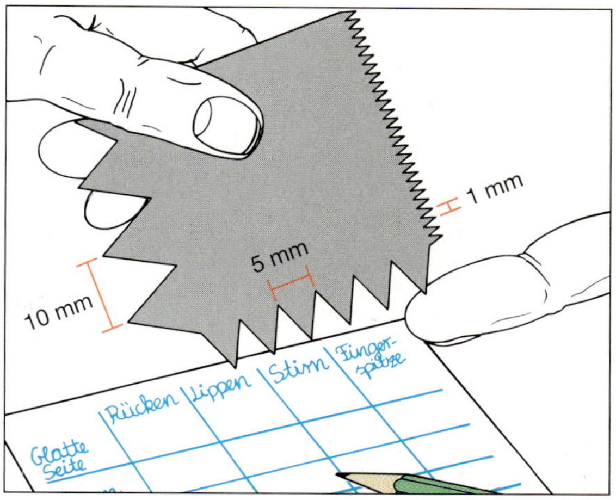

2 Temperaturempfindung
Benötigt werden:
3 große Gefäße, Thermometer, 5 °C, 20 °C und 35 °C warmes Wasser.
Durchführung:
- Füllen Sie je ein Gefäß mit 5 °C, 20 °C und 35 °C warmem Wasser. Tauchen Sie nun die eine Hand in das 5 °C, die andere Hand in das 35 °C warme Wasser.
- Tauchen Sie beide Hände nach einer Minute in das 20 °C warme Wasser. Beschreiben Sie ihre Empfindungen und versuchen Sie das Ergebnis dieses 3-Schalen-Versuchs zu erklären.

3 Stoffabgabe
Benötigt werden:
durchsichtiger Plastikbeutel, Gummiring, Pipette, konzentriertes Kalkwasser, Tuch, warmes und kaltes Wasser, Alkohol.
Durchführung:
- Stecken Sie eine Hand in die Plastiktüte und verschließen Sie diese mit einem Gummiband locker am Handgelenk. Nehmen Sie die Plastiktüte nach etwa 10 Minuten wieder ab. Was können Sie beobachten?
- Führen Sie den Versuch erneut durch, nehmen Sie aber erst nach 30 Minuten die Plastiktüte ab. Geben Sie sofort mit der Pipette einige Tropfen konzentriertes Kalkwasser in die Tüte und schwenken Sie diese aus. Beobachten Sie genau und erklären Sie.
- Pusten Sie leicht über ihren Handrücken, reiben Sie ihn dann mit einem Tuch ab, das Sie in warmes Wasser getaucht haben. Pusten Sie wieder darüber. Wiederholen Sie den Vorgang jeweils mit einem Tuch, das Sie in kaltes Wasser und Alkohol getaucht haben. Wie unterscheiden sich ihre Wahrnehmungen?

Sehen mit Augen und Gehirn

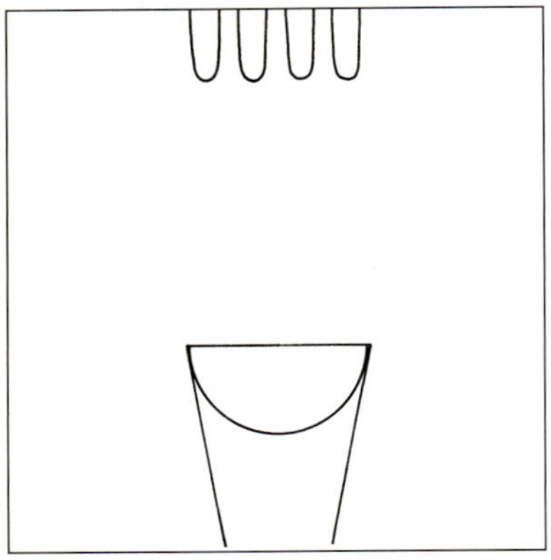
1

2

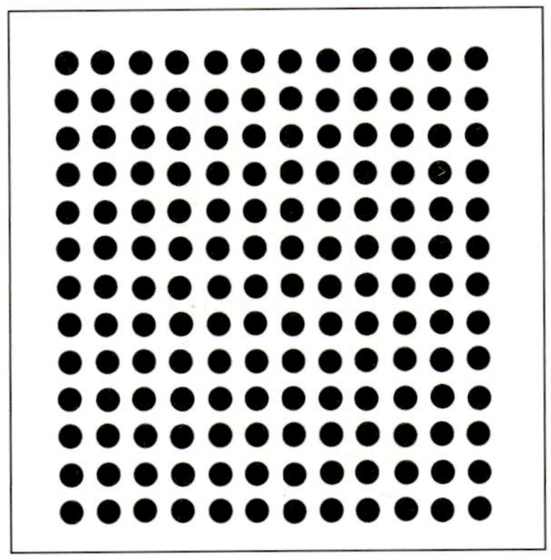
3

4

5

6

1 Was ist des „Drudels Kern"?

1 Auge und Gehirn arbeiten zusammen

Selbst bei Bildern, die einige Anforderungen an unsere Fantasie stellen, kommen wir nach einiger Zeit auf die Lösung. Allerdings nicht, weil wir die Lösung wirklich sehen können, sondern weil wir den fehlenden Teil des Bildes aus unserem Gedächtnis hinzufügen:
Wir wissen, wie eine Kuh aussieht, und können sie deshalb in Gedanken ergänzend um den Bildausschnitt „herumbauen" (1).
Wir sind von der ungewohnten Größe eines Streichholzkopfs (4) überrascht, vor allem dann, wenn er neben einem Foto der Halbinsel Sinai (5) steht. Unsere Erinnerung reicht jedoch aus, um das Bild nach Form und Farbe dem bekannten Gebrauchsgegenstand zuzuordnen. Wir können sogar den hervorragend getarnten Vogel im Kies (6) entdecken. Größere Schwierigkeiten macht schon die Gruppe sichelförmiger Figuren (2). Wer erkennt die Zahl 5 auf Anhieb? Sobald man sich aber „hineingesehen" hat, bleibt es dabei. Die bekannteste, schlüssigste Form hat gesiegt.
Bei der Betrachtung der vielen Punkte (3) dagegen bemüht sich das Gehirn vergeblich, Ordnung in die Einförmigkeit zu bringen. Jeder Versuch, eine bekannte Gestalt zu entdecken, scheitert.
Wer den Vogel in Bild 6 nicht finden kann, entdeckt ihn bestimmt, wenn er 2,75 cm von unten und 1,7 cm von links nachschaut. Der Kopf zeigt nach rechts.

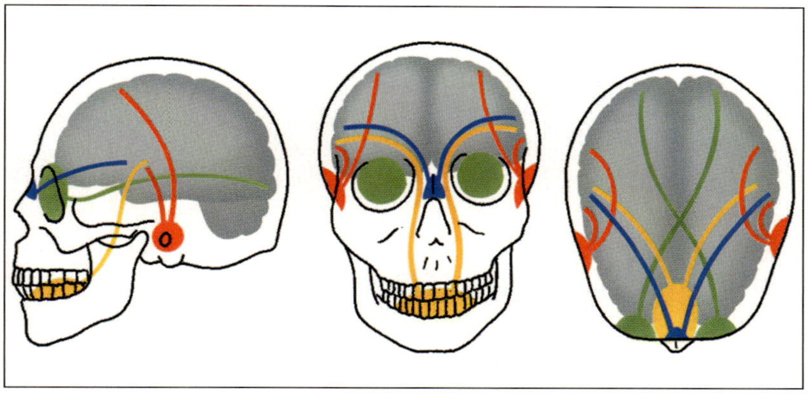

1 Alle Fernsinne liegen im Kopf. Sie sind nach vorn gerichtet. Der Geschmackssinn ist ein Nahsinn. Seine Reichweite beschränkt sich auf die Mundhöhle.
Rot: Hörsinn
Grün: Sehsinn
Blau: Geruchssinn
Gelb: Geschmackssinn

2 Bedeutung des Lichtsinns

Die Haut ist die größte Sinnesfläche des Körpers. Was die Zahl der Sinneszellen und der zum Gehirn führenden Nervenfasern anbelangt, wird sie aber sowohl von den Ohren als auch von den Augen übertroffen. Ein Vergleich zeigt die überragende Stellung der Augen, die dem Gehirn etwa *10-mal mehr Informationen* zuführen als alle anderen Sinne zusammen:

Sinn für	Sinnesfläche in cm^2	Zahl der Rezeptoren	Zahl der Nervenfasern	Informationsfluss in bit/s
Licht	2 x 3,5	2 x 130 000 000	2 000 000	3 000 000
Schall	2 x 0,08	2 x 15 000	2 000	50 000
Druck	20 000	500 000 (Druck und Berührung)	10 000 (Druck, Berührung, Temperatur)	200 000 (Druck, Berührung, Temperatur)
Berührung	20 000			
Temperatur	20 000	200 000		
Geruch	2 x 2,5	20 000 000	2 000	100
Geschmack	50	2 000	2 000	10

Die *Konzentration* leistungsfähiger Sinnesorgane am Kopf ist auffällig. Das bringt eine Reihe von Vorteilen mit sich: Der Kopf überragt den Körper. Seine Sinnesorgane erfassen nicht nur die unmittelbare Umgebung, sondern auch die Ferne. Sie können sich schnell jeder auffälligen Erscheinung zuwenden und sich genau auf sie einstellen.

Das gilt ganz besonders für die Augen, die auch unabhängig vom Kopf bewegt werden können. Da die Leitungen zum Gehirn kurz sind, ist auch die *Reaktionszeit kurz*.

- Die Sinne der Haut und der Zunge sind Nahsinne. Sie melden Ereignisse aus ihrer unmittelbaren Nähe. Der Geruchssinn, der Hörsinn und der Sehsinn sind dagegen Nah- und Fernsinne.

- ▶ Welche Sinne im Kopfbereich sind vor allem Fernsinne?
- ▶ Welche unserer Sinne sind Nahsinne? Welche davon sind auf den Kopfbereich beschränkt, welche lassen sich auch in anderen Körperbereichen nachweisen?

bit
Maßeinheit für die Informationsmenge einer Nachricht. Die Computersprache besteht aus nur zwei Zeichen: ein oder aus, plus oder minus, 1 oder 0. Dabei entspricht 1 bit einer Entscheidung zwischen einem dieser beiden Zustände. Ein Buchstabe des Alphabets hat 8 bit. Das Wort „Gehirn" hat somit 48 bit und eine Seite dieses Buches etwa 24 000 bit.

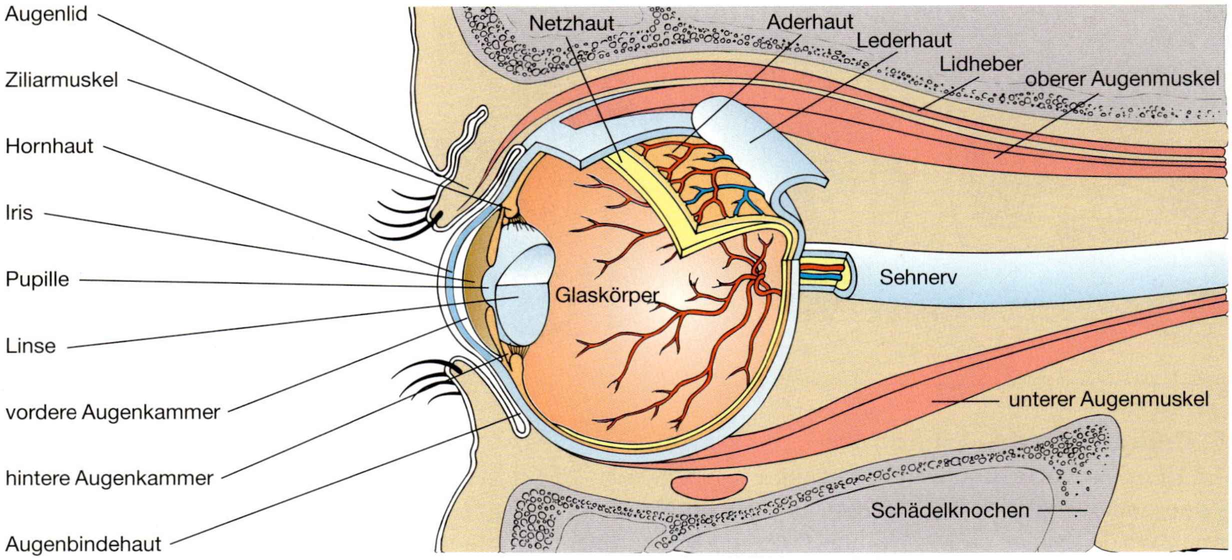

1 *Der Bau des Auges*

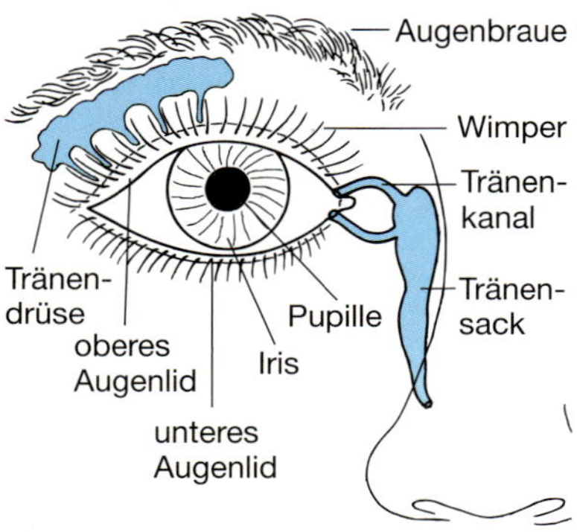

2 *Schutzeinrichtungen des Auges*

3 *Äußerlich sind am Auge erkennbar: Augenlider, Wimpern, Hornhaut, Bindehaut, Iris, Pupille.*

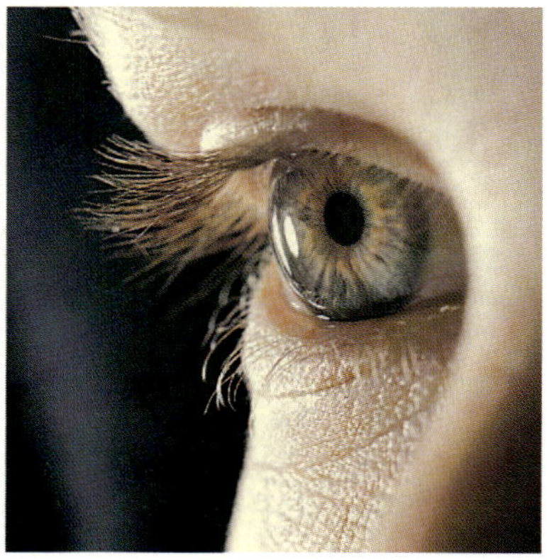

Kamera und Auge. Vergleicht man Fotokamera und Auge, entdeckt man viele Ähnlichkeiten. So bei der Anordnung von *Hornhaut, Iris, Linse und Netzhaut* des Auges sowie *Linse, Blende und Film* in der Fotokamera. Bei der Betrachtung der Testbilder 1 bis 6 auf Seite 160 wird allerdings auch ein grundlegender Unterschied zwischen der Fotokamera und dem Auge deutlich:

- Die Kamera *liefert* Bilder.
- Das Auge *liefert* Bilder und beginnt mit der Bildverarbeitung. Die endgültige Auswertung erfolgt anschließend im Gehirn.

● Fotokamera und Auge stimmen in wesentlichen Bauprinzipien überein. Im Auge wird aber nicht nur abgebildet, sondern auch mit der *Verarbeitung* des Bildes begonnen.

3 Bau und Funktion des Auges

Geschütztes Sinnesorgan

Die Augen liegen gut *geschützt* in der knöchernen Augenhöhle. Durch Fettgewebe sind sie außerdem gepolstert. Die *Lederhaut* bildet eine feste Hülle. Sie ist im vordersten Teil völlig durchsichtig und heißt Hornhaut. Die Hornhaut ist frei von Blutgefäßen und wird vom *Kammerwasser der Augenkammern* mit Nährstoffen versorgt. In ihrem Randbereich setzt die dünne Bindehaut an. Alle 5 bis 6 Sekunden wischen die *Augenlider* die Außenfläche des Auges ab, entfernen Fremdkörper und benetzen das Auge mit einer entzündungshemmenden Flüssigkeit, die in den *Tränendrüsen* gebildet wird. Im inneren Augenwinkel wird diese Tränenflüssigkeit durch die Tränenkanäle dem Nasenraum zugeführt. *Augenbrauen* und *Wimpern* sorgen dafür, dass Staub und die meisten Fremdkörper gar nicht bis zum Auge gelangen.

▶ Ihnen ist eine Fliege ins Auge geraten. Wie reagiert das Auge?

Lichtbrechung durch Hornhaut und Linse

Bei der Fotokamera sammelt die Linse die Lichtstrahlen und sorgt für die Abbildung des verkleinerten Bildes auf dem Film.
Beim Auge dagegen fällt das Licht zunächst auf die *Hornhaut*. Dahinter tritt es in das *Kammerwasser* über. Beim Eintritt des Lichts aus der Luft in die Hornhaut wird es stark gebrochen. Das Kammerwasser spielt keine Rolle bei der Lichtbrechung. Beim Übertritt des Lichts aus dem Kammerwasser in die *Linse* wird es nochmals gebrochen, ebenso bei seinem Übertritt aus der Linse in den gelatineartigen, durchsichtigen *Glaskörper*.
Hinter dem Glaskörper bedeckt die *Netzhaut* die Innenfläche des Augapfels. Auf sie wird das verkleinerte, auf dem Kopf stehende Bild projiziert.
Versorgung der Linse. Die Linse ist aus lebenden Zellen aufgebaut, kommt aber ohne eigene Blutversorgung aus. Sie wird vom Kammerwasser und vom Glaskörper mit Nährstoffen versorgt.
Etwa alle 4 Stunden erneuert sich das Kammerwasser. Enthält es Unreinheiten, so sieht man vor allem gegen den hellen Himmel „fliegende Mücken". Das sind die Schatten, die diese Unreinheiten auf die Netzhaut werfen.

- An der Lichtbrechung im Auge sind sowohl die Hornhaut als auch die Linse beteiligt.

Irisblende und Schärfentiefe

Die *Iris oder Regenbogenhaut*, die vor der Linse liegt, gibt in der Mitte das Sehloch, die *Pupille*, frei. Bei starkem Lichteinfall verengt sich die Pupille durch Ringmuskelfasern in der Iris. Bei schwachem Lichteinfall verkürzen sich die radiären Muskelfasern der Iris, die Pupille weitet sich. Dieser Vorgang läuft unwillkürlich ab. Man bezeichnet ihn als *Pupillenreflex*.
Eine kleine Pupille wirkt wie eine kleine Blende bei der Fotokamera. Die einfallende Lichtmenge ist gering, die Schärfentiefe aber groß. Ist die Pupille so weit wie möglich geöffnet, so ist ihre Fläche beim jugendlichen Auge rund 30-mal größer als bei ihrer engsten Einstellung. Die Schärfentiefe ist jetzt kleiner.
Das lässt sich mit einem einfachen Versuch nachprüfen: Schaut man über den Daumen der ausgestreckten Hand auf Häuser in der Ferne, dann sieht man entweder den Daumen oder die Häuser scharf, je nachdem, an welche Entfernung sich die Linse akkomodiert hat. Kneift man die Augen zusammen und verengt damit auch die Blende, dann schafft man es, Daumen und Häuser gleichzeitig scharf zu sehen.

- Die Pupille regelt den Lichteinfall in das Auge. Sie bestimmt auch die Schärfentiefe.

▶ Vergleichen Sie Fotoapparat und Auge. Nennen Sie Gemeinsamkeiten und Unterschiede. Verwenden Sie dazu die obige Grafik. Wo liegen die Grenzen des Vergleichs?
▶ Was bewirkt der Pupillenreflex?

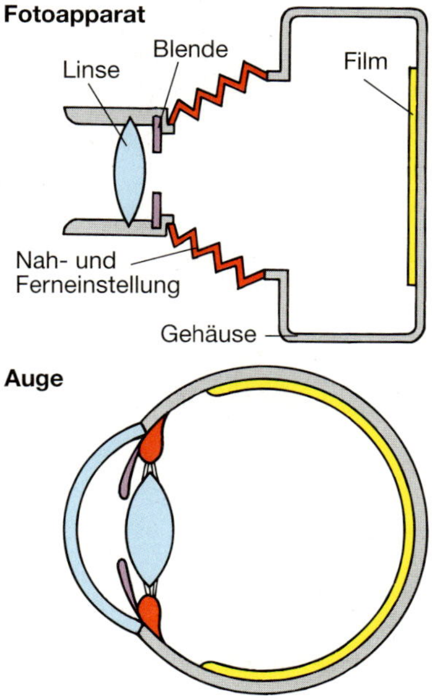

*1 und 2 Fotoapparat und Auge im Vergleich.
Beim Fotoapparat wird das Abbild durch den Einfall von Lichtstrahlen auf eine lichtempfindliche Schicht, den Film, erzeugt.
Der Lichteinfall wird mithilfe einer Blende reguliert.
Die gläserne, geschliffene Linse ist nicht verformbar. Stattdessen wird zur Einstellung der Bildschärfe beim Fotoapparat der Abstand zwischen Linse und Film verändert.*

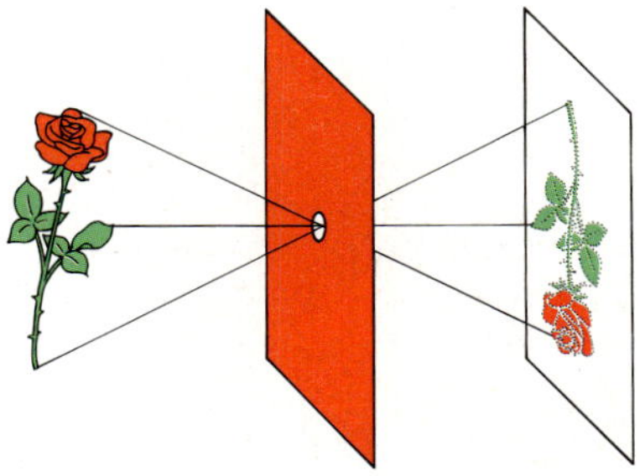

3 Abbildung durch eine Lochblende

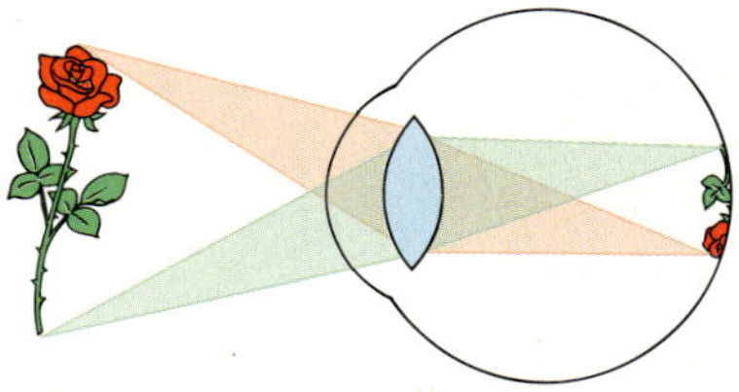

4 Auf der Netzhaut entsteht ein verkleinertes, auf dem Kopf stehendes Bild.

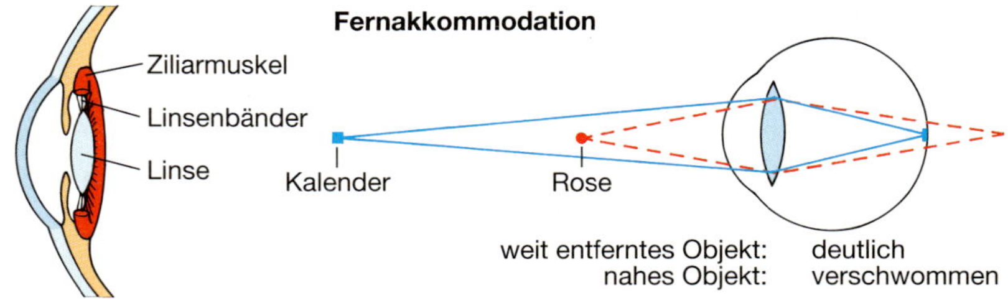

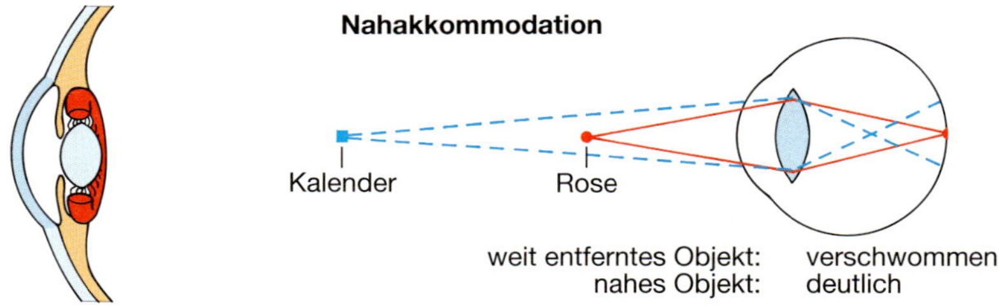

1 und 2 Die Akkomodation wird durch das Zusammenwirken von Linsenbändern, elastischer Linse und Ringmuskel erreicht.

2 Typische Blicksprünge beim Betrachten eines Gesichts. Die Augen ziehen die Aufmerksamkeit ganz besonders auf sich.

▶ Welche Rolle spielt der Innendruck des Auges bei der Akkommodation?

Scharfeinstellung und Akkommodation

Scharfeinstellung. Bei der Fotokamera wird sie durch die Änderung des *Linsenabstands* zum Film erreicht: Sollen nahe liegende Objekte abgebildet werden, wird die Linse vom Film wegbewegt. Soll ein Objekt in der Ferne scharf abgebildet werden, wird die Linse zum Film hinbewegt. Im menschlichen Auge ist die Linse nicht verschiebbar. Sie kann aber dank ihrer Elastizität die Form verändern und damit auch die *Brechkraft*.

- Je gewölbter die Linse ist, desto stärker bricht sie das Licht. Umso schärfer werden nahe liegende Gegenstände auf der Netzhaut abgebildet.
- Je flacher die Linse ist, umso weniger bricht sie das Licht. Entsprechend werden Gegenstände, die weiter entfernt sind, auf der Netzhaut scharf abgebildet.

Akkommodation. Die Scharfeinstellung des Auges auf Gegenstände, die man betrachten will, nennt man *Akkommodation*. Dabei wirken mehrere Bauelemente des Auges zusammen: An der Scharfeinstellung sind die *Linse*, die *Linsenbänder*, der *Ringmuskel* und der *Glaskörper* beteiligt. Die elastische Linse ist an den nicht elastischen Linsenbändern aufgehängt, die wie Strahlen vom Linsenrand zum Ringmuskel führen. Der Ringmuskel ist ringsum mit der Lederhaut verwachsen.

- Ferneinstellung: Der Ringmuskel ist schlaff. Durch den Innendruck im Auge wird er von der Aderhaut rundum nach außen gezogen und gedehnt. Die Linsenbänder ziehen an der Linse. Dadurch wird sie abgeflacht. Objekte in der Ferne werden auf der Netzhaut scharf abgebildet.
- Naheinstellung: Der Ringmuskel zieht sich zusammen. Die Linsenbänder werden schlaff. Die Linse nimmt aufgrund ihrer Eigenelastizität eine kugelige Form an. Objekte in der Nähe werden jetzt auf der Netzhaut scharf abgebildet.

Altersweitsichtigkeit. Beim jungen Menschen ist die Linse noch sehr elastisch. Eine Naheinstellung bis auf 8 cm ist möglich. Mit zunehmendem Alter lässt die Elastizität der Linse nach. Immer weniger ist sie dann in der Lage eine kugelige Form anzunehmen. Es kommt zur *Altersweitsichtigkeit*. Eine Brille mit leichter Sammellinse vermag dies auszugleichen.

● Durch unterschiedliche Linsenkrümmung kann sich das Auge an Ferne und Nähe anpassen.

Abhängigkeit des Nahpunkts vom Lebensalter

Alter	10	20	30	40	50	60	70 Jahre
Nahpunkt	8	10	12	17	50	70	100 cm

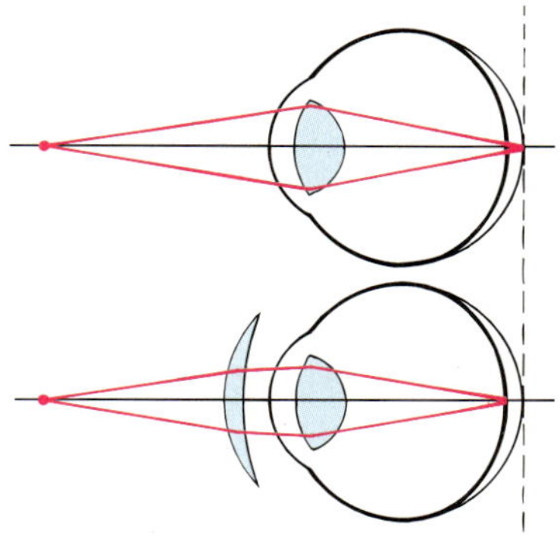

1 *Weitsichtigkeit: Der Augapfel ist zu kurz. Die Korrektur erfolgt durch eine Sammellinse.*

Augenblick und Bildfolge

Augenblick. Jedes Auge wird von 6 Muskeln bewegt. Diese Augenmuskeln sind nicht nur für die willentlichen Drehbewegungen der Augen verantwortlich, sondern auch für die unwillkürlichen kleinen *Blicksprünge*, die sie ständig ausführen. Etwa 3 bis 5 Blickwechsel pro Sekunde sind die Regel.
Zwischen zwei Blicksprüngen liegt ein Zeitraum von 0,2 bis 0,3 Sekunden. Dies ist – im Sinne des Wortes – ein *Augenblick*. Für unser Empfinden dauert ein Augenblick allerdings länger: 1 bis 10 Sekunden brauchen wir um einen Sachverhalt wirklich zu erfassen.
Bildfolge. In der Fotokamera entsteht das Bild in der lichtempfindlichen Schicht des Films. In der Netzhaut des Auges ist es ganz ähnlich, nur dass dort *alle Augenblicke ein neues Bild entsteht*. Werden dem Auge beim Ablauf einer Handlung mehr als 18 Einzelbilder pro Sekunde geboten, empfinden wir die Bildfolge als ununterbrochenen Fortgang. Allerdings bemerken wir bei 18 bis 24 Bildern pro Sekunde noch ein leichtes Flimmern, wie bei den Filmen aus der Stummfilmzeit. Durch einen Trick sind die modernen Filme völlig *flimmerfrei*, obwohl auch sie mit nur 24 Bildern pro Sekunde aufgenommen werden: Bei der Projektion rotiert eine dreimal so rasch laufende Schlitzscheibe vor dem Film. Dadurch fällt jedes Bild dreimal auf die Leinwand. Statt 24 Einzelbilder pro Sekunde bekommt das Auge also 72 Bilder in der gleichen Zeit zu sehen.
Betrachtet man ein Bild auf dem Fernsehschirm direkt von vorn, so ist es flimmerfrei. Schaut man aber schräg an ihm vorbei, so flimmert es, weil es von der Seite ins Auge fällt. In den *Randbezirken der Netzhaut* werden *Bewegungen* nämlich besonders gut wahrgenommen. Kein Sheriff im Wilden Westen wäre ohne diese Fähigkeit, jede Bewegung aus dem Augenwinkel zu erfassen, lange am Leben geblieben.

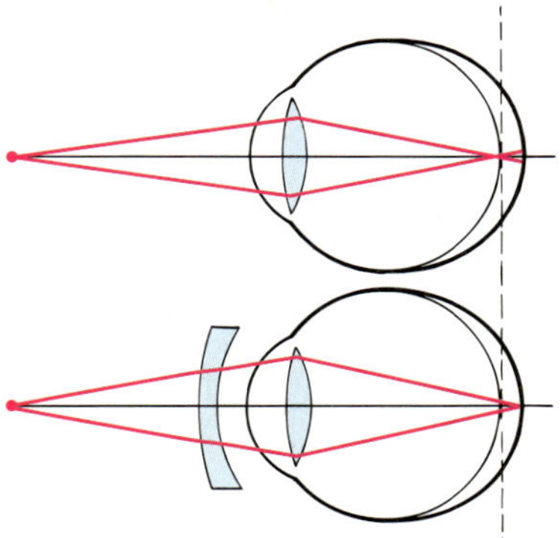

2 *Kurzsichtigkeit: Der Augapfel ist zu lang. Die Korrektur erfolgt durch eine Zerstreuungslinse.*

3 *Bewegungsablauf mit dem Stroboskop in Einzelbilder aufgegliedert*

▶ Die Linse älterer Menschen ist weniger elastisch als die junger Menschen.
Welche Schwierigkeiten ergeben sich aus der geringeren Elastizität? Wie können die Folgen behoben werden?

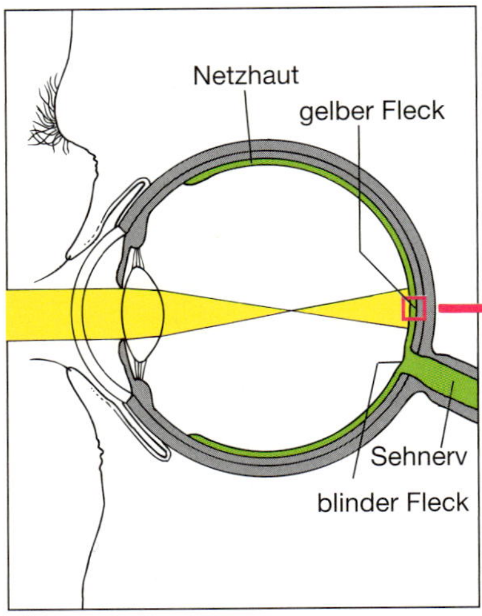

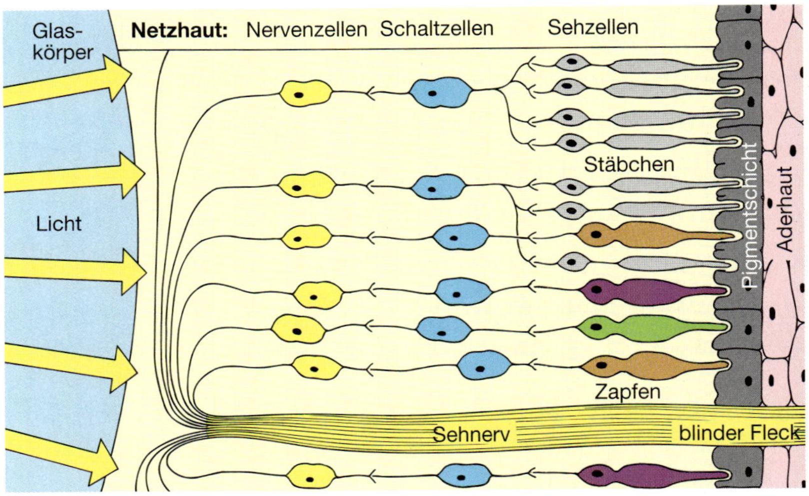

1 und 2 Lichteinfall und Aufbau der Netzhaut.
Stäbchen und Zapfen empfangen die Lichtreize. Schaltzellen fassen die Meldungen ans Gehirn zusammen.

Bau der Netzhaut

Vor der dunklen, lichtundurchlässigen *Pigmentschicht* stehen in der *Netzhaut* die lang gestreckten *Lichtsinneszellen oder Lichtrezeptoren*. Zwei Sorten lassen sich unterscheiden: *Stäbchen und Zapfen.*

- Die Stäbchen sind lang und schlank. Sie stehen vor allem in den Außenbezirken der Netzhaut. In jedem Auge gibt es davon 125 Millionen.
- Die Zapfen sind kurz und dick. Sie befinden sich zum größten Teil im Zentrum der Netzhaut. Jedes Auge besitzt 7 Millionen Zapfen. Im *gelben Fleck*, der Stelle des schärfsten Sehens, stehen dicht gedrängt um die 300 000 Zapfen.

Vor der Schicht der Lichtrezeptoren, also in Richtung Linse, liegen in der Netzhaut in mehreren Schichten etwa 2 Millionen Nervenzellen. Man bezeichnet sie auch als *Schaltzellen*. Sie nehmen die Signale aus den Rezeptoren auf und beginnen sie zu verarbeiten.

Das Ergebnis dieser ersten „Verrechnung" wird an 1 Million Nervenzellen weitergegeben. Deren Nervenfasern verlassen, zum *Sehnerv* gebündelt, das Auge in Richtung *Gehirn.*

Die Stelle, an der der Sehnerv aus dem Augeninnern austritt, ist frei von Sinneszellen, also „blind". Man nennt sie den *blinden Fleck.* Trotzdem haben wir kein „Loch" im Gesichtsfeld. Der fehlende Bildteil wird im Gehirn ergänzt.

In den Außenbezirken der Netzhaut werden etwa 150 Stäbchen von einer einzigen Nervenzelle erfasst. Im gelben Fleck wird die Erregung jedes Zapfens von einer eigenen Schaltzelle abgeleitet. Hier werden mehr Details erfasst als außen, wo das Bild „gröber" erscheint.

Jetzt lässt sich auch der „Sheriffeffekt" erklären: Im gröberen Rasterbild sind Bewegungen deutlicher zu erkennen.

▶ Ein Fernsehbild, das direkt von vorne betrachtet wird, erscheint flimmerfrei. Bei seitlicher Betrachtung beginnt es dagegen zu flimmern. Wie ist dies zu erklären?

3 Ausschnitt aus der Netzhaut

P Pigmentschicht
S Sehzellen
KS Kerne der Sehzellen
Sch Schaltzellen
N Nervenzellen

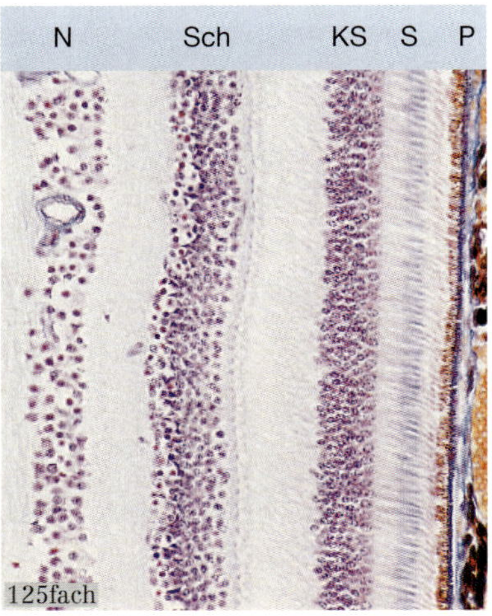

Hell-Dunkel-Sehen und Farbensehen

Durch einen einfachen Versuch lässt sich ein weiterer Unterschied zwischen dem Randbereich und dem Zentrum der Netzhaut feststellen: Führt man farbige Gegenstände von außen nach innen ins Blickfeld, so bemerkt man sie ganz außen überhaupt nur, wenn sie sich bewegen. Dann erscheinen sie in unterschiedlichem Grau. Erst wenn sie noch weiter nach innen kommen, kann man ihre Farbe erkennen. Die Fähigkeit, Farben wahrzunehmen, hängt offensichtlich davon ab, ob das Bild auf einen Teil der Netzhaut fällt, der Zapfen hat.

Unser Auge kann etwa 500 000 verschiedene Farbtöne unterscheiden. Es leuchtet ein, dass es nicht für jeden Farbton besondere Sinneszellen geben kann. Es gibt vielmehr *drei verschiedene Zapfensorten*, die sich in ihrer Empfindlichkeit gegenüber den Wellenlängen des sichtbaren Lichts deutlich unterscheiden:

- Die erste Zapfensorte ist besonders empfindlich für langwelliges Licht, das wir als *Sattgelb* empfinden.
- Die zweite Zapfensorte ist besonders empfindlich für Licht mittlerer Wellenlänge, das wir als *Grün* empfinden.
- Die dritte Zapfensorte ist besonders empfindlich für kurzwelliges Licht, das wir als *Tiefblau* empfinden.

Durch unterschiedliche Erregungsstärke der drei verschiedenen Zapfensorten kann unser Auge die große Vielzahl verschiedener *Farbtöne* unterscheiden. Gleich starke Erregung der drei Zapfensorten führt zum Eindruck *Weiß*.

● Stäbchen und Zapfen sind die lichtempfindlichen Sehzellen in der Netzhaut. Sie liefern Erregungen ans Gehirn.
Die Zapfen sind für das Farbensehen verantwortlich, die Stäbchen für das Sehen bei schwachem Licht. Der gelbe Fleck ist die Stelle des schärfsten Sehens. Die Verarbeitung von Erregungen erfolgt im Gehirn. Erfahrungswerte, die im Gehirn gespeichert sind, werden dabei einbezogen.

▶ Erklären Sie: Im Randbereich unseres Gesichtsfelds können wir keine Farben unterscheiden. Jedoch entgeht uns hier keine Bewegung.

▶ Betrachten Sie einen Buntstift im Licht einer Lampe. Wie ist der Farbeindruck?
Welche Erfahrungen spielen bei der Beurteilung der Farbqualität mit?

1 Projiziert man die drei Grundfarben übereinander, sehen wir Weiß. Alle drei Zapfentypen werden gereizt.

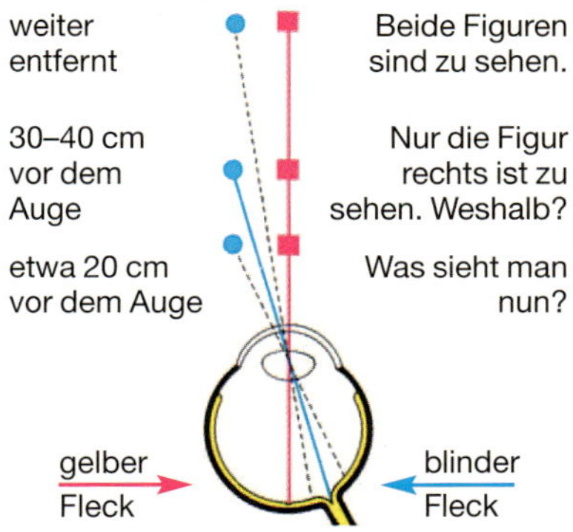

2 Erklärung: Strahlengang des blinden Flecks

3 Wer den blinden Fleck in seinem Auge entdecken will, muss dieses Buch etwa eine Armlänge vor sich aufstellen, das rechte Auge schließen und mit dem linken unverwandt auf die Katze schauen. Geht man dann näher an das Buch heran, so verschwindet die Maus bei einer bestimmten Entfernung, weil ihr Bild auf den blinden Fleck des linken Auges fällt.

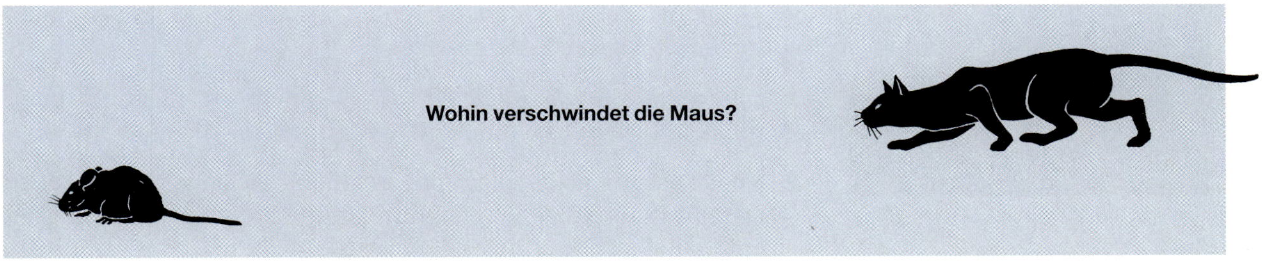

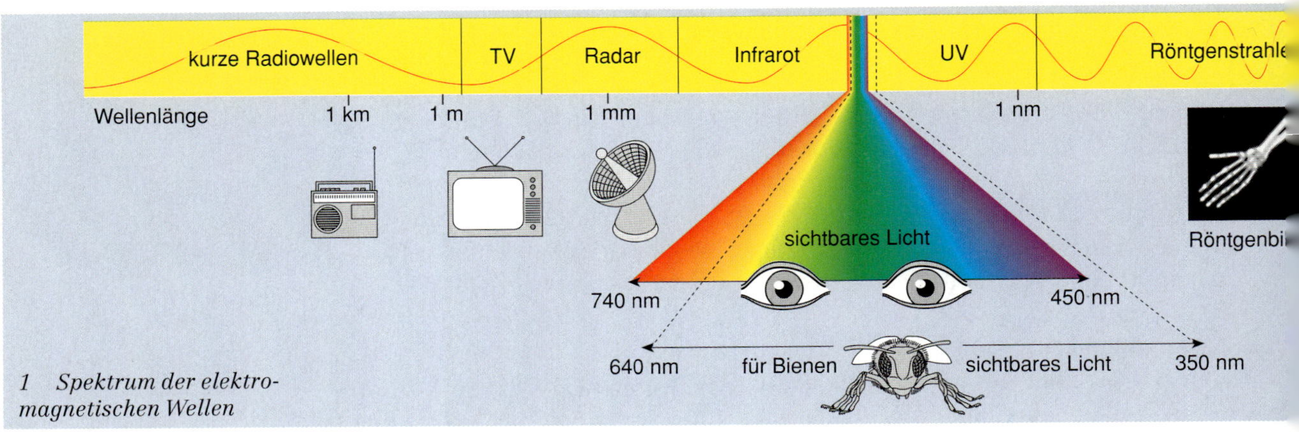

1 Spektrum der elektromagnetischen Wellen

2 Testbild zur Farbwahrnehmung. Welche Zahl erkennen Sie? Rot-Grün-Fehlsichtige lesen hier die Zahl 21.

3 Schreitet die Dämmerung fort, verschwinden die Farben mehr und mehr.

Farbverwechslung und Farbenblindheit. Nicht alle Menschen haben dasselbe Farbempfinden. 10% aller Männer haben Schwierigkeiten, bestimmte Grüntöne oder Rottöne von gleich hellen Grauwerten zu unterscheiden. Diese *Farbverwechslung* (Rot-Grün-Blindheit) hängt meist damit zusammen, dass eine der drei Zapfensorten nicht die volle Leistung erbringt.
Es gibt auch Fälle, in denen eine Zapfensorte völlig ausfällt. Sind alle drei Zapfensorten derart farbuntüchtig, so ist der Betroffene *farbenblind.*

- Fällt eine Zapfensorte völlig aus, sind Farbverwechslungen die Folge. Fallen alle drei Zapfensorten aus, ist Farbenblindheit die Folge.

Dämmerungssehen und Adaptation. In der Dämmerung verliert das Auge die Fähigkeit Farben wahrzunehmen. Dann sind „alle Katzen grau". *Nacheinander verschwinden die Farben Rot, Grün und Blau.* Am längsten wird Gelb von den Grauwerten unterschieden. Deshalb erscheint uns der Vollmond gelb. Die Sterne, die physikalisch gesehen farbiges Licht abstrahlen, sind nur auf lange belichteten Fotos farbig zu sehen. Die Helligkeit, die sie abstrahlen, reicht für unsere Augen nicht aus.
Will man im Dämmerlicht einen Gegenstand genau ins Auge fassen, so verschwindet er. Im Zentrum der Netzhaut, wo der Gegenstand scharf abgebildet wird, stehen die lichtunempfindlicheren Zapfen! Wer seinen Weg im „Dunkeln" finden will, muss deshalb um etwa 15° am Weg vorbeischauen. Dann fällt das Bild des Weges auf den *Randbereich der Netzhaut*. Dort stehen die lichtempfindlicheren Stäbchen. Im Laufe der Zeit gewöhnt sich das Auge an die Dunkelheit. Man nennt diesen Vorgang *Adaptation.*

- Die Zapfen sind im Vergleich zu den Stäbchen weniger lichtempfindlich. Deshalb sieht man in der Dämmerung keine Farben.

▶ Kommt man nach einer Kinovorstellung ins helle Tageslicht, so ist man zunächst geblendet. Kurz darauf hat man sich jedoch an die Helligkeit gewöhnt. Was ist geschehen?

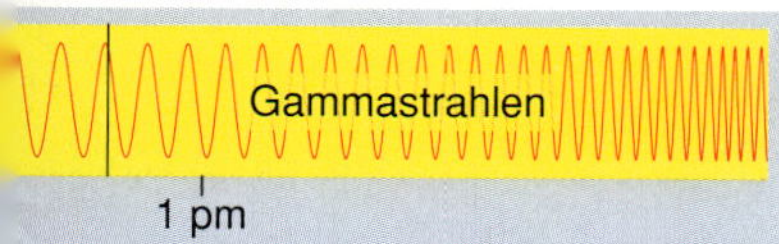

Licht gehört zum Spektrum der elektromagnetischen Wellen
Es breitet sich mit einer Geschwindigkeit von rund 300 000 km/s aus.
In vieler Hinsicht verhält sich Licht wie Wellen. Schickt man beispielsweise Licht von zwei passenden Lichtquellen auf einen Bildschirm, so bilden sich dort helle und dunkle Streifen, weil sich die Lichtwellen an manchen Stellen überlagern, an anderen gegenseitig auslöschen.
Andererseits gibt es auch Beweise dafür, dass Licht aus Teilchen besteht. Belichtet man eine Fotoplatte nur sehr schwach, dann kommt kein einheitlicher Grauton zustande, sondern ein körniges Muster. Offenbar gab es nur an einigen Stellen „Lichteinschläge". So gesehen ist das Licht weder eine reine Wellenerscheinung noch allein ein Strom von Energiepaketen, den Lichtquanten.
Der überwiegende Teil des Lichts, das wir sehen, stammt von der Sonne. Sie strahlt besonders intensiv im Wellenbereich von 400 bis 800 nm. Genau diesen Wellenbereich können wir mit unseren Augen wahrnehmen.

Die Rolle des Sehpurpurs. Wie reizt nun das Licht die Rezeptoren? Schon seit einiger Zeit ist bekannt, dass es in den Stäbchen einen rötlichen Farbstoff gibt. Dieser *Sehpurpur* wird durch Belichtung gebleicht. Seine Moleküle bestehen aus einem *Proteinkörper* und einem viel kleineren Farbstoffmolekül, dem *Retinal*. Das Retinal wird im Körper aus Vitamin A gebildet. Mangelhafte Versorgung des Auges mit Vitamin A führt zur *Nachtblindheit*.
Sobald Retinalmoleküle vom Licht getroffen werden, strecken sie sich gerade. Dabei treten elektrische Veränderungen im Rezeptor auf. Ist die Erregung stark genug, so geht sie auf die Nervenzelle über, die dem Rezeptor zugeordnet ist.

- Im Licht verändern Sehpurpurmoleküle ihre Form. Dies führt zu elektrischen Veränderungen im Rezeptor.

Verarbeitung in der Netzhaut. Eine *optische Täuschung* macht deutlich, wie der Seheindruck durch die Arbeit der Schaltzellen bereits in der Netzhaut verarbeitet wird. Betrachten Sie die gleich hellen, grauen Quadrate in Bild 2. Die linken, von einem hellen Rahmen umgebenen Quadrate erscheinen dunkler als das Quadrat, das von einer schwarzen Fläche begrenzt wird. Die *Kontraste* werden also *verstärkt*. Wie kommt es dazu? Die vom hellen Teil des Bildes stärker erregten Rezeptoren üben über ihre Nervenzellen einen dämpfenden Einfluss auf ihre Umgebung aus und *hemmen* die Erregungen in der Nachbarschaft. Dadurch wirkt Grau im hellen Rahmen ein wenig dunkler als dasselbe Grau im dunklen Rahmen.

▶ Schneiden Sie aus schwarzem Papier 9 Quadrate von 2 x 2 cm aus. Kleben Sie die Quadrate in 3 Reihen untereinander auf weißes Papier (Abstand 2 mm). Erklären Sie Ihre Beobachtung.

1 Crab-Nebel im Sternbild des Stiers, 4000 Lichtjahre von der Erde entfernt. Der Farbfilm musste stundenlang belichtet werden, bis die Farbigkeit des Weltraums darauf erkennbar wurde.

▶ Stechen Sie mit einer Stecknadel ein Loch in ein dunkles Papier. Betrachten Sie durch diese winzige Öffnung Bild 1. Was stellen Sie fest? Erklärung?

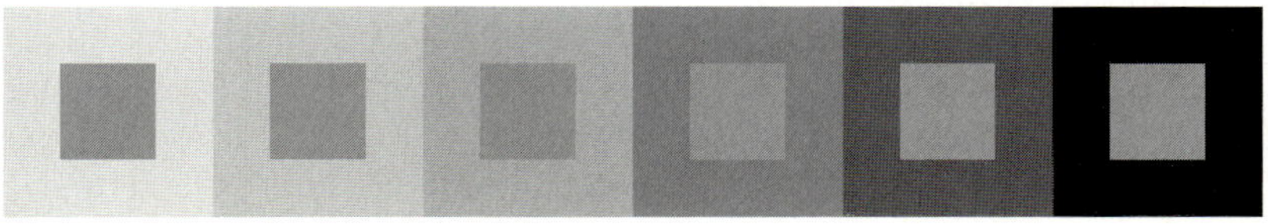

2 Beispiel für Kontrastverstärkung. Das innere Quadrat ist überall gleich hell, nur der Hintergrund wurde verändert.

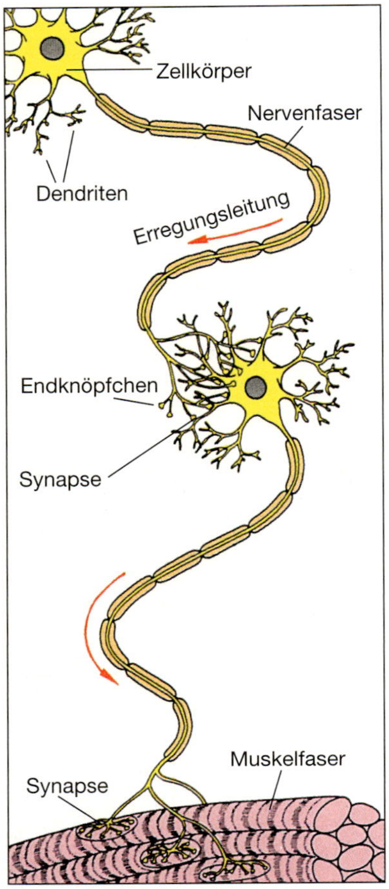

1 Bau einer Nervenzelle. Der Zellkörper bildet Dendriten. Das Axon endet ebenfalls in Verzweigungen mit Endknöpfchen und ist von einer Scheide aus Hüllzellen umgeben.

2 und 3 Raster-Emi-Aufnahme einiger Synapsen (links). Erregungsleitung an der Synapse durch Erregungsstoffe (rechts).

4 Nachrichtenübermittlung durch Nervenzellen

Nervenzelle. Das Nervensystem des Menschen wird von 15 bis 20 Milliarden Nervenzellen gebildet. Alle diese Zellen zeigen einen gemeinsamen Grundaufbau:

- Der *Zellkörper* enthält den größten Teil des Zellplasmas und den Zellkern.
- Vom Zellkörper gehen fein verzweigte Zellfortsätze aus, die *Dendriten*.
- Ein langer Faserfortsatz, das *Axon*, führt vom Zellkörper weg. Das Axon endet in Verzweigungen mit *Endknöpfchen*.
- Die Axone vieler Nervenzellen sind von *Hüllzellen* umgeben. Sie umwickeln das Axon und bilden so eine Isolierschicht, die *Schwannsche Scheide*.

Synapse. Den Übergangsbereich zwischen zwei benachbarten Nervenzellen nennt man *Synapse*, den Spalt zwischen den beiden Zellmembranen *synaptischen Spalt*.

Treffen Impulse in den Endknöpfchen ein, so geben kleine Bläschen, die sich im Plasma der Endknöpfchen befinden, einen *Erregungsstoff* in den synaptischen Spalt ab. Dieser Erregungsstoff wandert durch den Spalt und erreicht die Dendriten oder den Zellkörper der Folgezelle. Dort löst er wiederum Nervenimpulse aus.

Je mehr Impulse pro Zeiteinheit in den Endknöpfchen eintreffen, desto mehr Erregungsstoff wird freigesetzt. Je mehr Erregungsstoff den synaptischen Spalt überquert, desto mehr Impulse entstehen in der Folgezelle.

Die Meldung über einen Lichtreiz gelangt somit als mehr oder weniger große Menge einer *chemischen Substanz* weiter. Da nur in den Endknöpfchen Erregungstoffe freigesetzt werden, können die Erregungen auch nur in eine Richtung weitergegeben werden.

● Die Endverzweigungen der Nervenzellen stehen über Synapsen in Kontakt mit den Dendriten und Zellkörpern der nachfolgenden Nervenzellen. Die Reizleitung erfolgt über einen Erregungsstoff.

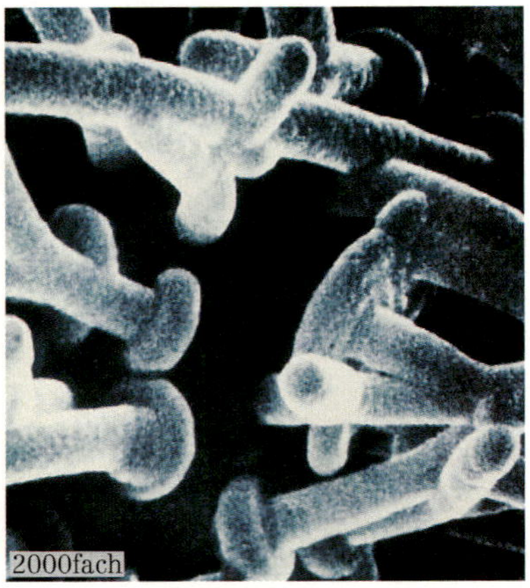

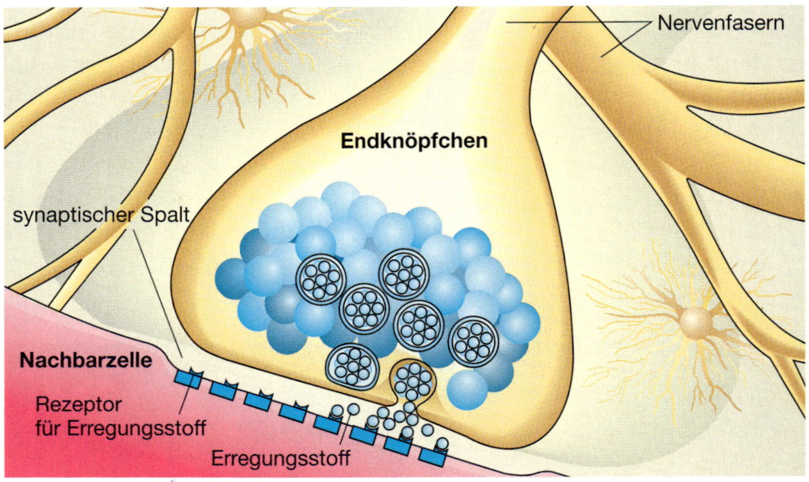

Einfluss auf den synaptischen Spalt haben eine Reihe von Faktoren. So wirkt Kalium erregungssteigernd, Calcium dämpfend. Kohlenstoffdioxid wirkt lähmend. Manche Gifte, wie das Indianergift Curare, können die Erregungsübertragung völlig blockieren. Es kommt zu Muskellähmungen. Schließlich tritt der Tod durch Atemstillstand ein. Ähnlich wie Curare wirkt das Gift der Tollkirsche.
Lähmungen können auch auftreten, wenn man verdorbenes Fleisch isst. Die Bakterien, die sich darin vermehren, sondern giftige Stoffe ab. Sie bewirken, dass in den Endknöpfchen kein Erregungsstoff mehr frei wird.
Ganz anders wirkt das gegen Insekten eingesetzte Gift E 605. Es verhindert, dass der freigesetzte Erregungsstoff wieder abgebaut wird. Dadurch bleibt die Muskulatur dauernd erregt. Der ganze Körper liegt in Krämpfen, bis der Tod eintritt.
Auf die Synapsen des Gehirns wirken auch Drogen und Rauschmittel ein. Dadurch können sich Stimmungen und Verhalten verändern. Werden Drogen und Rauschmittel über lange Zeit eingenommen, kann sich die ganze Persönlichkeit verändern.

Wirkung von Giftstoffen auf die Synapsen
Bestimmte Stoffe können die Übertragung von Erregungen an den Synapsen beeinflussen. Curare, das Pfeilgift der Indianer Südamerikas, blockiert die Weiterleitung von Signalen dort, wo die Nerven Befehle an die Muskeln weitergeben. Es kommt zu Muskellähmungen. Schließlich tritt der Tod durch Atemstillstand ein. Ähnlich wie Curare wirkt das Gift der Tollkirsche.

Verrechnung der Erregungen. Eine Nervenzelle hat in der Regel mit sehr vielen anderen Nervenzellen – im Gehirn können es 10000 und mehr sein – synaptische Verbindungen. In solchen Fällen sind ihre Dendriten und ihr Zellkörper mit einer entsprechend großen Zahl von Endknöpfchen besetzt. Ihr jeweiliger Erregungszustand ist demnach von *vielen Zellen abhängig.*
Nun gibt es aber nicht nur Nervenzellen, die *Erregungsstoffe* abscheiden. Man kennt auch Nervenzellen, die *Hemmstoffe* bilden. So ergibt sich letzten Endes für jede Nervenzelle *aus der Summe aller Erregungen abzüglich der Summe aller Hemmungen* ihr eigener Erregungszustand.
Dieser Erregungszustand wird in Form von Nervenimpulsen seinerseits wiederum an viele andere Nervenzellen weitergemeldet. Nervenzellen sind so ständig miteinander „im Gespräch".

- Der Erregungszustand einer Nervenzelle ergibt sich als Verrechnungsergebnis von Erregung und Hemmung.

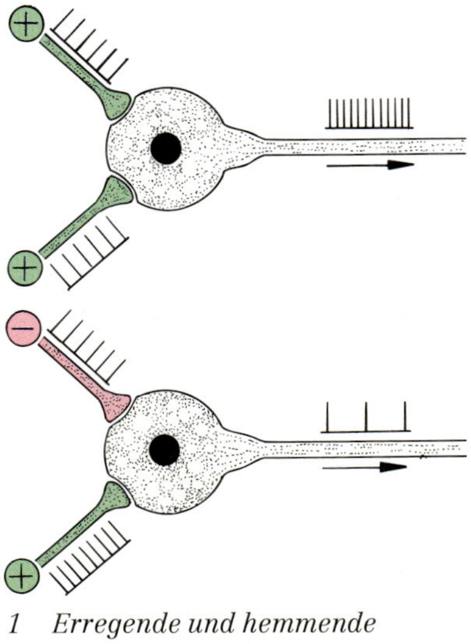

1 Erregende und hemmende Synapsen.
Grün: Nervenzellen, die Erregungsstoffe abgeben;
Rot: Nervenzellen, die Hemmstoffe abgeben

5 Verarbeitung der Information vom Auge

Umschaltstation Zwischenhirn

Die erste große „Meldezentrale" und „Umschaltstation" für die Impulse, die über den Sehnerv vom Auge ins Gehirn gelangen, ist ein Nervenknoten im Zwischenhirn, der *Thalamus*. Genau genommen sind es zwei Höcker des Thalamus, ein linker und ein rechter. Da sich die *Sehnerven teilweise überkreuzen* und die jeweils nasenwärts gelegene Hälfte des Sehnervs auf die andere Seite des Kopfes hinüberzieht, kommen im linken Höcker die Meldungen von der Außenhälfte des linken Auges und die Meldungen von der Innenhälfte des rechten Auges zusammen. Im rechten Höcker ist es umgekehrt.

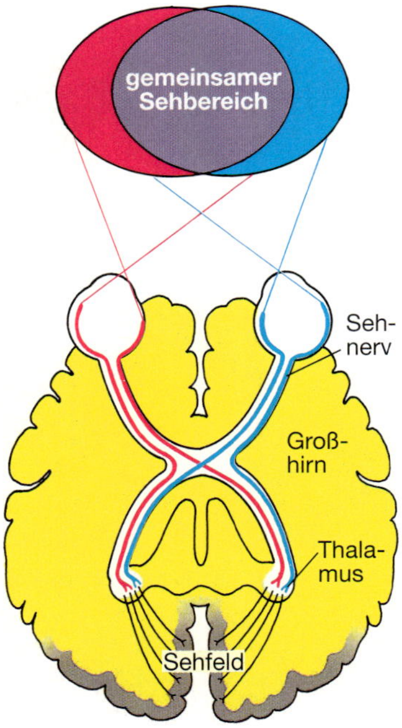

1 *Die Sehnerven überkreuzen sich zwischen Augen und Thalamus teilweise. Vom jeweils inneren Teil jedes Auges gelangen die Meldungen in die gegenüberliegende Gehirnseite und erreichen mit den Meldungen des äußeren Teils des anderen Auges über den Thalamus das Sehfeld in der Großhirnrinde.*

Im Thalamus werden die Meldungen aus der Netzhaut umgeschaltet. Durch die Einflüsse anderer Gehirnbezirke wird ein großer Teil der Information, die für uns im Augenblick wichtig ist, herausgefiltert und *unbewusst verarbeitet*. Befehle an die Augenmuskeln entstehen. Dadurch wenden sich die Augen anderen, auffälligeren Vorgängen zu. Auch Bewegungen der Hände können über die Augen unbewusst ausgelöst werden.

Zusätzlich wird das Gehirn vom Thalamus mit Erregungen versorgt, die die *Aufmerksamkeit* beeinflussen: „Achtung, Schatten!“ – „Wenig Neues!“ – „Bewegung im Hintergrund, Gefahr!“ – „Viel aufregend Neues.“

- Im Thalamus werden die Meldungen aus dem Auge umgeschaltet. Ein Teil der Informationen wird ausgefiltert und unbewusst verarbeitet.

Auswertung im Großhirn

Das entscheidende *Verarbeitungszentrum* für alle Informationen, die von den Sinnesorganen kommen, ist die *Großhirnrinde*. Diese etwa 2 mm dicke Schicht würde auseinander gefaltet eine Fläche von 2500 cm^2 bedecken. Pro mm^2 Oberfläche liegen rund 100 000 Nervenzellen in 6 bis 7 Lagen übereinander.

Sehrinde. Die Nervenfasern der Sehbahn führen vom Thalamus als strahlenförmiges Bündel zum *Großhirn* und enden in dessen Hinterhauptslappen, der *Sehrinde*. Hier werden die einlaufenden Erregungen endgültig ausgewertet. Dieser Bereich der Großhirnrinde macht aus Erregungen *Wahrnehmungen*. Für jeden Bereich der Netzhaut ist ein bestimmter *Rindenbezirk* zuständig. Besonders viel Rindenfläche entfällt auf den gelben Fleck. Jede einzelne Nervenfaser, die vom Thalamus kommt, erreicht mehr als 1000 Nervenzellen in der Sehrinde. Jede dieser Nervenzellen steht wiederum mit mehr als 1000 Nervenzellen in Kontakt.

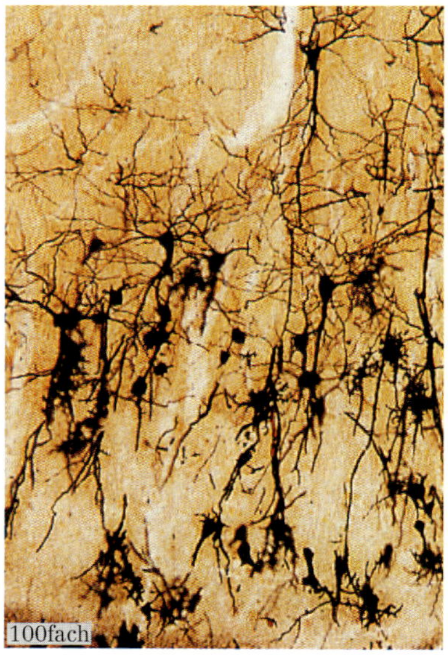

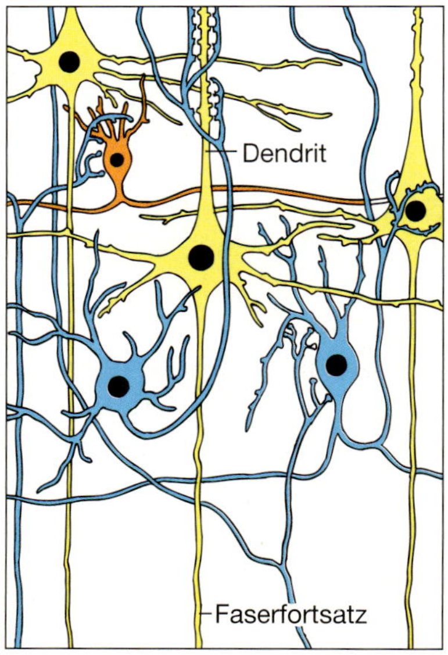

2 und 3 Nervenzellen in der Großhirnrinde.
Links: Mikrofoto
Rechts: grafische Erläuterung.
Jede Pyramidenzelle (gelb) bildet zusammen mit einer Reihe kleiner, stark verzweigter Zellen (orange und blau) eine Arbeitseinheit.

Auf diese Weise gelangen auch Erregungen der anderen Gehirnregionen zur Sehrinde. Akustische Eindrücke können so mit optischen Eindrücken verknüpft werden. Wir hören ein Klavierkonzert, den Pianisten am Flügel können wir uns vorstellen.

- In der Großhirnrinde werden aus Erregungen Wahrnehmungen.

Übergeordnete Zellen fassen die einfachen Ereignisse zusammen. Über solche Stufen der *Zusammenfassung* kommt es am Ende zur *Sehwahrnehmung*. Dabei entsteht auch die Vorstellung von Helligkeit und Farbe. Unsere Augen melden weder Helligkeit von Farbe als solche, sondern immer ein *Muster von Nervenimpulsen*, das der Stärke des Lichts und seiner Wellenlänge entspricht.

Erfahrung. Die Auswertung des Erregungsmusters, das vom Auge im Gehirn ankommt, wird überdies davon beeinflusst, was man schon früher gesehen und erlebt hat. Deshalb sieht jeder Mensch die Welt anders.

1 Eine Vase oder zwei Porträts? Bei der Wahrnehmung von Gestalten spielt die Erfahrung mit.

2 Wie groß ist der Fisch? Decken Sie einmal die Hand und einmal den Angler ab. Welcher Eindruck entsteht?

6 Sehen mit zwei Augen

Zwei Augen sehen mehr als eines. Dies gilt für die Größe des Sehfelds und für die Bildqualität. Mit zwei Augen sehen wir auch *räumlich*. Da die Bilder in der Netzhaut der beiden Augen nicht deckungsgleich sind, senden auch die beiden Sehnerven *unterschiedliche Erregungsmuster* zum Gehirn. Dieses entwickelt daraus eine plastische *Raumempfindung*. Da nahe Gegenstände körperlicher erscheinen als ferne, können auf diese Weise auch *Entfernungen* geschätzt werden. Eine wichtige Zusatzinformation für die Entfernungsmessung liefern die Augenmuskeln, die beim Blick in die Ferne die Augen geradeaus stellen, sie beim Blick in der Nähe jedoch nasenwärts eindrehen. Auch die Anspannung, die bei der Akkommodation im Linsenmuskel entsteht, wird mitverrechnet. Von entscheidender Bedeutung für die Entfernungsbeurteilung ist die *Erfahrung*.

- Mit beiden Augen zusammen können wir räumlich sehen.

▶ Schließen Sie abwechselnd das linke und das rechte Auge. Fixieren Sie dabei immer die gleichen Gegenstände.
Was stellen Sie fest?

3 und 4 Die beiden Fotos wurden im Augenabstand aufgenommen. Unsere Augen sehen die Welt aus verschiedenen Blickwinkeln. Die unterschiedlichen Perspektiven werden im Gehirn zu einem Raumbild verarbeitet.

Praktikum: Sehen

1 Räumliches Sehen

Einen Gegenstand erkennen – das können wir auch, wenn wir nur mit einem Auge hinsehen. Um zu erfassen, wie weit der Gegenstand entfernt und wie seine Lage im Raum ist, dazu brauchen wir beide Augen. Beim räumlichen Sehen wirken beide Augen zusammen.

Führen Sie dazu folgenden Versuch durch:

Ein Blatt Papier mit der Größe DIN A4 wird zu einer Röhre aufgerollt. Halten Sie die Papierröhre wie ein Fernrohr vor das rechte Auge. Wie auf dem Foto zu sehen ist, hält man die linke Hand nun neben die Röhre.

- Schließen Sie zunächst das linke Auge und sehen Sie durch das Papierrohr hindurch. Beschreiben Sie, was Sie jetzt wahrnehmen.
- Was sehen Sie nur mit dem linken Auge?

- Öffnen Sie beide Augen. Was sehen Sie nun? Wie erklären Sie sich das entstandene Bild?

2 Bewegungssehen

Unsere Augen können höchstens 18 Einzelbilder pro Sekunde wahrnehmen. Jede schnellere Folge wird zusammenhängend als Bewegung wahrgenommen. Malen Sie auf eine Papierscheibe einen Vogel, auf die Rückseite auf dem Kopf stehend seinen Käfig. Befestigen Sie 2 Schnüre seitlich, wie im Bild gezeigt. Drehen Sie die Scheibe erst langsam, dann schnell. Erklären Sie, was man sieht. Vergleichen Sie mit der Filmtechnik.

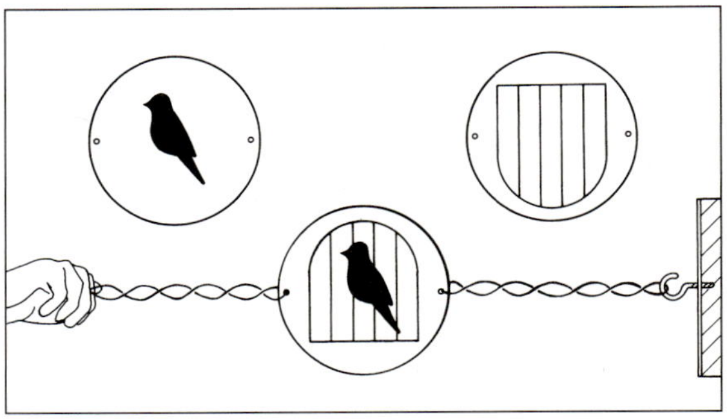

3 Farbensehen und farbige Nachbilder

Blicken Sie etwa 30 Sekunden lang auf den schwarzen Punkt in dem zweifarbigen Kreuz. Schauen Sie anschließend auf eine weiße Fläche.

- Beschreiben Sie genau, was Sie dort sehen, wenn Sie einige Sekunden warten.

Das beobachtete Phänomen lässt sich mit dem Vorhandensein der 3 Zapfensorten erklären. Beispielsweise reizt das Blau des Kreuzrands die blau empfindlichen Zapfen in dem Bereich der Netzhaut, auf dem der blaue Bildteil abgebildet wird. Hier ermüden die Zapfen bei längerer Fixierung. Schaut man anschließend auf die weiße Fläche, so werden nur mehr die beiden anderen Zapfensorten, nämlich die rot empfindlichen und die grün empfindlichen Zapfen angeregt. Wenn sich die blau empfindlichen Zapfen erholt haben, verschwindet das Nachbild.

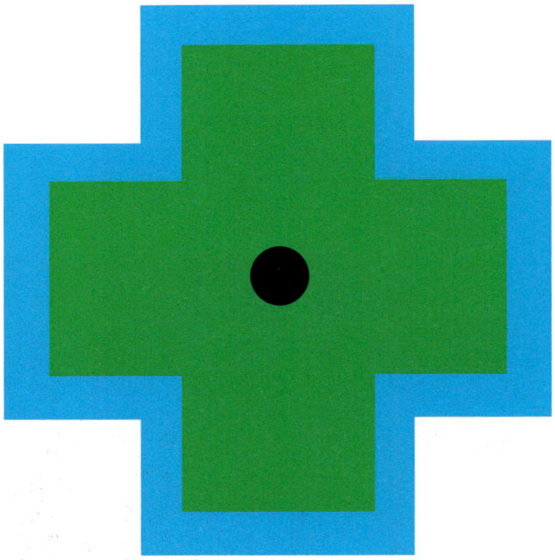

- Begründen Sie die Farben im Nachbild des Kreuzes.

Praktikum: Optische Täuschungen

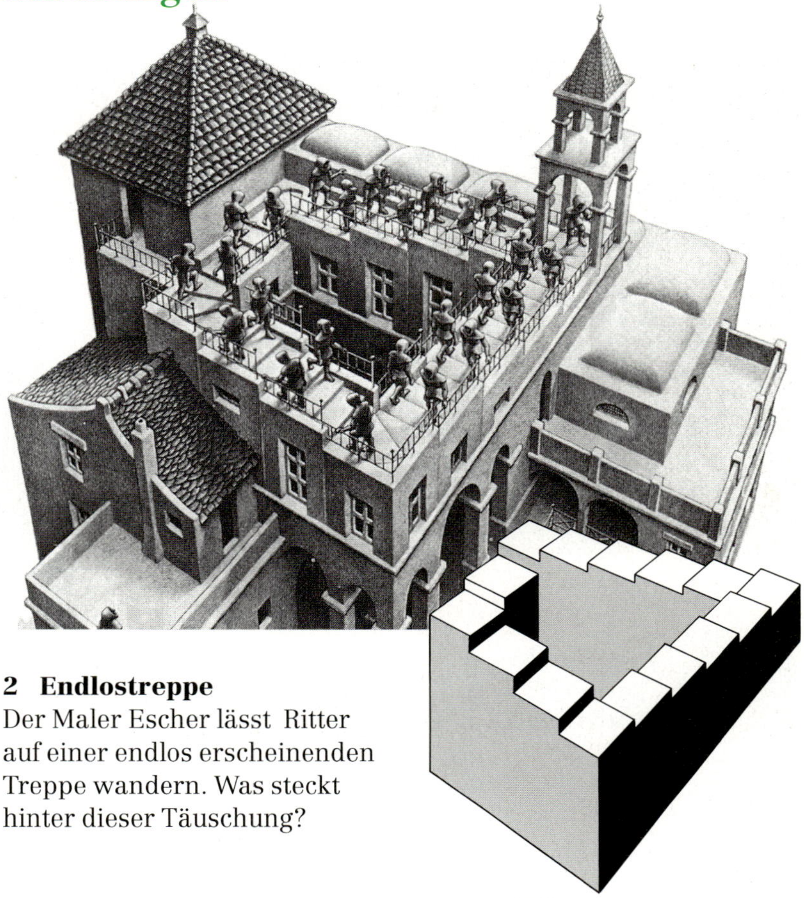

1 Unterbrochene Ringe
Stellen Sie das Buch im Abstand von 1 m auf. Versuchen Sie bei gedämpftem Licht zu erkennen, wo die Öffnungen der Ringe liegen. Bei welcher Reihe werden Sie unsicher? Wiederholen Sie den Versuch bei hellem Licht.
Was stellen Sie fest?
Begründung!

2 Endlostreppe
Der Maler Escher lässt Ritter auf einer endlos erscheinenden Treppe wandern. Was steckt hinter dieser Täuschung?

3 Dreiecksfigur
Das Gehirn deutet die unterschiedlich hellen Flächen räumlich. Was macht diese Figur so widersprüchlich?

4 Dackelgröße
Weshalb erscheint der obere Dackel größer? Drehen Sie das Bild um 180°. Was stellen Sie jetzt fest?

5 Farbtöne
Das Gehirn „sieht" nicht die Farben, sondern vergleicht sie mit der Umgebung. Wie wirkt das Grau links, wie rechts?

Die Sinne des Labyrinths

1 *Das Gleichgewicht auf einem Schwebebalken zu halten erfordert viel Übung und Konzentration.*

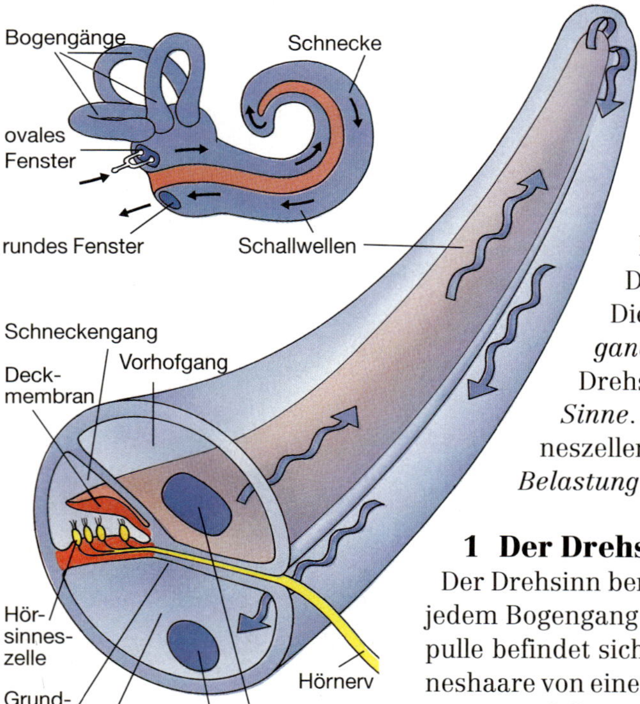

2 *Aufbau des häutigen Labyrinths im Innenohr (oben). Schnecke, abgerollt (unten)*

Die Knochengänge im Felsenbein auf beiden Seiten des Kopfes nennt man das *knöcherne Labyrinth*. Die Höhlungen dieses Labyrinths sind von dünnen Hautschläuchen ausgekleidet. Diese bilden zusammen das *häutige Labyrinth*. Es ist von der zähflüssigen *Ohrlymphe* erfüllt. Auch der Zwischenraum zwischen dem häutigen und dem knöchernen Labyrinth ist mit Ohrlymphe gefüllt. Das Labyrinth hat drei Abschnitte: Die Bogengänge enthalten die *Drehsinnesorgane*. Die Vorhofsäckchen enthalten die *Lagesinnesorgane*. Die Schnecke enthält das *Hörorgan*.

Drehsinn, Lagesinn und Hörsinn sind *mechanische Sinne*. Bei ihnen entstehen Nervenerregungen in Sinneszellen (Rezeptoren), deren *Sinneshärchen durch Belastung* verbogen werden.

1 Der Drehsinn

Der Drehsinn beruht darauf, dass die Strömung der Ohrlymphe in jedem Bogengang in dessen *Ampulle* registriert wird. In jeder Ampulle befindet sich eine Ansammlung von Sinneszellen, deren Sinneshaare von einer Gallertkappe umgeben sind. So wie in einem mit Wasser gefüllten Topf das Wasser aufgrund seiner Trägheit zurückbleibt, wenn man den Topf dreht, bleibt auch die Ohrlymphe zunächst zurück, wenn der Kopf gedreht wird. Hält man den Topf an, bewegt sich die Flüssigkeit noch einige Zeit weiter. Das Gleiche geschieht mit der Ohrlymphe, wenn die Bewegung aufhört.

Während der Bewegung wird die Gallertkappe zu einer Seite hin gedrückt, nach dem Anhalten durch die andauernde Strömung zur anderen Seite. In beiden Fällen werden die Sinneszellen gereizt, bilden aber unterschiedlich starke Erregungen. Nervenfasern übernehmen die Erregungen und leiten sie zum Gehirn.
Die Bogengänge sind in den *drei Richtungen* des Raumes angeordnet und finden sich zudem auf beiden Seiten des Kopfes. Daher sendet bei jeder Bewegung *jede Ampulle andere Muster von Nervenimpulsen* zum Gehirn.
Im Gehirn werden die unterschiedlichen Muster miteinander verglichen und verrechnet. So entsteht ein Eindruck der Bewegung.

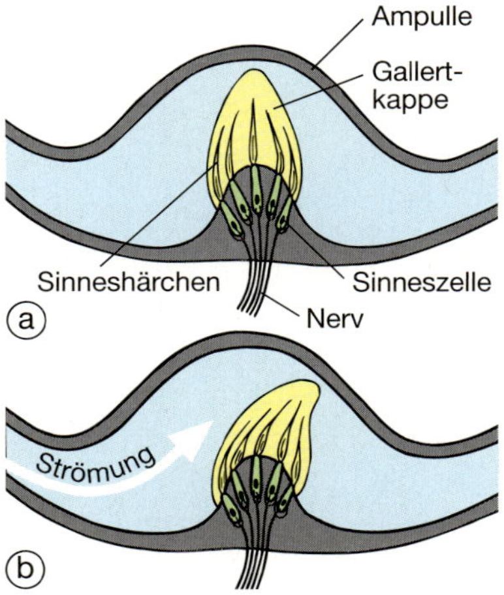

1 Drehsinn
Die Gallertkappe in der Ampulle eines Bogengangs wird durch die Strömung der Ohrlymphe nach rechts oder links gedrückt.
Die Sinneszellen am Grund der Gallertkappe werden gereizt.
a) in Ruhe
b) unmittelbar nach Ende einer Drehung des Kopfs nach rechts

2 Der Lagesinn

In jedem der beiden *Vorhofsäckchen* unterhalb der Bogengänge liegt eine *Gallertplatte*, in die viele kleine Kalkkristalle eingebettet sind. Die Kristalle machen die Platte schwerer. In die Gallertplatte ragen Härchen der darunter liegenden Sinneszellen. Jede Bewegung der Platte verbiegt die Sinneshärchen und löst Erregungen aus. Gallertplatte und zugehörige Sinneszellen werden als *Lagesinnesorgan* bezeichnet.
Die beiden Lagesinnesorgane eines Innenohrs stehen *fast senkrecht* zueinander. Bei normaler Kopfhaltung schickt besonders das senkrecht stehende Lagesinnesorgan eines Ohres Nervenimpulse zum Gehirn. Wird der Kopf um 90° zur Seite geneigt, „sendet" vor allem das waagerecht liegende Sinnesorgan.
Wird der Kopf um 45° geneigt, sind die Erregungen in den beiden Lagesinnesorganen etwa gleich stark. Also senden beide Organe etwa gleich viele Nervenimpulse pro Zeiteinheit zum Gehirn. Die Nervenimpulse von den Ampullen des Drehsinns und von den Lagesinnesorganen werden im *Hirnstamm* und im *Kleinhirn* ausgewertet.

● Der Drehsinn meldet Bewegungen. Bei Ruhe spricht er nicht an. Der Lagesinn meldet ständig die jeweilige Position des Kopfes.

▶ Wird eine länger anhaltende Körperdrehung gestoppt, tritt ein Drehschwindel auf. Wie ist dies zu erklären?

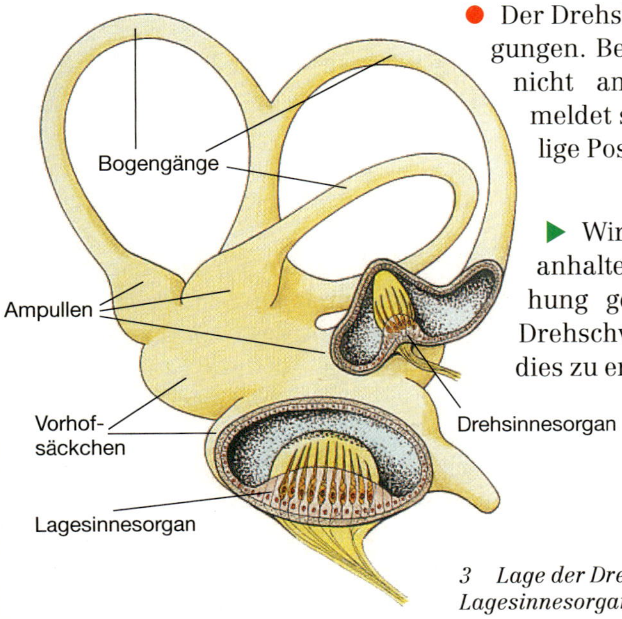

3 Lage der Drehsinnes- und der Lagesinnesorgane

2 Arbeitsweise der Lagesinnesorgane. Bei Neigung des Kopfes werden die Sinneshärchen verbogen und damit die Sinneszellen erregt.
a) in Ruhe
b) bei Neigung des Kopfes nach rechts

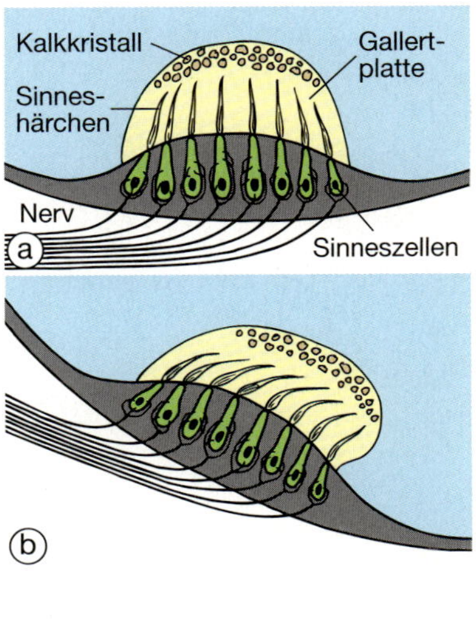

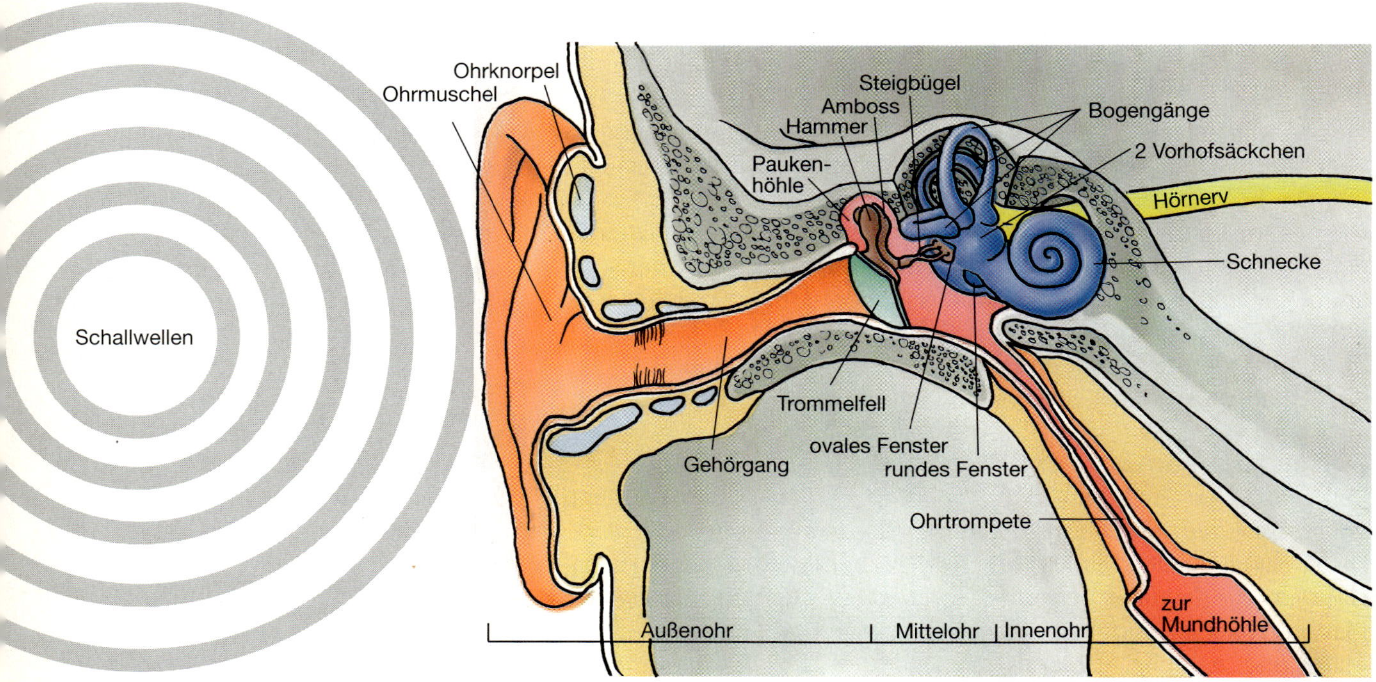

1 Schematischer Schnitt durch das Ohr in natürlicher Größe

3 Der Hörsinn

Obwohl von den beiden Ohren eine viel kleinere Anzahl von Nervenfasern zum Gehirn zieht als von den Augen, ist unser Hörsinn äußerst empfindlich. Das Gehör vermittelt uns Meldungen aus dem weiten Raum, aber auch aus nächster Nähe. Für die Verständigung kommt diesem Sinn große Bedeutung zu.

Drei Abschnitte des Ohres lassen sich unterscheiden:
- *Außenohr*. Es besteht aus Ohrmuschel, Gehörgang und Trommelfell.
- *Mittelohr*. Es enthält wie das Außenohr Luft. Über die Gehörknöchelchen leitet es den Schall weiter.
- *Innenohr*. Es ist mit Lymphe gefüllt und enthält die Schnecke. In ihr befindet sich das eigentliche *Hörorgan*.

Obere Hörgrenzen bei verschiedenen Lebewesen	
	Frequenz in Hz*
Mensch	
Kind	21000
35-jährig	15000
50-jährig	12000
Greis	5000
Hai	2000
Eidechse	8000
Buchfink	29000
Heuschrecke	90000
Ratte	100000
Hund	135000
Delphin	200000
Nachtschmetterling	200000
Fledermaus	über 200000

* 1 Hz = 1 Schwingung/Sekunde

Schallübertragung im Ohr

Luftschwingungen, die wir hören können, bezeichnet man als Schall. Ihre Frequenz wird in Hertz (Hz) angegeben.

Das Außenohr. Durch die Ohrmuschel werden die ankommenden Luftschwingungen aufgenommen und durch den leicht trichterförmigen Gehörgang etwas verstärkt. Am Ende des Gehörgangs bringen sie das *Trommelfell* zum Mitschwingen. Auf die Frequenzen der Sprache um etwa 2000 Hz spricht diese Membran besonders gut an. Am Trommelfell endet das Außenohr.

Das Mittelohr liegt hinter dem Trommelfell. Drei winzige *Gehörknöchelchen* überbrücken die Paukenhöhle. Das erste, *Hammer* genannt, ist mit dem „Stiel" am Trommelfell angewachsen. Er ruht mit dem Hammerstück beweglich auf dem zweiten Knöchelchen, dem *Amboss*. Der Amboss liegt mit einem längeren Fortsatz auf dem dritten Knöchelchen, dem *Steigbügel*. Der Steigbügel sitzt wiederum mit seiner Platte einem Häutchen auf, welches das ovale Fenster überspannt. Die drei Gehörknöchelchen bilden ein Hebelsystem. Der Druck, den die Schwingungen erzeugen, nimmt vom 85 mm^2 großen Trommelfell bis zum nur 3,5 mm^2 großen ovalen Fenster um das 20fache zu.

Das Innenohr. Die kurzen Druckstöße werden nun von der elastischen Membran des ovalen Fensters an die Ohrlymphe im Innenohr weitergegeben. Die Ohrlymphe ist schwer beweglich und setzt den Druckstößen Widerstand entgegen.

Im Innenohr ist in der knöchernen Schneckenröhre die *häutige Schnecke* aufgespannt. Dieser zarte Bindegewebssack ist durch zwei Membranen in drei Längsgänge unterteilt:

- Der mittlere Gang ist der *Schneckengang*. In ihm liegt das *Hörorgan*.
- Über dem Schneckengang verläuft der *Vorhofgang*. Er beginnt am ovalen Fenster und zieht bis in die Spitze der Schnecke. Das ovale Fenster ist durch eine dünne Membran geschlossen.
- An der Schneckenspitze geht der Vorhofgang in den *Paukengang* über, der unter dem Schneckengang verläuft. Der Paukengang endet am *runden Fenster*. Auch dieses ist durch eine dünne Membran abgeschlossen.

● Die Windungen der häutigen Schnecke sind unterteilt in Vorhofgang, Schneckengang und Paukengang.

▶ Wie erfolgt der Ausgleich des Drucks, den der Steigbügel über die Membran des ovalen Fensters im Innenohr erzeugt?

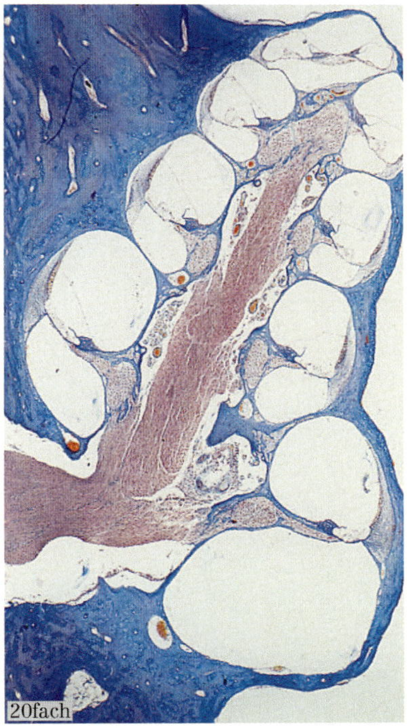

*1 Schnitt durch die Schnecke des Meerschweinchens.
Die Fasern der ableitenden Nervenzellen laufen im Innern der Schnecke zusammen und führen als Hörnerv, hier rötlich gefärbt, zum Gehirn. Mikrofoto*

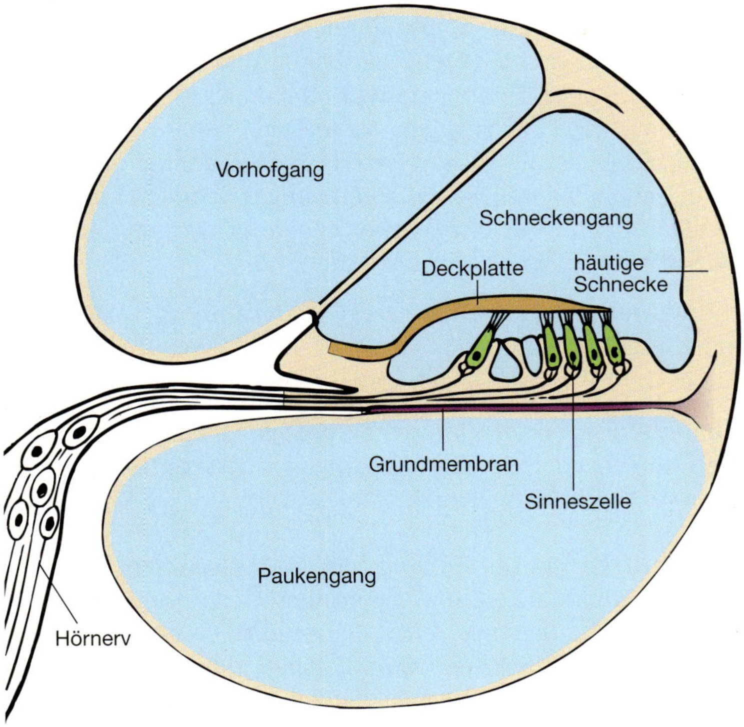

2 Schnitt durch eine Windung der Schnecke und das Hörorgan

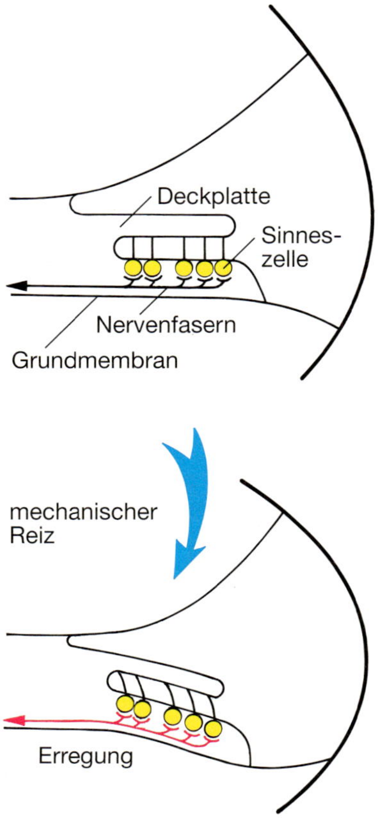

1 Im Hörorgan werden durch die Wirkung des Schalls Sinneshärchen verbogen und dadurch Sinneszellen erregt.

Druckausgleich
Bei Druckunterschieden, wie sie im Fahrstuhl, beim Start und der Landung von Flugzeugen, bei Drahtseilbahnen und beim Tauchen auftreten, wird der Druckausgleich am besten durch Schlucken oder Gähnen hergestellt. Beim Schlucken wird Luft in die Eustachische Röhre gepresst, beim Gähnen öffnet sie sich und lässt den Druckausgleich zu.

Druckausgleich im Innenohr

Sowie die Steigbügelplatte auf das ovale Fenster drückt, wölbt sich das runde Fenster zum Druckausgleich in die Paukenhöhle vor. Die Ohrlymphe des Innenohrs lässt sich nämlich ebenso wenig zusammenpressen wie Wasser. Der notwendige *Druckausgleich* der lufterfüllten Paukenhöhle erfolgt über die Ohrtrompete, die *Eustachische Röhre*. Sie ist mit dem Rachenraum verbunden. Kommt es zu einer Schleimhautentzündung im Rachenraum, so schwillt häufig auch die Schleimhaut an, mit der die Eustachische Röhre ausgekleidet ist. Die Röhre verengt sich oder schließt sich gar. *Ohrendrücken* ist die Folge, die Hörleistung vermindert sich.

▶ Druck kann verstärkt werden, wenn eine Kraft von einer großen auf eine kleine Fläche übertragen wird. Dies geschieht zum Beispiel, wenn man einen Reißnagel in ein Holzbrett drückt. Vergleichen Sie den Vorgang mit der Druckverstärkung im Mittelohr.

Erregungsbildung im Innenohr

Schwingende Membranen. Die Schwingungen des ovalen Fensters übertragen sich auf die Flüssigkeit des Vorhofgangs und des Paukengangs. Die schwingende Ohrlymphe versetzt auch die wie Membranen ausgespannten Ober- und Unterseiten der häutigen Schnecke in Schwingung. Auf der unteren Membran, der Grundmembran, sitzen *Hörsinneszellen*, die mit ihren Sinneshärchen in eine *Deckplatte* hineinragen. Kommen die Membranen der häutigen Schnecke durch die Schwingungen der Ohrlymphe selbst ins Schwingen, so verändern Grundmembran und Deckplatte ihre Lage zueinander. Die Sinneshärchen biegen sich. Dieser mechanische Reiz führt zur Erregung der Hörsinneszellen.
Tonhöhe. Der Unterschied zwischen hohen und tiefen Tönen besteht in der Zahl der Schwingungen pro Sekunde. Hohe Töne werden im vorderen Teil der Schnecke, tiefe Töne weiter hinten registriert. Das hängt damit zusammen, dass die *hohen Frequenzen* durch die verhältnismäßig schlaff aufgehängte Grundmembran im flüssigkeitserfüllten Innenohr *rascher gedämpft* werden. Sie kommen am Ende der Schnecke gar nicht mehr an.

● Die Hörsinneszellen werden erregt, wenn ihre Sinneshärchen durch die Verschiebung der schwingenden Grundmembran gegenüber der Deckplatte abgebogen werden.

▶ Bei altersschwerhörigen Menschen genügt es oft, mit etwas tieferer Stimme zu reden, ohne lauter zu werden, damit sie Gesprochenes verstehen können. Erklären Sie.

Schädigung. Dass eine bestimmte Stelle der Grundmembran jeweils einer bestimmten Tonhöhe zugeordnet ist, lässt sich nachweisen. Bei Menschen, die längere Zeit *übermäßigem Schall* einer bestimmten Frequenz ausgesetzt waren, fallen ganze Gruppen von Hörsinneszellen aus und sterben schließlich ab.

Auswertung im Großhirn

Das Erregungsmuster aus der Schnecke wird vom *Hörnerv* über eine Reihe von Schaltstellen der *Großhirnrinde* zur Auswertung zugeleitet. Die Gesamtheit dieser Leitungsbahnen bezeichnet man als *Hörbahn*.

Im Hörzentrum der Großhirnrinde entsteht aus der Fülle der Nervenimpulse ein Höreindruck. So wird beispielsweise die Anweisung eines Fahrlehrers: „Herunterschalten!" in Sekundenbruchteilen verarbeitet. Anschließend senden die motorischen Gehirnzentren Impulse an die Muskeln. Der Kopf und die Augen werden bewegt, Hand und Finger schalten. Vorher hatte bereits der Fuß die Kupplung betätigt.

- In der Großhirnrinde entsteht aus der Fülle der Nervenimpulse, die über die Hörbahn eintreffen, ein Höreindruck. Befehle werden gebildet und zur Muskulatur geleitet.

1 Von jedem der beiden Trichter führt ein Gummischlauch zum Ohr. Was ist, wenn der Schlauch zum linken Ohr länger ist als derjenige zum rechten?

Richtungshören

Dass die beiden Ohren *nicht unabhängig* voneinander arbeiten, wird deutlich, sobald wir eine Schallquelle orten. Bis auf 2° genau können wir die Richtung angeben, aus der ein kurzes Schallsignal kommt. Wie ist das möglich?

Das Schallsignal kommt nicht gleichzeitig an beiden Ohren an, sofern es nicht genau von vorne kommt. Offenbar vermag unser Gehirn diese *Zeitdifferenz* festzustellen. Das ist umso erstaunlicher, als sie bei einer Kopfbreite von 25 cm höchstens 0,00075 s beträgt. Genaue Messungen haben ergeben, dass unser Gehirn eine Zeitdifferenz von nur 0,00003 Sekunden zwischen den beiden Ohren zu berechnen vermag. Dabei spielt die etwas größere *Schallintensität* in dem Ohr, das der Schallquelle zugewandt ist, ebenfalls eine Rolle. In diesem Ohr wird die Reizschwelle der Sinneszellen früher überschritten und auch der Reiz früher ins Gehirn gemeldet.

Schallstärke und Lautstärke

Ob in einem Posaunenchor 100 oder 101 Posaunen spielen, können wir nicht unterscheiden. Ob aber 1 oder 2 Posaunen spielen, merken wir sofort. Wie der Mathematiker Fechner in der Mitte des letzten Jahrhunderts festgestellt hat, besteht folgender Zusammenhang zwischen Reizintensität und Empfindungsintensität:

Um eine *Steigerung der Reizintensität* nach der Reihe 1, 2, 3, 4, 5 mit Posaunen zu erreichen, genügt es nicht, immer nur 1 Instrument hinzufügen. Die Zahl der Instrumente muss vielmehr in der Reihe 1, 2, 4, 8, 16, 32 ansteigen. Also nicht linear, sondern *geometrisch*. Der Zusatzreiz, der gegeben werden muss, um den neuen Reiz eindeutig stärker erscheinen zu lassen, ist für die verschiedenen Sinne unterschiedlich groß.

- Die Zunahme der Schallstärke in geometrischer Reihe empfinden wir als linearen Anstieg der Lautstärke.

▶ Welcher Lautstärke sind Sie bei einem Diskobesuch ausgesetzt?

*2 Lärm ist kein unabänderliches Schicksal. Neuere Flugzeugtriebwerke bleiben erheblich unter den früher üblichen Lärmwerten.
Ohrschützer bewahren das Bodenpersonal vor Gehörschäden.*

Praktikum: Hören

1 Richtungshören
Benötigt werden:
Filzstift, ein langer Schlauch, Notizblock.
Durchführung:
Genau von der Schlauchmitte aus wird nach beiden Seiten auf dem Schlauch eine 20-cm-Skala markiert. Auf den ersten 3 cm links und rechts der Mitte werden auch die Millimeter eingezeichnet. Zwei Personen bilden eine Arbeitsgruppe. Die Versuchsanordnung ist dem nebenstehenden Foto zu entnehmen. Eine Person klopft mit dem Bleistift auf eine bestimmte Schlauchmarkierung. Die Versuchsperson gibt an, ob das Klopfgeräusch von rechts oder von links kommt. Die Ergebnisse werden protokolliert. Notieren Sie die Entfernung von der Schlauchmitte und vermerken Sie, ob die Angabe richtig war.

- Ermitteln Sie den kleinsten Abstand, bei dem die Versuchsperson die Richtung der Klopfstelle noch erkennt.

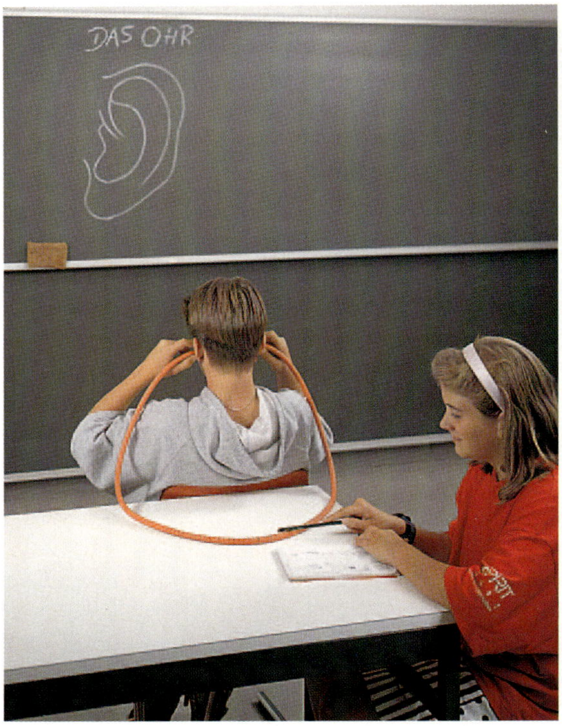

2 Drehschwindel
Benötigt werden:
Drehstuhl, Becherglas, Tinte, Murmeln, Tageslichtprojektor.
Durchführung:

- Schließen Sie die Augen. Drehen Sie sich möglichst schnell im Kreis. Stoppen Sie auf ein Kommando und versuchen Sie geradeaus zu gehen.
- Drehen Sie Ihren Partner auf dem Drehstuhl einige Male hin und her. Kann er nach plötzlichem Abbremsen mit gestreckten Armen geradeaus zeigen?
- Füllen Sie ein Becherglas etwa zur Hälfte mit Wasser, das mit Tinte angefärbt wurde. Geben Sie einige Murmeln hinein. Drehen Sie das Gefäß auf der Stelle schnell im Kreis. Halten Sie auf ein Kommando an und beobachten Sie, was passiert. Versuchen Sie eine Verbindung zum vorangegangenen Versuch herzustellen.

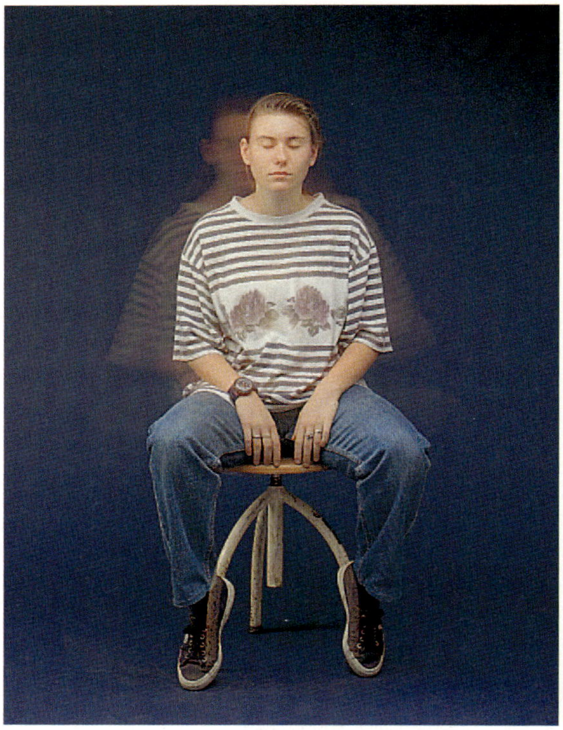

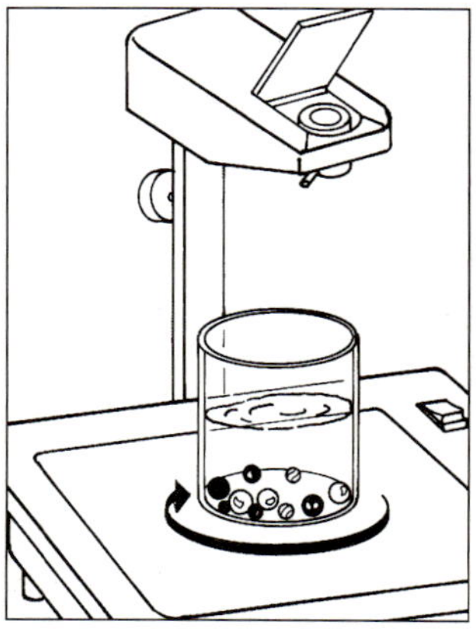

Sie können den Versuch der Klasse vorführen, wenn Sie das Glas auf einen Tageslichtprojektor stellen.

Praktikum: Lärm

1 Was ist Lärm?
Lärm ist kein physikalischer Begriff. Er wird von verschiedenen Personen unterschiedlich empfunden. Lärm ist daher nicht messbar. Geräusche dagegen können als Schalldruck gemessen werden. Messgröße ist das Dezibel (db).
Ob wir einen leisen Ton hören oder ob ein lauter Ton in Schmerz übergeht, hängt von der Tonhöhe und vom Schalldruck ab. Zwischen 1000 und 5000 Hz ist unser Ohr am empfindlichsten.

- In welchem Frequenzbereich liegen die Signale einer Trillerpfeife, eines Nebelhorns, einer Fahrradklingel, einer Autohupe?
- Was wird mit auf- und absteigenden Sirenentönen bewirkt, was mit einem Martinshorn?
- Beim Abflug einer Boeing 707 wurden 300 km^2 einem Schallpegel von mehr als 120 dB ausgesetzt. Inzwischen gibt es wesentlich leisere Triebwerke.
  Sammeln Sie Daten bei der nächsten Flughafenverwaltung.

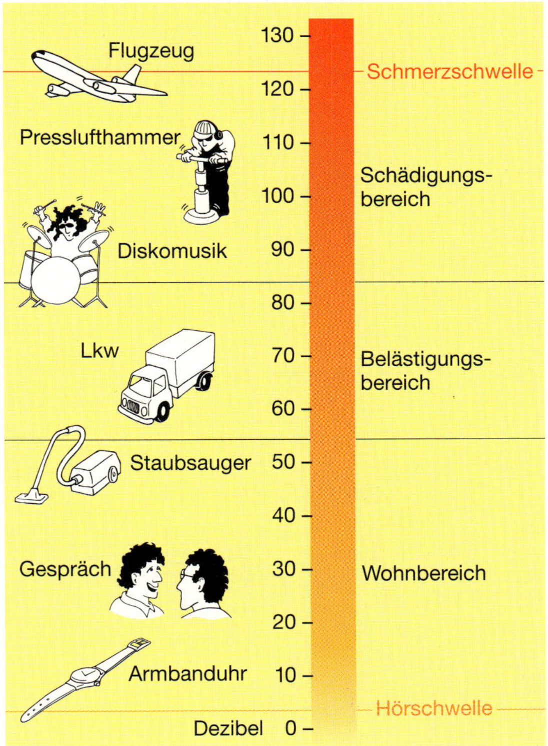

2 Konzentrationsfähigkeit
Ob Lärm die Konzentrationsfähigkeit beeinflusst, lässt sich im Versuch überprüfen. Eine Gruppe von Schülern liest 30 Sekunden lang den folgenden Text und hält die gefundenen Fehler in einer Strichliste fest. Dabei herrscht völlige Ruhe. Eine zweite Gruppe macht dasselbe, aber bei lauter Musik.
Die Anzahl der Fehler wird verglichen.
Text:
Wer vo Westen nach Osten reis gewinn bei jeder Überquerung der internationalen Datumsgreze im Pazifik eien Tag. Erreich man die Datumsgrene also Dinstag um 10 Uhr mogens, so ist es für Sie unmittelbar nach Überschreien dieser Linie Montag 10 Uhr orgens. Bei einem Flug um die Erde, die vierungzwazig Stundn dauert, wird de Zeitgewinn durch die verbrauhte Reisezeit aufgezehrt. Bald ber könnt es Überschalmaschinen geben, die es in zwölf Stunden und um den Globus schaffen. Dann wäre es in einer 24-Stunden-Peiode möglich, zweima um die Welt zu fliegen nd di Datumsrenze zweimal zu überquren. Da man zwei Tage einspat und einen Tag für den Flug braucht, gewinnt man einn Tag. Wie viele Tge würde man gewinnen, wenn man mit einer solhen Geschwindigkeit zen Tage lang in östlicher ichtung um die Erde kreise?

3 Lärmschutz
Benötigt werden:
Schallpegelmessgerät, Fotoapparat.
Durchführung:

- Messen Sie die Lautstärke vor und hinter einem Lärmschutzwall und vergleichen Sie die Ergebnisse.
- Führen Sie Messungen in verschiedenen Bereichen einer Grünzone durch und werten Sie die Ergebnisse aus.
- Welche Lärmschutzeinrichtungen gibt es in Ihrem Wohnort? Beschreiben und fotografieren Sie.

Steuerung und Datenspeicherung

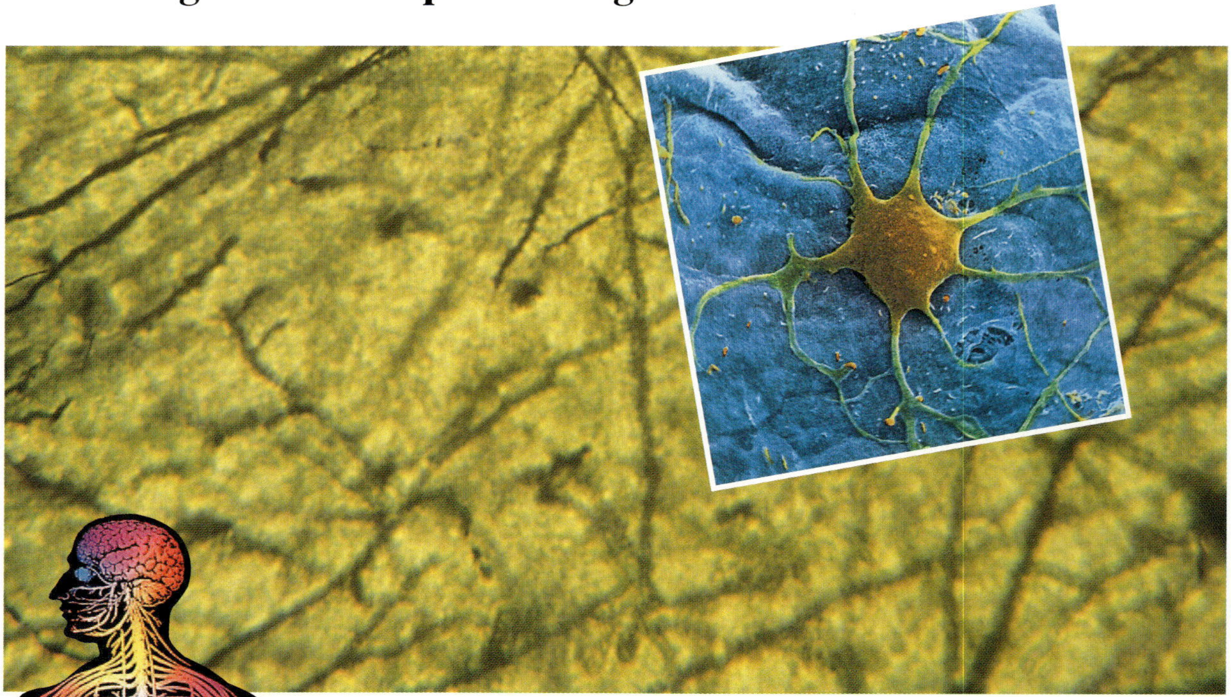

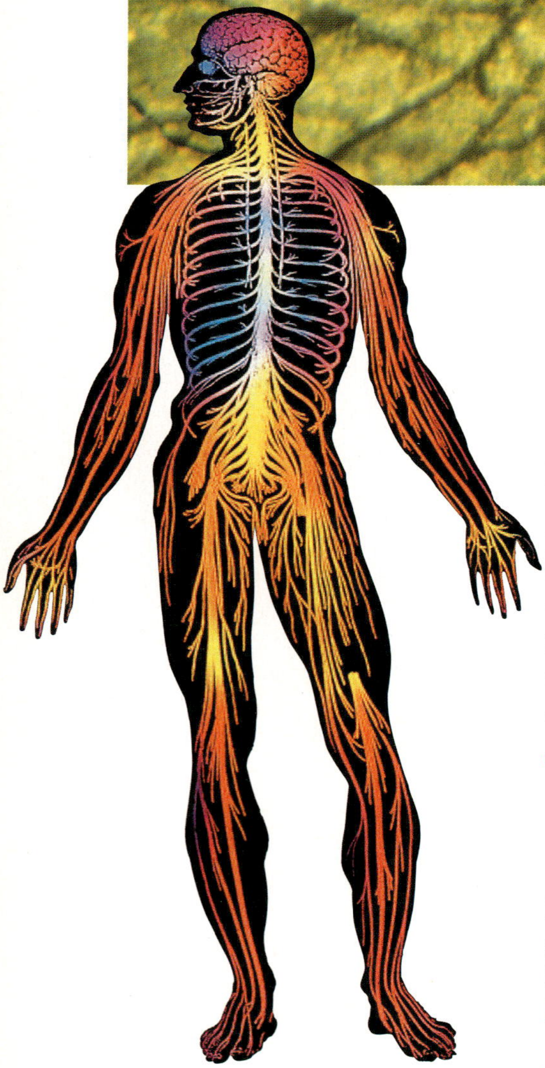

1 bis 3 Einzelne Nervenzellen verbinden sich zu dem komplexen Nervensystem im menschlichen Körper.

1 Nachrichtensysteme des Körpers

Nervensystem. So wie das Telefonnetz zwar das kleinste Dorf, aber nicht unbedingt das letzte Haus erreicht, ist es auch mit dem Nervensystem. Es durchzieht den ganzen Körper, erreicht aber nicht jede Zelle. Im Gegensatz zum Telefonnetz ist aber beim *Nervensystem* die Zentrale sowohl das Verarbeitungszentrum als auch das Entscheidungszentrum.

Hormonsystem. Mit dem *Hormonsystem* verfügt der Körper über einen Botendienst, der jede Zelle erreicht. Wie bekannt, sind Hormone *Botenstoffe*, die in Drüsen oder Geweben gebildet und mit dem Blut im ganzen Körper verteilt werden.

Gegensätze. Die Bildung, Ausschüttung und Verteilung der Hormone erfordert wesentlich mehr Zeit als die Informationsübertragung durch das Nervensystem. Entsprechend rasch erfolgt die Reaktion auf Nervenimpulse. Hormone wirken langsamer, aber nachhaltiger.

- Um auf Reize zu reagieren und um die Tätigkeit der einzelnen Organe aufeinander abzustimmen, verfügt der Körper über zwei miteinander in Verbindung stehende Nachrichtensysteme: das Nervensystem und das Hormonsystem.

Die Tätigkeit vieler innerer Organe wird sowohl durch Nervenerregungen als auch durch Hormone gesteuert. Manche Nervenzellen bilden Hormone, andererseits beeinflussen Hormone die Arbeit der Nervenzellen.

▶ Hormone werden mit dem Blut und der Lymphe im Körper verteilt. Welche Vorteile hat das gegenüber dem Nervensystem? Gibt es auch Nachteile?

2 Das Nervensystem

Zentrales, peripheres und vegetatives Nervensystem. Das Bild des „Nervenmanns“ zeigt nur die größten Nerven des Körpers und deren Verzweigungen. Es wäre gar nicht möglich, in einer Zeichnung wiederzugeben, wie die vielen Sinneszellen über Nervenfasern mit dem Gehirn in Verbindung stehen.

Das Gleiche gilt für die Versorgung der Muskeln und Drüsen mit Nervenfasern. Das Nervensystem besteht aus drei Teilen:

- Das *Zentralnervensystem* umfasst das Gehirn und das Rückenmark. Im Zentralnervensystem werden die einlaufenden Nervenimpulse verarbeitet. Dort entstehen die Befehle an alle unmittelbar über Nerven erreichbaren Körperteile. Wahrnehmung, Erinnerung und Planung sind auf diesen Teil des Nervensystems beschränkt.
- Das *periphere Nervensystem* umfasst alle Nerven, die von den Sinneszellen Meldungen zum Rückenmark und zum Gehirn bringen (sensorische Nerven), sowie alle Nerven, die von dort Befehle an die Muskeln leiten (motorische Nerven).
- Das *vegetative Nervensystem* regelt *Atmung, Blutkreislauf, Verdauung, Ausscheidung* und *Drüsenarbeit*. Seine Tätigkeit wird uns nur bewusst, wenn sich der Herzschlag oder der Blutdruck ändert, wenn Ekel den Hals zuschnürt oder wenn wir, um noch ein Beispiel zu nennen, vor Angst kalte Füße bekommen.
  Das vegetative Nervensystem arbeitet *weitgehend autonom*, also selbstständig. Es empfängt aber auch Befehle vom Zentralnervensystem und liefert Meldungen dorthin.

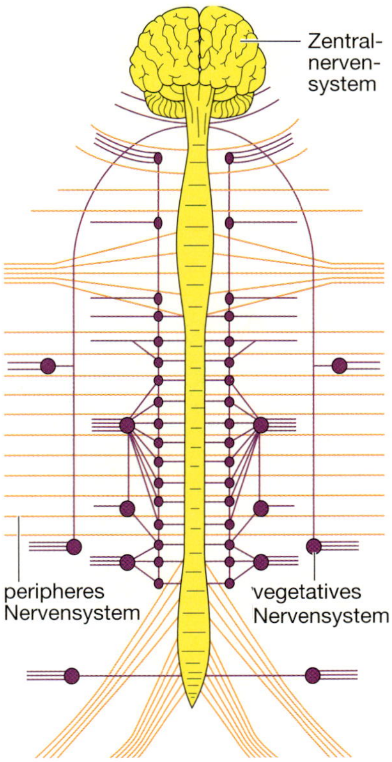

1 Schema zur Verknüpfung von Zentralnervensystem, peripherem Nervensystem und vegetativem Nervensystem.

● Das Nervensystem besteht aus dem Zentralnervensystem, dem peripheren und dem vegetativen Nervensystem.

▶ Nervenzellen leiten elektrische Impulse mit einer Geschwindigkeit von bis zu 120 m/s. Wie lange braucht ein Signal um den etwa 1 m langen Ischiasnerv zu durchlaufen?

2 Bobfahrer. Das Startlicht wird mithilfe der Augen als Signal erfasst und die Information über sensorische Bahnen dem Gehirn übermittelt. Motorische Bahnen leiten den Befehl zur Kontraktion an die Muskulatur. Das vegetative Nervensystem sorgt für einen rascheren Herzschlag, Anstieg des Blutdrucks, raschere und tiefere Atmung. Start.

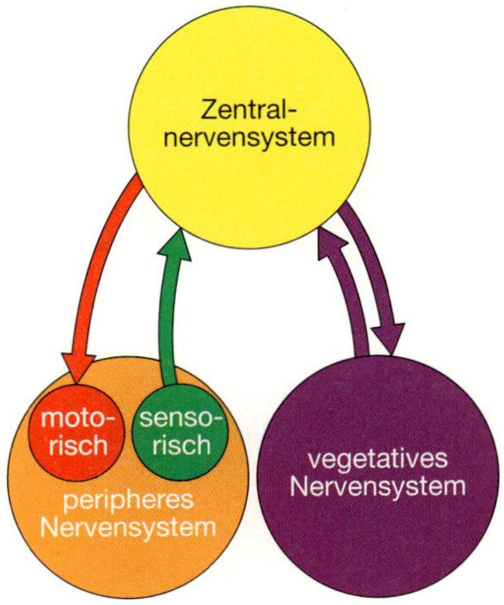

3 Bereiche des Nervensystems

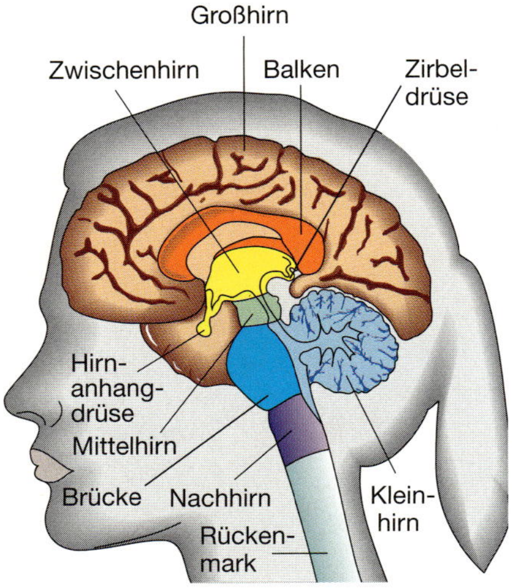

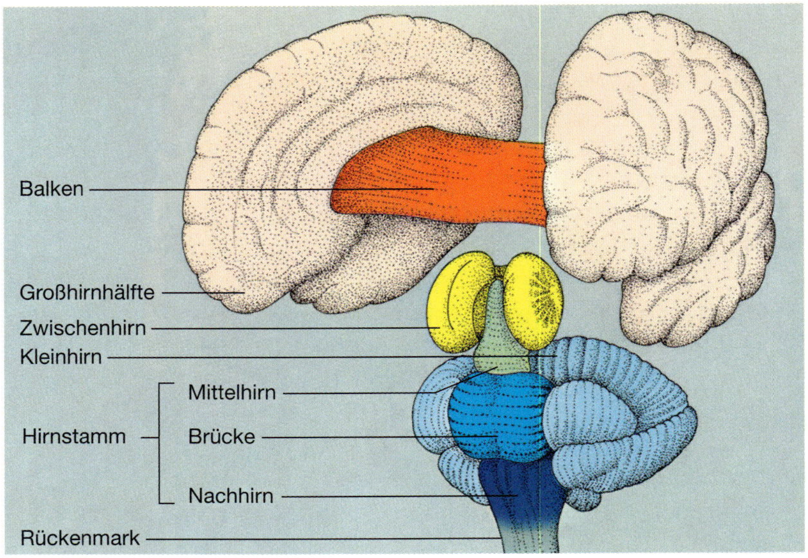

1 und 2 Aufbau des Gehirns. Darstellung rechts: Das Großhirn ist von den übrigen Gehirnteilen getrennt dargestellt. Die Großhirnhälften sind auseinander gezogen.

3 Das Gehirn

Entwicklung. In den ersten Lebenswochen des Embryos entwickelt sich auf seiner Rückenseite das *Neuralrohr*, aus dem später das Nervensystem hervorgeht. Nach vier Wochen bilden sich im vorderen Teil des Neuralrohrs drei Bläschen, aus denen *Vorderhirn, Mittelhirn* und *Hinterhirn* entstehen. Die sich anschließende Röhre wird zum *Rückenmark*. In der Folgezeit verändert sich das Vorderhirnbläschen am meisten. Es gliedert zwei Seitenbläschen ab, die sich rasch vergrößern und zum *Großhirn* heranwachsen. Aus einem Teil des Mittelstücks entsteht das *Zwischenhirn*. Im Hinterhirn entwickelt sich zu dieser Zeit der vordere Abschnitt zum *Kleinhirn*, der hintere Abschnitt zum *Nachhirn*.

- Das fertig entwickelte Gehirn gliedert sich in Großhirn, Zwischenhirn, Mittelhirn, Kleinhirn und Nachhirn.

Das Großhirn

Die *Großhirnhälften* legen sich im Verlauf der Entwicklung in tiefe Falten. Damit vergrößert sich ihre Oberfläche erheblich. Der *Balken* verbindet die beiden Gehirnhälften miteinander. Er enthält Milliarden von Nervenfasern, die von einer Großhirnhälfte in die andere ziehen und außerdem die darunter liegenden Hirnteile, die man insgesamt als *Hirnstamm* bezeichnet, mit dem Großhirn verbinden.

Großhirnfelder. In der Großhirnrinde, der äußeren, etwa 2–5 mm dicken Schicht des Großhirns, unterscheidet man verschiedene Bereiche mit unterschiedlichen Aufgaben. So werden die Erregungen, die über den Sehnerv und den Hörnerv ins Gehirn gelangen, in bestimmten Gehirnbezirken wahrgenommen. In anderen Bereichen werden sie gespeichert. In wiederum anderen Gehirnbezirken entstehen Befehle an die Muskeln. Es gibt demnach: *Sensorische Felder* oder *Wahrnehmungsfelder*, *Erinnerungsfelder* und *motorische Felder*.

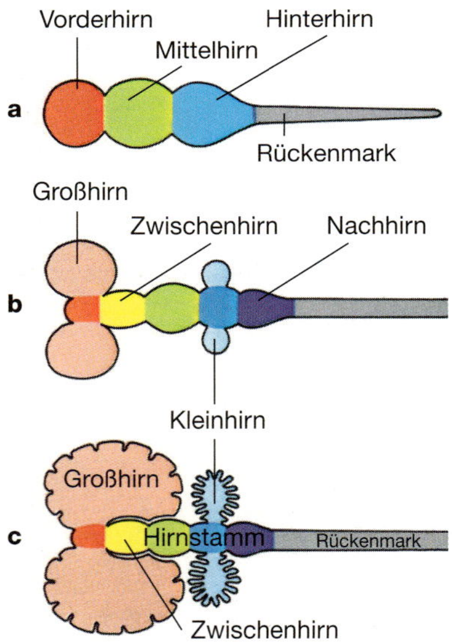

3 Gehirnentwicklung. Im vorderen Teil des Neuralrohrs bilden sich beim Embryo drei Hirnbläschen, aus denen später fünf Gehirnabschnitte hervorgehen, die im Bereich des Vorderhirns das Großhirn und im Hinterhirn das Kleinhirn ausbilden.

Viele Fähigkeiten sind aber nicht ausschließlich an begrenzte Bereiche der Großhirnrinde gebunden. Im *Stirnlappen* des Großhirns ist die Zuordnung zu bestimmten Aufgaben am wenigsten genau. Dort entstehen *spontane Gedanken*, *Willensleistungen* und *Antriebe*, die nicht nur von äußeren Einflüssen hervorgerufen werden. In diesem Gehirnbereich ist unsere *Persönlichkeitsstruktur* verankert.

Entwicklungshöhe. Vergleicht man die Gehirne verschiedener Wirbeltierarten miteinander, so stellt man fest, dass mit zunehmender Entwicklungshöhe die Masse des Großhirns im Vergleich zum Hirnstamm zunimmt. An unserem Gehirn ist das *Großhirn* mit der großen Rindenoberfläche und dem besonders stark entwickelten Stirnlappen das *typisch Menschliche*.

- Das Großhirn ist der beherrschende Teil des Zentralnervensystems. Im Großhirn liegen etwa 10 Milliarden von insgesamt 15 Milliarden Nervenzellen. Damit wird das Großhirn zur zentralen Auswertungsstelle und Schaltzentrale, zum Sitz des Denkens und Bewusstseins des Menschen.

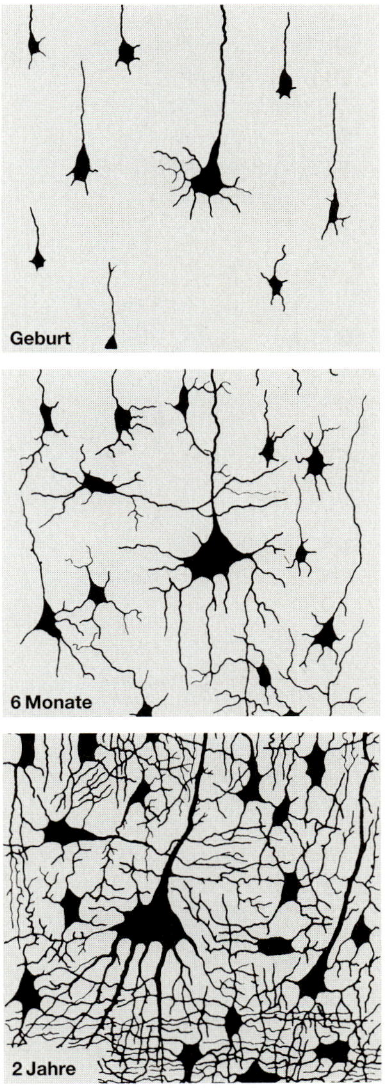

1 *Ausschnitt aus der Großhirnrinde des Menschen.*
Bei der Geburt ist die Verbindung zwischen den Nervenzellen in der Großhirnrinde noch unvollständig. Erst wenn die Verknüpfungen ausgebildet sind, erreicht das Gehirn seine volle Leistungsfähigkeit.

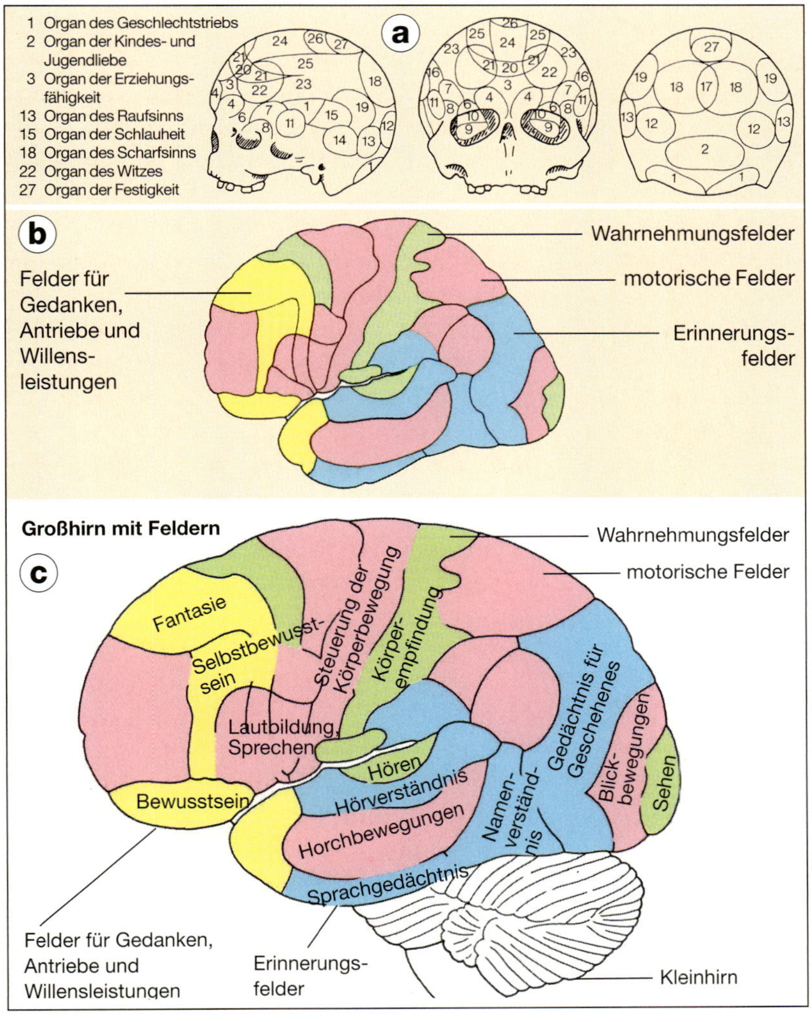

2 *Felder der Großhirnrinde.*
Im Gegensatz zu den Vorstellungen von Gall (1807, **a***) und Kleist (1930,* **b***) kennt man heute (***c***) die Aufgaben der Gehirnfelder wesentlich genauer.*

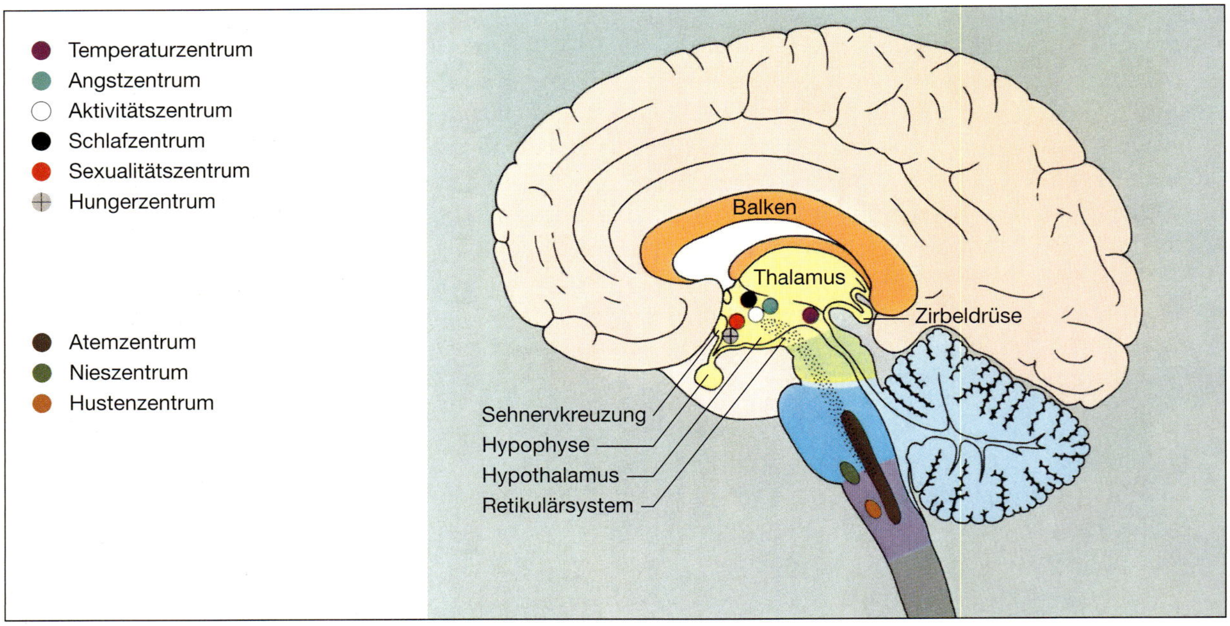

1 Schnitt durch das Gehirn. Hellorange: Großhirn. Der Balken verbindet die beiden Großhirnhälften. Gelb: Zwischenhirn. Wichtige Sammelstelle für Seh- und Höreindrücke, beeinflusst die Stimmungslage. Blau: Kleinhirn. Sorgt für harmonischen Ablauf der Bewegungen. Violett: Nachhirn. Hier entspringen die meisten Gehirnnerven. Sitz wichtiger Reflexe.

Das Zwischenhirn

Im Zwischenhirn liegt mit dem *Thalamus* die wichtigste *Schaltstation* unseres Gehirns. Dort werden die Meldungen von den Rezeptoren der Haut, aus dem Körperinnern, von den Augen und der Nase auf die Bahnen zum Großhirn umgeschaltet. Im Thalamus wird aber auch Vieles ausgefiltert und unbewusst beantwortet.
Vorne liegt unter dem Thalamus der *Hypothalamus*, ein Zentrum von Nervenzellen, das die *oberste Befehlsstelle des vegetativen Nervensystems* darstellt. Von hier aus werden unter anderem die Körpertemperatur und der Wasserhaushalt gesteuert. Hier entstehen Hunger- und Durstgefühle. Auch der tägliche Aktivitätsrhythmus wird teilweise vom Hypothalamus aus geregelt.
Unter dem Hypothalamus liegt die *Hypophyse*. Sie ist die Steuerungszentrale für den Hormonhaushalt des Körpers.

- Das Zwischenhirn ist eine wichtige Schaltstelle. Es besitzt u. a. die Kontrolle über das vegetative Nervensystem.

Das Kleinhirn

Das *Kleinhirn* ist ebenfalls stark gefaltet und nach dem Großhirn der zweitgrößte Teil des Gehirns. Das Kleinhirn sorgt für den *harmonischen Ablauf der Bewegungen*. Hier gehen alle Meldungen von und zu den motorischen Feldern der Großhirnrinde ein. Das klingt einfach. Wenn sich aber nur die Finger um einen Bleistift schließen sollen, müssen alle Muskeln, die an dieser Bewegung beteiligt sind, die richtige Information bekommen und sich im richtigen Maß verkürzen. Soll die Hand schreiben, kommt es zusätzlich darauf an, dass sich jeder beteiligte Muskel im richtigen Augenblick verkürzt.

- Das Kleinhirn steuert Körperhaltung und Bewegungsabläufe.

Das Gedächtnis

Unser Gehirn verfügt über mehrere Informationsspeicher:

- Der *erste Informationsspeicher* ist ererbt. So verfügen Kleinkinder, die noch nichts gelernt haben, über eine Reihe angeborener Verhaltensweisen. Das Saugen an der Mutterbrust zum Beispiel.
- Im *zweiten Informationsspeicher* werden Erfahrungen gesammelt, die wir nicht bewusst machen. Wir erfahren beispielsweise, dass der Schnee weiß ist, dass die Luft im Frühjahr anders riecht als im Hochsommer, dass beim Treppensteigen mit einem gleich bleibenden Stufenabstand gerechnet werden kann. Dies alles geschieht unbewusst.
- Der *dritte Informationsspeicher* erfasst bewusst gesammelte, erlernte Erfahrung.

● Die Fähigkeit, Information zu speichern, bezeichnet man als Gedächtnis.

Kurzzeitgedächtnis. Ein Teil der eingehenden Information wird nur *vorübergehend* festgehalten. Wenn wir erst nach dem Schlagen einer Uhr deren Schläge nachzählen oder erst einen Augenblick später entdecken, dass ein Bekannter an uns vorbeigegangen ist, haben wir auf unser Kurzzeitgedächtnis zurückgegriffen, das uns nur wenige Minuten zur Verfügung steht. Es besitzt eine Speicherkapazität von etwa 200 bit.

Langzeitgedächtnis. In das Langzeitgedächtnis, auf das wir auch *nach Jahren* noch zurückgreifen können, geht nur etwa ein Hundertstel dieser Informationsmenge ein. Wie diese Information gespeichert wird, ist keineswegs völlig klar. Möglicherweise werden dazu besondere Moleküle gebildet. Es ist aber auch denkbar, dass bestimmte Schaltungen der Gehirnzellen untereinander bestimmten Gedächtniseindrücken entsprechen. Fest steht auf jeden Fall, dass sich das Langzeitgedächtnis durch *ständiges Lernen*, insbesondere durch *regelmäßige Wiederholung* des Lernstoffs, in seiner Leistungsfähigkeit verbessern lässt.

▶ Schauen Sie auf die Stoppuhr, lesen Sie:
WEN NDI EMA US SAT TI STIST DA SMEH LBIT TER
Wie lange hat es gedauert, bis Sie den Sinn des Textes erfassten? Wie lief das Erfassen ab?

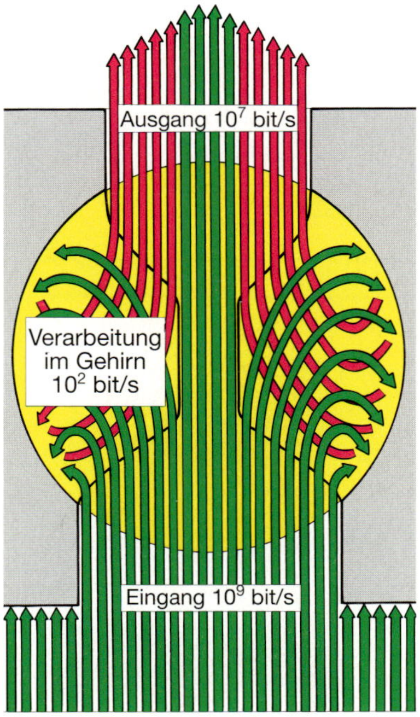

1 Informationsverarbeitung. 10^9 bit/s gelangen als Meldungen von den Sinnesorganen zum Gehirn. 10^2 bit/s werden uns davon bewusst. 10 bit/s gelangen ins Kurzzeitgedächtnis, 1 bit/s wird im Langzeitgedächtnis gespeichert. 10^7 bit/s gehen als Befehle an die Muskulatur.

2 Rot dargestellt ist der Bereich, dem der Autofahrer höchste Aufmerksamkeit widmet. Weniger Aufmerksamkeit schenkt er dem hellroten Bereich. Im Kurzzeitgedächtnis speichert er, was im Bild grün dargestellt ist. Was ihn intensiv beschäftigt hat, geht in das violett dargestellte Langzeitgedächtnis ein.

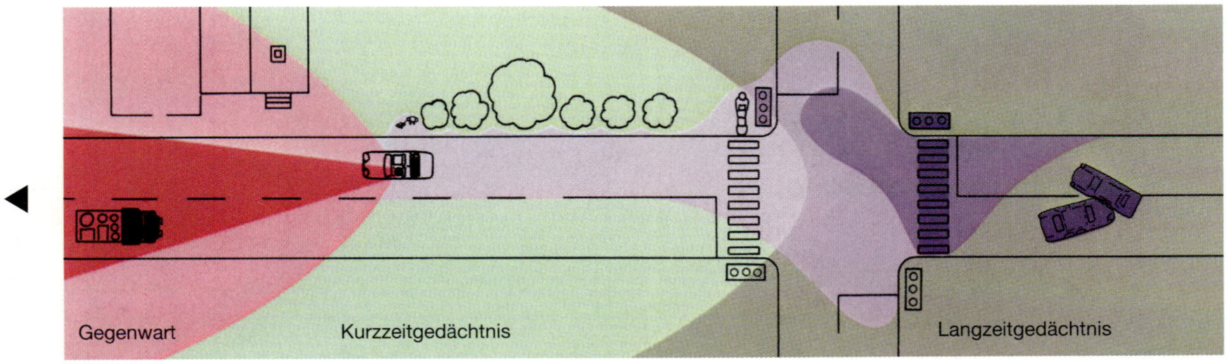

1 *Lernen am Vorbild*

Lernen

Der Mensch lernt sein Leben lang. Er ist in der Lage, Eindrücke zu speichern, zu verknüpfen und im richtigen Augenblick wieder abzurufen. Das gilt für das Lernen von Bewegungsabläufen ebenso wie für das Lernen von Fremdsprachen.

Bedingter Reflex. Ein Säugling beginnt zu saugen, sobald er die Brustwarze der Mutter berührt. Die Berührung löst den angeborenen Saugreflex aus. Nach wenigen Tagen beginnt der Säugling schon mit Saugbewegungen, wenn er hochgehoben wird. Er hat den Zusammenhang zwischen Hochnehmen und Nahrung gelernt. Ein *bedingter Reflex* ist entstanden.

Lernen am Vorbild. Im Alter von drei Monaten beginnen Kinder zu lallen. Während aber die Lautbildung bei gehörlosen Kindern bald wieder erlischt, entwickelt sie sich bei Kindern, die hören können, mehr und mehr.

Im Alter von drei Jahren vermag ein Kind flüssig zu erzählen. Kinder können leicht *Sprachen* völlig anderer Sprachkreise lernen. Ein typisches Beispiel für das Lernen am Vorbild.

Die Fähigkeit zu sprechen hängt auch vom Entwicklungsstand des Kehlkopfs, der Sprechmuskulatur und des Gehirns ab. Es muss also zugleich ein körperlicher Reifungsprozess ablaufen, damit erfolgreich gelernt werden kann.

Lernen durch Übung. Ohne anzuecken können wir durch einen dunklen, winkligen Flur gehen. Bei Nacht finden wir den Lichtschalter an der richtigen Stelle oder schnüren die Schuhe, ohne dass wir den Schnürsenkel sehen. Auch schwierigere Abläufe wie Rad fahren, Klavier spielen, Tanzen und Schwimmen können wir lernen, wenn wir sie *üben*. Der Erfolg ist dennoch unterschiedlich.

Lernen durch Erfolg. Ein Eisbär „klatscht" zufällig „in die Hände" und bekommt daraufhin Futter gereicht. Beim nächsten Klatschen erhält er erneut Futter. Den Zusammenhang zwischen Klatschen und Belohnung stellt der Bär rasch her. Von nun an klatscht er immer, wenn er Futter will. Er hat durch *Erfolg* gelernt.

Ein Säugling schüttelt seine Rassel und erweckt damit die Aufmerksamkeit der Mutter. Auch beim nächsten Mal wendet sich ihm die Mutter zu. Von nun an betätigt das Baby seine Rassel, wenn es die Mutter bei sich haben will.

▶ *Denksportaufgabe:* Ein Haushalt bezieht jeden Tag 8 l Milch. Die Milch wird in einem 8-l-Gefäß geliefert. Heute benötigt die Familie aber nur 4 l Milch. Daher sollen aus dem 8-l-Gefäß 4 l abgemessen werden. Zum Abmessen stehen ein 5-l-Gefäß und ein 3-l-Gefäß zur Verfügung. Wie muss man vorgehen?

Lernen durch Einsicht. Wer eine solche Denksportaufgabe lösen will, spielt in Gedanken unterschiedliche Lösungsmöglichkeiten durch. Schließlich findet er allein durch Überlegen die richtige Lösung. Diese Art des Lernens durch *Einsicht* spielt beim Erwachsenen die wichtigste Rolle.

Lösung der Denksportaufgabe:

1. Aus 8-l-Gefäß 5 l ins 5-l-Gefäß.
2. Aus 5-l-Gefäß 3 l ins 3-l Gefäß.
3. 3 l aus 3-l-Gefäß ins 8-l-Gefäß.
4. 2 l aus 5-l-Gefäß ins 3-l-Gefäß.
5. Aus 8-l-Gefäß 5 l ins 5-l-Gefäß.
6. 3-l-Gefäß aus 5-l-Gefäß auffüllen.

Im 5-l-Gefäß verbleiben 4 l.

Praktikum: Lerntypen

1 Test: Lesetyp
Auf 10 Zettel werden gut lesbar 10 unterschiedliche Begriffe geschrieben. Im mittleren Bild sind Beispiele gezeigt. Die Zettel werden verdeckt vor die Testperson gelegt. Auf einem weiteren Zettel werden 10 einfache Rechenaufgaben notiert. Beispiele:

$\sqrt{121}$	113 – 26
78 : 3	34 x 2
92 + 10	34 x 4
19 + 86	53 – 24
72 + 41	7 x 12

Die Zettel mit den Begriffen werden einer nach dem anderen für zwei Sekunden umgedreht und von der Testperson gelesen. Dann werden sie weggelegt. Hat die Testperson alle Begriffe gelesen, bekommt sie genau 30 Sekunden Zeit, um die Rechenaufgaben im Kopf zu lösen. Diese werden ihr vorgelesen. Dann muss sie in 20 Sekunden möglichst viele der vorher gelesenen 10

Begriffe nennen. Die Anzahl der richtig behaltenen Begriffe wird als erstes Testergebnis notiert.

2 Test: Hörtyp
10 andere Begriffe werden auf einem Zettel notiert.
Außerdem wird ein weiterer Zettel mit 10 Kopfrechenaufgaben vorbereitet. Nun werden der Testperson die 10 Begriffe im Abstand von zwei Sekunden laut und deutlich einmal vorgelesen. Anschließend muss sie wieder für 30 Sekunden Kopfrechenaufgaben lösen.
Danach hat die Testperson auch bei diesem Test 20 Sekunden Zeit, um sich an die Begriffe zu erinnern und sie aufzuzählen.
Die Anzahl der richtig behaltenen Begriffe wird als zweites Testergebnis notiert.

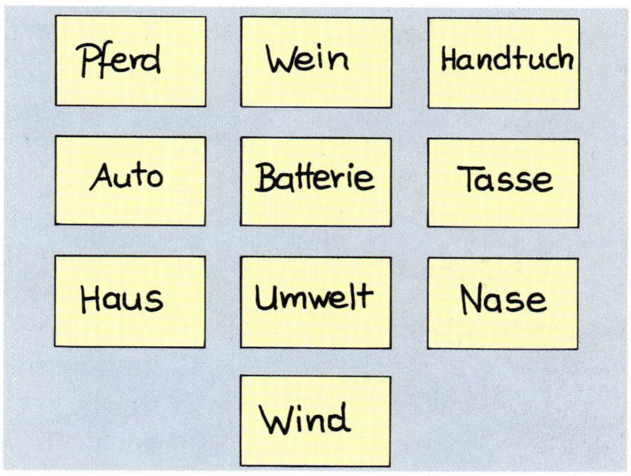

3 Test: Sehtyp
Zur Vorbereitung werden 10 verschiedene Gegenstände benötigt, die die Testperson vorher nicht sehen darf. Der Testpartner sollte sie deshalb aussuchen und von einem Tuch abgedeckt bereitlegen.
Rechts sehen Sie einige Beispiele.
Ein Zettel mit 10 Kopfrechenaufgaben muss auch wieder vorbereitet werden.

Die vorher verdeckten Gegenstände werden der Testperson einer nach dem anderen für jeweils 2 Sekunden gezeigt. Danach werden sie sofort wieder verdeckt. Gleich anschließend müssen wieder in 30 Sekunden 10 Kopfrechenaufgaben gelöst werden.
Danach hat die Testperson 20 Sekunden Zeit, um sich an die vorher gezeigten Gegenstände

zu erinnern und sie dem Partner zu nennen. Die Anzahl der richtigen Begriffe wird notiert.

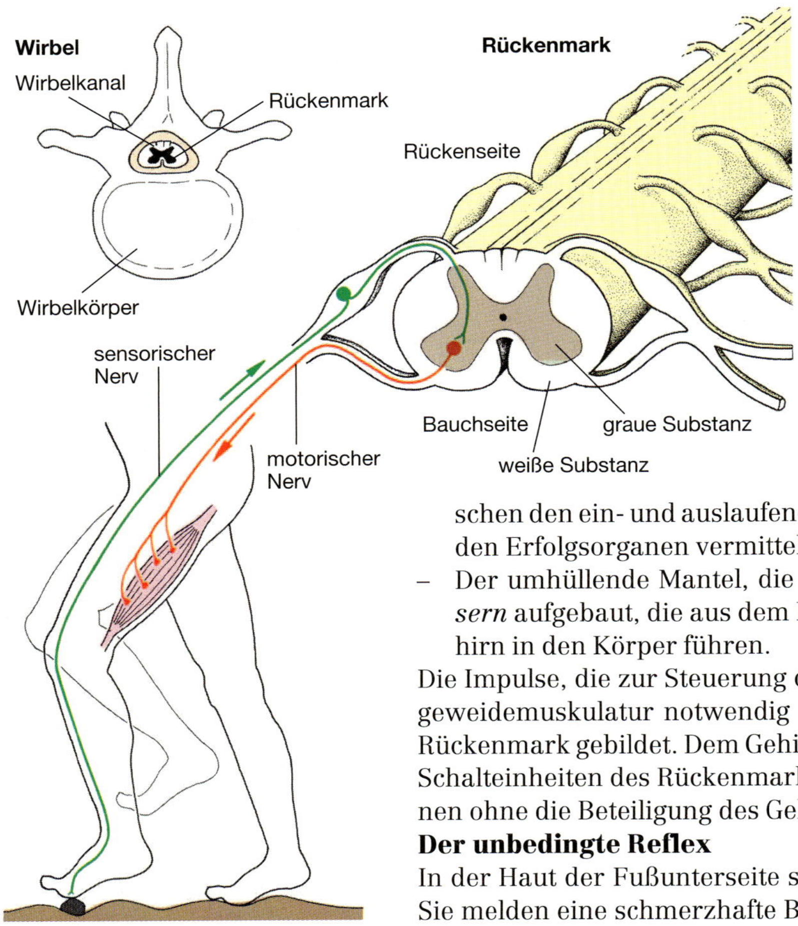

1 *Beugereflex.*
Dieser Reflex wird vom Rückenmark gesteuert.
Links oben: Lage des Rückenmarks im Wirbelkanal.

4 Das Rückenmark

Das *Rückenmark* verbindet die peripheren Nerven mit dem Gehirn. Es liegt geschützt im *Wirbelkanal.*

31 *Nervenpaare* verlassen das Rückenmark jeweils zwischen den Wirbeln. Der Querschnitt zeigt im Innern des Rückenmarks eine graue, an einen Schmetterling erinnernde Figur. Diese ist von einem weißlichen Mantel umgeben.

– In der *grauen Substanz* liegen *Schaltzellen,* die zwischen den ein- und auslaufenden Meldungen zum Gehirn oder zu den Erfolgsorganen vermitteln.
– Der umhüllende Mantel, die *weiße Substanz,* ist aus *Nervenfasern* aufgebaut, die aus dem Körper ins Gehirn und aus dem Gehirn in den Körper führen.

Die Impulse, die zur Steuerung der Skelettmuskulatur und der Eingeweidemuskulatur notwendig sind, werden zum größten Teil im Rückenmark gebildet. Dem Gehirn kommt dabei die Aufgabe zu, die Schalteinheiten des Rückenmarks zu steuern. Manche *Reflexe* können ohne die Beteiligung des Gehirns ablaufen.

Der unbedingte Reflex

In der Haut der Fußunterseite sitzen besonders viele Sinneszellen. Sie melden eine schmerzhafte Berührung über *sensorische Nerven* zum Rückenmark. Dort liegen in der grauen Substanz *Schaltzellen,* die die Erregung aufnehmen und nun über ihre motorischen Fasern vermehrt *Impulse zur Beinmuskulatur* leiten. Hier geben die Endknöpfchen der Nervenfasern einen *Erregungsstoff* ab. Dieser Erregungsstoff bewirkt, dass sich der Muskel *rasch zusammenzieht* und so der Unterschenkelbeuger den Fuß wegzieht. Man spricht von einem *Reflexbogen oder einem unbedingten Reflex.*

Reflexe dieser Art sind angeboren und haben eine wichtige Schutzfunktion. Beim Stolpern bringt der *Beugereflex* das Bein meist noch rechtzeitig auf den Boden. Das Gehirn greift in diesen Ablauf nicht ein. Er verläuft unwillkürlich und unbedingt.

Niesen und Husten sind ebenfalls unbedingte Reflexe. Auch die Hand, die von einer heißen Herdplatte zurückzuckt, oder das Auge, das sich bei plötzlichem Luftzug schließt, reagieren unbedingt reflektorisch.

- Das Rückenmark ist für viele sensorische und motorische Nerven Durchgangsstation zum Gehirn. Außerdem ist es Schaltzentrale für Reflexe. Reflexe, die wie der Beugereflex auf einen bestimmten Reiz hin unbedingt ablaufen, bezeichnet man als unbedingte Reflexe.

Der bedingte Reflex

Auch Reize, die ursprünglich keine Reflexe auslösen, können durch *Lernen* zum Auslöser von Reflexen werden: Normalerweise schließt sich das Augenlid, wenn es einen Luftzug verspürt. Wird es aber jedes Mal von einem Lichtstrahl getroffen, bevor der Luftstrom das Auge trifft, dann genügt schon nach 20 Versuchen der Lichtstrahl allein, um den Lidschluss auszulösen. Das Licht wirkt dann als Reiz für den Lidschluss. Wir haben unbewusst gelernt.

Alle Dressurleistungen beruhen letztlich darauf, dass zwei Verhaltenselemente, die ursprünglich unabhängig voneinander sind, durch häufige Kombination miteinander verknüpft werden.

- Wird ein Reiz, der zunächst mit einem bestimmten Reflex nichts zu tun hat, durch Lernen zum Auslöser dieses Reflexes, nennt man ihn einen bedingten Reiz. Der zugehörige Reflex wird als bedingter Reflex bezeichnet.

- Wenn man ein Bein locker über eine Tischkante herabhängen lässt und knapp unter der Kniescheibe leicht auf die Sehne schlägt, schnellt der Unterschenkel kurz darauf nach vorn. Man spricht vom Kniesehnenreflex. Versuchen Sie zu beschreiben, wie es zu der Beinbewegung kommt.
- Wie unterscheiden sich bedingte und unbedingte Reflexe? Nennen Sie Beispiele.
- Wie könnte ein bedingter Reflex aufgebaut werden, bei dem ein akustisches Signal statt des Lichtsignals eingesetzt wird?

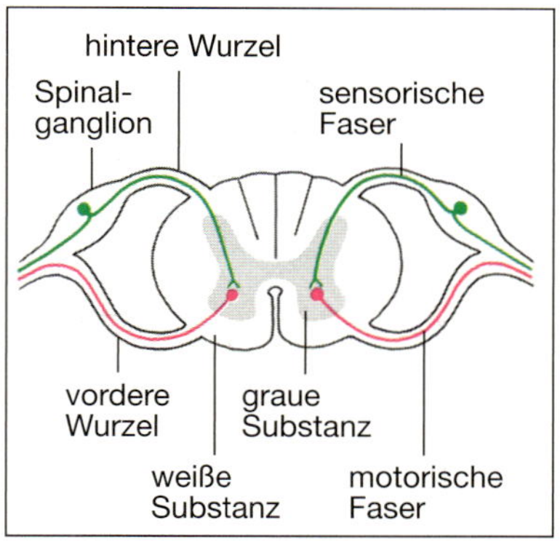

1 Aufbau des Rückenmarks.
Die Zellkörper der sensorischen Fasern, die von den Rezeptoren kommen, liegen im Spinalganglion. Die Zellkörper der motorischen Fasern liegen in der grauen Substanz.
In der weißen Substanz verlaufen Fasern, die vom Gehirn kommen und zum Gehirn führen.

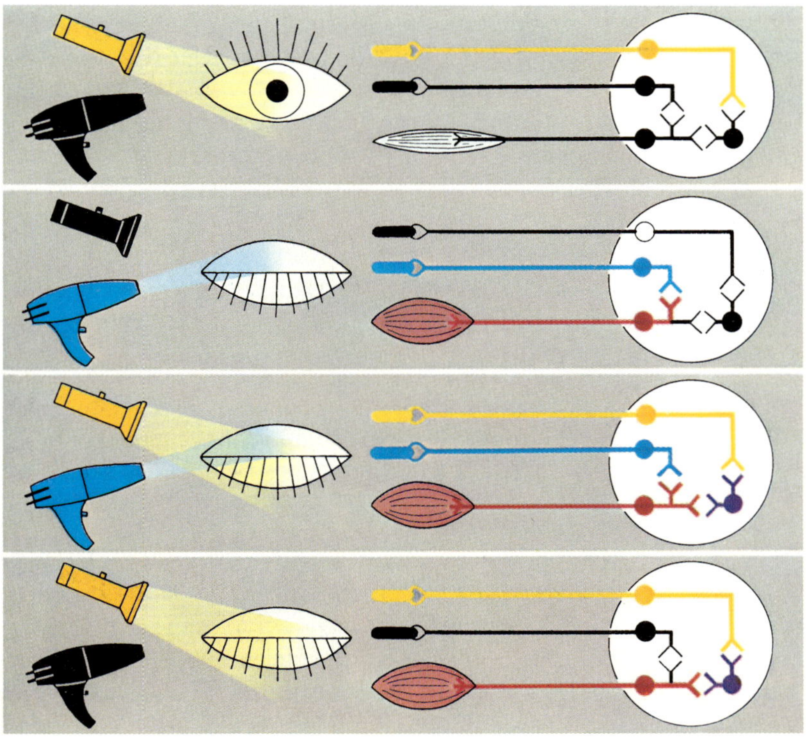

2 Bedingter Reflex.

Helles Licht führt zwar zur Pupillenverengung, das Auge schließt sich aber nicht.

Luftzug löst den Lidschluss aus.

Reizt man das Auge mehrmals zunächst mit einem Lichtstrahl und kurz darauf mit einem Luftzug,

dann genügt schließlich der Lichtstrahl allein, um den Lidschlussreflex auszulösen.
Diese äußerlich sichtbare Reaktion ist auf eine neu zustande gekommene Schaltung im Gehirn zurückzuführen.

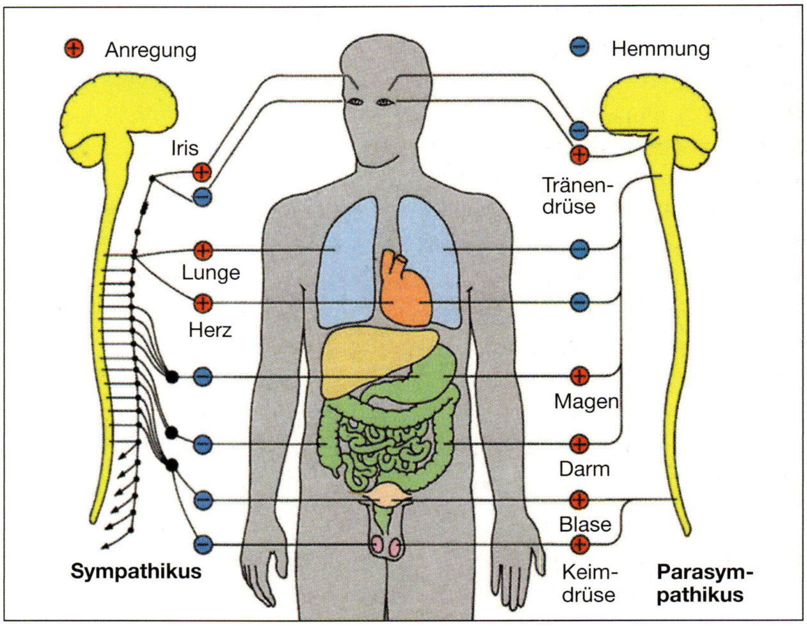

1 Vegetatives Nervensystem. Der Sympathikus und der Parasympathikus sind getrennt dargestellt. Ihr Einfluss auf verschiedene Organe ist mit + und – wiedergegeben. Unter dem Einfluss des Sympathikus erweitert sich beispielsweise die Pupille; der Parasympathikus wirkt verengend. Der Sympathikus lässt das Herz „höher" schlagen, der Parasympathikus lässt es „stocken". Darm- und Blasentätigkeit werden durch den Sympathikus gehemmt. Schreck und Angst wirken über den Parasympathikus anregend auf Darm- und Blasenmuskulatur.

5 Das vegetative Nervensystem

Das *vegetative Nervensystem* wird auch *autonomes Nervensystem* genannt. Es ist jedoch mit dem Zentralnervensystem verbunden und wird von diesem auch beeinflusst. Das vegetative Nervensystem besteht aus zwei Gegenspielern, dem *Sympathikus* und dem *Parasympathikus*.

Sympathikus. Seine Nervenfasern entstammen alle einer Doppelreihe aus je 25 Nervenknoten, die links und rechts von der Wirbelsäule liegen und Grenzstrang genannt werden. Der Sympathikus wirkt auf die von ihm versorgten Organe meist *anregend*, sodass ihr Energieverbrauch zunimmt. Er bewirkt bei Gefahr oder Stress eine Leistungssteigerung des Körpers. Muskeln und Gehirn werden verstärkt mit Sauerstoff versorgt. Daher wird er auch *Leistungsnerv* genannt.

Parasympathikus. Seine wichtigsten Nervenknoten liegen nahe bei den Organen, die er versorgt. Der Parasympathikus bewirkt meist Energieeinsparung, Erholung und Aufbau. Er wirkt in der Regel *beruhigend* und wird deshalb auch *Erholungsnerv* genannt.

- Sympathikus und Parasympathikus arbeiten als Gegenspieler weitgehend unbeeinflusst vom Zentralnervensystem. Der Sympathikus wirkt meist anregend, der Parasympathikus meist beruhigend.

Das vegetative Nervensystem steht mit dem *Zentralnervensystem* in Verbindung. Deshalb können sich auch äußere Einflüsse und Stimmungen auf die inneren Organe auswirken. Eine bestimmte Situation oder allein die Vorstellung davon kann bereits Übelkeit auslösen. Andauernder Ärger, Stress und Sorgen sind häufige Ursachen für Magen-, Herz- und Kreislauferkrankungen.

6 Nervensystem und Hormone begegnen dem Stress

Umwelteinflüsse wirken über das Nervensystem auf den Hormonhaushalt des Körpers ein. Bei der Anpassung des Körpers an Belastung wird dies erkennbar.

Kurzzeitige Belastung. Die rasche Anpassung an *Notsituationen* erfolgt über das vegetative Nervensystem. Dieses regt das *Nebennierenmark* an, schlagartig das Hormon *Adrenalin* freizusetzen. Der Herzschlag wird dadurch beschleunigt, die Muskeldurchblutung verstärkt, der Blutzuckerspiegel erhöht, die Atmung vertieft. Die Haut wird blass, weil sich in diesem Bereich die Blutgefäße verengen. Die Haare richten sich auf. Die Magen- und Darmtätigkeit werden gehemmt.

In unserer zivilisierten Umwelt ist der Sinn dieser Veränderungen weniger deutlich zu erkennen als in der Wildnis, wo jede Begegnung mit einem Feind zum *Kampf* führt oder mit *Flucht* endet. Dafür mobilisiert das Adrenalin aus der Nebenniere alle Reserven.

- Bei Angst oder Schreck setzt das Nebennierenmark das Hormon Adrenalin frei.

Lang andauernde Belastung. Bei *länger dauernder Belastung*, beispielsweise Hitze, Kälte, Hunger, Durst, Strahleneinwirkung, Schmerz, aber auch bei seelischer Not reicht die Adrenalinwirkung nicht aus. Dann beginnt unter dem Einfluss der *Hypophyse* die *Nebennierenrinde* mit der Produktion stoffwechselanregender Hormone wie des *Cortisols*. Cortisol reguliert den Kohlenhydrat-, Fett- und Eiweißstoffwechsel. Hält die Belastung längere Zeit an, vergrößert sich die Nebenniere. Ihr Einfluss auf alle Organe nimmt zu. Diesen Zustand nennt man *Stress*.

- Stress ist eine Art Großalarm des Körpers. Er wird für den Körper gefährlich, wenn Zeiten der Ruhe fehlen.

Bei Tieren, die unter Stress stehen, wie beispielsweise Schweine auf dem Transport, kann die Verkrampfung der Nierenkapillaren zum Tod führen. Auch Tiere, die in großer Zahl in engen Käfigen gehalten werden und ständig zum Kontakt mit ihren Artgenossen gezwungen sind, leiden unter schweren Stresserscheinungen. Ihre Nebenniere vergrößert sich, sie werden nervös und verlieren an Gewicht. Ihre Widerstandsfähigkeit lässt nach, die Fortpflanzung setzt aus. Nach einiger Zeit sterben sie. Diese Beispiele zeigen wie Nerven- und Hormonsystem zusammenarbeiten, um störenden Einflüssen zu begegnen. Sie zeigen aber auch, wie die Steuerung ihre Grenzen dort findet, wo die Störung so groß ist, dass sie die *Regulationsfähigkeit* des Organismus überfordert.

Auch beim Menschen führen Überlastung und Unrast zu Schäden, die sich auf das Wohlbefinden und auf die Lebenserwartung auswirken. Gefäßkrankheiten, Durchblutungsstörungen des Herzmuskels und Herzinfarkt sind nicht selten die Folge von Stress.

▶ Nennen Sie Beispiele für Freizeitstress.

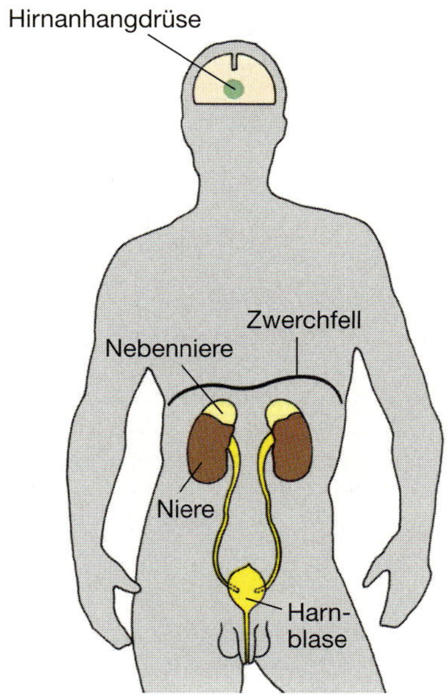

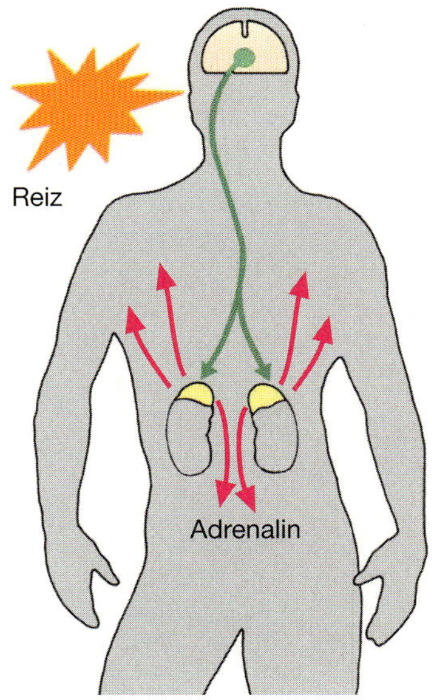

1 und 2 Reaktion des Körpers auf eine plötzliche Notsituation: Das Nebennierenmark setzt das Hormon Adrenalin frei.

7 Wachen und Schlafen

Retikulärsystem. Im Mittelhirn liegen netzartig miteinander verbundene Nervenknoten, das Retikulärsystem. Dieses System stellt eine wichtige *Überwachungsstation* des Meldeverkehrs zum Großhirn dar.

Aus dem „Trommelfeuer" von Eindrücken, die unaufhörlich unsere Sinnesorgane bombardieren, werden im Retikulärsystem die wichtigsten herausgefiltert. Zudem werden vom Retikulärsystem Weckimpulse an die Großhirnrinde abgegeben, wenn sich in unserer Umgebung etwas ereignet. Ungewöhnliche Laute, Lichtblitze, rasche Bildfolgen, abwechslungsreiche Melodien oder ein spannender Vortrag halten uns wach. Gleichförmigkeit der Außenreize hingegen führt zu einem Abbau unserer Aktivität. Wir werden schläfrig.

Schlafzentrum. Ein besonderes Schlafzentrum im *Hypothalamus* hemmt zur „Schlafenszeit" aktiv die Tätigkeit einzelner Hirnzellen. Unbeeinflusst davon arbeiten andere Gehirnbereiche weiter.

Etwa ein Drittel unseres Lebens verbringen wir schlafend. Im Schlaf bekommt der Parasympathikus die Oberhand. Der Blutdruck und die Körpertemperatur nehmen ab, wir frösteln. Die Tätigkeit verschiedener Drüsen, darunter auch die der Tränendrüsen, geht zurück. Die Augen beginnen zu brennen, wenn wir dem Schlafbedürfnis nicht nachgeben können.

- Im Schlaf überwiegt die Wirkung des Parasympathikus.

Schlafzyklen. Der Schlaf ist kein gleichförmiger Zustand. Er besteht aus Schlafzyklen von etwa 90 Minuten. Im Verlauf dieser Zyklen vertieft sich der Schlaf. Gegen Ende kommt eine Phase mit auffälliger Bewegung der Augen unter den geschlossenen Lidern. Während dieser etwa 10 Minuten dauernden Zeit, die man REM-Schlaf *(rapid eye movement)* nennt, träumt man und ist leicht zu wecken. Auffällig ist die starke *Aktivität des Gehirns* in dieser Phase.

Träume. Auch während des Schlafs finden Sinneswahrnehmungen statt, doch erinnert man sich später kaum an sie. Selbst die regelmäßig einsetzenden Träume werden nur wahrgenommen,wenn man aus einem Traum erwacht. Im Traum vermischen sich Gefühle, Wünsche und Ängste mit tatsächlich Erlebtem.

Offenbar liegt die Bedeutung der Träume darin, die nachhaltigen *Erlebnisse* des Tages zu sichten und aufzuarbeiten. Unter dem Einfluss von Alkohol und anderen Betäubungsmitteln wird die Aktivität des Nervensystems mehr oder weniger blockiert. Das Gehirn kann während der Betäubungsphase keine „Reste" aufarbeiten. Vorhandene *Spannungen* werden nicht abgebaut, sondern *angestaut*.

Beta-Wellen	Augen offen, hellwach
Alpha-Wellen	Augen offen, entspannt
Theta-Wellen	Augen zu, eindösend
Delta-Wellen	Augen zu, tief schlafend
REM	Augen zu, bewegt träumend

1 Die Aktivität der Gehirnzellen äußert sich in Spannungsschwankungen. Diese können als Elektro-Enzephalogramm (EEG) aufgezeichnet werden.
Beta-Wellen treten bei offenen Augen und Anspannung auf.
Alpha-Wellen sind für den entspannten Wachzustand kennzeichnend.
Theta Wellen finden sich beim Dösen und Einschlafen.
Delta-Wellen treten bei Tiefschlaf auf.

1 *Auch Genussmittel wie Alkohol und Nikotin sind Drogen.*

8 Drogen

Die Gefährlichkeit der Drogen liegt darin, dass sie rasch zur körperlichen und psychischen *Abhängigkeit* führen. Der Körper stellt sich auf das Gift ein und der Abhängige muss immer größere Mengen zu sich nehmen um sich einigermaßen wohl zu fühlen. Sonst treten *Entzugserscheinungen* auf. Sie äußern sich in starken Schmerzen am ganzen Körper, Durchfall, Übelkeit, Erbrechen, Schwindelanfällen und Kreislaufstörungen. Das übererregte Nervensystem reagiert mit Muskelzittern. Die größte Schwierigkeit stellt die *psychische Abhängigkeit*, das starke Verlangen die Droge wieder zu nehmen, dar.
Manche Drogen, beispielsweise *Opiate*, erzeugen Euphorie und Glücksgefühl, andere, wie *Tranquilizer*, beruhigen und dämpfen die Wahrnehmungs- und Erlebnisfähigkeit. Wieder andere aktivieren, putschen auf und steigern die Erregung. Synthetische Drogen wie *LSD* und *Ecstasy* verändern die Sinneswahrnehmung und das Gefühl für den eigenen Körper.
Man kann Alkohol und Nikotin zu den Drogen rechnen. Sie werden nicht zuletzt deshalb toleriert, weil sie reichlich Steuern bringen.

Alkohol

Alkohol wirkt in kleinen Mengen anregend, schränkt aber das Reaktionsvermögen und die Urteilsfähigkeit zunehmend ein. In größeren Mengen wirkt Alkohol *berauschend* und *lähmend*.
Er wandert durch die Mundschleimhaut, die Magenschleimhaut und die Darmschleimhaut ins Blut. Ständige Alkoholbelastung führt zur *Schädigung der Leberzellen*. Die absterbenden Zellen werden nur noch durch Fettgewebe ersetzt. Eine solche Fettleber vermag ihren Aufgaben nicht mehr voll nachzukommen.

- In der Bundesrepublik Deutschland rechnet man heute mit rund 1 Million Alkoholikern. Bei etwa 30 % aller Verkehrsunfälle spielt Alkohol eine Rolle.

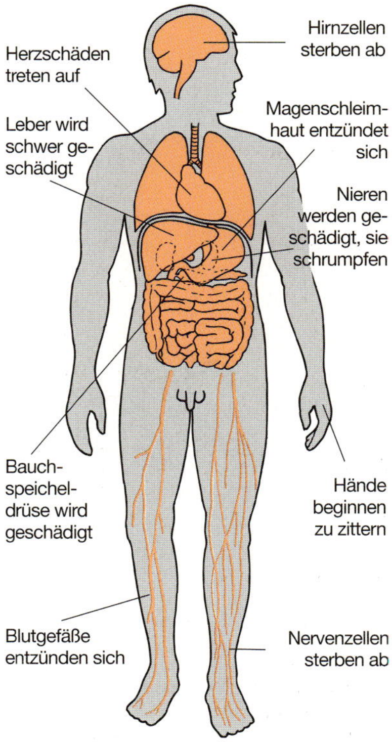

2 *Alkohol zerstört den Körper.*

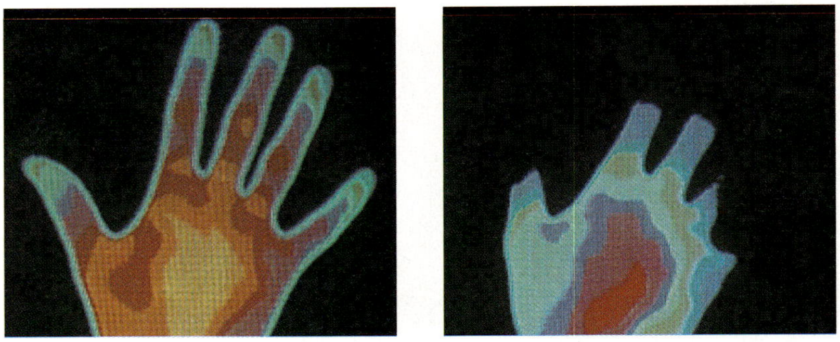

1 und 2 Mit einer Wärmekamera wurde eine normal durchblutete, warme Hand aufgenommen. Dieselbe Hand (ganz rechts) 17 Minuten nach dem Rauchen einer Zigarette. (rot: höhere Temperatur; blau: niedrigere Temperatur).

3 Wer 20 Zigaretten am Tag raucht, nimmt in 10 Jahren 3 kg Rauchstaub (5 Briketts) und 10 Tassen Teer auf.

Tabak

Wenn man Raucher und Raucherinnen fragt, warum sie rauchen, so bekommt man meist zu hören: Entspannung, Entkrampfung, Anregung, Zeitvertreib. Die Werbung trägt viel dazu bei, obwohl inzwischen auf jedem Werbeplakat für Zigaretten und jeder Zigarettenschachtel ein Hinweis auf die Schädlichkeit des Rauchens zu finden ist. Denn:

- Beim Rauchen einer einzigen Zigarette *sinkt die Hauttemperatur* von 35 °C auf 27 °C, weil sich die Blutgefäße in der Lederhaut zusammenziehen.
- Nikotin ist ein Nervengift. Bereits 20 bis 50 mg des *süchtig machenden Nikotins* führen zum Tod.
- Vor allem mit zunehmendem Alter kann der Kreislauf so schwer geschädigt werden, dass *Gliedmaßen absterben* und amputiert werden müssen.
- Raucher sind deutlich anfälliger für *Gefäßerkrankungen* und *Lungenkrebs* als Nichtraucher.

Wenn man dies alles weiß, kann man sich nur über die Hartnäckigkeit wundern, mit der immer noch geraucht wird.

● Rauchen schädigt die Atemwege und senkt die Leistungsfähigkeit. Raucher erkranken viel häufiger und in jüngeren Jahren an Herzschwäche oder Krebs der Atemwege. Das Nervengift Nikotin macht süchtig.

▶ Schneiden Sie aus Zeitschriften verschiedene Zigarettenwerbungen aus. Mit welchen Personen wird geworben? In welcher Umgebung? Was wird versprochen, was verschwiegen?

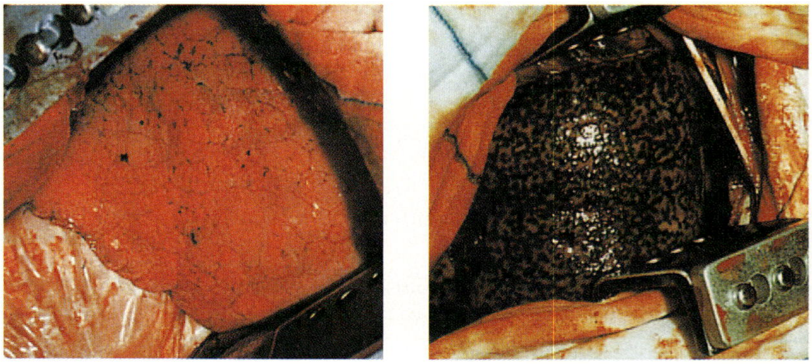

5 und 6 Links: Lunge eines Nichtrauchers Rechts: Raucherlunge; 30 Zigaretten am Tag. Krebstod mit 40 Jahren.

Rauschdrogen

Jedes Jahr sterben in Deutschland Hunderte von Menschen an den Folgen des Konsums so genannter *Rauschdrogen.* Drogen können vorübergehend ein angenehmes Gefühl erzeugen. Alle Probleme sind im Moment vergessen. Sie verhindern aber, dass man Schwierigkeiten angeht und bewältigt.

Haschisch. Die Wirkung von Haschisch auf den einzelnen Menschen ist sehr unterschiedlich. Beim einen kommt es zu *gehobener Stimmung*, bei anderen zu *Niedergeschlagenheit und Ruhelosigkeit.* Häufiger Konsum von Haschisch hat nachweislich Einfluss auf das Verhalten. Mit der Zeit lassen das Konzentrations- und Leistungsvermögen nach. Familie, Freunde, Schule und berufliche Zukunft werden Haschischkonsumenten gleichgültig. Der Wunsch, der Realität zu entfliehen und das Rauscherlebnis zu wiederholen, verstärkt sich. Es kommt zur *psychischen Abhängigkeit* von Haschisch.

Ecstasy. Seit einigen Jahren hat sich Ecstasy zu der *Szenedroge* schlechthin entwickelt. Besonders in der Technoszene gilt Ecstasy als *leistungssteigernd* und *bewusstseinserweiternd.* Es soll helfen nächtelange Tanzmarathons durchzuhalten. Neben einer *seelischen Abängigkeit* liegt die Gefahr dieser Droge darin, dass die *Warnsignale des Körpers*, wie Durst, Schmerz oder Erschöpfung, ausgeschaltet werden. Der Betroffene ist sich nicht bewusst, dass sein körperlicher Zusammenbruch unmittelbar bevorsteht.

Heroin und LSD. Sie sind die gefährlichsten Rauschgifte, die zum völligen *körperlichen Zerfall* führen. Eine einzige Spritze genügt um körperlich abhängig zu werden. In immer kürzeren Abständen braucht der Abhängige immer größere Mengen der Droge. Bald ist ihm jedes Mittel recht um seinen „Stoff" zu bekommen. Mit der Zeit führen Heroin und LSD zu keinen Hochgefühlen mehr, sie lindern lediglich die Entzugserscheinungen. Der Süchtige bietet dann gerade noch die Kraft auf, sich die nächste Dosis zu beschaffen.

● Rauschdrogen können angenehme Gefühle erzeugen und Probleme vergessen lassen. Sie verhindern aber, dass man Schwierigkeiten erfolgreich meistert. Drogen lösen keine Probleme!

Sucht und Abhängigkeit

Unter Sucht versteht man das unabweisbare, gierige, unbezwingbare Verlangen nach einer Droge.

- *Psychische Abhängigkeit* äußert sich darin, dass der Süchtige befürchtet, seine Angst vor dem Leben ohne Drogen nicht überwinden zu können.
- *Körperliche Abhängigkeit* von einer Droge wird erkennbar, wenn sich nach dem Absetzen der Drogen Entzugserscheinungen bemerkbar machen.
- *Gewöhnung* an eine bestimmte Droge führt dazu, dass die Dosis laufend erhöht werden muss.

▶ Es ist viel schwerer, sich aus der psychischen Abhängigkeit einer Droge zu befreien als aus der körperlichen Abhängigkeit. Wie stehen Sie zu dieser Behauptung?

1 Die Wirkung von Haschisch wird von Jugendlichen unterschätzt. Nicht selten ist es Einstiegsdroge zu den härteren Drogen LSD und Heroin.

Woher kommt die Droge?

Haschisch und Marihuana: aus Blättern, Blüten und dem Harz der weiblichen Hanfpflanze.

Kokain: aus den Blättern des südamerikanischen Kokastrauchs.

Opiate (Opium, Morphium und Heroin): aus dem Milchsaft der Schlafmohnkapseln.

LSD: früher aus dem Mutterkornpilz, heute synthetische Substanz aus der Retorte des Chemikers.

Ecstasy: synthetische Substanz, oft mit Arzneimitteln und anderen toxisch wirkenden Inhaltsstoffen versetzt, mitunter hochgiftig

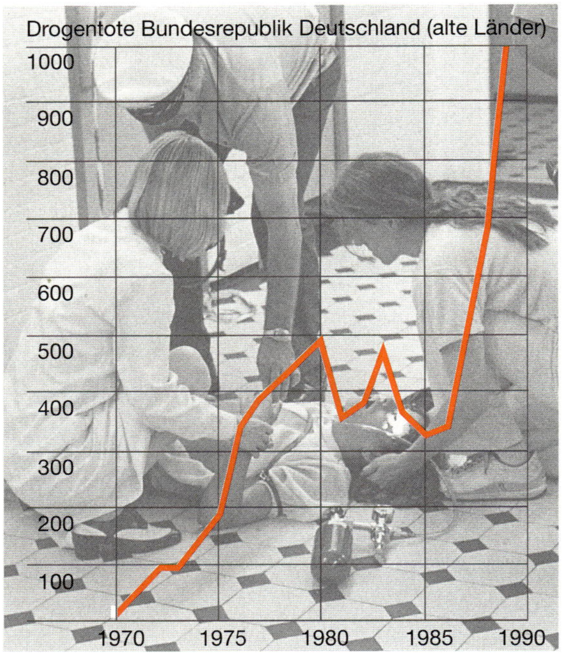

1 Die Zahl derer, die an harten Drogen starben, ist in Deutschland sprunghaft angestiegen. In den USA kommen bereits täglich 1000 von Geburt an drogensüchtige, schwerstbehinderte Babys zur Welt.

Während ein Drogenabhängiger anfangs meist Schuldgefühle zeigt, neigt er später immer mehr dazu, seine Situation zu verharmlosen. Er wendet sich von seinen Mitmenschen ab. Sein geändertes Verhalten wird von Verwandten und Freunden meist als Interesselosigkeit und Unaufrichtigkeit erlebt. Neben dieser für Drogenabhängige typischen seelischen Entwicklung ist auch der *körperliche Verfall* auf die Dauer unübersehbar. Meist kommt es zu starkem Gewichtsverlust. Die Haut wird schlaff, trocken und fahl. Der Blutdruck fällt ab. Der Puls wird langsamer, das Gesicht schließlich maskenhaft starr. Leber, Nieren und Gehirn werden besonders stark geschädigt. Die Anfälligkeit für Infektionskrankheiten nimmt zu. Aus eigener Kraft vermögen sich die Süchtigen nicht mehr zu befreien.

In „biologischen Krisenzeiten" wie der *Pubertät* ist die Gefährdung durch Drogen besonders groß. Das zeigt sich daran, dass unter den Drogenabhängigen die 14- bis 22-Jährigen einen erheblichen Anteil stellen. Aber auch die 30- bis 45-Jährigen, die in einer Partnerschaftskrise oder in beruflichen Schwierigkeiten stecken, sind anfälliger. Drogenabhängige werden immer mit allen Mitteln versuchen sich ihre Droge zu verschaffen. Sie werden zwangsläufig zu „Kleindealern". Um sich Geld für die Droge zu beschaffen, sind nicht wenige sogar bereit sich zu prostituieren. Für die Familie ist die charakterliche Veränderung kaum zu ertragen. Bewährte, alte Freundschaften zerbrechen.

- Wer mit Drogen lockt, ist dein Feind. Dein Leben bedeutet ihm nichts.

Warum greifen Menschen zu Drogen? Manchmal ist es schlicht Neugier oder der Rat vermeintlich „guter Freunde", die Menschen in eine Drogenabhängigkeit hineinschlittern lassen.

Meist beginnt die Gefährdung für Suchtmittelgebrauch schon in der Kindheit. Unzureichendes Selbstbewusstsein, mangelnde Konfliktfähigkeit, Über- oder Unterforderung, Zweifel am Sinn des Lebens, das Gefühl es nicht zu schaffen können genauso Gründe für Sucht sein wie Probleme im menschlichen Umfeld.

Auffallend oft finden sich unter Drogenabhängigen jedoch Jugendliche, denen alle Schwierigkeiten immer aus dem Weg geräumt wurden und deren Probleme eigentlich darin bestehen, keine zu haben. *Orientierungslosigkeit* durch einen *Mangel an Kultur oder sinnvollen Lebensinhalt* haben schon manchen in die Abhängigkeit geführt. Ablenkung, Entspannung, „gute Gefühle" und Entlastung werden durch Drogeneinnahmen gesucht, dabei geht der Weg in eine *Sackgasse*, aus der die Umkehr immer schwieriger wird. Selbst das vermeintliche einmalige Ausprobieren kann schon in die Abhängigkeit und damit in die Verzweiflung führen.

Suchtkrank ist:
- wer einen unüberwindlichen Zwang verspürt das Suchtmittel zu sich zu nehmen,
- wer die Menge des Suchtmittels immer mehr steigert,
- wer körperlich und seelisch vom Suchtmittel abhängig ist,
- wer durch das Suchtmittel in seinen Beziehungen zu seiner Umwelt und in der Ausübung seines Berufs beeinträchtigt ist.

Wer hilft bei Suchtproblemen?
- Selbsthilfegruppen in jeder größeren Stadt, zum Beispiel die anonymen Alkoholiker
- Der Deutsche Caritasverband
- Deutsche Hauptstelle gegen Suchtgefahren, Westring 2, 59065 Hamm
- Bundeszentrale für gesundheitliche Aufklärung, Postfach 91 01 52, 51071 Köln, www.bzga.de

Praktikum: Rauchen und Alkohol

1 Teerstoffe (I)
Benötigt werden:
2 Glasrohre (10 cm lang),
1 Saugpumpe (oder Wasserstrahlpumpe),
1 Stativ, Verbandmull, Kochsalz,
1 Filterzigarette,
1 Zigarette ohne Filter.
Durchführung:
Die Glasrohre werden mit Kochsalz gefüllt und an einem Ende mit den Zigaretten verschlossen. Über das andere Ende der Rohre kommen einige Lagen Verbandmull. Dann schließt man die Glasrohre nacheinander an die Saugpumpe an. Nachdem man den Rauch der beiden Zigaretten durch das Kochsalz in die Glasrohre gesaugt hat, vergleicht man den darin abgelagerten Teer anhand der Verfärbung des Kochsalzes.

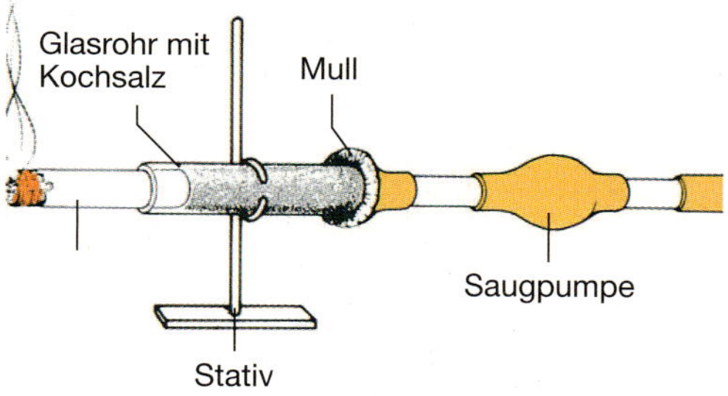

2 Teerstoffe (II)
Benötigt werden:
1 Becherglas (100 ml),
Wasser, Kochsalz aus den Glasröhrchen von Versuch 1.
Durchführung:
Geben Sie das Kochsalz mit den Teerablagerungen von Versuch 1 in das Becherglas, das halb mit Wasser gefüllt ist. Tauchen Sie nach dem Auflösen des Salzes den Zeigefinger in die an der Wasseroberfläche schwimmenden Stoffe. Reiben Sie sie zwischen den Fingern und stellen Sie die Konsistenz und den Geruch fest.

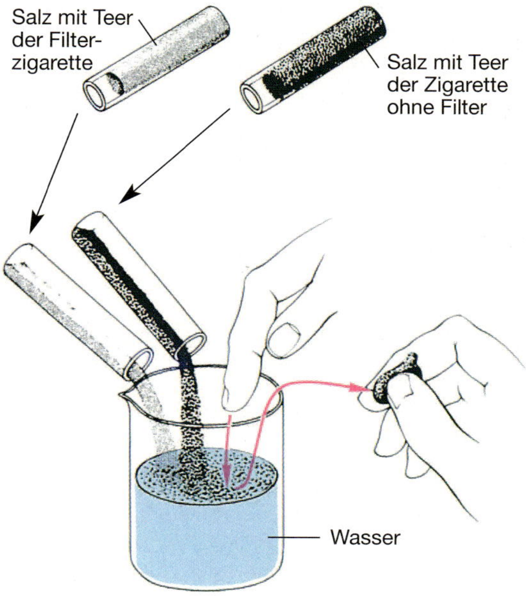

3 Berechnung der Promille

$$‰ = \frac{A\,(g)}{p\,(kg) \cdot R}$$

A = getrunkener reiner Alkohol (in Gramm)
p = Körpergewicht (in Kilogramm)
R = Reduzierfaktor bei Frauen 0,55, bei Männern 0,68

- Berechnen Sie, wie viel Bier, Wein und Branntwein die Person auf den Bildern jeweils getrunken hat. Annahme: Körpergewicht 75 kg.

Es enthalten reinen Alkohol:

Wein	12%
Bier	5%
Branntwein	40%

Die Dichte von Ethanol beträgt 0,8 g/cm^3. Das Umformulieren der Gleichung ergibt:

$$A\,(g) = ‰ \cdot p \cdot R$$

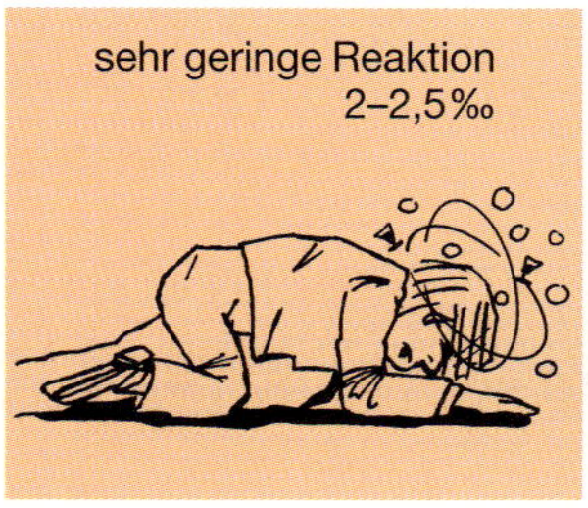

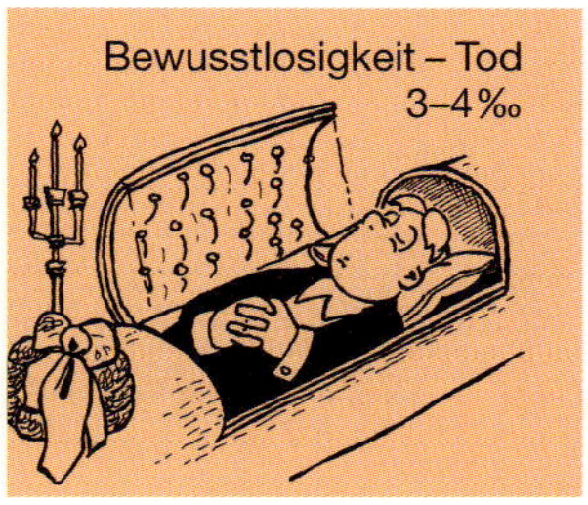

Das Bewegungssystem

1 Muskeln machen uns beweglich.

1 Muskeln als Gegenspieler

Skelett und Muskeln bilden zusammen das *Bewegungssystem*. Die Fähigkeit zur Bewegung hängt von den *Muskeln* ab. Muskeln können sich nur *aktiv verkürzen*. Gedehnt werden sie stets durch einen *Gegenspieler*. Meist ist der Gegenspieler ein anderer Muskel. So ist der Unterarmbeuger der Gegenspieler des Unterarmstreckers. Die Rumpfbeuge wird dadurch erreicht, dass sich die Muskeln auf der Bauchseite des Körpers zusammenziehen. Ziehen sich die Muskeln auf der Rückenseite zusammen, so streckt sich der Körper.
Drei Muskeltypen lassen sich unterscheiden:

- die *glatte Eingeweidemuskulatur*,
- die *quer gestreifte Skelettmuskulatur*,
- die *Herzmuskulatur*.

Die kleinsten Baueinheiten der Muskeln sind die *Muskelzellen*, auch *Muskelfasern* genannt, mit ihren Muskelfibrillen. Sie bilden das *Muskelgewebe*. Zusammen mit dünnen Hüllen und Fasern aus Bindegewebe, mit Blutgefäßen, Nervenfasern und zahlreichen winzigen Sinnesorganen baut dieses Gewebe das *Organ Muskel* auf.

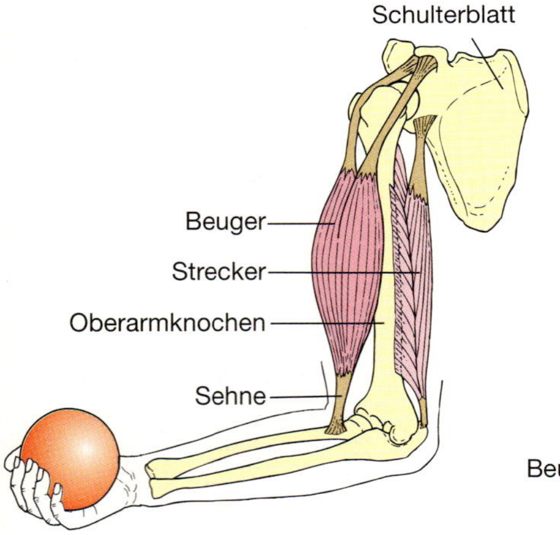

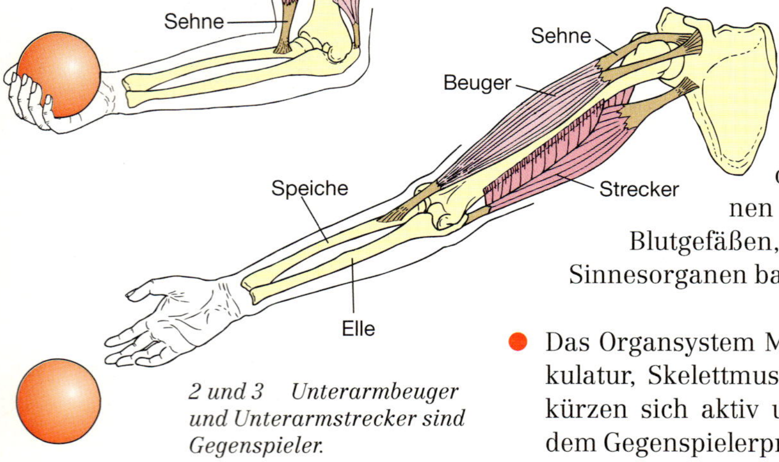

2 und 3 Unterarmbeuger und Unterarmstrecker sind Gegenspieler.

● Das Organsystem Muskulatur besteht aus der Eingeweidemuskulatur, Skelettmuskulatur und Herzmuskulatur. Muskeln verkürzen sich aktiv unter Energieverbrauch und arbeiten nach dem Gegenspielerprinzip.

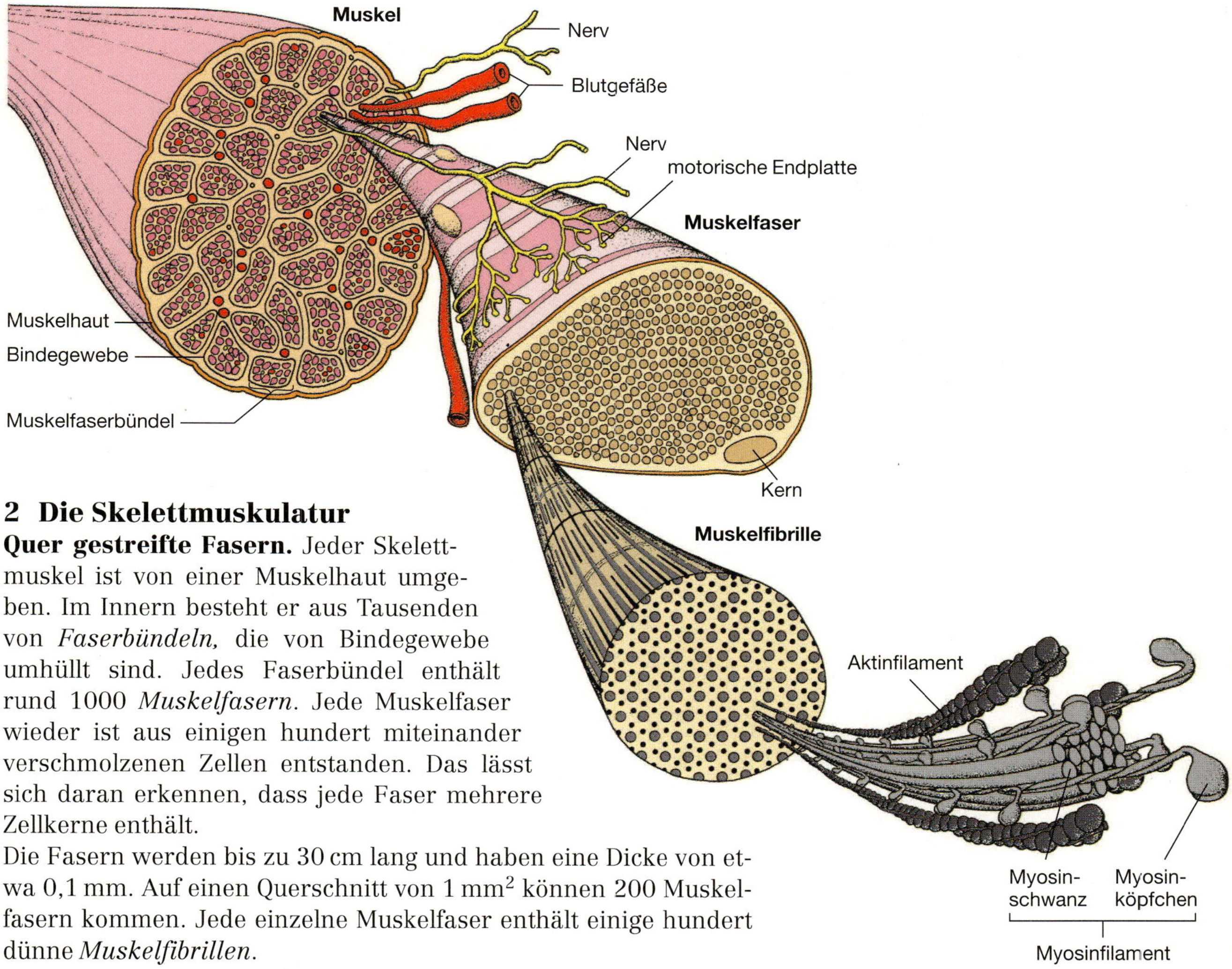

1 Bau eines Skelettmuskels

2 Die Skelettmuskulatur

Quer gestreifte Fasern. Jeder Skelettmuskel ist von einer Muskelhaut umgeben. Im Innern besteht er aus Tausenden von *Faserbündeln,* die von Bindegewebe umhüllt sind. Jedes Faserbündel enthält rund 1000 *Muskelfasern.* Jede Muskelfaser wieder ist aus einigen hundert miteinander verschmolzenen Zellen entstanden. Das lässt sich daran erkennen, dass jede Faser mehrere Zellkerne enthält.

Die Fasern werden bis zu 30 cm lang und haben eine Dicke von etwa 0,1 mm. Auf einen Querschnitt von 1 mm^2 können 200 Muskelfasern kommen. Jede einzelne Muskelfaser enthält einige hundert dünne *Muskelfibrillen.*

Im Lichtmikroskop erscheinen die Muskelfasern quer gestreift. Man bezeichnet die Skelettmuskeln deshalb auch als *quer gestreifte Muskeln.* Die „Musterung" beruht auf der regelmäßigen streifenartigen Anordnung der Proteinmoleküle Aktin und Myosin in den Muskelfibrillen.

Kontraktion. Die quer gestreiften Muskeln verkürzen sich rasch, sobald sie von *Nervenimpulsen* erregt werden. An den Muskelfasern enden die Nervenfasern mit so genannten motorischen Endplatten. Aus diesen Endplatten geben die erregten Nervenzellen den Erregungsstoff *Acetylcholin* ab. Dieser Stoff sorgt dafür, dass sich die Baueinheiten der Muskelfibrillen innerhalb weniger Tausendstelsekunden ineinander schieben.

Kommt nur eine einzige Erregung bei der Muskelfaser an, so zieht sich diese auch nur ein *einziges Mal* zusammen. Steigt die Zahl der Erregungen auf über 100 pro Sekunde, so kommt es zu einer Dauerverkürzung. Eine derart verkürzte Muskelfaser lässt sich erst dann wieder dehnen, wenn an der Faser keine Erregungen mehr ankommen.

2 Quer gestreifte Muskulatur. Mikrofoto

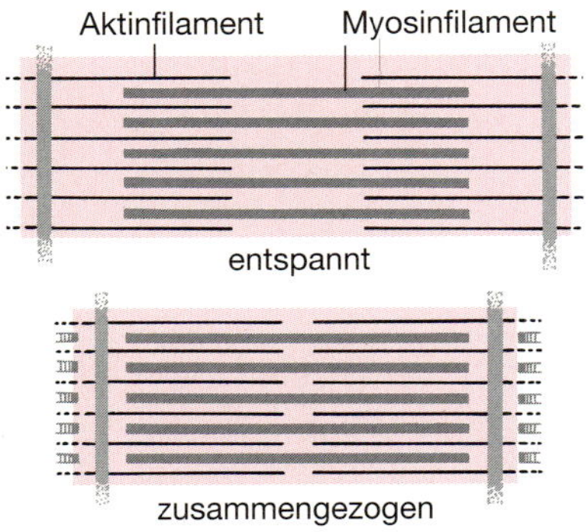

1 Muskelfibrille (Schema).
Bei der Kontraktion des quer gestreiften Muskels sorgen Myosinfilamente dafür, dass sich gegenüberliegende Aktinfilamente aufeinander zubewegen.

Die Dauerverkürzung der Muskelfasern und damit des ganzen Muskels ist der Grund dafür, weshalb wir eine bestimmte *Körperhaltung* längere Zeit beizubehalten vermögen. Allerdings muss sich der Muskel nach einiger Zeit erholen können, sonst beginnt er zu ermüden und erschlafft.

- Quer gestreifte Muskeln sind aus Muskelfasern aufgebaut. Sie arbeiten rasch und leistungsfähig, ermüden aber nach einiger Zeit. Sie sind unserem Willen unterworfen.

3 Der Herzmuskel

Quer gestreifte Zellen. Der Herzmuskel nimmt eine Mittelstellung zwischen quer gestreifter und glatter Muskulatur ein. Er besteht aus dicht aneinander liegenden, verzweigten und netzförmig miteinander verbundenen *quer gestreiften Muskelzellen*. Rasche Verkürzung und hohe Dauerleistung zeichnen den Herzmuskel aus. Die Fortleitung der *Erregung von Zelle zu Zelle* ist bei diesem Bautyp möglich, weil isolierende Plasmahüllen und Bindegewebshäute zwischen den Zellen fehlen.

- Der Herzmuskel besteht aus quer gestreiften Muskelzellen. Er arbeitet rasch, leistungsfähig und ausdauernd. Er ist unserem Willen nicht unterworfen.

2 und 3 Herzmuskulatur mit quer gestreiften Muskelzellen.
Links: Herzmuskelzellen, wie sie bei stärkerer Vergrößerung zu erkennen sind;
Rechts: Mikrofoto

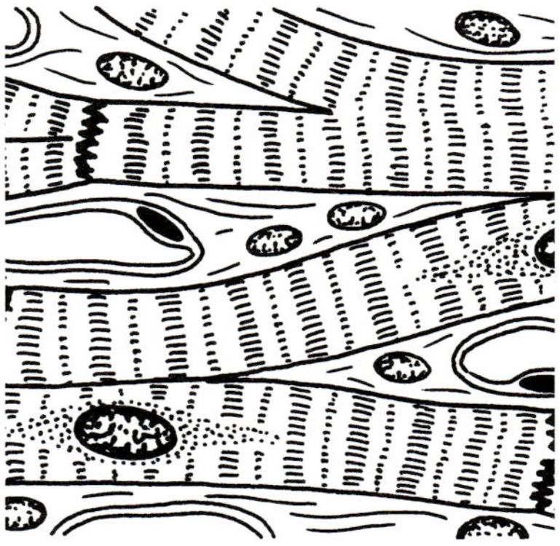

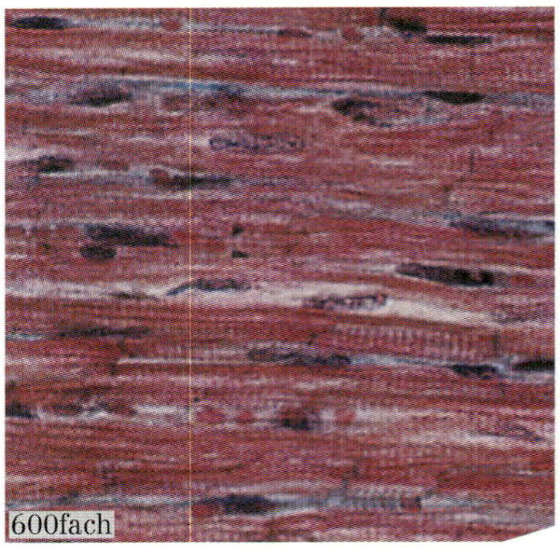

4 Glatte Muskelzellen

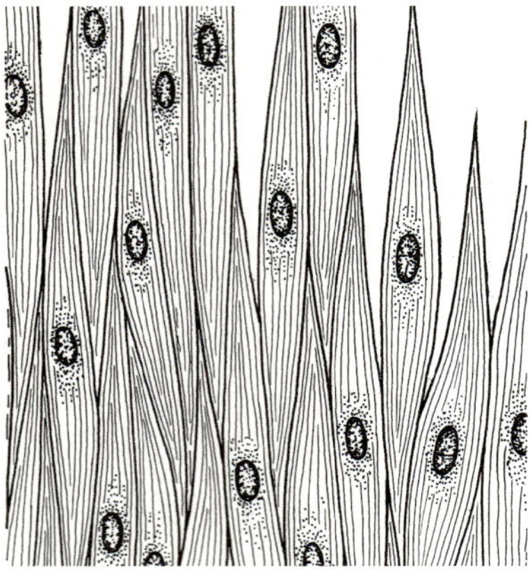

4 Die Eingeweidemuskulatur

Glatte Muskelzellen. Die Muskeln des Magens, des Darms, der Gebärmutter, der Blase und der Blutgefäße gehören diesem Muskeltyp an. Eingeweidemuskeln sind aus spindelförmigen, bis zu 2 mm langen Zellen aufgebaut. Jede dieser Muskelzellen besitzt einen Zellkern. In ihrem Plasma liegen lang gestreckte Muskelfibrillen. Die Muskelfibrillen haben die Fähigkeit sich zu verkürzen. Da sie keine sichtbare Gliederung zeigen, spricht man von glatten Muskelzellen.

- Die glatte Muskulatur besteht aus spindelförmigen Muskelzellen. Glatte Muskelzellen arbeiten langsam, aber ausdauernd.
  Die Arbeit der Eingeweidemuskulatur lässt sich willentlich kaum beeinflussen.

Praktikum: Muskulatur

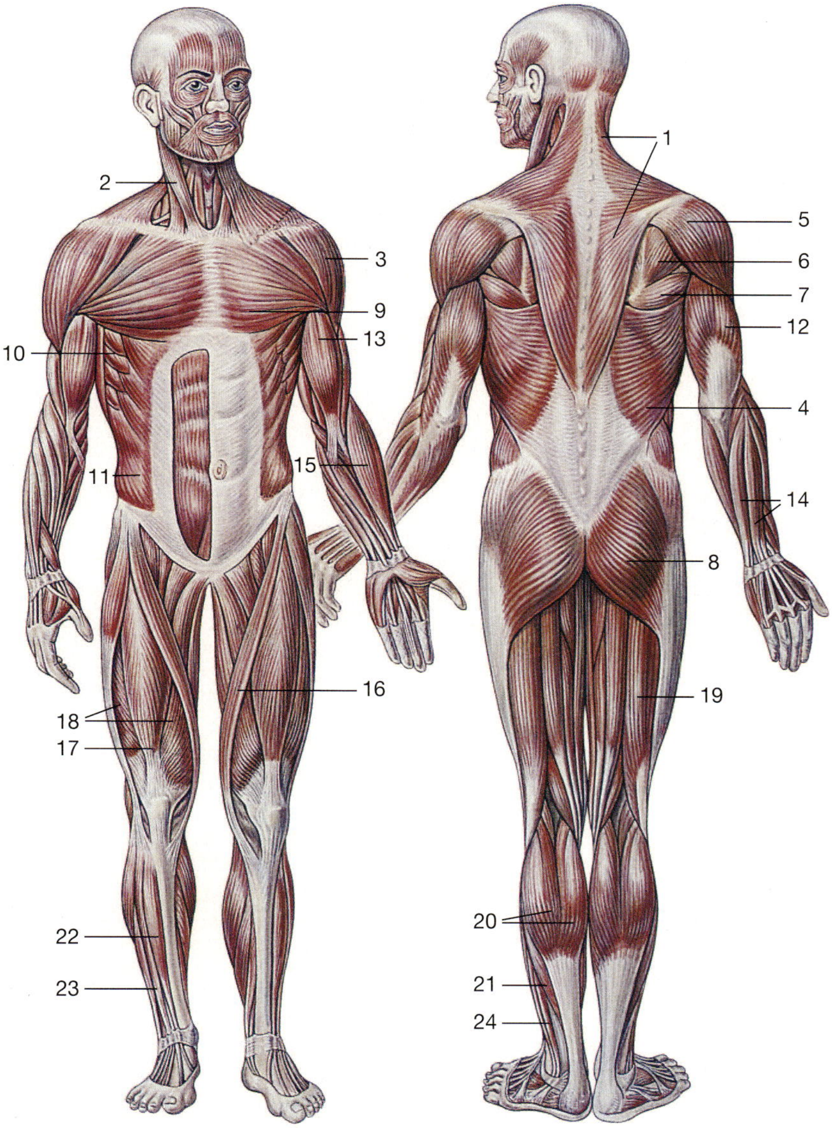

1 Muskulatur des Menschen

Wie heißen die nicht bezeichneten Muskeln? Vergleichen Sie mit dem „Muskelmenschen“ im Buchdeckel.

1 Trapezmuskel
2 Kopfwender
3 …
4 breiter Rückenmuskel
5 …
6 Untergrätenmuskel
7 großer runder Muskel
8 großer Gesäßmuskel
9 …
10 Sägemuskel
11 …
12 Armstrecker
13 …
14 Handstrecker und Fingerstrecker
15 …
16 …
17 …
18 äußerer und innerer Oberschenkelmuskel
19 zweiköpfiger Oberschenkelmuskel
20 zweiköpfiger Wadenmuskel
21 Schollenmuskel
22 …
23 …
24 Wadenbeinmuskel

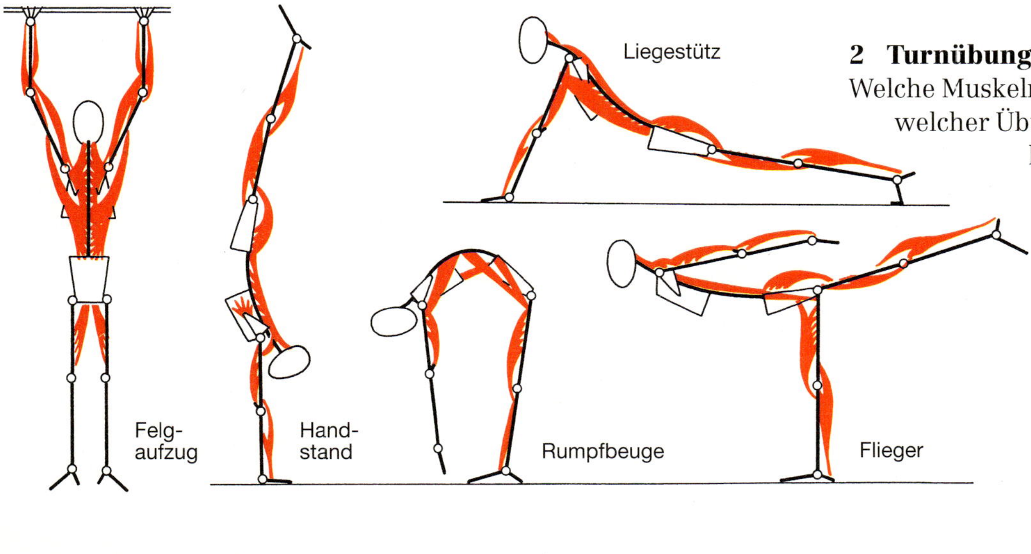

2 Turnübungen

Welche Muskeln werden bei welcher Übung besonders beansprucht?

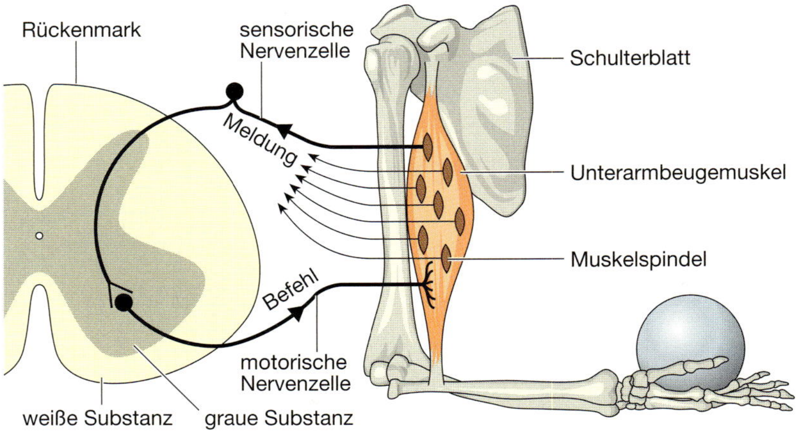

1 Steuerung der Körperhaltung. Der Dehnungszustand der Muskeln wird über das Rückenmark gesteuert. Eine bestimmte Körperhaltung kann so beibehalten werden. Soll dagegen eine andere Körperhaltung eingenommen werden, muss dazu der Befehl vom Gehirn kommen.

5 Steuerung der Körperhaltung

In den Muskeln befinden sich kleine, spindelförmige Organe. Diese *Muskelspindeln* enthalten Faserenden von sensorischen Nervenzellen, die den Dehnungszustand des Muskels registrieren und an das Zentralnervensystem melden. Besonders viele Muskelspindeln liegen in den Muskeln der Hand und des Nackens (etwa 30 Muskelspindeln pro Gramm Muskelgewebe). Sie sind an besonders fein abgestimmten Bewegungen beteiligt. Die Befehle zur Kontraktion des Muskels kommen über motorische Nervenzellen vom Zentralnervensystem.

- Je mehr ein Muskel gedehnt wird, umso mehr Erregungen verlassen seine Muskelspindeln.
- Je mehr Erregungen den Muskel erreichen, umso stärker zieht er sich zusammen.

6 Zellatmung und Adenosintriphosphat

Der arbeitende Muskel muss mit *Energie* versorgt werden. Diese wird durch die *Zellatmung* bereitgestellt. Die Zellatmung läuft in vielen aufeinander folgenden Einzelschritten ab. Vor allem energiereiche Kohlenhydrate werden dabei unter *Sauerstoffverbrauch* zu *Kohlenstoffdioxid* und *Wasser* abgebaut.

3 Muskelarbeit bedeutet Energieverbrauch.

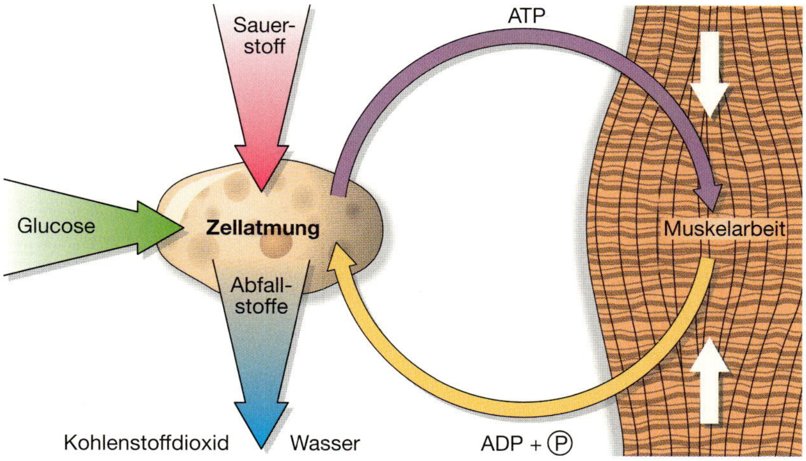

1 Bei der Zellatmung wird Glucose zu Kohlenstoffdioxid und Wasser abgebaut. Sauerstoff wird dazu benötigt. Die Energie, die dabei umgesetzt wird, kann zum Aufbau von ATP eingesetzt werden. Damit wird Muskelarbeit ermöglicht.

Pro Mol Glucose (180 g) werden 2800 kJ frei. Diese Energiemenge wird aber nicht unmittelbar wirksam. Als Energieüberträger wirkt ein *organisches Phosphat*, das Adenosintriphosphat (ATP). Von den 2800 kJ, die aus 1 Mol Glucose freigesetzt werden, können 1100 kJ zum Aufbau von ATP genutzt werden. Die energiereichen ATP-Moleküle stehen als „handliche" Energieportionen zur Verfügung: Ein Mol ATP vermag eine Energiemenge von 30 kJ zu übertragen. ATP zerfällt unter Energieabgabe zu ADP + Ⓟ.

● ATP ist der wichtigste Energieüberträger in der Zelle.

Sauerstoffmangel

Milchsäuregärung. Glucose kann bei Sauerstoffmangel auch ohne Sauerstoff gespalten werden. Dann wird Milchsäure gebildet. Man nennt diesen Vorgang *Milchsäuregärung*. Da die Energieausbeute dabei geringer ist als bei der Spaltung von Glucose mit Sauerstoff, ermüdet der Muskel rascher. Durch die Anhäufung von Milchsäure und anderen Stoffwechselprodukten verhärtet er sich außerdem. Schließlich wird er regelrecht „sauer" und Muskelkrämpfe stellen sich ein.

Muskelkater. Bei lang anhaltender, intensiver sportlicher Aktivität geht der Muskel eine *Sauerstoffschuld* ein, von der er sich erst nach und nach erholt. Es treten Schmerzen auf, der so genannte *Muskelkater*. Sobald erneut Sauerstoff zur Verfügung steht, verschwindet der Muskelkater allmählich. Richtig angewendete Massagen verbessern die Blutversorgung und damit den Abtransport lästiger Stoffwechselprodukte.

Offenbar kommen zu dieser Ursache des Muskelkaters viele winzige Risse im Muskelgewebe, die als Folge einer Überanstrengung entstanden sind.

2 Bei maßvoller Belastung wird die Energie zur Muskelkontraktion durch Zellatmung bereitgestellt. Ständiges Training erhöht die Leistungsfähigkeit von Muskulatur, Kreislauf und Atmungssystem. Überbeanspruchung sollte vermieden werden.

▶ Wenn man ATP als „Energiekleingeld" bezeichnet, was wäre dann das „Großgeld"?

7 Muskulatur und Skelett

Lage der Muskeln. Für die Bewegungen unseres Körpers und seine Haltung sind 639 quer gestreifte Muskeln verantwortlich. Sie alle werden vom Gehirn aus präzise gesteuert.
Die Verteilung der Muskeln über den Körper und ihr Zusammenwirken mit dem Skelett folgt bestimmten Bau- und Funktionsprinzipien. So fällt auf, dass die *Muskelmasse* immer ein Stück körperwärts vom bewegten Glied liegt. Dadurch werden die Gliedmaßen leichter und beweglicher. Ohne die Sehnen wäre das nicht möglich.
Sehnen. Die Verbindung zwischen Muskeln und Skelett werden durch *Sehnen* hergestellt. Diese nur wenig dehnbaren Bänder sind eine Fortsetzung der Bindegewebshülle des Muskels. In den Sehnen liegen viele *Bindegewebsfasern* parallel nebeneinander. Sie bilden ein kräftiges Zugseil. Die langen Sehnen der Arme und Beine werden im Innern von schützenden Hüllen geführt. Diese Hüllen heißen *Sehnenscheiden*. Entzündet sich eine Sehnenscheide, ist das sehr schmerzhaft. Der entzündete Bereich sollte durch einen Verband längere Zeit ruhig gestellt werden. Ausbeulungen und Wucherungen der Sehnenscheide, wie sie vor allem im Bereich des Handgelenks und der Handfläche auftreten können, nennt man *Überbeine*.

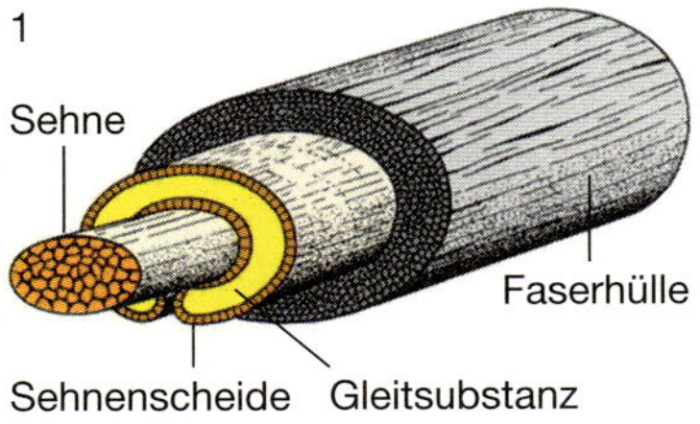

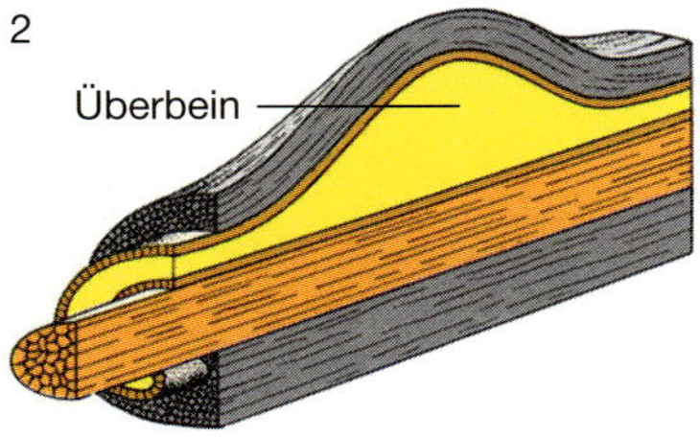

1 Sehne und Sehnenscheide. Wenn sich die Sehnenscheide krankhaft verändert, entsteht ein Überbein.

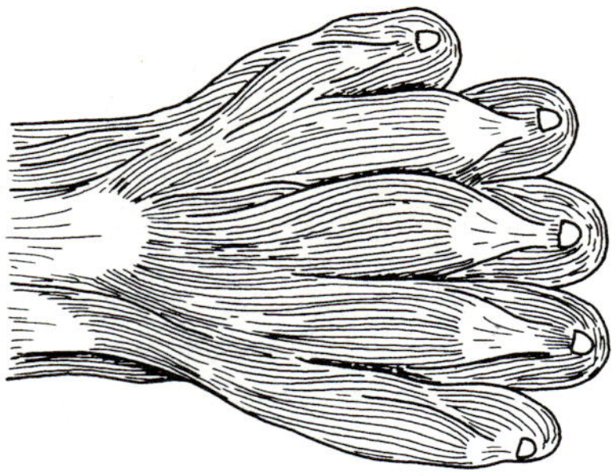

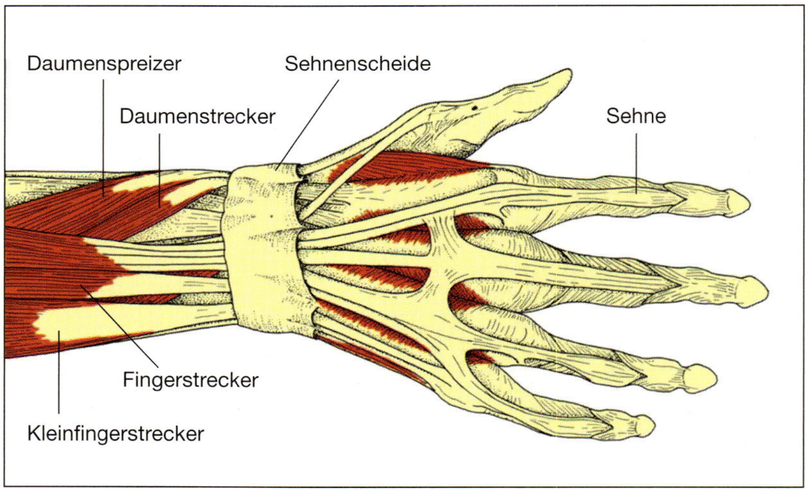

2 und 3 So unförmig wie im linken Bild sähe die Hand aus, wenn alle Muskeln an ihrem Wirkort liegen würden. Nur weil die Masse der Muskeln zum Körper hin verlagert ist und lange Sehnen zu den Fingern führen, ist die Hand schlank.

- Sehnen verbinden die Muskeln mit dem Skelett. Die Sehnen übertragen bei der Muskelkontraktion die Kraft vom Muskel auf das Skelett. Dies ist auch über größere Entfernungen möglich. Zum Teil werden die Sehnen in Sehnenscheiden geführt.

Hebelwirkung. Das Zusammenwirken von Muskel und Skelett folgt den *Hebelgesetzen* der Mechanik. Besonders deutlich wird dies am Arm, wo der Unterarm als Hebel gegenüber dem Oberarm aufgefasst werden kann. Für den Unterarmbeuger ergibt sich das Verhältnis *Kraftarm : Lastarm = 1 : 5*. Für die Kraftentfaltung des Muskels ist dies ein ungünstiger Wert. Dadurch wird aber erreicht, dass der Arm rasch beschleunigt werden kann.

So wird eine große Endgeschwindigkeit bei *Schlag* und *Wurf* erzielt. Immerhin kommt die Hand auf eine Geschwindigkeit von 100 km/h, wenn ein Schlagball 80 m weit geworfen wird.
Trotz des ungünstigen Verhältnisses von Kraftarm zu Lastarm vermag der Unterarmbeuger, der *Bizeps*, je nach Größe immerhin 40 bis 120 kg zu heben.
Der gerade *Unterschenkelbeuger* arbeitet mit einem Verhältnis von 1 : 10. Er kann größere Lasten heben.

- Vom Verhältnis Kraftarm : Lastarm hängt es ab, ob große Kraft entfaltet oder eine Bewegung rasch beschleunigt wird.

Muskeltraining. Training der Muskeln führt zu einer Verdickung der Muskelfasern und damit zu einer *Muskelvergrößerung*. Untätigkeit führt zum Muskelabbau. Dies gilt auch für den Dauerleistungsmuskel unseres Körpers, das Herz.
Selbst die Zahl der Blutkapillaren nimmt in trainierten Muskeln zu. Auf diese Weise wird der Austausch von Sauerstoff und Kohlenstoffdioxid sowie die Aufnahme von Nährstoffen verbessert. Durch Training kann auch die Herzarbeit verbessert werden.
Das Schlagvolumen steigt beim Trainierten von 20 auf 40 l pro Minute an. Sobald aber der Herzmuskel ein Gewicht von etwa 500 g überschreitet, wird die Sauerstoffversorgung kritisch. Dann reichen nämlich die vorhandenen Kapillaren für die Versorgung des zu groß gewordenen Muskels nicht mehr aus.
Durch planmäßiges Training der Skelettmuskeln kann man den Anteil der Muskulatur am Körpergewicht erheblich steigern.
Durch *Bodybuilding* können die einzelnen Muskeln jedoch so groß werden, dass sie sich gegenseitig behindern.

- Regelmäßige sportliche Betätigung dient der Erhaltung unserer Gesundheit und Leistungsfähigkeit.

Knochen bilden das Skelett

Beim Menschen wird der Körper durch ein *knöchernes Skelett* gestützt. Empfindliche Organe, so das Gehirn, das Herz und die Lungen, werden durch Knochen geschützt. Zusammen mit den 32 Zähnen besteht unser Skelett aus 240 Knochen. Überzählige Rippen und Steißwirbel können diese Zahl ein wenig verändern.
Knochentypen. An der äußeren Form, aber auch am inneren Bau, kann man die Aufgabe der einzelnen Knochen erkennen. Drei Knochentypen lassen sich unterscheiden:
- *Lange Knochen.* Sie sind als Röhren ausgebildet. Die Knochen der Gliedmaßen, wie Oberarmknochen und Oberschenkelknochen, gehören dazu.
- *Kurze Knochen.* Die Wirbel, die Handwurzelknochen und die Fußwurzelknochen zählen zu den kurzen Knochen.
- *Plattenförmige Knochen.* Plattenartig geformt sind das Schulterblatt, die Beckenknochen, das Brustbein und die Knochen der Schädelkapsel.

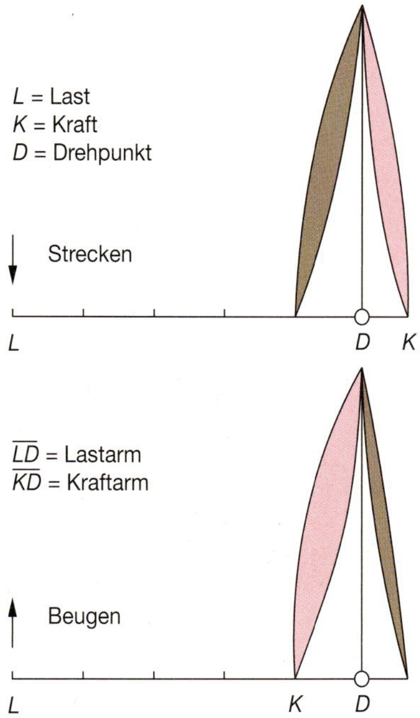

1 Hebelwirkung am Arm

2 Muskeltraining als Selbstzweck?

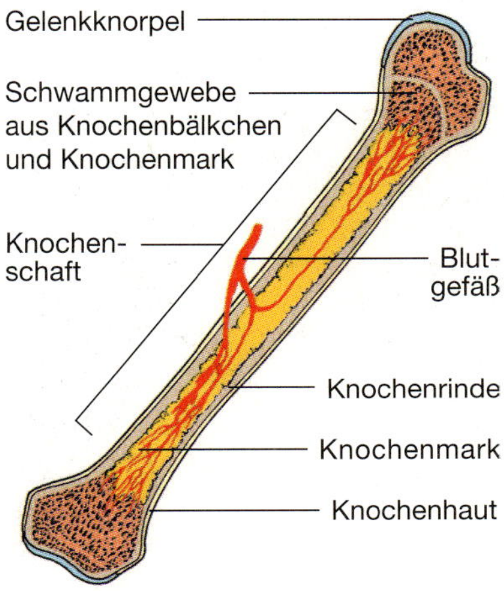

3 Schematischer Längsschnitt eines Röhrenknochens

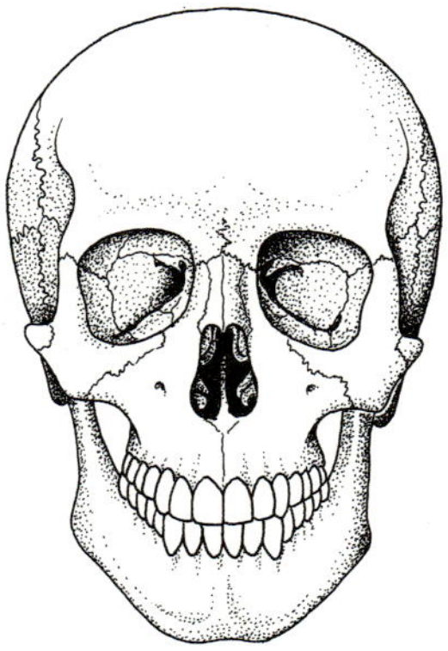

1 *Kopfskelett von vorne*

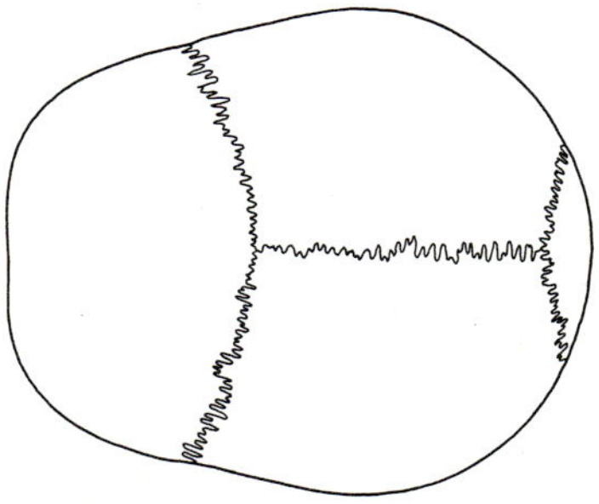

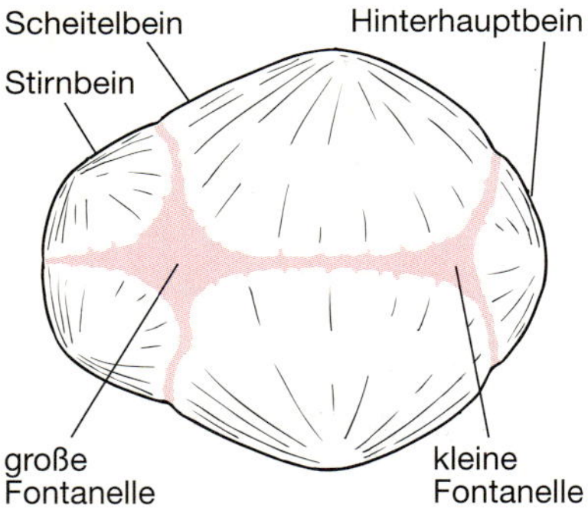

2 und 3 *Schädel eines Erwachsenen und eines Neugeborenen von oben*

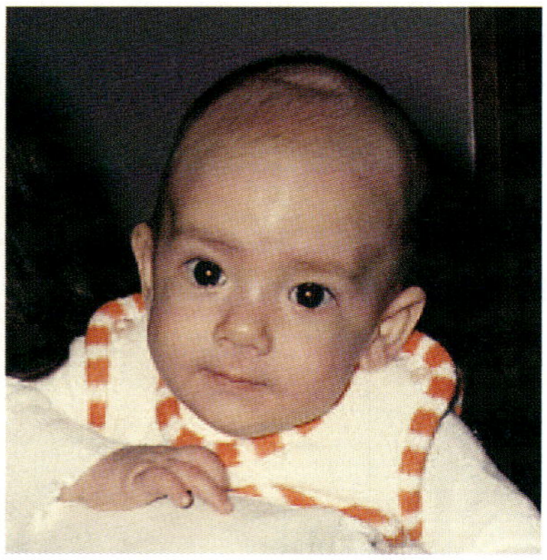

4 *Fontanelle beim Baby*

Das Kopfskelett

Der Gesichtsschädel ist nach vorne gewandt. Er bildet den unteren Teil der Augenhöhlen, umgibt die Nasenöffnung und formt die Wangen. Oberkiefer und Unterkiefer tragen die Zähne und bilden den Mund. Im Laufe der Entwicklung wächst der Gesichtsschädel stärker als der übrige Schädel.

Der Gehirnschädel schützt das Gehirn, die Augen und die Ohren. Beim Neugeborenen gibt es zwischen den Schädelknochen noch größere Lücken, die *Fontanellen*. Erst im Laufe der Zeit bilden sich die Schädelnähte mit ihren Verzahnungen aus.

Das Rumpfskelett

Der Brustkorb. Insgesamt 12 Paar Rippen bilden mit den *Brustwirbeln* und dem Brustbein den *Brustkorb*. Die 7 obersten Rippenpaare sind durch Knorpelspangen mit dem Brustbein verbunden. Man nennt sie *echte Rippen*. 3 Paar *falsche* Rippen bilden mit dem letzten Rippenpaar ein gemeinsames Bruststück. Die letzten 2 Rippenpaare enden frei und werden deshalb als *freie Rippen* bezeichnet.

Beim Einatmen hebt sich der Brustkorb. Beim Ausatmen senkt er sich, weil die Rippen mit der Wirbelsäule gelenkig verbunden sind.

- Der Brustkorb ist durch Gelenke, Bänder und Knorpelverbindungen in sich beweglich.

Die Wirbelsäule. Beim Menschen ist das Rumpfskelett aufgerichtet. Das unterscheidet ihn von den meisten übrigen Wirbeltieren. Beim Neugeborenen ist die Wirbelsäule noch verhältnismäßig gerade. Im Laufe des Wachstums entwickelt sich ihre kennzeichnende *Doppel-S-Form*. Durch diese Krümmung kann die Wirbelsäule in sich federn.

Wirbel. Insgesamt sind 33 bis 34 Wirbel am Aufbau der Wirbelsäule beteiligt. Sie bestehen im typischen Fall aus *Wirbelkörper, Wirbelbogen, Dornfortsatz, Querfortsätzen und Gelenkfortsätzen*. Vom Bautyp und von den Aufgaben her lassen sich unterscheiden:

- 7 Halswirbel,
- 12 Brustwirbel,
- 5 Lendenwirbel,
- 5 Kreuzwirbel,
- 4 bis 5 Steißwirbel.

Die *Steißwirbel* sind zum Steißbein verschmolzen, die Kreuzwirbel zum *Kreuzbein*. Am Kreuzbein setzt das Becken an. Die Lendenwirbel sind massig, aber gut beweglich. Die *Brustwirbel*, die mit den Rippen und dem Brustbein den Brustkorb bilden, sind weitgehend starr angeordnet. Die *Halswirbel* sind am beweglichsten. Der erste Halswirbel, der *Atlas*, besitzt im Unterschied zu allen übrigen Wirbeln keinen Wirbelkörper. Er trägt den Schädel, der mit den beiden Hinterhauptshöckern in den Gelenkflächen des Atlas ruht. Der zweite Halswirbel, der Dreher, bildet zum Atlas hin einen Zapfen mit Gelenkflächen.

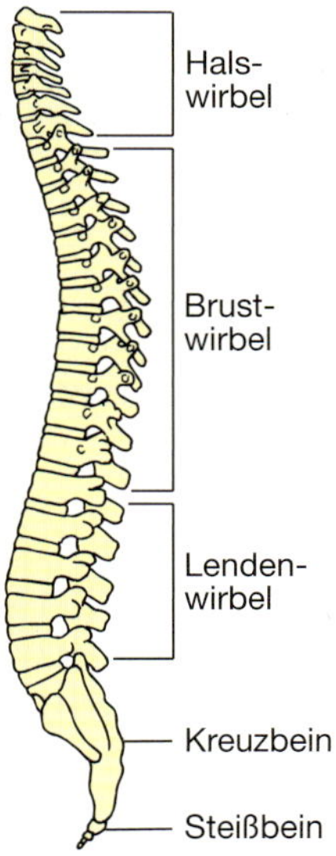

Bandscheiben. Starke *Bänder* verbinden die Wirbel untereinander. Zwischen den Wirbeln liegen als federnde Knorpelkissen die *Zwischenwirbelscheiben*, auch *Bandscheiben* genannt. Verschieben sich die Bandscheiben aus ihrer normalen Lage, wird das Rückenmark eingepresst.

- Die Doppel-S-Form der Wirbelsäule und die Bandscheiben fangen Stöße ab. Körper und Schädel können auf diese Weise weitgehend erschütterungsfrei getragen werden.

▶ Nennen Sie 3 Merkmale des menschlichen Skeletts, die in einem direkten Zusammenhang mit der aufrechten Körperhaltung stehen.

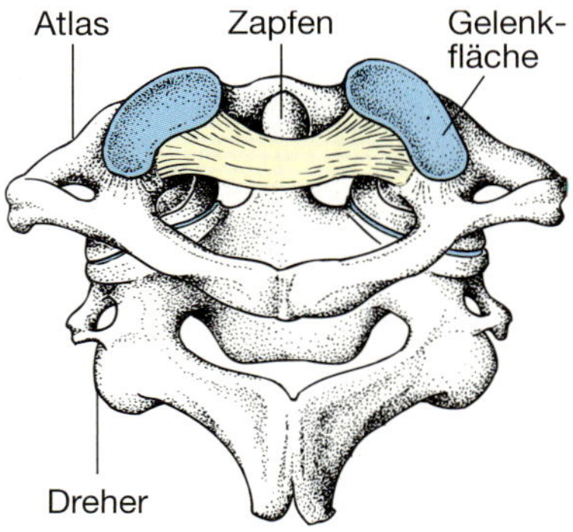

2 Atlas und Dreher sind die ersten zwei Wirbel der Wirbelsäule.

Bandscheibenvorfall. Manchmal werden auch Nerven eingeklemmt, die vom Rückenmark ausgehen. Ein derartiger *Bandscheibenvorfall* ist äußerst schmerzhaft. Besonders wenn eine Bandscheibe vorgeschädigt ist, kann der Knorpelring bei Belastung reißen. Der Gallertkern quillt hervor und drückt gegen einen der Rückenmarksnerven. Bei einem solchen Bandscheibenvorfall verursacht jede Bewegung heftigste Schmerzen. Von *Ischias* spricht man, wenn die vorgefallene Bandscheibe gegen den Ischiasnerv drückt. Der Schmerz kann bis in den Fuß ausstrahlen.
Wirbelsäulenbeschwerden nehmen mit dem Alter zu. Sie sind fast immer eine Folge von Belastungen, die wesentlich früher auftraten und keinen Schmerz verursachten. Deshalb sollte jeder durch richtige Körperhaltung im Alltag die Belastung der Wirbelsäule so gering wie möglich halten. Vornüber gebeugtes Heben ist unbedingt zu vermeiden. Es belastet die Bandscheiben sehr stark. Stattdessen mit gegrätschten Beinen in die Hocke gehen und den Gegenstand immer dicht am Körper heben. Der Rücken bleibt dann gerade.

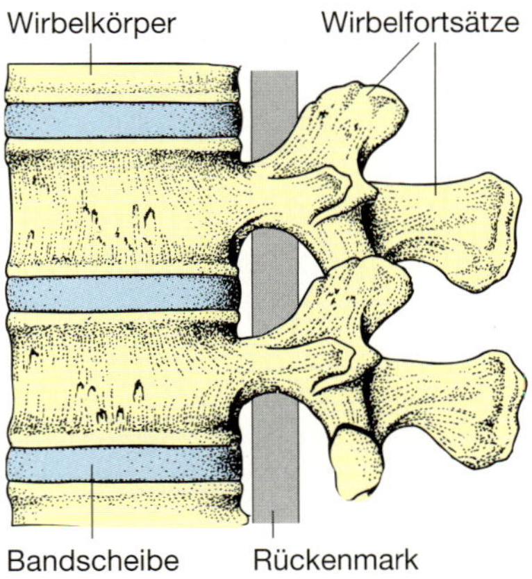

3 Ausschnitt aus der Lendenregion der Wirbelsäule

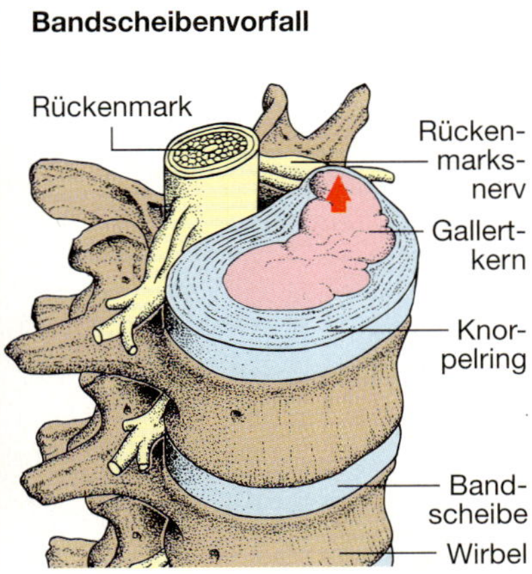

4 Richtige Belastung der Wirbelsäule verhindert den Bandscheibenvorfall.

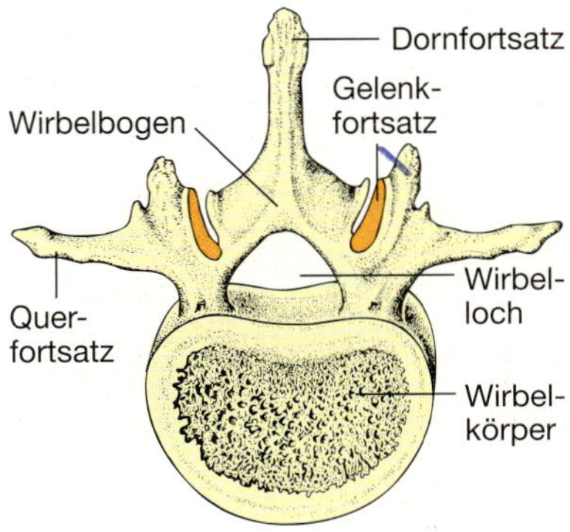

5 Aufbau eines Lendenwirbels

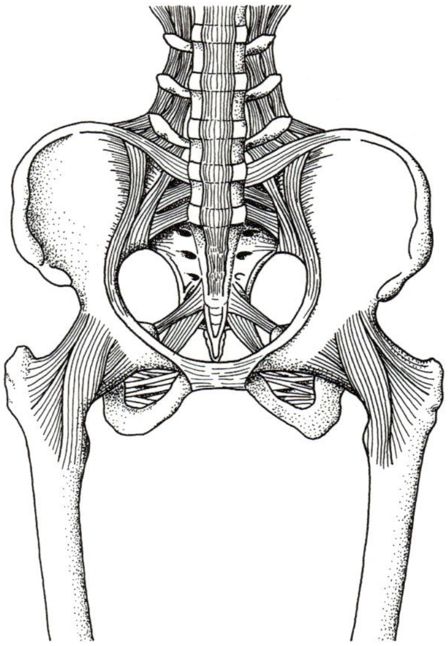

1 Starke Bänder sichern die Verbindung zwischen Becken und Kreuzbein.

Das Gliedmaßenskelett

Der Schultergürtel. Die Schulterblätter bilden mit den zwei Schlüsselbeinen, die über das Brustbein mit dem Rumpfskelett verbunden sind, den *beweglichen* Schultergürtel.

Arm und Hand. Der kräftige *Oberarmknochen* setzt beweglich am Schulterblatt an. *Elle* und *Speiche* sind die beiden Unterarmknochen. Das *Handskelett* besteht aus 8 Handwurzelknochen, 5 Mittelhandknochen, den 2 Fingerknochen am Daumen und je 3 Fingerknochen an den übrigen Fingern.

Der Beckengürtel. Im Gegensatz zum Schultergürtel bildet der Beckengürtel einen starren Rahmen. Über die großen, schaufelförmigen Darmbeine ist das Becken mit dem Kreuzbein verbunden. Starke Bänder sichern diese Verbindung. Die beiden Schambeine stoßen mit einem Knorpelstück in der Schambeinfuge aneinander.

Bein und Fuß. Der kräftige *Oberschenkelknochen* verbindet die Beine mit dem Becken. *Schienbein* und *Wadenbein* sind die beiden Unterschenkelknochen.

Das *Fußskelett* wird von 7 Fußwurzelknochen, 5 Mittelfußknochen und je 2 bis 3 Zehenknochen gebildet. Fußwurzel- und Mittelfußknochen bilden auf der Innenseite des Fußes ein Längsgewölbe und ein dazu quer von innen nach außen verlaufendes Quergewölbe. Beide werden durch Bänder gehalten und durch Muskeln gespannt. Die Gewölbe dienen dazu, auf den Fuß einwirkende Belastungen federnd abzupuffern. Der Fuß ist in sich nur wenig beweglich, er kann sich aber federnd abrollen. Seine große Auflagefläche begünstigt die Gleichgewichtshaltung. Senken sich beide Gewölbe ein, entsteht ein Plattfuß.

- Die Knochen der freien Gliedmaßen, des Schultergürtels und des Beckengürtels bilden das Gliedmaßenskelett.
- ▶ Wie sollten Schuhe beschaffen sein, die verhindern, dass das Fußgewölbe einsinkt?

2 und 3 Gesunder Fuß und Plattfuß im Vergleich.
Plattfuß: Durch einen Bänderschaden sind hier beide Fußgewölbe eingesunken.
Links: Röntgenaufnahmen

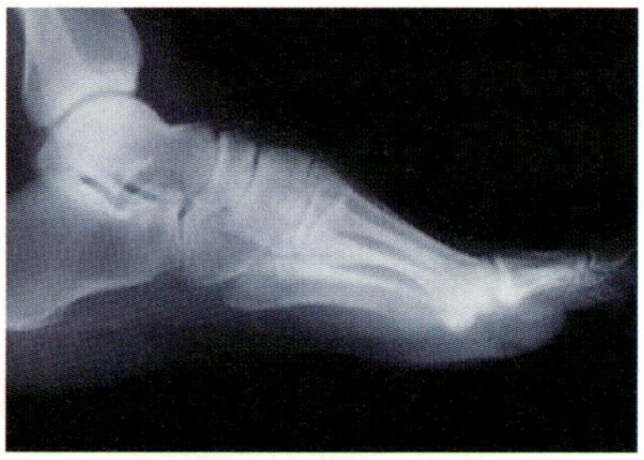

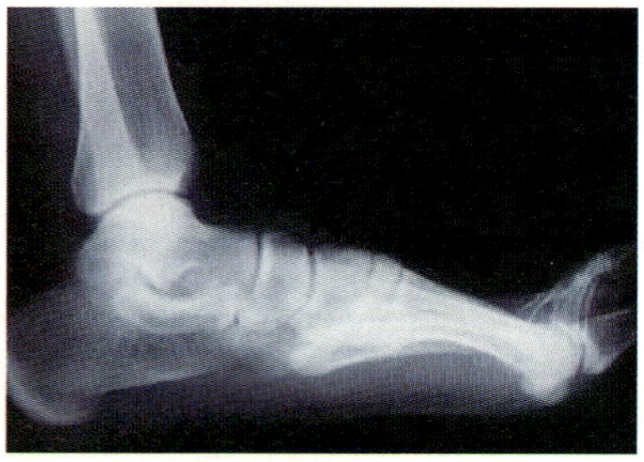

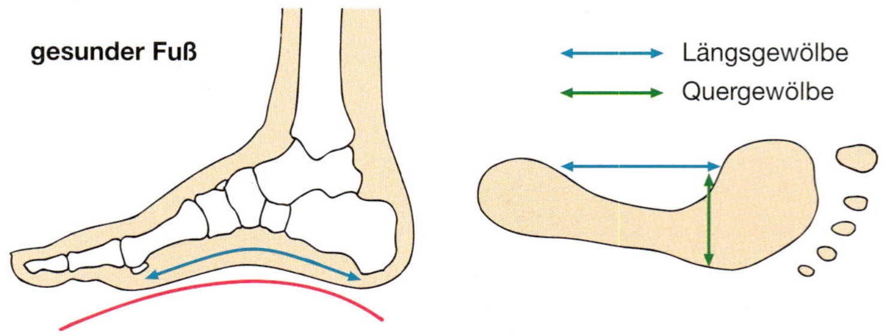

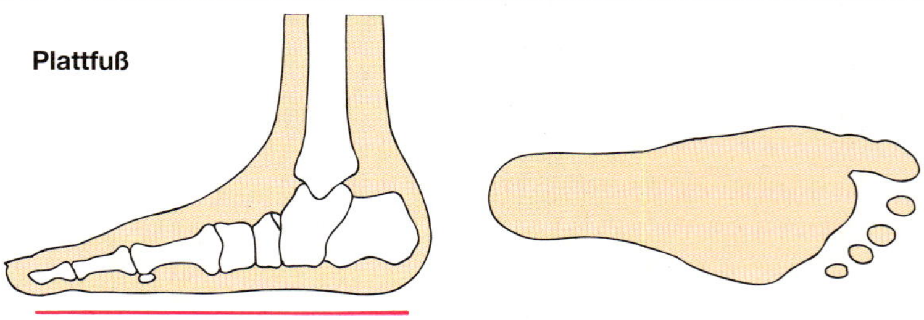

Praktikum: Skelett

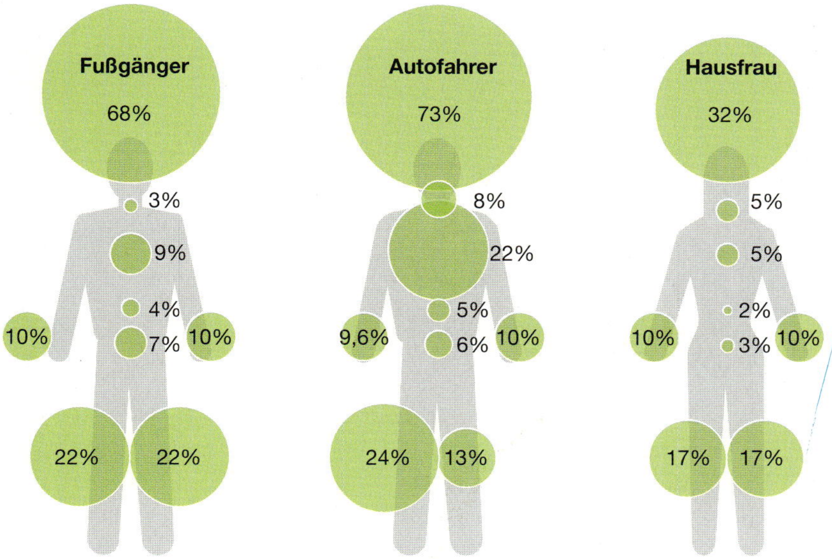

1 Prozentuale Häufigkeit der Verletzungen

Welche Körperbereiche sind besonders gefährdet? Warum? In der nebenstehenden Grafik sind Mehrfachverletzungen berücksichtigt, deshalb ergeben sich Werte von über 100%.

2 Welche Wirbelsäulenform ist am stärksten belastbar?

Benötigt werden: 3 gleich lange Drahtstücke, von etwa 40 cm Länge und 2 mm Durchmesser, 3 Holzstücke mit Bohrung, eine 40 cm lange Messlatte, 3 Plastiksäckchen mit je 50 g Sand.

Durchführung: Fertigen Sie wie im Bild unten 3 Wirbelsäulenmodelle an (Höhe 35 cm).

- Drücken Sie mit dem Finger oben auf den Draht. Beschreiben Sie Ihre Beobachtung.
- Hängen Sie an die Spitze jedes Drahts ein mit Sand gefülltes Plastiksäckchen.

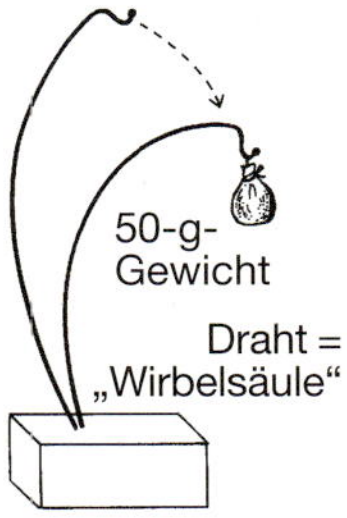

Wie verändert sich das Wirbelsäulenmodell? Welches Modell entspricht am ehesten der menschlichen Wirbelsäule?

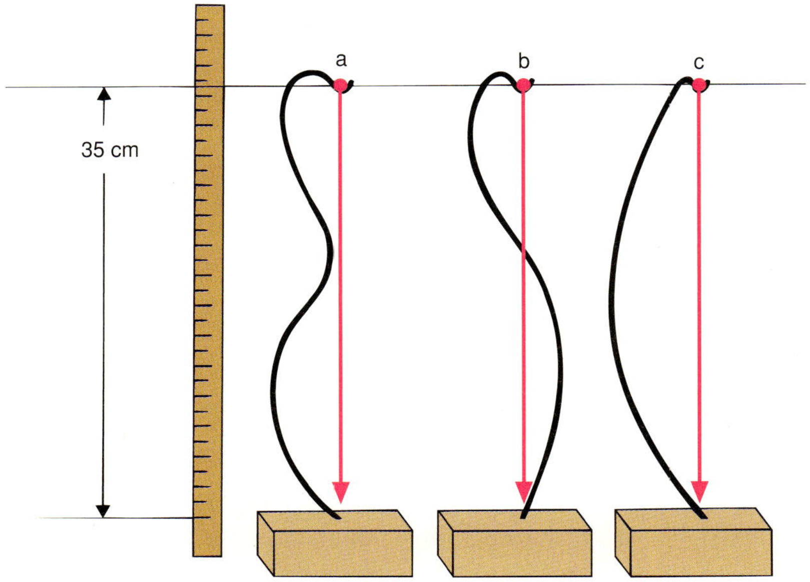

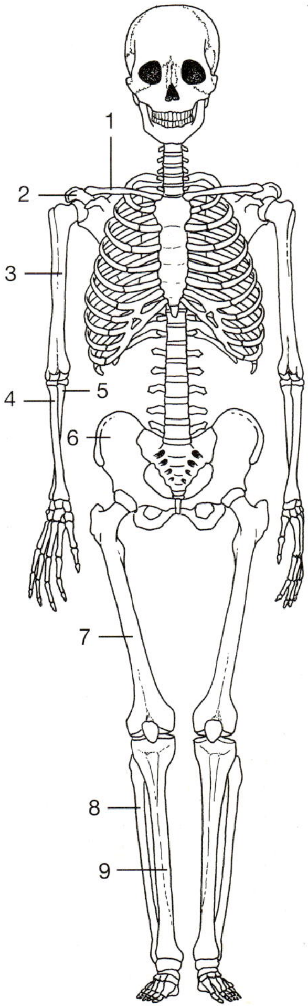

3 Knochen des Skeletts

Wie heißen die mit den Ziffern 1 bis 9 versehenen Knochen? Aus welchen Knochen setzt sich der Schultergürtel zusammen?

Welche Knochen gehören zum Beckengürtel?

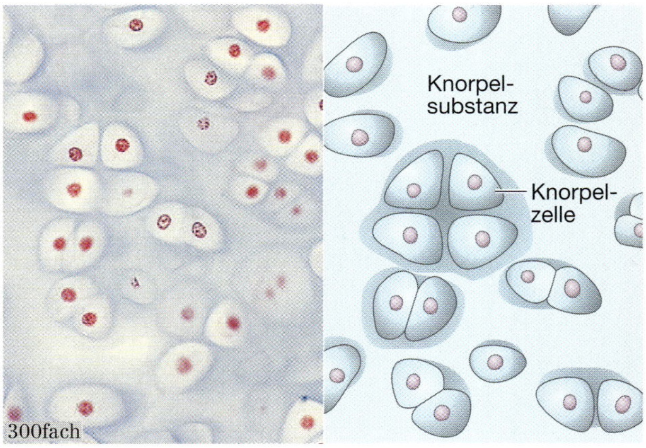

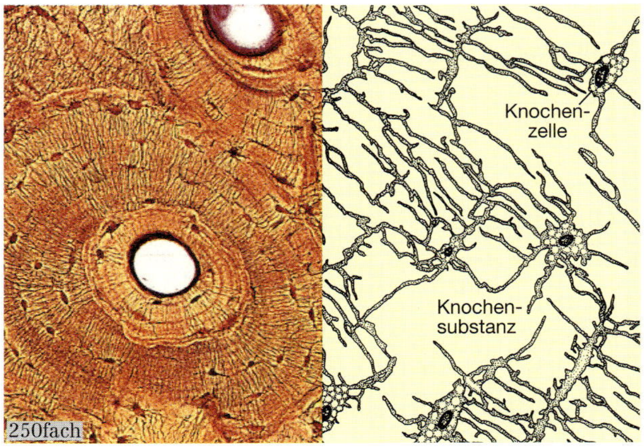

1 und 2 Knorpelzellen. Mikrofoto

3 und 4 Knochenzellen. Das Mikrofoto zeigt Knochenzellen in einem Knochensäulchen mit zentralem Blutgefäß.

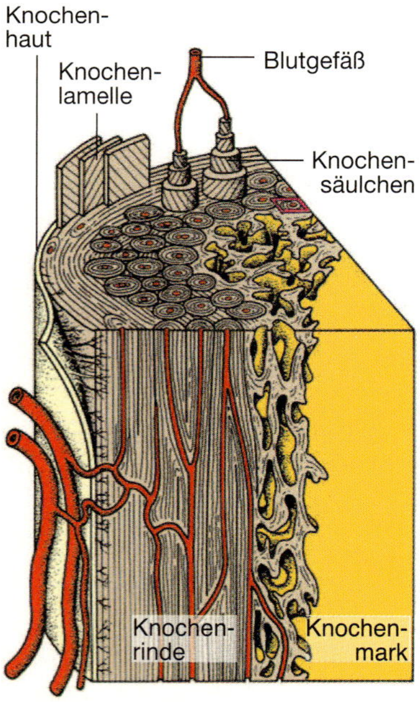

5 Feinbau des Knochens

8 Der Aufbau der Knochen

Das Knorpelgewebe. Dieses besteht vor allem aus den Proteinen der *Knorpelsubstanz*, die von *Knorpelzellen* ausgeschieden werden. *Durchscheinender Knorpel*, *elastischer Knorpel* und *Faserknorpel* lassen sich unterscheiden.

Die Verbindungsstücke zwischen den Rippen und dem Brustbein, die Gelenkflächen und die Ringe der Luftröhre werden von durchscheinendem Knorpel gebildet. Kehldeckel und Ohrknorpel bestehen aus elastischem Knorpel. Aus Faserknorpel bestehen die Bandscheiben.

Das Knochengewebe ist das härteste Stützgewebe unseres Körpers. Bei einem 25-Jährigen besteht es zu einem Drittel aus *organischer Substanz*, wie Proteinen und Fetten, und zu zwei Dritteln aus anorganischer Substanz. 85 % der anorganischen Stoffe sind Calciumphosphat, 10 % Calciumcarbonat.

Glüht man einen Knochen aus, so verbrennen die organischen Stoffe. Legt man ihn in Säure, so werden die anorganischen Stoffe herausgelöst. Erhalten bleibt in beiden Fällen die äußere Form. Das ist ein eindrucksvolles Beispiel dafür, wie sich die Stoffe im lebenden Knochen durchdringen.

Im Knochengewebe liegen die lebenden *Knochenzellen* in der *Knochensubstanz*, die von ihnen selbst gebildet wird. Durch Ausläufer stehen die Knochenzellen miteinander in Verbindung.

- Am Aufbau unserer Stützgewebe sind Knorpelzellen und Knochenzellen beteiligt.

Knochen als Organe

Knochenhaut. Bis auf die Gelenkflächen und die Ansatzstellen der Sehnen und Bänder sind alle Knochen von einer *Knochenhaut* umgeben. Diese ist gut durchblutet. Die Blutgefäße werden von *Nervenfasern* begleitet. Daher ist sie auch sehr schmerzempfindlich. Die Knochenhaut versorgt den Knochen mit organischen Stoffen. Ihre innere Schicht ist am Aufbau der Knochensubstanz beteiligt.

Blutgefäße führen durch die Knochenhaut hindurch in den Knochen und ins Knochenmark, das den Schaft der Röhrenknochen ausfüllt.

Knochenschaft und Gelenkköpfe. Knochen verfügen über eine Material sparende *Leichtbauweise*. So ist der Knochenschaft des Oberschenkels als Röhre ausgebildet.
Auch die Bauelemente des Knochenschafts, die *Knochensäulchen*, bilden Röhren. An den Gelenkenden wird das Innere des Knochens von *Knochenbälkchen* gebildet. Diese können hohe Belastungen durch Zug und Druck auffangen. Im oberen Ende des Oberschenkelknochens ist das Spannwerk aus vielen Knochenbälkchen gut erkennbar.
Das Knochenmark der Röhrenknochen ist beim Kind rot. Das *rote Knochenmark* wird von vielen Blutgefäßen durchzogen. Im roten Knochenmark werden rote Blutkörperchen, weiße Blutkörperchen und Blutplättchen gebildet.
Beim Erwachsenen ist das Knochenmark der Röhrenknochen meist gelb, weil Fett eingelagert wird. In diesem *gelben Knochenmark* werden keine Blutkörperchen mehr gebildet.

- Röhrenknochen haben einen röhrenförmigen Schaft aus Knochensubstanz mit Knochensäulchen. Zum Gelenkende hin bilden die Knochenbälkchen eine stabile Trägerkonstruktion.

9 Gelenke

Viele Knochen unseres Körpers sind durch *Gelenke* verbunden. An den Gelenken sind die Knochen mit Knorpel überzogen. Die *Gelenkkapsel*, eine Fortsetzung der Knochenhaut, umhüllt das Gelenk. Sie liefert auch die Gelenkschmiere. Zugfeste Sehnen sichern das Gelenk.

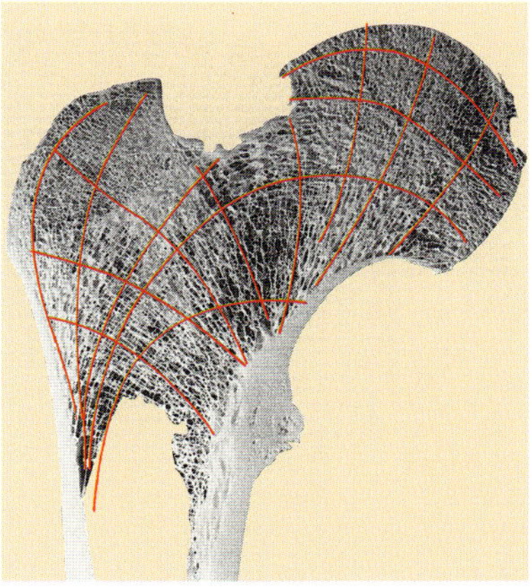

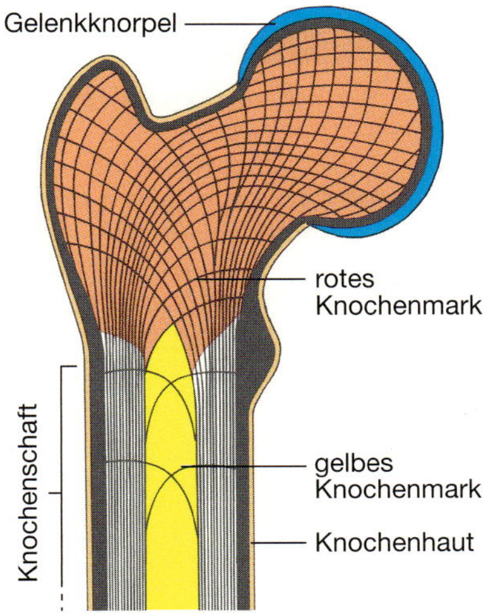

1 und 2 Oberschenkelknochen. Das Foto zeigt den Gelenkkopf mit Knochenbälkchen. Die Richtungen auftretender Belastungen durch Zug und Druck sind rot eingezeichnet.

3 Gelenke müssen beim Inlineskaten gut geschützt sein.

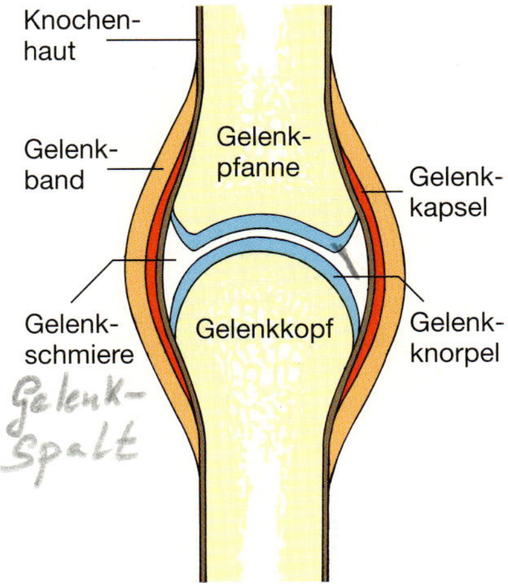

4 Bau eines Gelenks

1 Welcher Vorgang ist auf dem Röntgenbild festgehalten? Nennen Sie alle Teile des Bewegungsapparats, die an diesem Vorgang beteiligt sind, und beschreiben Sie deren Aufgabe.

* → Auskugelung

Band verletzt:
– wenig überdehnt → Bandzerrung
– stark, gerissen → Bandriss
Kapsel verletzt (Knie, Sprunggelenk)
– Verstauchung
– stark: Kapselriss (Finger)

Arm- und Handgelenke

Schultergelenk. Der Oberarmknochen ist mit dem Schulterblatt durch ein *Kugelgelenk* verbunden. Da der Gelenkkopf am Oberarmknochen und die Gelenkpfanne am Schulterblatt nur wenig gewölbt sind und das Schulterblatt selbst beweglich ist, hat der Arm seine große Bewegungsfreiheit. Nach oben wird die Bewegung durch den Rabenschnabelfortsatz des Schulterblatts eingeschränkt. Das Gelenk wird dadurch sicherer.

Trotzdem kann es bei heftigen Bewegungen vorkommen, dass der Arm auskugelt. Kehrt der Gelenkkopf danach in die Pfanne zurück, so spricht man von einer *Verstauchung*. Bei einer *Verrenkung* bleibt der Gelenkkopf außerhalb der Gelenkpfanne.

Das Gelenk zwischen Elle und Oberarm ist ein *Scharniergelenk*. Es lässt nur Bewegungen in zwei Richtungen zu. Im benachbarten Gelenk zwischen Elle und Speiche dreht sich der Gelenkkopf der Speiche in einer Gelenkmulde der Elle. Es ist ein *Drehgelenk*.

Handgelenk. Die Handwurzelknochen setzen mit eiförmigen Gelenken an der Speiche an. Mit der Elle sind sie durch ein kräftiges Band verbunden. In insgesamt 33 Gelenken bewegen sich die Knochen der Hand. Der beweglichste Finger der Hand ist der Daumen. Er bildet mit der Handwurzel ein *Sattelgelenk*.

Von einem Sattelgelenk spricht man, wenn die Gelenkenden der beiden beteiligten Knochen ineinander greifen. Auf diese Weise wird die Beweglichkeit des Daumens nach allen Seiten erreicht. So wird er zum Gegenspieler aller übrigen Finger. Die Fingerglieder sind durch *Scharniergelenke* miteinander verbunden.

▶ Welche Gelenktypen kommen im Armskelett vor? Nennen Sie Beispiele.

Bein- und Fußgelenke

Hüftgelenk. Zwischen Becken und Oberschenkel ist ein tiefes *Kugelgelenk* ausgebildet. Bei vielen älteren Menschen ist dieses Gelenk von Abnutzungserscheinungen betroffen. Sobald die Knorpelüberzüge der Gelenkflächen abgenutzt sind, bewegen sich die Knochen nur noch unter großer Reibung gegeneinander. Die Knochensubstanz wird angegriffen. Diese schmerzhafte Gelenkveränderung wird *Arthrose* genannt.

Kniegelenk. Dies ist das größte und zugleich komplizierteste Gelenk unseres Körpers. Im Wesentlichen funktioniert es wie ein *Scharniergelenk*.

In gebeugtem Zustand ist es locker und lässt sich auch in seiner Längsachse ein wenig hin- und herdrehen und nach den Seiten hin biegen. Gestreckt ist es festgezurrt. Dies wird durch zwei halbmondförmige Knorpelscheiben, die *Menisken*, erreicht. Starke Bänder in der Kniekehle verhindern ein Überstrecken des Knies nach vorn.

Die *Kniescheibe* ist eine knöcherne Einlage in der knieübergreifenden Sehne des Unterschenkelstreckers.

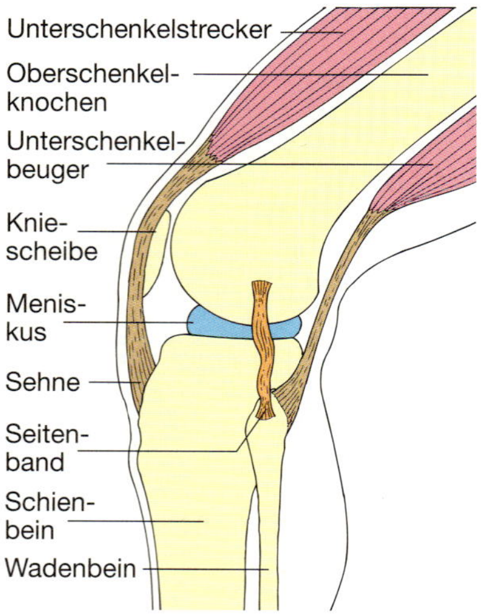

2 Bau des Kniegelenks

Sprunggelenk. Das *obere Sprunggelenk* liegt zwischen Schienbein, Wadenbein und Sprungbein. Das Sprungbein ist einer der Fußwurzelknochen. Der äußere Knöchel ist das verdickte Ende des Wadenbeins, der innere Knöchel ist das Ende des Schienbeins. Das *untere Sprunggelenk* liegt zwischen den Fußwurzelknochen, dem Sprungbein, Fersenbein und Kahnbein. Beide Sprunggelenke sind *Scharniergelenke*.

- Die Verbindungen der Knochen sind durch Gelenke gesichert. Es gibt verschiedene Gelenktypen: Kugel-, Scharnier-, Sattel- und Drehgelenke lassen sich unterscheiden.

- Welche Bewegungen mit dem Unterschenkel sind möglich, wenn man locker auf der Tischkante sitzt und das Bein hängen lässt? Welche Bewegungen sind bei gestrecktem Bein möglich?

Organersatz. Abgenutzte Gelenke wie beispielsweise das Hüftgelenk älterer Menschen, werden immer häufiger durch „Kunstgelenke" aus Metall oder Keramik ersetzt. Erstaunlich ist, dass der lebendige Knochen diesen Eingriff übersteht und zusammen mit dem künstlichen Ersatz wieder eine belastbare Einheit bildet.
Nicht nur Gelenke, auch Blutgefäße oder Herzklappen aus Kunststoff werden inzwischen erfolgreich implantiert.
Dass ganze Organe wie Nieren, Leber, ja sogar Herzen übertragen werden können, ist so selbstverständlich geworden, dass es kaum noch beachtet wird.
Auch der Aufbau von Geweben und Organteilen aus Zellen und Geweben des eigenen Körpers ist ebenfalls nicht mehr ungewöhnlich.

- Bringen Sie in Erfahrung wann die ersten bedeutenden Organtransplantationen (Herz, Niere, Lunge) stattgefunden haben.

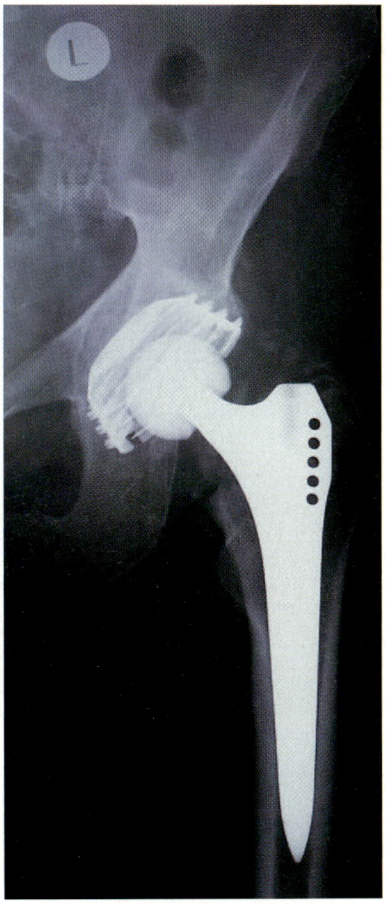

1 Röntgenaufnahme eines implantierten künstlichen Hüftgelenks

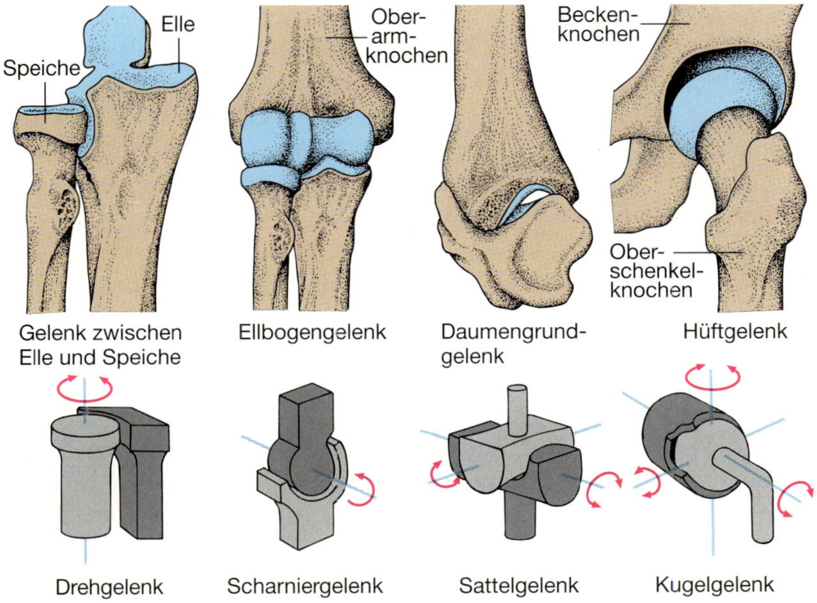

2 Die wichtigsten Gelenktypen

Altern und Tod

1 Das Alter hinterlässt besonders im Gesicht seine Spuren. Ältere Frau im Lebensalter von 102 Jahren.

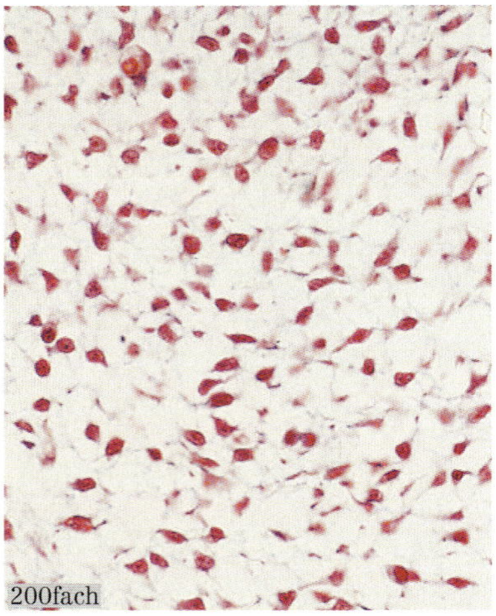

2 Menschliche Bindegewebszellen in einer Zellkultur. Die Zellen lassen sich in der Kultur nicht nur am Leben erhalten, sondern sie teilen sich sogar. Die Fähigkeit zur Zellteilung erlischt allerdings nach einiger Zeit, bei Lungengewebe nach etwa 50 Teilungen. Mikrofoto

1 Ein Naturgesetz und seine Ursachen

Als einziges Lebewesen weiß der Mensch, dass er sterben muss. Der Tod ist unumgänglich. Der entscheidende Grund dafür ist die begrenzte *Teilungsfähigkeit der Zellen*.
Mit Ausnahme der Urkeimzellen, die über Jahrmilliarden und somit über unzählige Generationen hinweg ihre Teilungsfähigkeit erhalten haben, scheint für die Körperzellen die Teilungsfähigkeit nach etwa 50 Teilungsschritten zu Ende zu sein. Schon bei ihrer Bildung wird für die roten Blutkörperchen diese Grenze anscheinend erreicht. Auch die Gehirnzellen sind nach allem, was wir wissen, nach ihrer Bildung nicht mehr weiter teilungsfähig.
Äußerlich gesehen spielt die „Abnutzung" des Körpers im Laufe des Lebens eine Rolle, wobei man Abnutzung auch als mangelnde Fähigkeit zur Reparatur deuten kann.

Lebenserwartung

Die *Lebenserwartung* in Deutschland steigt wegen der verbesserten ärztlichen Versorgung, aber auch aufgrund einer gesundheitsbewussteren Lebensweise, immer weiter. Für Frauen liegt die Lebenserwartung heute bei ca. 83 Jahren, für Männer bei rund 79 Jahren. Neuere Untersuchungen bei abgeschlossenen Volksgruppen in den Anden und im Himalaja haben ergeben, dass dort für viele Menschen ohne besondere ärztliche Betreuung ein Leben von mehr als 100 Jahren bei guter Gesundheit durchaus möglich ist. Wie weit die hohe Lebenserwartung derart isolierter Volksgruppen von ihrer qualitativ besseren Umwelt abhängt oder wie weit sie erblich bedingt ist, lässt sich nicht mit Sicherheit sagen.

1 Die durchschnittliche Lebenserwartung der Menschen steigt immer mehr an.

Es zeigt sich aber, dass lebenslange körperliche Arbeit, einfache, kalorienarme Nahrung und klar bestimmbare Aufgaben in einer überschaubaren Gemeinschaft lebensverlängernd wirken.

Klinischer Tod – biologischer Tod

Vieles spricht dafür, dass der Tod durch krankhafte Veränderungen in Zellen, Geweben oder Organen verursacht wird. Sie können im Alter so gering sein, dass wir sie nicht als Krankheit erkennen, sondern als „Altersschwäche" missdeuten.

Völlig unabhängig vom Problem des *biologischen Alterns* und der Wahrscheinlichkeit, mehr oder weniger alt zu werden, stellt sich die Frage nach dem *biologischen Tod*. Wann ist ein Mensch tot?

Das Versagen der Atmung und der Stillstand des Herzens war für die Menschen jahrtausendelang gleichbedeutend mit dem Tod. Viele Versuche, einen leblos erscheinenden Menschen ins Leben zurückzuholen, glücken jedoch vor allem durch Beatmung oder Herzmassage.

Solange das Gehirn noch arbeitet, besteht Hoffnung. Das Herz begrenzt mit 3 bis 4 Minuten die Überlebenszeit des Gesamtorganismus, die Gehirnfunktionen enden 8 bis 10 Minuten nach dem letzten Atemzug. Bei rascher Abkühlung verlängert sich dieser Wert etwas. Sobald die Gehirnströme aber erlöschen, ist der Mensch im klinischen Sinne tot, obwohl manche Organe noch etwas länger funktionstüchtig bleiben. So können Hornhaut, Blut, Knochen, Haut und Nieren noch nach dem *klinischen Tod* zur Organspende entnommen werden. Durch Organtransplantation lässt sich fremdes Leben verlängern und retten.

Geht man davon aus, dass das Gehirn als Organ der zentralen Steuerung und als Sitz des Bewusstseins unsere Persönlichkeit ausmacht, dann ist das individuelle Leben mit dem Tod des Gehirns zu Ende.

- Altern ist für den Menschen und alle hoch entwickelten Lebewesen ein nicht umkehrbarer, lebensbegleitender Prozess. Mit dem Tod des Gehirns endet das Leben des Menschen.

Todesursachen in Deutschland 1905 (Deutsches Reich)	
Magen-Darm-Erkrankungen	182455
Herz-Kreislauf-Erkrankungen	122701
Lungenentzündung	89317
Krebs	43334
Unfälle	23077
Selbsttötung	12525
Müttersterbefälle	6802

Todesursachen in Deutschland 1997	
Herz-Kreislauf-Erkrankungen	430542
Krebs	212391
Magen-Darm-Erkrankungen	46255
Unfälle	25122
Lungenentzündung	18277
Selbsttötung	12718
Müttersterbefälle	40

Register

Bildnachweis

Fotos:
Angermayer, Holzkirchen: 9.1; Anthony, Eurasburg: 36.1 (Günther), 214.1+3 (Lauer); Archiv für Kunst und Geschichte, Berlin: 7.3, 56.1, 64.2 (Hintergrundfoto), 103.2, 116.2+3, 117.3–5, 164.2; Bauer E. W.: 12.4; Bavaria, Gauting: 9.2, 20.2 (VCL), 21.4 (VCP), 42.2 (VCL), 46.2, 49.1–3 (B.P.), 68.1 (Leidmann), 148.1 (Binder), 165.3 (IPCE), 171(rechts oben) (Schmid/Tannwald), 176.1 (TCL), 199.1; Bender A.: 139 (rechts unten); Bevilacqua/Cedri: 39.5; Billiant, aus: I. Rock: Wahrnehmung: 173.2; Bock Firmengruppe, Duderstadt: 217.1; Boehringer, Ingelheim: 102.2+3 (Nilsson); bpk, Berlin: 105.2; Brill W.: 198.1+2; Buhtz A., Heidelberg: 59.2, 173.3+4; Bundeszentral für gesundheitliche Aufklärung (BZfGA): 198.4; Busch E.: 198.5+6; CV: 80.2 (Armed Forces Institut of Pathology, Washington), 114.3 (P. Richter), 118.2 (Hoechst), 169.1 (Calif. Inst. Technology), 170.2 (UPJ/univ. of. California), 185.2, 212.2(2+3) (Bock); CVK: 29.2, 78.2 (KNA), 150.5 (IMPK Fraunhofer Gesellschaft); DAK: 122 (unten links), 201(rechts unten); De Gruyter Verlag: 62.4 (links); DGE Deutsche Gesellschaft für Ernährung, Frankfurt: 71.2(1–7); dpa, Frankfurt: 21.1+2, 200.1; Fisher D., Osnabrück: 55.1; Focus, Hamburg: 11.2 (Reader/SPL), 20.3 (Tweedie/Network), 39.4 (Niklas/Science Photo Library), 54.3 (Phillips/Photo Researchers, Inc.), 61.1, 70.1 (Burriel/Latin Stock/Science Photo Library), 88.1 (CNR/Science Photo Library), 98.1 (Syred/Science Photo Library), 101.2 (Berger/MPJ/Science Photo Library), 101.3 (NJBSC/Science Photo Library), 108.2 (Stammers/Science Photo Library), 109.1 (Syred/Science Photo Library), 109.4 (Syred/Science Photo Library), 114.4 (EOS), 117.2 (CNRJ/Science Photo Library), 124.1 (Motta & Correr/Science Photo Library), 126.3 (Dpt. Clinical Radiology, Salisburg Distr. Hospital/Science Photo Library), 131.1 (CNRJ/Science Photo Library), 145.2 (Quest/Science Photo Library), 147.1 (Bavosi/Science Photo Library), 148.2 (Dohrn/Science Photo Library), 154.1 (Clark & Goff/Science Photo Library), 184.3 (Kulyk); Frisch v. O.: 160.1(6); Gensel K.: 132.1+2; Greiner & Meyer, Braunschweig: 38.2; Gruner & Jahr, Hamburg: 47.1 (Raith); Herzinger Prof. H.: 210.4; Hollatz J., Heidelberg: 32.1, 44.2–5, 45.2–5, 49.4, 56.2–4, 65.3, 69.1+4, 71.1, 75.1, 76.1, 77.1, 82.1, 99.3, 102.1, 127 (oben rechts), 139 (links unten), 150.1, 151.1, 159.2+3, 164.1(1+2), 174.1, 182 (rechts oben + unten), 191(rechts unten), 197.1, 211.4(1+2); IFA-Bilderdienst, Taufkirchen: 43.1+2, 147.3 (Ritterbach), 157.1 (Marc), 157.2 (Comnet); Immuno GmbH: 109.3; Interfoto, München: 50.1; Institut für Humanbiologie, Hamburg: 11.1a+b (Bräuer); Institut für Humangenetik und Anthropologie, Erlangen: 52.2; Institut für wissenschaftliche Fotografie M. Kage, Lauterstein: 51.2 (Rudolph), 100.3, 119.3 (O. Meckes); Kaiser Porcelain, Milwaukee: 173.1; Karly F., München: 109.2; Lade, Frankfurt: 65.2 (KI), 84.1 (Pictures), 133.1 (Einklinker Mitte) (NDS), 168.3 (Müller), 215.3 (MAN), 218.1 (Bambou); Lieder J., Ludwigsburg: 25.2+5+7, 28.2, 34.2+3, 51.1a–e (oben), 89.2, 90.1+3, 128.2, 130.2, 135.3, 144.3, 149.2, 150.2, 151.2, 152.3, 166.3, 172.2, 177.3, 179.1, 203.2, 204.3, 205.1, 218.2; Lindberg, Stockholm: 216.1; Mauritius, Mittenwald: 32.2 (Guether), 42.3 (Sochurek), 44.1 (Hubatka), 64.1 (Grasser), 66.1 (Oechslein), 181.2 (SST), 184.2 (Phototake), 202.1 (Westlight), 209.2 (Eseler); NASA: 160.1(5); NIBSC/Hockley, GB – Hertfordshire: 120.2; Nilsson L., Stockholm: 24.1, 40.2, 41.2; Okapia, Frankfurt: 10.1 (McHugh/NAS), 10.2 (Lynn/NAS), 19.2 (Photri Inc.), 21.3 (Monnot), 25.1 (NAS/Biophoto Ass.), 25.4+6 (M. Kage), 25.8 (Video Surgery/NAS), 28.3 (Voigt), 29.3 (McHugh/NAS), 51.3 (Biophoto Ass./Science Sov.), 87.2 (Biophoto Ass./Science Sov.), 89.3 (Biophoto Ass./Science Sov.), 94.1 (NAS/S. & B. Camazine), 111.2 (Institut Pasteur/CNRJ), 113.1 (J. Halaska/NAS), 115.3 (K. Kwangshin/NAS), 119.2 (Neufried), 123.2 (Bjornberg/NAS), 124.2 (Lange), 140.1 (Reinhard), 147.1(Einklinker) (NAS/Leavines); Olympus, Hamburg: 88.2; Project-Photos, Augsburg: 22/23 (Hintergrundfoto), 31.2, 36.2, 74.1, 133.1(rechts oben + unten, links Mitte + unten), 158.2, 196.1, 207.2; Redeker T., Gütersloh: 155.2, 183 (rechts unten); Regional Primate Res. Center, Wisconsin: 48.3–5; Reinbacher L., Kempten: 39.3, 82.2, 119.1, 122.2, 138.2; Reuters, Frankfurt: 23 (rechts oben); Rheinisches Landesmuseum: 7.2; Rühmkorf C.: 121 (rechts oben); Schnaubelt/Kieser, Wild Life Art, Breitenau: 14.1 b–e; Silvestris, Kastl: 8.2 (Kerscher), 8.3, 25.3 (Robba), 38.1 (Robba), 41.3, 135.1, 184.1 (Robba), 206.2(1+2); Streble H., Stuttgart: 27.3, 100.1; Studio-tv-Film GmbH, Schriesheim: Titel, 1, 6.1, 12.3, 13.2+.3, 14.1a, 14.2, 16.2, 17.2, 67, 160.1(4), 162.3; Superbild, Grünwald: 31.3 (Southern Stock), 84.2, 135.2; Tariverdia G., Heidelberg: 52.1; The Stock Market: 48.2, 133.1(rechts oben) (D. Woods), 136.1 (D. Woods); Ullstein Bilderdienst, Berlin: 61.2(links unten); Weber U.: 215.1; Wort & Bild Verlag, München: 95.1 (Apotheken Umschau); Zefa, Düsseldorf: 17.1, 48.1 (Hamel); Zeiss C., Oberkochen: 119.4

Grafiken:
Ara: 181.1; Birker St., Viernheim: 125; Biste G., Schwäbisch Gmünd: 30, 99.1, 102.4, 105.3, 162.1, 163, 164.2, 166.1+2, 167.1; Eickhoff M., Speyer: 10.3; Cordon Art B. V., Baarn – Holland: 175.2; Groß K., Mundelsheim: 83; Hackeland R., Mannheim: 15.1; Haydin H., Bensheim: 73, 80.1, 158.1; Kipper U., Hanau: 120.1, 168.1; Konopatzki H., Heidelberg und Krischke K., Marbach: 31.1; Krischke K., Marbach: 8.1+4, 9.3+4, 12.2, 14.3, 16.1+3, 17.3, 19.1, 24.2, 26, 27.1+2+4+5, 28.1, 33, 34.1, 35, 37, 38.3–5, 39.1+2, 40.1+4–5, 41.1, 42.1, 46.1, 47.2–3, 51.1 (unten), 52.4, 53, 54.1+2+4, 55.2, 57, 59.1+3, 60, 62.2+3+4 (rechts), 63.1–3, 64.3, 65.1+4, 68.3, 69.3, 72, 79.3, 85, 86, 87.1, 89.1, 90.2+4, 91, 92, 93, 94.2, 99.2, 100.2+4, 103.1, 104, 106.1, 107, 110.2, 111.1+3, 112.1, 114.1+2, 115.1+2, 117.1, 118.1+3, 121.1, 126.1 (unten), 126.2, 127 (rechts Mitte + unten), 128.1+3, 129, 130.1+3, 131.2+3, 132 (oben rechts), 134, 136.2, 137, 138.1, 139 (links oben + Mitte), 144.2, 145.1, 146, 147.2, 149.1, 150.3+4, 152.1+2, 153, 155.1+3, 157.3, 160.1(1–3), 161, 162.2, 165.1+2, 167.2+3, 169.2, 170.1, 172.1+3, 174.3, 175.1+3–5, 176.2, 177.1+2, 178.1, 179.2, 180.1, 186.2+3, 187, 188, 189, 192.1, 193, 194, 195, 197.2, 202.2+3, 203.1, 204.1+2+4, 205.2, 206.1, 208, 209.1+3, 211.1+2+3+4(3)+5, 212.1+3, 213 (rechts), 214.3, 215.2+4, 216.2, 217.2, 219; Mair J., Herrsching: 22.1+2, 29.1, 45.1, 52.3, 58, 68.2, 74.2, 75.2–3, 76.2, 77.2+3, 78.1, 79.1+2, 82.3, 95.1, 96, 97, 98.2, 100.5, 101.1, 105.1, 108.1, 112.2, 123.1, 126.1 (oben), 144.1, 156, 185.1+3, 207.1, 213 (links oben), 214.2; Mall K. Berlin: 18, 20.1, 141–143 (nach: Malteser Hilfsdienst, Erste Hilfe, Köln, 1996); Schnellbächer L. H., Schlüchtern: 201 (unten); Schrörs M. Bad Dürkheim: 13.1, 61.2, 110.1, 120.3, 154.2, 159.1, 170.3, 174.2, 182 (links unten), 183 (rechts oben), 186.1, 191 (rechts oben + Mitte), 198.3, 201 (rechts oben), 212 (links unten); Spazier E., Heidelberg: 62.1; Aus: Chaval, Zum Lachen und zum Heulen. Diogenes Verlag, Zürich: 192(unten); Aus: Deutsche Lebenswacht e. V., Organspende – Sag JA!, Frankfurt/Main: 113.2; Aus: Hägar The Horrible, 1995, KFS/Distr. Bulls: 15.2; Aus: Ishihara's Tests for Colour-Blindness. Kenehara Shuppon Co. LTD, Tokyo, 1972: 63.4, 168.2; Aus: Leakey R. E. und Lewin R.: Wie der Mensch zum Menschen wurde. Hoffmann und Campe, Hamburg, 1978: 6.2, 12.1; Aus: Müller-Beck H. (Hrsg.): Urgeschichte in Baden-Württemberg. Theiss Verlag, Stuttgart, 1983: 7.1; Aus: Schulz Ch. M.: Au Weia Charlie Brown! United Features Syndicate Inc., 1971: 116.1

Es war nicht möglich, zu allen Abbildungen die Inhaber der Rechte zu ermitteln. Berechtigte Ansprüche werden entsprechend den üblichen Vereinbarungen abgegolten.

22,95

Skelett des Menschen

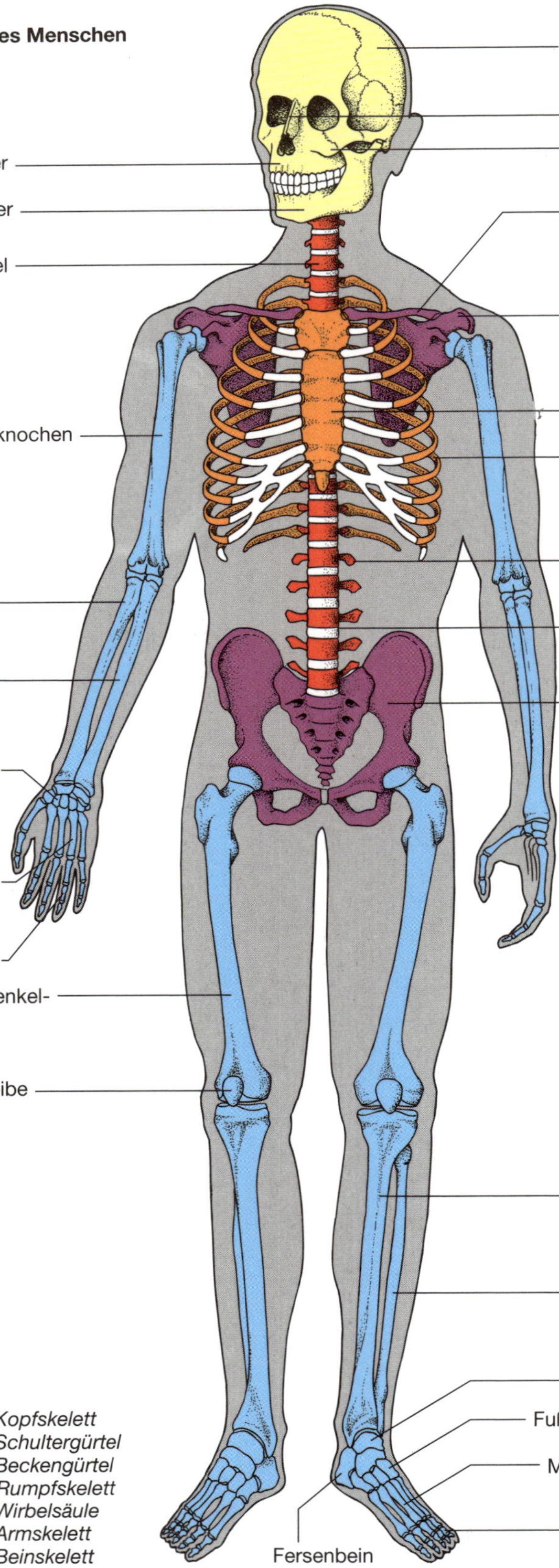

Gelb: *Kopfskelett*
Violett: *Schultergürtel*
Beckengürtel
Orange: *Rumpfskelett*
Rot: *Wirbelsäule*
Blau: *Armskelett*
Beinskelett

Martina Meuth
Bernd Neuner-Duttenhofer

Asien in unserer Küche

oder
Der west-östliche Küchendiwan

Die neue Welt des kreativen Kochens

Photos: Ulrich Kerth

Droemer

CIP-Titelaufnahme der Deutschen Bibliothek

Meuth, Martina:
West-östlicher Küchendiwan : ein kulinarischer Dialog zwischen Asien und Europa / Martina Meuth ; Bernd Neuner-Duttenhofer. Photos: Ulrich Kerth. – München : Droemer Knaur, 1989 ISBN 3-426-26414-5

NE: Neuner–Duttenhofer, Bernd:

Umschlaggestaltung: Atelier ZERO, München
Umschlagfoto: Ulrich Kerth
Gestaltung und Herstellung: von Delbrück, München
Reproduktion: Fotolitho Longo, Bozen
Satz und Druck: Appl, Wemding
Aufbindung: Großbuchbinderei Sigloch, Künzelsau
Printed in Germany
ISBN 3-426-26414-5
5 4 3 2

INHALT

Vorwort

Der Diwan: Ursprünglich die Bezeichnung für ein Register, dann auch für den Aufbewahrungsort, schließlich den Staatsrat des türkischen Reiches und seinen Versammlungsraum. Von dessen Ausstattung mit einer die Wände entlanglaufenden Polsterbank leitet sich der europäische Ausdruck »Diwan« für Sofa ab. In den orientalischen Sprachen benennt man auch eine Gedichtsammlung so. Goethe behielt für seine von den Ghaselen des persischen Dichters Hafis angeregte Auseinandersetzung der westlichen mit der östlichen Dichtkunst diese Bezeichnung bei. Wie sich abendländische Kultur in diesem Werk in morgenländisch geprägten Kunstformen äußert, wie verschiedene Stilmittel verschmolzen werden, wie intellektuell beherrschte und gefühlsmäßig betonte Themen sich mischen, wie ironische und pathetische Stimmungen abwechseln, wie Alltägliches und Außerordentliches sich zusammenfügt, wie Leidenschaft und Geist sich paaren, wie schöpferische Phantasie und überlegte Nachahmung sich ergänzen – was Goethe in seiner poetischen Sammlung gelang, wollten wir in aller Bescheidenheit auf kulinarischem Gebiet nachvollziehen. Und nachdem der Dichter das klangvolle Wort »Diwan« in der deutschen Sprache heimisch gemacht hat, wollten wir nicht, wenn es auch kulinarisch näher gelegen hätte, ganz prosaisch ein schlichtes »Canapé« daraus machen . . .

Ein kulinarischer Dialog zwischen Asien und Europa – den hat es schon seit Urzeiten gegeben: Gurken und Melonen kamen schon in vorgeschichtlicher Zeit von Indien nach Vorderasien. Die Römer machten die süßen Kirschen in Europa heimisch, die Araber brachten das Zuckerrohr aus Indien in den Mittelmeerraum, die Türken den Kaffee von Mokka nach Istanbul, von wo aus er erst seinen Siegeszug um die Welt antreten konnte. Was wären die Küchen der Welt ohne Reis, ohne die chinesischen Äpfel, die Apfelsinen, ohne Paprika und Chili, ohne die asiatischen Grundgewürze Pfeffer, Zimt, Muskatnuß, Ingwer und Nelken, deren Wert und Begehrtheit dazu führte, daß Amerika der Neuzeit erschlossen wurde!

Heute können wir uns von einem reichen Angebot an frischen Lebensmitteln auf unseren Märkten begeistern lassen: Luftfracht und Kühltransporte haben einen enormen, allumfassenden Weltmarkt geschaffen. Und so können wir nach Herzenslust drauflosdialogisieren: Mal etwas spielerische, mal eher gradlinige Variationen über wohlbekannte Gerichte und überlieferte Zusammenstellungen, Austausch von Ideen und Anrichtungen, exotische Gewürze an heimischen Produkten, chinesischer Witz statt französischer Regeln, thailändische Erfindungsgabe statt deutscher Sturheit, japanische Akkuratesse statt mediterraner Wurstigkeit, asiatische Intensität an Stelle europäischer Milde, mutiger, eindeutiger, ursprünglicher Geschmack an Stelle von in Ritualen erstarrter, modischer oder langweiliger Ausgewogenheit.

Asiens Küchen, ganz besonders die chinesische, haben bereits vor Jahrtausenden die heute noch grundlegenden Zusammenstellungen entwickelt. Daß sie sich halten konnten und nicht wie in Europa ständiger Veränderung ausgesetzt waren, liegt am anderen Geschichtsverständnis der Asiaten: Einmal für gut und richtig Befundenes wird nicht aus Mode verworfen, sondern blieb und bleibt Basis für alles Folgende. Die in vielen Jahrhunderten angesammelten Erfahrungen über die gesundheitlichen Aspekte der Ernährung, die idealen Zusammenstellungen von Lebensmitteln ebenso für ihren vollkommenen Genuß wie für ihre Verträglichkeit, das richtige Kombinieren von Nährwerten, Mineralien, Vitaminen und den komplizierteren lebensnotwendigen Substanzen, den essentiellen Fettsäuren und Eiweißbausteinen, ging in Asien nie verloren. Bei uns dagegen hat sich allenfalls in Italien etwas von den klugen diätetischen Regeln der alten Griechen erhalten.

In der französischen Kochkunst, die schließlich für die Küche der Neuzeit zum Leitbild wurde, trennten sich genußvolle Schlemmerei und gesunde Ernährung. In Deutschland gar schmeckte (und schmeckt) es den Menschen schlicht und einfach um so besser, je mehr auf den Teller kam – Hungersnöte gab es zu allen Zeiten genug, um das zu verstehen. Fleisch und tierische Fette waren Mangelware und also begehrenswertester Genuß, das Gemüse bestand aus ungeliebtem Kraut und Rüben, Obst gab es wenig, und das Getreide reichte nirgendwo aus, um Hunger zu verhindern. Erst nachdem aus Südamerika die Kartoffel eingeführt wurde und sich in einem 200 Jahre dauernden Prozeß langsam durchgesetzt hatte, wurde die Versorgung besser – an den Vorstellungen eines Schlaraffenlandes mit gegrillten Schweinen und gebratenen Tauben, einem Himmel voller Würste und Schinken, Pokalen voll süßen Weines und gewaltig gespannten Bäuchen änderte sich nichts . . .

Kluge Gastrosophen versuchten seit Anfang des 19. Jahrhunderts die naturwissenschaftlichen Erkenntnisse der Neuzeit mit den Tafelfreuden zu verbinden – dabei war übrigens dem berühmten und vielzitierten Brillat-Savarin mit seiner aufgeblasenen »Physiologie des Geschmacks« Carl Friedrich von Rumohr mit seinem »Geist der Kochkunst« weit überlegen. Das Buch des feinsinnigen, eleganten Deutschen hat, im Gegensatz zum schwammigen, pseudowissenschaftlichen, anekdotischen Werk des wohlbeleibten Franzosen, bis heute von seinem Wert nichts eingebüßt und kann als ein Leitfaden für vernünftige, aufgeklärte, durch Wissen unbestechliche Freude am guten Essen gelten.

Änderten die Theoretiker etwas? Kaum – das inzwischen reiche Bürgertum schlemmte wie einst nur die Fürsten, die Zügel der Genußfeindlichkeit wurden nicht einmal im protestantisch geprägten Norden angelegt, wie die Bemerkungen Heinrich Heines über Hamburger Tafeleien beweisen. Das Volk aber mußte weiterhin begehrlich auf die Tische der Reichen schielen, die Geistlichkeit verband sich nur zu gerne mit der Obrigkeit und hielt über ihren Magen die Menschen hungrig, klein und leicht regierbar. Vom üppig bestückten Tisch durfte angesichts der kümmerlichen Kumme mit Gerstenbrei nur geträumt werden . . .

Geschmack wird geprägt durch vielerlei Faktoren allgemeiner Art und ganz persönlicher Lebensumstände. Durch öffentliches Leben, Staat, Wohnort, Kultur, Religion und Gesellschaft ebenso wie durch familiäre Bedingungen, individuelles Schicksal, Herkunft, Erziehung und Bildung. Wertvorstellungen, soziale Strukturen, politische und wirtschaftliche Abhängigkeiten und Ziele, technische Möglichkeiten und Problemlösungen, modische Erscheinungen, Tendenzen und Zeitgeist, Erfahrungen durch Reisen und Begegnung mit Ausländern im eigenen Land – alles wandelt und erweitert sich heute mit atemberaubender Geschwindigkeit, scheinbar Unvereinbares kann nahtlos verschmelzen, Gegensätze durchdringen sich und produzieren tagtäglich Neues. In den meisten Bereichen akzeptiert das jeder – nicht aber beim Essen!

Über Jahrhunderte hinweg entwickelte Geschmacksmuster prägen. Fest installierte Ernährungsgewohnheiten sind nur schwer und sehr langsam zu ändern. Trotz aller erfreulichen Bewegung, die die Entwicklung der vielgerühmten, mißverstandenen und geschmähten Nouvelle Cuisine gebracht hat, muß man heute immer noch feststellen: Ob traditionelle Hausfrauen, alternative »Müslis«, Hobbyköche, Rezeptschreiber, Freßpäpste oder Restaurateure – die meisten von ihnen nehmen die Möglichkeiten unserer Zeit einfach nicht wahr, sind in kulinarischen und küchentechnischen Fragen erstaunlich

konservativ. Wir glauben jedoch an eine Neue Küche der Zukunft. Und wir stellen sie uns etwa folgendermaßen vor:

• Eine Küche der Phantasie, in der feststehende, starre Regeln nichts zu suchen haben! Weg mit sogenannten »Original-Rezepten« (was immer das ist), an denen angeblich nicht gerüttelt werden darf. Daß wir aus Weißwürsten einen Salat bereiten, mag für Bayern Ketzerei sein, und weil wir ihn zudem mit Chili, Koriandergrün und Sesamöl würzen, eingefleischten Kasselervertilgern ein Aprilscherz dünken – aber das Ergebnis ist überaus delikat und nur das zählt! Es ist eben nichts schwieriger aus der Welt zu räumen, als Borniertheit und Vorurteile!

• Eine Küche, die moderne Technik virtuos nutzt! Mit Mixer, Pürierstab, elektrischem Zerhacker lassen sich Saucen mit püriertem Gemüse binden und schaumig aufschlagen, statt ihnen durch eingekochte Sahne oder reichlich Butter Stand zu geben. Das Ergebnis ist leichter, bekömmlicher und intensiver im Geschmack! Mit der Mikrowelle läßt sich bei vielen Vorbereitungen enorm Zeit, Mühe und Abwasch (!) sparen. Wir benützen beschichtete Pfannen, um mit weniger Fett auszukommen. Und wir gebrauchen häufig den chinesischen Wok, dieses energie- und zeitsparende Universal-Kochgerät, das niemand missen möchte, der einmal mit ihm gearbeitet hat.

• Eine Küche, die Zusammenstellungen der Mahlzeiten nicht länger an längst vergangenen Vorstellungen und Lebensbedingungen ausrichtet! Also keine riesigen Portionen für Schwerstarbeiter, vielmehr Gerichte, die auf die Bedürfnisse von Menschen zugeschnitten sind, die am Büroschreibtisch weniger Kalorien verbrauchen als beim Holzhacken.

• Eine Küche, die der Tatsache Rechnung trägt, daß die Zeiten von Hungersnöten, Kriegen und Wirtschaftskrisen vorüber sind! Es kommt nicht mehr darauf an – der wirtschaftlichen Entwicklung sei Dank! –, daß blanke Not gelindert und Hunger gestillt wird, man darf auf Qualität achten: Die Misere unserer schlechte Massenware erzeugenden Landwirtschaft ist zum größten Teil durch die unbelehrbaren »Verbraucher« bestimmt, die nicht *gut,* sondern *billig* kaufen wollen. Übrigens heißt es ja heute nicht billig, man sagt lieber preiswert – das meiste ist aber seinen Preis durchaus nicht wert! Würden alle, nicht nur die ausgepichten Feinschmecker und die auf Vollwert eingeschworenen Alternativen, Qualität fordern, stünde es um unsere Gesundheit, um die Umwelt und um die Landwirtschaft besser!

Aber, eins muß klar sein: Gute Produkte kosten Geld. Der Bauer, der mit größerem Aufwand, mit mehr Mühe und Sorgfalt vollwertige, anständige Produkte erzeugt, muß dafür auch einen entsprechenden Preis erzielen können.

• Neue Richtlinien täten not: Erzeuger, Gesetzgeber, Händler und Kunden sollten sich nicht länger an abstrusen, ungeheuerlich falschen Qualitätsnormen aus der Vergangenheit orientieren! Was einst gültige Norm für eine natürlicherweise entstandene Qualität war, wird heute künstlich hergestellt und nichtssagend klassifiziert: Ein großer, schön gefärbter, makelloser Apfel war vor hundert Jahren gut, weil sein Aussehen bewies, daß er an einem gesunden Baum auf bestens mit Nährstoffen versorgten und sonnenbeschienenen Außenästen gediehen war, seine Aromastoffe gut ausgebildet sind und kein Abfall durch Würmer entsteht. Heute wird das Obst der klein- und schnellwüchsig gezüchteten Bäume zu enormer Größe hochgedüngt, gegen Krankheiten,

Würmer und für eine schönere Ausfärbung gespritzt und dann als bestes Produkt qualifiziert, wobei der Geschmack gar nicht erst in die Beurteilung einbezogen wird. Die Suche nach wirklich guten Produkten kostet heute mehr Zeit als das Kochen selbst . . .

• Eine Küche, die klug das Angebot des Marktes nutzt! Warum sich zu Ostern von faden, dafür teuren Erdbeeren verlocken lassen (die man zwecks besserer Haltbarkeit noch ziemlich unreif geerntet hat, und die ihr letztes bißchen Aroma auf dem langen Transportweg im Kühlwagen gelassen haben), anstatt damit bis zur heimischen Ernte im Juni/Juli zu warten, wenn die Früchte unter optimalen Bedingungen reifen und trefflichen Geschmack entwickeln konnten? Es ist eine Binsenwahrheit, aber wird so leicht übersehen: Für jedes Produkt gibt es seine »beste Zeit« – und nur dann sollte man es genießen! Wer darauf in der übrigen Zeit verzichtet, steigert gleichzeitig die Vorfreude, das Eßvergnügen, den Genuß.

• Andererseits sollte man den Reichtum des Angebotes besser ausschöpfen: Was an Obst, Kräutern, Gemüse, Fleisch und Fisch aus südlichen Ländern und den Tropen, sogar von der anderen Seite der Erdkugel zu uns

kommt, ist dank naturnaher Anbaumethoden und schneller Transporte heute oft besser und frischer als viele heimischen Erzeugnisse. Qualität kann man besser erkennen, wenn man über ihre Kriterien, Anbau und Sorten Bescheid weiß. Deshalb finden Sie in diesem Buch immer wieder Warenkunden und Hinweise auf eine wünschenswerte Beschaffenheit von Produkten – bessere Kenntnis fördert das Vergnügen!

• Eine Küche, die nicht in blöder Einfalt Genuß und Bekömmlichkeit trennt! Es gibt immer noch Menschen, die glauben, sich den Bauch vollschlagen zu müssen, wenn es gut schmeckt, und die meinen, ein zusätzliches Stück Butter, ein weiterer Schuß Sahne mache eine Sauce besser. Wir finden: Gerade das Beste sollte den Magen nicht belasten. Unser heutiges Ideal eines Schlemmers sitzt nicht mehr dickwanstig und saucetriefend mit umgebundener Serviette an der sich biegenden Tafel, sondern erfreut sich an klug komponierten und appetitlich angerichteten Speisen.

• Eine Küche, die nicht in dummer Engstirnigkeit seltene und teure Produkte höher schätzt als erstklassige Lebensmittel des Alltags! Wer Austern *per se* sorgfältig zubereiteten Bratkartoffeln vorzieht, hat von Feinschmeckerei nichts begriffen, sondern ist ein törichter, der Idee des Luxus verfallener Snob. Freilich: nichts gegen Caviar – wenn er gut ist, schmeckt er wie Himmel auf Erden! Aber die Kartoffel dazu muß ihm ebenbürtig sein, voller Geschmack, zwischen mehlig und fest, frisch gekocht, eben bester Qualität – und das ist heute leider schwieriger aufzutreiben als guter Caviar . . . Wer wirklich zu genießen versteht, sucht nicht andauernd nach Luxusprodukten, sondern leistet sich alltäglich den Luxus guter Produkte!

• Unsere Küche ersetzt cholesterinreiche Butter und Sahne weitgehend durch leichter verdauliche, wertvollere und – vor allem! – geschmacksreiche Öle. Wir essen wenig Fleisch, sehen es eher als Beilage zu Gemüse an, das bei uns immer die Hauptrolle spielt. Weniger der Gesundheit wegen, sondern vielmehr wegen des größeren Genusses – mit Gemüse und Gewürzen läßt sich viel geschmackvoller und abwechslungsreicher kochen als mit Fleisch . . . Wenn dennoch eine Reihe von Rezepten mit Fleisch (und den von uns allerdings besonders geschätzten Innereien) in diesem Buch zu finden sind, dann deswegen, weil wir entschieden der Auffassung sind, daß es zu einer rundum vollwertigen Ernährung einfach gehört.

Mit gutem, fangfrischem Meeresfisch haben wir, im Schwarzwald wohnend, zu unserem großen Leidwesen Beschaffungsschwierigkeiten und wissen uns damit in derselben Lage wie die meisten Bundesbürger, die nicht in gut versorgten Großstädten leben.

Über eines aber verfügen wir in üppiger Fülle: Gutes Gemüse aus dem eigenen Garten, frisch, mit natürlichem Dünger ernährt und ohne Behandlung von Spritzmitteln großgezogen (beziehungsweise klein und zart belassen), so gut, daß auch die Schnecken es noch mögen. Wer auf dem Markt einkauft, sollte stets auf deren Fraßspuren achten, dann kann er ziemlich sicher sein, daß er nicht von der sogenannten chemischen Keule erschlagen wird, sondern etwas Vollwertiges bekommt. In unserem kleinen Gewächshaus gedeihen die unentbehrlichen tropischen Kräuter, Zitronengras und Würzzitronenblatt, thailändisches Basilikum, grüner Koriander, westindische und asiatische Chilis; Rauke und chinesischer Kohl im Winter und verschiedene Auberginenarten, Bittergurken, Melonen und Okra im Sommer.

Wahrscheinlich finden Sie nicht alle Gemüse, Pasten und Kräuter, die wir in diesem Buch verwendet haben, in Ihrer unmittelbaren Umgebung – es lohnt sich aber, danach zu suchen: Asiatische Läden gibt es inzwischen in fast allen größeren Städten, manchmal sind es makrobiotisch ausgerichtete, dann wieder vegetarische Spezialgeschäfte, die seltene Importe anbieten. Auch »normale« Händler führen immer mehr – von Asiens Küchen inspirierte Köche wie Albert Boúley und Eckart Witzigmann, André Jaeger und Louis Oúthier, bewegen ebenfalls den Markt . . .

Wir haben die Gerichte für dieses Buch alle bei uns zu Hause entwickelt und gekocht, haben an Ort und Stelle mit von uns zusammengetragenen Requisiten, Tellern und Untergründen die Bilder arrangiert und das Essen darauf angerichtet. Ulrich Kerth hat photographiert, und hinterher haben wir alles gemeinsam aufgegessen – eine authentische Produktionsweise, die nicht sehr üblich ist, die aber viel Spaß bereitet hat. Der sich, so hoffen wir, über unser Buch auch Ihnen mitteilt.

Vorspeisen & Salate

Sie sind für uns persönlich das Wichtigste in einem Menü. Auf das Hauptgericht könnten wir leicht verzichten, nie aber auf eine, am liebsten sogar mehrere Vorspeisen! Unsere Vorliebe – und in zunehmendem Maße auch die unserer Gäste – für die kalten oder lauwarmen Kleinigkeiten hat damit zu tun, daß sie meist von aromatischen und säuerlichen Saucen begleitet werden. Das fördert die Bekömmlichkeit, regt die Verdauung an, macht das Essen leichter und frischer. Außerdem kann man bei Vorspeisen und Salaten noch mehr als sonst beim Kochen seine Phantasie spielen lassen; kann, ohne viel vergebliche Mühe befürchten zu müssen, neue Kombinationen ausprobieren; kann die verschiedensten Geschmäcker, Düfte und Konsistenzen zusammenbringen und, sollte etwas schiefgegangen sein, den Fehler meist problemlos beheben. Und schließlich sind Vorspeisen praktisch: Selbst aus den unscheinbarsten und kleinsten Resten lassen sich mit ein paar Kräutern und Salatblättern ungewöhnliche, köstliche, hübsche Vorspeisen machen.
Vielfalt läßt sich vor allem mit verschiedenen Essigsorten und immer wieder anderen Ölen erzielen. Damit treiben wir einen wahren Kult: Neben den Klassikern, Weißwein-, Champagner-, Sherry- und Rotweinessig – sowohl pur als auch mit Kräutern und Gewürzen aromatisiert –, finden sich auf unserem Würzregal Essige aus Äpfeln, Birnen, Reis, Kartoffeln, Kokosnüssen, japanischen Pflaumen, Schwarzen Johannisbeeren (Cassis), Erd- und Himbeeren, Bier und Honig. Und natürlich fehlt nicht der berühmte Balsamico-Essig aus Modena, in kleinen Fläschchen alte Essenzen, in größeren gebräuchliche Produkte . . .
Aber auch beim Öl wechseln wir gerne ab: Olivenöle aus unterschiedlichen Gebieten, zum Beispiel das elegante, zartbittere aus der Toskana, das fruchtigere aus Ligurien oder das würzige, fast derbe aus der Provence – einmal paßt dieses besser, einmal jenes . . . Wir lieben nicht weniger das intensive, dunkle, schwarzgrüne Kürbiskernöl aus der Steiermark, mildes, fast süßes Mandelöl, aromatisches Haselnuß- und Walnußöl, harziges Pinienöl, neutrales Traubenkern- oder Distelöl oder das chinesische Sesamöl aus gerösteten Sesamsamen mit seinem ausgeprägten Duft.
Essig und Öl: Basis für unendliche Variationen!

SATÉ UND WACHTEL

Die idealen Begleiter zum Empfangs-Drink für die Gäste, wenn ein Glas Wein oder Bier, Sherry oder Port, Sekt oder Champagner die Stimmung lösen soll. Damit der Kopf klar bleibt, braucht der Magen eine Grundlage: Mundbissen, die man im Stehen und ohne Besteck essen kann

Oben: Marinierte Wachtelbrüstchen und -schenkel, in einer würzigen Soja-Sherry-Honig-Marinade eingelegt und kroß gebraten.
Rechts: Saté, hier im Mini-Format. Auf Spießchen gefädelte Streifen von Hühnerfleisch. Die Rezepte auf Seite 18

APERITIF-HÄPPCHEN

Die Chinesen sind Weltmeister, was ihre Phantasie in bezug auf Imbißhäppchen angeht. Unter dem Begriff Dim Sum kennen sie Hunderte von Variationen. Täschchen, Klößchen, Leckerbissen. Gefüllt, gerollt, gewickelt und oft gedämpft. Sie sind heiß geliebt und werden zum Frühstück wie zum Tee geschätzt. Davon inspiriert hier eine Auswahl. Ihr Vorteil: Man kann sie fix und fertig vorbereiten und braucht sie bei Bedarf nur rasch im Dampf zu garen. Man ißt sie mit Stäbchen, was beim Stehempfang besonders praktisch ist

Von links oben (im Uhrzeigersinn): Die gefüllten Auberginenhäppchen sind als einzige gebraten. Die anderen Happen werden gedämpft: Reispapierröllchen, gefüllte Tongupilze, Spinatpäckchen und Nudelbeutel. Die Füllung kann jedesmal die gleiche sein: Auf Seite 18/19 zwei Varianten – einmal aus Hühnerfleisch und eine Garnelenfarce. Übrigens kann man die Gabelbissen auch auf Vorrat zubereiten und einfrieren, am besten roh. Über Dampf sind sie schnell aufgetaut und gar!

SATÉ:
HÜHNERSPIESSCHEN S. 18/19

In Südostasien sind diese Spießchen ein beliebter Imbiß. Sie werden über Holzkohle gegrillt und überall, fast an jeder Straßenecke, angeboten. Aus Hühnerfleisch oder Rind, natürlich aus religiösen Gründen nie aus Schweinefleisch, obwohl sie damit auch gut schmecken. Dazu gehört stets eine scharfe Sauce zum Stippen. Normalerweise nimmt man zum Auffädeln Bambusspießchen von etwa 15 Zentimeter Länge (gibt's im Asien-Shop). Für Mini-Saté zum Aperitif sind die bildschönen japanischen Zahnstocher besonders hübsch, die es in Japanläden manchmal zu kaufen gibt.

Für vier bis sechs Personen:
2 ausgelöste Hühnerbrüste (à ca. 120 g)
Marinade: 1 EL Soja-Sauce, 1 EL Sherry,
1 TL Sesamöl, ½ TL Zucker,
½ TL zerstoßener Szechuanpfeffer
Sauce: 1 EL Soja-Sauce,
1 EL Tahin (Sesampaste, siehe Seite 141),
1 TL Ajvar (türkische Paprikapaste),
eine Prise Zucker

Vorbereiten: Das Hühnerfleisch längs zur Faser in dünne Scheiben, diese ebenfalls längs in zwei Zentimeter schmale Streifen schneiden. Die Zutaten für die Marinade miteinander verrühren. Über das Fleisch gießen. Gut abdecken, mit Klarsichtfolie oder, besser noch, alles in einen kleinen Plastikbeutel füllen. Das hat den Vorteil, daß man mit wenig Marinade auskommt, wenn man den Beutel so eng über dem Fleisch zusammendreht, daß alle Luft herausgedrückt wird. Mindestens eine Stunde, nach Belieben auch ein, zwei Tage marinieren lassen.
Zubereiten: Die Fleischstreifen ziehharmonika-artig auf Spießchen fädeln. Über Holzkohlenglut grillen oder in der Pfanne in etwas heißem Öl braten. Die einfach rasch zusammengerührte Sauce zum Stippen in einem Schälchen dazu reichen.

MARINIERTE WACHTELBISSEN

Man kann sie zum Aus-der-Hand-Essen, sozusagen als »Fleisch am Stiel«, servieren, zusammen mit der aufgekochten Marinade zum Stippen. Hübsch sind sie auch auf einem kleinen Salat als Vorspeise. Nehmen Sie eine möglichst bunte Mischung, je nach Jahreszeit und Angebot – von Feldsalat über Frisée, Radicchio bis zu Chicorée.

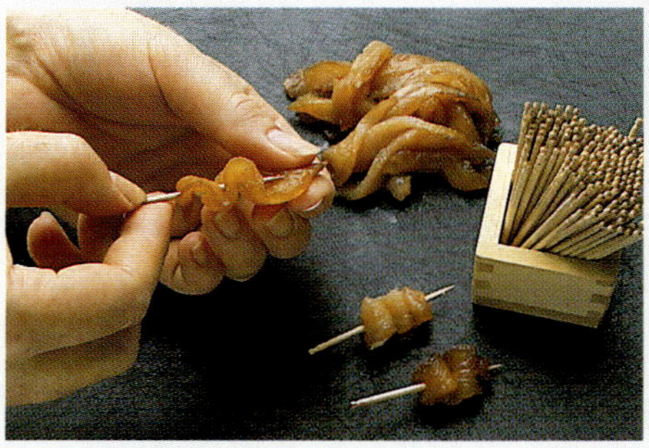

Marinierte Fleischstreifen ziehharmonika-artig auf hübsche Zahnstocher fädeln

Für vier Personen:
4 Wachteln, 2 EL neutrales Öl,
1 TL Sesamöl
Marinade: 1 EL Soja-Sauce, 2 EL Sherry,
1 TL Honig, 2 EL Brühe, ½ TL durch die Knoblauchpresse gedrückte Ingwerwurzel,
1 Würzzitronenblatt

Vorbereiten: Die Wachtelschenkel auslösen: Das geht ganz einfach, wenn man sie vom Körper wegspreizt und im Gelenk durchtrennt. Die Brust vom Knochen schneiden, dabei den Flügel (ohne die Flügelspitze) jedoch dran lassen, damit auch dieses Stück einen »Stiel« zum Anfassen hat.
Soja-Sauce, Sherry, Honig, Brühe und Ingwerwurzel aufkochen (eine Minute in der Mikrowelle). Abkühlen lassen und die Wachtelstücke darin marinieren.
Zubereiten: Die Wachtelteile in der Pfanne im heißen Öl goldbraun braten. Auf Küchenkrepp sorgfältig entfetten, bevor sie serviert werden.
Die Marinade in einem Schälchen, mit ganz fein geschnittenem Zitronenblatt geschmückt, dazu reichen.

AUBERGINEN - HÄPPCHEN

Für vier bis sechs Personen:
1 mittelgroße Aubergine (ca. 300 g), Salz
Füllung: Hähnchen- oder Garnelenfarce, siehe Rezept unten rechts
Außerdem: Mehl zum Wenden und
Öl zum Fritieren

Vorbereiten: Die Aubergine quer in halbzentimeter dünne Scheiben schneiden, salzen und sich »ausweinen« lassen: Die Scheiben dafür nebeneinander auf ein Brett legen und eine halbe Stunde Saft ziehen lassen. Schließlich abspülen und gründlich auf Küchenpapier abtrocknen. Diese Vorbehandlung schließt die Poren und ermöglicht, daß man beim Braten mit ganz wenig Öl auskommt. Gewöhnlich saugen Auberginen das Öl wie ein Schwamm in sich auf und werden dadurch ganz unnötigerweise zu Kalorienbomben.
Zubereiten: Je nach Durchmesser die Auberginenscheiben vierteln oder halbieren. Die Stücke mit etwas Füllung bestreichen, jeweils zwei wie einen Sandwich zusammendrücken. Die Auberginenhäppchen in Mehl wenden und schwimmend in heißem Öl goldbraun ausbacken. Auf einer dicken Lage Küchenpapier gründlich abtropfen und entfetten.

REISPAPIERRÖLLCHEN

Dafür braucht man Reispapierblätter, die, wie auf den Seiten 26/27 gezeigt und beschrieben, eingeweicht werden müssen. Verschnürt werden die Päckchen mit stabilem Schnittlauch oder mit längs in Streifen geteilter Frühlingszwiebel.

Für vier bis sechs Personen:
8 Reispapierblätter, 32 Spinatblätter,
1 dicker Bund Schnittlauch oder
2 Frühlingszwiebeln
Füllung: Hähnchen- oder Garnelenfarce nach dem Rezept unten rechts

Vorbereiten: Die Reispapierblätter, wie beschrieben, einweichen und jedes Blatt vierteln. Jeweils ein entstieltes Spinatblatt in die Mitte setzen, darauf einen Teelöffel Füllung betten. Aufrollen, so, daß nirgendwo etwas herausschauen oder herausquellen kann. Die Päckchen mit Schnittlauch zuschnüren.
Zubereiten: Im heißen Dampf etwa drei bis vier Minuten garen.
Servieren: Dampfend heiß, mit Stäbchen. Dazu Chili- und Sojasauce.

SPINATWICKEL

Sie sind eine hübsche Variante, die eine neue Farbe ins Spiel bringt: Einfach das Reispapier weglassen, dafür mehr Spinatblätter verwenden. Man muß sie zuvor blanchieren, damit sie geschmeidig werden und sich besser formen lassen.
Variante: Statt Spinat Mangoldblätter nehmen; die Stiele zunächst quer in Streifen, diese längs in Würfel schneiden. In einem Löffel Öl rasch eine Minute pfannenrühren, mit etwas Sojasauce und Sesamöl würzen. Abgekühlt unter die Farce mischen – die Mangoldblätter damit füllen und dämpfen.

GEFÜLLTE TONGUPILZE

Für vier bis sechs Personen:
20 Tongupilze, 2 EL Soja-Sauce
1 EL Sesamöl, 2 EL Sherry,
etwas Koriandergrün zum Garnieren
Füllung: Hähnchen- oder Garnelenfarce nach dem Rezept unten rechts

Vorbereiten: Die Pilze mit kochendem Wasser überbrühen oder für zwei Minuten in die Mikrowelle stellen, anschließend eine halbe Stunde einweichen. Die Stiele herausschneiden, dabei darauf achten, daß die Hüte ansonsten intakt bleiben. Sie mit Sojasauce, Sesamöl und Sherry beträufeln. Noch einmal für zwei Minuten in die Mikrowelle stellen und auf stärkster Stufe erhitzen. Zugedeckt auf Handwärme abkühlen und durchziehen lassen. Jeweils einen Teelöffel Füllung in die Hüte verteilen und mit einem Korianderblättchen schmücken. Bis zum Servieren mit Folie abgedeckt kalt stellen.
Zubereiten: Die gefüllten Pilze im heißen Dampf je nach Größe zwei bis vier Minuten garen.
Variante: Natürlich kann man statt der getrockneten Tongupilze auch frische verwenden, die als Shiitake immer öfter bei uns angeboten werden, oder auch Champignons. Sie brauchen nicht eingeweicht zu werden, bedürfen aber einer längeren Garzeit von etwa zehn Minuten.

NUDELBEUTEL

Für vier bis sechs Personen:
40 Teigblätter von 10 x 10 cm
(Rezept Seite 82) oder 40 fertig gekaufte Wantan-Hüllen (Asienshop)
Füllung: 4 Tongupilze, Hähnchen- oder Garnelenfarce nach Rezept unten rechts
Außerdem: Eiweiß zum Einstreichen,
Schnittlauch zum Zuschnüren,
Sesamöl zum Bepinseln

Vorbereiten: Die Tongupilze einweichen, vom Stiel befreien, die Hüte vierteln. Jeweils ein Stück in die Mitte jedes Teigfleckens setzen, einen Teelöffel Füllung obenauf geben. Die freie Fläche mit Eiweiß bestreichen, damit später die Beutel zusammenhalten. Den Teig darüber zusammenfassen und wie einen kleinen Beutel mit Schnittlauch zuschnüren.
Zubereitung: Die Beutelchen auf einem mit Sesamöl bepinselten Untersatz setzen (damit sie nicht festkleben!) und etwa acht Minuten dämpfen.

KORIANDERGRÜN

Was für uns die Petersilie, ist in Asien das grüne Korianderkraut. *Chinese parsley* wird es deshalb auch genannt. In der arabischen Küche, wo es ebenfalls eine wichtige Rolle spielt, kennt man es als *Cilantro.* Das frisch-grüne Kraut sieht glattblättriger Petersilie oder ganz jungem Selleriegrün ähnlich, ist aber mit seinem typischen, überaus intensiven Duft absolut unverwechselbar. Es ist aus der asiatischen Küche nicht wegzudenken, gibt den Gerichten erst das richtige Parfum. Allerdings ist es nicht jedermanns Sache – nicht umsonst spricht man vom *Wanzenkraut* – es erinnert nämlich tatsächlich an den Geruch, den Blattwanzen hinterlassen, jene bildschönen, goldgrünen Insekten, die in einem intakten Garten vorkommen. Es ist übrigens ein völlig anderer Geschmack, als ihn die braunen Samenkapseln liefern, die man bei uns als Brotgewürz schätzt, und die von vielen Köchen fälschlicherweise oder mangels besserer Kenntnisse genommen wurden: Diese sind kein Ersatz! Allerdings kann man leicht aus ihnen das grüne Kraut züchten, sogar im Blumentopf und auf der Fensterbank: Die Samenkörner nur mit wenig Erde bedecken, sie brauchen Licht zum Keimen. Nach vier Wochen kann man die ersten Blättchen ernten. Es lohnt sich, auch wenn man Koriandergrün inzwischen immer öfter auf dem Markt findet und in Asien-Shops kaufen kann. Konservieren läßt sich das Kraut leider nicht. Weder Einfrieren noch Trocknen bewahrt den Duft. Einzige Möglichkeit: Die noch grünen, also unreifen Samenkörner einfrieren. Später einfach über die heißen Speisen streuen – sie sind sofort aufgetaut.

HÄHNCHENFARCE

200 g Hähnchenbrust, ½ Eiweiß,
1 TL Sesamöl, 1 EL Soja-Sauce,
1 Scheibe Ingwer, 1 grüne Chilischote,
Salz, Pfeffer

Das grob gewürfelte, gut durchgekühlte, am besten sogar kurz angefrorene Fleisch mit Eiweiß, Sesamöl und Soja-Sauce in den elektrischen Zerhacker füllen. Den kleingehackten Ingwer, die entkernte, ebenfalls zerkleinerte Chilischote, Salz und Pfeffer zufügen. Kurz durchmixen, bis eine streichfähige Farce entstanden ist.

GARNELENFARCE

200 g ausgelöste, rohe Garnelenschwänze,
50 g grüner (ungeräucherter, fetter) Rückenspeck, 1 TL Sesamöl,
1 EL Soja-Sauce, 75 g Bambussprossen,
1 TL Speisestärke, ½ TL Zucker, Salz,
einige Korianderblätter

Die entdärmten Garnelen mit allen übrigen Zutaten im elektrischen Zerhacker mixen, dabei jedoch darauf achten, daß die Masse nicht völlig zermust wird wie bei der Hähnchenfarce, sondern noch kleine Stückchen spürbar bleiben.

SUSHI – VARIATIONEN

Von links gesehen: Klassische japanische Sushi-Häppchen aus gesäuertem Reis. Noritüte (aus getrocknetem Seetang) mit Avocado und Keta-Kaviar. Sushi-Röllchen mit Pilzen, Sushi mit Lachs. Daneben unsere heimische Version: Kartoffelhäppchen mit Lachs, mit Rindfleisch, Kasseler oder Matjes. Dazu Senf und Chilisauce, roter Rettich, Ingwer-Pickles, sowie Meerrettich

Sushi sind die japanische Version von Canapées,
Hübsche, mundgroße Häppchen aus gesäuertem Reis,
Wir haben diese Idee aufgegriffen und sie ins
hiesige Kartoffeln. Statt ungewohntem, rohem Fisch
Rinderfilet oder milden Matjes. Das sieht ebenfalls

SUSHI - HÄPPCHEN

Für etwa 30 Stück:
Reis: 3 Tassen Rundkornreis,
3½ Tassen Wasser, 4 EL Reis-Essig,
4 EL Zucker, 2 TL Salz
Außerdem: 4 EL Wasabipulver (siehe die Anmerkung unten),
insgesamt etwa 500 g
erstklassiges, taufrisches Fischfilet
(zum Beispiel Lachs, Thunfisch, Seezunge, Seebarsch, Forelle, Lachsforelle)

Vorbereiten: Den Reis mit dem Wasser bedeckt aufkochen. Nach zwei Minuten sprudelnden Wallens auf kleinste Stufe zurückschalten und den Deckel auflegen. 20 Minuten ausquellen lassen. Den Topf vom Herd ziehen, den Deckel nicht lüften, den Reis so noch weitere 10 Minuten ruhen lassen. Inzwischen Essig, Zucker und Salz aufkochen und wieder abkühlen.
Den Reis in eine große, weite Schüssel umfüllen, ihn dabei ausbreiten und lockern – er soll mit möglichst viel Luft in Kontakt kommen, wodurch er rasch abkühlt. Die Essiglösung hineinträufeln, gleichzeitig den Reis mit einem Spatel umwenden und mischen, damit möglichst alles mit der Essiglösung gewürzt wird. Den ausgekühlten Reis stets gut zugedeckt halten; so kann er nicht austrocknen.
Das Wasabipulver mit so wenig Wasser anrühren, daß eine feste Paste entsteht, etwa von der Konsistenz, wie an dem kleinen, grünlichen Häufchen auf dem Photo Seite 20/21 vorne links zu erkennen.
Das Fischfilet sorgfältig von Häuten, Gräten, Fettstreifen säubern und in drei Millimeter dünne, zweifingerbreite Streifen schneiden. In Folie verpackt kühl halten, bis man sie vor dem Servieren endgültig verarbeiten will.
Zubereiten: Jeweils ein eßlöffelgroßes Reisbällchen in der angefeuchteten Handfläche in längliche Form drücken. Auf die Oberfläche etwas Wasabi streichen. Obenauf eine Scheibe Fischfilet betten, das so groß sein sollte, daß das Reisbällchen fast darunter verschwindet.
Servieren: Die farblich möglichst unterschiedlichen Sushi-Häppchen auf einem hübschen Tablett anrichten. Dazu wird klassischerweise Soja-Sauce serviert, die man sich mit Wasabi nach eigenem Gusto schärfen kann. Außerdem gehören dazu eingelegter, japanischer Ingwer, *Beni Shoga* und fast haarfein geschnittener Rettich.
Anmerkung: Wasabi ist eine Art japanischer Meerrettich, eine Wurzel, die unserem Meerrettich außen tatsächlich ähnlich sieht, jedoch innen leuchtend grün ist. Außerdem ist sie wesentlich kleiner als hiesiger Meerrettich und gedeiht im Wasser, nicht in der Erde. Wasabi ergibt gerieben eine höllisch scharfe Paste, die einem noch schneller die Tränen in die Augen treibt, als das unser Meerrettich tut. Leider gibt es ihn bei uns eigentlich nie frisch. Statt dessen wird er in Japanläden als Pulver angeboten, das mit etwas Wasser oder Reiswein angerührt ein durchaus ganz ähnliches Ergebnis liefert.
Wir verwenden Wasabi auch gern als Gewürz in Saucen für bestimmte Salate – in diesem Fall wird das Pulver nicht mit Wasser, sondern mit Essig oder Wein angerührt (siehe dazu auch das Rezept auf Seite 38).

SUSHI - RÖLLCHEN

Dafür braucht man *Nori,* Algenblätter, die man im Japanladen kauft (siehe auch die Warenkunde unten). Um Sushi-Röllchen perfekt zu wickeln, benutzt man in Japan eine kleine Matte aus ganz feinen Bambusstäbchen: darauf wird das Algenblatt gelegt, auf dem man den gesäuerten Reis verteilt und schließlich, in der Mitte quer, die Füllung bettet. Zum Beispiel einfach in Julienne geschnittene Salatgurke, Avocadowürfel oder Omelettstreifen. Mit Hilfe der kleinen Matte läßt sich das Algenblatt mitsamt seiner Füllung bequem aufrollen und richtig fest wickeln, so daß eine stramme Rolle entsteht. Statt dessen kann man aber natürlich ebensogut ein Küchentuch verwenden.
Gut schmecken Sushi-Röllchen mit einer Füllung aus Tongupilzen.

Für vier bis sechs Personen:
Füllung: 6 Tongupilze, 2 EL Sesamöl,
2 EL Soja-Sauce, 2 Eier, 2 Frühlingszwiebeln
Außerdem: 6 Noriblätter

NORIBLÄTTER

Sie werden aus getrocknetem Seetang hergestellt und sind eine wichtige Zutat in der japanischen Küche. Man braucht sie immer wieder, schon beim Frühstück zum Einwickeln vom Frühstücksreis, aber auch für andere Häppchen, in Streifen oder zerkrümelt zum Würzen. Die hauchdünnen Blätter von grünlicher oder rötlichbrauner Farbe kauft man fertig, muß sie jedoch noch vor Gebrauch rösten, damit sie knusprig werden und ihren vollen Duft entwickeln. Sie saugen jegliche Feuchtigkeit wie ein Schwamm auf und werden dann unangenehm zäh. Deshalb darf man Sushi niemals herumstehen lassen, muß sie sofort verspeisen. Und in dem geheimnisvollen, kleinen Beutel mit der japanischen Aufschrift, der sich in jedem Päckchen mit Noriblättern befindet, steckt auch nichts Eßbares, sondern hygroskopisch wirkende Körnchen, die in der Packung entstehende Feuchtigkeit aufnehmen.

kleine, feine Bissen zum Champagner oder Wein.
belegt mit rohem Fisch, Gemüse, Kräutern oder Kaviar.
Europäische übersetzt: statt asiatischem Reis
vertrautes Kasseler, Lachsschinken, carpacciodünnes
bildschön aus, schmeckt herrlich und macht Eindruck!

Vorbereiten: Die Pilze mit kochendem Wasser überbrühen und eine halbe Stunde einweichen. Den Stiel entfernen. Die Hüte mit Sesamöl und Sojasauce begießen und mindestens eine halbe Stunde, ruhig auch länger, marinieren. Schließlich die Marinade abgießen und mit den Eiern verquirlen. In einer beschichteten Pfanne daraus dünne Omeletts backen. Sie aufrollen und wie die Pilzhüte quer in feine Streifen, die Frühlingszwiebeln in schmale Ringe schneiden.
Zubereiten: Die vorbereiteten (siehe Warenkunde unten) Noriblätter auf einer Bambusmatte oder einem Küchentuch ausbreiten. Den Reis zentimeterhoch darauf verteilen. Dabei darauf achten, daß eine gleichmäßig dicke Schicht entsteht. Etwas festdrücken, bevor in die Mitte quer die Pilze, Frühlingszwiebeln und Omelettstreifen gebettet werden. Fest aufrollen. Jede Rolle quer in sechs gleich große Stücke schneiden.
Servieren: Die Stücke, Schnittfläche nach oben, anrichten. Dazu Soja-Sauce und Wasabi reichen.
Übrigens vertragen Sushi-Röllchen noch am ehesten eine kleine Wartefrist – mit Folie gut zugedeckt.

NORI - TÜTEN

Eine Idee, die ursprünglich aus Kalifornien kommt, aber längst im japanischen Sushi-Repertoire Einzug gehalten hat.

Für vier bis sechs Personen:
1 reife Avocado, Zitronensaft,
2 Tassen Sushi-Reis, 12 Noriblätter,
100 g frischer Keta-Kaviar, Minzeblätter

Vorbereiten: Die Avocado schälen, halbieren, den Stein auslösen. Das Fleisch längs in feine Scheiben schneiden und mit Zitronensaft beträufeln – so bleibt es besser frisch und appetitlich.
Zubereiten: Die Noriblätter ausbreiten, je einen Eßlöffel Sushi-Reis in eine Ecke häufen. Drei bis vier Avocadoscheiben obenauf legen. Die Algenblätter zu Tüten formen. Sie halten durch die Feuchtigkeit vom Reis gut zusammen, wenn nicht, zusätzlich mit Wasser festkleben. Jeweils einen Löffel Kaviar oben in die Tüte füllen und mit einem Minzeblättchen schmücken.

KARTOFFEL - HÄPPCHEN

Eine festkochende, sogenannt speckige Sorte eignet sich dafür am besten (siehe auch die Warenkunde Seite 39). Die Kartoffeln sollten abgekühlt sein und ihre Stärke abgebunden haben. Allerdings sollte es aber auch nicht länger als drei, vier Stunden her sein, daß sie den Kochtopf verlassen haben.
Exakte Mengen und Maße lassen sich hier kaum geben. Deshalb lediglich Tips und Ideen, was man alles auf die Kartöffelchen betten, wie man sie würzen und schmücken kann. Jeweils in dünnen Scheiben, von Häuten, Sehnen oder gar Fett gesäubert und auf Kartoffelgröße zugeschnitten:
• Lachsschinken oder Kasseler, garniert mit Liebstöckelblättchen und Kapernfrüchten (die entstehen, wenn man die Blütenknospen nicht erntet, um Kapern zu erhalten, sondern sie blühen und schließlich wachsen läßt. Man kann sie manchmal, aus Spanien importiert, in Essig eingelegt in Feinkostläden kaufen).
• Rinderlende oder -filet, mit Kräutern nach Belieben. Zum Beispiel Petersilie, Pimpinelle, Estragon.
• Matjesfilet, mit hauchdünnen Zwiebelringen oder Schnittlauch. Oder
• Lachs, mit reichlich frischem Dill.
Zum Stippen und Würzen kann man einfach Senf dazu stellen. Besonders würzig, zum Beispiel aus englischem Senfpulver angerührt (siehe Warenkunde unten). Gut paßt aber auch Schärfe, zum Beispiel im Asien-Shop fertig gekaufte Chilisauce. (Das ist wichtig, denn europäische Chilisauce ist immer auf Tomaten-Ketchup-Basis und süß!) Oder einfach eine Vinaigrette, die zum Beispiel dem Fleisch einen Hauch von Frische verleiht.
Hübsch wie knackig: ein Salat aus rotem Rettich oder Radieschen.
Getränk: Dazu paßt auch anderes als Champagne brut: Als Aperitif eignet sich durchaus auch mal ein Apfelwein (Cidre brut) oder ein erfrischendes und die Zunge reinigendes Pils, zum Matjes oder Lachs darf ein begleitender Aquavit, eisgekühlt serviert, nicht fehlen!

ENGLISCHES SENFPULVER
Zu puderfeinem Mehl zerkleinerte Senfsaat. Gelbe Senfkörner ergeben ein gelbes Mehl, schwarze ein grünliches. Früher war es auch bei uns üblich, Senf vor Gebrauch jedesmal frisch anzurühren. Das ist inzwischen aus der Mode gekommen. Schade, denn das würzige Pulver ist überaus vielseitig. Nicht nur, um Senf daraus anzurühren, dem man mit verschiedenen Weinen, Bier oder Essigen jedesmal einen anderen Geschmack verleihen kann. Er gibt auch Saucen, Suppen, Ragouts (vor allem aus hellem Fleisch und Geflügel) eine interessante Würze. Senf aus englischem Senfpulver ist erheblich schärfer als unser üblicher Senf, eher dem französischen oder japanischen ähnlich. Allerdings verfliegen die ätherischen Öle, die für Geschmack und Schärfe verantwortlich sind, schnell. Deshalb sollte man ihn, einmal angerührt, immer gleich verbrauchen!

GLÜCKSROLLEN

Frühlingsrolle auf vietnamesisch: zarter, delikater und leichter, als man sie sonst in Asien liebt. Sie bleibt roh, wird nicht – wie üblich – in heißem Öl gebacken. Gemüse, Kräuter und Garnelen sind in ein weißes Reispapierblatt eingewickelt, das den seligmachenden Himmel symbolisieren soll. Der Inhalt steht für Harmonie zwischen Natur und Mensch – eben für Glück! In die Salatblätter werden die Röllchen eingepackt, bevor man sie in die Sauce stippt und mit Genuß verspeist

Glücksrollen machen leider etwas Arbeit, dafür geben sie ein wirklich bemerkenswertes Aperitif-Häppchen ab, von dem die Gäste noch lange sprechen werden. Die Sauce ist dafür ganz schnell aus chinesischer Hoisinsauce, Orangensaft und Streifen von Orangenschale hergestellt

GLÜCKSROLLEN MIT GARNELENFÜLLUNG

Für sechs Stück – genug als Vorspeise für sechs Personen, als Aperitifhäppchen für acht bis zehn (in diesem Fall kleinere Reispapierblätter nehmen oder große vierteln, um handliche Mini-Röllchen herzustellen) und als kleiner Imbiß für zwei bis drei Gäste:

12 Reispapierblätter (ca. 20 bis 25 Zentimeter Durchmesser),
1 fester Salatkopf, reichlich frische Kräuterzweige, zum Beispiel: Minze, Koriandergrün, Thai-Basilikum
Füllung: 200 g rohe, ausgelöste Garnelenschwänze, 2 EL Soja-Sauce,
1 EL Sesamöl, 1 EL Sherry,
eine Prise Zucker, 1 Möhre,
1 kleiner Zucchino, 1 Knoblauchzehe,
1 Scheibe Ingwerwurzel (ca. 2 cm dick),
1 Schalotte, 1 EL Öl, 1 Frühlingszwiebel,
Salz, Pfeffer

Vorbereiten: Die Reispapierblätter einsprühen und eine gute Viertelstunde lang einweichen – um die Sache zu beschleunigen, kann man sie anschließend zusätzlich mit einem feuchten, keinem nassen(!) Tuch bedecken, aber viel schneller geht es nun mal nicht. Die Blätter müssen wirklich weich und formbar sein, sonst brechen oder reißen sie.
Den Salat in Blätter teilen, nur die schönen, kräftigen verwenden. Wie die Kräuter waschen und trockenschütteln. Die Garnelen rücklings aufschlitzen. Wenn der dunkle Darm, der dadurch freigelegt wird, entfernt ist, waschen, in Stücke schneiden und mit Soja-Sauce, Sesamöl, Sherry und etwas Zucker marinieren.
Inzwischen Möhre und Zucchino längs in streichholzfeine Streifen hobeln. Knoblauch, Ingwer und Schalotte sehr fein würfeln. Die Frühlingszwiebel in feine Ringe schneiden.
Zubereiten: Im heißen Öl das Gemüse rasch unter stetem Rühren und Wirbeln in der Pfanne anbraten, dabei Knoblauch, Ingwer und Schalotte hinzustreuen. Salzen, pfeffern. Die Garnelen und Frühlingszwiebeln zufügen und eine Minute braten. Erst dann die Marinade zufügen. Salzen und pfeffern, mit Zucker abschmecken und abkühlen.
Fertigstellen: Wie in den Phasenphotos unten gezeigt, zunächst jeweils als Unterlage ein Salatblatt auf zwei aufeinanderliegende Reispapierblätter setzen. Es soll verhindern, daß die Fülle die Hülle zu sehr aufweicht. Die Füllung darauf verteilen, dazwischen großzügig Kräuterblättchen streuen. Die Röllchen möglichst stramm wickeln. Bis zum Servieren unter einem feuchten Tuch kalt stellen.
Servieren: Mit den übrigen Salatblättern und Kräutern auf einer Platte hübsch anrichten. Mit der Sauce (Rezept rechts) anbieten.
Dazu paßt als Getränk auf vietnamesische Art grüner, also unfermentierter Tee, natürlich ohne Zucker. Oder, eher europäisch, ein kräftiger, trockener Weißwein, zum Beispiel badischer Grauburgunder, auch ein Pils. Zu der mit Orangenschale parfumierten Sauce übrigens schmeckt ein Champagne brut besonders gut. Und der ist zum Aperitif ohnehin immer richtig.

Die Reispapierblätter zum Einweichen nebeneinander auf einem Küchentuch ausbreiten und aus dem Wäschesprenger gleichmäßig mit Wasser einsprühen

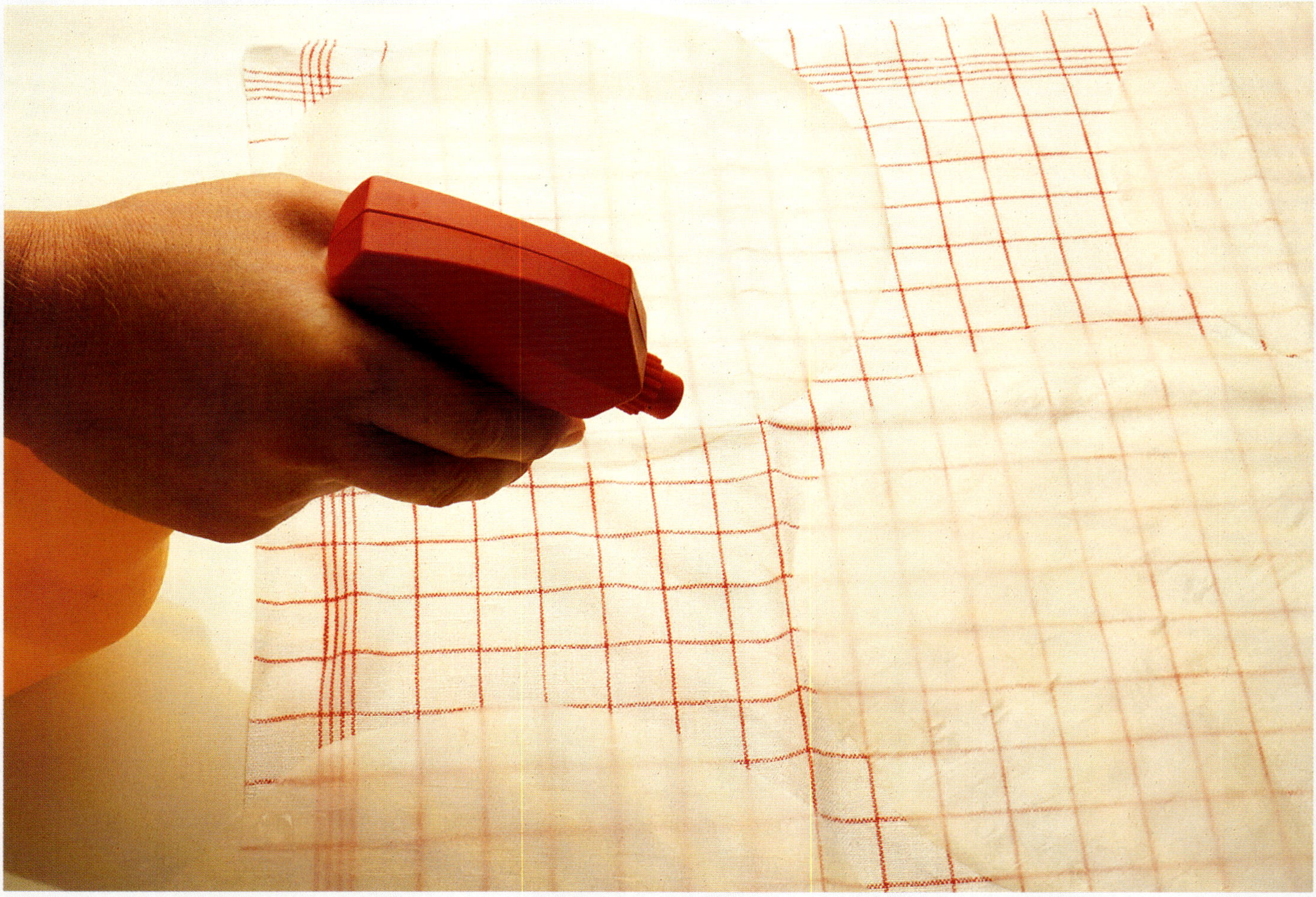

FLEISCHFÜLLUNG FÜR GLÜCKSROLLEN

Für sechs Glücksrollen:
200 g Hähnchen- oder Schweinefleisch,
½ TL Speisestärke, 1 EL Soja-Sauce,
1 TL Sesamöl, 1 EL Sherry,
je 1 TL feingehackter Knoblauch und Ingwer,
1 Möhre, ¼ Sellerieknolle,
1 dünne Lauchstange, 1 EL Öl, Salz,
Pfeffer, Zucker, chinesischer Schnittlauch

Vorbereiten: Das Fleisch schnetzeln, mit Stärke einmassieren. Soja-Sauce, Sesamöl, Sherry, Knoblauch und Ingwer untermischen. Eine halbe Stunde marinieren. Möhre, Sellerie und Lauch in streichholzfeine Julienne hobeln.
Zubereiten: Zuerst das Fleisch im rauchend heißen Öl anbraten. Das Gemüse zufügen, salzen, pfeffern und mit Zucker würzen. Zwei bis drei Minuten unter Rühren braten. Zum Schluß den schräg in schmale Stücke geschnittenen Schnittlauch unterrühren.
Servieren: Genau wie unten beschrieben die Füllung in das Reispapier wickeln und mit Salatblättern und Kräutern anrichten. Auch hierzu die folgende Sauce reichen.

HOISIN-ORANGEN-SAUCE

Hoisinsauce ist eine Würzsauce aus der chinesischen Küche, die man aber auch anderswo in Asien schätzt. Sie ist dunkelbraun, dickflüssig und von süßlich-würzigem Geschmack. Man kauft sie fertig, in Flaschen oder Dosen. Aus letzterer sollte man sie nach dem Öffnen in ein Glas- oder Porzellangefäß umfüllen. Die Hoisinsauce hält sich gut verschlossen im Kühlschrank einige Monate. Man nimmt sie pur als Tischwürze oder verwendet sie in der Küche als Basis für Saucen und als Gewürz für Pfannengerührtes, vor allem Gemüse und dunkles Fleisch.

Für sechs Glücksrollen:
1 unbehandelte Orange, 2 EL Hoisinsauce,
⅛ l Hühnerbrühe, 1 EL Soja-Sauce,
1 TL Sesamöl, Pfeffer, Cayennepfeffer

Vorbereiten: Von der Orangenschale entweder mit Hilfe des Zestenschneiders (siehe Anmerkung) oder mit dem Messer feine Streifen schneiden. Eine Orangenhälfte auspressen.
Zubereiten: Orangensaft, Hoisinsauce, Soja-Sauce und Sesamöl aufkochen. Die Orangenzesten zufügen, mit Pfeffer und Cayennepfeffer abschmecken.
Anmerkung: *Zesten* ist Küchenchinesisch und bedeutet nichts weiter als die ganz feinen Streifchen, die man aus der Schale von Zitrusfrüchten schneidet, an denen jedoch kein Fitzelchen der inneren, weißen, wattigen Haut haften darf. Mit dem Küchenmesser ist das eine diffizile Arbeit. Deshalb gibt es ein spezielles Messer für diesen Zweck, den sogenannten *Zestenschneider oder -reißer.* Damit geht das kinderleicht. Es sieht aus, als ob die Klinge in der Mitte abgebrochen wäre und hat vorn, an der »Bruchkante«, fünf winzige scharfkantige runde Ösen. Damit schrappt man an der Orangenschale entlang und erhält feine Streifchen der äußersten Schalenschicht. Dort sitzen nämlich die meisten ätherischen Öle, die man als Gewürz verwendet. Freilich: Zesten schmecken nur gut, wenn die Früchte nicht konserviert (gewachst) wurden.

Immer gleich zwei Blätter aufeinander verarbeiten, damit sie beim Wickeln nicht reißen. Bereitstellen: die Füllung, Salatblätter und genügend frische Kräuter

Jeweils ein Salatblatt als Unterlage auf das Reispapier betten, darauf einige abgezupfte Kräuter verteilen und etwas von der Füllung obenauf setzen

Zum Aufwickeln zuerst die Seiten rechts und links einschlagen, so daß nichts von der Füllung herausfallen kann und die Röllchen nachher rundum geschlossen sind

Schließlich aufwickeln, dabei die eingeschlagenen Seiten festhalten und möglichst eng wickeln, damit die Glücksrolle stramm wird und Form behält

REISPAPIERBLÄTTER

Man kauft die weiß-transparenten Bögen nicht im Papiergeschäft, sondern im Asien-Shop. Sie sind aus Reismehl hergestellt, daher ganz neutral im Geschmack. Die runden Blätter gibt es in verschiedenen Größen: Durchmesser von 15 bis 30 Zentimeter, manchmal auch als Viertelsegmente. Nach dem Einweichen, mit Wasser oder Bier (gibt Geschmack!), werden sie undurchsichtig-opak und dienen als Hülle für vielerlei, nicht nur für Glücksrollen. Man kann auch rohe Füllung darin einpacken, die Röllchen oder Täschchen dann dämpfen, braten oder besser noch fritieren. Praktisch, weil sie getrocknet und deshalb – anders als Nudelteigblätter – immer verfügbar sind. Sie können übrigens auch durchaus als Ersatz für *Pâte à brick* (siehe Seite 172) dienen. Kleine Reispapierblätter sind nötig, wenn man Mini-Röllchen wickeln möchte, um sie als mundgerechte Bissen beim Stehempfang zu reichen. Röllchen aus großen Papierblättern werden schräg halbiert, bevor man sie serviert. Eingeweichte Blätter oder fertige Röllchen stets mit einem feuchten Tuch bedecken, damit sie nicht austrocknen.

EIER: GERÜHRT UND GESTOCKT

Einfach, schnell und durch kleine Würzzugaben immer wieder neu und individuell abzuwandeln – unser Rührei und das chinesische Eiergelee in gegenseitiger Konkurrenz. Zart und luftig das eine, geschmeidig und cremig das andere . . .

EIERGELEE (Bild unten)

Zutaten für eine Person:
1 Tongupilz, ½ gelbe Chilischote, 1 Ei,
2 EL Hühnerbrühe, 1 TL Soja-Sauce,
½ TL Sesamöl, 1 EL feine Palerbsen,
einige Korianderblättchen

Vorbereiten: Tongupilz mit kochendem Wasser überbrühen oder in der Mikrowelle eine Minute erhitzen und 30 Minuten einweichen. Stiel entfernen, den Hut in Streifen schneiden. Chilischote entkernen, in Ringe oder Würfelchen schneiden.

Zubereiten: Alle Zutaten außer Koriander verrühren, aber nicht schaumig schlagen. In eine Tasse füllen, mit Folie abdecken und über nur ganz leise siedendem Wasser in etwa 40 Minuten im sanft aufsteigenden Dampf schonend garen, damit keine Bläschen entstehen. Mit Koriander garnieren.

RÜHREI MIT CHRYSANTHEMEN

Zutaten für 2 Personen:
3 Eier, Salz, Pfeffer, Cayennepfeffer,
1 TL Soja-Sauce, 1 TL Fisch-Sauce,
2 TL Sesamöl, 1 Schuß Sprudel,
2 Knoblauchzehen, halb soviel Ingwer,
3 frische Champignons, 1 Frühlingszwiebel,
2 EL Chrysanthemenblätter,
2 Fleischtomaten, 1 EL Erdnußöl

Vorbereiten: Eier mit Gewürzen, Saucen und einigen Tropfen Sesamöl verquirlen. Erst unmittelbar vor dem Fertigstellen einen Schuß Sprudel zufügen – das macht die Masse locker.

Knoblauch und frischen Ingwer winzigfein würfeln, nicht ganz so fein die natürlich ebenfalls frischen Champignons. Frühlingszwiebel in Ringe schneiden, dabei Weißes und Grünes trennen. Chrysanthemenblätter fein hacken. Tomaten überbrühen, häuten, entkernen und in halbmondförmige Segmente teilen. Mit dem restlichen Sesamöl vermischen und zugedeckt bis zum Gebrauch stehen lassen.

Zubereiten: In einer beschichteten Pfanne das Erdnußöl erhitzen, Knoblauch, Ingwer, Champignons und das Weiße der Frühlingszwiebel darin anschwitzen. Eimasse angießen, das Zwiebelgrün und die Chrysanthemen zufügen und unter Rühren stocken lassen. Auf vorgewärmte Teller geben, die Tomaten in der heißen Pfanne nur eben erwärmen, neben dem Rührei anrichten, salzen, pfeffern und sofort servieren.

Dazu paßt vorzüglich ein eisgekühlter Sake oder japanischer Pflaumenwein.

EIER: SALATE

Es soll Leute geben, die verstehen unter einem Eiersalat stets etwas ganz Bestimmtes und immer dasselbe: steinhart gekochte, fast unverdauliche Eier, angemacht mit einer fertigen Mayonnaise billigster Provenienz. Eine schauerliche Angelegenheit . . .
Für uns – und unsere Freunde, die unsere Kontinuität in der Abwechslung lieben – ist Eiersalat immer wieder etwas Neues, Wunderbares. Wahrscheinlich haben wir inzwischen Tausende von Eiersalaten gemacht, aber garantiert niemals den gleichen!

Linke Löffel von unten nach oben: Eiersalat mit Kernöl, Frühlingszwiebeln, Radieschen und Balsamico; mit Ume-su-Mayonnaise, Schnittlauch und Ingwer; mit Oliven, Knoblauch und Basilikum. Rechts: mit Schalotten, Rôtisseur-Senf, Meerrettich und Chrysantheme; mit chinesischem Schnittlauch, Soja-Sauce, Chili und Koriander; mit rosa Pfeffer, Kapern, Liebstöckel und Walnußöl. Die Rezepte finden Sie auf den nächsten Seiten

LIEBSTÖCKEL ODER MAGGIKRAUT

In den Bauerngärten des Alpenvorlandes bekam der Liebstöckel stets einen Ehrenplatz, denn das intensive Gewürz gehörte an die meisten dunklen Fleischgerichte, vor allem ans sonntägliche Siedfleisch und in die Suppe. Viel später erst hat man das Kraut nach dem ähnlich schmeckenden Maggi benannt. Mit asiatischen Gewürzen verbindet es sich dank seiner Kraft ausgezeichnet, es paßt natürlich zu Fleisch, schmeckt hervorragend mit Schnittlauch in Blattsalaten und zu Eiern, aber auch zu Fisch.

PINIENKERNÖL

Ein seltenes Öl mit etwas harzigem Geschmack, das man in Frankreich und Italien verwendet. Vor allem zum Würzen von Salaten geeignet, besonders solchen aus gekochtem Gemüse, Fleisch, Fisch und Eiern.

Eier lassen sich praktisch mit allem kombinieren. Es kommt nur darauf an, daß die einzelnen Zutaten untereinander verträglich sind und in der Lage, den Eiergeschmack zu heben und nicht zu stören. Es ist daher bei unseren Rezepten nicht nötig, sich zwingend diese oder jene Zutat zu besorgen oder sich krampfhaft an einen bestimmten Essig zu klammern – gute Zutaten müssen es sein, mit geschmacksorientierter Phantasie kombiniert. Nur eines sollten Sie unbedingt beachten: Eier dürfen nicht ewig kochen, sondern sollen einen cremigen Schmelz im Eigelb bewahren. Zwölf Minuten genügen bei kühlschrankkalten Eiern der Klasse 1 oder 2! So gilt für alle folgenden Rezepte:

Vorbereiten: Eier picken, in Salzwasser hart kochen, kalt abschrecken und pellen.

Ein Eiersalat gehört für uns ganz unerläßlich nach einigen stärkenden Tassen Tee oder Kaffee zu einem ausführlichen Brunch, unserer liebsten spätvormittäglichen Sonntagsbeschäftigung. Aber auch zum kalten Abendbrot, als Imbiß und auf dem Party-Buffet wird ein Eiersalat Ihre Gäste stets entzücken.

Dazu paßt dunkles Brot, ein kühles Pilsener, ein trockener Weißwein oder, vor allem zum Brunch, Champagne brut.

EIERSALAT . . .

. . . MIT KERNÖL, RADIESCHEN UND BALSAMICO-ESSIG

Zutaten für 4 Personen:
6 frische Hühnereier, Salz,
4 Frühlingszwiebeln mit ihrem Grün,
6 Radieschen, 2 EL Balsamico-Essig,
Saft von ½ Limone, 2 TL Soja-Sauce,
frisch gemahlener Pfeffer,
3 EL Kürbiskernöl,
nach Belieben Koriandergrün oder Dill

Vorbereiten: Eier kochen. Frühlingszwiebeln mit Grün in Ringe schneiden. Radieschen waschen und rundum mit dem Streifenhobel dünne Schalenstreifen abschneiden. Oder in Scheiben hobeln und diese in Streifen schneiden. Die restlichen Zutaten außer den Kräutern zur Sauce vorrühren.

Fertigmachen: Eier mit dem Eierschneider einmal längs, dann quer in Scheiben schneiden, so daß möglichst kleine und einigermaßen gleichmäßige Würfelchen entstehen. Mit der Sauce umwenden, nach Belieben mit einer Handvoll kleingeschnittener Kräuter vermischen und den Salat nun unverzüglich servieren, nicht herumstehen lassen.

. . . MIT UME-SU-MAYONNAISE, SCHNITTLAUCH UND INGWER

Zutaten für 4 Personen:
5 Eier, Salz
Mayonnaise: 1 ganzes Ei,
1 EL Ume-su (siehe Warenkunde oben),
1/10 l geschmacksneutrales Pflanzenöl,
Salz, Saft von 1 Limone,
1 Messerspitze Cayennepfeffer,
1 Knoblauchzehe,
1 ebensogroßes Stück frischer Ingwer,
1 Bund Schnittlauch

Vorbereiten: Eier kochen. Für die Mayonnaise das ganze (!) Ei mit Umeshu, Öl, Salz (Vorsicht, Umeshu ist sehr salzig!), Limonensaft, geschälter Knoblauchzehe und geschälter, grob gewürfelter Ingwerwurzel in den Mixer oder die Kompakt-Küchenmaschine geben. Schnell zu einer dickschaumigen, aber durch das mit hinzugefügte Eiweiß relativ leichten Mayonnaise aufschlagen. Dies geht auch mit dem Stabmixer.

Den Schnittlauch in Röllchen schneiden und in die Mayonnaise mischen.

Fertigmachen: Eier würfeln (siehe erstes Rezept) und mit der Mayonnaise mischen.

UME-SU
Japanisch: Die Flüssigkeit von milchsauer vergorenen Umeboshi-Pflaumen – wie Sauerkraut, daher so salzig. Rote Färbung und Würze stammen von Shiso-Blättern (Seite 155). Wird wie Essig verwendet.

CHRYSANTHEME
Eine spezielle Chrysanthemensorte aus Japan, deren Blätter und Blüten man essen kann. Der Geschmack ist eindeutig, erinnert an unsere Chrysanthemen und Margueriten, die Blätter enthalten aber keine giftigen Substanzen. Man kann Samen in Japan-Läden bekommen, die dekorativen Pflanzen gedeihen bei uns bestens, blühen den ganzen Sommer über bis zu den ersten Frostnächten. Am besten schmecken allerdings die frühlingszarten Blättchen und die eben erblühten Blumen (Seite 44/45).

... MIT SCHWARZEN OLIVEN, KNOBLAUCH UND BASILIKUM

Zutaten für 4 Personen:
6 Eier, Salz, 12 schwarze Oliven,
1 festfleischige Tomate,
1 kleine Handvoll frisches Basilikum,
1 TL Soja-Sauce,
2 EL kräftiger Rotweinessig,
3 größere Knoblauchzehen,
frisch gemahlener schwarzer Pfeffer,
3 bis 4 EL Olivenöl

Vorbereiten: Die Eier picken, kochen, abschrecken und pellen. Oliven zerkleinern – dazu rund um den Kern mit einem scharfen Messerchen kleine Halbmonde abschneiden. Tomate mit kochendem Wasser überbrühen, schälen, entkernen und das Fruchtfleisch fein hacken. Basilikumblätter abzupfen.
Soja-Sauce mit Rotweinessig vermischen, die Knoblauchzehen hineinpressen. Pfeffern, salzen, gründlich verrühren und das Olivenöl hineinschlagen.
Fertigmachen: Eier würfeln, wie im ersten Rezept beschrieben. Basilikum in Streifen schneiden und mitsamt der vorbereiteten Sauce mit den Eiern vermischen.

... MIT SCHALOTTEN, SENF, MEERRETTICH UND CHRYSANTHEME

Zutaten für 4 Personen:
6 Eier, Salz, 4 kleine oder 2 größere Schalotten, 2 Chrysanthemenblätter,
1 EL Rôtisseur-Senf,
1 EL geriebener Meerrettich,
2 EL Zuckerrohr-Essig, Pfeffer,
3 EL geschmacksneutrales Pflanzenöl

Eier vorbereiten Schalotten und Chrysanthemen kleinschneiden. Salat anmachen.

... MIT ROSA PFEFFER, LIEBSTÖCKEL UND WALNUSSÖL

Zutaten für 4 Personen:
6 Eier, Salz, 2 TL rosa Pfeffer,
2 TL Kapern, 4–6 Blättchen Liebstöckel,
3 EL Reis-Essig, 2–3 EL Walnußöl,
6 Stengel chinesischer Schnittlauch

Eier kochen und würfeln. Pfefferkörner und Kapern mit etwas Flüssigkeit aus dem Glas nehmen. Liebstöckel hacken, alles mit Essig, Salz und Öl verrühren.

EIERSALAT MIT SOJA-SAUCE, CHILI UND KORIANDER

Zutaten für 4 Personen:
6 Eier, Salz, 1 bis 2 Chilischoten,
5 bis 6 Stengel grüner Koriander,
2 Knoblauchzehen, 3 EL Zitronensaft,
1 EL Soja-Sauce, 1 EL Fisch-Sauce,
2 EL Erdnußöl, 1 EL Sesamöl,
10 Stengel chinesischer Schnittlauch

Vorbereiten: Eier kochen. Chilischoten längs aufschlitzen, entkernen, in lange Streifen schneiden und diese dann in winzige Würfelchen. Korianderblätter abzupfen und, wenn sie groß sind, in Streifen schneiden. Knoblauchzehen schälen und ebenfalls winzig-fein hacken. Zitrone auspressen, den Saft mit den vorbereiteten und den übrigen Zutaten (außer Schnittlauch) vermischen und die Sauce mit Salz abschmecken.
Fertigmachen: Eier würfeln. Dann erst den chinesischen Schnittlauch schräg in Streifchen schneiden (bereitet man ihn vor und läßt ihn einige Zeit stehen, so bekommt er einen unangenehm metallischen Geschmack), mit der Sauce zu den Eiern geben und alles sofort vermischen und servieren.

SAUCEN UND DRESSINGS

Einen Weisen fürs Salz, einen Geizigen für den Essig, einen Verschwender fürs Öl und zum Mischen einen Narren – das gibt, meinten unsere Vorfahren, einen guten Salat. Wir sind nicht der Meinung: Wohldosiert soll freilich alles sein, man darf aber mit Öl zurückhaltender umgehen, kann Salz und Essig teilweise ersetzen. Vor allem: mit verschiedenen Geschmacksnuancen spielen!

SECHS ANREGUNGEN ZUM AUSPROBIEREN

1 *2 EL Estragonessig, je 1 TL Soja- und Fisch-Sauce, 2 TL Sesamöl, 2 EL geschmacksneutrales Öl, Pfeffer*

2 *1 EL Chili-Essig, 2 EL Zitronensaft, 2 TL Dijon-Senf, je 1 TL Fisch- und Soja-Sauce, 3 EL Sonnenblumenöl, chines. Schnittlauch, Koriandergrün*

3 *1 EL Zitronensaft, 1 EL Balsamico-Essig, 1 EL Soja-Sauce, 1 EL Olivenöl, 1 EL Kürbiskernöl, Pfeffer, Kerbel, Estragon oder Basilikum, Schnittlauch*

4 *1 EL Limonensaft, 1 EL Sherry-Essig, 3 EL Traubenkernöl, je etwas gehackter Knoblauch und Ingwer, Salz, Pfeffer*

5 *Je 1 EL Zuckerrohr- und Reisessig, 1 EL Limonensaft, 1 EL Fisch-Sauce, 1 TL Zucker, 1 TL Senf, 1 TL Chilisauce, 3 EL Erdnußöl*

6 *2 EL Cassis- oder Himbeeressig, Salz, 1 TL rote Chilipaste, 1 TL Sesamöl, 2 EL Olivenöl, Thai-Basilikum, 2 TL geröstete Sesamsamen*

KARTOFFELSALATE

Ein Tag ohne Kartoffelsalat ist, in kulinarischer Hinsicht, ein vertaner Tag! Der guten Kartoffel sei Dank, daß sie sich mit allem verträgt, wenn man nur richtig dosiert und kombiniert. Und vor allem die Kartoffeln verschieden formatiert: ganz läßt, in dünne oder dicke Scheiben schneidet, würfelt, zerdrückt . . .

Oben: ganze, kleine, warme Kartöffelchen mit geknofelter Soja-Mayonnaise; daneben Würfelchen aus frisch gekochten, abgekühlten Kartoffeln mit Weißwein-Wasabi-Dressing. Unten: heiß zerdrückte Kartoffeln, angemacht mit Frühlingszwiebeln und Chilisauce, mit Sülzescheibchen; dicke Scheiben, Böhnchen und Krebsschwänze mit Zuckerrohressig; dünne Scheibchen mit Ingwer-Sauce

Kartoffelsalat: Scheibchen vom Vortag mit »Schweinsöhrchen«

KARTÖFFELCHENSALAT MIT SOJA-MAYONNAISE

Als Vorspeise für zwei, als Beilage, etwa zu gekochtem Rindfleisch oder Hühnerbrust, für vier Personen.

250 g kleine, daumengroße Kartöffelchen (Bamberger Hörndl oder Sieglinde)
Soja-Mayonnaise: 1 Knoblauchzehe,
1 Eigelb, 2 EL Soja-Sauce,
5 EL geschmacksneutrales Pflanzenöl

Vorbereiten: Die Kartoffeln in Salzwasser gar kochen, abgießen, 10 Minuten ausdampfen lassen. Inzwischen die geschälte Knoblauchzehe, Eigelb und Soja-Sauce mit dem Pürierstab dickschaumig aufschlagen. Nach und nach das Öl zugießen.
Fertigstellung: Die noch warmen Kartoffeln pellen und mit der Mayonnaise umwenden, ein paar Minuten ziehen lassen. Nochmals umwenden und lauwarm servieren.

KARTOFFELSALAT MIT WEISSWEIN-WASABI-DRESSING

Als Vorspeise für zwei, als Beilage, etwa zu Fisch, für vier Personen.

300 g festkochende Salatkartoffeln
Dressing: 1 gehäufter TL Wasabi,
6 EL trockener Weißwein, Salz, 2–3 EL Öl,
1 gehackte Schalotte,
Basilikumblättchen (siehe Seite 95)

Zubereiten: Kartoffeln kochen, lauwarm schälen und fein würfeln. Wasabi mit Weißwein anrühren, salzen und mit Öl aufschlagen. Samt Schalotten und Basilikum unter die Kartoffelwürfel mischen.
Anmerkung: Wasabi heißt eine japanische Variante des Meerrettichs. Selten frisch zu haben, in Japanläden getrocknet. Das grüne, beißendscharfe Pulver muß mit Flüssigkeit angerührt werden. Wasabi ist unerläßlich für Sushi (Seite 20–23).

KARTOFFELSALAT . . .
. . . MIT INGWER

Zutaten für 4 Personen:
500 g frisch gekochte Salatkartoffeln
Marinade: 2 Knoblauchzehen,
ebensoviel frischer, geschälter Ingwer,
1 Chilischote, 3 Schalotten,
½ Würzzitronenblatt, 1 TL Koriandergrün,
2 TL Fisch-Sauce, 2 TL Soja-Sauce,
2 EL Limonensaft, 1 EL Sesamöl

Zubereiten: Kartoffeln pellen und in dünne Scheibchen schneiden. Knoblauch, Ingwer und Chilischote fein würfeln, Schalotten in Scheiben, Zitronenblatt in feinste Streifchen schneiden, Korianderblätter abzupfen. Alle Zutaten vorsichtig vermischen und den Salat sofort servieren.

. . . MIT »SCHWEINSÖHRCHEN«

Zutaten für 2 Personen:
250 g gekochte Kartoffeln vom Vortag,
50–100 g »Schweinsöhrchen« (siehe Kasten)
Marinade: ½ fein gewürfelte Zwiebel,
2 EL gehackte Petersilie,
Salz, Pfeffer, 4 EL Reisessig,
2 EL gute Fleischbrühe,
2 EL geschmacksneutrales Pflanzenöl,
3 Tropfen (!) Sesamöl

Zubereiten: Kartoffeln pellen und in feine Scheiben schneiden. Mit den Zutaten der Marinade umwenden und eine Minute zugedeckt in der Mikrowelle erwärmen. Ganze oder in Streifen geschnittene Pilze zugeben, vermischen und sofort servieren.

WARMER, ZERDRÜCKTER KARTOFFELSALAT MIT SÜLZE

Zutaten für 2 Personen:
250 g vorwiegend festkochende Kartoffeln,
100 g Rindfleischsülze (siehe Seite 207)
Zum Anmachen: 2 EL Zitronensaft,
4 Frühlingszwiebeln mit Grün, Salz,
2 EL Chili-Sauce, 1 Msp. Szechuanpfeffer

Zubereiten: Kartoffeln kochen, pellen und sofort mit Zitronensaft, kleingeschnittener Zwiebel, Salz, Chili-Sauce und im Mörser zerstoßenem Szechuanpfeffer anmachen. Dabei die Kartoffeln zerdrücken.
Servieren: Unverzüglich mit der Sülze portionsweise anrichten, damit der warme Salat die Sülze sanft anschmelzen kann.

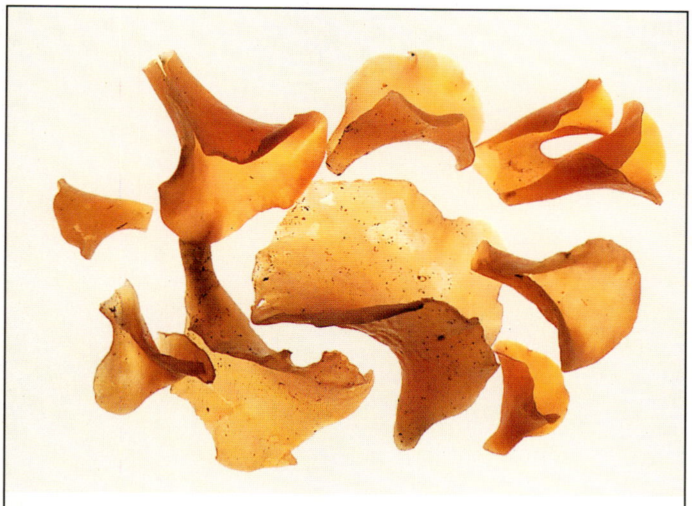

»SCHWEINSÖHRCHEN«

Eine heimische Pilzsorte, die den im ersten Augenblick irreführenden, daher Anführungsstriche benötigenden Namen ihrem charakteristischen Aussehen verdankt. Die gallertigen Pilze kommen Ende Juli bis Mitte Oktober relativ häufig vor, wachsen aber gerne im verborgenen: oft unter Heidekraut und Heidelbeeren, vorzugsweise an Feuchtigkeit speichernden Vertiefungen, auch an Wegrändern und in Gräben. Da man die Pilze nicht verwechseln kann, sind sie auch Laien zu empfehlen. Das Putzen kann manchmal schwierig sein, aber die Arbeit lohnt sich: Die Pilze schmecken herrlich würzig, am allerbesten roh, entweder ganz oder in Streifen geschnitten, wobei sie ihr Aroma erst voll entfalten und eine angenehme Geschmeidigkeit entwickeln, wenn man sie mit Warmem verbindet; etwas Säure, Essig oder Zitronensaft, bekommt ihnen bestens. Ein mit den rohen Pilzen angemachter Salat sollte gleich aufgegessen, nicht lange aufbewahrt werden.

SALATKARTOFFELN

Darunter verstehen wir Kartoffelsorten, die beim Kochen eine feste Struktur entwickeln und nicht zerfallen. Vorzüglichste aller Sorten ist die hier abgebildete Variante, die »Bamberger Hörndl«. Die länglichen, oft knubbeligen Knollen wachsen leider zögerlich, lassen sich nicht maschinell ernten und sind daher ziemlich teuer. Ihr am nächsten kommen gute Sieglinde. Aber auch die festkochenden Sorten zerfallen relativ leicht unmittelbar nach dem Kochen – man bekommt dann einen musigen, wenig ansehnlichen, aber angenehmen Salat. Wartet man, bis die Knollen abgekühlt sind, erhält man einigermaßen regelmäßige, nicht mehr so leicht zerfallende Scheiben. Am Tag darauf bleiben die Scheiben makellos schön, doch sollte man sie per Mikrowelle oder mit heißer Brühe erwärmen, damit sie die würzende Marinade besser aufnehmen. Gekochte Kartoffeln lassen sich leicht schälen, wenn man sie in ihrem Topf, mit einer Serviette zugedeckt, langsam abkühlen läßt.

KARTOFFELSALAT MIT BÖHNCHEN UND KREBSEN

Zutaten für 2 Personen:
300 g Kartoffeln, 100 g grüne Böhnchen, Salz, ¼ l Weißwein, 1 TL Pfefferkörner, 3 Lorbeerblätter, 8 Flußkrebse
Salatmarinade: 3 EL Zuckerrohressig, Salz, Pfeffer, 2 EL neutrales Öl, einige abgezupfte Kerbelblättchen

Vorbereiten: Kartoffeln kochen, abkühlen lassen, pellen und in dicke Scheiben schneiden. Mit der Marinade vermischen. Böhnchen in Salzwasser knackig kochen, eiskalt abschrekken, abtropfen lassen. ½ l Wasser mit Wein und Gewürzen aufkochen, Krebse hineinwerfen, 3 Minuten kochen, dann zugedeckt abkühlen lassen. Die Schwänze und Scheren ausbrechen.
Fertigmachen: Böhnchen, Krebsfleisch und Kerbelblättchen zu den Kartoffeln geben, umwenden und sofort servieren.

KARTOFFEL - AVOCADO - SALAT MIT KALBSNIERE IN IHREM EIGENEN FETT

Eine außerordentliche Vorspeise für vier Personen, für die Sie nicht umhinkommen, den Metzger Ihres Vertrauens zu bitten, sich für Ihren Wunsch nach einer ganzen Niere am Rande der gesetzlichen Bestimmungen zu engagieren: Er muß die ganze Niere mit dem Fett herauslösen und den Fleischbeschauer überreden, sie nicht aufzuschneiden.

500 g Salatkartoffeln (siehe Seite 39),
Salz, 1 TL schwarze Pfefferkörner,
1 gehäufter TL Pimentkörner,
1 Milchkalbsniere in ihrem Fettmantel,
2 saftige Zitronen (besser: Cedratfrüchte, die größeren und milderen Schwestern),
1 oder 2 Avocados (siehe Seite 65),
3–4 violette Schalotten,
1 rote Chilischote, 1 Zweig Estragon

Vorbereiten: Die Kartoffeln schrubben, kochen und 3 bis 4 Stunden langsam fast vollständig abkühlen und abbinden lassen. Salz mit Pfeffer und Pimentkörnern im Mörser grob zerstampfen.
Zubereiten: Die ganze Niere in ihrem eigenen Fett ohne weitere Zugaben in einer feuerfesten Platte in den auf 250 Grad vorgeheizten Ofen schieben. Das Fett brät teilweise heraus, die Oberfläche wird schön kroß. Nach 20 Minuten den Ofen ausschalten, die Niere noch 20 Minuten darin nachziehen lassen. Dann herausnehmen, mit Alufolie abdekken und noch weitere zehn Minuten ruhen lassen, damit sich die Säfte verteilen.
Unterdessen die Zitronen auspressen und die Avocado(s) auslösen: halbieren und das zarte Fleisch mit einem Teelöffel in Flöckchen aus der Schale schaben. Sofort mit dem Zitronensaft vermischen, damit das Fleisch nicht anläuft. Kartoffeln schälen, in Scheiben schneiden, mit den im letzten Moment gehackten Schalotten, der entkernten und gewürfelten Chilischote, den abgezupften Estragonblättchen und der gemörserten Gewürzmischung dazugeben. Alles heftig vermischen, bis eine saftige Masse entstanden ist (die Schwaben nennen das genüßlich *schlunzig*). Öl ist wegen des ziemlich beträchtlichen Fettgehalts der Avocados überflüssig.
Servieren: Die Niere hauchdünn aufschneiden und auf vorgewärmten Tellern oder einer Platte mit dem Kartoffelsalat anrichten; jeder salzt und pfeffert sich die Scheiben selbst.
Dazu schmeckt ein voller, kräftiger Weißwein (Grauburgunder aus dem Barrique).
Tip: Statt Estragon paßt auch prima – wie hier auf den Teller gelegt – Pimpinelle.

CARPACCIO – CAPRICEN

Oft wird das an sich »schlanke« Carpaccio von einer fetten, süßlichen Senfsauce begleitet. Man kann elegantere Möglichkeiten finden, um ein gut abgehangenes Mittelstück des Rinderfilets zum Erlebnis werden zu lassen! Das Fleisch friert man im Tiefkühler leicht an, schneidet es auf der Maschine hauchdünn, bettet die Scheiben sofort auf mit Öl eingepinselte Teller, bestreicht sie auch mit schützendem Öl, überspannt sie mit Klarsichtfolie und stellt sie kühl, aber nicht kalt. Zehn Minuten vor dem Essen mit Sauce beträufeln, nach einem dieser Rezepte fix gemixt:

Für jeweils vier Portionen:

1 *2 EL Soja-Sauce, 3 Tropfen Tabasco, 1 TL Zitronensaft, 1 EL Sesamöl, 20 g Rettichsprossen, 1 Knoblauchzehe*

2 *1 EL Fisch-Sauce, 1 EL Limonensaft, 1 Knoblauchzehe, ebensoviel Ingwer, 3 EL Olivenöl, 12 Basilikumblättchen*

3 *2 EL Balsamico-Essig, 1 EL Zitronensaft, Salz, Pfeffer, 3 EL Olivenöl, 4 Stengel chinesischer Schnittlauch*

4 *1 EL Sherry-Essig, 1 EL japanischer Sake, Salz, 1 TL grüne Chilipaste, 1 TL Sesamöl, 2 EL Traubenkernöl*

5 *Je 1 EL Estragon- und Erdbeeressig, Salz, Pfeffer, 3 EL Haselnußöl, 1 Kästchen Rettich- oder Kresseblättchen*

BLUMEN UND BLÜTEN

Das leuchtende Gelb der japanischen Chrysanthemen beschwört das Bild der Sonne herauf, symbolisiert ihre Kraft. Das eindeutige Aroma dieser Blume paßt zu kräftig gebratenem Rindfleisch, zu den herzhaften Blättern von Schnittsalat und zu würzigem Kernöl. Ein blühender Salat, einladend und wohlschmeckend!

RINDERSTEAK AUF CHRYSANTHEMENSALAT

Als Vorspeise für vier, als Hauptgericht – etwa zum Abendbrot – für zwei Personen. Dazu paßt ein kräftiger, trockener Weißwein, etwa ein Tocai oder Pinot Grigio aus dem Friaul.

1 Rindersteak von ca. 350 g (Mittelstück aus dem Filet), 2 EL Öl,
125 g Salatblätter (vorzugsweise von kräftigem Schnittsalat),
1 Handvoll junge Chrysanthemenblätter,
einige Chrysanthemenblüten
Marinade: 1 EL Soja-Sauce, 1 EL Sherry,
1 TL Zucker, 1 TL Sesamöl,
½ TL dunkles Miso (siehe Seite 141)
Salatsauce: 2 EL Balsamico-Essig,
2 EL Kürbiskernöl, Salz, Pfeffer

Vorbereiten: Das Rinderfiletstück sorgfältig von allen Sehnen und Häuten befreien und in einer kleinen Schüssel mit der aus den angegebenen Zutaten gerührten Marinade 2 bis 3 Stunden einlegen, dabei immer wieder umdrehen. Salat- und Chrysanthemenblätter putzen und waschen, die Blüten in Wasser legen, damit eventuell darin versteckte Käfer herauskrabbeln.
Die Salatsauce anrühren.
Zubereiten: Das Fleisch aus der Marinade nehmen, abtropfen und abtrocknen. Im sehr heißen Öl rundum, auch an den Seiten, kräftig anbraten – es darf dabei ruhig zischen und spritzen. Wenn es schön braun ist, vom Feuer nehmen und die Marinade darübergießen. Immer wieder umwenden, bis alle Marinade aufgenommen und das Fleisch ausgeruht ist. Mit Alufolie abdecken.
Anrichten: Salat- und Chrysanthemenblätter auf Teller verteilen, das Fleisch schräg in dünne Scheiben schneiden und darauf anrichten. Alles mit der Salatsauce beträufeln, mit Chrysanthemenblüten verzieren und mit ausgezupften Blütenblättchen bestreuen.

FILET MARINÉ

Erst während des Bratens und Nachziehens sanft mit würziger Sauce imprägniertes Kalbfleisch, eine exotische Salatsauce, chinesische Pilze und heimische Salate: Eine attraktive, appetitanregende Zusammenstellung, die weitgehend vorbereitet und, wenn die Gäste schon am Tisch sitzen, im Handumdrehen fertiggestellt werden kann

MARINIERTES KALBSFILET MIT SALAT

Eine Vorspeise für vier bis sechs Personen, je nach Appetit und Speisenfolge. Dazu gibt es kroß aufgebackenes Weißbrot und einen frisch-fruchtigen, trockenen Weißwein oder Rosé.

250 g sorgfältig pariertes Kalbsfilet
(von Sehnen, Fett und Häuten befreites
Mittelstück), 1 EL neutrales Öl,
5 g weiße chinesische Morcheln,
50 g Feldsalat, 1 Chicoréestange
Marinade: 1 EL Sesamöl,
1 EL Soja-Sauce, 1 EL Sherry
Salatsauce: 1 EL Rotweinessig,
2 EL Zitronensaft, 2 TL Sesamöl,
3 EL geschmacksneutrales Öl,
1 EL Fisch-Sauce, 1 EL Soja-Sauce,
2 Knoblauchzehen, ebensoviel Ingwer,
2 Schalotten, 1 kleine Chilischote,
einige Blättchen grüner Koriander

Vorbereiten: Das Kalbsfilet im Öl sanft anbraten. Dabei ständig mit einer aus den angegebenen Zutaten gerührten Marinade einpinseln. Wenn es rundum zartbraun ist, mit Alufolie abdecken und 20 Minuten im 120 Grad heißen Ofen nachziehen, danach auf Raumtemperatur abkühlen lassen.
Morcheln mit Wasser bedeckt in der Mikrowelle auf höchster Stufe nur etwa eine halbe Minute erhitzen, fünf Minuten ausquellen lassen. Den Feldsalat putzen (die Rosetten ganz lassen!), den Chicorée in breite Streifen schneiden.
Für die Salatsauce alle Flüssigkeiten zusammenrühren und die übrigen Zutaten winzigfein gehackt untermischen.
Fertigstellen: Das Fleisch auf der Aufschnittmaschine in wirklich hauchdünne Scheiben schneiden und diese sofort locker und hübsch auf die Teller verteilen. Mit den abgetropften Pilzen sowie den Salaten garnieren und mit der Salatsauce beträufeln, dabei darauf achten, daß auch die Würzwürfelchen gleichmäßig verteilt werden.

RAFFINIERT UND DEFTIG

Wir haben uns an den Gegensatz dieser Begriffe gewöhnt – dabei geht beides durchaus glänzend zusammen: Die Käseklößchen, aus einfachsten Zutaten bereitet, sind höchst raffiniert, und der Salat aus angeblich ordinären Linsen steht ihnen nicht nach!

KÄSEKLÖSSCHEN AUF LINSENSALAT

Für vier Personen ein ganzes Essen, für acht Personen eine hübsche Vorspeise.

Käseklößchen: 1 Schalotte, 2 EL Butter, 150 g altbackenes Brot, 1 Ei, 75 g Mehl, 3 EL Sahne, 1 EL Sojasauce, 75 g frisch geriebener Käse, Muskat, Delikateßpaprika, Pfeffer, Schnittlauch
Linsensalat: 100 g kleine grüne Linsen (vorzugsweise französische aus Le Puy), Salz, je 2 EL winzig fein gewürfelte Möhre, Sellerie und Lauch, Pfeffer, 3 EL Sherryessig, 3 EL Olivenöl, einige Tropfen Soja-Sauce, Schnittlauch

Vorbereiten: Die feingeschnittene Schalotte in Butter andünsten. Das in zentimetergroße Würfel geschnittene Brot darin golden rösten. Inzwischen Ei, Mehl und Sahne glatt rühren, mit Sojasauce würzen. Die noch heißen Brotwürfel untermischen, mit Käse, Muskat, Paprika und Pfeffer kräftig abschmecken. Zum Schluß die Schnittlauchröllchen einarbeiten.
Knapp tischtennisballgroße Bällchen daraus formen. In leise siedendem Salzwasser etwa 10 Minuten ziehen lassen.
Die Linsen mit Salzwasser bedeckt in etwa ½ Stunde weich kochen. Die Gemüsewürfel erst für die letzten zwei Minuten zufügen. In einem Sieb abtropfen.
Fertigstellen: Falls all diese Arbeiten bereits am Vortag geschehen sind, die Käseklößchen in heißem Wasser oder in einem Kunststoffbeutel in der Mikrowelle (ca. 3–4 Minuten) erhitzen.
Aus Essig, Salz, Pfeffer, Öl und etwas Sojasauce eine Marinade rühren, Linsen und Schnittlauchröllchen damit anmachen.
Servieren: Jeweils ein Bett von Linsensalat auf Tellern anrichten, Käseklößchen darauf setzen und mit Marinade beträufeln.

OLIVENÖL

Für den Feinschmecker kommen nur Öle aus bäuerlichen oder Gutsbetrieben bzw. lokalen Ölmühlen in Frage, die mit ihrem Namen die Herkunft und Qualität des Produktes garantieren. Große Firmen liefern zwangsläufig keine individuelle Spitzenware. Unbedingt auf die Bezeichnung »extra vergine« oder »vierge extra« achten. Beste Öle aus handgepflückten, sorgsam verlesenen Oliven kommen vom Gardasee, aus Ligurien, der Toskana und der Provence.

SHERRY-ESSIG

Der ausgereifte, kräftig saure, hocharomatische Essig aus Jerez (Xérès) hat in den letzten Jahren einen Siegeszug durch die feine europäische Küche angetreten. Ursprünglich nur für den Hausgebrauch abgezweigt, dann auch als angenehme Verwertung von Resten erkannt, stellt man diesen vorzüglichen Essig bewußt her und hat Spitzenqualitäten entwickelt. Die besten Sherry-Essige sind im Holzfaß mehrere Jahre gereift, was auf der Flasche vermerkt wird.

AROMA-KÄSE

Europäische Würze mit Asiens Gewürzen

Oben die Schweizer Spezialität Malakoff, links bayerischer Romadur – beides mit Soja, Chili und Koriander verfremdet. Rezepte auf der nächsten Seite

Der Käse gehört zu den ausgeprägtesten, aromatischsten
und genießen – die Asiaten bezeichnen ihn schlichtweg als »verdorben
eingerichtet sind, ohne Gewöhnung auch nicht vertragen. Wi
Verbindungen ausgedacht, haben uns die Tatsache zunutze gemacht, daß di
interessante Verbindung eingehen können. Der Versuc

MALAKOFF (Bild Seite 51)

Der merkwürdige Name dieser Art von souffliertem Käsetoast stammt von Waadtländer Legionären, die für die Franzosen unter dem Marschall Pélissier, dem späteren Herzog von Malakoff, im Krimkrieg mit der Erstürmung eben des Forts Malakoff bei Sewastopol einen entscheidenden Sieg errangen. Ihm widmeten sie den ursprünglich im Fett schwimmend ausgebackenen Käseimbiß, den sie, alte Geschichten aufwärmend, in ihrer Heimat zum Wein verzehrten und so populär machten, daß er inzwischen ein Nationalgericht ist.

150 g geriebener Käse (möglichst 2 bis 3 verschiedene Sorten, z. B. Gruyère, Gouda, Parmigiano Reggiano, Grana, Cantal oder alter Ziegenkäse),
2 TL Soja-Sauce, 2 EL Sherry, 1 Ei,
1 Löffelspitze japanisches Chiligewürz (Shichimi togarashi),
8 Stengel chinesischer Schnittlauch,
1 kleine Handvoll Korianderblätter,
4 Scheiben dunkles Sauerteigbrot

Die Zutaten sind für etwa acht Personen berechnet, wenn Sie die Toasts vor dem Essen zum Aperitif reichen – satt werden davon aber nur zwei Leute.

Vorbereiten: Den Käse reiben und mit den Würzflüssigkeiten, Ei, Chili, in feine, schräge Streifen geschnittenem Schnittlauch und den nur abgezupften oder zerpflückten Korianderblättern vermischen. Das Brot toasten und in mundgerechte Ecken schneiden.

Zubereiten: Die Brotecken mit der Käsemasse bestreichen und auf ein mit Backpapier oder Alufolie ausgelegtes Blech setzen. Nicht zu dicht unter den glühendroten Grill schieben und etwa zehn Minuten überbacken, bis sich die Masse aufbläht und die Haube eine schöne braune Farbe bekommen hat.

Servieren: Entweder allein zu einem einfachen, gradlinigen Wein servieren oder mit einem Salat reichen, der ruhig ein wenig säuerlich und ebenfalls mit asiatischen Gewürzen angemacht sein kann (siehe Seite 34/35).

Übrigens paßt nur dann ein Waadtländer Wein zu den Malakoffs, wenn es ein sehr säurebetonter Dorin von der südlicheren Côte (Vinzel, Luins) ist.

ROMADUR MIT GRÜNER SAUCE
(Bild Seite 50)

Ein herzhaftes Vesper, zu dem hervorragend ein Gutedel paßt. Für vier Personen eine kleine, für zwei eine beachtliche Stärkung.

2 gut reife, cremig-weiche Romadur,
2 violette Zwiebeln
oder 8 Schalotten
Grüne Sauce: 1 Limone (Saft),
1 TL Fisch-Sauce, 1 TL Soja-Sauce,
½ TL Salz, 1 TL Zucker, 1 TL Sesamöl,
2 große Knollen (!) Knoblauch,
100 g grüne Chilischoten – ganz nach Belieben mild, scharf oder gemischt,
1 Handvoll Koriandergrün,
gut ¼ l Traubenkernöl

Zubereiten: Alle Saucenzutaten (der Knoblauch geschält, die Chilis entkernt) miteinander in den Mixer geben und zu einer dickflüssigen Sauce pürieren. Käse und Zwiebeln oder Schalotten in Scheiben schneiden und abwechselnd auf eine Platte legen. Mit der Sauce servieren.

TRAUBENKERNÖL

Im Gegensatz zu gutem *Olivenöl extra vergine* (siehe Seite 48), besitzt *Traubenkernöl* kaum einen typischen Geschmack, kann im Gegenteil als »geschmacksneutral« bezeichnet werden. Es eignet sich immer dann, wenn bei Speisen ein Eigengeschmack des Öles nicht erwünscht ist – das kann an der Zartheit oder dem Aroma der Speisen selbst liegen oder an würzenden Zutaten, die überdeckt oder deren Geschmack verfälscht werden könnte. Traubenkernöl gehört zu den gesündesten Ölen, enthält fast 70% der besonders hochwertigen mehrfach ungesättigten Fettsäuren, 19% einfach ungesättigte, etwa 11% gesättigte Fettsäuren und keine nachweisbaren Mengen an Cholesterin. Im Gegensatz zu anderen ähnlich edlen Ölen (etwa *Distelöl*) hält es sich problemlos und wird nicht so schnell ranzig. Außerdem kann man es ausgezeichnet zum Braten und Fritieren verwenden, da sein Rauchpunkt relativ hoch liegt. Die grünliche Farbe ist artspezifisch, nicht etwa hinzugefügt. Andere weniger geschmacksintensive Öle bester Qualität, also *nativ* oder *kaltgeschlagen* (ein antiquierter Begriff, der vom Gesetzgeber unverständlicherweise dem moderner Technik entsprechenden *kaltgepreßt* vorgezogen wurde), finden ebenfalls immer mehr Liebhaber. Zum Braten am besten geeignet sind *Soja-* und *Erdnußöl,* für Salate *Mais-* oder *Weizenkeim-* und *Sonnenblumenöl.* Kaufen Sie diese Öle im Reformhaus (nicht aber Olivenöle, bei denen es neben der biologischen Qualität auf die Herkunft ankommt – um die kümmert man sich dort kaum!), beim Produzenten oder einem guten Importeur.

a »heftigsten« Lebensmitteln, die wir in Europa erzeugen
Milch« und können ihn, da ihre Verdauungssäfte nicht auf Milchprodukte
haben uns nun mit durchaus großem Vergnügen ungewöhnliche
ntensiven asiatischen Gewürze mit den kräftigen Aromen unserer Käse eine
ohnt sich, nur Unvoreingenommenheit ist angebracht . . .

ROUGAIL (ohne Bild)

Das sind madegassisch-kreolische Kreationen, scharf und erfrischend, appetitanregend und schweißtreibend, köstlich zu gebratenem oder gegrilltem Fleisch, zu jeder Art von Fisch, zu gekochtem Gemüse und sogar zu Käse – etwa einem recht festen Frischkäse aus Kuh- oder Ziegenmilch, zu Harzer Roller, Romadur oder Bierkäse: wahrhafte Grundsaucen, die in Madagaskar bei jeder Mahlzeit auf dem Tisch stehen. Man kann sie im Kühlschrank ein bis zwei Tage aufbewahren.

TOMATEN - ROUGAIL

Zutaten für 1 bis 2 Personen:
1 große, sehr reife Tomate,
1 Zwiebel, 1 Knoblauchzehe,
1 ebensogroßes Stück
frische Ingwerwurzel,
1 kleine, sehr scharfe Chilischote
(*piment oiseau,* Vogelchili), Salz,
¼ *Combawa* (Würzzitrone, Seite 60),
4 Stengel Koriander, 1 Frühlingszwiebel

Zubereiten: Tomate schälen und entkernen, Zwiebel schälen und vierteln, Knoblauchzehe und Ingwer schälen, Vogelchili entkernen (wer es scharf liebt, läßt die Kerne drin). Alles zusammen mit dem Salz im Mörser zermusen oder im Mixer pürieren. Die Schale der Würzzitrone fein abschneiden und in winzige Würfelchen oder Streifchen schneiden; Saft an die Sauce geben. Korianderblätter abzupfen und mit der Zitronenschale und der in Scheibchen geschnittenen Frühlingszwiebel in die Sauce rühren.

MANGO - ROUGAIL

Zutaten für 4 Personen:
1 grüne, noch saure Mango (Seite 123),
1 Zwiebel, 2 Knoblauchzehen, Salz,
etwas geschmacksneutrales Öl,
¼ Würzzitrone, 1 Frühlingszwiebel,
3 Stengel grüner Koriander

Zubereiten: Mango schälen und das Fruchtfleisch auf dem Juliennehobel in Streifen vom Kern schneiden. Zwiebel würfeln, Knoblauchzehen durch die Presse drücken, alles mit Salz und ein wenig Öl vermischen. Zitrone, Koriander und Frühlingszwiebel wie im vorstehenden Rezept vorbereiten und verwenden.

ERDNUSS - ROUGAIL

Zutaten für 4 Personen:
50 g ausgelöste Erdnußkerne, Salz,
2 Vogelchilischoten,
2 ganz reife Tomaten, 2 Schalotten,
2 Knoblauchzehen,
½ Combawa (Würzzitrone),
4 Stengel grüner Koriander,
1 Frühlingszwiebel

Zubereiten: Erdnüsse mit Salz und entkernten Chilies im Mörser zu einer Paste zerstoßen. Mit den übrigen, vorbereiteten und kleingeschnittenen Zutaten (siehe oben) vermischen. Sollten Sie das Glück haben, frische, noch grüne, ganz zarte Erdnüsse zu bekommen, greifen Sie sofort zu – das gibt einen besonders wohlschmeckenden und geschmeidigen Rougail.

VESPER- UND KNEIPWEIN

In den Weinbaugebieten hat jeder Liebhaber eines guten Tropfens seinen Winzer, bei dem er sich die Flaschen für den täglichen Bedarf holt – je nach Region wird das eine andere Sorte sein. Ein Wein, der zur einfachen Brotzeit paßt und ebenso den ganzen Abend lang getrunken werden kann, muß gleichzeitig robust und frisch, darf nicht zu schwer und auf keinen Fall mild, soll trocken und mit einem Hauch von Kohlensäure ausgebaut sein. Qualitätsstufe: Entweder ein *ObA-Wein,* also ein »Wein aus bestimmtem Anbaugebiet« oder ein leichter *Kabinett; Spät-* oder *Auslesen* sind zu mächtig. Die blumigen Rebsorten eignen sich kaum, die regelmäßigen Zecher verzichten deshalb auch auf den bei weniger intensiven Genießern so beliebten *Müller-Thurgau.* Der Vesperwein par excellence in *Franken* ist der *Silvaner,* leider stark vom Müller-Thurgau und Kerner verdrängt. Dafür ist in *Rheinhessen* der *Silvaner* sehr im Kommen und erfreut sich bei Einsteigern größter Beliebtheit. In der *Pfalz* ist es neben dem Silvaner der einfache *Riesling,* letzterer auch an *Nahe,* im *Rheingau* und an der *Mosel,* wo noch der *Elbling* hinzukommt. In *Württemberg* steigt man gerne auf einen Roten, den *Trollinger,* um. In *Baden* ist es ebenfalls der *Silvaner,* neuerdings der schlank und frisch ausgebaute *Grauburgunder* (als *Ruländer* weiterhin schwer), der säurefrische *Nobling,* vor allem aber der *Gutedel* aus dem Markgräfler Land, mit dem man niemals falsch liegt. Und: *Spätburgunder Weißherbst* von einem Winzer, der auf gesundes Lesegut Wert legt und ihn frisch wie einen Weißwein ausbaut . . .

Suppen

Sie sind ein Lebenselixier! Heiß und duftend, klar und voller Würze wirken sie belebend und verleihen wieder Kraft. Nicht umsonst wird dem noch schwachen Rekonvaleszenten erst einmal ein Süppchen eingeflößt, soll dem verfrorenen Heimkehrer die Suppe zu innerer Wärme verhelfen. Suppen sind der Saft, der Kraft gibt.

Am Anfang steht zunächst einmal ein gutes Wasser. Daraus wird mit Fleisch, Knochen, Kräutern, Gemüse und Gewürzen ein geschmackreicher Sud gekocht, die kräftige Brühe, die als Ausgangspunkt für jegliche Suppenkunst unerläßlich ist. Sie ist Zutat für praktisch jedes Gericht – außer bei Desserts. Deshalb steht bei uns immer ein großer Krug mit Brühe im Kühlschrank, liegt in der Tiefkühltruhe stets ein Vorrat in großen und kleineren Dosen, um für alles gewappnet zu sein. Und zwar immer zwei Sorten: Rinderbouillon und eine asiatisch angesetzte Hühnerbrühe, mit Chili, Ingwer, Knoblauch, Zitronengras und Sternanis gewürzt (Rezept Seite 70/71). Damit steht die Suppe auf dem Photo links im Handumdrehen auf dem Tisch: Ein paar Fadennudeln, gewürfelte Chili, feingeschnittenes Zitronengras, Zitronenblatt und frisches Koriandergrün – fertig!

Die Rinderbrühe stammt bei uns meist vom sanft gesottenen Suppenfleisch, am liebsten nehmen wir sehnenreiche Rinderhesse (Wade), Schulternaht, oder Ochsenschwanz. Seltener gibt's leider einen richtigen Tafelspitz; man hat nicht oft das Glück, ein richtig gut abgehangenes Stück zu erwischen. Übrigens essen wir anschließend das Fleisch stets mit größtem Genuß dünn auf der Maschine aufgeschnitten, auf dem Teller mit etwas Brühe und einer thaigewürzten Vinaigrette begossen und in der Mikrowelle kurz erwärmt. Denn es ist ein Irrglaube aus Großmutters Zeiten, man könne immer nur eines haben: entweder gutes Fleisch oder kräftige Brühe! Beides mit einem Streich erhält man mühelos, wenn man die wichtigste Küchenregel bei der Fleischbehandlung beherzigt: Es darf niemals zu heiß werden. Sonst gerinnt das Eiweiß, das Fleisch wird zäh und ledrig und kann natürlich niemals zart oder gar saftig sein. Deshalb: Alle Zutaten in einem ausreichend großen Topf mit kaltem Wasser bedecken. Auf mittlerem Feuer ohne Deckel langsam zum Kochen bringen. Den dabei entstehenden Schaum *nicht* abschöpfen, sondern warten, bis er sich nach dem ersten Aufwallen ganz von alleine legt und zu Boden sinkt. Es handelt sich dabei um das aus dem Fleisch gelöste Eiweiß, das nötig ist, um die Brühe zu klären. Das klappt allerdings nur, wenn es ungestört seine Arbeit verrichten kann und nicht durch wallende Kochbewegungen zerteilt und umhergewirbelt wird. Deshalb wird nun die Hitze heruntergeschaltet, der Deckel aufgelegt und der Brühe mehrere Stunden oder sogar eine Nacht lang Zeit gegeben, immer konzentrierter zu werden. Gebundene, cremige Suppen entstehen bei uns meist aus pürierten Gemüsen oder werden aus Kräutern, heißer Brühe und eiskalter Butter rasch gemixt. Sie bekommen dadurch eine sanfte Bindung, die leichter ist als mit eingekochter, konzentrierter Sahne, und die den Eigengeschmack der Zutaten unterstreicht.

KLARE ESSENZ VON ROTER BETE

Essenzen eignen sich, wie alle Brühen, als Auftakt einer Mahlzeit; die Suppe reicht für vier Personen. Wir essen sie aber noch lieber in der Mitte eines Menüs, sozusagen als erfrischenden, klärenden Zwischengang vor dem Hauptgericht – das an dieser Stelle so gern servierte Sorbet finden wir meist ein wenig brutal. Dann genügt die halbe Menge als Portion.

500 g Rote Bete, 1 TL Pimentkörner, 1 Sternanis, 1 TL Soja-Sauce, 1 Scheibe frischen Ingwer, Salz, ¾ l kräftige, klare Hühnerbrühe, chin. Schnittlauch oder seine Blüten

Vorbereiten: Rote Bete schälen und in dünne Scheiben hobeln. Aus einigen Scheiben Sternchen ausstechen und mit Wasser bedeckt aufbewahren. Die Rote-Bete-Scheiben mit den Gewürzen und der Brühe aufsetzen und ganz langsam fast bis zum Kochen bringen, ganz leise köchelnd 10 Minuten ausziehen lassen. Abseihen und wieder in einen Topf füllen.

Fertigmachen und Servieren: In die Essenz die abgetropften Sternchen geben und erhitzen, vier Minuten ziehen lassen, in Teller oder Tassen füllen und mit feingeschnittenem chinesischen Schnittlauch (im Löffel zu sehen) oder mit seinen hübschen, aromatischen Blütensternen würzen.

Tip: Nach Belieben mit Chili schärfen und mit Zitronensaft abschmecken.

Genauso lassen sich auch andere Essenzen herstellen – Möhren werden zusätzlich mit Kreuzkümmel, Petersilienwurzeln, und Pastinaken mit Zitronenschale gewürzt.

ESSENZ MIT STERNEN

Was in der großen Küche einst die doppelte Kraftbrühe war, ist heute die Essenz – ein konzentrierter Auszug aus Gemüse, nicht aus Fleisch. Die unterirdischen Gemüse eignen sich am besten, schmecken, langsam ausgezogen und mit Sternanis gewürzt, überirdisch gut: Petersilienwurzeln, Pastinaken, Möhren und Rote Bete

KÜRBIS: KLAR UND CREMIG

Kürbis kommt in Mode: Nicht nur dank seiner längst eingebürgerten, zarten Anverwandten, der Zucchini. Inzwischen gibt es auf unseren Märkten viele Sorten. Neben dem dicken, oft zentnerschweren Riesenkürbis auch elegante Patissons oder feine, leuchtendorange Butterkürbisse

*Gelbe Kürbiscremesuppe mit Chili.
Klare Kürbissuppe mit Kürbisblüte und weiße Kürbiscreme. Rezepte auf Seite 60*

GELBE KÜRBISCREMESUPPE MIT ROTEM CHILI

Dafür nimmt man ein Stück vom großen Riesenkürbis, wie er manchmal im Herbst auf Bauernmärkten angeboten wird. Das oft zentnerschwere Trumm wird stets segment- oder stückchenweise verkauft. Die Kerne sollten Sie sich mitgeben lassen. Wenn man die Fasern, die sie in der Kürbismitte halten, abspült, die Kerne trocknet und von der sie umschließenden, dünnen Schale befreit, kann man sie in der trockenen Pfanne rösten und erhält eine wohlschmeckende Knabberei. Je nach Kürbissorte sind diese Kerne hell oder dunkelgrün. Von letzteren wird übrigens das aromatische, dunkle, fast schwarzgrüne Kürbiskernöl gepreßt. Geröstete Kürbiskerne schmecken pur, auf Salate gestreut oder in einer nach den folgenden Rezepten hergestellten Kürbiscremesuppe.
Die Menge reicht innerhalb eines großen Menüs für sechs Personen, sonst für vier:

ca. 1 kg Kürbis (sollte etwa 750 g schieres Fleisch ergeben),
1 Zwiebel, 1 Knoblauchzehe,
1 Scheibe Ingwer (ca. 2 cm dick),
2 EL Butter, 1 l gute Fleischbrühe,
2 TL Soja-Sauce, 1 Stück Sternanis,
2–3 getrocknete, rote Chilis,
Salz, Pfeffer, 75 g Butter,
1 frische rote Chilischote

Vorbereiten: Das Kürbisfleisch grob würfeln, Zwiebel und Knoblauch hacken, den Ingwer ebenfalls fein schneiden.
Zubereiten: Kürbis, Zwiebel, Knoblauch und Ingwer in einem großen Topf in der heißen Butter andünsten. Mit der Brühe auffüllen. Sojasauce, Sternanis und getrocknete Chilis zufügen. Salzen, pfeffern und schließlich zugedeckt etwa eine halbe Stunde lang absolut weich kochen. Die festen Gewürze herausfischen und wegwerfen. Alles übrige mit dem Mixstab pürieren.
Wer mag, kann die Suppe so servieren, nachdem er ein Stück Butter untergerührt hat. Feiner und eleganter wird sie allerdings, wenn man sie durch ein feines Sieb streicht, bevor die Butter eingearbeitet wird. Sie bekommt dadurch eine zartere, glattere Konsistenz. Wichtig ist auch, daß die Butter mit dem Mixstab eingearbeitet wird. Nur so kann sie mit der Suppenflüssigkeit emulgieren, eine so enge Verbindung eingehen, daß die Suppe sanft und cremig wird.
Servieren: Bis zu diesem Zustand kann man die Suppe schon am Morgen vorbereiten. Vor dem Einfüllen in Teller oder Suppentassen braucht man sie nur noch in der Mikrowelle oder auf dem Herd behutsam zu erhitzen, noch einmal abzuschmecken und – das ist wichtig, damit die Suppe samten und duftig wird – mit dem Mixstab aufzuschäumen.
Feingewürfelte oder in Ringe geschnittene Chilischote gibt sowohl farblich wie geschmacklich einen deutlichen Akzent. Sie erst ganz zum Schluß auf die Oberfläche streuen, damit die Würfel nicht zu Boden gesunken sind, wenn aufgetragen wird.
Dazu gibt es frisches, knuspriges Bauern- oder Weißbrot. Und, weil eine Suppe, eigentlich nichts zu trinken. Wer trotzdem durstig ist: Ein blumiger, aber natürlich trotzdem trockener Weißwein, etwa Traminer oder Scheurebe, paßt zu den starken Gewürzen am besten.

Kaffirzitrone und Würzzitronenblatt
Eine bemerkenswerte Zitrusfrucht aus Thailand. Unter ihrer dicken, grünen, stark verschrumpelt wirkenden Schale ist das Fruchtfleisch voller Kerne, ziemlich faserig, trocken und unbedeutend. Man benutzt tatsächlich zum Würzen lediglich die Schale, die entweder als Stück mitgekocht und vor dem Servieren wieder herausgefischt wird, haarfein in Streifen geschnitten übers Essen gestreut wird oder im Mörser oder Mixer fein zerkleinert in Würzpasten Verwendung findet. Noch wichtiger sind die Blätter, groß, dunkelgrün und glänzend und von duftigem, elegantem Zitronenparfum – ganz im Gegenteil zu »normalen« Zitronenblättern, die mit ihrem Zitrusduft eher aufdringlich sind. Sie werden meist fein gehackt und in Salaten verarbeitet, über fertige Gerichte gestreut oder auch einfach in Stücke gerissen mitgekocht. Als Gewürz ist vor allem Zitronenblatt unersetzlich. Man kann es in Asienläden häufig kaufen. Es lohnt sich sogar, aus den Kernen der Frucht ein Bäumchen zu ziehen, damit man die Blätter immer frisch zur Hand hat. Die dünnschaligen Limonen (auf dem Bild aufgeschnitten) sind kein Ersatz. Aus Thailand kommen übrigens auch ganz besondere, rötliche Schalotten, die mild und würzig sind und vielerlei Arten von Chilis.

KLARE KÜRBISSUPPE MIT KÜRBISBLÜTEN

Wer keinen Kürbis im Garten hat, wird auf die ebenso dekorativen wie wohlschmeckenden Kürbisblüten verzichten müssen. Kaufen kann man sie nicht. Manchmal findet man jedoch auf dem Markt Zucchiniblüten, die man wunderbar als Ersatz verwenden kann. Wichtig ist dabei nur: Behutsam die Blüten öffnen, sorgfältig ausschütteln oder sogar ausspülen. Oft haben sich darin kleine Käfer verborgen, die man schließlich nicht mitessen möchte. Den Blütenstempel sollte man im übrigen auch entfernen, er ist wattig und nicht von übermäßigem Wohlgeschmack. Statt seltener Blüten kann man als farblichen Akzent in Streifen geschnittene Blätter in der klaren Brühe schwimmen lassen, zum Beispiel Kohl-

Chilis
Sie gehören in die Familie der Paprikagewächse, Abteilung Würzpaprika. Man unterscheidet zunächst einmal die roten und gelben Chilis. Grün sind sie alle, solange sie unreif sind. Getrocknet werden ausschließlich reife Chilis, deshalb sind diese immer rot. Chilis sind scharf. Hinter der zunächst betäubenden Schärfe Nuancen zu entdecken und den Geschmack zu lieben, muß man lernen. Das erschließt sich nicht beim ersten Mal. Aber es stimmt nicht, daß Chilischärfe die Geschmackspapillen betäubt oder gar tötet. Es bedarf lediglich einiger Gewöhnung. Chilis sind gesund! Sie regen bestimmte Verdauungsenzyme an, kurbeln den Stoffwechsel an und helfen, Hitze besser zu ertragen. Ein Grund, warum Chilis in tropischen Ländern einfach unersetzlich sind. Auch, weil sie konservierend wirken, vor Fäulnis und Krankheit schützen. Die meiste Schärfe steckt übrigens in den Kernen und in den wattigen Innenhäuten. Sie sollte man deshalb vor dem Verarbeiten mit einem Messer sorgfältig herausstreifen und entfernen.
Wichtig: Anschließend sofort und gründlich die Hände waschen. Nicht in die Augen fassen oder empfindliche Haut berühren – die ätherischen Öle, die an den Fingern haften, brennen wie Feuer!

blätter, Kräuter oder einfach festblättrigen Salat.
Die klare Suppe ist leicht und dank der Würze des Zitronengrases erfrischend; sie paßt gut an den Anfang eines sommerlichen, leichten Menüs.

Für vier Personen:
ca. 500 g Kürbis,
1 l kräftige Hühnerbrühe, 2 EL Soja-Sauce,
1 Stengel Zitronengras,
2–3 Stengel Koriandergrün, Salz,
4 Kürbisblüten

Vorbereiten: Das Kürbisfleisch auf einem Gurkenhobel in dünne Scheiben hobeln. Einen Teil davon in streichholzfeine Streifen schneiden. Aus dem anderen Teil hübsche Formen ausstechen: Sterne, Herzen, Rhomben – was immer Sie für Ausstecher zur Verfügung haben.
Zubereiten: Die Abschnitte in der Brühe mit dem grob in Stücke geschnittenen Zitronengras und der Soja-Sauce auf milder Hitze etwa 20 bis 30 Minuten ausziehen lassen. Anschließend durch ein Sieb filtern, die zugeschnittenen Kürbisstücke in diesem Sud zehn Minuten lang gar ziehen lassen – sie sollen noch Biß haben und durchaus knackig sein. Die Brühe mit Salz abschmecken.
Servieren: Die Kürbisstreifen und Kürbissternchen in Suppenteller oder Suppentassen verteilen. In jeden Teller eine gesäuberte Kürbisblüte oder dekorative Gemüsestreifen setzen. Korianderblättchen dazwischen streuen, wenn vorhanden, auch die weißen, duftenden Korianderblüten. Mit der kochendheißen, klaren, kürbiswürzigen Brühe auffüllen.

WEISSE KÜRBISCREMESUPPE

Wir haben hierfür ausgewachsene Patissons genommen. Das sind die runden, flachen Kürbisse, die aussehen wie kleine Ufos. Man nennt sie auch Kapuzinermütze oder Bischofshut. Jung sind sie besonders zart und schmecken sogar roh. Ausgewachsene Exemplare ergeben ein kräftiges Gemüse oder, wie hier, eine cremige Suppe.

Für vier bis sechs Personen:
1 großer Patisson von ca. 1,5 kg (ergibt geputzt etwa die Hälfte schieres Fleisch, also 750 g), 1 Zwiebel, 2 EL Butter,
Salz, 1 TL Pimentkörner, 1 l Brühe,
1 großes Stück Zitronengras, 200 g Sahne,
eine kleine Handvoll Kürbiskerne,
2 Zitronenblätter

Vorbereiten: Beim Putzen des Patisson unbedingt großzügig sein. Bei solchermaßen ausgewachsenen Exemplaren ist nicht nur die eigentlich dünne Haut, sondern auch die darunterliegende Zone zäh und ledrig. Sie wird auch durch langes Kochen nicht weich und angenehm.
Das schiere, zarte Kürbisfleisch würfeln. Mit der feingehackten Zwiebel in der heißen Butter in einem großen Topf andünsten. Sofort salzen, die im Mörser fein zerstoßenen Pimentkörner zufügen. Gründlich mit dem Kochlöffel umrühren und wenden, damit alles vom Gewürz erreicht wird. Erst dann mit der Brühe auffüllen und das Zitronengras am Stück zufügen. Zugedeckt knapp eine halbe Stunde kochen, bis das Kürbisfleisch fast zerfällt. Die Sahne zufügen, alles etwa fünf Minuten durchkochen. Schließlich das Zitronengras herausfischen und die Suppe mit dem Mixstab pürieren. (Dies kann alles bereits am Morgen oder Vortag geschehen).
Die Kürbiskerne in einer trockenen Pfanne rösten, bis sie von ihrem eigenen Öl, das austritt, glänzen.
Die Zitronenblätter längs halbieren, die dicke, innere Blattrippe herausschneiden, die Blätter selbst in hauchdünne Streifen schneiden.
Zubereiten und Servieren: Die Suppe nochmals erhitzen, abschmecken, durch ein feines Sieb streichen und erneut mit dem Mixstab aufschäumen. In Suppentassen oder -teller verteilen und mit den gerösteten Kürbiskernen bestreuen. Ganz zum Schluß die Zitronenblattstreifen darüber verteilen, die jetzt, erwärmt durch die heiße Suppe, ihren zitronenwürzigen Duft entwickeln und ihr mitteilen.
Dazu knuspriges Baguette servieren.

TOMATE UND AVOCADO

Farblich wie geschmacklich ein ideales Paar! Etwa als Salat: In Scheiben geschnittene Avocado, angemacht mit Zitronensaft, Salz, Pfeffer, gehackter Zwiebel und pürierten Tomaten. Das ist eine übliche, wohlbekannte Art der Zusammenstellung. Überraschender unsere Suppen: entweder pürierte Avocados mit rohen Tomatennocken oder eine eiskalte Tomatensuppe mit Avocadoscheiben

AVOCADOSUPPE MIT TOMATENNOCKEN (Bild Seite 62/63)

Eine kalte Suppe, die dennoch im Winter am besten schmeckt – weil es dann die besten Avocados aus Israel gibt. Leider bekommen wir ja im Sommer die köstlichen, fruchtig-aromatischen Avocados aus tropischen Ländern nicht auf unseren sonst mit allen möglichen Dingen so gut bestückten Märkten. Dabei schmecken gerade die in schwüler Hitze gereiften Früchte, wurden sie wirklich vollkommen ausgereift geerntet, mit Limonensaft, Piment und den duftenden Chilis aus Martinique einfach himmlisch . . .

Zutaten für 4 Personen:
4 Frühlingszwiebeln mit Grün,
2 große, saftige Zitronen,
2 normale Avocados (Hass, Ettinger)
oder eine ganz große Frucht (Nabal),
1 gehäufter TL schwarze Pfefferkörner,
1 gehäufter TL Pimentkörner,
1 TL Salz, 500 g reife Tomaten,
3/8 l eiskaltes Wasser, 1 EL Olivenöl

Vorbereiten: Zwiebeln putzen, die dunkelgrünen Spitzen abschneiden und beiseite legen. Die Zitronen auspressen, Avocadofleisch auslösen – dazu Früchte einfach halbieren, den Kern herausheben und das weiche Fruchtfleisch mit einem Löffel aus der Schale heben. Sollte die Avocado überreif sein und bereits feste Fäden im Fruchtfleisch ausgebildet haben, so empfiehlt es sich, das Avocadofleisch in kleinen Stücken auszustechen, dann wie angegeben alles pürieren und schließlich die Masse noch durch ein feines Sieb zu streichen. In jedem Fall das Fruchtfleisch unbedingt sofort mit dem Zitronensaft mischen, damit das Püree schön hell bleibt und nicht dunkel anläuft.
Das Weiße und Hellgrüne der Zwiebeln mit Zitronensaft und Avocado in den Mixer geben. Pfeffer- und Pimentkörner mit dem Salz im Mörser fein zerstoßen und in den Mixer geben – alles miteinander fein pürieren, bis die Masse cremig ist.
Tomaten waschen, halbieren und im Mixer pürieren – nach Belieben würzen: siehe Anmerkung. Durch ein Sieb streichen, dann in ein feineres Sieb geben und vollkommen abtropfen lassen.
Fertigstellen und Servieren: Das Avocadopüree mit dem kalten Wasser im Mixer oder mit dem Pürierstab aufschlagen, in Suppentellern verteilen.
Tomatenmasse mit Öl und etwas Salz würzen, durchmischen. Mit zwei Teelöffeln Nokken abstechen und schön formen, in die Mitte der Suppe setzen.
Das zurückbehaltene Zwiebelgrün erst jetzt – nämlich im letzten Moment, damit der saubere Zwiebelgeschmack nicht durch Oxidation verändert wird – in Ringe schneiden und darüber streuen.
Beilage: Dazu gibt es warme, knusprige Baguette oder getoastetes Weißbrot und als Getränk einen leichten, trockenen Sherry (Fino oder Manzanilla), weißen Port oder Marsala (Vergine).

Anmerkung: Haben Sie hervorragende, sonnengereifte Tomaten, brauchen Sie keine weitere Würze für die Nocken. Zweifeln Sie aber am arteigenen Aroma der Tomaten, geben Sie etwas frischen Ingwer, Knoblauch, Basilikum oder Koriandergrün hinzu. Die Nokken vertragen dann auch durchaus einen Hauch Sesamöl und Balsamico-Essig, allerdings verändert sich die Farbe damit ein wenig ins Bräunliche. Soll die Würze eher ins Westindische gehen, nehmen Sie Piment, die scharfen, dafür um so aromatischeren Chilis (siehe Seite 83) dieser Region, Korianderblätter und ein paar Tropfen Limonensaft.
Das Pürieren der ganzen, nur gewaschenen Tomaten geht auf diese Weise problemlos – man braucht sie weder zu häuten noch zu entkernen, spart also viel Zeit. Zum Durchtreiben braucht man ein metallenes Spitzsieb mit kleinen Löchern (im Gastronomiebedarf und guten Cookshops erhältlich), das man in einen passenden hohen Topf oder ein entsprechendes Gestell (Dreifuß) setzt, um mit einem möglichst hölzernen Mörserstößel fest genug stampfen zu können. Das Sieb schließlich, in dem die Tomatenmasse abtropft, muß aus Edelstahl oder Plastik sein, denn die in den eher süß schmeckenden, roten Früchten reichlich enthaltenen Säuren greifen das bei einfachen Sieben übliche Eisen schnell an, und das Püree bekommt davon einen unangenehm metallischen Geschmack. Wenn Sie die Tomaten vor dem Abtropfen salzen, werden sie besonders trocken – das Salz zieht die Flüssigkeit aus. Dennoch vor dem Anrichten nachsalzen!
Die Avocadocreme können Sie natürlich auch nach eigenem Gusto würzen: zum Beispiel mit Limonen- anstelle von Zitronensaft, mit etwas fein abgeriebener Zitronen- oder Orangenschale und vor allem mit Cayennepfeffer oder frischem Chili.

ROHE TOMATENSUPPE
MIT AVOCADO (Bild oben)

Zutaten für 4 Personen:
500 g reife Tomaten, 2 Schalotten,
1 Knoblauchzehe, 2 TL Soja-Sauce,
2 EL Olivenöl, 1 EL Balsamico-Essig,
frisch gemahlener Pfeffer, Salz,
1 vollreife Avocado,
Saft einer halben Zitrone oder Limone,
Cayennepfeffer, ⅛ l eiskaltes Wasser,
einige Estragonblättchen

Vorbereiten: Die Tomaten mit kochendem Wasser überbrühen, eiskalt abschrecken. Die Haut abziehen, den Stielansatz ausschneiden und die Kerne entfernen.
Schalotten und Knoblauch schälen, fein würfeln. Tomaten, Schalotten und Knoblauch mit Sojasauce, Olivenöl, Essig, Pfeffer und Salz im Mixer zu einem glatten Püree aufschlagen. Das kann, da das Öl vor Oxidation schützt, bereits einige Stunden vor dem Servieren geschehen.
Die Avocado schälen, halbieren, den Stein auslösen. Die Hälften mit Zitronensaft einreiben, damit sie nicht dunkel werden.
Fertigstellen und Servieren: Zum Tomatenpüree eine Tasse eiskaltes Wasser gießen und im Mixer (oder mit dem Mixstab) leicht schaumig aufschlagen. In Suppenteller verteilen.
Die Avocadohälften quer mit einem schmalen Messer in möglichst dünne Scheiben schneiden – dabei die Früchte so festhalten, daß sie ihre Form bewahren. Jetzt mit der Hand behutsam schräg und flach drücken, damit sich die Scheiben auffächern und schließlich dachziegelartig übereinanderliegen. Die Hälften längs ebenfalls durchschneiden, noch einmal mit Zitronen- oder Limonensaft beträufeln, salzen, pfeffern und nach Geschmack mit Cayennepfeffer bestäuben. Jeweils ein Avocadoviertel in die Mitte eines jeden Suppentellers setzen, mit einigen Blättchen Estragon verzieren und unverzüglich servieren.
Beilage: Dazu gibt es frisch aufgebackene oder geröstete Baguette. Und: Obwohl es eine Suppe ist, paßt zu dieser Vorspeise ein fruchtiger, leichter Weißwein, etwa ein trokkener Riesling Kabinett von der Mosel, der Saar oder der Ruwer.
Anmerkung: Für dieses Rezept gelten dieselben Würz-Variationen wie für das vorstehende Rezept. Und natürlich können Sie auch für diese Suppe die Tomaten wie dort beschrieben mit Schale im Mixer pürieren und durch ein Sieb passieren – in diesem Fall müssen Sie den Mixer zweimal spülen; fragt sich, was weniger Arbeit macht.

Avocado
Fast alle unsere Avocados kommen aus Israel, neuerdings auch aus Spanien und Korsika, aber dort erreicht man noch nicht beste Qualitäten. Die aus Südafrika und Kenia importierten Früchte werden für den deutschen Markt, ebenso wie der größte Teil der israelischen, sehr unreif geerntet, damit sie lange halten. Der Handel wünscht das leider – auch in Zeitungspapier gewickelt und an warmen Ort gelegt, werden solche Früchte nie schmelzend zart und aromatisch. Beste Sorten sind die bereits im September reife, glattschalige, kräftig-grüne, glänzende *Ettinger,* bis Weihnachten folgt die matte, rauhere *Fuerte.* Im Winter kommen die großen, runderen, elegant-aromatischen *Nabal* und zum Schluß die besten, die würzigen, aber hartschaligen, braunvioletten *Hass.*

Tomaten
Nichts Besseres, als unter südlicher Sonne gereifte, duftende, süß-aromatische Tomaten! Nichts aber ist auf unseren Märkten seltener zu finden – Treibhaustomaten aus Holland, säuerliche, wäßrige Kugeln, die nur durch Schnittfestigkeit und Haltbarkeit glänzen. Auch hier stehen die Wünsche des Handels vor denen seiner Kunden. Den »Verbrauchern« scheint das egal zu sein: Spitzenqualität wird ja erzeugt, etwa in Italien, Frankreich und Spanien. Doch werden nur billige Allerweltsfrüchte importiert, denn die wirklich guten Tomaten kosten eben auch gutes Geld. Neben erstklassigen heimischen Tomaten, die es freilich nur im August und September gibt, kommen im Frühjahr Tomaten von den Kanarischen Inseln zu uns – sie sind zwar hartschalig, schmecken aber prima. Auch Kirschtomaten haben meist mehr Aroma als die normalen runden Früchte. Am besten: die dunkelroten Fleischtomaten aus Italien ...

ZUCCHINI FIX GEMIXT

Erst moderne Küchentechnik hat wirklich gute Gemüse-Cremesuppen möglich gemacht: Der Mixer püriert Gemüse, das nur kurz gedünstet wurde, noch Farbe und Geschmack hat – früher mußte man es kochen, bis es sich von selbst auflöste. Dabei gingen die frischen Aromen und die Farbe verloren.

Das Rezept für diese Creme auf Seite 70

SANFT, ABER MIT BISS

Eine kräftige, thailändisch gewürzte Hühnerbrühe als Basis, reichlich Zitronensaft als stimulierende, appetitanregende, der griechischen Küche entlehnte Würze, Eigelb zur Bindung und sanften Vereinigung der gegensätzlichen Elemente auf französische Art: eine köstliche Liaison! Und darin zarte, saftige Kalbfleischklößchen, damit man auch etwas zu beißen hat.

Das Rezept finden Sie auf Seite 71

ZUCCHINICREMESUPPE (Bild Seite 66/67)

Diese Suppe verlangt in der letzten Phase ihrer Zubereitung schnelles, entschiedenes Handeln: Kochen die Zucchini zu lange, läßt man sie bis zum Pürieren heiß stehen, oder serviert man die Creme nicht sofort, verlieren sie ihren nußartigen Geschmack und färben sich grau.
In den üblichen Kompakt-Küchenmaschinen läßt sich die hier angegebene Menge für vier Personen problemlos verarbeiten; es gibt aber auch einige Fabrikate, die kein so großes Fassungsvermögen haben – dann müssen Sie die Suppe eben in zwei Arbeitsgängen pürieren.

500 g Zucchini, 1 bis 2 Schalotten,
2 Knoblauchzehen, 125 g Butter,
Borretschblätter und/oder -blüten (siehe Warenkunde rechts),
¼ l thailändisch gewürzte Hühnerbrühe (siehe nächstes Rezept),
Salz, Pfeffer, Cayennepfeffer

Vorbereiten: Die Zucchini putzen, waschen, trocknen und auf der Mandoline oder einem Julienneschneider in Streifen schneiden, mit der Küchenmaschine raspeln oder auch nur mit einem Gurkenhobel in dünne Scheiben schneiden. Schalotten und Knoblauchzehen fein würfeln und in einem nicht zu kleinen Topf in 25 g Butter andünsten.
Wenn sie nicht gleich angedünstet werden, mit der weichen Butter verkneten. In diesem Fall die Zucchini mit Klarsichtfolie abdecken und die Schalotten-Knoblauch-Butter in den Kühlschrank stellen.
Unmittelbar vor der Zubereitung die Borretschblätter waschen und in feine Streifen schneiden oder die blauen Blüten sorgfältig reinigen (Vorsicht, es können winzige schwarze Käferchen drin sein!), abtropfen und von den Stengeln zupfen.
Zubereiten und Servieren: Schalotten und Knoblauch in der Butter weich dünsten, dann zerkleinerten Zucchini zugeben, die Hühnerbrühe zugießen und zum Kochen bringen. Zwei Minuten durchkochen, mit Salz, Pfeffer und Cayenne abschmecken. Jetzt unverzüglich in den Mixer füllen und mit 100 g Butter glatt und leicht schaumig pürieren. Sofort in Suppenteller oder -tassen gießen, mit den vorbereiteten Borretschblättern oder -blüten bestreuen und servieren.

Estragon
Auf dem Bild können Sie, wenn Sie genau hinschauen, zwei Estragonsorten unterscheiden: Der obere Zweig ist französischer, der untere deutscher (oder russischer) Estragon. Die beiden unterscheiden sich nur wenig in der Form, aber außerordentlich stark im Geschmack. Die Blättchen des französischen Estragons sind hell, wirken im Frühjahr geradezu dickfleischig, ohne es freilich zu sein – die Oberfläche der lanzettförmigen Blättchen ist leicht gebuckelt, und die Ränder sind etwas ausgebuchtet. Im Sommer werden sie dann jedoch kleiner und spitzer. Immer sind sie von hellgrüner, leuchtender Farbe, die Spitzen der Triebe stehen nach oben. Deutscher Estragon dagegen hat schmalere, längere Blätter, die Spitzen biegen sich nach unten um, die Blätter sind dunkelgrün und weisen einen silbrigen Schimmer auf. Während der französische Estragon sehr aromatisch, gleichzeitig kräftig und elegant schmeckt, herrscht beim deutschen Estragon eine leicht grasige, fast strenge Note vor.
Besorgen Sie sich, wenn Sie einen Garten oder einen Balkon haben, unbedingt einen Stock französischen Estragon, der durchaus robust ist und im Winter nicht erfriert. Französischer Estragon ist ein unverzichtbares Gewürz in der feinen Küche – er allein gehört in zarte Suppen und Saucen. Zu Fleisch und Fisch kommt nur er in Frage! Auch für die meisten Salate ist er dem deutschen vorzuziehen – allerdings entfaltet der deutsche Estragon in Verbindung mit Essig unerwartete Qualitäten: An Blatt- oder Gemüsesalaten kann seine herbe Würze sehr vorteilhaft sein, ganz besonders, wenn man ihn von April bis Juni zusammen mit Schnittlauch und Kerbel verwendet. Brüderlich mit einem Zweig französischem in die Flasche gestopft, verhilft er einem einfachen Weinessig zu kräftigem Wohlgeschmack.

THAILÄNDISCH GEWÜRZTE HÜHNERBRÜHE

Eine stattliche Menge, nämlich zwei bis drei Liter, einer besonders kräftigen, intensiv schmeckenden Brühe bekommen Sie aus einem möglichst schweren Suppenhuhn. Doch schon das Gerippe eines Masthähnchens, von dem Sie die Brüste und die Keulen für eine andere Zubereitung entfernt haben, ergibt noch etwa einen Liter gute Brühe

Ein schönes Suppenhuhn oder das Gerippe eines fetten Hähnchens,
2 kleinere oder 1 große Zwiebel,
2 Fleischtomaten, 2–3 mittelgroße Möhren,
1 kleine Stange Lauch, ¼ Sellerieknolle,
die Stengel von 1 Bund Petersilie,
möglichst einige Petersilienwurzeln oder
1 Pastinake, 6 Knoblauchzehen,
3 bis 6 getrocknete große, aromatische, aber nicht zu scharfe Chilischoten,
1 daumengroßes Stück Ingwer,
eventuell ¼ der Menge frischen Galgant,
1 Stengel frisches Zitronengras (ersatzweise 1 TL getrocknetes),
1 Sternanis, Salz, etwas Koriandergrün

Zubereiten: Das Huhn oder das Gerippe in einen ausreichend großen Topf legen, die gesäuberten, geschabten oder geschälten, grob zerschnittenen Gemüse und die Gewürze zufügen, mit kaltem Wasser bedecken – für ein Suppenhuhn gut drei Liter rechnen, für ein Gerippe knapp die Hälfte. Die Gemüse- und Gewürzmenge bleibt gleich, in einem Fall überwiegt das Fleischaroma, im anderen der Gemüsegeschmack. Das Wasser langsam bei mittlerer Hitze und ohne Deckel zum Kochen bringen, damit die austretenden Eiweißstoffe die Brühe gleich klären. Kurz vor dem Aufwallen die Hitze herunterschalten, nach einigen Minuten den Deckel auflegen und die Brühe ein paar Stunden oder über Nacht bei 90 Grad, leise siedend, ziehen lassen.
Vom Herd nehmen und noch warm abseihen – nicht kalt werden lassen, denn die Brühe sollte so konzentriert sein, daß sie nach völligem Erkalten gelierend erstarrt. Nach dem Abkühlen in den Kühlschrank stellen und anschließend entfetten.
Wir frieren Behälter mit einem halben oder einem ganzen Liter ein, machen aber auch im Eiswürfelbehälter kleine Portionen für Saucen und zum Würzen. Die gefrorenen Würfel füllen wir in einen großen Plastikbeutel, dem wir sie leicht entnehmen können.
PS: Haben Sie das Suppenhuhn nicht zu lange gekocht, können Sie das Fleisch auslösen und zu einem Salat oder ein Frikassee verwenden. Für letzteres die weichgekochten Suppengemüse in den Mixer geben, mit wenig Brühe zu einer Sauce pürieren, ein bißchen Butter dazu, abschmecken, mit frischen Kräutern und dem kleingeschnittenen Fleisch vermischen und zu gekochten Kartoffeln oder Reis servieren.

ZITRONENSUPPE MIT ESTRAGON UND KALBFLEISCHKLÖSSCHEN

(Bild Seite 68/69)

Die ungeheuer erfrischende Sommersuppe reicht für vier Personen.

¾ l thailändisch gewürzte Hühnerbrühe,
3 Eigelb, 1 EL Soja-Sauce,
2 große, saftige Zitronen,
1 Bund Estragon (siehe Warenkunde links)
Klößchen: 175 g mageres Kalbfleisch,
2 EL gekochter Reis, 1 Eiweiß,
100 g Kalbsnierenfett, Salz, Pfeffer,
1 TL gehackter Ingwer, 1 TL Soja-Sauce,
etwas abgeriebene Zitronenschale,
1 TL Sherry, 4 Zweiglein Zitronenmelisse,
1 Zweig Zitronenthymian (wenn möglich)

Vorbereiten: Für die Klößchen das eiskalte Fleisch mit Reis, Eiweiß, ebenfalls kühlschrankkaltem Fett und Salz im Mixer pürieren. Mit den Gewürzen und den gehackten Kräutern vermischen, mit nassen Händen Bällchen von zwei Zentimetern Durchmesser formen und diese in ganz leise siedendem Salzwasser gar ziehen lassen. Herausheben, mit etwas Brühe zugedeckt abkühlen lassen, falls die Suppe nicht bald serviert wird. Sie können später in ihrer Brühe rasch wieder aufgewärmt werden.

Zubereiten: Die Hühnerbrühe erhitzen, die Eigelb mit Soja-Sauce und Zitronensaft verquirlen und die noch nicht kochende Brühe damit legieren und beim neuerlichen Erhitzen dicklich-schaumig abschlagen.
Die wieder erwärmten Fleischklößchen in vorgewärmte Suppenteller verteilen und die Suppe darübergießen. Mit reichlich frisch abgezupften Estragonblättchen bestreuen und sofort auftragen.
Dazu gibt es knuspriges Weißbrot oder eine warme, weiche, schwäbische Brezel.

Borretsch
Üppig blühen in Italien an Wegrändern und Schutthalden schon im April die blauen Blüten dieses verkannten Krautes – wir müssen bis zum Juni warten, denn in unseren Breiten erfriert die Pflanze im Winter, auch wenn die aus Sommerblüten gefallenen Samenkörner im Herbst überall im Garten aufgehen. Vor den ersten kräftigeren Frösten – so drei bis vier Grad verträgt die Pflanze schon – sollte man sich die pelzigen Blätter holen und einen deftigen Salat daraus machen – in Streifen geschnitten, pur oder mit ein paar Kartoffelscheiben, auf jeden Fall mit einer guten Portion Zwiebel. Ein besonderes Salatvergnügen, das sich nur Gartenbesitzer leisten können . . .
Der an Gurken erinnernde Geschmack hat dem Borretsch seinen volkstümlichen Namen gegeben – Gurkenkraut. Im Frühsommer gehört er an alle grünen Salate und in Kräutersaucen, im Sommer eben zu Gurken, in Verbindung mit Dill und Schnittlauch. Unbegreiflicherweise verwendet man die wunderschönen, zwischen leuchtendem Himmelblau und zartem Violett schwankenden Blüten, die Sie auf Seite 66/67 sehen, viel zu wenig: Sie schmecken noch zarter als die Blätter und sind eine ebenso reizvolle wie dekorative Würze auf Suppen und in Salaten – allerdings immer erst im allerletzten Augenblick hinzufügen, denn sie fallen schnell in sich zusammen und verfärben sich unter dem Einfluß von Säure rasch. Als Verzierung auf kalten Platten und auf fertig angerichteten Vorspeisentellern erfreuen sie durch ihre frische, ungewohnte Farbe! Borretsch schmeckt, so lange er zart ist und mit Zitronensaft und Olivenöl gewürzt und »erfrischt« wird, auch als Gemüse, Suppe oder Sauce: Die von den harten Rippen befreiten Blätter in sprudelnd kochendem Salzwasser zusammenfallen lassen, sofort eiskalt abschrecken, ausdrücken und im Mixer pürieren.

Reis & Nudeln

Nudeln liebt eigentlich jeder. Aber zu Reis hat man hierzulande ein eher gespaltenes Verhältnis: Es gilt als schwierig, ihn perfekt hinzukriegen. Und, zweitens, angeblich schmeckt er nach nichts. Beides ein Zeichen dafür, daß eine falsche Vorstellung darüber herrscht, wie guter Reis beschaffen sein muß. Hier wird er als ideal empfunden, wenn die einzelnen Körnchen von der Gabel purzeln, als ob sie noch roh seien. Der Lebensmittelindustrie ist es auch längst gelungen, Reis derart zu behandeln, daß er garantiert niemals aneinanderklebt und obendrein tatsächlich nahezu vollkommen geschmacklos ist. Ein solcher Reis würde in Asien Entsetzen hervorrufen. Dort gilt Reis als perfekt, wenn er schneeweiß und duftig wirkt und – das ist wichtig! – die Körnchen zart aneinanderhaften. Denn schließlich wird Reis mit Stäbchen verspeist – man wäre ziemlich verloren, rutschten die Körnchen immer, glatt wie sie sind, die Stäbchen entlang. Außerdem würde man in Asien den Reis niemals seines Eigengeschmacks berauben, sondern man bewertet ihn im Gegenteil als um so erlesener und teurer, je intensiver er duftet.
Auch in Europa herrscht durchaus Reiskultur: vor allem in Italien (Poebene) und Spanien (um Valencia), ganz wenig noch in der französischen Camargue, wo vorzüglicher Reis angebaut wird.
Und im eigenen Land versteht man auch jeweils durchaus, ihn zu herrlichen Gerichten zu verarbeiten, zu cremigen Risotti oder saftigen Paellas (aus weichkochendem Rund- oder Mittelkornreis), oder zum körnigen Pilaw aus festerem Langkornreis. Nicht zu verstehen also, warum man in Deutschland jene möglichst glatten Körnchen begehrt, an denen jede Sauce abrutscht, weil sie sich nirgendwo festhalten kann.
Allerdings – es deuten sich erfreuliche Veränderungen an: Inzwischen muß nicht mehr aus Italien Risottoreis mitbringen, in Asien-Shops thailändischen Duftreis, indischen Basmati oder japanischen Rundkornreis suchen, wer auf Qualität und Geschmack Wert legt. Man kann sogar in Supermärkten verschiedene Reissorten finden, seit die Lebensmittelindustrie einen Markt unter den Gourmets wittert und der möglichen Vielfalt mit einem besseren Angebot Rechnung trägt.

Auch bei Nudeln kann man eine Qualitätsverbesserung feststellen. Das italienische Reinheitsgebot (daß Nudeln aus dem teuren Hartweizengrieß hergestellt werden sollten), das im Zuge der Harmonisierung innerhalb der EG zum Nutzen der deutschen Nudellobby fallen mußte, wurde nicht etwa ausgesetzt, sondern vielmehr auch auf hiesige Produktionen übernommen. Es stellte sich nämlich heraus, daß der Verbraucher durchaus den Unterschied merkte: Die italienischen Nudeln schmeckten ihm besser als die aus (billigerem) Weichweizen hergestellten Nudeln, die weniger Biß haben.

Trotzdem machen wir persönlich unsere Nudeln meistens selbst. Und dann geben wir dem Teig (aus viel Eigelb und normalem Weizenmehl) mit allerlei Zutaten nicht nur eine andere Farbe, sondern setzen auch geschmackliche Akzente. Grün färben wir zum Beispiel nicht mit allbekanntem Spinat, sondern mit einem Püree aus Basilikum; rot werden unsere Nudeln mit reichlich Chili und gelb nicht nur dank der vielen Eigelb, sondern auch durch Safran.

Nach vielem Herumprobieren haben wir es aufgegeben, Nudeln mit Hilfe der teuren elektrischen Maschine herzustellen. Nie hatten sie die Konsistenz, die wir uns wünschten, sie waren zu dick, oft viel zu trokken, schmeckten uns einfach nicht. Der Teig bekommt beim Durchpressen durch die Vorsatzscheiben der Maschine eine anders beschaffene Oberfläche, und das wirkt sich offenbar ungünstig auf den Geschmack aus. Wir haben jedenfalls die Maschine verschenkt und wieder das gute alte Gerät mit den schönen, blanken Messingwalzen und der Handkurbel hervorgeholt. Es ist ein sinnliches Vergnügen, damit zu arbeiten: Zuerst wird der nur lose vermengte Teig so lange zwischen den glatten Walzen durchgedreht, bis er homogen geworden ist. Dann werden die Walzen immer enger eingestellt, um ein fast durchscheinend dünnes Teigband zu bekommen. Je dünner die Nudeln, finden wir, desto besser! Asiatische Nudeln kaufen wir. Auf diesem Bild ist neben dem Häufchen Duftreis eine Auswahl davon zusammengestellt: haarfeine Reisnudeln, schmale Reismehlbandnudeln auch Reisstäbchen genannt. Zum gelben Nest gedreht: normale chinesische Eiernudeln, sowie solche mit schwarzen Tüpfchen, aus Krabbenrogen und mit fermentiertem Fisch gewürzt.

EIN BLATT VOLL REIS

Eigentlich sollte man immer mehr Reis kochen, als man gerade braucht. Denn ersten
hat man so stets die Basis für die verschiedensten Gerichte zur Hand, di
was sich gerade im Kühlschrank findet. Mit oder ohne Fleisch, Fisch, Gemüse oder viele

REIS

Unter den vielen tausend Reissorten, die der Botaniker kennt, spielen für die Küche vergleichsweise wenige eine Rolle. Das ist auch gut so, denn sonst wäre Reiskochen tatsächlich eine Wissenschaft für sich! Allerdings gibt es mehr Sorten, als man das mit Blick auf das normale Reisregal im Supermarkt meinen könnte. Und genauso, wie man sich schließlich nicht mit einer einzigen Brotsorte tagaus, tagein zufrieden gibt oder immer nur ein und dieselbe Kartoffelsorte kauft, sollte man auch die Vielfalt der verschiedenen Reissorten nutzen. Dafür ist es natürlich nötig, sie im einzelnen zu kennen und Bescheid zu wissen, wofür sie sich eignen und wofür nicht.

Zunächst unterscheidet man Reis nach seiner Form in Langkorn- und Rundkornreis. Und es läßt sich generell sagen: Längliche Körner ergeben stets einen trockenen, duftigen Reis, während rundliche Körner weicher kochen. Genauso wie ein italienischer Risotto aussehen sollte: fast dickflüssig, so daß man ihn aus einem Suppenteller mit Suppenlöffel ißt. Hierzulande schätzt man diese Konsistenz offenbar weniger. Sogar in italienischen Restaurants wird Risotto meist als ziemlich trockene Angelegenheit serviert, oft sogar auch noch aus Langkornreis gekocht (mit der Begründung, »die Gäste wollen es so«). Vielleicht hat die Aversion dagegen damit zu tun, daß in den schlechten Zeiten früher Milchreis (aus Rundkornreis) als leicht verfügbares Essen galt und sicher nicht für kulinarische Höhenflüge verwendet wurde.

Mittelkornreis ist die klassische Risottosorte. Die dicken, runden Körner behalten noch lange in der Mitte den erwünschten festen Kern und werden außen angenehm weich. Er ist auch für Paellas gut geeignet.

Basmatireis ist die beste und leider auch teuerste Sorte. Er stammt aus Nordindien, kommt auch aus Pakistan. Die extrem schlanken, langen Körner werden nach dem Kochen besonders duftig und locker, haften aber, jedes einzeln, dennoch hauchzart aneinander. Der typische, ausgeprägte Geschmack wird durch Curries und intensiv gewürzte Gerichte nicht etwa unterdrückt, sondern vielmehr unterstützt.

Japanischer Rundkornreis ist kleiner, sieht runder und transparenter aus als Mittelkornreis. Die Körnchen wirken nach dem Kochen sogar richtig klebrig. Das ist wichtig, zum Beispiel für Sushi (siehe Seite 22), die sonst auseinanderfallen würden. Auch für Risotti ist Rundkornreis glänzend geeignet. In der feinen, modernen italienischen Küche zieht man ihn dem ursprünglich üblichen Mittelkornreis vor, der im Vergleich dazu ein wenig derb und sogar richtig plump wirkt.

Thailändischer Duftreis verströmt nach dem Kochen ein betörendes Parfum mit allen Wohlgerüchen Asiens. Er ist ganz trocken und locker, schneeweiß und duftig. Leider noch seltener als Basmati und ebenso teuer. Aber für die thailändische Küche einfach unersetzlich. Die intensiv-würzigen Curries und verschiedenen Aromen unterstützen geradezu seinen exotischen Duft.

Wildreis mit parboiled Reis ist als Mischung in Mode gekommen. Obwohl Wildreis im Grunde gar kein Reis ist, sondern vielmehr die Frucht eines Wassergetreides, das sich nicht züchten läßt. Es wächst ausschließlich wild an See- und Flußufern in Kanada und wird auf mühsame Weise geerntet. Wildreis ist zwar doppelt so ergiebig wie Reis, aber trotzdem ziemlich teuer. Deshalb mischt man ihn gern mit normalem Reis, meist mit parboiled Reis, der hierzulande mit Abstand beliebtesten Sorte. Ein Reis, bei dem die Vitamine, die in den Außenschichten sitzen und normalerweise beim Polieren entfernt werden, durch ein Spezialverfahren ins Innere gepreßt werden. Allerdings verliert der Reis dabei seinen charakteristischen Geschmack und bekommt die oben beschriebene, glatte, saucenresistente Konsistenz.

Dem Streit der Gesundheitsapostel, ob der bräunliche Naturreis oder schneeweißer polierter Reis nun besser sei, wollen wir uns gar nicht anschließen. Tatsache ist, daß Milliarden Menschen seit Jahrtausenden doch wohl nicht irren können: In Asien wird ausschließlich (!) weißer, polierter Reis gegessen. Die Menschen dort müßten allesamt todkrank sein, sollte es stimmen, daß geschälter Reis Mangelkrankheiten hervorruft.

Das Reiskochen. Die sicherste und einfachste Methode ist immer noch, den Reis in einer genau bemessenen Menge Flüssigkeit ausquellen zu lassen. Dabei benötigen die verschiedenen Sorten jeweils unterschiedliche Mengen von Flüssigkeit. Als Faustregel kann man sich merken: Auf eine Tasse Reis knapp eineinhalb Tassen Wasser. Möglichst einen dickwandigen Topf nehmen, zum Beispiel aus Gußeisen, der die Hitze gut speichert. Denn nach etwa fünf Minuten sprudelnden Kochens legt man den Deckel auf, dreht die Hitze auf kleinste Stufe herunter und läßt den Reis langsam zwanzig Minuten ausquellen. Erst dann darf der Deckel wieder gelüftet werden. Den Reis schließlich mit einer Gabel auflockern und servieren.

läßt er sich über Dampf oder in der Mikrowelle wunderbar wieder aufwärmen. Zweitens überdies blitzschnell auf dem Tisch stehen. Gemischt mit allem möglichen, Kräutern. Hier zwei Beispiele als Anregung. Eigene Variationen ausdrücklich erwünscht!

JAPAN-REIS MIT ROHEM LACHS

(Bild Seite 74/75 links)

Für zwei Personen:
2 Tongupilze, 2 EL Soja-Sauce, 1 EL Sherry,
1 Handvoll Zuckerschoten (Mangetouts),
2 Frühlingszwiebeln,
150 g Lachsfilet,
2 EL Sesamsamen, 2 EL Erdnußöl,
1 TL Sesamöl,
2–3 Tassen gekochter Rundkornreis,
1 Tasse Brühe, Salz Pfeffer,
Shichimi togarashi (japanische Gewürzmischung mit Chili)

Vorbereiten: Die getrockneten Pilze überbrühen und einweichen. Den Stiel entfernen, die Hüte in feine Streifen schneiden, mit Soja-Sauce und Sherry beträufeln und zehn Minuten ziehen lassen.
Die Zuckerschoten fädeln, von Blütenende und Stielansatz befreien. Die Schoten schräg in breite Streifen, die Frühlingszwiebeln in schmale Ringe schneiden.
Das Fischfilet von Häuten und Gräten säubern und in Würfel schneiden.
Zubereiten: Die Sesamsamen in der trockenen, heißen Pfanne golden rösten und in einem Schälchen beiseite stellen. Die beiden Ölsorten in der Pfanne erhitzen, die Zuckerschoten und Frühlingszwiebeln ganz kurz einmal herumwirbeln lassen, bevor die abgetropften Pilzstreifen zugefügt werden. Den mit einer Gabel aufgelockerten Reis zufügen und rasch unter Rühren alles auf starkem Feuer mischen. Dabei immer wieder einen Schuß Brühe angießen, damit nichts ansetzt. Mit der aufgefangenen Pilzmarinade, Salz, Pfeffer und japanischem Chiligewürz abschmecken. Erst ganz zum Schluß die Lachswürfel behutsam untermischen und zu Tisch bringen.

GEBRATENER CHINA-REIS

(Bild Seite 74/75 rechts)

Für zwei Personen:
2 EL getrocknete, weiße Morcheln,
150 g Zickleinfilet, ½ TL Stärke,
1 Schalotte, 1 Knoblauchzehe,
1 Ingwerscheibe, ½ dünne Lauchstange,
2 EL Öl, 1 TL Sesamöl, Salz,
2–3 Tassen gekochter Langkornreis,
2 EL Brühe, 2 EL Soja-Sauce,
1 großes Bund verschiedener Kräuter

Vorbereiten: Die getrockneten Morcheln überbrühen und einweichen. Inzwischen das Fleisch in kleine Würfel schneiden, mit Stärke überpudern und einmassieren.
Schalotte, Knoblauch und Ingwer sehr fein hacken. Den geputzten Lauch schräg in Ringe schneiden.
Zubereiten: Im heißen Öl (beide Sorten mischen) zunächst das Fleisch unter Rühren anbraten, dabei Knoblauch und Ingwer darüberstreuen und mit herumwirbeln. Salzen. Die eingeweichten Pilze und den Lauch zufügen. Schließlich den aufgelockerten Reis in die Pfanne rühren. Auf starkem Feuer braten, dabei mischen. Mit etwas Brühe benetzen, damit der Reis nicht zu trocken wird. Schließlich mit Soja-Sauce würzen und verschwenderisch Kräuterblättchen unterrühren.
Servieren: Unverzüglich zu Tisch bringen, damit der Reis schön locker bleibt und die Kräuter nicht zusammenfallen.
Dazu schmeckt ein säurebetonter Riesling; er muß aber nicht staubtrocken sein.
Anmerkung: Natürlich sind diese Angaben nur als Vorschlag gemeint. Nehmen Sie an Fleisch und Gemüse, was der Kühlschrank gerade hergibt und experimentieren Sie nach eigenem Gusto!

ZUCKERSCHOTEN

Man nennt sie auch Kefen, Schnee- oder Zuckererbsen. Auf französisch heißen sie *Mangetouts,* und genau das sind sie auch: eßbar, mitsamt ihrer Schote. Sie haben sich bei uns erst in den letzten Jahren ein kleines Plätzchen auf dem Markt erobert, gehören aber durchaus noch lange nicht zum selbstverständlichen Gemüseangebot. Es handelt sich übrigens keineswegs um Erbsen, die lediglich ganz jung geerntet werden, solange die Schale noch zart ist, sondern vielmehr um eine spezielle Sorte, deren Schale nicht jene cellophanartige Innenhaut bildet, die sie sonst ungenießbar macht. Zuckerschoten sollten so frisch wie nur irgend möglich sein, damit sie schön knackig bleiben. Und für die Zubereitung empfiehlt sich im Grunde nur eine einzige Methode: das blitzschnelle Pfannenrühren, also das Braten im Wok oder in einer großen Pfanne unter schnellem Rühren. Wenn man sofort salzt, bleibt die grüne Farbe leuchtend, und nach einer Minute sind die Zuckerschoten gar. Nur so bewahren sie ihre Knackigkeit, sind ein köstliches, zartes Gemüse. Blanchieren, Dünsten oder gar Kochen macht die Schoten müde und lasch. Das ist vor allem deshalb schade, weil man sie ja schließlich vor allem ihrer knusprigen Konsistenz wegen schätzt. Übrigens gehören Zuckererbsen zu den wenigen Gemüsen, die Einfrieren ausdrücklich nicht vertragen. Wie zum Beispiel auch Blumenkohl, Möhren oder Spargel. Sie verlieren im Kälteschlaf ihre Knackigkeit und wirken nach dem Auftauen wattig, schlaff und schmecken langweilig. Bei uns gibt es daher nur ganz kurze Zeit im Jahr Zuckererbsen, nämlich im Juni, dann aber reichlich!

TEIGTASCHEN AUS VOLLEM KORN

Keine Angst, wir wollen niemanden zum Naturköstler bekehren. Aber Nudelteig aus frisch gemahlenem Weizen schmeckt nicht »gesund«, sondern richtig gut. Er ist kerniger, derber, duftet ein wenig nach Waldboden und schmeckt nach Nüssen. Ravioli daraus, mit einer herzhaften Schinkenfüllung, und obendrauf in heißer Butter knusprig geröstete Salbeiblätter – damit überzeugt man selbst hartnäckigste Vollwertfeinde

Das Rezept auf Seite 82/83

RAVIOLI: ELEGANTE PÄCKCHEN

Spinattäschchen in leuchtend gelber Currysauce, geschmückt mit Dillblüten und rotem karibischem Chili. Rezepte Seite 82/83

SALBEI

Ein Kraut, mit dem viele nichts anfangen können. Die olivgrünen, silbrig schimmernden, lanzenförmigen Blätter sind mit einem zarten Flaum überzogen und duften intensiv. Für manche zu medizinisch, weil man sie als Kinder mit dem beruhigenden Salbeitee traktiert hat. Dabei ist Salbei unerhört vielseitig: Fettes Fleisch, wie Schweinebraten, läßt er bekömmlicher geraten. Mitgekocht würzt er weiße Bohnen, im Ofen gebratenen Kartoffeln verleiht er seinen Duft. In Butter knusprig gebraten, gut zu Nudeln oder über Ravioli. Eine Knabberei zum Dessert wie zum Aperitif: In Bierteig getaucht und knusprig ausgebacken. Wichtig: großzügig verwenden! Nur dann entwickelt Salbei alle seine guten Eigenschaften.

DILL

Sehr beliebt und doch verkannt! Bei Dill fallen den meisten Leuten wohl Salat und Gurken ein, vielleicht noch Lachs und Aal grün. Nichts dagegen, aber Dill kann mehr! Die zarten, fiedrigen Blättchen passen so gut zu sanften Aromen, zum Beispiel in Bechamelkartoffeln, zu Eiern, in ein Kalbsragout. Aber auch zur knackigen Frische vom sommerlichen Kopfsalat. Im Vorderen Orient liebt man Dill nicht nur vorsichtig dosiert, sondern gleich pfundweise, gedünstet, als Gemüse. Die duftenden, goldenen Blütendolden im späten Sommer finden üblicherweise beim Gurkeneinlegen Verwendung, ergeben aber auch einen aromatischen Sud, zum Beispiel zum Dämpfen von Fisch und zum Aufschlagen eines begleitenden Sabayons.

SCHINKENRAVIOLI MIT SALBEIBUTTER

Zutaten für vier Personen:
Füllung: je ½ rote, gelbe und grüne Paprikaschote, 1 Zwiebel, 1 Knoblauchzehe, 1 EL Butter, 300 g gekochter Schinken, 100 g Crème fraîche, 3 EL geriebener Käse, 1 ganzes Ei, 2 Eigelb, Salz, Pfeffer, 1 EL Soja-Sauce, Muskat
Außerdem: 1 Portion Nudelteig (Rezept rechte Seite), 1 Eiweiß, eine Handvoll Salbeiblätter, 75 g Butter

Vorbereiten: Die dünne Haut der Paprikaschoten mit dem Sparschäler abschneiden. Das Fleisch in winzige Würfel schneiden. Zwiebel und Knoblauchzehe hacken und mit der Butter weich dünsten (Mikrowelle eine Minute). Den grob zerkleinerten Schinken mitsamt Fettrand, Crème fraîche, Käse, Ei und Eigelb im Mixer glatt pürieren. Mit Salz, Pfeffer und Soja-Sauce würzen. Zum Schluß die gedünstete Zwiebel und Knoblauch mitmixen. Die Paprikawürfel erst dann untermischen.
Den Teig hauchdünn ausrollen. Am einfachsten mit der Nudelmaschine zum Kurbeln, zwischen deren glatten Walzen ein exaktes Teigband entsteht. Es mit Eiweiß einpinseln. Die Füllung teelöffelweise in regelmäßigen Abständen darauf setzen. Ein zweites Teigband genau darüberbreiten. Überall gut festdrücken. Mit einem Teigrädchen Quadrate ausradeln.
Fertigstellen: Die Ravioli in einem breiten Topf in viel Salzwasser zehn Minuten garen. In tiefen Tellern anrichten. Die Salbeiblätter in der Butter anrösten.
Servieren: Die Ravioli mit der Salbeibutter übergießen, sofort auftragen.
Anmerkung: Die Ravioli lassen sich wunderbar auf Vorrat herstellen, wenn Sie mal an einem Nachmittag Zeit und Muße für die Kocherei haben. Die Ravioli nebeneinander auf ein mit Backpapier belegtes Tablett setzen. Im Gefrierer fest werden lassen, erst dann in Gefrierdosen luftdicht verpacken. Am besten unter einem Tuch drei Stunden bei Zimmertemperatur auftauen.
Oder gefroren in warmem Wasser sanft auftauen, dann insgesamt etwa 20 Minuten ziehen, nicht kochen lassen.

SPINATRAVIOLI MIT CURRYSAUCE

Ravioli: 250 g Magerquark, 500 g Spinat, 1 Zwiebel, 2 Knoblauchzehen, 1 EL Öl, 3 EL geriebener Käse, 3 Eigelb, Salz, Pfeffer, Muskat, 1 Portion normaler oder Vollkornnudelteig
Currysauce: knapp ¼ l Hühnerbrühe, 1 TL gelbe Currypaste (Seite 141), 75 g Butter, Dill und Dillblüten

Vorbereiten: Quark abtropfen lassen. Spinat blanchieren, mit der feingehackten Zwiebel und durchgepreßtem Knoblauch im Öl andünsten. Abgekühlt mit dem Quark, Käse und Eigelb mixen. Mit Salz, Pfeffer und reichlich Muskat würzen. Wie links beschrieben Ravioli herstellen und garen.
Zubereiten: Für die Sauce in der heißen Brühe die Currypaste auflösen, im Mixer mit der eiskalten Butter aufschlagen.
Servieren: Die Ravioli in tiefen Tellern anrichten, mit etwas Kochwasser anfeuchten und schließlich mit Sauce begießen. Mit feingeschnittenem Dill bestreuen und, wenn vorhanden, mit Dillblüten dekorieren.

KARIBISCHE CHILIS

Auf Martinique, den anderen Westindischen Inseln und in Mittelamerika regiert eine ganz besondere Chilisorte, mit einem absolut eigenen, charakteristischen Duft und Geschmack. Diese Chilis sind rund, wie kleine Lampions geformt, so dünnfleischig, daß sie fast transparent wirken. Und sie sind das Schärfste, was es auf der Welt gibt! Deshalb ißt man sie auch nicht, sondern halbiert sie quer und betupft mit der Schnittfläche die Speisen. Das allein schärft diese bereits derart, daß es selbst schärfegewohnten Menschen die Tränen in die Augen treibt. Aber die tropischen Chilischoten parfümieren so betörend, daß man geradezu süchtig danach werden kann. Manchmal, aber viel zu selten, kann man sie in guten Gemüseläden finden. Wir bringen sie uns aus Paris, Zürich oder Berlin (KdW) mit, wo das Publikum wohl internationaler ist! Und im Sommer haben wir sie, gezogen aus den kleinen Kernchen, selbst im Gewächshaus: Nicht ganz so scharf, aber doch voller Aroma . . .

MARSALA

Er war, man glaubt es kaum, einst ein hochangesehenes Getränk. Ein Wein, dem, ähnlich wie beim Sherry, zunächst Alkohol zugefügt wird, um ihm genügend Rückgrat zu verleihen, eine viele Jahre andauernde Reife in kleinen Holzfässern zu überstehen. Dabei arbeitet man mit dem auch in Jerez üblichen Soleraverfahren: Alljährlich wird ein Teil des Faßinhalts bereits gereiften Weines mit einem jüngeren Jahrgang aufgefüllt. So kriegt der jugendliche Wein mehr Reife, der ältere hingegen jugendliche Frische mit. Leider wird bei uns fast nur gesüßte Massenware angeboten. Zum Dessert darf es natürlich ruhig ein süßer Marsala sein (Garibaldi dolce). Zum Würzen von Suppen oder Saucen sollte man sich auf die Suche nach einem trockenen Tropfen machen: *Virgin* oder *Solera dry* muß auf der Flasche stehen. Und die Jahreszahl sagt, von wann der älteste Wein der Cuvée stammt.

VOLLKORNNUDELTEIG

Wenn schon Vollkorn, dann sollte man den Weizen wirklich unmittelbar vor dem Verarbeiten frisch mahlen (am einfachsten erledigt das der Getreidemühlen-Aufsatz der Küchenmaschine), denn nur dann verfügt das Mehl über sämtliche Qualitäten: die wertvollen Inhaltsstoffe und, nicht minder wichtig, den vollen, nussigen Geschmack!

300 g Weizen, 1 TL Salz, 4 Eier, 2 EL Öl

Den Weizen sehr fein mahlen, Salz, 3 ganze Eier und ein Eigelb sowie das Öl zufügen. Von den Knethaken der Küchenmaschine zu einem zwar festen, aber geschmeidigen Teig verarbeiten lassen. Noch einmal mit der Hand kräftig durchwalken und schließlich in Folie gewickelt ruhen lassen, bis der Teig gebraucht wird. Diese Ruhezeit ist bei Vollkornmehl besonders wichtig, damit sich der Kleber ausbilden kann und der Teig elastischer wird. Anschließend hauchdünn auswellen, dünner als sonst, sonst werden die Ravioli oder Nudeln unangenehm fest.

NORMALER NUDELTEIG

Auch beim Teig für Ravioli oder Nudeln gilt der Grundsatz: *variatio delectat.* Außerdem paßt der erdige Vollkorngeschmack durchaus nicht immer. Deshalb hier auch gleich die Weißmehlversion:

300 g Mehl, 4 Eier, Salz, 2 EL Olivenöl

Das Mehl auf der Arbeitsfläche aufhäufen, in eine Kuhle in der Mitte drei ganze Eier und ein Eigelb, Salz und Öl geben. Alles lose miteinander mischen, bis es nicht mehr klebt. Diesen unfertigen Teig nunmehr portionsweise durch die glatten Walzen der handbetriebenen Nudelmaschine laufen lassen, dabei die Walzen nach und nach enger stellen, bis der Teig glatt und homogen und schließlich zu einem hauchdünnen Teigband ausgewellt ist. Immer wieder mit Mehl einpudern, damit nichts zusammenklebt. Fertige Teigbänder stets mit einem Tuch bedeckt halten, damit sie nicht austrocknen; nicht zu lange auf die Verarbeitung warten lassen! Ravioli oder Nudeln daraus schneiden.

NUDELN AL DENTE UND ZUM KNUSPERN

Asiatische Nudeln unterscheiden sich erheblich von europäischen. Das Angebot ist bunter: Nur ein Teil wird aus Weizenmehl gemacht, häufiger verwendet man Reis-, Mungo- oder Sojabohnenmehl, sogar Buchweizen oder zu Mehl gemahlene getrocknete Garnelen. Auch Eiernudeln erhalten dank Enten- oder Gänseeiern einen anderen Geschmack

Eine klare Sache: Transparente, hauchfeine Nudeln aus dem Mehl von Mungobohnen (verwandt mit Sojabohnen) hergestellt. Man nennt sie Glasnudeln. Und sie sind übrigens auch geschmacklich eher transparent. Deutlicher: Sie schmecken eigentlich nach nichts. Aber das ist ihre Stärke, denn sie nehmen durstig jedes Parfum auf und geben es doppelt zurück. Sie werden nicht gekocht, sondern lediglich in heißem Wasser eingeweicht – oder aber auch schwimmend in Öl fritiert, das macht sie herrlich knusprig!

CHINESISCHE NUDELN

Auf dem Bild oben ist nur eine Auswahl der Nudelvielfalt zu sehen, die man in der chinesischen Küche kennt: (von links) Haarfeine Reisnudeln, die getrocknet transparenter wirken, als sie es in zubereitetem Zustand sind. Dann nämlich leuchten sie schneeweiß, so daß man ihnen ihre Herkunft sogleich glaubt: Sie werden aus Reismehl hergestellt. Deshalb sind sie auch im Geschmack längst nicht so neutral wie die Glasnudeln (das linke Päckchen darüber). Diese nennt man auch Seidennudeln (weil sie tatsächlich wie Seide glänzen) oder Cellophannudeln. Sie werden aus dem Mehl von Mungobohnen produziert – das sind jene den Sojabohnen ähnlichen, grünen Hülsenfrüchte, aus denen man die beliebten weißen Keime sprossen läßt, die man fälschlicherweise Sojakeime nennt. Glasnudeln sind auch nach dem Einweichen völlig durchsichtig, was in Mischgerichten durchaus hübsch aussieht. Man schätzt sie vor allem ihrer »knorpeligen« Konsistenz wegen. Im übrigen werden Glas- wie Reisnudeln nicht wie üblich gekocht, sondern lediglich kochendheiß überbrüht und mindestens zehn Minuten, getrost auch länger, im schließlich langsam abkühlenden Wasser eingeweicht. Glasnudeln werden dann ganz glatt und wirken gelatinös, Reisnudeln behalten eine feste Struktur und schmecken tatsächlich nach Reis. Man kann beide Nudelsorten kurz nach Rezept mit den begleitenden Saucen köcheln, damit sie deren Aromen aufnehmen und sich gut mit ihnen verbinden. Kochen in Wasser allerdings läßt sie zergehen und diese begehrte Textur verlieren. Getrocknete Reisnudeln, kurz in heißem Öl fritiert, werden knusprig und sehen als Dekoration sehr hübsch aus. Es gibt sie nicht nur haarfein, wie oben gezeigt, sondern auch als breite Bandnudeln, wie auf der Seite 88 zu sehen. Weizennudeln sind in ihrer Struktur fester als Eiernudeln, die durch das Eigelb aufgehen und unseren europäischen Nudeln noch am ähnlichsten sind. Sie schmecken trotzdem anders: Statt Hühnereiern verwendet man zum Beispiel gerne Enten- oder Gänseeier oder ergänzt das Weizenmehl durch puderfein gemahlene, getrocknete Garnelen oder Algen. Man kann sie manchmal in guten Asienshops sogar frisch kaufen. In jedem Fall ist das Angebot an getrockneten Nudeln in den Asienläden groß, denn Nudeln sind in den Küchen Asiens ebenso wichtig wie Reis. Im Norden Chinas zum Beispiel, dort, wo aus klimatischen Gründen mehr Weizen als Reis angebaut wird, sind Nudeln Hauptnahrungsmittel, nicht Reis. Häufig sind sogar auch die getrockneten Eier- oder Weizennudeln bereits vorgekocht, so daß auch sie nur noch überbrüht und eingeweicht werden müssen, bevor man sie mit Gemüse, Fleisch oder einfach einer Sauce mischt oder, vor allem wenn es für das Mittagessen schnell gehen muß, mit kochender Brühe auffüllt.
Das ist dann *fast-food,* wie man es sich idealer nicht wünschen kann: Nudeln in ein Schälchen, ein paar Kräuter, einige Scheibchen rohes Filet, Fleisch oder Fisch, Gemüse dazu, gewürzt mit ein paar Tropfen Soja-Sauce, Sesamöl, eventuell Sherry oder Reiswein, aufgefüllt mit kochendheißer Brühe – die Nudelsuppenstände in Asien, wo man für ein paar Pfennige eine so zubereitete schnelle Mahlzeit kaufen kann, arbeiten nach genau diesem Rezept.

AUSTERNSAUCE

Eine chinesische Würzsauce, hergestellt (wie der Name bereits sagt) aus fermentierten Austern, Sojabohnen und verschiedenen Gewürzen. Man kauft sie stets fertig, sie selbst herzustellen wäre viel zu kompliziert und aufwendig. Es ist eine dickflüssige Würzsauce von intensivem Meeresgeschmack und dunkelbrauner Farbe. Sie findet ausschließlich in der Küche Verwendung, wird nicht auch als Tischwürze benutzt, wie zum Beispiel Soja-Sauce oder Hoisinsauce. Sie entwickelt nämlich ihren vollen Duft und ihre Würzkraft erst beim Erhitzen. Man schätzt ihre süßliche und gleichzeitig fruchtig-herbe Würze besonders zu pfannengerührtem Gemüse, aber auch zu Gerichten, in denen helles Fleisch vorkommt. Die Mischung zwischen den beiden gegensätzlichen Aromen von Fisch und Fleisch spielt in der chinesischen Küche überhaupt eine wichtige Rolle. Austernsauce wird in Flaschen, manchmal auch in Dosen verkauft. Die Sauce in der angebrochenen Flasche hält sich im Kühlschrank einige Monate. Aus der geöffneten Dose sollte man sie umfüllen.

INGWER UND FRÜHLINGSZWIEBELN

Beides unabdingbare Zutaten für jegliche asiatische Küche. Die frische Ingwerwurzel ist inzwischen auch hierzulande nicht mehr schwer zu beschaffen. Deshalb braucht niemand mehr auf getrockneten Ingwer zurückzugreifen, der wirklich kein Ersatz sein kann. Und kandierter oder in Zuckersirup eingelegter Ingwer mag allenfalls für manche Desserts taugen. Es ist höchstens ein Problem, ihn so frisch wie wünschenswert zu bekommen. Ingwer sollte prall und saftig wirken. Verschrumpelte, trockene Wurzeln sind faserig und liefern nicht mehr genügend Geschmack. Wenn Sie mal gute, saftige Wurzeln finden, kaufen Sie gleich einen ordentlichen Vorrat ein. Man kann Ingwer wunderbar in einem mit Sand oder Erde gefüllten Blumentopf frisch halten. Ab und zu gießen, damit die Erde nicht austrocknet, allerdings auch nicht zuviel des Guten dabei tun, sonst wächst zwar eine dekorative Schilfpflanze aus dem Topf (vor allem, wenn er warm steht), aber als Gewürz ist die Wurzel dann nicht mehr tauglich. Oder den Wurzelvorrat einfrieren. Dafür schälen, im Mixer fein zerkleinern und auf einem Tablett flach verteilt zunächst anfrieren, dann zerkrümelt in Gefrierbeutel verpackt verstauen.

SESAMSPINAT MIT GLASNUDELN UND OMELETTSTREIFEN

Eine hübsche Vorspeise (dann reicht sie für vier bis sechs Personen) oder auch ein fleischloses kleines Essen. In diesem Fall werden zwei bis drei Personen satt.
Die Sesamsauce sollte man ruhig in doppelter Menge herstellen. Sie hält sich einige Tage im Kühlschrank frisch und schmeckt auch zu gekochtem oder gegrilltem Fleisch.

Sesamsauce: 75 g Sesamsamen, 1 EL Soja-Sauce, 3–4 EL Hühnerbrühe, Chilipulver, Pfeffer
Omelett: 1 Ei, 1 TL Soja-Sauce, ½ TL helles Miso (japanische Würzpaste, siehe Seite 141), 1 Prise Zucker
Außerdem: 200 g Glasnudeln, 500 g Blattspinat, 1 Knoblauchzehe, 1 Scheibe Ingwer (1 cm), 1 EL Sesamöl, 2 EL Soja-Sauce, 1/10 l Hühnerbrühe

Vorbereiten: Für die Sauce die Sesamsamen in einer trockenen Pfanne golden anrösten, bis sie duften. Einen Löffel davon beiseite stellen. Alle anderen noch heiß in den elektrischen Zerhacker füllen und zu einer glatten Paste mixen, dabei Soja-Sauce und Brühe zufügen und so auf eine cremigdicke Konsistenz verdünnen. Mit Chilipulver und Pfeffer abschmecken.
Für das Omelett Ei, Soja-Sauce und Miso verquirlen, das Miso dabei vollkommen auflösen. Mit Zucker würzen. In einer beschichteten Pfanne ohne jedes Fett zwei oder drei (je nach Pfannengröße) hauchdünne Omeletts backen. Abkühlen lassen, aufrollen und in schmale Röllchen schneiden. Die Glasnudeln mit kochendem Wasser überbrühen und zehn Minuten einweichen. Sie lassen sich später leichter essen, wenn man sie dann mit einer Schere ein paar Mal durchschneidet. Spinat putzen und entstielen. Knoblauch und Ingwer fein hacken.
Zubereiten: Das Sesamöl im Wok oder einer großen Pfanne erhitzen, mit Knoblauch und Ingwer würzen, die Glasnudeln zufügen und darin schwenken, bis sie vom Öl benetzt sind. Die Spinatblätter zufügen und darin zusammenfallen lassen. Soja-Sauce und Hühnerbrühe angießen. Rasch auf starkem Feuer mischen, bis alles durchtränkt ist, bevor die Sesamsauce untergerührt wird. Schließlich die auseinandergezupften Omeletröllchen zufügen und behutsam untermischen. Zum Schluß die beiseite gestellten Sesamsamen darüberstreuen.

NUDELN MIT MUSCHELN

Mit den Düften aus Asiens Gärten und dem Geschmack europäischer Meere: Breite und feine Nudeln. Mal was anderes! Rezepte auf der nächsten Seite

CHINESISCHER SCHNITTLAUCH

Seit einiger Zeit kann man den nötigen Samen unter der Bezeichnung *Schnittknoblauch* auch bei uns kaufen. Tatsächlich duftet das Kraut ein wenig nach jungem Knoblauch. Das »Zwiebelige« herrscht jedoch durchaus vor. Die Pflanze läßt sich problemlos aus Samen ziehen und kommt dann alljährlich, wie normaler Schnittlauch auch, wieder. Es übersteht auch harte, europäische Winter. Die Halme wachsen eher, wie Frühlingszwiebeln, büschelig, sind jedoch ganz flach, nicht hohl wie diese. Sie glänzen und verfügen über

eine sehr feste Struktur. Ihre sternchenförmigen Blüten, die ebenfalls auf die enge Verwandtschaft mit der weitverzweigten Zwiebelfamilie hindeuten, sehen nicht nur als Dekoration auf dem Teller entzückend aus, sondern schmecken auch wunderbar. Man verwendet chinesischen Schnittlauch in Salaten, überall da, wo der zusätzliche Knoblauchduft erwünscht ist. Bei pfannengerührten Gerichten streut man ihn, schräg in hübsche, akkurate Rhomben geschnitten, erst ganz zum Schluß, kurz vor dem Servieren, darüber. Seine ätherischen Öle verfliegen nämlich in der Hitze.

REISBANDNUDELN MIT HERZMUSCHELN UND GRÜNEN BOHNEN

Natürlich kann man statt der weißen Reisnudeln auch ganz normale Eiernudeln dafür verwenden. Die Möhren und Bohnen werden hier auf Bandnudelformat zugeschnitten. Sollten Sie spaghettifeine Nudeln verwenden, wäre es schön, das Gemüse ebenfalls ganz schmal zuzuschneiden.

Für zwei Personen:
150 g Reisbandnudeln,
1 Möhre, 100 g grüne Bohnen, Salz,
1 Schalotte, 1 Knoblauchzehe,
1 Ingwerscheibe (1 cm dick), 1 EL Öl,
250 g Herzmuscheln,
2 TL Tahin (Sesamcreme, siehe Seite 141),
1 TL Soja-Sauce, 2 EL Hühnerbrühe,
2 EL Sherry, Pfeffer, chinesischer Schnittlauch

Vorbereiten: Die Nudeln mit kochendem Wasser überbrühen und einweichen, bis alle übrigen Vorbereitungen erledigt sind. Die Möhre mit dem Sparschäler rundum sauber schälen, dann mit dem selben Messer längs hauchdünne Streifen abschälen und schließlich auf die Breite der Nudeln zurechtschneiden. Die Bohnen ebenfalls längs durchschneiden. Das Gemüse zwei Minuten in Salzwasser blanchieren.
Schalotte, Knoblauch und Ingwer fein hakken. Die Muscheln in mehrfach gewechseltem Wasser ausspülen und entsanden, dabei

HERZMUSCHELN

Englisch *cockles*, französisch *coque*, italienisch *capa*. Sie sind bei uns eher selten auf dem Markt, was um so unbegreiflicher ist, als sie auch in der Nordsee vorkommen und nicht nur aus dem Mittelmeer ins Land gebracht werden müssen. Und da lohnt sich wahrscheinlich der Transport kaum, denn sie gelten nicht als wertvoll. Schade, denn sie schmecken gut und sehen so hübsch aus. Herzmuscheln sind, im Unterschied zu den glatten Venusmuscheln, an ihren Längsrippen zu erkennen, die sich zum Schließscharnier hin bündeln, anders als bei den Venusmuscheln, deren Rippen quer zum Schließpunkt über die Muschelfläche ziehen. Wie die meisten Muscheln könnte man sie auch roh essen. Falls man sie gegart bevorzugt, sollte man sie nur so kurz wie nur möglich der Hitze aussetzen. So genügt es beispielsweise, sie nur in die vorbereitete Sauce zu kippen und eben zu erhitzen. Sobald alle Muscheln geöffnet sind, kann man servieren. Noch geschlossene sollte man auslesen und wegwerfen, sie sind möglicherweise verdorben. Schade wäre, wenn man vor dem Servieren das Fleisch aus den Schalen lösen würde. Dabei geht viel vom Saft verloren, und schließlich macht es doch Spaß, sie beim Essen mit der Hand herauszufischen und auszulutschen. Wichtig ist in einem solchen Fall natürlich, die Muscheln vor der Zubereitung besonders gründlich abzubürsten – aber das versteht sich ja von selbst.

auch die Schalen selbst gründlich abbürsten. Den chinesischen Schnittlauch schräg in kleine Rhomben schneiden.
Zubereiten: Schalotte, Ingwer und Knoblauch im heißen Öl in einer großen Pfanne oder im Wok andünsten. Die Herzmuscheln zufügen, unter Rühren anbraten, bis alle geöffnet sind. Möhren, Bohnen und Nudeln zufügen. Auf starkem Feuer mischen. Tahin, Soja-Sauce, Brühe und Sherry zufügen, mit Salz und Pfeffer würzen. Einmal aufkochen und mit Schnittlauch bestreut sofort servieren. Zum Beispiel als leichtes Mittagessen. Dazu schmeckt am besten ein kräftiger Weißwein, der dem Ingwer genügend Kraft entgegensetzen kann, ein Grauburgunder oder ein frischer Weißherbst aus Baden.

CHINESISCHE EIERNUDELN MIT VENUSMUSCHELN, BROCCOLI UND FENCHEL

Auch hier lassen sich wieder alle Vorbereitungen in Ruhe lange im voraus erledigen. Das eigentliche Kochen ist dann im Handumdrehen geschehen. Deshalb eignet sich ein solches Gericht auch glänzend als Zwischengang in einem ausführlichen Menü. Der Koch oder die Köchin brauchen nur kurz in der Küche zu verschwinden und kehren sogleich wieder mit dem fertigen Gericht zurück.

Für vier Personen:
4 Tongupilze, 1 EL Soja-Sauce,
1 EL Sherry, 1 Prise Zucker,
3 EL neutrales Öl, 3 TL Sesamöl,
200 g feine Eiernudeln, Salz,
1 Scheibe Ingwer (2 cm dick),
2 Knoblauchzehen, 1 rote Chilischote,
1 Fenchelknolle, 250 g Broccoliröschen,
Zucker, Pfeffer, 600 g Venusmuscheln,
1 TL dunkles Miso (Seite 141),
1 EL Sherry, 3–4 EL Hühnerbrühe

Vorbereiten: Die getrockneten Pilze zuerst mit kochendem Wasser überbrüht eine halbe Stunde einweichen. Den Stiel entfernen, die Hüte vierteln und in Soja-Sauce und Sherry, mit einer Prise Zucker bestreut, köcheln, bis alle Flüssigkeit verdampft ist. Mit einem Löffel neutralem und einigen Tropfen Sesamöl tränken und marinieren.
Die Nudeln in kochendem Salzwasser mit Biß gar kochen, abgießen, sofort einen Teelöffel Sesamöl untermischen, damit sie nicht zusammenkleben.
Ingwer, Knoblauch und Chili sehr klein würfeln. Vom Fenchel die zarten grünen Blättchen beiseite legen, die Knolle vierteln und quer in Scheiben schneiden. Zuerst die in Scheiben geschnittenen Broccolistiele, dann auch die Broccoliröschen in Salzwasser blanchieren. Die Muscheln gründlich in immer wieder frischem Wasser durchspülen.
Zubereiten: Die Tongupilze mit dem restlichen Öl im Wok andünsten, dabei Ingwer, Knoblauch und Chili darüberstreuen. Die Fenchelringe und den Broccoli zufügen, unter Rühren eine Minute braten, dabei salzen, mit Pfeffer und Zucker würzen. Die abgetropften Muscheln in den Wok füllen, unter Rühren braten, bis alle Muscheln geöffnet sind. Erst dann die Nudeln zufügen. Miso, Sherry und Brühe miteinander verquirlen und in die Pfanne gießen. Einmal aufkochen, dabei alles mischen und in der Pfanne umherwirbeln. Auf einer Platte anrichten und mit kleingezupftem Fenchelgrün bestreuen. Unverzüglich zu Tisch bringen.
Anmerkung: Es gibt nur zwei Möglichkeiten, Gerichte mit Nudeln schicklich zu verspeisen: Entweder auf italienische Art, indem man mit der Gabel einige wenige Nudeln ergreift und sie, die Gabel auf einem kleinen leeren Plätzchen auf dem Teller aufgestützt und um sich selbst drehend, aufwickelt. Oder mit Stäbchen, wobei der kleine Porzellanlöffel hilfreich ist, der bei einer chinesisch gedeckten Tafel zum Suppenschälchen serviert wird: Damit stützt man von den Stäbchen herabhängende Nudeln auf dem Weg vom Teller bis zum Mund und fängt sie notfalls auf. Was auf chinesische Art durchaus tadellos feiner Benimm ist!

VENUSMUSCHELN
Es soll mehr als 500 verschiedene Sorten von diesen niedlichen Muscheln mit den konzentrischen Streifen geben. Meist sind sie weißgrundig, mit grünlichem, gelblichem oder rosa-bräunlichem Schimmer und wirken wie aus Porzellan, durchscheinend oft und zart. An allen Stränden der Welt kann man sie finden. Und in den meisten Küchen sind sie auch hochgeschätzt. Natürlich wieder mal bei uns eher unbekannt, geradezu exotisch, obwohl sie auch in der Nordsee vorkommen. Wir sind eben, was die selbstverständliche Nutzung der Schätze des Meeres angeht, eher unterentwickelt. Man genießt Venusmuscheln allenfalls in Küstennähe. Im Binnenland bekommt man sie kaum angeboten, als ob wir heute noch im Zeitalter ohne Kühlmöglichkeit und weiter Transportwege lebten. Venusmuscheln (auf italienisch *vongole*) sind rasch zubereitet (wie andere Muscheln auch!). Zum Beispiel so: Gründlich durchgespült und gesäubert einfach in eine große Pfanne schütten, in der feingehackte Zwiebel, Knoblauch und Petersilie in heißem Öl angedünstet wurden. Ein Glas Weißwein oder Sherry zufügen und ganz kurz den Deckel auflegen – fertig! Nach Gusto würzt man lieber mediterran, nimmt Olivenöl und Basilikum, bevor man Hartweizenspaghetti untermischt. Oder man verleiht ihnen mit ein paar Tropfen Sesamöl, etwas Soja-Sauce und feingehacktem Ingwer asiatischen Duft, mischt mit Reis-, Glas- oder chinesischen Garnelennudeln.

LAGENWEISE AUFGELAUFEN

Und sie treffen sich doch, der vordere und hintere Orient. Zum Beispiel in diesem Auflauf: Türkische Teigblätter und curryscharfes Hackfleisch

HACKFLEISCHAUFLAUF IN TÜRKISCHEN TEIGBLÄTTERN

Börek heißt in der Türkei ein solcher Auflauf aus diesen Teigblättern. Es ist übrigens ein Essen, das nicht viel Mühe macht, das sich herrlich vorbereiten läßt, das sowohl warm wie kalt gut schmeckt und obendrein Aufwärmen glänzend verträgt.

Für vier Personen:
2 große Zwiebeln, 4 Knoblauchzehen,
5 Fleischtomaten, 500 g Zucchini,
4 Basilikumzweige, 4 EL Olivenöl,
500 g Hackfleisch, 2 EL Soja-Sauce,
2 EL rote Currypaste (Seite 141),
ca. ⅛ l Brühe oder Rotwein,
Salz, Pfeffer, 3–4 EL Pinienkerne,
1 Paket türkische Teigblätter,
200 g türkischer Schafskäse,
100 g Crème fraîche

Vorbereiten: Zwiebeln und Knoblauch fein hacken. Tomaten mit kochendem Wasser überbrühen, häuten und entkernen; das Fleisch grob hacken. Die Zucchini würfeln. Die Basilikumblättchen von den Stielen zupfen und in feine Streifen schneiden.
Zubereiten: Zwiebeln und Knoblauch in drei Eßlöffeln Öl andünsten, das Hackfleisch zufügen. Unter Rühren braten, bis es krümelig geworden ist und seine rohe Farbe völlig verloren hat. Mit Soja-Sauce und Chilipaste würzen, dabei etwas Brühe oder Wein angießen, damit sich die Paste besser auflöst und mit dem Fleisch verbindet. Die Tomaten und Zucchini zufügen, salzen und pfeffern. Einige Minuten köcheln. Zum Schluß erst die Pinienkerne und das Basilikum unterrühren und die Hackfleischfarce abschmecken.
Fertigstellen: Eine feuerfeste Auflaufform mit dem restlichen Öl ausstreichen. Mit einer Lage Teig ausschlagen, die so groß sein sollte, daß man sie nachher zurückklappen und wie einen Deckel über den Auflauf breiten kann. Diese Teigschicht bildet dann die geschlossene Oberfläche des Auflaufs. Einen Teil der Hackfleischfüllung auf dem Teigblattboden gerecht verteilen, wieder mit Teig zudecken – und so weiter, bis alles aufgebraucht ist.
Den Auflauf mit seinem Teigdeckel schön abdecken. Die Oberfläche mit Crème fraîche dick einstreichen. Im 200 Grad heißen Ofen 50 Minuten backen, bis die Oberfläche golden ist und es an den Seiten des Auflaufs heftig herausbrodelt.
Servieren: Dazu einen grünen Salat und jungen Rotwein reichen, den man gekühlt trinken kann, zum Beispiel aus dem Beaujolais oder Chianti.

TÜRKISCHE TEIGBLÄTTER

Man kauft sie im Türkenladen fertig. Dort nennt man sie auch manchmal, in Verkennung des deutschen Worts, Blätterteig; tatsächlich steht auch auf französisch *pâte feuilletée* auf der Packung, aber es ist durchaus nichts Blättriges daran. Es handelt sich vielmehr um Teig*blätter.* Sie werden aus einer Art einfachem Strudelteig (aus Wasser, Mehl und Salz) dünn ausgezogen, zur besseren Haltbarkeit etwas angeröstet, und schließlich ansonsten roh in Folie verpackt und verkauft.
Im Kühlschrank halten sie etwa zwei Wochen. Man kann die Teigblätter außerordentlich vielseitig nutzen. Als Hülle für die verschiedensten Füllungen aus Fleisch, Gemüse, Käse oder Kräutern. Zu dreieckigen Taschen geformt und schwimmend in heißem Öl fritiert; aufgerollt und wie unsere Strudel auf einem Blech gebacken oder lagenweise (wie bei unserem Rezept oben) in eine feuerfeste Form geschichtet und im Ofen geschmort. Weil der Teig neutral ist, läßt er sich auch für Süßspeisen verwenden. Zum Beispiel mit einer Füllung aus blättrig geschnittenen Äpfeln, Pinienkernen, Rosinen und Honig versehen und zu Taschen geformt auf einem Blech backen. Kurz bevor die Taschen goldbraun und fast gar sind, werden sie dick gebuttert und mit Honig bekleckst – das ergibt nach den letzten fünf Minuten im Ofen bei mittlerer Hitze einen Überzug aus unerhört köstlichem Karamel.

GEFÜLLTE PFANNKUCHEN MIT ASIENWÜRZIGER HACKFLEISCHFÜLLUNG

Diese Füllung kann man natürlich auch als Variante für den Teigblätterauflauf verwenden – und umgekehrt ist dessen Füllung auch hierfür geeignet. Die folgende Menge reicht als Vorspeise für vier Personen, satt werden davon jedoch nur zwei.

Pfannkuchen: 110 g Mehl, 2 Eier,
75 g geschmolzene Butter, Salz,
¼ l Wasser, Öl zum Braten
Hackfleischfarce: 2 weiße Morcheln,
1 Schalotte, 1 Scheibe Ingwer (ca. 1 cm),
2 Knoblauchzehen, 1 Frühlingszwiebel,
½ grüne Paprikaschote,
250 g Hackfleisch, 1 EL neutrales Öl,
1 TL Sesamöl, 2 EL Sherry, 3 EL Brühe,
1 EL Soja-Sauce, Salz Pfeffer, Zucker

Vorbereiten: Zunächst die Zutaten für den Pfannkuchenteig miteinander glattrühren. Er sollte nämlich möglichst eine halbe Stunde ruhen und quellen, damit sich der Kleber im Teig ausbilden kann – das macht die Pfannkuchen zarter, sie werden so nicht ledrig und zäh. In der Zwischenzeit für die Hackfleischfarce die Morcheln mit kochendem Wasser überbrühen und einweichen. Schalotte, Ingwer und Knoblauch fein hacken. Die Paprikaschote dünn schälen und in winzig kleine Würfel, die Frühlingszwiebel in Ringe schneiden.

Zubereiten: Das Hackfleisch im heißen Öl (beide Sorten gemischt) krümelig braten, sobald es seine rohe Farbe verloren hat, Schalotte, Knoblauch und Ingwer darüberstreuen. Nach einigen Minuten erst auch die Frühlingszwiebel, gehackte Morcheln und Paprikawürfel zufügen. Schließlich mit Sherry, Brühe und Soja-Sauce ablöschen und köcheln, bis kaum mehr Flüssigkeit vorhanden ist. Mit Salz, Pfeffer und Zucker abschmecken.

Wenn die Sauce so weit fertig ist, die Pfannkuchen backen: Am besten in einer eisernen oder beschichteten Pfanne von 24 cm Durchmesser. Die Teigmenge sollte acht dünne Pfannkuchen ergeben. Sofort jeweils einen Löffel Hackfleischfarce hineinfüllen, die Pfannkuchen aufrollen und servieren.

Tip: Man kann Hackfleischsauce und Pfannkuchen auf Vorrat herstellen und sie dann fix und fertig gefüllt in der Mikrowelle oder über Dampf wieder aufwärmen. Für eine Vorspeise sieht es hübsch aus, wenn man aus den Pfannkuchen kleine Beutel macht, die mit einem Schnittlauchhalm verschnürt werden.

Getränk: Würziger Weißwein, zum Beispiel frisch ausgebaute, trockene Scheurebe oder Traminer.

BASILIKUM

Das königliche Kraut mit seinem betörenden Duft gehört rund ums Mittelmeer einfach dazu. In viele Speisen, aber auch als Schmuck neben die Haustür, wo man, im Vorübergehen darüberstreichend, sofort den intensiven Duft wahrnimmt und von ihm wie in eine Wolke gehüllt wird.

Basilikum ist auch in Asien ein wichtiges Kraut, vor allem in Thailand, wo man unter dreierlei verschiedenen Arten auswählen kann. Sie tragen denselben botanischen Namen wie das europäische Basilikum, aber sie sehen anders aus und unterscheiden sich auch deutlich in Duft und Aroma. Gemeinsam haben alle Sorten, daß sie problemlos zu ziehen sind, vorausgesetzt, sie stehen windgeschützt und in großer Wärme. Die unterschiedlichen Samen sind sowohl bei einschlägigen Händlern wie, die asiatischen Sorten, in Asienläden zu bekommen. Auf dem Bild oben sind von links nach rechts zu sehen: das kleinblättrige Basilikum, das man vor allem in Spanien seines Duftes wegen liebt. Das aniswürzige, sogenannte *süße* Thaibasilikum mit den rötlich angelaufenen Stielen riecht leicht medizinisch. Das italienische großblättrige Basilikum ist hierzulande am weitesten verbreitet, während das origanoblättrige Basilikum noch eher selten ist. Das Thaibasilikum paßt besser zu allen ausdrücklich asiatisch gewürzten Speisen, alle anderen Sorten zum mehr mediterranen Geschmack.

Gemüse

Nach Jahrhunderten zwischen Kraut und Rüben beginnen die Deutschen langsam, die Gemüse-Köstlichkeiten dieser Erde zu entdecken. Was hatten wir es aber auch schwer, wo doch in unserem rauhen Klima nur so wenig gedeiht! Gewiß, allerlei Züchtungen haben uns bereits im letzten Jahrhundert eine größere Auswahl an Gemüsesorten auch in unseren kühlen Breiten ermöglicht, aber erst mit den Gastarbeitern kam wirklich Vielfalt auf. Broccoli und Chinakohl haben die Küche schnell erobert, aber es hat doch dreißig Jahre gedauert, bis Auberginen und Zucchini, Fenchel und Mangetouts wie »normale« Gemüse behandelt wurden.

Im Zeichen der Fleisch-Skandale wandten sich in den letzten Jahren viele Menschen dem Gemüse zu – nicht aus geschmacklichen, sondern aus gesundheitlichen und ideologischen Gründen konnte das Gemüse seinen Siegeszug antreten. Und erst mit dieser Unterstützung konnte es in der breiteren Öffentlichkeit gegenüber dem Fleisch den kulinarischen Stellenwert erobern, den es verdient. Und den es in vielen anderen Ländern, vor allem in Asien und in den südlichen, mediterranen, klimatisch idealeren Gegenden schon immer hatte.

Wir haben das Glück, einen großen Garten zu besitzen, wo (fast) alles wächst, was unser Herz begehrt. Unter Folie und im Kalthaus können wir empfindlichere Salate, Zucchini und Kürbchen, Tomaten, Paprika und Auberginen ziehen bzw. ihre Angebotszeit verlängern. Und mit Hilfe eines kleinen Gewächshauses sind wir sogar in der Lage, exotische Kräuter und Gewürze wie Chilis, Koriander, Zitronengras und Würzzitronenblatt fast ganzjährig zu ernten. Blumenkohl und Broccoli, Schwertbohnen und Haricots verts, Mark- und Palerbsen, Spinat und Mangold – wir sind »autark«, essen in der Saison fast nichts anderes und frieren ein, was wir nicht gleich verbrauchen können. So haben wir für den Winter einen köstlichen Vorrat (selbst-eingefrorene Sachen kann man mit den Produkten der Lebensmittelindustrie nicht im entferntesten vergleichen!). Und wir müssen nur die wirklich wärmebedürftigen Gemüse kaufen oder solche, die sich nicht einfrieren lassen – Spargel und Fenchel, Auberginen, Paprika und Gurken, wenn wir sie gerade nicht im Garten haben. Sellerie, Kartoffeln, Rote Bete und Möhren werden wie seit eh und je eingekellert, irgendeinen Blattsalat gibt es auch immer . . . Wir wissen, daß wir in gemüsiger Hinsicht sehr verwöhnt sind. Aber wir genießen das und lassen uns diese Freuden Geld und unbezahlbare Mühe kosten.

Dieses Kapitel kann nur einen verschwindend kleinen Ausschnitt zeigen: Den größten Teil unserer Gemüserezepte werden Sie in den anderen Kapiteln finden. Denn es gibt höchst selten ein Gericht, das wir ohne Gemüse servieren – was wäre Fisch, was wäre Fleisch ohne die ebenbürtige Begleitung, ohne die frische, bekömmliche Würze von Gemüse? Wir betrachten daher eigentlich das Gemüse als die Hauptsache, und nach ihm richten wir uns bei der Zubereitung der anderen Dinge, bei der Auswahl von Fisch und Fleisch, wenn es die überhaupt gibt . . .

GEMÜSEKUCHEN

Am Anfang stand die Quiche, der berühmte Kuchen mit salzigem Mürbteigboden, Speck, Zwiebeln und einem Guß aus Sahne und viel Eigelb. Daraus läßt sich eine Menge entwickeln. Blättern Sie um!

BLUMENKOHL - BROCCOLI - TORTE

Natürlich läßt sich dieses Grundrezept mit den verschiedensten Gemüsen abwandeln. Wichtig ist nur, daß sie farblich ein hübsches Bild abgeben, daß sie die Backzeit überstehen und, wenn man zwei oder mehrere Sorten mischt, etwa die gleiche Garzeit haben. Ein paar Mürbteig-Varianten stehen auf der übernächsten Seite, hier das klassische, ein Grundrezept:

Für eine Springform (24 cm Durchmesser):
Teig: 250 g Mehl, 1 kleines Ei,
100 g Butter, ½ TL Salz
Belag: 1 mittelgroßer Blumenkohlkopf,
500 g Broccoli,
Salz, Pfeffer, Muskatnuß,
2 Becher Sahne (à 200 g), 5 Eier,
2 EL Soja-Sauce, Cayennepfeffer.
Außerdem: Butter zum Einfetten der Form

Vorbereiten: Den Teig ruhig schon lange vorher zubereiten, er sollte mindestens eine halbe Stunde ruhen, besser noch länger, damit der Kleber im Mehl sich ausbilden kann: Die Zutaten auf einer kühlen Fläche rasch zusammenkneten. In Folie gepackt kalt stellen. Unterdessen das Gemüse putzen, in Röschen teilen, die Stiele in Scheiben schneiden, alles in Salzwasser eine Minute blanchieren und sehr gründlich abtropfen.
Zubereiten: Die Springform ausbuttern oder mit Backpapier auslegen. Den Teig ausrollen und die Form damit ausschlagen, den Rand schön hochziehen, darauf achten, daß nirgendwo ein Loch reißt, durch das der Eierguß auslaufen würde. Die gut abgetropften Gemüseröschen darauf in einem hübschen Muster anordnen. Salzen, pfeffern und großzügig mit Muskat würzen. Die restlichen Zutaten gründlich verquirlen, auch hier salzen und pfeffern nicht vergessen und sehr kräftig abschmecken – die Eier schlucken eine Menge Würze! Über das Gemüse gießen, es sollte fast bedeckt sein. Den Kuchen bei 200 Grad im vorgeheizten Backofen etwa eine Stunde backen, bis der Eierguß fest geworden ist. Sollte er sich dabei zu dunkel färben, mit Alufolie abdecken – glänzende Seite nach oben, um die Hitze abzuweisen.
Servieren: Ein solcher Gemüsekuchen ist eine hübsche Vorspeise, das Häppchen zum Glas Wein bei der Begrüßung der Gäste, aber auch, zusammen mit einem Salat, ein ganzes Mittag- oder Abendessen.

In Indien liebt man Hülsenfrüchte in jeglicher Art und jeder Form. Sie gelten als wichtiger Lieferant wertvoller Proteine, sind leicht verfügbar, und im tropischen wie subtropischen Klima einfach und preiswert zu erzeugen. Linsen, Erbsen, Bohnenkerne, Kichererbsen – man weiß sie auf die vielfältigste und unterschiedlichste Weise zuzubereiten. Zum Beispiel als Curries, mit scharf gewürzten Saucen, die mit sanftem Joghurt aufgetragen werden, der das Brennen der Chilischärfe lindern soll. Oder mit mildem Kreuzkümmel abgeschmeckt, der den Hülsenfrüchten erst das exotische Parfum verleiht. Minzeblätter passen gut dazu, thailändisches Basilikum oder Koriandergrün. Ohne viel Mühe läßt sich auch eine hochgeschätzte Knabberei daraus bereiten: Die getrockneten Hülsenfrüchte (ganz gleich welche) über Nacht in Wasser einweichen. Dann sehr gründlich abtrocknen und in heißem Öl knusprig ausbacken. Auf mehreren Lagen Küchenpapier sorgfältig abtrocknen (das ist wichtig, sonst spritzt es teuflisch!) – und schließlich mit Salz, gemahlenem Kreuzkümmel und Cayennepfeffer oder mit einem guten Currypulver bestreuen. Gründlich durchschütteln, damit alle Hülsenfrüchte vom Gewürz erreicht werden. Sie schmecken herrlich zu Bier, einem Glas Wein oder zum Begrüßungsdrink. (Übrigens – das gleiche läßt sich auch mit Cashewnüssen oder Mandeln machen.) Abgekühlt in gut schließenden Blechdosen verstaut, halten sich die gebackenen Hülsenfrüchte ein paar Tage frisch – sofern sie nicht ohnedies längst zuvor vernascht sind . . . Ebenfalls ein origineller Happen sind Hülsenfrüchte als Belag auf salzigen Kuchen, wie auf dem Bild rechts zu sehen. Zum Begrüßungsschluck wäre ein Stückchen von dieser Torte zwar zu nahrhaft, aber wenn Freunde auf ein Glas Wein kommen, man sich nicht zuviel Mühe machen und keinen allzu großen Aufwand treiben, aber trotzdem etwas nicht Alltägliches auftischen will, liegt man damit richtig.
Hier die Vorschläge mit jeweils verschiedenen Hülsenfrüchten, die stets vorgekocht werden, bevor man sie als Kuchenbelag verwendet. Die Linsentorte (links oben) ist mit roten Chilis ordentlich geschärft und duftet deutlich nach Koriander. Statt mit den empfindlichen Blättern ist sie mit den jungen, noch grünen Beeren gewürzt, die die Backzeit erheblich besser überstehen (siehe auch die Warenkunde auf Seite 19). Die Bohnentorte aus grünen Bohnenkernen wurde mit frischer Minze, die Kichererbsentorte mit Thaibasilikum gewürzt. Jeweils dazu: eine scharfe und eine milde Joghurtsauce. Alle Rezepte stehen auf der nächsten Seite.

GRUNDREZEPT: MÜRBTEIG MIT KREUZKÜMMELDUFT

Für diesen Teig irgendeine Küchenmaschine zu bemühen, empfiehlt sich unserer Erfahrung nach nicht. Der Teig ist mit der Hand so rasch zusammengeknetet wie mit einer Maschine, die man jedoch hinterher noch mühsam wieder reinigen muß – abgesehen davon, daß dann ein Teil des Teigs einfach an ihr hängenbleibt. Hände sind schneller wieder sauber!

Für eine Springform, 24 cm Durchmesser:
130 g Butter, 200 g Mehl, 1 Eigelb,
1 gehäufter TL gemahlener Kreuzkümmel,
½ TL Salz

Zubereiten: Die Butter darf ruhig aus dem Kühlschrank kommen und fest sein. Sie in Flöckchen schneiden und auf das Mehl streuen, das auf der Arbeitsfläche aufgehäuft ist. Praktisch ist hier eine möglichst kalte Arbeitsplatte, aus Marmor oder einem anderen Stein, der den Teig zusätzlich kühl hält.
Auch die restlichen Teigzutaten auf das Mehlhäufchen verteilen. Jetzt mit den Händen alles mischen, kräftig zusammendrücken und zwischen den Handflächen reiben – in der Schweiz nennt man diesen Teig daher auch »geriebenen Teig«. Es muß schnell gehen, damit die Butter durch die Handwärme nicht zu weich wird.
Es macht übrigens gar nichts, wenn noch Butterstückchen im Teig sichtbar sind. Ihn zu einer Rolle oder Kugel formen und in Folie verpackt kalt stellen, damit der Teig ruhen und das Mehl seinen Kleber ausbilden kann.

Verarbeiten: Damit die flüssigen Füllungen den Boden nicht aufweichen, er vielmehr schön knusprig wird, ist es ratsam, ihn vorzubacken. Dafür zwei Möglichkeiten:
- Auf klassische Weise den Teig auf der bemehlten Arbeitsfläche knapp halbzentimeterdünn ausrollen, die Teigplatte lose über das Nudelholz rollen, um sie unbeschadet zur Form zu transportieren und damit auszuschlagen. Die Bodenfläche mit einer Gabel mehrmals einstechen, damit sie sich nicht hochwölben kann. Zum Blindbacken mit Backpapier belegen und zweizentimeterhoch mit Hülsenfrüchten beschweren.
- Oder, erheblich einfacher: Zunächst nur zwei Drittel der Teigmenge nehmen, sie direkt auf dem mit Backpapier belegten Springformboden ausrollen. Ebenfalls mit der Gabel einstechen, aber lediglich den Boden vorbakken. Den restlichen Teig zum schmalen Band ausrollen und entlang der Innenseite des Springformrands festdrücken. Schließlich an den etwas ausgekühlten Boden setzen und den Belag einfüllen.

Vorbacken: Zehn Minuten, höchstens eine Viertelstunde, bis die Teigoberfläche gerade eben fest geworden, jedoch noch kaum gebräunt ist. Wenn der Teig mit Hülsenfrüchten beschwert wird, dauert dies natürlich ein wenig länger. Außerdem muß man das Papier besonders behutsam abziehen und aufpassen, daß der Teig nicht daran festklebt. Zur Sicherheit sollte man die Papierseite buttern, die mit dem Teig in Berührung kommt.
Variante: Statt des Kreuzkümmels die gleiche Menge Chilipulver (Würzmischung) und 1 EL Soja-Sauce in den Teig mischen.

LINSENTORTE

Für eine Springform, 24 cm Durchmesser:
Mürbteig nach dem links
oder auf Seite 98 beschriebenen Rezept
Füllung: 250 g Linsen, Salz,
1 rote Chilischote, 3 Knoblauchzehen,
1 Scheibe Ingwer (2 cm dick),
3–4 Petersilienstengel,
1 EL grüne Korianderbeeren, 5 Eier,
200 g Sahne, Pfeffer, Cayennepfeffer

Vorbereiten: Die Linsen einweichen, in Salzwasser gar kochen.
Chili, Ingwer, Knoblauch und Petersilie fein hacken. Zusammen mit den Korianderbeeren unter die abgetropften Linsen mischen. Sie in der vorbereiteten Springform mit dem vorgebackenen Boden verteilen. Die Eier mit der Sahne verquirlen, salzen, pfeffern, mit Cayenne würzen und darübergießen.
Backen und Servieren: Den Linsenkuchen im 200 Grad heißen Ofen etwa eine Stunde backen, bis der Eierguß vollkommen gestockt und fest geworden ist. Warm, direkt aus dem Ofen, servieren.

BOHNENTORTE

Am besten schmecken in diesem Fall die kleinen grünen Bohnenkerne, französisch *flageolets* genannt. Man kauft auch sie getrocknet und weicht sie über Nacht ein, bevor man sie in Salzwasser gar kocht. Übrigens stimmt es nicht, daß Hülsenfrüchte nicht weich werden, wenn man ihr Kochwasser salzt. Es ist eines

MUSKATELLER

Als wir begannen, europäische Speisen asiatisch zu würzen, wußten wir oft nicht, was wir dazu trinken sollten – die meisten europäischen Weißweine fielen einfach durch, konnten sich gegen die kräftigen Parfums und die säuerlichen Noten nicht durchsetzen. Bis wir eine merkwürdige Duplizität der Fälle entdeckten:
Im Zuge der Neuorientierung vieler Winzer gibt es seit einigen Jahren einen bislang unbekannten Weintyp, der seine traditionellen Anhänger verloren hat, der den Liebhabern der klassischen Sorten Riesling, Weiß- und Grauburgunder, Gutedel und Silvaner aber ebenfalls zu schaffen macht: Die sogenannten Aromasorten, bislang fast ausschließlich süß zu haben, wurden jetzt säurebetont und trocken ausgebaut. Die einen mochten nun keinen trockenen Muskateller mit frischer Säure, und den anderen war er einfach zu aromatisch.
Aber genau diese Weine passen glänzend zu unseren Kreationen! Die ausgeprägte Note eines trockenen Muskatellers zum Beispiel geht mit Zitronenblatt, Ingwer und Koriander glänzend zusammen, seine frische Säure paßt zu Chilischärfe und Sesamduft.

jener Küchenmärchen, das sich hartnäckig hält, obwohl es längst widerlegt ist.

Für eine Springform, 24 cm Durchmesser:
Mürbteig nach dem Rezept links oder von Seite 98
Füllung: 250 g grüne Bohnenkerne, Salz, 1 Zwiebel, 1 EL Butter, 4 Minzezweige, Pfeffer, 5 Eier, 200 g Sahne, Muskat

Vorbereiten: Den Teig nach Rezept zubereiten und ruhen lassen. Wie beschrieben eine Springform damit ausschlagen, den Boden vorbacken.
Die eingeweichten Bohnen weich kochen. Die Zwiebel fein hacken und in der heißen Butter (in der Mikrowelle auf stärkster Stufe zwei Minuten) weich dünsten. Die Minze fein schneiden.
Die Eier mit der Sahne glattquirlen, sehr kräftig mit Salz, Pfeffer und Muskat würzen.
Fertigstellen: Die Bohnen mit der Zwiebel und Minze mischen und in der vorbereiteten Form verteilen. Den Eierguß gleichmäßig darübergießen.
Die Bohnentorte bei 200 Grad eine gute Stunde backen.

KICHERERBSENTORTE MIT THAIBASILIKUM

Die Kichererbsen müssen ganz weich gekocht sein, bevor sie als Kuchenbelag verwendet werden, außerdem möglichst völlig vom Eierguß bedeckt und dadurch geschützt sein. Sonst werden sie trocken und hart und lassen sich ganz schlecht beim Aufteilen in Tortenstücke durchschneiden, und der ganze Kuchen fällt auseinander.

Für eine Springform, 24 cm Durchmesser:
Mürbteig nach dem Rezept links oder von Seite 98
Füllung: 300 g Kichererbsen, Salz, 3 gehäufte TL erstklassiges Currypulver, 1 Bund Thaibasilikum (siehe Seite 95 und 229), 5 Eier, 200 g Sahne, Pfeffer, Zitronenschale

Vorbereiten: Den Teig nach Rezept zubereiten, ruhen lassen, eine Springform damit ausschlagen, den Teig schließlich, wie beschrieben, vorbacken.
Die eingeweichten Kichererbsen mit Salzwasser großzügig bedeckt weich kochen. Wie lange das dauert, hängt davon ab, wie alt die Kichererbsen sind: ein bis zwei Stunden muß man rechnen. Die abgetropften Kichererbsen mit dem Currypulver und dem feingeschnittenen Thaibasilikum mischen und in die vorbereitete Springform geben.
Zubereiten: Die Eier mit der Sahne glattquirlen, sehr kräftig mit Salz, Pfeffer und Zitronenschale würzen. Über die Kichererbsen gießen. Im 200 Grad heißen Ofen eine gute Stunde backen.

KÜHLE JOGHURTSAUCE

Mit ihrer milden Sanftheit kann sie Schärfe lindern, zum Beispiel zur Linsentorte gereicht als »Feuerwehr« dienen. Sie paßt auch zu gebratenem oder gegrilltem Gemüse, zum Beispiel zu Auberginen oder Zucchini.

Für vier Personen:
2 Gläser Joghurt (insgesamt 250 g), Saft einer halben Limone (oder Zitrone), ½ TL gemahlener Kreuzkümmel, 2 EL Soja-Sauce, Salz, Pfeffer

Zubereiten: Den kühlschrankkalten Joghurt mit Limonen- oder Zitronensaft verquirlen und glattrühren. Mit Sojasauce und nur wenn dann noch nötig, mit Salz und Pfeffer abschmecken.

SCHARFE JOGHURTSAUCE

Sie paßt eher zu den milderen Gemüsetorten, zum Beispiel auch zur Blumenkohl-Broccolitorte von Seite 98.

Für vier Personen:
2 Gläser Joghurt (zusammen 250 g), 2–4 Knoblauchzehen, ½ TL Salz, 2 EL Sojasauce, ½ TL Chilipulver, Saft einer halben Limone (Zitrone), frische Kräuter (Minze, Koriander oder Thaibasilikum)

Zubereiten: Joghurt, durchpreßten Knoblauch und alle Gewürze miteinander verquirlen. Feingeschnittene Kräuter unterrühren.
Anmerkung: Chilipulver ist eine Gewürzmischung, in der neben Cayennepfeffer vor allem Kreuzkümmel eine deutlich vorschmeckende Rolle spielt.

BLUMENKOHL
Knackig fest müssen seine weißen Röschen sein und dicht geschlossen. Das sind sie nur, solange der Kohlkopf frisch ist; läßt man ihn herumliegen, wird er schlaff und, schlimmer noch, verströmt beim Kochen jenen unangenehmen Kohlgeruch, der früher mal automatisch mit »armen Leuten« in Verbindung gebracht wurde. Auch Broccoli nimmt Wartefrist übel. Dafür verträgt er es wenigstens, eingefroren zu werden, was Blumenkohl nicht sehr gut bekommt. Die nach allen Regeln der Kunst zunächst blanchierten und schließlich eingefrorenen Blumenkohlröschen sind nach dem Auftauen einfach wattig, als Gemüse kein Genuß mehr. Wenn also im Garten der Segen zu groß ist, um sofort verbraucht zu werden, frieren wir Blumenkohl lieber gekocht und zum Püree gemixt ein, als Basis für eine sanfte Cremesuppe. Nur besonders schöne, knackig feste Röschen werden zusammen mit Broccoli in der Kälte konserviert – eingebacken im Gemüsekuchen (wie auf Seite 98/99 zu sehen) fällt seine nicht mehr ganz perfekte Konsistenz gar nicht auf.
Ganz frischer Blumenkohl schmeckt übrigens auch roh, mit einem Dip aus Olivenöl, Zitronensaft und Knoblauch (fix zur cremigen Emulsion gemixt). Wir essen ihn auch gern rasch im Wok mit Ingwer und Knoblauch pfannengerührt, mit thailändischer Currypaste geschärft oder auf indische Art zuerst mit Chili und Kreuzkümmel kräftig gewürzt und schließlich mit milderndem Joghurt besänftigt.

FRISCHE

In Essig eingelegtes Gemüse kommt hierzulande meis
dagegen bereitet man saures Gemüse das ganze Jahr über frisch zu
werden . . . Beneidens- und nachahmenswert: Nur kur:

Obere Schälchen: Gepickelte Zucchini mit Anis und Knoblauch, Rote Bete mit Zwiebeln und Lorbeer, Chiligurken mit Piment; untere Reihe: Möhren mit Kreuzkümmel und rosa Pfeffer, Blumenkohl mit Dill und Cassis-Essig, Kapuziner-Kürbchen mit Chili und Würzzitrone; Rezepte Seite 106/107

PICKLES

aus dem Glas, als Konserve auf den Tisch. In Südasien
Es gibt ja immer alles, nichts braucht auf Vorrat eingelegt zu
marinierte Sommergemüse schmecken ungemein fein!

Der Vorteil frischer Pickles gegenüber eingelegten liegt auf der Hand: Da sie nicht längere Zeit haltbar sein müssen, braucht man sie nicht so stark zu säuern, auch nicht zu sterilisieren. Es genügen kurze Kochzeiten und mit Wasser verdünnte, dafür mit um so mehr Gewürzen und Kräutern aromatisierte Essige. Zum Teil bewahren dadurch die Gemüse auch ihre natürliche Farbe, die durch längeres Verweilen im sauren Sud natürlich verlorengeht.
Die hier vorgeschlagenen Sauergemüse passen ausgezeichnet bei einer Grillparty zu Würsten und Fleisch. Es lohnt sich dann, mehrere Rezepte auszuprobieren – wobei Sie sich bitte nicht sklavisch an unsere Zusammenstellungen halten: Die Marinade für die Kapuziner-Kürbchen paßt natürlich auch an die Zucchini, und deren Basilikum können Sie selbstverständlich durch Estragon oder ein anderes Kraut ersetzen.
Die Säure, Würze und Schärfe der Gemüse hilft, fette Speisen leichter zu verdauen – deshalb essen wir Gewürzgurken, Cornichons oder Silberzwiebeln zu Wurst, Paté oder Speck besonders gern. Sämtliche hier vorgestellten Rezepte eignen sich zur Abwechslung . . .

Gurken schräg in Keile schneiden, dabei vor jedem Schnitt um 90 Grad drehen. So entstehen große Schnittflächen, durch die der Sud schön eindringen kann

Aber sie können auch ein Solo spielen: In der chinesischen Provinz Szechuan beispielsweise ißt man die chilischarfen Gurken (freilich mit chinesischen, nicht mit westindischen Chilis) als Appetitanreger vor dem Essen, ganz ohne weitere Begleitung – eine teuflische Angelegenheit, nur Fortgeschrittenen als Vorbild zu empfehlen. Aber man leidet dann unter den nachfolgenden, nach Szechuan-Art allesamt scharf gewürzten Speisen garantiert nicht mehr!
Die Angaben der Zutaten lassen sich nicht genau festlegen – es kommt nur darauf an, daß genügend Flüssigkeit vorhanden ist, um die Gemüse auch zu bedecken, so daß sie sich mit den Aromen verbinden können und etwas Säure aufnehmen. Diese Menge hängt wieder von der Art des Gefäßes ab und von der Beschaffenheit des Gemüses, das Sie einlegen wollen. Peilen Sie also über den Daumen beim Abmessen und würzen Sie eher zu kräftig als zu lasch, wobei als Faustregel gilt: Je kürzer die Zeit zum Marinieren, desto schärfer die Würze. Wir bereiten die Pickles manchmal erst unmittelbar vor dem Essen zu, so daß der aufgekochte Sud noch nicht einmal die Zeit hatte, abzukühlen – dann schmeckt das Gemüse noch ganz intensiv, die Säure ist verhalten, die Aromen sind zart.

MÖHREN UND ROTE BETE

Die sparsamen Deutschen sind, in bezug auf Gemüse, ein höchst ungerechtes Volk – meist ißt man sie erst dann, wenn sie gar nicht mehr schmecken, wenn sie nämlich riesig groß, zäh oder holzig, also eigentlich ungenießbar sind. Dann bekommt man zwar viel Gewicht für sein gutes Geld, aber eben nichts Gutes. Beispiel Rote Bete: Wer weiß schon, wie köstlich die kleinen, pingpongballgroßen, frischen Sommerrüben schmecken, wie mild ihr Aroma, wie zart ihre Struktur ist? Die derben Winterknollen und die daraus fabrizierten Konservenscheiben im Wellenschnitt läßt man lieber im Salatteller der 08/15-Kneipen . . . Kleine Bundmöhren bekommt man in letzter Zeit, dem Himmel sei Dank, immer öfter, und sie sind dabei, sich die Herzen der Feinschmecker zu erobern. Neben den süßen rotgelben fehlen nur noch die kräftigeren, hellgelben »Pfälzer«.

ZUCCHINI UND KÜRBCHEN

Das rekordverdächtige Riesentrumm Marke Gärtnerstolz ist das deutsche Ideal in Sachen Kürbis – kein Gärtner würde die kleinen fünfmarkstückgroßen Kapuziner-Kürbchen ernten, »weil sie ja noch größer werden«. Und die Gemüsebauern lassen auch die Zucchini zu groß werden, die doch daumendick am besten schmecken, mit Blüte daran, die man entweder füllen oder kleingeschnitten mitessen kann (siehe Seiten 58/61). Wer über einen Garten verfügt, sollte sich ein paar solcher Pflanzen zulegen und fleißig ernten, denn je rigoroser man die kleinen Früchte entfernt, desto regelmäßiger bilden sie weibliche Blüten aus; läßt man sie hingegen groß werden, gibt's mehr männliche, nur zum Füllen oder Fritieren geeignete Blüten. Hoffen wir, daß man mit dem erst seit kurzem in Deutschland angebauten Gemüse bald verständiger umgeht . . .

Aber ein paar Stunden Durchziehen schadet dem Gemüse freilich nie.
Werden die Pickles nicht gleich aufgegessen, stellen Sie sie bis zur nächsten Gelegenheit im verschlossenen Glas in den Kühlschrank.

GEPICKELTE ZUCCHINI

500 g junge, zarte Zucchini
Sud: 1 Tasse Weißweinessig (5% Säure),
1½ Tassen Wasser, 1 gehäufter TL Salz,
1 gehäufter EL Zucker, 1 TL Kreuzkümmel,
½ TL Anis, 4 Schalotten,
4 Knoblauchzehen, 3 Chilischoten,
1 Bund frisches Basilikum

Alle Zutaten außer den Basilikumblättern aufkochen und wieder etwas abkühlen lassen. Die Zucchini schräg in zwei bis drei Millimeter dünne Scheiben schneiden und in den noch eben lauwarmen Sud einlegen. Erst unmittelbar vor dem Servieren oder nach dem Abkühlen das Basilikum untermischen.

ROTE BETE MIT ZWIEBELN

300 g junge Rote Bete (geschält),
2 große weiße Zwiebeln
Sud: 1 Tasse Rotweinessig (6% Säure),
1 Tasse Wasser, 1 TL Salz, 1 TL Zucker,
je 1 daumenkuppengroßes Stück frischer Ingwer und Meerrettich,
nach Belieben 1 oder 2 Chilischoten,
8 bis 10 Lorbeerblätter

Die Rote Bete in streichholzstarke Stifte schneiden. Zusammen mit den Zutaten für den Sud in einen Topf geben und zum Kochen bringen – etwa 10 Minuten kräftig durchkochen. Frische Lorbeerblätter, die besser schmecken als die getrockneten, erst nach dem Kochen zufügen, wie auch in Streifen geschnittenen Zwiebeln. Sie bewahren dann ein wenig von ihrem rohen Geschmack, der so gut zu den Roten Beten paßt.
Am schönsten sehen die leuchtendweißen Gemüsezwiebeln aus, die auch besonders mild schmecken.

APFELESSIG
Der milde, fruchtige Obstessig hat in den letzten Jahren viele Anhänger gewonnen, nicht zuletzt, weil man ihn auch als schlankmachendes Entschlackungsmittel, freilich mit Wasser verdünnt, als Morgentrunk genießen kann. Seine eigentlichen geschmacklichen Qualitäten beweist er aber erst in der Salatschüssel: vorzüglich zu Saucen an gekochtem Gemüse, vor allem im Einklang mit einem ebenfalls fruchtigen Öl, etwa Walnuß-, Haselnuß- oder Mandelöl. Auch Blattsalate, insbesondere die etwas bitteren wie Chicorée, Radicchio und Endivie, erfahren durch das Apfelaroma eine gute Ergänzung. Mit Honig und Crème fraîche ausgezeichnet zum Gurkensalat! Wenig bekannt ist seine Eignung zum Einmachen und Einlegen, wobei ihm nicht nur die heimischen Gewürze Meerrettich, Lorbeerblatt und Orangenschale, sondern auch asiatische wie Ingwer, Chili, Würzzitrone und Zitronengras, gut anstehen.

ROTWEINESSIG
Die EG verdankt der deutschen Essig-Lobby ein unglaubliches Gesetz: Weinessig darf sich ein Essig nennen, wenn 20% tatsächlich Weinessig sind, der Rest darf dann irgendein Alkoholessig aus industrieller Herstellung sein. Man kaufe also keinen Weinessig aus deutschen Landen, sondern halte sich an ein ausländisches Produkt. In Italien und Frankreich steht bei den guten Essigen auch noch darauf, wo er herkommt: Hier ist es ein Rotweinessig aus dem Chianti, der einerseits fruchtig, andererseits elegant schmeckt. Aus Frankreich gibt es herrlich weinig schmeckende Burgunderessige, die aus Bordeaux sind voller, schwerer, meist auch mit einem betonten Holzgeschmack, denn man lagert sie in alten Weinfässern aus Eichenholz. Sie würzen dunkle Fleischsaucen, Wild- oder Ochsenmarinaden, passen an Salate aus gekochtem Fleisch, Wurzelgemüse, in Salatsaucen mit Pfeffer und Senf.

CHILIGURKEN

500 g frische Einlegegurken
Sud: 1 Tasse Sherry-Essig (8% Säure),
2 Tassen Wasser, 1 TL Salz, 4 Schalotten,
1 EL aromatischer Honig, 1 EL Soja-Sauce,
1 Martinique-Chili, 1 EL Pimentkörner

Sud einmal aufkochen, gerade handwarm abkühlen lassen und die wie im Bild links oben zugeschnittenen Gurken darin für wenigstens drei Stunden einlegen.

MÖHREN MIT KREUZKÜMMEL

500 g junge Möhren, 1 Zitrone
Sud: 1 Tasse Estragon-Essig (5–6% Säure),
2 Tassen Wasser, 1 TL Salz, 1 EL Zucker,
1 TL schwarze Pfefferkörner,
1 TL rosa Pfefferbeeren (lyophilisiert),
1 guter TL Kreuzkümmel

Möhren in Streifen hobeln, sofort mit dem Saft der Zitrone umwenden, damit sie nicht braun anlaufen. Sud aufwallen lassen, die Möhrenstreifen hineingeben, einmal aufkochen. Neben dem Herd abkühlen lassen.

BLUMENKOHL MIT DILL

500 g geputzte Blumenkohlröschen,
1–2 Bund frischer Dill
Sud: 1 Tasse Ume-su (siehe Seite 33),
1 Tasse Cassis-Essig, 1 Tasse Wasser,
2 TL Zucker, 1 TL Dillsamen,
1 Stengel frisches Zitronengras,
1 gut gehäufter TL weiße Pfefferkörner

Sud aufkochen, Blumenkohlröschen 2 Minuten mitkochen, neben dem Herd abkühlen lassen. Kurz vor dem Servieren Dill zufügen.

KAPUZINER-KÜRBCHEN

500 g kleine Kapuziner-Kürbchen
Sud: 1½ Tassen Apfelessig (5% Säure),
1 Tasse Wasser, 1 EL Zucker, 1 TL Salz,
1 Kaffir-Zitrone, 1 Knolle Knoblauch,
kleine scharfe Chilis nach Geschmack

Sud aufkochen – von der Kaffir-Zitrone Saft und dünn abgeschnittene Schale verwenden – und lauwarm werden lassen. Winzige Kürbchen ganz lassen, die größeren halbieren, vierteln oder achteln. In den Sud geben und wenigstens zwei Stunden ziehen lassen.

CURRY IN LILA

Manchen Zeitgenossen wird schon schlecht, wenn sie nur das Wort »Curry« hören – daran sind die bekanntlich kulinarisch so begabten Engländer schuld: In Indien haben sie Gerichte mit köstlichen Saucen kennengelernt, »kari« genannt, was auf Hindi »Sauce« heißt. Jeden Tag werden dafür Gewürze frisch gemörsert. Das war den Briten zu mühsam – sie simplifizierten, mischten ein Würzpulver, das sie einfach »Curry« nannten und wahllos an jedes Gericht streuten. Schluß damit: Würzen wir wieder individuell!

AUBERGINEN IN GELBEM KOKOS-CURRY

Als Beilage zu gebratenem oder gegrilltem Fleisch, vorzugsweise Lamm oder Rind, aber auch mit zwei weiteren Curries als Hauptgang mit Reis – für vier Personen.

4–6 Schalotten, 4–6 Knoblauchzehen,
ebensoviel frische Ingwerwurzel,
je ¼ rote und gelbe Paprikaschote,
500 g Auberginen,
2 EL Erdnußöl, 1 TL Sesamöl,
1 EL gelbe Curry-Paste (Seite 141),
⅛ l Kokos-Sahne (siehe Anmerkung),
1 EL Zucker, 1 EL Fischsauce, 1 TL Salz,
½ Limone, chinesischer Schnittlauch,
Basilikumblätter und Koriandergrün

Vorbereiten: Schalotten, Knoblauch und Ingwer winzigfein würfeln, ebenso die mit dem Sparschäler dünn abgeschälten Paprikaviertel. Erst unmittelbar vor dem Zubereiten die Auberginen mit der Schale in grobe Würfel schneiden.
Zubereiten: Erdnuß- und Sesamöl im Wok erhitzen und die Auberginenwürfel darin bei stärkster Hitze kräftig anbraten – sie müssen rundum goldbraune Stellen bekommen. Herausheben und die gewürfelten Gemüse rasch andünsten. Die Curry-Paste zufügen und die Kokos-Sahne angießen. Mit Zucker, Fischsauce, Salz und Limonensaft abschmecken, die Auberginenwürfel darin aufkochen, die Paprikawürfel und den in schräge Stückchen geschnittenen chinesischen Schnittlauch unterrühren. Vom Feuer nehmen und, mit Basilikum- und Korianderblättchen bestreut, unverzüglich servieren.
Anmerkung: *Kokos-Sahne* stellt man sich am besten selbst aus frischer Kokosnuß her. Es handelt sich dabei nicht um die in der Nuß schwappende Flüssigkeit, sondern um einen Auszug aus den Raspeln. Das Fleisch dazu aus der Schale lösen, die braune Außenhaut mit dem Sparschäler entfernen, das Fleisch in der Küchenmaschine raspeln. Mit kochendem Wasser übergießen (½ l auf 250 g Raspeln) und etwa 10 Minuten ziehen lassen. Dann absieben, die Raspeln gut ausdrücken. Man kann Kokos-Sahne prima portionsweise in Joghurtbechern einfrieren, um stets einen Vorrat zu haben.
Eine recht gute Kokos-Sahne kann man aus fertig gekaufter »dehydrierter Kokosmilch« herstellen, aus getrockneten Raspeln erhält man dagegen nichts Besonderes: und Dosen-Kokos-Sahne ist fast immer gesüßt.

PARADIESISCHE FRÜCHTE

Sommersüße, sonnensaftige Tomaten – August: Reiche Küche, Hochsaison für Kräuter und Gemüse! Köstliche Paarungen mit Bohnen und Basilikum, jungen Kartoffeln, zartem Lauch und würzigem Koriander

Links Gemüse aus Schwertbohnen, Kartoffeln und Tomaten in leichter, basilikumwürziger Sahnesauce, rechts frisch gekochter, noch heißer Sommerlauch mit roher, kalter Tomatensauce: Zwei Gemüse, die prima zu gebratenem oder gegrilltem Fleisch passen. Rezepte Seite 114

Das neue Herz der gefüllten Gemüse, ein mit viel Brötchen locker gehaltener Hackfleischteig, kann ganz beliebig und immer wieder anders gewürzt werden – mal mild, mal scharf, mal mediterran, mal asiatisch. Hier Gurke, Kohlrabi, gelbe Aubergine und Paprika.
Rezepte Seite 115

GEMÜSE MIT NEUEM HERZ

Wer liebt sie nicht, die gefüllten Gemüse? Die Hausfrauen, weil sie nach kaum aufwendiger Vorbereitung im Backofen ganz von allein und unbeaufsichtigt ihrer Vollendung entgegenschmoren. Und weil sie Hauptgericht und Beilage in einem sind. Und die Genießer, weil zartes Gemüse, saftige Füllung und kräftige Sauce sie gleichermaßen entzücken!

TOMATEN, BOHNEN UND KARTOFFELN (Bild Seite 110)

Zutaten für 4 Personen:
500 g Schwertbohnen (siehe unten), Salz,
500 g Fleischtomaten, 500 g Kartoffeln,
1 Zwiebel, 4 Knoblauchzehen, 2 EL Butter,
⅛ l Fleischbrühe, 2 Zweige Bohnenkraut,
1 ordentlicher Schuß süße Sahne,
1 EL Soja-Sauce, Pfeffer,
1 Büschel süßes Basilikum (Seite 95)

Vorbereiten: Die Bohnen putzen, schräg in Stücke schneiden und in Salzwasser 4 Minuten blanchieren; eiskalt abschrecken. Tomaten häuten, entkernen und in ähnlich große Stücke schneiden. Kartoffeln schälen und grob würfeln, Zwiebel und Knoblauch fein hacken.
Zubereiten: Zwiebeln und Knofel in der Butter andünsten, mit Fleischbrühe aufgießen, die Kartoffeln und das Bohnenkraut zufügen. Wenn die Kartoffeln fast gar sind, das Bohnenkraut herausnehmen und ein wenig umrühren, damit der Kochsud etwas Bindung bekommt. Bohnen und Tomaten hineingeben, einen Schuß Sahne angießen, würzig abschmecken und noch zwei Minuten durchziehen lassen. Erst unmittelbar vor cem Servieren die sauber gewaschenen, abgezupften Basilikumblätter untermischen.

SOMMERLAUCH MIT ROHER TOMATENSAUCE (Bild Seite 111)

Zutaten für 4 Personen:
8 zarte, schmale Sommerlauch-Stangen,
750 g vollreife Fleischtomaten, 1 Chili,
ein ca. 2 cm langes Stück frischer Ingwer,
2 Knoblauchzehen, 1 EL Sesamöl, Pfeffer,
2 Würzzitronenblätter (Seite 60), Salz,
1 Handvoll frische Korianderblätter

Zubereiten: Den Lauch putzen, die dunkelgrünen und zähen Spitzen kappen. Tomaten häuten, entkernen und das Fruchtfleisch mit einem großen, schweren Küchenmesser auf einem Brett zu einer Art feinstückigem, saucenartigen Püree hacken – das Zerkleinern kann man leider nicht der Küchenmaschine überlassen, denn sie schlägt die Masse dabei hellschaumig und zerstört die »bissige« Konsistenz.
Chilischote, Ingwer und Knoblauch ganz winzigfein hacken, mit Sesamöl und Pfeffer unter die Tomaten mischen, die in Stücke gerissenen Zitronenblätter zufügen und alles eine Stunde durchziehen lassen.
Zubereiten: Lauch in Salzwasser kurz blanchieren – je nach Zartheit nur vier bis sechs Minuten. Abtropfen lassen, auf eine Platte legen und nur eine Minute ausdampfen lassen, so daß die Oberfläche trocken wird und die Sauce annehmen kann.
Die rohe Tomatensauce salzen, mit dem abgezupften, grob gehackten Koriander vermischen und über den Lauch geben – unverzüglich servieren.

SCHWERTBOHNEN
Bunt leuchten die Blüten der breiten Bohnen, auch Schnibbel- oder Schnittbohnen genannt. Man kann sie sogar auf dem Balkon ziehen. Sie garantieren Ihnen reiche Ernte – zu einem Zeitpunkt, wo sie noch zart und wirklich wohlschmeckend sind und nicht, wie es gewichtsorientierte Gärtner mögen, groß und schwer, aber leider auch hartfleischig, mit kleinen Kernen und ärgerlichen Fäden.

KOHLRABI
Kohlrabi – die blauen und grünen haben denselben Geschmack – wachsen am besten bei ausgeglichenen, milden Temperaturen. Die zartesten, feinsten Kohlrabi gibt es im Frühling und Frühsommer – in der Hitze des Hochsommers bekommen sie Risse, werden holzig und streng im Aroma. Immer öfter behilft man sich mit künstlichem Klima, mit Gewächshaus oder Folientunnel. Solchermaßen geschützt gezogene Knollen sind zwar butterzart, vergrätzen aber nur zu häufig durch einen dumpfen, erdig-muffigen Gewächshausgeschmack. Achten Sie beim Einkauf auf die Blätter: Die äußeren sollen fest und hart, dürfen ruhig von Schnecken angefressen sein. Die Kohlrabi wurden in diesem Fall nicht übermäßig behandelt, bekamen genügend frische Luft. Die inneren Blätter schmecken dann köstlich, Sie können sie mitdünsten, wie Spinat für Wickel oder Röllchen gebrauchen oder als eigenständiges Gemüse zubereiten.

GEFÜLLTE GEMÜSE (Bild Seite 112/113)

In Nizza und Umgebung sind gefüllte Gemüse ein sommerliches Alltagsessen. Wie herrlich frisch kommen da die kleinen Courgettes, die Zucchini, auf den Markt, wie köstlich ihre Blüten, ebenfalls zum Füllen! Junge Gemüsegurken, frische weiße Zwiebeln, Artischocken, Pilze, Tomaten, Paprika und Auberginen. Man füllt mit Fleisch- und Fischfarcen, mit geriebenem Weißbrot und gekochtem Reis, mit Mayonnaise-Gemüsen und Salaten, mit gehacktem Ei und gewürztem Käse, ißt die Gemüse geschmort, gebacken oder sogar roh.
Die problemloseste Zusammenstellung ist uns die liebste: Füllt man die Gemüse mit einem Hackfleischteig, so werden Inneres und Äußeres in der selben Zeit gar.

Grundrezept für den Hackfleischteig:
500 g Rindfleisch, 1½ Brötchen,
1 Zwiebel, 2 Knoblauchzehen, 1 EL Butter,
1 Ei, 2 EL Soja-Sauce, Salz, Pfeffer

Zubereiten: Das Rindfleisch durch den Wolf drehen – zuvor in kleine Stücke schneiden und alle Sehnen entfernen, damit das Fleisch nicht matscht, sondern seine körnige Struktur behält. Das ist außerordentlich wichtig, denn zerquetschtes Fleisch macht eine zähe, unschöne Bindung und beißt sich wattig. Brötchen in Würfel schneiden und mit Wasser benetzen, um es einzuweichen (man kann auch Milch nehmen). Zwiebel und Knoblauch fein hacken und in der Butter weich dünsten – entweder in einem kleinen Topf oder in einem mit Folie abgedeckten Schälchen in der Mikrowelle (2 Minuten, höchste Stufe). Brötchen fest ausdrücken.
Jetzt einfach alle Zutaten gründlich vermischen – am besten geht das mit den Händen, wobei man den Hackfleischteig durch die Finger »schmatzen« läßt.
Nun kommt die Arbeit der Phantasie, das **Würzen.** Hierzu einige Vorschläge:

- 20 g getrocknete Würz-Pilze, etwa Herbsttrompeten, Habichtspilz, Morcheln oder Tongu; mit kochendem Wasser überbrühen und quellen lassen, dann ohne Stiele kleinschneiden und zum Teig geben.
- 2 gehäufte EL Kapern und 4 Sardellenfilets kleinschneiden und untermischen.
- Mit einem in ½ mm breite Streifchen geschnittenen Würzzitronenblatt, einem zwei Zentimeter breiten Stück frischem Ingwer in winzigen Würfelchen, Koriandergrün, einem fingerlangen Stück kleingeschnittenem Zitronengras, 3 gewürfelten Chilis, 2 TL Sesamöl und einem Spritzer Fisch-Sauce würzen.
- Mit Thymian, Petersilie, Kerbel, Estragon, Origano, Majoran, Rosmarin, Salbei, (Berg-) Bohnenkraut, Basilikum und Fenchelgrün verschwenderisch umgehen – einzeln oder nach Geschmack gemischt.
- Mit frisch gerösteten, dann zerriebenen Seetangblättern (siehe Seite 22) oder grünen Seetang-Flocken (Ao-nori aus dem Japanladen), ebenfalls frisch geröstetem Sesamsamen, zerbröselten Trocken-Fischchen (Seite 123) und Chilipulver würzen.

Das Füllen der Gemüse: Gemüse waschen, eventuell schälen (Gurken, Kohlrabi, Artischocken etc.), nach Bedarf halbieren (Gurken, Paprika, Auberginen, Zucchini) oder nur eine Kappe abschneiden (Tomaten, Zwiebeln, Kohlrabi, runde Zucchini oder *Rondini*), nötigenfalls die Kerne mit der sie umgebenden wäßrigen Fruchtpulpe herausschaben (Gurken, Tomaten) oder etwas Fruchtfleisch herauslösen, damit man die Gemüse überhaupt füllen kann (Zucchini, Auberginen, Zwiebel, Kohlrabi). Dieses Fruchtfleisch in jedem Falle fein würfeln und mit den Zwiebeln dünsten, dann zum Fleischteig geben. Die Gemüse salzen, pfeffern und mit dem Teig füllen, der sich ruhig über den Früchten wölben darf.
Das Schmoren: Die Gemüse oder Früchte in eine passende feuerfeste Form geben, falls Füllung übrig ist, diese als Häufchen daneben setzen oder in Blätter wickeln (zum Beispiel in blanchierte Wirsing-, Kohlrabi-, Mangold-, Rote-Bete- oder Spinatblätter).
Zwei Tassen Brühe oder je zur Hälfte Brühe und Weißwein angießen, nach Belieben auf die Gemüse etwas Weißbrot reiben, in jedem Fall die Füllung reichlich mit Olivenöl beträufeln, und die Form in den auf 180 Grad vorgeheizten Ofen schieben.
Zeit: Tomaten sind nach 20 bis 25 Minuten fertig, Zucchini brauchen eine gute halbe Stunde, die anderen Gemüse vertragen eine dreiviertel bis eine ganze Stunde.
Beilage: Weißbrot und ein erfrischender Salat. Als Getränk ein trockener, nicht zu säurereicher Weißer oder Rosé aus der Provence (Cassis, Bandol) oder Italien (Montecarlo).

AUBERGINEN
Zugegeben, die Auberginen auf diesem Bild sind für hiesige Verhältnisse untypisch – auf unseren Märkten finden wir nur »auberginenfarbige«, also lila Auberginen, wie auf Seite 96/97 zu sehen. Es gibt rundere und längliche, kleinere und größere Varianten. In Asien hingegen kennt man viele Sorten: neben den oben abgebildeten ganz weiße oder eierschalenfarbene, etwa so groß wie Hühnereier, weshalb sie auf Englisch *eggplant,* also »Eierpflanze« heißen (auch in alten Kochbüchern spricht man ab und zu von »Eierfrüchten«). In Asien liebt man ganz schlanke Früchte von leuchtendem Violett mit weißen Streifen, die sich sehr praktisch in kleine Scheiben schneiden lassen. Außerdem kennt man in Südostasien zwei grüne Auberginensorten: die einen nicht ganz tischtennisballgroß, herrlich saftig und roh am besten; die anderen kaum größer als Erbsen, die man in Curries kocht und die explosionsartig platzen, wenn man draufbeißt.

Artischockenböden mit Schneckenragout (oben links), mit asiatisch aromatisierter Ratatouille (oben rechts) und mit Hühnerfrikassee und Sonnenblumensprossen (unten).
Die Rezepte auf der folgenden Seite

GEFÜLLTE ARTISCHOCKENBÖDEN

Die zarte Bitterkeit der Artischocke erinnert an viele asiatische Gemüsesorten – und verführt spontan zu aromatischen Anleihen in Thailands oder Japans Küche. Aber man muß sich in der Würze keineswegs weit vorwagen, um mit diesem Gemüse, ist der Boden erst geschält, Außerordentliches auf den Tisch zu bringen

Artischocken gehören, der zu Beginn des 19. Jahrhunderts die Pariser Feinschmeckerszene beherrschende Grimod de la Reynière hat das apodiktisch formuliert, mit den Erbsen, dem Spargel und den grünen Bohnen zu den wahrhaft königlichen Gemüsesorten. Andererseits weiß der weitgereiste Carl Friedrich von Rumohr nur wenige Jahre später, daß die Artischocke in Süditalien von März bis Juni dieselbe grundlegende Bedeutung in der Ernährung hat, wie die Kartoffel in Deutschland. Edelgemüse oder Alltagsessen? Beides, wenn Sie die dickstieligen, großen, runden Artischocken mit den fleischigen Böden, **Prince de Bretagne**, kaufen und Sie keine Angst vor Abfallbergen haben.

ARTISCHOCKENBÖDEN ...
... MIT SCHNECKENRAGOUT

Zutaten für 4 Personen:
4 Artischocken, 2 Zitronen, Salz,
1 Dose Weinbergschnecken (200 g),
1 Schalotte, 1 Knoblauchzehe, 1 Möhre,
1 EL Butter, 1 Schuß Soja-Sauce,
2 EL Crème double, Pfeffer,
2 EL ganz fein gehackte Petersilie

Vorbereiten: Die Artischockenböden sorgfältig herausschälen, wie in den Bildern unten ausführlich gezeigt.
Schnecken aus der Dose nehmen und abtropfen lassen, den Saft auffangen. Schalotte und Knoblauchzehe ganz fein hacken, ebenso die geschabte Möhre – die Würfel sollten nicht mehr als 1 mm groß sein! Die Butter zerlassen und die Gemüse darin einmal aufrauschen lassen.
Zubereiten: Die Artischockenböden kochen – je nach Alter dauert das 6 bis 10 Minuten. Auf keinen Fall dürfen die Böden zu weich werden, denn dann schmecken sie fade. Im Gegenteil: Ein wenig Biß erst macht sie zur Delikatesse!
Die Gemüse in der Butter aufschäumen lassen, die Schnecken zugeben, zwei Minuten dünsten. Den Schneckensaft angießen, mit Soja-Sauce abschmecken, die Crème double einrühren, pfeffern und salzen.

1 *Die kleinen, verkümmerten und laschen Blättchen an der Unterseite des Bodens zum Stiel hin abziehen*

2 *Den Artischockenstiel mit aller Kraft abbrechen, dabei auch eventuelle Fasern aus dem Boden herausreißen*

3 *Die oberen zwei Drittel der Artischockenblätter, die vollkommen ungenießbar sind, rigoros abschneiden*

4 *Die am Boden verbliebenen Blattreste abschälen – wie bei einem Kohlrabi vorsichtshalber großzügig arbeiten!*

5 *Rundum mit einer Zitronenhälfte abreiben, damit die Schnittstellen sich nicht unschön dunkel verfärben*

6 *Ins Herz etwas Zitronensaft träufeln, so bleibt das Innere beim anschließenden Ausschaben hell*

7 *Mit einem scharfkantigen Teelöffel das harte »Heu«, die Distelborsten, aus dem Inneren sorgsam herausschaben*

8 *Die Blattenden bilden auf dem Boden nun einen natürlichen Rand. Auch diesen mit Zitronensaft einreiben*

9 *Bis zum Kochen die Böden in mit Zitronensaft gesäuertes Wasser legen – sie bleiben so zwei Stunden frisch*

Servieren: Die Artischockenböden abgießen, eine Minute ausdampfen lassen und auf vorgewärmte Teller legen.
In das Schneckenragout die ganz fein gehackte Petersilie rühren, das Ragout gerecht in die vier Böden verteilen und was nicht hineinpaßt, hübsch auf die Teller laufen lassen. Unverzüglich servieren.
Dazu paßt frisches oder frisch aufgebackenes Weißbrot, prächtig auch eine getoastete Scheibe einer ungesüßten Brioche aus butterschwerem Hefeteig. Als Getränk ein leichter Burgunder (Macon, Pouilly Fuissé) oder ein deutscher Weißburgunder.

... MIT ASIATISCH AROMATISIERTER RATATOUILLE

Zutaten für 4 Personen:
4 schöne bretonische Artischocken,
2 Zitronen, Salz, 1 kleiner Zucchino,
je ca. ¼ rote und gelbe Paprikaschote,
½ oder 1 sehr kleine Aubergine,
6 frische Champignons, 8 Knoblauchzehen,
1 große Fleisch- oder 2 normale Tomaten,
2 EL Olivenöl, Salz, Pfeffer,
¼ Kaffir-Zitrone und 1 Zitronenblatt
(Seite 60), einige Tropfen Zitronensaft

Vorbereiten: Artischockenböden herausschälen. Aus dem Zucchino mit dem Ausstecher erbsengroße Kugeln mit möglichst viel Schale ausstechen, weil das hübsch aussieht. Paprikaschoten entkernen und rautenförmig in ähnlich große Stücke schneiden. Aubergine mit der Schale in passende Würfel, geputzte Champignons in Scheiben und geschälte Knoblauchzehen in Spalten schneiden. Tomaten überbrühen, schälen, entkernen und auch in Rauten oder Würfel zerteilen.
Zubereiten: Artischockenböden kochen. Das Olivenöl in einer beschichteten Pfanne kräftig erhitzen und alle Gemüse, ausgenommen die Tomaten, darin andünsten, fast braten. Dann die Hitze reduzieren und das Gemüse trokken dünsten. Tomaten zufügen, salzen, pfeffern, mit ein paar Stückchen dünn abgeschnittener Kaffir-Zitronenschale würzen, etwas ziehen lassen.
Servieren: Die Artischockenböden mit der Ratatouille füllen, mit in hauchdünne Streifchen geschnittenem Zitronenblatt bestreuen und mit ein paar Tropfen erfrischenden Zitronensafts beträufeln.
Als Beilage nur krachend-krosses Weißbrot, zum Trinken einen der modernen, frischen und ganz leichten, eiskalt zu trinkenden Rosés aus der Provence servieren.

... MIT HÜHNERFRIKASSEE UND SONNENBLUMENSPROSSEN

Zutaten für 4 Personen:
4 Artischocken, 2 Zitronen, Salz
1 ausgelöste Hühnerbrust (120–150 g),
1 TL Speisestärke, 1 TL Sesamöl,
3 Knoblauchzehen, ebensoviel Ingwer,
1 kleine oder ½ normale Lauchstange,
1 Handvoll Sonnenblumensprossen (unten),
1 EL geschmacksneutrales Pflanzenöl,
1 EL Sonnenblumenkerne, 1 Prise Zucker,
1 guter EL Soja-Sauce,
1 EL sehr kräftige Fleischbrühe, 1 EL Miso
(Seite 141),
½ TL rote Chilipaste (Seite 141)

Vorbereiten: Artischocken schälen. Hühnerbrust in Streifchen schneiden und mit Stärke und Sesamöl vermischen. ½ Stunde marinieren. Knoblauch und Ingwer in winzige Würfel, Lauch in Ringe schneiden.
Zubereiten: Artischocken kochen. Das Öl im Wok erhitzen. Knoblauch, Ingwer, Lauch anbraten, Fleisch Sprossen und Kerne zugeben, kurz weiterbraten, mit etwas Zucker würzen. Aus Soja-Sauce, Brühe, Miso und Chilipaste eine Creme rühren und das Frikassee damit binden.
Servieren: Die Artischockenböden damit füllen. Dazu gibt es *nature* gekochten Duftreis (Seite 76) und eine aromatische, trockene Spätlese, Traminer oder Scheurebe.

SONNENBLUMENKERNE UND SONNENBLUMENSPROSSEN

Sie kommt uns so heimisch vor, die goldene Sonnenblume, der Bauerngarten scheint ihr Lieblingsplatz. Doch sie stammt aus der Neuen Welt, wo sie so prächtig gedeiht, daß fast alle Kerne aus den USA importiert werden – in Rußland baut man sie wie auch bei uns in den letzten Jahren, in erster Linie zur Ölgewinnung an. Die Kerne werden gleich nach der Ernte geschält, so vorsichtig, daß das sie umschließende dünne Häutchen nicht reißt und das Fett der Kerne nicht ranzig werden kann. Sollten Sie unter Ihren Kernen gebrochene finden, diese herauslesen.
Sonnenblumenkerne enthalten reichlich Fett (etwa 36%, wobei der größte Teil aus wertvollen, mehrfach ungesättigten Fettsäuren besteht), 27% Eiweiß (alle lebenswichtigen Aminosäuren), 23% Kohlehydrate, 3% Ballaststoffe, reichlich Vitamine der B-Gruppe und Vitamin E, viele Mineralstoffe und Spurenelemente. 100 g liefern 524 kcal. Aber so viel wird man kaum essen: Ein paar Kerne genügen, um mit ihrer Knackigkeit die Empfindungen beim Zubeißen angenehm zu verändern und mit ihrem intensiven, an Nüsse erinnernden Aroma einen Salat oder ein Ragout geschmacklich zu bereichern. Läßt man die Kerne 3–4 Tage an warmem Ort keimen, indem man sie immer wieder unter reichlich Wasser abspült, erhöht man die wohltuenden Wirkungen der Inhaltsstoffe und erreicht eine angenehmere Konsistenz. Sonnenblumensprossen schmecken in Salat, über gebratenes Fleisch gestreut oder zu Gemüse.

FRITTEN FÜR FEINSCHMECKER

Einst als Delikatesse geliebt, heute billiges Allerweltsprodukt. Höchste Zeit zur Rehabilitation. Warum nicht mit Mangosalat und Sesamsauce!

POMMES FRITES

Es kann sich heute, eigentlich bereits Jahre nach der Ära der Frittenbuden und im Zeitalter der stets verfügbaren, tiefgekühlten, nur noch im Ofen aufzubackenden Fritten, niemand mehr vorstellen, daß Pommes frites einst eine Delikatesse waren. Etwa die Spezialität eines Restaurants, für die man lange Anfahrtswege in Kauf nahm.
Wie ist das zu erklären? War man früher anspruchsloser, schon mit so etwas Simplem wie Fritten zu begeistern?
Gewiß nicht! Gute, wirklich gute Pommes frites sind – und werden immer bleiben! – eine der großen Erfindungen der französischen Kochkunst. Sie verlangen allerdings höchste Ansprüche an die Zutaten und aufmerksame, präzise Küchenarbeit, eben Könnerschaft. Wer glaubt, es genüge, ein paar Kartoffeln in Stäbchen zu schneiden und diese in ein heißes Fettbad zu tauchen (und das glauben leider die meisten), der irrt gründlich.
Die Kartoffel: Man braucht eine mehlige, dennoch festkochende Sorte. Ideal sind *Bintje,* doch wird diese Sorte heute größtenteils nicht mehr auf Qualität, sondern auf Masse orientiert angebaut. Sie wächst auf überdüngten Böden und wird zu früh geerntet. Grundsätzlich empfehlenswert sind Désirée, Irmgard und Aula, doch findet man sie nur regional. Auch Hansa bringt, vor allem in leichten Böden (Heide), gute Knollen. In jedem Fall ist Voraussetzung, daß die Kartoffeln sorgfältig angebaut wurden.
Wer, wie wir, eigene Kartoffeln im Garten hat, kann sich glücklich schätzen. Und muß staunen, was im Handel unter »bester Qualität« angeboten wird: Das meiste davon taugt gerade noch als Schweinefutter! Es ist deshalb nur zu verständlich, daß die Deutschen nicht mal mehr ein Viertel der Kartoffelmenge essen, die in den Nachkriegsjahren im Durchschnitt auf den Tisch kam. Es ist allerhöchste Zeit, daß die Bauern umdenken, nicht mehr nur enorme Mengen erzeugen, sondern endlich wieder Qualität!
Nur aus besten, freilich auch gelagerten Kartoffeln kann man gute Pommes frites bereiten! Das bedeutet: Fritten sind eine Winter- und Frühjahrs-Speise, wenn die Kartoffeln alt und mehlig geworden sind. Nur dann wird das Innere der Stäbchen innen weich und locker, ein wenig aufgeplustert, zart, während das Äußere mit dem Fett eine knusprige Verbindung eingeht . . .
Das Schneiden: Man braucht die Kartoffeln nicht mehr mit der Hand zu schneiden – im Gegenteil, die Maschinen zum Drücken machen das viel besser, weil gleichmäßiger. Das ist wichtig, damit nicht ein Teil verbrennt, ehe der andere gar ist. Aber die Frites-Schneider haben oft einen Fehler vieler Schneider, vor allem, wenn sie billig sind: Sie reißen die Oberfläche der Stäbchen auf, statt sie sauber zu schneiden. Und dann nehmen die Kartoffeln beim Fritieren zuviel Fett auf, werden schwer und unverdaulich. Scharf also müssen die Messer sein!
Rechnen Sie etwa 250 g ungeschälte Kartoffeln pro Person – oder auch mehr, falls wahre Feinschmecker an der Tafel sitzen. Denn gute Frites gehen schneller weg als warme Semmeln!
Das Waschen: Das ist eine der wichtigsten Arbeitsgänge für gute Fritten! Man muß die ausgesuchten Stäbchen (die kleinen Eckschnitzel wirft man weg, denn sie verbrennen im heißen Fett zu schnell) in ein Sieb geben und spült sie unter fließendem kalten Wasser so lange, bis das Wasser ganz klar unten herausläuft. Bleibt nämlich an den Schnitzen Stärke haften, wird die Haut beim Fritieren nur hart statt knusprig. Nach dem Waschen werden die Schnitzelchen natürlich sorgfältig abgetrocknet, damit sie beim Eintauchen ins heiße Fett nicht spritzen.
Das Fett: Im Normalfall nimmt man ein geschmacksneutrales Öl, das sich möglichst hoch erhitzen läßt, oder ein Plattenfett mit eben dieser Eigenschaft. Also Erdnuß- oder Traubenkernöl, Biskin oder Palmin. Aromatisch-köstlich schmecken in Olivenöl fritierte Kartoffeln, sehr gut in Rindernierenfett ausgebackene. Schweine- und Butterschmalz gehen auch, doch wir empfinden deren Geschmack dann eigentlich als etwas zu dominierend.
Das heiße Bad: Ob im einfachen Topf auf dem Herd oder in der elektrischen Friteuse, die niemals so geruchsfrei arbeitet, wie die Hersteller immer behaupten – heiß muß das Fett sein! Stets ein Schnitz zur Probe hineinwerfen – wenn das Fett drumherum sofort aufrauscht, ist es heiß genug. Oder den Thermostat auf 190 Grad stellen. Nach den Angaben des Herstellers fritieren, bzw. die Kartoffeln im Fettbad lassen, bis sie hellgolden sind. Dann herausheben, wenigstens 10 Minuten sich beruhigen lassen, danach nochmals eintauchen – jetzt dauert es nur noch zwei, drei Minuten, bis die Fritten fertig sind. Unbedingt die beiden Bäder durchführen, denn nur wenn sich im ersten Bad eine dampfundurchlässige Schicht bilden und anschließend das Innere sich beruhigen konnte, entstehen pralle, außen knusprige und innen lockere Fritten.
Das perfekte Anrichten und Servieren: Die fertigen Pommes frites kommen auf Küchenpapier, wo sie durch Hinundherschütteln von überflüssigem Fett befreit werden. Mit Salz bestreuen und unverzüglich, wiederum am besten auf das Fett aufsaugendem Papier, servieren – läßt man sie warten, weichen sie auf.
Wir essen Pommes frites mit der Hand und tauchen sie in eine Dip-Sauce, dazu gibt es grünen, Gurken- oder Mangosalat.

SALAT VON GRÜNER MANGO

Leider kann man grüne Mango hier nur ganz selten in Thai-Läden bekommen. Sie sind nicht süß, sondern schmecken wunderbar sauer und erfrischend, dienen als Gemüse und haben nicht den Anklang an Terpentin, den zu früh geerntete Mangofrüchte, die als Obst gegessen werden sollen, aufweisen können. Eine grüne, gemüsige Mango sehen Sie auf Seite 96/97.

Für 4 Personen als kleine Beilage:
1 grüne Mango, ½ Zitrone,
1 EL Fischsauce, 1 rote Chilischote,
6 Minzeblättchen, 3 Knoblauchzehen,
2 Schalotten, ½ Würzzitronenblatt,
2 kleine getrocknete Würz-Fischchen,
1 TL grüne Korianderbeeren (siehe
Seite 19) oder ein paar Korianderblätter

Vorbereiten: Mango schälen und das Fruchtfleisch auf dem Julienneschneider vom Kern weg in schmale Streifen hobeln. Mit Zitronensaft und Fischsauce beträufeln, umwenden, wenigstens 15 Minuten ziehen lassen. Chili in Ringe, Minze in Streifen, Knoblauch und Schalotten in Würfelchen, Zitronenblatt in hauchschmale Streifchen schneiden. Fischchen zerbröseln.
Fertigmachen: Alle Zutaten an die Mango geben, Koriander zufügen und den Salat gut vermischen.

SESAMSAUCE

150 g Tahin (Seite 141), 4 Knoblauchzehen,
Saft von 1½ Zitronen, 1 EL Fischsauce,
1 Handvoll Koriandergrün, 1 TL Soja-Sauce,
2 große, saftige, grüne Chilischoten,
2 große, völlig reife Fleischtomaten

Zubereiten: Alle Zutaten zusammen in den Mixer geben und pürieren. Die Sauce nicht längere Zeit stehen lassen.

GETROCKNETE FISCHE

In den asiatischen Ländern ist die Kombination von Meereswürze und Fleisch oder Gemüse eine der Grundlagen aller Kocherei. Und weil Fisch in den heißen Ländern schnell verdirbt, ist man schon sehr früh darauf gekommen, ihn entweder zu vergären oder zu trocknen, so daß man ihn immer zur Verfügung hat. An allen Küsten Südostasiens riecht es streng: Es verändern sich die Eiweißbausteine, entwickeln neue Aromen, die wir von vielerlei anderen Eiweiß-Umwandlungsprozessen kennen, etwa beim Trocknen von Pilzen (getrocknete Steinpilze würzen kräftiger als frische), bei der Herstellung von Soja-Sauce, konzentrierter Fleischbrühe, Maggi oder auch beim Kaffeerösten und Bierbrauen. Das Ergebnis dieser Umwandlung kann, muß aber nicht, angenehm ausfallen: Achten Sie beim Einkauf von getrocknetem Fisch oder Meeresfrüchten auf beste Qualität, riechen Sie an den Produkten – der Geruch darf nicht muffig-modrig sein, sondern muß, der Intensität zum Trotz, an eine frische Meeresbrise erinnern. Solcherlei gute Trockenfische kocht man im ganzen in der Fleisch- oder Gemüsebrühe mit, gibt sie zerpflückt in Saucen oder zerstößt sie im Mörser, um damit Curries und Ragouts, Fleisch- oder Fischfarcen, Salate und Marinaden zu würzen.

MINZE

In Deutschland hat man eine Vorliebe für die Pfefferminze – was für Tee und Kaugummi ja angehen mag. In der Küche aber sollte man Vorsicht walten lassen: Die aromatischen, jedoch nicht pfeffrigen Minzesorten aus Asien oder Arabien eignen sich zum Kochen, für Salate und Marinaden viel besser. Wir haben uns diverse dieser milden Sorten von überall her mitgebracht: Ein Trieb, in einem feuchten Papiertuch in eine Plastiktüte verpackt, übersteht längere Reisen und gedeiht überall, auch im heimischen Blumentopf.

FISCHSAUCE

Das Basisgewürz in Thailand, wo sie *Nam plaa* heißt, und in Vietnam, wo man sie *Nuoc mam* nennt. Sie hat in diesen Ländern dieselbe Bedeutung wie die Soja-Sauce in China und Japan. Man bereitet sie aus Fischen, die fermentiert werden und dabei einen würzigen Geschmack entwickeln, ähnlich wie getrockneter Fisch, aber doch zarter, duftiger und leichter mit anderen Aromen zu verbinden. Wahrscheinlich schmeckte die Grundwürze der alten Römer, das *Garum,* ganz ähnlich – auch sie bestand ja aus mit Salz in Holztonnen vergorenem Fisch. Es gibt bei Fischsauce unterschiedliche Geschmacksrichtungen und große Qualitätsunterschiede. Billige Saucen schmecken seifig nach einem aufdringlichen Parfum, das sich breit über alle anderen Zutaten legen kann.

Man braucht Fischsauce einmal zum Kochen, also zum Würzen von Gerichten in der Küche. Es gibt fast nichts, woran sie nicht gehört – in Suppen, Saucen, Gemüsegerichte, Salate, Fleisch- und Fischsaucen oder -marinaden. Man kann dann auf Salz verzichten, denn sie ist sehr salzig. Viel wichtiger aber noch ist ihre Verwendung auf dem Tisch: Immer begleitet sie das Essen, unbedingt verrührt mit Zitronensaft und in dünne Ringe geschnittene Chilischoten. Noch besser: Je einen Teelöffel ganz fein gehackten Ingwer und Knoblauch, eine in feine Scheibchen geschnittene Frühlingszwiebel oder Schalotte, zwei bis vier in Ringe geschnittene Chilischoten, einen Eßlöffel kleingeschnittene Korianderblätter, eine halbe kleine Möhre in feinen und ein Würzzitronenblatt in haarfeinen Streifchen, einen halben Teelöffel Zucker und den Saft von einer Zitrone oder Limone mit vier Eßlöffel Fischsauce und drei Eßlöffel Wasser verrühren. Man schüttet sich mit einem Löffelchen etwas davon auf sein Essen – würzt Reis und wirklich alles, kann ein ganz europäisches Gericht gar köstlich »asiatisieren«!

Fisch

Man wundert sich nicht, daß so viele Menschen keinen Fisch mögen, wenn man die traurigen Auslagen in den Fischgeschäften, Kaufhäusern oder Supermärkten betrachtet. Wann sind sie schon mal geeignet, Lust und Appetit zu machen? Und wie anders sieht ein Fischladen in Frankreich oder Italien aus! Zwischen immer wieder frisch aufgefülltem Eis liegen prächtige, farbenfrohe Fische, mit glänzenden Augen, mit leuchtend roten Kiemen, so frisch, daß sie wie lebendig wirken. Es ist doch eigentlich kaum zu verstehen, daß in Straßburg eine Vielfalt wie im Schlaraffenland herrscht und nur wenige Meter östlich, jenseits der Rheinbrücke, Fisch nur noch in Form von tiefgekühlten Stäbchen vorkommt. Es kann also nicht an der Entfernung zum nächsten Meer liegen. Schuld sind, heißt es immer wieder, die Verbraucher, die nicht energisch genug nach frischem Fisch verlangen. Allerdings ist es tatsächlich ein *circulus vitiosus:* Wer immer nur alten, muffigen Fisch in der Auslage vorfindet, gewöhnt sich das Fischessen allmählich ab, beziehungsweise gar nicht erst an. Erstaunlich dabei nur, daß nahezu jeder Fischgegner im Urlaub zum Fan wird . . .

In Großstädten, wo Konkurrenz das Geschäft belebt, kann man unter einem vielfältigeren Angebot wählen. Verrückt ist dabei, daß nahezu alles, was an Fisch auf unseren Tisch gelangt, durchaus nicht aus deutschen Landen stammt. Es wird vorwiegend aus Frankreich importiert – selbst auf Sylt arbeiten die Spitzenköche nicht etwa mit vor Ort an Land gezogener Ware. Und vollends grotesk wird die Sache, wenn man hört, daß teure Edelfische, wie zum Beispiel der St. Pierre, auch in der Nordsee ins Netz gehen, aber zu Fischmehl verarbeitet werden, weil es zu mühsam wäre, ihn auszusortieren. Da ist doch mit der Einstellung zu den Schätzen des Meeres etwas grundsätzlich nicht in Ordnung! Es wird immer wieder um neue Fanggründe und -quoten mit anderen Ländern gestritten, Fischplätze in immer größerer Entfernung gesucht, so entlegen, daß die Fische die Heimreise nur unter Eis nicht überstehen würden und deshalb lieber gleich an Bord zu handlichen Platten zusammengepreßt und tiefgekühlt werden. So kennen viele Menschen Fisch nur noch als Filets oder panierte Stäbchen . . .

Es wird grundsätzlich einmal die Woche frischer Fisch in die Läden geliefert. An welchem Tag ist in den verschiedenen Regionen unterschiedlich. Aus Italien kommen die Lieferungen hauptsächlich am Wochenanfang. Aus Frankreich eher mittwochs und donnerstags. Freitags ist das Beste längst überall verkauft. Deshalb befriedigen wir unsere Lust auf Fisch eher in der Wochenmitte – ernährungsphysiologisch richtig: Schreibtischarbeiter brauchen leichte Kost!

Bleiben Flußfische. Ein großer Teil wird aus den Ostblockländern importiert, auch einige unserer Seen verfügen noch – und wieder – über reiche Schätze. Die Qualitäten wildlebender Fische sind im allgemeinen befriedigend, bei den gezüchteten hingegen leider höchst unterschiedlich. Forellen, einst eine hochgeschätzte Delikatesse, noch um die Jahrhundertwende oft das teuerste Gericht auf der Speisekarte eines eleganten Restaurants – ihnen ging es nicht anders als den armen Brathähnchen: Rasch und ohne Geschmack gemästet, mit schwammigem Fleisch und viel zu klein verkauft, sind sie nichts anderes als Kunstprodukte, die mit den »echten« Forellen nur noch den Namen gemein haben. Dabei verdient eine in freier Natur gefangene, nicht im Teich gezüchtete Bachforelle (der Name bezeichnet die Fischart, nicht seine Herkunft) mit ihren hübschen roten Pünktchen auf der Haut (siehe auch das Bild auf Seite 135) es heute noch, als erlesener Luxus zu gelten, so selten und so schwierig zu beschaffen wie Trüffeln. Doch wer kommt auf den Gedanken, danach zu suchen? Forelle ist eben Forelle – und damit basta.

Indes: Sich um gute Qualität zu kümmern nützt! Es gibt Züchter, die in Teichwirtschaft anständige Qualitäten produzieren. Und wildlebende Fische kann man auf dem Lande häufig über Fischereivereine beziehen, die froh sind, wenn sie ihre Beute, die sie mehr aus sportlichen denn aus kulinarischen Gründen aus dem Wasser ziehen, auch noch verkaufen können.

Die Japaner beherrschen das Fritieren meisterlich! Nichts ist fett, alles leicht und delikat. Und für das Auge wie für den Magen gleichermaßen ein Vergnügen

AAL UND SALBEI

Die perfekte euro-asiatische Ehe: Die Hülle aus Salbeiblättern sieht bildschön aus und macht mit einer Soja-Marinade den fetten Aal besser bekömmlich.

TEMPURA AUS SALBEI UND ZUCCHINI

In Japan ist *Tempura* ungeheuer beliebt: Gemüse, Fisch oder Krustentiere, in einen besonders leichten Ausbackteig getaucht und in leise siedendem Öl ausgebacken, wobei sie blaß bleiben, aber herrlich knusprig werden. Besonders gute Restaurants, die sich auf Tempurá (Betonung auf der letzten Silbe) spezialisiert haben, werden als Geheimtip gehandelt, und man ist bereit, viel Geld dafür auszugeben, um einen begehrten Platz am Tempura-Tresen zu ergattern: Dort sitzt man an einer Art Eßbar um den Koch herum, der nichts anderes zu tun hat, als die höchstens zehn Gäste an seinem Tresen mit frisch gebackenen Leckerbissen zu versorgen. Direkt aus dem heißen Topf ohne lange Wege sofort zum Gast. Den Teig dafür rührt er immer wieder frisch an. Wichtig nämlich für die duftige Knusprigkeit ist dessen Temperatur: Eiskalt muß der Teig sein! Erstaunlich auch, daß selbst in einem solchen Tempurarestaurant, wo viele Fettöpfe sieden, keinerlei Geruch davon zu merken ist. Das liegt nur zum Teil am guten Abzug. Mehr noch an der Tatsache, daß das Fett peinlich sauber gehalten und zweimal täglich ausgewechselt wird.

Zutaten für vier Personen:
2 oder 3 Zucchini, Salz,
Pfeffer, eine gute Handvoll Salbeiblätter,
Mehl zum Wenden, Öl zum Fritieren
(9/10 geschmacksneutrales Sonnenblumen- oder Erdnußöl, 1/10 Sesamöl)
Teig: 1 Eigelb, 200 ml eiskaltes Wasser,
100 g Mehl
Sauce (pro Person): 2 EL Soja-Sauce,
2 EL Mirin (japanischer Kochwein) oder süßer Sherry (Amontillado),
1 TL geriebener Ingwer,
2 EL geriebener weißer Rettich

Vorbereiten: Die Zutaten für den Teig rasch verquirlen. Dabei ist es gar nicht wichtig, daß wirklich alles glattgerührt ist, es können ruhig Mehlinseln sichtbar sein, Hauptsache, der Teig bleibt eiskalt. Am besten, zur Sicherheit, ein, zwei Eiswürfelchen zufügen!
Zubereiten: Zucchini schräg in halbzentimeterdünne Scheiben schneiden, salzen und pfeffern. Salbeiblätter waschen. Jeweils in Mehl wenden, gut ausschütteln und durch den Ausbackteig ziehen. Im heißen Fett backen, gründlich abtupfen!
Servieren: Die Sauce für jeden einzeln zusammenrühren und als Dip in einem Schälchen bereitstellen.

MARINIERTER AAL MIT SALBEI

Der marinierte Aal ist ebenfalls eine japanische Spezialität, wir haben ihm zusätzlich einen europäischen Salbeimantel umgelegt, der die bekömmliche Wirkung der Marinade zusätzlich unterstützen soll. Die Blätter einzeln mit Küchenzwirn festzuschnüren ist, zugegeben, einigermaßen zeitraubend, dafür sieht es einfach hinreißend schön aus und macht eine Menge Eindruck. Wenn besondere Gäste geladen sind – und für andere kochen Sie doch sicher nicht, oder? –, sollte man sich ruhig ein paar Umstände machen. Zumal man alles fix und fertig vorbereiten kann und die Aalstücke dann nur noch in die Pfanne geben muß. Übrigens: Man kann sie auch wunderbar grillen – eine gute Idee für Ihre nächste Grillparty!

Für vier Personen:
2 Aale (jeweils etwa 500 g Lebendgewicht, vom Fischhändler bereits ausgenommen und gehäutet),
1 gute Handvoll Salbeiblätter,
2 EL neutrales Öl, 1 EL Sesamöl
Marinade: 1/10 l Soja-Sauce,
1/10 l Mirin (japanischer süßer Kochwein) oder süßer Sherry (Amontillado),
1 TL feingeriebener Ingwer, 1 EL Sesamöl,
½ TL Shichimi togarashi
(japanische Gewürzmischung mit viel Chili),
Saft einer halben Limone

Vorbereiten: Alle Zutaten für die Marinade etwa zehn Minuten leise köcheln lassen.
Den Aal in Stücke von etwa sechs Zentimetern schneiden. Sie in einer flachen Schale oder, besser noch, in einem kleinen Plastikbeutel mit der Marinade übergießen; den Beutel so dicht über den Aalstücken verschließen, daß kaum mehr Luft darinnen ist und der Aal überall von Marinade umspült. Mindestens zwei Stunden im Kühlschrank marinieren, schließlich abtrocknen, mit den Salbeiblättern umwickeln, die mit Küchenfaden festgebunden werden.
Zubereiten: Die Aalstücke in einer großen Pfanne im heißen Öl langsam braten, wobei das eigene Fett herausbraten soll. Oder auf dem Grill knusprig werden lassen, dabei mit der restlichen Marinade immer wieder einpinseln. Auf Küchenpapier gründlich abtupfen.
Servieren: Die kroß gebratenen Aalstücke als Vorspeise oder kleinen Zwischengang auf Salatblättern angerichtet auftragen. Dazu paßt ein durchgegorener Riesling aus dem Rheingau oder von der Nahe.

SOJA-SAUCE

Als die Römer vor etwa zweitausend Jahren ihr *garum* erfanden (siehe Seite 123), verfügte man im Fernen Osten längst über eine wesentlich wohlschmeckendere, elegantere Würzsauce, die Soja-Sauce. Entwickelt hat man sie zunächst als starkes Gewürz, das unerwünschte Düfte, die zum Beispiel durch unzulängliche Aufbewahrungsmöglichkeiten entstanden, übertönen sollte. Ihre Vorrangstellung eroberte sich die Soja-Sauce jedoch, als mit der Ausbreitung der buddhistischen Lehre in Asien es zunehmend verpönt wurde, Fleisch zu essen. Man mußte andere Wege suchen, ausreichend Eiweißlieferanten zu finden. Damit begann der Siegeszug der Sojabohne, einer Hülsenfrucht, deren Vorrangstellung bis heute niemand bestreitet. Denn kaum ein pflanzliches, deshalb auch leicht und jederzeit produzierbares Lebensmittel ist so vielseitig. Sojabohnen liefern Kohlenhydrate und Eiweiß in so konzentrierter Form, daß sie dem Fleisch als Energielieferant sogar überlegen sind. Außerdem kann der menschliche Körper pflanzliches Eiweiß leichter verwerten, aufschließen und zu eigenen Bausteinen umsetzen als tierische Proteine.

Mönche, die den buddhistischen Ernährungsvorschriften besonders streng unterworfen waren, entwickelten eine enorme Phantasie im Umgang mit Sojabohnen. Sie schufen daraus eine Art Milch und produzierten daraus Quark und Käse (Tofu), aus dem sie wiederum eine Vielzahl der verschiedensten Gerichte und Zubereitungen erdachten. Sojabohnen wurden so zur Basis für die unterschiedlichsten Produkte und für eine Ernährungstheorie, die auch heute den modernen Erfordernissen nicht nur standhält, sondern sie sogar mit Bravour erfüllt.

Schließlich entdeckte man, wohl eher aus Zufall, daß zerstampfte Sojabohnen, mit Hefe und Wasser vermischt, an der Sonne zu gären begannen und nach abgeschlossener Fermentation eine hellbraune Flüssigkeit entwickelten, die wunderbar duftete und sehr intensiv würzte. Die Soja-Sauce war geboren. In ganz Asien wurde sie zum zentralen, wichtigsten Gewürz, und das ist sie bis heute. Keine Küche in Asien ist ohne Soja-Sauce überhaupt vorstellbar. Es haben sich in den einzelnen Ländern im Laufe der Jahre unterschiedliche Geschmacksrichtungen ausgeprägt. So liebt man in Indonesien eine sehr dunkle, dickflüssige, oft auch gesüßte Soja-Sauce. In Thailand und Vietnam, wo außerdem noch die berühmte Fischsauce eine überragende Rolle spielt (jene Würzsauce aus fermentierten Fischen, die dem römischen *garum* noch eher entspricht), bevorzugt man eine leichtere, helle Variante. In China nimmt man ganz verschiedene Soja-Saucen, je nach Verwendungszweck, von hell bis dunkel, grundsätzlich hergestellt aus Sojabohnen, aber manchmal auch mit Pilzen fermentiert. In Japan sind Ausgangsprodukt für Soja-Sauce nicht wie sonst nahezu ausschließlich Sojabohnen, sondern vielmehr eine Mischung mit Weizen. Das gibt ihr ein charakteristisches, ganz spezielles Aroma, macht sie leichter, schlanker und eleganter. Dadurch ist sie vielseitiger, universeller einsetzbar.

Den Herstellungsprozeß von Soja-Sauce kann man sich vorstellen wie das Bierbrauen: Die Sojabohnen und das Getreide werden zerkleinert und mit Wasser eingemaischt. Schließlich fügt man Hefebakterien, den sogenannten *aspergillus sojae,* hinzu, um den Fermentierungsprozeß einzuleiten. Bei einer genau kontrollierten Temperatur und Luftfeuchtigkeit läßt man nun diesen »Ansatz« gären. Dabei entwickeln sich Enzyme, die das Eiweiß der Sojabohnen und des Getreides in Aminosäuren umwandeln – sie sind später für Geschmack und Bekömmlichkeit verantwortlich. Die Stärke wird dabei zu Zucker und nach abgeschlossener Fermentation teils zu Alkohol – wichtig für den Geschmack –, teils zu Säure umgewandelt – die wiederum die Würze beeinflußt. Dieser Prozeß ist im allgemeinen nach etwa 45 Stunden abgeschlossen. Jetzt muß die fermentierte Maische reifen. Dafür lagert sie, natürlich unter genau kontrollierten Bedingungen, in großen, offenen, also der Luft zugänglichen Behältern. Die mittlerweile rehbraun gedunkelte Flüssigkeit bleibt auf der Maische stehen und soll nun in aller Ruhe Würze, Aroma und Geschmack erlangen, auch ihre Farbe stabilisieren. Je länger sie dafür Zeit erhält, desto aromatischer das Ergebnis. Bei der japanischen Firma Kikkoman ist man stolz darauf, daß man der Soja-Sauce mindestens ein halbes Jahr Reifezeit gönnt. Hier wird übrigens auch heute noch in einer speziellen Fertigungsstätte, die eigens zu diesem Zweck nach dem Vorbild eines japanischen Schlosses errichtet wurde, in gewaltigen Bottichen aus Zedernholz eine *kaiserliche Soja-Sauce* produziert, mit der tatsächlich der kaiserliche Haushalt beliefert wird und für die man den Sud mehr als ein Jahr auf der Maische reifen läßt.

Nach der Reifezeit wird gefiltert, bei Kikkoman heute noch auf die klassische Methode, indem man die Flüssigkeit durch Tücher preßt. Die fertige Soja-Sauce wird zur besseren Haltbarkeit pasteurisiert und schließlich abgefüllt. Die würzige, duftende, sherrybraune, transparente Flüssigkeit ist zum Versand bereit. Soja-Sauce dient übrigens nicht nur dem besseren Geschmack, sondern liefert auch ernährungsphysiologisch relevante Bausteine: Sie enthält essentielle, also lebenswichtige Aminosäuren, die der Körper selbst nicht produzieren kann, die ihm deshalb mit der Nahrung zugeführt werden müssen.

Im übrigen lassen sich mit Soja-Sauce wirklich geradezu universell Geschmacksakzente setzen, ohne daß man befürchten muß, man unterwerfe sämtliche Speisen ein und demselben Geschmack. Ob man dem Nudelteig mit einem Schuß Soja-Sauce Farbe und Duft verleiht, dem klassischen Kartoffelpüree damit mehr Würze gibt, ob man eine sanfte Cremesuppe mit ein paar Tropfen auffrischt oder damit sein Frühstücksei »salzt« – Soja-Sauce unterstützt die verschiedenen Geschmacksnoten, ohne sie zu überdecken! Und: Soja-Sauce hilft außerdem, Salz einzusparen.

Ein Wort noch zur Haltbarkeit: Im Prinzip ist Soja-Sauce dank ihres langen Reifungsprozesses so stabil geworden, daß sie sich unbegrenzt hält. Das heißt, sie verdirbt nicht, die Inhaltsstoffe sind unempfindlich gegen Einwirkung von Sauerstoff geworden. Allerdings: Der Geschmack verändert sich ganz allmählich in der geöffneten Flasche. Das ist völlig natürlich bei einem Naturprodukt. Die angebrochene Flasche sollte man deshalb stets im Kühlschrank aufbewahren. Dort bleibt ihr Inhalt auf alle Fälle viel besser frisch. Geübte Zungen stellen nach etwa zwei Monaten erste Einbußen im Aroma fest. Das spürt man natürlich kaum, solange man Soja-Sauce tropfenweise als Gewürz verwendet, wird jedoch deutlicher, wenn man größere Mengen verbraucht und daraus zum Beispiel einen duftigen Sabayon schlagen will (Rezept Seite 232). Deshalb sollte man Soja-Sauce zügig verbrauchen, schließlich paßt sie praktisch überall, nicht nur bei asiatischen Rezepten, sondern auch bei ganz und gar europäischen Gerichten, und vor allem natürlich zu den ganz neuen Kreationen der eigenen Phantasie. In diesem Buch zum Beispiel findet sich kaum ein Rezept, in dem man sie nicht braucht. Die Desserts, versteht sich, ausgenommen!

FISCH AUS DEM DAMPF

Das zarte Fischfleisch trocknet nicht aus, bekommt durch beliebige Würzstoffe Aroma, die Haut wird nicht verletzt, der Fisch behält seine Form: der chinesische Triumph des Geschmacks und der Ästhetik

Roter Karpfen, Rotbarsch oder ein anderer weißfleischiger Fisch, auf einem Bett aus Zucchinischeiben, mariniert mit einer Sherry-Soja-Marinade, gewürzt auf südchinesische Art mit Zitronengras, Ingwer, Korianderblättern und Chili: im großen Wok problemlos zu dämpfen. *Rezept Seite 132*

ROTER KARPFEN AUF ZUCCHINI

(Bild Seite 130/131)

Dämpfen ist eine Zubereitungsart, die man in China besonders liebt. Der Fisch sollte wenigstens ein Pfund wiegen, andererseits aber auch nicht mehr als zwei Kilogramm, weil sonst die äußeren Schichten doch zu gar werden, ehe die Hitze das Innere erreicht. Je nach Größe des Kopfes müssen Sie *für vier Personen 1 bis 1,5 kg* rechnen – es sollte schon ein intakter Fisch sein, der einfach sehr viel schöner aussieht als ein Torso. Welchen Sie nehmen, ist dabei weniger entscheidend (siehe Anmerkung) – vorausgesetzt, er hat ein weißes Fleisch.

1 schöner, frischer Fisch (ca. 1 kg),
2 mittelgroße Zucchini, etwas Öl
Gewürze: 1 Würz-Zitronenblatt,
eine etwa 2 cm breite Scheibe Ingwer,
ein etwa 3 cm langes Stück Zitronengras,
1 lange grüne Chilischote,
1 Büschel Korianderblätter
Marinade: 2 EL Soja-Sauce, 4 EL Sherry,
2 TL Zucker, 2 TL Sesamöl

Vorbereiten: Den Fisch ausnehmen und sorgfältig schuppen. Vorsichtshalber auch die Kiemen herauslösen, denn sie geben, ist der Fisch nicht superfrisch, einen unangenehmen Duft ab.
Die Zucchini waschen und in dünne Scheiben hobeln. Eine ausreichend große Platte, auf der der Fisch auch serviert werden kann, die jedoch natürlich in den Dämpftopf paßt, mit Öl einstreichen und die Zucchinischeiben sehr akkurat und in hübschem Muster darauf auslegen.
Aus dem Zitronenblatt die mittlere, harte Blattrippe herausschneiden, die beiden Hälften schräg in schmale Streifen schneiden. Die Ingwerscheibe schälen, in dünne Scheiben und diese in ähnlich schmale und lange Streifchen schneiden. Von Zitronenblatt und Ingwer die schönsten Streifchen für die Dekoration, die freilich auch dem Würzen dient, beiseite legen. Das Zitronengras und die entkernte Chilischote schräg in Scheiben schneiden, die Korianderblätter von den Stielen zupfen. Die Zutaten für die Marinade miteinander verrühren.
Zubereiten: In den Bauch des Fisches ein wenig Marinade träufeln und durch Drehen verteilen. Weniger schöne Ingwer- und Zitronenblattstreifchen, auch etwas Chili, Zitronengras und Koriandergrün hineinstreuen. Den Fisch auf das Zucchinibett legen, mit den Gewürzen dekorativ belegen bzw. bestreuen – die gekreuzten Ingwer- und Zitronenblattstreifen sind traditionelles Dekor.
Im Wok zwei Tassen Wasser zum Kochen bringen. Das Siebgitter einlegen, die Platte mit dem Fisch darauf setzen, wie links gezeigt. Fisch und Zucchini mit der restlichen Marinade gleichmäßig beträufeln. Den Deckel auflegen und den Fisch 20 bis 25 Minuten dämpfen, wobei das Wasser ständig ganz normal, aber nicht übermäßig heftig kochen soll. Der Dampf soll im Wok zirkulieren, nicht etwa den Deckel klappernd anheben und dabei entweichen.
Beilage: Reis und Soja-Sauce zum Stippen. Als Getränk ein klarer, kräftiger Weißwein mit ausgeprägter Frucht.
Anmerkung: Die Zubereitung im Dampf bekommt einem St. Pierre (Petersfisch) ebensogut wie einem Rotbarsch, Kabeljau oder Schellfisch. Sie eignet sich ganz besonders gut für die kräftig schmeckenden, herrlichen Fische, die aus dem Mittelmeer zu uns kommen und die wir aus französischen und italienischen Restaurants kennen. Manche gibt es teilweise auch in Supermärkten tiefgekühlt zu

Zum Dämpfen eines ganzen Fisches brauchen Sie einen großen Wok mit Siebeinsatz

Die große Platte paßt gut hinein, unter dem hohen Deckel kann der Dampf zirkulieren

ASIATISCHE KOHLSORTEN

Allen bekannt und bestens bei uns eingeführt ist der Chinakohl, dessen hellgrüne Blätter die Zartheit von Kopfsalat mit der Knackigkeit von Eissalat und der milden Würze von Weißkraut verbinden. Man ißt den Kohl roh als Salat, nur kurz erhitzt und gesäuert als eine Art von Pickles, vor allem aber pfannengerührt als Gemüse oder in Mischgerichten. Neuerdings gibt es immer öfter auch **Pak Soi** mit breiteren und fleischigeren Blattrippen, die mit ihren dunkelgrünen Blättern auch ein wenig an Mangold erinnern. Er wird ebenfalls zum Pfannenrühren und Kurzbraten genommen, schmeckt mild nach Kohl, besitzt aber einen Anflug von Schärfe, die an Senf erinnert. Das ist kein Wunder, denn Pak Soi ist der große Bruder des kleinen **Senfkohls**, der hierzulande leider nicht angeboten wird. Der macht seinem Namen alle Ehre – vor allem in der Sommerhitze wird er richtig beißend. Man baut ihn in Asien deshalb lieber in der kühlen Jahreszeit an. Dann schießen die Kohlpflanzen auch nicht so schnell, denn ab einer gewissen Tageslänge treiben die asiatischen Kohlsorten ihre Blütenstände, und es gibt keine Herzen mehr. Deshalb ist der Anbau im Sommer bei uns so problematisch. Man sät erst ab Ende Juli, und erst im späten Herbst bilden sich schöne, feste Köpfe. Beim **großblättrigen Kohl**, den Sie links sehen, ist das egal – er bildet nie Herzen. Die Blätter schmecken süß; man muß ihn sich aus mitgebrachtem Samen selbst ziehen, wie den **krausen Kohl**, den man hier leider auch nicht kaufen kann.

kaufen, allerdings häufig nicht unter der deutschen Bezeichnung. Deshalb hier eine Auswahl mit dem französischen und italienischen Namen in Klammern: Goldbrasse (Daurade, Orata), Zahnbrasse (Denté, Dentice), Geißbrasse (Sar, Sarago), Marmorbrasse (Pagel, Mormora), Rotbrasse (Pageau, Pagaro), Streifenbrasse (Canthère, Tanuta oder Cantaro), Goldstriem (Saupe, Sarpa), Zackenbarsch (Mérou, Cernia), Meerrabe (Corb, Corvo), Wolfs- oder Seebarsch (Loup de mer oder Bar, Spigola oder Branzino).
Übrigens auch mit nicht zu grätenreichen Süßwasserfischen, etwa einem Karpfen, einer Lachsforelle oder einer Äsche, ist diese Zubereitung ein Gedicht!

EGLI AUF TOMATEN (Bild Seite 134)

Egli heißt in der Schweiz und am Bodensee der Flußbarsch, ein ebenso wohlschmeckender wie bildschöner Fisch (siehe Seite 125).

Zutaten für vier Personen:
4 schöne Egli oder 8 Filets, Salz,
Mehl zum Wenden,
50 g Butter oder Butterschmalz
Tomaten: 4 vollreife Fleischtomaten,
2 Knoblauchzehen, ebensoviel Ingwer,
1 oder 2 Schalotten,
3 Stengel Thaibasilikum (12–18 Blätter),
1 TL Soja-Sauce, 1 TL Sesamöl,
Salz, Pfeffer

Vorbereiten: Die folgende Beschreibung ist etwas lang – lassen Sie sich davon nicht abschrecken, die detaillierten Hinweise sollen Ihnen nur die Arbeit erleichtern und ein grätenfreies Genießen sichern!
Falls noch nötig, den Egli filieren: Zunächst unbedingt alle Flossen mit den Zacken (Verletzungsgefahr!) mit einer Küchenschere rundum abschneiden.
Die Fische werden nicht geschuppt (was eine teuflische Arbeit wäre!), man entfernt die Schuppen vielmehr zusammen mit der Haut. Zum Filieren den Fisch auf eine Seite legen und am Rücken längs zweimal einschneiden, und zwar so dicht wie möglich an der abgeschnittenen Rückenflosse. Erst wenn am ganzen Fisch die Schuppenschicht vom Kopf bis zum Schwanz vollkommen aufgetrennt ist, die Filets zum Bauch hin von den Gräten schneiden. Filets auf die Hautseite legen und am Schwanzende ein Stück Fleisch von der Haut lösen. Haut fest auf die Unterlage drücken und mit dem flach aufgelegten Messer das Filet nach vorne hin von der Haut abschneiden.
Schließlich die Flossengräten von den Fileträndern schneiden. Die Filets waschen, abtrocknen und mit der Hautseite nach unten auf eine saubere Unterlage legen, dabei eventuell noch anhaftende Schuppen absammeln. Mit der Fingerspitze vom breiten Ende der Filets Richtung Schwanzende fahren: Die dabei spürbaren, sich aufrichtenden Gräten mit einer Pinzette herausziehen. Dies sollten Sie übrigens auch tun, wenn Sie fertige Filets gekauft haben.
Tomaten schälen, Kerne entfernen und das Fruchtfleisch mit einem Messer in möglichst feine Würfel hacken – nicht in der Küchenmaschine zerkleinern, denn dann entsteht ein wäßriger Brei ohne Struktur. Knoblauch, Ingwer und Schalotte in winzige Würfelchen schneiden. Basilikumblättchen abzupfen, einige schöne zum Bestreuen beiseite legen, die restlichen in Streifen schneiden.
Tomaten mit Knoblauch, Ingwer, Schalotten und Basilikum, Soja-Sauce und Sesamöl verrühren und abschmecken.
Zubereiten: Die Eglifilets leicht salzen, in Mehl wenden, überflüssiges Mehl abklopfen. Gleich in viel Butter oder Butterschmalz bei guter Hitze beidseitig golden braten. Unterdessen die Tomaten salzen und pfeffern, in die Mikrowelle stellen und in etwa zwei Minuten auf großer Stufe erhitzen. Tomaten auf vorgewärmte Teller verteilen, die Filets drauf legen und alles mit den zurückbehaltenen Basilikumblättchen bestreuen.
Beilage: Als Vorspeise oder Zwischengericht nur mit Brot, als Hauptgericht mit Reis servieren. Trinken Sie dazu einen aromatischen Weißwein.

GEDÄMPFTES FORELLENFILET AUF PFANNENGERÜHRTEM CHINAKOHL
(Bild Seite 135)

Eine dem deutschen Gaumen gewiß ungewohnte Zubereitung – aber sie wird dem zarten Aroma der Forelle durchaus gerecht!

Zutaten für vier Personen:
4 Portions-Forellen (à ca. 250 g),
Salz, Pfeffer, 1 TL Sesamöl,
2 EL Soja-Sauce
Gemüse: 400 g geputzter Chinakohl,
3 Knoblauchzehen, ebensoviel Ingwer,
2 rote Chilischoten, nach Belieben ein Würz-Zitronenblatt und etwas Koriander,
2–3 EL geschmacksneutrales Öl,
je 1 EL Sherry, Soja-Sauce und Brühe

Vorbereiten: Forellen filieren und entgräten, wie für die Egli beschrieben, aber nicht häuten. Chinakohl in ca. 3 cm breite Streifen, Knoblauch und Ingwer in feine Würfelchen, Chilischoten in Ringe schneiden. Eventuell Zitronenblatt in Streifchen schneiden und Korianderblätter abzupfen.
Zubereiten: Forellenfilets salzen, pfeffern, auf einen mit Sesamöl eingestrichenen Dämpfeinsatz legen und über halb Wasser, halb Soja-Sauce zwei Minuten dämpfen. Im Wok das Öl rauchend heiß werden lassen. Den Chinakohl und die kleingeschnittenen Gemüse zugeben, herumwirbeln und knackig-gar braten. Mit Sherry, Soja-Sauce und Brühe ablöschen und abschmecken.
Servieren: Die Filets auf dem Gemüse anrichten und dazu Duftreis reichen.

FRANZÖSISCHE WEISSWEINE

Der kräftige Körper mit einem guten Alkoholgehalt macht die französischen Weißweine ganz allgemein zu erstklassigen Begleitern auch kräftig gewürzter Speisen. Allerdings dürfen diese nicht zu säuerlich abgeschmeckt sein, sonst reicht der üblicherweise nicht so ausgeprägte Säuregehalt der Weine nicht aus. Ausnahmen sind in dieser Hinsicht Sancerre und Pouilly Fumé, die fast in allen Jahren die nötige Frische mitbringen. Für vollwürzige Gerichte mit Fisch oder Krustentieren eignen sich auch Coulée de Serrant oder Château Grillet. Wurde mit Zitronengras, Würzzitronenblatt und Zitronensaft sparsam umgegangen, kann es auch ein Viognier aus Condrieu oder von den Côtes-du-Rhône sein. Und hat man ganz auf sie verzichtet, bieten sich die großen Klassiker an: Chablis, Pouilly Fuissé und die Gemeinde-Weißweine von Burgund, ganz besonders auch die Weißweine aus dem Jura und von der Rhône (Hermitage und Châteauneuf-du-Pape). Schließlich passen auch die kräftigen Elsässer, vom Tocay über den Riesling bis zum Gewürztraminer.

FILET-FREUDEN

Hilfe für alle Menschen, die Fisch nicht gern essen, weil sie mit den Gräten ihre Not haben: Vor dem Braten oder Dämpfen die Filets säuberlich abheben!

Links Eglifilets auf Tomatensauce: die Filets mit Mehl gestäubt, in Öl knusprig gebraten und auf einer lauwarmen, kräftig gewürzten Sauce aus rohen Tomaten und frischen Kräutern serviert. Unten Forellenfilets auf Chinakohl: mit Sesamöl aromatisiert und über Soja-Sauce saftig gedämpft, angerichtet auf pfannengerührtem Chinakohl. Die Rezepte finden Sie auf Seite 133

MEERES-FLÜGEL

Die fleischigen Muskeln der Rochenflossen sehen aus wie Flügel, ihre Struktur erinnert an Gefieder: ein köstlich saftiges, kräftiges, wohlschmeckendes Fleisch

ROCHEN MIT ASIATISCHEM SOFRITO

Bei den Hamburger Fischhändlern auf dem Markt bekommt man die ungehäuteten Rochenflügel so billig, daß man an seinem Verstand zu zweifeln beginnt: Gilt der Fisch doch in Feinschmeckerkreisen als Delikatesse und wird in guten Restaurants ebenso teuer verkauft wie Steinbutt oder Seezunge. Auch wenn man selbst zu Hause die Haut abzieht – erst ein Stück lösen, dann fest ziehen und mit einer scharfen Messerspitze an der Haut entlangfahrend nachhelfen – und die Knorpel entfernt, ist Rochen ein preiswertes Vergnügen! Das Grätengerüst, an dem das Fleisch haftet, wird nicht abgelöst, denn es gibt dem Fleisch beim Garen Saft und verhindert, daß es sich in der Pfanne verzieht.

Der Rochen verträgt dank seines kernigen Geschmacks einige Würze – wir haben dazu den spanisch-italienischen Sofrito asiatisch abgewandelt und servieren ihn mit geknofelten Schnibbelbohnen und winzigen, in Sesamöl langsam knusprig und gar gebratenen neuen Kartöffelchen.

Fortsetzung auf Seite 140

PFANNENFRISCH: PFANNFISCH

Oder: Wie aus einem schlichten Stück Kabeljaufilet ein ebenso originelles wie köstliches Essen wird. Golden gebraten, dann einmal auf einer sanften Kartoffelsauce angerichtet, der junge Kapuzinersamen Biß verleihen (links). Oder mit würzigem Miso-Sabayon und dem Duft von Pimpinelle.

Die Rezepte auf der nächsten Seite

Fortsetzung von Seite 136

Im Gegensatz zu der in Frankreich häufig geäußerten Ansicht, ein Rochen müsse »abhängen«, solle ein wenig »Hautgoût« haben, sind wir der Meinung, daß auch dieser Fisch möglichst frisch sein soll.
Man kann Rochen auch dünsten, eventuell dämpfen, gesotten wird er jedoch leicht zäh. Gern servieren wir ihn mit Seezungen- oder Steinbuttfilet in einer zarten Sauce, heben das Fleisch aber erst nach dem Garen von den Gräten.

Zutaten für vier Personen:
4 kleinere oder 2 große Rochenflügel
(zusammen ca. 1,5 kg; abgezogen 1 kg),
6 EL Olivenöl, Salz
Sofrito: 2 Frühlingszwiebeln,
je 1 EL gehackter Ingwer und Knoblauch,
1 bis 2 Stengel Zitronengras,
2 rote Chilis, 1 Würz-Zitronenblatt,
2 EL neutrales Öl, 1 TL Sesamöl,
1 Bündel chinesischer Schnittlauch

Vorbereiten: Rochenflügel parieren – Haut ablösen und die Knorpel entfernen. Frühlingszwiebeln in Scheibchen schneiden, Ingwer und Knoblauch sehr fein würfeln, vom Zitronengras nur den unteren, fleischigeren Abschnitt nehmen (also den Teil, der bei dem auf Seite 136/137 über den Teller gelegten Stengeln schon abgeschnitten ist), von den harten äußeren Schichten befreien und schräg in dünne Scheiben schneiden, die teilweise zu Ringen auseinanderfallen. Chilis entkernen und in Ringe oder Würfel, Zitronenblatt in haarfeine Streifchen schneiden.
Zubereiten: Die Rochenflügel – ungemehlt! – in einer beschichteten Pfanne in reichlich Öl bei mittlerer Hitze beidseitig braten, erst am Schluß salzen.
Für den Sofrito die kleingeschnittenen Zutaten im gemischten Öl bei ganz milder Hitze dünsten. Erst im allerletzten Augenblick den in schräge Rauten geschnittenen chinesischen Schnittlauch zufügen.
Servieren: Rochenflügel auf vorgewärmten Tellern anrichten – große in der Mitte längs der Gräten halbieren – und mit dem Sofrito überstreuen. Als Beilage jeweils ein paar Kartoffeln und Bohnen zugeben.
Ölkartöffelchen: 500 g neue, kleine, möglichst nicht mehr als männerdaumenkuppengroße Kartoffeln sorgfältig mit der Bürste schrubben. Gut abtropfen lassen und in einem gußeisernen Topf in zwei Eßlöffeln Sesamöl so lange kräftig anbraten, bis die Haut rundum braune Stellen zeigt. Salzen, eine Tasse Wasser angießen, den Deckel auflegen und die Kartöffelchen in etwa 15 Minuten ganz langsam gar ziehen lassen, ohne den Deckel zu heben.
Schnibbelbohnen: 500 g Schwert- oder normale Gärtnerbohnen putzen, auf der Schnibbelmaschine oder mit dem Messer schräg in feine Streifen schnibbeln. Eine halbe Minute in sprudelnd kochendem Salzwasser blanchieren, eiskalt abschrecken und schließlich in etwas Butter mit einer ganzen, durch die Presse gedrückten Knoblauchknolle und etwas winzig feingehacktem Ingwer durchdünsten.

GEBRATENES KABELJAUFILET MIT KARTOFFELSAUCE UND KAPUZINERBEEREN

Die Früchte der dekorativen Kapuzinerblumen, die so üppig orangefarben, gelb und rot den ganzen Sommer über blühen, kann man essen! Wie die Blüten übrigens auch. Früher wußte man das besser: Man legte die knospenähnlichen Beeren in Essig ein und nahm sie als Ersatz für die schwieriger zu beschaffenden Kapern. Allerdings sind sie allenfalls im Aussehen ähnlich, im Geschmack jedoch völlig anders: Kapuzinerbeeren sind von jener deutlichen, würzigen Schärfe, die auch die Blüten haben. Sie passen glänzend zu pfannengerührtem Gemüse, dem sie mit ihrem beißend-würzigen Geschmack ein neues Glanzlicht aufsetzen. Außerhalb der Saison kann man die Kartoffelsauce natürlich mit Brunnen- oder Gartenkresse bestreuen. Oder Sie experimentieren: Gut passen zum Beispiel rosa Pfefferbeeren (siehe Kasten auf der rechten Seite), Kapern, Kapernfrüchte oder einfach Kräuter. Alles, was zu Kartoffeln gut schmeckt, kann auch die Sauce würzen: Majoran, Schnittlauch, Koriandergrün, Frühlingszwiebeln . . .

Für vier Personen:
Kartoffelsauce: 3 mittelgroße Kartoffeln
(120 g), 1 Lorbeerblatt, 1 Gewürznelke,
2–3 rote Chilischoten, ⅜ l Milch,
Salz, Pfeffer, Muskat,
je einige Spritzer Soja-Sauce und
Balsamico-Essig
Außerdem: 800 g Kabeljaufilet, Salz,
Pfeffer, Mehl zum Wenden, 3 EL Öl,
eine kleine Handvoll Kapuzinerbeeren

Vorbereiten: Für die Sauce die Kartoffeln schälen, kleinschneiden und mit den Gewürzen in einen Topf füllen. Mit Milch auffüllen, salzen und pfeffern. Zugedeckt eine halbe Stunde weich kochen.
Zubereiten: Die Gemüse aus dem Topf fischen und wegwerfen. Die Kartoffeln mit dem Pürierstab oder im Zerkleinerer ganz glatt mixen. Die Sauce mit Muskat, Soja-Sauce und Balsamico abschmecken.
Den Fisch in gleich große Portionsstücke teilen. Salzen, pfeffern, in Mehl wenden und anschließend gründlich ausschütteln, damit nur ein hauchfeiner Film haftenbleibt. Sofort in einer großen Pfanne im heißen Öl auf starker Hitze beidseitig goldbraun braten.
Die Kapuzinerbeeren einmal kurz durch das verbliebene Bratfett schwenken.
Servieren: Die Fischstücke auf vorgewärmten Tellern anrichten. Die Kartoffelsauce unmittelbar vor dem Servieren noch einmal aufmixen und drum herumgießen. Zum Schluß die Kapuzinerbeeren darüberstreuen.

SENFWÜRZIGER MISO-SABAYON ZUM GEBRATENEN FISCHFILET

Eine duftige, sehr aromatische Sauce, die nicht nur gut zu Fisch, sondern auch zu gekochten Eiern und zu den verschiedensten Gemüsegerichten gut schmeckt.

Für vier Personen:
2 EL helles Miso, 1 EL Zucker,
2 EL Essig, 2 TL Soja-Sauce,
2 TL englisches Senfpulver,
0,2 l Hühnerbrühe, 2 Eigelb,
Pimpinelle oder andere Kräuter

Vorbereiten: Miso, Zucker, Essig, Soja-Sauce und Senfpulver mit der Hühnerbrühe glattrühren und aufkochen.
Zubereiten: Den Topf nunmehr ins Wasserbad stellen, oder von vornherein einen dickwandigen, gußeisernen Topf nehmen, der die Hitze gut speichert und gleichmäßig leitet. Die Eigelb zufügen, die Sauce unter ständigem Schlagen mit dem Schneebesen heiß und dicklich werden lassen. Sie darf auf keinen Fall ins Kochen geraten, weil sonst das Eigelb gerinnt, ausflockt und seine Bindungsfähigkeit verliert. Die cremige Sauce abschmecken und heiß servieren.
Anmerkung: Pimpinelle, das Kraut mit dem putzigen Namen, ist weitgehend unbekannt, dabei wächst es auf fast jeder Wiese wild. Warum es auch Wiesenknopf heißt, wird plausibel, sobald man die runden, knopfähnlichen Knospen betrachtet (auf dem Bild Seite 139). Pimpinelle schmeckt zart säuerlich, herb, und bringt damit Frische auf den Teller.

Die wichtigsten asiatischen Würzen

Eine chinesische Hausfrau käme nie auf die Idee, Soja-Sauce selbst zu machen. Auch in Thailand, wo Würzpasten eine so wichtige Rolle spielen, kann man sie fix und fertig auf den Märkten kaufen. Nicht industriell, sondern von den Händlern selbst hergestellt, werden sie frisch und lose angeboten. In den meisten Asienläden hierzulande kann man sie aus Thailand importiert kaufen. Und auch die in Japan so beliebten Pasten aus fermentiertem Reis oder Getreide kauft man fertig abgepackt. Hier im einzelnen die verschiedenen Sorten und was man damit machen kann:

1 *Dunkles Miso.* Intensive Würzpaste aus Japan aus gekeimten Sojabohnen, sehr salzig, mit säuerlichem Geschmack. Wunderbar für Nudelsuppen oder für kräftige Saucen.

2 *Helles oder süßes Miso* entsteht aus fermentierten Reiskeimen, ist viel milder als das dunkle, fast süßlich und angenehm würzig. Schmeckt sogar als Brotaufstrich, ist aber gedacht als Basis für Saucen, vor allem zu hellem Fleisch oder Fisch.

3–5 *Thailändische Currypasten,* rot, grün oder gelb. Jeweils aus Chilis der entsprechenden Farben und mit vielen Gewürzen hergestellt. Sehr scharf, sehr würzig und intensiv duftend. Zum Würzen von pfannengerührten Gerichten aus Gemüse und Fleisch. Oder als Basis für Ragouts: Ein Löffel davon, mit Brühe oder Kokosmilch aufgelöst, ergibt eine aromatische Sauce, in der man Fisch gar ziehen, Fleisch schmoren oder Gemüse dünsten läßt. So hat man im Handumdrehen ein fertiges Essen auf dem Tisch.

6 *Hoisinsauce:* Dickflüssige, süßlich-würzige, dunkelbraune Sauce aus Sojabohnen, Knoblauch, vielen Gewürzen und Chili. Ihre Schärfe ist jedoch mild und unaufdringlich. Man benutzt sie sowohl beim Kochen, vor allem bei Gemüsegerichten, wie auch als Tischwürze. Zum Beispiel gehört sie unbedingt zur Pekingente.

7 *Rosa Pfefferbeeren:* Stammen nicht von der Pfefferpflanze, sondern von einem holunderartigen Strauch in Südamerika. Werden in Lake gelegt oder, wie hier, lyophilisiert, also gefriergetrocknet, angeboten. Schmecken mild-säuerlich und, zum Beispiel eingeweicht in Salatmarinade, fruchtig.

8 *Schwarze Bohnen:* Ein vor allem in der chinesischen Küche wichtiges Gewürz, das überall gebraucht wird, wo milde Geschmäcker einen herzhaften Akzent benötigen. Es sind kleine, schwarze, fermentierte Sojabohnen, die salzig und überaus würzig schmecken. Werden getrocknet verkauft und müssen vor Gebrauch mit Wasser überbrüht und eingeweicht werden.

9 *Tahin:* Creme aus pürierten Sesamsamen. Wird vor allem im Vorderen Orient, in der Türkei, verwendet. Spielt aber auch in Indonesien und in Indien eine Rolle. Der sahnig-nussige Geschmack paßt vor allem zu Gemüse. Man kann damit blitzschnell eine herrliche Sauce herstellen: Einfach mit etwas Wasser, Knoblauch und Kräutern mixen. Dabei entsteht eine glatte cremige Emulsion, die zu gegrilltem Fisch oder Fleisch schmeckt.

VERFÜHRERISCH SCHÖN: MAKRELEN

Wenn sie am schönsten sind, schmecken sie auch am besten – ganz frisch und irisierend schillernd wie das Meer selbst. Leider bekommt man sie so nur selten zu kaufen. Weshalb sie hierzulande nicht als Delikatesse gelten, was sie im Grunde sind!

MAKRELEN IM SUD

Zutaten für 4 Personen:
8 ganz frische, kleine Makrelen, 2 Möhren,
1 Lauchstange, 2 Schalotten,
4 Frühlingszwiebeln, 1 Bund Petersilie,
½ l Reiswein, ½ l Reisessig,
¾ l Wasser, 2 EL Zucker, 2 EL Salz, nach Belieben Pfefferkörner und Chilischoten

Zubereiten: Die Makrelen, falls nötig, ausnehmen, sauber auswaschen und abtrocknen. Eventuell die Kiemen entfernen.
Möhren in Streifen hobeln. Lauch, Schalotten und Frühlingszwiebeln in Ringe schneiden. Petersilie waschen. Gemüse mit Reiswein, Essig, Wasser, Zucker und Salz erhitzen und nur einmal aufwallen lassen. Nach Geschmack auch schärfende Gewürze zufügen. Kochendheiß über die in eine passende Schüssel gelegten Makrelen gießen, die vollkommen untergetaucht sein sollen, und darin zugedeckt langsam abkühlen und gar ziehen.
Servieren: Erst am nächsten Tag, mit Weißbrot und einem frischen Weißwein.
Anmerkung: Eine wunderbare Vorspeise, wenn Sie kleine Makrelen bekommen haben, die nicht schwerer als 150 g sind. Größere Exemplare müssen einige Minuten im Sud gesotten werden, damit sie gar werden.

GEGRILLTE MAKRELEN

Die fetten Fische eignen sich ganz besonders gut zum Grillen, wenn man darauf achtet, daß das Fett nicht in die Glut tropft. Die Bayern nehmen heute meistens Makrelen als »Steckerlfisch« – früher waren Brachsen üblich: Man steckt die Fische auf einen Stock und stellt sie so schräg über das Feuer, daß das Fett daneben tropft. Praktisch zum Grillen sind die Grillkörbe in Fischform, in die auch größere Makrelen passen und worin sie sich leicht wenden lassen.

Pro Person: 1 große Makrele,
4 Lorbeerblätter, 1 EL Soja-Sauce,
1 Zitrone oder Limone

Vorbereiten: Makrelen waschen und gründlich abtrocknen. Auf beiden Seiten mehrmals schräg einschneiden – dadurch werden die Gräten durchtrennt, die Soja-Sauce kann eindringen, die Fische garen gleichmäßiger und verziehen sich nicht in der Hitze. In den Bauch die Lorbeerblätter legen, die Haut mit Soja-Sauce einreiben.
Zubereiten: Nicht zu nah an einer guten Glut langsam unter häufigem Drehen oder Wenden knusprig und saftig grillen. Mit Zitronen- oder Limonensaft beträufelt verspeisen.

Rechts: Makrelen im Sud: Reiswein, der durch trockenen Sherry (Manzanilla oder Fino) ersetzt werden kann, und aromatischer Reisessig geben die Würze. Links: Gegrillte Makrelen, die mit Lorbeer und Soja-Sauce gewürzt werden und die sich jeder, Bissen für Bissen, mit Zitronen- oder Limonensaft beträufelt

Krusten- und Schalentiere

Es ist noch keine hundert Jahre her, da fing man in dem kleinen Bach, der durch das Dorf fließt, in dem wir am Rande des Nordschwarzwaldes leben, während der Sommermonate noch so viele Krebse, daß sie zweimal die Woche als Vorspeise die Tafel zierten. Genauso unvorstellbar sind die Zeiten, als man in Berlin an jeder Straßenecke frisch gesottene Krebse kaufen konnte – für dreißig Pfennig das Dutzend; der gute Zille hat das noch erlebt. Eine importierte Krebspest hat die hiesigen Bestände hinweggerafft – aber: hätte es sie nicht gegeben, wären die Krebse inzwischen der allgemeinen Gewässerverschmutzung zum Opfer gefallen. Wir essen also nicht mehr heimische, sondern aus der Türkei oder Spanien importierte Krebse. Auch die werden immer seltener, kosten jedes Jahr einen Batzen mehr und schmecken dafür längst nicht mehr so köstlich wie einst. Sollten wir einmal das Glück haben, gute Krebse zu bekommen, genießen wir sie auf ganz althergebrachte Weise, à la nage.

Hummer und Langusten – Inbegriff kulinarischen Wohllebens. Wir gestehen gerne, daß sie das für uns nicht sind. Das Fleisch ist fast immer etwas trocken und faserig, auch wenn sie perfekt behandelt wurden. Außerdem gefällt uns der mächtige Geschmack dieser Tiere weitaus weniger als die zurückhaltende Eleganz von Meerspinne und Taschenkrebs. Hinzu kommt, daß Hummer und Languste heute so selten und damit teuer geworden sind, was wiederum zu zögerndem Verkauf führt: Die Tiere verbringen viel zu lange Wartezeiten in Hälterbecken und Aquarien, haben ihr wildes Meeresaroma im allgemeinen längst verloren und sind, weil sie in Gefangenschaft kaum fressen, erbärmlich abgemagert (vor allem an Weihnachten), ehe man sie verspeist.

Wie gut, daß man es inzwischen gelernt hat, alle möglichen Arten von Garnelen zu züchten – teils in Meerwasser, teils in Süßwasser. Vor allem aus Bangladesh und Thailand kommt erstklassige Ware zu uns, überdies zu Preisen, die etwa denen von vor zwanzig Jahren entsprechen. Der Markt für Krustentiere, aus der nordatlantischen Tiefsee geholt oder an den flachen Sandküsten der Südsee ins Netz gegangen, ist unübersichtlich geworden – im Dschungel der verschiedenen Bezeichnungen brauchen Sie sich dennoch nicht verirren: Selbst Fachleute sind mit einer genauen Zuordnung überfordert. Und was soll es auch, wozu den genauen Namen wissen? Wichtig hingegen ist, daß Sie vorzugsweise größere Tiere kaufen, auf gut ausgebildete

Schwänze achten, wenn Sie nicht ohnehin den abgetrennten Schwänzen ohne Kopfteil den Vorzug geben. Und unbedingt nur ungekochte, also rohe Tiere nehmen! Frisch sind sie selten, fast immer werden sie tiefgekühlt importiert – und das ist auch gut so, denn die Tiere sind sehr empfindlich (das macht sich vor allem bei italienischen Scampi, französisch Langoustines genannt, bemerkbar: sehr oft ist ihr Fleisch nach dem Garen wattig, weil sie trotz schnellen Transports und guter Kühlung gelitten haben). Allerdings sollten Sie nur gefrorene Ware kaufen, denn bei aufgetauter weiß man nie, wie lange sie dies schon ist. Zu Hause möglichst langsam, im Kühlschrank, und zugedeckt auftauen lassen.

Wild lebende Garnelen von hervorragendem Geschmack werden aus Chile importiert – das kalte Wasser des Humboldtstromes sorgt für ein ausgeprägtes Aroma. Dagegen schmecken die Langusten und Garnelen aus der Karibik recht langweilig; es gibt sie auch fast nur vorgekocht, also trocken und zäh. Aus Westafrika kommt teilweise hervorragende Ware, oft mit einem Frischedatum versehen – je kürzer sie eingefroren waren, desto besser schmecken sie natürlich.

Zoologisch richtig heißen die Austern, Muscheln und Schnecken schlicht Schaltiere. Die kulinarische Welt hat ihnen eine Zwischensilbe gegönnt und sagt: Schal*en*tiere. Die flachen Austern, allen voran die Bélons und Impériales, gelten als das Nonplusultra. Die köstlichen kleineren Whitstaples und Colchester hat man darüber vergessen. Und seit alle möglichen Krankheiten diese echten Austern dezimieren, versucht man, uns mit den aus Japan entliehenen Gigas das Schlürfen schmackhaft zu machen. Verzeihung – ein Mißverständnis: Wenn wir die guten, seltenen, teuren Austern nicht bekommen, verzichten wir gern darauf, Austern zu schlampampen, essen stattdessen viel lieber die als ordinär geltenden Miesmuscheln. Wir sind überzeugt, sie würden zu hohen Preisen gehandelt, wenn sie sich so rar machten wie die Austern.

Bei Krusten- und Schalentieren sitzt das Prestige eben immer mit am Tisch. Wie schade . . .

GEDÄMPFTER TASCHENKREBS

In den kleinen Bambuskörbchen, die eigentlich für die kantonesischen Vorspeisen, die *Dim Sum,* gedacht sind, kann man nur einen einzigen Krebs unterbringen. Es gibt in China-Läden aber auch größere Körbe für mehrere Tiere. Oder Sie legen die Taschenkrebse auf eine große Platte.

Zutaten für zwei Personen:
2 schöne Taschenkrebse, Salz, einige große Blätter (Salat, Banane, Kapuzinerkresse)
Würze: 3 Würz-Zitronenblätter,
2 Chilischoten, 1 Büschel Koriandergrün,
2 TL Sesamöl, 1 EL Soja-Sauce

Vorbereiten: Die Taschenkrebse waschen und in sprudelnd kochendes Salzwasser werfen, um sie zu töten, wenn sie noch lebendig sind. Jedoch gleich wieder herausnehmen und in kaltem Wasser abschrecken, damit Fleisch und Corail nicht übergaren und das köstliche Eiweiß nicht austritt.
Ein Bambuskörbchen oder eine Platte mit Blättern auslegen. Zitronenblätter in Stückchen reißen, Chilischoten kleinschneiden, Korianderblätter abzupfen.
Zubereiten: Taschenkrebse auf die Blätter legen und Körbchen oder Platte über kochendes Wasser (vorzugsweise im Wok, siehe Seite 132) setzen. Die vorbereiteten Gewürze über die Krebse streuen, mit Öl und Soja-Sauce beträufeln, zudecken und eine gute Viertelstunde dämpfen.
Servieren: Im Körbchen, mit Mandel-Soja-Sauce und Pickles. Dazu paßt kräftiger Grauburgunder aus dem Holzfaß oder Traminer.

MANDEL-SOJA-SAUCE

Zutaten für zwei Personen:
60 g süße Mandelkerne, 1 EL Zucker,
1 EL Reisessig, 3 EL Soja-Sauce

Vorbereiten: Mandeln mit kochendem Wasser überbrühen, eine Stunde ziehen und quellen lassen. Dann schälen: Einfach die Kerne zwischen Daumen und Zeigefinger schnipsen und aus ihrer Haut schlüpfen lassen.
Zubereiten: Die Mandeln mit den übrigen Zutaten in der Küchenmaschine so lange mixen, bis eine glatte, cremige, helle, leicht schaumige Sauce entstanden ist.

FRISCHE PICKLES

Die Pickles sollten wenigstens vier Stunden vor dem Essen zubereitet werden, damit sie gut durchziehen können.

Zutaten für zwei Personen:
1 ganz junge Gemüsegurke (Gewürzgurke),
1 Möhre, 2 Chilis (frisch oder getrocknet),
⅛ l Reisessig, 2 TL Zucker,
1 EL Fischsauce, 1 TL Soja-Sauce,
einige Korianderblättchen

Zubereiten: Gurke, Möhre und Chilis kleinschneiden. Essig mit Zucker und Würz-Saucen aufkochen und darübergießen, mit Korianderblättchen vermischen, ziehen lassen.

EIN HOCH DEM SIMPLEN TASCHENKREBS

Kenner schätzen sein Fleisch höher als das des Hummers und sind froh, daß er – weil das Auslösen des Fleischs etwas Arbeit macht – so herrlich billig ist. Aber für Freude ist leider nicht oft Anlaß: deutsche Händler bieten ihn nur selten an

Im chinesischen Bambuskörbchen gedämpft: Taschenkrebs, mit Zitronenblatt, Koriandergrün, Chilis und Sesamöl gewürzt. Dazu gibt es eine Mandel-Soja-Sauce (links) und frische Pickles (ganz links)

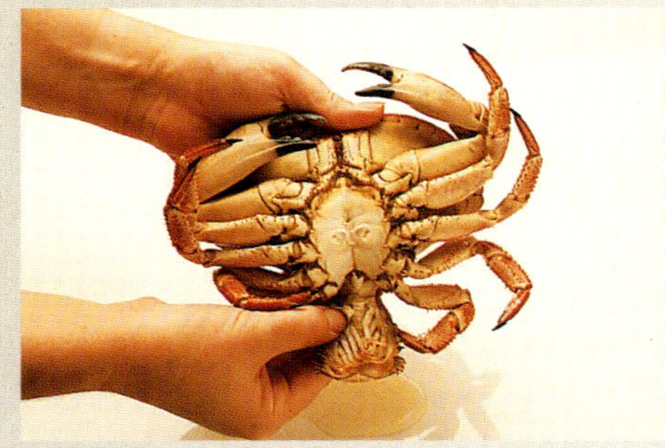

Wie man das Fleisch der Taschenkrebse auslöst, und wie sie gefüllt werden:
Die Taschenkrebse kochen und in ihrem Sud abkühlen lassen, damit sie schön saftig bleiben. Abtropfen lassen und zunächst den kurzen, unter den Körper gezogenen Schwanz ausbrechen

Nun das Unterteil an den Beinen packen und vorsichtig aus dem Panzer heben, ohne diesen zu zerstören

Die auf dem Unterteil sitzenden Kiemen, die hart und wattig sind, entfernen, und die Kammern mit den Beinmuskeln völlig freilegen

Scheren und Beine vom Unterteil abdrehen und dieses der Länge nach in der Mitte aufschneiden – jetzt kommen Sie an das weiße Muskelfleisch in den einzelnen Kammern. Die harten Spelzen aus dem Fleisch zupfen, das dabei natürlich in ziemlich kleine Teile zerfällt

GEFÜLLTE TASCHENKREBSE

Die mit einer Art von Salat mit Mayonnaise gefüllten oder mit würziger Brotfarce überbackenen Taschenkrebse und Meerspinnen gelten als eine venezianische Spezialität. In China und anderen Ländern Asiens sind die gefüllten Tiere nicht weniger beliebt – dort werden sie allerdings nach dem Füllen gedämpft. Ob vielleicht Marco Polo diese Zubereitung von seinen Reisen mitgebracht hat? Das wäre doch ein posthumer Trost, wo die Sache mit den aus China nach Italien importierten Nudeln ja nun nicht stimmt . . .

Zutaten für vier Personen:
4 Taschenkrebse (ersatzweise Meerspinnen),
4 vollreife Tomaten, einige Minzeblättchen
Für den Sud: 5 l Wasser,
1 Flasche trockener, säuerlicher Weißwein,
60 g Salz, 2 bis 3 Lorbeerblätter,
je 1 EL Pfeffer- und Pimentkörner,
je 1 Lauch- und Selleriestange,
je 1 kleine Möhre und Zwiebel
Für die Füllung: 300 g Schweinefleisch,
2 Schalotten, 1 Bund Koriandergrün,
2 Knoblauchzehen, ebensoviel Ingwer,
4 TL Soja-Sauce, 8 EL Kokos-Sahne,
Cayennepfeffer oder Chilipulver, Salz

Vorbereiten: Zunächst den Sud in einem möglichst großen Topf aufsetzen. Haben Sie keine Angst vor dem reichlichen Salz – es ist nötig und immer noch viel weniger, als im Meerwasser enthalten ist (ca. 36 g/Liter), das ja im allgemeinen als das Beste zum Kochen von Krustentieren gilt. Die Gemüse natürlich säubern und etwas kleinschneiden. Zehn Minuten durchkochen, dann die Taschenkrebse in den heftig wallenden Sud werfen, und zwar nacheinander, damit sie im immer wieder heiß gewordenen Sud rasch getötet werden. Nach dem Hineinwerfen des letzten Krebses noch einmal aufwallen lassen, dann

Die Scheren und dickeren Glieder der Beine mit einer Zange, einem Nußknacker oder einer Hummerschere aufbrechen und das feste, wohlschmeckende und mit seiner roten Haut besonders dekorativ wirkende Fleisch sorgfältig herausfieseln

Dazu eignet sich am besten eine mit Haken bewehrte Hummergabel. Oder mit einer Spicknadel und einem spitzen Messer arbeiten

Aus der Schale mit einem Löffel das rosarote Corail und all das weiche, besonders köstliche Eiweiß holen, das während des Kochens ausgetreten ist. Auf die Galle achten und die zähen Häute aussondern

Den geleerten Panzer von den Häuten und dem Kopfteil befreien, sorgfältig auswaschen und abtrocknen – er ist nun zum Füllen bereit. Das ausgelöste Fleisch wie in den Rezepten unten und auf den folgenden Seiten angegeben verwenden

den Topf vom Feuer ziehen und die Krebse darin in mehreren Stunden zugedeckt langsam abkühlen lassen. So bleiben sie schön saftig.
Von den Tomaten eine Kuppe wegschneiden, das Innere herauslösen und beides anderweitig verwenden oder wegwerfen.
Zubereiten: Das Krebsfleisch auslösen, wie in den Bildern gezeigt. Die Zutaten für die Füllung putzen, im Mixer oder in der Küchenmaschine zu einer fast glatten Paste mixen. In einer Schüssel gründlich mit dem Krebsfleisch vermischen, kräftig abschmecken und in die vorbereiteten Panzer füllen. Nur leicht aufhäufen – was nicht hineinpaßt, in die ausgehöhlten Tomaten geben.
Die Taschenkrebse in eine feuerfeste Form oder auf das Backblech setzen – eventuell in Salzhäufchen, damit sie nicht umkippen. In den auf 200 Grad vorgeheizten Ofen schieben und 30 bis 40 Minuten (je nach Größe) backen. Erst nach einer Viertelstunde auch die Tomaten in den Ofen legen – sie sind natürlich schneller gar.
Servieren: Auf einem Bett von Salatblättern anrichten und mit Minze bestreuen.
Dazu paßt nach europäischer Art Toast- oder geröstetes Weißbrot, nach asiatischer frisch fritiertes Krabbenbrot (Kroepoek). Als Getränk kräftiger, nicht zu aromatischer Weißwein (Weißburgunder), säurebetonter Weißherbst oder kühl zu trinkender Rotwein, etwa junger Spätburgunder aus Baden.

TASCHENKREBSSALAT
MIT GURKE (Bild links)

Zutaten für vier bis sechs Personen:
2 gekochte und ausgelöste Taschenkrebse (siehe Rezept und Bilder Seite 148/149),
1 große, feste Salatgurke, 2 EL Öl,
je 1 rote und gelbe Paprikaschote,
4 Schalotten oder eine mittlere Zwiebel,
1 Handvoll zarte Borretschblätter,
möglichst auch ein paar Blüten
Salatsauce: 1 große, saftige Zitrone,
1 EL Balsamico-Essig, 2 EL Fischsauce,
4 EL geschmacksneutrales Öl

Vorbereiten: Taschenkrebse kochen und auslösen und zimmerwarm bereitstellen. Die Gurke in feine Scheiben hobeln und damit eine große, mit Öl bepinselte Platte auslegen; die Gurken ebenfalls mit Öl einpinseln und bis zum Gebrauch mit Klarsichtfolie bespannt kühl stellen. Die Paprikaschoten würfeln – die Haut mit dem Sparschäler zuvor dünn abschälen (das macht zwar ein wenig Arbeit, aber die Würfel sind dann angenehmer zu essen und zu verdauen). Aus Zitronensaft und den anderen Zutaten eine Sauce rühren.
Fertigstellen: Erst unmittelbar vor dem Anrichten Schalotten oder Zwiebeln in dünne Ringe oder Spalten und die Borretschblätter in Streifen schneiden.
Taschenkrebsfleisch, Paprikawürfel, Schalotten und Borretsch mit zwei Dritteln der Sauce umwenden und in die Mitte der Gurken häufen. Mit der restlichen Sauce die Gurken beträufeln, mit Borretschblüten bestreuen und sofort servieren.

KALTER TASCHENKREBS
MIT TONGUPILZEN (Bild oben)

Vorspeise für zwei Personen:
1 gekochter und ausgelöster Taschenkrebs (siehe Seite 148/149),
50 g in schräge Scheibchen geschnittene Schwertbohnen, Salz, 2 Tongupilze,
1 Chilischote, 1 Frühlingszwiebel,
die Herzblätter eines Kopfsalats,
wenn vorhanden: Blüten von Kapuzinerkresse und chinesischem Schnittlauch
Marinade: 2 EL Limonensaft, 1 TL Sesamöl,
1 TL Soja-Sauce, 2 EL neutrales Öl, Salz,
1 bis 2 TL brauner Rum (vorzugsweise der hocharomatische aus Martinique)

Vorbereiten: Das Taschenkrebsfleisch auslösen und zimmerwarm stellen. Die Schwertbohnen in Salzwasser eine Minute blanchieren, dann eiskalt abschrecken und gut abtropfen lassen. Tongupilze mit kochendem Wasser übergießen und eine halbe Stunde lang einweichen, Stiele entfernen, Hüte in Streifen schneiden. Chilischote entkernen und wie die Frühlingszwiebel in Ringe schneiden. Salatblätter und Blüten waschen. Aus den angegebenen Zutaten eine duftende, cremige Marinade rühren.
Fertigstellen: Mit den trockengeschleuderten Salatblättern eine Platte auslegen. Krebsfleisch mit den vorbereiteten Zutaten und der Marinade umwenden, auf die Salatblätter häufen und mit den Blüten dekorieren. Man wickelt sich zum Essen bissenweise jeweils ein Häufchen von dem Krebssalat und eine Blüte in ein Salatblatt.

GARNELEN ZUM EINWICKELN

Man kennt so unendlich viele verschiedene Garnelenarten, daß sich selbst Fachleute manchmal um die richtige Bezeichnung streiten. Beschränken wir uns deshalb lieber auf die korrekte Zubereitung

GARNELEN MIT GEFÜLLTEM SHISOBLATT

Die beliebten Krustentiere auf zweierlei Art: Einmal als chinesisch inspirierte Farce in ein japanisches, würziges Blatt gepackt oder, sozusagen als Garnitur, ganze Garnelen, einfach rasch pfannengerührt und asiatisch parfümiert. Eine Vorspeise, die sich bestens vorbereiten und dann vor dem Servieren schnell fertigstellen läßt – sich also auch in einem großen Menü für viele Gäste eignet.

Für sechs Personen:
12 Shisoblätter (siehe nächste Seite),
9 große Garnelenschwänze,
½ TL Speisestärke,
2 EL neutrales Öl, 1 EL Sesamöl,
je eine Prise Salz, Pfeffer und Zucker,
2 EL Sherry, 1 EL Soja-Sauce,
Korianderblätter
Garnelenfarce: 3 Tongupilze,
300 g rohe Garnelenschwänze,
50 g grüner, fetter Speck,
½ TL Salz, Pfeffer, 1 TL Zucker,
1 TL Speisestärke, 1 TL Sesamöl,
1 Frühlingszwiebel

Vorbereiten: Für die Garnelenfarce die Pilze mit kochendem Wasser überbrühen, einweichen, schließlich den Stiel entfernen, die Hüte kleinwürfeln. Die Garnelenschwänze aus ihrer Schale lösen, entdärmen (siehe nächste Seite). Den Speck kleinschneiden.
Pilze, Garnelen, Speck und Gewürze im elektrischen Zerhacker kurz mixen, dabei nicht richtig pürieren – es sollen noch Stückchen in

Fortsetzung auf der nächsten Seite

Garnelen mag jeder. Und man kann sie immer tiefgekühlt im Vorrat haben. Wichtig ist nur: auf allerbeste Qualität achten und immer rohe Garnelen kaufen! So hat man stets die Basis für ein eindrucksvolles Essen zur Hand, das obendrein schnell und ohne viel Mühe auf den Tisch zu bringen ist

Ob Garnelen, Prawns oder Shrimps – wichtig ist, daß sie roh und von guter Qualität sind

Zunächst wird das Schwanzfleisch aus der dünnen Schale gebrochen

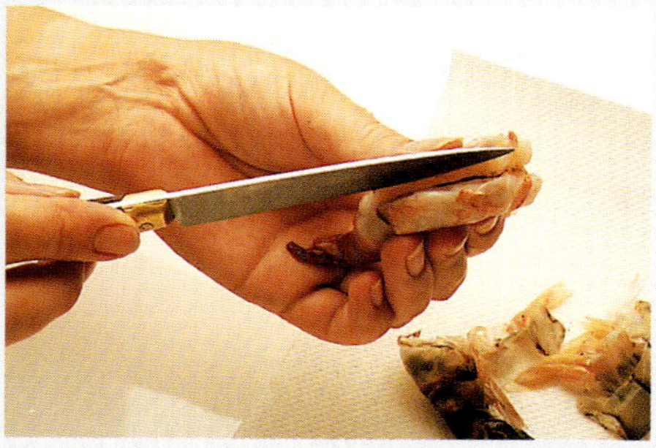

Den Garnelenschwanz mit einem Messer den Rücken längs aufschlitzen

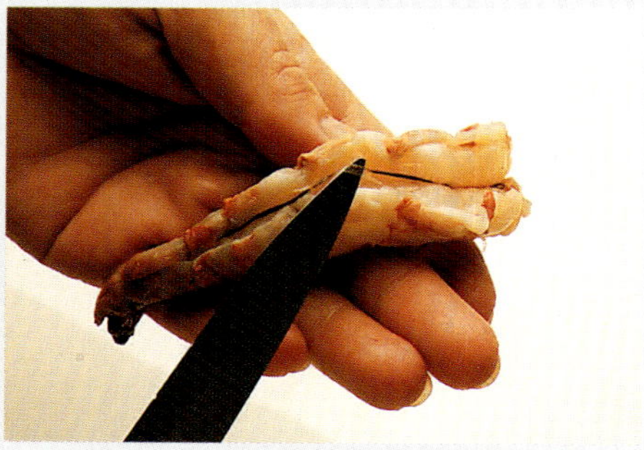

Der dunkle Darm, der nunmehr freiliegt, läßt sich jetzt ganz leicht herausziehen

KRÄFTIGE WEISSWEINE AUS DEUTSCHLAND
In Deutschland gibt es nur zwei Möglichkeiten, alkoholreiche und ausdrucksvolle Weine als Begleiter zu gehaltvollen, aromatischen Gerichten zu erzeugen: Spät- und Auslesen trocken ausbauen oder den Most mit Zucker anreichern, chaptalisieren, wie in Frankreich. Da die Säure sich in den Trauben bei zunehmender Reife abbaut, bringt ersteres Verfahren meist breite, langweilige Weine – Ausnahmen bestätigen die Regel. Franz Keller, Oberbergen, hat als erster den zweiten Weg beschritten: hochwertigen Most chaptalisiert und zusätzlich im Barrique ausgebaut – dem neuen kleinen Eichenfaß, das dem Wein einen Holzton, Aromadichte und Reife gibt. Nachteil dieser Methode: Der Wein muß als Tafelwein deklariert werden, als unterste Qualitätsstufe, obwohl er Spitzenklasse ist. Inzwischen beschreiten einige der besten deutschen Winzer – mit dem größten Erfolg Armin Diel in Burg Layen – diesen Weg, und es gibt endlich eine immer größere und interessantere Auswahl von deutschen Weinen, die auch für würzige Speisen die richtigen Begleiter sind.

der Farce spürbar sein. Erst dann die in feine Ringe geschnittene Frühlingszwiebel untermischen und abschmecken.
Diese Farce in die Shisoblätter packen: Dafür zunächst mit einem scharfen Messer oder, besser noch, mit einer Schere den Stiel vorsichtig herausschneiden – das Blatt ist so dünn, daß es leicht einreißt. Um den dabei entstehenden Schlitz zu schließen, die beiden Teile übereinanderlegen. Auf diese Stelle jeweils einen Löffel Farce setzen, die Seiten darüberschlagen, das Blatt aufrollen, so daß die Blattspitze den Verschluß bildet.
Die Päckchen mit Folie zugedeckt kalt stellen, bis serviert werden soll.
Die großen Garnelenschwänze aus der Schale pellen und entdärmen, sie dabei längs halbieren. Mit Stärke einreiben und zugedeckt ebenfalls kalt stellen.
Zubereiten: Die gefüllten Shisoblattpäckchen nebeneinander auf eine mit Sesamöl eingepinselte Unterlage in ein Dämpfkörbchen setzen und fünf bis acht Minuten im zirkulierenden Dampf garen.
Im Wok beide Ölsorten rauchend heiß werden lassen, die Garnelen darin rasch und unter ständigem Rühren eine Minute braten, bis sie ihre rohe Farbe verloren haben, salzen, pfeffern und mit Zucker würzen. Mit Sherry und Sojasauce ablöschen. Einmal aufkochen, vom Feuer ziehen und erst jetzt reichlich zerzupfte Korianderblättchen darüberstreuen.
Servieren: Als Hauptgericht jeweils zwei Shisopäckchen auf einem Teller anrichten, drei Garnelenhälften daneben setzen und mit etwas Saft aus dem Wok beträufeln. Soll es nur eine Vorspeise sein, genügt etwa die Hälfte pro Portion.
Varianten: Statt des Shisoblatts kann man natürlich auch alle möglichen anderen Blätter zum Einpacken verwenden: Je nach Jahreszeit zum Beispiel **Spinat** (der stabile, feste Winter- oder Freilandspinat ist besser geeignet als der zarte aus dem Treibhaus), **Mangold** (in diesem Fall die Stiele schräg in Streifen schneiden und zusammen mit den Garnelenhälften pfannenrühren – so wird aus der Vorspeise ein ganzes Hauptgericht), zarter **Sommerwirsing**, der noch mild und angenehm zurückhaltend im Geschmack ist, die Blätter von **Kohlrabi**, **Roter Bete** oder eines **festen Kopfsalats.** Die Blätter mit fester Struktur sollten zuvor blanchiert, also für eine Minute in kochendes Wasser geworfen und anschließend eiskalt abgeschreckt werden, damit ihre Farbe leuchtend bleibt. Bei den zarteren Spinat- oder Salatblättern genügt es, sie nur kurz in heißes Wasser zu tauchen, damit sie ihre Sprödigkeit verlieren und sich besser wickeln lassen, ohne zu brechen.

CHINESISCHE PILZE
Getrocknete Pilze schmecken erheblich intensiver als frische. Deshalb werden sie in der chinesischen Küche nicht als Ersatz verwendet, sondern gezielt eingesetzt. Man kann sie bei uns in Asienläden problemlos kaufen: die schwarzen Wolkenohr- oder Mu-Err-Pilze, auch chinesische Morcheln genannt; großhütige Tongupilze (japanisch: Shijtake), die von um so besserer Qualität sind, je dicker ihre Hüte und je deutlicher das Craquelé darauf; kleine sowie große weiße Morcheln.

SHISO-BLÄTTER
Die Blätter eines japanischen Strauches, eben des Shisostrauches. Es gibt leuchtend grüne, die in Japan frisch verwendet werden, als Würzkraut, als Dekoration, als Hülle für verschiedene Füllungen. Und jene lilafarbenen Blätter, die meistens eingesalzen milchsauer vergoren (wie unser Sauerkraut oder die sauren Gurken) und dadurch haltbar gemacht werden. Ihr intensiver Eigengeschmack paßt gut zu Krustentieren, aber auch zu Lachs oder Forelle. In Japanläden.

TEIGTÄSCHCHEN MIT GARNELENFARCE (ohne Bild)

Kleine Beutelchen aus Nudelteig, gefüllt mit der Garnelenfarce aus dem vorigen Rezept, sind eine originelle Vorspeise. Die Idee stammt aus der chinesischen Küche: Im Süden, vor allem in Kanton und natürlich in Hongkong, liebt man *Dim Sum,* darunter versteht man solche kleinen Täschchen, Klößchen und andere Leckerbissen. Sie werden meist im Dampf gegart und am liebsten zum Frühstück oder Mittagsimbiß verspeist.

Für vier bis sechs Personen:
Garnelenfarce wie im Rezept auf Seite 153 angegeben, 100 g Bambussprossen
Außerdem: 200 g Nudelteig (Seite 83), Eiweiß und Sesamöl zum Einpinseln, Koriandergrün

Vorbereiten: Die Garnelenfarce ebenso zubereiten, wie im Rezept beschrieben, jedoch die Bambussprossen mitmixen, damit auch sie kleingehackt, aber nicht zermust werden.
Den Nudelteig zwischen den glatten Walzen der Nudelmaschine zu hauchdünnen Bändern auswellen, daraus Teigflecken von etwa zehn Zentimeter Kantenlänge schneiden.
Sie jeweils mit Eiweiß einpinseln, in die Mitte einen Teelöffel Füllung setzen, den Teig darüber hochschlagen und lose zusammenfassen, nicht vollkommen verschließen, sondern eher ein oben offenes Beutelchen formen. Dank des Eiweiß bleibt alles schön aneinander haften. Jeweils ein Korianderblättchen in die Öffnung setzen.
Zubereiten: Die Teigbeutelchen nebeneinander auf eine mit Sesamöl bepinselte gelochte Platte oder in ein Dämpfkörbchen aus Bambus (siehe Seite 147) setzen und etwa acht bis zehn Minuten dämpfen.
Servieren: Sofort dampfend heiß zu Tisch bringen. Dazu in kleinen Schälchen Chilisauce (siehe Seite 177) und Soja-Sauce reichen, damit sich jeder Gast seine Täschchen nach Gusto würzen kann.
Stilecht ißt man in diesem Fall mit Stäbchen, was jedoch einige Geschicklichkeit erfordert, weil die Päckchen leicht davon abrutschen.

GARNELEN IM REISBLATT (ohne Bild)

Marinierte Garnelen, eingewickelt in ein Reisblatt (wie auf den Seiten 126/127 gezeigt) und schließlich schwimmend in heißem Öl ausgebacken, sehen hübsch aus, schmecken köstlich und sind ein herrliches Häppchen zum Apéritif-Champagne

Für zehn Personen:
20 bis 30 runde Reispapierblätter (Ø ca. 14 cm), 400 g Garnelenschwänze, ½ TL Speisestärke, 2 EL Soja-Sauce, 1 TL Sesamöl, reichlich Koriandergrün, Eiweiß zum Kleben, Öl zum Ausbacken

Vorbereiten: Die Reispapierblätter wie auf Seite 126 beschrieben einweichen.
Die Garnelen schälen, entdärmen, längs halbieren, große Exemplare ruhig auch vierteln oder sogar in noch kleinere Stücke schneiden. Mit Stärke einreiben, mit Soja-Sauce und Sesamöl mischen und zugedeckt im Kühlschrank 30 Minuten oder länger marinieren.
Zubereiten: Jeweils einige Korianderblätter in die Mitte eines Reispapierblatts betten, darauf ein Stück Garnele packen, das Reispapier rechts und links darüberschlagen und schließlich aufrollen. Die Päckchen mit Eiweiß zukleben. In heißem Öl schwimmend golden ausbacken.
Servieren: Auf Küchenpapier gut abtropfen. Die Röllchen auf einem Bett von Salatblättern angerichtet zum Aus-der-Hand-Essen anbieten. Servietten nicht vergessen!
Tip: Statt des Reispapiers oder Nudelteig kann man hierfür auch gut pâte à brick (Seite 172) oder auch die türkischen Börek-Teigblätter (Seite 94) verwenden.

MEERESGRUND UND WALDBODEN

Weiße und schwarze China-Morcheln, grüner, großblättriger Kohl und rosa Garnelen – welche Kombination!

PFANNENGERÜHRTE GARNELEN

Wenn alle Vorbereitungen erledigt sind, ist das eigentliche Kochen im Handumdrehen geschehen. Statt des fast süßen großblättrigen Kohls (siehe Seite 132) kann man auch Wirsing, Broccoli (mit den Blättern!) oder Pak Soi verwenden.

Für vier Personen:
je 3 EL schwarze und weiße chinesische Morcheln (siehe Seite 155),
250 g ausgelöste Garnelen, 1 TL Stärke,
1 TL Sesamöl, 1 TL Soja-Sauce
Außerdem: 2 EL neutrales Öl,
1 TL Sesamöl, je 1 TL feingehackter Ingwer und Knoblauch, Salz,
2 Handvoll Kohlblätter in Streifen,
1 EL Soja-Sauce, 2 EL Sherry,
1 EL Hühnerbrühe, Zucker

Vorbereiten: Die Pilze einweichen. Die Garnelen längs halbieren, mit Stärke einreiben, in Soja-Sauce und Sesamöl marinieren.
Zubereiten: Im heißen Öl die Garnelen rasch rosa braten, dabei mit Ingwer und Knoblauch bestreuen und salzen. Herausheben, statt dessen die abgetropften Pilze und die Kohlblätter zufügen. Rasch unter Rühren braten, Soja-Sauce, Sherry und Brühe angießen. Garnelen wieder zufügen, unter Rühren aufkochen, mit Zucker abschmecken und mit Reis servieren.

TINTENFISCH: GEFÜLLT UND HERRLICH ZART

Tintenfisch kennen viele nur als jene fritierten Ringe aus dem italienischen Restaurant. Merkwürdigerweise erfreuen sie sich trotz meist gummiartiger Konsistenz größter Beliebtheit. Dabei ist es kein Naturgesetz, daß Tintenfisch zäh zu sein hat. Zwei Rezepte: Chinesisch gebraten (links) und mit einer würzigen Kalbfleischfarce gefüllt

TINTENFISCH

Kalmar ist die korrekte Bezeichnung. Man kann sie ohne Schwierigkeiten in guten Fischgeschäften finden. Manchmal ist ihre lila-graue dünne Haut, die den ganzen Körperbeutel überzieht, bereits entfernt. Dann sind sie schneeweiß und wirken wie aus Plastik – meistens waren solchermaßen vorbereitete Kalmare eingefroren; es müßte auf einem Schild vermerkt sein, fragen Sie danach, wenn das nicht der Fall ist. Kalmare vertragen es zwar ganz gut, eingefroren zu werden, allerdings fehlen ihnen dann meistens die Fangarme. Und das ist schade, weil sie nicht nur gut schmecken, sondern auch im fertigen Gericht so hübsch aussehen.
Aus Italien kommen manchmal die winzigen Tintenfischchen, *moscardini* genannt, oder *novellini*. Sie sind besonders zart und brauchen nur ganz kurz im heißen Öl angebraten zu werden. Unbedingt zugreifen, wenn sie mal irgendwo angeboten werden!
Übrigens: Wie man vermeiden kann, daß die großen Tintenfische zäh werden, dafür kennt die chinesische Küche einen Trick. Die Beutel, wie nebenan gezeigt, vorbereiten und putzen, schließlich in streichholzschachtelgroße Stücke schneiden. Die Innenseite dieser Stücke mit einem scharfen Messer zuerst längs, dann um 90 Grad versetzt quer, mit eng nebeneinander gesetzten parallelen Schnitten einkerben. Wenn nötig, die an der Innenseite sitzende, dünne Haut entfernen. (Man muß das nicht bei allen Sorten; wenn die Haut sich fast von selbst löst, sollte man sie abziehen.) Die so vorbereiteten Tintenfischstücke werden sich nach dem Braten nach außen wölben und auf der Innenseite ein hübsches Karomuster tragen. (Auf dem Bild, Seite 158, kann man das genau erkennen.) Und sie sind so zart, daß es ein Vergnügen ist, sie zu verspeisen.

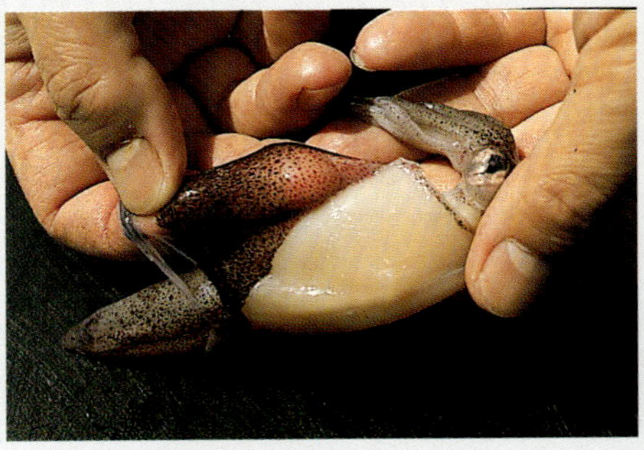

Die durchscheinend dünne lila Haut mit den schwarzen Flecken sitzt nur lose auf dem Körperbeutel und läßt sich einfach abziehen

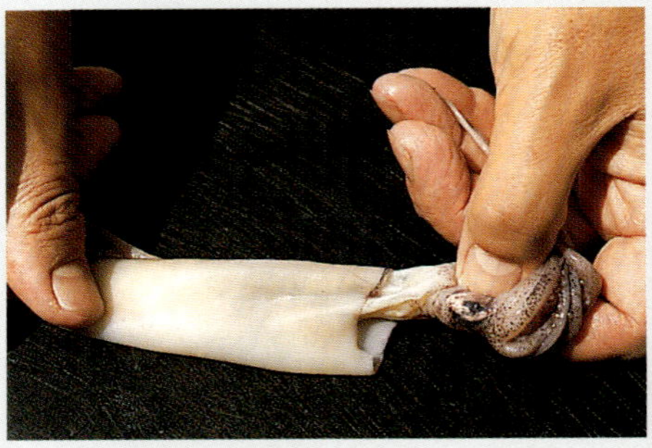

Dann die Tentakel (die Fangarme) packen und vorsichtig, zusammen mit dem hier glasigen, bei älteren Kalmaren weißen Knochen herausziehen

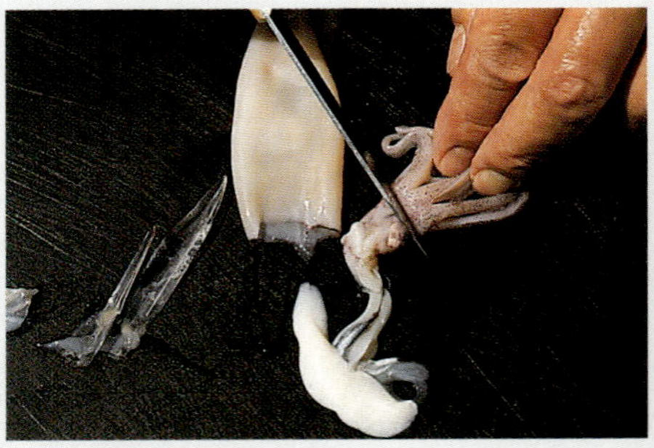

Die Tentakel genau über den Augen vom Kopf schneiden. Ihn mit den Innereien und dem Innenknochen wegwerfen. Die Tentakel und den Beutel waschen

PFANNENGERÜHRTE TINTENFISCHE MIT LAUCH, MELISSE UND CHILI

Besonders hübsch sieht das Gericht natürlich mit den kleinen Tintenfischchen aus (wie auf dem Bild Seite 158 zu sehen), deren längste Fangarme nicht größer sind, als eben fingerlang – abgesehen davon, daß gerade die kleinen Tentakel natürlich am besten schmecken! Sie haben angenehmen Biß und sind zart zugleich.

Für vier Personen:
ca. 700 g Tintenfische,
1 Stengel Zitronengras, 2 Knoblauchzehen,
1 Scheibe Ingwer (ca. 2 cm dick),
2 schlanke Lauchstangen,
2 frische, rote Chilischoten
2 Würzzitronenblätter,
2 EL neutrales Öl, 1 TL Sesamöl,
Salz, Pfeffer,
2 EL Soja-Sauce, 2 EL Fischsauce,
2 EL Brühe, Zucker,
2–3 Stengel Zitronenmelisse oder Korianderblätter

Vorbereiten: Die Tintenfische wie oben beschrieben putzen, in Stücke schneiden und kreuzweise einschneiden.
Das Weiße des Zitronengrases in feine Ringe schneiden. Knoblauch und Ingwer sehr fein hacken. Den Lauch putzen, schräg in zentimeterbreite Scheiben schneiden. Die Chilis entkernen und würfeln. Die Zitronenblätter in schmale Streifen hacken.
Zubereiten: Beide Ölsorten im Wok rauchend heiß werden lassen, die vorbereiteten, gut abgetrockneten Tintenfischstücke zufügen, mit etwas Ingwer, Knoblauch und Chili

bestreuen, salzen und pfeffern. Unter raschem Rühren eine Minute braten, bis die Stücke braune Bratstellen zeigen. Herausheben und beiseite stellen. Den Lauch mit den restlichen Gewürzen zufügen, eine Minute braten, bevor mit Soja-Sauce, Fischsauce und Brühe angegossen wird. Aufkochen, abschmecken und die Kräuter einschwenken.
Servieren: Als ein Gericht unter mehreren innerhalb eines chinesischen Menüs, als Zwischengang oder als Vorspeise reichen. Passende Beilage ist gekochter Reis, delikater Duftreis oder aromatischer Basmati.

GEFÜLLTE TINTENFISCHE UND ZUCCHINIBLÜTEN

Die Zutaten für die Füllung müssen eiskalt sein, also unmittelbar aus dem Kühlschrank kommen, sonst erhitzen sie sich zu sehr beim Mixen – das macht die Farce wattig. Übrigens kann man sie auch in Nudelteigflekken packen und wie Ravioli pochieren; sie sind dann hübsch als Einlage in einer klaren, thaiwürzigen Hühnerbrühe (Seite 70) oder lassen sich mit einer kräftigen Currysauce (Seite 81) als Zwischengericht servieren.

Für vier Personen:
ca. 700 g (möglichst kleine) Tintenfische,
4 Zucchiniblüten mitsamt kleinen Zucchini,
3 EL neutrales Öl, Korianderblätter
Füllung: 100 g Kalbfleisch,
100 g Crème fraîche, ½ Eiweiß,
4–5 Stengel glattblättrige Petersilie,
2 TL Sojasauce, Salz, Pfeffer, Muskat,
etwas abgeriebene Zitronenschale

Vorbereiten: Die Tintenfische, wie links gezeigt, säubern und ausnehmen – prüfen, ob sich die Innenhaut ablösen läßt und sie eventuell entfernen. Falls das nicht gelingt, mit einem Messer die Innenseite ein paar Mal einritzen – sonst zieht sie sich später, beim Braten, zusammen und drückt die gesamte Füllung heraus.
Die Zucchiniblüten ausschütteln und, wenn nötig, vom Stempel befreien.
Die Zutaten für die Füllung in den elektrischen Zerhacker füllen und glatt mixen. Die Farce mit Sojasauce, Salz, Pfeffer, Muskat und Zitronenschale sehr kräftig abschmecken. In einen Spritzbeutel mit mittlerer Lochtülle füllen und die Farce damit in die vorbereiteten Tintenfische und in die Zucchiniblüten spritzen. (Wer keinen Spritzbeutel hat, füllt die Farce in einen kleinen Plastik- oder Gefrierbeutel und schneidet eine Ecke schräg ab. Nur mit einem solchen Beutel läßt sich die Farce mit Anstand einfüllen, mit einem Löffel bleibt die Hälfte draußen!)
Dabei genügend Platz lassen: Die Füllung geht in der Hitze etwa um die Hälfte auf! Bis zu diesem Moment läßt sich alles wunderbar schon am Morgen vorbereiten. Mit Folie sorgfältig abgedeckt kalt stellen, bis am Abend serviert werden soll.
Zubereiten: Die gefüllten Tintenfische und Zucchini im heißen Öl in einer großen Pfanne bei sanfter Hitze langsam etwa eine Viertelstunde braten, bis sie rundum goldbraun geworden sind und sich durch die aufgegangene Füllung prall aufwölben. Die Tentakel erst nach fünf Minuten in die Pfanne geben und mitbraten. Zum Schluß großzügig Koriandergrün darüberstreuen.
Tip: Die Zucchini behalten ihre leuchtendgrüne Farbe, wenn man sie nicht brät, sondern dämpft. Dafür auf einem mit Öl bepinselten Teller über heißen Dampf im verschlossenen Topf, je nach Dicke und Größe, etwa 15–20 Minuten garen.
Servieren: Auf Tellern dekorativ anrichten; dazu paßt Reis.

ZUCCHINIBLÜTEN

Die strahlend gelben Blüten sind in Frankreich und in Italien ein sehr begehrtes, aber völlig normales Gemüse. Bei uns ist es nahezu unmöglich, sie zu bekommen. Das ist um so unbegreiflicher, als im Sommer die Zucchini ja durchaus aus hiesigem Anbau stammen und selbstverständlich ganz genauso Blüten tragen. Die Gärtner wollen nicht glauben, daß ihre Pflanzen es durchaus nicht übelnehmen, wenn man sie eines Teils der Blüten beraubt. Zumal die Stöcke über zwei Sorten davon verfügen (siehe dazu auch Seite 106): männliche und die weiblichen, die sich im Unterschied zu ersteren an der Spitze eines kleinen Zucchino entfalten. Die kleinen Zucchini mit der Blüte könnten als teuer bezahlte Delikatesse angeboten werden, teurer noch als die männlichen Blüten, die wie eine Blume am Stiel wachsen. (Auf dem Bild oben im Vordergrund zu sehen.) Aber die Gärtner sind ja leider auch uneinsichtig, was die Größe von Zucchini angeht. Sie sind auf armdicke Exemplare besonders stolz, obwohl sie doch eben daumendick bis höchstens bananengroß am besten sind!
Die Blüten welken rasch und schließen sich, sobald man sie vom Stock gebrochen hat. Deshalb muß man sie behutsam öffnen und gründlich ausschütteln, manchmal haben sich darin kleine Käfer versteckt. Männliche Blüten verfügen innen über einen dicken, wattigen Stempel, ihn sollte man herausknipsen. Die kleine Frucht der weiblichen Blüte wird längs einige Male eingeschnitten, damit beides gleiche Garzeit hat. Zucchiniblüten, mit einer Farce gefüllt, gedämpft oder fritiert, mit einer Vinaigrette oder Sauce aus rohen Tomaten, sind eine herrliche Vorspeise. Gut schmecken sie auch in Teig getaucht und in heißem Öl knusprig ausgebacken.

SCHNECKEN UND KRABBEN

Krabben kennt jeder, lieben alle. Aber Schnecken, gar solche aus dem Meer, wirken doch sehr geheimnisvoll – deshalb trauen sich viele nicht so recht dran. Nur Mut! Sie machen in der Küche keine Mühe, aber bei Ihren Gästen garantiert Eindruck! Tips und Rezepte auf der nächsten Seite

BULOTS, BIGORNEAUX UND NORDSEEKRABBEN MIT SCHARFER INGWERMAYONNAISE

Eine Vorspeise, die Ihren Gästen garantiert viel Spaß machen wird und der vielleicht nur noch ein schlichtes, herzhaftes Hauptgericht folgen muß, um das Menü vollwertig zu machen: Einfach die gesottenen Schnecken und die ungepulten Krabben in getrennten Schüsseln auf den Tisch stellen. Dazu reichlich scharfe Ingwermayonnaise reichen, die man ebenso gern auch pur, mit einem Stückchen Weißbrot nascht – deshalb für ausreichend knusprig frisches Baguette sorgen. Mit einem leichten spritzigen Weißwein oder Rosé, etwa von der Côte d'Azur, ein herrliches Essen für einen linden Sommerabend, das auch in unsere Breiten den mediterranen Duft von Ferien bringt.

Für vier bis sechs Personen:
1 kg Bigorneaux, Salz, 1 EL Pfefferkörner,
500 g ungepulte Nordseekrabben,
1 kg Bulots, 1 Möhre, 1 Lauchstange,
1 mittelgroße Zwiebel,
3–4 Knoblauchzehen,
1 Ingwerscheibe von 2 cm,
1 kleine Handvoll Sellerieblätter,
3–4 Chilischoten,
jeweils 6 Piment- und Pfefferkörner
Mayonnaise: 2 Knoblauchzehen,
1 zentimeterdicke Ingwerscheibe,
2 frische, rote Chilischoten,
1 ganzes Ei, 1 Eigelb,
0,2 l neutrales Öl,
Salz, Pfeffer, Soja-Sauce, Zitronensaft

Vorbereiten: Bigorneaux mehrmals in immer wieder frischem Wasser abspülen, dann in stark gesalzenes (Meerwasserstärke, das sind etwa 2 Eßlöffel pro Liter!) eben aufwallendes Wasser werfen. Pfefferkörner zufügen. Zwei bis drei Minuten auf kleinem Feuer köcheln, bevor man den Topf vom Feuer zieht und die Schnecken im langsam abkühlenden Sud etwa noch so lange ziehen läßt, bis man sie bequem berühren kann, ohne sich die Finger zu verbrühen.
Die Krabben abspülen und gut abtropfen lassen. Für die Bulots zunächst einen Sud kochen: Die Möhre längs in feine Scheiben hobeln, den Lauch und die Zwiebel quer in ebenso schmale Ringe schneiden. Knoblauch und Ingwer fein hacken, mit dem Gemüse, den Sellerieblättern, Chilischoten und Gewürzkörnern in einem großen Topf mit knapp zwei Litern Wasser zehn Minuten durchkochen, bevor die gründlich abgebürsteten Schnecken zugefügt werden. Auf mittlerem Feuer eine gute halbe Stunde köcheln. Schließlich den Topf ebenfalls vom Herd ziehen, die Schnecken im Sud auf Handwärme abkühlen lassen.
Für die Ingwermayonnaise Knoblauch und Ingwer schälen, grob hacken. Die Chilies entkernen und vom Stiel befreien.
Zubereiten: Das ganze Ei und das Eigelb mit den übrigen Zutaten für die Mayonnaise (ohne das Öl) im Mixer zunächst sekundenlang aufschlagen, um die festen Bestandteile zu pürieren. Dann langsam das Öl in den laufenden Mixer fließen lassen, bis eine dicke, cremige Mayonnaise entstanden ist, die jedoch dank des mitgemixten Eiweiß besonders leicht ist und schaumig wirkt. Mit Salz, Pfeffer, Soja-Sauce und reichlich Zitronensaft abschmecken.
Servieren: Die verschiedenen Schnecken noch warm, die Krabben und Mayonnaise kalt zu Tisch bringen. Um an das Fleisch der kleinen Bigorneaux zu gelangen, als »Besteck« jedem Gast eine Stecknadel zum Gedeck legen, mit deren Hilfe er zuerst das dünne schwarze Plättchen entfernen kann, das das Gehäuse verschließt, und dann das Fleisch herauszieht. Um das Fleisch der größeren Bulots auszulösen, bedarf es allerdings eines stabileren Bestecks: am besten ist eine Hummergabel mit Widerhaken geeignet. Die Krabben pult man natürlich mit der Hand. Deshalb Fingerschalen und große Servietten zum Abtrocknen nicht vergessen!

BIGORNEAUX
Unter diesem französischen Namen sind die kleinen schwarzen Strandschnecken auch bei uns bekannt. Man kann sie zwar leider nicht sehr häufig finden, höchstens mal in gutsortierten Fischfeinkostläden. Aber wenn sie angeboten werden, nicht als »Gemeine Strand- oder Uferschnecke«, wie ihr deutscher Name wenig lockend lautet, sondern eben als *Bigorneaux*. Übrigens kann man sie tatsächlich überall an den Küsten finden, nicht nur am Mittelmeer, sondern auch an deutschen Stränden – wieder mal bezeichnend, daß sie niemals von dort auf unsere Märkte gelangen, sondern aus Frankreich oder Italien importiert werden müssen. Dabei sind sie ein ebenso wohlschmeckendes wie kurzweiliges Vergnügen: Eine Schüssel davon auf den Tisch und die Gäste pulen sich die Schnecken mit Hilfe einer Stecknadel selbst aus dem Häuschen. Ein kulinarischer Zeitvertreib, der nicht mal teuer ist.

MIESMUSCHELN IM ANISWÜRZIGEN SUD (Bild Seite 166/167)

Der Name klingt eher uncharmant, dabei hat die Vorsilbe gar nichts mit mies/schlecht zu tun. Sondern vielmehr mit *Moos,* womit jene fiedrigen Fäden (Byssus) gemeint sind, mit denen sich Muscheln an Pfählen (deshalb nennt man sie übrigens auch Pfahlmuscheln), Steinen oder anderen Unterlagen festhalten.
Miesmuscheln gehören zu den Meeresfrüchten, die hierzulande nicht als exotisch gelten. Im Rheinland haben sie sogar Tradition, was um so verwunderlicher ist, als es schließlich nicht gerade unmittelbar an der Küste gelegen ist.
Miesmuscheln machen nicht viel Arbeit, sind

BULOTS
Auch sie haben natürlich einen deutschen Namen, den aber kaum einer kennt: *Wellhornschnecken.* Sie sind in Frankreich hochgeschätzt und gelten als leicht verfügbare und deshalb erfreulich preiswerte Delikatesse. In Deutschland eine Rarität, obwohl – wen überrascht das noch? – auch in der Nordsee heimisch. Die beste Zubereitung ist zugleich auch die einfachste: Man läßt die Schnecken in einem würzigen Sud ziehen und pult sie sich anschließend mit einer Hummergabel oder einem anderen spitzen Gegenstand aus dem hübschen Gehäuse. Mancherorts liebt man das Fleisch ausgelöst, in Suppen oder Ragouts, oder in Teig getaucht und ausgebacken.

KRABBEN
Endlich mal ein Meerestier, das auch im eigenen Land etwas gilt: Die *Nordseekrabbe,* richtiger *Nordseegarnele* oder *Granat.* Sie werden in Netzen von vergleichsweise kleinen Kuttern aus gefischt und zwecks besserer Haltbarkeit sofort an Bord abgekocht, leider oft zusätzlich mit Benzoesäure konserviert. Das rosa Fleisch aus den graugetupften Schalen zu lösen, ist eine mühsame Arbeit, die auch heute noch, selbst für kommerziellen Verkauf, von Hand geschehen muß. Deshalb sind gepulte Krabben nicht ganz billig. Allerdings kann das »Krabben-Pulen« durchaus auch eine vergnügliche Beschäftigung sein, wenn man es in fröhlicher Gästerunde tut.

billig, und sie zu verspeisen ist ein geselliges Vergnügen. Gründe genug, ab und zu zum Muschelessen einzuladen. Man rechnet pro Person ein Kilo Muscheln, als sättigendes Hauptgericht – soll es nur eine Vorspeise sein, genügt die Hälfte. Sie müssen gründlich gebürstet und von ihrem »Bart« befreit werden. Das sind jene haarigen Fäden, die sich jedoch, mit einem Messer zwischen Schneide und Daumen gepackt, leicht herausziehen lassen. Anschließend sollte man die Muscheln in mehrmals gewechseltem Wasser durchspülen und sie sich entsanden lassen. Übrigens: Die Muscheln müssen fest verschlossen sein, geöffnete sind nicht in Ordnung, deshalb herausfischen und wegwerfen.

Für einen Sud pro Kilogramm Muscheln:
Je 1 EL feingehackter Knoblauch, Ingwer, Chili, Schalotte und Anissamen,
2 EL Öl, einige Sellerieblätter,
1 Gläschen Sherry, 1 EL Soja-Sauce

Vor- und Zubereiten: Das zerkleinerte Würzwerk im heißen Öl in einem großen Topf andünsten, auch die Sellerieblätter zugeben. Die geputzten, gewaschenen Muscheln zufügen und mit Sherry und Soja-Sauce ablöschen. Fünf Minuten zugedeckt dünsten, dabei immer wieder am Topf energisch rütteln, damit die Muscheln darin bewegt und umgewälzt werden. Alle Muscheln müssen sich jetzt geöffnet haben, noch geschlossene herauslesen und wegwerfen – auch sie können verdorben sein!
Servieren: Die Muscheln in eine große Terrine häufen und dampfend heiß zu Tisch bringen. Den Sud in kleinen Täßchen dazu reichen – falls er zu konzentriert sein sollte, ihn mit einem Schuß Wasser oder Gemüsebrühe verdünnen. Dazu schmeckt frisch geröstetes Weißbrot und ein kräftiger Weißwein, zum Beispiel aus Châteauneuf-du-Pape.
Tip: Für eine große Gästerunde braucht man die Muscheln nicht alle auf einmal zu kochen – wer hat schon einen derart großen Topf zur Verfügung? In diesem Fall einfach in Partien arbeiten. Solange die erste Portion verspeist wird, kann man die nächste aufsetzen. Natürlich auch nicht gleich zu Beginn alle Gewürze in den Topf füllen, sondern den Sud immer wieder frisch ansetzen. Ein solches Essen kann sich über Stunden hinziehen und macht garantiert jedem Spaß.

ÜBERBACKENE MUSCHELN

Falls wider Erwarten doch Muscheln übrig bleiben sollten, läßt sich daraus am nächsten Tag mit wenig Aufwand eine ebenso hübsche wie köstliche Vorspeise herstellen.

Für vier bis sechs Personen:
30 gegarte Muscheln, 4 Knoblauchzehen,
1 zentimeterstarke Ingwerscheibe,
1 rote Chilischote,
1 Handvoll Petersilienblätter (glatt!),
1 Handvoll Korianderblätter,
1 altbackenes Brötchen,
3 EL Olivenöl

Vorbereiten: Die obere Schalenhälfte jeder Muschel entfernen, die Muscheln in ihrer unteren Schale nebeneinander in eine feuerfeste Form setzen, notfalls in ein Salzbett, damit sie nicht kippen. Die übrigen Zutaten im Mixer zerkleinern und zu einer streichfähigen Paste mischen. (Eventuell noch einige Tropfen Olivenöl zusätzlich zufügen.)
Zubereiten: Die Würzpaste auf die Muscheln verteilen. Sie unter dem Grill einige Minuten bräunen, bis die Würzpaste brodelt.

MUSCHELN AUS WÜRZIGEM SUD

»Austern des kleinen Mannes« nennt man sie ein wenig geringschätzig, die schönen Muscheln mit ihren schwarzen Schalen, die innen ebenso prächtig und perlmuttern schimmern wie die teureren Verwandten. Und wenn sie mit ihrem Sud in einer Schüssel angerichtet sind, sehen sie so hinreißend aus – da können die Austern nicht mithalten!

Das Rezept dafür finden Sie auf Seite 165

Geflügel

Als wir von München in das kleine Dorf am Rand des Nordschwarzwalds zogen, wo wir heute leben, freuten wir uns schon darauf, bei den Bauern im Umkreis erstklassige, natürlich gezogene und vor allem nicht industriell behandelte Produkte zu finden. Tatsächlich bekommen wir Kaninchen, Zicklein, Lämmer und Wild in allerbester Qualität (samt den Innereien und dem Blut!). Wir kriegen Milch von der Kuh, auf der am nächsten Morgen dick der Rahm steht, herrlichen Topfen und frische Butter. Und natürlich brauchen wir niemals Eier im Supermarkt zu kaufen. Aber worauf wir uns am allermeisten gefreut hatten, auf anständige Hühner, die in der Wiese Würmchen und Gräser pikken, mit eigenem Weizen gefüttert werden und in der Erde scharren dürfen, die langsam Muskeln und Fett ausbilden können und nachher den Esser so glücklich machen, wie sie selbst haben aufwachsen dürfen – das bekommen wir nirgends. Einmal sind wir an einem großen Gehege vorbeigefahren, nicht weit von uns, in dem ein paar Hühner, Perlhühner und Gänse viel Auslauf hatten. Aber auf unsere begehrliche Frage, ob wir ab und zu eins kaufen können, wurde nur verlegen gelacht »nein, nein, die sind nur für uns«, und trotz unserer Versicherung, »wir wissen, daß so etwas teuer ist, sind bereit gut zu bezahlen!« mußten wir ergebnislos abziehen. Die Arbeit, die ordentliche Hühner zu mästen kostet, tun die Leute allenfalls für sich selbst; daß man gewillt ist, dafür das nötige Geld zu bezahlen, können sie nicht glauben – schließlich gibt es im nächsten Supermarkt Brathähnchen zum Schleuderpreis.

Bis Massenzucht die Tiefkühltruhen füllte und Hähnchen jederzeit verfügbar machte, hatte man allenfalls mal eine alte Henne im Topf gehabt, die nicht mehr genügend Eier legte. Mit ihr verglichen erwies sich das Fleisch eines Masthähnchens aus dem Supermarkt doch als ein nie gekannter Genuß! Wie köstlich ein zartes, fleischiges, junges Huhn schmeckt, weiß kaum einer. Daß früher ein Brathuhn als Festmahl, als Sonntagsessen galt – darüber lachen heute ja die Hühner.

Unseren Bauern geht es schlecht, sie kämpfen ums Überleben, vielen ist es nicht mehr möglich, ihre ungezählte Generationen alten Höfe zu erhalten und effizient zu führen. Es müssen Ländereien stillgelegt werden, weil es sich nicht mehr lohnt, sie zu bearbeiten. Aber auf der anderen Seite werden viele Produkte teuer aus Frankreich importiert, die man ebenso gut hier erzeugen könnte. Natürlich wäre ein Zusammenwirken von verschiedenen Kräften dafür nötig. Landwirtschaftliche Berater müßten endlich einmal ihren Blick über die Tischkante heben und sich informieren, wie anderswo mit Erfolg gearbeitet wird. Händler, die bereit sind, mit frischen Lebensmitteln mehr Pflege und Aufwand zu treiben, als nur eine ausreichend große Tiefkühltruhe aufzustellen. Und schließlich (nicht zuletzt!) die Bereitschaft der Verbraucher, für anständige Ware auch anständig zu bezahlen!

Allen anderen Geflügelarten ist es nicht anders ergangen. Es gibt entweder einheimische Massenware oder die Spitzenprodukte aus Frankreich. Frische Enten und Gänse sind überhaupt selten, Tauben und Wachteln kommen praktisch gar keine aus heimischer Zucht. Welch ein Markt eröffnete sich da für einen mutigen, innovationsfreudigen Bauern! Zumal die Feinschmecker erfreulicherweise mehr und nicht weniger werden.

Beim Geflügelhändler ernten wir immer wieder erstaunte Blicke, wenn wir nach einer »schönen, fetten Poularde« fragen. Wer will schon Fett? Daß es nötig ist, das Fleisch saftig zu halten, und man es ja immer noch auf dem Teller entfernen kann, diese Erkenntnis setzt sich sogar bei den Fachleuten, die Händler doch eigentlich sein sollten, nur sehr zögernd durch. Und wenn wir mal das Glück haben, ein Prachtexemplar zu bekommen, ergibt ein Huhn gleich drei Festessen: Das Brustfleisch wird ausgelöst und auf chinesische Weise pfannengerührt. Die Keulen werden gebraten oder gegrillt. Und aus Haut und Knochen entsteht auch noch eine duftende Brühe. Das ist einen guten Preis wert, oder?

DELIKATESSE DES UNSCHEINBAREN

Massenmäster behandeln die empfindlichen Hühnerlebern sorglos, niemand mag sie mehr. Aber die Franzosen schätzen gute, sorgsam entsehnte und gehäutete Lebern weiterhin als Delikatesse. Ebenso Roquette, die hier als Unkraut verrufene Rauke

HÜHNERLEBER AUF RAUKE

Für 4 Personen:
60 g geputzte Rauke (Ruccolablätter),
250 g französische Hühnerlebern,
⅛ rote Paprikaschote
Zum Braten der Lebern: 3 EL Olivenöl,
Salz, frisch gemahlener Pfeffer
Für die Sauce: 1 EL Balsamico-Essig,
1 EL Reis-Essig, 2 TL Limonensaft,
1 EL Soja-Sauce, 1 TL rote Currypaste,
½ Würzzitronenblatt, 2 EL Pflanzenöl

Vorbereiten: Vier Teller strahlenförmig mit den gewaschenen, gut abgetropften Raukeblättern auslegen. Mit Folie abdecken und kühl stellen. Hühnerlebern putzen, waschen, mit Küchenpapier trocknen, abdecken und kalt stellen. Paprika fein würfeln.

Zubereiten: Öl in einer beschichteten Pfanne erhitzen und die Lebern darin auf allen Seiten anbraten, so daß sie fest und braun werden, aber auf keinen Fall durchgaren. Beiseite ziehen, salzen und pfeffern, einige Minuten ziehen und dabei nachgaren lassen. Herausnehmen und zugedeckt warm halten. Bratfond mit den Essigen, Limonensaft und Soja-Sauce ablöschen. Die Currypaste darin auflösen, das feingeschnittene Zitronenblatt einrühren, die Sauce mit dem Öl aufschlagen und abschmecken.
Anrichten: Lebern auf den Tellern verteilen, alles mit der Sauce beträufeln und mit Paprikawürfeln überstreuen.

DIE ARABISCHE ZIGARRE

Arabisch ist die Hülle, der Teig, den man als *pâte à brick* fertig kauft – (leider nur bei arabischen Gastarbeitern zu bekommen), zigarrengleich die Form

Die Teigblätter sind rund und papierdünn

Die Füllung darauf setzen, mit Eiweiß einpinseln

Aufwickeln und zu einer schlanken Rolle formen

Rechts und links mit Schnittlauch zuschnüren

»KNALLBONBON« MIT HÄHNCHENBRUST

Das sieht hinreißend aus und macht jeden Gast neugierig. Außerdem ist der Kontrast zwischen der sanften, asiatisch parfümierten Füllung und der knusprigen Hülle reizvoll. Die dünnen Teigblätter kann man sich aus Frankreich mitbringen, dort gibt es sie in vielen Supermärkten – tiefgekühlt oder vakuumverpackt – zu kaufen. Sie lassen sich aber auch durch Reispapierblätter ersetzen, die man in jedem Asienshop bekommt.

Für vier Personen:
250 g ausgelöste Hähnchenbrust,
1 TL Stärke, 2 EL Soja-Sauce,
1 TL Sesamöl, 1 Eiweiß,
2 mittelgroße Zucchini, 2 Fleischtomaten,
1 Basilikumstrauß,
4 arabische Teigblätter,
stabile Schnittlauchstengel,
2–3 EL neutrales Öl,
1 EL Fischsauce, ⅛ l Hühnerbrühe,
Salz, Pfeffer, 1 Prise Zucker

Vorbereiten: Das Fleisch zentimetergroß würfeln, mit Stärke, einem Löffel Soja-Sauce, Sesamöl und mit zwei Teelöffeln Eiweiß vermengen, eine halbe Stunde marinieren. Die Zucchini längs in streichholzfeine Streifen hobeln. Die inneren, weißen Streifen quer winzig klein würfeln und unter das Fleisch mischen. Die äußeren, grünen Streifen fein gewürfelt beiseite stellen. Die Tomaten brühen, häuten, entkernen, ihr Fleisch ebenso klein würfeln. Das Basilikum fein schneiden – die eine Hälfte zum Fleisch, die andere zu den Tomaten geben.

Die Teigblätter nebeneinander auf der Arbeitsfläche ausbreiten. Die Füllung, länglich geformt, jeweils auf einem Drittel der Fläche anordnen. Das Teigblatt aufrollen, an beiden Seiten mit Schnittlauch oder Küchenzwirn (bei zu schwachem Schnittlauch empfiehlt sich beides!) wie ein Knallbonbon verschnüren.

Zubereiten: In einer großen Pfanne das Öl erhitzen. Die »Knallbonbons« darin sanft rundum goldbraun braten. Warm stellen. Die Zucchini und Tomaten in die Pfanne geben, die Brühe angießen, aufkochen. Mit Fischsauce, Salz, Pfeffer und Zucker abschmecken.

HUHN MIT ENTSCHIEDENER WÜRZE

Daß Hähnchenfleisch eher zurückhaltend im Geschmack ist, könnte man böswillig als charakterlos bezeichnen, in positiver Hinsicht aber auch durchaus für einen Vorteil halten: so paßt es sich anderen Aromen gerne an

Links: Pfannengerührtes Chilihuhn, nach einer Idee aus der chinesischen Küche, scharf und würzig, nach Szechuan-Art. Rechts, auf roten Chicoréeblättern angerichtet: Zitronenhähnchen. Die Rezepte auf der nächsten Seite

ZWIEBELN

Eine weitverzweigte Familie. Auf dem Bild oben von links zu sehen: *Weiße Zwiebeln,* milder, sanfter als die üblichen, *»gemeinen« Haushalts- oder Würzzwiebeln;* kann man gut roh im Salat vertragen, schmecken aber auch gedünstet, als Gemüse. Weil ihnen die braune schützende Schale fehlt, sind sie nicht gut lagerfähig, sie schimmeln und faulen schnell. Man verwendet sie daher möglichst frisch und bewahrt sie solange im Gemüsefach des Kühlschranks auf. *Junger Knoblauch* hat einen zarten Schmelz; erfreulicherweise findet man ihn immer häufiger auf unseren Märkten. Daß er so rar ist, kann man kaum verstehen, denn Knoblauch wächst bestens in unseren Breiten – wird in Franken auch tatsächlich kommerziell angebaut, kommt aber trotzdem meist aus den Mittelmeerländern. Natürlich kann man auch den hiesigen Knoblauch für den Winter trocknen, am besten zu Büscheln oder Zöpfen gebunden. *Junge Zwiebeln* hingegen sollte man gleich verbrauchen – die grünen Schlotten, auch Zwiebellauch genannt, schmecken im Salat. Für Gartenbesitzer: Es gibt winterharte Sorten, die, im Herbst gesteckt, im Mai bereits geerntet werden können. Lagerfähige Zwiebeln muß man in der Erde ausreifen lassen, bis ihr Kraut welk geworden ist. *Frühlingszwiebeln* (nicht abgebildet) sind heute rund ums Jahr zu haben. Sie werden so eng gesät, daß sich ihr weißes Wurzelende mangels Platz nicht zwiebelartig verdicken kann. Sie verdanken ihren Namen der Tatsache, daß sie früher die einzige Sorte waren, die den Winter im Boden überstand und im Frühling beim ersten wärmenden Sonnenstrahl wieder zu wachsen begann. *Rote Zwiebeln* schmecken mild, deshalb passen sie gut in Salate.

CHILIHÄHNCHEN

Das klingt schärfer, als es letztlich ist. Man braucht dafür große, getrocknete Chilis, die von Natur aus schon milder sind als die kleinen. Und: Sie werden zwar mitgebraten, verbreiten dabei auch beißende Dämpfe, die dem Koch die Tränen in die Augen treiben, aber beim Essen fischt man sie heraus und legt sie beiseite. Nur hartnäckige Fans verspeisen sie mit. Die Chilis haben nämlich jetzt ihre Schuldigkeit getan und dem Fleisch ihr ganzes Aroma, ihren Duft, nicht so sehr ihre Schärfe mitgeteilt.

Für vier Personen:
400 g ausgelöste Hähnchenbrust,
1 TL Speisestärke, 1 EL Eiweiß,
1 Scheibe Ingwer von ca. 3 cm Stärke,
3–4 Knoblauchzehen,
6–8 große, möglichst milde getrocknete Chilis, 4 Frühlingszwiebeln,
2 EL Öl, 1 EL Sesamöl, Salz, Pfeffer,
½ TL Zucker,
½ TL Szechuanpfeffer (siehe Anmerkung),
2 EL Sherry, 1 EL Soja-Sauce,
3 EL Hühnerbrühe,
eine kleine Handvoll Korianderblätter oder glattblättrige Petersilie

Vorbereiten: Das Fleisch in Würfel von knapp zwei Zentimeter Kantenlänge schneiden. Mit Stärke und Eiweiß gründlich vermengen, so daß alles von einem Film überzogen ist. Bis zum Gebrauch mit Klarsichtfolie zugedeckt kalt stellen.
Inzwischen Ingwer und Knoblauch sehr fein hacken. Die Chilis entkernen und in sehr grobe Stücke reißen – je größer man sie läßt, desto leichter kann man sie später aus dem fertigen Essen wieder herausfischen und wegwerfen. Die Frühlingszwiebeln putzen und schräg in zwei Zentimeter lange Stücke schneiden.

Zubereiten: Im Wok beide Ölsorten rauchend heiß werden lassen. Zunächst die Chilis hineinwerfen, die sofort beizend-scharfen Duft verbreiten und ihre würzenden ätherischen Öle an das Öl abgeben. Daß sie dabei schwarz werden, macht nichts! Unverzüglich das Fleisch zufügen und jetzt rasch unter ständigem Rühren braten, dabei salzen, pfeffern sowie mit etwas gehacktem Ingwer und Knoblauch bestreuen. Nach eineinhalb Minuten kräftigen Pfannenrührens müßte das Fleisch rundum seine rohe Farbe verloren haben und an manchen Stellen auch appetitliche Bratspuren zeigen. Alles mit der Schaumkelle herausheben, das anhaftende Öl gut abtropfen, und beiseite stellen.
Im verbliebenen Fett den restlichen Ingwer, Knoblauch und die Frühlingszwiebeln braten. Das Fleisch wieder zufügen, mit Zucker und Szechuanpfeffer würzen, mit Sherry, Soja-Sauce und Brühe ablöschen. Aufkochen, nochmals mit Salz und Pfeffer abschmecken, alles gründlich durchmischen, erst ganz zum Schluß die frischen Kräuterblättchen darüberstreuen und noch einmal umwenden.

Servieren: Auf einer vorgewärmten Platte unverzüglich auftragen. Dazu Duft- oder Basmatireis und als Getränk einen leichten, kühlen Rotwein, zum Beispiel schwäbischen Trollinger, reichen.

Anmerkung: Szechuanpfeffer kann man im Asiengeschäft kaufen. Die karmesinroten, flockigen Beeren muß man zunächst einmal in der trockenen Pfanne rösten, bis sie ihren starken Duft entwickeln und verströmen. Abgekühlt in einem dichten Gewürzbehältnis verstaut, unbedingt vor Licht geschützt, hält sich das Gewürz lange. Wenn man es zerkaut, ist man zunächst enttäuscht, es passiert gar nichts, meint man. Aber die Wirkung tritt mit Verzögerung ein, denn plötzlich spürt man geradezu eine Würzexplosion im Mund, mit einer verblüffenden Fülle der verschiedensten Düfte. Szechuanpfeffer in der Mühle stets frisch mahlen oder im Mörser zerstoßen.

CHILISAUCE

Es gab bei uns schon Gäste, die entsetzt auf die vermeintliche Ketchup-Flasche im Würzregal deuteten und pikiert wissen wollten, wie man sie mit Feinschmeckerei vereinbaren könne. Es handelt sich hierbei nicht um Ketchup! Vielmehr steckt in dieser Flasche *Chilisauce,* eine asiatische Würzsauce, die zu manchen Gerichten geradezu unerläßlich ist. Übrigens: Es ist wichtig, daß es sich um eine Asien-, also in Singapore, Bangkok, Hongkong oder irgendwo in Rotchina hergestellte Sauce handelt – europäische und amerikanische Chilisaucen sind ausschließlich auf der Basis von Tomatenketchup hergestellt, schmecken lasch, süß und klebrig. Die richtige Chilisauce dagegen schmeckt fruchtig nach Chilis und würzig nach Knoblauch. Es gibt aus den verschiedenen Ländern unterschiedliche Arten, die uns liebste stammt aus Thailand (links abgebildet); es gibt sie in einer milderen (medium) und extrem scharfen (strong) Version. Chilisauce ist zum Beispiel als Tischwürze wichtig zu jeder Art von *Dim Sum,* chinesischen Teigtäschchen, aber auch in der Küche, zum Abschmecken von manchen Salaten.

TROLLINGER

Lieblingswein der Württemberger – stellt manchen Weinliebhaber vor Probleme: ein ausgeprägter Bodengeschmack, sanfte Rundheit, wenig Biß, oft unerträglich süß. Sorgfältig gelesen und gekeltert, kann er helles Geflügel wundervoll begleiten.

ZITRONENHÄHNCHEN

Wir haben für dieses Rezept Stubenküken genommen, ganz junge Hähnchen von etwa 400 Gramm – sie heißen übrigens so, weil man früher, als Hühner noch auf Bauernhöfen und nicht in Fabriken gezogen wurden, die eben geschlüpften Hühnchen in der Stube hielt, wo es warm und behaglich war.

Ihr Fleisch schmeckte überaus zart und köstlich – heute allerdings gibt es sie bei uns kaum mehr. Nur manchmal kann man sie als *poussins* aus Frankreich importiert finden. Hiesigen Geflügelzüchtern ist der Aufwand zu groß, sie behaupten einfach, die Zeiten für so etwas seien vorbei . . .

Natürlich kann man für dieses Rezept auch junge *Hähnchen* mit einem Gewicht um 900 Gramm oder die noch größeren *Poularden* nehmen (so nennt man Masthühner mit einem Gewicht ab 1300 Gramm, gute Poularden indes sollten aber eigentlich viel lieber noch erheblich schwerer sein).

Sollten Sie ein gutes, glücklich aufgezogenes Huhn erwischt haben, wird ebenfalls ein Gericht entstehen, das gut schmeckt – aber ein Stubenküken ist eben doch etwas ganz anderes!

Zutaten für vier Personen:
2–3 Stubenküken (je nach Appetit),
3 große, saftige Zitronen,
1 rote Chicoréestaude (siehe Anmerkung),
chinesischer Schnittlauch,
Salz, Pfeffer, 3 EL neutrales Öl,
1 EL Sesamöl, ¼ l Hühnerbrühe,
100 g Butter

Vorbereiten: Die Küken jeweils in acht Stücke teilen. Dafür zunächst die Schenkel abtrennen, sie in Ober- und Unterschenkel teilen. Den Flügel mit einem Stück der Brust abschneiden, und die restliche Brust sauber zuschneiden.

Die Schale einer Zitrone mit dem Messer so abschälen, daß die weiße Innenhaut mit entfernt wird und das schiere Fleisch bloßliegt. Mit dem kleinen Küchenmesser die Filets vorsichtig aus ihren Kammern lösen, dabei über einer kleinen Schüssel arbeiten, damit der herabtropfende Saft aufgefangen wird. Die beiden anderen Zitronen auspressen.

Den roten Chicorée in Blätter teilen, sie waschen und abtrocknen. Einige Schnittlauchhalme für die Dekoration schräg in akkurate Rhomben schneiden.

Zubereiten: Die Kükenstücke salzen und pfeffern und schließlich in reichlich Öl (beide Sorten gemischt) langsam auf mittlerem Feuer rundum knusprig braten – dabei die Hitze moderat halten, damit das Fleisch zwar gar wird, aber rosa und saftig bleibt. Die Haut wird dabei herrlich knusprig und rösch.

Die Stücke schließlich auf Küchenpapier sorgfältig abtropfen. Das Bratfett aus der Pfanne wegkippen, mit Hühnerbrühe ablöschen, den Zitronensaft zufügen. Rasch, jetzt auf starker Flamme, um etwa die Hälfte einkochen. Die eiskalte Butter in Flöckchen zufügen, mit dem Schneebesen oder, besser noch, mit dem Mixstab alles dickschaumig aufschlagen.

Servieren: Eine Platte mit den roten Chicoréeblättern auslegen, die knusprigen Hähnchenstücke darauf anrichten, mit der Sauce umgießen und mit dem chinesischen Schnittlauch bestreuen. Entweder nur mit frischem Brot als Vorspeise oder Zwischengericht servieren, oder – als ganzes Essen – ein sahniges Kartoffelpüree dazu reichen, eventuell sogar noch einen Salat aus dem hübschen roten Chicorée.

Anmerkung: Züchterfleiß bringt die verrücktesten Dinge in die Natur. So haben französische Gartenspezialisten vor einigen Jahren den bislang unschuldig weißen Chicorée erröten lassen. Und die tüchtigen Holländer, nicht faul, bauen die rote Variante in zunehmend großem Stil an. Geschmacklich ist ihr die Verwandtschaft mit dem Radicchio nicht sehr anzumerken, wobei man ja generell bedauern muß, was sowohl dem Chicorée wie dem Radicchio widerfahren ist, seit er einem breiten Publikum gefallen soll: Man hat beiden genau das ausgetrieben, was sie einst ausgezeichnet hat wofür man sie überhaupt schätzte: nämlich ihre köstliche Bitterkeit. Und so wurden die Gemüse austauschbar, verwechselbar gemacht. Statt die Menschen zu lehren, neue Geschmacksrichtungen kennenzulernen, ihre Qualität zu verstehen und dadurch auch zu lieben, hat man statt dessen lieber das Gemüse verändert. Es ist eben geduldiger und kann sich leider nicht wehren.

Jedenfalls ist es schwierig geworden, auf dem Markt einen bitteren Radicchio zu finden: den aus *Treviso* mit seinen dunkelroten, an den Rändern manchmal grün schimmernden länglichen Blättern oder den grasgrünen Mailänder mit seinen rosettenartigen Blättern, deren herbe Bitternis so herrlich zur süßen Bitterkeit von ganz frisch gepreßtem Olivenöl paßt.

BRATHUHN: SOJA-WÜRZIG MIT SCHARFER SAUCE

Eine stattliche Poularde, beim Braten fleißig mit einer duftenden Safranmarinade eingepinselt, die sie durchtränkt und schließlich glänzend überzieht

SAFRANPOULARDE

Für drei bis vier Personen:
1 große, fette Poularde (etwa 1,5 kg),
1 Döschen Safran (0,1 g), 2 EL Soja-Sauce,
1 EL Sesamöl, 1 EL Honig, 1 TL Dillsamen,
Pfeffer, Cayennepfeffer
Grüne Sauce: 100 g frische grüne Chilis,
50 g Knoblauchzehen,
1 dickes Bund Basilikum,
0,2 l Olivenöl, Salz

Vorbereiten: Das Huhn innen und außen gründlich mit Küchenpapier auswischen. Für die Marinade Safran, Soja-Sauce, Sesamöl, Honig und im Mörser zerstoßenen Dillsamen aufkochen. Abkühlen und die Poularde damit einreiben. In einer Schüssel zugedeckt eine halbe Stunde (auch länger) marinieren, dabei das Huhn ab und zu umwenden.

Für die Sauce die Chilis entkernen, Knoblauch schälen und die Basilikumblätter von den Stengeln zupfen.

Zubereiten: Das Huhn in einen Bräter setzen, diesen fingerhoch mit Wasser füllen. In den 250 Grad heißen Ofen schieben, nach zehn Minuten auf 175 Grad herunterschalten. Das Huhn weitere 75 Minuten braten, dabei immer wieder mit der restlichen Marinade und schließlich dem ausgebratenen Saft einpinseln. Es soll richtig dunkel braten, bis der Honigüberzug karamelisiert.

Die Zutaten für die Sauce einfach im Mixer pürieren und cremig aufschlagen.

ENTE AUF UNGEWÖHNLICHE ART

Das ausgelöste Brustfleisch (wie man es in guten Läden kaufen kann) diesmal mit thailändischen Gewürzen auf chinesische Weise zubereitet. Die Haut wird dabei zum knusprigen Leckerbissen

LINSEN UND LINSENSPROSSEN

Die kleinen braunen oder auch grünen Linsen aus Le Puy im Zentralmassiv, einem Gebirgsstock in Mittelfrankreich (weshalb man sie auch manchmal *Berglinsen* nennt), mögen wir am liebsten. Sie sind erheblich kleiner als die bei uns üblichen Tellerlinsen. Und da in der Schale die meisten Geschmacksstoffe stecken, schmecken sie mit ihrem entsprechend höheren Schalenanteil um so intensiver, eben »linsiger«. Sie sind auch schneller gar. Bereits nach 20 Minuten, höchstens einer halben Stunde Kochzeit, kann man sie als Gemüse, Salat oder auch im schwäbischen Eintopf (mit Würstchen, Spätzle!) verwenden. Linsenkeime sind eine ebenso hübsche wie knackige Zutat in den unterschiedlichsten Vorspeisensalaten.

SPROSSEN & KEIME

Läßt man Hülsenfrüchte, Samen oder Getreide keimen, schließen sich die Inhaltsstoffe auf, Enzyme wandeln die Kohlenhydrate um und machen sie leichter verdaulich, die Spurenelemente und Vitamine werden vervielfacht. Hier sind aus Samen gezogene Rettichsprossen zu sehen. Mit ihrer Schärfe und Frische setzen sie in den unterschiedlichsten Salaten kräftige Akzente. Zum Keimen ist ein spezieller Apparat nicht unbedingt nötig. Das kann in einem normalen, oben mit Gaze zugebundenen Einmachglas passieren, in dem die Samen zunächst ein paar Stunden eingeweicht, dann abgegossen und täglich zweimal mit frischem Wasser durchgespült werden. Wichtig ist, daß sie anschließend immer gründlich abtropfen, damit sie nicht schimmeln!

KOPFSALAT

Die Idealform: Kräftige Blätter, die ein dicht gewachsenes, leuchtendgelbes Herz umschließen. Nur zu oft besteht er aber aus ledrigen dunkelgrünen Blättern, hat innen kaum ein Herz, sondern vorwiegend Stiele – diese Leichtgewichte aus holländischen Treibhäusern sollte man als Verbraucher boykottieren. Übrigens schieben die Produzenten die Schuld daran dem Handel zu, der nicht bereit ist, andere Ware zu ordern – und der wiederum behauptet, der Verbraucher sei schuld, weil er nicht bereit sei, einen höheren Preis zu zahlen. Anständigen Kopfsalat kauft man im Sommer lieber aus hiesigem Anbau, in der Übergangszeit kommen gute Qualitäten aus Frankreich und Italien. Und im Winter sollte man auf Kopfsalat mangels guter Ware verzichten und lieber Endivie, Chicorée und Radicchio verwenden.

SHERRY

Es gibt zwei Grundtypen, die leichten, hellen *Finos* und die körperreicheren, dunklen *Olorosos*. Daraus werden verschiedene Geschmacksrichtungen hergestellt: Ein lange gelagerter Fino wird zum *Amontillado*. Aus mit süßem Wein verschnittenen Oloroso entsteht *Cream Sherry*. Von Natur aus sind Sherrys trocken, werden aber für den Export gesüßt. Seit man Sherry nicht mehr zu den billigen Spirituosen zählt, sondern auch Spitzenqualitäten zu schätzen weiß, kann man trockene Amontillados und Olorosos auch hierzulande kaufen. Sherry ist gut als Aperitif und vielseitig in der Küche. Bei asiatischen Rezepten kann er als Reisweinersatz dienen.

SESAMÖL

Eine der wichtigsten Zutaten für alle Küchen Asiens. Nicht zu verwechseln mit kaltgepreßtem Öl aus Sesamsamen, das man in Reformhäusern kaufen kann! Vielmehr ist es aus gerösteter Sesamsaat hergestellt und daher so charakteristisch im Geschmack, daß es sich durch nichts ersetzen läßt. Man benutzt das nussige, würzige, nach allen Wohlgerüchen Asiens duftende Öl nicht einfach als Brat- oder Kochfett, sondern eher als Gewürz. Deshalb genügen oft einige Tropfen, wird es höchstens löffelweise zugefügt und verleiht dann den Speisen ein typisches, unverwechselbares Parfum. Zu kaufen in Asienläden und Feinkostabteilungen. Es hält sich viele Monate.

GEHACKTE ENTENBRUST MIT KNUSPRIGER HAUT, KRÄUTERN UND SALAT

Die ausgelösten fleischigen Brüste von Barberie-Enten aus Frankreich kann man inzwischen in allen guten Geschäften auch bei uns kaufen. Sie werden vakuumverpackt angeboten und sind deshalb immer verfügbar. Hier eine Idee für eine Art Salat daraus, erfrischend durch Zitronensaft und Fischsauce, knackig durch Kräuter und Frühlingszwiebel. Typisch ist außerdem ein gewisser »Biß«, dessen Ursache man nicht gleich ergründet: Der Salat ist gewürzt mit einer Art »Reisgrieß« aus trokken gerösteten rohen Reiskörnern, die dann im Mörser zerkleinert werden. Eine Zutat, die in thailändischen Salaten sehr wichtig ist, weil dadurch eine Körnigkeit entsteht, die als Kontrast hochwillkommen ist. Der Reisgrieß hält sich übrigens gut in einem dicht verschlossenen Behältnis, kann also auf Vorrat produziert werden.

Die Haut der Entenbrust wird übrigens zuvor abgelöst und knusprig ausgebacken; man verspeist sie sozusagen wie *Crackers*. Die folgende Portion genügt für vier Personen als Vorspeise und ist ein ganzes Essen für zwei. Zum Beispiel an einem Sommertag, wenn man den Magen nicht mit einem großen Menü belasten will. Unbedingt wichtig: Eine Platte mit Salatblättern und Kräutern dazu reichen. Nicht als schiere Dekoration, sondern als Zutat.

Man genießt nämlich diesen Salat am besten auf Thai-Art: Man packt sich bissenweise ein bißchen gehackte Ente in ein Salatblatt, fügt ein paar Kräuterblättchen hinzu, eventuell auf einem Gurkenscheibchen, rollt alles zusammen und ißt mit der Hand.

Zutaten:
2 EL Reiskörner,
2 ausgelöste Entenbrüste,
1 TL Speisestärke, 3 Knoblauchzehen,
1 Scheibe Ingwer von ca. 2 cm Stärke,
je 1 rote und grüne Chilischote,
1 Stengel Zitronengras oder einige Duftverbenenblätter (siehe Anmerkung)
3 bis 4 Schalotten (je nach Größe),
3 bis 4 Frühlingszwiebeln,
1 TL Sesamöl,
Salz, Pfeffer, Zucker
2 EL Brühe, 2 EL Sherry, 2 EL Fischsauce,
1 EL Soja-Sauce, Saft von ½ Zitrone,
Außerdem: reichlich Koriandergrün, Minze, Thaibasilikum, Zitronenmelisse,
1 schöner fester Kopfsalat

Vorbereiten: Den Reis im trockenen Wok, ohne jedes Fett, so lange rösten, bis er duftet und schwach golden geworden ist. Abgekühlt im Mörser zerkleinern. (Wer auf Vorrat Reisgrieß gleich in größerer Menge herstellt, kann die gerösteten Körner besser im Mixer oder elektrischen Zerhacker zerkleinern.)

Die Haut der Entenbrüste vorsichtig ablösen, die Oberseite mit einem scharfen Messer zuerst längs, dann quer mit sehr eng gesetzten parallelen Schnitten einritzen, so daß ein gleichmäßiges Muster entsteht. Im heißen Wok langsam golden braten, wobei das Fett völlig ausbraten und die Haut knusprig werden soll. Auf Küchenkrepp abtropfen

Das Fleisch mit einem großen Messer in winzig kleine Würfelchen schneiden, es ist sehr wichtig, daß das Fleisch geschnitten und nicht gehackt oder durch den Wolf gedreht wird – aber die Würfel sollten trotzdem so klein wirken, als wäre dies geschehen. Mit der Stärke kräftig durchmischen. Knoblauch, Ingwer und Chilis ebenso winzig würfeln. Zitronengras oder Duftverbene in feine Streifen, Schalotten und Frühlingszwiebeln in schmale Ringe schneiden. Eine kleine Handvoll Blätter von den Kräuterstengeln zupfen. Die übrigen mit dem in Blätter geteilten Salat auf einer Platte anrichten.

Zubereiten: In 3 EL heißem Entenfett das Fleisch unter Rühren braten, dabei sofort Ingwer, Knoblauch und Zitronengras zufügen, salzen, pfeffern und mit einer Prise Zucker würzen. Schließlich Chilis, Schalotten und Frühlingszwiebeln zufügen, alles kräftig im Wok herumwirbeln. Sobald das Fleisch seine rohe Farbe verloren hat, Brühe, Sherry, Fisch- und Soja-Sauce sowie Zitronensaft angießen. Aufkochen und sofort vom Feuer ziehen.

Servieren: Frische Kräuter nur zerzupft untermischen, die gehackte Entenbrust auf einem Bett von Salatblättern anrichten und sofort zu Tisch bringen.

Anmerkung: Für das rare und frisch hier nicht immer ganz leicht zu beschaffende asiatische Zitronengras (und getrocknet spendet es einfach nicht genügend Würze!) gibt es – das haben wir zufällig entdeckt – einen europäischen, ursprünglich aus Südamerika importierten Ersatz: Haargenau denselben Duft und Geschmack hat ein mehrjähriger Busch mit Namen *Duftverbene* (lippia citriodora). In Frankreich liebt man die *verveine* als Tee, vor allem zur Verdauungsförderung nach einem mächtigen Essen. In Italien deutet die Bezeichnung *limonciona* schon auf den intensiven Zitronengeschmack hin. Die Stöcke sind wie Thymian oder Rosmarin mehrjährig, zum Überwintern darf man sie nicht frostiger Kälte aussetzen, sondern muß sie hereinnehmen.

LACKIERTE ENTE AUF PFANNENGERÜHRTEN LINSENSPROSSEN

Sieht eindrucksvoll aus und schmeckt auch so. Eine rundum glänzende Rezept-Idee: Ente auf vietnamesische Art!

Für zwei bis drei Personen:
1 küchenfertige Ente von knapp 2 kg
Marinade: 1 TL Fünfgewürzpulver,
3 EL Sherry, ⅛ l Soja-Sauce, 2 EL Honig,
je 1 TL gehackter Ingwer und Knoblauch
Linsensprossen:
Zwei großzügige Handvoll Sprossen (siehe Seite 182), 1 kleine rote Paprikaschote
1 EL Sesamöl, 1 EL neutrales Öl,
1 halbzentimeterstarke Ingwerscheibe,
1 Knoblauchzehe, 1 EL Brühe,
1 EL Soja-Sauce, 1 EL Sherry,
1 gute Prise Zucker

Vorbereiten: Schon am Vortag beginnen. Die Ente soll nämlich von der Marinade gut durchdrungen werden. Dafür alle Zutaten aufkochen. Abgekühlt einen Teil davon in den Entenbauch gießen, die Ente in einen Plastikbeutel packen, die restliche Marinade darübergießen, drehen und wenden, damit alles davon erreicht wird. Über Nacht im Kühlschrank marinieren.
Die Sprossen spülen und abtropfen. Die Paprikaschote mit einem Sparschäler dünn schälen, entkernen, das Fleisch in winzig kleine Würfel schneiden. Auch Ingwer und Knoblauch fein würfeln.
Zubereiten: Die Ente aus dem Beutel nehmen, gründlich abtropfen lassen und auf den Rost über der Fettpfanne legen, die fingerhoch mit Wasser gefüllt ist. In den 250 Grad heißen Ofen schieben, jedoch bereits nach 15 bis 20 Minuten, wenn die Haut zu brutzeln beginnt, auf 150 Grad herunterschalten. Nach einer Stunde den in der Fettpfanne gesammelten Saft in ein Töpfchen gießen, zusammen mit der Marinade rasch um mehr als die Hälfte, geradezu sirupartig, einkochen. Die Ente nochmals damit einpinseln und für weitere zehn Minuten in den Ofen schieben. Hierfür die Hitze auf stärkste Stufe stellen oder, besser noch, den Grill hinzuschalten.
Für das Sprossengemüse im Wok beide Ölsorten erhitzen, Ingwer und Knoblauch rasch andünsten, die Linsensprossen zufügen. Mit Brühe, Sherry, Soja-Sauce, Salz, Pfeffer und Zucker würzen. Alles energisch herumwirbeln lassen. Zum Schluß die Paprikawürfel untermischen und kurz mitbraten.
Servieren: Das Brustfleisch der Ente auslösen, schräg in Scheiben schneiden, Keule ebenfalls abtrennen und wie auf dem Bild hübsch anrichten. Dazu paßt Reis und ein duftiger Wein, zum Beispiel Traminer.

Innereien

Der Genießer ist verunsichert: Darf er sie nun essen, die zarten Nierchen? Oder haben sich schädliche Schwermetalle in ihnen angesammelt? Darf er sich arglos erfreuen am sanften, weißen Kalbshirn – oder muß er vor bösen Cholesterinen Angst haben? Darf er sich ein Leberscheibchen braten, oder muß er reichlich eingelagerte Hormone fürchten?

Nun – man ißt nicht zweimal die Woche Innereien, sondern nur ab und zu. Wer sich alle zwei Monate mal Hirn oder Bries gönnt, kann die Cholesterine gewiß vergessen. Das tägliche Frühstücksei liefert da erheblich mehr. Und überhaupt: Die Organe älterer Tiere sollte man meiden. Während eines ganzen Kuhlebens haben sich tatsächlich erhebliche Mengen von Schadstoffen darin angesammelt. Bei einem ordentlich aufgezogenen Milchkalb, Mastkalb, Spanferkel, bei Lamm oder Zicklein dagegen hat man nichts zu befürchten.

Was die Innereien junger Tiere betrifft: Die Panikmache der Publikumspresse mit ungefilterter Sensationslust und durch keinerlei Sachverstand getrübter Berichterstattung richtet mehr Schaden an als möglicherweise in geringen Mengen enthaltene Stoffe. Es wird nämlich völlig vergessen, daß andererseits dieselben Nahrungsmittel, auch die Innereien, den Körper mit lebenswichtigen, höchst wertvollen Eiweißen, Vitaminen, Mineralien und Spurenelementen versorgen. Deshalb also: Auf zum Genuß mit Innereien!

Voraussetzung allerdings ist, daß Sie gute Ware bekommen, von jungen Tieren, ordentlich ausgelöst. Die Nieren entweder im eigenen Fettmantel (schwierig: Kann der Metzger nicht einfach hergeben, muß der Fleischbeschauer genehmigen) oder sorgfältig herausgelöst und gehäutet. Die Leber als schöne, gleichmäßig geschnittene Scheibe und nicht – wie üblich – so verschieden stark, daß die dünne Seite in der Pfanne schon hart wird, während die dicke Mitte noch blutig ist. Das Bries nicht zerschnitten oder in Fetzen, sondern schön rund und von den nicht dazugehörigen Teilen, den Röhren, Adern und Häuten befreit. Nicht einen blutigen, zerquetschten Brei in einem Plastikbecher, sondern ein schönes, ganzes Hirn. Die deutschen Metzger mögen sich einmal bei ihren türkischen oder griechischen, italienischen oder jugoslawischen, französischen oder spanischen Kollegen (und sei es in einer deutschen Markthalle, etwa in Frankfurt, Hannover oder Stuttgart!) informieren, wie man das ordentlich macht und wie appetitlich und verlockend das dann aussehen kann. Innereien müssen ja schließlich, wenn auch von vielen als solches angesehen, nicht unbedingt als Hundefutter dienen.

Unser Metzger bekommt zwei- oder dreimal im Jahr ein richtiges Milchkalb – und uns gibt er dann die gesamten Innereien, auch Zunge und Kopf, die ja streng genommen nicht dazugehören. Nur von der Leber geben wir gerne etwas ab, denn da ist uns die ganze doch zuviel; ein schöner Lappen genügt. Wir sind dann einen halben Tag damit beschäftigt, alles säuberlich zu parieren, von Häuten, Sehnen und Adern zu befreien, zu portionieren, zu blanchieren oder für die Tiefkühltruhe vorzubereiten. Tatsächlich kann man, wenn man sorgfältig arbeitet, alle Innereien glänzend einfrieren. Am liebsten packen wir ganz winzige Portionen: Eine Kalbsniere reicht auf Salat als Vorspeise für vier Personen, eine Scheibe Leber ist ausreichende Basis für ein pfannengerührtes Gericht mit viel Gemüse. Dabei stellen wir immer wieder fest, daß viele unserer Gäste, die zu Hause keine Innereien essen und im Restaurant niemals ein Hauptgericht mit Innereien bestellen würden, durchaus glücklich waren, auf solche Art an diese Leckerbissen herangeführt worden zu sein.

Besonders wichtig ist bei Innereien – neben guten Ausgangsprodukten, makelloser Frische und absolut sauberer Herrichtung – die richtige Garzeit. Die deutschen Hausfrauen haben nie gut mit Innereien umgehen können, und wie schon Henriette Davidis Leber und Niere durch ihre Garzeiten zur Ungenießbarkeit verdammte, so tun dies weiterhin fast alle Kochbücher und Illustriertenrezepte. Es ist ein Jammer, daß auf diese Weise feinste Zutaten praktisch für den Mülleimer präpariert werden. Halten Sie sich also, wenn Sie die Erfahrung nicht schon längst selbst gemacht haben, an die in unseren Rezepten angegebenen knappen Garzeiten. Und folgen Sie uns nach Asien: Der Wok hat für die Innereien nur Vorteile im Vergleich zu den europäischen Kochgeschirren, gegenüber Topf und Pfanne! Das Herumwirbeln und damit nur kurzzeitige starke Erhitzen mit sofort sich anschließender Entspannungsphase garantiert geradezu ein stets zartes Ergebnis . . .

KALBSNIEREN AUS DEM WOK

Keine andere Garmethode wird Nierchen so gerecht wie das chinesische Pfannenrühren im Wok: Die starke Hitze gart die äußeren Schichten sofort, so daß kein Saft mehr austritt. Das Innere aber bleibt saftig. Und während die übrigen Zutaten braten, können die Nierchen ruhen und sich entspannen, der Saft kehrt wieder in die äußeren Schichten zurück

Zweimal Kalbsnieren: Rechts ganz europäisch mit Morcheln, grünem Spargel und Sherry, nur mit Soja-Sauce fernöstlich gewürzt; oben mit jungem Knoblauch, Erbsen, Chili und Sesamöl durch und durch asiatisch.
Die Rezepte auf der nächsten Seite

MORCHELN

Es sind die ersten Pilze des Frühjahrs, schwer zu finden, selten und teuer geworden. Sie wachsen bei uns ab März, bei warmem Regen bis in den Mai hinein. Es gibt verschiedene Sorten, wobei die kleineren *Spitzmorcheln,* die in lichten Wäldern und Gebüschen stehen, am schmackhaftesten sind. Die größeren *Hohen Morcheln,* ebenfalls von graubrauner Farbe, schmecken wie die gelben *Wiesenmorcheln* nicht ganz so fein, sind aber ebenso gesucht. Nicht verwechseln mit *Lorcheln* aus den Ostblockländern, die oft als Fälschung dienen – sie schmecken längst nicht so gut. Chinesische »Morcheln« haben nichts mit unseren zu tun (s. S. 166)! Frische Morcheln kann man kaum kaufen. Getrocknete – in der Schweiz sollten Sie sich einen Vorrat zulegen, dort sind sie billiger – müssen vor Gebrauch eingeweicht werden. Rechnen Sie die 5- bis 10fache Menge des Morchelgewichts an Wasser oder besser Milch: Heiß übergießen und über Nacht quellen, oder in der Mikrowelle auf stärkster Stufe zugedeckt erhitzen und etwa 10 Minuten einweichen.

ERBSEN

Es soll Menschen geben, die glauben, Erbsen wären in der Dose auf die Welt gekommen . . . Der Mensch hat die Natur mitnichten verbessern können, wenn auch der liebe Gott vor den Genuß die Mühe gesetzt hat: Das Auslösen der jungen Erbsen aus ihren Schoten ist eine höchst langwierige Arbeit! Wer faul ist, mag zur Dose greifen, wird dann aber nie den herrlich zarten, süßen Geschmack der ersten Erbsen kennenlernen. Freilich: Frisch müssen die Erbsen sein, nicht älter als ein paar Stunden, jung gepflückt und nicht prall wie ein gestopftes Sofakissen. Am besten sind sie natürlich aus dem eigenen Garten . . . .!

Die Italiener sind wohl die erklärtesten Anhänger junger Erbsen – in einer normal intakten Familie gibt es dort auch die Großmutter, die mit Geduld die Erbsen palt. Man unterscheidet die ganz zarten *Palerbsen,* die in zwei, drei Minuten gar gedünstet sind, und die etwas festeren, mehligeren *Markerbsen,* die intensiver schmecken, aber auch länger, manchmal bis zu 20 Minuten, kochen müssen.

Die zarten Nierchen eines Milchkalbes, das noch kein Gras oder Kraftfutter gefressen hat, sind natürlich am besten, aber entsprechend selten und teuer. Kaum weniger gut schmecken die etwas dunkleren Nieren von jungen Tieren mit einer natürlichen, vollwertigen Fütterung ohne Hormonbehandlung, also mit Heu oder Gras. Abzuraten ist von größeren Tieren mit hellem Fleisch, rasch auf ein hohes Schlachtgewicht gebracht mit speziellem Kälbermastfutter, dem Eisen und andere wichtige Mineralien entzogen wurden, damit das Fleisch der Tiere hell bleibt. Diese Kälber sind dann extrem krankheitsanfällig und müssen mit Hormonen und Medikamenten behandelt werden. Deren Rückstände sammeln sich bevorzugt in den Nieren an.

Kaufen Sie also bewußt ein, sparen Sie bei Nieren nicht, suchen Sie kleine helle oder etwas größere und dann dunklere Exemplare aus. Am besten ist es natürlich, wenn Sie einen Metzger haben, der sich auskennt, dem Sie vertrauen können und der noch selbst die Tiere auswählt, die er schlachtet, denn nur das ist eine wahre Garantie!

KALBSNIEREN MIT JUNGEM KNOBLAUCH UND ERBSEN

Zutaten für vier Personen:
2 nicht zu kleine Kalbsnieren,
4 große Knollen (!) junger Knoblauch,
150 g feine, ausgelöste frische oder tiefgekühlte Erbsen,
3 EL neutrales Öl, 1 EL Sesamöl,
4 EL Kalbsfond, Salz, Pfeffer,
1–2 EL Soja-Sauce, 1 rote Chilischote,
1 TL Zitronenthymianblättchen oder
1 kleine Handvoll Korianderblätter

Vorbereiten: Die Kalbsnieren putzen, wie im rechtsstehenden Rezept angegeben. Die weißen, saftigen, noch empfindlich weichen Knoblauchzehen aus den noch frischen Häuten lösen oder schälen und die Erbsen vorbereiten (siehe Anmerkung).

Zubereiten: In einem Wok oder einer beschichteten Pfanne 2 EL neutrales Öl erhitzen und die Nierchen darin bei größter Hitze rasch rösten – sie müssen innen ganz rosa bleiben. Herausnehmen, abtropfen und warm stellen. Das Öl abgießen und durch frisches ersetzen, neutrales und Sesamöl mischen. Die Knoblauchzehen darin rundum leicht bräunen, dann Hitze reduzieren und mit Kalbsfond ablöschen. Leise köcheln lassen, bis die Knoblauchzehen weich sind. Erbsen zugeben und erwärmen. Schließlich auch die Nierchen samt dem möglicherweise während des Ziehens ausgetretenen Saft sowie Gewürze zu-

GRÜNER SPARGEL

Am häufigsten kommt er inzwischen aus hiesigem Anbau, etwa kleinfingerdick, von normaler Länge und nur am unteren Ende ein wenig hart. Schmeckt mild. Er wird ab etwa der Hälfte nach unten hin geschält, das harte Ende abgeschnitten. Ungarischer und griechischer Spargel, im allgemeinen preiswert, ist kürzer, ebenfalls mild, die unteren Enden müssen stärker gestutzt werden. Achtung: Die hübsche Verpackung kann alte Ware verschleiern! Italienischer und französischer Grünspargel zeichnen sich durch kräftigen, ins Bittere spielenden Geschmack aus. Unten muß man oft mehr als die Hälfte abschneiden, die Stangen ab 2 cm unter dem Kopf schälen. Spargel aus Übersee (Chile, Kalifornien) kommt erstaunlich frisch und in guter Qualität auf den Markt, er ist fast immer hellgrün und zart; man behandelt ihn wie hiesigen.

fügen, wieder erwärmen, aber nicht mehr zum Kochen bringen, denn sonst würden die Nieren hart. Kräftig abschmecken.
Beilage: Brot, Kartoffeln oder Reis. Und als Getränk einen trockenen, frischen Spätburgunder Weißherbst reichen.
Anmerkung: 250 g frische Schoten kaufen, die Erbsen auslösen und in sprudelnd kochendem Salzwasser je nach Größe und Frische 1 bis 3 Minuten blanchieren. Tiefgekühlte Erbsen nur auftauen lassen.

WEISSHERBST, SÜSSDRUCK UND ROSÉ

Wenn man nicht genau weiß, welchen Wein man zu welchem Gericht trinken soll, gibt's einen Ausweg: International gelten die hellfarbenen, aus roten Trauben gewonnenen, aber wie Weißweine behandelten Rosés den ungeschulten Essern als ideale Begleiter zum Essen. Das hat ihrem Ruf gewaltig geschadet – die meisten Weinkenner lehnen den Rosé ab, suchen unter der Masse von billigen, modischen und nichtssagenden, oft aus zweitklassigen oder angefaulten Trauben gepreßten Weinen nicht die wenigen guten, charakteristischen, säurebetont-eleganten, fruchtigen Ausnahmen. Leider gibt es keine Normen, nach denen die guten Weine zu finden sind – in allen typischen Gebieten produzieren einige Winzer Spitzenprodukte, andere Ramsch. Die besten Rosés kommen aus Deutschland *(Spätburgunder Weißherbst* aus *Baden)*, Italien *(Rosato* aus dem *Oltrepò* und *Chiaretto* vom *Gardasee*, *Lagrein Kretzer* aus *Südtirol* und dem *Trentino)*, Frankreich *(Rosé* aus *Tavel*, *Listrac* und den *Côtes-de-Provence)* und der Schweiz *(Süßdrucke* aus der *Bündner Herrschaft)*.

KALBSNIEREN MIT MORCHELN UND GRÜNEM SPARGEL

Rechnen Sie für zwei Personen zwei kleine oder eine größere Niere. Das reicht als Hauptgericht mit den angegebenen Mengen und den empfohlenen Zutaten. Als Zwischengericht für drei bis vier Personen.

1 oder 2 ganz frische Kalbsnieren,
125 g frische oder 20 g getrocknete Morcheln und 1/10 l Milch,
500 g grüner Spargel, Salz,
2 Schalotten oder 1 kleine Zwiebel,
2 EL Butterschmalz, 2 EL frische Butter,
1 Gläschen Sherry Fino oder Amontillado trocken, 1 Glas süße Sahne,
Pfeffer, 1 kräftiger Spritzer Soja-Sauce,
Petersilie oder Koriandergrün

Vorbereiten: Die Nieren häuten, längs aufschneiden, die Fettpartien und Harnstränge herauslösen und die Nierchen in halbzentimeterdünne Blätter schneiden. Morcheln putzen, getrocknete mit der kochendheißen Milch überbrühen und darin einweichen. Spargel ab etwa der Mitte schälen, die untere harte Partie abschneiden. Die Stangen schräg in Abschnitte von etwa drei Zentimeter Länge schneiden. In viel sprudelnd kochendem Salzwasser 2 Minuten kochen (die zarten Spitzen nur für eine Minute ins Kochwasser werfen) – den Spargel dann in eiskaltem Wasser abschrecken und abtrocknen. Die Schalotten fein hacken.
Zubereiten: Das Butterschmalz stark erhitzen, bis es zu rauchen beginnt. Die Nierchen darin partienweise rasch braten, damit sie außen ganz kroß werden, innen aber rosa bleiben. Nach dem Herausnehmen abtropfen lassen, salzen und warm stellen. Das Bratfett wegkippen, in den Bratenfond die Butter geben und bei milderer Hitze schmelzen lassen. Die gehackten Schalotten und die Morcheln darin andünsten, aber keine Farbe nehmen lassen. Mit Sherry ablöschen und etwas einkochen, dann die Sahne angießen. Wieder etwas einkochen, salzen und pfeffern, mit Soja-Sauce kräftig abschmecken. Erst unmittelbar vor dem Auftragen die Spargelabschnitte und die Nierchen wieder zugeben. Mit etwas gehackter Petersilie oder Koriandergrün erwärmen, aber nicht zu heiß werden lassen, damit die Nierchen nicht hart werden. Auf vorgewärmten Tellern anrichten.
Beilage: Als Zwischengericht alleine servieren, als Hauptgericht mit Kartoffelpüree, Salzkartoffeln oder Reis begleiten. Chablis oder ein gehaltvoller, trockener, dabei durchaus säurebetonter Weiß- oder Grauburgunder, möglichst aus dem Barrique (neues Eichenfaß) aus Deutschland.
Anmerkung: Selbstverständlich können Sie beide Rezepte ebenso mit Lamm- oder Spanferkelnieren zubereiten. Schweine- oder Rindernieren dagegen sind nicht nur zäher, sondern haben einen kräftig ausgeprägten Geschmack, den man schon mögen muß.

JUGENDLICHE ZARTHEIT

Spargel – erotisierender Inbegriff einer mit Macht erwachenden Natur: zart und kräftig zugleich, wild, und doch von Menschenhand kultiviert . . . Dazu das sanfte, aber aromatische Kalbsbries, auch nur im Jugendstadium eine Freude für den Feinschmecker

GRÜNER SPARGEL MIT SESAMBRIES

Zutaten für 4 Personen:
1 schönes Kalbsbries, Salz,
1 Zitrone oder 1 guter Schuß Weißweinessig,
1 Lorbeerblatt, einige Pfefferkörner und Petersilienstengel,
1 kg grüner Spargel, 1 Eiweiß,
3 bis 4 EL Sesamsamen, 4 EL neutrales Öl
Für die Sauce: 8 EL Soja-Sauce,
40 g frischer Ingwer, 1 Bund Radieschen oder 1 roter Rettich (Ostergruß)

Vorbereiten: Das Bries putzen und in kaltem Wasser drei bis vier Stunden weiß werden lassen. Dann in kaltem Wasser mit Salz, Zitronensaft oder Essig, Lorbeerblatt, Pfefferkörnern und Petersilienstengeln aufsetzen und langsam auf kleiner Stufe und unbedeckt zum Kochen bringen. Nach kurzem Aufwallen das Bries aus dem Sud heben und in eiskaltem Wasser abschrecken. Ist es so weit ausgekühlt, daß man es gut anfassen kann, in die einzelnen Röschen auseinanderzupfen und diese noch einmal peinlich genau von Adern und Häuten befreien. Auf ein nasses Brett legen, mit einem weiteren nassen Brett bedekken, mit etwa einem Kilogramm beschweren und eine Stunde pressen.
Spargel waschen, schälen, harte Enden abschneiden. Die Stangen in ein nasses Tuch wickeln und bis zum Gebrauch kühl halten.
Zubereiten: Die jetzt flachen Briesstücke salzen, durch das locker gerührte Eiweiß ziehen und im Sesamsamen wenden. In einer beschichteten Pfanne bei mittlerer Hitze in reichlich Öl auf beiden Seiten braten – die Sesamsamen sollen dabei goldbraun werden.
Derweil den Spargel in sprudelnd kochendem Salzwasser knackig gar kochen und die Sauce fertigmachen: Auf einer ganz feinen Reibe den Ingwer reiben. Auch die Radieschen bzw. den Rettich reiben, aber nur das rote Äußere abreiben, das Innere für einen Salat verwenden. Die Soja-Sauce in vier Schälchen verteilen und in jedes Schälchen einen Kegel von geriebenem Ingwer und Rettich setzen.
Anrichten und Servieren: Bereits in der Küche auf vorgewärmten Tellern die Spargel und Briesstückchen hübsch anrichten und, sollten die Teller groß genug sein, die Saucenschälchen mit draufstellen. Sonst wird jedem Gast eins an den Platz gestellt. Man kann sich Ingwer und Rettich in der Sauce verrühren oder jeweils abwechselnd etwas davon mit Soja-Sauce auf einen Briesbissen geben. Spargel beim Essen immer wieder in die Sauce eintauchen.
Dazu braucht man keine Beilage, als Getränk gibt's einen trockenen Silvaner aus Franken oder Württemberg (möglichst mit ausgeprägtem »Bodengeschmack«).
Anmerkung: Sie können Ingwer und Radieschen auf einer Zitronenreibe reiben – noch besser sind spezielle japanische Reiben aus Aluminium oder Edelstahl, die winzige, aber sehr scharfe Zacken haben. Leider gibt es die nur in Japan selbst oder in einem japanischen Spezialgeschäft – diese Reiben sind eigentlich für *Wasabi*, grünen japanischen Meerrettich, und machen das feinste Mus, das man sich vorstellen kann.

SANFTE SCHÄRFE

Die einen schwärmen davon, die anderen ekeln sich davor – Hirn taugt vielleicht nicht für zarte Gemüter. Aber sein sanfter Schmelz, sein nussiges Aroma, das makellose Weiß: Ein edles Teil, das unserer Meinung nach eine aufmerksamere Behandlung, mehr Delikatesse verdient, als ihm beim hierzulande üblichen Ausbacken widerfährt

KALBSHIRN MIT ARTISCHOCKEN

Zutaten für vier Personen:
2 makellose Kalbshirne,
1 große bretonische Artischocke,
3 Zitronen oder Limonen,
3 Stengel französischer Estragon (etwa 15 cm lang, siehe Seite 70), Salz,
je 1 TL grüner und rosa Pfeffer,
2 Schalotten, 2 TL Soja-Sauce

Vorbereiten: Die Hirne sorgfältig putzen und in eiskaltem Wasser mehrere Stunden weiß werden lassen. Zwischendurch das Wasser mehrmals wechseln.
Die Artischocke sorgfältig schälen (siehe Seite 118) und auf dem Gurkenhobel dünn aufschneiden – die Scheibchen gleich in etwas mit Zitronensaft gesäuertes Wasser fallen lassen, damit sie hell bleiben.
Zubereiten: Die Hirne vorsichtig in ihre natürlichen Hälften halbieren. Diese in einem Liter heißem Wasser mit dem Saft einer halben Zitrone, den Estragonstengeln (vorher einige Blättchen abzupfen) und einem gehäuften Eßlöffel Salz bei milder Hitze 15 Minuten ziehen lassen.
Unterdessen in dem Saft der dritten Zitrone mit der doppelten Menge Wasser und etwas Salz die Artischockenscheiben in zwei bis drei Minuten knackig gar kochen. Den dabei entstehenden, überaus würzigen Sud noch heiß über die Pfefferkörner und die feingehackten Schalotten gießen, mit Soja-Sauce abschmecken.
Anrichten: Die Hirnhälften vorsichtig aus dem Kochsud heben und mit der Innenseite nach unten in Suppenteller setzen. Die Artischokkenscheiben darum verteilen, mit dem Artischockensud begießen, mit ein paar Estragonblättchen und einigen dünnen Zitronenschalenstreifchen (siehe Seite 27) bestreuen. Lauwarm servieren.
Beilage: Entweder nur frisches, warmes Weißbrot oder Salzkartoffeln. Als Wein einen säurebetonten, fruchtig-frischen Riesling Kabinett von der Saar, der Ruwer oder der Mosel servieren.

GEMÜSE-LEBER

Zwiebeln und Äpfel, also ein Gespann aus herzhafter Schärfe und süßer Fruchtigkeit, bekommt – das weiß der schlaue Berliner seit langem – Leber ausgesprochen gut. Aber: Es dürfen auch einmal andere Elemente sein, mit denen die alte Erfahrung auf die Probe gestellt wird. Rezepte Seite 200

EINE VERGESSENE SPEZIALITÄT

Selbstgemachte Blutwurst? Ja! Das Blut gibt Ihnen der Metzger. Was der sich nicht traut, können Sie zu Hause: würzen, wie Blutwurst es verdient. Rezepte Seite 201

CHIANTI

Es gibt sieben Chianti-Gebiete. Herzstück ist das *Chianti Classico,* das Hügelland zwischen Florenz und Siena. Von hier und dem nordöstlich von Florenz gelegenen *Chianti Rufina* kommen die besten Weine, von leicht bis intensiv, je nach Standort und Vinifikation. Die Chianti der *Colline Pisane, Montalbano,* der *Colli Fiorentini, Senesi* und *Aretini* sind im allgemeinen weniger anspruchsvolle, aber angenehme, fruchtige Weine.
Eine *riserva* ist immer ein besonders ausgewählter, reifer Wein mit längerem Ausbau im Holzfaß. Traditionell sind große Fässer aus Kastanienholz und slowenischer Eiche, heute kommen Spitzenqualitäten auch aus kleinen Fässern aus Limousin-Eiche. Im Chianti sind gewisse Anteile von Weißwein – früher waren es oft 30 Prozent, heute nimmt man weniger als fünf Prozent oder gar keinen. Ist Cabernet Sauvignon drin, dürfen sie sich nicht mehr Chianti nennen, sondern heißen *Vino da Tavola Toscano.* Diese Weine sind kräftiger, die klassischen Chianti eleganter, duftiger. Alle Chianti passen zu Fleischgerichten und Innereien, vor allem solchen mit einer dunklen, konzentrierten Sauce.

BOHNENKRAUT

Man nennt es auch Pfefferkraut, weil es einen scharfen, tatsächlich pfeffrigen Geschmack hat. In Notzeiten, als man keinen Pfeffer importieren konnte, mußte es denn auch als Ersatz herhalten. Möglicherweise ist es sogar gesünder: seine ätherischen Öle helfen ebenso, Schweres und Fettes besser zu verdauen und obendrein mögliche Blähungen zu dämpfen. Nicht zuletzt deswegen paßt es zu gut zu Bohnen.
Auf dem Bild unten sehen Sie die jungen Triebe von *winterhartem Bergbohnenkraut,* das nur im Frühling nicht streng schmeckt, wenn die Blättchen zart sind. Im Sommer werden sie so hart, daß sie nur zum Mitkochen in Suppen und Saucen taugen. Ihre Würze ist etwas kräftiger als die des *einjährigen Bohnenkrautes,* das es bei uns meist zu kaufen gibt und das in jedem Garten wächst. In München bekommt man ein oder zwei Zweige gleich dazu, wenn man Bohnen kauft. Sie sehen Blättchen von diesem hübschen Kraut mit den lila Blüten im Blutwurstsalat auf Seite 199.

KALBSLEBER MIT RETTICHSPROSSEN UND ASIATISCHEM KARTOFFELPÜREE

(Bild Seite 196)

Am besten kaufen Sie einen ganzen Leberlappen (kein schönes Wort, aber so heißt das nun mal) und richten die Scheiben selbst zu – nur selten wenden deutsche Metzger die nötige Sorgfalt im Umgang mit Leber auf. Die Leber zunächst sauber parieren: von größeren Adern, Sehnen und Haut befreien; und die Scheiben gleichmäßig dick schneiden!

Zutaten für zwei Personen:
4 dünne Kalbsleberschnitten (je ca. 80 g),
Salz, etwas Mehl, 4 EL Butter,
3 EL Sherry, 4 EL Kalbs-Fond, Pfeffer,
einige Stengel chinesischer Schnittlauch
Rettichsprossen: 2 große Handvoll
Rettichsprossen (siehe Seite 182),
1 EL Soja-Sauce, 1 TL Sesamöl
Kartoffelpüree: 500 g mehlig kochende
Kartoffeln, 0,2 l Milch, 3 EL Soja-Sauce

Vorbereiten: Kartoffeln schälen, mit Milch und Soja-Sauce weich kochen.
Zubereiten: Leberscheiben leicht salzen, in Mehl wenden und in 2 EL Butter zart braten. Herausnehmen und zugedeckt warm halten. Den Bratensatz mit Sherry und Fond ablöschen, ein wenig einkochen und mit der restlichen Butter aufschlagen. Mit Salz und Pfeffer abschmecken.
Kartoffeln samt noch vorhandener Flüssigkeit durch die Presse drücken und mit dem Schneebesen locker aufschlagen. Die Soja-Sauce sollte genügend gesalzen sein.
Rettichsprossen mit Soja-Sauce und Sesamöl mehr parfümieren als richtig anmachen.
Servieren: Alles auf gut vorgewärmten Tellern hübsch anrichten, Sauce über die Leberscheiben gießen und mit Schnittlauch bestreuen.
Dazu paßt ein eleganter Rotwein, etwa Valpolicella oder Chianti Classico.

KALBSLEBERSAUTÉ MIT MANGETOUTS UND MAISKÖLBCHEN

(Bild Seite 197)

Zutaten für vier Personen:
250 g Kalbsleber (siehe Rezept oben),
1 Knoblauchzehe, 1 Scheibchen Ingwer,
1 Stück Zitronengras, 1 Würzzitronenblatt,
2 EL neutrales Öl, 1 EL Sesamöl,
200 g Mangetouts (Zuckerschoten, geputzt),
1 Handvoll winzige Maiskölbchen,
1 EL Soja-Sauce, 2 EL Sherry,
2 EL kräftige Fleischbrühe

Vorbereiten: Kalbsleber in fingerdicke Streifen schneiden. Knoblauch und Ingwer fein hacken, Zitronengras in Scheibchen und Zitronenblatt in Streifchen schneiden.
Zubereiten: Im Wok die beiden Ölsorten erhitzen und die Leberstreifen darin scharf anbraten. Herausheben, abtropfen.
Die kleingeschnittenen Gewürze ins heiße Öl, durchrühren, die Mangetouts und Maiskölbchen dazugeben. Nur kurz braten, dann mit den Flüssigkeiten ablöschen und eine Minute unter ständigem Herumwirbeln einkochen. Zum Schluß die Leber darin erhitzen.
Beilage: Duftreis und ein Schälchen Fischsauce, mit Zitronensaft und Gewürzen aromatisiert, wie auf Seite 123 beschrieben. Als Getränk Pils oder ein junger Rotwein.

SELBSTGEMACHTE BLUTWURST

(Bild Seiten 198/199)

In allen Ecken der Welt bereitet man Blutwurst zu. Bei uns ist sie mit Speckwürfeln eine fette Angelegenheit. Auf den französisch geprägten Inseln Westindiens nimmt man eingeweichtes Weißbrot – das macht sie leichter und bekömmlicher. Dazu tragen freilich auch reichlich Gewürze bei – zum folgenden Grundrezept wurden wir auf Martinique angeregt: Sonntags, wenn alles zum Strand fährt, kochen Händler auf vielen Parkplätzen Blutwurst! Das frische Blut wird mit unglaublichen Mengen von ungeheuer scharfen Chilischoten (siehe Seite 83), Piment, Frühlingszwiebel und Koriandergrün (siehe Seite 19) vermischt, per Hand mit eingeweichten Brötchen vermengt, in gereinigte Därme gefüllt, abgebunden und an Ort und Stelle gesotten. Frisch aus dem Kessel ein nicht zu überbietender Genuß, ein unvergeßlicher Schmaus.

Das nötige Schweineblut zu bekommen, ist keine Schwierigkeit: Sie müssen es nur rechtzeitig beim Metzger bestellen und ihm ein verschließbares Glas geben, in das er das schon abgerührte Blut füllen kann. Noch besser übrigens: Zickleinblut.
Wir garen die Blutwurst in Folienschläuchen, das ist praktisch, man bekommt schöne Scheiben und kann die Wurst darin im Kühlschrank gut eine Woche aufheben: Mit dem Haushaltsschweißgerät etwa sieben Zentimeter breite Folientüten herstellen. Durch einen Trichter mit der Blutwurstmasse füllen. Schlauch verschließen – auf das untere Ende stellen und unmittelbar über der Wurstmasse mit Küchenschnur zubinden.

Zutaten für vier Personen:
½ l frisches, abgerührtes Schweineblut,
3 Brötchen, 100 g süße Sahne,
2 EL Soja-Sauce, 4 Frühlingszwiebeln oder
1 große weiße Zwiebel, 6 Knoblauchzehen,
4 Chilischoten (rot und grün gemischt),
20 g Butter oder Schweineschmalz,
eventuell 1 Handvoll Korianderblätter
Würzmischung: 12 Pimentkörner, 2 Nelken,
1 daumengroßes Stück Macisblüte,
1 frisches Lorbeerblatt, 1 flacher TL Salz

Bilder unten: *Christophine oder Chayotte – eine tropische Frucht aus der Familie der Kürbisse, die wie Zucchini zubereitet wird. Besonders gut schmecken die Früchte aber roh: Dünn abschälen und das Fruchtfleisch auf dem Streifenhobel sofort um den Kern herum abhobeln. Nicht stehen lassen, denn dann erstarrt der Saft in gummizähen Perlen auf der Oberfläche. Deshalb auch sofort mit Zitronensaft oder einer Salatsauce umwenden. Ein Rezept auf der nächsten Seite*

Vorbereiten: Brötchen dünn aufschneiden und in der Sahne einweichen. Zwiebel und Knoblauchzehen würfeln, Chilis entkernen und kleinschneiden. In Butter oder Schweineschmalz weich dünsten. Die Zutaten für die Würzmischung in einem Mörser fein zerstampfen. Blut, Brötchen, angedünstete Gemüse, Würzmischung und nach Geschmack Korianderblätter in den Mixaufsatz der Küchenmaschine geben und bei kleinster Geschwindigkeit gut vermengen (oder mit den Händen durcharbeiten).
Fertigstellen: Die Masse in gebutterte Förmchen oder Folienschläuche abfüllen und eine halbe Stunde in etwa 80 Grad heißes, auf keinen Fall in kochendes Wasser legen (dann würden viele winzige Blasen entstehen und die Wurst zäh werden).
Entweder gleich mit Brot, Reis oder Salzkartoffeln verspeisen oder für eine der unten angegebenen Verwendungen vorsehen: In diesem Fall sofort in eiskaltem Wasser abschrekken, damit die Wurst nicht nachgart und hart wird. Über Nacht im Kühlschrank nachziehen lassen. Diese Ruhezeit bekommt ihr übrigens gut – es können sich die Gewürze besser entfalten und die Aromen mischen; die Blutmasse bekommt obendrein eine gleichmäßigere Konsistenz.
GEBRATENE BLUTWURST: Je vier Äpfel und Zwiebeln in 80 g Butter mit etwas Zucker, Knoblauch, Salz und Pfeffer braten. Die Wurst in gut einen Zentimeter dicke Scheiben schneiden und die letzten fünf Minuten mitbraten. Mit chinesischem Schnittlauch bestreut als Imbiß oder Vorspeise servieren.
BLUTWURSTSALAT: Die kühlschrankkalte Wurst in dünne Scheiben schneiden und mit viel Zwiebelringen, Chilischoten, Bohnenkraut, Salz, Pfeffer, Rotweinessig und etwas Olivenöl anmachen.

MIT ROSA KERN

Die verkannteste Innerei, das Herz: Was wird mit ihm nicht alles angestellt! Endlos lange geschmort, ewig gekocht. Wie köstlich ist es dagegen, wenn es kurz und vorsichtig gebraten wurde, sanft und saftig, herzhaft, rosa durch und durch . . .

KALBSHERZ MIT CHRISTOPHINE

Das Herz eines Milchkalbs oder noch ganz jungen Mastkalbes wiegt nicht einmal ein Pfund: Nach dem sorgfältigen Parieren, wenn alle Adern, Sehnen, Häute und Fettgewebe peinlich sauber abgeschnitten sind, ein delikates Hauptgericht für zwei und eine Vorspeise für vier bis sechs Personen.

1 Kalbsherz, 3 EL geschmacksneutrales Öl,
Salz, Pfeffer
Gemüse: 5 schöne Tongupilze, 2 Möhren,
1 Christophine (siehe vorhergehende Seite),
1 oder 2 große Knoblauchzehen,
1 fingerdickes Stück frischer Ingwer,
1 Frühlingszwiebel, 1 TL Sesamöl,
2 EL geschmacksneutrales Öl,
1 Prise Zucker, 1 EL Soja-Sauce,
1 EL Sherry, 3 EL Fleischbrühe, Salz,
einige Stengel Koriandergrün

Vorbereiten: Tongupilze mit heißem Wasser übergießen oder in der Mikrowelle aufkochen und einweichen. Stiele entfernen, Hüte in feine Streifen schneiden. Möhren und Christophine auf dem Julienneschneider ebenfalls in Streifen hobeln. Knoblauch und Ingwer in Stiftchen, Frühlingszwiebel in Ringe schneiden; das Grün beiseite legen. Kalbsherz in zwei Hälften teilen und sauber parieren.
Zubereiten: Die beiden Herzhälften im mäßig heißen Öl rundum behutsam anbraten. Dann salzen, pfeffern, in Alufolie wickeln und 10 Minuten nachziehen lassen – das Fleisch bleibt von außen bis innen gleichmäßig rosa.
Im Wok die Öle erhitzen, Knoblauch und Ingwer zehn Sekunden anbraten. Die Pilzstreifen dazu, durchschwenken, dann das Weiße der Zwiebeln, die Möhren- und Christophinestreifen. Herumwirbeln, Zucker drüberstreuen und karamelisieren lassen. Mit Soja-Sauce, Sherry und Brühe ablöschen, kurz einkochen, abschmecken.
Servieren: Herz in dünne Scheiben aufschneiden und auf Tellern auffächern – es soll gut lauwarm, darf nicht heiß sein. Ins heiße Gemüse das Frühlingszwiebelgrün und die Korianderblättchen mischen und neben dem Herz anrichten.
Dazu paßt ein kräftiger Rotwein: Brunello di Montalcino, Bordeaux oder Rioja.

LAUWARM VORZÜGLICH

Klar, der Kalbskopf ist keine Innerei im eigentlichen Sinne. Aber zum »normalen« Fleisch mag man ihn auch nicht rechnen. Er teilt die Lager energisch: Die einen lieben ihn innig, die anderen verabscheuen das tierische Aussehen wie die unentschlossene Konsistenz. Man kann aber auch Zweifler überzeugen, wenn man den Kalbskopf nicht labbrig ausbäckt, wie oft üblich, sondern so serviert: lauwarm, in limonensaurer, thaiwürziger Brühe

CHAMPAGNER

Als Aperitif, zum Dessert, einen Vormittag oder eine Nacht lang – da ist seine Spitzenstellung unbezweifelt. Als Begleiter zum Essen? Oft Krampf! Nicht jedoch zu asiatischen Speisen, wie diesem Kalbskopf etwa: ein säurebetonter, frischer, leichter Champagner paßt ideal dazu!

LAUWARMER KALBSKOPF
IN THAIWÜRZIGEM SUD (Bild Seite 204/205)

Die deutschen Metzger verkaufen den Kalbskopf nicht gerne so, wie wir ihn haben wollen: ausgelöst, schön pariert und appetitlich weiß gebrüht, zu einer ebenmäßigen Rolle zusammengebunden, wie das in Frankreich gang und gäbe ist. Denn einerseits können sie ihn wegen seines hohen Gehaltes an Gelatine gut für Würste und Sülzen gebrauchen, andererseits kostet das Herrichten viel Arbeit, die hierzulande höchstens von Kennern, gewiß und offensichtlich aber nicht von einer rentablen Kundschaft gebührend honoriert wird. Wenn man also überhaupt einmal einen Kopf ausgelöst bekommt, dann meistens mit allem Schladder und Geäder, mangelhaft geschabt, einfach unappetitlich. Und das wird dann von bayerischen Wirten ungerührt versteckt, nämlich paniert und ausgebacken. Klar, daß man damit nur den härtesten Kern der Liebhaber halten, aber gewiß keine neuen gewinnen kann!
Zu unserem Rezept: Nach dem Auslösen (wenn Sie ihn lieb darum bitten, macht es Ihnen Ihr Metzger sicher doch einmal!) und Parieren (dem Entfernen aller nicht fleischigen oder gelatinös-gallertigen Partien, das Sie selbst vornehmen sollten) wiegt ein halber Kalbskopf noch etwa 800 Gramm. Das reicht dann gut als Hauptgericht für vier, als Vorspeise sogar für acht Personen. Wir kaufen allerdings immer den ganzen Kopf, binden beide Hälften in einer Rolle zusammen und haben dann einen mehrere Tage aufzubewahrenden Vorrat für einige Mahlzeiten (immer auch mit Gästen!) und für unterschiedliche Rezepte.

1 halber (oder ganzer) Kalbskopf,
2 große Bund Suppengrün (Möhren, Lauch, Sellerie, Petersilie mit Wurzel),
2 Zwiebeln, 1 junge Knoblauchknolle (!),
je 1 EL Pfeffer- und Pimentkörner,
1 gehäufter TL Wacholderbeeren,
2 Würzzitronenblätter,
1 Scheibe Ingwer,
einige getrocknete Chilischoten,
3 Stengel Zitronengras, 2 Sternanis
Außerdem: 2 Frühlingszwiebeln,
4 EL Soja-Sauce, 3 Limonen oder Zitronen,
noch 1 Knoblauchknolle und
4 Würzzitronenblätter

Vorbereiten: Die Kalbskopfrolle mit den kleingeschnittenen Gemüsen und den Gewürzen in einen Schnellkochtopf geben, mit Wasser bedecken, aufsetzen und in drei viertel Stunden gar kochen. Oder 2½ Stunden normal köcheln. Im Sud vollkommen abkühlen lassen, herausheben, im Kühlschrank aufbewahren.
Zubereiten: Den Kalbskopf in gleichmäßige, gut zwei Zentimeter dicke Scheiben schneiden – das geht nur, wenn er kühlschrankkalt und fest ist. In Suppenteller verteilen. Den durchs Abkühlen erstarrten Kochsud erwärmen, damit er wieder flüssig wird. Mit in Ringe geschnittenen Frühlingszwiebeln, Soja-Sauce, Limonen- oder Zitronensaft, der quer in dünne Scheiben geschnittenen Knoblauchknolle und Zitronenblättern würzen. Samt den Gewürzen über die Kalbskopfscheiben gießen. Die Teller mit Klarsichtfolie abdecken.
Fertigmachen: Unmittelbar vor dem Essen in die Mikrowelle stellen und auf höchster Stufe in einer knappen Minute lauwarm werden lassen – dabei knackt's in der Schwarte ganz erheblich, was Sie aber nicht zu stören braucht. Mit Messer und Gabel sowie einem Löffel für den Sud servieren.
Als Beilage genügt frisches Bauernbrot, als Getränk paßt vorzüglich Champagne brut, vorzugsweise ein zarter Cremant oder ein duftiger Blanc de Blancs.

KÜRBISKERNÖL AUS DER STEIERMARK
Ein *Muß* für alle Feinschmecker – in Spitzenqualität fast nur vor Ort zu bekommen. Immerhin kann man ordentliches Kernöl inzwischen in guten Reformhäusern, Delikatessengeschäften und Kaufhäusern finden. Beste Qualität ist dunkel, grünschwarz mit braunem Schimmer, einfach nur braunes Öl ist im allgemeinen von weniger feinem Aroma. Das fast vergessene, erst seit einigen Jahren wieder gesuchte Öl ist nicht billig, was zwangsläufig aus der Herstellung resultiert: Spezielle Kürbisse werden im Spätherbst aufgespalten, »geschlachtet«, wie man sagt. Die Kerne werden herausgeschabt, gewaschen und getrocknet, dann erst zermahlen und gepreßt. Das Öl ist empfindlich, darf nicht alt werden, muß kühl und vor Licht geschützt aufbewahrt werden, sonst wird es ranzig. Schmeckt hervorragend zu Wurst- und Fleischsalaten, an grünen und weißen Bohnen, an Blatt- und Wurzelsalaten, zu Kartoffeln und würzigem Käse. Das ausgeprägte Aroma verlangt nach entsprechenden Partnern: kräftigen Weinessig, Zitronensaft oder Balsamico. Und, das ist geradezu phantastisch, es verträgt sich glänzend mit asiatischen Würzen!

BALSAMICO-ESSIG AUS MODENA
Der Boom, vor einigen Jahren ausgebrochen, hält unvermindert an: Die ganze Welt reißt sich um die Essig-Spezialität, die in Modena und Umgebung hergestellt wird. Eingekochter Traubenmost vergärt in einem komplizierten Verfahren in mehreren Jahren zu einem milden, unglaublich würzigen Balsam. Das Wichtigste sind dabei die Fässer – unterschiedliche Hölzer müssen ihre Aromen mitgeben: Eiche, Kastanie, Kirsche, Esche, Maulbeere und schließlich Wacholder. Aus 60 Litern konzentriertem Trebbiano-Most werden schließlich 13 Liter Balsamico – der Rest verdunstet, geht verloren. Denn die Fässer lagern auf dem Dachboden, erleiden im Sommer enorme Hitze und müssen im Winter erbärmlich frieren, damit der Essig seiner würzigen Vollendung entgegenreift. Früher – und an Ort und Stelle auch heute noch – genoß man ihn als wohlschmeckende, kräftigende Medizin. Aber Salate von Blättern und Früchten, allen voran Tomaten, Gemüse und Fleisch, gewinnen durch ein paar Tropfen Balsamico eine neue Dimension. Zu Käse (echtem Parmesan, dem Parmigiano Reggiano) köstlich, in vielen Saucen (zu dunklem Fleisch) unerläßlich.

KALBSKOPFSALAT (Bild unten)

Für diese Vorspeise genügt ein Kalbskopfrest. Wichtig: Er muß ganz kalt sein und auf der Maschine hauchdünn aufgeschnitten werden. Die Scheiben auf warme Teller legen oder in der Mikrowelle 10 Sekunden erwärmen – das hebt die Konsistenz wie das Aroma. Mit einer Vinaigrette aus 2 EL Balsamico-Essig, 1 EL Soja-Sauce, 3 EL Kürbiskernöl, wenig Salz und frisch gemahlenem Pfeffer übergießen, zusätzlich mit reichlich feingeschnittenen Frühlingszwiebelringen bestreuen.

RINDFLEISCHSÜLZE MIT KALBSKOPF
(Bild Seite 36/37, links)

Wir kämen nie auf die Idee, zu sagen: »Jetzt machen wir eine Sülze«. Die ergibt sich immer von selbst. Ein gekochtes Rindfleisch (siehe Seiten 230–232) ist immer im Haus, denn gute Brühe braucht man jeden Tag. Bleibt vom gelierenden Kochsud des Kalbskopfs eventuell ein Rest übrig, so gibt's am nächsten Tag eben eine Sülze: Das Fleisch und die noch schönen, nicht zu weich gekochten Wurzelgemüse aus der Brühe oder dem Kalbskopfsud kleinschneiden. Oder im durchgeseihten Sud neue, würfelig geschnittene Gemüse ein halbes Stündchen kochen. Gemüse und Fleisch, eventuell auch Kapern und/oder kleingeschnittene Cornichons und etwas gehackte Petersilie, in eine passende Kastenform schichten. Sud kräftig abschmecken – vor allem an Salz und Säure nicht sparen, denn die Gelatine »frißt« beides beim Abkühlen – und in die Form gießen. Etwas beschweren und abkühlen, dann über Nacht im Kühlschrank ganz fest werden lassen.

KALBSZUNGE MIT LINSENSPROSSEN UND THAI-VINAIGRETTE

Ein leichtes, elegantes Mittagessen, das den Magen nicht belastet. Oder eine appetitanregende Vorspeise, die vor allem im Sommer ein Genuß ist. Kalbszunge, meist ungepökelt, schmeckt zart, hat aber durch ihren hohen Anteil an Gelatine eine fast klebrige Konsistenz, die manche nicht als angenehm empfinden. Durch die würzige, säure-frische Vinaigrette wird das in diesem Fall vollkommen neutralisiert.

Zutaten für 4 Personen:
1 fertig gekochte Kalbszunge (siehe Anmerkung), 1 EL Öl,
etwa 100 g Linsensprossen (Seite 182)
Für die Vinaigrette: 1 EL Soja-Sauce,
1 EL Fisch-Sauce, 1 EL Sesamöl,
1 EL Zitronensaft, 2 TL Zucker,
2 EL Wasser, 2 große Knoblauchzehen,
ebensoviel frischer Ingwer,
1 Chilischote, 1 Würzzitronenblatt

Vorbereitung: Für die Vinaigrette alle Flüssigkeiten zusammenrühren und den Zucker darin auflösen – Soja- und Fisch-Sauce sind so salzig, daß kein weiteres Salz mehr nötig ist. Knoblauch, Ingwer und entkernte Chilischote in winzig-feine Würfelchen, das Zitronenblatt ohne die mittlere, harte Blattrippe in fast haarfeine Streifchen schneiden. Alles miteinander vermischen und ein halbes Stündchen ziehen lassen.

Fertigmachen: Die Zunge auf der Maschine in dünne Scheiben aufschneiden und kranzförmig direkt auf die mit Öl dünn eingestrichenen Teller legen, auf denen serviert wird. In der Mitte die Linsensprossen verteilen. Eventuell bis zum Servieren mit Klarsichtfolie überspannen und kühl, aber nicht richtig eiskalt stellen.

Servieren: Unmittelbar vor dem Auftragen gleichmäßig mit der noch einmal aufgeschlagenen Vinaigrette beträufeln.
Dazu gibt es entweder frische gekochte neue Kartoffeln oder nur Brot. Und einen einfachen, aber säurebetonten Weißwein, etwa einen Elbling von der Mosel oder einen Gutedel aus dem Markgräfler Land.

Anmerkung: Die Kalbszunge wird in einer mit Wurzelwerk kräftig gewürzten Kalbsbrühe ganz leise und langsam siedend in knapp 2 Stunden weich gekocht. Dann herausnehmen und häuten, aber im Sud abkühlen lassen, damit sie nicht austrocknet.

Fleisch

Seit Jahren steigt der Fleischkonsum in der Bundesrepublik – erst in allerletzter Zeit ist eine Umkehr zu bemerken. Aber seit vielen Jahren schon essen wir persönlich höchstens dreimal, oft nur einmal die Woche Fleisch und die meisten unserer Freunde ebenfalls. Dabei war nichts Ideologisches, etwa weil Tropenwälder für Viehweiden abgeholzt werden, nichts Anthroposophisches oder Esoterisches, auch keine gesundheitlichen Überlegungen (die ja bei hohem Fleisch- und vor allem Wurstkonsum durchaus berechtigt wären) im Spiel, sondern – das Fleisch schmeckt uns einfach nicht! Aus dem gottlob nahen Frankreich dagegen bringen wir uns nicht nur Geflügel, Fische und Gemüse mit, sondern selbstverständlich auch Rindfleisch. Und in der Toskana essen wir natürlich mit größtem Vergnügen die berühmte *bistecca fiorentina,* das enorme Rippenstück, das – mit allem Fett und am Knochen gegrillt – so ein unglaubliches Aroma besitzt. Warum gibt es solch ein Fleisch nicht auch bei uns?

Natürlich sind die Gründe mannigfach: Das beste deutsche Fleisch wird exportiert, weil die Ausländer bereit sind, für gute Qualität mehr zu bezahlen (so ißt man in der Toskana mit großer Wahrscheinlichkeit häufig bayerisches Rind!), wandert in Dosen (kaum zu glauben, aber wahr: Die Bevorratungsstelle der Bundesrepublik kauft vorzugsweise Weidemastochsenfleisch allererster Qualität) oder wird zu jung verkauft. Der normale deutsche Metzger schlachtet am Montag oder Dienstag oder holt sich am Mittwoch sein Fleisch vom Schlachthof. Und ab Donnerstag, Freitag verkauft er es. In Frankreich oder Italien läßt man dagegen die ganzen Rinderhälften zwei oder drei Wochen hängen, zerlegt sie erst dann sorgfältig und hat nun ein schönes, dunkles, gereiftes, in der Pfanne nicht schrumpfendes, zartmürbes und hocharomatisches Fleisch.

Freilich: Diese Qualität hat ihren Preis. Wie auch das Abhängen wegen der Kapitalbindung und dem Gewichtsverlust durch Verdunsten schlicht Geld kostet. Und: Die deutsche Hausfrau möchte kein dunkles, sondern hellrotes Fleisch, weil sie für das Rindfleisch einen Qualitätsmaßstab anlegt, den sie lieber bei Gemüse, Wurst, Geflügel oder Schweinefleisch anwenden sollte: Ausgerechnet da verlangt sie Frische.

Schweinefleisch essen wir fast nie, außer, wenn in der Nachbarschaft geschlachtet wurde. Dagegen freuen wir uns immer wieder, daß Kaninchen, Lamm und Zicklein von Aussteigern, Alternativbauern und einigen mit diesen Tieren traditionell verbundenen Familien in ausgezeichneter Qualität gezogen werden. Freilich meist für den Eigenbedarf, aber ab und zu ist mal eins übrig für uns. Und wir erfahren dann mit Befriedigung, daß ein Lamm von der schwäbischen Alb genausogut schmecken kann wie eins von den Kräuterhängen der Provence oder den Salzwiesen der Normandie. Anders freilich, aber nicht schlechter! Ihm ist immerhin eine Zukunft gewiß: Wenn Schafe mehr und mehr als natürliche Rasenmäher in der Landschaftspflege eingesetzt werden, dürfte auch Lammfleisch wieder häufiger und beliebter werden. Das Kaninchen als Abfallverwerter des täglich anfallenden Grünzeugs – welch köstliches Ergebnis! In Deutschland noch immer mit dem Ruch von Armut behaftet, weil in schlechten Zeiten die Häusler, Schrebergärtner und Kleinbauern mageres Kaninchen essen mußten, während der reiche Bürger sich fettes Schwein leisten konnte. Heute ist die Rangordnung des Feinschmeckers umgekehrt! Zicklein – unbekannt oder sündhaft teuer, dabei so köstlich zart, einfach zu halten und überaus genügsam. Und schließlich das Wild: Nach Tschernobyl wurde natürlich weniger gegessen, je nach Landstrich mit mehr oder weniger Berechtigung. Inzwischen ist die Hauptgefahr vorüber, und wir genießen wieder Reh und, leider viel zu selten, Hase. Rücken und Keulen wie eh und je zart und rosa gebraten an Festtagen, die angeblich weniger edlen Teile, Schulter und Nacken, mit nicht geringerem Genuß für den Alltag mit exotischen Aromen ganz langsam geschmort. Das ergibt Gerichte mit kräftigen, würzigen, intensiv duftenden Saucen, die keinerlei zusätzlicher Bindung bedürfen; wobei auch das Fleisch ein Genuß ist, weil Sehnen, Fettadern und Gallertschichten die Fasern geschmeidig und saftig halten.

DAS BESTE STÜCK VOM LAMM

Diesmal nicht mediterran, sondern fernöstlich parfümiert und mit entsprechender Begleitung: Sommergemüse, nach Art einer Ratatouille und grüne Bohnen, die mit Pinienkernen und Knoblauch geröstet sind. Rezepte auf der nächsten Seite

GEBRATENE LAMMKEULE MIT CURRYDUFT

Lammfleisch gehört immer noch zu den exotischen Fleischsorten. Man kann es nicht einfach bei jedem Metzger kaufen. Das meist hier angebotene Lamm stammt aus Neuseeland, seltener aus Frankreich, aus England oder Irland. Dabei werden hier hervorragende Qualitäten produziert, doch wie man hört, nicht bei uns angeboten, sondern lieber nach Frankreich exportiert, weil man dort einen besseren Preis erzielen kann . . .

Der Gesetzgeber hat die Grenze zwischen Lamm und Hammel auf den ersten Geburtstag gelegt. Für den Feinschmecker ist es dann allerdings bereits seit einem halben Jahr nicht mehr interessant. Fünf bis sechs Monate sollte ein Lamm sein, dann ist seine Keule nicht mehr so winzig wie die des zarten Milchlamms (die höchstens 1 kg wiegt), sondern bringt etwas mehr als drei Pfund auf die Waage. Die richtige Portion für eine Gästeschar von vier bis sechs Personen – je nach Menüfolge. Das Fleisch ist noch herrlich zart, verfügt aber bereits über etwas Biß und Eigengeschmack. Meistens wird bei uns die Keule mit dem Schlußknochen verkauft. Sie läßt sich allerdings erheblich schöner tranchieren, wenn dieser entfernt ist. Bitten Sie Ihren Metzger darum. Falls er dazu nicht bereit ist: Den Knochen, der quer im Gelenk sitzt, zunächst in sich drehen, um ihn zu lockern, und dann mit einem Ausbeinmesser vom Fleisch lösen. Mit Geduld und zunehmender Übung klappt das! Übrigens: Es ist eine Todsünde, die Fettschicht wegzuschneiden! Sie hält beim Braten das Fleisch saftig und gibt ihm Geschmack – man kann sie ja später immer noch auf dem Teller entfernen.

Eine Lammkeule ist perfekt gebraten, wenn ihr Fleisch von außen bis innen gleichmäßig rosa ist – *rosa,* nicht blutig! Das ist im Haushalt viel leichter zu bewerkstelligen als im Restaurant, denn man braucht dafür etwa drei bis vier Stunden Zeit (und wann weiß der Wirt im Restaurant, ob in drei Stunden jemand Lust auf Lammkeule hat): Nach dem Anbraten, das besser im Ofen als auf der Herdplatte geschieht, weil dort die Strahlungshitze rundum gleichmäßig einwirken kann, auf 110 Grad herunterschalten, die Keule in der dann zunächst nachlassenden Hitze und schließlich konstant gehaltenen Temperatur mindestens zweieinhalb, besser drei, auch vier Stunden ziehen lassen. So können sich die Säfte, die sich beim Anbraten erschreckt in die Mitte gezogen haben, wieder in aller Ruhe im Fleisch verteilen. Übrigens haben sich dieser uralten Garmethode schon unsere Urgroßmütter in ihren riesigen, holzbefeuerten Herden mit größtem Erfolg bedient.

Für vier bis sechs Personen:
1 Lammkeule, Salz, 1 EL Sesamöl,
1–2 EL rote Currypaste (siehe Seite 141),
1 Zwiebel, 1 Knoblauchknolle (!),
1 Lauchstange, 1 Möhre,
¼ Sellerieknolle, 2 EL neutrales Öl,
2 gehäufte EL Koriandersamen

Vorbereiten: Die Lammkeule mit Salz, Sesamöl und Currypaste gründlich einreiben. Das Gemüse putzen, würfeln und als Bett auf dem Bratenblech oder in einer Bratenpfanne verteilen, mit dem Öl beträufeln und die Koriandersamen dazwischen streuen.

Zubereiten: Die Keule auf dem Gemüsebett in den zunächst auf vollen Touren laufenden Ofen schieben. Am besten wären 300 Grad, die meisten Öfen schaffen jedoch nur 250 bis 275 Grad. Deshalb sind die folgenden Zeiten nicht ganz präzise, man muß vielmehr das Fleisch genau beobachten: Nach etwa 20 Minuten sollte die Fettschicht richtig gebräunt sein, eben angebraten wirken. In diesem Moment mit etwa einem viertel Liter Wasser, Brühe oder Wein begießen, die Hitze auf 110 Grad herunterschalten und die Keule nunmehr mindestens zwei, ruhig drei oder sogar vier Stunden ziehen lassen.

Zum Schluß den Saft aus der Pfanne durchfiltern und mit dem Mixstab zur cremigen Emulsion aufschlagen. Abschmecken und als Sauce getrennt dazu servieren.

ITALIENS GROSSE ROTWEINE

Fast überall in Italien gibt es gute Weine, die jedes Essen perfekt begleiten – deshalb beschäftigen sich die meisten Italiener kaum mit dem Wein. Gute Qualität ist für sie selbstverständlich, von besserer aus anderen Regionen haben sie dafür allerdings wenig Ahnung. Erst in den letzten Jahren, seit italienische Weine auf dem Weltmarkt eine Spitzenposition zu erobern begannen, seit einzelne Winzer sich besonders hervorgetan haben, kann man (freilich sehr grob) einige Spitzenrotweine, die zu Lamm und dunklem Fleisch im allgemeinen passen, deutlich hervorheben: *Barbaresco* und *Barolo,* die großen Weine des Piemont; *Veltliner* aus der Lombardei und *Amarone* aus Venezien; *Refosco* und *Merlot* aus dem Friaul; *Teroldego* aus dem Trentino, *Sangiovese* aus der Romagna und *Cabernet Sauvignon* aus allen Regionen; *Chianti, Vino Nobile di Montepulciano* und *Brunello di Montalcino* aus der Toskana; *Torgiano* aus Umbrien; und schließlich der immer noch weitgehend unbekannteste von allen, aber einer der größten, vor allem, wenn er Zeit hatte zu altern: der vulkanische, mächtige *Aglianico del Vulture* aus der Basilicata

ASIATISCHE RATATOUILLE

Für vier Personen:
1 Aubergine, 1 große Zwiebel,
2 Zucchini, je 1 gelbe und rote Paprika,
4–6 Knoblauchzehen, Basilikum,
1 EL Sesamöl, 2–3 EL neutrales Öl,
Salz, Pfeffer, 1 EL Soja-Sauce

Vorbereiten: Aubergine würfeln. Zwiebeln längs in Segmente, Zucchini in Scheiben, geschälte (Sparschäler!) Paprika in Rhomben, Knoblauch in Scheibchen schneiden. Basilikumblätter abzupfen.

Zubereiten: In einer großen Pfanne beide Ölsorten erhitzen, die Gemüse portionsweise – nie mehr als auf dem Pfannenboden nebeneinander Platz hat – kräftig braten, dabei salzen und pfeffern. Zum Schluß alle Gemüse mischen, die Kräuter zufügen und mit Soja-Sauce abschmecken.

GRÜNE BOHNEN MIT PINIENKERNEN

Für vier Personen:
2–3 EL Pinienkerne, 2 EL neutrales Öl
2 Knoblauchzehen, 1 dünne Ingwerscheibe,
350 g feinste grüne Bohnen, Salz

Vor- und Zubereiten: Pinienkerne rösten. In derselben Pfanne das Öl erhitzen, Knoblauch und Ingwer andünsten. Blanchierte Bohnen zufügen und darin schwenken. Mit den Pinienkernen vermischt servieren.

DOST

Wilder Majoran, in Italien als Origano geschätzt. Ein hierzulande nahezu unbekanntes Kraut, obwohl es an vielen Wegböschungen wächst. Natürlich bekommt es in unseren Breiten nicht jenen intensiven Duft, den Origano im sonnigen Italien entwickelt. Die mit einem zarten Flaum überzogenen, fast fleischigen Blätter schmecken nur sanft danach. Aber sie passen feingehackt und in großzügiger Menge überall, nicht nur zu Fleisch, sondern auch zu Fisch.

DREIERLEI FLEISCHSPIESSE MIT ASIEN-SENF

Senf und Asien – diese Kombination klingt vielleicht ein bißchen verrückt, aber es paßt und schmeckt einfach wunderbar. Wir schätzen diese Mischung auch zu Wiener Würstchen, zu gekochtem Rindfleisch, zu Bouletten, die wir am liebsten mögen, wenn sie dank eines möglichst hohen Brötchenanteils besonders locker und zart sind, oder als Grillsauce. So sollen auch diese Spießchen nur ein Vorschlag für das nächste Grillfest sein, am besten schmecken sie nämlich tatsächlich auf dem Rost über Holzkohle im Freien gegart. Natürlich kann man sie aber auch unter den Grillschlangen des Backofens oder in einer Grillpfanne garen. Die auf dem Photo oben gezeigten Spieße werden im folgenden in der Reihenfolge von oben nach unten beschrieben:

Für vier Personen:
Rinderspieße mit Aubergine: 2 Scheiben Rinderlende à 220 g, 2 rote Zwiebeln, 1 mittelgroße Aubergine, 1 kleine Handvoll Lorbeerblätter
Schweinespieße mit Zwiebel: 500 g durchwachsener Schweinebauch, 2 Haushaltszwiebeln, einige Salbeistengel
Hühnerspieße mit Kirschtomaten: 4 ausgelöste Hühnerbrüste (ca. 450 g), 16 Kirschtomaten, einige Doststengel
Marinade: je 1 Tasse Sherry und Soja-Sauce, 50 g Zucker, 2 EL Sesamöl
Asien-Senf: 5 Knoblauchzehen, 1 Ingwerscheibe (1 cm dick), 2 Chilischoten, 2 Würzzitronenblätter, je 2 Stengel Koriander und Basilikum, 100 g mittelscharfer Delikateß-Senf, 1 TL Fischsauce, 1 EL Soja-Sauce, 1 EL Limonensaft

Vorbereiten: Die Zutaten für die Marinade erhitzen, etwa um ein Drittel einkochen, um den Sud zu konzentrieren, schließlich abkühlen lassen.
Inzwischen die verschiedenen Fleischsorten in mundgerechte Würfel schneiden und in der Marinade eine halbe Stunde ziehen lassen. Zwiebeln in Segmente oder in ihre einzelnen Schalen zerlegen, Auberginen in Scheiben schneiden. Die Kräuter von den Stielen zupfen. Alle Zutaten abwechselnd nach dem Muster im obigen Bild auf Spieße stecken, dabei darauf achten, daß empfindliche Zutaten eher in die Mitte kommen, wo sie vor direkter Hitze geschützt sind.

Wer keine Metallspieße hat, sondern Holzstäbchen nimmt, muß sie zunächst eine Stunde in Wasser einweichen, damit sie sich damit vollsaugen und nicht verbrennen.
Für den Asien-Senf Knoblauch, Ingwer und entkernte Chilis fein hacken. Die Zitronenblätter in feine Streifen schneiden, Koriander und Basilikum ebenfalls zerkleinern. Alles unter den Senf rühren, mit Soja-, Fischsauce und Limonensaft abschmecken.
Zubereiten: Die Spieße in einer Pfanne braten, besser aber über schöner Glut rundum schön knusprig grillen, dabei immer wieder mit der Marinade einpinseln, die in der Hitze karamelisiert und schließlich alles wie ein glänzender Film überzieht.
Servieren: Dazu gibt es Brot oder krumige Brezeln. Und als Getränk paßt am besten kühles Bier.
Tip fürs Partybuffet, zum Asien-Senf: **Würzige Hackfleischbällchen.** Hackfleisch mit zwei eingeweichten, gut ausgedrückten, altbackenen Brötchen, einem Ei, einer großen (oder zwei kleineren) feingehackten, in Butter weich gedünsteten Zwiebel und einigen Knoblauchzehen, reichlich gehackter Petersilie gründlich mischen. Diesen Teig mit Salz, Pfeffer, Sojasauce, Chilisauce, Worcestershiresauce, nach Gusto auch mit gemahlenem Kreuzkümmel und Chilipulver sehr kräftig, scharf und exotisch abschmecken. (Wer mag, fügt noch geriebenen Ingwer hinzu). Tischtennisballgroße Bällchen daraus formen und in heißem Öl rundum knusprig braten. Auf Küchenkrepp gründlich abtropfen lassen – heiß oder auch kalt zum Asien-Senf servieren.

KLEIN, ABER FEIN

Normalerweise durchaus kein begehrtes Stück, die Haxe vom Lamm. Langsam geschmort wird ihr kerniges Fleisch jedoch unübertroffen zart und erhält eine zusätzliche Würze. Dazu schmeckt Graupenrisotto!

LAMMHÄXLE IN MEISTERSAUCE

Ein Topf mit Meistersauce gehört in jeden chinesischen Haushalt: Ein Sud aus Reiswein, Sojasauce, vielen Gewürzen, in dem immer wieder ein Stück Fleisch gesotten wird, das neue Kraft verleiht. So bleibt die Sauce ewig jung und frisch, vorausgesetzt, man kocht sie immer wieder auf!

Für vier Personen:
4 Lammhaxen (tiefgekühlt, aus Neuseeland)
Meistersauce: je ¼ l Soja-Sauce, Sherry und Hühnerbrühe, 5 Knoblauchzehen, 1 großes Stück Ingwer, 4 EL Zucker, 4–8 getrocknete Chilis, 2 Sternanis, 2 EL Pimentkörner, 1 EL Pfefferkörner
Graupenrisotto: 120 g Graupen, Salz, 1 rote Zwiebel, 2 Knoblauchzehen, je ½ rote, gelbe, grüne Paprika, 1 Zucchino, Dost (Seite 215), 2 EL Öl

Vorbereiten: Die Zutaten für die Meistersauce zehn Minuten köcheln, bevor die Lammhaxen eingelegt werden. Sie etwa 90 Minuten sanft ziehen lassen.
Die Graupen in Salzwasser eine halbe Stunde weich kochen. Inzwischen die Gemüse putzen und jeweils so klein würfeln, wie die Graupen sind.
Zubereiten: Die Gemüse im heißen Öl andünsten, bevor die abgetropften Graupen zugefügt werden. Einen kräftigen Schuß Meistersauce und den Dost zufügen, alles einige Minuten miteinander dünsten.

REH:
NICHT NUR DIE EDLEN TEILE SCHMECKEN KÖSTLICH

Immer nur Rehrücken ist auf die Dauer ebenso langweilig wie täglich Caviar. Nichts dagegen, versteht sich, aber erfreulicherweise verfügt ein Reh auch noch über andere Teile, aus denen sich manch treffliches Gericht bereiten läßt, mit Saucen, nach denen man sich alle Finger leckt! Sie haben überdies den Vorzug, daß man, weil kaum jemand sie haben will, nicht viel dafür bezahlen, sondern lediglich ein bißchen Arbeit investieren muß

Rehragout mit winzig kleinen Kapuzinermützchen. Letztere zu bekommen bedarf es wahrscheinlich eines eigenen Gartens. Freiwillig wird kaum ein Gärtner die Kürbischen in diesem Stadium ernten. Aber so schmecken sie einfach unübertrefflich! Zum würzigen Ragout die passend parfümierte Beilage: Kreuzkümmelspätzle, natürlich handgeschabt!
Die Rezepte: auf Seite 222

FRANKREICHS ROTWEINE

Kein Land ist so reich an Spitzenweinen wie Frankreich. Wobei ein großer Vorteil für nicht dezidierte Kenner darin liegt, daß man im oberen Bereich seltener hereinfällt als mit Produkten anderer Länder. Andererseits muß man natürlich auch hier die Spreu vom Weizen trennen – bei so manchem Château im Bordelais und so mancher Lage Burgunds bezahlt man den großen Namen mit. Aber der Liebhaber kann sich auskennen: Über die französischen Weine wird weltweit so viel, so informativ geschrieben, daß man nicht unwissend bleiben muß. Es wird niemanden erstaunen, wenn wir erklären, daß auch zu asiatisch gewürzten Speisen die kräftigen, ohnehin schon nelken-, muskat-, chili- und pfefferwürzigen Kreszenzen aus Bordeaux und von den Côtes-du-Rhône die Nase vorn haben.

Mit Fond und Wein ablöschen. Zugedeckt auf kleinem Feuer 30 bis 40 Minuten sanft schmoren. Erst jetzt die Kürbisse zufügen und alles zusammen noch weitere 15 bis 20 Minuten leise schmurgeln lassen.

Für die Spätzle in einem weiten Topf Wasser zum Kochen bringen. Salzen, portionsweise Teig auf ein Spätzlebrett (siehe Anmerkung) streichen, das zuvor rasch ins heiße Wasser getaucht wird, und nun mit einem Messer schmale Streifen vom Brett direkt ins kochende Wasser schaben. Oben schwimmende Spätzle sind gar, werden mit einer Schaumkelle herausgefischt und in einer bereitstehenden Schüssel mit heißem Wasser abgespült.

Servieren: Die Spätzle in aufschäumender Butter schwenken und erwärmen. Wie das Ragout in einer vorgewärmten Schüssel anrichten. Einen kräftigen, ruhig kostbaren Rotwein dazu trinken.

Anmerkung: Was die Spätzle angeht, so ist es für ihren Wohlgeschmack durchaus von entscheidender Bedeutung, ob man sich die kleine Mühe macht, sie mit der Hand vom Brett zu schaben. Dadurch bekommen sie nicht nur eine unregelmäßige Form, sondern auch eine angenehmere Oberflächenstruktur; und sie können besser Saucen transportieren. Praktisch ist ein spezielles Spätzlebrett: aus Holz, mit Griff und zur anderen Seite abgeflacht. Zum Schaben dient die Palette oder ein Messer mit langer, biegsamer Klinge.

ASIENWÜRZIGE REHSCHULTER MIT STEINPILZEN UND SELLERIEPÜREE

Für vier bis sechs Personen:
2 kleine Rehschultern (à ca. 900 g),
50 g Kalbsnierenfett oder aromatisches Olivenöl,
10 Schalotten, 10 Knoblauchzehen,
1 Stück Ingwer von ca. 3 cm,
2–4 Chilischoten, 3 reife Tomaten,
2 Stück Sternanis, 4 Lorbeerblätter,
2 Kardamomkapseln,
2 Rosmarinzweige, 1 Stengel Zitronengras,
¼ l Wildfond, ½ l Rotwein
Steinpilze: 500 g Steinpilze,
2 EL Olivenöl, Salz, Pfeffer,
1 Bund glattblättrige Petersilie
Selleriepüree: je 500 g Sellerie und mehlige Kartoffeln (geputzt gewogen),
⅛ l Sahne, Salz, Pfeffer, Muskat

Vorbereiten: Für das Ragout die Rehschultern in drei Stücke teilen (wenn Sie Ihren Händler darum bitten, erledigt er das sicher gern für Sie). Das Kalbsnierenfett (es schmeckt besonders gut; Sie müssen es aber Ihrem Metzger wahrscheinlich abschwatzen – freiwillig rückt er es nicht heraus, er braucht es für seine Leberwurst) kleinwürfeln. Schalotten und Knoblauch nur schälen, jedoch unzerteilt lassen. Ingwer fein hacken, Chilis entkernen. Tomaten zerdrücken.

Die Steinpilze für die Beilage putzen, kleinere ganz lassen, sonst halbieren oder vierteln. Große Pilze (man kann es sich ja schließlich nicht aussuchen) in Scheiben schneiden.

Sellerie und Kartoffeln für das Püree im Siebeinsatz des Dampfdrucktopfs weich dämpfen – auf keinen Fall in Wasser kochen, sonst wird das Püree zu naß!

Zubereiten: Die Schulterstücke in einem breiten Schmortopf im heißen Fett rundum scharf anbraten und wieder herausheben. Die Hitze etwas reduzieren, Schalotten und Knoblauch anbraten. Schließlich die Fleischstücke wieder dazwischen verteilen. Alle Gewürze (Ingwer, Chilis, Tomaten, Sternanis, Lorbeer, Kardamom, Rosmarin und Zitronengras) zufügen. Mit Fond und Wein ablöschen. Zugedeckt auf ganz kleinem Feuer oder im 170 Grad heißen Backofen etwa zwei Stunden lang sanft ziehen lassen. Die Rehstücke aus dem Topf fischen und auf einer Platte warm stellen.

Die Schalotten und Knoblauchzehen, soweit möglich, herauslesen und zum Reh geben. Die Schmorflüssigkeit schließlich durch ein Sieb filtern und in einem Topf dickflüssig einkochen. Die verschiedenen Gewürze sind so intensiv, daß zusätzliches Salzen und Pfeffern nicht nötig sein wird.

Die Pilze im heißen Öl sanft dünsten, salzen und pfeffern. Reichlich gehackte Petersilie untermischen und einige Minuten mitdünsten, damit sie den Pilzen ihren Duft mitteilen.

Sellerie und Kartoffeln mit der Sahne im Mixer glatt pürieren – was sonst eine Todsünde ist, weil Kartoffeln im Mixer normalerweise schmierig werden: In diesem Fall geht das, weil der Sellerie mit seiner Konsistenz dies verhindert. Das Püree mit Salz, Pfeffer und Muskat würzen.

Servieren: Wenn nötig, das Fleisch mit den Schalotten und Knoblauchzehen in ihrer Sauce noch einmal erwärmen (Mikrowelle).

Die Pilze in einer Schüssel anrichten. Das Selleriepüree noch einmal luftig aufmixen und ebenfalls in eine Schüssel füllen.

Natürlich Rotwein dazu trinken. Zum Reh paßt ein eleganter Rioja, der den vielen Gewürzen genügend eigenen Duft entgegensetzen kann. Obwohl »nur« die Schulter vom Reh verwendet wird, ein richtiges Festessen, das man sich bestimmt nicht häufig gönnt, also darf es auch ein ganz großer Wein sein (siehe oben).

Anmerkung: Die Organisation dieses Essens ist einfach. Das Rehschulterragout läßt sich nämlich ganz bequem schon am Morgen, sogar am Vortag zubereiten; wie alle Schmorgerichte nimmt es Aufwärmen nicht übel, sondern wird dadurch im Gegenteil würziger und intensiver. Die Pilze machen, einmal geputzt, ohnehin keine Mühe, werden kurz vor dem Servieren rasch in der Pfanne geschwenkt. Das einzige, was unbedingt frisch hergestellt werden muß, ist das Selleriepüree. Für Mikrowellenbesitzer gibt es da jedoch eine Hilfe: Das Püree unmittelbar bevor die Gäste eintreffen fertigstellen, nicht umfüllen, sondern in der Mixschüssel lassen. Und wenn serviert werden soll, diese rasch – Messer zuvor herausnehmen – lose mit Klarsichtfolie abgedeckt für zwei Minuten in die Mikrowelle stellen. Dann das Püree erneut aufschlagen und in einer vorgewärmten Schüssel sofort servieren.

SCHWEINERNES UND BAUERNBOHNEN

Schweinefleisch ist in Verruf geraten. Dabei sind wir Verbraucher selber schuld an seiner trostlosen Qualität. Erfreulicherweise ist die Wende in Sicht: Das gute alte Hausschwein, Lieferant für kerniges Fleisch und festes Fett, kommt wieder in Mode. Ein Kotelett mit Salat aus Bohnenkernen. Rezept Seite 228

FEINES VOM SCHWEIN: KASSELER UND FILET

Nach dem Motto: Viel Gemüse, ein bißchen Fleisch mehr aus farblichen als geschmacklichen Gründen, knackig und frühlingsfrisch – ein Ragout, nach chinesischer Manier in der Pfanne unter Rühren rasch gebraten. Rosa Kasselerstreifen, weißer Spargel und leuchtendgrüne, aus ihrer Haut gelöste, dicke Bohnenkerne

Jahrzehntelang mäkelte der sogenannte Verbraucher am fetten Schweinefleisch herum. Züchter und Bauern stellten sich darauf ein. Jetzt will niemand das Ergebnis haben, man kehrt zurück zum herkömmlichen, weil wohlschmeckenden Schwein. Was lehrt uns das? Der Natur soll der Mensch nicht zu arg ins Handwerk pfuschen!

Schweinefilet mit Kohlrabi und Bambussprossen, mit Zwiebeln und Wolkenohrpilzen – noch eine der zahllosen Variationen aus der chinesischen Küche. Ein paar Zutaten getauscht, Gemüse zugefügt, ein anderes Fleisch gewählt, schon ist ein völlig neues Gericht entstanden – und zwar im Handumdrehen!

SPANISCHE ROTWEINE

Das Gros der spanischen Weine ist anspruchslos, aber im Verhältnis zum Preis durchaus in Ordnung. Einige Gebiete jedoch ragen weit darüber hinaus, allen voran die Weine des *Rioja.* Alle guten Importeure und Weinhäuser führen wenigstens einen Wein aus diesem Weinbaugebiet an der Grenze vom atlantischen zum mediterranen Raum, dessen große Zeit mit der Reblaus im Bordelais begann: Einige Winzer zogen an den Oberlauf des Ebro und brachten ihr Wissen mit. Der gesamte Weinbau wird genauestens kontrolliert, die Erzeugung ist in französischer Präzision reglementiert. So konnte sich der Ruf dieser ausgeglichenen, fruchtigen und eleganten Weine, die sich auch unseren asiatisch inspirierten Gerichten hervorragend anpassen, schon früh etablieren. Selten geworden leider die ausgereiften *reservas* und *gran reservas,* die ihren Höhepunkt erst nach Jahrzehnten erreichen. Weitere überdurchschnittliche Rotweine kommen aus dem *Penedés, Cariñena, Navarra* und *Valdepeñas.* Top-Qualität schließlich vom Oberlauf des Duero, der mächtige *Vega-Sicilia.*

SCHWEINEKOTELETT MIT BUNTEN BOHNENKERNEN

Wir haben das Glück, daß wir oft teilhaben dürfen, wenn Nachbarn im Dorf schlachten. Dann können wir von der Schlachtschüssel probieren, der »Metzelsupp'«, wie man hier sagt, obwohl es sich gar nicht um eine Suppe handelt, sondern vielmehr die ganze Pracht gemeint ist: eine Platte mit frischen Blut- und Leberwürsten, roher Bratwurst, gesottenem Schweinebauch, mit (häufig sogar noch selber eingelegtem) Kraut und wundervollem Kartoffelpüree. Die Schweine, aus denen diese Köstlichkeiten entstehen, stammen natürlich nicht vom Schlachthof! Es sind glückliche Tiere, die ordentliches Futter bekommen haben, die häufig sogar über ihren ersten Geburtstag hinaus mächtig Fett und stabiles, kerniges Fleisch haben ansetzen können, und die ohne Transportstreß und ohne Adrenalin ausschüttende, das Fleisch in Geschmack und Konsistenz beeinflussende Aufregung vom örtlichen Fachmann geschlachtet wurden.
Dieses Fleisch und die Würste schmecken unbeschreiblich! Das Schmalz, das aus dem Fett entsteht, duftet unwiderstehlich. Und man begreift, warum noch bis in die fünfziger Jahre Schweinefleisch teurer war als Rind. Deshalb gibt es für aufrechte Feinschmecker nur eins: Wir fordern das glückliche Hausschwein und erklären uns ausdrücklich dazu bereit, dafür natürlich auch das nötige Geld zu bezahlen. Denn notabene: Es ist bisher immer so gewesen, daß energische Nachfrage irgendwann, früher oder später, auch das entsprechende Angebot zur Folge hatte.

Für vier Personen:
4 schöne Schweinekoteletts, Salz
je 1 TL Piment- und Pfefferkörner,
2 EL Öl
Bohnenkerne: 500 g frische, ausgepalte Bohnenkerne (siehe Anmerkung),
je 1 rote und grüne Chilischote,
2 Knoblauchzehen, 2 cm Ingwerwurzel,
2 Frühlingszwiebeln,
1 Stengel Zitronengras, 1 EL Soja-Sauce,
1 EL Sesamöl, Zitronenmelisse

Vorbereiten: Die Bohnenkerne schon am Morgen oder Vortag kochen – dreifingerhoch mit Salzwasser bedeckt im geschlossenen Topf auf mildem Feuer etwa 20 bis 30 Minuten gar ziehen lassen. Unterdessen Chili, Knoblauch, Ingwer, Frühlingszwiebeln und Zitronengras in winzig kleine Würfel oder Ringe schneiden.
Die Schweinekoteletts mit Salz und einer Würzmischung aus den im Mörser zerstoßenen Piment- und Pfefferkörnern einreiben.
Zubereiten: Die Koteletts ins sehr heiße Fett legen, auf beiden Seiten kräftig anbraten, in Folie packen und warm gestellt noch mindestens zehn Minuten nachziehen lassen. Das Fleisch soll zwar »durch« sein, aber dennoch eben rosa und damit saftig bleiben.
In der Pfanne, im verbliebenen Bratfett die gehackten Gewürze für die Bohnen schwenken. Die abgetropften Bohnenkerne zufügen, alles auf mittlerem Feuer mischen. Mit Soja-Sauce und Sesamöl würzen. Zum Schluß den aus den Koteletts getretenen Saft zu den Bohnen geben und zerzupfte Blättchen von Zitronenmelisse darüberstreuen.

Servieren: Die Koteletts auf einem Bett von Bohnen anrichten. Dazu schmecken Pellkartoffeln oder Kartoffelpüree. Als Getränk paßt ein kräftiger Rotwein aus Spanien.
Anmerkung: Bohnenkerne kennt man hier fast ausschließlich getrocknet – nur in Norddeutschland kann man sie manchmal im Herbst auf dem Markt finden. Jedoch sind sie frisch ein ganz besonderer Genuß! In unseren rauhen Breiten hat man nicht jedes Jahr das Glück, daß die Bohnen ausreifen können, bevor der erste Frost den an den zwei Meter hohen Stangen emporrankenden Pflanzen den Garaus macht. Wir probieren es jedes Jahr: Sobald unsere überquellende Tiefkühltruhe signalisiert, daß genügend Vorräte an stricknadelfeinen Prinzeß-, zarten Feuer- oder Schwertbohnen angesammelt sind, lassen wir die Keime ausreifen. In milden Herbsten können wir dann im Oktober ernten: Die noch saftigen, nicht ausgetrockneten Bohnenkerne werden aus ihren Hülsen gelöst und roh, ohne weitere Behandlung in Gefrierbeutel verschweißt und eingefroren. Sie werden vor dem Zubereiten nicht aufgetaut, sondern direkt aus der Tiefkühltruhe in einen Topf gefüllt, mit Wasser bedeckt und unterhalb des Siedepunktes sanft gar gesotten – läßt man sie sprudelnd kochen, flockt ihr Eiweiß aus, und sie werden zäh! Im Winter gibt es die Bohnenkerne dann nicht nur als Zutat im Gemüseeintopf, oder zum Gänseklein, ebenso gern essen wir sie auf toskanische Weise mit aromatischem Olivenöl beträufelt, mit viel Knoblauch und Chili. Oder es wird ein Salat daraus, mit ein paar frisch gekochten Kartoffeln, angemacht mit Kürbiskernöl und Balsamico (siehe Seite 206). Ebenso dekorativ wie köstlich ist ein Gemüse aus dreierlei Bohnen, Prinzeß- und Feuer- oder Schwertbohnen, sowie ihren verschiedenen Kernen. Die prächtigen lila-schwarzgefleckten Riesenkerne der rotblühenden Feuerbohnen und die kleineren weißen und grünen Bohnenkerne sehen einfach bildschön aus.
Übrigens, Dicke-Bohnen-Kerne (siehe das Rezept Kasseler mit Gemüse, rechts) sind nicht die Früchte von Stangen- oder Buschbohnen, sondern stammen von einer eigenen Pflanze, die im Frühsommer reift. Sie ergeben unglaublich viel Abfall, weil man sie nicht nur aus der dicken Außenhülle palen, sondern auch ihre innere, dünne, unangenehm ledrige Haut entfernen muß (was bei den im Handel tiefgekühlt angebotenen noch nicht geschehen ist, das muß man vor dem Verarbeiten nachholen!). Nur vollkommen geschälte Kerne sind ein delikates Gemüse, das man roh essen kann oder nur ganz kurz dünsten muß.

THAIBASILIKUM

Sie tragen beide denselben botanischen Namen, das europäische Kraut und das thailändische. In Duft und Geschmack stammen sie aus zwei verschiedenen Welten. »Süßes Basilikum« sagt man in Thailand. Es gehört dort in geradezu verschwenderischer Menge über fast jedes Gericht, mitgekocht in Currys, Suppen und Ragouts oder einfach zum Schluß darübergestreut. Man kann es sich leicht selber ziehen. Den Samen gibts in vielen Asienshops.

SPARGEL

Den König der Gemüse nennt man ihn hierzulande stolz. Und tatsächlich bevorzugt man ihn vor allem in Deutschland in aristokratischem Weiß. Von Natur aus würde er grün (siehe auch Seite 190), sobald er das seine vornehme Blässe erhaltende Erdreich verläßt. Der Mensch sorgt dafür, daß er das nicht tut, indem er Erdhügel über den Pflanzenstöcken anhäuft. So wächst der Spargel im Dunkel heran, bis an der Oberfläche des Hügels feine Risse ankündigen, daß er bald das Tageslicht erblicken wird. Das verhindert der Spargelbauer, der während der Saison zwei- bis dreimal an guten Tagen die »Bifange« (Hügel) kontrolliert. Mit der Hand gräbt er den Spargel behutsam aus und »sticht« ihn. Der Spargelanbau ist ein mühsames Geschäft. Soviel Aufwand wie in Deutschland treibt man allerdings anderswo kaum. Vor allem die Düngung, die sich unmittelbar auf den Spargelgeschmack niederschlägt, wird nicht überall so behutsam gehandhabt. Deshalb ist es durchaus kein Lokalpatriotismus, daß wir den hiesigen Spargel (genauer den aus Schwetzingen) am liebsten essen.

KASSELER MIT GEMÜSE

Für drei bis vier Personen:
250 g ausgelöstes Kasseler, 250 g Spargel, Salz, 2 schlanke Lauchstangen, 1 Tasse enthülste Dicke-Bohnen-Kerne, 1 gelbe Chilischote, 2 Knoblauchzehen, 1 Stück Ingwer, 2 EL Öl, 1 TL Sesamöl, 2 EL Sherry, 3 EL Brühe, 1 EL Soja-Sauce, Koriandergrün

Vorbereiten: Das Kasseler in spargeldicke Streifen, die Spargel schräg in Stücke, den Lauch in Ringe schneiden. Bohnenkerne häuten. Chili, Knoblauch und Ingwer hacken.
Zubereiten: Im Wok beide Ölsorten erhitzen, Spargel, Lauch und Bohnenkerne darin zwei Minuten pfannenrühren, Chili, Knoblauch und Ingwer darüberstreuen. Kasseler zufügen. Sherry, Brühe und Soja-Sauce angießen. Mit reichlich Koriander bestreuen.

SCHWEINEFILET MIT KOHLRABI UND BAMBUSSPROSSEN

Für drei bis vier Personen:
200 g Schweinefilet, 1 TL Speisestärke, 10 g chinesische Morcheln, 1 Zwiebel, 2 zarte Kohlrabi, 100 g Bambussprossen, 1 grüne Chilischote, 2 Knoblauchzehen, 1 Stück Ingwer, 2 EL Öl, 1 TL Sesamöl, 2 EL Sherry, 1 EL Soja-Sauce, 2 EL Brühe, Thaibasilikum

Vorbereiten: Das Fleisch quer zur Faser in dünne Scheiben schneiden. Mit Stärke überpudern und gut einmassieren.
Die Pilze brühen und einweichen. Kohlrabi schälen, in dünne Scheiben, die Bambussprossen ebenfalls in Scheiben, Chili quer in schmale Streifen schneiden. Knoblauch und Ingwer fein hacken.

Zubereiten: Im Wok beide Ölsorten erhitzen, das Fleisch darin auf höchster Flamme rasch unter Rühren braten, dabei salzen und etwas vom Knoblauch und Ingwer darüberstreuen. Herausheben und beiseite stellen. Im verbliebenen Fett die Kohlrabi und Bambussprossen anbraten, die abgetropften Pilze, schließlich Chili sowie den restlichen Knoblauch und Ingwer zufügen.
Sherry, Soja-Sauce und Brühe angießen, das Fleisch wieder zufügen. Alles auf starkem Feuer im Wok umeinanderwirbeln und mischen. Zum Schluß die abgezupften Basilikumblätter unterrühren und sofort auf einer vorgewärmten Platte anrichten.
Servieren: Auf chinesische Weise serviert, sollte dies nur ein Gericht unter mehreren sein – man rechnet stets eins mehr als Gäste am Tisch sitzen –, die wichtigsten Zutaten sollten jeweils abwechseln. Also je eins mit Rind, mit Huhn, mit Innereien sowie Fisch.

SAFTIGE

Am Vortag aus sehnigem, saftspendendem Wadenfleisch gesotten, läßt es sich auf de

SIEDFLEISCH

Maschine hauchdünn aufschneiden. Dann in der Mikrowelle kurz erwärmt: Welch Genuß!

MARINIERTER KANINCHENRÜCKEN AUF BÄRLAUCHSAUCE (großes Bild rechts)

Zutaten für 4 Personen:
2 ausgelöste Rückenfilets vom Kaninchen,
je 1 EL Erdnuß- und Sesamöl
Marinade: 2 EL Soja-Sauce, 1 TL Honig,
1 EL Sesamöl, ½ TL Miso, 2 EL Sherry
Bärlauchsauce:
2 Handvoll junge Bärlauchblätter,
4 EL heiße Brühe oder Hühnerfond,
je 1 TL Soja-Sauce und Zitronensaft

Vorbereiten: Das Fleisch von Häuten und Sehnen säubern. Die Zutaten für die Marinade einmal aufkochen, Fleisch damit einreiben und eine halbe Stunde ziehen lassen.
Zubereiten: Fleisch in einer beschichteten Pfanne im Gemisch beider Ölsorten rundum sanft anbraten. Neben dem Feuer in Folie gewickelt nachziehen lassen, bis die Sauce fertig ist. Mit der Brühe den Bratensatz aus der Pfanne loskochen und mit dem Bärlauch im Mixer glattschlagen.
Fertigmachen und Servieren: Abschmecken und als Spiegel auf Tellern verteilen. Das Kaninchenfleisch schräg in sehr dünne Scheiben schneiden und darauf anrichten.

GEKOCHTES RINDFLEISCH MIT SHABU-SHABU-SAUCE
(Bild Seite 230/231)

Ein schönes Stück Rindfleisch zum Kochen, vorzugsweise Wade, wird mit angebräunter Zwiebel, reichlich Sellerie, Möhre und Lauch, Petersilie mit Wurzel, viel Pfeffer und dem nötigen Salz, ein paar Knoblauchzehen und Chilischoten, etwas Ingwer, Sternanis und Koriandersamen mit kaltem Wasser aufgesetzt. Langsam unbedeckt zum Kochen bringen, Hitze herunterschalten und das Fleisch zugedeckt 4 Stunden leise ziehen lassen. Erst vollkommen abgekühlt auf der Maschine hauchdünn aufschneiden, auf eine Platte legen, etwas Brühe darübergießen und zugedeckt in der Mikrowelle etwas erwärmen.
Sauce: (pro Person) 4 EL Soja-Sauce mit ebensoviel Mirin (japanischem Kochwein) oder halbsüßem Sherry Amontillado mischen und ein Eigelb hineingleiten lassen.

LAUBFRÖSCHE IN SOJA-SABAYON
(kleines Bild rechts)

Für vier Personen:
24 schöne Spinat- oder Mangoldblätter,
ca. ½ l Hühnerbrühe
Füllung: 2 altbackene Brötchen,
1 große Zwiebel, 4 Knoblauchzehen,
1 Bund Petersilie, 2 EL Butter,
4 Liebstöckelblätter, 1 Ei, 1 Eigelb,
2 EL Sonnenblumenkerne, 500 g Rinderhack,
½ TL Salz, 6 Pfeffer- und Pimentkörner,
1 EL Worcestershire- und 3 EL Soja-Sauce
Sauce: 2 Eigelb, 2 EL Soja-Sauce,
einige Tropfen Zitronensaft

Vorbereiten: Blätter entstielen, waschen, überbrühen, abschrecken und abtropfen. Brot einweichen. Zwiebel, Knoblauch und Petersilie hacken, in Butter weich dünsten. Mit dem ausgedrückten Brot, Liebstöckel, Ei, Eigelb, Sonnenblumenkernen und Hackfleisch mischen. Mit Salz, Pfeffer zerstoßenem Piment, Worcestershire- und Soja-Sauce würzen. Jeweils einen Eßlöffel davon in ein Blatt wikkeln.
Zubereiten: Über Hühnerbrühe 8 Minuten dämpfen. Eigelb mit Soja-Sauce cremig schlagen. Dämpfbrühe zufügen, bis die Sauce eine angenehme Konsistenz hat. Mit Zitrone abschmecken. Zu den Laubfröschen servieren.

Desserts

Wir wollen es gleich gestehen: Nichts geht über die europäische Dessertkunst. Dem Raffinement österreichischer Mehlspeisen, französischer Cremes und italienischen Eises ist kaum etwas hinzuzufügen. Zuckersüße, meist entsetzlich klebrige Anregungen aus Asien und Amerika braucht man sich auf diesem Gebiet nun wirklich nicht zu holen.
Wie verführerisch und einladend sind jedoch die köstlichen Früchte! Aber – und da kommt man gleich wieder ins Seufzen – was in den Erzeugerländern so herrlich schmeckt, gelangt im allgemeinen nur in seiner äußeren Erscheinungsform zu uns. Damit sie sich besser frisch halten und auch weite Wege einigermaßen heil überstehen, werden die Früchte zu früh gepflückt und zu kühl transportiert; sie haben einerseits noch nicht das ganze Aroma der vollen Reife entwickelt und andererseits durch die Kälte das letzte bißchen Geschmack verloren. Ausnahmen bestätigen die Regel, zumal die Transportwege immer kürzer werden und der Handel gemerkt hat, daß weiche, aromatische Früchte sich besser verkaufen als harte, strohige Attrappen.
Die tropischen Früchte bereiten wir nicht anders zu als die heimischen: Wir machen daraus Obstsalate, Cremes, Quarkspeisen, Eis oder Sorbet, frische Kompotte. Letztere führen in Deutschland ein Schattendasein: Kompott scheint für die meisten Menschen eine Konserve zu sein – dabei schmeckt es, frisch und nur ganz kurz gekocht, so köstlich, daß man jeden anderen Nachtisch dafür stehen läßt. Zum Beispiel Kirschen und Aprikosen zusammen einmal aufwallen lassen, ein Schuß Grand Marnier oder Kirschwasser hinein: Wenn die Früchte wirklich gut und reif sind, braucht es kein Gramm zusätzlichen Zucker . . .
Aber wo bekommt man diese reifen Früchte? Dasselbe Lied wie in den anderen Kapiteleinleitungen: In Frankreich und Italien duftet es verführerisch, wenn man an einem Obststand oder einem Laden vorbeigeht. In Deutschland: Nichts. Das Berühren der Ware ist polizeilich verboten, wenn man daran riechen will, bekommt man einen Rüffel. Die Händler halten uns regelmäßig für verrückt, wenn wir ihnen zu erklären versuchen, daß man am Geruch eines Pfirsichs oder einer Melone feststellen kann, ob die Früchte reif und saftig sind, gut schmecken werden! Was kann man von einem Händler erwarten, der so wenig über die Produkte Bescheid weiß, die er verkauft?
Wir haben einen großen Garten und darin wachsen natürlich jede Menge Beeren: große und kleine Erdbeeren, Himbeeren, Stachelbeeren in vier verschiedenen Farben, die zu vier verschiedenen Zeiten reif werden, rote und schwarze Johannisbeeren (Cassis), Brombeeren. Ein Teil wird gleich im Garten gegessen, im Sommer gibt's jeden Tag frischen Obstsalat oder einfach Beeren mit flüssiger Sahne. Was wir nicht aufessen können, wird gleich zu Saft, Gelee und Marmelade verarbeitet oder für Desserts eingefroren: Him- und Brombeeren direkt in die Gefrierschalen gepflückt und sofort in die Kälte gesteckt – taut man sie langsam im Kühlschrank auf, merkt kein Mensch, daß sie nicht frisch vom Strauch sind. Unsere Gäste (aus der Stadt!) fragen sich manchmal ernsthaft, wie wir es machen, auch bei Schnee frische Beeren im Garten ernten zu können.
Erdbeeren werden roh im Mixer püriert und eingefroren – köstlich als Sauce zu Puddings und Cremes und für die Eisbereitung. Himbeeren, Brombeeren, Stachel- und Johannisbeeren kochen wir mit ganz wenig Zucker (100 g je kg), bei Himbeeren kommen noch ein paar Tropfen Zitronensaft dazu. Durch ein feines Sieb gestrichen, werden diese Pürees in verschieden großen Bechern eingefroren: in Minidosen für Saucen zu anderem Obst (Cassis-Sauce zu frischen Lychees oder Rambutan!) und für den morgendlichen Joghurt, mittelgroße Behälter (um 400 g) für Cremes und Quark (einfach frischen Topfen oder Quark mit dem Püree verrühren: praktischer, schneller und besser geht's nicht!), große Behälter (500 bis 900 g) für Eis und Sorbets und größere Tafelrunden. Kein Weihnachten ohne riesige Schüsseln mit bayerischen Cremes aus geschmeidigen, untereinandergezogenen und daher raffiniert marmorierten Johannis- und Stachelbeeren, dazu »frische« Himbeeren und Himbeer- oder Erdbeersauce!
Eis stellen wir in einer elektrischen Haushaltseismaschine aus Italien her, die selbst die notwendige Kälte produziert: Das ist ungeheuer praktisch, weil man einfach die zu gefrierende Masse hineinfüllt, die Maschine anschaltet und – je nach Menge und Art – nach 20 bis 30 Minuten ein frisches, geschmeidiges, glattes Eis herausschaben kann.

PFIRSICHE MIT BROMBEEREN

Schlichter geht es kaum, und besser auch nicht! Vorausgesetzt, man hat zwei Raritäten zur Verfügung: aromatische Pfirsiche und reife Brombeeren. Beides leider ziemlich selten aufzutreiben

Reife, duftende Pfirsiche bringen genügend fruchtige Süße, so daß es keines zusätzlichen Zuckers bedarf: Einfach häuten (das geht bei wirklich ausgereiften Früchten übrigens mühelos, ganz ohne Überbrühen – sollte es doch nötig sein, die Pfirsiche sofort wieder abgießen und kalt abschrecken, damit das Fruchtfleisch nicht leidet), die Pfirsiche in schmale Schnitze schneiden und in einer Schüssel mischen. Reife Brombeeren dazu, ein wenig ziehen lassen und ganz *nature* genießen. Oder zum eleganten Dessert verarbeiten:

Für vier Personen:
800 g Pfirsiche, 2 EL Pfirsichlikör,
400 g Brombeeren, 1–2 EL Zucker, Minze

Die in Schnitze geschnittenen Pfirsiche in einer Schüssel mit dem Likör beträufeln, behutsam wenden und zugedeckt kühl gestellt durchziehen lassen.
Von den Brombeeren die schönsten herauslesen und zu den Pfirsichen geben. Die übrigen mit dem Zucker im Mixer pürieren. Wenn sie reif genug sind, verfügen sie so über ausreichend Saft, falls nicht, muß man sie erhitzen (Mikrowelle: 1 Minute). Durch ein Sieb passieren und kalt stellen.
Zum Servieren einen Spiegel Brombeersauce auf Teller gießen, den Pfirsichsalat, der zimmerwarm sein sollte, mischen und hübsch darauf anrichten. Mit abgezupften Minzeblättchen dekorieren.

FEIGEN IN COGNAC-SAHNE

Ein Nachtisch, wie man ihn sich als Gastgeber wünscht: Er macht bei Tisch großen Eindruck und in der Küche kaum Arbeit

Für vier Personen:
8 reife Feigen, 2 EL Zucker,
3–4 EL Cognac, 150 g Crème fraîche

Die Früchte mit Küchenpapier sauber wischen. Den Stiel kappen, die Feigen an dieser Stelle kreuzweise einschneiden. Nebeneinander in eine flache, feuerfeste Form setzen, mit Zucker bestreuen und mit Cognac beträufeln. 20 Minuten in den 180 Grad heißen Backofen oder, besser noch, sechs Minuten in die Mikrowelle (stärkste Stufe) stellen. Den dabei in der Form gesammelten Saft abgießen, mit der Crème fraîche verquirlen und über die Feigen gießen. Bis zum Servieren kalt stellen. Wer das Dessert lieber tellerweise anrichtet, stellt beides getrennt kalt. Die Sauce wird dann als Spiegel auf Tellern verteilt, bevor man die Feigen obenauf bettet.

MANGO MIT TEE-CREME

Zur japanischen Tee-Zeremonie gehört ein spezieller Tee, hergestellt aus einem puderfeinen, leuchtendgrünen Pulver von eigentümlichem Aroma. Wir machen daraus eine Bavaroise, deren herben Geschmack wir besonders lieben

Für vier bis sechs Personen:
5 Eigelb, 150 g Zucker,
3 gehäufte TL Teepulver (als *Matcha* in Japanläden zu kaufen), 300 g Wasser,
6 Blatt Gelatine, 4 Eiweiß, 200 g süße Sahne,
1 reife Mango, 2 EL Pistazien

Die Eigelb im Wasserbad mit 100 Gramm Zucker mit dem Schneebesen oder Handrührer schaumig schlagen, dabei heiß und dick werden, aber auf keinen Fall ins Kochen geraten lassen, weil sonst die Creme gerinnt. Das Teepulver mit dem Schneebesen ins eben aufkochende Wasser quirlen. Heiß zur Eiercreme gießen, unter geduldigem Schlagen alles miteinander einmal aufwallen lassen. Sofort vom Feuer ziehen, die eingeweichte, abgetropfte Gelatine darin auflösen. Die mit dem restlichen Zucker steif geschlagenen Eiweiß unter die heiße Flüssigkeit heben, erneut ins heiße Wasserbad oder auf den Herd stellen und unter ständigem Schlagen erhitzen, bis es dampft. Nunmehr im kalten Wasserbad abkühlen lassen, dabei weiterhin schlagen. Sobald »Straßen« bleiben, wenn man die Creme durchrührt, die steife Schlagsahne unterziehen. Zum Servieren Nocken abstechen, mit Mangospalten anrichten und mit Pistazienkrümeln bestreuen.

APFELKOMPOTT MIT ZIMT UND CHILI

Für vier Personen:
4–5 Äpfel, zum Beispiel Jonagold, Elstar oder Landsberger,
1 Zimtstange, 1 Vanillestange,
1 rote Chilischote, 2 EL Zucker,
ca. ¼ l trockener Weißwein
(z. B. badischer Silvaner),
Zitronenmelisse oder Minze

Die Äpfel schälen, vierteln, vom Kerngehäuse befreien, in einen Topf geben. Alle Gewürze zufügen und zuckern. Mit Wein eben bedekken. Sanft köcheln lassen, bis die Äpfel gerade weich geworden sind. Sie dürfen keinesfalls zerfallen. Das Mark aus der Vanilleschote kratzen und in den Kompottsud rühren; die Stange selbst wegwerfen. Die übrigen Gewürze ruhig im Kompott belassen. Bis zum Servieren kalt stellen. Erst dann mit Melisse- oder Minzeblättchen dekorieren.

NEUNTHAUSENER APFELSPEISE

Für vier Personen:
6 schöne, säuerliche Äpfel (Berlepsch),
1 Zitrone, 1 guter Schuß Weißwein,
2 EL Zucker, 1 kleines Stück Ingwer,
½ Sternanis, 200 g süße Sahne,
2 EL Vanillezucker,
75 g erstklassige Bitterschokolade

Die Äpfel lediglich vom Stiel befreien und den Blütenansatz herausschneiden, ansonsten mit Schale und Kerngehäuse (dadurch bekommt das Mus später eine gute Konsistenz) grob zerkleinert in einen Topf füllen. Mit Zitronensaft beträufeln – nicht nur für den Geschmack, sondern auch, damit sie sich beim Kochen nicht verfärben –, Weißwein, Zucker, zerkleinerten Ingwer und Sternanis zufügen. Zugedeckt 20 bis 30 Minuten vollkommen weich kochen. Noch heiß durch ein Sieb oder die Gemüsemühle (flotte Lotte) passieren und kalt stellen.
Vor dem Servieren steifgeschlagene, mit Vanillezucker gewürzte Sahne obenauf häufen und dick mit geraspelter Schokolade bestreuen, die mit dem Sparschäler von der Tafel gehobelt wird.

DESSERTWEINE
Harmonie zum Nachtisch, so die klassische Regel, ist ein süßer Wein. Wir lieben den Kontrast und bevorzugen meist Champagne brut. Aber: Zu fruchtigen Desserts mit hoher Säure schätzen wir natursüße Weine sehr.

RUM
Herrlich zum Parfümieren von Desserts und Konfitüren: Rum aus Martinique. Er hat ein ausgeprägtes, unverwechselbares Aroma und einen betörenden Duft, den er auch beim Kochen nicht verliert.

ÄPFEL: MUS UND KOMPOTT

Beides kennen viele nur noch als Konserve – dabei ist beides, frisch gekochtes Mus wie sanft pochiertes Kompott, jeweils eine preiswürdige Delikatesse

QUITTENSCHAUM MIT WALNÜSSEN

Ein verkanntes Obst, ein bißchen in Vergessenheit geraten, kaum mehr auf dem Markt zu finden. Zugegeben, sie wirken etwas störrisch, sind nur gekocht genießbar – aber dann schmecken Quitten mit ihrer herben Fruchtigkeit unübertrefflich!

Dekoriert wird der Quittenschaum mit Granatapfelperlen, die auszubrechen überaus zeitraubend ist, und mit kandierten Schälnüssen, die leider auch nicht gerade sehr geschwind herzustellen sind. Aber: in beiden Fällen eine Mühe, die sich lohnt!

Für vier Personen:
750 g Quitten, 1 Zitrone, 150 g Zucker,
¼ l Weißwein, ¼ l süße Sahne,
2 EL Vanillezucker, 1 Granatapfel
Kandierte Schälnüsse: ganz junge frische Walnüsse, 2 EL Honig, 1 EL Zucker

Den Flaum, der die Quitten überzieht, abbürsten, sie kleinschneiden, mit Zitronensaft, Zukker und Wein zugedeckt eine halbe Stunde weich kochen. Noch heiß zuerst durch die Gemüsemühle, anschließend zusätzlich durch ein feines Sieb streichen – sonst bleiben noch zu viele harte Kernchen drin, die beim genießerischen Essen stören. Sobald das Mus abgekühlt ist, die mit Vanillezucker parfümierte, steifgeschlagene Sahne unterziehen.
Die Nüsse knacken, die noch weiche Haut, die die Kerne umschließt (siehe Kasten), abziehen. In einer beschichteten Pfanne den Honig mit dem Zucker aufkochen, die geschälten Kerne zufügen und mit diesem Sirup rundum überziehen. Auf einer Marmorfläche abkühlen lassen.
Zum Servieren je einen Klacks Quittenschaum auf Desserttellern anrichten. Die rosa Perlen aus dem Granatapfel brechen und lose darüberstreuen. Ebenso die überglänzten Nußkerne darüber verteilen.

SCHÄLNÜSSE

Nur kurze Zeit nach der Ernte ist die dünne Haut um die Walnußkerne so weich, daß man sie abziehen, die Nüsse »schälen« kann. Ein spezielles Schälmesser ist dabei nützlich. Eine mühsame Arbeit, die Nüsse sind jedoch ein unvergleichlicher Genuß!

HONIG

Gute Qualitäten sind selten, das Gros ist industriell bearbeitet und keineswegs mehr natürlich. Klares Erkennungsmittel: Unbehandelter *muß* fest werden. Deshalb lieber beim Imker kaufen oder sich aus den Ferien vollwertigen Honig mitbringen.

KOKOS-EIS MIT HIMBEEREN

Einfacher läßt sich kaum ein Eis herstellen und ein besseres gibt es nicht! Mit einer fruchtigen Himbeersauce ein rundum unwiderstehliches Dessert!

OBSTBRÄNDE
Gibt es in großartigen Qualitäten hierzulande, im Elsaß oder in der Schweiz. Aus den verschiedensten Früchten und Beeren. Willkommen nicht nur als Digestif. Sie können auch in vielen Desserts würzende Zutat sein.

Wichtig dafür ist eine frische Kokosnuß, aus deren geraspeltem Fleisch man einen duftenden Extrakt zieht – getrocknete Kokosflocken liefern nicht genug Geschmack, und dehydrierte Kokosmilch ist nicht so aromatisch.

Für vier bis sechs Personen:
1–2 Kokosnüsse, 125 g Zucker
Himbeersauce: 250 g Himbeeren, Zucker

Die Kokosnuß mit dem Hammer knacken, das Fleisch aus der Schale lösen. Mit einem Sparschäler die braune Haut abschneiden. Das Kokosfleisch wiegen, es sollten etwa 400 g sein. Im Mixer fein zerkleinern. Einen halben Liter (großzügig!) kochendheißes Wasser zufügen, einmal durchmixen und ziehen lassen. Durch ein Tuch filtern. Diese Flüssigkeit nennt man Kokosmilch oder -sahne.
Zucker und Wasser eine Minute kochen, bis der Zucker völlig gelöst ist, mit der Kokosmilch mischen. Abkühlen und schließlich in der Eismaschine fest werden lassen.
Himbeeren mit etwas Zucker mixen, durch ein Sieb streichen. Als Spiegel auf Teller verteilen, das Eis darauf anrichten. Mit Himbeeren und Minze garnieren.

REZEPTREGISTER

VORSPEISEN & SALATE

SUPPEN

SAUCEN

REIS & NUDELN

GEMÜSE

REZEPTREGISTER

FISCH

KRUSTEN- UND SCHALENTIERE

GEFLÜGEL

INNEREIEN

FLEISCH

DESSERTS

DANKSAGUNG:

Ohne die tatkräftige Hilfe einiger Firmen und Freunde hätten wir so viele und schöne Geschirre, Untergründe und Requisiten für diese Photos nicht zusammentragen können.

Vor allem sei von Herzen gedankt:

Brigitte Brodbeck und Theo Löffler, Lange Straße 6, Stuttgart
Japanladen Kyoto, Düsseldorf
Alpirsbacher Glasbläserei
Haruyo und Akira Kataoka, Düsseldorf
Fa. Eschenbach, Windischeschenbach
Fa. Waechtersbach, Brachttal
Dagi Teschner, München
Fa. Rosenthal, Selb
Glasbläserei Riedel, Kufstein
und Fa. Maack, Lüdenscheid, die uns ihre Auflage der von Otl Aicher gestalteten Papiere zur Verfügung stellte.

Register

Was Sie in diesem Register finden können

1. Die **fett**gedruckten Zahlen zeigen an, auf welchen Seiten Produkte erklärt werden, ihre Qualität beschrieben und auf die Verwendung hingewiesen wird. Das sind die Warenkunden.

2. Die Namen der wenigen in den Texten erwähnten Personen sind ebenfalls **fett** gedruckt.

3. Die in normaler Schrift gedruckten Zahlen weisen auf Zutaten und Zubereitungen hin, die in den Rezepten eine hervorragende Rolle spielen. Wenn Sie etwa ein bestimmtes Gemüse haben und wissen wollen, ob es außerhalb der durch ihre Titel erkennbaren Rezepte einen Zubereitungsvorschlag gibt, so können Sie das hier herausfinden. Auch besonders wichtige und den Geschmack der Gerichte dominierende Zutaten sind aufgeführt: Wollen Sie zum Beispiel etwas stark Gewürztes mit Knoblauch und Chili, Soja-Sauce oder Sesamöl zubereiten, so können Sie über dieses Register Vorschläge finden. Selbstverständlich sind die Hinweise eine Frage der Priorität, die wir persönlich den Zutaten in den vielen immer wieder ähnlichen Gewürzmischungen eingeräumt haben. Eine absolute Vollständigkeit der Hinweise war nicht das Ziel, denn dann hätten ja alle Zutaten aller Rezepte hier aufgelistet werden müssen und es wäre nichts mehr hervorgehoben worden.

Register